Ernst Kantorowicz

The King's
Two Bodies

A Study in Medieval Political Theology

国王的两个身体
中世纪政治神学研究

[德] 恩内斯特·康托洛维茨 著

徐震宇 译

华东师范大学出版社

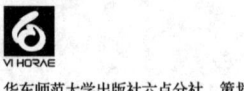

华东师范大学出版社六点分社　策划

出 版 说 明

古老的文明共同体都有自己的史书,但史书不等于如今的"史学"——无论《史记》《史通》还是《文史通义》,都不是现代意义上的史学。严格来讲,史学是现代学科,即基于现代西方实证知识原则的考据性学科。现代的史学分工很细,甚至人文—社会科学的种种主题都可以形成自己的专门史——所谓的各类通史,实际上也是一种专门史。

不过,现代史学的奠基人兰克并非以考索史实或考订文献唯尚,他反倒认为,"史学根本不能提供任何人都不会怀疑其真实性的可靠处方"。史学固然需要探究史实、考订史料,但这仅仅是史学的基础。史学的目的是,通过探究历史事件的起因和前提,形成过程和演变方向,各种人世力量与事件过程的复杂交织,以及事件的结果和影响,像探究自然界奥秘的自然科学一样,"寻求生命最深层、最秘密的涌动"。换言之,兰克的史学观还带有古典色彩,即认为史学是一种政治科学,或者说,政治科学应该基于史学,因为,"没有对过去时代所发生的事情的认知",政治科学就不可能。亚里士多德已经说过:"涉及人的行为的纪事","对于了解政治事务"有益(《修辞术》1360a36)。正如施特劳斯在谈到古代史书时说:

　　政治史学的主题是重大的公众性主题。政治史学要求这一重大的公众性主题唤起一种重大的公众性回应。政治史学属于一种许多人参与其中的政治生活。它属于一种共和式政治生活,属于城邦。(施特劳斯,《修昔底德:政治史的意义》)

兰克开创的现代史学,本质上仍然是政治史学,与19世纪后期以来受实证主义思想以及人类学、社会学等学科影响而形成的专门化史学在品质上截然不同。在古代,史书与国家的政治生活维系在一起。现代史学主流虽然是实证式的,政治史学的脉动并未止息,其基本品格是关切人世生活中的各种重大政治问题——无论这些问题出现在古代还是现代。

　　本丛编聚焦于16世纪以来的西方政治史学传统,译介20世纪以来的研究成果与迻译近代以来的历代原典并重,为我国学界深入认识西方尽绵薄之力。

刘小枫

2017年春

古典文明研究工作坊

目　　录

被斩首的人民身体

——人民主权政体的政治神学和史学问题

刘小枫

  康托洛维茨(Ernst Hartwig Kantorowicz, 1895-1963)出版《国王的两个身体》(1957)那年,刚60岁出头。6年后,这位个性倔强的中世纪史学家便带着德意志帝国的秘密梦想在美国与世长辞。

  康托洛维茨出生在普鲁士早前从波兰切割来的波茨南土地上,人文中学毕业后没多久,遇到第一次欧战爆发,便自愿参军上了西线战场,在凡尔登战役中负伤,颇有血性。战争结束后,康托洛维茨才上大学,先在柏林读了一学期哲学,又转到慕尼黑,最后落脚海德堡大学,修读国民经济学和古代史。26岁那年(1921),以穆斯林手工业行会为题取得古代经济史专业博士学位后,康托洛维茨在海德堡大学谋得编外讲师教职,但并非为了搞学术,而是为了不离开格奥尔格圈子(George-Kreis)。六年后,32岁的康托洛维茨出版了大部头传记体史书《弗里德里希二世大帝》(1927),随即名噪一时。[1]作为格奥尔格圈子的第三代核心成员,康托洛维茨的这部传记体史书并非要在专业史学方面有所建树。毋宁说,

---

[1] Ernst H. Kantorowicz, *Kaiser Friedrich der Zweite*, Düsseldorf /München:Georg Bondi, 1927/1963/1974/1994.

与差不多一百年前德罗伊森的《亚历山大大帝》(1833)一样,康托洛维茨希望用自己的历史人物传记唤醒某种德意志精神。[2]

欧洲大战尚未结束,德意志第二帝国(1871-1918)自行崩溃。对某些德国智识精英来说,德国并非败在军事战场,而是败在自家的文化战场——败在德国知识界深受自由主义共和论毒害。在国民心绪低迷、愤懑、惶惑的历史时刻,为了打破德国智识人的共和迷思,具有超凡精神魅力的诗人格奥尔格(Stefan George,1868-1933)给自己的"圈子"拟定了一个写作计划,让德国人民回想欧洲历史上那些在种种艰难时刻坚守高贵精神的各色人物。康托洛维茨主动请缨,为 700 年前的德意志帝王弗里德里希二世(1194-1250,旧译"腓特烈二世")作传。[3]

《弗里德里希二世大帝》问世第二年,刚过 60 大寿的格奥尔格出版了平生最后一部诗集《新帝国》(Das neue Reich,1928),以抒情诗形式书写史诗,歌咏德意志民族的历代英雄人物(包括当时的兴登堡总统),从形式上看颇得品达遗风,实质上志在传承古希腊诗人忒奥格尼斯(约公元前 585-540)的精神品格。[4]《新帝国》结尾时,这位具有超凡魅力的诗人唱到:"我把远方或梦之奇迹,带着前往我国的边地"。[5]所谓"远方或梦之奇迹",指欧洲尤其德意志历史上那些优异人物曾展现出的高贵精神品质,如今,诗人企望"秘密的德意志"(das geheime Deutschland)即格奥尔格自己的精神同仁圈子承载这一梦想。

---

[2] 德罗伊森,《亚历山大大帝》,陈早译,上海:华东师范大学出版社,2017;比较 Ernst H. Kantorowicz, "Kaiser Friedrich II. und das Königsbild des Hellenismus",见 Ernst H. Kantorowicz, *Selected Studies*, New York;Locust Valley,1965,页 264-283。

[3] Eckhart Grünewald, *Ernst Kantorowicz und Stefan George: Beiträge zur Biographie des Historikers bis zum Jahre 1938 und zu seinem Jugendwerk "Kaiser Friedrich der Zweite"*, Wiesbaden, 1982; Thomas Karlauf, *Stefan George. Die Entdeckung des Charisma*, München, 2007; Ulrich Goldsmith, *Stefan George*, Columbia University Press, 1970; Michael Winkler, "Master and Disciples: The George Circle",见 Jens Rieckmann 编,*A Companion to the Works of Stefan George*, New York;Camden House, 2005,页 145-159。关于魏玛时期的政治文化状况,参见米尚志编译,《动荡中的繁荣:魏玛时期的德国文化》,杭州:浙江人民出版社,1988。

[4] 参见拙文,《城邦航船及其舵手》,刘小枫,《比较古典学发凡》,上海:复旦大学出版社,2015,页 8-11。

[5] 格奥尔格,《词语破碎之处:格奥尔格诗选》,莫光华译,上海:同济大学出版社,2010,页 200。

这首压轴诗题为"词语",结尾句因海德格尔的解释而非常著名:

> 词语破碎处无物存在。

这个带定冠词的"词语"(das Word)寓指什么?若理解为格奥尔格心目中的德意志民族的高贵精神不会离谱,因为诗人唱到:

> 我苦苦守候命运女神
> 从泉源寻得它的名称
> 随即我将它牢牢握住
> 如今它光彩穿越疆土
> 我也曾历经漫漫长途
> 带去一颗柔美的珍珠。

可是,

> 它随即从我指间遁逃
> 我国就再未获此珍宝。

诗人暗示,德意志民族的高贵精神品质有如"一颗柔美的珍珠",它一旦破碎,德意志帝国便一无所是。珍珠丢失,尚可能复得,一旦破碎,便永不可能复得。诗人的歌唱明显带有现实关切,因为,在诗人看来,魏玛宪法的德意志共和国仍然沿用 Reich[帝国]这个习传"名称",无异于自欺欺人。德意志正在变得庸俗不堪,作为一个国家,德意志的土地上不能没有高贵的精神品质。国家即便强盛起来,也不等于有高贵精神。格奥尔格手上的那颗"柔美的珍珠",就是高贵的德意志精神品质本身,在"新帝国"的大众民主处境中,诗人极为忧心,这颗"柔美的珍珠"不是丢失,而是彻底"破碎"。

《弗里德里希二世大帝》与《新帝国》交相辉映,销量惊人,短短几年内,康托洛维茨的这部历史人物传记获得的报刊书评,已近两百篇,

1931 年印行第三版，英译本也在同年面世。因从未打算搞学术，康托洛维茨念完博士学位后，并未按部就班写教职资格论文（Habilitations-schrift），这时却收到法兰克福大学的史学教授聘约。史学专业的某些科班教授妒忌心起，撰文攻击《弗里德里希二世大帝》一个没有注释，不过是"历史通俗文学"，毫无学术价值。⑥康托洛维茨不仅在很短时间内搞出一部史料集，回击这些心胸狭隘、心性低劣的专业学匠，还决定自己这辈子也搞学术。

1933 年接踵而至，身为犹太人的康托洛维茨磨蹭到欧战爆发前，才秘密逃亡英伦。在英伦没能找到立足之地，度日艰难，康托洛维茨偶然从报上看到一份加州大学伯克利分校招聘史学教授的广告，撞上好运移居美国。1950 年代初，因麦卡锡事件与校方闹别扭，康托洛维茨又离开加州，到普林斯顿大学任教，在那里完成了《国王的两个身体》，离世时还未年届古稀。

在美国，康托洛维茨的知名度从未越出古代史专业范围。即便在欧洲学界，也差不多有近 20 年之久，没谁对康托洛维茨谈论的"国王身体"感兴趣，即便古代史专业人士，读这本书的也不多。福柯在《规诚与惩罚》(1975)卷一第一章"犯人的身体"临近结尾时，用半页篇幅概述过《国王的两个身体》全书大意，如今成了人们挂在嘴边的美谈，似乎福柯慧眼识珠，第一个发现康托洛维茨。⑦其实，福柯提到这部书，与康托洛维茨要谈论的问题了不相干。福柯满脑子"犯人的身体"，而非"国王的身体"，他并不关心康托洛维茨所关切的问题。毋宁说，让福柯钦佩的不过是，康托洛维茨的学识极为丰富，史述笔法诱人。倒是 2 年后，有个研究英国近代史的学者出了一本书名为《女王的两个身体》，明显是在模仿《国王的两个身体》的论题。⑧

在德语学界，人们对这位魏玛民国时期的青年才俊，也已经忘得差

---

⑥ Henning Ottmann, *Geschichte des politischen Denkens*: *Das Mittelalter*, Stuttgart: Metzler, 2004，页 183。

⑦ 福柯,《规诚与惩罚》,刘北成、杨远婴译,北京：三联书店,1999/2003/2007/2012,页 31。

⑧ Marie Axton, *The Queen's Two Bodies*: *Drama and the Elizabethan Succession*, Royal Historical Society Studies in History, No. 5, London: Humanities Press, 1977。

不多了,少数老辈人记得康托洛维茨,不过因为他曾是格奥尔格圈子的最后一代才子之一。[9]康托洛维茨去世那年(1963),《弗里德里希二世大帝》重版。在"波恩条约"框架下,德国学人不再会对这位中世纪的德意志帝王感兴趣,完全可以理解。1990年代初,《国王的两个身体》有了德译本,中世纪史研究的名家福尔曼在《时代周刊》上发表推介文章,标题是"接康托洛维茨回家"——言下之意,德国人不应该忘记,康托洛维茨是德国人,而非美国人。[10]在德国才应该会有人对"国王的身体"念念不忘,美国人怎么可能对"国王的身体"有感情呢。

法国大革命两百周年之际(1989),《国王的两个身体》的法文和意大利译本同年出版,德文译本才接踵而至(1990)。在随后10年里,这部书越来越受到关注,但关注者主要并非是中世纪史学专业的从业者,大多是关切政治思想史问题的人士。一时间,欧美大国越来越多的政治智识人开始关心"国王的身体",好几部专著甚至模仿康托洛维茨的书名。即便是普及性的学术书,也以引用康托洛维茨为尚。[11]《国王的两个身体》的影响力在公共学界持续上升,康托洛维茨的声誉明显越出专业史学领域,传记研究接连不断——康托洛维茨俨然成了历史人物,而非一般学人。[12]

一、不死的国王身体

《国王的两个身体》为何籍籍无名长达近20年,又为何突然之间走红,学界不免会出现种种解释。[13]法国学界有人给出这样的解释:1960

---

⑨ Arthur R. Evans 编, *On Four Modern Humanists*:*Hofmannsthal*,*Gundolf*,*Curtius*,*Kantorowicz*,Princeton University Press,1970。

⑩ Horst Fuhrmann,"Die Heimholung des Ernst Kantorowicz",刊于 *Die Zeit*,13/1991,页 1-13。

⑪ Bernhard Jussen,"*The King's Two Bodies Today*",刊于 *Representations*,Vol. 106,No. 1 (Spring 2009),页 104。克鲁瓦/让·凯尼亚,《法国文化史,卷二:从文艺复兴到启蒙前夜》(1997/1998),傅绍梅、钱林森译,上海:华东师范大学出版社,2006,页 261。

⑫ Alain Boureau,*Kantorowicz*:*Stories of a Historian*,The Johns Hopkins University Press,2001;Robert Lerner,*Ernst Kantorowicz*:*A Life*,Princeton University Press,2016。

⑬ 参见 John B. Freed,"Ernst Kantorowicz:An Accounting",刊于 *Central European History*,Vol. 32,No. 2(1999),页 225-226。

年代崛起的年鉴学派势力太大,《国王的两个身体》属于观念史论著,方法老派,无人问津并不奇怪。德语学界的情形也相差无几:韦伯的社会学理论影响太大,自 1930 年代起,就支配着学界的问题意识乃至研究方法,没谁关心中世纪晚期的观念史问题。何况,康托洛维茨所谈论的国王身体,早已被扫进历史垃圾堆。

这番解释固然没错,却未必周全,因为它不能解释,为何偏偏在 1980 年代以来,康托洛维茨越来越红。在笔者看来,《国王的两个身体》面世后遭遇冷落,实际原因是当时英美学界正在兴起一股激进民主思潮,出现了强势的所谓"思想史的民主化形式"。在这样的学术思想气候中,康托洛维茨谈论国王的身体,不仅堪称老朽,而且政治不正确。剑桥学派史学在 1960 年代的激进民主运动中登上学术舞台,并在 1970 年代中后期大显身手,随即吸引了广泛的学界目光。1981 年,法国著名思想史家戈歇(Marcel Gauchet)连续发表两篇文章,解读《国王的两个身体》,明显是在借康托洛维茨之作,回应激进民主的政治史学。[14]戈歇以研究贡斯当和托克维尔闻名学坛,同时也是法国文化思想界抵御激进思想的中坚人物。他大声疾呼,拉康、福柯、德里达谋杀了法兰西文明精神,振聋发聩,我们迄今没听见,还以为法国后现代思想会让中国文明精神发扬光大。[15]康托洛维茨在 1980 年代末开始逐渐走红,未必不可理解为,激进民主的政治史学开始遭遇反弹。毕竟,剑桥学派史学与康托洛维茨史学的研究领域多有重叠,问题意识却截然对立。

法国大革命两百周年之际,《国王的两个身体》的法意德译本纷纷面世,绝非偶然。法国革命起初建立的是君主立宪政体,这意味着,国家这个身体的"头型"换了,但"头"还在。普鲁士和奥地利两个君主国联手干预法国政局时,路易十六王后泄露军事机密,致使普奥联军击溃

---

⑭ Marcel Gauchet,"Des deux corps du roi au pouvoir sans corps. Christianisme et politique",刊于 *Le Débat*,1981/8 n° 14,页 133-157 及 n° 15,页 147-168。

⑮ Marcel Gauchet, *Desenchant Du Monde:Une Histoire Politique de la Religion*,Paris:Gallimard,1985(英译本 *The Disenchantment of the World:A Political History of Religion*, Princeton University Press,1997); Marcel Gauchet, *La religion dans la démocratie:Parcours de la laïcité*, Paris:Gallimard,1998; Marcel Gauchet, *Pensée de Marcel Gauchet:Philosophie de la démocratie*. *Ecriture de l'histoire*,Paris:Frémeaux & Associés,2009。

法军,攻入法国本土。1792 年 7 月,立法议会宣布,国家进入危急状态;8 月,共和党人发动市民起义,占领杜伊勒里宫,拘禁国王和王后,宣布推翻立宪派政权。共和党人中的温和派(吉伦特派)掌握政权后,迫使立法会议废除君主立宪制,改行共和制,共和党人中的激进派(山岳派)则还要求处死国王。9 月,法国军队和各地组织的义勇军在瓦尔米一役击溃普奥联军,为法兰西共和国(史称第一共和)奠立了基础。10 月,法国军队已经将普奥联军赶出国境,还间接控制了意大利半岛和莱茵河以西。一百年来,法国从未取得过如此胜利。1793 年元月 21 日,国民公会在一片胜利声中以叛国罪判处国王及王后死刑,路易十六身首分离。随之,保王党人与革命党人爆发激战,国家即将陷入分裂。

人民主权的国家这个身体可以没有"头"吗?拿破仑铁腕平定内乱证明,人民的国家作为一个身体,仍然需要有一个强有力的"头",否则只会瘫倒在地。

共和革命党人掌控的国民公会以法律程序方式处死国王,从世界史的意义上讲,是在确认一百多年前英国共和革命弑君的正当性。按 19 世纪初的自由主义史学家基佐的说法:法国革命不仅给英国革命"增添了鲜明光彩",甚至应该说,没有法国革命,"就无法彻底理解"英国革命。⑯1649 年元月 20 日,处于内战状态中的英格兰残余议会设立法庭,审判国王查理一世。一周后,法庭宣判"查理·斯图亚特为暴君、叛徒、杀人犯及国家的敌人,应予斩首"。随后,查理一世在白厅街被当众斩首。世界历史上被推翻的王权不计其数,英国的共和革命以法律程序合法地判处国王死刑,有史以来还是第一次。学习政治史以及政治思想史的人会觉得,这一事件的历史含义值得深思。激进共和主义者则会通过写通俗文学式的史书说,这一历史事件是值得人们"一同分享和欣赏的人权历史上那个翻天覆地的时代带来的激动,所有欧洲人对社会阶层地位以及'君权神授'的假设,都被一个概念粉碎,那便是:'权力应该属于人民,并由人民的代表去行使'"。⑰

---

⑯ 基佐,《1640 年英国革命史》,伍光建译,北京:商务印书馆,1985/2007/2011,页 7-10。

⑰ 罗伯逊,《弑君者:把查理一世送上断头台的人》,徐璇译,北京:新星出版社,2009,页 8。

在政治思想史家沃格林看来,英属美洲殖民地十三州的"独立"革命,先于法国革命确认英国共和革命的正当性。《独立宣言》控告英王的法理依据,与英格兰下议院控告国王的理由如出一辙:国王身上仅有"有限的权力",其职责是确保人民享有生命、自由和追求幸福等"不可让渡的权利";一旦国王的有限权力损害了人民的权利,人民就有权利弑君。与基佐不同,沃格林还看到,英国革命与美国革命对国王提出指控有一个根本差异:英国的共和革命人士设立高等法院来裁决对国王的指控,美洲殖民地的共和人士则把对英王的指控直接提交"人类的意见"(the opinions of mankind)裁决。[18]"人类"是谁?"人类"既可等同于自然天地,也可等同于上帝。这一差异表明,英国共和革命之后的一百年里,基于人民主权的共和理论高歌猛进,占领了舆论制高点,《独立宣言》废黜宗主王权的控告,已经无需再由高等法院之类的人间机关来裁决。

由此来看,法国革命党人中的温和派依循法律程序审理对国王的指控,无异于一种历史倒退。法国国民公会审判路易十六期间,罗伯斯庇尔两次发表演说,他的观点让我们看到,沃格林所言不虚。罗伯斯庇尔向来主张废除死刑,在他看来,死刑"极端不公正","社会无权规定死刑",何况,死刑有违"自由民族的善良风习"云云。既然如此,罗伯斯庇尔为何极力主张处死国王? 在他看来,道理很简单:死刑属于刑事犯罪,国王路易十六犯的则是叛国和反人民的政治罪,岂可同日而语。罗伯斯庇尔在国民公会演讲时振振有词地说,将"我们当中因某种恶习或情欲而违反法律的人"判处死刑,极不人道,处死国王则天经地义。[19]因此,设立法庭审判国王实属荒唐:

> 路易不是被告人。你们不是法官;你们是政治家,是国民的代表……从前路易是国王,而现在建立了共和国。单是这句话,就能

[18] Eric Voegelin, *The New Order and Last Orientation*, University of Missouri Press,1989,页84-85。

[19] 罗伯斯庇尔,《革命法制和审判》,赵涵舆译,北京:商务印书馆,1965/1997,页68,70,73-74。

解决你们所研究的臭名昭著的问题。路易由于自己的罪行被迫退位；路易宣布法国人民是造反，为了惩罚人民，他呼吁自己同类的暴君使用武力。可是，胜利和人民认定了，叛徒就是路易本人。由此可见，路易不能受审判，因为他已被定了罪，不然共和国就没有理由存在。建议不管怎样也要把路易十六交付审判，意味着倒退到君主立宪的专制制度。这是反革命的思想，因为它使革命本身成了有争议的问题。……人民审判不同于法庭审判：他们不下判决，他们像闪电一样予以打击；他们不裁判国王，他们把国王化为乌有。（《革命法制和审判》，前揭，页 104-105,107）

罗伯斯庇尔的激进共和主义观点自有其理：共和国的合法性已经取代了国王的合法性，或者说，人民主权原则已经取代了王权原则。人民主权原则的法理依据，来自人民的"政治美德"，剑桥学派史学张扬的正是这种罗伯斯庇尔式的共和主义美德。20 世纪的人们遗忘了这种公民参与式的"政治美德"，让剑桥诸君深感焦虑。他们通过政治思想史宣扬"公民共和主义"，积极发掘其直接民主的思想意涵，不外乎要进一步教育人民群众：共和国作为人民的身体不应该再有"国王"这个"头"。由此可以理解，剑桥学派史学为何特别关注两个历史时期的政治思想。首先是文艺复兴时期至英国共和革命之前的反王权论，按照这种理论，君王无不是"暴君"。其次是在"1649 年弑君和英国正式宣布为'共和国和自由国家'之后"的革命时期，发展起来的共和派自由国家论，据斯金纳说，这种"古典共和主义"的人民主权论，经斯宾诺莎和卢梭的发展，直接影响了美国的独立革命。[20]

剑桥学派史学致力于给人们灌输激进共和主义的思想谱系，康托洛维茨的《国王的两个身体》展示了另一种共和主义思想，难免会影响剑桥史学的宣传效力。不过，这本书并非面向知识大众说话，因为，它促使还愿意独立思考的少数人思考所谓"政治神学"问题，知识大众不会思考这类问题。康托洛维茨让人们看到，15 世纪的英格兰法学家们

---

[20]　斯金纳，《自由主义之前的自由》，李宏图译，上海：上海三联书店，2003，页 9。

关于王权的描述,无不采用基督教神学词汇,这表明当时的王权论是一种"王权神学",尽管它论证的是世俗君主的权力。康托洛维茨由此展开史学追溯,力图展示这种所谓的"国王—基督论"(Kings-Christology)并非英格兰法学家们的发明,而是12至13世纪在欧洲大陆已经非常流行的"王权神学"的延续。㉑

对观剑桥学派和康托洛维茨讲的近代欧洲思想史故事,人们会发现,尽管两者所关注的史学对象涉及相同的历史事件,但着眼点截然不同,甚至对同一个历史人物的看法,也截然不同。举例来说,《国王的两个身体》提到的第一个史学例证,是15世纪的英格兰法律人福特斯库(John Fortescue,1395-1477),在波考克的《马基雅维利时刻》中,此人同样是第一个史学例证,但却是反面人物。㉒

相同的史例,在不同的政治思想史家手里,会引出完全不同的思想史问题。因此,我们值得关注,史家用史料来说明什么,而非仅仅看,他们用了什么史料,或用了多少史料。通过分析都铎王朝时期法律家们的王权论修辞,康托洛维茨以大量历史文献表明,当时关于王权的流行观念、思想潮流和政治习语,无不带有基督教神学语汇的印记:

> 令人震惊的是,英国法学家(主要在无意识而非有意识的情况下)将当时的神学定义用于界定王权性质时所体现出来的忠实程度。就其本身而言,将各种定义从一个领域转移到另一个领域,从神学转到法律,倒丝毫不令人惊奇,甚至都不值得注意。对等交换的方法——运用神学概念对国家作定义——已经运用了数个世纪,就好像反过来的情形,在基督教发展早期,罗马帝国的政治词汇和帝国的礼仪被用于满足教会的需要。(《两个身体》,页19)

都铎王朝的法律家们搞的《王权至尊法案》(Act of Supremacy),

㉑ 康托洛维茨,《国王的两个身体》,徐震宇译,上海:华东师范大学出版社,2017,页17(以下简称《两个身体》,随文注页码)。

㉒ 波考克,《马基雅维利时刻:佛罗伦萨政治思想和大西洋共和主义传统》,冯克利、傅乾译,南京:译林出版社,2013,页10-12。

自觉挪用界定教宗权力的概念来支持国王的权力,有可能是一时的政治修辞手段,但法学家将教会论词汇用于世俗目的,则肯定是一种思想习惯。康托洛维茨由此提出,他的史学要尝试一种历史的"宪制语义学"(constitutional semantics)研究。剑桥学派也主张,政治思想史应该是一种基于历史语境的"历史语义学"(historical semantics),要求思想史关注流行观念、思想潮流和独特习语,并以此为由,抨击"观念史"式的政治思想史。㉓由此看来,1980 年代以来,欧洲学界不断有人炒作康托洛维茨,很可能意在打击剑桥学派的自以为是:剑桥诸君所谓的思想史方法论创新,康托洛维茨早在 10 年前就出色地践行过了。

康托洛维茨与剑桥学派都关注流行观念、思想潮流和独特习语——康托洛维茨甚至关注图像、纹章、建筑装饰等形象语言,着眼点却截然相反:剑桥学派关注基于人民主权的反王权论,康托洛维茨关注基于人民主权的王权论。我们的脑筋会一时转不过弯:主张人民主权必然反王权,怎么可能会有人民主权的王权论一说?

在《国王的两个身体》第二章,康托洛维茨以莎士比亚的英国历史剧中的国王形象为例,进一步加强自己的论点。莎士比亚笔下的亨利五世和查理二世明显具有双重本性,可见,"国王二体的比喻"即国王有两个身体的比喻,在当时乃是人们对国王的常识性理解,而且在日常生活中具有多重含义(《两个身体》,页 30)。在斯金纳和波考克的政治思想史中,莎士比亚的历史剧没有其应有的位置。原因很简单,莎士比亚的历史剧几乎无不是王者主题,他们从中找不到自己所需要的东西。一个学人从历史上看到什么,以及看重什么,取决于他的个体精神品质及其眼界。我们若学习政治思想史,必须关注史家的个体精神品质,及其政治观念取向,而非被其旁征博引的史料俘获。否则,我们的政治思考不会有长进。

因此值得提出这样的问题:康托洛维茨与剑桥学派的史学问题意识差异,意味着什么?

㉓ 参见刘小枫,《以美为鉴:注意关于美国立国原则的是非未定之争》,北京:华夏出版社,2017,第三章第三节。

通过分析 15 至 16 世纪的法律文献语言和戏剧文学语言中所反映的"国王二体"观念,康托洛维茨引出了其"宪制语义学"的核心观点:政制观念是一种人为的"拟制"(fiction),即凭靠特殊言辞来建构的政制正当性。那么,康托洛维茨的"宪制语义学"关注"国王的两个身体",究竟想要告诉人们什么呢?

在第二章结尾时,康托洛维茨明确说,他要引人思考:既然国王观念作为"拟制"有两个身体,即国王的人身和他所代表的作为人民的政治体,那么,国王的人身被送上了断头台,不等于作为政治体的国王即人民共同体或国家也随之被执行死刑。这意味着,作为政治体的国王身体不会死。尽管如此,自然人身的国王死了,作为政治体的国王身体必然会身受影响。

> 国王二体的拟制不可与后续的事件隔离开来观察,亦即议会成功地审判"查理·斯图亚特,被认可为英格兰国王,因而受托享有有限的权力",定了他叛国罪,最终单单处决了国王的自然之体,而没有严重影响、或对国王的政治之体造成不可弥补的伤害——这与 1793 年法国发生的事件形成了对比。(《两个身体》,页 25)

弑君"对国王的政治之体造成不可弥补的伤害",这话在今天的人们看来,即便不刺眼,也不会顺眼。更让人感觉不顺眼的是,康托洛维茨用布朗法官的说法来结束第二章:

> 国王是不断存续的名号,作为人民的头和管治者(按法律的推定)会永远存续,只要人民继续存在……;在这个名号中,国王永远不死。(《两个身体》,页 25)

康托洛维茨的言辞无异于在质疑英国革命—美国革命—法国革命以来逐渐流行的一种共和观念:真正的共和政体不会有,也不应该有"人民的头和管治者"——不应该再有任何意义上的"国王"。公民直接参政,并施行自治的直接民主,才是真共和。

康托洛维茨绝非反民主或反共和分子。作为史学家,康托洛维茨当然知道,历史不可预设,也不可逆转。在共和革命已经席卷全球的20世纪,他无意为已被执行死刑的国王招魂。康托洛维茨不过要提醒世人:国王的自然身体死了,作为政治身体的国王并没有死,即国王曾经拥有的另一个身体——作为人民的国体——并没有死。"国王二体"比喻的要害是:国王是作为"国族"(nation)的人民这个政治体的"头",弑君之后,人民政治体这个身体是否可能——遑论应该——没有自己的"头":没有"头"的共和国身体意味着什么呢?

显然,这一问题意识已经不属于史学,而属于政治哲学。按传统说法,人民是原上草,国王是"草上风"。如果人民政治体这个身体没有自己的"头",那么,这个政治体也就不会有道德精神的等级秩序权威。反之,如果民主政治人主张,人民政治体不应该有"头",那么,他们必然会主张,人人在道德上平等,没有德性上的差异。公民的首要"美德"是直接参政,要实现这种"美德",首先必须拆毁任何形式的价值或精神等级秩序。

二、共和政体的政治神学问题

题为"国王永远不死"的第七章,在全书所占篇幅最多,康托洛维茨这样开始他的论述:

> 通过将人民(People)解释为一个"永远不死"的共体(universitas),[15至16世纪的]法学家们塑造了一个具有永久性的概念,其中同时包含了整个政治之体(头和肢体一起)的永久性和组成成员的永久性。但是,"头"的永久性也具有同样重要的意义,因为头通常是负责任的部分,并且它的缺席可能导致这个合体之身不完整,或失去行动能力。因此,头的永久存续就制造出一系列新的问题,并引向了新的拟制。(《两个身体》,页368)

可见,康托洛维茨关切的根本问题是:共和革命之后,人民政体的

"头"的永久性是否还具有同样重要的意义,哪怕它仅仅在观念上具有永久性。换言之,即便废除国王的身位,是否可能而且应该废除"国王"这个观念的身位。从前有"朕即国家"的说法,共和革命之后的说法是:人民即国家,人民成了国王。如果共和革命之前的王权观念是一种人为"拟制",那么,共和革命用来取代王权的人民主权观念同样是一种人为"拟制",即同样是靠言辞来建构的统治正当性。然而,作为一个政治体,人民主权的共和政体却隐含着内在困难。

中世纪晚期以来的王权论把国王说成一个"合体之身"(body corporate),其首要含义是,国王的身位(Person)集政治体之身和圣事中的基督的身体于一身,后者使得国王的自然身位对政治身体拥有绝对主权:就像一个人的身体,头对肢体有绝对支配权。人民主权原则取代王权原则,问题就来了:作为政治体,人民共和政体还是"头和肢体"的合体吗? 或者说,"人民"这个政治身体有"头"吗? 如果人民共和政体必须得有"头",否则,这个政治身体会瘫痪,那么,由于人民主权的政体基于弑君的正当性,何以可能允许自己这个身体还有一个"头"? 如果有的话,那它会是或应该是怎样的"头"?

从历史上看,迄今还没有任何人民主权的民主政体没有"头"。最为常见的情形是,人民主权的政治体,会通过制宪支起一个"头"(称之为"总统"或诸如此类的名号),赋予他应该承担的责任性权力,同时又以代议制的形式,对其权力加以必要的限制和监督。

1918 年 3 月,德意志帝国的军队虽在西线发动了一次取得完胜的大攻势,但美国的介入使得整个战局急转直下。德国这个立宪帝国的皇帝及其领导班子被迫求和,人民却不满起来:当初主战的是皇帝,如今求和的也是皇帝,王者怎么能这样呢。10 月 29 日那天,德国基尔港水兵造反,59 岁的国王威廉二世(Wilhelm II, 1859–1941)在国家军队已经不听从自己调遣的情势下,被迫自动逊位,11 月 10 日一大早,偷偷溜到荷兰,以免自己遭遇像查理一世和路易十六那样的命运。激进左翼这时试图趁机掌握政权,政府采取行动压制,引发左翼激进派暴动(1919 年元月)。为了国体的稳定,从战场上下来的康托洛维茨加入右翼"自由军团",与激进左翼交火,激战两天两夜,又一次负伤。德国这个政治身体没有"头"的状况，给年轻的康托洛维茨留下了极为深刻的印象。

不到半年时间（1919 年 7 月），德国的智识精英就在名城魏玛设计出宪法，宣布建立德意志共和国——立宪帝国改制为民主共和国，德国经历了一次短暂的"空位期"：没有了国王，毕竟有了民国总统。然而，一纸民主宪法管不住民主共和这个身体，国家不断出现内乱，甚至濒临分裂。幸好，魏玛宪法 48 条赋予总统"紧急专政权"，民国总统不得不时时凭靠这一条款施行合法压制，否则，新生的德意志共和国随时会陷入内战状态。魏玛宪法 48 条表明，德意志共和国这个身体不仅有一个"头"，而且还有专断的权力——用专业行话来讲，这叫做君主制"残余"——以至于人们会说，民主共和的身体上奇怪地有一颗君主的"头"。

1922 年，时年 36 岁的法学家施米特发表了小册子《政治的神学》，揪住这一宪法条款并结合现实说，民主宪法框架下的人民政体也会有政治神学问题。下面这段话被后人引用得太多，早已成了名言：

> 现代国家理论中的所有重要概念，都是世俗化了的神学概念，这不仅由于它们在历史发展中从神学转移到了国家理论，比如，全能的上帝变成了全能的立法者，而且也因为它们的系统结构，若对这些概念进行社会学考察，就必须对这种结构有所认识。法理学中的非常状态类似于神学中的奇迹。只有在意识到这种类似的情况下，我们才能辨清上个世纪国家哲学理论的发展轨迹。㉔

这一说法提出的问题既涉及政治法学，也涉及政治史学。前者关切政治体的当下状态，后者关切过去的政治体及其观念的变迁，但两者绝非互不相干。从政治史学角度澄清传统的基督教王权论如何转移为现代式的宪制国家论，显然对当下的政治状况和政治争议具有现实意义。康托洛维奇给《国王的两个身体》冠以"中世纪政治神学研究"这个副标

㉔ 施米特，《政治的神学》，刘小枫编，刘宗坤等译，上海：上海人民出版社，2015，页 49（以下随文注页码）。

题,表明他在时隔 20 多年后仍然认为,施米特当年提出的政治史学问题没有过时,《国王的两个身体》也因研究这一问题而成为史学经典。

可是,康托洛维茨在"前言"中对是否采纳"政治神学"这个提法,明显有些犹疑不定,颇让人费解。一方面他说,自己的这项研究要尝试说明,中世纪晚期发展起来的"一种政治神学的某些原理","为何在作必要的修正后,直到 20 世纪的今天仍然有效",尽管这"完全不是"他自己"起初的意图"。另一方面他又说:

> 尽管我们的时代发生了恐怖的事情,就是从大到小所有的国家,统统拜服于最诡异的教义,将政治神学发挥成真正的妄想症,在许多情况下直接挑战人类和政治理性的基本原则。但是,以此推断作者乃是试图考察某些现代政治性宗教的偶像是如何生成的,就属于臆测了。我当然不是对晚近的错乱现象毫无知觉;事实上,越是体会到某些意识形态的蜘蛛网,就越是拓展和加深了我对其早期发展的认识。但是,有必要强调,这类思索属于嗣后思考,是眼前这项研究的结果,而不是原因,也并不影响研究过程。历史材料本身惯常散发出的魅力,可以胜过一切实践或道德应用的渴望,当然也不消说,胜过一切嗣后思考。本项研究是针对主权国家及其永久性的特定密码(王冠,尊荣,祖国,等等),视角特别限定于按照各种政治信念在其初始阶段,以及被当作工具服务于近代早期国家建立之时的状况,来理解这些信念。(《两个身体》,前言)

康托洛维茨接下来就把自己的研究与卡西尔在《国家的神话》中提出的"政治神话"说联系起来,似乎他的研究与此相关,而非与施米特的"政治神学"论相关。卡西尔的《国家的神话》脱稿于盟军即将攻陷柏林之际(1946 年出版),旨在解释为何德意志会出现第三帝国这样的现代怪胎。㉕在二战后的学界政治处境中,依凭卡西尔的"政治神话"论说

㉕ 卡西尔,《国家的神话》,张国忠译,杭州:浙江人民出版社,1988/范进等译,北京:华夏出版社,1990/1998。

事,不会有问题,依凭施米特的"政治神学"论说事,难免会惹来政治麻烦。因为,施米特当年提出的"政治神学"论已经被人视为德意志第三帝国的先声,即康托洛维茨所谓,纳粹帝国"将政治神学发挥成真正的妄想症"——直到 21 世纪的今天,情形仍然如此。[26]康托洛维茨若刻意回避与施米特的关系,并非不可以理解。可是,《国王的两个身体》毕竟用了"政治神学"这个特别带有施米特思想标志的语汇作为副标题,以至于"前言"中的这段说法,与其说在刻意回避,还不如说意在申明:即便遭人误解,作者也不回避自己的研究与施米特提出的问题相关。

康托洛维茨在"前言"中还说,1945 年与某位同行挚友的谈话,引发了他写作本书的念头。据今人考证,这话也很可能是障眼法,因为,有证据表明,康托洛维茨在 1938 年离开德国之前,已经着手撰写《国王的两个身体》。[27]倘若如此,1950 年代末出版《国王的两个身体》时,康托洛维茨颇为无畏地坚持用"政治神学研究"这个副标题,并非仅仅是其个人的性情德性的反映,很可能还反映出,他一直没有忘怀魏玛时期自己也曾涉身其中的那场著名的精神对峙:格奥尔格圈子与韦伯圈子的对峙。

韦伯(1864-1920)比格奥尔格仅年长 4 岁,两人年龄相若。在德意志第二帝国末期,两人就已是各具魅力的精神领袖,各有大批追随者。格奥尔格圈子被贴上信奉"神话"精神的标签,韦伯圈子则被视为坚守"理性化精神"的中坚,两个知识人阵营尖锐对峙。[28]

应该注意到,当施米特说,"现代国家理论中的所有重要概念,都是世俗化了的神学概念"时,他同时还说,若要对现代国家理论中的重要概念"进行社会学考察",就必须考察这些概念在历史发展中如何"从神

---

[26] 波拉茨,《德国新保守主义的两个神话(1919-1932):"第三帝国"与新国家》,见曹卫东主编,《德国青年运动》,上海:上海人民出版社,2011,页 182-183。

[27] Robert Lerner,"Kantorowicz and Continuity",见 Robert L. Benson/Johannes Fried 编,*Ernst Kantorowicz：Erträge der Doppeltagung Institute for Advanced Study，Princeton，Johann Wolfgang Goethe-Universität，Frankfurt*，Stuttgart：Franz Steiner，1997，页 120-121。

[28] 上山安敏,《神话与理性:19 世纪末至 20 世纪初欧洲的知识界》,孙传钊译,上海:上海人民出版社,1992,页 21-32,37-44。

学转移到了国家理论"。谁对现代国家理论中的重要概念做过"社会学考察"？当然是韦伯！"合法性"堪称现代国家理论中最重要的概念之一，韦伯对之做过十分著名的社会学考察。可以说，施米特在1922年提出政治神学议题，矛头直指韦伯的政治社会学，虽然施米特并不属于格奥尔格圈子，而韦伯也已经在两年前离世。毕竟，韦伯的学术声望和影响力都十分巨大。

10年后（1932），也就是魏玛共和国危机的最后关头，施米特提出了"正当性"概念，更为明确地与韦伯的"合法性"概念针锋相对。

> 以其所有国家行为的一种天衣无缝的合法性理想和制度，议会制立法型国家发展了一种绝对独特的辩护体系。在此，"合法性"的意义和任务恰恰是，不仅把［无论君主还是人民意志的］正当性，而且把任何基于自身的更高的权威和当权机关变成多余的，并予以否定。在这个辩护体系中，根本没有使用诸如"正当"或者"权威"之类词汇，哪怕只是作为合法性的表述——合法性只是从"正当"或者"权威"派生出来的。由此就可以理解韦伯的社会学命题："这种合法性可以被视为正当性"，或者，"现今最流行的正当性形式就是对合法性的信仰"（韦伯，《经济与社会》卷三，第一册，页19）。在这里，正当性与合法性这两者被归结为一个共同的正当性概念。㉙

施米特这样说的时候，正是纳粹即将获得政权前夕。施米特反对韦伯把合法性与正当性混为一谈，并非仅仅是学理论争，还涉及德国当时的危机状况（《合法性与正当性》，页95）。纳粹政党凭靠宪法赋予的合法政治权利一步步夺取政权，自由民主的政府束手无策。施米特心急如焚，主张在宪法48条的基础上扩大总统权限，以剪灭纳粹党，被自由主义法学家视为违宪："只有在修宪权受到限制的情况

㉙ 施米特，《合法性与正当性》，刘小枫编，李秋零等译，上海：上海人民出版社，2015，页102（以下随文注页码）。

下，才能够否定一个政党的合法性"（《合法性与正当性》，页184）。在施米特看来，这种严守合法性观念的政治姿态，实在不可思议，因为，纳粹政党明明以推翻魏玛宪政的基本政治决断为政治目的，宪法却在自由民主的原则下，认可任何政党有"机会平等"的合法权利。对人民宪法的敌人，难道不应该坚决果断地予以剪灭？既然纳粹政党的政治行动以宪法赋予的合法性为依据，国家要剪灭人民宪法的敌人，只有凭靠人民主权的正当性原则。由于魏玛宪法条款的约束，施米特主张，总统凭靠人民的"呼声"拥有超逾宪法条文的主权。后来，施米特被说成纳粹的支持者，其实是因为他在1934年至1935年期间，参与了纳粹政权的"法律革命"。在意识形态的支配下，一般人对历史上复杂的政治事变不明就里，如今很少有人知道，施米特当年坚决主张取缔纳粹党。既然如此，今天若有某些个激进群体在人民的身体上闹"独立"，国家以"人民"的名义坚决予以剪灭，那么，这种国家行为被说成"法西斯"，而"占领立法局"或街头闹事搞"独立"，反倒不是法西斯，就一点不奇怪。

现在我们能够切实体会到，康托洛维茨在题为"国王永远不死"的第七章一开头所说的事情，的确不仅仅是史学问题：人民共和的政治身体上的"头"，具有永久性的重要意义，"它的缺席可能导致这个合体之身不完整，或失去行动能力"。不过，在政治现实中，人民共和的政治身体的头与肢体如何协调，又的确是一大难题。在传统的君王政体身上，头与肢体至少理论上协调一致；在现代的人民共和政体身上，头未必与肢体协调。一旦政治体面临内乱或外敌入侵，谁来作决断就是问题。按照人民主权原则，作决断的应该是"人民"，按照代议制原则，即由人民选出的代表作决断——用专业行话说，这叫做"议会主权"论。

譬如在英国，议会获得了凌驾于君主之上的权力，议会权力的发展甚至更有力地作用于国家机构的统一这个方向。在英国，"内阁"以议会中的唯一首脑作为其"领袖"，在该党控制着多数时，内阁便成了一个党的委员会。这种政党的权力不为正式的法律承

认，但事实上，只有它具备政治上的决定权。㉚

这意味着，议会中赢得选票的政党，就是人民共和政体这个身体上的"头"。与英国的虚君共和不同，"美国的制度，是将获胜政党中那位直接民选的领袖，放在官僚机构首脑的位置上，而这些官员全由他任命"（同上）。无论哪种情形，民主政体的这个"头"一方面像传统君主那样，实际掌握着"人民主权"，另一方面则受人民代表（议会或国会）钳制，从而犹如戴了紧箍咒的孙悟空脑袋。一旦出现紧急状态，需要作为个人的总统或首相当即做决断，不可能等议会论辩作决议后再授权总统执行，问题自然就来了。在这种所谓例外状态下，总统的决断无异于打破了议会或国会的限制，成为名副其实的君主。9.11 恐怖袭击事发当天，小布什即宣布国家进入"战争状态"，来不及获得国会授权。当总统在电视上宣布这一决断时，他简直像个 deus mortalis［会死的上帝］出现在全体人民面前。

施米特当年就是以这类例外状态挑战魏玛宪法的法理困难：至少在总统宣布"紧急状态"这一时刻，他恢复了国王至上原则，暂时终止了人民主权原则。毕竟，在紧急状态下，总统作为"合体之身"的"头"，其权力不受肢体制约。但是，这个"头"又毕竟属于人民共和政体这个身体，总统个人作决断，不能等于终止人民主权原则，否则，共和革命的弑君行为就是荒谬之举。查理一世惹来杀身之祸，恰恰是因为，他针对内乱宣布国家进入紧急状态，共和革命者则以"人民"的名义把国王的这一主权行为视为"反对人民"，进而合法地弑君。路易十六的情形同样如此：表面看来，国民公会宣布国家因外敌入侵而进入紧急状态，以叛国罪和反人民罪判处路易十六死刑，是以议会形式行使人民主权。但从法理上讲，"叛国罪"只有在"反人民罪"的前提下才能成立。毕竟，"朕即国家"，路易十六引入普奥联军，针对的是内乱，普奥联军不是来争城掠地，而是帮助路易十六恢复国家身体的秩序。沃格林说得不无道理：英国革命时期的残余议会对国王提出司法指控的合法性，以及最

㉚ 韦伯，《学术与政治》，冯克利译，北京：三联书店，1998，页 70（以下随文注页码）。

高法院作出判决的司法权的合法性,都是可疑的,但这两项行动预示了"国家主权"(national sovereignty)和国王在宪制政府中的虚设地位之类的新观念。[31]

施米特的观点绝非反人民主权或反民主共和,恰恰相反,他的观点基于人民主权论所打造的民主共和体这一既定现实:改制后的德国正在按照魏玛宪法重建国家身体的秩序。二战刚结束不久,年轻的美国公法学家罗斯托就承认,施米特的观点有道理,即人民宪法的共和国必须为合宪的"独裁"保留合法位置。美国在二战期间的"战时状态"就是历史证明:"在美国人民阔谈民主与独裁的区别之际,他们实际上承认,自己的政府有必要更为紧密地遵循独裁模式!"毕竟,在非常状态下,"公民自由、自由企业、立宪主义、基于辩论和妥协的治理——这些严格说来都是奢侈品"。[32]由此可以理解,二战后的联邦德国制定波恩宪法时(1949),采纳了施米特当年的主张:人民宪法核心,不受议会三分之二多数或人民创制权作出的改变决定的制约"。[33]就此而言,如果当今的公民共和主义真的认为,美国1787年宪法违背了《独立宣言》的要义,从而要求更改宪法,那么,人们的确有理由认为,这与当年纳粹政党挑战魏玛宪法,至少在法理形式上一样,尽管其实际政治目的是取消人民国体这个身体上的"头"。

9.11恐怖袭击事件之前的1990年代,施米特提出的民主政体的政治神学议题,已经再度成为欧美政治理论的热门话题。康托洛维茨的《两个国王的身体》在1980年代开始走红,某种程度上起到了唤醒作用。9.11恐怖袭击事件之后,政治神学陡然成了当代政治理论中的正式议题。[34]美国的政治理论家甚至模仿施米特《政治的神学》,把政治神学议题直接纳入美国的民主政体语境。

---

[31] Eric Voegelin, *The New Order and Last Orientation*,前揭,页85。

[32] 罗斯托,《宪法专政:现代民主国家中的危机政府》(1948),孟涛译,北京:华夏出版社,2015,页18-19。

[33] 米勒/波格丹诺编,《布莱克维尔政治学百科全书》,邓正来等译,北京:中国政法大学出版社,1992,页684右栏。

[34] 参见 Michael Kirwan, *Political Theology:An Introduction*,London,2008。

当然,施米特当时没有考虑到美国公民宗教的实践。然而,他关于政治神学的建议能否帮助我们理解现代民族国家,尤其是我们这个民族国家,借以占据其公民心目中的神圣位置的方式? 比如,宪法的理念承载着立约的宗教概念吗? 革命是启示的一种世俗化形式吗? 这些是否就是"世俗化的神学概念"的例子? 正是由于这些问题在某种程度上依然合理,我们才需要一种政治神学来探索我们政治生活的渊源和本质,但又明确宣称要与施米特划清界限。㉟

为了"与施米特划清界限",作者主张把施米特的政治神学议题与其"本土语境,魏玛危机,以及他的个人政治信仰和实践"剥离开来,仅仅获取其理论意涵。毕竟,"理论的持久贡献虽源于其本土环境,但并不取决于这些环境"。作者在阐释施米特的政治神学议题时,让康托洛维茨的《国王的两个身体》中的观点成了施米特的脚注。㊱

与此相反,激进哲学家阿甘本则利用施米特所利用过的"例外状态"大做文章,从中获取与施米特相反的理论意涵。

在施米特笔下,"例外状态"无异于国家身体的失序状态或被外敌颠覆的危及状态,这时,国家身体尤其需要自身的"头"或最高权威掌控身体,让国家身体恢复秩序或应对外敌——从1931年的"918"事件到1937年的"77"事件时期,中国这个人民共和的国家身体就处于这种状态:国家身体的"头"不是一个真正的"头",不懂得外敌颠覆是国家身体面临的首要危险。换言之,在施米特那里,"例外状态"恰恰是需要作为国家身体的主权者以权威手段克制的对象。但在阿甘本那里,"例外状态"反过来成了挑战国家身体的"头"这一主权权威的出发点。㊲在这一语境中,阿甘本也对康托洛维茨的"国王的两个身体"论提出挑战,认为他"普遍低估了罗马先例的重要性,而未将权威与权限间的区分,联结到国王的两个问题以及尊严永远不死的原则上"(同上,页131-132)。

㉟ 卡恩,《政治神学:新主权概念四论》(2011),郑琪译,南京:译林出版社,2015,页6。

㊱ 同上,页35及注释13。

㊲ 阿甘本,《例外状态》(2003),薛熙平译,西安:西北大学出版社,2015,页115-138。

由此看来,我们若不熟悉施米特的政治神学议题,便难以理解康托洛维茨的这部史学大著的当下意义。毕竟,施米特以政治神学批判韦伯的合法性社会理论,是《国王的两个身体》的思想史背景。

三、国王的身体与现代国家的起源

这位美国政治理论家为何既承认施米特"理论的持久贡献",又要"与施米特划清界限"?显然,政治神学在1990年代的"复兴"遭到顽强抵抗。韦伯去世后的大半个世纪以来,其政治社会学已经成为欧美学术的基石。施米特的政治神学议题明确针对韦伯,政治神学的"复兴"遭到政治社会学所培育起来的学术力量反击,完全可以理解。哈贝马斯以毫无商量余地的口吻说,施米特"建立了一个极权主义大众民主的身份认同构想,他是为同质人民量身打造的,由魅力型领袖所领导"。即便"施米特那教权法西斯主义的'政治性'构想已成昨日烟云,但它应该成为那些妄图复活政治神学的人们的警示"。[38]

站在韦伯的政治社会学立场反驳施米特,合情合理,但若因此非要把施米特的"'政治性'构想"说成"教权法西斯主义",差不多是在骂街。哈贝马斯在回击政治神学的"复兴"时,目标锁定在施米特对自由主义"去政治化"的批判,但他也承认,现代政治形态与宗教的关系没有消失,这意味着,政治神学这个议题并非完全没有道理。

> 与传统合法性论证方式的决裂提出了这样一个问题:以大众权利与人权这些世俗术语对宪法要素进行的合法性论证,是否封死了"政治性"的维度,并借此一并废除了"政治性"概念及其宗教内涵?又或者,"政治性"只是从国家层面转移到了市民社会内部的市民民主意见与意见形成?与施米特相反,我们可以问:"政治

---

[38] 哈贝马斯,《"政治性":政治神学可疑遗产的理性意义》(2011),见曹卫东主编,《审美政治化:德国表现主义问题》,上海:上海人民出版社,2015,页274-275(以下简称《政治性》,随文注页码)。亦参哈贝马斯,《自主性的恐怖:英语世界中的施米特》,见吴彦、黄涛主编,《国家、战争与现代秩序》,上海:华东师范大学出版社,2017,页167-180。

性"为何不能在民主结构的规范维度中觅得一个非人身的体现？
而这一不同的选择对我们这样的社会中宗教和政治的关系又意味
着什么？（《"政治性"》，页 273）

人们有理由问，在市民社会内部，"市民民主"在凭靠"大众权利与
人权这些世俗术语"形成意见时，没有魅力型领袖出面领导？或没有催
生过魅力型领袖？大众民主只要不是极权主义式的，难道就没问题？

占主流地位的代议制民主政体论认可，人民国体的身体必须有一
个"头"，尽管应该被套上"合法性"的紧箍咒。自 1960 年代以来，公民
哲学及其子嗣剑桥学派，则主张激进的共和政体论：代议制政府不是真
正的人民主权政体，人民国体的身体不应该有"头"。哈贝马斯的"商谈
伦理"论与这股激进民主思潮一同成长，他的"交往理论"虽然出自社会
学理论，却与激进公民哲学阵营有同盟关系。㊴另一方面，激进民主思
潮也给哈贝马斯据守的韦伯式合法性理论带来无法回避的挑战。

凡此表明，何为真正的共和政体，迄今仍是政治思想面临的一大难
题。我们已经看到，至少有三种不同的人民共和政体论在相互驳难。
人们虽然还很难为施米特以及康托洛维茨所谈论的人民共和找到恰当
名称，但其基本含义非常清楚：人民国体的身体必须有一个"头"，因此，
政治理论必须关注这个"头"的政治德性。在中西方的历史长河中，君
主制同时伴随着君王德性论以及君王教育传统。激进的人民共和论认
为，人民国体不应该有"头"，公民直接参政的自治式民主政体，才是真
正的共和——人民国家应该身首一体，犹如现代新儒家开宗大师熊十
力所谓的"群龙无首"那样的身体。与此相应，激进的人民共和论必须
抬高公民美德。如果说君主政体或贵族政体必然伴随着德性的高低秩
序，那么，激进的人民共和论必然要求削平人的德性差异，提倡普遍的、
平等的德性原则。由此引发的问题是：公民德性能够勾销德性的自然
差异吗？

㊴ 参见哈贝马斯，《汉娜·阿伦特交往的权力概念》，见江天骥主编，《法兰克福学派：批判的
社会理论》，上海：上海人民出版社，1981，页 155-176。

哈贝马斯所代表的合法性观点承认,"君王的统治力量分崩离析"后,"统治权留下了一个'空位'"。自由主义的人民主权论坚守的底线是,绝不能再让一个国王的身位复位。如果现实政治没法设想参与式直接民主——连斯金纳也承认这是一种"乌托邦",尽管值得争取实现,[40]那么,可以设想的仅是:基于合法性的"程序形态",通过普选或各种政治团体的商谈和决议,让没有领袖品质的官僚型政治家在有限任期内,轮流占据这个"空位"(哈贝马斯,《"政治性"》,页 280)。这意味着,共和政体应是一架自行运转的民主程序的官僚机器。传统的国王有两个身体,即国王的人身和国体,民主共和这个国王(即人民政体)也有两个身体,尽管取代国王人身的总统毫无王气。

古代君王未必个个都有王者品质,毋宁说,大多数情况下,世袭君王往往缺乏王者品质。毕竟,真正的王者并非来自世袭或血统,而是出自大自然的偶然造化。然而,古代君主制至少在理论上要求王者有优异品质。与此相反,现代民主制的首脑论则并不要求王者品质,这就是韦伯所谓的"无领袖民主制"的著名提法。哈贝马斯的说法,不过是在重申韦伯的观点。

德意志第二帝国自行崩溃后仅仅 2 个月,韦伯就在慕尼黑作了题为《以政治为业》的著名演讲(1919 年元月)。针对德国即将建立共和政体的现实状况,韦伯提出,德国人只能在下面两者中选择其一:

> 要么是挟"机关"而治的领袖民主制,要么是无领袖的民主制,即职业政治家的统治,他们没有使命感,没有造就领袖人物的内在超凡魅力的个性……就目前而言,我们德国只能选择后面这种。至于未来,这种局面的持续,至少在帝国一级,首先会得益于联邦参议院将得到恢复,这必将会限制民国议会的权力,从而也限制它作为一个选择领袖机构的重要性……唯有当民国总统不是由议会,而是以全民公决的方式选出,他才能够满足人们对领袖的渴求。(韦伯,《学术与政治》,页 98-99)

---

[40]　参见斯金纳,《自由主义以前的自由》,前揭,页 55。

某种程度上讲，韦伯的这段话刻意针对格奥尔格。[41]因为，格奥尔格不仅本人有"内在超凡魅力"，而且呼唤有如此个性的领袖人物历史地出场，引领惶惑中的德意志人民。从这段话及其语境来看，韦伯赞同"无领袖的民主制"，似乎仅仅是就德国眼下的"空位"期而言，并非其最终定见。毕竟，领袖人物并非说有就有。"从纯粹技术政治的（technisch-politischen）角度说"，在眼下处境中，选择"没有使命感"，没有"内在超凡魅力"的职业政治家成为民主共和政体身上的"头"，最为稳妥（韦伯，《学术与政治》，页 97-98）。

从韦伯的整个演讲来看，情形明显并非如此。在此之前，韦伯阐述了自己关于三种类型的支配权或政治身体的"头"的观点：第一种是传统的基于"被神圣化了的习俗"获得权威的人物，第二种是凭靠个体超凡魅力获得权威的领袖式人物，再就是"依靠对法律条款之有效性和客观性'功能'的信任"而获得权威的人物，即所谓"法制型"权威人物或"职业政治家"（同上，页 56-57）。显然，韦伯主张"无领袖的民主制"，并非是针对德国当下处境提出的应急之策，而是从其政治社会学得出的理性选择。

韦伯的支配权类型论基于其政治社会学对"何谓政治"的理解。在演讲一开始，韦伯就"站在社会学的角度给现代国家"下了定义，也就是对"政治"下了定义：

> 国家是这样一个人类团体，它在一定疆域之内（成功地）宣布了对正当使用暴力的垄断权。请注意，"疆域"乃是国家的特征之一。现在的特点是，其他建制或个人被授予使用暴力的权利，只限于国家允许的范围内。国家被认为是暴力使用"权"的唯一来源。因此，对于我们来说，"政治"就是指争取分享权力或影响权力分配的努力，这或是发生在国家之间，或是发生在一国之内的团体之间。（韦伯，《学术与政治》，页 55）

---

[41] Fritz Ringer，《韦伯学思路：学术作为一种志业》，简惠美译，台北：群学出版有限公司，2013，页 206-207。关于韦伯的政治理论与德国帝制转型的关系，参见蒙森，《马克斯·韦伯与德国政治 1890-1920》，阎克文译，北京：中信出版社，2016。

这个对"政治"的社会学理论式的定义,明显不同于比如说古典政治哲学的"政治"理解,其要义大致可归纳为如下三点。首先,它仅仅针对"现代国家"(den modernen Staat)即所谓领土—国族国家而言,其理论含义是,现代国家形态绝然不同于任何类型的古代国家——无论城邦国家还是帝国。这意味着,现代政治生活绝然不同于前现代的政治生活。第二,从作为社会"团体"(Verbänden)的国家的功能角度来看待政治,其理论含义是,从政治理论中排除道德或宗教信念之类的要素。凭靠某种道德或宗教信念来理解政治,是前现代的政治理解的一般特征,不再适合于现代的政治(同上,页99-117)。从上述两点便可推导出:第三,国家暴力基于合法性(Legitimität/Legalität),这种合法性就是正当性,其理论含义是,从政治社会学的角度即"争取分享权力或影响权力分配的努力"这一角度看"政治",才算得上科学。

由此看来,现代与前现代的区分,乃是这种社会学理论式的"政治"理解的前提。社会学是关于现代政治形态的科学,它有别于前现代的科学即哲学:既然现代政治形态与前现代政治形态截然不同,作为实证科学的社会理论就应该取代哲学。这样一来,社会学理论的自我证明就得基于现代国家的起源论证,承担这一论证使命的是历史社会学。在《以政治为业》的演讲中,韦伯用了接近一半篇幅来阐述"现代国家和职业政治家的出现",明显力图基于其历史社会学的现代性起源考察,让他的"无领袖的民主制"获得支撑(同上,页60-95)。我们看到,正是在这段关于现代性演化的历史社会学描述之后,韦伯针对德国的当下改制提出了"无领袖的民主制"建言。这无异于说,"无领袖的民主制"是现代化的历史必然。

韦伯做演讲时年仅55岁,正当思想盛年,可惜第二年便不幸因病离世。他在演讲中所阐述的"政治"观,不仅基于其《经济与社会》所建立的庞杂而又系统的"社会政治学"(Sozialpolitik),而且是对其社会学理论的要义极为精当、明晰且通俗易懂的表述。

时隔不到10年(1927),快到不惑之年的施米特在柏林大学作了题为"政治的概念"的演讲,随后发展成小册子出版。若将施米特对"政治"的理解与韦伯的理解加以对照，其针锋相对的含义非常明显。[42]施米特的"政治"理解同样是对现代政治形态的理解，或者说以现代性为前提。在《政治的神学》中，施米特已经把这种"政治"理解的前提表达得颇为清楚：

> 人民总是要寻求正当的必然要求，不同于发自个人主权者命令的正当。在各种相互对立的利益和联盟的斗争中，绝对的君主作出决断并因而创造了国家的统一。一个民族所表现的统一体则不具备这种决断的性质：它是一个有机的统一体，国家观念通过民族意识而成为一个有机整体。因此，一神论和自然神论的上帝概念对于政治形而上学来说，就变得难以理解。（施米特，《政治的神学》，页59）

可以看到，虽然同样是在理解现代形态的"政治"，与韦伯不同，施米特首先关注政治支配的正当性转型——君主制转变为民主制——所带来的"主权"转移问题。这意味着，施米特看待现代政治的眼光，眼底多少保留了古典政治哲学的血脉——韦伯则有意识地清除古典政治哲学的血脉。正因为如此，施特劳斯在评论《政治的概念》时会说，施米特对自由主义的批判以霍布斯的政治哲学为预设，即人类生活以追求实现"安宁"为目的。对施米特来说，"政治斗争是各种可能的阵营斗争中紧密程度最高的一种"，这无异于"已然假设人之间的敌对本身以人的一种非政治特点为前提"。实际上，"人类根本就没有过安宁生活这个福分"，所谓"安宁"生活无异于"墓地的安宁"。[43]

施米特接受了这一批评，若他已经用社会学理论彻底置换自己的头脑，则断乎不会接受这种批评。反过来说，正因为施特劳斯看到，施

---

[42] 结合当时的德国政治处境质疑韦伯的"国家"理解，并非仅有施米特。1931年，一位与康托洛维茨同姓的法学家（Hermann Kantorowicz, 1877-1940）在伦敦大学做了关于"国家"概念的演讲。若将这篇讲演与韦伯的《以政治为业》对照阅读，定会有所收获。康特洛维茨，《国家的概念》，刊于黄涛主编，《良好的政治秩序》，上海：华东师范大学出版社，2017。

[43] 施特劳斯，《霍布斯的宗教批判》，杨丽等译，黄瑞成校，北京：华夏出版社，2012，页59，15。

米特的头脑仍然是政治哲学式的,他才会如此撰文批评,否则就没必要提出这样的批评。学术眼底不同,没可能看到遑论关切相同的问题。在施特劳斯提出批评(1932)之后 5 年,施米特完成了《霍布斯国家学说中的利维坦》(1938)一书。无论从内容还是文风来看,这篇论著都可以看作是从政治哲学角度批判韦伯的社会政治学。因为,关于现代型国家的起源问题,施米特思考的仍然是哲人的言辞,韦伯的社会政治学则不理会哲人的言辞和思考。进一步说,即便从社会学理论的理路来理解哲人的言辞,仍然等于没理会哲人的思考。

> 霍布斯建构国家的出发点是对自然状态的恐惧;其目标和终点则是文明的国家状态的安全。……在自然状态中,人对其他人来说是一只狼。自然状态的恐怖驱使充满恐惧的个体聚集到一起;他们的恐惧上升到了极点;这时,一道理性(ratio)闪光闪现了,于是乎,新的上帝突然间就站在我们面前。

> 这个上帝是谁? 这个上帝为备受恐惧煎熬的人们带来和平和安全,把狼转变成公民,并通过这个奇迹而表明自己是上帝,当然是 deus mortalis[会死的上帝]——霍布斯如此称呼。这个上帝是谁?[44]

"一道理性(ratio)闪光闪现了",这里的"理性"指近代形而上学的理性——笛卡尔所论述的那种理性。它具有设计人工身体的天赋,霍布斯凭靠这种理性来设计现代国家,把国家比喻为一个巨大的机器装置式的身体——利维坦。

> 通过机械化那"巨人",霍布斯从而超越了笛卡尔,对人作了一个极其重要的人类学解释。不过,最初的形而上学决断归功于笛卡尔,在那一时刻,人体被看作是机器,由肉体和灵魂组成的人则

---

[44] 施米特,《霍布斯国家学说中的利维坦》,应星、朱雁冰译,上海:华东师范大学出版社,2008,页 68(以下简称《霍布斯国家学说》,随文注页码)。

在整体上被看作是一种智力加一台机器。将这个看法转而运用到"巨人"也即"国家"身上,因此近在咫尺。这由霍布斯完成,不过,如前所示,它导致巨人的灵魂也变成机器的一个零件。一旦具有肉体和灵魂的巨人变成了一台机器,逆向转化也成为可能,于是小人也可以变成机器人(homme-machine)。国家概念的机械化也完成了人的人类学形象的机械化。(施米特,《霍布斯国家学说》,页139)

从观念上讲,"领袖"人物当然应该有伟人灵魂。历史上出现过诸多假"领袖",他们灵魂品质低劣,却凭靠坚忍不拔的意志和机智的实践才干,让自己成了一时的"领袖"人物。我们不能因为这类情形在现代历史上屡见不鲜,就认为"领袖"这个观念本身带有高贵灵魂的含义是假的。我们在生活中经常会发现,一个先前被我们认为是"好人"的人,原来并非"好人",不等于"好人"观念本身从此应该在世上消失。韦伯的"超凡魅力"人物这一概念,恰恰突显的是领袖人物的卓越德性品质。在施米特看来,韦伯的"无领袖民主制"的实质在于,基于现代式的机械化—合法化的"法制国家"概念,要求民主政体这个身体的"头"变成机器的组成部分,"导致巨人的灵魂也变成机器的一个零件"。与此不同,霍布斯的国家学说毕竟还"保持着人身论性质",从而使得这种国家学说"充满决断论色彩"(《政治的神学》,页58)。这意味着,机器装置无法做决断,作为机器装置的国家,仍然需要一个拥有绝对主权的身位(Person),他看起来仍然像上帝那样具有独一的决断权。正因为如此,在人民主权的共和政体中,仍然会有一个拥有绝对主权的王者,他手中的主权类似于上帝的权力,以至于他显得就是上帝。

《霍布斯国家学说中的利维坦》具有政治哲学史的思考样式,与韦伯的历史社会学思考样式形成鲜明对照。施米特指出,在欧洲大陆,19世纪资产阶级的法治国家替代了18世纪君主统治的绝对王权国家。"法治国家"(Gesetzesstaat)指这样一种"合法体制":以一个由人制定的"宪法"为基础,靠成文法尤其法典有如机器一样运作。说到这里时,施米特提到自己在1932年的《合法性与正当性》一文中对韦伯的批评,并进一步说：

> 关于这一点，韦伯已经说过，在理性化了的现代国家机关中，"合法性可以当作正当性"。根据韦伯的预测，未来属于理智的、经受职业训练的公务体制，因为，这体制才真正代表了彻底技术化了的、依据法律规范的内在理性逻辑而运作的机关也即"国家"。合法性是实证主义公务体制的运行方式。因此，现代国家和合法性本质上休戚相关。……用化学或物理的术语来说，只有出现在国家合法性的凝聚态之中，国家才对"正当"元素起反应。因此，合法性的问题，不会让自己作为一个"纯粹形式的"法学背景问题或者礼貌问题而被轻易打发。根据正确的理解和正确的操作，合法性在一个组织起来的现代国家中，是头等重要的现实，因为，诸如公务体制和文职系统这样的现实强权和势力，需要以依法循规作为运作模式。通过其技术的完善性，这种机器甚至成了一个以自身为法的强权，这个强权不会让自己由随便什么人任意摆布，其中运转的法规，不得不受相当尊重，如果它是一个可靠的仆人的话。令人惊叹的、由闻所未闻的技术所发明出来的不断得以改进和完善的现代国家装置，及其行政机构复杂的命令机制，都要求下达命令要有一种确定的合理性和形式，并要求一套经过极其专业的深思熟虑的计划。这一切意味着，正当性变成了合法性，神圣的、自然的或前国家的正当，变成了一套实证的国家法规。（施米特，《霍布斯国家学说》，页104-105）

笔者花费如此多笔墨谈论施米特的霍布斯研究，乃因为若非如此，则难以理解《国王的两个身体》为何如此关注国王身体的法理学修辞。我们不难看到，《国王的两个身体》与《霍布斯国家学说中的利维坦》的论述风格颇为相近，甚至所涉及的史料也相近，比如，施米特已经提到莎士比亚的戏剧乃至通俗文学（同上，页62-63）。[45]如果《国王的两个

---

[45] 比较 Eric L. Santner, *The Royal Remains：The People's Two Bodies and the Endgames of Sovereignty*, University of Chicago Press，2011，页142-187。

身体》堪称观念史的典范之作，那么，施米特的《霍布斯国家学说中的利维坦》则为康托洛维茨树立了榜样。施米特把政治观念视为"政治符号"，也成了沃格林的政治观念史的先声。这种观念史研究所具有的政治哲学品质，与后来剑桥学派提倡和推动的"历史语境"研究的品质差异在于：前者关切高贵和王气的德性，后者关切对高贵和王气造反的平民"美德"——即便韦伯的"支配"（Herrschaft）概念，也没有关切王者的道德德性问题。⑯

"两个身体"的比喻在《利维坦》中是关键词语之一，但在《国王的两个身体》中，霍布斯连名字也没有出现一次。这让我们不免会推测，《国王的两个身体》显得像是在接续《霍布斯国家学说中的利维坦》的观念史研究，往前考察中世纪晚期到霍布斯之前的"国王身体"比喻的历史形成和流变。既然霍布斯的国家学说标志着现代国家观的开端，那么，《国王的两个身体》的研究主题实际上是现代国家的起源问题。⑰倘若如此，康托洛维茨一定要给《国王的两个身体》冠以"中世纪政治神学研究"这样的副标题，对韦伯的现代性命题不能不说是沉重的一击。

《国王的两个身体》延续魏玛时期施米特对韦伯的合法性理论的批判，不能仅仅用康托洛维茨是格奥尔格的铁杆"粉丝"来作出解释。问题涉及到应该如何理解政治生活的现代转型："政治"的现代转型是否意味着，古人眼中的一些人类政治生活的根本问题从此消失了。现代的"政治"绝然不同于古代的"政治"，从诸多经验事实来看，这个论断没有问题，几近于常识。问题在于，用现代式的实用理性来看待国家，把国家仅仅理解为"法制国家"，是否行得通。晚近半个世纪以来，公民哲学的激进共和主义势头一直不减，连哈贝马斯自己都惊呼"合法性危机"，恰恰表明合法性理论无法排除古老的政治问题：国家凭什么具有

---

⑯ 参见里克特，《政治和社会概念史研究》，张智译，上海：华东师范大学出版社，2010，页 99–101。

⑰ Victoria Kahn, "Political Theology and Fiction in *The King's Two Bodies*", 见 *Representations*, Vol. 106, No. 1（Spring 2009），页 78；Horst Bredekamp, "Die zwei Körper von Thomas Hobbes' *Leviathan*" 及 Blandine Kriegel, "Kantorowicz und die Entstehung des modernen Staates", 见 Wolfgang Ernst/Cornelia Vismann 编, *Geschichtskörper：zur Aktualität von Ernst H. Kantorowic*, München：Fink,1998,页 105–118,119–128。

支配的合法性,谁以及凭什么制定国家法规。

由于不信任"任何版本"的以民意为基础来构想的直接民主制,韦伯在 1919 年的"空位期"推荐"无领袖的民主制",希望用"合法性"的牢笼让国家体制处于上下绝对服从的"支配"关系,以此让国家身体至少处于亚健康状态。吊诡的是,纳粹式的"领袖民主制"恰恰诞生于这样的"合法性"牢笼。施米特在 1950 年发表的《合法性问题》一文中不无讽刺地写到:

> 希特勒夺取政权在德国公职人员眼里并非不合法。这对大多数德国人和外国政府来说,也几乎一样如此,这些外国政府继续了它们的外交关系,而不认为必须要做一次新的国际法上的承认,就像在不合法的情形中必须的那样。也不存在反对希特勒的对立政府——既没在德国地界上,也没有以流亡政府形式产生。所谓1933 年 3 月 24 日的《授权法》清除了所有顾虑,它以一般和笼统的方式,让事情得以合法化,这种合法化既溯及到 1933 年 2 月和3 月所发生的事情,也指向所有未来的行动。这种授权法事实上和笼统上的合法化效果,之所以如此广泛,是因为一部由议会颁布的修改宪法的制定法,认可了希特勒及其追随者对权力的有实效的占有。现在每一种废止夺取政权的合法的道理都被堵塞了。现在仍仅存在的是这一脆弱的希望,即民国总统兴登堡或许还可以将希特勒免职,并任命另外一位民国总理。
>
> ……奇怪的是,1942 年,希特勒本人在政治上又感到需要一种合法化(Legitimierung),确切地说,不仅在他自己的、实证主义的——绝对的合法性意义上,而且也在一种民主正当性意义上。[48]

德国的现代转型所遭遇的这场政治灾难,让人不得不从更为深远的世界历史视野出发,来看待 17 世纪英国共和革命和 18 世纪法国大革命时期的合法弑君问题。按照现代的观点,这两场革命不是像以往

---

[48] 施米特,《合法性问题》,见吴彦、黄涛主编,《国家、战争与现代秩序》,前揭,页 73-75。

那样，简单粗暴地推翻现存王权，而是通过合法程序的方式判处国王死刑，据说其"相当重大"的历史意义在于，"革命者非常努力地寻求一种新的、为统治者的责任观念提供的制度基础"。历史社会学家以这一现代观点为理所当然的前提，顺理成章地仅仅考虑，现代转型如何"以一种几乎常规化的方式逐渐完全制度化"，并"促生了统治者（行政机构）向立法机构负责的不同的现代宪政安排"——这意味着，"将社会看做一个可以根据一些愿景、计划或者普遍性的现代性价值来建设的对象"。㊾魏玛共和国转型为纳粹帝国，使得这种历史社会学的预设捉襟见肘，以至于卡西尔尝试用"政治神话"阴魂不散来解释这个让人烦恼的史例。

韦伯社会学把现代性历史视为一个祛魅过程，正是这种现代"祛魅"观为社会学理论应该取代传统的政治哲学提供了正当理由：毕竟，现代政治与古代政治在性质以及形态上都不可同日而语。沃格林早年对韦伯非常信服，但他不久就意识到，面对现代政治形态，社会学理论的眼力仍然显得相当短视。与其说现代性历史是一个祛魅过程，不如说是传统政治秩序及其符号的崩溃过程，在这一过程中，古老的、人类与生俱来的政治激情并没有消失。沃格林另辟蹊径，以具有世界史视野的政治观念史研究来理解现代政治的性质和形态。在考察古代政治观念与历史的关系时，他频频提及某种现代的政治观念或政治形态，反之，当论及某种现代的政治观念或政治形态时，沃格林往往会提到古代或近代的类比。

比如，在写于1940年的《政治观念史》"导言"中，沃格林说到韦伯的社会学研究方法时，突然提到16世纪的拉博埃西（Étienne de La Boétie，1530-1563）"因困惑而造反"（bewildered revolt）。㊿初看起来，这颇为令人费解：16世纪的激进反君主论者与韦伯的社会学方法论有

㊾ 艾森斯塔德，《大革命与现代文明》（2006），刘圣中译，上海：上海人民出版社，2012，页17。比较休厄尔，《历史的逻辑：社会理论与社会转型》，朱联璧、费滢译，上海：上海人民出版社，2012。

㊿ 沃格林，《希腊化、罗马和早期基督教》，谢华育译，上海：华东师范大学出版社，2007，页77。

什么关系呢？沃格林似乎暗示，激进思想与韦伯的政治社会学理论有令人意想不到的拐弯抹角关系。韦伯的政治社会学看起来非常实证化，实际上是在证明，现代式的合法性政治秩序具有正当性，即凭靠实证的、无涉价值信念的社会功能和类型分析，论证在历史的某个政治单位中"逐渐获得认同且逐步合法化"的现代性政治信念。这里隐含的关键问题是：正如"无领袖的民主制"的合法性理论会为各种激进民主运动提供现实机缘，社会学理论看似冷静、实证，非常符合现代的实际，其实并未触及到人类政治生活的本能冲动，即建立一个赋有意义的生活世界的欲望，从而会为激进思想的"造反精神"（a spirit of revolt）开启方便之门——斯金纳的《现代政治思想的基础》旨在复兴近代以来的"造反精神"，却能从韦伯的"支配"类型论那里获得启发，堪称为沃格林的洞见提供的嗣后证明。⑤

　　既然现代政治形态不可能排除人性的基本激情要素，以现代的"政治"绝然不同于古代的"政治"为由，排除政治哲学视角对无论现实还是历史的透视，都难免出现失误。哈贝马斯习惯了以韦伯的社会学理论来看待和思考问题，即便面临"合法性危机"，他依然以表达信念式的口吻宣称：

　　　　哲学可以凌驾于其他学科之上的时代已成过往。当下，社会科学已经放话，称政治系统是它们的研究对象：它们研究"政治"，即研究对权力的争夺与行使，也研究"政策"，即研究不同政治领域中的政治人物所追求的目标和战略。（哈贝马斯，《"政治性"》，页268）

　　在抵制政治神学的"复兴"时，哈贝马斯用来批判施米特的观点，恰恰是施米特批判过的韦伯观点，就连他所提供的历史社会学理据，也是韦伯式的。哈贝马斯说，古代帝国的典型特征是政治结构与社会结构

---

⑤　参见戈尔迪，《〈近代政治思想的基础〉的语境》，收入布雷特/塔利等编，《重思〈近代政治思想的基础〉》，胡传胜等译，上海：华东师范大学出版社，2010，页7-9。

"相互贯通",现代化过程则是这种"相互贯通"的"逐步消解",即"社会从国家中分离出来"。针对施米特批判自由主义"去政治化",哈贝马斯凭靠历史社会学所建构的"历史事实"反驳说,"领土国家内部的市场扩张,就包含了整个社会一定程度上的'去政治化'"。据此,哈贝马斯指责说,"施米特把'去政治化'归咎于19至20世纪早期的自由统治",无异于"罔顾历史事实";他把"与政治性的传统形式相关的政教联合的瓦解,仅仅追溯至18世纪晚期宪法革命核准国家权威的世俗化时期,是错误的"。哈贝马斯还凭靠吉莱斯皮的研究说,施米特"无视了现代性起源于中世纪思想",尤其是"13世纪所谓的唯名主义革命对于16/17世纪主流知识分子运动的深远影响"。[52]据说,施米特把专属远古帝国的"政治性"传统概念的主要面相,浓缩为现代统治的决策力量,但"历史的审视将会发现,这种妄揣的连续性途径是误导性的"(《"政治性"》,页271-272及注释8)。

哈贝马斯若读过《霍布斯国家学说中的利维坦》,他就应该知道,指责施米特"把'去政治化'归咎于19至20世纪早期的自由统治",才是罔顾文本事实,因为,施米特在书中思考的是16/17世纪的政治观念变迁。同样,哈贝马斯若读过施米特《政治的神学续篇》(1970),他就应该知道,指责施米特把专属远古帝国的"政治性"传统概念与现代国家的主权问题联系起来是"妄揣",很可能最终会殃及韦伯。因为,施米特提到,佩特森在1935年发表的《作为政治问题的一神论:论罗马帝国中的政治神学史》,就与韦伯的"超凡魅力型[支配]正当性"(charismatische Legitimität)的社会学提法相关。毕竟,"人民的欢呼是赋予超凡魅力型领袖的典型形式"。使徒保罗不属于十二使徒之列,他在建立教会时,仅仅凭靠自己的超凡魅力使自己正当化,"韦伯在社会学上把这种东西称为超凡魅力主题"(施米特,《政治的神学》,页158)。

早在纳粹上台之前,施米特就提出,"人民的欢呼"是共和政体的"头"(总统)作为人民主权代表的证明方式,毕竟,兴登堡当选总统得到

---

[52] 比较吉莱斯皮,《现代性的神学起源》(2008),张卜天译,长沙:湖南科学技术出版社,2011。

过"人民的欢呼"。当时,佩特森并不反对施米特的观点。1933年以后,"人民欢呼"的"领袖"变了,佩特森发表《作为政治问题的一神论:论罗马帝国中的政治神学史》,转而批评施米特的"人民欢呼"说。施米特感到费解:"领袖"变了,不等于"人民欢呼"不再是古今都有的政治现象。民主政体以选民向当选总统欢呼来证明其自身的正当性,直到今天还屡见不鲜。施米特有理由认为,"人民欢呼"作为现代民主政制的正当性表达,类似于远古帝国人民向皇帝欢呼,这是一个"科学的"论断,而非是在为希特勒上台提供正当性论证。

施米特提出,如果"要科学地研究民主政制",那就"必须从一个我称之为政治神学的特殊方面入手"(施米特,《合法性与正当性》,页37)。古今都有的"人民欢呼"现象历史地证明,远古帝国的"政治性"传统概念,的确与现代国家的主权问题有实质性类似。韦伯所谓现代政治绝然不同于前现代政治的论断,不仅站不住脚,更重要的是,用哈贝马斯的话来说,"历史的审视将会发现",这种论断所划定的思考现代性问题的途径,"是误导性的"。

哈贝马斯"警示""那些妄图复活政治神学的人们",很可能包括阿甘本(Giorgio Agamben)。因为,这位后现代的思想家竟然受施米特"误导",力图从"政治神学的特殊方面入手","科学地研究民主政制":1998年,阿甘本发表了让他声誉鹊起的《法外人:主权与裸露的生命》(*Homo sacer:Sovereign Power and Bare life*),5年后(2003)又发表了《例外状态》(*State of Exception*),这两本书的书名与施米特《政治的神学》的开篇名言相关:"主权就是决断例外状态"。在2011年出版的《王国与荣耀:为了一种经世和统治的神学谱系学》(*The Kingdom and the Glory:For a Theological Genealogy of Economy and Government*)中,阿甘本宣称,他要更深入地推进自己在10多年前展开的这一研究取向。

其实,阿甘本并非是在追随施米特,因为,与福柯称赞康托洛维茨一样,阿甘本根本不关切施米特所关切的问题,而是关切后现代状况。毋宁说,施米特所揭示的古老而又常新的政治现象,启发阿甘本从激进哲学立场出发,进一步迈向激进之极。对他来说,"进步主义和制宪国家"的意识形态,是"妨害重启有益于我们时代的政治哲学"的障碍之一,幸好,这一障碍如今已被扫除干净。

> 在没有任何幻觉,也没有任何可能的借口的情况下面对自己
> 的任务之时,思想首次发现了自己。构成了国家形式最后阶段的
> "大转型",也就这样在我们眼前发生:这是驱使着大地上所有王国
> (共和国和君主国、僭政国家和民主国家、联邦国家与民族国家)一
> 个接一个地成为整体景观国家和"资本主义代议制"的一场转型。
> 与第一次工业革命大转型将旧制度的社会结构连同法律规范一并
> 摧毁一样,主权、法、民族、人民、民主和普遍意志这类词语,如今指
> 涉的是与它们的概念曾涵盖的东西再无任何关系的现实,继续无
> 批判地在字面上使用这些词语的人们,根本就是不知所云。[53]

这应了格奥尔格的那句名言:"词语破碎处无物存在。"作为当今欧洲思想界魅力四射的人物,阿甘本宣称,"思想"在这破碎处"首次发现了自己"——当然,这种"思想"只会发现破碎的思想。如果欧洲文明的"珍珠"已然破碎,那么,即便资本主义的"合法性"秩序不会崩溃,这种"合法性"即"正当性"的秩序又有什么意义呢?但韦伯会认为,关切这样的问题才没有意义。

就写作笔法而言,如果要追查阿甘本《王国与荣耀:为了一种经世和统治的神学谱系学》的模仿对象,那么,我们就得注意到,着手写作《国王的两个身体》时,康托洛维茨已经出版了《君王颂:礼仪性欢呼与中世纪的统治者崇拜》,研究主题是中世纪的国王崇拜。[54]这个论题明显从"政治神学的特殊方面入手",通过考察中世纪的君王崇拜来"科学地研究民主政制"问题。佩特森在魏玛时期通过考察罗马帝国时期的

---

[53] 阿甘本,《无目的的手段:政治学笔记》,赵文译,郑州:河南大学出版社,2015,页147-148。

[54] Ernst H. Kantorowicz, *Laudes Regiae*: *A Study in Liturgical Acclamations and Mediaeval Ruler Worship*, University of California Press, 1946。关于此书论题的讨论,参见 Sebastian Klotz, "Herrscherakklamation und serielle Musik. Zur Studie über die *laudes regiae* von Ernst H. Kantorowicz und Manfred F. Bukofzer, Berkeley 1946",刊于 Wolfgang Ernst/Cornelia Vismann 编,*Geschichtskörper*,前揭,页161-170。

君王崇拜,已经展开了古代政治与现代政治的连续性问题的政治神学史研究,[55]康托洛维茨的《君王颂》,为远古帝国的"政治性"传统概念与现代国家的主权问题的连续性问题,填补了中世纪环节。在这些史学家面前,哈贝马斯乃至他所凭靠的吉莱斯皮都得承认,自己"罔顾历史事实":他们既难以面对康托洛维茨的《君王颂》,也难以面对《国王的两个身体》,遑论此前的佩特森和此后的阿甘本。

哈贝马斯试图用历史社会学建构的"历史事实"扳倒施米特,不仅不成功,反倒充分暴露出社会学理论的一个根本性的内在矛盾。韦伯以为应该而且能够从学问中排除精神信念要素,这本身就是一种现代性的精神信念:哲学已经过时。哈贝马斯始终跟随韦伯,坚守社会学信念不动摇,凭靠社会学理论的种种自设概念去思考现代性问题,所关注的问题以及问题意识的取向,无不受社会学思维制约,一些明摆着的重大问题在他眼里显得无足轻重,就不奇怪了。

四、人民主权的王权论

康托洛维茨写作《弗里德里希二世大帝》时,并没有想搞学问。他决定自己这辈子也搞学问时,正是施米特发表《合法性与正当性》的时刻。可以推断,施米特自1922年以来所倡导的政治神学议题,对康托洛维茨确立自己的史学问题意识具有决定性影响。施米特的政治神学论题具有当下政治论战的意涵,康托洛维茨把这个现实政治论题变成了史学论题。由于其问题意识涉及现代国家法理形成的历史肌理,康托洛维茨的"中世纪政治神学研究",明显对韦伯有关现代性起源的社会理论构成了直接挑战。

韦伯在谈到支配权的三种类型时说,他最关心超凡魅力型领袖和法制型职业政治家这两种类型,尤其是,在现代化进程中,后者为何应该取代前者。韦伯拒绝领袖政治的根本理由在于,"官僚制的国家制度尤其重要,其最理性化的发展,正是现代国家的特征"。这意味着,由于

---

⑤⑤ 佩特森,《此世的君王:〈约翰启示录〉解经及政治神学文稿》,谷裕译,上海:华东师范大学出版社,2016。

现代国家是官僚制的理性化国家,领袖民主制就不能被视为现代型国家。因为,就性质而言,这种理性化国家的运作,类似于现代式企业的"经营"(Betrieb)。从历史进程上讲,现代国家无不是君主发动的,王权国家的君主扫除封建势力的"整个过程,同资本主义企业通过逐渐剥夺独立生产者而得到发展如出一辙"。因此——

> 正像经济组织一样,利用暴力来维持支配,需要某些物质手段。一切国家都可以这样进行分类:看它原则上似乎依靠那些个人拥有行政工具的僚属,还是依靠那些同行政工具"分离"的僚属。(韦伯,《学术与政治》,页58-60,引文见页59)。

康托洛维茨为弗里德里希二世立传,难免会成为韦伯论点的一个反例。因为,弗里德里希二世治下的西西里王国,恰好史称"第一个现代式官僚制国家",而且是宪制国家——早在康托洛维茨之前近半个世纪,史学大师布克哈特就说过,弗里德里希二世是"王位上的第一个现代人"。

弗里德里希二世作为帝国皇帝把西西里王国打造成中央集权式的官僚制国家,从政治思想史角度看,至少有两点可圈可点。首先,这一史例证明,宪制国家最早出自帝王之手,走向宪制国家未必非得有一场反王权的革命。第二,弗里德里希二世的制宪和立法,使得西西里王国成为西方历史上第一个理性化国家,开启了政制观念的世俗化变革,即凭靠法律而非神学来证成国家的合法性,尽管仍然挪用基督教修辞。

剑桥的中世纪政治思想史家迄今不看重这一史例,出自德国背景的思想史家则不会如此。[56]康托洛维茨在《国王的两个身体》中说:在弗

---

[56] 剑桥的两位中世纪政治思想史家论及弗里德里希二世时,都没有提到他的西西里制宪和立法。参见伯恩斯主编,《剑桥中世纪政治思想史:350年至1450年》,下册,郭正东等译,北京:三联书店,2009,页475-478,531-533。沃格林和奥特曼的政治思想史,则都为弗里德里希二世辟有专章,并论及其制宪和立法:沃格林,《中世纪(至阿奎那)》,叶颖译,上海:华东师范大学出版社,2009,页155-172;Henning Ottmann, *Geschichte des politischen Denkens:Das Mittelalter*,前揭,页182-196。弗里德里希二世的西西里制宪和立法的历史影响,参见 K. Pennington, *The Prince and the Law*,1200-1600:*Sovereignty and Rights in the Western Legal Tradition*,Berkeley,1993。

里德里希二世治下，准神性的"理性"（ratio）变成了"君王和国家理性"（ratio regis et patriae）的同义词，治国术（statecraft）不过是理性的工具（《两个身体》，页130）。不到一个世纪，理性化的国家理论就历史地出场了。

弗里德里希二世为西西里王国制宪和立法，为的是削弱教廷权力对帝国权力的制约。英诺森三世是弗里德里希二世年幼时的监护人，他指望弗里德里希二世继位后不会与教廷作对，但他的指望完全落空。弗里德里希二世继位后对教廷态度强硬，以致先后两任教宗（格雷高利九世和英诺森四世）共三次对他施以革除教籍的绝罚。在1245年的里昂宗教会议上，教宗甚至宣布废黜弗里德里希二世的皇位，算是把教廷权力发挥到极致。弗里德里希二世对绝罚视若无物，还让宫廷法律人为文与教廷展开论辩，以致被教宗斥为"敌基督"的"自由精神"。当时的文字口水战，如今成了法学史和政制史的历史文献。

英诺森四世声称，基督在尘世中有权审判国王和皇帝，而且，基督已将这一司法权委托给了自己在尘世中的代理人即教宗。基督教共同体的基本法原则是"一个身位的统治"（regimen unius personae），因为，基督要求他的子民臣服于一个首要权威的统治，这个权威拥有为整个基督教共同体的共同善谋事的权力。这无异于说，罗马教廷不仅有权力，而且责无旁贷地应该建立一个基督教帝国。弗里德里希二世拒不接受这套神学逻辑，他承继亨利四世和自己的祖父红胡子皇帝所持有的双剑论立场，抵制教宗的帝国权力诉求：统治现世的两柄剑——即皇权和教权——当是两种分离的权力，两者虽应彼此协调、共同合作，但世俗权力在其自身领域至高无上。教宗把在属灵事务中拥有的司铎权力延伸为干涉帝国事务的政治权力，毫无信仰根据。

我们应该记得，公元5世纪的罗马教宗格拉西乌斯一世（Gelasius I，492-496）最早提出教权与王权分离原则，其目的是反对君士坦丁大帝制定的政教合一政策，抵制皇权干涉教会事务。如今则颠倒过来，罗马教宗要求政教合一，帝国皇帝反而要求教权与王权分离。显然，所谓教权与王权之争，实质上是帝国政治问题：自11世纪以来，德意志罗马帝国——皇权一直缺乏足够实力整合帝国，压制意大利地区的分离趋向。在这样的地缘政治处境中,弗里德里希二世以神圣罗马帝国皇帝兼西西里国王身份主持编订《西西里宪制》(Sicilian Constitutions)——俗称《皇上书》(Liber augustalis),无异于让帝国权力在鞭长莫及的意大利地区钉下一颗钉子。

从史学角度看,弗里德里希二世的西西里制宪的意义在于,第一次把法制化的王权论付诸立法实践。《国王的两个身体》的第四章题为"以法律为中心的王权",这一章的篇幅仅次于第七章,其中有专门小节描述弗里德里希二世的西西里制宪。

> 弗里德里希的皇帝"统治权(rulership)的神学",尽管充斥了教会论思维、沿用了教会法词汇、并混合了半基督论语言,以表达政治的"统治秘术",但却不再依赖于一种以基督为中心的王权的观念。弗里德里希及其法律顾问的主要论辩,来自于、或者取决于法律——更准确地说,来自于罗马法。《皇上书》以一种毫不含糊的方式表明,皇权源于古代罗马人民的著名法律,用来向罗马元首授予治权(imperium)以及有限的法律创设权和法律撤销权。随之而来的,是一种严格以法律为中心的意识形态开始取代之前几个世纪占统治地位的奥秘式的"效法基督"(christomimēsis)。(《两个身体》,页 129)

简言之,弗里德里希二世的西西里制宪的历史意义在于两个要点:第一,以皇权源于人民的古罗马王权论,对抗由基督授权的王权论;第二,凭靠为帝国服务的罗马法专家,来确立帝王作为立法者的权力。换言之,现代国家法的肇端,是帝王带领一帮熟悉罗马法的法律专家所搞的立法行动。

在这里,康托洛维茨让人们看到,弗里德里希二世驾崩之后不到半个世纪,人民主权原则已经形成理论表述:populo faciente et Deo inspirante[人民创设,上帝默示]。尤其重要的是,帝王与人民的一体化:"皇帝源于人民(a populo),帝国则来自上帝"(《两个身体》,页 130)。这无异于说,帝王是人民政治体的"头"。康托洛维茨指出,这是对当时的政治意识形态的重大修改。尽管如此，这些法学家们并不认为，人民享有独立的立法权，帝王才是唯一合法的立法者，和法律的最终解释者。

现代式国家的法理依据是人民主权论，这意味着人民才是立法者。受魏玛宪政的实际政治难题困扰，康托洛维茨关注中世纪晚期的政治事件，为的是搞清君主主权论向人民主权论转移的历史状况。严格来讲，人民主权论出现于中古晚期，算得上政治思想史常识。14世纪初的马西利乌斯（Marsilius of Padua，1275－1342）对人民的政治品质和能力深信不疑，他相信人民有能力创制出理想的法律，而且能保证制定出来的法律得到奉行，从而提出应该赋予人民以立法和推选官员的权力。这听起来颇为现代，但是，马西利乌斯的人民主权论并非针对世俗王权，而是针对教权，即平信徒拥有选举和罢免教会神职人员的权利。换言之，马西利乌斯的人民主权论的实际含义是反教权至上论。(57)

《国王的两个身体》的第三、四两章着重考察这种针对教权的人民主权论的形成史，从而让人们看到，最早凭靠人民主权来抵制教权的是世俗君主。这意味着，人民主权论并非出自民主诉求，历史表明，它首先被用来论证君主制的正当性。《国王的两个身体》第三章扼要回顾了基督教的王权与神权合体论传统，为随后的考察埋下这样的伏笔：既然国王的身体是王权与神权的合体，那么，国王身上的上帝主权变成人民主权，国王的身体仍然是王权与神权的“独一合体”，只不过“人民”替代了“上帝”。

在“以法律为中心的王权”的第四章一开始，康托洛维茨引用了教宗约翰八世在一次主教会议上颂赞查理大帝的孙子查理二世的话：

> 上帝设立他担任人民的君主，为要效法那真正的君王、祂的儿子基督，……这样，他［基督］按本性所拥有的，国王就可以依恩典

(57) 施特劳斯，《古今自由主义》，马志娟译，南京：江苏人民出版社，2010，页222－223；沃格林，《晚期中世纪》，段保良译，上海：华东师范大学出版社，2009，页87－99；亦参李筠，《论西方中世纪王权观：现代国家权力观念的中世纪起源》，北京：社会科学文献出版社，2013，页85－88。

而享有。(《两个身体》,页 112)

这段话中的"人民的君主"这个表达式表明,国王体现的是"真正的
君王"基督,从而具有神性,同时,国王也是人民这个政治体的"头"。教
宗约翰八世如此赞颂君王,显然因为查理二世非常强势,而且有政治实
力,教廷却没有政治实力。在后来的"主教授职权"冲突时期,情形颠倒
过来:罗马教廷凭靠克吕尼修院改革运动,获得了独立于帝国的政治实
力,进而提出"教会的一个身体"(unum corpus ecclesiae)的主张,亦即
帝国应该属于教会这个身体。这时,皇帝手中的帝国权力被封建势力
搞得软弱无力,为了与教廷提出的教会帝国论对抗,便让帝国的法律家
们制造出"国家的一个身体"(unum corpus republicae)的理论。教会
作为"一个身体"是"奥秘体"(corpus mysticum),这个身体由一个头和
许多肢体构成。帝国的法律家们把这个"奥秘体"概念置换成帝国的
"国家身体"论,并动用罗马法语汇来论证这个"奥秘体",使之具有"法
律上的"人身即法人性质。通过模仿教会的基督论逻辑和语汇,帝国的
法律家们把教会基督论的"奥秘体"变成了罗马法意义上的"奥秘体",
这在当时也称为"拟制体"(corpus fictum)、"代表体"(corpus reprae-
sentatum)。法学家们在进一步解释"奥秘体"这个概念时,populus[人
民]成了 corpus republicae[国家的身体]本身:populus 不仅仅是共同
体中个别人的总和,而是"人集合起来进入一个神秘的身体"(《两个身
体》,页 208-210)。

弗里德里希二世与格雷高利九世和英诺森四世的论战,并没有得
到帝国的选帝侯们以及德意志大诸侯的支持。为了削弱皇权和王权,
他们宁愿接受罗马教廷的说法,以便自己有更好的伸展空间。反倒是
意大利的法学家们支持弗里德里希二世的帝国法学家们的立场:半个
多世纪后,但丁在其《帝制论》中为帝国理论提出了充分辩护。[58]

但丁之后,马西利乌斯用人民主权论给予神权政治以更为强有力
的反击。然而,由于地缘政治的压力,弗里德里希二世致力打造的帝

---

[58] 沃格林,《晚期中世纪》,前揭,页 77-81。

国权力,这时已经瓦解,接下来对罗马教廷的帝国式政治权力构成挑战的力量,来自各个民族的国王们。换言之,"人民主权"的领土性民族国家兴起的历史土壤,与其说是资本主义商业化经营方式的结果,不如说是地缘政治变动的结果。因此,沃格林强调,弗里德里希二世的西西里制宪和立法,乃是欧洲民族意识乃至民族国家观念的最早体现:弗里德里希二世时刻标志着欧洲政治状态的转型,即从帝国秩序转向民族国家秩序。毕竟,弗里德里希爷孙两辈帝王与教宗国势力的争斗,已经呈现出民族国家冲突的性质。斯陶芬家族与法兰西国王联手,威尔夫家族则与英格兰国王联手,代表意大利地区利益的教廷,则在两者间上下其手。沃格林甚至认为,弗里德里希二世更为关切的与其说是帝国利益,不如说是德意志王国的利益。[59]由此引出的政治理论上的后果是:用来支撑帝国权威的人民主权,逐渐变成了用来支撑民族国家。

宗教改革导致罗马的帝国式教会秩序分裂时,德意志地区马上就出现了一本题为《弗里德里希皇帝致人民书》(*Volksbücherlein vom Kaiser Friedrich*,1529)的小册子,广为流传。弗里德里希爷孙敢于与教宗抗争,甚至指责教宗才是真正的 Antichrist[敌基督],让德意志诸侯找到了与教宗对抗的历史楷模。德意志诸侯支持宗教改革,显然是希望德意志王国能够成为英格兰和法兰西那样的王国——不幸的是,随之而来的 30 年战争,使得这个梦想彻底破灭。

《国王的两个身体》以英格兰共和革命前的法律文献和文学作品中有关国王的修辞开篇,以但丁的《帝制论》中的政治思想结束,基本着眼点是国王观念的双重含义在中世纪晚期的历史变迁,从而开启了探究现代国家起源的另一条思路——与韦伯的历史社会学完全不同的政治神学思路。[60]

---

[59]　沃格林,《中世纪(至阿奎那)》,前揭,页 155-162。

[60]　Anselm Haverkamp,"Stranger than Paradise. Dantes irdisches Paradies als Antidot politischer Theologie",见 Wolfgang Ernst/Cornelia Vismann 编,*Geschichtskörpe*,前揭,页 93-103。Jennifer R. Rust,"Political Theologies of the *Corpus Mysticum*:Schmitt, Kantorowicz, and de Lubac",见 Graham Hammill/Julia Reinhard Lupton 编,*Political Theology and Early Modernity*,University of Chicago Press,2012,页 102-123。

不过,《国王的两个身体》以但丁收尾还表明,康托洛维茨的挑战并非仅仅涉及韦伯关于现代式的合法性理论以及理性化政制的起源论述。我们不应该忘记,康托洛维茨的精神之父格奥尔格与韦伯的精神对峙,并没有因韦伯在 1920 年离世而自动消失。但丁也是格奥尔格最爱的古代诗人。格奥尔格要像但丁那样,从"炉灶取出一块木柴吹着",让它"变成地狱之中的烈火","用来照耀无上的爱,用它联结太阳和星辰"。[61]这股烈火寓意什么,我们很难得知,但用来寓指弗里德里希二世身上的某种帝王精神,未必不恰当。然而,在魏玛共和国时期乃至当今的政治文化处境中,谈论帝王精神很难不会遭遇政治非议,谈论"无领袖的民主制",则不会有如此政治危险。

五、国王观念的永恒性

正当康托洛维茨的声誉重新鹊起之时,激进民主派的中世纪史学家坎托出版了近 500 页的大著《发明中世纪》(1991),博得一时喝彩,连续两年重印。通过讲述 20 世纪上半叶(1895 年至 1965 年间)的 20 位研究中世纪史的著名学者的生平和著作,坎托力图表明,在这些 20 世纪的史家笔下,中世纪文明的品质不再是 19 世纪的史家津津乐道的"浪漫激情"和"公社式情感",而是信仰与理性的综合,圣徒和英雄人物的魅力型领袖才干(charismatic leadership),对文学艺术的形式主义态度,以及神性之爱和人性之爱等等。在坎托看来,这些不过是那些史学家们的"发明"亦即虚构而已。坎托用看似平实的叙事包裹其笔法的犀利,据说,那些中世纪史名家们"纷纷倒在他的利剑前面"(all fall before his sword)——其中包括康托洛维茨。[62]

激进民主的史学刚刚兴起时,坎托编写过一本中世纪史教科书(《中世纪史:一个文明的生与死》,1963),在美国的激进民主运动时期,

---

[61]　格奥尔格,《词语破碎之处:格奥尔格诗选》,前揭,页 93。

[62]　Norman F. Cantor, *Inventing the Middle Ages: The Lives, Works, and Ideas of the Great Medievalists of the Twentieth Century*, New York, 1991,页 79-117。

此书两次修订再版(1968/1974)。《发明中世纪》出版之后,坎托大幅修改和扩充早年的这部旧作,更名为《中世纪文明史》,并称《发明中世纪》与此书是"伴侣卷"(companion volume)。在时代的激进民主意识形态支配下,坎托从公民社会以及"坚忍不拔的爱"(tough love)之类的激进民主政治观念出发,来描述中世纪文明。[63]显然,《发明中世纪》全盘扫除 20 世纪上半叶的中世纪史学,不外乎要为推进激进民主的中世纪史观铺平道路。正如后来斯金纳所说,以重塑史学的方式推行激进民主教育非常有效,而且已经取得显著成效——这让笔者想到,在我们的国土上,情形同样如此。

康托洛维茨如何倒在坎托的利剑面前? 坎托不外乎说,康托洛维茨尽管是犹太人,却是个"犹太纳粹"(a Jewish Nazi),他的中世纪史研究与纳粹有千丝万缕的联系。坎托给出的证据大致说来有两条:首先,康托洛维茨所属的格奥尔格圈子是纳粹的精神楷模;希特勒当年读了两遍《弗里德里希二世大帝》,戈培尔也曾被这部传记深深打动。康托洛维茨的终身好友、研究中古德意志王室的专家施拉姆(Percy E. Schramm,1894-1970)教授在二战期间充军,以国防军上尉军衔任职国防部,坎托据此把施拉姆和康托洛维茨称为中世纪史学界中的"纳粹双胞胎"。第二,康托洛维茨的史书仅仅关注帝王和帝国,一辈子都在为帝国命运忧心。言下之意,像坎托自己那样,关注底层社会结构的变迁、关注普通人的家庭生活,乃至妇女和巫师的权利,才算得上政治正确的中世纪史学。

按坎托的逻辑,施拉姆和康托洛维茨在魏玛时期的史书宣扬中世纪的德意志帝王,应该对后来出现德意志第三帝国的历史负责。坎托抹黑康托洛维茨,好些史学家忿忿不平,其实没必要。毕竟,激进民主的史学家们研究历史,一门心思为的是宣扬民主意识形态,从来不会有兴趣去辨识历史事件的复杂性,甚至还会罔顾史实。

1933 年 11 月,康托洛维茨在法兰克福大学做过一场题为"秘密的

---

[63] Norman F. Cantor, *Medieval History*, *The Life and Death of a Civilization*, New York, 1963/1968/1974; *The Civilization of the Middle Ages*, A Completely Revised and Expanded Edition, New York, 1993。

德意志"的学术报告,公开与纳粹作对,堪称少见的头脑清醒而且有勇气。⑭他在演讲中说:

> "秘密的德意志"的统治者刀枪不入,即便把他们的画像拖到街上、把他们降至市井水准、然后再把他们当作自己的血肉那样大加颂扬,也不能占有他们。(《秘密》,页80)

在场听演讲的学生中有纳粹愤青,他们听得出这话是在叱骂谁,从此便煽动学生拒上康托洛维茨的课。从言辞来看,这话的起因显然是,纳粹愤青把"秘密的德意志"视为崇拜对象,康托洛维茨则叱骂纳粹愤青把"秘密的德意志""降至市井水准",从而要与纳粹愤青划清界限。

"秘密的德意志"是格奥尔格圈子的别称,康托洛维茨的这句话证明,坎托说格奥尔格圈子是纳粹青年的精神楷模,并非瞎编。至于身为"秘密的德意志"核心成员的康托洛维茨,为何会如此愤然叱骂纳粹愤青吹捧格奥尔格圈子,这样的史学问题,坎托不予追究,也不奇怪。毕竟,他不会想到,纳粹愤青运动很可能与"无领袖的民主制"有关,而非与"领袖民主制"有关。

这里的史学问题首先在于:康托洛维茨为何要在这个时候做题为"秘密的德意志"的学术报告。这个问题不难回答:因为纳粹高层人士喜欢格奥尔格,一直积极拉拢他,纳粹执政后,即送给他德国艺术院主席的头衔,还要为他的65岁生日做寿。对于纳粹的拉拢,格奥尔格向来拒绝,1933年纳粹上台后,以民族精神担纲者自居的格奥尔格,干脆离开德国避走瑞士。显然,康托洛维茨在这个时候做题为"秘密的德意志"的学术报告,目的是向公众撇清,格奥尔格圈子与纳粹没关系。

进一步的史学问题就不容易澄清了:既然纳粹愤青喜欢格奥尔格

圈子,难道这个圈子的精神没有法西斯主义要素？迄今人们还习惯于这样推论:既然纳粹愤青喜欢尼采著作,就说明尼采思想中有法西斯主义要素。康托洛维茨的学术报告能够澄清这样的问题？显然,比起康托洛维茨当时的语境来说,在今天的语境中澄清这一问题要难得多。[65]

康托洛维茨在报告中说,"秘密的德意志"这个称呼用于格奥尔格圈子,源于拉伽德(Paul de Lagarde,1827-1891)一句话的启发。拉伽德是德意志第二帝国初期的一位东方学[近东学]专家,也是十分活跃的政治思想家,虽身为哥廷根大学东方学教授做冷门学问,却因大量文化哲学和政治评论而广有影响。他在一篇题为《论德意志帝国的当前状况》(Über die gegenwärtige Lage des Deutschen Reichs,1875)的文章中写道:

> 假定在我们当中至少有一些密谋者(Verschworene),有一个秘密开放的同盟(einen heimlich offenen Bund),为了伟大的明天而思索、创造,在这颠倒的圣灵降临期间,尽管大众并不理解这一同盟,但是,凡认为这一同盟替他们说出了那不可言说之渴望的人,都应该会加入这一组织。(转引自《秘密》,页78)

在格奥尔格搞的一次内部读书会上,格奥尔格读了这句话,然后说,"眼下就有了[这样的]密谋者,最好不过的是,这样一个密谋已经起步"。[66]但第一个用"秘密的德意志"这个名称的并非格奥尔格本人,而是其弟子沃尔夫斯克尔(Karl Wofskehl)。1910年,此人在格奥尔格创办并主编的《艺术与最新文学之页》(Die Blätter für die Kunst und die neuste Literatur)上发表文章,称格奥尔格的诗是"秘密的德意志"。言

---

[65] 参见 Robert E. Norton,"From Secret Germany to Nazi Germany:The Politics of Art before and after 1933"以及 Peter Hoffmann,"The George Circle and National Socialism",见 Melissa S. Lane/Martin A. Ruehl 编,*A Poet's Reich. Politics and Culture in the George Circle*,New York:Camden House,2011,页 269-284;287-306。Ritchie Robertson,"George,Nietzsche,and Nazism",见 Jens Rieckmann 编,*A Companion to the Works of Stefan George*,前揭,页 189-202。

[66] Edith Landmann,*Gespräche mit Stefan George*,Düsseldorf/München,1963,页 50。

下之意,格奥尔格的诗是德意志民族精神传统的象征,其圈子是这种精神的承载者。因此,康托洛维茨在演讲中说:

> 这样一个秘密帝国从未存在,却永远存在……谁有眼看,有耳听,就知道,几乎所有时代……在公共可见的帝国之外,另有一个德意志被赐予了存在与生命。(《秘密》,页80)

可是,拉伽德的政治观点以反犹、反妇女解放、复兴帝国之类主张著称,自然会得到纳粹愤青的青睐。如今,仅凭"秘密的德意志"这个名称的起源与拉伽德的关系,也让人觉得,格奥尔格圈子与法西斯主义难以完全摆脱干系,尽管大作家托马斯·曼和著名犹太教学者马丁·布伯也是拉伽德的崇拜者,却不便说他们与法西斯主义有干系。康托洛维茨把"秘密的德意志"说成看不见的精神帝国,在拉伽德那里也可以找到类似说法:

> 我们所热爱并渴望看到的那个德意志根本不存在,而且也许绝不会存在。这个理想不过是某种既存在又不存在的东西……人们只能靠着一个他们从未见过的星球散发出来的充满秘密的温暖(an der geheimnisvollen Wärme)才能生长发育……如果我们以否定的姿态应对这个明显受到非德意志影响的时代生发出来的、如今大行其道的不道德行为,如果我们为了抵御和克服这些不道德行为而结成公开的同盟(外在的标志和记号、严格的风纪,在这一同盟里缺一不可),只有这样,才能建立起德意志。(转引自《秘密》,页78)

康托洛维茨把拉伽德的言辞置换成了新约圣经的语式(《约翰福音》18:36;《马太福音》11:15),把"秘密的德意志"的精神寓意说成"上帝国"那样的"属灵帝国",意在强调格奥尔格是古典人文主义者,他最热爱的历史人物是但丁、莎士比亚、歌德这样的伟大诗人。换言之,格奥尔格希望建立一个具有"精神同盟"性质的精英圈子,其精神企向是精神贵族，从而与纳粹政党所忽悠的大众民主精神绝然对立。尽管如此，在错综复杂的现实中，人们怎么看待一件事情，与当事人如何看待自己，很难达成一致。在时过境迁的历史回顾中，情形更是如此。[67]

可以肯定，格奥尔格拒绝纳粹的青睐，是因为他憎恶激进的大众民主。[68]在《新帝国》组诗中，有一首诗标题就是"秘密的德意志"（作于1922年初夏）。诗人在开篇唱道：

> 将我拖向你的边缘
> 深渊，但别迷乱我！
> 永不餍足的欲望
> 从极地直至赤道
> 处处留下宽大的足迹
> 并以无情的强光
> 恬不知耻地照遍
> 世界的所有毛孔。[69]

什么是"永不餍足的欲望"，它甚至"恬不知耻地照遍世界的所有毛孔"？难道是希特勒这样的独裁者或纳粹愤青的欲望？而非坎托重申的公民社会价值？1933年的德国政变，标志着德国这个国家的身体正被拖向"深渊"。问题在于：什么样的"深渊"？康托洛维茨在1933年底作题为"秘密的德意志"的学术报告，是否意在警示，德国这个作为国家的身体将要步入人民主权被斩首后难免形成的深渊？

激进民主的共和论认为，人民主权的政治体不应该有"头"。可是，

---

[67] Friedrich Glum, *Das geheime Deutschland：Die Aristokratie der demokratischen Gesinnung*, Berlin 1930；Kahlhans Kluncker, *Das geheime Deutschland：Stefan George und sein Kreis*, Bonn, 1985；Robert E. Norton, *Secret Germany：Stefan George and his Circle*, Cornell University Press, 2002。

[68] Ray Ockenden, "Kingdom of the Spirit：The Secret Germany in Stefan George's Later Poems", 见 Melissa S. Lane/Martin A. Ruehl 编, *A Poet's Reich. Politics and Culture in the George Circle*, 前揭, 页 91–112。

[69] 格奥尔格,《词语破碎之处：格奥尔格诗选》, 前揭, 页 172。

在政治现实中，共和国这个政治身体一旦陷入危难之际，必然会自然而然地生出一个"头"。何况，一个有机的完整身体必须有"头"，官僚式的职业政治家，很难为一艘行使在大风大浪中的航船掌舵。倘若如此，问题就不在于共和政体是否应该有"头"，而是这个"头"是否高贵、有高尚的政治德性。接下来的问题便是，政治理论必须关切"头"的道德德性，国民教育也必须注重传统的圣王德性教育。否则，在国家危难时刻，公民不会去辨识必然会伸出来的"头"是正是邪，品质高贵还是低劣。公民共和主义论断然否定共和政体应该有"头"，因为所有的"头"都坏，理所当然不再关切政治体的"头"的德性，仅仅呼唤公民直接参政的德性。在1933年的历史时刻，德意志共和国的公民们不能认出"头"的邪恶，应该怪谁？

格奥尔格的《新帝国》中有两首诗献给自己心爱的弟子斯陶芬伯格（Berthold von Stauffenberg，1905-1944），他是国际法专业极为出色的新秀，上中学起就热爱诗歌，1944年成了刺杀希特勒的地下秘密组织的密谋者，事败后被枪决时不到40岁。(70)若有人推测，格奥尔格当年写诗题献给斯陶芬伯格，无异于暗中委托他必要时对希特勒下手，那么，我们不应该觉得离谱。毕竟，格奥尔格和他热爱古诗的弟子熟悉古希腊古风诗人阿尔凯奥斯（Alcaeus，约公元前630-590）的诗作，其背景就有刺杀僭主的事情。

坎托非说康托洛维茨与纳粹意识形态有牵连，以此诋毁康托洛维茨的史学，这种不讲道理的讲法背后，隐藏着某种不便明说的政治史学缘由。经历过德意志第三帝国的历史悲剧之后，德国史学家们痛定思痛，不得不思考德国这个身体为何步入深渊。起初，史学家们的"共识"是，纳粹掌握政权，纯属欺人太甚的凡尔赛和约所致，与德意志的帝制传统不相干。随着民主史学的兴起，这种史学"共识"很快被否弃。新派史学认为，德意志第三帝国这个深渊与德意志第二帝国有历史连续

---

(70) Manfred Riedel, *Geheimes Deutschland. Stefan George und die Brüder Stauffenberg*, Köln, 2006; Thomas Karlauf, "Stauffenberg: The Search for a Motive"，见 Melissa S. Lane/Martin A. Ruehl 编，*A Poet's Reich. Politics and Culture in the George Circle*，前揭，页317-330。

性:威廉二世的帝国未能真正实现民主政治,才会导致第三帝国的纳粹专制。[71]按如今最为新派的德国现代史家韦勒的观点,威廉二世时代的权力精英们,为了自己的特权和利益,竭力维持各种反民主、反平等、反现代的价值体系,才使得德国在现代化进程中背上沉重的历史负担。[72]康托洛维茨要是有幸活到 1980 年代,他看到这样的史学反思,恐怕会感到好奇:历史的事情真的那么简单?

康托洛维茨在 1945 年动念撰写《国王的两个身体》,应该被视为他对德国人步入德意志第三帝国这个深渊做出的史学反应,正如他当年撰写《弗里德里希二世大帝》,是对德意志第二帝国在 1918 年崩溃做出的史学反应。《国王的两个身体》谈论中世纪晚期和近代早期的事情,看似与 20 世纪的德国历史毫不相干,但仅仅对于实证史学家以及服膺历史社会学方法的史学家来说,情形才如此。坎托的《中世纪文明》与当今的激进民主论隔得如此之近,人们也不能说,《国王的两个身体》与当今的政治思想必须面对的大是大非问题,隔得如此之远。

我们必须重视,康托洛维茨在"前言"中说,他动念撰写《国王的两个身体》是在 1945 年。鉴于实际上他很可能早在 1930 年代末期已经有了这个念头,现在特别强调 1945 这个年份,多半有特别用意。明摆着的事情是,当时的德国再次遭遇"空位期",或者说再次面临国体重建。由此来看,康托洛维茨开篇就说到源于英格兰的议会主权制与源于欧洲的王权主权制的差异,恐怕不是信笔而至:

> 欧洲大陆的法理学,也确实发展出了关于一种双重至高权
> (duel majesty)的政治理论,人民的实际至高权(maiestas realis)
> 和皇帝的身位至高权(maiestas personalis),还有相当多类似的区
> 分。但是,欧洲大陆的法学家并不熟悉英国所发展的那种议会制
> 度,"主权"既不单独归于国王,也不单独归于人民,而是归于"王在

---

[71] 雷塔拉克,《威廉二世时代的德国》,王莹、方长明译,北京:北京大学出版社,2013,页 12-23,158-164。

[72] 参见韦勒,《德意志帝国:1871-1918》,邢来顺译,宁夏:青海人民出版社,2009。

议会"。即便欧洲大陆的法理学可以很容易构建出一个抽象的"国家"概念，或者将君主等同于国家，但绝不会将君主理解为一个sole corporation[独一合体]，这显然是一种来源复杂的混合物，在其中，政治之体由议会来代表这一点，绝不会遭到排除。在任何程度上，对于英国这种"生理性"的国王二体概念，欧洲大陆并没有产生与之完全对应的观念——无论在术语上还是在概念上。(《两个身体》，页 20)

由于当年施米特的政治神学议题直指自由主义的代议制理论，这段说法会被人视为康托洛维茨与施米特的差异：似乎施米特反对英式议会制民主，康托洛维茨则赞同这种议会主权制。[73]在施米特那里，王权问题转换成了"总统专政权"问题，这意味着，施米特在接受现代的人民主权说的前提下讨论问题。施米特的确质疑议会主权制，他不相信人民主权的共和政体应该没有"头"。但是，要说康托洛维茨赞同议会主权制，恐怕很难成立。《国王的两个身体》在诸多关键问题上言辞含混，根本论点并不含混：作为政治体的"头"的国王应该是一个"人身"(Person)，否则，我们很难理解，康托洛维茨为何会大谈国王的身体本身及其个体品格。

与格奥尔格一样，康托洛维茨相信，国家兴衰最终取决于王者品格。真正的王者是一种德性品质，而非王位本身。作为史学家的康托洛维茨当然知道，历史上徒有王位的王者何其多。弗里德里希二世曾这样教育自己的儿子：国王或皇帝与其他人不同，"不是因为他们身居高位，而是因为他们高瞻远瞩，处事英明"。[74]弗里德里希爷孙两代帝王虽然未能实现德意志神圣帝国的统一伟业，不等于他们不具有真正的王者德性。在险恶的地缘政治处境中，弗里德里希爷孙两人在政治观念上带来的变革，彪炳青史。正是这种王者精神，在康托洛维茨看来，

---

[73] 参见 Richard Faber，"Walter Benjamins *Ursprung des deutschen Trauerspiels* und Ernst H. Kantorowicz' *Die zwei Körper des Königs*. Ein Vergleich"，刊于 Wolfgang Ernst/Cornelia Vismann 编，*Geschichtskörper*，前揭，1998，页 176—177。

[74] 米尔，《德意志皇帝列传》，李世隆等译，北京：东方出版社，1995，页 181。

才应该为德意志人的民族意识奠定基础。康托洛维茨在德意志第二帝
国崩溃之后撰写《弗里德里希二世大帝》,为的是唤起德意志人对高贵
的王者精神的景仰,而非像自由主义史学那样,去培植民主化的大众政
治权利意识。[75]《弗里德里希二世大帝》有一个极为简短的"前言",康托
洛维茨写到:1924 年 5 月,意大利王国举办那不勒斯(Naples)大学建
校七百周年庆典,这是弗里德里希二世当年一手创建的大学。庆典在
帕雷莫(Paremo)大教堂举行,石棺上摆放着格奥尔格圈子献上的花
环,上面有这样的献词:"敬献给自己的皇帝和英雄"——落款是"秘密
的德意志"。"前言"以下面这段话结束:

> 并不是说,这场事件是这部弗里德里希二世传记的缘起……
> 然而,这一事件却大可视为一个标志,说明在文人圈子外,也开始
> 逐渐热衷于[塑造]伟大的德意志统治者形象——恰恰在这个没有
> 皇帝的时代。

1933 年底,康托洛维茨看到民主情绪如此奇怪地为一个精神品格
极为低俗的王者高涨,他做题为"秘密的德意志"的学术报告时甚至带
有愤然情绪,完全可以理解。

弗里德里希爷孙二帝被视为英明的德意志民族的王者,并非康托
洛维茨的传记体史书打造的历史观念。拿破仑战争之后的 19 世纪初,
一位名叫芮克尔(Friesrich Rücker)的诗人的一首题为 Friedrich Bar-
barossa[红胡子弗里德里希]的颂诗,广为流传。可见,弗里德里希王
朝崇拜,堪称德意志文明传统的人民意识。普鲁士崛起后,史学家德罗
伊森在《普鲁士政治史》(*Geschichte der Preussischen Politik*)中颂扬红胡
子皇帝时,把威廉一世称为 Barbablanca[白胡子],期盼真正的王者心
性的回归何其殷切。德意志第二帝国建立前后,主张大德意志帝国观
念的史学家们积极整理、编辑出版斯陶芬王朝时期的帝国文献,同样是

---

[75] Martin A. Ruehl, "'Imperium transcendat hominem': Reich and Rulership in Ernst
Kantorowicz's Kaiser Friedrich der Zweite", 见 Melissa S. Lane/Martin A. Ruehl 编, *A
Poet's Reich. Politics and Culture in the George Circle*, 前揭, 页 204-228。

在呼唤德意志的传统王者精神。[76]凡此表明,对一些德意志智识精英们来说,弗里德里希爷孙二帝在历史上虽败犹荣:为了实现 Sacrum imperium[神圣帝国]的统一梦想,他们勇于与教宗国势力殊死搏斗,依凭古罗马的帝国法律理论重塑帝国理念,打造了世俗化的德意志帝国理念,催生了欧洲式的理性化国家法学。

对于那些受自由主义信念影响的史学家来说,弗里德里希崇拜不过是一种"斯陶芬王朝神话"。[77]《弗里德里希二世大帝》问世后遭到当时的专业史学家攻击,绝非仅仅是"一个注释没有"之类的所谓学术规范问题。毋宁说,在魏玛民国时期,自由主义共和论在文化思想领域具有支配性地位——甚至如今研究魏玛民国文化思想史的史学家,大多仍然受这种意识形态支配。[78]

由此来看,《国王的两个身体》不仅是《君王颂》的延续,也与《弗里德里希二世大帝》有一脉相承的内在联系。《国王的两个身体》第六章"论延续性与合众体"强调了两个要点:第一,"国王"观念与"永恒"观念的关系,第二,"国王"观念作为政治体的"头"与人民的关系。康托洛维茨由此强调:人民是政治体的身体,国王是这个身体的"头",人民与国王是一个有机的身体。斩首观念性的"国王",无异于让人民砍掉自己身上的"头"。从政治哲学上讲,康托洛维茨所挑明的问题,不过是卢梭在《社会契约论》中挑明的问题:人民是主权者,但立法者则只能是人民的王者,即主权者不等于就是立法者。"论立法者"一节出现在论人民主权的第二卷,卢梭在大谈人民主权的时候,突然插入关于立法者的论述,绝非偶然——下面这样的句子甚至堪称触目惊心:

---

[76] K. Stumpf 编, *Die Kaiserurkunden des 10. 11. und 12 Jahrhunderts*, Innsbruck, 1865-1883;L. Weiland 编, *Constitutiones et Acta publica imperatorum et regum*, *Tomus I*. 911-1197, Hannover 1893。

[77] 参见 Henning Ottmann, *Geschichte des politischen Denkens*:*Das Mittelalter*,前揭,页 182-190。John Freed, *Frederick Barbarossa*:*The Prince and the Myth*, Yale University Press, 2016。

[78] 盖伊,《魏玛文化:一则短暂而璀璨的文化传奇》,刘森尧译,合肥:安徽教育出版社,2005,页 68-73。

> 立法者在一切方面都是国家中的一个非凡人物。如果说由于他的天才而应该如此的话，那么，由于他的职务，他也同样应该如此。[79]

这样的非凡人物显然几百年难遇，在历史的王位上庸常之人居多，理性化的国家政体需要官僚化，但这不等于应该否弃王者观念本身。一个国家若抛弃王者观念，一同被抛弃的还有塑造和凝聚人民德性的高贵王气。无论历史上出现过多少庸常的王者甚至暴君，不等于历史上从不曾有过高贵的王者。正如在日常生活中，寻常之人甚至邪乎之人处处可见，不等于过去从不曾有过、今后也绝不会有德性优异之人。古典史学的使命是，让人学会辨识历史上各式政治人物尤其王者的德性差异，赞颂并让人民记住那些德性优异的历史人物。现代的社会史学一旦取代古典的政治史学，史学的目光仅仅关注社会结构的变迁、经济生活的形式，乃至妇女的权利，当然不会再关注古典史学所看重的历史人物优劣德性的对比和辨识。在剑桥学派的史家眼里，撒路斯特笔下没有德性对比和辨识问题，仅有公民参政的积极自由的德性问题。显然，如果史家自己不关切高贵的德性，那么，他也不可能自觉培养辨识政治人物德性的眼力，进而也不可能知道，史书应该让人民记住的是什么。

若将《国王的两个身体》第六章"论延续性与合众体"（含两节）与波考克《马基雅维利时刻》第一部分（含三章）加以对比，康托洛维茨的论题马上突显出现实意义。不难看到，两者涉及的问题、史料乃至政治思想史上的要人（亚里士多德）都殊为相近，但史学意识乃至政治观念上的差异，同样显而易见。波考克致力于打击中世纪晚期的经院神学，其理由是基督教的"永恒"观念让政治人无视充满偶然和特殊性的历史；康托洛维茨则让人们看到，中世纪晚期的王权论如何在基督教神学的框架中复兴罗马帝国时期的王权论。对于波考克来说，正因为基督教王权论与永恒观念勾连在一起，因此必须废除王权论。在康托洛维茨

---

[79] 卢梭，《社会契约论》，何兆武译，北京：商务印书馆，1980，页55。对卢梭"论立法者"的解读，参见贺方婴，《卢梭笔下的主权者是谁：重思卢梭〈社会契约论〉中关于主权者的论证》，刊于《甘肃社会科学》，2017年第三期。

那里,情形恰恰相反:他让作为政治体的人民为国王的永恒观念辩护。

在题为"国王永远不死"的第七章,康托洛维茨回到了莎士比亚笔下的查理二世问题,与头两章形成呼应。莎士比亚笔下的理查二世曾遭到诸多指控,最重要的一条是"伤害人民,并剥夺英格兰王冠的继承权"。基于人民与国王是一个有机身体的观点,这样的指控显然荒谬。但是,后来的英国共和革命的弑君是真实的历史事件,剑桥学派史学把这一历史事件视为理所当然的政治理论前提,不遗余力地收罗近代以来的反王权论言论,为激进共和主义的直接民主论提供史学证明。在《国王的两个身体》中,康托洛维茨用大量史料让今天的读者看到,剑桥学派屏蔽了太多历史语境中的言辞。

> 英国的保王派在 1649 年即查理一世遭处决后,铸造了一枚不死鸟纪念章,则表达了一种不同的观念。在正面,人物头上有一行铭文"查理一世,蒙神恩为大不列颠、法国和爱尔兰之王"。反面的铭文是"查理二世,蒙神恩为大不列颠、法国和爱尔兰之王";但是,没有使用人物形象,而是刻画了不死鸟从焚烧的窠中升起,加上铭文:"出自灰烬"。这枚纪念章的涵义确定无疑;铸造这枚章明显是要驳斥护国公克伦威尔和共和政府,强调世袭王权和王家尊荣在普遍意义上的永久性:国王之子好像不死鸟那样从余烬之中、从乃父的灰烬之中升起——或者,尽管可能性较小,从君主制的屠宰场中升起。(《两个身体》,页 474)

如果今天的人们认为,只有保王党人才有国王意识,人民没有这样的意识,那么,这仅仅表明,现代的民主史学在教育上取得了显著成效。即便在 19 世纪的自由主义史学家笔下,人民与自己身体上的"头",仍然是一个有机身体,或者说,人民仍然有国王意识。基佐在记叙对查理一世的审判时写道:

> 第三次开庭在 1 月 23 日,情景还是同过去一样,人民向国王表示同情,且变得日益热烈起来。盛怒的军官们及士兵们虽然大声叫

喊"执行法律,杀头!"也无济于事。受到威吓的群众不过短暂地不啃声,可是,等到新发生一件小事,他们就忘记了恐怖,"上帝拯救国王"的呼声,在四面八方起伏回荡。甚至在军队里头,也有人喊这句话。[80]

人们能说康托洛维茨赞同英国式的议会主权制吗?康托洛维茨没有看到,也不会去预见剑桥学派史学的崛起,他关切"国王的身体",仅仅为了这个身体观念上的神圣性和永恒性本身。剑桥学派在1980年代初开始形成声势,康托洛维茨的《国王的两个身体》随之逐渐走红,八成是欧洲学界有人把这部此前并无人问津的史书,当成了横扫剑桥学派史学的扫帚。毕竟,扫帚不到,灰尘不仅不会自己跑掉,还会让人养成习惯,把灰尘当新鲜空气。

余　论

弗里德里希二世不仅是帝王,他也热爱自然研究和哲学,甚至熟悉阿拉伯哲学,研读过迈蒙尼德,还创办了注重自然科学研究的大学。在政治事功方面,按真正通俗版的史书说法,弗里德里希二世治下的帝国实现了重塑欧洲的计划:

> 德意志、意大利和西西里得到了和平,与法国、英国和匈牙利结盟,教训了丹麦。这个从罗马和巴勒莫到易北河,从雅法利斯到伦巴第的帝国统治,与使徒宝座所"统治的世界"并立于世。弗里德里希二世控制了东西方的整个轴心和整个教会的交点。[81]

尼采称弗里德里希二世为"第一位欧洲人",[82]则另有深意:弗里德里希二世是哲人—王吗?无论如何,尼采在其著作中三次提及弗里德

---

[80]　基佐,《1640年英国革命史》,前揭,页444。

[81]　米尔,《德意志皇帝列传》,前揭,页191。

[82]　尼采,《善恶的彼岸》,魏育青等译,上海:华东师范大学出版社,2016,页139(以下随文注页码)。

里希二世，都与哲人问题相关。

尼采笔下出现的历史人物众多，三次提及弗里德里希二世，绝不算多，也算不上突出。尽管如此，尼采仅仅在晚期著作中提到弗里德里希二世，值得深思。不用说，要理解尼采如何借弗里德里希二世说事，必须注意他提到弗里德里希二世时的语境。

弗里德里希二世首先出现在《善恶的彼岸》题为“论道德的自然史”的第五章。《善恶的彼岸》的基本主题是“未来的哲学”，区分真假“自由精神”是其中的重大论题之一。“自由精神”是哲人的标志，但自启蒙时代以来，哲人所高扬的“自由精神”并非真正的自由精神，高扬“自由精神”的人也并非真正的哲人。在尼采看来，启蒙文化开启了一个“各种族杂处融合”的“分化时代”——这里的所谓“种族杂处”，实际寓指人世中人性的各种自然品质杂处。在这样的时代，一个人所面对的人性“遗产来源不一，五花八门”，很容易“继承相互对立、而且往往不仅是对立而已的本能欲念和价值标准”。尼采在这里提出来让人思考的问题是：天性卓越之人无不是偶然而生，而卓越天性偶然降生到的世间，往往是各种人性品质杂处的环境，并非适合卓越天性的成长。

> 于是，就会产生那种魔术般的、难以置信的、不可思议的东西，那些像谜一样的、注定为胜利与诱惑而生的人，表现得最为完美的是阿尔喀比亚德和恺撒——出于我个人的品味，我还想在这两人之外再加上那位堪称第一位欧洲人的斯陶芬王朝弗里德里希二世，在艺术家当中或许是达·芬奇。他们恰好都出现在要求和平的弱者登台亮相的时代，他们和这些弱者唇齿相依，一脉相传。（《善恶的彼岸》，格言200，页138－139）

在对观文本中，尼采至少有一次把自己比作恺撒，也至少有一次把自己比作弗里德里希二世。在《瞧，这个人》中，尼采称“伟大的”弗里德里希二世是自己的“近亲”，因为他是“得体的无神论者和教会的敌人”。(83)

(83) 尼采，《瞧，这个人：人如何成其所是》，孙周兴译，北京：商务印书馆，2016，页116。

其实,弗里德里希二世反教宗和教会式的帝国政治,并不反基督教本身。这倒的确与尼采相近,因为尼采仇视基督教道德式的哲学——自由主义哲学或具有民主精神的哲学,并不仇视作为民众的安慰剂的基督教信仰。

> 倘若宗教不是被当作培养和教育的工具而掌握在哲人手中,而是自行自主地运作,倘若它将自己看作最终目标,而不是许多手段之中的一种,那必定会让人付出高昂惨重的代价。(《善恶的彼岸》,格言62,页87)

尼采称弗里德里希二世为"第一位欧洲人",想必是要与"今天的欧洲人"对比。因为,德意志的现代哲学家们带着"'上帝面前人人平等'的口头禅,迄今为止一直掌控着欧洲的命运,直到最后变成一种萎缩了的、几乎可笑的种类,一头群居的牲口,被教养得听话,柔弱,平庸"。[84] 由此可以理解,在《敌基督》中,尼采称弗里德里希二世是"伟大的自由精神,德意志君主中的天才"。在这一语境中,尼采声色俱厉地控诉基督教摧毁了西方的古代文明成果——尤其是败坏了德意志的贵族精神:

> 教会清楚地知道如何收编德意志贵族……正是借助于德意志的剑、德意志的血和勇敢,教会才能够对地球上一切高贵的东西发动殊死战争!正是在这个地方,存在着大量痛苦的问题。在高级文化的历史中,几乎没有德意志贵族存在……"和罗马兵刃相见,和伊斯兰教保持和平、友谊",那位伟大的自由精神,德意志君主中的天才,弗里德里希二世,就是这样觉得,就是这样行动。什么?一个德国人难道必须首先成为天才,首先成为自由精神,才能获得体面的感受?[85]

---

[84] 比较《善恶的彼岸》,格言202,页142-144。

[85] 尼采,《敌基督》,见吴增定,《〈敌基督者〉讲稿》,北京:三联书店,2012,页261-262。

在历史上,弗里德里希二世以与教宗的教会帝国搏斗著称。按《瞧,这个人》中的说法,正是在让他感到极不舒服的罗马,尼采想起了自己的"近亲"弗里德里希二世。但是,我们也不应该忘记,弗里德里希二世也以与德意志王国内部的封建贵族搏斗著称,正是这些大贵族势力,竭力阻碍帝国实现大一统,以至弗里德里希二世力图统一帝国的事功最终功败垂成。尽管如此,尼采仍然肯定,弗里德里希二世是"德意志君主中的天才"。

诗人格奥尔格也崇拜尼采,他从尼采那里汲取坚定不移地追求高贵的精神源泉。在这位诗人眼里,尼采有如"深黄的云团",它"朝平坦的中心之国和死城,发出最后的沉闷的霹雳,并从长夜走向最长的夜"。[86]1931 年,康托洛维茨接受法兰克福大学的史学教席时,他的就职演讲题为"何谓贵族",尼采《善恶的彼岸》最后一章的标题是"何谓高贵"。按尼采的看法,真正的立法者是哲人。无论在《弗里德里希二世大帝》还是《国王的两个身体》中,弗里德里希二世的突出形象都是立法者,他作为王者缔造了欧洲第一个理性化的宪制国家,并成为人民的王者。在他身上、在他的血液中,希腊罗马的古代文明得到传承,这种文明的精髓体现于那个伟大的自然法典,"在一个民族进化的某一点上,这个民族的一个最具洞察力、也就是最具后顾与前瞻眼光的阶层"所宣布的法典,它保障高贵的德性品质在人世历史中不会被颠覆(《敌基督》,57 节)。

民主政体取代君主政体,不仅是政治支配权的转移,还有德性观念、精神品质的支配权转移。显而易见,与民主政体一同出现的是一系列价值观念革命:王者气概、领袖尊荣、卓绝的个人优异品质等观念,不再拥有"主权",也不再受人景仰。民主意识意味着,改变"价值判断的等级秩序",切割"价值权威与效力权威"之间的关系,使得低俗趣味"能够对地球上一切高贵的东西发动殊死战争"(《善恶的彼岸》,格言 224,前揭,页 180)。《两个国王的身体》会让今天的我们想到这样的道理:斩首作为政治体的人民身体的"头",无异于斩除一个人民国家应该景

86　格奥尔格,《词语破碎之处:格奥尔格诗选》,前揭,页 95。

仰的高贵精神——这意味着一个民族的文明传统的珍珠彻底破碎。

康托洛维茨若还在世,他一定会乐意为《两个国王的身体》中译本撰写序言。他会告诉我们,他的史书不过是要让欧洲人记取自己的历史教训:由于现代哲学斩首人民身体的"头",20世纪的欧美史学乃至文化才能够对地球上一切高贵的东西一而再、再而三地发动全面战争,以至于在这个地方存在着大量痛苦的问题——他会问:你们的史学愿意与我们的民主史学乃至当今时髦得很的全球化史学接轨?

> 2017年6月
> 古典文明研究工作坊

前　　言

　　说到这本书的缘起，那是 12 年前，我跟朋友麦克斯·雷丁（Max Radin，时任加州大学伯克利分校博尔特［John H. Boalt］法学讲席教授）的一番谈话，地点是他位于博尔特楼（Boalt Hall）那间狭小的办公室，那里从地板到天花、从房门到窗户，塞满了书、论文、文件夹、笔记——还有，生命。抛出一个问题、引诱他开始一番总是富有刺激性和愉悦感的谈话并不是什么难事。一天，我在自己的邮件里找到一本崇拜礼仪期刊的选印本，是美国的一间本笃会修道院出版的，上面印着发行人的徽记：“*The Order of St. Benedict, Inc.*”。对一个来自欧洲大陆、不谙英美法律思维精妙之处的学者而言，没什么比这个“Inc.”（法人）更令人困惑的了，这个习惯上用于商业公司和其他法人的缩写，居然套在圣本笃于查士丁尼关闭雅典柏拉图学园同年、在卡西诺山建立的这个可敬的团体头上。于是我问麦克斯·雷丁，他告诉我，在美国，修道院真的是注册成法人的，除此之外，同样处理的还有罗马天主教的教区，比方说，按照法律上的说法，旧金山大主教就是一个“独体法人”（corporation sole）——这个话题使我们的谈话立刻转向梅特兰就该主题所作的著名研究，聊到作为法人/合众体（corporation）的抽象的“王冠”（crown），聊到英国在伊丽莎白一世时期所发展起来、十分有趣的

"国王的两个身体"的法律拟制,聊到莎士比亚的《理查二世》,还聊到"抽象的国王"概念在中世纪的某些原型。总之,那天我们相谈甚欢,就是那种你永远渴望着发生的谈话,而雷丁是一位理想的对谈者。

不久,我受邀为麦克斯·雷丁的退休纪念文集撰文,我能做的最好的选择,就是提交一篇关于"国王的两个身体"的论文(本书第一到三章的部分内容,以及第四章的一节),论起来,他本人可说是这篇文章的共同作者,或者至少算是私生的父亲。遗憾的是,纪念文集最终未能刊行,提供的文章尽数退还作者。尽管为朋友错失理当获得的礼遇而不悦,不过,看到手稿退回,我并不沮丧,因为当时我已经扩充了自己关于这一主题的观点和材料。我决定把论文拆开发表,题献给麦克斯·雷丁(时任普林斯顿高研院临时研究员),庆贺他的 70 大寿,当时是 1950年春。结果,我为私事所累,包括与加州大学校董们剑拔弩张的斗争,还有其他一些工作,导致我无法将礼物送到朋友手中。麦克斯·雷丁于 1950 年 6 月 22 日辞世,而这项研究,原本应该引发他的批评、评论和爽朗的笑声,现在只能用来纪念他了。

此项研究到现在形成的最终成果,已经大大超出起初的计划。原本我只是想要指出"国王的两个身体"这一法律理论在中世纪的一些原型或平行项,结果慢慢变成了本书副标题所示的"中世纪政治神学研究",这完全不是起初的意图。从现在做成的成果来看,这项研究的内容,主要是尝试理解,以及——如果可能的话——尝试说明:一种政治神学的某些原理,在作必要修正后直到 20 世纪仍然保持有效,这是通过何种手段和方法,在中世纪晚期开始发展起来的? 不过,尽管我们的时代发生了恐怖的事情,就是从大到小所有的国家,统统拜服于最诡异的教义,将政治神学发挥成真正的妄想症,在许多情况下直接挑战人类和政治理性的基本原则,但是,以此推断作者乃是试图考察某些现代政治性宗教的偶像是如何生成的,就属于臆测了。我当然不是对晚近的错乱现象毫无知觉;事实上,越是体会到某些意识形态的蜘蛛网,就越是拓展和加深了我对其早期发展的认识。但是,有必要强调,这类思索属于嗣后的思考,是眼前这项研究的结果,而不是原因,也并不影响研究的过程。历史材料本身惯常散发出的魅力，可以胜过一切实践或道德应用的渴望，当然也不消说，胜过一切嗣后的思考。本项研究是针对主权国家及其永久性的特定密码（王冠[Crown]，尊荣[Dignity]，祖国[Patria]，等等），视角特别限定于按照各种政治信念在其初始阶段，以及被当作工具服务于近代早期国家建立之时的状况，来理解这些信念。

鉴于本项研究是在一个非常复杂的结构中抽出一股线索来考察，因此，作者不能宣称完全解释清楚了所谓"国家的神话"（卡西尔语）。此项研究可能多少对这一更宏大的问题有所贡献，尽管只限于一个主要的观念，即"国王的两个身体"的拟制，包括其演化、涵义以及辐射作用。作者希望，通过对主题的限定，至少在一定程度上避免某些包罗万象、雄心勃勃的思想史研究常常发生的危险：失去对主题、材料和事实的控制；语言和论辩含混不清；无根据的普遍化推论；以及因冗长的重复而造成的穿透力缺乏。在这个案例中，"国王二体"原理及其历史构成了一种起统一作用的原则，用于抹平选取和组合事实及加以综合所造成的罅隙。

此项研究的缘起可以解释我如何又一次突然转离（就像在研究君王颂[Laudes]时所发生的）中世纪史学家的正常轨道，这一次，侵入到了中世纪法律的园地中，而这本是我所受的学术训练未曾预备的。为这一侵犯之举，我要向专业的法学家道歉，后者无疑可以在本书中找到许多瑕疵，哪怕我已经意识到其中某些较明显的缺点：一方面，在文本上花的功夫过多，另一方面，则缺乏突出的论点。不过，这些都是外行通常会遭遇的困难；他不得不为侵入一门姊妹学科的专有领地而付出代价。资料的不完全是另一个需要道歉的问题。每一个在中世纪法律的葡萄园中耕作的学生，都会痛苦地感受到资料使用方面的困难，即便是那些最重要的作者，他们的作品也都没有出版刊行（比如，12世纪晚期最有影响力的教会法学家，比萨的胡果齐奥[Huguccio of Pisa]，他的作品也没有刊行），可以找到的版本只有古老珍稀的16世纪印本。通过咨询伯克利、哥伦比亚和哈佛大学图书馆，国会图书馆法律藏书部主管格索夫斯基博士（Dr. V. Gsovski）的善意帮助，得到麦基文（C. H. McIlwain）藏书补充的普林斯顿火石图书馆（Firestone Library）的支持，最后，通过我自己以及普林斯顿高研院为我专门购买，才逐渐填补了一些最令人恼火的缺口。不过，通常极有帮助的馆际互借价值大大受损，因为这项研究要求对大范围的资料不断作反复查验和比对，其间问题会不断地反复发生。有多少资料错失，有多少文本拿到手的时候太晚，以至于无法用于这项工作，没有人比我自己知道得更清楚了。读者很快就会注意到哪些作者是始终在参考的，哪些只是偶尔参考或者根本没有参考；至于同一部作品引用时未能统一依照一个版本，那是另一个故事了。不过，幸运的是，对于这样一项主要是提出问题、而非解决问题的研究而言，本来就不追求完整性。还有一点也是如此——尽管原因不同，就是对二手文献的引用。总体上，只有当我觉得直接受益于某项二手文献时，才会引用，这个做法不排除以下可能性，即某些相关的、甚至非常有价值的研究成果可能遭到了忽视，或者我看到的时候太晚，无法在本书中进行评估。我引用自己的研究和论文可能太过频繁，这并不表示我受益于自己，而只是偷懒的表现：除了少数例外，我不想重复已经做过的研究。

文献引用时基本保持完整，可能常常会让人觉得过于冗长。不过，由于许多法律资料在美国六所或更多的图书馆都无法获取，因此，为政治思想史专业的学生着想，貌似多摘录一些文本比少摘录更合宜。另外，凡是在正文中讨论可能打断主题论证、影响其清晰性的枝节问题，有关材料都放进脚注，希望有朝一日能够为他人所用——尽管，说实话，要抵制大谈枝节问题的诱惑并不总是那么容易（有时候诱惑真的是非常强烈）。所以，可能会有读者发现，更符合其胃口和兴趣的材料都埋没在脚注里，而没有在正文中提出。不过，我的首要雄心，还是提供一部具有相当可读性的著作，在鲜有人探索过的森林里开辟出一条多少有清晰标记的道路，同时，如果可能，保持住读者的注意力，而不是把他抛弃在一片满是学术苍蝇的丛林之中。我的工作是否成功，需要由读者来评判。

我只在极少数情况下，且在犹疑中，才觉得有必要得出一些结论，或者指出某一部分所讨论的诸多主题应当以怎样的方式配合在一起；不过，读者会发现，借助大量的交叉引用和一个整全的索引，他完全可以得出自己的结论,并自行把齿轮组装起来。① 无论如何,此项研究能够服务于自身的目的,即引起对某些问题的关注,只要读者察觉到更多与"国王的两个身体"相关的例子或所在,以及比我所提示更多的、与其他问题的关联。有些遗憾的是,关于教会职分表现出的双重性,没有同样作专章讨论。尽管这是一个本身具有价值的主题,但我绝没有忽视教会的因素,并且认为已经通过一种间接的方式讨论了该问题在教会的那一面。

一本经过长时间工作著成的书,自然需要感谢很多人。我愉悦地承认,这项工作要归功于诸多友人、同事和其他帮助者所提供的大量信息及好意,我已经在注释和图片列表中表达了感谢。不过,我首先要感谢那些年轻的友人,我以前在伯克利的学生,后来又到普林斯顿高研院做我的助手。他们以各自的方式提供了帮助,不仅帮我将手稿整理成型、使之可以送交出版社,还提出了许多意见、批评和建议,并且以他们活泼的兴趣次第点燃了我常常衰颓的兴味。我还要感谢 Michael Cherniavsky 教授、Robert L. Benson 先生、Ralph E. Giesey 博士以及 Margaret Bentley Ševčenko 女士。我要特别感谢 William M. Bowsky 博士,他承担了最最乏味且无回报的工作,反复校阅,制作参考文献列表,还帮助制作了索引。还有其他一些我以前的学生,William A. Chaney 教授和 Schafer Williams 博士,我要感谢他们令我注意到一些重要的问题。还有,George H. Williams 博士阅读了本书初稿,并通过他自己的著作提供了帮助。

阅读了手稿终稿许多内容的友人包括:Dietrich Gerhard 教授、Gaines Post 教授以及 Joseph R. Strayer 教授,他们提出了许多建议和意见,还有同样重要的精神支持。在此方面,我最感激的是 Theodor E. Mommsen 教授,他忠心地逐章阅读了整本打印书稿,并且从不吝啬地提出他的意见,还有大量的纠正,他还给我机会、花了许多个晚间的时间与他当面讨论了那些宏大的问题,以及数不清的细节。我也很幸

---

① 凡交叉引引证一条脚注的,通常不仅仅指向脚注本身,而且也指向该脚注所属的正文,甚至整个一页。

运能从高研院的同事那里得到许多意见，并像瘟疫一样带着问题搅扰他们：Harold Cherniss 教授是头号受害者，承担了解答我关于古代哲学问题的重负，他耐心地反复解释复杂的问题，无论自己所说的遭受怎样的曲解，这种曲解不仅是柏拉图在亚里士多德手里的遭遇，也是亚里士多德在中世纪经院学者手中的遭遇；Erwin Panofsky 教授，一旦遇上艺术史问题，我就去找他，他也不知疲倦地向我解释；Kurt Weitzmann 教授，他使我注意到若干问题，并始终在照片和图画的事情上提供帮助；还有 Andreas Alföldi 教授，他渊博的知识使我可以常常就古代晚期的问题向他咨询。我还要感谢在伯克利的前同事，Leonardo Olschki 教授，在很长一段时间内，他与我讨论了无数关于但丁的问题，这些极有成果的批评使本书关于但丁的那章大大受益。对所有这些友人，我不仅表达感谢，也为可能有的误解表示歉意：错误均归于我本人，而这些错误或许是最具原创性的贡献了。

我与 Ralph E. Giesey 博士进行了某种独特的合作，他即将发表的研究"文艺复兴时期法国的皇家葬礼"与第七章讨论的一些核心问题有重叠。我们常常交换意见和材料，要清晰的分清楚合作者的贡献就很不容易。不过，脚注会清楚地显示，Giesey 博士是如何慷慨地提供自己的材料——包括已出版和未出版的文本及照片——让我毫无顾忌地使用，在此我为本书的相关部分向他表示深深的谢意。

最后，我要感谢 J. Robert Oppenheimer 博士，他主管高研院的工作，慷慨资助了本书的出版，我也要感谢普林斯顿大学出版社，愿意满足我的各种建议和个人愿望。

E. H. K.

于普林斯顿，新泽西

1957 年 3 月 2 日

导　　论

[3，此编号为原书页码，下同]神秘主义，随着神话和拟制（fiction）那温暖的暮光转向事实与理性冷静的探照灯，通常已经没有什么可供自夸的了。神秘主义的语言，除了在自己的魔法或神秘圈子里面回响，常常显得贫乏，甚至略有些愚昧，而那些令人极为迷惑的隐喻和夸张的图像，一旦被剥去色彩斑斓的羽翼，就很容易变成类似波德莱尔《信天翁》❶里的那幅可怜景象。尤其是政治神秘主义，一旦脱离了原生的环境、时代和空间，就面临丧失自身符咒、或者变得相当无意义的危险。

"国王的两个身体"这个神秘的拟制，由都铎时期及之后时代的英国法学家创制，也不能幸免于这条规律。梅特兰在一项极具趣味的研究，"论作为法人的王冠"（The Crown as Corporation）中，对这个概念进行了无情的鞭挞。①这位伟大的英国法律史家以强烈的讽刺语调，揭示了国王构成"独体法人/单人合众体"这个拟制可能、并且确实已经走向了何等谬误，同时，他还表明了二体国王以及双重王权的理论会在官僚制逻辑下造成怎样的灾难。梅特兰玩了点文字游戏，调侃那种遭到

————————

① F. W. Maitland，*Selected Essays*（Cambridge, 1936），104-127，reprint from *Law Quarterly Review*，xvii（1901），131-146.

"乡村牧师化"（*par*sonified）的国王和国王二体理论乃是"形而上学（metaphysical）——或者我们可以说体而上学（metaphysiological-cal）——胡说八道的充分展示"。

　　梅特兰从他积累的丰富法学例证中，举出一个又一个案例，证明此项原理荒谬无稽。他讲到乔治三世的故事，这位国王不得不跑到议会，请求批准他以一个人而非国王的身份保有某片土地，"因为，国王陛下的一切臣民都不会被拒绝享有的权利，他却会被拒绝。"他还讲了另一个好玩的案例，有一个参加过 1715 年叛乱的叛臣，他的男爵领遭到没收、归于国王，结果此人的佃户对于这次领主变更极为开心，因为该男爵领现已"归于陛下、其后嗣及继承人，并归入其政治人格，在法律上讲是不会死亡的"，他们认为，从此以后[4]就无需缴纳领主（至今为止都是会死的人）去世时的传统贡金。不过，议会的意外裁定让这些人失望了，议会认定在这个案例中，国王被视为一个会死的个人，所以这些佃户需要按成例继续交税。梅特兰甚至举出证据证明，路易十四那句著名但可能是杜撰的"朕即国家"——或者，在这个问题上，经院学者的格言"教宗可以被称为教会"（*papa qui potest dici ecclesia*）——在英格兰也获得了官方认可：1887 年的一项制定法规定"兹宣布，'国家永久的公务人员'、'女王陛下永久的公务人员'以及'王冠（Crown）永久的公务人员'具有同等含义"——对此，梅特兰评论说："真是一片混乱。"②

　　布莱克斯通在他的《英国法释义》中有一段话总结了数世纪以来的政治思想和法学思考的成果。如果你没有作好准备，遽然读到那些对国王的超越性身体（superbody）或者"政治之体"（body politic）奇异而微妙的描述时，要忍住不去嘲笑"国王二体"理论真的是一项挑战。在布莱克斯通的论述中，可以觉察到一种绝对主义的阴影，却并不是

---

②　*Ibid.*, 117. 梅特兰肯定知道这样的"混乱"并不是英格兰仅有的，因为 Otto von Gierke 在 *Deutsches Genossenschaftsrecht*（Berlin, 1891），III, 294, n. 148 引用了一个令人惊异的类似情况。14 世纪的教会法学家 Antonius de Butrio 认为，涉及教会财产所有权时，情况也是如此，"sive dicas Christum, sive praelatum, sive ecclesiam universalem, sive par-ticularem possidere, sive epicopum, sive alium praelatum, sive Papam vicarium Christi"（要么你说它属于基督，或属于高级教士，或属于普世教会，或属于地方教会，或属于主教，或其他的教士，或属于教宗，即基督的代理人）。

由现代那种抽象的"国家",或者中世纪中期那种抽象的"法律"所行使,而是由一种在世俗思维中可能没有对等项的抽象身体性拟制(physiological fiction)行使。③国王是不死的,因为在法律上他不会死,还有,可以说他在法律上永远不会达不到法定年龄,好像舞台上的道具。接下去,更超出我们想象的是,布氏说,国王"不仅不会行事错误,并且甚至不会思想错误:在他里面绝无愚昧和软弱"。④还有,国王是不可见的,⑤并且,尽管[5]从不裁判案件——虽然他是"正义的源泉",但是,他在法律上是无处不在的:"在法律看来,国王陛下在他所有的法庭中在场,尽管他不能亲自分配正义。"⑥可以这样说,这个国王拟制人格(*Persona ficta*)的超人式"绝对完美"状态,来自于一个拟制之内的拟制:它与法人/合众体(corporations)概念的某种独特属性,即单人合众体(sole corporations),是密不可分的。布莱克斯通将发明法人概念的功劳完全归给罗马人——"但是,我们的法律已经大大提炼和改进了此项发明,乃是依照英格兰民族惯常的天赋:尤其是单人合众体/独体法人,即只由一人构成的合众体/法人,这是罗马法律家所不知晓的。"⑦

这类人为的非现实之物——这种人类思维的奇异建构,最终必将成为自身拟制的奴隶——我们通常更容易在宗教领域中发现,而不是在据称是清醒和现实的法律、政治和宪法领域;所以,梅特兰那些刻薄的批评可以理解,看起来完全有其理由。可是,这个貌似荒唐、在许多方面尴尬奇异的"国王的两个身体"的概念,并不只是拿身体来开玩笑的段子。梅特兰自己也充分意识到,无论如何,此项原理提供了一种重要的、开启性的拟制,使得特定时期的法律家能够"调和现代法与古代法",以及协调

---

③ Sir William Blackstone, *Commentaries on the Law of England*, I, c. 7 (first published in 1765), 237ff.

④ *Ibid.*, I, 246.

⑤ 布莱克斯通没有直接提到国王不可见,但这是"政治之体"的标准定义内容;参见第一章注 2,对 Plowden 来说:"……政治之体,是一个不可见、不可把握的身体";或参 *Calvin's Case* (1608), in Sir Edward Coke, *The Reports*, ed. George Wilson (London, 1777), VII, 10-10a:"……政治人格是不可见且不死的"(参较 12a)。

⑥ Blackstone, *Comm.*, I, 270.

⑦ *Ibid.*, I, c. 18, 469; Maitland, *Sel. Ess.*, 75.

人格性的政府与更倾向于非人格性的政府。⑧梅特兰这样伟大的中世纪史家,很清楚这个有趣的"双生的君王之位"拥有很长的传统和复杂的历史,"可以带领我们进入中世纪法律和政治思想的深处"。⑨

遗憾的是,梅特兰没有写出这部历史,即[6]便关于这个问题他已经给出了不止一处很有价值的提示。而撰写这段历史的工作,尤其是涉及重要的 15 世纪,对于某位探索英格兰法律和宪制史的饱学之士而言,也仍然是一项有趣且很有前途的工作,因为现有的研究并没有填补这个空白。大多数人只是想大概梳理一下历史问题本身,以一种过于机械、随意和不完备的方式叙述"国王的两个身体"的历史背景,然后,如果可以,将这个概念摆放在恰当的中世纪思想和政治理论环境中。

---

⑧ 参梅特兰在下列书中的论述:Pollock and Maitland,*The History of English Law*(2nd ed.),Cambridge,1898 and 1923,1,512,also 495,and *Sel.Ess.*,105ff;还有他所作的研究"The Corporation Sole," *Sel.Ess.*,73-103,还有一个很有价值的《法律年鉴》案例列表(p. 264)(reprint from *LQR*,*XVI* [1900],335-354),梅特兰以非凡的功力,揭示了中世纪早期的"私有教会制度"(Eigenkirchenrecht,即某贵族人士建立教堂并雇用教士等——译者注)对晚期的影响,包括单人合众体/独体法人的概念。

⑨ Maitland,*Sel.Ess.*,105.

❶ 《信天翁》是《恶之花》中的一篇:

常常,为了消遣,航船上的海员
捕捉些信天翁,这种巨大的海禽,
它们,这些懒洋洋的航海旅伴,
跟在飘过苦海的航船后面飞行。

海员刚把它们放在甲板上面,
这些笨拙羞怯的碧空之王,
就把又大又白的翅膀,多么可怜,
像双桨一样垂在它们的身旁。

这插翅的旅客,多么怯懦呆滞!
本来那样美丽,却显得丑陋滑稽!
一个海员用烟斗戏弄它的大嘴,
另一个跷着脚,模仿会飞的跛子!

云霄里的王者,诗人也跟你相同,
你出没于暴风雨中,嘲笑弓手;
一被放逐到地上,陷于嘲骂声中,
巨人似的翅膀反倒妨碍行走。(钱春绮译本)

第一章　问题:普劳登判例报告

[7]在埃德蒙·普劳登(Edmund Plowden)于伊丽莎白一世时期编纂的《判例报告》中,梅特兰找到了第一个清楚的例子,说明英国的王室法学家们是如何利用这种神秘性的措辞,来包装和修整他们关于王权(kingship)和国王职能(royal capacities)的定义。①为了方便同时描述这个问题和"国王二体"理论,普劳登(他本人就是中殿律师会馆的学员)是合适的起点,他在《判例报告》中缩写记录了王室法院法官的论证和判决,我们可以看一下其中一些最明显的段落。

兰开斯特家族的诸王将兰开斯特公爵领作为私产而非王冠的财产(property of the Crown)拥有,在伊丽莎白一世4年,关于该公爵领发生了一桩轰动一时的诉讼——这肯定不是第一次发生。女王的前任爱德华六世,在尚未成年之际,就该公爵领的一些土地订立了一份租约。为此,王室律师们到高级律师公会(Serjeant's Inn)开会,所有人都同意:

> 根据普通法,国王作为国王所作之一切行为,不因其未成年而

---

① Maitland,*Sel*.*Ess*.,109:"这种说法是不是在1550年前后新出现的,还是一直存在,但没有记录,直到普劳登记载下来,这个问题不容易回答;至少《判例报告》中没有给我们提供答案。"

无效。因为，国王在他里面有两个身体，即，一个自然之体（Body natural），一个政治之体（Body politic）。他的自然之体（若依其自身考量）是一有朽之体，可遭受因自然或意外而导致的一切软弱，可遭受因幼年或老年而导致的能力低下，可遭受其他人的自然之体可能发生的类似败坏。但是，他的政治之体乃是一个不可见、不可把握之身体，由政制和治理构成（consisting of Policy and Government），其构成之目的为指导人民，以及管理公共福利，并且，此身体完全免于自然之体可遭受的幼年、老年以及其他自然败坏和能力不足，为此，国王在其政治之体里面所作之行为，不因其自然之体的任何无能力而导致无效或失败。②

需要立即指出的是，这个模式，[8]即所谓国王的政治之体——"免于幼年、老年以及其他自然败坏和能力不足"——也是有模仿对象的，就是福特斯鸠在《论英格兰的政制》（*The Governance of England*）中所作的论述，他写道：

> ……人没有权力犯罪，也没有权力作恶，或者生病、变老，或者一个人可以伤害自己。因为，所有这些权力都来自于能力不足……因而，圣善的灵体和天使不会犯罪、变老、生病、或者伤害自己，他们就比我们更有权力，我们会对自己犯所有这些错误。照样，国王的权力也就更大……③

我在这里引用这段内容，不是要证明伊丽莎白一世时期的法学家向福特斯鸠"借用"了这个概念，或者后者的著作是前者的"来源"，尽管这个可能

---

② Edmund Plowden, *Commentaries or Reports* (London, 1816), 2122. Coke, *Rep.*, VII, 10（*Calvin's Case*）引用了该案。

③ Sir John Fortescue, *The Governance of England*, c. VI, ed Charles Plummer (Oxford, 1885), 121；参较 218f, 以及来自 *Song of Lewes* 的引文 (p. 217)。另参 Fortescue's *De Natura Legis Naturae*, c. XXVI, S. B. Chrimes 在他编定的 Fortescue's *De Laudibus Legum Angliae* (Cambridge, 1942), 154 中完整该章, 另参 *De Laudibus*, c. XIV ed. Chrimes, 34, 27f, 关于相关的观念。

性也不能排除。重点在于,福特斯鸠的这段话显示出,法律推理与神学思想的关系是如何紧密,或者,更明确一点,与中世纪关于国王的"天使属性"(*Character angelicus*)的说法有怎样的联系。④国王的政治之体表现为与"圣善的灵体与天使"相似,因为,就像天使那样,它表现为在时间维度内不可变的事物。它[9]被提高到天使的高度,这一点值得我们牢记在心。

在获得一个立足点之后,或者说,建立了牢固的属天基础之后,法官们继续他们在兰开斯特公爵领一案中的论证。他们指出,如果这些土地是国王在登基之前取得的,也就是"以他的自然之体的职能"(in the capacity of his Body natural)取得,嗣后由他授予,那么,这样的馈赠,即便是在尚未成年之时所作,也必须要承认为是国王的行为。因为——伊丽莎白一世时期的法官们宣称,也就是从这里,他们的"神秘主义"开始了——

> 尽管他[国王]系以其自然之体取得该土地,但是,此自然之体与其政治之体相联合,后者包含了其王家等次和尊荣(royal Estate and Dignity);政治之体包括了自然之体,但自然之体是较为次等的,由此,政治之体与之相联合。这样,他就有了一个自然之体,增添和赋予了王家等次和尊荣;他所拥有的自然之体并不与王家等次

---

④ 在现代作品中,国王的"天使属性"常常出现——例如:Eduard Eichmann, "Königs-und Bischofsweihe," *Sitz. Ber. Bayer. Akad.* (Munich, 1928), No. 6, p. 8; Max Hackelsperger, *Bibel und mittelalterlicher Reichsgedanke* (Munich diss. , 1934), 28, n. 35; E. Kantorowwicz, *Laudes Regiae* (Berkeley, 1946), 49, n. 126——但这个问题尚未作完整的研究。这个观念的重要之处不仅见于圣经,例如:撒下 14:17, 20;希腊方面的线索也具有同等甚至更高的重要性。关于王和智者成为了独特的第三个群体、在诸神与人之间沟通的观念,见 Erwin R. Goodenough, *The Politics of Philo Judaeus* (New Haven, 1938), 98ff,以及同一作者"The Political Philosophy of Hellenistic Kingship," *Yale Classical Studies*, I (1928), 55-102, esp. 76ff, 100f; Goodenough 谈到的作品最近有编辑和评注,见 Louis Delatte, *Les traits de la royauté d'Ecphante*, *Diotogène et Sthénidas*, Bibliothèque de la Faculté de philosophie et Lettres de l'Université de Liège, XCVII(Liège, 1942);另参 Artur Steinwenter, "ΝΟΜΟΣ ΕΜΨΤΧΟΣ: Zur Geschichte einer politischen Theorie," *Anzeiger der Akademie der Wissenschaften in Wien*, phil. -hist. Kl. , LXXXIII(1946), 250-268, esp. 259ff. 关于早期基督教的概念,例如可参, Günther Dehn, "Engel und Obrigkeit," *Theologische Aufsätze Karl Barth zum 50. Geburtstag* (Munich, 1936), 90ff;另参批评意见见 Harald Fuchs, *Der geistige Widerstand gegen Rom in der antiken Welt* (Berlin, 1938), 58f.

和尊荣相区别，而是自然之体与政治之体连结在一起、不可分离；而这两个身体联合入（incorporated）一个人格（one Person），构成了一个身体，而不是多个，此即合众之体（Body corporate）内住于自然之体，反之亦然，自然之体内住于合众之体。这样，自然之体，通过政治之体加诸其上的这一联合（政治之体包含了国王的职分、治理及尊荣），也通过前述在其里面与政治之体的联合，而获得了放大。⑤

这样，国王的两个身体就成为了一个不可分割的单位，每一个身体都完全包含在另一个之内。但是，关于政治之体相较于自然之体的优越性，是不可质疑的。"三位国王[亨利四世、亨利五世、亨利六世]以他们的自然之体保有了兰开斯特公爵领，自然之体不如政治之体那么丰盛昌大（ample and large），而第四位[爱德华四世]以政治之体保有之，政治之体相比自然之体更加丰盛昌大。"⑥

政治之体不仅比自然之体"更加丰盛昌大"，而且前者之中蕴含了某种真正神秘的力量，能够降低、甚至去除脆弱人性的不完美之处。

他的政治之体，附加于他的自然之体，去除了[10]其自然之体的能力不足（Imbecility），将较为次等的自然之体、以及后者一切的效果（Effects），吸收入更为高贵的自身，*quia magis dignum trahit ad se minus dignum*。⑦

---

⑤　关于兰开斯特公爵领一案，见 Plowden，*Reports*，213；s 参见下文第七章注 302 以下。

⑥　Plowen，*Reports*，2202，科克引用了一个类似的案例（上文注 2）。关于兰开斯特公爵领，见下文第七章注 302 以下。

⑦　Plowden，*Reports*，2132. 这句拉丁法律格言（参下一条注释）后来再次出现，比方：Sir Edward Coke，*The Second Part of the Institutes of the Laws of England*（London，1681），307："Omne maius dignum trahit ad se minus dignum."（每个较尊贵者都将低位者吸入体中）这条法律格言一定至少从 13 世纪开始就传到了英国：参见 Mattew Paris，*ad a*. 1216，ed Luard（Roll series），II，657，其中抄录了教宗英诺森三世如何指责法国贵族从事谴责约翰王的活动："...per barones, tanquam inferiors, no potuit ad mortem condemnari, quia maior dignitas quodam modo absorbet minorem."（通过那些比他低级的伯爵们，他[国王]不可能被判死刑，因为较高的尊严以某种方式吸收较低等的尊严。）关于英国法律语言中的法律格言，参见 David Ogg，*Joannis Seldeni "Ad Fletam Dissertatio"*（Cambridge，1925），Introd.，pp. xlii—xlvi。

　　这条拉丁语法律格言的意思是"更尊贵者将低位者吸收入自身"，在中世纪法学家中很常用。通常当遇到混合人格（*persona mixta*）（或者，在这个案例中，是混合之物［*res mixta*］）时，就会引用这句话。例如，14世纪伟大的意大利法学家、法学权威巴尔都斯认为，这条格言最适合判定双性人（hermaphrodite）的两性：按照《学说汇纂》（*Digest*），以更显著的性状来决定性别，因为（巴尔都斯总结）"如果产生了一种由两个极端组合而成的合一体，而两个极端的性状均维持，则更显著和突出的一方将另一方吸收入自己。"⑧[11]适用于双性人之二性的内容，在

───────────────

⑧　关于双性人问题，参见 D. 1，5，10. 巴尔都斯在讨论格利高里教令集关于圣职举荐权时引用了乌尔比安的裁决，圣职举荐权同时具有平信徒和圣职人员的性质，可以视为一种混合物（*quid mixtum*）而与相反性质结合体相比——或者也可以与国王的二体比较。参见 Baldus' gloss on c. 3 X 2，1，n. 7，*In Decretalium volume*（Venice，1580），fol. 152v，其中还提到许多其他的主张和结论："Item quando ex duobus extremis fit unio, remanentibus qualitatibus extremorum, magis principale et magis notabile aliud ad se trahit."（同样，每当有两个极端组合而成的合一体，两个极端的形状保持不变，更主要和更显著的一方将另一方吸入自己。）进一步请参（同样在医学上很有趣的）关于 Malaspina 家两性人的法律意见；Baldus，*Consilia*（Venice，1575），III，237，n. 1，fol. 67ᵛ. *Glossa ordinaria*（Bernard of Parma）on c. 3 X 2，1，也间接提到这句法律格言："Nota quod *causa mixta* inter spiritualem et civilem magis sequitur natura[m] spiritualis quam civilis... et sic quod est minus dignum in sui substantia, maioris est efficaciae quo ad iurisdictionem."（要注意的是，介于属灵和世俗之间的混合原因，更多的是遵从属灵性而非世俗性……同样的，在本质上较低等的事物在司法方面从属于较高的管理权。）巴尔都斯本人也反复引用这句法律谚语；例如，参见 on C. 9，1，5，n. 4. *Commentaria in Codicem*（Venice，1586），fol. 194ᵛ, or on C. 6，43，2，n. 1, fol. 157v，多少符合晚期的英国理论："Nota quod in unitis ad invicem, dignius trahit ad se minus dignum. Item quod plurimum potest, trahit ad se quod nimium potest et communicat illi suam propriam dignitatem et privilegia."（要注意的是，在相互转换的同一体中，尊贵的部分将低位的部分吸入自身。因此，有最高能力者吸收那个有较高能力者，并将自己的尊严和特权给予它。）另参 the *Glossa ordinaria* on the Decretals（Johannes Teutonicus），on c. 3 X 3，40，此处该法谚用于圣油："Item oleum non consecratum potest commisceri oleo consecrato et dicetur totum consecratum,"（同样，尚未被祝圣的油可以与已经被与祝圣的油混掺合，并且全部被称为祝圣了。）注释法学家的论点，v. *consecratum*："Et ita sacrum tanquam dignius trahit ad se non sacrum."（因此，比较尊贵的圣者吸收不圣者。）关于这段的内容以及 Lucas de Penna［见下文］的观点，我需要感谢 Gaines Post 教授的指点。还有，又一次与圣职举荐权有关，Johannes Andreae，*Novella in Decretales*，on c. un. VI 3，19，n. 12（Venice，1612），fol. 126；还有，关于委任法官，Hostiensis（Henry of Segusia），*Summa aurea*，on X 1，29，n. 9（Venice，1585），col. 297；另参 Oldradus de Ponte，*Consilia*，XVII，n. 1（Lyon，1550），fol. 7ᵛ. 关于罗马法学家，例如，参见那不勒斯的法学家 Lucas de Penna，*Commentaria in Tres Libros*，on C. 10，5,1,n. 17（Lyon，1597），p. 33："Quotiens enim maius minori （转下页注）

法学家看来同样适用于国王的两个身体。因此，当这位都铎法学家按照逻辑推进，遇到这个问题时，依照他所在行业的规则，引用了这条正确的格言。

在前一年（伊丽莎白一世 3 年）于高等民事法院（Common Bench）审理的 *William v. Berkley* 一案中，这背后的观念同样得到了十分有力的强调。该案的内容是伯克利勋爵（Lord Berkley）非法侵入了某些土地，对此他辩称业已向亨利七世的法庭纳税，认为这是在他自留土地范围内的限嗣继承地产。法官指出：

> 尽管依法应当裁定亨利七世国王以其自然之体接受了税金，而不是以其政治之体，但是，他们［法官］认为，他［国王］并不丧失他在自然之体中对这些物的特权……因为，当本国国王的政治之体联合于自然之体，且以一个身体承载二者，则自然之体的位分（Degree），以及依此职能（Capacity）而占有的物，就此发生改变，其效果（Effects）因与另一身体之联合而改变，不再维持原有的位分，而是分有政治之体的效果……此处的理由在于，因为自然之体与政治之体联合为一，而随着联合，政治之体清除了另一身体的一切不完全，使之成为了另一种位分，不同于其单独时所享有的位分……原因［在另一个类似案件中］不是由于其自然之体的职能被国王的尊荣所吸收……而是因为，政治之体与其赖以保有该土地

（接上页注）coniungitur, maius trahit ad se minus..."（每当较大者和较小者结合时，大者吸收小者）关于相关的上级法官吸收下级法官权力的观念，参见 Frederick II's *Liber augustalis*, I, 41（Edition：Cervone, Naples, 1773, 含注释）, 93:"...minori lumine per luminare maius superveniens obscurato,"（……较弱的光被到来的较强的光遮蔽）13 世纪的注释家 Marinus de Caramanico（*ibid.*, 93）在注释某段时说:"maior causa trahit ad se minorem,"（较高的原因将较低的吸入自身。）同时还引用了 *D.* 5, I, 54；关于雌雄同体形式的同样观点，参见 Necolaus de Braia, *Gesta Ludovici Octavi*, line 643, in Bouquet, *Recueil des historiens*, XVII, 323:"Ut maiore minus cecetur lumine lumen."（较强的光源使较弱的光源隐退）另参，关于 Marinus de Caramanico 的注释，Matthaeus de Afflictis, *In utriusque Siciliae...Constitutiones novissima praelectio*（Venice, 1562）, I, fol. 167. 这条法律格言貌似起源于 Paulus, *Sententiae*, I, 12, 8:"maior enim quaestio minorem causam ad se trahit"（实际上，较大的问题将较小的原因吸入自身。）；参见 *Fontes iuris romani anteiustiniani*, ed. S. Riccobono et alii（Florence 1940）, II, 330, and *D.* 5, 1, 54。

的自然之体相联合与合并,在联合或合并的过程中,自然之体分有了政治之体的属性和效果。⑨

[12]要界定政治之体在国王自然之体之上所施加的效果——就好像一个"隐藏的神"(*deus absconditus*)在个人性的国王里面活动——其困难是显而易见的。事实上,伊丽莎白一世时期的法学家们,有时不得不带着神学家确定教义时那样的谨慎小心推进自己的论证。当一个人不得不立即为国王二体的完美联合与每个身体各自极为不同的职能辩护,同时又要保持论辩中没有矛盾,实在不是一件简单的工作。当这些法学家作如下解释时,他们真的是在刀尖上跳舞:

> 因此,当国王里面的两个身体成为一个身体,任何其他身体都不能与之同等;这个双重的身体,在其中政治之体更为尊贵,但若仅有一体则不能保持联合。⑩

---

⑨ Plowden, *Reports*, 238, 后来 Coke, *Reports*, VII, 32 引用了该案例。政治之体"清除不完全"是普遍观点;例如,参见 Bacon, Post-Nati, in: *Works of Sir Francis Bacon*, ed. J. Spedding and D. D. Heath(London, 1892), VII, 668;"王冠的政治之体向国王的自然之体赋予这些完全属性:……如果他以前曾遭遇剥夺权利(were attainted),同样的推定是王冠开脱了(purgeth)这些罪责。"另见 Blackstone, *Comm.*, I, c. 7, 248:"若王冠继承人曾因叛逆或重罪而遭到剥夺权利(were attainted),而嗣后王冠归属于他,则依该等事实,即开脱其罪责(purge the attainder)。"到 1485 年,这个理论在英格兰已经完全发展成熟,当时,在财政署内庭法院,法官们同意,亨利七世"que le Roy fuist personable et discharge dascun attainder *eo facto* que il prist sur le Raigne et ester roy.... "(国王的个人身份不可遭受谴责,国为他是统治者和王……)参见 Chrimes, *Const. Ideas*, Appendix 74, p. 378, 参较 p. 51. 这个理论事实上是圣礼洁净之力(purging power)的世俗化。参见,关于拜占庭方面,Theodore Balsamon 的意见(*PGr*, CXXXVII, 1156),他认为皇帝的登基具有与洗礼同样的功效,因此在 John Tzimisces 皇帝(969-978)的案例中,这一行动就除去了他之前生命中的一切罪行和罪。在法国也有同样的观念,Charles V 国王时,Jean Golein 认为:国王因受膏而 *telement nettoié des ses pechiez*,这样他就好像一个刚受洗的人;参见 Marc Bloch, *Les rois thaumaturges*(Strasbourg, 1924), 483; also George H. Williams, *Norman Anonymous*(below, Ch. III, n. 1), 159f. 另一些相关的案例(婚姻、圣品),参见 Kantorowicz,"The Carolingian King in the Bible of San Paolo fuori le Mura," *Late Classical and Mediaeval Studies in Honor of Albert Mathias Friend, Jr.*(Princeton, 1954), 293。

⑩ Plowden, *Reports*, 238a。

　　但是，[尽管此二体联合在一起]他在自然之体里面所具备之职能，并不与政治之体相混合，而是保持不变。⑪

　　尽管此二体在同一时间联合在一起，但一个身体的职能并不与另一个身体的职能相混合，而是保持各自的职能。

　　因此，自然之体与政治之体并非判然分别，乃是联合，就像一个身体一样。⑫

　　尽管二体构成教义性的合一，但二者的分离无论如何是可能的，亦即，[13]就普通人而言，这种分离通常被称作：死亡。在 *William v. Berkley* 案中，关于这个效果，以索斯科特（Southcote）法官为首、哈珀（Harper）法官为辅的合议庭提出了一些极为出色的论辩，《判例报告》的记载如下：

　　国王有两个职能（two Capacities），因为他有两个身体，其一是自然之体，由自然的肢体构成，与常人无异，在其中，他与其他人一样，受制于激情和死亡；另一个是政治之体，其肢体就是他的臣民，他和他的臣民一同构成了这个合众体（Corporation），按索斯科特的说法，他与他们联合（incorporated with them），反之亦然，他是头，他们是肢体，并且他是他们唯一的治理者；这个身体不会像其他人那样受制于激情，也不受制于死亡，因为就这个身体而言，国王永远不死，而他的自然死亡在我们的法律上（按哈珀的说法）并不称为"国王的死亡"（Death of the King），而称为"国王的移转"（Demise of the King），这个词（*Demise*）并不表示国王的政治之体死亡，而是说，两个身体发生了一种分离，政治之体从现在已经死亡、或说移除了国王的尊荣（Dignity royal）的自然之体转

---

⑪　*Ibid.*，242.

⑫　*Ibid.*，2332，2422.

移和让渡出去,赋予另一个自然之体。所以,这是表示一种本国国王的政治之体从一个自然之体转移到另一个自然之体的状况。⑬

国王的"移转"概念所表达的这种"灵魂"的迁移,即王权(kingship)不朽坏的部分,从一个肉身(incarnation)转移到另一个肉身,无疑是整个国王二体理论最关键的部分之一。它实际上为一切将来的时间保存了有效性。不过,有趣的是,政治之体在一个肉身的国王里面的这种"肉身显现"(incarnation),不仅仅除去了自然之体上的人类不完全性,而且还向成为大写国王(King)的这个国王个人(individual king)赋予了"不可朽坏性",即,他的超绝身体(superbody)。在 *Hill* v. *Grange*(2 and 3 Philip and Mary)一案中,法官作了如下的论证:

> 当法律向专利所有人授予救济时……提到先王亨利八世,因此,这个说法表示他是大写的国王,他作为大写国王永远不死,而指着他所说的这个"大写国王",也永远存续。⑭

[14]在这个案例中,尽管亨利·都铎已经去世 10 年,亨利八世国王却依然"活着"。⑮换句话说,鉴于这个"在肉身显现"的个体,其人性看

---

⑬ *Ibid*., 233a, quoted by Blackstone, *Comm*., I, 249. 在通行语言中,出现国王"移转"的说法,即表示一种技术性的"政治之体从一个自然之体转移到另一个自然之体"意思,基本上不早于 15 世纪的玫瑰战争时期。当时权位在兰开斯特和约克家族之间来回转移,在法律上被解释为,被击败的国王发生"移转"。不过,这个词在之前也有使用,例如,在 1388 年,据说某项诉请被"搁置"(即在法庭中),"因为国王移转"(*par demys le Roy*)(爱德华三世)。见下文第七章注 195。

⑭ Plowden, *Reports*, 1772. 提到名号很重要,常常具有决定性意义,因为人们是 *celebrati sunt nomine dignitatis*(被以尊贵的名号称呼)还是依照他们适当的名号具有很大的区别;参见 Baldus, *Consilia*, III, 159, n.5(Venice, 1575),45v, 英格兰的情况,见 Maitland, *Sel. Ess*., 77, 提到一位牧师单独使用了自己的法人名称,即他所属的礼拜堂的名称。参见下文第七章注 298 以下。另参 *Year Books*, 8 *Edward II*(1315). Y. B. Series, XVIII (Selden Society, XXXVII; 1920), 202f.

⑮ 这令我们想起 Leo the Great's *Ad Flavianum*(ep. XXVIII, c. 3), *PL*, LIV, 765: "...et mori posset ex uno, et mori non posset ex altero."([指基督的人性和神性]他能在一方面[人性]死,但在另一方面[神性]他不可能死。)

起来无关紧要、可以忽视，因而，在这些"一性论"（monophysite）❶的法官面前，君主这个永恒的实质或"神性"（god-head）具有统摄性的意义。

反之亦然，"人性"或国王的自然之体也可能具有重要的意义，例如 *Sir Thomas Wroth's Case*（15 Elizabeth）。⑯托马斯爵士被亨利八世任命为内府侍从，伴侍爱德华六世，当时爱德华尚未继位。爱德华登基后，托马斯爵士的年金被停，理由是他的服侍，虽相宜于王子，但不合君主威仪。桑德斯（Saunders）法官认为国王继位后，有一些性质的服侍理应延续，比如：

> 服务于君主的内外科医生；如果国王驾崩，王子继位，则此项服务并不解除……因为该等服务乃是应用于自然之体，自然之体需要内外科医生，并且在王位更替之后，与之前一样会发生虚弱和事故，因此，在这种情况下，陛下没有对这种服务作出变更。这也适用于其他类似的情况，比如王子的语法、音乐教师，等等，这类服务也仅仅及于自然之体，并不及于国王的政治之体。⑰

我们至少可以说，法律家的论辩是符合逻辑的。爱德华·科克爵士所记载的 *Calvin's Case*（1608）中的论辩也同样符合逻辑，不过远没有那么简单。⑱在该案中，法官们论证说，每一名向国王宣誓的臣民，[15]都是向他的自然人格宣誓，正如国王也是以其自然人格向臣民宣誓："因为，政治职能是不可见、不能死亡的，绝不，政治之体没有灵魂，因为它是由人的政制（policy of man）构成的。"⑲还有，叛逆罪是"意图或图谋国王的死亡与毁灭（*mortem et destructionem domini Regis*），必须理解为指国王的自然之体，因为他的政治之体是不朽坏的、不会死

---

⑯ Plowden，*Reports*，455a.

⑰ 类似案例，参 Bacon，*Post-Nati*，657f；William Paulet 爵士，按他的职位，有权享有 13 名专职牧师："但他只有一个灵魂，尽管他享有三个职位"。

⑱ Coke，*Reports*，VII，10-10a.

⑲ 政治之体没有灵魂是当时法律家们流行的论辩；参见，eg.，Coke Rep.，VII，10a（"它本身既没有灵魂也没有身体"）。这个论辩非常古老，可以追溯到法人/合众体理论的开端；参见 Gierke，*Gen.R.*，III，282，n.112.

亡的。"

这些论辩当然反映了正确的推理,尽管针对国王自然之体的攻击,同时也是针对整个王国合众之体的攻击。在上文引用的 *William v. Berkley* 案索斯科特法官的论述(上文 13 页)中,提到将国家视为人体的比喻,国家是一个"合众体"(corporation),国王是头、臣民是肢体。当然,这个隐喻非常古老,流行于中世纪晚期的政治思想。[20]无论如何,索斯科特法官表达这个古老观念的形式——"他与他们联合,反之亦然"——直接指向了"奥秘之体"(*corpus mysticum*)的政治-教会论理论,实际上就是布朗(Brown)法官在 *Hales v. Petit* 案中着重提到的理论。在该案中,法庭要衡量自杀的法律后果,法官们尝试将其界定为一种"重罪"行为。首席法官戴尔(Dyer)勋爵指出,自杀是三重犯罪。它是针对自然的犯罪,因为它违背了自我保存的法则;它是针对上帝的犯罪,因为违反了十诫的第六条诫命;最后,它是一项"针对国王的犯罪,使国王丧失了一位臣民,亦即(按 Brown 的措辞)使得这个头丧失了他的一个奥秘的肢体。"[21]

看上去对"政治之体"和"奥秘之体"的使用没有大的分别。事实上,当科克谈到国王的政治之体时,在括弧里说:"在爱德华四世 21 年(1482 年)法例中,称为奥秘之体。"[22]很明显,[16]这项神学和教会法的理论,即认为教会以及基督徒团体的整体构成"以基督为头的奥秘之体",被法学家们从神学领域转移到了以国王为头的国家领域。[23]

我们很容易就可以从普劳登案例报告,以及之后的法律家们的著作中,找到相当数量类似的段落。[24]不过,新的引文并不会对整体问题添加什么新的要素;我们所引用的文本,已经显示了此项理论的核心,

---

[20] Gierke, *Gen. R.*, III, 517, 546ff;梅特兰在他所翻译的祁克作品(*Political Theories of the Middle Age* [Cambridge, 1927])的导论中说,普劳登所记载的说法是"这个古老概念一个晚近的例子"。

[21] Plowden, *Reports*, 261;参较 Maitland, *Sel. Ess.*, 110.

[22] Coke, *Rep.*, VII, 10(*Calvin's Case*). 参见下文第七章注 312。

[23] 关于作为奥秘之体的国家,见下文第五章。

[24] 在 Coke's *Reports* 中可以找到许多信息,尤其在 *Calvin's Case* 中;另参 *Rep.*, VII, 32. 不过,值得注意的是,科克在大多数这些案例中都引用了普劳登案例报告作为证据。

并能够证明,在都铎朝法律家中,存在这一流行的观念、思想潮流、独特的习语,即"国王的王冠乃是法律象形式(hieroglyphic)的表达"。㉕任何在判例报告中读到这些段落的读者,都会被法律语言不时发生的庄严性震撼,尽管他们论辩中的逻辑看起来相当离奇。对于这样一种中世纪学者听起来熟悉不过的说法,读者也丝毫不会对其根源产生疑问。事实上,我们只需要把"二体"这一奇异的图景替换为"二性"这个常见的神学词汇,就可以强烈地感受到,伊丽莎白一世时代的法律家所使用的措辞,按照前面的分析,其要旨乃是来源于神学词汇,并且,退一步说,这种措辞本身就隐藏着神学意涵。通过这种半宗教性的词汇,"王权"实际上是用基督论的定义来解释的。法学家们(罗马法极有意味地称之为"正义的祭司"㉖)在英格兰不仅发展出了一种"王权的神学"——在 12、13 世纪,这在欧洲大陆已经非常流行——而且还创制了一种真正的"国王基督论"。

　　这个观察并不是全新的,尽管至今为止几乎没有作过仔细评价。梅特兰有一个非常正确的评论,说这些英国法学家建立了"一种王权的信经,[17]放在亚他那修信经❷边上也丝毫不觉得羞愧。"㉗梅特兰作的这个比较,当时可能是半开玩笑半认真,但极有道理,实际上抓住了问题的重点。确实,在都铎法律家"一个人格,两个身体"的论辩中,好像反复回响着信经中著名的定义:"……非为二,乃为一……彼为一,非由于变神为血肉,乃由于使其人性进入于神……合为一;非由二性相混,乃由位格为一。"(… non duo tamen, sed unus … Unus autem non conversione divinitatis in carnem, sed assumptione humanitatis in Deum … . Unus omnino, non confusione substantiae, sed unitate personae.)还有,对于这个联系,我们还可以想到,亚他那修信经在英国平信徒中还是非常流行的,因为根据克兰麦的建议,它被纳入了《公祷书》

㉕　Coke, *Rep.* , VII, 112.

㉖　D. 1, 1, 1("…quis nos sacerdotes appellet. Justitiam namque colimus")(有人可以称我们为祭司。我们行使正义。)当然是经常被引用的段落;英格兰的情况,例如,参见 Bracton, *De legibus et consuetudinibus Angliae* , fol. 3, ed. G. E. Woodbine(New Haven, 1922), II, 24; Fortescue, *De Laudibus* , c. III, ed Chrimes, 8. 参见下文第四章注 94 以下。

㉗　Pollock and Maitland, *History* , I, 511.

(the Book of Common Prayer)。在另一边,欧洲大陆的新教教会没有
采用这份信经,于是它就渐渐被人遗忘;甚至,当通常包含这份信经的
中世纪《每日颂祷书》(*Livres d'Heures*)不再流行后,连罗马天主教徒也
渐渐淡忘了。[28]

　　显然,同样也可以参考其他信经。这个法律论证尤其令人想起
迦克顿信经所说的"不相混乱,不相交换,不能分开,不能离散"。[29]总
体而言,观察在 16 世纪的英国,通过法学家的努力,如何有效而准确
地界定"国王的两个身体",是件非常有趣的事。早期教会关于二性
的所有基督论问题在早期绝对主义君权下复活了过来,并成为实际
的问题。并且,认真检验这项新的王权信条的"正统性"也很有启发。
一切朝向"阿里乌主义"❸发展的倾向几乎事先就排除了,因为国王
的自然之体与政治之体在它们"联合与连接"的过程中地位同等是毫
无疑问的;另一方面,自然之体本身相比政治之体较低则并非"阿里
乌主义",而是完全符合正统信条和公认教义所说的"依其为人,少逊
于父"(*minor Patre secundum humanitatem*)。当然,一种王权"涅斯多
留主义"❹的危险始终很大。不过,可以说法官们[18]费尽心机、通
过不断强调二者的合一性而避免将二体分开,因为涅斯多留主义的
另一块暗礁——因英雄般的功德而从人性上升为神性的概念——在
一个依血缘预先确定统治权的做法不受怀疑的世袭君主制下并不是
问题。常常确认只有国王的自然之体可能遭受"因自然或事故而导
致的软弱",而他的政治之体"与另一身体不同,不受激情或死亡的影
响",则去除了王权"圣父受苦论"或"撒伯流主义"❺的可能性,这一
点在 1649 年获得了证实。❻同样,对待"多纳图派"❼倾向的态度也
相当正统,因为国王的行为总是有效的,无论自然之体是否配得、"未
成年或年迈",这类不完美之处都"被政治之体清除了";另一方面,国

---

[28]　G. Morin,"L'Origine du Symbol d'Athanase," *Journal of Theological Studies*, XII(1911),
　　169, n. 2.

[29]　August Hahn, *Bibliothek der Symbole und Glaubensregeln der alten Kirche* (3rd ed., Bres-
　　lau, 1897), 174ff, for the Athanasian, and 166ff, for the Chalcedonian Creed.

王的"不可去除的属性"（*Character indelibilis*）所涉及的圣礼性问题，则始终会引起争议。㉚上文已经提到了某种"一性论"❽的调子，这一点可能无法否认：这是相对不重视可朽坏的"肉身显现"或说政治之体的个体化（individuation）造成的。清教徒"我们与小写国王（king）作战，为的是捍卫大写国王（King）"的口号明显指向一性论方向，而法学家们关于政治之体在可更替的自然之体中反复成为肉身的概念，表明这终究是一种对王权"纯理智性"的解释。还有一个重要问题，就是王权"一志论"（Monotheletism）❾的危险，因为"在王冠的意志与国王本人的欲求之间"难以建立清楚的区分；尽管如此，必须要承认的是，王室法律家们有时会找机会区别这两个意志，而这在 17 世纪的革命议会中成为了规则。㉛

以上所述所有内容的意义，不是表明法律家们有意识地借用早期大公会议的决议，而是国王二体的拟制所创造出的解释和定义[19]必定会与神人二性论所创制的解释和定义相似。凡是熟悉基督教早期关于基督论争议的人，看到律师会馆与早期大公会议中言论和思想的相似性，都会感到震惊。另外亦令人震惊的是，英国法学家（主要在无意识而非有意识的情况下）将当时的神学定义用于界定王权性质时，所体现出来的忠实程度。就其本身而言，将各种定义从一个领域转移到另一个领域，从神学转到法律，倒是丝毫不令人惊奇，甚至都不值得注意。对等交换（*quid pro quo*）的方法——运用神学概念对国家作定义——已经运用了数个世纪，就好像反过来的情况，在基督教发展早期，罗马帝国的政治词汇和帝国的礼仪被用于满足教会的需要。㉜

宗教改革时期，政治理论中的宗教性质非常强，当时极为强调世俗

㉚ 见下文第二章注 22。

㉛ 参见 Kenneth Pichthorn, *Early Tudor Government*: *Henry VII* (Cambridge, 1934), 159, 引用了 *Abbot of Watham's Case*；关于该案本身，参见 T. F. T. Plucknett,"The Lancastrian Constitution," *Tudor Studies*, ed. By R. W. Seton-Watson(London, 1924), 172ff；关于法人的"意志"，另参见 Gierke, *Gen. R.*, III, 308ff, 390ff, and Maitland's Introduction to Gierke, *Political Theories*, p. xi. 关于清教徒的口号，见下文注 42。

㉜ 对这一发展的启发性研究，包括 A. Alföldi 的大量研究(esp. in *Mitteilungen des deutschen archäotogischen instituts*: *Römische Abteilung*, vols. XLIX and L, 1934-1935)，以及更晚近的研究 Th. Klauser, *Der Ursprung der bischöflichen Insignien und Ehrenrechte* (Bonner Akademische Reden，I；Krefeld, 1948)。

权力的神圣性,保罗所说"没有权柄不是出于上帝"在使教会权力服从于世俗权力的过程中,起到了前所未见的重要作用。[33]尽管如此,我们不必认定是宗教情绪高涨的 16 世纪造成了都铎法律家们所作的定义,也不必回溯到令国王成为"本国教宗"的《王权至尊法》(Act of Supremacy)。这并不是排除这样的可能,即用于界定教宗权力的合众体/法人和其他概念被直接转移和有目的地引入到都铎英国,用于支持国王的权力。但是,法学家借用教会论、将教会论词汇用于世俗目的的习惯由来已久,因为这与"从类似到类似"(de similibus ad similia)得出结论的古老推理具有同样的合法性。

还需要加上一点,这种暗含神学意蕴的格言并不是哪一个都铎法律家的个人嗜好,也并非仅限于某个法官小团体。个别法官,[20]比如布朗法官,可能倾向过于深入奥秘的领域。但是,普劳登判例报告显示,有相当数量的法律家沉醉于国王二体的这种半神学定义。例如,普劳登告诉我们,在"斯彭纳",即舰队街的斯彭纳会堂(Spooner's Hall),法官、高级律师和律师们是如何热烈地讨论兰开斯特公爵领案,以及争辩亨利七世获得该公爵领时,是以小写国王自然之体(king body natural)还是大写国王政治之体(King body politic)取得。[34]

因此,这一定是当时的英国法学家以及接下来一代人的常用和惯习术语。欧洲大陆的法理学,也确实发展出了关于一种双重至高权(duel majesty)的政治理论,人民的真正至高权(maiestas realis)和皇帝的个人至高权(maiestas personalis),还有相当多类似的区分。[35]但是,欧洲大陆的法学家并不熟悉英国所发展的那种议会制度,"主权"既不单独归于国王,也不单独归于人民,而是归于"王在议会"(King in Parlia-

---

[33] Gierke, *Johannes Althusius*(Breslau, 1913), 64.

[34] Plowden, *Reports*, 212a;参较 2202,关于 Spooner's Hall.

[35] 例如,参见 Gierke, *Gen. R.*, IV, 219, 315ff, 及各处;另参 247ff. 无论是"双重主权"(Dual Sovereignty)(人民与国王)原理,还是国王作为大写的国王与作为私人的区分,虽然在欧洲大陆也得到了充分建立,但与英国对国王二体的"生理性"拟制都不完全相同。还有,按照英国的习惯,一旦国王登基,自然之体"享有与之联合的王室尊荣,就必须凡事都有记录",如此,通过记录国王的所有行动,明显是在尽可能削弱国王的"私人性";参较 Plowden, *Reports*, 2132. 梅特兰在为 Gierke, *Political Theories* 所作的序言,p. xi 及各处已经涉及到这些差异。

ment）。即便欧洲大陆的法理学可以很容易构建出一个抽象的"国家"概念，或者将君主等同于国家，但绝不会将君主理解为一个"单人合众体/独体法人"（corporation sole）——这显然是一种来源复杂的混合物——在其中，政治之体由议会来代表这一点是绝不会遭到排除的。在任何程度上，对于英国这种"生理性"的国王二体概念，欧洲大陆并没有产生与之完全对应的观念——无论是在术语上，还是在概念上。

然而，在英国政治思想中，国王二体这个习语无法轻易否认。如果没有对大写国王的永恒性（the King's sempiternity）与小写国王的暂时性（the king's temporariness），没有对这个非物质性、不可[21]朽坏的政治之体与那个物质性、可朽坏的自然之体作出澄清（即便这个过程有时令人迷惑），嗣后，议会就不可能诉诸于类似的拟制，以查理一世、政治之体的国王的名义和权威，召集军队，去跟同一个查理一世、自然之体的国王打仗。㊲按照 1642 年 5 月 27 日的议会两院通告（Declaration of the Lords and Commons），政治之体的大写国王被议会保留在自身之内，而自然之体的小写国王，则被抛弃在了外面。

> 公认的是[这里就是议会理论了]，国王是正义和保护的泉源，但正义和保护的行为并非由国王个人亲自施行，也不取决于他的好恶，而是由必须履行相关职责的国王的法院和他的大臣来施行，尽管国王在自己的人格中应当禁止他们；因而，如果他们作出违反国王意志和个人命令的裁决，那仍然是国王的裁决。议会高等法庭（The High Court of Parliament）不仅仅是一个司法系统内的法院……，而是好像咨议会（Council）……任务是维护王国的公共安宁

㊲ 关于这个宣告，参见 C. Stephenson and F. G. Marcham，*Sources of English Constitutional History*（New York，1937），488；C. H. McIlwain，*The High Court of Parliament*（New Haven，1934），352f and 389f. 另参 S. R. Gardiner，*The Fall of the Monarchy of Charles I*（London，1882），II，420 及各处。David Hume，*History of England*（New York，1880），V，102（Year 1642），很有意思地高估了议会的原创性，他认为议会"发明了一种至今为止闻所未闻的，在国王的职位和人身之间做出的区分。"这个区分在英国产生已经有数个世纪之久了（Declaration of the Barons in 1308）；但议会在其应用中将之推到了极限。

和安全,并宣告国王喜悦这些必须的事物,他们在此所做的,有王室权威的认可,尽管国王陛下……自己反对或干扰同样的事物……㉗

在 1642 年 5 月的通告作出后不久,还制作了一些纪念章来展示王在议会。我们可以看到,在纪念章背面的下方,是下议院和他们的议长;上方,是上议院;在最顶端,一个有三层阶梯的台上,国王坐在王座上,可以看见侧脸,头上还有一个伞盖(图 1)。㉘他明显是政治之体的大写国王,王国政治体(political body)的头:王在议会,他的任务是与上下院站在一起,并且,如果有需要,[22]甚至要反对自然之体的小写国王。通过这种方式,议会制下的大写国王并非不再包括于议会整体之中,国王“在其自身人格里”也没有遭到排除。这些纪念章中的一枚,在正面刻着“PRO RELIGIONE · LEGE · REGE · ET · PARLIAMEN-TO”(为了宗教、法律、国王和议会),作为围绕着查理一世、自然之体的小写国王头像的解释文。但是,就在同时,也通过铭文:“应当就真宗教问题听取议会两院的意见,并且,臣民的自由永不失落”(在一枚类似的纪念章[图 1f]头像的边上)告诫这个身体。这句铭文逐字引用了 1642 年 5 月 19 日的议会宣言,当时两院呼吁国王“接受议会两院智慧的劝诚”。㉙但是,这位自然之体的小写国王已经不再接受议会智慧的劝诚;他已经离开了伦敦和白厅,最终驻跸于牛津。当年稍晚发行的另一枚纪念章描绘了一个更完整的故事(图 2)。㊵在这枚新的纪念章上,我们观察到,国王的个人形象消失了;我们看到的是一条船的图像——并不是传统的“国家之船”,而是一艘战舰:海军自 1642 年起倒向议会一方。

㉗ 参见 McIlwain, *High Court*, 386f,包括他引用 John Allan 的话:“很明显,两院不仅将国王的政治职能与自然职能剥离,还将法律家们归于其理想人格的主权权力转移到了自己的手中。”

㉘ E. Hawkins, *Medallic Illustrations of the History of Great Britain and Ireland*(London, 1911), pl. xxv, 5-6;另参 E. Hawkins, A. W. Franks, and H. A. Grueber, *Medallic Il-lustrations*(London, 1885), I, 292f, Nos. 108f. Fig. 1, c,是纽约的美国货币协会收藏的一个纪念章(没有背面的图案)。我非常感谢 Dr. Henry Grunthal 引起我对这件藏品的注意,并为我提供了一张照片。

㉙ *Ibid.*, 292, No. 108,其他传奇见 No. 109。

㊵ *Ibid.*, pl. xxv, 7, and p. 292.

图 1　1642 年的纪念章

图 2　1642 年的纪念章，放大图

背面看起来则没有变化。我们再一次发现了议会两院和国王。不过，国王不再坐在台上。他的形象只到膝盖，好像是被伞盖帘框定的一张图片，很像国玺或其中间部分的图案（图 3）。[41]这表示，议会终究是凭借国玺的权威，才能采取针对查理一世个人的行动。解释文"PRO：RE-LIGIONE：GREGE：ET：REGE"，意为"为了宗教、民众和国王"，直截了当地说出了议会是为谁而战；这一点仍然是真实的，即使在查理一世的肖像以及那艘船的图像都被清除，替换成议会军总司令埃塞克斯伯爵罗伯·德威雷（Robert Devereux）[23]（图 1d）之后也是如此，而同时，在背面，政治之体的大写国王在议会中则仍然保留了下来，没有变动。换句话说，身在牛津的自然之体的小写国王已经成为议会的肉中刺；但政治之体的大写国王却仍然有益处：他仍然处在议会之中，尽管只存在于国玺的图案中——构成了一种对清教徒"与小写国王（king）战斗，为了捍卫大写国王（King）"口号背后所蕴含概念的适当说明。[42]

国王二体的拟制也不可以与后续的事件隔离开来观察，亦即议会成功地审判"查理·斯图亚特，被认可为英格兰国王，因而受托享有有限的权力"，定了他叛国罪（high treason），最终单单处决了国王的自然之体，而没有严重影响、或对国王的政治之体造成不可弥补的伤害——这与 1793 年法国发生的事件形成了对比。英国的国王二体理论具有非常巨大和重要的好处。因为，正如布朗法官在某处解释的：[43]

> 国王是一个不断存续的名号，作为人民的头和管治者（按法律的推定）会永远存续，只要人民继续存在……而在这个名号中，国王永远不死。

---

[41] *Trésor de numismatique et de glyptique*：*Sceaux des rois et reines d'Angleterre*（Paris，1858），pl. xx；W. de Gray Birch，*Catalogue of Seals in the Department of Manuscripts in the British Museum*（London，1887），I，63，No. 597，描绘了第五枚国玺，与 1640-1644 年所使用的第四枚完全一样。

[42] 关于清教徒的口号（有些是诗体），参见，Ethyn Kirby，*William Prynne*，*a Study in Puritanism*（Harvard，1931），60，关于埃塞克斯的徽章，Hawkins，pl. xxv，10-11，and I，p. 295，No. 113.

[43] Plowden，*Reports*，177a.

图 3　查理一世国王之印（所谓的"第五印"）

❶　按基督教教义，基督同时具有完整的神性和人性。古代的一性论者倾向于认为基督的神性吸收或消解了其人性。

❷　亚他那修信经是基督教传统信条，被认为是亚他那修在四世纪写成，后来被大公教会接受，主要贡献是澄清三位一体的教义，其中也提到基督的二性。

❸　阿里乌主义是初代教会的主要异端，认为圣子并非与圣父同等，而是受造的。

❹　涅斯多留不同意基督的二性结合在一个位格之中。

❺　圣父受苦论认为道成肉身的圣子死于十字架上的时候，父神一同受苦。撒伯流主义认为上帝是一位，但在不同时期和阶段以不同的样态向人显现。

❻　查理一世于 1649 被处死。

❼　多纳图派认为教会完全由义人构成，罪人不能被允许加入教会。

❽　一性论认为在道成肉身的基督里面只有神性。

❾　基督一志论认为，在基督里面只有神的意志，人性没有自身的意志，于是几乎变成工具。

第二章　莎士比亚:理查二世

[24]如双生子般,随着伟大一同到来的,就是要被每个傻瓜
的气息侵扰;他能感受到的
无非是自己的痛苦。私人的无数舒心消遣
国王都得放弃!……
你算是哪门子的神?比你的崇拜者
遭受的尘世忧患更多。

　　这是莎士比亚剧中,亨利五世关于国王的神性和人性的沉思。①国
王是个"双生子"的状态,不仅有伟大,还有人的本性,因而"要被每个傻
瓜的气息侵扰"。

　　这是莎士比亚所描绘的国王"双重性"中悲惨的一面,不是英国
法律家在"国王二体"的拟制中构造出的法律职能(legal capacities)。
不过,"二体"的法律黑话并不是法律行业的秘传之道。国王"自身
构成一个永远活着的合众体/法人",可以在诸如约翰·科威尔(Dr.
John Cowell)的《释义》(*Interpreter*,1607)这样简单的法律词典中随

---

① *King Henry V*,IV. i. 254ff.

便找到；②甚至在更早些的时候，普劳登判例报告中所反映的这个王权概念的要义就已经进入了约瑟夫·基钦(Joseph Kitchin,1580 年)③和理查·克隆普顿(Richard Crompton,1594 年)④的著作。并且，相关的观念也进入了公众领域；1603 年，弗朗西斯·培根建议，英格兰和苏格兰王位由詹姆斯一世兼领，"大不列颠"的名号表达了"政治之体和自然之体的完美联合"。⑤[25]在 1600 年前后的英格兰，从"该案变更，引自普劳登"这句话成为习语，就可以看出普劳登《判例报告》广为人知。⑥认为莎士比亚可能知道一个普劳登所记录的案例(*Hales v. Petit*)，并不是牵强附会的说法，⑦未署名的剧作《伍德斯托克的托马斯》(*Thomas of Woodstock*)❶为此提供了有力的证据。这部令莎士比亚"满脑子回响"，并且甚至可能亲自参演的戏剧，⑧最后用一句俏皮话结束："我在普劳登中劳顿(plodded in Plowden)，却找不到一丝法律。"⑨另外，如果说，掌握了几乎每一种行业行话的莎士比亚，却无视身边随处可以遇到、当时的法学家在法庭中大量使用的宪制和司法话语，那就太奇怪了。毫无疑问，莎士比亚熟悉引起公众兴趣的法律案件，并且，我们也有其他证据证明他与律师会馆的学生有联系，而且他也了解法

---

② Dr. John Cowell，*The Interpreter of Booke Containing the Signification of Words* (Cambridge，1607)，参"King(*Rex*)"条，以及"prerogative"条，Plowden 实际上引用了这些内容。一般性研究参见 Chrimes,"Dr. John Cowell," *HER* , LXIV(1949)，483。

③ Joseph Kitchin，*Le Court Leete et Court Baron* (London，1580)，fol. 1ʳᵛ,引用了兰开斯特公爵领案。

④ Richard Crompton，*L'Authoritie et Jurisdiction des Courts de la Maiestie de la Roygne* (London，1594)，fol. 134ʳᵛ,系在 Plowden 关于兰开斯特案所建立的二体理论基础上重述。

⑤ 参见 Bacon's *Brief Discourse Touching the happy Union of the Kingdoms of England and Scotland* , in J. Spedding，*Letters and Life of Francis Bacon* (London，1861-1874)，III，90ff; see，for the print of 1603，S. T. Bindoff,"The Stuarts and their Style," *EHR* , LX (1945)，206,n. 2,引用了这些段落(p. 207)。

⑥ A. P. Rossiter，*Woodstock* (London，1946)，238。

⑦ 关于莎士比亚与普劳登，参见 C. H. Norman,"Shakespear and the Law," *Times Literary Supplement* , June 30，1950，p. 412,另外还可参评论 Sir Donald Somervell，*ibid.* , July 21，1950，p. 453。关于这个案件，见上文第一章注 21。

⑧ John Dover Wilson, in his edition of *Richard II* (below，n. 12),"Introduction," p. lxxiv;参见 pp. xlvii ff,关于 Shakespeare 以及 *Woodstock* 的总体研究。

⑨ *Woodstock* , V. vi. 34f, ed Rossiter，169。

庭程序。⑩

　　我承认，莎士比亚是否熟悉法律语言的精妙细节无关紧要。诗人关于国王具有双重本性的形象，并非基于宪制的支持，因为这样的形象可以很自然地从纯粹属于人的层面产生出来。因此，寻索莎士比亚是否使用了当时法学家的任何专业术语，或者尝试判断莎士比亚从何种渊源创制出他的意象，可能都无甚大用。这类问题都是细枝末节、无甚关联的，因为，国王的双重本性，甚或每一个人的双重本性形象，都完全出于莎士比亚自己的构思。尽管如此，假设这位诗人偶然接触到了王权的法律定义，当他与律师会馆的朋友聊天时这极有可能发生，那么，我们就很容易想象，国王二体的比喻在他看来有多么正常。他所从事的艺术，其本质无非是揭示出在任何人生活中起作用的无数层面，使它们[26]彼此对抗、使它们混淆、或者保持它们的平衡，这一切都取决于他头脑中已经有的生活形态，以及他想要塑造的新形态。那么，发现这些始终处在冲突中的层面已经通过法学家的国王"基督论"作了规整，并且可以立即为他所用，这对他而言是多么方便啊！

　　还有一些其他理由令我们确信，不能割裂国王二体的法律概念与莎士比亚的联系。因为，如果说这个奇异的图景，尽管在现代政制思想中已经完全消失，但在今天却仍然具有十分真实、与人相关的意义，那么，这主要是因为莎士比亚的工作。正是他，使这个隐喻获得了永恒性。他将其融入了自己的一部伟大剧作，不仅作符号之用，而且构成了实质和精华：《理查二世》就是国王两个身体的悲剧。

　　我需要指出，莎士比亚笔下的亨利五世，当他哀叹国王的双重身份（twofold estate）时，立即将这个形象与理查二世国王联系在了一起。就在简短的场间停顿之前，亨利五世有一段独白，在其中他向父亲的前任之灵祈求，后人认为威尔顿双联画（Wilton Diptych）这个华丽的艺

---

⑩　总体研究，参见 George W. Keeton, *Shakespeare and His Legal Problems*（London, 1930）；另参 Max Radin, "The Myth of Magna Carta," *Harvard Law Review*, LX（1947），1086，作者非常着重地强调了莎士比亚与"律师会馆好骚动的学生们"的联系。

1

术品所刻画的或许也就是独白中提到的这段历史。⑪

> 哦,主,今天不要!
>
> 哦! 今天不要,不要思想
>
> 我父亲获取王冠之时所犯的过错。
>
> 我已然重新安葬了理查的身体,
>
> 在其上已经洒下了许多忏悔的泪水,
>
> 比当初所流的鲜血更多。
>
> (第四幕,第一场,312 行以下)

莎士比亚笔下的亨利五世,在思考他自己作为国王的命运、思考国王的双重存在时,被安排回忆起了莎士比亚的理查二世,后者——至少在诗人的概念里——就表现为那种"比崇拜者遭受更多尘世忧患的神"的原型。

看起来,莎士比亚在[27]《理查二世》令人迷惑的关键性三场中所展现的各种国王的"复本"与本项研究的主题相关,并且也值得我们花些时间更仔细地加以考察。⑫这许多复本都汇集到理查的身上,同时活动着——"这样,我一个人,扮演了许多人"(第五幕第五场 31 行)——这些复本可以表现为国王、傻瓜和上帝。最后,它们无可避免地一同消

---

⑪ V. H. Galbraith,"A New Life of Richard II," *History*, xxvi(1942), 237ff;关于艺术方面的问题以及完整的参考书目,参见 Erwin Panofsky, *Early Netherlandish Painting* (Cambridge, Mass., 1953), 118 and 404f, n. 5, and Francis Wormald,"The Wilton Diptych," *Warburg Journal*, XVII(1954), 191-203.

⑫ 《理查二世》的权威版本是剑桥出版的 *Works of Shakespeare*(Cambridge, 1939)中 John Dover Wilson 编辑的版本。Wilson 的导言("Introduction," pp. vii—lxxvi)是文学批评和内容介绍的典范。我需要承认,我对这部分内容的借鉴比脚注所显示的要多很多。在同一卷书中,还有一篇极好的讨论,Harold Child,"The Stage-History of *Richard II*," pp. lxxvii—xcii。John Leslie Palmer, *Political Characters of Shakespeare*(London, 1945), 118ff 对该剧的政治性因素作了很有启发的研究。同样,我从他的研究中所得到的帮助,也比我所能注明的多。另外请见 Keeton, *op. cit.*, 163ff。关于历史上的理查二世,我这个历史学家要哀叹时运不济了。关于这位国王的历史正处在彻底重新评价的过程中,包括资料和一般概念方面,Galbraith 教授和其他学者的许多著作都是明证。对于过去几十年间相关研究的初步总结,见 Anthony Steel, *Richard II*(Cambridge, 1941)。

散在镜中。这三个"孪生"的原型不断地互相交织、重叠、关涉。不过，给人的感觉可能是"国王"主导了威尔士海边的那一场（第三幕第二场），"傻瓜"主导了弗林特堡那场（第三幕第三场），"上帝"则主导了威斯敏斯特厅的那场（第四幕第一场），而每一场都以人的不幸作为永恒的伴侣和对照。还有，在这三场中，我们看到了同一种不断下行的发展：从神圣王权到王权的"名号"，再从名号到赤露敞开的人的苦难。

国王二体的悲剧在威尔士海岸那一场戏中，逐渐地，并且是一步接一步地发展了起来。当时理查还没有发生分裂，他从爱尔兰返回之后，亲吻了自己王国的土地，说了一句很有名、常常被人引用的话，来描述自己王家等次的崇高。事实上，他所表述的正是国王政治之体不会消灭的性质，好像上帝或者天使那样。祝圣的膏油抵制住了世间元素、"汹涌的怒海"的力量，因为

> 世人的气息决不能罢黜
> 上帝拣选的代表。
> （第三幕第二场 54 行以下）

在理查看来，人的气息好像是一种与王权不匹配的东西。在威斯敏斯特厅那场中，卡莱尔再次强调，上帝的受膏者不可以"被低级的气息"审判（第四幕第一场 128 行）。要等到理查自己"用他自己的气息"[28]同时解除王权和臣民的义务（第四幕第一场 210 行），这样，最终，在理查的神圣王权遭到摧毁之后，亨利五世才能够抱怨说国王"要受每个傻瓜气息的侵扰"。⑬

这一场（第三幕第二场）开始的时候，理查处于气势极盛的状态，乃是"上主拣选的代理人"和"上帝的代表……在他眼前受膏的"（第一幕第二场 37 行）。他仍然是那个对自己的亲信约翰·布希（John Busshy）言

---

⑬ 另参《约翰王》第三幕第三场 147 行以下：

> 有什么这世间的名号
> 可以质问一位神圣国王自由的呼吸？

国王的两个身体

听计从的人，后者在 1397 年任下议院议长，言及国王时，"并不以正常和习惯的尊号指称他，而是发明些不常用的名词和稀奇古怪的称号，是更合适于上帝神圣的尊荣，而非任何地上君王的"。⑭据说他还可能声称过"法律就在国王口中，要么有时候是在他胸中"⑮，并且[29]命令"如果他看任何人，此人就必须跪下"。⑯在这里，理查仍然对自己、他的尊荣，甚

---

⑭ 这个情节只有 Holinshed 提到；参见 W. G. Boswell-Stone, *Shakespeare's Holinshed* (London, 1896), 130; Wilson, "Introduction," p. lii. *Rotuli Parliamentorum* 没有提到 John Busshy 在 1397 年有这番讲话。不过，从传统的议会演讲来判断，1397 年的时候，议长很可能在用圣经比喻比拟国王时走得太远；例如，参见 Chrimes, *Const. Ideas*, 165ff.

⑮ "Dixit expresse, vultu austere et protervo, quod leges suae erant in ore suo, et aliquotiens in pectore suo: Et quod ipse solus posset mutare et condere leges regni sui."(他曾严正大胆地表明，他的法律曾在他的嘴里，有时在他的心里；只有他一个人能改变和建立他王国的法律)这是理查在 1399 被指控的最有名的所谓"暴君行为"之一；参见 E. C. Lodge and G. A. Thornton, *English Constitutional Documents* 1307-1485(Cambridge, 1935), 28f. 理查二世，就像法国国王(下文第四章 n. 193)，只是引用一句流行的罗马法和教会法格言。参较 *C.* 6,23,19,I,关于格言 *Omnia iura in scrinio*(*pectoris*) *principis*,注释法学家们常常引用，例如 *Clos. ord.*, on *D.* 33, 10,3, v. *usum imperatorem*, or on c. 16,*C.* 25,q. 2, v. *In iuris*, 托马斯·阿奎那也引用，Thomas Aquinas(Tolomeo of Lucca), *De regimine principum*, II,c. 8, IV,c. 1. 这条格言因教宗卜尼法斯八世而变得很有名；参见 c. 1 VI 1,2, ed. Emil Friedberg, *Corpus iuris canonici* (Leipzig, 1879-1881), II,937:"Licet Romanus Pontifex, qui iura omnia in scrinio pectoris sui censetur habere, constitutionem condendo posteriorem, priorem...revocare noscatur...."(教宗被认为在他的内心深处拥有所有法律，并通过制定新的宪章而取缔了原来的宪章。这可能是理查引用的地方，如果对他的指控是正确的话)。关于这条法律格言的含义(亦即，立法者应当在心里明白相关的法律)，参见 F. Gillman,"Romanus pontifex iura omnia in scrinio pectoris sui censetur habere," (罗马教宗被认为他的内心深处拥有所有法律) *AKKR*, XCII(1912), 3ff, CVI(1926), 156ff(also CVIII [1928], 534; CIX [1929], 249f); also Gaines Post,"Two Notes," *Traditio*, IX(1953), 311, and "Two Laws," *Speculum*, XIX(1954), 425, n. 35. 另参 Steinwenter,"Nomos," 256ff; *Erg. Bd.*, 85; Oldradus de Ponte, *Consilia*, LII, n. 1(Venice, 1571), fol. 19r. 这条法律格言偶尔也转用于法官(Walter Ullmann, *The Mediaeval Idea of Law as Represented by Lucas de Penna* [London, 1946], 107) 以及国库(Gierke, *Gen. R.*, III, 359, n. 17)以及咨议会(参见下文第四章注 191 以下、注 194 以下)。关于理查的其他宣称(*mutare et condere leges*[修改和制定法律])，可以看到教宗和帝国理论的影响；参见 Gregory VII's *Dictatus papae*, § VII, ed. Caspar(*MGH*, Epp. sel., II), 203；另参 Frederick II's *Liber aug.*, I,38, ed. Cervone, 85, 以及对 *C.* 1,17,2,18 的注释。

⑯ 关于下跪，参见 *Eulogium Historiarum*, ed. Hayden(Rolls Series, 1863), III,378；参见 Steel, *Richard II*, 278. 编年史家提到此事时与"节日礼冠"联系在一起(因此在理查统治期间这样的做法一直持续着)，并对国王可怕的举动作了描述：

In diebus solemnibus, in quibus utebatur de more regalibus, iussit sibi in camera parari thronum, in quo post prandium se ostentans sedere solebat usque ad vesperas, nulli loquens, sed singulos aspiciens. Et cum aliquem respiceret, cuiuscumque gradus fuerit, oportuit genuflectere. (在节日时，他正常使用国王的象征，并要求在房间里准备宝座，早餐之后，他就坐在那里一直到晚上，一言不发，但是观察着每一个人。当他注视着某一个人时，无论是什么地位的人，他都必须跪下。)

至天使天军的帮助深信不疑,并认为这些都是由他来支配的。

> 因为,每一个受博林布鲁克逼迫的人……
> 上帝为了他的理查的缘故,要从天上
> 派一个荣耀的天使来。
> (第三幕第二场 60 行)

　　这幅"因上帝恩宠"而有的王权图景,其荣耀并没有持续多久。随着坏消息不绝而来,它渐渐褪色。这时候,理查的态度发生了一个奇异的转变——是一种从"唯实论"到"唯名论"的转变。被称为"王权"的共相开始瓦解;它那种超绝的"实际",客观性的真理和神一般的存在,不久之前还光芒四射,现在则蜕变成无物,仅仅是一个名义(nomen)。[17]而残存的另一半现实则好像进入一种患了健忘症或者睡着的状态。

> 我已经忘记我自己了,我不是国王吗?
> 醒来,你这怯懦的君王! 你这懒虫,
> 国王的名号岂不是相当于两万个名字吗?
> 武装,武装,我的名! 一个卑贱的臣民在击打
> 你那伟大的荣耀。
> (第三幕第二场 83 行以下)

这种一半现实的、国王的遗忘和沉睡状态,预示着弗林特堡的"傻瓜"国王。类似地,双重的神—人、带着神性的原型,开始宣告自己出场,于是,理查以犹大的背叛称之:

---

⑰　关于政治之体仅仅是一个名义,例如,参见 Pollock and Maitland, *History*, I, 490, n. 8:
"le corporacion... n'est que un nosme, que ne poit my ester vieu [参见 above, Ch. I, nos.
2-3], et n'est my substance."(合众体……不存在,它就在于我,也不能因我变老而变老
[参见上文第一章注 2-3]……它不是我的实质)另参 Gierke, *Gen. R.*, III, 281, 关于
合众体(corporate bodies)只是 *nomina iuris, a nomen intellectuale*(作为法律上的名言,即
一种可以理解的名义),以及与哲学上的唯名论的关系。

> 毒蛇,刺了我的心,用我心头之血取暖!
>
> 三个犹大,每一个都比犹大恶三倍!
>
> (第三幕第二场 131 行)

[30]这仿佛已经在向理查渐渐显明,他成为上帝基督在世间的代表,也可能暗示了,他同时也成为人子基督的代表,而他这位国王、"主所拣选的代理人",也可能必须追随神圣主人的样式,在人性中受羞辱、被钉十字架。

不过,在这一场中,双生的傻瓜和双生的上帝都没有占据主导地位。在不远的前方出现的是自然之体和国王的死亡,尽管只是预告了它们正在接近:

> 让我们来谈谈坟墓,谈谈蛆虫和墓碑……
>
> (第三幕第二场 145 行以下)

不仅是国王的人性胜过了王冠的神性,可朽胜过了不朽;而且,更糟的是,王权本身貌似改变了实质。王权不再"不受未成年或老年以及其他自然缺陷和无能力"的影响,而是本身就意味着死亡,只有死亡、别无他物。一长串饱受折磨的历代国王出现在理查的眼前,就是这种变化的证据:

> 为了上帝的缘故,让我们坐在地上,
>
> 讲些关于国王之死的悲惨故事——
>
> 有些是被人废黜,有些在战场上被杀,
>
> 有些被他们所废黜的鬼魂缠绕,
>
> 有些被妻子毒害,有些在睡梦中被害;
>
> **统统都是遭到谋杀**——因为在那一顶空洞的王冠里
>
> 悬浮着国王必朽的庙堂,
>
> 死亡驻跸在他的宫廷里,好像小丑坐着
>
> 嘲讽他的尊荣,哂笑他的浮华,

> 允许他有一段呼吸，在舞台上短暂出场，
> 登大宝、受敬畏、眼神一变就可杀人，
> 向他里面灌注自我和空虚的欺骗，
> 就好像那禁闭住我们生命的肉身，
> 乃是一道不可逾越的铜墙铁壁：他就这样被迎合、不知不觉
> 到末了，只消一枚小小的针
> 就刺穿他的城堡围墙，于是再见吧，国王！
>
> （第三幕第二场 155 行以下）

那位"永远不死"的国王，在这里被替换成了这个永远要死、且比其他凡人承受更多残酷的死亡之痛的国王。自然之体与不朽坏的政治之体的统一性，那种"双重的身体，任何其他身体都不能与之同等"（上文 12 页）的状态，完全消失了。同样消失的，还有一切类型国王特权的拟制，只剩下了国王虚弱的人性：

> [31]　　　　　　不要用庄严的敬礼
> 嘲笑血肉之躯，抛弃尊敬、
> 传统、仪式，还有礼仪性的义务，
> 因为你们一直都看错了我：
> 我同你们一样要靠面包得活，有欲望，
> 会哀伤，需要朋友——既然如此，
> 你们怎么能对我说，我是一位国王？
>
> （第三幕第二场 171 行以下）

二体合一的拟制崩塌了。这里只寥寥数笔，就清晰地刻画出，国王二体的神性与人性彼此对立。这里是第一个低谷，接着，场景转到弗林特堡。

第二场大戏（第三幕第三场）的结构与前一场类似。理查的王权，他的政治之体，已经毫无盼望地遭到动摇，这是确实的；不过，仍然还有一个王权的表象存在，尽管空洞无力。至少，这个可以获得拯救。约克

在弗林特堡说:"但是他看起来还是像一个国王"(第三幕第三场 68 行);一开始,在理查的怒气中,占据主导地位的是他对自己国王尊荣的意识。他事先就决心以国王的形象出现在城堡:

> 一个国王,悲伤的奴隶,就要服从那君王般高贵的悲伤。
>
> (第三幕第二场 210 行)

他就照此行动了;诺森伯兰在应当效忠的主人和上帝的代理人面前忽略了封臣和臣民传统的屈膝礼,理查斥责他:

> 朕甚是惊讶,朕已然站立了那么久
> 要看你战栗屈膝,
> 因为朕以为自己为汝合法之国王;
> 如果朕确实是,汝怎敢遗忘
> 在朕面面前尽汝敬畏之责?
> (第三幕第三场 73 行以下)

接着又开始了"下行",就像前一场中那样。理查又一次召唤天使天军,这次是复仇天使和"降瘟疫的军队",是上帝在云中——"代表朕"——招聚的(第三幕第三场 85 行以下)。王权的"名号"又再次出现:

> 啊,我希望自己是一个
> 像我的悲伤那么大的巨人,或者是比我的**名号**渺小的平民!
> (第三幕第三场 136 行)

> [32]　　　　　(国王)必须丧失
> 国王之名吗?属于上帝的名,随它去吧。
> (第三幕第三场 145 行以下)

又一次,从王权阴影密布的名号,走向了新的崩塌。理查不再以自己表现他的臣民和国家的奥秘之体。一个孤独的人可怜而必朽的本性，取代了作为大写国王的国王（the king as King）：

> 我愿意，放弃我的珠宝，换一串念珠；
> 放弃我豪华的宫室，换一间隐居的小屋；
> 放弃我华丽的外袍，换一件贫民的布衣；
> 放弃我雕花的酒杯，换一只木制的碗碟；
> 放弃我的权杖，换一支朝圣者的步杖；
> 放弃我的臣民，换一对圣徒的雕像；
> 还有，放弃我这广大的王国，换一方狭小的坟墓，
> 一座小小的、小小的坟墓，一座人迹罕至的坟墓。
>
> （第三幕第三场 147 行以下）

这一系列首部重复的句子，带着颤抖之声，继而是大量阴郁的哥特式死亡主题形象。前一场的结尾是一种自怜的爆发，令人联想起的还不是死亡之舞，而是围绕一个人自己坟墓的舞蹈。不过，这第二场与前一场不同，接下来出现的是一种甚至更加可悲的状态。

这个新的调子，显示出一种朝向更糟糕境地的变化，出现在诺森伯兰要求国王下到城堡的阶下大厅去见博林布鲁克的时候，而理查的个人徽记正是"日出云霄"，他用一种带着令人迷惑的光亮和骇人双关语的措辞反击：

> 下来，下来，我来了；就像驾驭日轮的法埃同：
> 想要控制住脱缰的马匹……
> 在阶下大厅？阶下大厅，许多国王沦为阶下囚的地方，
> 奉叛逆者的命而来，还要向他们致敬。
> 在阶下大厅？下来？下到厅里来！下来，国王！
> 因为，夜枭的尖叫，替代了云雀的歌声。
>
> （第三幕第三场 178 行以下）

许多学者们都注意到,在《理查二世》中,太阳的象征占据了极为重要的地位(图 4),有时某一段落读来就像是对一枚罗马"日出之王"(*Oriens Augusti*)钱币的描述(第三幕第二场 36-53 行;比较图 32c)。[18]太阳的形象,[33]交织在理查的回答中,表现了"灾难的壮美",其方式令人想起布吕盖尔的《伊卡拉斯》以及撒旦从高天坠落,也好像那些"破碎的光影……围绕在堕落天使肢体周围"。另一方面,"叛徒呼召"则可能令人想起前一场中的"三个犹大"。不过,总体而言,在弗林特堡这一场中,圣经的意象还不太重要:这要等到威斯敏斯特厅那场。在弗林特,随着愚蠢的法埃同和伊卡拉斯,诗人现在引入另一个画面。

　　我所说的不过是废话,你们都在笑我了,

理查这样说(第三幕第三场 171 行),他的自我意识和尴尬越来越强烈。诺森伯兰也注意到了突如其来的尴尬:

　　心中的悲哀和忧伤

　　使他胡言乱语,像个疯子一样。

　　(第三幕第三场 185 行)

莎士比亚在这一场中加入了另一种人的形象,即傻瓜。这是个二合一的形象,并且诗人在别处也常常引入,用以作为国王和贵族的反型。现

---

⑱　关于理查的"日出"象征,参见 Paul Reyher,"Le symbole du soleil dans la tragédie de Richard II," *Revue de l'enseignement des langues vivantes*, XL(1923), 254-260;关于该主题更多的文献,参见 Wilson,"Introduction," p. xii, n. 3, 关于使用这一徽记的先例,John Gough Nichols,"Observations on the Heraldic Devices on the Effigies of Richard the Second and his Queen," *Archaeologia*, xxix(1842), 47f. 关于"约克的太阳"(《理查三世》第一幕第一场第 2 行),另参 Henry Green, *Shakespeare and the Emblem Writers*(London, 1870), 223;关于"日出之王"的问题,请参我即出的研究——"日出云霄"原本是黑太子的旗号;理查二世的旗号是一匹白鹿驮着一轮红日,所以他的旗帜上点缀着十个"闪闪发光"的太阳,一匹白鹿卧在一旁;参见 Lord Howard de Walden, *Banners, Standards, and Badges from a Tudor Manuscript in the College of Arms*(De Walden Library, 1904), figs. 4, 5, 71. 我要感谢伦敦国家美术馆的 Martin Davies 先生提示我注意到这份抄本。

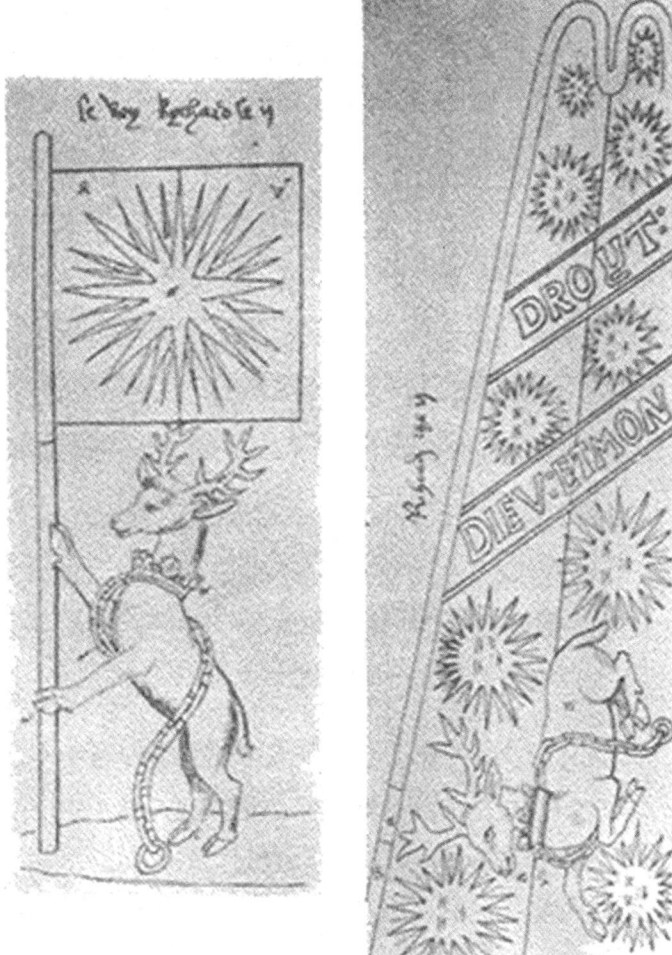

图 4　理查二世国王的徽记

在理查二世开始同时扮演两个角色：国王自己这个傻瓜，还有王权这个傻瓜。这样，他就变成某种比单纯的"人"或者（比如在海边）"国王的自然之体"更低贱一些的东西。不过，只有以这个新的傻瓜角色——一个扮演国王的傻瓜，一个扮演傻瓜的国王，理查才能去见他那位得胜归来的堂弟，也只有如此，到这一场末尾博林布鲁克在他面前下跪时，他才能演完这出关于自己脆弱和可疑王权的喜剧。他再一次逃进"胡言乱语"，也就是双关语之中：

> 贤弟，你实在屈尊了贵膝，
> 令卑贱的泥土因亲吻它而自傲……
> [34]起来，兄弟，起来——你的心是高的，我知道，
> 至少高到这里（摸自己的头），尽管你的膝盖低屈。
>
> （第三幕第三场 190 行以下）

法学家们声称，国王的政治之体完全免于"自然的缺陷和无能力"。但在这里，"无能力"看起来占据了支配性的地位。不过，这还没有降到底。每一场戏，都在以渐进的方式，标示出一个新的低点。第一场是"国王的自然之体"，第二场是"国王般的傻瓜"；在与这两种双生的形象联系在一起的情况下，在半圣礼式的退位那场戏中，双生子中的神性甚至表示更低的状态。因为那个"傻瓜"标志着从"国王"转变为"上帝"，看起来，实在没有什么比上帝处于人的不幸之中更悲惨的事情了。

当第三场戏（第四幕第一场）开始时，圣礼性王权的形象再次占据主导地位——现在是第三次了。在威尔士海边，理查本人是依神圣权利而来的王权至高性的传令官；在弗林特堡，他通过自己的一套"程序"，至少尝试挽救国王的颜面，并证明这个"名号"，尽管这个头衔已经不再适合他的状况；到了威斯敏斯特，他已经没有能力自己来言说他的王权了。另一个人来为他说话，并解释上帝所设立的王权的形象；这个角色非常合宜地由一位主教来担任。现在，卡莱尔主教扮演了大总管（*logothetes*）的角色；他迫使"国王取了上帝的形象"（*rex imago Dei*）再一次出现：

> 哪一个臣民可以审判他的国王？
> 在座有哪一位不是理查的臣民？⋯⋯
> 难道这位代表上帝威仪的形象，
> 祂拣选的统领、代理人、副手，
> 受膏、受冠冕、被立定了许多年，
> 要受臣民和下等人气息的审判，
> 而他本人还不得到场吗？啊，上帝啊，拦阻此事，
> 在一片炼净人灵魂的基督教风土中，
> 不要出现如此可憎、黑暗、亵渎的事情！
> （第四幕第一场 121 行以下）

按照典型的中世纪风格，这些就是上帝代理人的特点。并且，与中世纪传统相符，卡莱尔主教用圣经中的过去作为背景来观照现在。当然，他让理查自己来做最后的结论，让理查展现出降卑的国王[35]与降卑的基督之间的相似性。不过，是这位主教按照本分，通过先知性地宣告未来的恐怖，并预言英格兰的各各他，预备好圣经的气氛：

> 混乱、恐怖、恐惧和叛乱
> 将要在这里驻留，这地要被称为
> 各各他和髑髅地
> （第四幕第一场 142 行以下）

主教因为自己勇敢的发言立即遭到逮捕；但是，理查王就此走进了主教所预备好的气氛之中。

当他被带进威斯敏斯特厅，就弹起了与主教一样的调子，圣经的调子。他指向众多的敌人，指向那些围绕在博林布鲁克身边的贵族：

> 他们不是曾经向我高呼“万岁”吗？
> 犹大也是这样对基督；可是，他在十二人中，
> 除去一个，找到的尽都是忠贞之士；而我在一万两千人中，找

不到一个。

(第四幕第一场 169 行)

这是第三次提到犹大的名字,用来指责理查的敌人。很快彼拉多的名字也跳了出来,表明这个平行对照确定无疑。不过,在被交付给他的审判官和十字架之前,理查王必须先将自己"去除国王"(un-king)。

理查"撤除他的王权"、消解自己政治之体的场面,让旁观者屏息凝神。这是一幕带着圣礼般庄重的场景,因为教会撤销祝圣效果的礼仪,其庄严和分量,绝不低于建立圣礼性尊荣的礼仪。更不用提在除名一位嘉德骑士或者金羊毛骑士时所遵守的那些细节,[19]教宗塞莱斯廷五世也曾经设立了一个著名的先例,他在那不勒斯的新堡(Castel Nuovo)"撤除"自己,当时他亲手从自己身上剥除了被授予的尊荣的标记[36]——戒指、三重冕和紫袍。不过,塞莱斯廷教宗是将自己的尊荣移除、交给自己的选举人,即枢机主教团,而理查这位因血统继承的国王,则将自己的职分交托给上帝——*Deo ius suum resignavit*(他将自己的权利交托给上帝)。[20]莎士比亚描绘理查"以圣职者的庄严剥除自己"的场景引起了许多学者的注意和评论,沃尔特·帕特(Walter Pater)正确地称之为一个反转的仪式,一个降格的仪式,一个冗长、令人痛苦的礼仪,在其中加冕礼被反转。[21]鉴于没有人有权对上帝的受膏者和带着不

---

[19] 教会的"降格规程"(*Forma degradationis*)在整体上得到了忠诚的遵守;参见 the Pontifical of William Durandus(ca. 1293-1295), III, c. 7, §§ 21-24, ed. M. Andrieu, *Le pontifical romain au moyen-âge*(Studi e testi, LXXXVIII, Rome, 1940), III, 607f and Appendix IV, pp. 680f. 被降格者须穿戴全套礼服出场;然后他被涂圣油的地方要用酸液擦洗;最后"seriatim et sigillatim detrahit [episcopus] illi omnia insignia, sive sacra ornamenta, que in ordinum susceptione recepit, et demum exuit illum habitu clericali..."(司铎一个接一个地将所有这些符号或者神圣的象征摘去,即他曾在祝圣仪式中接受了这些象征,并终于使他脱下教士的长袍。)另参 S. W. Findlay, *Canonical Norms Governing the Deposition and Degradation of Clerics*(Washington, 1941). 关于骑士,参见 Otto Cartellieri, *Am Hofe der Herzöge von Burgund*(Basel, 1926), 62(with notes on p. 272); also Du Cange, *Glossarium*, s. v. "Arma reversata."

[20] 关于教宗塞莱斯廷五世,参见 F. Baethgen, *Der Engelpapst*(Leipzig, 1943), 175; 关于理查, *Chronicle of Dieulacres Abbey*, ed. M. V. Clarke and V. H. Galbraith, "The Deposition of Richard II," *Bulletin of the John Rylands Library*, XIV(1930), 173, also 146.

[21] Walter Pater, *Appreciations*(London, 1944), 205f; Wilson, XV f; Palmer, *Political Characters*, 166.

可消除之印记（*character indelibilis*）㉒的王冠持有人动手，在剥除（defrocking）自己时，理查王担当了自己的圣礼主持者：

> 我既做司铎，又当执事吗？好吧，阿门。
>
> （第四幕第一场 173 行）

他一点一点剥除了自己政治之体上的尊荣象征，将自己可怜的自然之体暴露在观看者的眼前：

> 现在看我如何剥除自己：
>
> 我从头上卸下这重担，
>
> 从手中放下这笨拙的权杖，
>
> 从心里抛弃君王的高傲；
>
> 用自己的泪水，洗去我的圣油，
>
> [37]用自己的手送出我的王冠，
>
> 用自己的口舌否认我的神圣地位，

㉒ 参较 Chrimes，*Const. Ideas*，7，n. 2，quoting *Annales Henrici Quarti*，ed. Riley（Rolls Series），286：“Noluit renunciare spirituali honori *characteris sibi impressi* et inunctioni，quibus renunciare non potuit nec ab hiis cessare.”（他曾不愿意拒绝印在他头上的符号的属灵荣誉，也不愿意拒绝受膏傅油仪式，他不能拒绝这些，又不能从其中停止它。）关于国王经过膏立后，是否具有一种技术意义上的永久性，这个问题太过复杂，无法在这里讨论。事实上，这种“圣礼性质”只是在国王（皇帝）的祝圣仪式被排除在 7 项圣礼外之后才发展起来的；参较 Ferdinand Brommer，*Die Lehre vom sakramentalen Charakter in der Scholastik bis Thomas von Aquino inklusive*（Forschungen zur christlichen Literatur-und Dogmen-geschichte，VIII，2），Paderborn，1908. 关于教宗英诺森三世的态度，参见 below，Ch. VII，nos. 14f，also 18. 关于国王受膏的圣礼性质，普遍观念之不同，以及对 *sacramentum* 一词的不准确使用；参见 for the latter，e. g.，P. E. Schramm，“Der König von Navarra（1035-1512），” *ZfRG*，germ. Abt.，LXVIII（1951），147，n. 72（教宗亚历山大四世称国王的祝圣礼为 *sacramentum*）。参见 Eduard Eichmann，*Die Kaiserkrönung im Abendland*（Würzburg，1942），I，86ff，90，208，279，II，304；Philipp Oppenheim，“Die sakralen Momente in der deutschen Herrscherweihe bis zum Investiturstreit，” *Ephemerides Liturgicae*，LVIII（1944），42ff；关于英格兰，著名的 Peter of Blois（*PL*，CCVII，440D）与 Grosseteste（*Ep.*，CXXIV，ed. Luard，350）的意见。事实上，缺乏精确性在任何时候都是极好的。

> 用自己的呼吸解除一切封臣的誓言；
>
> 我弃绝一切的荣华和尊贵……
>
> （第四幕第一场 203 行以下）

理查自我剥除了一切曾经拥有的荣耀，貌似又要回到弗林特堡的老把戏，回到傻瓜的角色，他也向"继位者"发出了语带双关的恭喜。㉓不过，这一次，傻瓜的装扮没有用。理查拒绝"条分缕析自己织就的错误"，而他那位冷酷无情的对手诺森伯兰则要求他大声读出来。他也没法把自己藏在"名号"后面。这也已经是一去不复返了：

> 我没有名号……
>
> 我不知道现在用什么名来称呼自己。
>
> （第四幕第一场 254 行以下）

在新的灵光一闪中，他试图躲到另一幅幕布后面去。他制造了一种新的断裂，过往的荣耀通过这道裂缝逃走，并由此得以保存。为了对抗外在王权的丧失，他确立起一种内在的王权，使他真正的王权隐退到内在的人、隐退到灵魂和思想以及"王家思维"（regal thoughts）：

> 你可以夺去我的荣耀和我的尊贵，
>
> 但不能夺走我的悲伤，我仍然是我的悲伤的国王。
>
> （第四幕第一场 192 行以下）

他的王权不可见了，隐退到内心；而他的肉身可见，并暴露在别人的藐视和嘲笑或者怜悯和嘲弄之下——不过，他这个可怜的自我还是有一个类似型：遭人藐视的人子。理查大声呼喊，不仅诺森伯兰要"在天上的册子里被定罪"，其他人也一样：

㉓　第四幕第一场 214 行以下。

　　哎，你们所有这些人，站着看我的人，

　　看我的愁苦压迫我，

　　你们中有些人，尽管与彼拉多一同洗了手，

　　外表怜悯；但是，你们这些彼拉多

　　就在这里把我送上我那痛苦的十字架，

　　清水不能洗去你们的罪。

（第四幕第一场 237 行以下）

莎士比亚在这里并不是随意写作，而是有意引入了基督的形象，使之与理查形成对照。基督在彼拉多面前受审、被嘲笑作[38]犹太人的王，然后被送去钉十字架。莎士比亚的资料来源，是同时代对这些事件的记载，也以类似的方式描写这个场景。

　　这个时候，他（博林布鲁克）令我想起了彼拉多，他使我们的主耶稣基督在庭前被鞭打，然后把基督带到大批犹太人面前，说："各位公义之士，看那，你们的王！"他们回答说："钉他十字架！"然后彼拉多为此洗手，说："流这义人的血，罪不在我。"他就把我们的主交给他们。亨利公爵的所作所为很相似，他也是把自己合法的主人交给伦敦城的暴民，意思是，如果他们将理查打死，他也可以说："这事罪不在我。"㉔

博林布鲁克-理查与彼拉多-基督的平行对照反映了在反对兰开斯特家族的群体中普遍存在的情绪。这种情绪在都铎时期，在一定程度上复

㉔　这段可见于 *Chronique de la Traïson et Mort de Richard II*，ed. B. Williams，in：*English Historical Sosiety*，1846，还有 Creton 的法语韵体 *History of the Deposition of Richard II*，ed. J. Webb，in：*Royal Society of the Antiquaries*(London，1819)．这里用的是一个 15 世纪的英语版本，edited by J. Webb，in *Archaeologia*，XX(1824)，179．关于其他资料，参见，Wilson，"Introduction，" lviii，参较 xvi f and 211．叛逆罪很自然地会引起与犹大的比较。与彼拉多作比较也相当常见(例如，参见 Dant，*Purg*．，xx，91)，尽管他的角色并不总是纯负面的；例如，参见 O. Treitinger，*Die oströmische Kaiser-und Reichsidee nach ihrer Gestaltung im höfischen Zeremoniell*(Jena，1938)，231，n. 104，提到拜占庭的皇帝在礼仪中用到彼拉多的洗手盆，皇帝会在圣灰星期三象征性地"洗手"。

苏了。不过,这并不是这里的重点。对莎士比亚而言,使用这个圣经类比,就把它整合进了理查悲惨命运的整个发展过程,而这个时候,还没有到达谷底。尽管遭到羞辱和讥笑,人子仍然是 *deus absconditus*,就其内在的人而言,仍然是"隐藏的上帝",就像莎士比亚笔下的理查,一度还对自己隐藏的内在王权存有信心。然而,这个内在的王权,也同样消解了。突然之间,理查意识到,当自己面对兰开斯特家的彼拉多时,与基督完全没有可比性,反而是,他自己,理查,是与彼拉多们和犹大们同列,因为与他人相比,他更是一个叛徒,甚至比他们还要糟:按照他到如今所做的,他背叛了自己那不可朽坏的政治之体,背叛了王权:

> 我的眼里满是泪水,我看不清……
> 但是,还能看见一群叛徒在这里。
> 哦,如果我把眼光转向自己,
> [39]我发现自己也与其他人一样是个叛徒:
> 因为我以自己的灵魂同意
> 把一个国王庄严的身体交给人凌辱……
> (第四幕第一场 244 行以下)

就是说,国王的自然之体背叛了国王的政治之体,背叛了"一个国王的庄严身体"。理查对自己提起的叛逆罪控诉,就好像预示了 1649 年的指控,指控小写的国王(king)对大写的国王(King)犯了叛国罪。

这个割裂还不是理查身上各个复本所达到的高潮,因为对其人格的撕裂还要毫无怜悯地继续下去。"太阳-王权"的隐喻再次出现。不过,看起来次序好像反了过来,理查做了一个对比,其中的想象相当奇特:

> 哦,但愿我是一个可笑的雪人国王,
> 站在博林布鲁克那太阳面前,
> 全身融化成水!
> (第四幕第一场 260 行以下)

但是，并不是在那新的太阳面前——整剧中都以此作为神圣王权的象征，理查"融化了自己"，并且先前礼仪意义上的王权形象也随着他自己一并消解；㉕而是，在他自己通常的面目之前，他那破产的王权和无名的人性都一并消解了。

镜子的那场戏构成了双重人性悲剧的高潮。镜子起到了魔镜的效果，理查自己是巫师，与童话中走投无路的巫师类似，他也被迫对自己施行法术。镜子所反照出的那张人脸，不再与理查的内在经验相契合，他的外貌与内在的人不再一致了。"是这张脸吗？"这个三重的提问，与答案一起，再次反映了双重本性的三个主要面相——国王，上帝（太阳），以及傻瓜：

> 就是这张脸
> 每日在他的檐下，
> 有一万人投入荫下？
> 就是这张脸
> 好像太阳，令观者目眩吗？
> 就是这张脸，面对过那么多愚行，
> 而最后，在博林布鲁克眼前颜面扫地？
>
> （第四幕第一场 281 行以下）

[40]最后，当理查看到自己面目那"脆弱的荣耀"时，他把镜子掷向地面，碎裂的不只是理查的过去和现在，同时也包括超现实世界的每一个方面。他的幻镜术（catoptromancy）结束了。镜子所反射出的特征透露出，他已经被剥夺了一切拥有第二个、超现实身体的可能性——包括荣华的国王政治之体，被特别拣选、有如神般的上主代理人，有许多愚行的傻瓜，甚至还包括通过最具人性的悲伤遁入内在之人。碎裂的镜子表示，或者就是，一切可能的双重状态的破碎。所有这些面相都坍缩而归于一个：一个可怜的人那平凡的面目以及无足轻重的本性

㉕　参见下文 87 页以下。

(*physis*),这个本性现在使得一切隐喻都失效,无论那是什么。这种状态既少于、又多于死亡(It is both less and more than Death)。这是理查的移转(demise),又是一个新的自然之体的诞生。

> 博林布鲁克:你们几个,去,护送他进塔里去。
> 理查:啊,好啊! 护送? 你们都是迎来送往的人,
> 　　　靠着一位真命君王的陨落捷足高升。
>
> (第四幕第一场 316 行以下)
>
> 普劳登判例报告:
>
> 移转是一个专用词汇,指两个身体发生了分离;政治之体从已经死亡或者剥除了王室尊荣的自然之体转移出去,进到另一个自然之体。㉖

《理查二世》向来被认为是一部政治剧。㉗废黜那场戏,尽管在 1595 年首演后表演过许多次,但没有刊行,也没有获准刊行,直到伊丽莎白一世去世。㉘历史剧通常会对英国人产生吸引力,尤其是在摧毁无敌舰队后的那些年;但《理查二世》的吸引力非同寻常。撇开其他原因不提,莎士比亚时代的人们会拿理查与博林布鲁克之间的冲突来看待伊丽莎白与埃塞克斯之间的冲突。很出名的一件事是,1601 年,埃塞克斯伯爵在发动对女王那场最终失败的叛乱前夕,命令在环球剧院为自己的支持者和伦敦民众特别上演了一出《理查二世》。[41]在对埃塞克斯进行国家审判的过程中,王室法院的法官们就这出戏作了相当详尽的讨论——其中包括两位当时最伟大的法律家,科克和培根——他们不可能没有认识到上演这出戏的目的是影射现实。㉙同样出名的另一件事是,伊丽莎白一世很不喜欢这部悲剧。在埃塞克斯被处决时,她抱怨说

㉖ Plowden, *Reports*, 233a;上文第一章注 13。

㉗ Plamer, *Political Characters*, 118f.

㉘ Wilson,"Introduction," xvi ff, xlix; also Child(*ibid.*), lxxvii ff;参较 Keeton, *Legal Problems*, 163.

㉙ Wilson, xxx ff; Keeton, 166, 168.

"这个悲剧在大街小巷、私人房子了上演了 40 次"，并且她将自我认同与主角密切联系在一起，以至于大喊说："我就是理查二世，你们不知道吗？"㉚

《理查二世》继续保持政治剧的性质。它在 1680 年代遭到查理二世的禁止。大概该剧过于公开联系到英国革命历史中刚刚发生的事件，那几年"蒙福的国王查理一世殉道的日子"还在《公祷书》中加以纪念。㉛复辟要避开对这类事件和其他一些历史的回忆，复辟者也不喜欢这部悲剧，是因为该剧不仅以一位好像基督那样殉道的国王形象为中心，而且还聚焦于以暴烈的方式分离国王二体这个最令人不悦的观念。

丝毫不会令人惊讶的是，查理一世本人以莎士比亚《理查二世》以及国王的双生存在（twin-born being）这样的词汇来设想自己的悲剧命运。在一些版本的《国王的圣像》（*Eikon Basilike*）中，刊有一首哀歌，是一首被称为《厄运中的陛下》（*Majesty in Misery*）的长诗，作者据称是查理一世。在其中，这位不幸的国王——如果他真是那位诗人的话，很明显地指向国王的二体：

> 他们用我自己的权力，损伤我的尊荣，
> 以国王（King）之名，解除国王（king）的冠冕。
> 尘土就这样摧毁了钻石。㉜

㉚ Wilson，xxxii.

㉛ Wilson，xvii；Child，lxxix.

㉜ 根据 Rosemary Freeman，*English Emblem Books*（London，1948），162，n. 1，该诗首次刊行于 1648 年版的《国王的圣像》。Margaret Barnard Pickel，*Charles I as Patron of Poetry and Drama*（London，1938）在附录 C 收录了全诗，看来是推断（p. 178）该诗首次刊行于 Bishop Burnet's *Memoirs of the Duke of Hamilton*（London，1677），该书题献给查理二世。F. M. G. Higham，*Charles I*（London，1932），276 也刊行了该诗的节录。

❶ 《伍德斯托克的托马斯》与《理查二世（第一部）》是一份未署名且未完成的手稿，有人认为是莎士比亚所作，并对他的《理查二世》以及《亨利四世》有很大的影响。现代学者基本上否认这是莎士比亚所作，也没有收入他的全集。

第三章　以基督为中心的王权

一、诺曼无名氏

[42]尽管国王二体的法律拟制毫无疑问构成了伊丽莎白一世时期和斯图亚特王朝早期英国政治思想的特色，但是，并不能就此认为这类思想仅限于16、17世纪，或者此前没有任何原型。

有一个情况并非尽人皆知，就是至少有一位伊丽莎白朝的重要人物，马修·帕克大主教，可能知道在自己的时代至少五个世纪前，就有一位无名的中世纪作者，已经发展出一些关于国王"双生"人格的有趣思想。帕克大主教在1575年去世前不久，将自己的珍贵藏书捐赠给了母校，剑桥大学圣体学院。在他留下的珍宝中，有一份孤本抄件，是一些极有趣的神学和政治学论著，作于1100年左右，作者是一位不知名的神职人员。这些论著以大胆的言辞表达了作者热切的反格利高里以及铁硬王党的情感；它们仍然喷薄着授职权之争所点燃的火焰。这些论文大约在50年前首次刊行，其中一些论章引发了史学家越来越大的兴趣；不过，学者们穷尽了一切学术手段，还是未能确定作者的名字，虽然最近的研究毫无疑问地表明，这位"无名氏"是一位从诺曼底来的诺曼人，甚至可能是公爵领的高级教士之一。①

这位诺曼无名氏在[43]神学文献、礼仪书和教会法方面的知识极为渊博,几乎没有什么教会论和政策(policy)方面的问题是他没有涉及的,而他的论证方式则始终具有原创性、始终令人惊异、且始终生动活泼。在他认为需要讨论的诸多问题中,也包括了后来被称为 *persona mixta*,即"混合人格"的问题,在这样一个人格中,有多个职能(capacities)和层次的重合。当然,各种职能的"混合"在今日也可以看到,正如在以往所有时代、几乎一切条件下都可以发现一样。不过,将两个貌似异质的范畴捆绑在一起,对一个渴望调和此世与来世、暂存与永恒、属世与属灵的时代而言,具有特别的吸引力。我们只需要想一想修会骑士团是如何构建修士和骑士的"混合",就可以把握这类令那个时代激动的观念模式了;而当一位克吕尼修院的院长被称为"既是天使性的,又是人性的"(*angelicus videlicet et humanus*)时,不只是碰巧选择的一个比喻,因为我们必须记得,修士们尽管仍然身处此世并拘于肉身,但却宣称乃是要彰显天上灵体那种"天使般的生活"(*vita angelica* of the celestial beings)。②

---

① 无名论章的主要部分 1899 年由 Heinrich Böhmer 刊行,收于 *MGH*,*LdL*,III,642-678,在他的 *Kirche und Staat in England und in der Normandie im* 11. *and* 12. *Jahrhundert* (Leipzig,1899),436-497 中,有对这些论文的详细讨论,以及关于作者的推测(177-269)。关于这个问题,包括一个 *bibliographie raisonnée*(合理的参考书目),现在可以参考的文献包括 Harald Scherrinsky,*Untersuchungen zum sogenannten Anonymus von York* (Würzburg-Aumühle,1940),George H. Williams,*The Norman Anonymous of ca*. 1100 *A. D*.:*Toward the Identification and the Evaluation of the So-called Anonymous of York* (Harvard Theological Studies,XVIII;Cambridge,1951),在我以下的讨论中会一直依赖于该书。关于这些论文的作者,参见 Williams,125ff。

② 参见 John of Salerno,*Vita S. Odonis*,c. 5,*PL*,CXXXIII,63C:"Erat enim velut lapis angularis quadrus, angelicus videlicet et humanus,"(因为他像四方的房角石那样,既有天使属性,又有人的属性)。由此我们必须要了解,按照基督教的解经,圣经中的"房角石"被认为是指基督,将"两道墙"连结在一起,也就是犹太人和外邦人。那么,在这个意义上,Odo of Cluny 不仅是获得了一个因基督而有的称号,同时也被说成是连结了"两堵墙",即天使和人类。关于这个概念,参见 Gerhart B. Ladner,"The Symbolism of the Biblical Corner Stone in the Mediaeval West," *Mediaeval Studies*,II(1940),43-60. 关于作为 *vita angelica*(天使性的生活)的修道主义,例如,参见 Kassius Hallinger,"Zur geistigen Welt der Anfänge Klunys," *DA*,x(1954),417-445,esp. 429f;关于作为一种称呼的 *Angelus tuus*,Henry Grégoire,"'Ton Ange' et les Anges de Théra," *BZ*,xxx(1929-1930),641-644。

在这里,重要的是宗教-政治范畴内的混合人格。在这个范畴内,它主要通过主教和国王表现出来。并且,在这个范畴内,"混合"是指属灵与世俗权力及职能混合在一起、结合为一个人格。这个意义上的双重职能是一个惯常的特征,在封建时代的神职人员中相当普遍,当时主教不仅仅是教会的权贵,同时还是国王的封臣。我们不需要流连于那些极端的案例,比如那位宣称作为主教严守独身、但作为男爵正常结婚的法国主教;或者是巴约的奥多(Odo of Bayeux)的案例,按兰弗朗克(Lanfranc)的说法,他作为伯爵、而不是主教遭到了征服者威廉的审判;③[44]因为在 1100 年以后不久,主教的双重职能就已经在教宗与世俗统治者达成的一系列政教协定中通过法律词汇来表达了。不过,具有重大意义的是,关于主教的属灵性质和属世性质,这样一个看起来如此明显的区分,却曾经由于授职权问题而几乎无望地缠夹不清,只能带着巨大的困难加以确立;后来,是依靠一位法学大家,夏特尔的伊沃(Ivo of Chartres)那清晰的思考,才终于建立起了合乎逻辑的结论:承认主教的双重职能。在伊沃的襄助下,通过 1107 年的政教协定,英格兰规定了主教由世俗统治者授职、同时由教会祝圣。自此以后,英国的主教-贵族双重身份就得到了明确的界定。爱德华一世时期的王室法官宣布,同时担任自治伯爵(count palatine)的达勒姆主教(Bishop of Durham)具有"双重身份"(*Habet duos status*);法官们所说的,无非是《克拉伦敦宪章》(1164)以及其他地方早已说过的内容,尽管现在更加精确。④

---

③ T. F. Tout, *The Place of Edward II in English History* (Manchester, 1914), 130, n. 1; James Conway Davies, *The Baronial Opposition to Edward II* (Cambridge, 1913), 22. For Odo of Bayeux, 参见 Ordericus Vitalis, *Historia ecclesiastica*, III, c. vii, 8, *PL*, CLXXX-VIII, 529f, ed. A. Le Prevost (Paris, 1845), III, 191: "Ego non clericum nec antistitum damno, sed comitem meum, quem meo vice mea preposui regno."

④ *Constitutions of Clarendon*, § 11, ed. Stubbs, *Select Charters* (Oxford, 1921), 166; *Close Rolls*, 1296-1302, 330ff; *Rot. Parl.*, I, 102ff; 参较 Davies, *op. cit.*, 23; Pollock and Maitland, I, 524. 主教的双重性质也得到了 Francis Accursius 的强调;参见 G. L. Haskins and E. H. Kantorowicz, "A Diplomatic Mission of Francis Accursius," *English Historical Review*, LVIII (1943), 436, 446, § 27. 当然,教宗的职能(capacities)几乎是无法计数的。Bernard of Clairvaux 对教宗说:"Quis es? Sacerdos magnus, summus Pontifex; Tu princeps episcoporum, tu haeres Apostolorum, tu primate Abel, gubernatu Noe, patriarchatu Abraham, ordine Melchisedech, dignitate Aaron, auctoritate Moyses, (转下页注)

　　不仅是主教,国王也呈现为某种"混合人格",因为藉着祝圣和受膏礼的流溢效果,他就具有了某种属灵的职能。尽管教宗理论最终确实否定了国王的神职人员属性,或者将之贬低到某种无足轻重的荣誉性头衔和职能。⑤但是,中世纪晚期的作者还是不断强调国王"不是纯粹的凡人",或者,用法律语言来说,"不是一个普通的人格"。⑥在 1100 年前后,当[45]诺曼无名氏撰写论著时,国王是一个被赋予了属灵特质的人的概念仍然相当流行,尚未度过全盛期;因此,这位作者所讨论的许

　　(接上页注)iudicatu Samuel, potestate Petrus, unctione Christus"(你是谁? 伟大的祭司,大司祭:你是主教们之元首,是使徒们的继承者,你在优先性上是亚伯,在领导上是诺亚,在祖宗上是亚伯拉罕,在圣职上是麦基洗德,在尊严上是亚伦,在权威上是摩西,在审判权上是撒母耳,在权力上是彼得,而通过傅油[受膏]你是基督。);St. Bernard 甚至还没有提到司法和行政的职能。参较 Bernard, *De consideratione*, II,8,15, *PL*, CLXXXII, 751。

⑤　Eichmann, *Die Kaiserkrönung*, I,203,282f,319, 关于国王作为副助祭和诵经员的职能;另参下一脚注。关于诺曼无名氏论混合人格,见下文注 30。

⑥　参上文第二章注 22。关于 *imperator*(*rex*) *non omnino laicus*(皇帝[国王]不是一个完全的凡人)的原则,参见 Eichmann, "Königs-und Bischofsweihe," 58, also 52ff;参较 *Die Kaiserkrönung*, I, 105ff, 203, and passim. 另参 the Order of Cencius(*Cencius II*), ed. P. E. Schramm, "Die Ordines der mittelalterlichen Kaiserkrönung," *Archiv für Urkunden-forschung*, XI(1929), 379;"(Papa) fatiit eum clericum,"(当一位神职人员接待[教宗])提到圣彼得大殿的驻堂教士如何接待皇帝;参见 A. Schulte, "Deutsche Könige, Kaiser, Päpste als Kanoniker an deutschen und römischen Kirchen," *Historisches Jahrbuch*, LIV (1934), 137ff; also Schramm, "Sacerdotium und Regnum im Austausch ihrer Vor-rechte," *Studi Gregoriani*, II(1947), 425ff. 关于授职权,参见 the Norman Anonymous, *MGH*, *LdL*, III, 679, 16ff;"Quare(rex) non est appellandus laicus, quia christus Domi-ni est"(因此,国王不能被称为凡人,因为他是主的受膏者)(参较 685, 42ff). 后来的一些法学家也持同样观点;见下文第 8 章 n. 16;关于西西里,例如,Marinus de Caramanico, *Pro-oemium*, in *Lib*. *Aug*., ed. Cervvone, xxxv, and ed. F. Calasso, *I glossatori e la teoria della sovranità*(Milan, 1951), 189, 26;"Reges enim non sunt mere laici in quos... spiri-tualia iura non cadunt."(因此,国王们不是纯粹的凡人……因为属灵的律法不会降临到后者身上)国王不是"凡人"的说法一再出现;英格兰的情况例如,参见 G. O. Sayles, *Select Cases in the Court of King's Bench*(London, 1939), Introd., xliii, n. 3. 关于国王构成混合人格,参见 Schramm, *A History of the English Coronation* (Oxford, 1937), 115, n. 1; also Chrimes, *Const*. *Ideas*, 8, and ibid., 387, 首席法官 Brian 的有趣说法(10 Henry VII): "*quod Rex est persona mixta* car est *persona unita cum sacerdotibus* saint Eglise."(国王是混合的人格,因为他是一个与圣教会的教士们合一的人格。)从这个一般概念,最终在新教国家发展出了关于君主构成 *duplex persona*, *saeculatis et ecclesiastica* 的观点;参见 Gierke, *Gen*. *R*., IV, 66f, n. 20;以及,一般论述,Hans Liermann, "Untersuchungen zum Sakral-recht des protestantischen Herrschers," *ZfRG*, kan. *Abt*., xxx(1941), 311-383.

多内容,必须要放在中世纪祭司-君王理念型的背景下来观察。

混合人格理论看起来与"国王二体"并没有直接联系。混合人格概念所说的,是指世俗职能和属灵职能,不是指自然之体和政治之体。不过,有没有可能,在中世纪早期,国王非人格的、不朽坏的超绝身体(super-body),是以某种方式蕴藏在因君王职分的神职化而导致的属灵性质中的呢?⑦ 事实上,这正是诺曼无名氏,这位基督式王权(Christ-like kingship)属灵性质最坚定的捍卫者之一,为我们指出的方向。我们最好接受他给出的线索、追随他的引导。

诺曼无名氏最出名,可能也是最重要的[46]论文,是一篇"论主教与国王的祝圣礼"(*De consecration pontificum et regum*)。正如标题所显示的,作者的讨论集中在国王与主教授职受膏礼的效果。诺曼无名氏非常有逻辑地从旧约推进到新约,因此,他先从以色列诸王的受膏礼开始。我们暂时先忽略作者不仅提到以色列诸王的受膏礼,也提到亚伦和以色列大祭司的受膏礼。他这样写道:

> 如此,我们必须承认[在国王里面]有一种双重人格,其一来自于自然本性(nature),其一来自于神恩(grace)……通过其一,依赖自然本性的条件,他与其他人相同;通过另一人格,依赖[他的]神圣化的尊贵,以及[祝圣]圣礼的能力,他超越其他所有人。论到这一个人格,他按自然本性,是一个人;论到他的另一个人格,他依靠神恩,就成为一名受膏者/基督(*Christus*)❶,亦即,神—人(God-man)。⑧

这段话,主要是在神学措辞、而非宪制的措辞上,令人惊异地与都

---

⑦ 关于君王职分的"神职化",大致上,是从 Hincmar of Reims 和 Charles the Bald 开始的,参见 Schramm, *Der König von Frankreich* (Weimar, 1939), 17f, 26ff;参较 Kantorowicz, *Laudes regiae*, 78ff,及各处。

⑧ *Mgh*, *LdL*, III, 664, 26ff:"Itaque in unoquoque gemina intelligitur fuisse persona, una ex natura, altera ex gratia, una in hominis proprietate, altera in spiritu et virtute. Una, qua per conditionem nature ceteris hominibus congrueret, altera qua per eminentiam deificationis et vim sacramenti cunctis aliis precelleret. In una quippe erat naturaliter individuus homo, in altera per gratiam Christus, id est Deus-homo."(同引文)

铎时期法律家的论辩构成平行。当然,那些法学家不是谈论神恩,而是谈论英国人民的政制(polity),他们可能会说"一个[身体]从自然而来,另一个从政制而来";不过,这位诺曼作者与都铎法学家都得出了一种类似的拟制:一个国王的超绝身体,以某种神秘的方式,与国王的自然及私人身体连结在了一起。不过,这两个概念之间的相似性,不应诱使我们无视中世纪的"双重性"国王概念与其两个身体的都铎后裔之间存在某种更严重的"生理学"差异的事实。

诺曼无名氏提到的国王是受膏者(*christi*),旧约中受膏的君王,他们预表了那位真正的君王基督(*Christus*)、永恒受膏者的来临。基督以肉身降临之后,地上的王权就相应地发生了变化,要在[47]上帝救赎秩序的统摄之下才能发挥正确的功能。新约下的君王们不再表现为基督的"预表",而是"代表",是基督的效法者。基督徒统治者成为了*christomimētēs*——按字面就是基督的"扮演者"或"演员"的意思。他们在世的时候,就要表现出具有二性的上帝的形象,甚至在两性不相混淆的方面也要如此。神圣的原型与他可见的代表要表现出极大的相似性,因为他们本就应当彼此反映;按照诺曼无名氏的说法,在永恒的受膏者与他在地上的对照项、处于时间(Time)之中的受膏者之间,可能只存在一个——尽管是本质上的——差别:基督是因他的本性而为(大写的)君王和基督(King and *Christus*),而他在地上的代表只是因恩典而成为(小写的)国王和受膏者(king and *christus*)。因为,在地上的君王被祝圣的那一刻,圣灵"突入到"他的里面,把他变成"另一个人"(*alius vir*),并且在时间里使他的形象改变;而与基督原本就同一的圣灵,乃是来自于与这位荣耀的君王同在的永恒者,仍然在永恒之中与他保持同一。⑨

———————

⑨　*Ibid*., 665, 2f: "Post unctionem vero insilivit in eum spiritus Domini, et propheta factus est, et mutatus est in virum alium."(在受膏之后,主的灵[圣灵]进入到他的身内,而他成为一个先知,变成了另一个人)国王的两个人格,是从圣灵的这个"突入"开始产生的;参较664, 20ff: "[Ad unctionem] insiliebat in eos spiritus Domini et virtus deificans, per quam Christi figura fierent et imago et que mutaret eos in viros alios, ita ut... *in persona* sua esset *alius* vir, et *alius* in spiritu. ... "(在受膏时,主的灵[圣灵]和使人成圣的力量进入了他们身内,他们通过这个力量成为基督的形象和图像,而它改变了他们,使他们成为另一些人,这样在他们的人格中,一个是人,而另一个是在灵中的人。)

换句话说,小写国王因恩典的缘故,在一段短暂的时间里成为"神化"(*became "deified"*),而属天的大写君王依其本性永远是神。

诺曼无名氏一次又一次地使用了这个对照。这并不是他自己的发明,而只是复制熟悉的神学概念。自然本性(*natura*)与恩典(*gratia*)这对概念常常被人使用,不仅用于指出人本性的软弱因恩典而得到补救,而且还表示恩典使人参与到上帝的神圣本性之中。在后一种意义上,早期基督教实际上通过自然本性与恩典这对概念使整体人类得以"神化",而不只是祝圣和受膏的君王。不过,诺曼无名氏将"因恩典而有的神化"突出地应用于国王,构成一种因受膏与祝圣礼仪流溢而出的效果。同时,他使用这对概念指出,这种"神化带来的尊荣"为国王提供了一个恩典的身体,藉此,他就成为了超越其他所有人的"另一个人"——他将这种神化描述为与希腊的"神化"(*apotheosis*)以及古罗马的[48]"圣化"(*consecratio*)一致。⑩诺曼无名氏正是用这一对概念,来非常严格地观察神与国王之间的内在差异;但同时,这对概念也被他用来模糊化这种区别,并显示这个"因本性而为神"与"因恩典而为神"的差异在何处终止;那就是 *potestas*,权力。权力的本质和质料被认为在神与国王那里是同等的,无论这个权力是因本性而拥有,还是只是因恩典而获得。

国王的权力就是上帝的权力。这个权力,在上帝是因本性,在国王是因恩典。因此,国王也就成了上帝和基督,但是乃是因为恩典;无论他做什么,都不只是作为一个人做的,而是作为那因恩典成为了上帝和基督者所做的。⑪

---

⑩ 关于基督徒的神化,例如,参见 M. Lot-Borodine, "La doctrine de la déification dans l'église grecque," *Revue de l'histoire des religions*, CV-CVII(1932–1933); J. Gross, *La divinisation du chrétien d'après les pères grecs*(Paris, 1938); also G. W. Butterworth, "The Deification of Man in Clement of Alexandria," *Journal of Theological Studies*, XVII(1916), 157ff, and Cuthbert Lattey, *ibid.*, 257ff; A. D. Nock, in: *Journal of Religion*, XXXI(1951), 214ff, and Kantorowicz, "Deus per naturam, deus per gratiam," *Harvard Theological Review*, XLV(1952), 253–277. 关于 *apotheosis* 和 *consecratio*,见下文注 13。

⑪ *MGH*, *LdL*, III, 667, 35ff. 国王所设立的神职人员不是由人的权力所设立的,而是通过上帝的权力:"Potestas enim regis potestas Dei est; Dei quidem est per naturam, regis per gratiam. Unde et rex Deus et Christus est, sed per gratiam, et quicquid facit (转下页注)

因此,国王在权力方面也表现为完美的"基督扮演者"(*christomimētēs*),因为他的权力与基督的权力是一样的。所以,作者就可以继续这样说,因本性是神和受膏者的那一位,乃是通过他的"因恩典成为上帝和基督"、且"在职位中,他是基督和上帝的形象和肖像"(*in officio figura et imago Christi et Dei est*)的代理人国王而行事。⑫也就是说,国王,尽管是一个人,却因在其职位中成为了属天的受膏者、随即为上帝的类型和形象。

[49]这些关于自然本性和恩典两极性(bipolarity)及可能的合一性的思考,使作者引出了关于扮演为基督的(Christ-impersonating)国王是一种"双重"存在的概念。靠着恩典被膏抹的国王,好像一种双重人格(*gemina persona*),与具有二性的基督相似。这是很少能在西方世界遇见的、将中世纪以基督为中心的王权观念推至极端的情况。⑬国王是一个双重的存在,

---

(接上页注)non homo simpliciter, sed Deus factus et Christus per gratiam facit. "(同引文)另参 676, 14ff:"Summi et celestis imperatoris et secundi terrenique una eademque potestas est, sed celestis principaliter, terreni secundarie. "(至高的天上的统治者和第二个、人间的统治者所拥有的权力是一样的,但主要的是神的,次要的是人间统治者的。)作为"第二个神"(*Deo secundus*)的统治者(Tertullian, *Apologeticus*, XXX, 1 早已提到)以及作为"第二个神"(*δεύτερος θεός*)的基督(例如,参见 Origen, *Contra Celsum*, V, 39, and VII, 57)属于另一个系列的问题,部分相关材料已有收集,见 H. Volkmann, "Der Zweite nach dem König," *Philologus*, XCVII(1937), 285-316. 不过,有趣的是,拜占庭的皇帝有时被称为"因恩典的第二上帝"(*ὄντος σοῦ τοῦ κατὰ χάριν καὶ δευτέρου θεοῦ*);参见 *Spyridon P. Lampros*, Μιχαὴλ Ἀκομινάτου τοῦ Χωνιάτου τὰ σωζόμενα (Athens, 1879), I, 221, 11f; M. Bachmann, *Die Rede des Johannes Syropulos an den Kaiser Isaak II. Angelos* (1185-1195)(Munich diss. , 1935), 11 and 26.

⑫ *MGH*, *LdL*, III, 667, 8f:"...in spiritu et Christus et deus est, et in officio figura et imago Christi et Dei est. "(在属灵上,他是基督和上帝,在职位上,他是基督和上帝的形象和肖像。) *Ibid.*, 667, 39:"Immo ipse, qui natura Deus est et Christus, per vicarium suum hoc facit, per quem vices suas exsequitur. "(他自己在本性上是神和基督,而他通过自己的代理人完成这事,并通过他执行自己的事务。)

⑬ *Ibid.*, 665, 19f:"Erat enim... christus Domini et unus cum Domino spiritus. Christus etenim Deus et homo est. "(因为他是主的受膏者,而与主有共同的灵。基督既是神,又是人。)更清楚的,*ibid.*, 665, 28ff,有一段显示国王与基督共同拥有"二性":

Rex autem... *huius* Christi, id est Dei et hominis, imago et figura erat, quia ... totus homo erat, totus deificatus erat et sanctificatus per gratiam unctionis et per benedictionis consecrationem. Nam et si Graeci sermonis utaris ethimologia, consecratio, id est *apotheosis*, sonabit tibi deificatio. Si ergo ... rex ... per gratiam deus est et christus Domini, quicquid agit et operatur secundum hanc gratiam,iam non homo agit et operatur, sed deus et christus Domini. (然而国王……他是基督[Christi]——(转下页注)

同时是人和神,就像神—人基督那样,尽管,国王是仅仅因恩典、且在时间之内,而不是因本性、且(在升天后)在永恒里具有二性和形成双重存在:地上的君王并非是(is),而是通过受膏和祝圣成为(becomes)一种双重人格。

"双重人格"(gemina persona)这个表达本身,并不表示一种诗性的隐喻,而是一个源自且有关于基督论定义的技术性词汇。不过,这个词实际上很少用在基督身上,这是另一个问题。按照正统教义,基督乃是"一个位格,而有二性"(una persona , duae naturae)。所以"双重人格/位格"是一种在教义上有危险的表达,需要避免;这跟"两个人格/位格"一样糟糕,因为不能安全地排除涅斯多留派和基督嗣子论的解释。不过,值得注意的是,尽管在这条线索上极少有"双重性"的形象,但它却在早期西班牙教省会议的决议中相对频繁地出现。在西班牙教省会议制定的众多信经中,可以发现某种程度的摇摆,但其措辞在教义上是正确的。第二次西班牙教省会[50]议(619 年)强调了基督的二性(gemina natura)并正确地补充说:"这二性仍然构成一个位格。"[14]第六次托莱多会议(638 年)同样正确地决议:"人和神是同一个基督有二性……以免认为,如果基督有双重位格(geminata persona),会导致三位一体变成四位一体。"[15]675 年,第 11 次托莱多会议回到了"双重"这个词,但

也就是说神的和人的——的形象和肖像……他完全是人,也完全通过受膏礼和祝圣礼而被神化和被圣化。而如果你用希腊语的词源解释,即 apotheosis[神化],那么你就能听出来"神化"一词。但如果国王通过恩典是神和主的受膏者[christus],那么无论他根据这种恩典所作所为,这已经不是人在作为的进行,而是神和主的受膏者[christus]在作为。)

我一直忽视了提到主教;见下文注 30。关于盎格鲁-萨克逊国王构成"主基督"(christus Domini),见 787 年的教廷使节报告,in Haddan and Stubbs, *Councils and Ec-clesiastical Documents* (Oxford, 1871), III, 454, § 12;以及,关于亨利二世, Peter of Blois, *PL*, CCVII, 440D;一般性论述,参见 Leonid Arbusow, *Liturgie und Geschichts-schreibung im Mittelalter* (Bonn, 1951), 95, n. 60。需要附加提示的是,按照诺曼无名氏的说法(670, 5ff),只有国王是真正的"基督扮演者"(christomimētēs);因为主教行事是"借助于作为使徒的代理人和效法者"(interposita vice et imitatione apostolorum);他们是"准使徒扮演者"(quasi-*apostolomimētai*),只是通过使徒间接地成为"基督扮演者"(christomimētai)。无名氏的"词源学"完全正确:在罗马,皇帝的祝圣礼构成他的 *apotheo-sis*,而 *deificatio* 这个词,就像希腊文的 θεοποιτα,几乎是专属的基督教词汇。

[14] *PL*, LXXXIV, 599C; Hinschius, *Decret.Pl.Isid.*, 440b, cf. 441a.

[15] *PL*, LXXXIV, 395A; Hahn, *Symbole*, 237; Hinschius, 376b.

谨慎地从"双重本性"和"双重位格"更改为"双重本质"(*gemina substantia*),并解释道:"因此,他在自身里面有一个双重本质,即他的神性与我们的人性。"由此,这次会议创造了这句著名的断语:"因此我们应该相信,他既比自己更大,又比自己更小"(*Item et major et minor se ipso esse credendus est*)。[16]最后,第十四次托莱多会议(684 年)引入了一种新的双重性。主教们宣布,真理是,基督拥有"双重意志"——"在他里面,意志和动作(运作)是双重的"(*gemina in eo voluntas*, *et operatio*),尽管,他并不因二性而分裂——*non naturarum geminatione divisus*,而是完全的神和完全的人。[17]在此以后,看起来信经中不再流行双重性、双重人格/位格、双重本质以及双重意志这些词汇。荷巴努斯·马乌鲁斯(Rhabanus Maurus)提到过一次,不过是消极意义;[18]并且只有"有双重本质的巨人"(*gigas geminae substantiae*)这样的词偶尔出现在 12 世纪的基督论作品中,用来驳斥关于基督在道成肉身前就有二性的论点。[19]

---

⑯ *PL*,LXXXIV,456BC;Hahn,246f;Hinschius,407a.

⑰ *PL*,LXXXIV,506Df,cf. 508B.

⑱ Hahn,*Symbole*,357:"quia nec geminavit utriusque substantiae integritas personam,nec confudit geminam unitas personae substantiam."(因为两者中任一本性的完整性并没有造成两个位格,而位格的统一也并没有混合一种双重的本性。)另参 Leo the Great,*ep.* 33,*PL*,LIV,797("gemina natura"),以及 Gregory the Great,*Moralia*,XVIII,85,*PL*,LXXVI,90B("nec naturarum distinctione geminatus")(他也不是因两个本性的区分而成为双重的),against Nestorius. 明确提到双重性危险的是 Bede,*Expositio Actuum Apostolorum*,ed. M. L. W. Laistner(Cambridge,Mass.,1939),51:"...ne Christi naturam geminare et in Nestorii dogma cadere videamur."(以免我们使基督的本性成为双重的,并这样陷入涅斯多留的[错误的]理论中。)

⑲ 基督是巨人出自诗篇 18:6[和合本 19:5]("tanquam sponsus procedens de thalamo suo,exsultavit ut gigas ad currendam viam")([太阳]如同新郎出洞房,又如勇士欢然奔路。),对此的应用覆盖了意料之外的范围,从亚美尼亚礼仪书到 17 世纪法国对国王的崇拜,都可以发现;关于一些早期的应用,参见,F. J. Dölger,*Sol salutis*(2nd ed.,Münster,1925),217,and *Die Sonne der gerechtigkeit*(Münster,1918),102ff;另参 A. Alföldi,"Der iranische Weltriese auf archäologischen Denkmälern,"*Jahrbuch der Schweizerischen Gesellschaft für Urgeschichte*,XL(1949-1950),24. *Gigas geminae substantiae* 这个表达可能是来自于(Pseudo[?]—)Ambrose,*Hymns*,IV,15,*PL*,XVI,1474:"Procedens de thalamo suo,/ Pudoris aula regia,/ *Geminae Gigas substantiae*,/Alacris ut currat viam."("离开婚房,/贞洁的王庭,/双重本质的巨人,/欢跃奔路。")见下文 nos. 63ff. 这个比喻偶尔用于指基督的双重性(*natura duplex*);例如,参见Rangerius of Lucca(d. ca. 1112),*Liber de anulo et baculo*,lines 26f,MGH,LdL,II,509. 后来在 12 世纪,"有两个本质的巨人"似 (转下页注)

　　[51]诺曼无名氏非常熟悉西班牙教省会议的决议,这些决议被纳入了某些版本的伪伊西多尔教令集。诺曼无名氏反复使用和援引这些文件;他甚至谨慎地评估了西班牙教省会议,目的是证明西哥特国王们——作为国王,而非皇帝——习惯性地召集、指示和主持他们领地内教会的教省会议,就像皇帝召集、指示和主持普世教会的大公会议一样。因此,西哥特模式就成为了一个重要的先例,相比帝国模式可以更容易地应用到当时"国王在他的王国之内就是皇帝"(*rex est imperator in regno suo*)的主张尚未形成的盎格鲁-诺曼环境之中。⑳ 无名氏可能

(接上页注)乎成为了所谓"基督论虚无主义"(Christological Nihilianism)学派的特点,该理论在 1179 年的第三次拉特兰大公会议上遭到否定(参较 Hefele, *Konziliengeschichte*, v[1886], 616, 719)。例如,参见 Peter of Poitiers, *Sententiae*, IV, 7, *PL*, CCXI, 1161C:"Viam quam geminae gigas substantiae exsultando cucurrit.... "(一个拥有两个本性的巨人欢然奔跑的路……)还有, *Quaestiones Varsavienses trinitariae et christologicae*, ed. F. Stegmüller, in *Miscellanea Giovanni Mercati* (Studi e Testi, 122; Vantican, 1946), II, 306, §15:"Coepit esse gigas geminae substantiae biformisque naturae, divinae scilicet et humanae. "(他开始成为一个有双重本性的巨人,有两种形式的本质,即神性的和人性的。) Peter the Lonbard, *In Ep. Ad Romanos*, c. 1, *PL*, CXCI, 1307C, 1308A,看来只使用了 *gemina substantia*(双重本质)的表达。不过, See, the *Prooemium of Magister Vacarius' Opusculum de assumpto homine*, edited by Maitland, "Magistri Vacarii Summa de Matrimonio," *Law Quarterly Review*, XIII(1897), 143,明确反对 Lombard 的虚无主义:"Et quod homo cum sit persona, ipse [Jesus] tamen assumptus dicitur et non ipsa persona. Et quod Christus et dominus glorie et gigas gemine substantie duarum sint substantiarum nomina. "(人是位格,而他[耶稣]被称为'取得了人性'而不是说'位格被取得'。因为基督既是光荣的主,又是两个本性的巨人,两个本性也有两个名称。)一般性研究参见 Joseph de Ghellinck, "Magister Vacarius: Un juriste théologien peu aimable pour les canonistes," *Revue d'histoire ecclésiastique*, XLIV(1949), 173-178, 有完整的参考资料。

⑳　*MGH*, *LdL*, III, 675, 16ff,无名氏非常清晰地指出了皇帝与国王之间的差异(另参下文注 47)。不过,他说,西哥特诸王对教会拥有与皇帝对教会同样的权力,并总结认为(675, 27ff),因此,总体上国王对教会具有准帝国性的权力:"unde manifestum est reges habere sacrosanctam potestatem ecclesiastici regiminis super ipsos etiam pontifices Domini et imperium super eos. "(由此可见,国王们拥有神圣的权力,即对领导教会的权力,甚至对主的教宗们有统治权。)"国王-皇帝"(*rex imperator*)的概念在英格兰的发展相对较早,尽管 Carl Erdmann, *Forschungen zur politischen Ideenwelt des Frühmittelalters*(Berlin, 1951), 15ff, 38ff 所收集的材料中有几处被发现(可能)是出于 12 世纪的伪造;参见 Richard Drögereit, "Kaiseridee und Kaisertitel bei den angelsachsen," *ZfRG*, germ. Abt., LXIX(1952), 24-73;另参 W. Holtzmann, "Das mittelalterliche Imperium und die werdenden Nationen," *Arbeitsgemeinschaft für Forschung des Landes Nordrhein-Westfalen*, VII(1953), 19, n. 20,提到 John of Salisbury 所说的亨利二世的评论;另参(转下页注)

也是从托莱多教省会议借用了[52]国王"双生性"的比喻。令人好奇的或许是,为了表达自己明确以基督为中心的王权理论,他所借用的唯一表达方式是一个在基督论上带有涅斯多留派和基督嗣子论味道的词,"双重人格"。不过,既然已经反复表示国王并非因自然本性、而是因恩典才具有神性,那么,就不可能再赋予国王一种神圣的"本性"。"神化"(*deificatio*)这个词,成为神、而非本就是神,给 1100 年的国王基督论带来了某种与涅斯多留派和基督嗣子论路径之间的亲缘性。㉑

这位作者彻底地探索了在其基督般的国王的双重职能观念中所隐含的可能性。事实上,这个概念成为了他所有其他理论建构的基础,而他所构想的内容,其一致性和技巧,并不亚于都铎法律家的理论。诺曼无名氏喜欢把玩国王的两个人格;而他也以同样的方式,不断使两种形象彼此映衬:基督耶稣(Jesus *Christus*)与受膏者耶稣(Jesus *christus*),由永恒而受膏者与在世上事奉早期于约旦河中受膏的那一位。㉒ 这位作者将这类

(接上页注)Post, "Two Notes," 303. 关于此项原理本身,参见 Calasso, *Glossatori*, 35ff(关于英格兰),以及,一般论述,Sergio Mochi Onory, *Fonti canonistiche dell'idea moderna dello stato*(Milan, 1951),包括最近的讨论 Gaines Post, "Two Notes," *Traditio*, IX(1954), 296ff. 召集大公会议的权力看起来通常并不包括在帝国王权的诸多主张之内,尽管到宗教改革时期,英格兰在这方面也改变了;例如,参见 Bishop John Jewel's *Apology of the Church of England*(1560)against Thomas Harding(in *The Works of John Jewel*[Cambridge, 1848], III, 98f;参较 Frances A. Yates, "Queen Elizabeth as Astraea," *Warburg Journal*, x[1947], 39f),其中的论辩有时可以看到诺曼无名氏的影子。

㉑ 如果说,无名氏提到(667, 6)国王与主教"sunt et dii et christi per adoptionis spiritum"(通过收为嗣子的灵,他们就是诸神,就是诸受膏者)以及(675, 12)国王是"alter Christus per adoptionem post Christum"(通过被收为嗣子,他在基督之后,是另一个基督/受膏者[adoptio 译为"收为嗣子",神学上指上帝接受罪人为儿女——译注]),这些内容与类似的说法与"基督嗣子论"没有联系,而是与罗马书 8:15 同一立场,并与洗礼的"*Spiritus adoptionis*"(收为嗣子的灵)效果一致。关于因收养而成为"神",参见 Kantorowicz, "Deus per naturam," 256, 262;不过,还需要补充,Honorius of Augustodunum, *Summa gloria*, c.5, *MGH*, *LdL*, III, 66f,认为神职人员被称为"神的众子、诸神、诸受膏者、诸天使"(*filii Dei*, *dii*, *christi*, *angeli*),而国王仅仅是"人子"(filii hominum),证明了"[quantum] divina auctoritate sacerdotes in dignitate reges precellunt."(祭司们以神圣的权威性而超过国王们的尊荣。)

㉒ 基督在约旦河中受膏(使徒行传 10:38;参以赛亚书 61:1 及路加福音 4:18)被解释为"基督的加冕",这是一个需要历史学,以及尤其是,考古学研究的课题。关于鸽子带着一项王冠降下,见"Dumbarton oaks Collection 中第五或第六世纪的金盒盖",收入 *The Walters Art Gallery: Early Christian and Byzantine Art*(Baltimore, 1947),(转下页注)

二分法进一步推进,甚至推到异教的古代时期,并由此取得了最令人好奇的结果。尽管奇怪、或许可以接受的观点是,[53]他暗示,旧约中那些受膏的君王(*reges christi*),预表了在天上被高举的君王基督(*Christus regnaturus*),应当被认为——作为国王——在某种意义上高于升天之前卑微的拿撒勒人基督。但是,要在罗马皇帝和道成肉身的神之间,确切地讲,在提比留和耶稣之间,建立一种类似的关系,这就令人困惑了。㉓

(接上页注)pl. cxix, B;进一步请见 Adolf Goldschmidt, *Karolingische Elfenbeinskulpturen*(Berlin, 1914), I, No. 154, pl. LXV;关于英格兰,见 the Benedictional of Aethelwold(963-984), in J. Strzygowski, *Iconographie der Taufe Christi*(Munich, 1885), 59, pl. XVIII, 4.

㉓ 关于接下来这段的解释,参见 Williams, *Norman Anonymous*, 131f. 有可能无名氏是在以赛亚书称居鲁士为"主的受膏者"(*christus Domini*)这一意义上讲罗马皇帝理解为类似的"受膏者"。例如,参见 Haymon, Bishop of Halberstadt(841-853), *Commentarium in Isaiam*, c. 45, *PL*, CXVI, 942D:"Christus interpretatur unctus. Antiquitus enim in populo Judaeorum, quemadmodum apud Romanos diadema, faciebant et regem.... Quare ergo appellatur Cyrus christus, cum non sit perunctus de oleo benedictionis? Quia *dignitas imperialis* [居鲁士是第二个——也就是波斯——世界王权统治的建立者或"皇帝"] pro chrismate ei fuit. Haec dicit Dominus 'christo meo' pro eo quod est 'christo suo':vel uncto suo, hoc est, regi suo."("基督"这个词被解释为"受膏的人"。因为犹太民族自古以来这样立王,就和罗马人用皇冠一样……为什么居鲁士被称为'基督'[受膏者],虽然他并没有接受圣油的受膏礼呢? 这是因为在他那里,皇帝的尊威代表了受膏。上主告诉了'我的基督',即'他的基督',或者'他的受膏者',就是指'他的国王'。)在 Bede, *In Esdram et Nehemian Prophetas*, c. 1, *PL*, XCI, 811,居鲁士表现为基督的预表:"At vero juxta mysticos sensu Cyrus rex Dominum Salvatorem et nomine [κύριος?] designat et factis.... Assimilavit namque eum Deus filio suo, quamvis ipse Deum se assimilantem minime cognoverit;primum in eo quod Christum suum eum cognominare dignatus est.... Assimilavit ergo Cyrum Dominus unigenito Filio suo, Deo et Domino nostro Jesu Christo...."(而根据神秘的意义,'国王居鲁士'在名称和事实上指'主和拯救者'……因为神使他与自己的儿子相似,虽然他根本没有意识到神使他相似自己。首先,因为神赐予他被称为'他的基督'[即'他的受膏者']……因此上主使居鲁士相似他的独生子,使他相似我们的主和上帝耶稣基督。)希腊著者通常节制自己,将居鲁士解释为被上帝呼召作为国王施行统治的"受膏者";例如,参见 Cyril of Alexandria, *In Isaiam*, IV, *Oratio* ii(= *Is.*, 45), *PGr*, LXX, 950D-951A;Procopius of Gaza, *In Isaiam*, c. 45, *PGr*, LXXXVII, 2418. 希腊人,因为与波斯帝国长期冲突,显然对居鲁士没什么好感,尽管承认他是上帝统治的实现者。例如,参见 the Scholion of Cyril, ed. F. C. Conybeare, *The Armenian Version of Revelations and Cyril of Alexandria's Scholia on the Incarnation and Epistle on Easter*(London, 1907), 169:"尽管此人[居鲁士]是一个偶像崇拜者,但他因受从天上而来的命令,受膏而执掌王权,故此被称为受膏者:他是上帝所指定的,以大能制服巴比伦人。"那么,在这个意义上,提比留当然在神的拯救框架中具有显赫的地位。

当提比留收取丁税时,人子耶稣顺服了他。㉔但是,税是交给哪个提比留的呢？无名氏在提比留皇帝那里创设了另一个双重人格,他这样解释这个故事：

> 他说"凯撒的当归给凯撒",并没有说"提比留的当归给提比留"。纳税给权力(*potestas*),而不是给人。人一无是处,而权力是正当的。提比留是不公正的,但凯撒是良善的。要把属于他的给他,不是给一无是处的人,不是给不公的提比留,而是给正当的权力,给良善的凯撒……"要纳税",他[对彼得]说,"为我和你,给正当的权力,给良善的凯撒,按我们的人性,我们是他的臣民……"因为他知道,将属于凯撒的物给凯撒,是符合正义的。……他尽了诸般的义。因为人的软弱服从于神圣的权力(*divina potestas*)是正当的。也就是说,基督,按照他的人性,也是软弱的;但凯撒的权力却是神圣的。㉕

㉔ 众所周知,马太福音 22:21 在中世纪政治理论中扮演了一个极为重大的角色;例如,参见 Max Hackelsperger, *Bibel und mittelalterlicher Reichsgedanke* (diss. , Munich, 1934), 29f,关于纳税给凯撒在授职权斗争文献中的情况。无名氏可能最接近于(Pseudo-) Ambrose, *In epist. Ad Roman.*, XIII, 6, *PL*, XVII, 172AB:"...principi enim suo, qui vicem Dei agit, sicut Deo subiiciuntur...Unde et Dominus: 'Reddite etc. ' Huic ergo subiiciendi sunt sicut Deo...." (他们服从自己的领导如同服从神,因为领导代替神而行动……因此主也说:"你们要给[凯撒那些属于凯撒的事,并给上帝那些属于上帝的事]"。因此他们应该服从他如同服从上帝……)这部注释书的作者可能就是所谓的 Ambrosiaster;参较 E. Dekkers and A. Gaar, *Clavis patrum Latinorum* (Sacris erudiri, III, Bruges and Hague, 1951), 30, No. 184. 认为纳税是为了避免丑闻(*ad scandalum vitandum*)是一个非常不可取的解释,看起来早于 Thomas Aquinas, *Summa theol.*, IIa-IIae, q. 10, a. 10, ad I:"Sicut etiam Dominus Matth. XVII ostendit, quod poterat se a tributo excusare, quia liberi sunt filii; sed tamen mandavit tributum solvi ad scandalum vitandum. " (正如主在《马太福音》17 章中所指出的,他可以免于交税,因为他们是自由人的儿子。但仍然要求他交税,为了避免引起争论。)关于这个问题,另参 E. Gilson, *Dante the Philosopher* (New York, 1949), 208, n. 1.

㉕ *MGH*, *LdL*, III, 671, 35ff:"Reddite potestati, non persone. Persona enim nequam, sed iusta potestas. Iniquus Tyberius, sed bonus cesar. Reddite ergo non persone nequam, non iniquo Tyberio, sed iuste potestati et bono cesari que sua sunt...'Da,' inquit, 'pro me et te, iuste potestati et bono cesari, cui secundum hominem subditi sumus'...Sciebat enim hoc pertinere ad iusticiam, ut redderet cesari que sunt cesaris.... Sed in iis omnibus implevit iusticiam. Iustum quippe erat, ut humana infirmitas divine subderetur potestati. Christus namque secundum hominem tunc infirmus erat, cesaris vero potestas divina. "(同引文)

对于这段话,至少可以说,是对一项原理特别严重的过度发挥,并且,尽管仍然保持在传统的概念范围内,但却是与之相对立的。就其本身而言,对权力(potestas)的颂扬基本上符合教会教导的"在受苦中顺服"的教义。㉖这就令我们想起了那个感人的故事,说的是某城的一位主教。残暴的匈奴王兵临城下,敲门喊道:"我是阿提拉,上帝之鞭。"主教淡然地回答:"请上帝的仆人进来吧,"便打开了城门,引颈就戮,一边还喃喃地为入侵者祝福:[55]"奉主名来的是应当称颂的"(Benedictus qui venit in nomine Domini)。主教可以敬拜那一位,甚至在阿提拉身上的,至高的神。㉗

使徒说"权柄都是神所设立的",由此开启了一个基督徒顺服权柄以及消极顺服的传统,上面这个传奇故事无疑反映了其中的极端案例。但是,当诺曼无名氏将提比留这个人身上所彰显的凯撒的神性抬高到神—人基督二性中的人性之上时,他也进入了一种类似的极端状态,表示权柄本身具有神性。在这里,与其他地方一样,这位作者的出发点是他那个基本观点(idée fixe),即统治权在总体上的"双重性",无论统治者是犹太国王、基督徒君主,还是异教徒皇帝。他将这个神与君王的双重人格/位格整合进了自己那个机智的体系中,并且很有技巧地使双重性成为了所有论辩的主线。提比留皇帝表现为一种"双生的"存在,就像神—人基督一样。提比留作为人是不公义的;但他作为凯撒是神圣的,作为肉身化的权柄 the incarnation of Power 是神圣的,他就是神(deus),并且,与基督类似,立即成为主(dominus)。而且,提比留的双

㉖ 教导这种态度的权威是,例如,彼得前书 2:13-18。顺服暴君显然违背希腊的政治思想,尽管看起来并不违背犹太传统:按斐洛的说法,暴君,就像地震和瘟疫,是上帝的显现,是一种惩罚的形式;参见 Erwin R. Goodenough, *The Politics of Philo Judaeus*(New Haven, 1938), 100. Amarcius(ca. 1080-1100)所写的一首关于纳税的诗明确地说:

Reges ergo boni venerandi et sunt imitandi,

Perversi non sunt imitandi, sed venerandi.

(因此,好的国王(们)应该受尊敬,也应该被效法,

但堕落的[或译"坏的"、"腐败的"]国王(们)不应该被效法,但[仍然]应该被尊敬)

参较 Erdmann, *Ideenwelt*, 133. 关于授职权斗争时期的一般论述,参见 G. Tellenbach, *Church, State, and Christian Society at the Time of the Investiture Contest* (Oxford, 1938), 还有 Hackelsperger(上文注 24)。

㉗ John of Salisbury, *Policraticus*, 514b, ed. Webb(Oxford, 1909), I, 236.

重人格越来越倾向于、且几乎不可避免地要牵涉到另一种双重性。当无名氏将皇帝的双重人格用来与另一种双重性对照,即耶稣基督按照神性是"独生的(儿子)"(*unigenitus*)、按人性是"首生的"(*primogenitus*)❷,他就会同样将这一点应用到他的国王身上。㉘

因此,从两种双重人格/位格的对立,引发了能够想象出来最为奇异的交错配列(chiasmus)形式。也就是说,提比留作为凯撒的权柄"自带光环",而基督降卑为人、在世服侍,并没有光环;同时,不公义的提比留,在他个体的自然身体之中,没有光环,而道成肉身、成为人的上帝,尽管是一位"隐藏的神"(*Deus absconditus*),作为人却依旧有光环。㉙

不过,诺曼无名氏没有在这一点上止步。他以类似的论辩指出,主教也构成一种双重人格,所以,在这方面,国王和主教之间没有区别。不过,两者存在不同的等级,[56]作者通过一种新的双重性,具体化了国王与主教之间的差序:在区分君王基督与祭司基督时,他将这种双重性演变成一种对照关系,并且,不仅将其等同于神—人基督的神性和人性(这是惯常的),而且还等同于在地上的国王和祭司职分。

> 二者[国王和主教]在属灵上都是"基督与上帝"(*Christus et Deus*);并且在他们的职分上,他们都是作为基督与上帝的实现型(antitypes)和形象而行事。至高祭司的祭司,神圣君王的君王(the priest of the Priest, the king of the King);祭司按照基督较低级的职分和本性,即他的人性,来作为实现型而行事;国王则按

㉘ *MGH*, *LdL*, III, 669, 35ff: "...sacerdotes quidem unxit [Deus] sicut apostolos suos unctione spirituali, regem vero sicut filium suum primogenitum et ante secula genitum pre omnibus participibus suis"([上帝]以圣灵的受膏礼膏抹了祭司们,作为他的使徒们,但给国王膏抹是如同自己的首生的、在万世之前诞生的儿子,先于其他的分享者。)[译注:此处引用经文是拉丁文武加大本,天主教思高本为45:8,和合本为45:7。]

㉙ Maitland 很有兴趣对这类有意安排的错位结构作准确的描述,不过不幸的是关于无名氏只写了一句话:"他写的一些话,马尔西里奥和威克里夫都是不会反对的";参见他为 Gierke, *Political Theories* 所撰序言,xliv。

照较高的职分和本性,即他的神性来行事。㉚

到这里,甚至都还不是全部,因为无名氏把他这个分离人格法的楔子打入到了所有的存在、人格以及制度之中。关于坎特伯雷和约克大主教,哪个职位处于更高级地位,长久以来存在斗争和竞争。无名氏问道,是

㉚ *MGH*,*LdL*,III,667,8ff:"Unde et uterque in spiritu et Christus et deus est, et in offi-cio figura et imago Christi et Dei est. Sacerdos sacerdotis, rex regis. Sacerdos inferioris officii et naturae, id est humanitatis, rex superioris, id est divinitatis."(同引文)到目前为止所引用、证明国王双重性的大多数论辩,都可以用在主教身上。因为,尽管主教是"祭司基督"的形象,但他也在某种程度上分享了"更高的职分和属性",即基督的君王身份和神性,反之亦然;参见 *ibid*.,665,36ff:"...et rex sacerdos et sacerdos rex...iure po-test appellari. Nam et sacerdotis est in spiritu Christi regere populum."(人们合法地可以称国王为祭司,或称祭司为王。因为,在基督的灵里,祭司的职务是统治[基督的]百姓。)类似的,Hugh of Fleury, *De regia potestate*,I, 10,*MGH*,*LdL*,II,477,21:"Hic[sac-erdos]...sal terrae vocatur, et rex propter ducatum, quem praebere populo debet, et *an-gelus*, quia bona nuntiat, et pastor, quia divini verbi dapibus homines explet"(这个[祭司]……被称为'世上的盐',也被称为'王',因为他对人民必有领导权,他被称为'天使',因为他宣报好消息,被称为'牧者',因为用圣言的食粮来充满人们。);*ibid*.,477,38:"Nam et regalem dignitatem habere...videtur episcopus."(因为教宗被看成是具有国王法律的人。)不过,主教必须要担任一个"在国王与他受托的羊群"(inter regem et oves sibi creditas)之间的居间者角色。祭司作为君王也有很长的历史,与国王作为神职人员并行。例如,参见 *Didascalia Apostolorum*,II, 34, ed. R. Hugh Connolly(Oxford,1929),96,17ff, or the Pseudo-Clementine *Recognitiones*,I, 46,*PGr*,I, 1234A:"pon-tifex Aaron, chrismatis compositione pe’runctus, princeps populi fuit, et tanquam rex...iudicandi plebem sorte suscepta de mundis immundisque iudicabat"(接受圣油膏抹后,大祭司亚伦成为人民的元首……他接受了判断人民的职务,这样他评判了什么是洁净,什么是不洁净的事。);参较 Hinschius,*Decret. Ps. Isid.*,53. 不过,从这些前提出发,也可以得出相反的结论。例如,参见 James of Viterbo, *De regimine christiano*,II, c. 4, ed. H. X. Arquillière, *Le plus ancien traité de l'Église*:*Jaques de Viterbe*,"*De regimine chris-tiano*"(Paris, 1926),199,承认国王基督相比祭司基督更尊荣、等次更高:"Est enim sacerdos in quantum homo, rex autem est et in quantum Deus et in quantum homo...et sic maior dignitas importatur ex eo, quod rex dicitur, quam ex eo, quod sacerdos."(他是祭司,因为他是人,而他是君王,因为他是神和人……而因为他被称为君王,他获得更大的尊荣,超过祭司。)不过,他接着总结道:"Quare et in prelatis ecclesie superior est potestas regalis, que dicitur iurisdictionis, quam sacerdotalis, que dicitur ordinis."(因此,在教会的教长们当中,君王的权力[它被称为司法权]更高,超过祭司的权力[它被称为圣职的权力]。)参见 R. Scholz, *Die Publizistik zur Zeit Philipps des Schönen und Bonifaz' VIII.*(Stuttgart, 1903),144f; Martin Grabmann,"Die Lehre des Erzbischofs und Augustinertheologen Jakob von Viterbo," *Episcopus*:*Festschrift für Kardinal Mi-chael von Faulhaber*(Regensburg, 1949),190f.

什么可以用来主张高级地位呢？是坎特伯雷教堂的砖石吗？[57]还是说坎特伯雷座堂的建筑可以主张高于约克座堂的建筑？显然，并不是因为坎特伯雷教堂的砖石或者有形建筑，而是由于无形的坎特伯雷教堂，大主教职位，能够主张更高的地位。一个大主教高于另一个大主教，又要如何决定呢？是因为在人里面所是的东西，还是因为在大主教里面所是的东西？（*In eone quod homo est，an in eo quod archiepiscopus est*？）

虽然作者在最后否定了整个主张，但是重点在于，通过运用他的这个常用方法，他将"人"与"大主教"对立起来，人与职位对立，坎特伯雷的"砖石"与坎特伯雷的"大主教座"（See）对立，就像他在另一处将"有形的天空"与"无形的天堂"对立起来。[31]并且，他还以同样的方式切割了罗马教宗的合一性，将这个职位对立于教宗这个人，并且，我们可以用类比的方式说，使教宗的"政治之体"与"自然之体"对立了起来——不过，要补充一点，在这个案例中，"自然之体"是指教宗碰巧是一个罪人（*peccator*）那个"较低级的人"的层面。[32]

诺曼无名氏的论述明显脱离了 11、12 世纪之交的辩证方法的影响，在这背后的主要问题是什么？还有，那么多的"双重性"，又有什么意义？真正令人惊异的并不是在职位和人之间的区分，因为这在中世纪早期并不是稀罕的说法。无名氏自己也引用圣奥古斯丁关于国王有责任服侍上帝的说法："他因为是一个人而服侍[上帝]的时候是一回事，而他因为是一个国王而服侍的时候，是另一回事。"[33][58]在雷采文

---

[31] *Tractate XXIX*，in Böhmer，*Kirche und Staat*，479. 这类论辩并不罕见。例如，参见 Isidore，*Etym.*，XV，2，1（"civitas autem non saxa，sed habitatores vocantur"）（城邦被称为"居住者"，而不是[城墙的]石头。）；另参下文注 99；进一步请参 Maitland，*Sel. Ess.*，90（"教会不是房子或者墙壁，而要理解为属灵的教会"）。参下文注 47，关于天空和天堂。

[32] Böhmer，*Kirche und Staat*，436f.

[33] *MGH*，*LdL*，III，673，24："Aliter enim servit quia homo est，aliter quia etiam rex est."（他以一种方式服务，因为他是人，而以另一种方式服务，因为他是君王。）Augustine，*Ep.* CLXXXV，c. 5，19，ed. A. Goldbacher（*CSEL.*，LVII），17，21，常被人引用的书信 *Ad Bonifacium*；see，for the place cited here，the *Decretum Gratiani*，c. 42，C. XXIII，q. 4，ed. Friedberg，I，923，尽管在更早的汇编本中也可以找到，例如，in Ivo of Chartres，*Decretum*，X，121，*PL*，CLXI，727，如果对伊沃和无名氏之间的其他联系感兴趣；参见 Williams，*Norman Anonymous*，55ff.

特(Reccesvinth)国王 653 年的一部法律中,也强调了职位与人之间的区分,这部法律通过《伪伊西多尔教令集》的转介广为人知。在这部法律中,这位西哥特国王指出,尊荣不应该献给国王个人,而是给国王的权柄;不是给国王这个人的平庸禀赋,而是给他崇高的尊荣:"是权利,而不是人,成就一位国王。"㉞这样的区分,经过一些修正后,也进入了席尔瓦坎迪达的汉波特(Humbert of Silva Candida)致克鲁拉里奥斯(Kerullarios)大牧首的信:[*Papa*] *qualis petrus officio … non qualis Petrus merito*——"教宗,按其职位与彼得相等……但并非按其功德与彼得相等。"㉟在帝国与教宗制发生巨大冲突时,亨利四世皇帝在宣布废黜格利高里七世的判决中,在教宗职位与希尔德布兰这个人之间划了一条清晰的界限。㊱

在这位诺曼论战作者的作品中,也可以或明或暗地发现上面提

㉞ *PL*,LXXXIV,431A;Hinschius,*Decret*. *Ps*. *Isid*.,392:"Regalis proinde ordo ex hoc cuncta sibi deberi convincit,ex quo se regere cuncta cognoscit;et inde conquisita non alteri quam sibi iuste defendit;unde *non personae*, *sed potentiae suae* haec deberi non ambigit. Regem enim iura faciunt,non persona;quia nec constat sui mediocritate sed sublimitatis honore. Quae ergo honori debent,honore serviant,et quae reges accumulant,regno relinquant. "(他因君王的秩序而要求一切必须服从于他,根据这个秩序他知道自己可以统治一切,而因此他保卫所占有的东西为正当属于自己的,不属于他人的;因此他清楚知道,这些属于自己的权力,而不属于本人。因为宪法指定国王,不是人。因为他当王不是以本人的庸俗,而是以荣位的高度。属于荣位的东西必须服从于荣位,而君王们所积累的东西,他们应该留给王国。)"荣位"(*honor*)的观念与后来的政治理论中的"尊荣"(*dignitas*)很接近(见下文第 7 章)。最后一句话所揭示的原则——"国王所积聚的,他们都留给王国"——在加洛林王朝及之后当然都被无视了。有一个例外,是在 Wipo,*Gesta Chuonradi*,c. 7,ed. H. Bresslau(*MGH*,*SS*. *r*. *Germ*.)中,可能是采纳古代权威的说法,归之于 Gonrad II 的一段话:"Si periit rex,regnum remansit,sicut navis remanet cuius gubernator cadit. Aedes [destroyed by the people of Pavia] *publicae* fuerunt,non *privatae*"(如果君王死去,王国仍在,就像一只失去了舵手的船也仍然存在。[帕维亚居民所毁坏的]楼房是公共的楼房,而不是私人的。);参较 A. Solmi,"La distruzione del palazzo regio in pavia nell' anno 1024," *Rendiconti dell' Istituto Lombardo di scienze e lettere*,LVII (1924),97ff.

㉟ Anton michel,*Die Sentenzen des Kardinals Humbert*,*das erste Rechtsbuch der päpstlichen Reform*(*MGH*,*Schriften*,VII;Leipzig,1943),32,n. 1.

㊱ 参见 the king's letters of 1076(*H*. *dei gratia rex Hildebrando*),ed. C. Erdmann,*Die Briefe Heinrichs IV*.(*MGH*,Deutsches Mittelalter,I,Leipzig,1937),14f,nos. 11 and 12;另参 C. Erdmann and D. von Gladiss,"Gottschalk von Aachen im Dienste Heinrichs IV. ," *DA*,III(1939),168.

到的所有这些特征。使他看起来与别人不同的地方在于,在背后支
撑、或者构建起他的理论的那套哲学,并非来自于法律或宪章,而是
来自于神学:效仿了基督的二性。国王是基督在地上最完美的扮演
者。鉴于国王的神圣模板同时是神与人,这位王家基督扮演者
(christomimētēs)必须回应这种双重性;并且,鉴于这个神圣模板同时
是君王与祭司,[59]基督的君王身份和祭司身份也必须在他的代理
人身上反映出来,那就是国王和主教,他们同时构成了"混合人格"
(属灵的和世俗的)以及"双重人格"(依自然本性为人,依恩典而成为
神圣)。[37]总而言之,无名氏的理论并非以与人相对的"职位"观念为中
心,也不属于宪制或社会方面的考量;它们属于基督论范畴,是以基
督为中心的。

在新兴的辩证法运动的支持下,以及,或许直接受到了夏特尔的
伊沃的影响,[38]诺曼无名氏将他那种拆分合一性的方法运用于基督的
二性,接着,以大胆的类比,将结果转移到在地上作为基督摹像的君
王身上。极度强调"国王是基督的摹像"(而不是上帝!)表明,这个在
神—人基督与其摹像之间的类比,不应当从"职位"与"人"这种功能
性的区别角度去理解。要把基督的神性解释为一种"职分"会非常困
难,甚至不可能,因为神性就是他的"存有"。同时,无名氏在他的国
王里面做成了两种形式不同的"存有":一种是自然的或者个人性的,
一种是经过祝圣的或者(按照他的说法)神化的(deified and apotheo-
sized)。[39]简单说来,诺曼无名氏将国王视为一种双重人格是本体论性
质的,是在祭坛前执行圣礼或礼仪活动的流溢效果,同时也就是礼仪
性质的。他的构想,在整体上与礼仪、与本身同时构成摹像和实在的
神圣行动本身有更为密切的联系,而不是关于功能性的职能和宪制
性的能力,以及职分和尊位的概念对比于人的区分。在他的辩证推
理中,无疑有一种引发二性彼此对抗、从而导致本体的统一性瓦解的
危险。无名氏的这种危险谬误在他同时代的思想发展中是一个具有

㉧ 这段引用了上文注 9,也指向主教或大祭司;比较注 30。

㊲ On Ivo of Chartres and the Anonymous,参见 Williams, *Norman Anonymous*, 55ff.

㊳ 见上文注 13。

共性的问题。但是,如果无视诺曼无名氏用来构建其清晰的以基督为中心、带有礼仪性质的王权哲学的基础本体论层面,则会是一个巨大的错误。⑩

[60]这种哲学并不属于将要到来的时代。诺曼无名氏那些热切反对圣统制的论章,带着一种对涂油圣礼力量神秘的信念。对此常有人指出并批评说,在撰写的当时,它们并没有实际的效力。这是对的。确实,诺曼无名氏以如此强烈的态度捍卫这种君王-祭司的礼仪性王权模式,但授职权之争带来了教宗改革的革命性胜利,受教宗指挥的教士帝国兴起,垄断了属灵领域,并将其变作了一个祭司性的领地,消解了的一切继续或更新前述王权模式的努力。另一方面,12世纪发展起来的新型领土国家,明确地显示出世俗性,尽管大量借鉴了教会和圣统制模式;接下来,用于证明统治者神圣性的,乃是世俗法,包括世俗化的教会法,而不是涂油礼的效果。因此,诺曼无名氏的思想在教会和世俗阵营两边都没有引起共鸣。他对统治者性质的描画是圣统制不可接受的,而世俗国家对此也不再有什么大的兴趣。所以,撇开他所采用的辩证法和对照法所体现出的现代性,他为之奋斗的、以基督为中心的王权,乃是属于过去的。他是奥托王朝、早期萨利法兰克、以及盎格鲁-萨克逊英格兰观念的斗士。在他的论著中,他实际上总结了10世纪和11世纪的政治思想。不过,就像每一名吟游诗人都会归荣耀给某个逝去的时代,他过分着重和强调了这些过往的观念,并因此成为了以基督为中心王权理论的首要解释者,同时,也体现了该理论最集中、最一致、且

---

⑩ 关于无名氏的论章(或者简称为约克论章),有一些简略、但非常好的评论,Wilhelm Berges, *Die Fürstenspiegel des hohen und späten Mittelalters* (MGH, *Schriften*, II, Leipzig, 1938), 28ff; "Nie zuvor und nie nachher hat der Christus König-Gedanke die politische Theorie so beherrscht wie im Yorker Tractat."(在约克论章之前和之后,基督君王的思想从来没有那么深入地统治了政治理论。)Williams, *Norman Anonymous*, 190, 得出以下结论,更精确一些:"无名氏的教会-政治理论是以基督为中心的,但是,他的国王所摹拟的、并分享其权力的那位基督,是高升上永恒王座的基督,对他而言,钉十字架只是一个由祭司去沉思的事件。基督论已经基本上完全实现化了。"这个朝向过分强调被高举的基督的发展,应该要放在欧洲的整体背景下来观察,Williams 注意到最近的探讨,Josef Andreas Jungmann, "Die Abwehr des germanischen Arianismus und der Umbruch der religiösen Kultur im frühen Mittelalter," *Zeitschrift für katholische Theologie*, LXIX (1947), 36-99.

最极端的形式。所以，他的论著，不能视为[61]对在他那个时代有效的诸种观念的反应，也并没有预示未来，而好象是一面镜子，放大了，因而也略微扭曲了，此前的时代所盛行的观念。[41]图像的证据也可以证实这个论断。

二、亚琛福音书的卷首画

这是一件罗马式风格的上十字架图，被称为"圣容"（*Volto santo*），被钉的耶稣头戴皇帝的冠冕，肩头披着紫袍，表达了或许是最简要的圣像程式（iconographic formula）：神—人基督同时兼具君王和祭司性质（the regal and the sacrificial characters of the God-man）。[42]这个程式的表达非常简洁精练，带给人的冲击感极强，图像直白无误地表达出：圣容，就是"一个位格，兼有二性"（*una persona*，*duae naturae*）。基督二性的主题当然常常是艺术表现的主题，但是通常二性是分开描绘的：在画板的下方是新生或背十字架的耶稣，在上方区域的则是荣耀的君王。而在"圣容"中，这种二重性是如此活跃，并且表达如此有力，其效果比二性分开表示的图像要强得多。[43]

只有在西方文明不妥协的以基督为中心时期的全盛时代——大致上就是主后 900-1100 年的修道主义时期，才会发生在地上施行统治、"扮演基督"（*christomimētēs*）的君王也被描绘成类似形象的情况，即便图像本身看上去很不同。主后 973 年在赖兴瑙修道院（Abbey of

---

[41] 见 Williams, *Norman Anonymous*, 199ff 的"总结"。

[42] 关于"圣容"，参见 A. Kingsley Porter, *Spanish Romanesque Sculpture*（New York, 1929）, II, pls. 63ff; G. Schürer and J. M. Ritz, *Sankt Kümmernis und Volto Santo*（Forschungen zur Volkskunde, XIII—XV, Düsseldorf, 1934）, 有完整的参考书目；另参 Clairece Black, "The Origin of the Lucchese Cross Form," *Marsyas*, I(1941), 27–40.

[43] 不过，晚期拜占庭艺术在令人惊异的神圣礼仪以及基路伯圣诗（Cherubic Hymn）中也制造出了类似的效果："你是那献祭者，又是祭物；是接受者，又是分发者。"参见 J. D. Stefanescu, "L'Illustration des liturgies dans l'art de Byzance et de l'Orient," *Annuaire de l'institut de philologie et d'histoire orientales*, I(1932), 72ff；关于这个程式本身，参较 J. M. Hanssens, *Institutiones liturgicae de ritibus orientalibus*（Rome, 1932）, III, 289, §1117.

Reichenau)制作完成的亚琛福音书(Gospel Book of Aachen)中著名的微缩画,呈现了奥托二世皇帝加冕[62]的情景(图5)。[44]他坐在一张华丽的王座上,像往常一样,有一个圆形的垫子,脚放在一个脚凳上。这当然是一幅典型的帝国国家图像(emperial image of state),符合自加洛林时代以来的西方传统;但是,在亚琛抄本(Aachen Codex)中,还有许多对艺术传统的背离。王座没有设立在坚实的地基上,好像珍稀的加洛林和奥托王朝手抄本中的国家图像通常表达的那样。它看起来好像是漂浮在半空中,因为王座和皇帝的全身像都被包裹在一个杏形光轮中。不过,王座还是设立在大地上;是被蹲伏着的土地女神(Tellus)——也就是大地自己——托举着,土地神的手支撑着脚凳的腿。同时,上帝的手从上面、天上,伸下来,要施加或触碰并祝福皇帝头上戴的冠冕。围绕上帝之手的神圣光环与皇帝的光环相交,使皇帝的头处在相交光环构成的拱形区内。

这幅图像显示了三个重叠的层面。皇帝形象的上部围绕着启示录中的四活物,即四位福音书作者的象征,拿着一条白色的绶带或垂帘。在皇帝脚下,图像的前景,可以看到四位贵人,两位大主教和两名勇士,显然代表属灵和世俗的君侯。[45]在中间部分,脚凳的左右两边站着旗手,肩上挂着紫色的三角旗,有两个男性人物摆出尊崇的姿态,如果不是在敬拜的话。他们的冠冕显示他们是高级贵族——受封的公爵,或

---

[44] Stephean Beissel, *Die Bilder der Handschrift des Kaisers Otto im Münster zu Aachen* (Aachen, 1886), 61ff, pl. 3; Adolph Goldschmidt, *German Illumination*, II: *Ottonian Period* (New York, n. d.), pl. I; P. E. Schramm, "Das Herrscherbild in der Kunst des Mittelalters," *Vorträge der Bibliothek Warburg 1922-1923*, I(1924), 198ff, 有全面的讨论和参考书目;另参他的 *Die deutschen Kaiser und Könige in Bildern ihrer Zeit* (Leipzig, 1928), 81ff, 191, and pl. 64; K. Vöge, *Eine deutsche Malerschule um die Wende des ersten Jahrtausends* (Westdeutsche Zeitschrift, Ergänzungsheft, VII, Trier, 1891), 7f; A. Boeckler, "Die Reichenau Buchmalerei," in *Die Kultur der Abtei Reichenau*, *Erinnerungsschrift* (Munich, 1925), II, 982ff.

[45] 有学者评论,皇帝左边的教士与圣维塔尔教堂(San Vitale)的查士丁尼镶嵌画以及拉文纳圣阿波利拿里堂(Sant' Apollinare in Classe)里的复制品相似;参见 Schramm, "Herrscherbild," 198f; Beissel, *Bilder*, 62, 提到一些其他的类似情况。不过,排列属灵和世俗官员的做法并不是拜占庭的影响,而是加洛林启示录图像的影响;见下文注82。

图 5 威荣的皇帝

者可能是王国的统治者,人数有多位则[63]是为了突出皇帝的尊荣。㊻
总之,他们是一些君王或统治者,依赖于这位年轻的"世界之王"(kos-
mokrator),后者被提升朝向天堂或者进入了天堂。我们可能会想起一
个世纪以后,诺曼无名氏对皇帝的权力——权力本身——所作的描述。
他称皇帝的权力为崇高和圣洁的,是上帝恩典的共同施行者(*coopera-
trix*),因而有权"处理大公信仰的圣礼以及天上的东西"。然后他得出
自己的结论:

> 因此,按照主耶稣基督所说,皇帝是要被高举进入天堂的。我
> 要说,甚至不是高举进入实在、可见的天空,而是进入到无形、不可
> 见的天堂;也就是说,进入那不可见的上帝里面。确实如此,他已
> 经被高举到上帝的位置,因为他在权力方面与他的联合如此紧密,
> 没有任何权力更接近于上帝,或者比皇帝的权力更崇高;是的,所
> 有其他权力都比他低。㊼

㊻ Schramm,"Herrscherbild," 199, and *Die Deutschen Kaiser*,83,因为旗手所支的三角旗
而称这些戴着冠冕的贵族为"公爵"。不过,他们的模型可以在加洛林王朝的《黄金之书》
(*Codex Aureus*)中找到(Schramm, *Kaiser*, pl. 29a;下文,图16b),将这两排人物描述为
法兰克人和哥特人:同样的屈膝(右边的比左边那个更深些),壁形冠换成了君王的冠冕,
还有丰饶角和长矛。所以,看起来这些君王是附属国的统治者;因为,老式的"帝国"概念
是指有一位占据霸权的"超级国王"统治诸多王国,这个观念在奥托王朝时期还是很盛
行,即便在这个时期罗马帝国的观念带来了许多的好处;参见 C. Erdmann, *Forschun-
gen*,43ff, and passim; also his study,"Das ottonische Reich als Imperium Romanum,"
DA,VI(1943),412-441.

㊼ "Et utique magna et sancta imperatoris potestas, que cooperatix est gratie Dei in pascen-
dis ovibus eius veritatis germinibus et cui a Deo omnes regere concessum est, cui totius
mundi pontifices ad concilium convoare, cui de sacramentis catholice fidei et celestibus ne-
gotiis tractare et ipsis pontificibus, ut inde tractent, imperare per cooperantem sibi ean-
dem gratiam collatum est. Propter quod usque ad celum a domino Iesu Christo erectus es-
se dicitur. Ad celum, inquam, non utique istud corporeum quod videmus, sed incorpore-
um quod non videmus, id est invisibilem Deum. Usque ad Deum quippe erectus est, quia
ei in potestate ita coniunctus est, ut nulla potestas Deo sit propinquior, imperatore sub-
limior, sed omnis sit alia inferior."(皇帝的权力确实伟大和神圣,它与神的恩典合作,即
要和神一起用真理的苗子来喂养他的羊;神使皇帝的权力统治一切,并使他在举行主教
会议时召集整个世界的主教们,又使他管理公教信仰的种种圣事和宗教事务,也使他领
导主教们,使他们管理圣事,这一切通过同样的与神合作的恩典交给他[皇帝]。因此他
被称为"由主耶稣基督被立、直到天界"。说"直到天界"不是指我们看到的(转下页注)

这正是微缩画所表达的思想：皇帝被提升进入天界（*usque ad celum erectus*），所有地上的[64]权柄都低于他，他最接近于上帝。在微缩画中，最令人震惊的就是这个"皇帝升天"的观念，因为这正是艺术家在画中要表达的。我们之前遇到过这个词吗？从历史上看，并不困难。这个词取自于所谓的《西班牙教令集》（*Collectio Hispana*）或称《伊西多尔教令集》（*Isidoriana*），是一部教会法规的汇编，可能成书于7世纪，归在塞维利亚的伊西多尔名下，后来并入《伪伊西多尔教令集》。这个词明显出自于《西班牙教令集》，原因很简单：只有在这部教令集中，我们发现了一处迦克敦大公会议记录的文本错误，在其中，一位主教谦卑地说，上帝"使国王发奋（发热心）"（即"使他有信仰"）（*imperatorem erexit ad zelum* [i. e. , *fidei*]）。也就是说，一名抄写员抄写迦克敦会议的教规时误读了文本，把"大发热心"（*ad zelum*）变成了"进入天上"（*ad celum*）；而诺曼无名氏肯定知道了这个误读，可能是通过伪伊西多尔，对前者而言，即便是这部支持圣统制的伟大赝品都可以变成自己那王权主义磨坊里的原料。[48]这处异文只是个错误，尽管是一个本身富有意味的错误，因为它显示了在那几个世纪中，抄写员的笔下可以何等容易地流露出对皇帝权力的极度高举。

　　就我们现在的目的而言，可以抛开西班牙教令集中的文本，因为这

（接上页注）物质天，而是我们看不到的无形的天，即不可见的神。他是被立为直到神的，因为他在权力方面这样与神合一，甚至没有其他的权力更接近神，没有权力比皇帝更高妙，而一切比他低。）*MGH，LdL*，III，676，5ff. 关于皇帝权力的圣洁性，见上文注25。"天空"和"天堂"之间的区别是传统上一直有的，因为解经家们必须区分以利亚升天和基督的升天，前者只是被提升到天空中（*caelum aereum*），而后者是进入天堂（*caelum aethereum*）；参见 Gregory the Great, *Homiliae in Evangelia*，II，29，5f，*PL*，LXXVI，1216f；另参 Bede, *Expositio Actuum Apostolorum*，I，11，ed. M. L. W. Laistner, Cambridge, Mass. , 1939, 9: "…ut vere in caelum illum(Christum) ire monstrarent, et non quasi in caelum sicut Eliam."（这样他们指出那位[基督]真正升天了，而不是和以利亚一样升天。）关于这个问题请参见 Meyer Schapiro, "The Image of the Disappearing Christ," *Gazette des Beaux Arts*，LXXXV(1943)，140.

⑱ 参见 Hinschius, *Decret. Ps. Isid.* , 283, also the note of Boehmer, in *MGH*，*LdL*，III，676，41. Dr. Schafer Williams 正在研究伪伊西多尔的手稿，好心地告诉我，这个错误只见于纯西班牙教令集文本，edited by F. A. Gonzalez, *Collectio canonum ecclesiae Hispaniae* (Madrid, 1808) and reprinted in *PL*，LXXXIV，163C；另参 G. Williams, *Norman Anonymous*，189，n. 640. 诺曼无名氏在那段里整个改写了迦克敦会议的法令。

位赖兴瑙的画家在描绘皇帝升天的时候,基本上不可能知道这个异文。无论如何,事实仍然是,亚琛福音书微缩画所描绘的皇帝的尊荣,大大超越了东西方艺术中惯常的一切表达。这幅图像所展现的皇帝形象与基督极为相似,坐在基督的宝座上,和基督一样左手张开,带着基督的光环,有四福音的动物象征,这些象征与基督做王的形象几乎是不可分割的。圣·加尔修道院(St. Gall)的一幅象牙封面(图7),以及另一件现在藏于达姆施塔特的 10 世纪早期作品(图 6),可以[65]证明这个观点。⑲这些类似的例子说明,皇帝不仅仅作为基督的代理人以及天上的世界之王在世间的实现型出现,并且几乎就好像是荣耀的王自己了——真正的 christomimētēs,基督的模仿者和扮演者。就好像神—人基督把自己在天上的宝座交托给了地上皇帝的荣耀,目的是允许不可见、在天堂里的基督,在地上的受膏者身上可以被人看见。

相关的观念在图像中也通过其他方式不断表达。最近巴勒莫马托拉纳教堂(Martorana at Palermo)的镶嵌画引起了注意,这幅画展现了罗杰二世国王由基督加冕的图景,其中,为了表现上帝在国王身上彰显,采用的方式令人惊讶,将罗杰和基督的容貌描绘得极为相像——在奥托王朝时期的一些图像中也有同样的"复本"(Zwillingsbildung)情况,而其先驱则是第 3 世纪和 4 世纪早期的帝国铸币(见图 32)。⑳不

⑲ Adolf Goldschmidt, *Die Elfenbeinskulpturen aus der Zeit der karolingischen und sächsischen Herrscher*(Berlin, 1914), pl. LXXV, 来自圣加尔修道院的封面(约主后 900 年),右手张开,"好像代表了最后的审判"(参较 p. 80, No. 162);参见 *ibid.*, pl. LXXIV, 有一件来自比利时、现收藏于达姆施塔特的封面,and p. 80, No. 163;基督右手拿着书卷,左手张开,"展示钉痕"。另参 Vöge, *Malerschule*, 282, 也类似地想到了代表最后的审判和升天。事实上,奥托二世的这个姿势,即便不完全是基督的图像,在中世纪皇帝的图像中也是独特的。Beissel, *Bilder*, 62f 提到亚琛福音书中的皇帝形象,实际上是搞错了,应该是基督像;Schramm, *Die deutschen Kaiser*, 82, 简要谈到了这种假设是不可能的。

⑳ 参见 Ernst Kitzinger, "On the Portrait of Roger II in the Martorana in Palermo." *Proporzioni*, III(1950), 30–35;关于奥托王朝的类似情况,参见 the remarks by Schramm, *Die Deutschen Kaiser*, 94f, 112,谈到奥托三世和亨利二世(also pl. 65);类似的观察有 Georg Leidinger, *Miniaturen aus Handschriften der bayerischen Staatsbibliothek in München*, Munich(n. d.), VI, 25 and pl. XIII. 一些铸币的样本(Postumus, Probus, Constantine the Great), 参见 Kantorowicz, "The Quinity of Winchester," *Art Bulletin*, XXIX(1947), figs, 27–29(following p. 78);另参 H. Usener, "Zwillingsbildung," *Kleine Schriften*, IV (1913), 334ff. 参见 *Panegyrici latini*, VI, 21(Paneg. Constantino Aug. dictus,(转下页注)

图 6　威荣的基督象牙册子书封面（比利时），达姆施塔特（约主后 900 年）

图 7　威荣的基督圣高尔修道院(St. Gall)的象牙册子书封面(约主后 900 年)

过，在亚琛福音书中，皇帝与基督的同化过程，并不是通过统治者与神圣原型之间在容貌和生理上的相似来表示，而是通过一种在基督论的、实际上是元生理学上的(meta-physiological)的相似达成的：这个图像，可以说是直接地表达了皇帝的二性，人性与神性，或者，按当时的语言来讲，是一位"按自然本性为人、按恩典为神"的统治者。

[66]对这个图像做任何解释，都必须从神秘的白色绶带或是头巾般的垂帘开始，这个物件极为明显地要求观察者加以关注。绶带由启示录中的四活物所代表的四福音书作者拿着，拿的方式是绶带的两角垂下、几乎要碰到下方国王的冠冕。绶带在中间折叠了一下，看上去好像把皇帝的身体分割开：头、肩和胸在这条界线上方；手臂、躯干和脚在下方。很久以前就有人在观察后认为，白色的绶带分开了天与地。[51]实际上，皇帝的头不止碰到了天，而且在天上，甚至高过了诸天，而他放在脚凳上的脚由屈从的土地女神抬着，这是此世统治权的表征，令人想起巴贝里尼双联画(Barberini Diptych)、犍陀罗艺术以及晚期佛教纪念碑，或者，尤其重要的是，令人想起一件同时代的象牙制品，描绘土地女神(Terra)支撑着被钉十字架的基督的脚(图8)。[52]　[67]对这个图像的解

(接上页注)ed Baehrens，1911)，218，6："Vidisti [Apollinem] teque in illius specie recognovisti." 参见下文，Epilogue, pp. 503f.

[51] Schramm，"Herrscherbild," 199；关于"带子"或者垂帘，另参 Vöge, *Deutsche Malerschule*，282f. Beissel, *Bilder*, 62，在某些方面比其他人更正确，比较了这个垂帘与加洛林王座图像中的帘(Vivian Bible, *Codex aureus*)，上帝之手总是以帘与国王的头隔开。见下文注 83，以及图 16a—b。

[52] 参见 André Grabar, *L'Empereur dans l'art byzantin* (Paris, 1936)，48ff，and pl. IV，关于巴贝里尼双联画；参较 Beissel, *Bilder*, 61，and Schramm，"Herrscherbild," 195，n. 172。关于犍陀罗，参见 Hugo Buchthal，"The Western Aspects of Gandhara Sculpture," *Proceedings of the British Academy*，XXXI(1945)，fig. 29，是一个一再重复出现的特征。关于蹲伏的土地神支撑起十字架，参见 goldschmidt, *op. cit.*，II，pl. IX，fig. 23。在现收藏于慕尼黑(Clm. 4454)、班堡的福音书中，"生命树"一图，土地女神以类似的方式，作为女像柱(cariatyde)支撑着基督；参较 Leidinger, *op. cit.*，VI，26，pl. XIII。进一步参考在一份 10世纪的拜占庭手稿中奇特的微缩画(Homilies of John Chrysostom：Athens, Bibl. Nat. MS 211，fol. 34v)，在其中，基督在一个泥土做的灯里面，亚当支撑着灯，灯又被大地支撑着；Grabar，"À propos du nimbe crucifère à Castelseprio," *Cahiers archéologiques*，VII (1954)，pl. 54，fig. 1(facing p. 161)。很多时候，大地与海洋组合在一起(例如 Goldschmidt, I, pl. LXXV)，为了表示基督对大地和海洋(*terra marique*)的主权。关于这个原来属于皇帝的称号，参见A. Momigliano，"Terra marique," *Journal of* (转下页注)

图 8　土地神托起被钉十字架的基督（11 世纪）

释实际上取决于对绶带的解释，并且，一旦我们知道了绶带的含义，对细节和整体的理解就马上变得相当简明。

这条白色的饰布根本就不是一条饰带或者绶带，也不仅仅是装饰性的垂帘：它是一道帷幔。实际上，它是"那一道"帷幔，就是会幕里面的幔子，按照最古老的东方传统，象征着天空分开大地和天堂。在东部，一直盛行关于帷幔意义的推测，因为，在所有东方教会礼仪中具有确定功能的圣像屏帏（iconostasis）的幔子，确实需要有某种解释。[53]不过，将会幕的幔子解释为"天空"的理解在西方也很常见。例如，比德在他的《论会幕》中，就完全同意东方的释经者，认为"幔子所描绘的就是天空"。他进一步解释说，当以色列的大祭司一年一次在赎罪日穿过会幕中象征天空的幔子，进入里面献祭时（利未记 16：12 以下），他——就像基督，永远的大祭司——实际上"进入到了天堂里面"（*in ipsum coelum intravit*）。[54]而根据《出埃及记》（26：31 以下），这个代表天空的幔

（接上页注）*Roman Studies*，XXXII（1942），53-64。这也再一次应用到弗里德里希二世的身上（"nobis Roma subiaceat，quibus terra servit，mare favet"；"hunc terra et pontus adorant"；"dominatur in terra，principatur in mari et imperat in utroque"）（"让罗马臣服于我们，于我们大地顺侍，海洋垂顾"；"大地与海洋都崇敬这人"；"他统治大地，主宰海洋，在任何地方都是王者"）；参较 *Erg. Bd.*，204f. 当腓力四世的御用法学家 Guillaume de Plaisian 论证国王的管辖权高于 Gévaudan 主教时，明显表示，对大地和海洋的主权，实际上是对元素的主权，被认为是严格限于皇帝享有的特权，他这样说："Item quod dominus Rex sit imperator in regno suo et imperare possit terre et mari"（君主在自己的王国是统治者，并能统治大地和海洋。），针对这个宣称，主教嘲笑着回答："Porro utrum dominus Rex sit imperator in regno suo et utrum possit imperare terre et mari et elementis et，si obtemperarent ipsa elementa，si eisdem imperaret，... nichil ad propositum nec contra Episcopum facit."（进而，君主是否是在自己王国中的统治者，是否他能统治大地和自然界，而如果他命令自然界，它会不会服从……他也不作任何反对主教的事。）参见极为重要的 *Mémoire relatif au Parèage de* 1307，ed. A. Maisonobe，in *Bulletin de la société d'agriculture，industrie，sciences et arts du Département de la Lozère*（Mende，1896），521 and 532；参较 Strayer，"The Laicization of French and English Society in the Thirteenth Century," *Speculum*，XV（1940），82，n. 5，他很好心地提醒我注意这段有趣的话。

[53] 关于幔子的解释，参见 Carl Schneider，"Studien zum Ursprung liturgischer Einzelheiten östlicher Liturgien：KATAΠETAΣMA," *Kyrios*，I（1935），57-73；J. Sauer，*Die Symbolik des Kirchengebäudes*（Freiburg，1902），133f；另参 Robert Eisler，*Weltenmantel und Himmelszelt*（Munich，1910），191 and 250f.

[54] Bede，*De Tabernaculo*，II，8，*PL*，XCI，445f；参见 446D："velum quo coelum figuratur"；445C："Velum hoc，coelum interpretatur."所引的段落，参见 445D.（转下页注）

子是挂在四根柱子上的。这些柱子常常被等同于世界的四角,但也需要全面地考察其他解释。比方,比德就[68]把这四根柱子等同于"天军的权能,以四枢德(the four virtues)围绕之",而后来的解释者还声称会幕代表了使徒们。[55]在赖兴瑙微缩画中,既不是天军,也不是四德或者使徒表现为支撑会幕幔子的四根柱子,而是四活物的形象,代表四部福音书的作者——这比较符合逻辑,因为这幅图毕竟是放在一本福音书的前面。[56]

我们有理由设想,这位艺术家在引入福音书四活物时,也在暗示皇帝负有福传宣教任务。毕竟,皇帝是"被上帝加冕","为要宣讲那永恒君王的福音"(ad praedicandum aeterni regis evangelium)。这个观念在官方的"为王而作的弥撒"中作了解释,这项礼仪在加冕弥撒中反复出现,并且奥托王朝在其宣教政策中也系统地加以坚持。[57]不过,幔子

(接上页注)"Summum vero sacerdotem, qui semel in anno sancta sanctorum cum sanguine victimarum ingrediebatur, ipsum intellegi esse pontificem magnum, cui dictum est: 'Tu es sacerdos in aeternum.... ' Qui semel oblatus pro peccatis nostris, ipse sacerdos et hostia per proprium sanguinem in ipsum coelum intravit. "(实际上,最高的祭司,他一年一次带着祭祀的血进去,这就被认为是大祭司,曾有人对他说:"你是永远为祭司的。"他曾经为我们的罪而被奉献牺牲,他自己是祭司和祭品,他通过自己的血而进入了天。)比德的《会幕》沿用了东方的资料;参见 M. L. W. Laistner, in A. H. Thompson, *Bede, his Life, Times and Writings*(Oxford, 1935), 246. 这仍然是权威性的作品,被许多大陆著者复制、重述和发掘;例如,参见 Peter of Poitiers, *Allegoriae super Tabernaculum Moysi*, ed. P. S. Moore and J. A. Corbett, in *Publications in Mediaeval Studies*, III(Notre Dame, Indiana, 1938), 122f.

[55] Bede, *op. cit.*, 446A; "Quatuor autem columnae, ante quas appensum est hoc velum, coelestium sunt potestates agminum, quatuor virtutibus eximiis praeclarae. "(所以挂有幔子的四根柱子代表天上有权能的军队,这四个以杰出德性能力而著名。)大格利高里将四活物等同于四德,而在拜占庭四活物则主要是"天使的权能";参见 Gregory the Great, *In Ezech.*, I, Homil. III, 8, *PL*, LXXVI, 809A, and F. van der Meer, *Maiestas Domini* (Vatican City, 1938), 227f. 其他解释,参见 Sauer, *Symbolik*, 134.

[56] 关于四活物的文学传统的考察,参见 van der Meer, *Maiestas Domini*, 223ff;另参 Irenaeus, *Adversus Haereses*, III, 11, 8。

[57] 关于祷告词"Deus, qui ad praedicandum aeterni regis(regni) evangelium Francorum(Romanum) imperium praeparasti"(上主,你已经准备好法兰克人的[罗马]统治[或译王国],为了宣讲永恒君王[的王国]的福音。),参见 Gerd Tellenbach, *Römischer und christlicher Reichsgedanke in der Liturgie des frühen Mittelalters* (S.-B. Heidelberg, 1934–1935), Abh. 1,现在文本中还可以加上八世纪的 *Sacramentarium Pragense*, ed. Alban Dold and Leo Eizenhöfer(Texte und Arbeiten der Erzabtei Beuron, I. Abt., Heft 38–42; Beuron, 1949), II, 137 *, No. 246, 4.另参 Hans Hirsch, "Der mittelal-(转下页注)

和活物的组合是直接来自于艺术家追随的加洛林模板。这些技术性问题，尽管很有趣，却[69]不应该在这里占据我们的精力。⑱不过，应该提到，在一些加洛林圣经中，会有一幅图显示一位正在被加冕的人，四活物拿着一道幔子，位于他的头部上方（图 9，10）。这幅微缩画有力地支持了将垂帘解释为"天空"的说法，因为一道幔子飘摆在男性人物的头部上方，直接源于古罗马天神凯鲁斯（*Caelus*）拿着帷幔悬于其头部上方，以表明这是天空的处理（图 11）。⑲

在象征意义上，会幕的幔子被认为分开了天堂和地上。按照其原始功能，圣殿里的帷幔分开了圣所和至圣所（出埃及记 26：33）。比德再一次依照传统解释论辩说，圣殿的这一区分象征了教会本身的双重性：在地上寄居的人，以及在高天上统治的众圣徒和天使。比德得出此项关于教会双重性的思考，是因为幔子令他想起了中保基督的二性，他同时是在地的人子耶稣，又是在天上永恒中天父的共同执政者。⑳至少，

（接上页注）terliche Kaisergedanke in den liturgischen Gebeten," *MÖIG*, XLIV(1930), 9ff, 反对意见见 C. Erdmann, "Der Heidenkrieg in der Liturgie und die Kaiserkrönung Ottos I.," *MÖIG*, XLVI(1932), 129-142(also *Ideenwelt*, 19f, nos. 6-7)，强调传讲福音（*praedicatio evangelii*）不仅是罗马皇帝，也是每一位基督教国王的任务。例如，参见 Reccared 国王的决议（第三次托莱多会议，589 年）："Ipse mereatur veraciter apostolicum meritum, qui apostolicum implevit officium"（那个完成使徒职分的人，是真正值得使徒价值的人。）；*PL*, LXXXIV, 345CD. 关于奥托王朝时期的宣教意识，参见 Joseph Kirchberg, *Kaiseridee und Mission unter den Sachsenkaisern und den ersten Saliern von Otto I. bis Heinrich III.* (Historische Studien, 259 [Berlin, 1934]); also M. Bünding, *Das Imperium Christianum und die deutschen Ostkriege vom zehnten bis zum zwölften Jahrhundert* (historische Studien, 366 [Berlin, 1940]). 关于授职加冕中的祷告，例如，参见 Schramm, "Die Ordines der mittelalterlichen Kaiserkrönung." *ArchUF*, XI(1929), 371, and "Die Krönung bei den Wstfranken und Angelsachsen von 878 bis um 1000," *ZfRG*, kan. Abt., XXIII(1934), 220; Paul L. Ward, "An Early Version of the Anglo-Saxon Coronation Ceremony," *EHR*, LVII(1942), 360.

⑱ 我会单独讨论这些问题。

⑲ 对这一类型的三个代表（Vivian Bible, Grandval Bible, and San Paolo Bible）的详细研究见 J. Croquison, "Une vision eschatologique carolingienne," *Cahiers archéologiques*, IV (1949), 10-129, 有完备的参考书目（关于凯鲁斯，参见 p. 116f），其中将坐在王座上有胡子的男性识别为福音书作者约翰，是一个建议，不完全能说服人。

⑳ Bede, *De Tabernaculo*, *PL*, XCI, 447AB; "Intra hoc velum templi posita est arca testamenti; quia mediator Dei et hominum, homo Christus Jesus, qui solus paternorum est conscius arcanorum,…super coelos coelorum ascendens（参见下文，nos. 72ff），（转下页注）

图 9 末世论主题图景,微缩画,薇薇安圣经:巴黎,国家图书馆

图 10　末世论主题图景，微缩画；罗马，圣保禄大教堂

图 11　天主的威荣，Junius Bassus 的石棺（主后 359）；
　　　　罗马，梵蒂冈地窟（Grottos of Vatican）

比德提供了一条线索,可以帮助我们理解这个分隔的帷幔是基督二性的标记之一。

如果我们来观察亚琛微缩画的另一个特别之处,比德这个貌似奇怪的联系就会变得更清楚:皇帝那看起来巨大无比的身量,脚踏在地上,而头进到天堂。顺便提一下,在东方也有一幅与奥托同时代的微缩画,描绘的是皇帝巴西尔二世(Basil II),也表现为好像一个顶天立地的巨人(图12),而被他击败的敌人则蜷缩在下方。⑥当然,巨大的形象不只是以巨像形式受崇敬的希腊罗马及拜占庭皇帝们的突出标志,[70]同样也是基督的标志。在早期基督教的大众信仰,尤其是在诺斯替派以及幻影论团体中,有一个流传很广的特征,甚至可能出自拉比传统关于亚当的说法:“那首先的人从地上高达天空”。⑫不过,一个巨人般的基督变象同样也符合正统。通过诗篇18篇,这个观念活泼地保留在教会里:“他好像一个巨人,欢欣地奔跑他的路程。”❸尽管在诗篇中,上帝的这个巨人形象——游斯丁将其类同于神秘的赫拉克勒斯——并没有明显地与二性联系在一起,圣安布罗斯还是以“双重本质的巨人”(*gigas geminae substantiae*)论到与基督的联系。这篇诗篇后来就被认为是暗指基督道成肉身,要么是他的复

(接上页注) sedet ad dexteram Patris. Hoc velo sanctuarium et sanctuarii sanctuaria divi-duntur;quoniam Ecclesia, quae ex angelis sanctis et hominibus constat, partim adhuc peregrinatur in infimis, partim in aeterna patria regnat in supernis. ”(装圣约书的盒子放在这个圣所的幔子里;因为耶稣基督这个人是神和人类之间的中介,而唯独他知道古人的秘密……他升到最高的天[见下文注72以下]并坐在圣父之右边。通过这个幔子圣所和至圣所被分开。因为教会是由天使、圣人和凡人组成的,它部分上仍然生活在卑微的地方,但部分上已经在天上、在永恒的家乡里统治。)

⑥　Grabar,*L'Empéreur*,pl'XXIII, 1, and p. 60.

⑫　最重要的是 the *Gospel of Peter*, c. 40(见下文注79以下), ed. Léon Vaganay(Paris, 1930), 298ff,各种类似例子,大多数已经收入 H. B. Swete, Εὐαγγέλιον κατὰ Πέτρον: *The Ahmim Fragment of the Apocryphal Gospel of St. Peter*(London, 1893), p. 18, n. 2. 参见 H. L. Strack and P. Billerbeck, *Kommentar zum Neuen Testament aus Talmud und Mi-drasch*(Munich, 1928), IV, 888,拉比 El'azar 说,第一个人顶天立地,但是“在他犯罪后,圣洁的神……把手放在他的头上,把他变小了。”鉴于基督除了亚当的罪,这位新的弥赛亚应该恢复亚当原有的身量,是合乎逻辑的,拉比传统提到“弥赛亚的时代要使以色列人恢复的,不仅是巨人的身量”。另参 Strack-Billerbeck, IV, 947f,关于传统的材料;参较 III, 851.

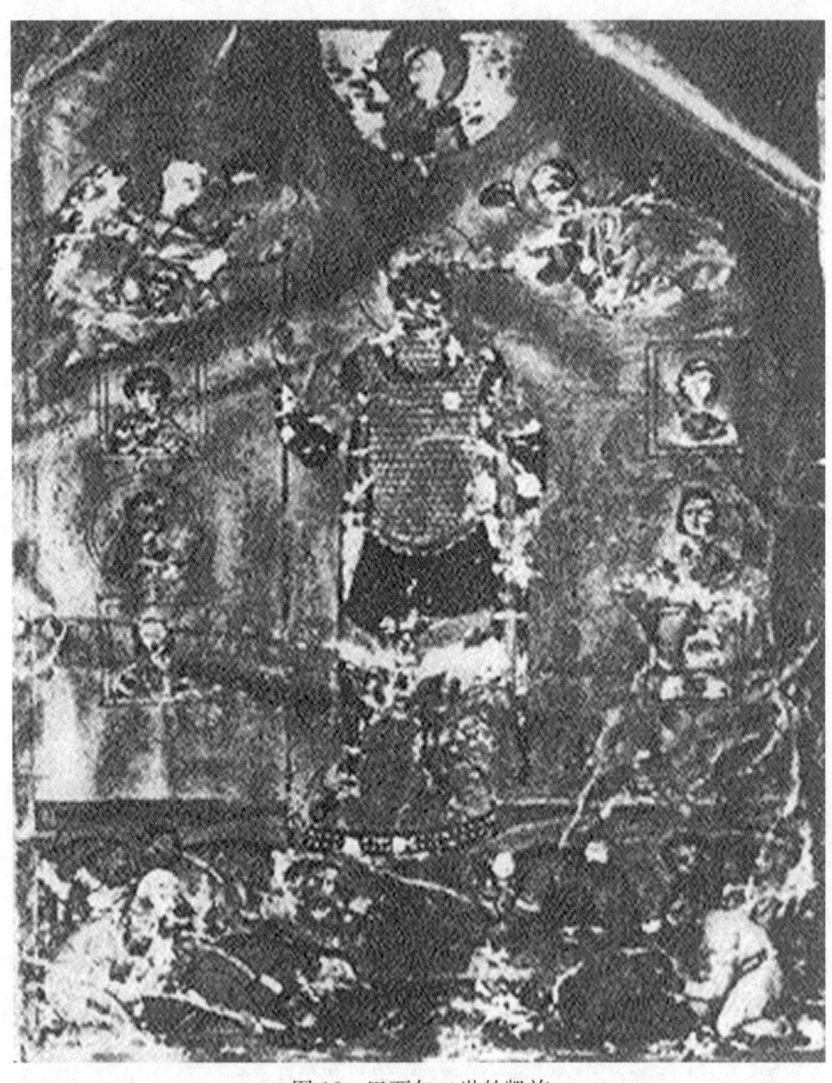

图 12　巴西尔二世的凯旋

活和升天。⑥或许,安布罗斯所说的"两个本质的巨人"应当与东方流行的关于基督的头和脚的标准解释联系起来。"头就是指基督的神性;脚,是指他的人性",耶路撒冷的西里尔(Cyril of Jerusalem)这样写道;⑥这是很常见的,尤其是与[71]启示录中"脚好像在炉中锻炼光明的铜"(1:15)联系起来,解释基督的脚象征了道成肉身。⑥

奥托王朝时期的思想高峰或许可以使我们把希腊文著作也考虑在内。不过,要解释赖兴瑙微缩画,我们并不需要求助于诺斯替派作者和东方神学家。从情理上讲,这位制作亚琛福音书的师傅虽然创制了一幅非传统的图像,但不太可能脱离传统材料的启发。事实上,最重要的来源完全不是什么秘传的资料:奥古斯丁的《诗篇解释》(*Enarrationes in Psalmos*),也可以用来说明安布罗斯的"双重本质的巨人"。在解释

---

⑥ 关于"双重本质的巨人"(*gigas geminae substantiae*),见上文注 19;另参 Justin, *Apologia*, I, 54,宣称异教的赫拉克勒斯神话整个剽窃自诗篇 18;5,尽管这一句实际上是指向基督。关于以升天和复活的意义解释这篇诗篇,参见 Dölger, *Sonne der Gerechtigkeit*, 102ff, and *Sol Salutis*, 217f; also Pseudo-Bede, *In Psalmorum librum exegesis*, XVIII, *PL*, XCIII, 581D。进一步参见 Hubert Schrade, "Zur Ikonographie der Himmelfahrt Christi," *Bibliothek Warburg*: *Vorträge* 1928-1929(Leipzig, 1930), 119f, and *Ikonographie der christlichen Kunst*: *Die Auferstehung Christi*(Berlin and Leipzig, 1932), 39; also Helena Gutberlet, *Die Himmelfahrt Christi in der bildenden Kunst*(strassburg, 1934), 70f.

⑥ Cyril of Jerusalem, *Catechesis*, XII, 1, *PGr*, XXXIII, 726; "... κεφαλὴ μετὰ τῶν ποδῶν μεταλάβωμεν.κεφαλῆς μὲντῆς θεότητος νοουμένης,ποδῶν δὲ τῆς ἀνθρωπότητος ἐκλαμβανομένης." (我们拥有头和脚;神性来自头,人性来自脚。)这段可能反映了 *Odes of Solomon*, XLII, 13;参见 Rendel Harris and Alphonse Mingana, *The Odes and Psalms of Solomon*(Manchester, 1920), II, 55f. Pseudo-Chrysostomos, *In Pascha*, II, *PGr*, LIX, 728, 参出埃及记 12;9 的"头和脚",暗示基督的两次降临。Bede, *In Exodum*, c. 12, *PL*, XCI, 306D, 看起来并不知道这种解经,但将"头和脚"解释为具有两个约(或"律法",lex 可以指新约和旧约——译者注)的基督(*Christus cum duabus legibus*)。

⑥ Andreas of Caesarea, *In Apocalypsim*(on I, 15), *PGr*, CVI, 229A, 引用 Gregory Nazianzen: πόδες γὰρ αὐτοῦ ἡ σάρξ; Arethas of Caesarea, *Comm. In Apoc.*(on I, 15), *ibid.*, 519AB. 关于 12 世纪,参见 Michael Akominates, *Comment. In Apocalypsim*, ed. Dyovouriotis, in 'Επετερὶς ἑταιρείας βυζαντινῶν σπουδῶν, V (1928), 24, 19: νοήσωμενπόδας τὴν διὰ σαρκὸς ἐπιδηίαν. 关于西方,例如,参见 Haymon of Halberstadt, *PL*, CXVII, 956B;"[pedes] aliquando significant stabilitatem aeternitatis, aliquando vero humanitatem per quam ad nos venit cognitio divinitatis, aliquando praedicatores." ([双脚]有时候代表永恒的稳定,但有时代表人性(而对神性的认识通过人性来到我们这里),而有时代表那些宣布福音的人。)关于脚作为讲道者(*praedicatores*),另参 Victorin of Pettau, *In Apocal.*, *PL.*, V, 319. 进一步请参见 R. J. H. Jenkins and C. A. Mango, in *Dumbarton Oaks Papers*, IX—X(1956), 132, n. 52。

诗篇 91 篇❹时,奥古斯丁惊呼:"哦,基督! 你在天堂,坐在天父的右边,但你的脚和身体却在地上受苦。"⑥⑥在这里,奥古斯丁只是重复了他在之前的第 90 篇解释中花费更大篇幅讨论的一个观念。他在这里讨论了"帐棚"(第 10 节)这个词,并指出这个词是在说人的肉体。⑥⑦"上帝的帐棚就是肉体。道居住在肉身里,肉身就被做成上帝的帐棚。"奥古斯丁接着说:"就在这个帐棚里,皇帝[即基督]为我们争战——*In ipso tabernaculo Imperator militavit pro nobis*。"❺他再一次对这个场景作了评论:"他远高于诸天,但他的脚却在地上:他的头在天堂,身体在地上。"同时,为了排除一切二元论的可能性,持守"一个位格,两个本性"的教义,他又说:"但是,我们不应该相信,头是[72]与身体分开的:在空间上有区分,但在爱中联合。"⑥⑧

应该提到的是,奥古斯丁对这篇诗篇的解释重复出现过许多次,广为人知。这个解释进入了诗篇的《集解》(ordinary gloss);在托名比德的《诗篇注释》中也有;后来在《坎特伯雷诗篇集》的页边注以及隆巴德的彼得的《诗篇解经》中也有,在许多其他作品中或许也能找到。⑥⑨

这位赖兴瑙艺术家并不是碰巧涉及到这些解经意见的。他显然是受任命设计一幅皇帝的荣华形象,自然会转向诗篇 90 篇,并参考奥古斯丁的注释。因为诗篇第 90 篇是雄壮的"胜利之诗",按照最古老的传

---

⑥⑥ Augustine, *Enarrationes in Psalmos*, XCI, 11, *PL*, XXXVII, 1178:"O Christe, qui in coelis sedes ad dexteram Patris, sed pedibus tuis et membris tuis laboras in terra. "(同引文)

⑥⑦ 关于比喻意义上的会幕(*tabernaculum* [σκηνή, σκᾶνος]),参哥林多后书 5:4 以及彼得后书 1:13。将人的肉体视为"灵魂的帐棚"有哲学上的先驱;参见 Delatte, *Traités de la royauté*, 181;参较 Kantorowicz,"Deus per naturam," 270, n. 56。

⑥⑧ Augustine, *op. cit.*, XC, 5, *PL*, XXXVII, 1163:"Tabernaculum Dei caro est. In carne inhabitavit Verbum, et caro facta est tabernaculum Deo: *in ipso tabernaculo Imperator militavit pro nobis*...Longe est super omnes coelos, sed pedes habet in terra: caput in coelo est, corpus in terra...Sed ne putemus quia separatum est caput a corpore: discretum est enim locis, sed iunctum est affectu. "(上帝的帐篷是肉身……[后同引文]。)基督使用"皇帝"(*imperator*)的称号不如"王"(rex)常见,不过这个用法还是为人熟悉的,尤其在早期基督教中;例如,参见 Erik Peterson,"Christus als Imperator," in his *Theologische Traktate* (Munich, 1951)。

⑥⑨ Pseudo-Bede, *In Psalmos*, XC, *PL*, XCIII, 975C-976B; Anselm of Laon [falsely Walafrid Strabo], *Glossa ordinaria*, Ps. XC, *PL*, CXIII, 999; *Canterbury Psalter*, fols. 163v-164r, ed. M. R. James(London, 1935); Peter the Lombard, *Comm. In Psalmos*, XC, 10 (cf. titulus), *PL*, CXCI, 852C(cf. 847D)。

统，是最伟大的"皇家"诗篇，因为其中有著名的短诗行（versicle）（13
节）："你要踹在狮子和虺蛇的身上，践踏少壮狮子和大蛇。"⑦事实上，
这首诗篇在许多方面表现出无法抵挡的皇家风范，以至于有极少数和
例外的图像将基督表现为穿戴着罗马皇帝的全套服饰——黄金甲胄、
皇帝的肩头扣针、上面有 3 个吊钩（图 13）——都与诗篇 90：13 有关，
尽管"穿军装的诸神"[73]在古代晚期也并非罕见的图像。⑦因此，没有
丝毫疑问，奥古斯丁对诗篇 90 篇的解释促使了艺术家将在世的皇帝表
现为基督的样式，成了"在帐棚里服军役的皇帝"（*Imperator in tabernac-
ulo militans*）。结果是，他把"帐棚"这个含义模糊的词从象征性的意义
（"肉身"）改回了帐棚的原初含义：所以在他的图中有了"会幕的幔子"，
对他来说，这个元素也成了关键性的道具，将皇帝的身体分开，并表示出
双重性——脚在地上，头在天上（*pedes in terra*，*caput in coelo*）。

    为了理解这道幔子的特殊功能，我们还要考虑另一个图像模式：基督
升天的场景，只显示出道成肉身的脚，而身体和头则已经消失在天堂里。⑦
或许，尽管并不是肯定，"巨人基督"（*Christus Gigas*）的概念也有影响。

---

⑦ 参见 Grabar, *L'Empereur*, 237ff；关于加洛林时期的西方, also Josef Deér, "Ein Dop-
pelbildnis Karls des Grossen," *Forschungen zur Kunstgeschichte und christlichen
Archäologie*, II(1953), 103-156, esp. 118ff. In the *Utrecht Psalter*, fol. 53v, ed. E. T.
DeWald(Princeton, [1932])，第 90 篇的插图表现基督不仅踩踏狮子和毒蛇，而且还
接受了一顶冠冕。

⑦ 关于拉文纳的 Neon Baptistry,参见 Grabar, *op. cit.*, pl. XXVII, 1,关于大主教官邸中的图
像,J. Wilpert, *Die römischen Mosaiken und Malereien*(Freiburg, 1917), I, pl. 89, and p. 47。
关于吊钩,见下文第七章注 341。关于"穿军装的诸神",目前可参 R. Paribeni, "Divinità at-
raniere in abito militare romano," *Bulletin de la société archéologique d'Alexandrie*, XIII(1910),
177-183, also E. Breccia, *ibid.*, XVII(1919-1920), 184ff；还有许多纪念物可以参考。这
方面,另参 A. D. Nock, "Studies in the Graeco-Roman Beliefs of the Empire," *Journal of Hel-
lenic Studies*, XLV(1925), 93, 关于诸神的"奥古斯都"称号,一直延续到基督教时代;例如,
参见 Petrus Chrysologus, *Sermo CXXX*, *PL*, LII, 557B; *augusta Trinitas*。

⑦ 参见 E. G. Millar, *English Illuminated Manuscripts*(Paris and Brussels, 1926), pl. 13a
(and p. 73), 关于 Robert of Jumièges 的弥撒书,and pl. 29a, 关于一部 11 世纪情节画书
(Troper);关于 Bernward 福音书,参见 Gutberlet, pl. XXIX; Schrade, "Ikonographie der
Himmelfahrt," pl. XV, fig. 30; 关于摩根图书馆 St. Bertin 福音书(MS 333),Schapiro,
"Disappearing Christ," 147. 关于新类型的概论,参见 Gutberlet, 243ff; Schrade, 165ff;
Schapiro, 140ff. 我非常感激 Erwin Panofsky 教授,是他提出将升天类型与赖兴瑙微缩
画联系起来观察。

图 13　得胜的基督,镶嵌画(6 世纪);拉文纳,总主教礼拜堂。

Maximus ecce gigans scandit super astra triumphans
（看，那最伟岸的巨人跨过星辰，凯旋而归）

这是 11 世纪早期班堡的福音书中用以解释一幅升天图像的题文。[73]总之，流行于 13 世纪和中世纪晚期的新类型升天图像，最早出现于主后 1000 年的两部盎格鲁-萨克逊手抄本，还有[74]希尔德沙姆的伯恩沃德福音书（Bernward Gospels from Hildesheim）（图 14）。[74]这标志着与整个西方传统，连带东方圣像学的完全决裂。在此之前，基督升天都是按照古代的神化或神灵显现形式来描绘的；但是，现在基督不再是显现、反而是消失在天堂里。[75]也就是说，基督的头和身体（*caput et corpus Christi*）在天堂里，只有脚——道成肉身的象征——仍然作为历史事实的一个可见记号，表明道成肉身曾经居住在地上。还有，用天空分割开基督的身体，表示有二性，[76]就像在赖兴瑙的奥托二世像中，"天空"分割开了皇帝的身体。

在皇帝的像中，天空——即会幕的帷幔——仍然需要作些评论。约翰的鹰和马太的天使拿着幔子，其褶皱垂下来，使皇帝的头、胸、肩膀，还有手肘处在"上面"，亦即，在天堂里，而身体，包括手在内，仍然处于"下面"。我们要记得，头、胸、肩膀和手肘正是皇帝受圣油膏抹的地方。因此，可以说，他身体的这些部分属于主基督（*christus domini*），而躯干和四肢则仍是普通人的。有人可能会惊奇地发现手在幔子下

---

[73] Goldschmide, *German Illuminations*, II, pl. 40B; see also, Stephan Beissel, *Geschichte der Evangelienbücher in der ersten Hälfte des Mittelalters* (Stimmen aus Maria-Laach, 92 – 93, Freiburg, 1906), 218.

[74] Gutberlet, pl. XXIX; Schrade, "Ikonographie der Himmelfahrt," pl. XV, 30(见上文注 72)。

[75] Schrade, *op. cit.*, 166.

[76] Agustine, *Enarrat.*, Ps. CIX, 7, *PL*, XXXVII, 1450; "in eadem〔carne〕ascendit in coelum et sedet ad dexteram Patris." （在同样的身体之中，他升到天空，坐在天父的右边）表示说，基督作为人坐在天父的右边，在永恒中作为神与天父一同施行统治，这一点常常被人遗忘；参见 Jungmann, "Die Abwehr des germanischen Arianismus," 75, n. 8. 最重要的是，在这个联系中，Helinand of Froidmont(12 世纪晚期)引用 Leo the Great 的话说："Christus ascendens in altum, miro modo, ut ait Leo papa, factus est divinitate praesentior, et humanitate longinquior." （正如教宗利奥所说，升天的基督以奇妙方式在神性方面成为更临在的，但在人性方面成为较远的。）*PL*, CCXII, 605D, quoted by Schrade, *op. cit.*, 177.

图 14　基督消失：升天微缩画，《圣伯恩沃德福音书》（11 世纪）；
希尔德沙姆大教堂，MS 18，fol. 175ᵛ。

面,而不是在上面,因为国王的手也被涂了油。可是,这个细节恰恰是正确的:在手上涂油并不是皇帝加冕的惯例,并且在奥托二世于亚琛加冕时(961 年),日耳曼的仪式也还没有使用这个步骤,尽管这个做法稍晚就通过 980 到 1000 年间的一项加冕法令引入。⑦

[75]更困难的是对帷幔剩余部分的解释。马可的狮子和路加的牛以非常精巧的方式悬挂在帷幔的两头,尖端刚好碰到下方两个国王的冠冕,这两人处于皇帝脚凳的两侧,也就是他那"在地上争战"的脚的两侧。这个处理是从加洛林模板借用而来,在加洛林图像中,我们注意到帷幔的尖端刚好碰到狮子和牛的嘴,后者好像小狗那样顽皮地在下方撕咬。⑧而在亚琛福音书中,触碰到国王的冠冕显然有更加确定的含义。没有什么解释比我们在《圣彼得福音》中的发现更好,在其中作者叙述了基督复活时发生的事件:看守坟墓的士兵看见两个天使从天而降,进入墓穴里面;然后他们看见"从坟墓中走出来三个人[而不是两个];两个人架着一个人;那两个人的头触碰到天;但那一个人的头,就是他们所架着的,高过诸天。"⑦这几乎可以完美地配合赖兴瑙师傅所描绘的场景。两个国王的头"触碰到天",即碰到了代表天空的幔子的尖端;而中心人物,皇帝的头,"高过诸天"。

不幸的是,亚琛福音书的画师不可能研究过伪经《彼得福音》,因为没有证据向我们显示西方使用过这部书。⑧不过,即便我们将《彼得福音》排除出引发灵感的来源,⑧它也可以帮助我们理解艺术家的意图。

---

⑦　约 961 年的加冕令中没有在手上涂油;参见 Schramm, "Die Krönung in Deutschland bis zum Beginn des Salischen Hauses," *ZfRG*, kan. Abt., XXIV(1935), 254f, and 315, §12;在手上涂油的利益后来才引入(Schramm, 255, and 328, §12a),并且只用于在亚琛举行的礼仪;罗马皇帝的加冕礼也没有在手上涂油的做法,在法国,14 世纪以前也没有这个习惯;参见 Schramm, *Der König von Frankreich*(Weimar, 1939), 157, nos. 5–6。

⑧　在 San Paolo 圣经中就是如此;W. Köhler, *Die karolingischen Miniaturen* (Berlin, 1930-1933), I, 141, 他的解释是这两个动物正在撕扯幔子,这个解释基本上无法接受。

⑦　*Gospel of Peter*, 36–40, ed. Vaganay, 294ff;上文注 62。

⑧　关于《彼得福音》的影响,参见 Vaganay, 163ff,不过,他没有将艺术作品考虑在内。

⑧　Gutberlet, *Himmelfahrt*, 226,没有排除《彼得福音》发生影响的可能性,甚至晚至十二世纪早期的时候。在很早的时候,可能会有某种影响(参见 Dölger, *Sol Salutis*, 212ff; Kantorowicz, "The King's Advent," *Art bulletin*, XXVI [1944], 226),尽管《彼得启示录》的影响可能比这本福音书更大;但是,如果没有新的、令人信服的证据,无法推定在较晚的时候有影响——至少是直接的影响。

按照奥古斯丁对诗篇 90 篇的解释,[76]艺术家必须将皇帝的头表现为"远超诸天"(*longe super coelos*)。而要表现皇帝的头"远高过诸天",最方便的展示方式,就是让天空触碰到那些依附于皇帝的贵族的冠冕:他们的头碰到天或者天空,但皇帝超越了诸天。这纯粹是为了艺术表现的方便,看起来不需要进一步的文本解释;它本来就是自明的。

这样,图中的另一处细节也解释得通了,就是下方的四个人物,属灵和世俗的贵族。如果最上面那一层代表"高过诸天"的地方,中间层表示处于天堂之下但"达到天空"的地方,那么最下面的那层显然就表示天下面的"地"。事实上,加洛林手抄书就很中意这个三分法所表达的特别含义。例如,《特里尔启示录》(Trier Apocalypse),以及《圣保罗圣经》(Bible of San Paolo)(图 15a—b)就以类似的风格表现了"主的威荣"(*Maiestas Domini*):在上方的三分之一画面中,我们看到基督和四活物的象征;在中间的三分之一画面,是 24 位长老,他们的身体与救主的膝盖和脚处在一个高度,并且他们的光环触碰到了天空;在下方的三分之一画面,是大批没有光环的人,约翰或者以赛亚站在右边的角落里,就是《亚琛福音书》中教士所占的位置。⑧

这些加洛林模板对我们而言是很重要的,因为它们解释了赖兴瑙艺术家在哪里追随了前例,并且特别能够揭示出在哪些地方有变动。将亚琛微缩画与著名的加洛林王座图像——例如《薇薇安圣经》(Vivian Bible)(图 16a)以及《黄金之书》(*Codex Aureus*)(图 16b)⑧中的秃头查理——做比较,就非常清楚地显示出这一点。在加洛林微缩画中,诚然也有一道帷幔;它附着在为王座支搭伞盖—祭坛天盖(canopy-*ciborium*)的柱子上。但是,这道帷幔并没有切割和区分统治者的身体;它是将统治者的头与上帝之手分开。而在赖兴瑙微缩画中,皇帝的头穿越了这道幔子或"天空",这样,现在"上帝的右手"(*dextera Dei*)就与奥托的头直接接触;还有,现在天际线本身[77]将皇帝的身体分成两部分,一个在天上,一个在地下。这样的对比也解释了拿着幔子的四活物象

---

⑧ 这个主题非常明显,例如在《圣保罗圣经》中,f. 115;van der Meer, *Maiestas Domini*,336f, fig. 78;另参 147ff(fig. 34),287f(fig. 67),关于《特里尔启示录》。

⑧ Schramm, *Die deutschen Kaiser*, figs. 26, 291-b, also fig. 28.

图 15　威荣的基督与 24 位长老

图 16　秃头查理登基

征的功能:附在王座伞盖柱子上的帷幔并没有暗示"会幕"这个词,也并不传达"天空"以及"高过诸天"的含义,而这是赖兴瑙画师明显想要表达的。还有,四活物以及围绕着皇帝的杏形光环表示,他处在基督的位置上,皇帝"为我们的缘故在帐幕里面争战"。最后,通过幔子分开身体,强调了皇帝在地上,与基督的二性相同——按自然本性是人,但因恩典和祝圣而具有神性。

所有这些内容都出自于一种关于国家的哲学,是加洛林王座图像极难表达的。天父之手诚然也向加洛林君主发出祝福和恩典,并且坐在王座上的统治者与远在天堂的父神有了某种关系;但是,在这些图景中,是没有基督的。加洛林关于大卫式王权的观念绝对是以上帝为中心的,正如英国学者卡特伍尔夫(Cathwulf)在写给查理曼的信中所说:"您是上帝的代理人,主教仅次之,是基督的代理人"。⑭

这与赖兴瑙画师是完全不同的。在后者的笔下,皇帝处于基督的地位,而从上面伸出来的手被一个十字架光环围绕着,也就是说,这可能并不是天父的手,而更可能是圣子的手。⑮简单地说,[78]赖兴瑙艺

---

⑭ *MGH*,*Epp.*,IV. 503,3ff:"...tu [rex mi] es in vice illius [Dei regis tui]...et episcopus est in secundo loco, in vice Christi tantum est."(同引文) M. Buchner, in *Hist. Jhb.*, LV (1935),604,没有证据地宣称卡特伍尔夫书信是伪造成九世纪的。这个推辞没有任何理由,但是,即便它正确,在这里也不会造成什么影响:一个不可考的卡特伍尔夫被一个不可考的、"简单抄写"的当时代作者取代,后者则(重点在于此)反映了所谓"安布罗西亚斯特"(Ambrosiaster)的思想;参见 Williams, *Norman Anonymous*,175ff。关于安布罗西亚斯特在教会法上的地位,见下文第四章注 12。

⑮ 当然,我们无法分辨究竟是上帝之手从天堂伸下来(Beissel, *Evangelienbücher*,211)还是圣子的手。不过,在手周围的交叉状的光环是一个很有意味的特征,因为它在这一时期非常罕见,尽管在中世纪晚期很常见。大概在此之前不超过三例:一块 10 世纪的饰板(Goldschmide, *Elfenbeine*,II,pl. IX,24b:Incredulity of Thomas);同一世纪出自 Prüm 的一部启应圣诗集(antiphonary)(Paris, Bibl. Nat.,MS. lat. 9448,fol. 10v:St. Sephen in the Synogogue);以及约 1000-1010 年的《班堡启示录》(Bamberg, Staatsbibl.,MS 140,fol. 24v,ed. H. Wölfflin,1921,pl. 24:Rev. 9:13)。在此之外还有绝对是最早的一件,在《秃头查理圣经》中一幅描绘圣手在十字架上的图画(Bibl. Nat.,MS. lat. 1,fol. 317ro,参见 W. Köhler, *Die Schule von Tours* [1930],pl. 89,fig. n:the upright Hand flanked by two angels)。在所有这些例子中,这个手是圣父的还是圣子的都完全不清楚。不过,基督的象征符号开始传递到天父上帝身上,这件事本身就能引起巨大的兴趣,这在同时期的拜占庭圣像学中是不可能出现的特征,尤其在加冕的场景中。相反,基督作为加冕者倒是很常见:例如,参见 the Sacramentary of Emperor Henry II,(转下页注)

术家所表现的奥托王朝关于统治权（rulership）的概念，不是以上帝为中心，而绝对是以基督为中心的。一百年或更长时间以基督为中心的修院敬虔操练⑧，也影响了统治者的形象。事实上，独特的赖兴瑙微缩画作了最为有力的图像展示，表达了所谓的"礼仪化的王权"——一种以神—人基督而非天父上帝为中心的王权。⑧结果，赖兴瑙艺术家就尝试向奥托王朝的皇帝赋予同样属于神—人的"一个位格两个本性"的特征。这位制作《亚琛福音书》的师傅，跟诺曼无名氏在其论章中所做的一样，以独特的方式阐释了统治者具有双重人格（gemina persona）的概念。

三、永恒性的光环

有时候，用词语难以言说、无法尽述的事情，通过图像化的程式可以更容易、简洁地表达出来。上文提到，在诺曼无名氏的论章里，提比留以"凯撒"的身份出现，好像带着一个光环，而"邪恶的提比留"这个个人，自然没有光环。这个隐喻当然不是随意挑选的，而是确实能够帮助我们澄清中世纪关于统治者"双重人格"概念的另一个方面。

在古代晚期的艺术作品中，我们经常可以发现某些人物带着光环，以此表达一种超越个人性的概念或者一般性[79]的观念。这个特殊的区分标记表示，这个人物是要在所有方面表现为一个持续体（continuum），一种不受时间影响、不会败坏的永久和永恒的事物。例如，在古代晚期的《罗马百官志》（Notitia dignitatum）中，诸如埃

（接上页注）in Schramm, *Die deutschen Kaiser*, fig. 85a；以及，拜占庭的情况，Grabar, *L'Empereur*, pl. XIX, 102, 以及巴西尔二世的凯旋（下文图 12；参上文注 61）。在《亚琛福音书》中，基督全身形象几乎不出现，因此带有交叉光环的手看起来就成了受冠冕的基督的缩写表达形式。

⑧ 这个问题需要深入研究，尽管 Georg Schreiber, *Gemeinschaften des Mittelalters*(Münster, 1948)时不时提到这个问题；另参 Hallinger, *DA*, X, 430f. 当然，Jungmann，尤其是在其奠基性的著作 *Die Stellung Christi im liturgischen Gebet*(Liturgiege-schichtliche Forschungen, 7-8；Münster, 1925)中充分意识到了这个普遍的问题，但看起来并没有特别研究修道敬虔生活。

⑧ 见下文第四章 89 页以下。

及、高卢、西班牙以及其他这类罗马行省，有时候就呈现为带有光环的形象。⑧在这个例子中，我们通常称这些带有光环的女性为"抽象形象"或"拟人形象"，在截止到现在的讨论中，这个说法是正确的；但是，我们必须注意，所有这些抽象和拟人形象最重要的特征，乃是它们超越时间、在时间里不断延续的性质。事实上，与其说这是以光环凸显出来的拟人形象，倒不如说是单个行省的守护神（*Genius*），亦即，其持久的创造和生殖力，因为"守护神"（*genius*）是从"生产"（*gignere*）这个词衍生的。今日我们常常与"罗马万岁"（*Roma aeterna*）或"法兰西万岁"（*La France éternelle*）⑧之类的口号联系起来的意义，也正是装饰有光环的"埃及"（*Aegyptus*）、"高卢"（*Gallia*）、"西班牙"（*Hispania*）所要表达的。在观念或美德，也是如此：正义女神（*Justitia*）或智慧女神（*Prudentia*）这类古代晚期的女神，是要表现永久有效的力量或是永久成立的存在形式，这些在基督教艺术中都是以带光环的形象来描绘的。⑨换句话说，每当我们在英语中把一个概念大写，甚至将中性改成阴性，我们实际上就是在给这个词或概念"加光环"，表示其作为一种观念或力量的永恒性。

在这个意义上，并且与诺曼无名氏的意义大致相当，拜占庭的皇帝都被呈现为带着光环，直到君士坦丁堡陷落之后都是如此。[80]在这里我们不过多讨论皇帝光环的起源，以及从一个异教神性象征转变成基督教圣

---

⑧ 在这里我无意详细讨论光环的功能或起源；关于这一主题，请参考权威著作 A. Krücke, *Der Nimbus und verwandte Attribute in der frühchristlichen Kunst* (Strassburg, 1905) and K. Keyssner, "Nimbus," *RE*, XXXIII(1936), 591ff, esp. §§ 18, 24, cols. 611, 622. 参见 *Notitia Dignitatum*, ed. Seeck(Berlin, 1876), e. g., 108(*Italia*, *Illyricum*, *Africa*), 101(*Felicitas*, *Virtus*, *Scientia militaris*), 102(the Four Seasons, with *Autumnus* cross-haloed[!])；关于带光环的季节，参见 George M. A. Hanfmann, *The Season Sarcophagus in Dumbarton Oaks*(Dumbarton Oaks Studies, II, Cambridge, Mass., 1951), I, 266; II, 115, n. 29,3; also 45, 46, 48, 52, and passim.

⑧ "法兰西万岁"这个说法的出现看起来不会早于 16 世纪，我们会想要知道这个词是不是从"罗马万岁"转化而来，正如在 13 世纪，"祖国罗马"（*Roma communis patria*）转化进入了法国："corona regni [Franciae] est communis patria. "（[法兰西]王国的王冠就是祖国共同体。）参见 Gaines Post, "Two Notes," *Traditio*, IX, 288ff(n. 44), also 301.

⑨ 关于一个相关主题的一些评论，参见我的评注 *Σύνθρονος Δίκη* *American Journal of Archaeology*, LVII(1953), 65-70.

洁象征的传统。⑨拜占庭皇帝的光环,甚至到了基督教时代依然是指守护神(τύκη),皇帝守护神(*genius imperatoris*),后来则主要指皇权,被认为是永久、永恒性质的,并且,在基督教的意义上,同时也是可敬和圣洁的,当然,无论光环的个人携带者本身是否具有可敬和圣洁的品质。普遍获得认可的是,皇帝可以作为圣徒个别和独立地接受崇拜,例如,君士坦丁大帝;⑨不过,有光环并不取决于一位皇帝是否列入圣徒名录。它标示了从上帝而来的永久权力的携带者和执行者,并使皇帝成为某种"粗粝型"的道成肉身,不朽坏,成圣(*sanctus*),无论作为其构成成分的那个人的品性、甚至性别如何。例如,艾蕾娜太后(Empress Irene)作为摄政为其子君士坦丁六世统治帝国(790-802),在官方文件中提到她时不是称"太后",而是称"皇帝"——"艾蕾娜忠诚的皇帝"(*Εἰρήνη πιστὸς Βασιλεύς*)。⑨

---

⑨ 关于皇帝的光环,首先参考 Alföldi,"Insignien und Tracht der römischen Kaiser," *RM*, L(1935), 139ff. 另参 H. U. Instinsky,"Kaiser und Ewigkeit," *Hermes*, LXXVII(1942), 313-355; Treitinger, *Oström. Reichsidee*, 122, n. 372. 在拜占庭艺术中,皇帝基本上毫无例外地表现为带有光环——甚至当他拜倒在一群具有类似光环的圣徒面前时也是如此;参较 Paul Buberl, *Die Miniaturhandschriften der Nationalbibliothek* (Denkschriften der Wiener Akademie, LX, 2, Vienna, 1917), 6, pl. IV, fig. 7.

⑨ 对他的崇敬通常与其母圣海伦联系在一起;他们的形象和名字甚至出现在天使身上;参见 Carl Maria Kaufmann,"Konstantin und helena auf einem griechischen Hostienstempel," *Oriens Christianus*, N. S. IV(1915), 85-87。

⑨ 参见 J. B. Bury, *The Constitution of the Later Roman Empire*(Cambridge, 1910), 24; also F. Dölger, in *Byz. Zs.*, XXXVI(1936), 129ff. 类似的考量在匈牙利无疑也是有效的,当时 Louis the Great(1342-1382)的女儿 Maria 获得了"王"的头衔("quae quidem Maria appellabatur *Rex Hungariae*")并作为"王"加冕(*coronata fuit in regem*);直到她嫁给 Sigisimund 后才接受了王后的头衔;参见 Du Cange, *Glossarium*, s. v. "rex." 晚至 18 世纪,狂热的匈牙利人还在向他们的女王欢呼"为我们的国王玛利亚·德勒撒献出生命"(*Moriamur pro rege nostro Maria Theresia*)。"匈牙利王冠"(crown of Hungary)这个独特的缩略概念也可能产生出了这个头衔的抽象性;大量有关匈牙利"神圣王冠"(*Sacra Corona*)的现代文献,参见 Patrick J. Kelleher, *The Holy Crown of Hungary* (Papers and Monographs of the American Academy in Rome, XIII [Rome, 1951]),以及,一般性论述,Fritz Hartung, *Die Krone als Symbol der monarchischen Herrschaft im ausgehenden Mittelalter*(Abh. Berl. Akad., 1940, No. 13 [1941]), 35ff. 将耶柔米所说的"在神性之中没有性别"(*In divinitate nullus est sexus*)加以改造,也可以说"在政治之体中没有性别"(*In corpore politico nullus est sexus*);Gallienus 用谷神的标记赋予自己超越个人的身体,并在硬币上刻下传奇的"Gallienus 女王"(*Galliena Augusta*)的记号;参见 A. Alföldi, "Zur Kenntnis der Zeit der römischen Soldatenkaiser," *Zeitschrift für Numismatik*, XXXVIII(1928), 174ff.

[81]另外，中世纪人可能比我们更多意识到时间的各种范畴及尺度。例如，梅茨的阿玛拉尔（Amalar of Metz）在向皇帝虔诚者路易致敬时，非常敏锐地区分了皇帝个人与永久性的职分；他祝"神圣的路易""万岁"（long life），而祝愿这位加洛林皇帝所扮演的"新大卫"永远不朽：

> *Divo Houdovico vita!*
> *Novo David perennitas!*
> 神圣的路易万岁！
> 新大卫永远不朽！

换句话说，使路易"带上光环"的，并不是"神圣"（*divus*）这个称号，而是通过那位敬虔的以色列君王的永久性（*perennitas*），在后者之中，加洛林帝国的理念，"大卫之国"（*regnum Davidicum*），到达了完满状态并显现出来。⑨或许是为了与拜占庭皇帝争锋，教宗格利高里七世宣称每一位教宗，因其职位的尊荣（*ex dignitate officii*）都有"光环"，因为提奥多立克大帝的宫廷诗人帕维亚的恩诺迪乌斯（Ennodius of Pavia）曾经说："有谁可以怀疑他成为圣洁，他达致了如此重大的尊荣之顶峰！"⑨彼得·达米亚

---

⑨ 参见 *PL*，CV，988；Kantorowicz，*Laudes*，69，n. 15。关于带光环的虔诚者路易，参见 Schramm，*Die deutschen Kaiser*，pls. 15a—b，其中的光环还有铭文："基督，请你为路易加冕"（*Christe，corona tu Hludovvicum*）（Schramm，171）。加洛林时期将统治者表现为带有光环的情况并不罕见。罗马 Lateran 和 S. Susanna 的查理曼镶嵌画都有方形的光环；参见 G. B. Ladner，*I ritratti dei papi nell'antichità e nel medioevo*（Vatican，1941），I，114f，127. 令人印象最为深刻的是国家图书馆（Bibliothèque Nationale）MS lat. 1141 圣礼书残片中带光环的国王。A. M. Friend，"Two manuscripts of the School of St. Denis，" *Speculum*，I（1926），59-70，esp. 64f 认为是秃头查理，而 J. Croquison，"Le 'Sacramentaire Charlemagne，'" *Cahiers archéologiques*，VI（1952），55-71 认为是年轻的查理曼，在两位圣徒 Gelasius 和 Gregory 中间；参见我的评论"The Carolingian King in the Bible of San Paolo fuori le Mura，" *Late Classical and Mediaeval Studies in Honor of Albert Mathias Friend，Jr.*（Princeton，1955），298ff. Also Schramm，*op. cit.*，fig. 67（and p. 86，also 192）；Hermann Beenken，*Romanische Skulptur in Deutschland*（Leipzig，1924），76f，pl. 38a.
⑨ Gregory VII，*Regist.*，II，55a，§ 23，ed. Caspar，207，cf. 560，n. 1；also Hinschius，*Decret. Ps. Isid.*，666. Julia Gauss，"Die *Dictatus*-Thesen Gregors VII. Als Unionsforderungen，" *ZfRG*，kan. Abt.，XXIX（1940），1-115，对她的论题发挥过度，不过，提示了若干有趣的拜占庭-教宗对抗的事项，值得单独加以研究。

尼(Peter Damiani)非常简洁地表达了这类"因职位"(*ex officio*)而有的圣洁的确切含义:"因个人德行而成为(*be*)圣洁是一回事,因某人事奉的身份而被称为(*called*)圣洁是另一回事。"⑥[82]在中世纪,方形光环,或称"完满的光环"(*nimbus perfectionis*)常常用于装饰那些作为所属教会团体代表的无名主教、司铎、或是助祭。对此,我们可能会想要知道,这种光环是否指向受祝圣的职位本身的完满性和永久性,而无论其任职者情况如何。⑦

进一步,那位诺曼论章的著者,当他将"坎特伯雷的砖石"与"坎特伯雷大主教座"对立起来的时候,远没有看起来那样具有原创性。在很久以前,拜占庭人就已经宣称,所谓台伯河边古老罗马"加持光环"的实质,或者说,她那永久性的守护神(*genius*)已经转移到博斯普鲁斯海峡边的新罗马,如此,在那条意大利河边所残留的,只是些砖石和残垣断壁,而本城守护神(*genius loci*)、永久的生命,已经烟消云散了。⑧一首九世纪晚期的所谓"反罗马诗"(*Versus Romae*)非常明白地反映了这种感受。

你的皇帝们已经,在许久之前,抛弃了你,罗马,
　　你的荣耀和名号已经消失不见,去向了希腊……
如花绽放的君士坦丁堡现在被认作更新的罗马,
　　古老罗马啊,道德衰颓、壁画剥落,是你的命运。

作者用了一个老式的回文结构结束这一联的前半部分:*Roma tibi subi-*

---

⑥　Petrus Damiani, *Liber gratissimus*, c. 10, *MGH. LdL*, I, 31, 29:"Aliud namque est ex vitae meritis sanctum esse, aliud ex ministerio conditionis dici";并且,与诺曼无名氏很相似,无名氏在其他方面似乎借用了达米亚尼, *ibid*., 31, 9ff:"licet persona...indigna, officium tamen...bonum"(哪怕是不尊贵的人,但职位仍然有效);参见上文注25。

⑦　G. B. Ladner,"The so-called Square Nimbus," *Mediaeval Studies*, III(1941), 15–45, 尤其是38ff的列表,显示了方形光环经常仅仅指向职位,而不涉及任职的个人。

⑧　Franz Dölger, "Rom in der Gedankenwelt der Byzantiner," *Zeitschrift für Kirchengeschichte*, LVI(1937), 1–42, esp. 24ff; also *Byzanz und die europäische Staatenwelt*(Ettal, 1953), 93ff.

to motibus ibit amor，"罗马啊，突然之间，爱神就离你而去了。"[99]罗马那带有光环的身体将要离开[83]她的物质身体，或者，按照在此之后很晚的法学家们的说法，将会"从现在已经死亡的自然之体转移并传递到另一个自然之体"。因此，所发生的情况是，"罗马"在不同的"道成肉身"之间迁移，先是游荡到君士坦丁堡，然后到莫斯科，即第三罗马，但同时也到了亚琛，查理曼在那里建了一座"拉特兰宫"，看起来是计划要建立"未来的罗马"（*Roma futura*）。[100]我们不要搞错了：这并不是一种比拟或比喻，好像"日内瓦，新教的罗马"这样的说法。[101]君士坦丁堡、亚琛以及其他城市宣称自己都是一个"新罗马"（*nova Roma*），就好像一位希腊国王或是罗马皇帝宣称自己是一个"新酒神"（νέος Διόνυσος）或者"新太阳神"（νέος Ἥλιος），或者是一位加洛林统治者宣称自己是"新大卫"和"新君士坦丁"——是神或者英雄的形象、其永恒的实质以及生命的力量在此世的肉身化。他们拥有了其神圣或英雄化原型的"光环"，但受到时间的约束。[102]

---

[99] William Hammer, "The Concept of the New or Second Rome in the Middle Ages," *Speculum*, XIX(1944), 50-62; *ibid.*, 53, n. 6, 关于这首反罗马诗，我引用的是 4f, 9f 两句：

Deseruere tui tanto te tempore reges,

　Cessit et ad Graecos nomen honosque tuus...

Constantinopolis florens nova Roma vocatur

　Moribus et muris, Roma vetusta, cadis. （同上页引文）

这个回文（全诗 24 行中的第 12 行）是整首诗的中轴。"罗马-爱神"（*Roma-Amor*）的手法非常古老。实际上，在君士坦丁时期的硬币上发现了铭文 ΕΡΩΣ；参见 H. Dressel, "Numismatische Analekten," *Zeitschrift für Numismatik*, XXIII (1900), 36ff。

[100] 关于亚琛，参见 hammer, *op. cit.*, 56; R. Krautheimer, "The Carolingian Revival of Early Christian Architecture," *Art Bulletin*, XXIV (1942), 30ff, 34ff; Kantorowicz, *Laudes*, 63, 在其中亚琛的理念被解释为同时是反罗马和反拜占庭的。亦有学者独立地做出了类似的观察，C. Erdmann, "Das ottonische Reich als Imperium Romanum," *DA*, VI(1943), 418f, 以及，在更广泛的基础上，*Ideenwelt*, 22ff("Die nicht-römische Kaiseridee")。

[101] 参见 Hammer, *op. cit.*, 62, 关于这个以及其他许多类似的表达。

[102] 关于那些"新"（*novus*）的头衔，参见 A. D. Nock, "Notes on Rulercult," *Journal of Hellenic Studies*, XLVIII(1928), 35ff。没有理由认为原型一次只能有一个再道成肉身（reincarnation）；例如，皇帝 Heraclius 父子两人都被宣布为"新君士坦丁"（Κωνσταντίνων τῶν νέων ... πολλὰ τὰ ἔτη [新君士坦丁们，万岁！]）；参见 Henri Grégoire, *Recueil des inscriptions grecques chrétiennes d'Asie Mineure*(Paris, 1922), Fasc. I, 21f, Nos. 79. 80. 关于加洛林王朝和其他例子，参见 Kantorowicz, *Laudes*, 57, n. 148, and 69, n. 15。

涉及耶路撒冷时,前面所说的所有这些内容看起来甚至更是如此,尽管超越性的耶路撒冷意味着无尽的永恒,而非在时间内的延续。原初的那个基督之城、耶路撒冷的物质性身体,已经被提图斯摧毁了;哈德良在大卫城废墟上新建的伊利亚卡皮托利纳(Aelia Capitolina)则缺少内在实质(*metaphysis*)。但是,"带光环的耶路撒冷"却可能随时降临到地上,只要有新的祭坛获得祝圣,随即就会将永恒的荣耀赋予任何无关紧要的市镇,甚至是乡村教堂,在为此进行庆祝的时间内,圣城就降临到了此处。[103]

[84]因此,"光环"总是在以某种方式表示时间在性质上的变化。它表明带有光环的个别人或地方,除了处在中世纪思维所理解的、决定其在地上自然生命的时间范畴,还同时参与了另一种与之不同的"时间"范畴。这个光环并没有将其携带者移入到"神的永恒"(*aeternitas Dei*)之中,在那里是没有连续性的,因为在其中,一切时间,过去和将来,都是现在。不过,光环也确实移动了其携带者:按照经院哲学的说法,将其从 *tempus* 移入 *aevum*,从时间移入永常,总之,进入到某种没有尽头的时间连续体中:带光环的人,或者更可以说那"以光环为人者",他的职分,"永远不死"(the haloed person, or rather the person *qua* halo, his *ordo*, 'never died')。光环进一步表示,其个人携带者成为了一个更具普遍性的"原型"的代理人,在这地上可变的时间内具有了某种不变性,由此,与他结合和联系在一起的,就是某种形象或权力,其真正的居所乃是中世纪称为"永常"(*aevum*)的无尽连续体。并

---

⑩ 关于在献堂时,天上的耶路撒冷就降下,参圣诗 *urbs beata Hierusalem dicta pacis visio*(天上的耶路撒冷被称为"和平的图像")的原初形式,其中有一句"新的从天降下"(*Nova veniens e caelo...*);参见 C. Blume, *Analecta hymnica medii aevi*, LI(1908), 110。关于后特兰特时期教会对该圣诗的扭曲性"改进",参见 A. L. Mayer, "Renaissance, Humanismus und Liturgie," *JLW*, XIV(1938), 166f; 以及批评意见,见 X. Schmid, "De Breviario Pomano reformando commentatio," *Ephemerides Liturgicae*, XLIII(1929), 308ff。顺便提一下,这首圣诗也有政治意味;一个"奥托"皇帝的大圆章镶在一个礼仪用盘上,有传奇性的"耶路撒冷的和平景象"(*Jerusalem visio pacis*);参见 Schramm, "Die Magdeburger Patene mit dem Bilde Ottos des Grossen," *Thüringisch-Sächsische Zeitschrift für Geschichte und Kunst*, XVII(1928); also Gerd Tellenbach, *Die Entstehung des Deutschen Reiches* (Munich, 1946), pl. IX(facing p. 128)。关于对时间无限的地上耶路撒冷的表现,另参 Kantorowicz, "The King's Advent," 209f。

且，鉴于永常乃是理念、逻各斯（*Logoi*）、原型，以及亚历山大学派基督教哲学中"众天使"的所在之处，因此，就不难理解，到最后，都铎法律家的国王"政治之体"为何表现得与"神圣灵体和天使"如此相似，以及诺曼无名氏的"受膏的君王"（*rex christus*）为何也被赋予了中保的超绝属性，成为了一个依本性是人、依恩典为神的国王。[104]

有一个小故事，插入在一篇错归在金口约翰（John Chrysostom）名下的讲道辞中。关于中世纪早期背景下国王二体的一般性问题，很难再找到一个比它更合适、同时又更令人愉悦的例证了。这是一篇棕枝主日讲道，不知名的讲道者非常应景地谈到，在那天驮着万众期盼的弥赛亚进入耶路撒冷城的驴，在上帝拯救行动中的重要地位。[105]在教父著作中，也没有少提到这头忠诚的动物，通常是认为，这头"弥赛亚的动物"（*animal messianum*）最后是归回了前主人；这位棕枝主日的讲道者谈到这头驴时，也没有给规矩创设什么例外。

---

[104] 关于这个主题更广泛的讨论，见下文第六章。

[105] 这篇讲道只有拉丁文本传世，见于 *Opus imperfectum in matthaeum*（*PGr*，LVI，836），归在金口约翰名下，据说托马斯·阿奎那说，他宁可拥有这篇讲道辞，而不要拥有整个巴黎；参较 Oldradus de Ponte, *Consilia*, LXXXIV, n. 1（Venice, 1571）, fol. 31ᵛ："Et narratur quod beatus Thomas dixit, quod magis vellet habere Chrysostomum super Mattheum, quam civitatem Parisii. Expedit enim cuilibet studioso habere multos libros."（据说，圣托马斯[阿奎那]曾说他更愿意有金口约翰写的《马太福音注解》一书，超过愿意拥有巴黎城。因为任何一个读书人应该拥有很多书。）关于这部作品本身，参见 G. Morin, "Quelques aperçus nouveaux sur l'Opus imperfectum in Matthaeum," *Rev. bénéd.*, XXXVII(1925), 239-262(also *ibid.*, LIV [1942], 9ff), 认为来源于拉文纳，或者至少是意大利北部的某地；参较 K. Jordan, "Der Kaisergedanke in Ravenna zur Zeit Heinrichs IV.," *DA*, II(1938), 111ff。Aelfric 的棕枝主日讲道集基本上是 *Opus imperfectum* 的改写，却并不包含此处引用的这段文字；参见 the Aelfric edition by Benjamin Thorpe (London, 1844), I, 206ff。教父著作中也频繁提到这头驴。例如，Ephrem 就让这头驴和她的驴驹颂赞天国的君王；参见 *In festum Epiphaniae hymnus*, II, 27, ed. T. J. Lamy (Mecheln, 1882), I, 23; also *Hymni de miraculis*, XIII, 6, ed. Lamy, II, 720, 在其中驴子有双重含义："Pullus durae cervicis portavit Dominum in figura, cor gentium portavit eum in veritate."依照后来的传说，这头圣洁的牲畜经过长途迁徙，寿高而死，甚至在维罗纳发展出了一种地方崇拜；参见 E. Staedler, "Über das Eselsrelief am Dome zu Como: Ein Beitrag zur Überlieferung des *caput asininum*," *Theologische Quartalschrift*, CXXIII (1942), 177-188, 有完备的参考文献；另参 Leclercq, "Âne," *DACL*, I, 2063f；关于在晚期罗马铸币上这头驴和驴驹的形象，A. Alföldi, "Asina: Eine dritte Gruppe heidnischer Neujahrsmünzen im spätantiken Rom," *Schweizerische Münzblätter*, II(1951), 57-66。

是真的(他说),这头动物在进入犹大地的耶路撒冷之后,归回了主人;但是,关于这头动物的预言,仍然在犹大地流传。因为,对于这动物,基督所需要的并非其可见的性质,而是不可见的性质;也就是说,并不是肉身,而是观念。因此,肉身归回,但观念留了下来:肉身消失,但观念得以保留(caro remissa est,ratio autem retenta est)。⑩⑥

换句话说,这头驴子的"自然之体"在完成了应验以赛亚(62:10)和撒迦利亚(9:9)预言的任务后,被送回到之前的主人那里;因为主不再需要它那可见和物质的身体,但是,它的理性、思想或原型,以及它所代表并帮助实现的先知性场景,[86]在上帝的拯救过程中是不可或缺的,并且与弥赛亚的图像不可分开。因此,这头动物不可朽的"政治之体"就仍然留在圣城,与弥赛亚同在:它被"加持了光环",包裹在背上所骑者的神圣亮光之中。

"肉身返回,理性留下!"(Caro remissa,ratio retenta!),在这个意义上,查理一世的肉身可以去往牛津,但他那"带光环"的理性,表现为他御玺上的图像,仍然留在议会中——这并不意味着,世俗的、无光环的驴子始终要在"牛津",也不是说,永远的、带光环的驴子一直待在"议会"。

---

⑩⑥ *PGr*, LVI, 836:"Animal quidem postquam ingressum est in Jerusalem Judaeae, ad dominum suum remissum est, animalis autem prophetia in Judaea remansit. Nam de animali illo non hoc, quod videbatur, necessarium erat Christo, sed illud, quod intelligebatur, id est, non caro sed ratio:ideoque caro remissa est, ratio autem retenta est."(同引文)
❶ 圣经旧约中的祭司和君王接受职位时往往有"受膏"的仪式,表明是被上帝设立。"受膏者"的希伯来语表达即"弥赛亚",希腊语即"基督"。
❷ 参:尼西亚信经关于基督:"我信独一主耶稣基督,上帝的独生子,在万世以前为父所生,出于神而为神,出于光而为光,出于真神而为真神,受生而非被造,与父一体,万物都是借着祂造的。"迦克敦信经:"按神性说,在万世之先,为父所生,按人性说,在晚近时日,为求拯救我们,由上帝之母、童女马利亚所生。"

亚他那修信经:"子独由于父:非作成,亦非受造;而为受生。""其为神,与圣父同体,受生于诸世界之先;其为人,与其母同体,诞生于此世界。"歌罗西书 1:15:"爱子是那不能看见之神的像,是首生的,在一切被造的以先。"所以,按照基督教教义,"首生"不是用来描述基督的人性,而是描述他的神性。

❸ 和合本诗篇 19:5:"太阳如同新郎出洞房,又如勇士欢然奔路"。

❹ 此处诗篇篇目仍用武加大本,和合本与思高本是 92 篇,以下略同。

❺ 另参约翰福音 1:14:"道成了肉身,住在[支搭帐棚]我们中间,充充满满地有恩典,有真理。我们也见过他的荣光,正是父独生子的荣光。"

第四章　以法律为中心的王权

一、从礼仪到法律科学

[87]国王具有一种双重人格,依自然本性为人,依恩典为神:这是嗣后国王二体观念在中世纪盛期的对等项,也是其前兆。在这个早期阶段,政治神学还深受礼仪语言和神学思想一般框架的限定,因为一种独立于教会的世俗"政治神学"还没有发展起来。国王因受祝圣,作为"大写的国王"(King)与祭坛密切联结,而不仅仅——我们可以联想到之后几个世纪的情况——是一个私人。他作为国王是"礼仪性"的,因为,并且在此范围内,他代表并"效法了"永活基督的形象。"汝乃基督之代理人;唯有他的效法者才是真正的主",史学家维珀(Wipo)在皇帝的御营中这样写道。[1]圣徒般的枢机彼得·达米亚尼(Peter Damiani)

---

[1]　Wipo, *Gesta Chvonradi*, c. 3, ed. Bresslau(*MGH*, *SS. rer. germ.*, 1915), 23:"Ad summam dignitatem pervenisti, /vicarius es Christi. /Nemo nisi illius imitator /verus est dominator."(你到达了至高的荣耀,/你是基督的代理人。/没有人,除非是他的模仿者/才是真的主。)参较 c. 5, p. 26, 18;另参 his *Tetralogus*, line 19, p. 76, 21, and lines 121f, p. 79, 15f,皇帝被称为 *alter post Christum*(基督之后的另一人)以及 *secundus post dominum caeli*(天主之后的第二人)。见上文第三章注 11,关于君主构成"*Deo secundus*"(第二个神)。

也是如此说:"在他的国王里(in his king),基督才真的被认出是在施行统治。"②与他同时代,比他年轻些的德乌斯德迪特(Deusdedit)枢机在其教规汇编中也收录了教宗约翰八世在一次主教会议上颂赞加洛林朝的查理二世皇帝的话,称其为"世界的拯救者"(*salvator mundi*)。他是"上帝所设立的世界的拯救者","上帝设立他担任人民的君主,为要效法那真正的君王、他的儿子基督,……这样,他[基督]按本性所拥有的,国王就可以依恩典而享有。"③

[88]很自然地,这个效法基督的国王也被展现和解释为天上和地下之间的"中保",这个概念在这里具有重要意义,因为每一个中介的职分,都在以某种方式暗示着一种具有二性的存在。诺曼无名氏以他惯常的方式写道,国王和主教"接受了祝圣和圣化,目的在于……他们可以成为圣徒:即,他们处于地上以外,处于世界以外,被分别出来担任上帝和子民之间的中介,在天上享有与上帝的共融,在地上安抚他们的臣民。"④这一时期的"加冕规程"(Coronation Orders)也表达了关联的

---

② Petrus Damiani, *Ep.*, VII, 2, *PL*, CXLIV, 436:"in rege suo vere Christus regnare cognoscitur. "(在他的王国里,真的是基督被认为在统治。)

③ Deusdedit, *Collectio canonum*, IV, 92, ed. Victor Wolf von Glanvell, *Die Kanonessammlung des Kardinals Deusdedit*(Paderborn, 1905), I, 439;与他同时代的其他作者也引用了这句话,Anselm of Lucca(ca. 1083), *Coll. can*., I, 79, ed. M. Thaner(Innsbruck, 1906-1915), 52f(*PL*, CXLIX, 489, numbered I, 78)。关于教宗在拉文纳的讲话,在877页,参见 Mansi, *Concilia*, XVII, App. 172;also Bouquet, *Recueil*, VII, 695C:"...unxit eum Dominus Deus... principem populi sui constituens ad imitationem scilicet...veri Regis Christi filii sui..., ita ut, quod ipse[Christus]possidet per naturam, iste[imperator]consequeretur per gratiam. "(主上帝给他涂油……立他为自己人民的王,为了效法真正君王基督,他的圣子,这样,后者[基督]天生所拥有的东西,前者[皇帝]通过恩典也应该获得。)另参 Schramm, *König von Frankreich*, I, 40 and 45, II, 36, n. 3;Eichmann, *Kaiserkrönung*, I, 88. 诺曼无名氏很有可能知道这段话;参见 Williams, *Norman Anonymous*, 57f, n. 169;Kantorowicz,"Deus per naturam," 258。

④ *MGH*, *LdL*, III, 669, 8ff:"Ideo igitur consecrantur sacerdotes et reges et sanctificantur, ut...sancti sint, id est extra terram et extra mundum segregati, inter Deum et populim mediatores effecti, et in celis conversentur[Philippians 3:20]et in terris subditos moderentur. "(因此,祭司们和君王们被祝圣和被圣化,是为了要他们成圣人,就是说他们外于世俗,外于世界,他们是神和民众之间的中保,既与天界有来往[腓立比书 3:20]又在人间安抚他们的臣民。)参见 Williams, *op. cit.*, 158ff,尤其是 p. 225ff, the *Magna digressio de voce 'sanctus,'*解释了这个段落(例如"in Greca lingua quod dicitur (转下页注)

国王中保的观念,尽管关注点有重大改变:"与神人之间的中保类似,国王也作为教士和人民之间的中介行事"——因为国王在某些方面也属于教士阶层,"其名号中带有'受膏之主'(*christus Domini*)这个[基督的]称号。"⑤

著者们常常使用基督范型论的措辞来宣告国王是一个"基督的摹本"(*typus Christi*)。⑥这个类型学[89]实际上覆盖了国王职分的两个方面,一个是本体论的,一个是功能性的,两者同时反映在常常用来称颂中世纪统治者的荣誉称号上:"基督的形象"和"基督的代理人"。前者或许更多指向他的存在,后者则以法学的方式强调其管理功能,并主

(接上页注) *hagios* quasi extra terram esse significat"[在希腊语中,hagios 表示"超出地上"的意思])。另参 Peter of Blois:"…sanctus et christus Domini rex est nec in vacuum accepit[II Cor. 6:1]unctionis regiae sacramentum"(君王是神圣的和上主的受膏者,并且没有徒劳地接受[林后 6:1]国王受膏礼这个圣仪。);*PL*, CCVII, 440;参较 Eichmann, *Kaiserkrönung*, I, 208, n. 74. 相关内容,参见 Philipp Oppenheim, "Die sakralen Momente in der deutschen Herrscherweihe bis zum Investiturstreit," *Ephemerides Liturgicae*, LVIII(1944), 46f;另参 Leonid Arbusow, *Liturgie und Geschichtsschreibung im Mittelalter*(Bonn, 1951), 95, n. 60。

⑤ Schramm, "Krönung in Deutschland," 320, §19:"…quatenus mediator Dei et hominum te mediatorem cleri et plebis in hoc regni solio confirmet. "(神和人类之间的中保确立你为本国内教士们和民众之间的中保[或"中介者"]。)另参 317, §14:"…cum mundi Salvatore, cuius typum geris in nomine"(与救世主一起,你在名称上拥有他那样的形象);and 319, §17:"…cum redemptore ac salvatore Iesu Christo, cuius nomen vicemque gestare crederis. "(与救赎者和拯救者耶稣基督一起,而你被认为据有他的名称和他的任务)另参 Schramm, "Austausch," 425ff, 450, for the king as *sacerdotalis monisterii participeps.*"穿戴基督的位格"(*Personam Christi gerere*)(拉丁语 persona 亦有"面具"、"形象"之意——译者注。)这个说法及其同义词就是"扮演,代表"的技术性词汇,它的这个含义也同样用在教宗庇护七世(Pius XII)的"上帝的中保"(*Mediator Dei*)通谕中,用以界定司铎在礼仪中的地位;参见 Joseph Pascher, "Die Hierarchie in sakramentaler Symbolik," *Episcopus*, 278ff. 当然,主教也常常被说成是国王与人民之间的中介;参见,例如,Hugh of Fleury, *Tractatus de regia potestate et sacerdotali dignitate*, I, c. 10, *MGH*, *LdL*, II, 477, 43ff。

⑥ 一个令人惊异的例子是 Otto of Freising, *Gesta Friderici*, II, c. 3, ed. G. Waitz(*MGH*, *SS. rer. germ.*, 1912), 105, 7ff,其中描述了在亚琛同时举行的两项祝圣(1152 年 3 月 9 日),一位国王(Frederick I)和一位主教(Frederick of Munster):同一天,在同一个教堂,同一位祝圣者膏抹了两位"主的受膏者"(*christi Domini*),他们的名字相同,如此,"至高的君王与祭司"(*summus rex et sacerdos*)本人(即基督)看起来就在这次祝圣礼上出现了。参较 Arbusow, *Liturgie und Geschichtsschreibung*, 26ff,他正确地强调了 Otto of Freising 执着于一个过往时代的观念。

要指向其行事。这两个称号本身都没有特别提到二性，或者强调统治者与神—人基督之间的"生理学"相似性；但是，只要这类头衔将统治者与得胜的基督相联系，国王就可以，至少潜在地，表现为一种与作为所有地上王权原型的神—人二性相似的"双重人格"（*gemina persona*）。但是，当中世纪盛期的"君王乃是基督的形象"（rex imago *Christi*）与"君王乃是基督的代理人"（rex vicarius *Christi*）的表达逐渐消失，并被"君王乃是上帝的形象"（rex imago Dei）和"君王乃是上帝的代理人"（rex vicarius *Dei*）取代，国王与基督二性之间哪怕是纯粹潜在的关系也丧失了。

毫无疑问，将君主描绘成上帝的类似项或是执行人，这个观念在古代的统治者崇拜和圣经两方面都得到了支持。⑦因此，在中世纪的任何一个世纪，都可以发现"神"的头衔和隐喻。最终，随着 9 世纪晚期国王职位的教士化，同时，在"加冕规程"措辞的影响以及礼仪式王权观念的影响下，国王作为"受膏者"（*Christus*）的头衔开始流行，而"上帝代理人"与"基督代理人"之间的区别可能一直不为人察觉，甚至完全没有被感觉到。⑧[90]不过，在加洛林时期之后，敬虔模式的改变和普遍宗教

---

⑦ "作为上帝形象（代理人）的人"（*homo imago（vicarius）Dei*）和"作为上帝形象（代理人）的王"（*rex imago（vicarius）Dei*）这两个概念的混同，在所谓的安布罗西亚斯特（Ambrosiaster）那里有完整的论述，是有长期和复杂历史的；参见 Kantorowicz, "deus per naturam," 264ff, and passim；关于安布罗西亚斯特对后来发展的重要性，Berges, *Fürstenspiegel*, 26f 已有强调。另参 G. B. Ladner, "The Concept of the Image in the Greek Fathers and the Byzantine iconoclastic Controversy," *Dumbarton oaks Papers*, VII(1953), 1-34。

⑧ 关于"加冕规程"对语言和思想的影响，诺曼无名氏就是最好的例子；参见 *MGH*, *LdL*, III, 677ff. 在 Michele Maccarrone, *Vicarius Christi*: *Storia del titolo papale*(Lateranum, N. S., XVIII, Rome, 1952)这部出色的研究中，不能说作者没有注意到这两个称号之间的差异，但他对于其中的历史意涵，以及一个 Jungmann(上文第三章注 86)已经深入讨论过的问题无动于衷。在 Berges, *Fürstenspiegel*, 26ff 显然提出了基督论问题，尽管故意没有详细研究。J. Rivière, *Le problème de l'église et de l'état au temps de Philippe le Bel*(Louvain, 1926), 435ff 所收集的关于"上帝（基督）代理人"的文本，在 Maccarrone 的详尽研究中进行了讨论，并且填补了 A. von Harnack 著名的研究 *Christus praesens-Vicarius Christi*(S. B. Berlin, 1927, No. xxxiv), 415-446 中显著的裂缝。关于早期基督论与统治者身份之间的相互关系，参见 G. H. Williams, "Christology and Church-State Relations in the Fourth Century," *Church History*, xx(1951), No. 3, 3-33, and no. 4, 3-26。

情绪的状况都很值得注意。在加洛林时期,看起来"上帝代理人"的称呼占据统治地位,而到了奥托王朝和萨利安王朝早期以基督为中心的时代,"基督代理人"明显成了更流行的用法。⑨然而,教士们的宣称使这两个说法之间的差异清楚地显现出来,并具有了历史意义。教士们认为,基督代理人的职分是圣统制的特权——"哪有皇帝可以僭取基督的地位的?",⑩到最后,"基督代理人"就成了教宗垄断的头衔。

照例,许多政治、宗教和思想生活的线索汇聚到一起,带来了重大的转变,消解了以基督为中心的王权形象。在授职权之争的冲击下,加冕规程的咒语开始衰退。一方面,这场斗争本身肢解了世俗权力的属灵权威、教会般的资格以及礼仪的统一性。而另一方面,该斗争对于属灵权力的帝国化显然也作出了贡献。但是,12世纪为界定基督在圣礼中真实临在的教义-神学发展,同样也导致了一种新的倾向,强调基督在作为代理人执行弥撒的神职人员身上临在的古老观念。⑪另外,新兴的教会法[91]研究所引发的推动力也开始显现。《格拉西安教会法汇要》在两处引用了——一处引自耶路撒冷的伊斯奇(Hesych of Jerusalem),另一处引自安布罗西亚斯特——主教和司铎就好像基督的代理人。⑫这一事实促使教令学家们扩大了这种说法的意义,即便并不必定

---

⑨ 在 Maccarrone, *op. cit.*, 79f 收集的加洛林时期的例子中,只有一个将统治者称为基督的代理人(Smaragdus, *Via regia*, c. 18, *PL*, CII, 958),尽管事实上还可以找到更多(见上文注3)。要梳理从"上帝代理人"到"基督代理人"的转变,可能应该考察9世纪晚期,那是国王职分教士化(按照 Schramm, "Austausch." 404f 的说法,是"祭司的形象"[imitatio sacerdotii]),"规程"的语言,以及修道院敬虔精神的结果。

⑩ *De ordinando pontifice*, *MGH*, *LdL*, I, 14, 4:"Ubi enim inveniuntur imperatores locum Christi obtinere?"(哪里有获得了基督位置的皇帝们?)

⑪ Pascher,"Die Hierarchie in sakramentaler Symbolik," 285f; J. Geiselmann, *Die Eucharistielehre der Vorscholastik*, Forschungen zur christlichen Literatur-und Dogmengeschichte, xv, 1-3(Münster, 1926).

⑫ 参较 c. 35, D. 3, *De penitencia*(C. 33, q. 3), ed. Friedberg, I, 1222:"…quos[sacerdotes]Christus vicarios suos in ecclesia constituit"(Hesych)(基督在教会内将他们[祭司们]设立为自己的代理人),对此《注释汇编》(*Glossa ordinaria*)评论说:"sacerdotes etiam simplices."(又是单纯的祭司)进一步,引自 Ambrosiaster, c. 19, C. 33, q. 5, ed. Friedberg, I, 1255f:"Quasi ergo ante iudicem Christum, ita ante episcopum sit, quia vicarius Domini est…"(他在主教面前,好像是在审判者基督面前,因为主教是主的代理人……)Maccarrone 引用了这几段(*op. cit.*, 106),还加上了 c. 13, C. 33,(转下页注)

是用在教宗身上。

　　是谁说，唯有教宗是基督的代理人？就那种权力的充分性（plenitude of power）而言，这是真的；但是，在另一方面，每一名司铎都是基督和彼得的代理人……⑬

这是 1187 到 1191 年间，比萨的胡果齐奥（Huguccio of Pisa）在他的《教令大全》（*Summa super Decreto*）中，对安布罗西亚斯特的论述作注释时所写的。他的话表明，到他的时代，"基督代理人"的称号几乎专属于教宗的做法一定已经得到了足够的公认。大约 10 年之后，教宗英诺森三世将"权力的充分性"（*plenitudo potestatis*）这个概念进一步收紧，对甚至连胡果齐奥都没有否定的范围作出了限制，认为只有教宗有权称自己是基督的代理人。进一步，英诺森三世发布了教令，教宗是"基督代理人"的说法第一次出现在官方文件中，不是在普通语言里，而是在教会法汇编里。⑭自此以降，众多的教会法家、神学家和经院哲学家就专注于在教宗专属的意义上对这个头衔加以解释，大致也就是今日所使用的意义。⑮反过来，罗马法学家，依赖于罗马法词汇以及[92]塞涅卡和维吉提乌斯（Vegetius）之类的罗马著者，几乎无一例外地开始

（接上页注）q. 5，Friedberg，1254，一段引自 Ambrosiaster, CVI, 17（参较 Kantorowicz, "Deus per naturam," 265，n. 40），其中提到，人在一般意义上是"上帝的统治，即作为神的代理人"（imperium Dei quasi vicarius eius），不过《教会法汇要》遗漏了下文"因为每一个君王都有神的形象"（quia omnis rex Dei habet imaginem）。这几段是典型的 Ambrosiaster 立场，论到国王是上帝的代理人，司铎是基督的代理人。在教会法文献中，Ambrosiaster 值得做专门的研究。在《教会法汇要》中，有许多次引用了 Ambrosiaster（参见 Friedberg, p. xxxiv, s. v. Augustinus, *Questiones veteris et novi testamenti*；不过，还需要加上[*ibid.*, p. xxxii]s. v. Ambrosius, *In S. Pauli epistolas* 中的引文，因为这些也是 Ambrosiaster 的作品；见上文第三章注 24），并且 Friedberg 的注释表明，Ivo of Chartres, Anselm of Lucca, the *Collectio Caesaraugustana*, the *Collectio trium partium*, 以及 Peter the Lombard, 都直接或间接引用了 Ambrosiaster。所以，诺曼无名氏可以很容易地通过法律文献，而不是文学，熟悉这些著作；参较 Williams, *Norman Anonymous*, 175ff.

⑬　Maccarrone, *op. cit.*, 106, n. 87; cf. 107, n. 89.

⑭　Maccarrone, 119ff.

⑮　Maccarrone, 118ff, 129ff.

将皇帝描述为"在地上的神"（*deus in terris*）、"属地的神"（*deus terre-nus*）或者"临在的神"（*deus praesens*）。显然，根据他们所掌握的资源，他们想当然地认为君主高于一切上帝的代理人；因为，"基督代理人"这个说法用于描述皇帝，完全不在他们的辞典里。⑯这样，以基督为中心的统治权（rulership）这个观念，也在罗马法的影响下遭到了消解。自此以降，教宗作为"在地上的基督"（*Christus in terris*）⑰与皇帝作为"在地上的神"（*deus in terris*）这两个观念就开始并行。君主作为"臣民的父亲"（*pater subjectorum*），确实被赋予了一种微弱的、与不可见的天父

----

⑯ 引证通常是 *D.* 35,2,1,5 *lex Falcidia*："...quae Deo relinquuntur,"（法尔西第乌斯法：那些保留给神的事务）对此 *Glossa ordinaria* 评论说："celesti, idem in terreno"（在天上的，等同于在地上的），*D.* 14,2,9（*lex Rhodia de iactu*《罗得岛法典》论海运弃货），其中皇帝自称："Ego quidem mundi dominus"（我实际上是世界的主），或者 *C.* 7,37,3,5（*de quadriennii praescriptione*："...nutu divino imperiales suscepimus infulas"）（论每四年的规定：……我们通过神意而接受了皇帝的白头带），尽管还有其他相关的材料。例如，Baldus 也使用这些引证，经常会使用引文提到 *Deus in terra*（*terris*）*Nov.* 205,2,4,说皇帝就是"活的法"（*lex animata*）；参见，例如，*Consilia*，I,333,n. 1, fol. 105,此外还有 Gierke 所引用的,*Gen. R.*, III,563,n. 122. 其他常被引用的包括 Seneca, *De clementia*，I,1,2："[ego, Nero,]...qui in terris deorum vice fungerer,"（我,尼禄,我在世上替神明们统治）还有 Frederick II 用到的一段（尽管不是精确引用原文）,*Lib. aug.*, prooem., ed. Cervone, 4,包括 Marinus de Caramanico, v. *Velut executores* 中的注释；参较 A. Marongiu, "concezione della sovranità ed assolutismo di giustiniano e di Federico II," *Atti del Convegno Internazionale di Studi Federiciani*（Palermo, 1952）, 43, n. 70, and "Note federiciane," *Studi Medievali*, XVIII（1952）, 298. 引文还包括 Vegetius, *De re milit.*, 2,5："... nam imperator cum Augusti nomen accepit, tamquam praesenti et corporali deo est praestanda devotio"（因为当皇帝接受了奥古斯都的名号时,那么需要向他表示尊敬,好像他是临在的和有肉身的神。）；参见，例如,andreas of isernia, on *Authentica 'Habita'*（参较 *MGH*, *Const.*, I,249, No. 178）, n. 3, in *In usus feudorum commentaria*（Naples, 1571）, fol. 318,以及 Gierke, *loc. cit.*, 中的引文,还有 John of salisbury, *Policraticus*, IV,c. 1, and VI,c. 7, ed. Webb, I,235f, and II,20. 一些引自法律材料的引文可见于 M. A. Peregrino, *De privilegiis et iuribus fisci*, I,2,n. 46, and I,3,n. 2（Venice, 1587）, pp. 26 and 52（Venice, 1611）, fols. 7 and 14ᵛ, 主要应用于不承认有上位者的国王们；另参 andreas of Isernia, on *Feud.* II,56（'Quae sunt Regalia'）, n. 63, fol. 301："et dicitur 'nostri numinis,' quia Imperator vel Rex in Regno dicitur habere numen divinum, quia est in terris sicut Deus in coelo, inde dicitur rescriptum suum coeleste oraculum...."（而他被称"有我们的神意",因为皇帝或君王在统治中被认为有神意,因为他在人间的位置是神在天上的位置,因此他的法令被称为"天上来的神谕"……）

⑰ 参见 Carl Mirbt, *Quellen zur Geschichte des Papsttums und des römischen Katholizismus*, 4th ed.（Tübingen, 1924）, 211, no. 373 收录 Arnald of Villanova 的段落。

之间的相似性；⑱不过，[93]可见的、道成肉身的神，神—人基督的代理人，则是那位司铎，最高的大祭司。

中世纪晚期这类术语的转变，常常不被人察觉却效力强劲，是西方宗教情感远为深入的内在演进的表面现象。在圣方济各时代之后，官方和大众的宗教敬虔都同时变得更加属灵和物质性；与此相伴随的是，在基督论诸概念中，发生了一种难以捉摸、但却相当独特的转变。人与上帝的关系，从注重客观性的奥秘这种"实在主义"，退入到注重主观性的神秘主义那种内在的朦胧状态，后者在中世纪晚期非常典型。这类改变在图像领域最为显著，时间越晚越明显，神—人基督——除非纯粹表现为"成为肉身"——变得几乎与父上帝无法区分了。⑲这在政治领域造成的结果是，偏向基督统治-礼仪性（christocratic-liturgical）的王权概念，被一种偏向神权-法学性（theocratic-juristical）的政府概念所取代，而嗣后统治者们宣称要追随的神权模式，则逐渐撤销了神性的"人性"面向，同时也撤销了王权的准神职和圣礼性质。换种说法，与早期"礼仪性"的王权相对，中世纪晚期出于"神圣权利"的王权，更多地以在天上的圣父、而非在祭坛上的圣子为模型，并且，所关注的更多是一种法律的哲学，而不是——更古老的——具有二性的中保的生理学。

---

⑱ 通常被引用的是 *Nov.* 98,2,2:"hoc post deum communis omnibus pater（dicimus autem qui imperium habet）per legem...servet."（在神之后，他就是所有的人的共同父亲[我们这里指统治者]，而他应该通过法律保持这些。）参见 *Glos. ord.*, v. *Dicimus autem*；also Marinus de Caramanico, on *Lib. aug.*, I,74, v. *Post Deum*, ed. Cervone, 134; also andreas of Isernia, on *Lib. aug.*, prooem., ed. Cervone, 6:"Rex est pater subiectorum in regno suo."（在自己的王国中，君王是臣民们之父）在对 *Lib. aug.*, Iii,26, Cervone, 355 的注释中，Andreas 说:"Princeps legislator, qui est lex animata in terris...est pater subiectorum,"（立法的君王等于是人间的"活法"……也是臣民之父）并引用 *C.* 3,28,34,1:"Sed nos qui omnes subiectos nostros et filios et nepotes habere existimamus adfectione paterna et imitatione...."（但我们被认为应该视一切臣民为自己的儿子和侄子，而因此以父亲般的爱和样子……）关于"臣民的父亲"这个观念的起源，参见 A. Alföldi,"Die Geburt der kaiserlichen Bildsymbolik: 3. Parens patriae," *Museum Helveticum*, IX（1952）, 204-243, and x(1953), 103-124。

⑲ 尽管这一事实本身广为人知——例如，参见 V. Leroquais, *Les sacramentaires et les missels manuscrits*(Paris, 1924), I, p. xxxvii and pl. 87, 在其中"荣耀的王"表现得好像父上帝——但其本身的发展，以及与基督论变化的联系看来尚未有研究。

　　这个变化不是突然发生的;事实上,这个过程是轻弱和隐微的,跟历史上大多数演进性质的变化一样。不过,还是可以观察到一个清晰的转变期,从早期的礼仪性王权转变到中世纪晚期由神圣权利而来的王权。在此过程中,一种国王作为中保的身份依然存在,尽管遭到了奇异的世俗化。同时,国王作为祭司的观念则融入到了法律本身之中。[94]以前在国王的"双重人格"概念中固有的国王构成"基督扮演者"(christomimētēs)的本体论方面日渐式微,但君主具有双生子般复本的观念在功能性层面上依旧活跃;这一点体现在国王与法律和正义的新关系中,这种关系替换了之前国王关联圣礼和祭坛的身份。

　　当诺曼无名氏撰写他那些富有挑战意味的小册子时,作为一门科学的法学还几乎不存在,当然更谈不上有效力。而到了大约50年之后,1159年前后,索尔兹伯里的约翰(John of Salisbury)撰写《论政府原理》(Policraticus)时,法律格言(legal idioms)早已穿破了经院哲学的语言,法律观念也已经得到了频繁的应用,尽管尚未颠覆中世纪的思想模式。[20]索尔兹伯里的约翰自然算不上职业法学家,但他运用起《查士丁尼民法大全》和《格拉西安教会法汇要》的内容来,与使用汗牛充栋的

---

⑳　关于《论政府原理》及其本体论要素的一个简要但深刻的分析,参见 Berges, *Fürstenspiegel*, 131-143,而 W. Kleineke, *englische Fürstenspiegel vom Policraticus Johanns von Salisbury bis zum Basilikon Doron König Jacobs I*. (Studien zur englischen Philologie, Heft xc, Halle, 1937), 23-46,则浮于表面。最近的研究 Hans Liebeschütz, *Mediaeval Humanism in the Life and Writings of John of Salisbury* (Studies of the Warburg Institute, XVII, London, 1950),几乎没有触及这里讨论的问题。相关文献资料见 Berges, *op. cit.*, 291-293,还需要加上 Fritz Schulz, "Bracton on Kingship," *EHR*, LX(1945), 164ff,以及 W. Ullmann, "The Influence of John of Salisbury on Mediaeval Italian Jurists," *EHR*, LIX(1944), 384-393;另参 Ullmann, *Lucas de Penna*, Index, s. v. John of Salisbury;通过 Lucas de Penna and Matthaeus de Afflictis the *Policraticus*,尤其是 Pseu-do-Plutarch 的几章,对后来的法国法学家产生了相当的影响;关于 Plutarch 问题,参较 H. Liebeschütz, "John of Salisbury and pseudo-Plutarch," *Warburg Journal*, VI(1943), 33-39,作者在我看来令人信服地将 Ps.-Plutarch 等同于 John 本人;不过,参见 A. Momigliano, "Notes on Petrarch, John of Salisbury and the *Institutio Traiani*," *ibid.*, XII (1949), 189f. 关于在《论政府原理》中新旧观念如何互相交织影响,见 John Deickinson, "The Mediaeval Conception of Kingship as Developed in the Policraticus of John of Salisbury," *Speculum*, I(1926), 307-337。

古典和教父作品同样得心应手。

在常被人引用的《论政府原理》第四卷开头的几章中，索尔兹伯里的约翰发展起了他关于"国王乃公道之形象"（*rex imago aequitatis*）的理论。国王构成"公道的形象"（Image of Equity）或"正义的形象"（Image of Justice）的隐喻非常古老；㉑这个观念本身也没有在任何方面取消"国王作为基督的形象"的观念，也没有［95］对其造成损害——毕竟，"基督自己乃是正义本身"（*Christus ipse ipsa iustitia*）。㉒索尔兹伯里的约翰的版本，仅仅表现为对旧主题作了轻微的改动，一个貌似不甚重要的转移，从由统治者代表的基督身上更为礼仪性的因素转移到更为法律性的因素。在索尔兹伯里的约翰的情况中，这种改动变得如此易于识别，只是因为他将罗马法格言整合进了他那栋令人惊叹的思想大厦，在其中神权统治和人本主义的特性混合在了一起。

索尔兹伯里的约翰试图解决的问题，在我们看来自身矛盾，或者好像是"要把一个圆画成方形"；因为他向他的君主同时赋予了绝对权力和法律的绝对限制。这个貌似悖论的本质，在一段章节的标题叙语中显露了出来，这样说：

> 论到君主，尽管他不受法律绳索的捆绑，但仍然是法律的仆人，也是公道（Equity）的仆人；论到他具有一种公共的人格，以及他流人血并无罪责。㉓

索尔兹伯里的约翰没有否认罗马法格言宣称君主"不受法律拘束"（*legibus solutus*）；因为他所设想的君主确实不受法律的约束。但是，

㉑ 这类隐喻最简短的表达自然是"活的法律"（*lex animata*）和"活的正义"（*iustitia animata*）；见下文。不过，Louis Robert, *Hellenica*（Paris, 1948）, esp. vol. IV, 给出了许多采自古代晚期统治者铭文的例子，这是政治思想一个成果最为丰硕的资源，到中世纪也是如此；参见我的论文，上文第三章注 90。

㉒ Honorius Augustod., *Elucidarium*, III, 19, *PL*, CLXXII, 1150A.

㉓ IV, c. 2, ed. Webb, I, 237: "Quid lex; et quod princeps, licet sit legis nexibus absolutus, legis tamen servus est et aequitatis, geritque personam publicam, et innocenter sanguinem fundit." （什么是法律；而君主虽然不受法律约束，仍然是其仆人，也是公道的仆人，而他拥有公共的身份，而且可以流他人的血［即可以判人死刑］而不受惩罚。）对引文有改动。

这并不意味着君主被允许做不法之事。他不受法律的制约和限制,正如他原本应该不受罪的捆锁。他是自由的,是"绝对合法的",乃是因为他"被期待要按照他与生俱来的正义感行事",㉔也是因为,他因职位(ex officio)要尊重法律和公道,出于对正义本身的爱,而非出于对惩罚的恐惧。㉕在他担任法官时,流人血不需要承担罪责;因为他作为裁判官所做的,乃是作为"公共利益的管理者"的行为,并且是为了共同体的益处。他是一个"公共人格"(persona publica),且作为公共人格行事。当他处在这个身份时,人们对他的期待是出于国家(res publica)的良好运作去考虑一切问题,而不是出于他的"私意"(privata voluntas)。因此,当罗马法认为,君主的"意志"(voluntas)具有法律的权威时,所指的[96]看起来并不是他的专断的私人意志,而是指他作为公共人格时、在他里面活动的那个意志。㉖君主作为公共人(public person)服务于公共利益;由此,"公道形象"(imago aequitatis)的携带者同时也就成了"公道的仆人"(servant of Equity)——"公道的仆人即君王"(aequitatis servus est princeps)。㉗

　　索尔兹伯里的约翰将"公共人格"与"私人意志"作为一对概念呈现,似乎暗示了在作为公共人的君主与作为私人的君主之间有一种区分。我们可能会预期此处出现某种理论,说作为私人的君主在法律之下,受法律约束(legibus alligatus),而他的公共人格高于法律,不受法律拘束(legibus solutus)。但是,这不是索尔兹伯里的约翰得出的结论。与诺

㉔ Ullmann,"Influence of John of Salisbury," 389.

㉕ *Policraticus*, IV, c. 2, ed. Webb, I, 238, 2ff: "... dicitur absolutus, non quia ei iniqua liceant, sed quia is esse debet, qui non timore penae sed amore iustitiae aequitatem colat..."(他被称为"不受法律约束",不是因为允许他做不义之事,而是因为他必须是这样的人:他不因害怕惩罚而培养公道,而是因为爱正义而培养公道。)

㉖ 整段(p. 238)都在处理"意志"(voluntas)各方面的问题,并对私意和公意作了区分。

㉗ "Eius namque voluntas in his vim debet habere iudicii; et rectissime quod ei placet in talibus legis habet vigorem, eo quod ab aequitatis mente eius sententia non discordet...Judex etenim incorruptus est cuius sententia ex contemplatione assidua imago est aequitatis. Publicae ergo utilitatis minister et aequitatis servus est princeps, et in eo personam publicam gerit. "(在这方面,他的意愿必须有审判的效力。而他在这些法律中所决定的必须有效力,因为他的判断不离开公道的思想……他是一个不腐败的审判者,而他的审判出于长期的沉思是公道的反映。君王是公益的仆人和公道的助手,而在自己身上戴着公共的身份。)

曼无名氏一样,他对于作为私人的君主也没有特别的兴趣,至少对这样一种联系没有兴趣,因为每一个私人无论如何都处在法律之下。他感兴趣的是"公共人格",这个奇异的观念来自于罗马法,构成了中世纪晚期及之后的政治神学的关节点。在这里所讨论的索尔兹伯里的约翰《论政府原理》的论述中,可以发现君主的"公共人格"本身存在的内在紧张感:君主作为一个公共人,同时"绝对地合法"与"受法律约束",同时是"公道的形象"和"公道的仆人",同时是法律的主人和奴仆。这种双重性根植于这个职位本身,这个结论是索尔兹伯里的约翰几乎必定要得出的,因为他立论的基础是来自国法大全的两套互相对立的法律,《君王法》(*lex regia*)与《尊荣法》(*lex digna*),我们接下来就要加以讨论。[28]

或许可以说,索尔兹伯里的约翰笔下的君主,不是一般意义上的人。他是"完美型",只要他做君主而非暴君。他就是——以一种典型的中世纪方式,但同时又在一种新的法学意义上——正义的观念,本身受制于法律,但同时高于法律,因为它就是一切法律的终点。不是君主在统治,而是正义通过[97]或者在一个君主里面统治,君主则是正义的工具,同时,尽管索尔兹伯里没有在这个意义上引用查士丁尼,但君主同时也就是活的法律(*lex animata*)。

所有这些内容,在今天看来可能都显得模糊不清、模棱两可。但是,在这种模棱两可中,我们可以看出通过法律所反映出的国王的双重人格,以及国王的中保身份如何从礼仪领域转移到法学领域。

二、弗里德里希二世

正义之父与正义之子(PATER ET FILIUS IUSTITIAE)

到了索尔兹伯里的约翰之后两代人,法律思维毫无疑问已经压倒了礼仪的灵性(the spirit of the liturgy);现在,法学觉得可以来创建属于自己的世俗灵性(secular spirituality)了。

---

[28] *Lex digna* 引自 IV, c. 1, Webb, 237, 1ff。关于《君王法》与《尊荣法》见下文。

在伟大的法律汇编《西西里法典》(*Sicilian Constitutions*),即《皇帝之书》(*Liber augustalis*)中,我们发现了一种出自法律本身的新"混合人格"模式的经典表达(*locus classicus*)。这部法律汇编是弗里德里希二世作为神圣罗马帝国皇帝颁布的,尽管实质的身份是西西里国王——一位真正有能力"在本王国内做皇帝"(*imperator in regno suo*)的国王。㉙这部法律书的第一编 31 节(Title I, 31)题作"论正义之遵守"。㉚这是一个法学和哲学性质的讨论,内容同时涉及皇帝立法权的起源,以及皇帝保护和遵守法律的义务。当然,这些是那个时代的法律家常常要处理的问题,而关于被认为是"正义源泉"的君主在总体上的特权和义务,[98]是没有疑问的。㉛不过,《皇帝之书》以简洁明了的方式对通行的观念和原则进行了重述。弗里德里希的声明所蕴含的那种庄重的措辞,看起来产生了足够的影响力,以至于注释家伊塞尼亚的安德烈(Andreas of Iser-

㉙ 弗里德里希二世在自己的王国内作为皇帝颁布了他的法律,事实上他是 13 世纪唯一一位真正依照"国王在本国内是皇帝"(*Rex est imperator in regno suo*)的法律格言或类似说法的字面意义行事的君主。关于该原则在西西里王国的发展,见最近的研究 Francesco Calasso, *I glossatori e la teoria della sovranità*(2nd ed., Milan, 1951),作者(26ff)考察了早期的文献,并(179ff)重刊了 Marinus de Caramanico 对 *Liber augustalis* 注释的前言;另参 *Liber aug.*, ed. Cervone, pp. xxxiii—xl;当然,同样的观念发展也可见于 Prologue of Andreas of Isernia's *Lectura* on the *Liber aug.*, ed. Cervone, pp. xvii—xxxii. 关于这个短语及其类似说法的起源,见 Sergio Mochi Onory, *Fonti canonistiche dell'idea moderna dello stato*(Pubblicazioni dell' Università del Sacro Cuore, XXXVIII, Milan, 1951),有极好的澄清;进一步请参非常重要的贡献(在 Mochi Onory 没有用到的法律材料基础上)和纠正,Gaines Post,"Two Notes on Nationalism in the Middle Ages: II. Rex Imperator," *Traditio*, IX(1953), 296-320;以及他的研究"Blessed Lady Spain-Vincentius Hispanus and Spanish National Imperialism in the Thirteenth Century," *Speculum*, XXIX(1954), 198-209。

㉚ *Lib. aug.*, I, 31, ed. Cervone, 81(我会一直使用这个版本,因为其中有注释的缘故);参见 Huillard-Bréholles, IV, 33; also Theseider, *L'Idea imperiale*(参较下文注 44), 179。

㉛ *Lib. aug.*, I, 38, Cervone, 85f, 论到 *magister iustitiarius* 和 *Magna Curia* 中法官的职位。该法的序言遵循了 *C.* 1, 17, 2, 18;最后一句("a qua[sc. Curia], velut a fonte rivuli, per regnum undique norma iustitiae derivetur")重申了一个法学家们所使用的隐喻(参见 *Erg. Bd.*, 84f),例如 Placentinus,Thomas of Capua,还有 Bracton,他是引自 Azo, *Summa Institutionum*, on *Inst.* I, 1, rubr. (Lyon, 1530), fol. 268ᵛ, ed. Maitland, *Bracton and Azo*(见下文注 175), 18。不过,法学家们说:"Ex iustitia omnia iura emanant"(一切的法都是从正义流出),暗示 *Magna Curia* 或皇帝本人(下文注 133)扮演了正义的形象。很重要的是,*fons iustitiae* 的隐喻在何种程度上在法国绝对主义的晚期理论中得到了重申;参见 William farr Church, *Constitutional Thought in Sixteenth-Century France*(Harvard Historical Studies, XLVII; Cambridge, 1941), 38, n. 50, also 53, n. 30, and passim。

nia)惊呼:"这部法律,写得真是美丽啊"(*Pulchre dictata est haec lex*),[32]
稍晚的另一位注释家马太乌斯·德·阿弗利克提斯(Matthaeus de Af-
flictis)则因这部法律语词的高雅,建议年轻人应该把整篇都背下来。[33]
在这部法律中,皇帝追溯到罗马人民拥有的古老立法权,并宣称:[34]

> 人民通过仔细的商议和明智的斟酌,通过《君王法》(*lex re-*
> *gia*),向罗马君主同时授予了立法的权利和统治权(*imperium*),这
> 样,同一个人(依其权力统治……人民)就可以同时构成正义的来
> 源和对正义的保护。[35][99]因而,出于可证明的功用和必要性的理

---

[32] On *Lib. aug.*, I,31, Cervone, 81; see also,(*ibid.*) the gloss of marinus de Caramanico:
"et pulchra est haec constitutio, et continet ius commune."

[33] Matthaeus de Afflictis, *In Utriusque Siciliae Neapolisque sanctiones et constitutiones novissi-*
ma praelectio(Venice, 1562), I, fol. 147[r], on *Lib. aug.*, I,31,rubr.:"Ista constitutio est
multum elegans, et tota esset memoriae commendanda a iuvenibus, et continet ius com-
mune."(这部宪章非常优雅,青年应该全部背下来,而且它包含公法。)参较上文注 32。

[34] "Non sine grandi consilio et deliberatione perpensa condendae legis ius et imperium in Ro-
manum Principem lege regia transtulere Quirites, ut ab eodem, qui commisso sibi Cae-
sareae fortunae fastigio per potentiam populis imperabat, prodiret origo iustitiae, a quo
eiusdem defensio procedebat. Ideoque convinci potest non tam utiliter quam necessario
fuisse provisum, ut in eiusdem persona concurrentibus his duobus, iuris origine scilicet et
tutela, ut a iustitia vigor et a vigore iustitia non abesset. Oportet igitur Caesarem fore ius-
titiae patrem et filium, dominum et ministrum: Patrem et dominum in edendo iustitiam et
editam conservando, sic et in venerando iustitiam sit filius, et in ipsius copiam ministran-
do minister."(在大会商量和商榷后,罗马人民才通过《君王法》而把立法的权利和权柄
授予罗马君主。这样,这个君主——他接受了皇帝的地位和命运并以权力对人民进行统
治——正义的来源由于他,而对正义的保护也由于他。因此可以肯定地说,下面的事实
不仅仅是有益的,而且是必然的:在一个人身上汇合两个因素,即正义的来源和其保护,
这样不让正义缺乏力量,也不让力量缺乏正义。因此皇帝必须同时是正义之父和正义之
子,同时是正义之主和正义之仆:一方面,他在规定[edendo 或译"创设"]正义和保护所
规定的方面是父亲和主人,而在尊敬正义这方面,他是儿子,在管理正义的丰富内容方
面,他是仆人。)

[35] 参较 *Quaestiones de iuris subtilitatibus*, I, 16, ed. H. Fitting(Berlin, 1894), 56:"Qui
enim nomen gerit inperii,(imperii?)gerere debet auctoritate quoque eiusdem, qua tuen-
da sunt eadem iura, que sunt ab ea profecta."(具有统治权名义的人也必须掌握其权
威性,通过这种权威,他所颁布的法律才受到保护。)关于这本 12 世纪论章的作者,
见下文注 57。这个段落也刊行于 Sergio Mochi Onory and Gianluigi Barni, *La crisi*
del Sacro Romano Impero:Documenti(Milan, 1951), 150,看起来是作为无名作者的
作品。

由,就作出规定,使一个人同时成为正义的源泉和正义的保护,以免强权(Vigor)消除正义,或者正义消除强权。㊱所以,恺撒就必须同时是正义的父和子,她的主人和仆人:作为父亲和主人,创设正义,并保护被创设的内容;同时,以类似的方式,他又应当出于对正义的尊崇,成为她的儿子,并在施行和实现正义的过程中,成为她的仆人。

尽管"正义的父和子"这个矛盾语词(antiphrasis)看起来是个新的程式(formula),但这一类"观念的父母"的比喻则是那个时代法学家格言的共有财产。皇帝是"法律之父"(*pater legis*),正义是"法之母"(*mater iuris*),法本身是"正义之子或仆人"(*minister vel filius Iustitiae*):所有这些都可以在当时的法律文献中找到。㊲有可能,除了明显的反合性(paradox),主要是由于这些比喻非常关注活着的皇帝的人格,于是令《皇帝之书》有了一种独特的语言环境。另外,在弗里德里希庄严雄壮的宣告中,看起来有两个运行轨道重叠在一起,一个是法律的,另一个是神学的。毕竟,这份文件是出自一个被称为"法学追赶神学"的运动

㊱ 罗马法的影响不仅表现在《君王法》和人民这些方面。关于强权(*vigor*)和正义(iustitia),参见 *C.* 10,1,5,2,包括对这段的 *Glos. ord.*,v. *vigorem*:"id est principem, qui est vigor iustitiae, unde dicitur lex animata(= *Nov.* 105)."(就是说君主是正义的力量,因此他被称为"活的法律"。)这仍然是标准解释;参见,例如,Andreas de Barulo, on *C.* 10,1,5,n. 5(*Commentaria super tribus libris Codicis*,Venice,1601),p. 6;"Imperator est vigor iustitiae...(reference to *Nov.* 105),ubi dicitur lex animata. Et iura dicuntur ab eo oriri... et in pectore suo esse...Et pater est legum...."(皇帝是正义的力量……[引用 *Nov.* 105]他在那里被称为"活的法律"。种种法的起源在他那里……,种种法在他的心中……而他是种种法律之父……)《皇帝之书》所诉诸的更多是这部法律,而不是著名的习语,说君主的意志就具有法律的效力(*voluntas legis habet vigorem*)。

㊲ 关于"法律之父",参见 *Nov.* 12,4;"...aestimavimus recte se habere nos tamquam legis patres"(我们认为我们正当地视他们为法律的父亲们),包括 *glos. ord.*,v. *Patres*:"Nota imperatorem vocari patrem legis, unde et leges sunt ei subiectae,"然后又是(参见上文注36)*Nov.* 105 的一个说法(皇帝是"活的法律")。注释家也反复提到"法律之父"这个词;例如,参见 *Glos. ord.* on *Nov.* 99,2,v. *Dicimus autem*,以及下文注38。关于作为"法之母"的正义,参见,for example,*Glos. ord.* on *D.* 1,1,1,另见下文注 60,69;这个形象一再反复出现;例如,参见 Ullmann,"Baldus," 389,n. 9。关于"仆人和儿子",参见 *Glos. ord.* on *D.* 1,1,1,v. *Et iure*:"ius iustitiam prosequitur ut minister vel filius."(法追随正义,正如仆人或儿子一样。)

浪潮达到顶峰的时代。所以,在一项皇帝的法律中,出现一种半神学的背景音并不是太出人意料的状况;就这一点而言,它当然也没有逃过后来的一位西西里法律书注释者的耳朵:马太乌斯·德·阿弗利克提斯写道,皇帝按照"圣父与圣子的榜样"(*exemplo Dei patris et filii*)行事,这位作者在这个地方还提起,按照罗马法,皇帝是"法律之父"和"活的法律"。[38]

[100]但是,所有这些并没有解释清楚《皇帝之书》所创造的这个矛盾语词,以及,皇帝作为一个"中保",作为正义之父和正义之子,如何被确定地呈现为"同时比自己更大和更小"(*et maior et monor se ipso*),并且正义本身由此被赋予了某种中保身份:按照隐含的意义,她同时是皇帝之母和皇帝之女。这段话独特的措辞并没有得到罗马法的证实。对我们而言,这段话在更大程度上依然是某种应用于君主,或者也可应用于神职人员的赞美之辞,后者有时候也被称为"教会之子和教会之父"(*filius et pater Ecclesiae*)。[39]不过,这个用来描述君主与正义之间关系、貌似矛盾的说法,可以很容易地在弗里德里希同时代人的脑海中引发其他联想:他们不仅习惯于听到把童贞女(Holy Virgin)称颂为"她儿子的母亲和女儿"(*Vergine madre, figlia del tuo figlio*),而且还听到将基督本人称颂为其童贞母亲的父和子:"我是你的父,我是你的子",华斯(Wace)就这样唱道,他不过是在表达一大批诗人在许多变体中重复

㊳　Matthaeus de Afflictis, on *Lib. aug.*, I, 31, n. 8, fol. 147ᵛ:"…exemplo Dei patris et filii, ut patet in psal. LXXI: 'Deus iudicium tuum regi da et iustitiam tuam filio regis.' Et ideo dicitur[imperator]*lex animata in terris*, ut in Auth. De consulibus. §. fin. [＝*Nov.* 105, 2, 4], et *pater legum*, ut in Authen. De fide instrum. In princ. [＝*Nov.* 73, praef., 实际上是一个错误的说法;参见 *Nov.* 12, 4, 以及上文注 37]."(对于父与子上帝的样式,如在诗篇 71 所示:"上帝啊,请将你的判断赐给国王,将你的正义赐给国王的儿子"。所以说,皇帝是地上的"活的法",参见 Auth. De consulibus,并称他为"诸法之父",参见 Authen. De fide…)

㊵　A. L. Mayer(见下一条注), p. 65, 引用 Froumund of Tegernsee's *susceptaculum* for emperor Henry II: *filius ęcclesię… pater aecclesię*;参较 *Die Tegernseer Briefsammlung*, ed. Karl Strecker(*MGH*, *Epist. sel.*, III; Berlin, 1925), No. xx, p. 57;还有一件为某位 Count Theobald 而作的铭文,见 Zürich MS(C. 58/275, fol. 8ᵛ): *Ecclesiae matris filius, immo pater.* 看起来最有可能的是,这些神职人员同时被誉为教会之子和教会之父,即他们所在堂会的父亲。

的主题罢了。㊽

从这一点可以推出,借助于[101]"正义的父与子"这个说法,这位享有皇权的立法者意图将自己置于基督的位置上,或者,向童贞女正义(virgin Justice)赋予——法学家们有时会引用维吉尔弥赛亚式的《牧歌》(Eclogue)以及其他古典作者所说的"童贞女阿斯特莱雅"(Virgo Astraea)——童贞女玛利亚的地位,尽管,不可否认在寓意解释中任何形式的对等替换(quid pro quo)都是可能的。㊶皇帝的矛盾语词属于另

㊽ 关于这个矛盾语词的丰富材料已经有仔细的收集和研究,见 Anton L. Myer,"Mater et filia," *Jahrbuch für Liturgiewissenschaft*, VII(1927), 60‑82(还可以加上 *Toletanum*, XI: *ipse et pater matriset filius*; A. Hahn, *Bibliothek der Symbole und Glaubensregeln der alten Kirche*[2nd ed. , Breslau, 1877], 176),表示(81f)这种说法,尽管在早期非常罕见,尤其在东方,但到 12 世纪,因为对圣玛利亚的新崇拜而变得非常普遍(因此有上文所引 Dante's *Paradiso*, XXXIII, 1 中 St. Bernard 所说关于童贞女的话),由此,达到了"哥特时代"的高峰;参见 p. 78 for Wace's *Je suis ton fil, je suis ton père*. 另参 Helmut Hatzfeld,"Liturgie und Volksfrömmigkeit in den südromanischen Dichtersprachen," *Jahrbuch für Liturgiewissenschaft*, XII(1935), 72. Jungmann, "Arianismus," 81, n. 31, qutes L. E. Wels, *Theologische Streifzüge durch die altfranzösische Literatur*(Vechta, 1937), I,33‑51(我未能取得该文献),他认为这个矛盾语词基本上属于撒伯流主义。但是,如果我们记得,童贞女玛利亚同时也被视为教会的象征,那么这个矛盾语词也暗示了基督是"教会之母的儿子,同时也是她的父亲"(*Eccliesiae matris fillius, immo pater*)(见上文注39)。

㊶ 关于 *Astraea*,例如,参见 Baldus, on c. 34 X 1, 6(*Venerablilem*), n. 13, *In Decretales* (Venice, 1580), fol. 78ᵛ, quoting Huguccio:"dicit Ugutio quod Astraea, id est, iustitia que de coelo descendit, dicta est ab astris, id est, a stellis, quia lumen suum naturaliter communicat universae creaturae."(Huguccio 说,阿斯特瑞阿,即正义,从天而降,她被说成是来自星星,即星辰,因为正义如同星星很自然地将自己的光传送给一切受造物)寓意解释中的错误并不罕见。在 *Gesta Romanorumi*, c. 54, ed. Oesterley(Berlin, 1872), 349f 中,对于弗里德里希二世的卡普亚凯旋门塑像,王座两边似乎有一男一女(美德?),按照如下方式解释:"Carissimi, imperator iste est dominus noster jhesus Christus, porta marmorea est sancta ecclesia...In qua porta sculpta est imago...[scil. Imperatoris]cum duobus collateralibus, i. e. cum Maria matre Jhesu et Johanne evangelista, qui designant nobis eius misericordiam et iustitiam."(最亲爱的诸位! 那位皇帝是我们的主耶稣基督,而大理石的门是圣教会……在这个大门也有雕刻的像并且在旁边有两个人的像,即耶稣的母亲玛利亚和福音圣使约翰,他们为我们显示他的仁慈和正义。),因此,这位作寓意解释的教士就是按照"耶稣降临"(Deésis)的圣像构图来解释这三个人物。参见 Carl a. Willemsen, *Kaiser Friedrichs . Triumphtor zu Capua*(Wiesbaden, 1953), 68f, 103, n. 222,没有解决这个问题,也没有在另一个重要问题上纠正我;参见 *Kaiser Friedrich II.*, 486, and *Erg. Bd.*, 210f. 关于更晚的时期,参见 Frances A. Yates,"Queen Elizabeth as Astraea," *Warburg Journal*. X(1947), 27‑82,收集了关于 *Virgo Astraea*, *Virgo Maria*, *Virgo Regina* 三个人物的有趣材料;特别参见 pp. 75 and 62 以及 pl. 20a,其中正义(转下页注)

一个思想世界。这个词的出现，正值"法学家的世纪"在总体上达到思想高潮，并且恰好在这个时候，在弗里德里希的"大王廷"（*Magna Curia*）中，是由法官和律师像教士那样负责施行正义；在大王廷中，这个高等法庭在开庭时有着堪比教会礼仪的繁文缛节，得名"正义最神圣的施行处（奥秘）"（*Iustitiae sacratissimum ministerium* [*mysterium*]）；在那里，法学家和廷臣将"正义崇拜"解释为"法的宗教"（*religio iuris*）和"帝国教会"（*ecclesia imperialis*）的措辞，将其同时表现为教会秩序的补充和实现型；在那里，可以这样说，法律官员（law clerk）的袍子盖在圣职人员（ordained cleiric）的袍子外面；在那里，皇帝本人，"伟大造物主所创造的人"，被称为"正义的太阳"（*Sol Iustitiae*）。[42]在[102]这种政治神学，或者说政治-宗教混合物之中，《皇帝之书》——由出身于博洛尼亚大学的法学家和文体学家维尼亚的彼得

（接上页注）女神被描绘为处于两位德天使之间，穿了一条类似于以利沙伯的裙子。关于一件出自 Stable 的 12 世纪珐琅器，表现玛利亚或教会等候正义女神，见下文注 73。

[42] 关于这段小结所说的材料，一般性研究，参见 *Erg. Bd.*，88ff。关于法学家作为"正义的祭司"（*sacerdotes iustitiae*），见下文注 94 以下，关于"法学家基督"（*Christus iurisconsultus*），Hermann Kantorowicz, *Studies in the Glossators of the Roman Law* (Cambridge, 1938)，21。关于"正义的奥秘"（*mysterium iustitiae*）（*erg. Bd.*，88）以及对"施行"（*ministerium*）和"奥秘"（*mysterium*）的互换使用，参见 F. Blatt, "Ministerium-Mysterium," *Archivum latinitatis meddi aevi*, IV(1928)，80f, 以及我的研究"The Absolutist concept *Mysteries of State*, and its Late Mediaeval Origins." *Harvard theological Review*, XLVIII(1955)，71, n. 22。关于"法的宗教"（*religio iuris*），见下文注 159, 关于"帝国教会"（*ecclesia imperialis*），*Erg. Bd.*，208。关于 Vinea 提到皇帝"pacator iustissimus, quem supremi manus opificisformavit in hominem"，参见 Petrus de Vinea, *Epistolae*, III, 44, ed. Simon Schard(Basel, 1566)，469, ed. Huillard-Bréholles, *Vie et correspondance de Pierre de la Vigne*(Paris, 1865)，426, no. 107, 关于这一时期历史的一些评论，见我的研究"Kaiser Fredrich II. Und das Königsbild des hellenismus," *Varia Variorum*: *Festgabe für Karl Reinhardt*(Münster and Cologne, 1952)，171-174。关于弗里德里希二世作为"正义的太阳"（*Sol Iustitiae*），参见 Huillard-Bréholles, VI, 811, 以及我的研究"Dante's Two Suns," *Semitic and Oriental Studies Presented to William Popper*, ed. W. J. Fischel(Berkeley and Los angeles, 1950)，221f, 227ff;关于这个头衔用在法国国王身上，参见 Berges, *Fürstenspiegel*, 263; Johannes Haller, *Papsttum und Kirchenreform*(Berlin, 1903)，I, 470, n. 1。另外请参最近发现的 Nicholas of Bari 写弗里德里希二世的牧歌，Necholas of Bari, ed. Rudolf M. Kloos, "Nikolaus von Bari, eine neue Quelle zur Entwicklung der Kaiseridee unter Friedrich II. ," *DA*, XI(1954)，166-190, esp. 169ff.

(Petrus de Vinea)撰写[43]——里的语言绝对享有一席之地。

不过,弗里德里希的皇帝"统治权(rulership)的神学",尽管充斥了教会论思维、沿用了教会法词汇、并混合了半基督论语言,以表达政治的秘传之道(arcana of government),但却不再依赖于一种以基督为中心的王权的观念。弗里德里希及其法律顾问的主要论辩,来自于、或者取决于法律——更准确地说,罗马法。事实上,皇帝作为"正义的主人和仆人"这样的双重职能来源于《君王法》(lex regia),或者与之有联系。引自《皇帝之书》的段落以一种毫不含糊的方式表明了这一点;亦即,它源于古代罗马人民的著名法律,用来向罗马元首(princeps)授予治权(imperium)以及有限的法律创设权和法律撤销权。[44]随之而来的,是一种严格以法律为中心的意识形态开始取代之前几个世纪占统治地位的奥秘式的"效法基督"(christomimēsis)。

[103]在这里我们需要考虑一种很出名的观点,即认为《君王法》既可以解释为民众主权的基础,也可以解释为绝对君权的基础,这两种可能性同时存在。在查士丁尼的《法学总论》(Institutes)和其他一些地方,都引用了《君王法》,以证实这样一种主张,即在许多种立法形式以外,"能使君王高兴的也(et!)具有法律的效力"。[45]不过,在查士丁尼的

---

[43] Hans Niese, "zur Geschichte des geistigen Lebens am Hofe Kaiser Friedrichs II. ," *Hist. Ztschr.*, CVIII(1912), 535, 强调Vinea"撰写了'皇帝之书'中的所有法律",我现在比之前更加同意他的看法。博洛尼亚大学确实讲授修辞性的"混合",并倾向于建立涉及一切科目的"各种神学"(政治神学,科学神学以及修辞的神学);参见我的研究"An 'Autobiography' of guido Faba," *Mediaeval and Renaissance Studies*, I(1941-1943), 253-280。

[44] 不错的《君王法》节选,参见 Eugenio Dupré Theseider, *L'Idea imperiale di Roma nella tradizione del medioevo*(Milan, 1942), 255ff. 更老的文献,参见 *Erg. Bd.*, 85ff;另参 Karl Jordan, "der Kaisergedanke in Ravenna," *DA*, II(1938), 110ff; F. Schulz, "bracton on Kingship," *EHR*, LX (1945), 153ff; Ullmann, *Lucas de Penna*, 48ff。

[45] 关于引用到 lex regia (D. 1,4,1,1, and C. 1,17,1,7)的段落,最近有讨论,并涉及到中世纪的问题,见 schulz, "Kingship," 154ff;常常被忽视的"et"(Inst. 1,2,5; Gaius' Institutions[cf. 1,1,3,5]在中世纪为人所知的唯一来源的查士丁尼的国法大全)一词的重要性得到了强调,见 Max Radin, "Fortescue's De Laudibus: A Review," *Michigan Law Review*, XLIV(1944), 182。关于 lex de imperio Vespasiani,(论维斯帕芗统治的法律)参见 S. Riccobono, *Fontes iuris romani antejustiniani*(Florence, 1941), I, 154ff, No. 15(含参考文献);另参 Theseider, *op. cit.*, 256;该法限制皇帝撤销那些在奥古斯都及其后的继承者的时代已经成为惯例的案例。这个铭文在中世纪不为人所知,直到 Cola di Rienzo 重新发现了它;参见 Burdach, *Rienzo und die geistige Wandlung seiner Zeit* (berlin, 1913), 304ff, and passim。

法典中存在不一致和含混，以至于无法清楚地说明，《君王法》意味着一般性地（in genere）、完整和永久地将权力转移（translatio）给皇帝，还是只不过个人性地（in persona）、有限和可撤销地授予（concessio）个别的皇帝。⑯正是这种含混性，在中世纪晚期引出了一种解决方案，就是建构出一种双重主权，人民的"实际尊威"（maiestas realis）和君主的"个人尊威"（maiestas personalis）。⑰弗里德里希二世并没有达致这样一种双重性。他也没有发展到他所在世纪末的那种原则，即将统治者的地位描述为同等地源于人民和上帝，"人民创设，上帝默示"（populo faciente et Deo inspirante）。⑱他也没有在帝国和皇帝之间作出区分，就像他的同时代人阿库尔修斯（Accurisius）所暗示、皮斯托亚的居努斯（Cynus of Pistoia）后来所强调的那样："皇帝来源于人民；但帝国来自于上帝，并且，因为皇帝统治帝国，故他被称为神圣。"⑲弗里德里希或许[104]已经预示了这些说法的本质和主要意思；但是，他从未设计或使用过这些说法，而这些说法实在也算不上是他的。此外，论到他作为立法者的权力，他所依赖的是自己那个时代的罗马法专家，而后者在总体上否认人民享有独立的立法权，因为他们认为君主是唯一合法的立法者，也是法律最终的解释者。不过，无论如何，弗里德里希二世从《君王法》中引申出了一种双重的责任，他在一个清晰的句子中表达了这个观点，与索尔兹伯里的约翰类似，他也认为恺撒同时是"正义的父和子"。

　　弗里德里希关于统治者与法律之关系的解释，其基础，就查士丁尼

---

⑯ *Inst.* 1,2,5：*potestatem concessit*；*C.* 1,17,1,7：*translata sunt.* 关于这个问题，参见 E. Schoenian, *Die Idee der Volkssouveränität im mittelalterlichen rom*（Leipzig, 1919），esp. 17 and 58ff; also A. -J. Carlyle, "The Theory of the Source of Political Authority in the Mediaeval Civilians to the Time of Accursius," *Mélanges Fitting*（Montpellier, 1907），I, 181-194, 他正确地将法学家的争议与习惯法与制定法的冲突联系在一起。

⑰ Gierke, *Gen. R.*, IV, 215ff, 315ff, and passim.

⑱ John of Paris, *De potestate regia et papali*, C. XIX, ed. Dom Jean Leclercq, *Jean de Paris et l'ecclésiologie du XIIIe siècle*（Paris, 1942），235, 11；见下文第六章注 51 以下。

⑲ *Glos. ord.*, on *Nov.* 73, rubr. 1, v. *De caelo*（下文第六章注 53）. 关于 Cynus, 参见 Theseider, *L'Idea imperiale*, 262；Ullmann, *Lucas de Penna*, 175. Cynus 做了一个清晰的区分，皇帝是"来自人民的"（a populo），而帝国是"来自神的神圣事物"（divinum a Deo），后者是通行的定义。

法典的范围而言，不仅在于他常常提及、并在自己的法典和书信中给予突出地位的《君王法》，(50)同时也在于《尊荣法》。这项法律，注释家们习惯于将其与《君王法》联系在一起引用（在这一点上，索尔兹伯里的约翰也不例外），并没有去除其中的含混性，甚至也没有减轻之。发布《尊荣法》的提奥多修斯（Theodosius）皇帝和瓦伦丁尼（Valentinian）皇帝作了一个声明，表示君主在道德上甚至有责任遵守这类在法律上并不约束他的法律；但是，他们的意图并不是要无保留地使自己受法律的约束，或者否认皇帝"不受法律拘束"（*legibus solutus*）的主张。不过，《查士丁尼法典》6世纪的汇编者在收录该法令时，于概要中表示，皇帝受到法律更具实质性的约束：

> 当君主说自己受法律约束时，这对于统治者而言是一句配得起尊荣的话：我们的权威是如此仰赖于法律的权威。诚哉斯言，为王侯者顺服法律，相比治权更加伟大。(51)

[105]中世纪的法律家们不可能不注意到格言"君主不受法律拘束"（*princeps legibus solutus*）与"君主受法律拘束"（*princeps legibus alligatus*）之间的对立。通过这个对立，以及其他思考，就促使了索尔兹伯里的约翰将君主同时解释为"公道的形象"（*imago aequitatis*）和"公道的仆人"（*servus aequitatis*）；反过来，这样的处理在他看来又反映了圣经中的榜样，亦即，基督，尽管是万王之王，"却生在律法以下，成就了一切

---

(50) 请参 *Erg. Bd.*, 86 and 183。

(51) *C.* 1,14,4："Digna vox maiestate regnantis *legibus alligatum se principem profiteri*：adeo de auctoritate iuris nostra pendet auctoritas. Et re vera maius imperio est submittere legibus principatum."简短精炼的评论，参见 Schulz，"Kingship，" 160f，按照他的说法，斜体的字是后来的汇编者插入的。我对最后一句话的翻译与 Schulz 教授提供的译法（p. 161）不同，他把 *maius imperio* 翻译为"对皇帝而言这是更高贵的"（*imperium* = *imperator*）。我更喜欢按字面的翻译（*imperio* 是修饰 *maius* 的独立夺格结构），因为这个译法保留了 *imperium-principatus* 的对照，在我看来这是整句句子的中轴。另参 W. Ensslin，"Der Kaiser in der Spätantike，" *Hist. Ztschr.*，CLXXVII（1954），465.《尊荣法》的内容也以经改写的形式出现在弗里德里希的儿子、亨利（七世）国王于1228年发布的一份会议记录（arenga）中；参见 J. F. Böhmer，*Acta imperii selecta*（Innsbruck，1870），I，283，No. 326，该文件应读作 *digna voce*（尊贵的话）。

律法的义,出于自愿而非必须(*non necessitate,sed voluntate*)顺服了律法。因为律法的内容就是他的意愿。"㉜

大致上,这就是许多中世纪法律家在试图调和看起来无法调和的《君王法》与《尊荣法》格言时所诉诸的权宜之计。他们指出,皇帝,尽管依法不受法律的约束,但却自愿按照法律来生活、使自己受法律的约束:他对于法律的服从被认为是一种"意愿"(*velle*),而非"本质"(*esse*)。㉝弗里德里希二世遵循了传统的法律解释。有一次,他也引用了《尊荣法》,自愿承认某种更高的裁判,并正式地阐述了这种他认为自己有责任遵守的法律。他写信给罗马元老院和人民,这样说:

> 统治万王、力量无限的理性,以及,力量无限的自然,二者都使朕负有在统治期间拓展这城市荣耀的责任……依照罗马法,朕[106]以最为配得[尊荣]的言语申明职责……因为,尽管朕的皇帝尊荣不受任何法律的约束,但无论如何,不能超越那作为一切法律之母的理性的裁判。㉞

㉜ 法学家和政治哲学家通过将《尊荣法》与"不受法律拘束"的法律格言联系在一起,来解决这个困境的做法很常见;参见,例如,Azo, *Summa Instit.*, prooem. ("Quasimodo geniti," 作者是 Boncompagno), fol. 267ᵛ: "Licet romanus princeps sit legibus solutus, tamen digna vox ex maiestate regnantis legibus alligatum se principem profiteri." (罗马君主被允许不受法律约束,但是,君主宣称自己受法律约束,这对于统治者而言是一句配得起尊荣的话)另参 Carlyle, *Political Theory*. V, 97, and 475f; A. Esmein, "La maxime *Princeps legibus solutus est* dans l'ancien droit public français," (君主不受法律约束的准则存在于古代法国公法之中) *Essays in Legal History* (Oxford, 1913), 203, n. 1; 208, n. 4; 209, n. 1. 关于弗里德里希二世,另参下文注 54。有时候,解决这个困难是通过指出基督的榜样,尽管他是万王之王(*Rex regum*),却服在律法(法律)之下;参见,例如,John of Salisbury, Policraticus, 523bc, ed. Webb, I, 252, 6ff: "...sicut Rex regum, factus ex muliere, factus sub lege, omnem implevit iustitiam legis, ei non necessitate sed voluntate subiectus; quia in lege voluntas eius." (正如万王之王,出自女人,服在法律之下,他成就了一切法律的正义,这不是必须的,而是自愿的;因为他的意愿就在法律之中。)

㉝ Schulz, "Kingship," 168(including n. 6) and 163, n. 1; 参上文注 52,关于索尔兹伯里的约翰。另参 Esmein, *op. cit.*, 203, n. 1。

㉞ "Ad extollendum imperii nostri temporibus decus Urbis...et ratio prepotens, que regibus imperat, et natura nos obligat, et civiliter obligatos voce dignissima profitemur...Sed quamquam soluta imperialis a quibuscumque legibus sit maiestas, sic tamen in totum non est exempta iudicio tationis, que iuris est mater." (同引文)Huillard-Bréholles, v,(转下页注)

这个声明的意思,可以理解为君主的"意志接受理性的指导"(*voluntas ratione regulata*)。⑤皇帝在他的这个宣言中,突出地强调了他不受法律约束,但同时,他又承认受统治一切君王的理性的约束。这个总体上的平衡与他在法典中解释《君王法》时所设定的,以及宣称自己为正义的父与子的方式类似。这段话再次显示,皇帝,以神学性的方式,承担了中保的角色:他不受一切法律的约束;他高于实在法的拘束,而理性依照公共利益和不断变化的必要性可以在任何时候改变实在法,[107]理性是实在法的母亲,而他是父亲;但同时,理性又高于君主,因为她高于

（接上页注）162；Theseider, *L'Idea imperiale*, 187. 早期的注释家强调了每一个权威都要顺服理性；例如,12 世纪的 *Quaestiones de iuris subtilitatibus*, IV, 4, ed. Fitting, 58："dicat ipsa Ratio, qua et ipse nituntur auctoritates..." 参见下一条注。*Civiliter* 这个词,看起来可能含义模糊,但明显引用 *D*. 1, 1, 8："viva vox est iuris civilis," 这样我们就必须考虑 *digna vox* 与 *vivā vox* 发生异文的情况；关于与 *viva vox* 相关的法律,参见 Steinwenter, "Nomos," 266f, 关于 *ius civile* 与 *lex digna* 的组合, Boncompagno, *Rhetorica novissima*, IX, 5, ed. Gaudenzi, *Bibliotheca juridica medii aevi*(Bologna, 1892), II, 289. 我们碰巧有一则弗里德里希大王廷法官所做的注释, Guillelmus de Vinea, on *Lib. aug.*, III, 5, v. *iure proprio*："...quod princeps sit absolutus legibus, tamen iure privato(?) vivere debet, ut C. de leg. et cons. l. digna vox. "(君主不受法律拘束,但他仍然必须按照私[?]法而生活)参较 B. Capass., "Sulla storia esterna delle costituzioni di Federico II," *Atti della Accademia Pontaniana*, IX(1871), 439, n. 2. 引用另一位西西里人,参见 Andreas de Barulo, on *C*. 10, 8, 3, n. 1, pp. 24f："Nota quod licet Princeps sit legibus solutus, vivit tamen secundum leges, ut...de legib. digna. "(需要指出的是,君主被允许不受法律拘束,但他仍然依照法律而生活,参见……尊荣法。)

⑤ 参见 A. P. D'Entrèves, *The Mediaeval Contribution to Political Thought* (Oxford, 1939), 39, 论到托马斯主义意义上的 *voluntas ratione regulata*, and Ullmann, *Lucas de Penna*, 54f, 论到罗马法学家的原理："cum voluntas principis ab aequitate, iustitia et ratione deviet, non est lex. "(如果君主的意志离开公道、正义和常理[理性],那么[他所颁布的]就不是法律。)关于皇帝顺从理性, Baldus 后来在某种程度上成为了权威；参见 Baldus, on *D*. 4, 4, 39, n. 45, fol. 234ᵛ："magnus est Caesar, sed maior est ratio"(恺撒是伟大的,但理性更伟大)；另参 *Cons*., I, 36, n. 6, fol. 100ᵛ："Praeterea princeps potest se subicere rationi"(因为君主能使自己顺从理性。)(引用 *D*. 2, 1, 14)；另参 *Cons*., I, 333, n. 1, fol. 105ᵛ："Item princeps iura utilia potest con(ce)dere sine causa...nam ipse[princeps] et ratio idem sunt. "(同理,君主可以没有理由地[或在没有法案申请的情况下]宣布一些有益的法规……因为他就是理性。)另参 Matthaeus de afflictis, on *Lib. aug.*, I, 7, n. 37, fol. 57ᵛ, 不断引用 Baldus："...Imperator licet sit solutus legibus, tamen non est solutus a praeceptis divinis et sanctae matris ecclesiae...Item non est solutus a dictamine rationis, quia est animal rationale...Ideo princeps etiam ligatur naturali ratione.... "(君主可以是不受法律约束的,但是,他仍然受神的诫命和慈母圣教会的规范的约束……君主也受理性常规的约束,因为他是有理性的活物……因此,君主也受自然理性的约束。)

一切国王,皇帝要受她的约束:他不受法律的约束(*legibus solutus*),但受理性的约束(*ratione alligatus*)。

这项理论并不是没有危险的,因为对理性的解释可以很容易地取决于君主一人。事实上,不到一个世纪之后,这个准神性的"理性"(*Ratio*)就变成了一种"君王与国家的理性"(*ratio regis et patriae*),与"国家理性"(Reason of State)是同义词,以前本身构成目的,现在则变作一种器具,不过是治国术(statecraft)的工具。在弗里德里希二世治下,理性在许多方面已经变成了这样;不过,在法律哲学上,她仍然表现出女神的特征——表示自然(Nature)等同于上帝。⑤

作为中保的正义(IUSTITIA MEDIATRIX)

崇拜法律理性的绝对权力,弗里德里希二世和他的顾问们对此绝不陌生。法律家们,尤其是罗马法学者(他们也是非教会斯多亚主义[non-ecclesiastical Stoicism]真正的再发现者,由此开启了后来那种彼特拉克式的人文新斯多亚主义[humanistic Neo-Stoicism]),他们通常都喜欢把玩理性的概念,还有就像对待古代的诸神那样崇敬理性以及正义。这一代法律家中的翘楚,就是紧邻弗里德里希统治之前、伟大的普拉森提纽斯(Placentinus,1192 年去世),他很可能创作了一部题作《法学难题问答》(*Quaestiones de iuris subtilitatibus*)的法律对话录,其中以诗体写作的序言与我们这里的问题有关联。⑤在这个序言中,作者

---

⑤　关于创制能够引起"由于事物和时间的变化"(*per rerum mutationes et temporum*)之新法的必要性,参见 *Lib. aug.*, I, 38, ed. Cervone, 85, 序言是仿造 *C.* 1, 17, 2, 18 撰写的;这个主导的观点,早已见于 *Dictatus papae*(§7),当然一再地重复出现。关于万民法(*ius gentium*)与自然理性的对应关系,见 *Lib. aug.*, I, 16, Cervone, 35,序言:"Iuris gentium induxit auctoritas et naturalis haec ratio non abhorret, ut tutela cuilibet sui corporis permittatur"(万民法的权威性带来了这一点,而这也不违背自然理性,即批准每一个人的人身安全[的权利]。);进一步见 *Lib. aug.*, I, 31,皇帝宣称受到了理性之建议的推动("Hac igitur consulta ratione commoniti...")(因这种建议和理由所警示……)。

⑤　*Quaestiones de iuris subtilitatibus* 的编辑者 H. Fitting 认为该书作者是 Irnerius,最近,有非常有力的理由指出作者是 Placentinus;参见 Hermann Kantorowicz, *Glossators*, 181-205, 以及他的研究"The Poetical Sermon of a Mediaeval Jurist: Placentinus and his 'Sermo de Legibus,'" *Warburg Journal*, II(1938-1939), 22ff; *Sermo* 与 *Quaestiones* 的序言一样背离了诗歌的精神,这在 Irnerius 那里是非常罕见的。当然,目前无法绝对确定作者究竟是谁。

实际上是为法律女神树立起了一座文学的丰碑。[108]他假托在某座山顶一片郁郁葱葱的树林里偶然发现了"正义女神庙"(*Templum Iustitiae*),以庄重而华彩的词句描写神庙的美丽和雄伟。⑱在想象的神殿中,他看到理性、正义和公道在一起,还有六个公民美德女神(six civic Virtues)——一个"天上的筵席",所以在他看来,这超越了地上的事物。"理性"的地位最高;她的座位在正义的头上,从那里"用她星辰般的眼目,以及敏锐锋利的头脑"观看着最遥远的事物,甚至那些远远超出神庙边界的地方。正义女神(*Iustitia*),"在她那不可言说的尊荣的姿态中",⑲构成中心人物,"带着许多的叹息观察着神与人的事物。"⑳她抱着自己的小女儿公道(*Aequitas*),后者的属性反映了仁慈和善意,尝试平衡母亲拿着的天平。其他女儿,六个公民美德女神,㉑像卫士一

---

⑱ Hermann Kantorowicz, *Glossators*, 183f 也修订了 *Quaestiones*, ed. Fitting, 53f 的序言。此处所关心的并不是诗歌异象的文学体裁,这在 12 世纪的文学中是非常常见的,而是其应用于一本法学的技术性作品。另一个对"正义神殿"较少哲学性的描述见 Anselmus de Orto, *Iuris civilis instrumentum*, prol., ed. Scialoja, in: *Bibliotheca iuridica medii aevi*, II, 87;参较 Fitting, *op. cit.*, 7f.

⑲ "…michi visa est ineffabili dignitatis habitu Iustitia."(我认为正义的态度具有不可言传的尊严)作者诉诸于对正义传统的定义:"Iustitia est *habitus* mentis bonus vel bene constitutae"(正义是心灵的良好态度或是有良好规律的心灵的态度)(e. g. Azo, *Summa Institutionum*, on *Inst.* 1,1, fol, 269);参较 Fitting, *Schriften*, 160(also 34); H. Kantorowicz, *Glossators*, 60ff, 240, also 272, 16. 参见 further *Glos. ord.* on *Inst.* 1,1, v. *Iustitia*:"…quasi habitus mentis bonus. Sed Tullius sic definit: 'Iustitia est habitus animi…suam cuilibet tribuens dignitatem.'"([正义]是心灵的良好态度。但图利乌斯[西塞罗]下这样的定义:"正义是心志的这样的态度,即将尊严分配给每一个人"。)所有注释家的引文都是 Cicero, *De invent.*, II, 159。见下文注 61。

⑳ "…causas enim et Dei et hominum crebris advertebat suspiriis."([她]带着许多叹息观察上帝和人的事情)正义的忧郁是历来就有的;见下文注 64,Gellius. *Aequitas*,尽管部分与"正义"(*Iustitia*)等同,但却属于实践性的"法"(*Ius*)的领域;参较 *Glos. ord.* on *D.* 1,1, 1, v. *Iustitia*:"Ius est ars boni et aequi, ut subiicit; et iustitia nihil aliud est quam ipsa aequitas et bonitas; ergo iustitiam habet matrem."(法是善和公道的艺术,正义不是别的,就是公道和善本身:所以它[法]把正义当作母亲。)

㉑ 作者列举的六美德是 *Religio, Pietas, Gratia, Vindicatio, Observantia, Veritas*,再次与 Cicero, *De invent.*, II, 159ff(上文注 59)一致。她们是正义的女儿符合通说(根源于亚里士多德),认为所有的美德都可以归结到正义;参见 *Nicom. Ethics*, 1129b, with the Latin version by William of Moerbeke:"In iustitia autem simul omnis virtus est, et perfecta maxime virtus"(然而,正义同时包含所有的美德,以及最完美的美德);参较 Thomas Aquinas, *In decem libros Ethicorum Aristotelis ad nicomachum expositio*, ed. (转下页注)

样围绕着正义。在祭坛里面,留出了一些空间给不可进入的至圣所,内殿(*adytum*),有一道水晶墙分隔开,墙上用黄金篆刻着查士丁尼法典全文。观看者只有通过这道玻璃墙,才能"好像在一面镜子里"看到众神。在至圣所里,有"为数[109]不少可敬的人",看上去是正义女神的神职人员,都在玻璃墙前,预备好一旦某个段落在公道女神衡量法律的查验之眼中被看为不正确,就要修改那黄金篆刻的文本。[62]最后,在至圣所的外面,有一位可敬的法律教师在与听众讨论艰难的法律问题,这位法律解释家与听众之间的讨论,就是《问答》的作者在他这部博学的作品中要呈现的内容。

作者在这个为自己的著作搭建框架的故事中所描述的,实际上是一幅法学(Jurisprudence)在正义神殿内工作的图景。这幅图景本身受到了查士丁尼给特里波尼安(Tribonian)信中内容的启发,皇帝在这封信中命令"以最漂亮的工作建立起法律的事务,并且,这项工作就是,向正义献上一座适当且最为神圣的神殿";另外,他稍后写给元老院的信也有启发,他在那封信中宣称,他希望通过这数千卷的法典,表明"罗马正义(*Iustitia Romana*)的神殿已经建成"。[63]描绘这位女神时所用的其

(接上页注)R. M. Spiazzi(Turin and Rome, 1949), 246f(No. 642 是亚里士多德原文,No. 907 是托马斯的评注:"in ipsa iustitia simul comprehenditur omnis virtus"[在这个正义内同时也包括每一个美德])。另见下文注 156。

[62] Hermann Kantorowicz, *Glossators*, 185, 认为"一些可敬的人物,而且不少"(*honorabiles viri*, *non quidem pauci*)是"法律的祭司般的仆人",当然是正确的。他们看起来与 *Materia Institutionum*, ed. Fitting, *Schriften*, 148, 10 那位十二世纪的作者所说的 *galaxia*(星系)是一样的,说他们是神庙(*templum*)的居民:"Sicut quidam philosophus ait:'Qui iusticiam tenuerint, coluerint, auxerint, illum incolunt locum, quem in templo hoc medium vides,' et ostendit galaxiam."(正如某个哲学家说:那些曾经坚守、培养和扩展正义的人们居住在这个地方,即你在这个殿宇的中间位置所看到的,并指向星系)这段毫无疑问是在说"正义女神庙"(*templum Iustitiae*),尽管不太清楚 *philosophus quidam*(某个哲学家)是谁。

[63] *C.* 1,17,1,5, and 1,17,2. 20a; also the constitution *Deo auctore*(§5) preceding the *Digest.* 中世纪的法学家们常常引用和解释 *templum Iustitiae*;参见,例如,Marinus de Caramanico, on *Lib. aug.*, I, prooem., v. *Et iura condendo*, ed. Cervone, 6, 其中 Andreas of isernia, *In usus feudorum commentatiai*, praeludia, n. 16(Naples, 1571) fol. 2ᵛ, 将他自己的作品称为"正义适当和神圣的殿宇"(*proprium et sacratissimum templum iustitiae*)有趣的是,后来的法学家将"正义的祭司"(*sacerdotes iustitiae*)(即 *iuris consulti*)与神殿联系在一起,例如,Cujas, on *D.*1,1,1, *Opera*(Prato, 1839), VII, col. 11f, or (转下页注)

他一些色彩可能借自2世纪的法学家和修辞家阿乌鲁斯·格利乌斯（Aulus Gellius）。在《阿提卡之夜》（*Attic Nights*）中，他仿效斯多亚派描绘了一幅类似的"正义女神"的形象。"一位令人敬畏的贞女，有一双锐利的眼睛，高贵中透着一种可敬的忧伤"，身边伴随着格利乌斯称为"正义之大司祭"（*Iustitiae antistes*）的完美的法官。[110][64]普拉森提纽斯，或《问答》的作者，也可能受到其他来源的启发，[65]而此后的时代关于"正义神殿"的思考也极为常见。[66]不过，在这里，重要之处在于，作者不仅使用了正义神殿的比喻，而且还拟人化整合进了传统的法律哲学层级系统。在他的作品中，理性最终表明自己与自然法同等，而后者

（接上页注）François Hotman, on *Inst.*1,1（Venice, 1596）, p. 7；而 Louis d'Orléans, *Les Ouvertures des Parlements faictes par les Roys de France*（Lyon, 1620）, 399-446 将他冗长的"第二规劝（Second Remonstrance）"（1590）完全用来讨论正义神殿的主题，尤其是 *Temple eternal de la justice Françoise*（法国正义的永恒神殿，见下文第七章注 334）。另参我在 *American Journal of Archaeology*, LVII（1953）, 67 中的评论，关于这类和其他正义神殿的非建筑性质。

[64] Gellius, *Noctes Att.*, XIV, 4, 主要采用了 Chrysippus 对正义的描述："Forma atque filo virginali, aspectu vehementi et formidabili, luminibus oculorum acribus, neque humilis neque atrocis, sed reverendae cuiusdam tristitiae dignitate."（一个处女般线条的女人，让人感到振奋和恐惧，眼睛明亮而锐利，她既不卑鄙也不残暴，但是在她的高贵中透着某种可敬的忧伤）关于 *tristitia* 见上文注 60。Gellius 关于理想法官的描述，"谁是正义的大司祭"（*qui Iustitiae antistes est*），以及他对法官的要求"oportere esse gravem, sanctum, severum, incorruptum..., vi et maiestate aequitatis veritatisque terrificum"（你要庄重，神圣，严厉，廉洁...，凭借令人惧怕的真理和公道所具有的力量和尊严）对中世纪的法学家产生了相当大的影响；参见，例如，Bonaguida of Arezzo（ca. 1255）, *Summa introductoria super officio advocationis*, I, c. 1, ed. Agathon Wunderlich, *Anecdota quae processum civilem spectant*（Göttingen, 1841）, 136f，与其他人一样，他也强调了法官应当表现出"庄重"（*gravitas*）。Gellius 的这些说法显然影响了 Cujas 和 Hotman（上文注 63）以及 Guillaume Budé, *Annotationes in XXIIII Pandectarum libros*（Lyon, 1551）, 70（on *D.* 1, 1,1）。

[65] 所谓的 *Mythographus III*（12 世纪）似乎要求正义被表现为"高升在天的女性"（*puella erecta in coelum*），拥有"黄金或玻璃的，童贞女的面容"（*vultum virgineum, aureum vel vitreum*）；参较 Hans Liebeschütz, *Fulgentius Metaforalis*（Studien der Bibliothek Warburg, IV, Berlin and Leipzig, 1926）, 53。"玻璃的"面容令我们想起《问答》中的玻璃墙；不过这类"玻璃的房间[圣所]"（*cubicula holovitrea*）在异象文学中很普遍；例如，参见 *Acta S. Sebastiani*, in *Patr. Lat.*, XVII, 1045A—B, quoted by Laistner, in *Harvard Theological Review*, XXXIV（1941）, 260。

[66] 见上文注 58 以及注 62-64。

实际上与神法是一回事。(67)公道(Equity)毫无疑问属于实在法(Positive Law)的范畴,即为国家的管治而制定的人法或人定法。这样,最显赫的角色、神殿为之而设立的正义,就被放在一个居间的位置上。(68)她一人同时有分于在她之上的自然法和在她之下的实在法,她与两者又都不等同。正义,当然是每一个判决、每一个国家和每一个人类制度的目的和最终检验标准。但是,正确地说来,正义女神自己完全不是法律,尽管她体现在每一部法律中,并且在任何法律颁布之前就已经存在。(69)正义是一个观念,或者说,是一位女神。(70)[111]事实上,她是法律思想的一个"法律之外的前提"。(71)与所有观念一样,她都有一种中保的功

---

(67) *Quaestiones*, IV,6, ed. Fitting, 59,4; H. Kantorowicz, *Glossators*, 185.

(68) *Quaestiones*, IV,6:"...Iustitia quam pro officii dignitate potiori gradu collocavi."(我为了提高职位的荣耀而给了正义更高的地位。)

(69) "在法律出现之前就有正义"(*Prius fuit iustitia quam ius*)(*Glos. ord.* on *D.* 1,1,1, v. *Iustitia*)这句话一再重复出现;例如,参见 Bartolus, on *Inst.* 1,1,n. 1(Venice, 1567), fol. 68v:"Iustitia est prius quam ius sicut abstractio vel abstractum ante concretum..."(正义先于法律,正如抽象或抽象之物先于具体事物。)Similarly Baldus:"Iustitia creatoris fuit ab aeterno antequam orbis crearetur et formaretur"(造物者的正义来自不朽,在世界被创造和被形成之前)以及"[Iustitia in abstracto]est mater et causa iuris"([抽象中的正义]是法律的母亲和原因);参较 Ullmann,"Baldus," 389,n. 9, and 390, n. 16. 在 *Glos. ord.* on *Institia* 中已经提到"抽象的正义"(抽象中的正义)(*Iustitia in abstracto*):"Aliquando consideratur iustitia prout est in abstracto, ut tunc iustitia est constans et perpetua."(有时候人们从抽象的角度考虑到正义,在这里的正义是稳定的、永恒的。)

(70) 正义作为一个抽象的理念,见上文注 69。在最古老的定义中,有将正义认为是一种美德的;例如,Placentinus, *Summa Institutionum*, 24, ed. Fitting, *Schriften*, 221:"Ius est preceptum vel scientia, set iusticia virtus est"; also in the *Glos. ord.* on *Inst.* 1,1。在 *Institutes* 中,将正义定义为"不变和永恒的旨意"(*constans et perpetua voluntas*)一方面引向了将她解释为一种"习性"(*habitus*)(见上文注 59),并且,另一方面,则将她解释为与上帝或者神圣旨意同等;参见,例如,*Glos. ord.* on *Inst.* 1,1:"Haec iustitiae definitio potest intelligi de divina iustitia, quasi dicendum: Divina iustitia est voluntas constans et perpetua."(正义的这个定义可以从神的正义来理解,即应该说:神的正义是一个不变的和永恒的意愿。)16 世纪的法学家们,尽管依赖于 *Glossa ordinatia*,但他们问正义是一种德性,还是一位神,并裁定(在 *D.* 1,1,1 的基础上)是一位女神,因为法理学家(jurisprudents)被称为"祭司"(*sacerdotes*),而并不存在"人类美德的祭司"(*sacerdotes virtutum humanarum*);因此,查士丁尼的定义一定是"正义女神,朱庇特的女儿"(*Iustitiam deam, Iovis filiam*)(Hotman, *loc. cit.*[上文注 63]);而 Cujas 说得很直接(*ibid.*, col. 12):"*Iustitiam namque colimus*, quasi Deam sanctissimam."(因为我们敬拜正义,好像敬拜一个非常神圣的女神。)

(71) Ullmann, *Lucas de Penna*, 35ff, also his study"Baldus," 388ff.

能，一种“作为中保的正义”（*Iustitia mediatrix*），在神法与人法之间，或者在理性和公道之间，做中介的工作。

有人可能会忍不住想要考察一下同时代的艺术作品，看看是否可能有雕塑或者绘画描绘中世纪法律家关于正义和她的神殿的异象。确实如此，我们已经提到过，在弗里德里希二世的卡普亚凯旋门上，就有“恺撒的正义女神”（*Iustitia Caesaris*），她那个比真人尺寸还要大的半身像被放在一个重要的位置，就在皇帝的宝座下边，正处于大门入口处的正上方，并且，在她的左右两侧，还有法官的半身像（图 17）。(72)不过，卡普亚凯旋门人物的整体构成有太多不确定因素，无法得出最终的结论，并且其安排无论如何都与《问答》作者的描述有很大差异。(73)

[112]更有启发的是 14 世纪早期的一件作品：安布罗吉奥·洛伦泽蒂（Ambrogio Lorenzetti）作，锡耶纳市政厅（Palazzo Pubblico）的“好

(72) Willemsen，*Triumphtor*，65ff 采用了我的解释（*Kaiser Friedrich II.*，485f），我的解释是有意重述了 *Erg. Bd.*，211；参较 Baethgen，in *DA*，XI（1955），624，关于 Willemsen 的假设。将两侧的半身像解释为法官（“hinc et hinc imagines erant duorum iudicum”）可以回溯到 Lucas de Penna，on *C.* 11，41（40），4（Lyon，1582），446，对 *imagines consecrari*（祝圣一些图像）这两个词的解释：“id est，consecratas apponi，vel in porta collocari，ut in porta civitatis Capuae.”（就是说把祝圣的[事物]安置或放在门边，就像卡普亚城门那样。）无论如何，很有趣的一点是，这位法学家联系到“形象的祝圣（consecration of images）”，想起了“弗里德里希皇帝安置的像”（apposita statua Frederici Imperatoris），这位被他视为教会的敌人而不喜欢的统治者。Lucas 在对卡普亚凯旋门的描述做总结时说：“Ex his operibus possent dici regales statuae consecrari；alias cessante in regibus iustitia，dicendi sunt potius execrari quam consecrari.”（根据这些作品可以说，皇家的塑像被祝圣，但如果国王们的正义没有，这些像说是被祝圣的不如说是被诅咒的。）他引用 Andreas of Isernia，*In usus feudorum*，on *De statutis et consuetudinibus*，n. 28，fol. 315^v，提到了皇帝形象与圣徒或基督形象之间的对应关系。

(73) 一种复原的解释，参见 Willemsen，*Triumphtor*，pl. 106，以及，关于只有现在去除了石膏的“装饰品”之后参能欣赏到的庄严的女性头像，参见 pls. 44－49。在一件出自 Stablo 的 12 世纪的珐琅器上（Alistair Bradley Martin 先生和夫人的藏品），正义女神占据了通常留给玛利亚或教会的位置，出版物见 Yvonne Hackenbroch，“A Triptych in the Style of Godefroi de Clair，” *Connoisseur*，CXXXIV（1954），185－188。涉及到图像的问题，我可以按另一条线索来讨论；不过，关于 *Crux statera corporis Christi*，*quod est Ecclesia*（十字架成为了基督身体的天平，事实上，它就是教会）的观念，参见 Francis Wormald，“The Crucifix and the Balance，” *Warburg Journal*，I（1937－1938），276－280。在这个地方，天平（*statera*）自然是表示正义。参见图 19，一幅复制品，经我请求，通过 Dr. R. H. Randall，Jr. 由所有者允准。

图 17　弗里德里希二世皇帝的凯旋门

图 18　洛伦泽蒂：正义女神（A）

图 18　洛伦泽蒂：好政制（B）

政制”(*Buon Governo*)壁画。(74)这幅图画的内容充满寓意,复杂,甚至含糊不清,不需要在这里占据我们的时间。只需要指出其中的两个主要人物,正义和好政制(图 18a—b)。正义比真人尺寸大,实在是一个“高升在天的女性”(*puella erecta in coelum*)和“严肃可畏的形象”(*aspectu vehementi et formidabili*)。(75)她戴着冠冕,在一个抬高的平台上。在她头上盘旋的是智慧女神(*Sapientia*),后者等同于或者取代了正义女神神殿中、正义的眼睛所注视的理性女神;至少,我们现在理解了当《问答》的作者说理性“靠在正义的头上”时,他心里所想的是什么意思。(76)在正义女神的脚下,是另一个“最后出生”的女儿,“和谐”(*Concordia*),法学家们[113]常常会这样联系起来讲。(77)在同一个平台上,我们也看到戴着冠冕的良善政制(*Buon Governo*),一个巨大的、皇帝般的形象,周围围绕着六个美德。在“政制”头上盘旋的是“爱心”(*Caritas*),两侧是“信心”(*Fides*)和“盼望”(*Spes*)。尽管这里表现的明显是基督教的三枢德(Cardinal Virtues),但它也表示,爱心也可以指向“爱国”(*Amor patriae*),按照 1300 年前后的定义:“爱国的根基乃是爱心”

---

(74) 描述参见 Ernst von Meyenburg, *Ambrogio Lorenzetti*(Heidelbery diss., 1903), 51ff; 参考文献参见 Giulia Sinibaldi, *I Lorenzetti*(Siena, 1933), 209ff. 另参 L. Zdekauer,“IUSTITIA: Immagine e Idea,” *Bullettino Senese di storia patria*, xx(1913), 384-425, esp. 400ff, 作者将“关于正义的新观念”(*ideale nuovo della Giustizia*)与 13 世纪及以后的意大利公社的新精神相联系,并从此角度探讨了了洛伦泽蒂的画,但不幸地没有认真讨论新的法学。我非常感谢 T. E. Mommsen 教授提醒我洛伦泽蒂的“作为中保的正义”。

(75) 见上文注 65。看起来正义偶尔被表现为一个戴着冠冕的男人,因为在 *Paris, Bibl. Nat. MS. lat.* 541(13 世纪晚期或 14 世纪早期)我们发现了这样的评论:“Iustitia pingitur ut vir habens coronam auream”(正义被画成一个头戴金冠冕的男人);参见 *Catalogue général des MSS latins de la Bibl. Nat.*, ed. Ph. Lauer(Paris, 1939), I, 190。

(76) 文本是这样说:“cuius in vertice recumbebat.”(靠在它的的头上。)H. Kantorowicz, *Glossators*, 185, 解释说:“最终,理性,荣耀地,哪怕不舒服,坐在了正义的头上。”不过,我怀疑,*in vertice* 的意思不是简单的“在上面”。H. Kantorowicz, p. 186 将神殿中的人物与“庄严的童贞女”(e. g., Duccio's Madonna Rucellai)联系起来,看起来并不成功,而出自一份 New Minster MS 的圣母有鸽子栖息在头上的图像是属于 Utrecht Psalter 的系统,根本不应该在这里联系在一起;关于 New Minster 的图画,参见我的研究“The Quinity of Winchester,” *Art Bulletin*, XXIX(1947), 73ff。

(77) 例如,参见 Bartolus, on *Inst.* 1,1,n. 1, fol. 68:“[Iustitia] tribuens... Deo religionem, parentibus obedientiam, paribus concordiam...”(正义分配……敬虔给上帝、服从给家长、和谐给与自己同等的人……)另参 Baldus, on *D.* 1,1,5,n. 4, fol. 10^v, 还有无数其他地方。

图 19　有正义女神的最后审判

（*Amor patriae in radice Charitatis fundatur*）。[78]这个爱国主义的含义
或许可以寻诸于那个黑白色的（锡耶纳的颜色）皇帝般的人物，在他的
脚下我们看到了母狼和罗马双生子，那是锡耶纳的纹章，象征该城市由
罗马建立。

显然，洛伦泽蒂的这幅画在年代上较晚，并且——被指为带有文艺
复兴隐喻主义的艺术性含混——相比 12 世纪法学家的图景，其意义不
够清楚。但是，这幅画还是表达了一些观念，总体上，就是中世纪法律
家心里所想的。这幅壁画显然将正义表现为"居间的正义"的角色，而
"皇帝"或者好政制构成了正义的配对物（counterpart）。

与普拉森提纽斯的"正义神殿"异象相关联，人们有时候会注意到
较早时期的一幅微缩画，该画将皇帝表现为法律事务中的中保。这幅
微缩画见于亨利二世皇帝于 1022 或 1023 年捐赠给卡西诺山修道院的
华丽的福音书（图 20）。[79]在第四部福音书的前面，[114]通常应该是一
幅圣约翰像，但却放了一幅一整页的图，描绘皇帝和许多的拟人化人
物。这是一幅具有高度政治性和法律-哲学性的图画。在中间一个巨
大的圆环中，皇帝穿戴全套服饰、坐在宝座上。在上方的两个角落，我
们看到了正义（*Iustitia*）和敬虔（*Pietas*）；在左右两边较小一些的圆环
中，是智慧（*Sapientia*）和审慎（*Prudentia*），从很早开始，他们就是国

---

[78]　Tolomeo of Lucca, in his continuation of Aquinas' *De regimine principum*, III, c. 4, ed.
J. Mathis(Rome and Turin, 1948), 41；见下文第五章注 151。Lorenzetti's *Caritas* 令
Meyenburg 正确地想起 *Amor*；参见 R. Freyhan,"The Evolution of the Caritas Figure in
the Thirteenth and Fourteenth Centuries," *Warburg Journal*, XI(1948), 68ff, 不过, 他
漏过了作为 *Amor patriae* 的 *Caritas*。Zdekauer 也提到 *Buon Governo* 与 *Amor* 的联系(上
文注 74)。Millard Meiss, *Painting in Florence and Siena After the Black Death*(Princeton,
1951), 51,将 Lorenzetti 的 Caritas 解释为同时表示爱神(*amor dei*)和爱邻人(*amor prox-imi*)。

[79]　参见 Schramm, *Deutsche Kaiser*, pl. 86 and pp. 112ff, 198, 以及深入的研究 Herbert
Bloch,"Monte Cassino, Byzantium, and the West in the Earlier Middle Ages," *Dumbar-ton Oaks Papers*, III(1946), 177ff(完整的参考文献见 p. 181, n. 53)。另见 A. Gaudenzi,
"Il tempio della Giustizia a Ravenna e a Bologna e il luogo in esso tenuto dal diritto longo-bardo," *Mélanges Fitting*(Montpellier, 1908), II, 699ff, 作者将这幅微缩画与普拉森提
纽斯(当时仍然认为作者是 Irnerius)的异象联系起来, 但受到误导, 得出了相当夸张的结
论。另外, 可以附带提到, 亨利三世皇帝曾经得名"正义的标线"(*Linea Iustitiae*)；参见
Wipo, *Gesta Chuonradi*, prol. , ed. Bresslau, p. 8,5。

图 20 作为法官的亨利二世皇帝

王的随从和宝座前的护卫。在皇帝下方的两个角落里是法律(*Lex*)和法(*Ius*),他们是实在法的象征。(80)他们取决于皇帝,并执行他的意志。"依照皇帝的命令,法律(Law)和正当(Right)定暴君的罪,"在皇帝脚下圆圈周围的铭文这样说,表示:如果皇帝如此命令,暴君就应当被处决。(81)而皇帝的意志,则受从上头而来的默示的启发。无疑,向君主提供建议的,并不是理性(*Ratio*)这位法律家们的浪漫女神;不过,理性也没有在这幅图画中缺席。在皇帝头上的圆圈中,我们看到圣灵以鸽子的形象从天降下,也就是神圣智慧和理性的象征。(82)鸽子将正确的裁决灌注在皇帝的头脑中,皇帝则依次将他所得到的默示传递给法律和正当的执行力。

在这幅裁判的场面中,亨利二世明显承担了神圣理性与人法之间中保的功能。不过,作为一位奥托王朝的君主,皇帝的中介职分是"以仪式的方式",也就是,通过圣灵降临(*epiklesis*)表达出来的。这幅图画的语言[115]是神学的,而不是法学的:皇帝通过圣灵的力量,而不是通过法律科学的世俗之灵,担任神圣旨意的中保和执行者。

这幅奥托王朝的微缩画与12世纪法律家的正义神殿图景之间的相关性或许没有学者们有时候推测的那么大;但它总是具有一定的启发意义。因为这幅微缩画极好地说明了,在它所处的时代向霍亨斯陶芬时期转变的过程中,王权概念在何种程度上离开了礼仪性的范畴。不过,如果认为,在接下来的时期中,发生的情况是直接抛弃了礼仪时

---

(80) 关于拟人化,一般研究,参见 Adolf Katzenellenbogen, *Allegories of the Virtues and Vices in Mediaeval Art*(Studies of the Warburg Institute, x; London, 1939- 参较 p. 36,关于卡西诺山修道院的福音书),关于重要的古代晚期,Glanville Downey,"Personifications of Abstract ideas in Antioch Mosaics," *Transactions of the American Philological Association*, LXIX(1938), 349ff; 另见我的研究 *American Journal of Archaeology*, LVII(1953), 65ff,关于众美德作为御前侍卫。关于中世纪时期众美德最重要的权威可能是 Cicero, *De finibus*, 2,21(参较 Augustine, *De civitate*, 5,20), 尤其是 *De invent.*, 2,159ff, 中世纪法律家经常对此加以解释;参见 H. Kantorowicz, *Glossators*, Index s. v. "Cicero"。鉴于正义是所有美德的总和,法律家们就对诸美德做了一些系统化和整体讨论的工作,而他们的讨论可能也给艺术家带来了新的启发。

(81) "Caesaris ad nutum dampnunt Lex Iusque tyrannum."(同引文)关于政治形势以及所指的暴君,参见 Bloch,"Monte Cassino," 185f。

(82) H. Kantorowicz, *Glossators*, 186.

代构成王权突出特征的超越性价值,并且政治理论就此开始围绕法学作澄清化,那就相当错误了。真实的情况正好相反;不仅在统治者的中保身份上是如此,而且在整体上也是如此。中世纪的王权模式和概念并没有简单地一扫而空,弗里德里希二世没有这样做,其他人也没有;在实践中,所有以前的价值都保存了下来——只不过,它们被转变为新的世俗化思维模式,并且主要是法学模式,由此,通过在一个世俗环境中转化而保存了下来。还有,对模式和价值进行理性化改造,所使用的工具不仅是神学,而且更是以科学化的法学为工具。

亨利二世皇帝被表现为一位法官,通过圣灵的鸽子接受建议。我们实在很难想象鸽子落到弗里德里希二世的头上——我们可以回想起卡普亚凯旋门上他的塑像,以及著名的金质皇帝像(*augustales*)——这样的形象完全背离了圣礼、祭坛和涂油礼的各种观念。即使这位皇帝可以宣称,正如他反复宣称的,在国家的所有官方行为中,在立法和司法中,他都直接受到了上帝的启示,但是,给这个断言提供证明的,主要是他以之为榜样的查士丁尼法典。[83]除了从上天而来的启示,弗里德里希二世也像每一位中世纪统治者一样,宣称自己是神的代理人。在最显著的位置——他的《皇帝之书》那伟大的序言中,这位皇帝表示,自从人类堕落以来,国王和君主们[116]就因自然的必要性,同时也因神圣的护理(divine Providence)而被设立,他们被赋予了这样的任务:

> 为他们的人民担当生与死的仲裁者,确定每个人的命运、运道和境遇(fortune, lot and state)如何,他们以这样一种方式行事,就好像是神圣护理的执行者(executors of the divine Providence)。[84]

---

[83] 参较 *Erg. Bd.*, 84; *C.*1,1,1, 另参 *C.*5,4,28,1, 以及其他段落。在称颂弗里德里希二世的颂歌中,当然也没有缺少圣灵;例如,参见 Kloos, "Nikolaus von Bari," 171, §8:"... super quem almus spiritus quasi apis super florem odoriferum requiescit."(有创造力的灵栖息在他之上,就像蜜蜂落在散发香味的花上。)

[84] *Lib. aug.*, prooem., Cervone, 4:"Qui[principes gentium]*vitae necisque arbitri gentibus qualem quisque fortunam, sortem, statumque haberet*, velut executores quodammodo divinae providentiae stabilirent..."(同引文)斜体部分表示借用 Seneca 的话。见下一条注。

但是，最重要的是，君主这个传统的"神圣护理之工执行者"（*executor divinae Providentiae*）的职分，并非出于拥有极丰富文本的圣经或者教父著作，而是出自于塞涅卡笔下尼禄皇帝的话：

> 我岂不是被拣选、在这地上作为众神的代理人行事吗？我是人民生死的仲裁者。每个人的运道和地位如何，都交在我的手中。命运女神要让任何有朽之凡人承受的，她都通过我的口让人知道。[85]

弗里德里希的文秘署确实缓和了那些看起来可能显得傲慢自大的措辞；但是，事实仍然是，弗里德里希的法律顾问们在解释上帝代理人这个职分的时候，所依据的榜样是塞涅卡的皇帝，并且诉诸于文本呈现为通过尼禄之口所说的话，后者在中世纪的认知体系中可没有被认为是一位模范的统治者。

另外，同样重要的是，注释家们喜欢引用《学说汇纂》（*Digest*）、《法典》（*Code*）、《新律》（*Novels*）和《法学总论》（*Institutes*）来注释纯粹的圣经引文。（随便举个例子）马里努斯·德·卡拉马尼克（Marinus de Caramanico）对《皇帝之书》的序言注释，当他指出"国王和君主乃是出于上帝"时，并没有引用罗马书 13 章，那原本是很自然的圣经依据，他反而引用了查士丁尼的《法典》；在对名言"君王们因我而得以统治"（*Per me reges regnant*）作注时，他没有将读者引向箴言 8：15，而是指向 [117]《法典》1，1，8，1，那里是引用了箴言的话，也引用了《新律》73 的标题，那里表达了相关的观念。[86] 而马里努斯·德·卡拉马尼克（Mari-

---

[85] Seneca，*De clementia*，I，1，2："Egone ex omnibus mortalibus placui electusque sum，qui in terris deorum vice fungerer? Ego *vitae necisque gentibus arbiter*；qualem quisque sortem statumque habeat，in mea manu positum est；quid cuique mortalium *fortuna* datum velit，meo ore pronuntiat."（同引文）皇帝的法学家所借用的部分一望而知；参见 Marinus da Caramanico，on the Prooemium，v. *Statumque haberet*。近来，学者也提示了这个相似性，Antonio Marongiu，"concezione della sovranità，" 42f，and"Note federiciane，" 296ff（上文注16）。法学家们一再引用了 Seneca's *De clementia*；参见，例如，下文第七章注 405。

[86] 参见 v. *Divinae provisionis*，ed. Cervone，4："Nota quod reges et principes sint a Deo，ut…[*C.* 7，37，3，5]et…[*C.* 1，17，1，1]et…[*C.* 1，1，8，1]；ibi，per me reges regnant etc. et in…[*Nov.* 73，rubr.]."（需要指出的是，国王和君主都是由上帝安排的……这样，国王们因我而统治）相同的情况还有，Andreas of Isernia，*Usus feudorum*，prael.，n. 46，fol. 8，says："Item attendendum，quod in hoc opusculo producuntur plerunque（转下页注）

nus de Caramanico)只不过是在遵循罗马法学家的普遍习惯而已。换
句话说,对法学家而言,作为法学家,罗马法典籍的世俗权威比神圣的
经卷更有价值、更重要,也更有说服力,所以,哪怕圣经中有直接的引
文,他们也更愿意绕道,也就是去引用罗马法的材料。当然,注释派学
者和后注释派学者在认为符合其目的的的时候,也会充分引用圣经经文,
但他们的首要权威是法律。

原本,王权因为具有礼仪和圣礼的某些性质,就衍生出宗教价值,
这一点在授职权之争发生之前得到普遍认可,而现在,查士丁尼的法律
大全要替换和重塑这些价值。我们还记得,在授职权之争发展到高潮
时,诺曼无名氏比任何其他作者都更激烈地捍卫国王的祭司属性。他
把国王解释为"依恩典"而为真正的王和祭司(*rex et sacerdos*);也就是
说,是依靠祝圣礼的力量。[57]他甚至向国王这位"受膏的主"(*christus
Domini*)赋予了施行主要圣礼的职分。诺曼无名氏宣称,旧约中的以
色列国王,"献上自己作为活祭,圣洁的祭物,令上帝喜悦的祭物";他把
自己以属灵的方式献上,因为,随着献上赞美、献上忧伤痛悔的灵,他就
完成了真正的"义的献祭"(*sacrificium iustitiae*)。相反(无名氏说),当
利未人在祭坛上献上非属灵的、可见的"肉体之祭"(*sacrificium car-
nale*)时,只是以象征的方式重现君王的属灵之祭。[58]

（接上页注）authoritates sacrae Scripturae; nam illae allegantur in causis sicut leges scrip-
tae,"（同样应期待的,是在这本论章中,首先引用《圣经》的权威性话语,因为在案件中,
这些话被引用如同法规。)他再次引用罗马法的内容来支持这个说法。参较 McIlwain,
The High Court of Parliament(New Haven,1910),99,n. 2,论到17世纪英格兰一个相
关的说法,尽管理由很不一样:"我们必须从制定法汇编,而不是圣经,来判断我们诸位国
王被授予的权力……"

[57] 上文第三章注 13,以及注 21。

[58] *MGH*,*LdL*,III,665,38:"...et regis est sacrificare et immolare in spiritu. Ipsius etenim
est exhibere se ipsum hostiam vivam, hostiam sanctam, hostiam Deo placentem(Rom.
12:1),et immolare Deo sacrificium laudis, sacrificium iusticie(Ps. 4:6), sacrificium spir-
itus contribulati, quod totum significatum est per carnale sacrificium, quod sacerdos of-
ferebat iuxta ritum visibilem sacramenti. "(国王有职责在属灵上献祭与牺牲。并且国王
要献上自己作为活祭、圣洁的祭物、令上帝喜悦的祭物[罗马书 12:1],以及为上帝进行
荣耀的献祭,义的献祭[诗篇 4:6,思高本,和合本为 4:5],再加上属灵献祭,所有这些意
味的是通过肉体的献祭,祭司则展现了可见的圣事仪式。)作者可能是参考了被认为是
大格利高里所著的 *Liber responsalis*,以及 *Antiphonae de suceptione regum*(*PL*,(转下页注)

[118]有关国王构成"义的献祭"与"国王与祭司"古老范型的新观念,与那位情绪高昂的作者对祭坛的亲密感有很大的不同。君主并非不再是"国王与祭司",而是通过罗马法律哲学将法学家比作祭司的说法,重新赢得了之前的祭司属性——这个性质在授职权之争以后遭到粉碎,或者至少被削弱了。礼仪化语言古老的庄重感与罗马法学家及其法律格言的新式庄重感奇怪地混合在了一起。当时,西西里国王罗杰二世在其法令(1140 年)的序言中,称其法律汇编提供了仁慈和正义,以及向上帝的供奉,接着又说:

> *In qua oblatione*——通过这个供奉,国王的职分为自己取得了某种祭司的特权;因此,一些智者和法学家称法律的解释者为"法律的祭司"。⑧⑨

这个序言中的一些措辞令人想起"弥撒规仪"(Canon of the Mass)。⑨⑩ 但

(接上页注)LXXVIII, 828B);参较 Williams, *Norman Anonymous*, 168, n. 566。在这首启应圣诗中,相当有力地强调了"君王与祭司"的范型:"R. Elegit te Dominus sacerdotem sibi, ad sacrificandum ei hostiam laudis. V. Tunc acceptabis sacrificium iustitiaem, oblationes et holocausta. ＊ Ad sacrificandum(ei hostiam laudis). V. Immola Deo sacrificium laudis et redde Altissimo vota tua. "(启:主选择了你作为他的祭司,为了奉献给他赞美之祭。应:所以你将要接受正义之祭献,奉献和全燔祭。为了献祭(给他赞美之祭)。应:你应该向神献上赞美之祭,向至高者还你许的愿。)这首"接受君王诗"(*susceptaculum*)标题中复数属格的"王"(*regum*)表明其相当古老,因为这可能表示东部皇帝的复数性;关于政治性祷文中的这个复数现象,参见 G. B. Ladner, "The Portraits of Emperors in Southern Italian *Exultet* Rolls and the Liturgical Commemoration of the Emperor," *Speculum*, XVII(1942), 189ff。

⑧⑨ F. Brandileone, *Il diritto Romano nelle leggi Normanne e Sveve del regno di Sicilia* (Turin, 1884), 94:"In qua oblatione regni officium quoddam sibi sacerdotii vendicat privilegium; unde quidam sapiens legisque peritus iuris interpretes iuris sacerdotes appelat. "(同引文)另参 Hans Niese, *Die Gesetzgebung der normannischen Dynastie im Regnum Siciliae* (Halle, 1910), 46, 他正确地强调了" *regni officium*"一词,即,王权的职分属性。另参 Gierke, *Gen. R.*, III, 563, n. 123; Maitland, *Political Theories*, 34 and 141f。

⑨⑩ 比较一下罗杰国王序言开篇的几个词——"这是正当和必要的"(*Dignum et necessarium est*)——与"弥撒"的开篇:"这是理所当然的"(*Vere dignum et iustum est*),还有相关的连接词"在此献祭中"(*In qua oblatione*)与弥撒之前的"此献祭"(*Quam oblationem*)。这种相似性和轻微的改变都不是偶然的;这个人一方面想要获得与弥撒的共鸣,同时又克制自己不走向亵渎。这样的谨慎做法在弗里德里希二世时期较少一些;例如,请参(转下页注)

序言的主要资料来源乃是查士丁尼,他[119]发布了一部法律,把它当作"我们献给上帝最敬虔或神圣的供奉"(*piisima sive sacrosancta obla- tio quam Deo dedicamus*)。[91]在他的法律大全中,还有其他部分也表达了类似的观念,而腓特烈二世和其他人重复了这些内容。[92] 也就是说,资

(接上页注)关于战胜伦巴底人的信(Vinea, *Epp.*, II, 1):"*Exultet iam* Romani Impe- rii culmen, *et pro tanti victoria* principis *mundus gaudeat* universus"(罗马帝国的顶峰欢悦,而整个世界因这样的元首的胜利而喜悦);另参 Vinea, *Epp.*, II, 45:"*Exultet iam* universa *turba* fidelium... *et pro tania victoria* principis precipue *gaudeatis*"(信仰的大众欢悦……而你们应该尤其为元道者的这样的胜利而喜悦);并比较 *Praeconium pas- chale*:"*Exultet iam* Angelica *turba* caelorum... *et pro tanti* Regis *victoria* tuba insonet salutaris. Gaudeat et tellus..."(天上的天使们欢悦……而因这样的君王的胜利,救恩的大号发出响声……)Hans-Martin Schaller, *Die Kanzlei Kaiser Friedrichs II.: Ihr Personal und ihr Sprachstil*(Göttingen diss., typescript, 1951), 84ff,从弗里德里希二世的书信和文告中收集了大量的类似礼仪性措辞,并指出,尽管在弗里德里希一世和亨利五世的议会言(*arengae*)中可以零星地发现某种使用礼仪化措辞的倾向,但毫无疑问,只有在弗里德里希二世治下,皇帝文书署的文书制作人员才系统性地将礼仪性的措辞应用于"帝国的神圣化"(*Sakralisierung des Kaisertums*),以至于教宗党人有理由投诉皇帝的书记官"将晨祷和早祷改成对皇帝的颂扬"(*matutinas et laudes in preconia Cesaris...commutando*)(*Vita Gregorii* IX, c. 31, in Liber censuum, ed. P. Fa- bre and L. Duchesne[Paris, 1889ff], II, 30)。另参 *Erg. Bd.*, 206f,关于廷臣们所使用的 *Salvatorstil* 中有一些与古代晚期罗马帝国的风俗经历"礼仪化"时期非常相似的地方。Shaller(p. 96)的说法完全正确,他写道:"弗里德里希二世并没有对属灵事物进行世俗化,而是他的世俗王权发生了属灵化和教会化。"(Friedrich II hat nicht Geistliches verweltlicht, sondern sein profanes Herrschertum vergeistlicht und verkirch- licht.)不过,应当注意到,这个趋势在法律家中也很流行,博洛尼亚的书记员(*dicta- tores*)就大量使用了礼仪化的语言;见我的研究"An 'Autobiography' of Guido Fa- ba," *Mediaeval and Renaissance Studies*, I(1943), 253ff, esp. 260ff, 265; also Her- mann Kantorowicz, "The Poetical Sermon of a Mediaeval Jurist," *Warburg Journal*, II (1038-1039), 22ff。

[91] *Nov.* 9, epil.;同时参该法序言:"lex propria ad honorem Dei consecrata"(个人的法律奉献给上帝的荣耀);进一步,Justinian's *De confirmatione Digestorum*, §12:"omnipotenti Deo et hanc operam ad hominum sustentationem piis optulimus animis."(献给全能的上主并且我们把这个工程奉献给虔诚的灵魂们,以维持人生。)

[92] *Lib. aug.*, prooemium:"...colendo iustitiam et iura condendo mactare disponimus vitu- lum labiorum."(通过培养正义和订立法规,我们愿意奉献"嘴唇的牛犊"[即属灵的祭品,译者注])Marinus de Caramanico 引用了一处类似的说法:*Nov.* 8, 11("valeamus domino deo vovere nosmet ipsos"[让我们将我们自己献给主]),还有 v. *Mactare*:"Et sic ipsi Deo pro quodam odore suavitatis praesentem librum constitutionum offerre...ut sic per iustiti- am, quae est in lege, Imperator iste domino Deo voverat seipsum...."(并且这样把这本法律书籍奉献给神,作为某种甘甜的香气献祭……正如皇帝通过法律中的正义而将自己许诺给神)另参 *Erg. Bd.*, 85. 参见 further Chrimes, *Const. Ideas*, 69,其中表(转下页注)

料来源和参照系不再是列王纪和诗篇,而是查士丁尼国法大全;而新的法律汇编正是以这位皇帝为榜样,呈现为"正义之祭"(*sacrificium ius-titiae*);这些法律书本身就是统治者的供奉和献祭。[93]

还有,从《汇编》的第一段就引出了[120]将律师和法官称为"正义的祭司"的观念。

> 我们因这项艺术而理所当然地被称为祭司:因为我们崇拜正义,并宣讲关于良善和公正的知识……[94]

《汇编》引用了乌尔比安,而乌尔比安引用的是凯尔苏斯(Celsus),他是哈德良时期的法学家。由此,较早时代的语言就得以保留。我们记得阿乌鲁斯·格利乌斯(Aulus Gellius)将法官的道德和伦理品质认为是"正义之大司祭"(*antistes iustitiae*)的品质。[95]在他之前一个世纪,昆体良(Quintilian)将一位古典时期的伟大法律家称为"正义的大司祭"(*iuris antistes*)。[96]在希腊圈子,会使用其他比喻来表达类似的观念——例如,"与正义女神共有王冠者"或者"正义女神的车夫"——尽

(接上页注)示英国国王在议会中允诺保护教会并维持法律的做法,在议长面前"就好像是弥撒中的献祭"。"君王必须把法律献给上帝"(*Rex debet offerre legem Deo*)的观念在 16 实际的法国法学家的著作中仍然根深蒂固;参见,例如 Church, *Constitutional Thought*, 60, n. 51。

[93] 当然,最终的来源自然是圣经;参见 Ps. 50:21:"Tunc acceptabis sacrificium iustitiae, oblationes et holocausta; tunc imponet super altare tuum vitulos,"("那时,你必悦纳合法之祭,牺牲和全燔祭献;那时,人们也必要把牛犊奉献于你的祭坛。")[译者注:中文和合本为 50:19;思高本为 50:21]这里可以与诸王纪下 14:17 相联系:"fiat verbum domini mei regis sicut sacrificium; sicut enim angelus Dei, sic est dominus meus rex."(我主大王的话,实能安慰人心,因为我主大王对于分辨善恶,实如同天主的使者。望上主你的天主,与你同在!)[译者注:中文和合本和思高本为撒母耳记下 14:17]还有其他几处可以引用。相应地,Ephrem the Syrian, *Hymni de Resurrectione*, XIX, ed. Lamy, II, 754, 就可以说:"Offerant Domino nostro...pontifex sua homilias, presbyteri sua encomia..., principes sua acta."(他们向我们的主奉献……教宗奉献他的讲道,祭司们奉献他们的赞美词……君王们奉献他们的丰功伟业。)

[94] D. 1, 1, 1, *De iustitia et iure*. 关于该题目一个非常出色的讨论,参见 Ulrich von Lübtow, "de iustitia et iure," *ZfRG*, rom. Abt., LXVI(1948), 458–565。见下文注 99。

[95] 见上文注 64。

[96] Quintilian, *Inst. orat.*, XI, 1, 69。

管在四世纪有一位执政官也被称为“正义的神庙”。(97)拉丁语的风格更庄重、视觉效果较少：到了四世纪末，辛马库(Symmachus)——或者更可以说是罗马自己——称呼皇帝为：“正义的祭司”(*Iustitiae sacerdotes*)。(98)从“大司祭”(*antistes*)转变成“祭司”(*sacerdos*)是否真的表明受到教父的影响存在很大的疑问。(99)不过，当《汇编》的编辑者们借助于乌尔比安将法律专家界定为祭司的时候，就令这个广为流传的比喻得以永久化。

中世纪的注释家当然不会错过对这段阐述加以注疏。“法律配得上被称为神圣，因此，那些执行法律的人就被称为祭司”，阿佐这样写道。(100)阿库尔修斯(Accursius)在《注释汇编》(*Glossa ordinaria*)中，明确地将教会的祭司与法律的祭司并列起来讨论。

> [121]正如司铎们负责管理和执行神圣事物，我们也是如此，因为法律就是最为神圣的……并且，正如司铎们，他们在课以补赎时，会给每个人设定什么是他的权利，当我们做判决时也是如此。(101)

---

(97) Louis Robert, *Hellenica*(Paris, 1948), IV, 24 and 103: νηὸς Εὐδικίς，称呼一位克里特执政官；另见我发表在 *AJA*, LVII(1953), 65ff 的论文，关于所提到的其他头衔。

(98) Symmachus, *Epist.*, x,3,13，关于胜利女神祭坛致提奥多修斯大帝的著名书信，第 384 号，ed. Otto Seeck(*MGH*, *Auct. ant.*, VI), 282, 28。事实上，在一处铭文中也同样出现了 *sacerdos iustitiae*：*CIL*, VI, 2250。

(99) G. Beseler, *Beiträge zue Kritik der römischen Rechtsquellen*(Tübingen, 1920), IV, 232f，认为这段有篡改：“Gedanklich ist es von schönem Ethos, aber(vor allem durch das Gleichnis[*sacerdotes*]) kirchenväterlich, nicht klassisch-juristisch.”对 Beseler 理论的反对意见，参见 Félix Senn, *De la Justice et du Droit*(Paris, 1927), 38, n. 3 and Lübtow, “De iustitia et iure,” 461, n. 12。

(100) *Glos. ordin.* on *D.*1,1,1, v. *Cuius*：“Meruit enim ius appellari sacrum, et ideo iura reddentes sacerdotes vocantur.”(法律确实应该被称为圣物，因此，司法之人应该被称为祭司)这段注释被认为出自阿佐，但是，他在自己的《法学总论全集》(*Summa Institutionum*)的序言中只是简单地从《汇编》中引用这个段落。

(101) *Ibid.*, v. *Sacerdotes*：“quia ut sacerdotes sacra ministrant et conficiunt, ita et nos, cum leges sint sacratissimae, ut C. de legi. Et consti. l. leges(*C.* 1,14,9); et ut ius suum cuique tribuit sacerdos in danda poenitenitia, sic et nos in iudicando.”(同引文)在 Gothofredus 版的《汇编》中，还有一些附加的注释：“Qui iustitiam colit, sacris Dei vacare dici potest”(维护正义的人可以被称为缺少神的圣物)；他还引用了 *ex altera Ulpiani collectione*：“Omnis iurisconsultus est iustitiae sacerdos, et quidem verus et non simulatus: Iustitiam enim colit...Hoc vere est iustitiam colere et sacris temploque eius ministrare.”(任何律师是正义的祭司，他真正是这样的，不是假装的，因为他维护[或译：崇敬]正义…… (转下页注)

3个世纪之后,纪尧姆·比代(Guillaume Budé)依然在为这个对比而称赞阿库尔修斯的敏锐。[102]不过,属灵和世俗的祭司职分被并立在一起,早在《注释汇编》之前很久就已经是常用的说法了。我们可以回想起罗杰二世法令的序言,或者想起那位 12 世纪的作者,他编辑了一部法律词汇定义汇编,在"论圣物和献祭"(*De sacris et sacratis*)的标题下,揭示了这个新的,或者是旧的,二元论:

> 有一种神圣的事物,是属于人的,比如法律;有另一种神圣的事物,是属于神的,比方与教会有关的事物。在祭司之中,有一些是神的祭司,比如教会长老;另一些是人的祭司,比如政府官员,他

(接上页注)这真正是崇敬正义和为其圣物及神殿服务。[拉丁语 colere 可以译为"培养"、"维护"、"崇敬",因此 iustitiam colere 可译"培养正义"、"崇敬正义"或"维护正义"——译者注])

[102] Budé, *Annotationes in Pandectarum libros*, on *D*. 1, 1, 1(Lyon, 1551), p. 29:"Accursius peracute sane(ut solet plerunque) sacerdotes hoc in loco absolute intelligit..., ut ipse inquit, poenitentiam dantes."(阿库尔修斯,非常敏锐地[和平常一样]在这里完全理解祭司们……根据他的说法,为"给予忏悔者"。)关于法官在作出裁判时使用这个原则,参见 Durandus, *Seculum iuris*, II, part. iii,§5, n. 13(Venice, 1602), II, 787:"...talem condemno vel *absolvo*. Vel aliter proferat, sicut viderit proferendum..."(这样的人我判他有罪或判他无罪。也许他会说出另一些或,正如他觉得要说出那样)关于这类替代方式,参见 *ibid*.,§6, n. 8, p. 790. 当然,法官们也同样听取罪犯的"认罪(confession)";参较 *ibid*.,§6. N. 2, p. 788:"Ego talis iudex,*audita confessione tua*, praecipio tibi..."(我,这样的审判者,听了你的认罪词后,我命令你……)关于在此之前的 *invocatio nominis Dei*,参见§6, nos. 6–7, pp. 789f;今日在教会法庭中仍然有这个习惯(参较 *Codex Iuris Canonici*, ca. 1874,§1:"Sententia ferri debet divino Nomine ab initio semper invocato")(人们必须从一开始常常呼吁上帝的神圣名字,才可以作出判决),但是,这个习惯也同样存在于 13 世纪和此后的世俗法庭中;参见,例如,F. Schneider,"Toscanische Studien,"*QF*, XII(1909), 287, 关于 1243 年皇帝的托斯卡尼地区总督通过的一项裁决。此项裁决"以国王的名义"作出,所以,国王(或者皇帝)取代了上帝、成为最高法律权威的状况属于较晚的时期,尽管在 1500 年前后已经可以零星看到。参见,例如,in the *Decisiones Sacri Regii Consilii Neapolitani*(Lyon, 1581), p. 3, Matthaeus de Afflictis, *Decisio* I, n. 1:"utrum praesidens in consilio possit ferre sententiam sub nomine Regiae maiestatis...,"(会议的主席是否能以国王权威的名义作出判决)或 *ibid*., p. 457, Antonius Capycius, *Decisio* CXI, n. 1:"...quod facerem iustitiam nomine regio, etiam nomine Caes. Maiest. Protuli sententiam..."(我以国王的名义,也是皇帝的名义执行正义。我已宣判……)当然,在现代的共和国,判决会宣告"以……人民的名义"。

们被称为祭司是因为,他们分配神圣的东西,亦即,法律。[103]

区分"现世事务的祭司,即法官"(*sacerdos temporalis, qui est iudex*)与"属灵事务的祭司,他被称为司铎"(*sacerdos spiritualis, qui dicitur presbyter*),在许多世纪中都一直是惯例。[104] 其他作者则建立起各种更大

---

[103] *Petri Exceptionum appendices*, I, 95, ed. Fitting, *Jurist. Schriften*, 164:"Sacrum aliud humanum, ut leges, aliud divinum, ut res ecclesie. Sacerdotes alii sacerdotes divini, ut presbyteri, alii humani, ut magistratus, qui dicuntur sacerdotes, quia dant sacra, id est leges."(同引文)这类观念源自于罗马法(*D*. 1,1,1,2)将神圣之物与公共之物、祭司与政府官员并列起来,后来一再重复,通常会引用 *Nov*. 7,2,1("...nec multo differant ab alterutro sacerdotium et imperium, et sacrae res a communibus et publicis")(祭司职务和统治者的职务没有很大的差别,神圣事务和公共事务之间的区别也不大),并以精细的方式在如下程式中加以总结:"nam ius divinum et publicum ambulant pari passu"(因为神圣之法和公法同步前进);参见 Post,"Two Notes," 313, n. 81, 引用 Jacques de Révigny (ca. 1270-1280);另参 Post,"Statute of York," 421, n. 18。另参 *Glos. Ord.*, on *D*. 1, 1,1,2, v. *in sacris*. Further, Dante, *Monrchia*, III, 10, 47ff; 见下文第八章注 35。

[104] *Lib. aug.*, I,72, ed. Cervone, 131,禁止教士和法官担任地方官员。Marinus de Caramanico 在他的注释中解释说,法官被当作教士对待"forte illa ratione, qua quis[iudices] merito sacerdotes appellat."(根据一个具有说服务的理由,依此某人称[法官们]为祭司)所以,这个对应关系就得以继续——至少,在注释家看来是如此——进入实际的政府工作。Matthaeus de Afflictis 在对该法作注释时(编号 I, 69, vol. I, 228)走得更远;他引用 Marinus,并加上:"[iudices laici]quando iuste iudica[n]t, possunt dici sacerdotes temporales. Et sic duplex est sacerdos: temporalis, qui est iudex, et spiritualis, qui dicitur presbyter; vel ibi iudex est sacerdos, quando componit iussu principis sacras leges...Et subdit [Albericu de Rosate; 参见下文]quod iudices, qui iuste iudicant, non solum appellantur sacerdotes, sed etiam angeli Dei, et plus merentur quam religiosi."(如果那些[平信徒法官]作出正义的判决,他们可以被称为现世的祭司。而因此祭司有两层意义:现世的祭司是法官,而属灵的祭司被称为司铎;也许法官是祭司,如果他根据元首的命令制订神圣法令……而下文提到的[Albericu de Rosate,见下]说,作出公平审判的法官们不仅被称为祭司,而且也被称为上帝的天使,而他们的功劳还超过隐修士。)参见 Albericus de Rosate, on *D*. 1,1,1,n. 11(Venice, 1585, fol. 10:"ibi, 'iustitiam namque colimus' etc., quia labia sacerdotis custodiunt iustitiam et leges requiruntur ex ore eius. Malachiae. c. 2[Mal. 2:7: '...quia angelus Domini exercituum(sacerdos) est'], ubi dicit Hieronymus[?]quod sunt angeli Dei."(那里,"我们崇敬正义"等等,因为祭司的嘴唇守护正义,而诸法来自他的口。[见马拉基书 2 章:……因为他是万军之耶和华的使者。]而希耶罗尼姆斯(Hieronymus)在那里说他们是"神的天使"。)Albericus 只是单纯引用,并向法官赋予了传统上由祭司享有的"天使性"(*character angelicus*)的地位;参较 Friedrich Baethgen, *Der Engelpapst*(Schriften der Königsberger Gelehrten Gesellschaft, x:2, Halle, 1933),收集了有关这一主题的丰富材料;另参 Henri Grégoire,"'Ton Ange' et les anges de Théra," *Byzantinische Zeitschrift*, XXX(1929-1930) 641-645. 随后 Albericus 引 (转下页注)

程度上从属于阿库尔修斯路线的对应关系。比如,皇帝的法官维特尔波的约翰(John of Viterbo),(大约在 1238 年)写了一本《权力之鉴》(*Mirror of the Podestà*)。他不仅引用了罗马法中论法官是准祭司的传统段落,而且还引用了一些推论的段落,比方"法官因上帝的临在而被抬高"或者"在所有法律事务上,法官对于人而言,据说,不,据信,就是上帝"。由此,法官负责管理 *sacramentum* 即誓言,以及在桌上放一本圣经的事实,就服务于——或者被迫服务于——以宗教的方式高举法学家-神职人员的目的。[105]

[123]这一类的区分、对照、平行和改造一次又一次地重复出现,在创制世俗国家新式神圣性及其"奥秘"的过程中作出了贡献,[106]因而,其重要意义远超过单纯的抬高法律职业、将法律科学放在与神学同等的位置上、或将法律程序比作教会的仪式。在其中,法学家们的职业自豪感当然扮演了一个重要的角色。阿库尔修斯设问"每一个想要成为法学家或法律专家的人是否必须学习神学",对此直截了当地回答"不;因为所有内容都可以在法律中发现。"[107]巴尔都斯,在提出法学博士是否应当被包括在具有较高尊荣之人的范畴内这个问题时,回答说:"为什

(接上页注)用了 Hostiensis"quod advocati et iudices exercentes recte eorum officia plus merentur quam religiosi."(律师和公正地任职的法官们的功劳超过隐修者。)参较 Hostiensis, *Summa aurea*, prooem., n. 8(Venice, 1586), col. 6; "...iusti iudices vitam activam sine plica ducentes, quae si bene duceretur, magis fructifera esset, quam contemplativa."(正义的法官们过入世的生活,而这种生活,如果他们过得好,比隐修者的生活产出更多的果实。)

[105] John of Viterbo, *De regimine civitatum*, c. 25, ed. Gaetano Salvemini, in: *Bibl. jurid. med. aevi*, III, 226: "...nam iudex alias sacerdos dicitur quia sacra dat(参较上文注 103)...; et alias dicitur: Iudex dei presentia consecratur(*C*.3,1,14,2)...; dicitur etiam, immo creditur, esse deus in omnibus pro hominibus(*C*.2,58[59],2,8)."(因为法官被称为祭司,因为他给予神圣的事物[参较上文注 103],另外被称:法官因神的临在而被圣化[*C*.3,1,14,2];因为他在一切人间的事务上,他被称为神,甚至被相信是这样的[*C*.2,58[59],2,8]。)参较 *C*.2,58(59),1,1 关于法官拿着圣经。

[106] 关于这个问题的一般性研究,见我的研究"mysteries of State," *harvard Theological Review*, XLVIII(1955), esp. 72ff。

[107] *Glos. ord.* on *D*.1,1,10, v. *Notitia*: "Sed numquid secundum hoc oportet quod quicumque vult iurisprudens vel iurisconsultus esse, debeat theologiam legere? Respondeo, non; nam omnia in corpore iuris inveniuntur."(同引文)

么不,因为他们解除了祭司的职分";[108]并且,作为博洛尼亚大学的法学教授,他非常简洁地说:"法学教授就被称为祭司。"[109]当然,法学教授也希望被称为"伯爵"(count),因为所谓"比附"(equiparations)的法学对等替换方法(*quid pro quo* method)在社会分层领域带来了实践上的成功:到 13 世纪末,法学家已经取得了准骑士的地位,而他们的主张乃是基于对查士丁尼《法典》的某种错误解释。[124]由此,晋升为博士和受封骑士被平行放置,因为都是授予了同等级的社会尊荣。这样,就出现了一种新的贵族等级,与教士的"属天的军役"(*militia coelestis*)及乡绅的"武装兵役"(*militia armata*)并列,被称为"为法律的军役"(*militia legum*)或者"为学术的军役"(*militia litterata*),巴尔都斯有时称之为"博士们的军役"(*militia doctoralis*)。[110]当然,在法学家祭司属性的拟

---

[108] Baldus, on c. 15 X 1,3,n. 9, *In Decretales*, fol. 37ᵛ:"Sed numquid includantur legum Doctores[inter maiores et digniores]? Dic quia non, quia funguntur sacerdotio. "(同引文)

[109] Baldus, on *D*. 1,1,1, n. 5, fol. 7:"Item nota quod legum professores dicuntur sacerdotes. "(同引文)甚至连博士的祭司性等级都是可以为之辩护的;*ibid*., n. 17, fol. 7ᵛ:"quarto opponitur et videtur quod Doctores non sint sacerdotes quia non habent ordines sacros. Solutio:sacerdotium aliud spirituale, et sic loquitur contra; aliud temporale, et sic loguitur hic. "(第四点,有人反驳说,博士好像不是祭司,因为他们没有接受圣职。结论:一种祭司职是属灵性的,而这样有反驳意见。但另一种祭司职是现世的,而这种情况属后者。)另外,Baldus 还说,博士头衔(*doctoratus*)是一个法定的公共职位(*publici iuris*)和一个尊贵的公共头衔(*dignitas auctoritate publica*)(从公共权威而来的尊荣),并且(in signum huius datur infula tanquam Principi seu praeceptori legum)(作为其记号,他们给头巾,如同给一个元首或给一个法律老师一样),所以博士可以享有与法学教授类似的"祭司的"等级。另参 Paulus Castrensis, on *D*.1,1,1,n. 3(Venice, 1582), fol. 2:"propter quod iuris professores dici possunt sacerdotes, quia administrant leges sacratissimas…; quia professores iuris colunt iustitiam. "(因此法学教授可以被称为祭司,因为他们管理那些最神圣的法规……因为法学教授崇敬[或译"培养"、"维护"]正义)这些以及类似的观点最终促使 Thomas Diplovatatius 撰写了他那本关于伟大法学家及其在礼仪中享有优先权的概要作品;参见 Diplovatatius, *De claris iuris consultis*, ed. H. Kantorowicz and F. Schulz(Berlin and Leipzig, 1919), 145, cf. 28ff. 参见下一条注释。

[110] 收集的材料见 Fitting, *Das Castrense peculium in seiner geschichtlichen Entwicklung und heutigen gemeinrechtlichen geltung*(Halle, 1871), 提到(p. 543, n. 1)Placentinus 早就将法学家称为 *milites inermi militia*, idest, *literatoria militantes*;关于 *militia doctoralis*,参见 Baldus, on *C*. 7,38,1,n. 1, fol. 28,他认为犹太人和非基督徒不可以取得这个骑士身份。Placentinus 的同时代人,John of Salisbury 的朋友 Ralph Niger 强调,法律家们被称为"主"(*domini*),且鄙视博士及硕士头衔,这与 Stephen Langton 的评论类似:"sacerdotes etiam magis volunt vocari *domini* quam sacerdotes vel capellani. "(祭司们也(转下页注)

制方面，从未获得过可与此相比的成功。法学家们甚至从未按照他们实质化“法律骑士身份”的方式尝试去实质化“法律祭司身份”的主张。有关他们祭司身份的整个说辞，反映了神学与法学之间长期拉锯的战斗，最终以世俗灵性事实上的胜利告终。法律祭司身份的说辞仅仅在一个方面接近了教士身份的真正问题：那就是涉及到统治者的时候。

对法官有利的东西，也对君主有利，因为后者处于法律层级结构的顶端。在《汇编》中，固然只有法学家被称为“祭司”；但把这个准祭司属性从“法官”转移到“国王”也毫无问题：当罗杰二世推定国王的职分构成“祭司的某种特权”时，他早就在使用乌尔比安的话了。(111)很奇怪的是，国王的这个法律祭司身份，最后甚至被用于证明统治者在教会中的神职身份，并由此支持这样一种普遍的论断，即认为，从教会论的角度看，国王“不完全是一个平信徒”（*non omnino laicus*），或者，按照皮埃尔·戴利（Pierre d'Ailly）曾经说的，是“一个介于属灵和属世之间状态的人”（*une personne moyenne entre spirituelle et temporelle*），由此指向国王的涂油礼。(112)另一方面，[125]“每一位正义的国王都拥有祭司的等级”的说法则是不寻常的——显然自依瑞纳乌斯（Irenaeus）以降就是如此。(113)不过，到了13世纪末，一种新的版本开始流行。杰出的法律家和礼仪专家威廉·杜兰德（William Durand）并没有发表自己的意见，而是引用其他人，基本上是一些注释家，他们认为“按照这段：‘我们[法学家]般配地被称为祭司’，皇帝也就享有

（接上页注）更愿意被称为“主”，而不是“司铎”或“神父”）参见 H. Kantorowicz, “An english theologian's View of Roman Law: Pepo, Irnerius, Ralph Niger,” *Mediaeval and Renaissance Studies*, I(1943), 247(n. 2), and 250, 32f。

(111) Andreas of Isernia, on *Feud*, II, 56(“Quae sunt regalia”), n. 64, fol. 301: “Princeps est iudex iudicum...” 关于罗杰二世，见上文注 89。

(112) Dom Jean Leclercq, “L'idée de la reyauté du Christ pendant le grand schisme,” *Archives d'histoire doctrinale et littéraire*, XXIV(1949), 259f.

(113) Irenaeus 至少被 Antonius Melissa 引用，*Loci communes*, II, 1(=CIII), *PGr*, CXXXVI, 1004B，这样说：πᾶς βασιλεὺς δίκαιος ἱερατικὴν ἔχει τάξιν（“rex omnis iustus sacerdotalem obtinet ordinem”）（同引文）。这个观念本身重复出现；参见，例如 the Norman Anonymous on the *rex iustitiae*(Melchizedek); *MGH*, *LdL*, III, 663, 7ff.

长老的等级。"⑭非常值得注意的是,这里是在主动地证明君主在教会中的非平信徒性质,不是因为他接受了圣油的膏抹,而是因为乌尔比安严肃地将法官比作祭司。这样,威廉·杜兰德同时指出皇帝据说享有大祭司的等级,就不那么令人困惑了。⑮因为,在这个案例中,他的资料来源要么是格拉西安在《汇要》中引用塞维利亚的伊西多尔,⑯要么是大量注释家中的任何一位对查士丁尼《法学总论》的注释,他们[126]在讨论奉献神庙和大祭司所掌握的其他圣物(res saceae)时,都习惯性地诉诸于当初罗马帝国的大祭司(ponti fex)职位。⑰

纪尧姆·比代是 16 世纪人文主义历史法学派的创立者之一,他嘲笑阿库尔修斯和注释家们普遍将古罗马的祭司和大祭司与他们时代的

⑭ Durand, *Rationale divinorum officiorum*, II, 8,6(Lyon, 1565), fol. 55ᵛ:"Quidam etiam dicunt ut not. ff. de rerum divis. l. sancta(*D*.1,8,9) quod fit presbyter, iuxta illud, 'Cuius merito quis nos sacerdotes appellat'(*D*.1,1,1)."(同引文)参较 Marc Bloch, *Rois thaumaturges*, 188, n. 3; also Eichmann, *Kaiserkrönung*, I,283(不过, 括号中的词应该是 *iurisperitos*,不是 *imperatorem*)。在这个环境下,注释家们并不习惯提到 *iudices sacerdotes*(法官-祭司),尽管也确实有;例如,参见 John Branchazolus 的备忘录,他是帕维亚大学的法学博士,属于吉柏林党(Ghibelline partisan),他(在 1312 年)写道:"...et talis rex appellabatur pontifex et sacerdos, ut...(这样的皇帝被称为大祭司和司铎)(然后引用了 *D*.1,1,1;*D*.1,8,9;以及 *Inst*.2,1,8);"参见 Edmund E. Stengel, *Nova alemanniae*(Berlin, 1921), I, No. 90, 1,§2, p. 46. Durand 的其他主张比较普通;参见下一条注释。

⑮ Durand, *loc. cit.*;"Imperator etiam pontifex dictus est"; also *Rationale*, II,11, 提到古罗马:"Unde et Romani imperatores pontifices dicebantur"(由此,罗马皇帝被称为大祭司。),引文出自格拉西安的《教会法汇要》(参见下一条注释)。罗马法学家传统上会将皇帝的祭司和大祭司性质与 *D*.1,8,9(参见 *Glos. ord.*, v. *Dedicavit*)和 *Inst*.2,1,8(*Glos. ord.*, v. *Pontifices*)提到的奉献圣所联系起来;另参下一条注释。

⑯ *Decretum*, c. 1, D. XXI, ed. Friedberg, I, 68:"Nam maiorum haec erat consuetudo, ut rex esset etiam sacerdos et pontifex. Unde et Romani Imperatores pontifices dicebantur."(因为我们的祖先曾有这样的习惯,即国王也是祭司和大祭司。因此罗马的皇帝们也被称为大祭司。)《教会法汇要》通过 Isidorus 转引的实际上是 Servius, on *Aeneis*, III,268, 法学家们通过某种途径知道了这处引文。罗马法学家们在讨论皇帝们从前的祭司性质时,很少不引用《教会法汇要》;参见 Azo, *Summa Inst.*, on *Inst*.2,1, n. 6, fol. 273ᵛ: "Imperatores enim antiquitus erant sacerdotes, ut fertur in canonibus, et ideo poterant dedicare."(因为古代的皇帝们都是祭司,如同书上记载,而因此他们可以献祭)另参 *Glos. ord.* on *Inst*.2,1,8, v. *pontifices*:"ut in canonibus dicitur."

⑰ 所引用的是 *Inst*.2,1,8; *D*.1,8,9;偶尔是 *D*.1,1,1(参见上文注 114-115)。教会法学家们也引用这些段落;另参 Baldus, on *Rex pacificus*, n. 5, *In Decretales*, p. 5(Prooemium of the Decretals of Gregory IX)。

长老和主教混淆起来，认为这是个错误，这个批评完全正确。[118]但是，正是通过中世纪法学家著作中充斥的这类有目的的混淆，才发展出了全新的洞见，得到了在许多方面塑造了我们所处的时代、而且甚至到今日仍然具有极大影响的结论。中世纪的法学家很自然地被古代罗马法那种巨大的庄重感所震撼，这种庄重感在整体上当然与宗教和圣物不可分割。然后，他们就迫切地想要把查士丁尼国法大全中所体现的那种罗马宗教精神应用于他们自己的思想环境。由此，通过法学家的中介，以往王权的某些属性和关键性明喻——受神圣默示的王、献祭的王、祭司式的王，就穿越了礼仪化和以基督为中心的王权的时代，汇合进入以科学化的法学为中心的新王权观之中。当然，王权以往的那种礼仪性价值并没有消亡，并且以不同的强度，继续残留于其原始样式中——尽管随着国王祝圣礼的法律和宗教重要性日益降低，其实质日益削弱。不过，无论如何，我们可以说，通过将王权的某些独特教会论属性转移进入法律舞台的环境，法学家们挽救了大部分的中世纪遗产，由此预备好了正在兴起中的民族国家，以及（无论结果好坏）绝对君主制的新光环。

不过，有一个案例中，因着引入一个源自于罗马法的世俗概念，使得中世纪的王权理论更显著地浮现了出来，[127]并且强化了国王作为中保的观念。中世纪早期曾经向创制法律的罗马皇帝赋予了一种堪比神启先知和神谕者的工具属性："由上帝默示，通过敬虔的罗马皇帝之口，颁布了尊贵的罗马法"，教宗约翰八世这样写道，并且他的话后来收入了教会法汇编。[119]卡西诺山福音书中亨利二世的微缩画显然反映一种有关联的观念；而永不失败的诺曼无名氏则自然地为他自己

---

[118] Budé, *Annotationes*, p. 30："Similis est ignorantia Accursii vel saeculi potius Accursiani, quae hac aetate redicula est...Ubi pontificum Ulpianus meminit, de collegio pontificum loquens, a quo ius pontificium apud antiquos dictum, quod Accrusius ad nostros pontifices retulit."（阿库尔修斯的疏忽和他前一代的疏忽是类似的，在这个时期里，这样的疏忽是荒谬的……乌尔比安提到了大祭司，并指［古罗马］的祭司团，而且说在古代时祭司们执行宗教法［ius pontificium］，而阿库尔修斯认为这指我们的教宗们。）

[119] 参见 *MGH*, *Epp*., VII, 281, 11, 关于约翰八世："venerande Romane leges divinitus per ora piorum principum promulgate."（同引文）通过 Gratian's *Decretum*, c. 17, C. XVI, q. 3, ed. Friedberg, I, 796, 这段话广泛为人所知；参较 Ullmann, *Lucas de Penna*, 78, n. 2.

的目的使用了国王作为中保的中世纪观念。但是,当罗马法的影响越来越显著,君主就不仅仅表现为神圣力量的谕令(*oraculum*):他本人就成了 lex animata,活的或是有生命的法律,并最终成为道成肉身的正义。

对罗马法思想而言,作为"活的法"的君主的概念是一个外来词。这个概念本身,νόμος ἔμψυχος,来源于希腊哲学;它与罗马皇帝构成一切美德和一切其他美善之物人身化形象的观念混合在一切;并且,或许也没有躲开基督教的影响——至少是以查士丁尼最终将这个比喻应用到他自己身上的形式。在《新律》的结尾,这位皇帝宣告:

> 皇帝的行为(*Tychē*)不在朕[前述法令]所作规定之列;皇帝乃是上帝所差遣,作为**活的法**降下进入人群,由此使一切法律本身服从于他。[120]

近年来学者们常常注意和强调,很有可能,查士丁尼《新律》中的措辞依赖于哲学家、演说家忒米斯提乌斯(Themistius)于 384 年向提奥多修斯一世(Theodosius I)皇帝所作的一场演说。[121]忒米斯提乌斯对拜占庭思想的影响,就像希腊[128]政治哲学对这位帝国晚期的演说家的影响一样,极少有可怀疑之处。[122]不过,就这条思想线索而言,这个影响看起来通常遭到了忽视,因为拉克坦修(Lactantius)在其献给君士坦丁大

---

[120] *Nov.*105,2,4. 关于这整个主题,最彻底的研究专著是 Steinwenter,"Nomos," 250ff,也收录了现代文献;或许可以加上 Pietro de Francisci, *Arcana Imperii* (Milan, 1948), III:2,114ff,还有新的研究 Delatte, *Traités de la Royauté*, 245ff;还有 Schulz, "Kingship," 157ff. 比较我的研究"Kaiser Friedrich II. Und das Königsbild des Hellenismus," 171ff.

[121] Steinwenter,"Nomos," 260;Themistius, *Orat.*, XIX, ed. Dindorf, 277. De Francisci, *Arcana Imperii*, III:2, 208.

[122] Delatte, *Traités*, 152ff, 关于对拜占庭的影响;另见 Vladimir Valdenberg,"Le idee politiche di Procopio di Gaza e di Menandro protettore," *Studi Bisantini e Neoellenici*, IV (1935), 67ff(esp. 73f), and"Discours politiques de Thémistius dans leurs rapport avec l'antiquité," *Byzantion*, I(1924), 557–580, esp. 572f; Johannes Straub, *Vom Herrscherideal in der Spätantike* (Stuttgart, 1939), 160ff. Themistius, *Oratio*, XV, Dindorf, 228f, 可能影响了查士丁尼《法学总论》的序言;参较 Kantorowicz,"On Transformations of Apolline Ethics," *Festschrift für Ernst Langlotz* (Bonn, 1957).

帝、作为基督徒向《罗马法总论》致敬的《神学总论》(*Divine Institutes*)一书中,就这个观念提出了一个非常类似的版本。拉克坦修写道,上帝

> 差遣他的大使和信使,来指导有朽的人类明白他正义的律例……鉴于在地上毫无正义,他就差遣了一位教师,就好像一部活的法,来建立一个新的名和新的殿……[123]

当然,拉克坦修并不是在说皇帝;他所说的是道成肉身的圣子,作为神圣正义与地上正义之间的中介。尽管在希腊哲学中"活的法"——或者相当的说法——的主题很普遍,但它并没有直接与一个从天上"差遣下来"的中介的观念相联系。这两个观念的融合要追溯到拉克坦修:在对道成肉身的解释中,他将基督作为受天父"差遣"、来在圣殿中的教师这个传福音的形象(约翰福音 7:14 以下),与希腊政治哲学中的"活的法"联系到了一切。事实上,后来忒米斯提乌斯和查士丁尼的版本,看上去都以拉克坦修所关注的道成肉身教义为前提。[124]

无论怎样,君主作为"活的法"的原理,[129]在中世纪早期的西方是不为人知的,[125]这个观念是通过科学化的法学以及博洛尼亚文风的复兴,才得以复兴。如果我们可以相信,著名的博洛尼亚四博士之一的维特博的哥德弗雷(Godfrey of Viterbo)在 1158 年的隆卡利亚会议

---

[123] Lactantius, *Divinae Institutiones*, IV, 25, 1ff: "... quare Deus summus, cum legatum ac nuntium suum mitteret, ad erudiendam praeceptis iustitiae suae mortalitatem, mortali voluerit eum carne indui... Nam cum iustitia nulla esset in terra, doctorem misit, *quasi vivam legem*, ut nomen ac templum novum conderet..."(同引文)我注意到这段重要的内容,是通过 Arnold Ehrhardt, "Das Corpus Christi und die Korporationen im spätrömischen Recht," *ZfRG*, rom. Abt., LXXI(1954), 29, n. 9,作者慷慨地允许我在他的研究发表之前阅读他的手稿。

[124] 拉克坦修的"博士基督"(*Christus doctor*)显然是受约翰福音 7:14 以下的启发,其中有五次提到"那差遣我的"(*qui me misit*);24 节提到正义:"按公平断定是非"(*iustum iudicium iudicate*);而这个场景设定在圣殿中提示了拉克坦修的"新的殿"。这个问题本身会分开讨论。

[125] 或许可以找到一条暗指,在 Benzo of Alba, *Ad Heinricum*, VI, 7, *MGH*, *SS*., XI, 669, 1: *De coelo missus*, *non homo carnis*(cf. *Nov*. 105: *eum mittens hominibus*)。不过相似性非常模糊。

(Diet of Roncaglia)上对巴巴罗萨说了这样一番话：

> 您，作为活的法，可以设定、解除和宣布法律；公爵们兴起、衰落，国王们施行统治，而您是裁判者；您所希望的任何事，您就作为活的法去实施。[126]

他是否真的说了这些话，在这里的影响不大，因为到 12 世纪末，"君主是活的法（*lex animata* 或者 *lex viva*）"这项原理已经广为人知，维特博的哥德弗雷（死于 1191 年）无论如何是知道的。还有，英国的教会法学家阿拉努斯（Alanus），甚至早在 1201 到 1210 年间写作时，就将这个观念转移到了教宗身上。谈到一个婚姻可能有时遭遇法官的禁止，或者有时遭遇法律的禁止，阿拉努斯说，法官的裁决是成立的，"除非你想要代表至高的大祭司，那位本身是活的法或活的教规者，对这个禁令说些什么。"[127]在 13 世纪晚期及以后，把教宗也称为"在地上的活的法"（*lex animata in terris*）并不是稀罕的状况；[128] 不过，用这些词汇来称呼皇帝

---

[126] *MGH*，*SS*，XXII，316，line 388：

> Tu *lex viva* potes dare，solvere，condere，leges，
> Stantque caduntque duces，regnant te iudice reges；
> Rem，quocumque velis，*lex animata* geris. （同引文）
>
> 参较 Steinwenter，"Nomos，" 255.

[127] "...nisi quid speciale dicere volueris circa prohibitionem summi pontificis，qui est *lex vel canon vivus*. "（同引文）参较 Franz Gillmann，"Magister Albertus，Glossator der Compilatio II，"*AKKR*，CV(1925)，153，这一段落是由 Mochi Onory，*Fonti*，76 提示的。

[128] 参较 Joannes Andreae，on c. 11 VI 1，14，v. *Iuris*："[arbitri electi]ad ipsum ius a quo potestatem habent，oportet appellari；et sic ad Papam qui est *lex animata in terris*. "（[那些被选择的仲裁者]的称呼应该符合他们拥有的权力，而因此要称呼教宗为"人间的活法"。)参见 Steinwenter，"Nomos，" 251，关于这一部分，之后的例子可以再参考 Oldradus，*Consilia*，328，n. 6(Venice，1571)，fol. 164，他单纯引用了 *Nov.* 105。另参 F. Gillmann，"Dominus Deus noster papa?，"*AKKR*，XCV(1915)，270，n. 3. 谈到这个联系，可以提到，教宗的政治理论在整体上是通过类比于皇帝的理论而建立起来的。教宗，尽管是"教会法庭之法"（*ius fori*）的主，但却是"上天之法"（*ius poli*）的仆人（参较 Rudolph Sohm，*Das altkatholische Kirchenrecht und das Dekret Gratians* [Munich and Leipzig，1918]，611f)；关于教宗也应当自愿服从法律；参见，例如 Hostiensis，*Summa aurea*，on X 1，30(*De officio legati*)，n. 3(Venice，1586)，324，为此目的一并引用了《尊荣法》以及"君王不受法律约束"的法律格言，这是当时罗马法学家和教会法学家都遵守（转下页注）

是更自然的事情。[130]《注释汇编》反复用"在地上的活的法"来称呼皇帝,有时甚至与《尊荣法》相联系,而后者代表了一种不同的观念。⑫
大约在 1238 年,维特博的约翰在其《权力之鉴》中几乎一字不差地引用了查士丁尼的《新律》:

> 皇帝们从上帝那里获得了许可以发布法律;上帝使法律处于皇帝之下,并差遣他、使他对人而言成为活的法。⑬

南意大利的法学家,包括《皇帝之书》的注释家,也一脉相承地将皇帝

(接上页注)的习惯;另参 Johannes Teutonicus, on c. 0, C. XII, q. 2, v. *papae*; "sed certe licet sit solutus legibus, tamen secundum leges vivere debet."(他当然可以不受法律的约束,但仍然必须按照法规而生活)Aegidius Romanus, *De eccles. Pot.*, III, 8, ed. Scholz, 190,总结了这项理论: "Nam licet summus sacerdos sit animal sine capistro et freno et sit homo supra positivas leges, ipse tamen debet sibi imponere capistrum et frenum et vivere secundum conditas leges"(最高的祭司可以是一只不受缰绳和嚼子束缚的动物,可以是超越实定法的人,然而他自己要给自己戴上缰绳和嚼子,生活在已经建立好的附属法律之中。)(参较 III, c. 7, Scholz, 181). 关于与此有关的抵抗教宗的权利,成熟的研究有 Brian Tierney, "Grosseteste and the Theory of Papal Sovereignty," *Journal of Ecclesiastical History*, VI(1955), 1-17。

⑫ *Glos. ord.*, on D. 1, 3, 22, v. *cum lex*; "lex, id est imperator qui est *lex animata in terris*"(法律,即是皇帝,他是"地上的活法"); on D. 2, 1, 5, v. *alieno beneficio*; on C. 10, 1, 5, 2, v. *vigorem*(见上文注 36); on *Nov.* 12, 4, v. *Patres*(见上文注 37); on *Nov.* 105, 2, 4, v. *legem animatam*,引用了 *lex digna*。Cynus, on D. 2, 1, 5, n. 7, fol. 26ᵛ,并不是很公正地辩驳反对 *Glos. ord.*(关于同一部法, v. *alieno beneficio*),论到再委托(如果原始管辖权直接来源于法律,是可能的,如果源自另一个人,就不可能),他说: "dicit glossa qui habet [iurisdictionem]beneficio alieno, scilicet hominis, non potest demandare[在'delegare'的意义上]...Sed qui habet[iurisdictionem]beneficio legis, bene potest delegare..., et *princeps non est homo, sed est lex animata in terris*...Ista responsio est derisibilis, quia licet princeps sit lex animata; tamen est homo."(有一个注释本说,谁从另一个[人的]赠予而获得了[执法权],他就不能委托……但谁从法律的赠予而获得[执法权],他就能委托……而君主不是人,而是人间的活法……这种主张是可笑的,因为君主哪怕是活的法;他仍然是一个人。)有很好的观点,见 Albericus de Rosate, on D. 1, 3, 31, n. 10, fol. 31: "propter quod princeps non debet dici proprie sub lege, sed in lege positus, et ideo dicitur lex animata in terris."(因此君主不能正式说是法律之下的,而是"处于法律之中的",而因此他被称为地上的活法。)

⑬ John of Viterbo, *De reg. civit.*, c. 128, ed. Salvemini, 266;参较 *Erg. Bd.*, 86; Steinwenter, "Nomos," 254.

定义为活的法。⑬[131]并且，弗里德里希二世本人当然也诉诸于这个定义来证明自己的立法权。1230 年，这位"主皇帝"（Lord Emperor）在一份南意大利的文件中被称为"活的法"（*lex animata*）。⑬两年后，皇帝引用自己（own person）宣布一项法庭裁决无效，因为此项裁决违背了"陛下，他就是在地上的活的法，且是民法诸内容（civil

---

⑬ Karolus de Tocco, *Apparatus in Lombardam*, on 1, 3, 1（*Leges Longobardorum cum glosis Karoli de Tocco*, Venice, 1537, fol. 8ᵛ）, v. *non possibile*:"nam et si legibus sit princeps solutus, legibus tamen vivere debet…（*C*. 6, 23, 3）, cum omnis imperialis maiestas et eius auctoritas a lege pendeat et ab ea sit inducta. l. digna vox etc.（*C*. 1, 14, 4）; nam cum ipse sit *lex animata*…（*Nov*. 105, 2, 4）, non debet in legem committere…quia frustra legis invocat auxilium qui contra legem committit."（如果君主不受法律的约束，他仍然必须为法律而生活……[*C*. 6, 23, 3]因为皇帝的伟大和权威取决于法律，源于法律。他是其尊贵的声音等等。[*C*. 1, 14, 4]因为他是活的法律……[*Nov*. 105, 2, 4]他不可以违背法律……因为无论谁违背法律，他就不能要求法律的协助）参较 F. Calasso, "Origini italiane della formula 'Rex in regno suo etc. '" *Rivista di storia del diritto italiano*, III（1930）, 241, n. 91; also Heydte, 324, n. 23. 参见 further Andreas of Isernia, on *Lib. aug*., III, 26, ed. Cervone, 355b: "Princeps legislator, qui est *lex animata in terris*…est pater subiectorum."（君主即立法者，他是人间的活法律……是臣民们之父。）另参 Matthaeus de Afflictis, 上文注 38。不过，如果 Marinus de Caramanico, *Prooem*, *in Const*., ed. Cervone, xxxiii ed. Calasso, *Glossatori*, 182, 10ff, 说:"Quid enim aliud est lex quam rex?"（法律和国王之间还有什么差别呢?）他所想到的并不是查士丁尼的《新律》105，而是将读者引到 *D*. 1, 3, 2，是 Chrysippus 的一个残篇，关于 *νόμος βασιλεύς*（法-皇帝），一个与"活的法"（*lex animata*）有关、尽管并不完全一样的概念（源自 Pindar, fr. 169）;参见 Steinwenter, "Nomos," 261ff, 关于该问题的整体研究，见 Hans Erich Stier, "ΝΟΜΟΣ ΒΑΣΙΛΕΥΣ," *Philologus*, LXXXIII（1928）, 225-258; 另见下文注 148, 关于在 Aegidius Romanus 的著作中，这两个理论发生融合。Chrysippus 残篇（*ὁ νόμος πάντων ἐστὶ βασιλεὺς θείων τε καὶ ἀνθρωπίνων πραγμάτων…*）（国王是一切神圣的和人间的事务的法律）对中世纪政治理论的影响相对很小，原因可能是翻译造成的;因为，尽管 Marinus de Caramanico 正确地翻译了最重要的词汇"法是国王"（*lex est rex*），但官方的版本作"法是女王"*lex est regina*，由此成了一个比喻性质的隐喻，而不再表示一种现实的法律与君主的等同。Baldus 确实按照字面意义引用了这个说法（no *D*. 1, 3, 2, n. 2, fol. 17ᵛ）:"Nota quod lex est Princeps, Dux et regula"（注意:法律是君主，领导是规律），但接着他立即转向了更熟悉的 *Nov*. 105, 2, 4, 的程式，并说:"Rex est lex animata: et…subditi possunt tunc dicere: Ego dormio et cor meum, id est, Rex meus, vigilat（Cant. 5, 2）"（国王是活的法:……臣民们可以这样说:我睡觉，但我的心，即我的国王，是警醒的。），以简洁的方式表明统治者的无所不在性（见下文注 167）。关于 *vigilans iustitia*（警醒的正义），见下文注 146;我会在另一条线索中讨论"不睡觉的王"（*rex exsomnis*）这个新概念。

⑬ Wolfram von den Steinen, *Das Kaisertum Friedrichs des Zweiten*（Berlin and Leipzig, 1922）, 63, 引用了相关的段落;另参 Steinwenter, "Nomos," 255, n. 28.

laws)的来源。"⑬随着这最后一个词,皇帝的裁定以一句法律格言结束,表示皇帝自有全部的法律"蕴藏于胸中的小屋里(*scrinio pectoris*)"。类似地,这句法律格言也源自于罗马法,属于这同一大类的观念。⑭因此,写作学校(*dictamen*)的一位博洛尼亚教师,著名的邦康帕尼奥老师(Magister Boncompagno)就认为,称这位皇帝为"罗马人至为纯良的皇帝,在他的胸中蕴藏着一切自然法和民法"是正确的说法。⑮然而,"活的法"原理渗透进入了最令人意外的领域。约翰内斯·德·迪奥(Johannes de Deo)在 1245 年前后撰写其《补赎之书》(*Liber poenitentiarius*)时,宣称皇帝可以向他选定的任何告解司铎忏悔,"因为君主不在法律之下:他自己就是在地上的活的法。"⑯或许正是因为这一点,1231 年,弗里德里希二世的儿子亨利(七世)国王,在日耳曼地区作为其父的副手施政时,强调了"那丰富完全的王家权力,朕依此[132]作为在地上的活的法而高于诸法。"⑰这看起来好像属于略晚一些的时代,在传统认为的发展过程中,民族性国家的国王也被称为、并且自己也宣称是"在自己的土地上的活的法"(*in terra sua lex animata*);并且,这个称号在后来的绝对主义王权政治理论中扮演了相当重要的角色。⑱同样,当我们发现"活的法"理论适用于共体(*universitas*),即立法共同体(legislating community)时,也并不觉得惊讶。⑲

---

⑬ Böhmer, *Acta imperii*, I, 264, No. 299:"(maiestas nostra) que est *lex animata in terris* et a qua iura civilia oriuntur."([我们的尊威]是人间的活法律,即是诸民法规定的来源)参较 *MGH*, *Const.*, II, 184, n. 1; *Erg. Bd.*, 86f。

⑭ 见上文第二章注 15。

⑮ *Erg. Bd.*, 85。

⑯ 参见 Gaines Post,"Blessed Lady Spain," *Speculum*, XXIX(1954), 200, n. 10;或许 Post,"Two Notes on Nationalism in the Middle Ages," *Traditio*, IX(1953), 299, n. 11 所引用的段落也属于同一大类的观念。

⑰ 参较 *MGH*, *Const.*, II, 184, n. 1; Huillard-Bréholles, III, 469。

⑱ 参见 Church, *Const. Thought*, 58, 70, 193,以及各处(参见索引"King"条);另参 Esmein,"Princeps legibus solutus," 206, n. 1。参较 Matthaeus de Afflictis, on *Lib. aug.*, 1, 6, n. 32, fol. 52ᵛ:"et rex in regno dicitur lex animata."(施行统治的国王被称为活的法律。)早期的例子(那不勒斯的查理二世,1295年),参见 Romualdo Trifone, *La legislazione angioina*(Naples, 1921), 119, No. LXII。

⑲ Lucas de Penna, on *C.* 11, 69, 1, n. 4(lyon, 1582), 613:"nam si potest hoc[sc. aedificare in publico permittere]lex municipalis, fortius ipsa universitas quae legem (转下页注)

很显著的一点是,在所有这些案例中,查士丁尼的《新律》都是罗马法学家和教会法学家的共同来源。然而,在 13 世纪下半叶,有一个查士丁尼法典本身的终极来源开始变得同样重要,那就是亚里士多德。在《尼各马可伦理学》中,亚里士多德将完美的法官称为δίκαιον ἔμψυχον (*iustum animatum*),在英文中通常作"animate justice"(活的正义)。法官,作为活的正义,就构成诉讼双方之间的中介,单单寻求正义本身。因此,亚里士多德总结道:"正义是某种介于中间的东西,法官也是如此",他就是活的正义。[140]

在这里,重要的不是亚里士多德本人,而是 13 世纪的解释者。阿奎那在对《尼各马可伦理学》的注疏中,当然同意法官是"某种活的正义"(*quoddam iustum animatum*);但他在法官是"中间者"(*medios*)的定义中加上了: *vel mediatores*,"或中保",这样就不好说是一回事了。[141]在《神学[133]大全》中,阿奎那将国王带入了这幅图景,说"法官是活的

(接上页注)municipalem constituit..., quia potentior est lex viva quam mortua sicut excessive animatum potentius est[in]animato."(如果城市法律可以[允许在公共场所建立],这个规定了城市法的公民集体更可以……因为活的法律比死的法律更有能力,正如具有生命力的东西在活物中更有力量一样。)Lucas 在此暗示大学是一个活物或是有生命的"人",这是一个预设了"拟制人格"(*persona ficta*)理论前提的概念。关于他对"活的法"(*lex viva*)与"死的法"(*lex mortua*)的区分,他引用了自己对 C. 11, 41, n. 20 的评注;见下文注 150。

[140] *Eth. Nicom.*, v, 1132a, 20ff: τὸ δ'ἐπὶ τὸν δικαστὴν ἰέναι ἐστὶν ἐπὶ τὸ δίκαιον. ὁ γὰρ δικαστὴς βούλεται εἶναι οἷον δίκαιον ἔμψυχον. (同引文)参较 Delatte, *Traités*, 246; Goodenough, "Hellenistic Kingship," 63; Steinwenter, "Nomos," 260. 当然,正义本身与所有德性一样,就是一个中间物,尽管是一种不同且最高贵的德性,因为她并不是在两种本身构成恶的极端中间寻找到的平衡(比如,勇气是怯懦和鲁莽的平衡);参见 *Eth. Nicom.*, v, 1129a, 1ff; 1133b, 30ff.

[141] Aquinas, *In Ethicorum Aristotelis ad Nicomachum Expositio*, §955, ed. R. M. Spiazzi (Turin and Rome, 1949), 261f: "...nam iudex debet esse quasi quoddam iustum animatum, ut scilicet mens eius totaliter a iustitia possideatur. Illi autem qui refugiunt ad iudicem, videntur quaerere medium inter partes quae litigant; et inde est quod iudices vocant medios vel mediatores."(因为法官应该是某种活的正义,这样他的心灵[或译"思想"]完全被正义所占据。那些找法官,向他求助的人,他们好像在诉讼双方寻求中间者,而因此他们称法官们"中间者"或"中保"。)不过,请参见 Arist., *Nic. Eth.*, 1132a, 22-23:καὶ ζητοῦσι δικαστὴν μέσον, καὶ καλοῦσιν ἔνιοι μεσιδίους.(他们去找中间的法官,并称其为中间者)

正义,而国王是正当之事物的保护者。"[142]在阿奎那的后继者、奥维涅的彼得(Peter of Auvergne)对《政治学》所作注疏的后半部分,法官完全出局,而国王仍然保留,他的职位"是正义的保护者……并且因此,诉诸于国王就是诉诸于活的正义。"[143]在这里,从法官到国王的转移就像在乌尔比安"正义之祭司"的案例中一样润物细无声。有一点是可以原谅的,亚里士多德说"活的正义",将法官或君王形容为臣民之间的中保,这个明喻仅仅被当作是查士丁尼法典将君主界定为"活的法"著名定义的一个变体,后者是将君主说成是上天与下地之间的中保。无论如何,君主很快被等同于"活的正义"。巴黎的约翰(John of Paris),在1300年前后,很直接地将君主称为"活的正义"和正当之物的保护者。[144]而亚里士多德与查士丁尼的融合最终由巴尔都斯完成,他将国王称为"活的正义",且并不引用亚里士多德,而是引用查士丁尼的《新律》。[145]无论如何,君王不仅要表现为活的法,同时还要表现为活的正义。大阿尔伯特早就要求国王不可懒惰迟钝,而是要做"活的、警醒的正义",并且还说,国王高于法律,因为他是"法律活的形式"。[146] 而但丁则深思熟虑地

---

[142] Aquinas, *Summa theol.*, II-IIae, q. LVIII, a. 1, ad 5: "iudex est iustum animatum et princeps est custos iusti."(法官是活的正义,而君主是正义的维护者。)关于国王是"保护者",见下一条注释。

[143] Aquinas, *In Politicorum Aristotelis Expositio*, §849, ed. Spiazzi(Turin and Rome, 1951), 284: "Et dicit[Aristoteles]quod officium regis est esse custodem iustitiae. Et vult custos esse iusti. Et ideo recurrere ad regem est recurrere ad iustum animatum."([亚里士多德]说国王的职责是成为正义的保护者。他想成为正义的保护者。并且因此,诉诸于国王就是诉诸于活的正义)参见 Arist., *Pol.*, v, 1311a, 1, 他没有使用"正义的保护者"一词,而只是简单地说: βούλεται δὲ ὁ βασιλεὺς εἶναι φύλαξ ("Vult enim rex esse custos"(国王想成为保护者); §706, ed. Spiazzi, p. 282)尽管意思就是"正义的保护者"(*custos iusti*)。

[144] John of Paris, *De potestate*, c. XVII, ed. Leclercq, 225, 6: "...ad principem pertinet qui est *iustitia animata* et custos iusti."(……这是君主的任务,他是活的正义和正义的维护者。)关于国王作为臣民之间的中保以及作为神与人之间的中保这两个方面,参见 Valdenberg, in *Byzantion*, I, 572f.

[145] 参见 Baldus, on c. 33 X 2, 24, n. 1, *In Decretales*, fol. 261: "Item debet esse iustum animatum, ut in Auth. De consulibus(= *Nov.* 105, 2, 4)."(因此,正义必须是活的。)

[146] Albertus Magnus, *In Matthaeum*, VI, 10, ed. A. Borgnet(Paris, 1893), xx, 266f: "Haec autem potestas animata debet esse iustitia, quia rex non tantum debet esse iustus..., non torpens vel dormiens, sed *viva* et vigilans *iustitia*...Et licet rex supra legem sit, tamen non est contrarius legi: et est supra legem, eo quod ipse est *viva forma legis*, (转下页注)

让查士丁尼本[134]人使用了"活的正义"(*viva Giustizia*)一词,来指称赋予他默示的上帝。⑭

或许可以认为,关于统治者构成"活的法"或"活的正义"的理论,在阿奎那的学生和追随者罗马的阿厄吉狄乌斯(Aegidius Romanus)那里得到了某种结论。他在 1277 年和 1279 年将自己的政治性著作《论君主的统治》(*De regimine principum*)题献给了法国王子,即后来的腓力四世国王。鉴于这本"君王之鉴"是中世纪晚期被阅读和引用最多的政治类著作之一,可以这样说,这本书的作者界定了接下来许多个世纪的主要问题。阿厄吉狄乌斯曾经详尽地研究过亚里士多德,他也将君主称为"正义的保护者",并将其定义为"正义之法律的器官和工具"。并且,在谈到《尼各马可伦理学》时,他引用了关于法官表现为一位"活的正义"的段落,尽管没有加上:*et multum magis ipse rex*,"国王本身更是如此"。因为,阿厄吉狄乌斯这样解释:

> 国王或君主是某种法律,而法律也是某种国王或君主。因为,法律是某种不活的(inanimate)君主;而君主,则是某种活的法律。这样,鉴于那活的超越不活的,国王或君主就必定超越法律。⑭

(接上页注)potius formans et regulans legem quam formatus et regulatus a lege..."(而这种活的权力必须是正义,因为国王不仅仅必须是正义的,他不是麻木的,不睡眠,而是活的和警醒的正义……假如国王在法律之上,他仍然不能违背法律,而他在法律之上,是因为他是法律的活形式;说他受法律形式和规律的约束不如说他为法律提供形式和规律。)关于 *rex exsomnis or vigilans*(不睡眠的或警醒的国王),见上文注 131,以及下文注 167。

⑭ Dante,*Parad*.,VI,88:"Chè la viva Giustizia che mi spira."(活的正义通过我而呼吸)通过让查士丁尼在适当的地方引用关键的措辞,但丁前所未有地将帝国、教会、罗马法、亚里士多德、受神圣启示的上帝的对照型、以及许多其他相关的东西和观念都交织在了一起。

⑭ "Si lex est regula agendorum:ut haberi potest ex 5 Ethic.,ipse iudex,et multum magis ipse rex cuius est leges ferre,debet esse quedam regula in agendis. Est enim rex sive princeps quaedam lex;et lex est quaedam rex sive princeps. Nam lex est quidam inanimatus princeps. Princeps vero est quaedam animata lex. Quantam ergo animatum inanimatum superat,tantum rex sive princeps debet superare legem...Rex quia est quaedam animate lex,est quaedam animata regula agendorum..."(如果法律是行动的规则,如可以在《尼各马可伦理学》第五部分读到,那么法官本身,而在更大的程度上是国王[他必须订立法规],必须是某种行动中的法规。因为国王或君主是某种法;而法则是某种国王或君主。法律是某种没有生命的君主,而君主则是有生命的法。活物超过无生命之物,同理国王(转下页注)

在这个关于法律和君王之间关系的描述中,我们看到了一个"活的"国王与"不活的"法律之间的对照,根据之前的分析,这个对照可以回溯到柏拉图的《政治家》,并且,[135]活的国王高于无生命法律的刚性这样的说法也有前例可循。[149]阿厄吉狄乌斯一再重复了他的定义,[150]而他附加的结论,认为"受一位国王统治,比受法律统治更好"最终被法学家们总结为法律格言"好国王比好法律更好"(*Melius est bonus rex quam bona lex*)——这与亚里士多德所说以及他所表达的意思截然相反。[151]通过这类关于国王-法律中保的思考,阿厄吉狄乌斯还进一步总结了许多关于统治者与自然法和实在法关系的讨论。最后,他实际上只能得出一个结论:"实在法在统治者之下,正如自然法在其之上。"或者,按照他对这一关系的评论:"统治者是自然法与实在法之间的中保。"[152]由此,

---

(接上页注)或君主也应该超过法律。……国王是某种活的法律,是某个活的行动规则。)参见 on Aegidius, Carlyle, *Political Theory*, v. 70ff, esp. 75f, 有全文引用; Steinwenter, "Nomos," 253f; Berges *Fürstenspiegel*, 211ff, esp. 218f, 作者对该书作了简明扼要的分析; cf. 320ff, 参考文献以及大量的中世纪译文,至少有十种不同的语言。

[149] Plato, *Politicus*, 294-296; Steinwenter, "Nomos," 262ff。

[150] 关于 Engelbert of Admont, 参见 Steinwenter, "Nomos," 253; also George B. Fowler, *Intellectual Interest of Engelbert of Admont*(New York, 1947), 170f。参较 Lucas de Penna, on *C*. 11, 41, n. 20(Lyon, 1582), 453, "Et sicut animatum excessive potentius est inanimato, sic princeps excessive potentior est ipsa lege, dicit[frater Aegidius]ibidem lib. 1, parte 2. Et periculosius est contemnere legem vivam, maiusque crimen, quam legem mortuam. "(正如活物远远强于无生命之物,君主远远强于法律本身,他[阿伊吉狄乌斯]说。并且蔑视活的法律比蔑视死的法律是更大的危险,也是更大的罪孽。)

[151] Carlyle, *Political Theory*, V, 75, n. 2: "...quod melius est regi rege quam lege."(同引文)参较 Baldus, on *D*. 1, 1, 5, n. 5, fol. 10ᵛ; 另参 Matthaeus de Afflictis, on *Lib. aug.*, 1, 30, n. 8, fol. 147ᵛ. Aquinas, *Summa theol.*, I-IIae, q. xcv, art. 1, ad 2, 阿奎那追随亚里士多德,但更怀疑,至少在涉及法官的问题上:他认为更好的方式是使一切事物按照法律而有秩序,"quia *iustitia animata iucicis* non invenitur in mulitis"(法官那种活的正义不能在群众里找到)。

[152] Carlyle, *loc. cit.*: "Sciendum est regem et quemlibet principantem esse medium inter legem naturalem et positivam...Quare positiva lex est infra principantem sicut lex naturalis est supra..."(我们应该知道,国王和任何统治者是自然法和实证法之间的中保……因此实证法在君主之下,就像自然法在其上。)参较 Gierke, *Gen. R.*, III, 614, n. 264. 鉴于 Aegidius 在前一句中提到 5 *Ethicorum*,因此显然是亚里士多德"作为中保的法官"的图景促使他以类似的方式将统治者解释为一位"中保"。阿奎那(见下一条注释)也以类似的方式解释统治者的地位,在对亚里士多德《政治学》(§ 15, ed. Spiazzi, p. 7)的评注中,他解释说,政治权力"quasi secundum partem principetur..., et secundum partem sit subiectus. "(好像部分上处于统治者的地位,……而部分上处于臣民的地位。)

中保和法律双重性的原理混合了起来。

一位君主，他是两种法之间的中保，是被上帝差遣降临人间的"活的法"，同时不受法律拘束（*legibus solutus*）而又受法律约束（*legibus alligatus*），出于很明显的理由，在这个时期并不是罕见的概念。因为，中世纪的每一种法律哲学，都不可避免地建立在一种前提之下，那就是，有一种超越法律(meta-legal)的自然法，其存在并不依赖于王国和国家的存在——事实上，根本不依赖于任何王国或国家，因为自然法是因其本身的自足而存在，与任何实在法都没有关系。[136]关于法律的这种根本上的二元性，在法学家和神学家之间并没有严重的分歧。事实上，托马斯·阿奎那也至少在一个重要问题上作了非常明确的表示，他说，论到实在法的强制力（*vis coactiva*），君主是不受法律约束的，因为实在法本身的权力乃是来自于君主；但是，另一方面，阿奎那认为（按照他引用的目的，完全同意《尊荣法》）君主受到自然法指导力（*vis directiva*）的约束，他应当自愿接受其拘束。⑬这个措辞聪明的定义，看起来为一个难题提供了可接受的解决方案（后来绝对主义君主制的赞成者和反对者都同意，并且到波絮埃［Bossuet］都还在引用），⑭不仅在本质上符

---

⑬ Aquinas, *Summa theol.*, I-Iiae, q. XCVI, a. 5, ad 3；参见 Carlyle, *Political Theory*, v, 457f. 关于这一段的讨论；also Jean-Marie Aubert, *Le droit romain dans l'oeuvre de Saint Thomas*（Bibliothèque thomiste, xxx［Paris, 1955］）, 83f.

⑭ *De iure magistratuum*（quoted by Esmein, "Princeps legibus solutus," 209, n. 1）：君主是 "solutus nonnisi de legibus civilibus…, non autem de iure publico et ad statum(!), ut dici solet, pertinente, multoque minus de iure naturali et divino."（除非不受民法的约束，……但他受公法的约束，事涉及国家法的约束，正如他经常说，而更受自然法和神圣法律的约束。）引用阿奎那这个区分的著者不可胜数，不会是从 Andreas of Isernia, on *Feud.* Ii, 51 ("De capit. Qui"), n. 29, fol. 231("nam quantum ad vim directivam legis, Princeps est subditus legi, sicut quilibet…")（就法律的指导力而言，君主臣服于法律，就像任何人一样……）开始，也不会以 Bossuet, *Politique tirée des propres paroles de l'écriture sainte*, IV, proposition 4(ed. H. Brémond, *Bossuet: Textes choisis et commentés*, Paris, 1913, II, 115) 为终点，后者在引述了尊荣法("cette belle loi d'un empereur romain")（一个罗马皇帝的好法律）之后，说："Les rois sont donc soumis comme les autres à l'équité des lois…; mais ils ne sont pas soumis aux peines des lois: ou, comme parle la théologie［sc. Aquinas］, ils sont soumis aux lois, non quant à la *puissance coactive*, mais quant à la *puissance directive*."（国王像其他人一样臣服于法律的公道……；但是他们不臣服于法律的惩罚：或者，就像神学所说的［阿奎那］，他们服从于法律，而不服从于意动的力量，而服从于指导力。）另参 Albericus de Rosate, on *D.* 1, 3, 31, n. 10, fol. 31 所作的区分：君（转下页注）

合索尔兹伯里的约翰的论点,也符合弗里德里希二世的立场,后者说的是,尽管皇帝高于法律,但受到理性指导力的约束。

现在,自然法和人定法的二元性,在何种程度上与法律事务上的中保观念,以及正义本身和君主所固有的二元性交织在一起就相当清楚了。并且,在这一点上,弗里德里希将自己定义为"正义的父亲和儿子"在哲学上就有了意义,因为他宣称在法律事务中的中保身份[137]乃是来源于、且符合他所在这个时代的政治思想的。如果正义是"在上帝和此世之间作中介"的力量,[155]那么君主作为"活的正义"就必定具备类似的地位。因此,经由罗马法与亚里士多德、法律哲学与政治哲学的共同努力,再加上传统神学原理的协助,关于正义与君主,以及他们相互之间的关系,就有了一种新的观察视角。

在中世纪早期,正义形象的传统特征并没有遭到改变,甚至哲学化的法学家们所做的令人赞叹的融合工作也几乎对其没有影响,确实是如此。如果法律家们首要地将正义定义为一种"超越所有其他德性"的美德,并将之几乎等同于上帝自己,那么,在这个陈述中就并没有什么新鲜的内容,除了某种强调,以及,可能有一种更强烈的明确化。[156]不断强调正义的二性——一种是神圣的,一种是属人的(*alia divina*, *alia*

(接上页注)主作为活的法,并非真的被置于法律以下,而是在法律之中(上文注 129);接着,引用了诗篇 1:2("惟喜爱上主的律法"[In lege Domini voluntas eius]),他解释说:"dicit aliud est esse in lege, aliud sub lege. Qui enim in lege est, secundum legem agit voluntarie obediendo legi; qui autem sub lege est, secundum legem agit necessitatis timore coactus."(他说,"在法律内"和"在法律下"是两个不同的意思。因为"在法律内的人"的行动符合法律,而他自愿地服从法律;但"在法律之下的人"按照法律行动,因为他必须这样作,而他不自愿地,出于恐惧而行动。)最后他引用了尊荣法。另参上文注 25(索尔兹伯里的约翰),52ff,以及,关于后来的理论,Church, *Constititional Thought*, 197, 232,各处。

⑮ *Siete Partidas*, II,9,28, ed. Real Academia de la Historia(Madrid, 1807), II, 84;"la justicia que es medianera entre Dios e el mundo."(正义是上帝和世界的中介。)

⑯ Baldus, on c. 36 X 1,6,n. 4, *In Decretales*, fol. 79;"Nota quod iustitia triumphat super omnem aliam virtutem, vitam, famam et scientiam."(要指出的是,正义超越任何其他的美德,超过生命、名誉和知识。)另参对他这段关于 *D*. 1,1, 的注释的改写,Ullmann, "Baldus," 388ff; further Ullmann, *Lucas de penna*, 35ff, 汇编了类似的相关段落。关于正义作为所有美德的总和,进一步参见 King Robert of Naples 一封关于那不勒斯大学晋升某位法学博士的信中夸张的说法,ed. G. M. Monti, "Da Carlo I a Roberto di Angiò," *Archivio storico per le province napoletane*, LIX(1934), 146。另参上文注 70。

humana)——本身也不是什么新鲜事;因为这样的讨论总是在一种属天的正义和一种属地的正义之间展开,一边是绝对和不可变的、统治宇宙并优先于一切在时间中创制的法律的正义,另一边则是在人的法律经过不完美的实体化,并且依照地上变化无常的情况而可变的正义——因而"带着许多的叹息,观照着神事和人事。"[157]进一步,当法学家们区分"抽象的"(*in abstracto*)正义与"具体的"(*in concreto*)正义时,我们很容易就可以辨认出前者就是"观念"或"普世的",而后者是这种观念实际应用到人类法律的结果。新的区分固然是来源于亚里士多德以及他对德性的分类;但是,举个例子,把正义界定为一种"习性"(*habitus*)的定义,早在亚里士多德复兴之前很久,就已经经由西塞罗而为人所知了。[158]

上面提到的这些都不是决定性的。在这个法学家的时代中,真正发生改变的[138]并不是正义本身,而是其新兴解释者的心态。他们撰写有关正义的著述,并不是为了神学或属灵上的好处,而是出于职业目的,并且采用了一种科学的方式。起决定性作用的,是一种科学化、职业化法学的出现,由此"正义"成为了学术解释家们特定的科学化对象,他们将全副精力投入到对"正义"和"法"之性质的研究工作,其职业热忱与内心的火热,与那些以解释三位一体的上帝或是神圣救赎之工为己任的神学家如出一辙。查士丁尼《学说汇纂》开篇的标题,以及其中所蕴含的哲学,还有《法学总论》各卷哲学性的导论,以其深刻的严肃性及神圣的光环,挑战着一代又一代的法学家对自己所做工作的性质进行反思,并对他们的职业进行思考或评论。毕竟,正义是法学专家终极的存在理由(*raison d'être*),作为回报,法学家们则不仅仅强调其博学职业的道德和伦理价值,同时还使正义成为其崇拜的主要对象,以及其"法的宗教"(*iuris religio*)活的中心。[159]

---

[157] 上文注 60,及注 64。

[158] 上文注 59,注 80。

[159] 解释《法学总论》序言的注释家常常使用 *iuris religio*(法的宗教)一词,因为在这篇序言中皇帝被称为 *iuris religiosissimus*(在法律方面最有虔敬情怀的))(另见 *D*. 31, 1, 67, 10);参见,例如,Placentinus, *Summa Inst*., ed. Fitting, *Schriften*, 222, 21;另见 Azo, *Summa Inst*., fol. 268; ed. Maitland, *Bracton and Azo*, p. 6; further *Glos. ord*., (转下页注)

[139]根据罗马法,法学乃是"有关属神之事物和属人之事物的知识"。[160]法学不仅被界定为一种知识(*scientia*),而且还是一种艺术(art)。而对法学家来说,艺术乃是——早在文艺复兴时期的艺术家采用这个定义之前——"效法自然"。[161] 关于这门艺术,乌尔比安说,我们

(接上页注)v. *religiosissimus*:"Nota quem fieri religiosum per leges; nam ipsae sunt sacrae." 鉴于皇帝提到了"武器"(*arma*)与"法律"(*leges*),注释家们就扩展了这个主题;例如,参见 *Glos. ord.*:"item nota hic quatuor proportionalia: scilicet arma, usus armorum, victoria, triumphus; item leges, usus legum, calumniae, repulsio, et iuris religio";(这四种成比例的事物:武器和武器的使用;胜利和凯旋;还有法律和法律的使用,诉讼,反驳和法的宗教。)军事胜利与法的宗教被并列在一起讨论。鉴于按照西塞罗的定义(*De invent.*, II,161),*religio* 被认为是"那种带来关心和仪式的美德"(*virtus curam ceremoniamque afferens*)(德性带来关爱和仪式)(参见 H. Kantorowicz, *Glossators*, 19),就不难以一种世俗的方式将这个概念应用到对正义的关心以及法庭的礼仪上来(参见 *Lib. aug.* I, 32, Cervone, 82: *Cultus iustitiae silentium reputatur*;参较 *Erg. Bd.*, 89),或者,后来应用到绝对主义王权的半宗教性的法院仪式上。还有,按照西塞罗的说法,正义的女儿,六个公民美德,居首位的就是 *Religio*(见上文注 61)。因此,指出"iustitia in subiecto infusa vel acquisita informat ad religionem, pietatem, etc."(如果正义被输入臣民的心中,或是被学习的,它就教导人们宗教情怀和虔敬等)是很常见的做法。参见 Baldus, on *D.*1,1,10, n. 2, fol. 15ᵛ; also Ullmann, "Baldus," 390f. 最后, *Inst.* 4, 16, rubr., 提到了 *iurisiurandi religio*。例如,参见 Andreas of Isernia, on *Lib. aug.*, I, 99, Cervone, 168: "Iustitia habet multas partes, inter quas est religio et sacramentum secundum Tullium in Rhetorica sua. Ponitur ergo totum pro parte: nam sacramentum est religio: unde dicitur iurisiurandi religio."(正义有许多部分,其中宗教是最神圣的,根据西塞罗在他的《修辞学》[里提到的],而全部在这里代表部分,因此誓言是宗教,所以它被称为"誓言的宗教"[拉丁语的 sacramentum 可以译"誓言",但在基督宗教传统中,它指"圣礼"——译者注。])(引用 *C.* 2, 58, 1-2;见上文注 105)值得一提的是 Cuias, on *Inst.*, prooem.(*Scholia*), says: "Religiosissimus fere idem est, quod sanctissimus iuris sacerdos."(他是最有宗教情怀的,因为他是法律的最神圣的祭司)参见 Cuias, *Opera*(Prato, 1836), II, 607. Fortescue(见下文第五章注 89)也谈到"圣礼之法"(*legis sacramenta*)与"英国法的奥秘"(*mysteria legis Angliae*),他由此堕入意大利法学家的行话;参见,例如,Baldus, on *Liber Extra*, prooem., rubr., n. 7, fol. 3: "Quaedam[nomina]misterio iuris sunt introducta," whereas other *nomina* exist "quibus non est datum certum mysterium a iure"("一些[术语]因法律的奥秘而传入",但另一些名词,而"法律并没有给他们某种奥秘[的意义]。")。

[160] *D.* 1, 1, 10, 2: "Iuris prudentia est divinarum atque humanarum rerum notitia, iusti atque iniusti scientia"(法学是关于神圣事物和关于人间事物的认识,也是关于正义和非正义的专门知识。); *Inst.* 1, 1, 1 逐字重复。

[161] "Ius est ars boni et aequi"(法律是关于利益和公道的学问。[拉丁语 bonum, 即英语 good/ a good 可以指"善"、"美好事物"、"价值"、"利益";ars 可以译为"技巧"、"学科"、"专门知识"——译者注]); *D.* 1, 1, 1. 自 Irnerius 以来的注释们不断对这些词进行解释;关于早期的注释,参见 H. Kantorowicz, *Glossators*, 63f. 在更早的时候,(转下页注)

法学家可以被称为祭司,"因为我们崇敬正义"(*Iustitiam namque colimus*),一则后来的注释对此加上解释:*ut Deam*,"作为一位女神"。[162]无论是作为一种德性,或是一种普遍原则,或一种观念,或是一位女神,对法学家而言,对正义的崇拜总是准宗教性质的,像巴尔都斯这样伟大的法律家,后来几乎尊正义为神,他称之为"一种不会死亡(*non moritur*)的习性(habitus)",像灵魂一样,是永恒的、不朽坏的,并且引向宗教和上帝。如果我没搞错的话,"皇帝之书"也早已受到了同样的准宗教精神的驱动;其语气与后来一切的法律语言一样激昂。事实上,那就是一名法官在裁判一个重要案件之时,可能希望在判词之前所使用的语言,指出"在法官的思想中,理性的命令占据首位","正义自己坐在法官席上审查事实",以及"判决的正当性好像君王高坐在宝座之上",或者通过将地上的法官与那位一路伴随正确裁判出台的[140]永恒的裁判者并列。[163]于是,这种语言,随着其应用在法庭中,就获得了一种意想不到

(接上页注)看起来传统上是按照据说是 Porphyrius 所说的一句话来定义艺术(*ars*);参见 Azo, *Summa Inst*., on *Inst*. 1,2,n. 2, fol. 269; ed. Maitland, p. 24; and *Glos. ord*. on *D*. 1,1,1, v. *ius est ars*:"id est scientia finita, quae arctat infinita; nam ars est de infinitis finita doctrina, secundum Porphyrium."(它是有限的知识,它控制无限者;因为根据 Porphyrius 的说法,某个学科是关于无限事物的有限教导。)后来,亚里士多德的定义 Aristotle, *Physics*, II,2,194a,21("art mimics nature")开始流行;见下文第六章注81;另参 Berges, *Fürstenspiegel*, 218, n. 1, for Aegidius Romanus.

[162] Marginal golss on *D*. 1,1,1. 后来,这成了惯例;例如,参见 Cujas 关于这一点,in *Opera*, VII, 12;"quasi Deam sanctissimam"(如同一个非常神圣的女神);以及 Budé, *Annotationes*, 28f, 他比较了正义与希腊女神 *Dikē*,并说:"eiusque Deae diaconi et ministri...Iudices dicuntur."(法官被说成是女神的执事和侍从)当然,这已经属于历史学派,将正义理解为古希腊女神或罗马的宗教,由此中世纪的法律家们将她理解为"神的推动力"(*Dei motus*)或是"神的灵"(*Dei spiritus*);Ullmann, *Lucas de Penna*, 36。

[163] 见上文注 160;Ullmann, "Baldus" 388f, 关于正义是一种习性(*habitus*)。参见 Durandus, *Speculum iuris*, II, part. iii, §6,n. 19(Venice, 1602), II, 791f 所引用的判决形式,他推荐"si autem arduum sit negotium, incipias cum praefatione sic"(但是如果判决是艰苦的,那么你以序言开始。),接着提出了下列形式:"Presidente rationis imperio in animo iudicantis, sedet in examine veritatis pro tribunali iustitia et quasi Rex in solio iudicii rectitudo...Haec enim recti fuit eterni providentia iudicis, de cuius vultu recta iudicia procedent, ut recti iudices eligentur in orbe..."(理性的命令在法官的思想中占有首位,正义坐在法官席上审查事实,判决的正当性就像国王坐在宝座上……这就是永恒正义的法官[指上帝]的预先安排,正当的审判是从他[指上帝]那里来的,这样在世界上要精选正当的法官……)

的现实感,而原本或许只会将之视为不过是通过法官的宣告而进入实际生活并取得现实性的某种夸张的比喻。

只有在了解了这些观念以及许多相关思想的背景之下,我们才能理解弗里德里希二世的矛盾用语"正义的父和子,她的主人和她的仆人"。中世纪早期,"公正的王"(rex iustus)这个古老的范型占据统治性的地位。所以,在 13 世纪,要否认其永恒性和不可击破的有效性实在是一种可笑的举动,因为弗里德里希二世本人就可以非常轻易地激活圣经弥赛亚式公义君王的古老范型,无论它看起来是否会对他有用。不过,跟其他许多观念相似,"公正的王"的末世论形象在中世纪晚期的政治世界中变得日益模糊,并且,在政治性的运用过程中,这个概念不再以之前奥古斯丁所赋予的形象出现,而更多穿上了法学家们的装扮:这个概念得以存续,代价是其位置从祭坛转移到了法官席,从恩典的领域转移到了法学的范畴,同时,"呈现耶稣基督形象"(gerens typum Jesu Christi)的君王逐渐被一位"呈现正义形象"(gerens typum Iustitiae)的君主所取代。而这个法学家世纪中的君主,不再以麦基洗德(他名字的意思就是"公义王"[rex Iustitiae])的意义,而是以阿库尔修斯的意义作为正义的代表,或者(按梅特兰的说法),成为了"一位永远遵循乌尔比安命令的祭司"。[164]而这个新的形象汲取力量的来源,并不是祝圣礼的果效,而是精深的法学。君主构成"中保",乃是作为"正义中保"(Iustitia mediatrix)的人格化形象或实现型,而非神—人基督的人格化形象和实现型。不过,需要非常强调指出的是,先前的各种价值仍然继续保持着完整的效力,尽管是与那些新兴的价值同列;而基督与正义之间的相互关联极为显著[141]且数量众多,以至于这样的转变常常不为人所察觉;[165]并且,先前有效的

---

[164] Pollock and Maitland, *English Law*, I, 208(=p. 187), n. 3, 引用布雷克顿,后者追随阿佐,在"iusititam namque colimus"(我们崇敬[或维护]正义)后面加上了这句话:"et sacra iura ministramus"(我们管理神圣的法律);参较 Maitland, *Bracton and Azo*, 23f。

[165] 见上文注 22。另参 c. 84, C. XI, q. 3, ed. Friedberg, I, 666("Christus sapientia est, iustitia..."[基督是智慧,是正义......]), Lucas de Penna, on *C.* 12, 45, 1, n. 61(ed. 1582), p. 915 在解释出卖正义就是买卖圣职时引用了这段:"gravius crimen est vendere iustitiam quam praebendam. Legimus enim Christum esse iustitiam...Non legitur (转下页注)

诸多特征也一同促进了君主的弥赛亚或天启式形象的形成,这也同样发生在这个"法学家的世纪"中。

这里的重点在于,通过新兴的法学,国王的中介身份发生了明显的世俗化,这个发展与"王与祭司"(*rex et sacerdos*)的范型以及许多其他观念的世俗化相类似。弗里德里希二世将皇帝定义为同时是正义的父与子,这个程式在其措辞中仍然具有一种半"生理性"内容,貌似可以将皇帝与早先的各种解释联系在一起,与皇帝构成"双重人格"(*gemina persona*)的观念联系起来。不可否认,在以基督为中心的统治权(rulership)概念,与以法律为中心的统治权概念之间,发展出了某种表面上的一致性。但是,这类相似性,如果有的话,不应该令我们受欺骗。每一种礼仪性王权的本质,即恩典,与法学家们所阐释的形而上、超越性的世界完全不相干。法学家将君主放置在这个世界中,成为"活的正义"。对诺曼无名氏而言,受膏立的国王表现为"双重性的人格",因为这位王依恩典(*per gratiam*)反映了神—人基督的二性,"依自然本性为人,通过祝圣,依恩典而为神"。这表示说,国王这种模棱两可的形象是以神学的方式建立在"人的自然本性与神圣恩典"之间的张力之上。当恩典临到这个个人时,他的超自然的身体,这位受膏立的王就表现为恩典的活的形象(living image)。

然而,在以法律为中心的时代,在法学家的语言中,君主不再是"依恩典为神"或者恩典的活的形象;他成为了正义的活的形象,并且依职位(*ex officio*)成为了一种观念的人格化,这种观念也类似地[142]同时

(接上页注)autem esse praebendam...Vendere iustitiam quae Christus est, gravissimum est censendum"(出卖正义是比出卖圣职更严重的罪。我们承认基督是正义⋯⋯他不被认为是圣职。出卖作为基督的正义,被认为是最严重的)(背后的问题,参见 Gaines Post,"The Legal Theory of Knowledge as a Gift of God," *Traditio*,XI[1955],197-210);另参 on *C*. 10,70,4,n. 8, p. 345, and *ibid*., n. 4:"Iustitia quidem(sicut verissime Trimegistus diffinit) nihil aliud est quam Dei motus."(实际上,正义[正如特里斯墨吉斯特斯定义的那样]就只是神的行动)进一步参见, *ibid*., n. 5,引用了 Pseudo-Chrysostomus' *Opus imperfectum super Matthaeum*:"qui omne iustitia facit et cogitat mente sua, Deum videt, quoniam iustitia figura Dei est. Deus enim iustitia est..."(任何以正义行事的人,并在心中思虑正义的人就见到神,因为正义是神的形象。神就是正义⋯⋯)并且他间接提到了箴言 11:4,当他说(n. 7):"Qui vero iustitiam sectatur, non moritur."(而追随正义的人不会死。)

具备神性和人性。君主的这种新的双重性乃是建立在一种法律哲学的基础之上，而后者又与神学思想交错在一起；这种新的双重性也建立在"法的宗教"（*religio iuris*）女神的基础上。然而，产生张力的场域却不再由"人的自然本性与神的恩典"的两极来决定；它转向了另一种的两极对立，即由法学家构建起来的"自然法与人定法"，或者"自然与人"，以及，稍后转向了"理性与社会"，在其中，恩典不再具有一个能够辨识的位置了。

巴尔都斯，在他道德措辞最高调的法律意见之一中，谈到自愿降服于正义的君主，"亦即，降服于何为对错的本质；因为人担任法官，可能犯错，但正义永远不会犯错"。但是，（巴尔都斯指出）"如果没有这样一个人，理性和正义就无法行动"；缺少了本质的人格化代表，它们就无法施展能力。因此，一旦发生争议，"若缺少一位尊贵的官员，正义就走进了坟墓"。⑯因此，君主作为"活的正义"，必须要使这位女神彰显出来，并且，作为她的组成部分，君主可以依照某种内在逻辑宣称自己在法庭中实际上具有无所不在性：通过他的官员，他就具有了，按照弗里德里希二世反复表述的，"潜在的无处不在性"（potential ubiquity），即便他本人的身体并不能同时存在于每一个地方。⑯

---

⑯ Baldus，*Consilia*，III，218，fol. 64（col. b，in fine）："Et certum est quod submittit se iustitiae，id est，substantiae boni et aequi［前一句中是'realitati iustitiae'］. Ius enim reddens quandoque errat，sed iustitia nunquam errat...Item certum est quod ratio et iustitia sine persona nihil agit...Unde sine magistratu iustitia in controversiam posita sepulta est. "（确信的是，他服从于正义，也就是说，服从于善和公正的实体，［前一句中是"正义的现实"］。在司法工作上，他可能偶尔会犯错误，但正义永远不会犯错......同样确定的是，理性和正义如果没有人就无效......因此，如果没有［法官的］职位，争论［或诉讼］中的正义就被埋葬在那里。见下文第七章注 420。背后的观念是，正义，作为一种"可能性"，就必须要由一个人或一个职位加以"现实化"；参较 Petrus de Vinea，*Epp.*，III，68，ed. Schard，507："quod in potentia gerimus［皇帝］per eos［法官与官员］velut ministros iusticiae［上文注 162］deduceretur ad actum. "（我们［"朕"］在权力［potentia 亦可理解做潜能。——译按］中所行的事，要通过他们［法官和官员］这些正义的仆人［上文注 162］而成为现实。）当然，从中我们认出了亚里士多德的分类（"de potentia ad actum"［从潜能到实现］）。

⑯ *Lib. aug.*，I，17，Cervone，41："Et sic nos etiam，qui prohibente individuitate personae ubique praesentialiter esse non possumus，ubique potentialiter adesse credamur. "（我们不能让自己的个人以个体的形式无处不在，但是我们可以被认为以可能的形式无处不在。）另参 Vinea，*Ep.* II，8，ed. Schard，271；*MGH，Const.*，II，306，37f，No. 223；（转下页注）

[143]总结一下,作为活的法或活的正义的君主,与正义女神(*Iustitia*)共享一切共相或"观念"所固有的二重性。这就是正义的二重性,人性和神性。一方面,通过她在地上的皇帝担任代理人而反映出来,另一方面,后者也主要通过正义女神成为了上帝的代理人。正义本身,至少在精深的法学语言中,已经不再与祭坛上的上帝十分相似,尽管她仍然不能与父上帝分离;同时,她也还没有从属于一个绝对或神化了的国家:在这个短暂的转变期中,她是一位享有自身权利的活的德性(*Virtus*),是这个时代的女神,在此过程中,法学成为了领路人,并且在智识上极大地复兴了几乎每一个知识分支。依照类比的方法,君主不再是"基督的扮演者",永恒君王基督的彰显;不过,他也还没有成为一个不朽坏的国家(nation)的组成部分;他有份于不朽,乃是因为他成为了一个不朽的观念的人格化呈现。从法律自身开始生发出一种新式的"混合人格"(*persona mixta*),以正义女神为仿效的神,君主同时作为她的道成肉身和她的大祭司(*Pontifex maximus*)。

(接上页注)参较 *Erg. Bd.*, 94. Further, Nicholas of Bari, ed Kloos, *DA*, XI, 175, §16, 对弗里德里希二世的颂词:作者要求每一名臣民服侍皇帝"quid omnia novit et falli non potest[见上文注 166,巴尔都斯论正义]..., quia ubique eius potentia invenitur et ideo fuge aditus denegatur."(他知道所有事,而且不能被欺骗……因为他的权力无处不在,而因此逃跑是不可能的。)Baldus, *Consilia*, I, 333, n. 1, fol. 105ᵛ, 使用了非常类似的措辞解释委派代表的性质"Ipse[Imperator]personaliter ubique esse non possit..."([皇帝]不能自身无处不在)。参见 Philip of Leyden, *De cura reipublicae*, VI, 1, p. 36: "...princeps, qui ad quietem subditorum praeparandam noctes transire consuevit insomnes..."(君主他习惯于整夜不睡觉,为的是保证臣民的平安)所有这些概念(君主的无处不在性,他的"活的法"的性质,他的无谬误性["国王不能犯错"],以及他永远警醒)的总结可见 Matthaeus de Afflictis, on *Lib. aug.*, I, 6, n. 32, fol. 52ᵛ:"(引用 Baldus, *Consilia*, I, 141, n. 4, fol. 42ᵛ) ubi dicit quod rex quoad suos subditos in regno suo est tanquam quidam corporalis Deus..., quod lex non exequitur aliquod iniustum, vel iniquum: quia oculus legis sicut oculus Dei omnia videt, omnia intuetur...et rex in regno dicitur lex animata...Et ideo antiquitus dicebatur quod corona imperialis invisibilis imponebatur a Deo ipsi principi...quia ius divinum concessit principibus supremam potestatem, ut patet in evangelio...."(他在那里说,国王在自己的王国中对于其臣民来说是如同化身的上帝一样……法律不跟随任何不正义的或不公平的事,因为法律的眼睛和上帝的眼睛一样:他看到一切……而国王在其王国中被称为活的法律……而因此古人说,上帝使国王戴上一种看不见的皇冠……因为神圣的法律允许君主们拥有至高的权力,正如福音书所说……)关于皇帝和国王的无处不在,另参我的论文"Invocatio nominis imperatoris," *Bollettino del Centro di Studi Filologici e Linquistici Siciliani*, III(1955), 35–50, and, for some additions,"Zu den Rechtsgrundlagen der Kaisersage," *DA*, XIII(1957), nos. 61ff.

三、布雷克顿

王低于和高于法律(REX INFRA ET SUPRA LEGEM)

王权同时在法律之上和之下,这个看起来自相矛盾的概念曾经被批评为"经院式和不可操作的"。[168]无论这个批评是什么意思,以及[144]是从何种观点得出这样一个结论,在这里引起我们兴趣的唯一问题在于,这些自相矛盾的概念,在它们被引入的时候,以及在它们被认为有效的数世纪中,是否是经院式和不可操作的。像索尔兹伯里的约翰、弗里德里希二世,以及托马斯·阿奎那这样的人,并不缺乏经验;而相比现代的批评意见,如果他们认为(看起来他们确实如此认为),这些自相矛盾的概念并不过于不可操作和经院气,那么,我们就可以安全地推定,有某些思想的背景,或者可能有一些"思想的限定",迫使他们形成了这样的意见。毕竟,这个时代还完全不知道有一种以本身为目的而存在的国家的概念。[169]当时每一位思想家都持有这样一种信念,即有

---

[168] 参见 Schulz,"Bracton on Kingship," *EHR*,LX(1945),165,关于索尔兹伯里的约翰的理论。有一点,Schulz 低估了索尔兹伯里的影响,他的影响并不限于 Helinand of Froidmont 以及 Gilbert of Tournai(例如,参见 Post,"Two Notes," 293,n. 53),而是可以在法律文献中追溯到 16 世纪;参见 Ullmann,"Influence of John of Salisbury," *EHR*,LIX(1944),384ff,做了有趣的研究,主要限定在意大利,作者也并不假装这已经是完整的研究。索尔兹伯里的拟制,基本上,就是"公义的王"(*rex iustus*),在 Gilbert of Tournai(他是 13 世纪法国政治神秘主义的代表人物)的著作中,这个概念变成了一位国王应该"以天使的方式"(*angelico more*)施行统治(参见 Gilbert's *Erudito regum et principum* by Berges,*Fürstenspiegel*,150ff,esp. 156f,有仔细分析)。"公义的王"(*rex iustus*)或"天使般的王"(*rex angelicus*)相比"作为基督形象的王"(*rex imago Christi*)或作为"活的法"的王,其可操作性是高还是低,在这里根本不是问题,因为对一个现代的"政治平台"而言,这类范型都是一样没有用的。在这里的重点是,"完美"这个隐喻的变化,在 13 世纪,这个隐喻进入了一个新阶段:完美的形象同时是属灵化的("天使般的王"、"天使般的教宗"、弥赛亚式的皇帝),也是世俗化的(活的法、活的正义、王冠、尊荣,等等),并且并不排斥互相交错。我不相信有任何中世纪的政治理论可以脱离某种拟制或某种"关于完美的隐喻"而实际运作,并且也有充分的理由怀疑,一个现代的政治理论可以在如此情况下实际运作。

[169] 关于整个问题,参见 Gierke,*Gen. R.*,III,610:"中世纪不知道国家与法律以互为原因、互为目的和互为下位的方式存在(exist by,for and under each other)这样的思想。中世纪解决这个问题的方法是使实在法与自然法的概念相对立。"译文见 Maitland(*Political Theories*,74),他为这段在页边注给的标题是:"法律高于国家,同时国家高于法律。"

一种神圣的自然法与实在法相对立,这个信念几乎必然导出统治者的地位同时高于和低于法律。最后,我们还想要搞清楚,这类自相矛盾的状况,是否也直接或间接地以中世纪国王的神圣模式为背景,当时国王们同时是处在法律范畴之外的神和人,也就同时高于和低于法律;以及,圣母玛利亚(教会法常常引用她来说明法律状况),并不是作为"童贞女以及圣子的母亲和女儿"(Virgin and mother, daughter of her Son)——*Nata nati*,*mater patris*(儿子的女儿,父亲的母亲)——是否类似地暗示了某种自相矛盾,是无法轻易地与任何继承习惯法的定义相调和的。[170]

[145]总之,对于中世纪晚期的政治思想家和法律哲学家而言,这些矛盾的观念看起来根本不是不可操作的;相反,它们看起来是自然法和实在法领域内神人二性问题唯一的解决方案。放在这个背景下来看的话,弗里德里希二世将皇帝在中世纪法律体系内的地位定义为"正义之父和正义之子",就是一个高度完备和成熟的程式;如果我们记得这一点——应当记住,那么在进一步理解这一时期其他法律家的政治理论中某些"我们自制的矛盾"[171]时,可能会极有益处和帮助,尤其是对于理解布雷克顿。因为,在眼下关于"布雷克顿论王权"的热烈讨论中,看起来有一个焦点有时遭到了不适当的忽略。[172]

---

[170] 关于"母与子"(*mater et filia*),见上文注 40,关于教会法学家对这些词汇的法学评估,Gierke, *Gen. R.*, III, 278f, n. 96, also 332, n. 272(Goffredus of Trani)。John Fortescue 在讨论王位继承问题时,以下列说法提出论辩:鉴于"父的王位不能由女儿继承,因此她就不能成为其子继承的中介",因为她不能将自己并不拥有的东西传递给自己的儿子(Chrimes, *Const. Ideas*, 10ff)。Fortescue 是受罗马法的指引;如果他是受由神学启发的法学的指引,他的这个论辩就会变得没有什么说服力,因为,认为"生出神者"(Theotokos)并不削弱其子的神性,尽管她自己并不拥有神性,这一点在神学上并不困难。

[171] Charles H. McIlwain, *Constitutionalism Ancient and Modern*(Ithaca, N. Y., 2nd ed., 1947), 83,该书中关于布雷克顿极为出色的讨论(pp. 67ff)本身就是厘清所谓"自相矛盾的观念"以及在 13 世纪思想背景中理解它们的重大进展。

[172] 眼下关于布雷克顿的热烈兴趣可能是由 Hermann Kantorowicz, *Bractonian Problems*(Glasgow, 1941)这部争议性的著作引起的,并且 Fritz Schulz 许多富有成果的讨论继续保持这个话题的热度:"A New Approach to Bracton," *Seminari*, II(1944), 42-50;"Bracton and Raymond of Penafort," *LQR*, LXI(1945), 286-292;"Bracton as Computist," *Traditio*, III(1945), 264-305;他的研究"Bracton on Kingship"(上文注 168)直接提到了本项研究的问题;参见 p. 136, n. 2,查阅较早的文献。除了 H. G. Richardson 的两篇文章("Azon, Drogheda, and Bracton"和"Tancred, Raymond, and Bracton", (转下页注)

弗里德里希二世与布雷克顿的亨利（Henry of Bracton）是同时代人。那位伟大的皇帝去世时，布雷克顿大约刚开始撰写他的《论英格兰的法律与习惯》（De legibus et consuetudinibus Angliae）。[⑬] 没有证据[146]允许我们推测这位英国法律家熟悉《皇帝之书》，尽管在13世纪50年代英格兰与西西里王国之间频繁的外交和政治交流达到了高潮。[⑭]皇帝与布雷克顿的措辞极为相似；不过，原因可以很容易地归结为，西西里和英格兰两地的法律家常常使用同样的材料来支持他们关于王权的诸概念——尤其涉及罗马法时。例如，阿佐的著作在南方和英格兰都同样为学者所用。[⑮]"君王法"（lex regia）、"君主所喜悦的"（quod principi placuit）这句法律格言、"尊荣法"（lex digna），以及查士丁尼法律全书中的其他著名段落，在两个国家都被引用和评价。这个时代重大的思想问题，以不同的方式在当时每一位法律作者身上留下了不可磨灭的烙印。

除了这些明显的相似，帝国和英格兰关于统治权和法律的诸概念存在显著的差异。在许多方面，那位霍亨斯陶芬家族的皇帝，措辞比布雷克顿要清楚许多。弗里德里希二世用非常确定的词汇描述他在正义之上和之下的地位，坦率地承认皇帝在许多方面受法律的约束，但非常

（接上页注）ERH，LIX[1944]，22-47，376-384）之外，Gaillard Lapsley 在他的研究"Bracton and the Authorship of the 'Addicio de Cartis,'" EHR，LXII(1947)，1-19 中，讨论了布雷克顿关于王权的诸概念。还有 Gaines Post 非常具有指导意义和开创性的研究，尤其是"A Romano-Canonical Maxim, Quod omnes tangit, in Bracton," Traditio，IV (1946)，197-251。关于 McIlwain 的贡献，见上文注 171，还可以加上他的文本鉴别性评论"The Present Status of the Problem of the Bracton Text," Harvard Law Review，LVII (1943)，220-240。

⑬ 以前的一般推论是，可能现在仍然如此，布雷克顿大约在 1259 年完成了他的著作；H. Kantorowicz，Bractonian Problems，29ff 表示日期可能更早；不过通说仍然如前，参见 Post，op. cit.，217，n. 104，and Stephan Kuttner and Beryl Smalley，"The 'Glossa ordinaria' to the Gregorian Decretals," EHR，LX(1945)，97-105。

⑭ 关于这些关系，参见我的研究"Petrus de Vinea in England," Mitteilungen des Österreichischen Instituts für Geschichtsforschung，LI，74ff，81ff。见下文注 209。

⑮ 参见 Maitland，Select Passages from the Works of Bracton and Azo (Selden Society，VIII，London，1894)，其中同时提供了阿佐的 Summa Institutionum 中大量段落的选编。关于阿佐与皇帝的御前会议（curia），例如，参见 Niese，in HZ，CVIII(1912)，521，n. 2，以及 Capasso，"Storia esterna," 442 (William of Vinea，阿佐的学生)。

确定地强调君主因神圣默示以及"君王法"而享有排他的立法权力。他理所当然地表示自己就是"那法律",即活的法和正义观念的道成肉身——一个含义丰富的概念,它足够明确,因而在法律和政治事务中极有价值;它也足够模糊,因而在赋予一种属灵或弥赛亚式解释时,就可以用于政治性和反教宗的宣传目的。

我们很少能够在布雷克顿那里找到这类浮夸的意识形态和形而上学,如果说还有的话。当然,正义的观念也充斥着[147]他的著作;但"正义女神"(*Iustitia*)远非黄金时代的女神狄刻(Virgo of Golden Age),更加没有在亨利三世身上道成肉身,或者,在这一点上,没有发生在任何英国国王身上。在 13 世纪,相比意大利和欧洲大陆其他地方,英格兰的弥赛亚式思维要弱得多,而统治者作为"活的法",受上帝差遣从高天降临人间的原理,貌似在英格兰落在了极度贫瘠的土地上,直到伊丽莎白一世的时代才改变,她成了新的阿斯特丽亚(Astraea)。⑩接受一个抽象观念的统治从未成为英格兰的弱点,尽管一个有用的拟制可能获得了更加衷心的接受。因此,在布雷克顿的著作中,正义的观念也在法律的确定性之下黯然失色。问题不是国王是否同时是"正义之父和正义之子",而是,他"在法律之上还是之下。"

尽管布雷克顿相当不愿意减损王冠的威严,或者无条件地通过原本以国王为主人的实在法去约束国王特权、由此造成其削弱,但他仍然着重地强调了弗里德里希仅仅在有保留的情况下才承认的一点:国王"在法律之下"。换句话说,弗里德里希从罗马法大全中推导出一种对其个人特权的确认,同时在某种程度上承认自己服从自然法和理性;而布雷克顿从同样的段落中推导出,国王处于国法之下,但同时承认,国王具有独特的地位,如果法律与国王对抗,就不能合法地运作。因此,布雷克顿的国王,在某些方面也在法律之上、超越于法律。撇开弗里德

---

⑩ 这并不排除对正义作哲学化处理。布雷克顿有许多段落提到中世纪意义上的"和平与正义"(*pax et iustitia*),这个概念构成了真正的国家的存在理由;另外,也可以随处发现有关正义的政治性和议会中的布道式讲论(一个有趣的例子,见 Chrimes, *Const. Ideas*, 121f, 197);关于伊丽莎白一世时期,参见 Yates,"Queen Elizabeth as Astraea," *Warburg Journal*, x(1947), 27-82。

里希与布雷克顿之间在许多其他问题上的差异,两人在涉及君主与法律时所强调的重点有着明显的不同;不过,这样的差异仍然从属于同一个大的政治-法律思想体系,在其中,法律——或者通过统治者道成肉身,或者没有——都表现为真正的主权者。

布雷克顿,以及这时期许多其他政治理论家的难点,在于对"法"(*lex*)这个词的模糊使用。这个词可以[148]同时指神圣或自然法,与成文和不成文的实在法。当然,在 13 世纪的英格兰有一种强烈的倾向,就是要使国王不仅服从于(按照阿奎那的用词)自然法的指导力(*vis directiva*),还要服从于实在法的强制力(*vis coactiva*)。而这一点证明了,"法律的暴政"(tyranny of the law)会产生破坏政制有序功能的威胁,这在布雷克顿所处的时代如此,在之后也常常发生。认为布雷克顿是要无差别或无限制地使国王受实在法的约束,当然是走得太远了。麦基文(McIlwain)教授已经清楚地确认了这一点,他敏锐地从布雷克顿的著作中辨析出"统治权"(*gubernaculum*)与"司法权"(*iurisdictio*)两个概念的区别——前者指国王在其中构成"绝对"的政制范畴,而后者是指正当(Right)的范畴,国王对此没有权力。最令人高兴的是发现有其他学者也强调了这样的事实,即:甚至当"法"(*lex*)一词是表示"人定法"(*leges humanae*)时,这个词也常常仅指实在法中"与神圣法相符合,且已经过往数代人持续同意而核准的"部分。⑰或者,按照后来阿厄吉狄乌斯对这个问题所作的最准确的表达:

　　　当我们说某些实在法高于君主时,这句话并不是指实在法是

----

⑰　麦基文始终强调,布雷克顿笔下的国王乃是同时高于和低于法律;参见 *Growth of Po-litical Thought*,361ff,367(国王"绝对但有限"),在 *Constitutionalism*,75ff 甚至更强烈。他对统治权(*gubernaculum*)和司法权(*iurisdictio*)的区分与此处和接下来几页中所讨论的问题有密切关联。我自己没有使用这对概念,原因是"王冠"(Crown)和"大写国王"(King)这对概念与统治权(*gubernaculum*)和司法权(*iurisdictio*)并不完全配合。超越法律和时间的"王冠",与设定统治者为"绝对"的统治权并不一致,司法权与国王的自然之体也不一致,其间的一致性也不能简单地掉转过来。如果在这里一并讨论统治权和司法权的概念,就会变成一个更复杂的问题,因为两对概念形成的交错配列会使这些内容变得几乎无法理解。关于另一处引文,参见 Lapsley,*op. cit.*,(上文注172),p. 8f。

如此，而是指向，在该实在法中保留了自然法的某些力量这一事实。[178]

也就是说，国王仅仅受神圣法或自然法的约束。不过，他受自然法的约束，不仅仅是以[149]其超越性和元法律式(meta-legal)的抽象形式，而同时也是以其确实的现实显现形式，包括了神职人员、贵族和人民的权利——在当时主要依赖不成文法律和习惯的英格兰，这是一个非常重要的观点。

有可能，甚或相当确定的是，布雷克顿所认为约束他那位国王的法律，在实践中比弗里德里希二世宣告要效忠的法律范围大许多。不过，尽管如此，布雷克顿对于国王"在法律之下"身份的扩展，并没有废除国王同时"在法律之上"的身份。我们从布雷克顿的政治理论中，看不出他有废除甚或减少这类"准圣物"(*res quasi sacrae*)的意图，后者附着于王冠，并构成了在不远的将来所说的"特权"(Prerogative)，即，与清楚定义的权利并立、或多或少未经界定、不属于实在习惯法调整的权利。看起来，不仅在现代，而且早在中世纪，对布雷克顿"法律高于国王"(*lex supra regem*)这句法律格言过分的强调，就导致了不公平地掩盖了布雷克顿理论中对应的另一面：国王"高于法律"。[179]

不用说的是，国王"高于法律"的身份，本身是完全"法律性"的，且得到法律的保证。他的在法律之上(supra-legal)的权利，乃是服务于"那些与司法及和平密切相关的事物"及对它们的保护，是由法律本身授予国王的。

> 它们并不附属于任何其他东西，而单单附属于王冠(Crown)和国王的尊荣(Royal Dignity)，它们也不能与王冠分离，因为正是

---

[178] "Si dicitur legem aliquam positivam esse supra principantem, hoc non est ut positiva, sed ut in ea reservatur virtus iuris naturalis."（同引文）Aegidius Romanus, *De regimine principum*, III, 2, c. 25 and c. 39, quoted by Gierke, *Gen. R.*, III, 612, n. 259; Maitland, *Pol. Theories*, 175.

[179] 例如，*Addicio de cartis* 就可能是一份男爵战争(Baronial War)时期的文件；参见 Schulz, "Kingship," 173ff; Lapsley, "Addicio de Cartis," *EHR*, LXII(1947), 1-19.

它们使王冠成为其所是。⑱

布雷克顿最著名的格言——"法律规定[谁将做]王"（lex facit regem），或者那句典型的博洛尼亚法律家韵文"须由法律设立，君王方得登基"（Facit enim lex, quod ipse sit rex）——有一个对立的面向，并且不只是以限制的意义加以解读。⑱在中世纪，类似的说法并不鲜见。[150]Regem iura faciunt, non persona——"法律规定王，而不是[贵族的]人格"——是教会法学家很熟悉的说法；⑱而依照"尊荣法"本身，皇帝宣告："朕之权威依赖于法律的权威。"⑱我们也不应该忘记，对国王人格（Person）的约束，通常会反过来导致国王权力（Power）的提升甚至高举。国王受法律的约束，这一点使他成为国王；但使他成为国王的法律

---

⑱ "Ea vero quae iurisdictionis sunt et pacis, et ea quae sunt iustitiae et paci annexa, ad nullum pertinent nisi tantum ad coronam et dignitatem regiam, nec a corona separari poterunt, cum faciant ipsam coronam."（同引文）Bracton, De Legibus, f. 55b, ed. G. E. Woodbine (New Haven, 1922), II, 167. 请注意重点在于王冠，而不是在位统治的国王（rex regnans）。

⑱ Bracton, f. 5b(Schulz, C, 2), Woodbine, II, 33, and f. 107(Schulz, A, 31), Woodbine, II, 306. 因此，Schluz, "Kingship," 137-145 所讨论的文本中的篇章段落，添加在括号中。关于博洛尼亚法律家的小韵文，例如，参见 for Placentinus, Hermann Kantorowicz, "Poetical Sermon," 22f, 36ff; or for Roffred, Ferretti, "Roffredo Epifanio da Benevento," Studi medievali, III(1908), 236f.

⑱ 见第八次托莱多会议的决议文件，PL, LXXXIV, 431A; Hinschius, Decretales Pseudo-Isidorianae, 392; Schulz, "Kingship," 169, n. 4. 这个西哥特的概念并没有缩减国王的权力，反而是通过约束人而抬高了这种权力。同样，著名的法律格言"没有人能自己设立自己为王"（Nemo potest facere se ipsum regem）也导向了国王权力的巨大提升，尽管是因为不同的理由："Facto enim rege de regno eum repellere non est in potestate populi, et sic voluntas populi postea in necessitatem convertitur."（他一旦当王，那么推翻他的王权不属于人民的权力范围，而因此人民原先的愿望[或译"意志"]此后转变成一种强制性的必然性）关于这个首先出现于 Pseudo-Chrysostomus 的 Opus imperfectum（上文第三章注 105）的理论的历史，参见 Jordan, "Der Kaisergedanke in Ravenna," 111-126, 关于通过 Collectio monumentorum 传播到英格兰（Aelfric, in: Homilies of the Anglo-Saxon Church, ed. B. Thorpe[1844], I, 212），参见 Walter Holtzmann, "Zur Geschichte des Investiturstreites: Englische Analekten, 2," Neues Archiv, L(1934), 282ff。

⑱ 关于尊荣法，见上文注 51 以下，另参 128、131、135；Schulz, "Kingship," 141(A. 31), also 168f, 作者强调了法律与权力之间互相压倒对方的情况。Dante, Monarchia, III, 10 也反映出了尊荣法的观念："Imperator ipsam[iurisdictionem]permutare non potest, in quantum Imperator, quum ab ea recipiat quod est."（皇帝不能改变它[司法权]，因为作为皇帝，他从它[司法权]那里接受了自己的身份。）

也加强了他的王权,并赋予统治者许多特别的权利,以合法的方式,在许多方面将国王置于法律之上。

大体上,对于阿佐和罗马法学家而言,非常符合逻辑的是,这个地位最高的设立君王的法律(king-making law),就是罗马人民借此将全部的权力和治权授予君主的"君王法"(*lex regia*)。布雷克顿绝没有否定他的老师阿佐的这个意见。

> 国王没有任何其他权力,除了他所正当享有的之外,因为他是上帝的代理人,是他在地上的仆人。并且这一点并不与"令君主喜悦的就具有法律的权力"的段落相矛盾;因为,在这条法律的最后这样说(*D*.1,4,1):"因为,依据君王法——该法是用以规定涉及其治权的事务,[人民向他授予了一切权力和权威]。"⑱

[151]即便我们忽视括号中布雷克顿遗漏的内容,这段话也不是那么简单。⑱布雷克顿想要表达的意思明显是:国王的权力只延伸到他从法律所获得的内容(顺便说一句,这个权力可不小);不过,这个限制并不违背那句著名的格言"令君主喜悦的就具有法律的效力"——因为,"君主的意志就是法律"本身是来源于法律。因此,这个事实就是合法的,因为,依据"君王法",人民将权力授予君主,其中就包括这种"按照他的喜好"制定法律的权力。由此,正如弗里德里希二世以及在他之前之后的其他人一样,布雷克顿从"君王法",不仅推导出国王要向创设君王的

---

⑱ Bracton, fol. 107(Schulz, A,16f), ed. Woodbine, II, 305:"Nihil enim aliud potest rex, cum sit Dei minister et vicarius in terris, nisi id solum, quod de iure potest. Nec obstat quod dicitur:'Quod principi placet, legis habet vigorem,' quia sequitur in fine legis:'cum lege regia, quae de imperio eius lata est[, populus ei et in eum omne suum imperium et potestatem conferat]. '"(同引文)关于阿佐,参见 Maitland, *Bracton and Azo*, p. 2;另参 Schulz, 141(A,31). 关于括号中的内容,从 *D*.1,4,1 增补,见下一条注释。

⑱ 参考 Schulz, 153-156 对布雷克顿笔下的一个难题所作的深入灵巧的解决,消除了自 John Selden 以来摆不平的解释,按照原来的理解, *cum lege regia* 被理解为"与君王法一起",这样就用介词替换了连词(*cum*);参见 Ioannis seldeni, *Ad Fletam Dissertatio*, III, 2, ed. David Ogg(Cambridge, 1925), 24f. McIlwain, *Constitutionalism*, 158f 不太愿意接受 Schulz 教授的解释。

"君王法"效忠,并且他依赖于这一法律,同时还推导出了国王代表人民立法、以及依照他的喜好解释法律的法定权力和合法权威。

这显然可能引向一种牢固的绝对主义,正如乌尔比安的"君王所喜悦的"(*quod principi placuit*)常常导致的那样。我们知道,法学家以及政治哲学家们在传统上通过引用"尊荣法"来防止这种危险。依照尊荣法,皇帝要向法律效忠;布雷克顿并不是一个例外:他也在同一段中引用了尊荣法,并相当深入地作了解释。[⑱]不过,在引用该法之前,他插入了一个对"君主所喜悦"格言所作的限制条件,方法是限定"喜悦"(*placuit*)这个字。与弗里德里希二世不同,布雷克顿对乌尔比安的字词做了一个极重大的扭曲,以符合"宪政主义":他从 *placuit* 一词推导出的,并不是一种不受控制的、由上帝默示的君主的个人统治,而是一种受集体控制、由集体激发,几乎是非个人性或高于个人的君主统治。"令君王喜悦"的东西就是法律;而令他喜悦的东西,首先,要使贵族的集体会议喜悦,[152]因此,布雷克顿继续精心阐发这项论证:

> [君主所喜悦的就是法律]——这并不是说,国王的[个人]意志仓促决定的东西,而是由他的贵族们的集议(*consilium*)以及国王的授权,并经过深思熟虑和集会协商后,所正确定义的东西。……[⑲]

布雷克顿对于"喜悦"这个危险的词所作的宪政主义式限定的重要意义不可忽视,尤其考虑到中世纪英格兰当时和后来的宪制斗争,其焦点一次又一次地落在国王的咨议会及其构成的问题上。当然,在实践中,几乎没有一个 13 世纪的国王能够在不咨询他人意见的情况下立法;罗马法和罗马法学家也不鼓励未经咨议的立法,即便是教会法和教会法学

---

⑱ 关于尊荣法,见 Bracton, *loc. cit.*;参较 Schulz, 141(A, 28-31);上文注 183。

⑲ Bracton, *loc. cit.*(Schulz, A,18):"id est, non quidquid de voluntate regis temere presumptum est, sed quod magnatum suorum consilio, rege auctoritatem praestante et habita super hoc deliberatione et tractatu, recte fuerit definitum."(同引文)"*consilium*"一词同时表示顾问(counsel)和议事会(council),可以不作翻译。另外,*Addicio de cartis* 中有一种关于咨议会权力和功能的不同概念,在这里也不可忽视;参见上文注 179。

家也是如此，尽管程度轻一些。没有一位贵族、主教、甚或教宗，可以在不经咨议的情况下推进立法，尽管他们并没有强制性的义务一定要遵循这个程序。⑱因此，布雷克顿在此与通常做法保持一致，并且实际上接受了 12 世纪英格兰伟大的法学家格兰维尔的带领，后者在引证并使用乌尔比安的话时，也对其含义加以限定，将国王的喜悦界定为令他合法的顾问（counsellors）喜悦。⑲

尽管如此，在涉及咨议的问题上，布雷克顿与意大利[153]法学家还是有差异。有一句最终被教会法采纳的罗马法格言，说"君主（或教宗）在他胸中的圣坛里装着所有的法律"，意思是，在立法时，君主应该在心里装着所有相关的法律，亦即能够胜任地在他的权力范畴内行事。⑲这个要求未免太高了，因为（马太乌斯·德·阿弗利克提斯[Matthaeus de Afflictis]说）*raro princeps iurista invenitur*，"很少能找到一位君主本人就是一名职业法学家。"⑲我们无法确定，当布雷克顿说国王"手中拥有一切权利，即从属于王冠和世俗权力，且从属于王国统治

---

⑱ 关于罗马法，参见 *C.* 1, 14, 8, quoted by Schulz, 139（A. 18），以及一般性研究，John Crook, *Consilium Principis*（Cambridge, 1955）。另见下文注 194 以下。Gerhoh of Reichersberg, *De edificio Dei*, c. 21, *MGH*, *LdL*, III, 152, 17 提出了一个很好的评论，认为君士坦丁大帝不可能在未咨询元老们和王国主要大臣意见的情况下（*nisi consultis consulibus ceterisque regni maioribus*）做了他那个著名的赠礼，因为公物（*publica*）只有通过与贵族们协商后（*communicato principum consilio*）才能赠送。教会法当然就咨议有界定清晰的规则；例如，参见 the decretals united under the title *De his quae fiunt a praelato sine consensu capituli*（X 3, 10），ed. Friedberg, II, 501ff，包括注释。这个问题太过复杂，此处无法讨论；如果能有一部对欧洲各国实际做法和罗马法及教会法理论的比较研究会非常有价值；参较 Brian Tierney, "A Conciliar Theory of the Thirteenth Century," *Catholic Historical Review*, XXXVI（1950 - 1951），424f。较旧的研究（例如 V. Samanek, *Kronrat und Reichsherrschaft im* 13. *und* 14. *Jahrhundert*, Freiburg, 1910）已经完全过时了。

⑲ 关于格兰维尔与布雷克顿，参见 Schulz, 171。

⑲ 关于这条法律格言，参 Steinwenter, "Nomos," 256f, 关于其含义，参 F. Gillmann, "Romanus pontifex iura omnia etc.," *AKKR*, XCII（1912），3 - 17, and CVI（1926），156 - 174（参上文第二章注 15）；Post, "Two Notes," *Traditio*, IX, 311, and "Statute of York," *Speculum*, XIX, 425, n. 35。

⑲ 见下文注 195。参较 Andreas of Isernia, on *Feud*. I, 3, n. 16（"Qui succes. Ten."），fol. 21ᵛ: "Potest dici, quod quia princeps multos habet in suo consilio peritos...et ideo dicitur Philosophiae plenus...: raro enim invenitur princeps Iurista."（可以说，因为君主在其咨议会中有很多有识之士……而且因此他可以被称为充满智慧……很少能找到一位法学家。）整段都在讨论咨议会的问题。

权（*gubernaculum*）所具有的有形之剑的权利"时，心里是不是想到上文所说的那句格言：因为，其中具有决定意义的话"他的手中享有一切的权利"（*habet omnia iura in manu sua*）是礼仪性的。[192]但这一点无论如何是可能的；因为有一位法国法学家宣称，法国国王，与罗马皇帝一样，"有一切权利，尤其是从属于他的王国的那些权利，全都装在他的胸中。"[193][154]但是，论到这条格言，意大利法学家还是喜欢引用公会议主义者。例如，皮斯托伊亚的居努斯（Cynus of Pistoia，1270-1336）警告不要作字面解释，因为，他说，"他胸中的圣坛"应该从这样一种意义

---

[192] 论到国王作为普通的法官，布雷克顿说（fol. 556，ed. Woodbine，II，166）："habet enim omnia iura in manu sua, quae ad coronam et laicalem pertinent potestatem et materialem gladium, qui pertinet ad regni gubernaculum."（他的手中享有一切的权利，这些权利涉及王权和实权之剑，而这把剑属于国王的管理权。）按照 Gaines Post（参上文注 190）谨慎的建议，布雷克顿可能"重新组织或模糊地回忆起"这句著名的法律格言。不过，这个措辞是礼仪性的；参考 *Orationes solemnes* 中在受难节为皇帝所作代祷之后的祷告词："...Deus, *in cuius manu* sunt...*omnia iura regnorum*."（上帝，在他的手中有……诸王国的一切权利）尽管《格拉西安圣事礼典》（Gelasian sacramentary）中没有这些话，但在《格利高里圣事礼典》（Gregorian Sacramentary）中添加了进去；参较 H. A. Wilson, *The Gelasian Sacramentary*（Oxford, 1894），78, n. 28, and *The Gregorian Sacramentary under Charles the Great*（Henry Bradshaw Society, 49; London, 1915），52; also *PL*, LXXVI-II, 80A. 进而，在 900 年前后的《法兰克加冕程规》（Frankish Coronation Order）中也发现了这些词句，它们出现在 Oratio super regem, 弥撒的结尾处："Deus omnipotens, per quem reges regnant et *in cuius manu omnia iura regnorum* consistunt."（全能的上帝，通过他，国王们掌握政权，而在他的手中存有诸王国的一切权利。）参较 Schramm, "Die Krönung bei den Westfranken und Angelsachsen," *ZfRG*, kan. Abt. XXIII（1934），206, § 18; *Sacramentarium ad usum aecclesiae Nivernensis*, ed. A. -J. Crosnier（Nevers, 1873），112. 这个词句也出现在弗里德里希二世一份特许状的序言中；参较 Huillard-Bréholles, I, 261; Schaller, *Kanzlei Friedrichs II*., 83, n. 123。

[193] 见 1296-1297 年间一位法国法学家（可能是 Thomas of Pouilly?）的备忘录，ed. F. Kern, *Acta Imperii Angliae et Franciae*（Tübingen, 1911），200, 13f, No. 271, § 5："Cum rex Francie omne imperium habet in regno suo, quod imperator habet in imperio... et de eo potest dici, sicut de imperatore dicitur, videlicet quod omnia iura, precipue iura competentia regno suo, in eius pectore sunt inclusa...."（法国的国王在自己王国中掌握一切政权，就和皇帝的政权一样……因此，关于他可以说，就和那种针对皇帝的说法一样，在他的心中包含一切权利[或译"法律"]，尤其那些与自己王国有关的权利。）这位法学家显然是将一种皇帝的特权转移到了法国国王身上；但是他对国王胸中的法（*iura*）作了限制：*iura competentia regno suo*（涉及自己王国诸权利），这是一个隐约与布雷克顿的 *iura quae ad coronam...Pertinent*（属于他王冠的权利）以及 *ad regni gubernaculum*（涉及王国统治权）有些关联的说法。

去理解,即表示"在他的宫廷中有着众多杰出的法学博士,通过他们的口,就是那位最尊重法律的君主自己在说话";⑭而马太乌斯·德·阿弗利克提斯解释说,"由于他的顾问们乃是他身体的一部分,因此就可以说,君主在他胸中的圣坛里有所有的法律。"⑮换句话说,专家组成的咨议会和御用法学家,构成了"国王胸中的圣坛",因为他们确实将所有相关的法律收集在心中,于是,在这里就成为了"君主的口",而君主则通过他的顾问说话,弗里德里希二世的习惯做法也是如此。⑯在另一边,对布雷克顿而言,顾问并不是"君主的口",而更可以说,君主或者国王,表现为"咨议会的口"。他只在与贵族们讨论之后,根据他们的建议,"按他所喜悦的"发布法律。也就是说,只有当"国王权威性地发布经众贵族宣告的古老习惯"时,国王"所喜悦的"才是法律。⑰

然而,甚至于连立法本身要经过贵族们的建议和商讨、从咨议会产生这一事实,也同样不能仅仅限定在对国王设限的意义上来解释,因为最后毕竟是"依赖于国王的权威"(*rege*[155] *auctoritatem praestante*),一项法律才成为法律。此外,需要承担责任的也还是国王,因为他是——布雷克顿在下一句中强调——立法者(*auctor iuris*,[拉丁语 auctor 有

---

⑭ Cynus, on *C*. 6,23,19(Frankfurt, 1578), fol. 367ʳ:"Quod[princeps debet habere omnia iura in scrinio sui pectoris]non intelligas ad litteram…, sed intelligi debet in scrinio sui pectoris, id est, in curia sua, quae debet egregiis abundare Doctoribus, per quorum ora loquatur iuris religiosissimus princeps."([君主应该在他胸中的圣坛中拥有全部法律]不能按字面理解……他胸中的圣坛应该被理解为,也就是在他的宫廷应该有众多杰出的法学博士,通过他们的口,就是对法律最虔诚的君主在说话)关于 *religiosissimus princeps*(最虔诚的君主),见上文注 159。君主通过众博士之口说话,就好像以前上帝通过罗马皇帝之口说话;见上文注 119。Cynus 的学生 Lucas de Penna, on *C*. 12,16, n. 1, p. 706("De silentiariis"),当时将使徒们解释为基督的咨议会;见下文第七章注 341。

⑮ Matthaeus de Afflictis, on *Lib. aug*., I, 37, n. 12, fol. 157:"quia isti[the councillors of the *consilium regis*]tales consiliarii sunt pars corporis ipsius regis: ut in l. quisquis. C. ad. l. iul. maiest.[*C*. 9,8,5 rubr.]: et propter istos consiliarios dicitur rex habere omnia iura in scrinio pectoris sui…quia raro princeps iurista invenitur."(那些顾问是国王身体的一部分,参见[*C*. 9,8,5 标题],而因为那些顾问们可以说,国王在胸中的圣坛里保存一切法律……因为很少有君主是法学家。)另参 on *Lib. aug*., II, 30, n. 1, vol. II, fol. 65ᵛ,作者在那里逐字重复了 Andreas of Isernia(这段在上文注 191 引用过)。

⑯ 参见 *Erg. Bd*., 89f,关于大臣(logothetes)Petrus de Vinea 的角色。

⑰ 参见 McIlwain, *Constitutionalism*, 71。

"保证人"、"发起人"、"创造者"等意思——译者注。]）：

> 国王的权力指向立法，而非损害。鉴于他是立法者（*auctor iuris*），就不应该在法律生出的同一个所在，孕育一个通向不正义（*iniuria*）的机会。⑱

布雷克顿断然宣告，法律的解释权归属于国王，因为立法权本来归属于他。⑲并且，与弗里德里希一样，布雷克顿也强调法律的来源和保护要放在同一个人的手中，即国王那里。⑳简单地说，国王的立法权来自于法律本身，更确切地说，是来自于将国王设立为国王的"君王法"（*lex regia*）。这样，一种设立国王的法律，和一位立法的国王彼此互为条件。由此，国王与法律之间著名的关系就在布雷克顿那里再次出现：国王，法律之子，成为了法律之父。这就是在这一时期所有的政治-法律理论中实际上都可以发现的法律与君主之间互相受惠与互相依赖的关系。

在布雷克顿的著作中，每当他谈到王权问题时，就充满了这种精神。看到一位法官尝试公平地分配各种限制和高举国王的因素，我们可能会倾向于赞赏他的公正性。但事实上，对国王的限制和高举看上去作了公平的分配，只是因为它们之间是互相依赖的；因为，他的受限制本身也同样在产生并正当化他的高举：只有当他通过顺服于法律而"像上帝那样"行事的时候，他才被承认为"上帝的代理人"。

---

⑱ Bracton, f. 107, Schulz, 140（A, 20）："Potestas itaque sua iuris est et non iniuriae, et cum ipse sit auctor iuris, non debet inde iniuriarum nasci occasio, unde iura nascuntur."（同引文）

⑲ Bracton, f. 34, ed. Woodbine, II, 109："...cum eius sit interpretari, cuius est condere."（立法者也应该有解释权。）国王不仅仅是法律的发生者和建立者（*auctor* and *conditor legis*），同时也是法律的解释者（*legis interpres*）和（见下一条注释）保护者（*protector*）。

⑳ Bracton, f. 107（Schulz, A, 7）, Woodbine, II, 305："et supervacuum esset, leges condere et iustitiam facere, nisi esset, qui leges tueretur."（如果没有人保护法律，那么立法和规定正义都是无用的。）参较 *Lib. aug.*, I, 31（上文注 34）："...in eiusdem persona concurrentibus his duobus, iuris origine scilicet et tutela."（……法律的来源和保护权在他的身份中汇合。）

国王的是上帝的代理人和他在地上的仆人，除了这项来源于
法律的权力以外，国王没有其他权力。⑳

[156]还有一段话更明显清楚。一开始，布雷克顿指出，国王在他的王
国内没有同阶者，更不用说上位者，然后，他接着说：

国王本人必须，不在人以下，而是在上帝和法律之下，因为法
律创设了国王。……因为，如果不是法律、而是专断在统治，那里
就没有国王。而他由于是上帝的代理人就应当在法律以下这个事
实，通过他与耶稣基督的相似而显明出来，他是代表耶稣基督在地
上施行统治。因为，基督是上帝真正的怜悯，尽管他拥有许多的方
式可以奇妙地挽回人类，但他却舍弃了所有其他的权宜之计，选择
了那一个用来拆毁魔鬼工作的方法；那就是，并不依靠权力的强
力，而是依靠正义的道理，因此，他愿意生在律法以下，为要赎回那
些在律法以下的人。因为他不想运用强制，而是要运用理性和
判断。⑳

"律法之下的基督"当然是一个常常被引用，以及在艺术中常常被表现
的桥段。例如，诺曼无名氏就引用基督顺服在律法之下来证明提比留
作为恺撒高于作为人的耶稣。⑳索尔兹伯里的约翰强调，这位万王之王
（*Rex regum*）顺服律法，因为"在律法中的就是他的旨意"。⑳从奥罗修
斯（Orosius）到但丁的中世纪著者纷纷对这个推定的事实进行了思索，

---

⑳ Bracton, f. 107(Schulz，A,16)；"Nihil enim aliud potest rex, cum sit Dei minister et vi-
carius in terris, nisi id solum, quod de iure potest. "(同引文)参较 Schulz, 147ff。
⑳ Bracton, f. 5b, ed. Woodbine, II, 33. Schulz, 173 考察了这一段，他把这段内容放在括
号里(p. 144, C,4)，认为"可能是一处篡改"，因为"很长的神学性平行句看起来放在这里
不合适"。我不同意这个看法。布雷克顿的导论中充满了神学性的表达和平行，所以梅
特兰评论说："他比阿佐飞得还要高"(*Bracton and Azo*, 15)。在布雷克顿的著作中神学
性的平行表达并不鲜见，而篡改的说法只是在此基础上看起来才可能成立。关于布雷克
顿向阿佐的文本添加"神学性"内容，见下文注 212。
⑳ 上文第三章注 25；另参 Pollock and Maitland, I, 182, n. 3。
⑳ Policraticus, 523bc, Webb, i, 252, 6ff；上文注 52。

即，基督自己选择了"成为一名罗马公民（*civis Romanus*），进入了那个独特的人类名册"，并且，因此而像任何罗马公民一样顺服于一位罗马裁判官。[205]不过，[157]早期以基督为中心的王权概念很少（如果不是根本没有的话）通过国王与基督同样顺服法律的理由来说明受膏立的国王与基督之间的相似性。反之，类似的论辩用在教宗身上是有的，教宗被认为要像基督那样支付税款。[206]布雷克顿的比较表示——实在是按照最正统的中世纪传统——只有法律的仆人（*servus legis*）才同时是，或者才能同时成为，法律的主人（*dominus legis*）。这个说法也进一步表示，国王作为上帝代理人被高举超越所有其他人，唯一的条件和原因是，他像那唯一受生的圣子一样顺服法律，并且，所有的王家特权都取决于国王承认接受法律的约束，即那种向他授予这些特权的法律。在此情况下，确实——

---

[205] 参见 Orosius, *Adversus paganos*, VI, c. 20, ed. Zangemeister（*CSEL*, v），418f，关于基督是罗马公民。在中世纪这个论辩常常被人使用；例如，参见 *Liber de unitate Ecclesiae*, I, c. 3, *MGH*, *LdL*, II, 188, 7；Dante, *De Monarchia*, II, c. 12；*Purg.*, XXXII, 102。关于"罗马化"基督以及"基督化"奥古斯都的做法，参见 Erik Peterson, "Kaiser Augustus im Urteil des antiken Christentums: Ein Beitrag zur Geschichte der politischen Theologie," *Hochland*, XXX（1933），289ff，有极好的讨论。基督报名上册在艺术（C. Diehl, *Manuel d'art byzantin*[2nd ed., Paris, 1925], II, 797[fig. 394], 832[fig. 415]）和文学中都是很常见的主题：罗马使节 Quirinus 的书记员问玛利亚，孩子的父亲是谁，得到回答"上帝是他的父亲"；书记员于是将这个孩子登记为"上帝的儿子"。例如，参见 John of Euboea, *Sermo in conceptionem Deiparae*, c. 18, *PGr*, XCVI, 1489. 布雷克顿提到，童贞女玛利亚享有"独一的特权"（*singulare privilegium*）可以在法律之上（*supra legem*），尽管她自己谦卑，顺服在"法律制度"（*legalibus institutis*）之下。我不清楚这个特权的历史，但在特伦特会议的决议 *Sessio* VI, *canon* 23 中提到了这一点，提到，没有人能够避免在一生中犯可以饶恕的罪，"nisi ex speciali Dei privilegio, quemadmodum de beata Virgine tenet Ecclesia"（除非有上帝特别的特权，就像教会所说的真福童贞女的特权[指玛利亚无原罪之说——译者注]），参见 H. Denzinger, *Enchiridion symbolorum*（Freiburg, 1937），298, No. 833。

[206] 与此相关，常常引用格拉西安《教会法汇要》中的两段：c. 10, C. XXV, q. 1 和 c. 22, C. XXIII, q. 8, ed. Friedberg, I, 1009 and 961。例如，参见 marinus de Caramanico, *Prooem. In Const.*, ed. Cervone, p. xxxiv, ed. Calasso, *Glossatori*, 186, 47ff: "Papa etiam regi obsequitur et ei se subesse fatetur...Et ipse Christus Dei filius terreno regi subditum se ostendit qui cum pro se solvi tributum faceret...."（教宗也服从于国王并说自己在国王之下……而上帝之子基督也表明自己臣服于人间的国王，当这个国王要求交税时。）教会法学家也同意这个观点；例如，参见 the Gloss on c. 10, C. XXV, q. 1, v. *subditos*（a gloss of Johannes de Fantutiis[?]）。

国王没有同阶者,更不用说上位者,尤其是在他施行正义的时候,此时,他真的可以被称为"我们的主为大,最有能力"[诗篇147:5],尽管在[作为原告]接受正义时,他应该与王国内最低微的人相比。⑳

国王,尽管作为上帝代理人而没有同阶者,却仍然要受法律的约束,而当他在法官面前的时候,要像臣民中最低微的人一样——当然,只是在他做原告的时候,因为他享有的特权包括不得对国王提起诉讼。⑳

布雷克顿的方法始终是一致的:通过限制来高举,而这个限制本身是从国王被高举而来,[158]从他成为上帝代理人而来。国王可能会造成的危害情况是他不受限制、不受法律的约束。这个方法,可以称为辩证法。它所依赖的是这样一种逻辑,如果不服从这一边的法律,就不可能存在那一边的"特权",并且,只有在同时存在一种法律之下的法定身份的情况下,一种在法律之上的法定身份才能够合法地存在。因此,受法律约束的王,按照事实(*ipso facto*)就成了"上帝的代理人";他成为了一位高于法律且遵守法律的立法者(*auctor iuris*);同时,他也成为了现有法律、以及其他官员或个人不可提出争议的王家行动的负责任的解释者。⑳ 因为,如果国王不受法律约束,他就根本不是一位王,而是一

---

⑳ Bracton, f. 107(Schulz, A, 11-13), Woodbine, II, 305;参见 fol. 5b, Woodbine, II, 33:国王是"minimus, vel quasi, in iudicio suscipiendo."(最低的,或者就像在接受审判时。)

⑳ 关于国王作为原告,参较 Schulz, 149; Pollock and Maitland, I, 515ff. 关于王冠不可诉性的历史,以及在英格兰国家作为原告,参见 Robert D. Watkins, *The State as a Party Litigant*(Johns Hopkins diss., Baltimore, 1927)。

⑳ 关于国王是立法者(*auctor iuris*),见上文注 198 以下。当然,对法律的解释(上文注 199)也属于国王;Bracton, f. 34, Woodbine, Ii, 109:"De cartis vero regiis *et factis regum* non debent nec possunt iustitiarii nec privatae personae disputare, nec etiam, si in *illis* dubitatio oritur, possunt *eam* interpretari. Etiam in dubiis et obscuris...domini regis erit expectanda interpretatio et voluntas, cum eius sit interpretari cuius est condere."(关于国王的一些文件和行动,法官们和私人都不应该,也不可能谈论它,而如果在这方面产生什么疑问,他们也不可以解释这些。而在疑惑和不清楚的地方……需要期待君主的解释和他的意愿,因为谁是立法者,也应该有[法律的]解释权。)Schulz, 173, 把 *et factis regum* 几个词放在括号里,因为它们"一定是篡改的"。他还认为,下文中的 *illa*(这个,代词,主格,阴性,单数)(上文中:*illis*[这个,代词,夺格,阴性,复数])和 *eam*(代词,这个,宾格,阴性,单数)"表明,原本只提到了 *cartae*(信,复数,阴性)"。我很难同意这个论(转下页注)

个暴君。㉑

[159]在布雷克顿的政治理论中，这些表面上的矛盾是关键的枢纽。在中世纪法律体系的背景下，以神圣法与实在法的二元性为特征，一种与索尔兹伯里的约翰、弗里德里希二世、以及布雷克顿所阐述的理论不同的、理性化的政治理论，还完全不可能发展起来。无论以何种方式，最后总是会变成一位同时"在法律之下和之上"，或者同时是"正义的父和子"或"公道的形象和仆人"的统治者。在布雷克顿的著作中，英国国王也表现为"比自己更大，同时又比自己更小"（*et maior et minor se ipso*）。

（接上页注）辩。*Eam* 一词明显指 *dubitatio*（疑问），而前面的 *dubitatio*（疑问）一词不是 *illa*，而是 *illis*（至少，按照 Woodbine 的这个标准文本，Woodbine 在他的附录中没有提到在 Sir Travers Twyss 的版本中（[Roll Series, London, 1878]I, 268）有这个 *illa*）。出于语法上的理由，不需要推测存在篡改。还有，*et factis regum* 的用法完全合适。参较 *Lib. aug.*, I, 4, ed. Cervone, 15: "Est enim pars sacrilegii disputare de eius iudiciis, *factis et constitutionibus atque consiliis....* "（讨论有关君主的意见、行动、规章和议会，这就是一种亵渎行为）弗里德里希二世几乎逐字重复了西西里的罗杰二世的"Vatican Assizes"第 XVII 条和"Cassino Collection"第 XI 条；参见 Brandileone, *Diritto Romano*, 103 and 122；Niese, *Gesetzgebung*, 66。这是现在的读法；参见，例如，Rudolf M. Kloos, "Ein Brief des Petrus de Prece zum Tode Friedrichs II. ," *DA*, XIII(1957)，一位皇帝的书记官这样写道: "...eo quod sacrilegii quodammodo censetur ad instar *de factis principum* disputare. "（谈论君主们的行为，这被认为在某种形式上是亵渎。）所有这些法律的来源都是 *C.* 9, 29, 2，是 Gratian、Valentinian 和 Theodosius 皇帝的一项发布于 385 年给罗马政务官，叙马库斯 *praefectus Urbi* Symmachus 的命令: "Disputari de principali iudicio non oportet; sacrilegii enim instar est dubitare, an is dignus sit, quem imperator elegerit. "（不应该讨论君主的判决[或"决定"]；因为怀疑皇帝所选拔的人的资格，这等于是亵渎。）这里没有 *facta* 一词，在相关的法令 *C.* 12, 17, 1 和 *Cod. Theod.*, I, 6, 9 中也没有。不过，它在西西里和英格兰对皇帝法令的改写版本中都出现了，其中西西里的那一份早一个世纪（在 1231 年重新发布）。最后，Schulz 评论说: "显然 *Regum* 取代了 *regis*"，并再次认为存在篡改。我不同意这一点。*Lib. aug.*, I, 4 的标题是这样: "Ut nullus se intromittat *de factis* seu consiliis *regum.* "这个复数可能是窜入的，因为 *C.* 9, 29, 2 的标题是: *Idem AAA. (= Augusti) ad Symmachum pu. (= praefectum Urbi)*；并且拜占庭皇帝的复数性影响到南意大利的 scriptoria 和 chanceries 并不罕见；参见 Ladner, "Portraits of Emperors," *Speculum*, XVII, 189ff. 不过，这个复数是有道理的，因为它使这个说法普遍化，并使之不仅指向以前的国王；它的意思是: "对于众国王的行动不可以提出争议"，在布雷克顿那里也是这个意思: "对诸位国王的特许状和行动不可提出争议。"如何解释布雷克顿与西西里法典之间的相似性是一件难事；不过，当布雷克顿撰写他的著作时，英格兰正挤满了西西里人；见我的研究"Petrus de Vinea in England," 74ff, 81ff，以及我即将发布的论文"The Prologue to *Fleta* and the School of Petrus de Vinea," *Speculum*, XXXII (1957)。

㉑ 关于"国王与暴君"，参见 Schulz, 151ff，他顺便收集了关键的材料。

　　布雷克顿将国王比作在罗马审判官面前谦卑的基督，这一点将我们引向了布雷克顿王权概念中的另一个问题，一个政治"基督论"的问题。他写道：

> 为此目的，他被设立和拣选为一位王，可以将正义赐予所有人，并且主坐在他的里面[诗篇 9：5❶；还有 88：15❷]，并且通过他，主作出了自己的裁判[列王纪上 3：11]。㉑

从布雷克顿所引用的这些圣经经文来看，住在国王里面并通过国王施行正义的"主"更多是父上帝，而不是圣子，尽管在中世纪晚期要在三位一体的第一和第二位格之间作出清楚的区分变得日益困难。不过，在布雷克顿的著作中，国王的形象看起来一贯是"上帝代理人"（*vicarius Dei*），而不是"基督代理人"（*vicarius Christi*），如果我们撇开将王比作"作为人顺服罗马裁判官的基督"这一点。事实上，我们发现，布雷克顿是为其他人保留了这个圣子代理人的职位。在他的"导言"中，布雷克顿以完全符合法律修辞规则和写作艺术（*ars dictandi*）❸的方式，讨论了自己著作的"功用"。在总体上，[160]他将自己限定于几乎逐字抄录阿佐。不过，他加上了一些非常重要的字句（着重标示），他写道：

> [这部著作]的功用是使法律家显出尊贵，并加添他们的荣誉和惠益，并且，可以使他们在王国中施行统治，坐在国王的殿中，就是那国王的宝座上，就好像，国王坐在上帝的宝座上，以威严的秩序，审判万族万民、原告和被告，他们是在国王的位置上，就好像是在耶稣基督的位置上，因为国王是上帝的代理人。㉒

㉑　Bracton, f. 107(Schulz, A, 3-4), Woodbine, II, 305: "Ad hoc autem creatus est rex et electus, ut iustitiam faciat universis, et ut in eo Dominus sedeat et per ipsum sua iudicia discernat. "(同引文)

㉒　"Utilitas autem est, qua nobilitat addiscentes et honores conduplicat et profectus, et facit eos principari in regno et sedere in aula regia et in sede ipsius regis quasi throno Dei, tribus et nationes, actores et reos ordine dominabili iudicantes, vice regis quasi vice Ihesu Christi, cum rex sit vicarius Dei. Iudicia enim non sunt hominis sed Dei…"(同引文)Bracton, f. 1b, Woodbine, II, 20. 关于与阿佐的比较,参见 Maitland, *Bracton and Azo*, 3 and 7, 以及 p. 15 的注释。

布雷克顿在阿佐的论述之上添加了少量字句,论到国王占据了上帝的宝座,这显然很有启发意义。[213]第二处的添加,在这个段落的最后,与第一处是有关联的,尽管看起来混乱,但事实上完全不混乱。在整个段落中,国王表现为代表上帝(*vice Dei*)行事,在上帝的位置上、并且坐在上帝的宝座上。在另一边,例如,奥托的微缩画(图 5)所表现的,则是皇帝处在基督的位置上,坐在基督的宝座上。而布雷克顿,在向阿佐的文本所作的第二处添加中,在圣父和圣子之间做了一个非常清楚的区分。他说,那些代表国王(*vice regis*)行事的人——亦即王室法官,乃是好像在代表耶稣基督(*quasi vice Jesu Christi*)行事,因为国王作为上帝的代理人好像代表上帝(*quasi vice Dei*)行事。换句话说,法官们处于圣子的位置上,而国王处在圣父的位置上。[214]

[161]相比初看起来,这个区分实际上能够引起更大的兴趣,因为它看起来反映了一种对中世纪英格兰具有特别意义的原理。"国王是上帝的形象,主教是基督的形象"(*Dei imaginem habet rex, sicut et episcopus Christi*)这句格言可能是四世纪的时候,那位所谓的"安布罗西亚斯特"创制的。[215]这项原理——国王是父上帝的实现型,而主教则表示

---

[213] 布雷克顿以比喻的方式称王座为上帝的宝座,仍然在这个传统的范围内;例如,参见 the Norman Anonymous, *MGH*, *LdL*, III, 669, 45, and 670, 1f. 布雷克顿显然喜欢这个比喻,因为他重复了若干次;参见 f. 1b, Woodbine, II, 21: "Sedem quidem iudicandi, quae est quasi thronus Dei, non praesumat quis ascendere insipiens et indoctus..., ne ex alto corruat quasi a throno dei, qui volare inceperit antequam pennas assumat."(不能允许有不明智和不学无术的人登上这审判的座位,这座位像是上帝的宝座……以免一个还没长翅膀的人开始飞,而他将会从天空落下,即从上帝的宝座跌落下来。)布雷克顿再一次向一个借用自阿佐、运用典型博洛尼亚撰述法措辞的比喻(在羽毛尚未长成时试图飞翔者的跌落)添加了"好像在上帝的宝座上"(*quasi a throno Dei*)一词;参见 for Thomas of Capua, Guido Faba, and the *Formularium* of Arnold of Protzan my study "Guido Faba," 280, n. 1。可以注意一点,布雷克顿大部分文学性强、较少技术性的段落中都充满了来自于博洛尼亚撰述家(*dictamen*)的比喻,尽管其中大部分可能是借用自法学家。

[214] 在其他段落中(上文注 213),布雷克顿称法官的座位为"上帝的宝座",而没有特别提到国王。类似地,John Fortescue, *De laudibus*, cc. III and VIII, ed. Chrimes, pp. 8, 22, 引用了历代志下 19:6,犹大王约沙法 "praecipiens iudicibus, 'Videte, ait, quid faciatis; non enim hominis exercetis iudicium sed Domini.'"(对法官们说,"你们所作所为,必须慎重,因为你们处理诉讼的事,不是为人,而是为上主。")另参上文注 102。

[215] *Quaestiones Veteris et Novi Testamenti*, c. xxxv, ed. A. Souter, *CSEL*, 50(1908), 63.

了子上帝——在英国圈子里非常一致地反复出现,相比任何其他地方
都更甚。英国学者卡特伍尔夫(Cathwulf)在写给查理曼的一封信中引
用了这句话。[216]不出意外,它也出现在诺曼无名氏的小册子里,尽管是
以一种更加以基督为中心的形式:"祭司表达了在基督里的一个性质,
即人性;而国王,表达了另一性质,即神性。"[217]最后,这全套的理论(后
来约翰·威克里夫重复了这个理论[218]),在大约 1100 年,出现在弗洛里
的休(Hugh of Fleury)的《论国王的权力与祭司的尊荣》(*De regia po-
testate et sacerdotali dignitate*)中,这是一本为英格兰国王亨利一世撰
写,并题献给他的小册子。这位弗洛里的修士写道:

> 确实,国王,在他的王国内,表现为取得了父上帝的位置,而主
> 教取得了基督的位置。因此,所有的主教,表现为正确地顺服国
> 王,正如我们看到圣子顺服圣父那样——不是依照他的本性,而是
> 依照他的等级。[219]

由此,主教们被说成是在耶稣基督的位置上(*vice Jesu Christi*)治理,而

---

[216] 见上文第三章注 84。

[217] *MGH*,*LdL*,III,667,8ff(上文第三章注 30);另参 p. 663,11f,完全的永恒性只存在于
君王基督,而不是祭司基督:"Ipse Christus rex est iusticie, qui ab eterno regnat, et reg-
nabit in eternum *et ultra*. Qui sacerdos dicitur in eternum, *non ultra*. Neque enim in eter-
no vel ultra eternum sacerdotium erit necessarium."(基督自己是正义的君王,他从永远
当王,将来也永远当王,以及"其外"还会当王。他被称为司祭到永远,但不"其外"。因为
在永远或在"其外"将不需要"永远的祭司职"。)作为人的基督等同于祭司职分从属于最
古老的传统,父上帝作为君王的概念也是如此;例如,参见 Augustine, *In Psalmos*, CIX,
4, *PL*, XXXVII, 1459;或者,关于英国圈子的情况,Beda, *Retractatio*, II, 36, 追随 Isi-
dorus, *Etym.*, VII, 2, 2;参较 M. L. W. Laistner, *Bedae Venerabilis Expositio Actuum
Apostolorum et Retractatio*(Cambridge, Mass., 1939), 105。

[218] Wycliffe, *Tractatus de officio regis*, ed. A. W. Pollard and C. Sayle(London, 1887), 13
and 137; also *De fide catholica*, c. 1, in Wycliffe's *Opera minora*, ed. J. Loserth(London,
1913), 102. 参较 W. Kleinecke, *Englische Fürstenspiegel*(Halle, 1937), 82, n. 5; F.
Kern, *Gottesgnadentum und Widerstandsrecht*(Leipzig, 1915), 112, n. 198, and 119;"Die
Gedanken des Anonymus von York, in ihrer Zeit fast ketzerisch, triumphierten an der
Schwelle der Neuzeit."(约克无名作者的思想在他当时看来几乎是"异端者的思想",但
在中世纪末这种思想占了上风。)

[219] *MGH*,*LdL*,II,468, also 472,33 and 490,6。

国王是在上帝的位置上（*vice Dei*）统治。

[162]布雷克顿极有可能并不知道诺曼无名氏的小册子；但可能看过弗洛里的休的小册子。[220]无论如何，在布雷克顿的著作中，"国王是上帝的形象，是基督的祭司"（*rex imago Dei，sacerdos Christi*）的原理变成了"国王是上帝的形象，是基督的法官"（*rex imago Dei，judex Christi*）。它从神学领域转到了法律领域，从教士（clerics）转到了法律家（law clerks），从"教会的祭司"（*sacerdotes Ecclesiae*）转到了"正义的祭司"（*sacerdotes Iustitiae*）。[221]现在，"正义的祭司"开始带着审判者基督的形象和相似性行事，成为了圣父的"共享宝座者"，由作为上帝代理人的国王在地上代表。

因此，在布雷克顿的著作中，国王首先成为了上帝代理人。不过，我们也应该记得，作为上帝的代理人，国王同时也被宣告为基督的实现型，这位谦卑的基督在人性中顺服了法律和一位罗马裁判官。换句话说，国王，与他的法官一起，对应了坐在高天宝座上的天父和神性的基督；但同时，国王也构成人性基督的实现型，在他不做法官、而成为一个顺服法律的人时，就是如此。当他审判、立法和解释法律时，他就好像高于法律的上帝，同时，他又好像圣子或任何普通人，在法律以下，因为他也要顺服法律。我们可以看出，这个基督论的基底，在奥托的微缩画和诺曼无名氏的论章中展现出极强的效力，并在弗里德里希二世的《皇帝之书》（*Liber Augustalis*）中仍然可以看到，在布雷克顿的著作中依然存在。甚至，在奥伦德尔女伯爵当众斥责亨利三世的怒气勃发中我们也可以看到，她说："哦，我主我王，你为何转脸不看正义？……你被设立为神和我们之间的[中介或中保][*medius inter Deum et nos constitueris*]，可是，无论是你自己还是我们，你都没有好好地统治。"[222]

总结一下：布雷克顿著作中的国王具有一个双重的地位，同时在法

---

⑳ Schulz, 137 and 148.

㉑ Bracton, f. 3, Woodbine, II, 24, 追随阿佐引用了 *D*. 1, 1, 1, 1 的著名段落；参见 Maitland, *Bracton and Azo*, 24. 另参 Fortescue, *De laudibus*, c. III, ed. Chrimes, 8.

㉒ Matthew Paris, *Chronica maiora*（*ad a*. 1252）, ed. Luard, v, 336. 在最后，我们可以发现在女伯爵的爆发与 *addicio de cartis* 之间存在某种相似性。关于这一段的内容，我需要感谢 Brown University 的 B. C. Keeney 教授。

律之上和之下。在这一点上,他可能表现出与弗里德里希二世的相似性。但是,这种相似性,即便存在的话,也会相当[163]微弱。虽然,皇帝在神学上服从于理性的指导力,这种理性的力量在某种程度上指向了后来的"国家理性"(Reason of State),但是,皇帝在事实上仍然毫无争议地高于法律。而在布雷克顿的英格兰,在法律以下的国王具有一种非常真实和确定的意义,尽管常常缺少清楚的定义。还有,尝试界定国王"处在法律之下"的辛苦工作,相应地产生了另一方面的效果,那就是,要界定国王在什么方面是,并且必须是,"高于法律的"。到这个世纪末,在常常被人引用的"波翰的汉弗莱诉克莱尔的吉尔伯特"(*Humphrey of Bhoun* v. *Gilbert of Clare*,1292)一案中,王室法官们这样论证:

> 为了共同的利益,他[国王]在许多情况下依自己的特权而高于本王国普遍承认的法律和习惯……但同时,在王国上下所有人眼中,国王也是正义的债务人。㉓

在这里,国王的法庭本身好像造成了一种自相矛盾,一开始提出特权有时使国王高于法律,又说在其他时候他是"正义的债务人"(*debitor iustitiae*),亦即,在法律之下。这使我们再一次想起皇帝的责任是同时做

㉓ *Rotuli Parlamentorum*,I,71:"[rex]qui pro communi utilitate per prerogativam suam in multis casibus est supra leges et consuetudines in regno suo usitatas"; and p. 74:"dominus rex qui est omnibus et singulis de regno suo iusticie debitor."(同引文)参较 E. C. Lodge and G. A. Thornton,*English Constitutional Documents*,1307-1485(Cambridge,1935),9."正义的债务人"一词看起来出于英诺森三世的一份教令(c. 11 X 2,2,ed. Friedberg,II,251),并常常被人重复提起;例如,参见 Andreas of Isernia,*Usus feudorum*,fol. 235ᵛ(*De prohibita feudi alien.*,§ *Quoniam inter dominum*,n. 5:"Princeps quidem est debitor iustitiae"),and fol. 301(*Quae sunt regalia*,§ *Ad Iustitiam*,n. 64:"Quia sunt debitores iustitiae Principes et praelati")."国王高于法律"的观念在各个社会阶层都可以找到捍卫者;参见,例如,G. O. Sayles,*Select Cases in the Court of King's Bench under Edward I*(Selden Society,LVIII; London,1939),III,xli; 参较 xlviii. Walter Burley 从一个完全不同的观点出发,在他的 *Commentray on Aristotle's Politics*(约作于 1338 年)中,可以说:"Est enim rex supra legem et supra se ipsum"(国王高于法律,也高于他自己);参见 Cranz,*Aristotelianism*,166f。

"正义的父和子"。不过,要看到这个精妙的程式最纯正的英国版本,则需要转到另一个完全不同的方向去寻找。在著名的令状"英格兰国王亨利之令"(*Praecipe Henrico Regi Angliae*)中,有一个精妙程度并不稍弱的程式——在据说存在的这个令状中,大写的国王(King)亨利三世通过他的官员命令小写的国王(king)亨利三世补正一些行为,否则须说明他为何如此行。㉔这个令状(一位十四世纪的法律家声称[164]亲眼见过)——如果真的存在的话——要么是一个笑话,要么是男爵战争期间的一份学校练习,因为不可能对国王提起诉讼,他也不可能受到传唤。不过,这份搞笑的东西以最显著的方式展示了国王同时高于和低于法律、同时大于和小于自己的观念。并且,在令状中,大写的国王对小写的国王发出命令,至少存在于 13 世纪英格兰人的想象范围之内。毕竟——如果我们可以相信马修·帕里斯(Matthew Paris)的话——诺曼人西蒙(Master Simon, the Norman),一位高级政府官员,就是因为拒绝在一份"有悖于主国王之王冠"(*contra coronam domini regis*)的特许状上盖印而遭到革职。当时,国王想要签发这份文件,但这位官员认为有违于王冠及其利益,因而也违背了自己的誓辞。㉕像这样的事情是不可能发生在弗里德里希的西西里君主制下的。我们必须在行政以及法律实践的领域内,而不是法学理论的领域内,去寻找国王那种非人格化的"另一个自我"(impersonal *alter ego*)。

基督-国库(CHRISTUS-FISCUS)

在布雷克顿的著作中,基督论的思维是边缘性的。他的思想和真正的兴趣是围绕法律、行政和宪制问题,而不是形而上学的概念和神学

㉔ Pollock and Maitland, I, 516ff;经过某个"詹姆斯王之令"(*Praecipe Jacobo Regi*)修饰后的该令状,遭到了弗朗西斯·培根的嘲笑,Francis Bacon, "Argument on the Writ *De non procedendo rege inconsulto*," *Works*, ed. Spedding(London, 1870), VII, 694。关于一般性的问题,参见 L. Ehrlich, *Proceedings against the Crown*, 1216–1377(Oxford, 1921); also R. D. Watkins, *The State as a Party Litigant*(Baltimore, 1927), 5ff;关于该令状本身的历史,参见 Fritz Schulz, "The Writ *Precipe quod reddat* and its Continental Models," *Juridical Review*, LIV(1952), 1ff。

㉕ Sir Maurice Powicke, *King Henry III and the Lord Edward*(Oxford, 1947), II, 780ff。

区分。但是,尽管如此,不可否认的是,在布雷克顿的时代,某些关于国家的神学化产物已经开始发展起来了,而对于这些内容,我们不能期待可以在布雷克顿所从属的那个以明晰为风格的宪制和法律圈子里发现。但是无论如何,那些看起来不符合理性的格言就在那里。它们部分是将神学语言和思想适用到世俗国家新条件的结果,部分则是一种非人格化的公共领域得以建立的结果,后者是出自于王国共同体本身的恰当需要。

Nullum tempus currit contra regem,"时间[165]的流逝对国王不造成损失"这句格言尤其有趣,因为其中涉及永恒的观念,或者说一种高于人格性的永恒的观念。这条格言本身至少预设了存在两个概念,"时效"(prescription)和"不可让渡"(inalienability)。时效通常意味着丧失,正如与它有关联的概念"取得时效"(usucaption)通常意味着取得,后者表示当事人以诚信不受干扰、不受挑战且和平地持有某项权源(title)或权利(right),经过一段由法律规定、或长或短的期间后,就取得了该权利。12世纪英国的王室法官们绝对非常熟悉时效的法律概念。这个概念在教会法中极为重要,格拉西安在他的《汇要》中花费了一整节处理这个问题,后来的教令学家自然对此不断地进行评注。不过,英国法官看起来觉得他们自己没有必要思考时效的概念,因为他们好像完全没有提到这个概念。㉘这种对时效无动于衷的态度在下一个世纪中发生了改变:布雷克顿以一种学者的方式,与"长时间的占有产

㉘ 除了少数例外,格拉西安收集的关于时效的段落(C. XVI, q. 3, ed. Friedberg, I, 788ff),早就进入了 Ivo of Chartres 和其他人的著作。关于英国的教会法学家,参见 Stephan Kuttner and Eleanor Rathbone,"Anglo-Norman Canonists of the Twelfth Century," *Traditio*, VII(1949-1951), 279-358, 关于时效,见 pp. 345, 354, 355。按照 Carl Güterbock, *Bracton and his Relations to the Roman Law*, trans. By Brinton Coxe(Philadelphia, 1866), 118ff 所指出的,"古英国法和格兰维尔都不知道时效"看起来成了通说;参较 Pollock and Maitland, II, 140ff("我们的中世纪法不知道土地的取得时效")。我没有能验证"时间不与国王作对"这句格言的起源,尽管类似的词句见于格拉西安的《教会法汇要》(c. 14, C. Xvzi, q. 3);罗马法学家和封建法学家通常说得更明确:"centenaria praescriptio currit contra fiscum"(百年时效对国库不利)(Andreas of isernia, *Usus feudorum*, on *prohibita feudi alienatio per Fredericum*, n. 51, fol. 271ᵛ),或者"nulla praescriptio currit contra fiscum regium nisi centenaria"(只有百年时效对国库不利)(Matthaeus de Afflictis, on *Lib. aug.*, III, 31, n. 4, fol. 186);不过,我没有找到布雷克顿有与之完全平行的说法。

生权利"（*Longa possessio parit ius*）这项原则一起，反复探讨了这个问题。布雷克顿讨论时效问题时，在这一章标题中所用的"取得时效"（*Usucapio*）一词表明，他所依赖的是罗马法；不过，在此对这一点的兴趣比较小。[227]重要的在于，到了他这个时候，对于时效取得主张的思考，已经意义深远地转到了王室法官这边。事实上，当某种由王室地产和权利构成的混合物被划定为"不可让渡"时，时效就在公共领域内获得了现实性。[166]在这一刻，时效以及时间的取得效果就产生了相当的重要意义，因为，它们与不可让渡性的概念发生了或可能发生碰撞。也就是说，王室法官们频繁地面对这类情况：他们不仅必须要裁定，一个私人是否可以合法地宣称通过时效取得财产，而且还需要裁定，这类主张在何种程度上会影响到被标示为"不可让渡"的王室权利和土地。于是，王室权利和土地不可让渡的概念，加上时效的概念，构成了"时间的流逝对国王不造成损失"（*Nullum tempus currit contra regem*）的程式。由此，私人对不可让渡的王室财产提出的时效取得主张就遭到了粉碎。

学者们常常注意到的一点是，不可让渡的原则——暗示王冠存在某些不受时效限制的权利——在欧洲大陆上缓慢地、带着极大限制地发展了起来。[228]在英格兰，情况也是如此。第一份明确、简洁地表述王室自有领地不可让渡的官方文件出现的时间相当晚。该文件是咨议会

㉗ 见上文各条，Bracton, fol. 52, Woodbine, II, 157："Longa enim possessio sicut mater ius parit possidenti"（长时间的占有和一个母亲一样为占有者产生权利）；另参 fols. 40, 43a, 45b, Woodbine, II, 126, 134, 140 及各处；Güterbock, *Bracton*, 118; W. S. Holdsworth, *A History of English Law*(3rd ed., London, 1923), II, 284; Pollock and Maitland, II, 141ff。

㉘ Georges de Lagarde, *La naissance de l'esprit laïque au declin du moyen âge*, I: *Bilan du XIIIᵉ siècle*(Vienna, 1934), 158, n. 23，评论说，国家的权利不可让渡的观念"是最难以突破的"(a été une des plus lentes à pénétrer)。关于对大陆方面发展的一些评论，参见 Schramm, *English Coronation*, 198f, and"Das kastilische Königtum in der Zeit Alfonsos des Weisen," *Festschrift Edmund E. Stengel*(Münster and Cologne, 1952), 406; 关于西班牙的情况, also Gifford Davis, "The Incipient Sentiment of Nationality in Mediaeval Castile: The Patrimonio real," *Speculum*, XII(1937), 351-358. 不可让渡的条款直到1365 年才加入法国的加冕誓词(Schramm, *König von Frankreich*, I, 237f, nos. 1 和 7)，但这个原则本身要古老许多。一般性研究，见我的论文"Inalienability," *Speculum*, XXIX(1954), 488-502, 以及关于这个主题最新的研究：Peter N. Riesenberg, *Inalienability of Sovereignty in Medieval Political Thought*(New York, 1956)。

顾问(Councillor)的誓辞,其中有一句"又,本人同意,凡属王室古老领地的那些物,都是不可让渡的"。这份文件的时间是 1257 年,即布雷克顿的时代。㉒不过,这不应当被解读为表示不可让渡这项原则本身在之前是不存在的;实际上,该原则在英格兰的发展要早于大陆。当然,在 12 世纪上半叶,在英国政府的实践中,是绝对没有不可让渡概念的,这是完全正确的。不过,[167]随着亨利二世继位,他对王室领地的巩固,再加上他在行政和法律方面的其他改革,开始孕育出一种认为土地和某些与地产相关的权利是不可让渡的观念。㉚在国家财产不可让渡这个观念的生成过程中,两大法律体系——罗马法和教会法,当然是贡献良多的因素;㉛但是,关键因素在于,亨利二世创制了一种事实上(de facto)不可让渡的权利和土地综合体,后来,到了 13 世纪,就被称为"古老的领地"(ancient demesne),用罗马法的语言来说,这就构成了国家的"公有财产"(bona publica)或者国库财产(fiscal property)。㉜进一步,当时微弱存在的"古老的领地"概念——一种超越个人的权利和土地的组合,并且与国王个人、以及毫无疑问与他的个人财产分开——使得同步发展起来的非人格化的"王冠"(Crown)概念有了实质的内容。㉝亨利二世的官

㉙　J. F. Baldwin, *The King's Council in England during the Middle Ages*(Oxford, 1913), 346, §3; Powicke, *King Henry III*, I, 336f; Robert S. Hoyt, *The Royal Demesne in English Constitutional History*: 1066-1272(Ithaca, N. Y., 1950), 162, 关于这里所触及的问题是最重要和最有益的讨论之一。

㉚　Hoyt, *Demesne*, 84ff, 123f.

㉛　关于教会法的影响,参见我的论文"Inalienability," 498ff. 当然,罗马法澄清了"遗产"(*patrimonium*)与"国库"(*fiscus*)之间的区别;不过,最初对不可让渡性开始思考,看起来是从一个技术性较低的问题开始的,那就是,从"奥古斯都"(*augustus*)这个词开始,这个词传统上与查士丁尼的其他头衔(*perpetuus*, *sacratissimus* etc.)放在一起讨论的;例如,参见 Fitting, *Jurist. Schriften*, 148. *Augustus*(按照一般的推测,源自于 *augere*)一词的意思是帝国的"扩大者"(increaser);所以,皇帝就不可以是一个"缩小者",亦即,他不可以让渡帝国的财产;参较 Gerhard Laehr, *Die Konstantinische Schenkung in der abendländischen Literatur des Mittelalters bis zur Mitte des 14. Jahrhunderts*(Berlin, 1926), 64, n. 44, cf. 99。

㉜　参见 Hoyt, *Demesne*, 134ff, 他在很大程度上澄清了"古老的领地"的含义及相关的主题;另参他的论文"The Nature and Origins of the Ancient Demesne," *Engl. Hist. Rev.*, LXV(1950), 145-174。

㉝　见下文第七章 2 节。

员们被迫要通过行政方式区分"因封建权利落入国王手中的土地,与更应当称为国王的、或说王冠的王家领地"。[234]这一发展的结果可以从 13世纪初的一份非官方文件中看出端倪。一位佚名的汇编者编辑了一本法律备忘录,随手写下了他关于国王加冕誓辞应当包含哪些内容的想法。他表示,国王应当宣誓"保护本国王冠的一切土地的完整性(*in integrum cum omni interitate*),不可使之缩小",并且还要恢复所有那些已经被让渡或丧失的土地。[235]

[168]不出意外,布雷克顿是"时间的流逝对国王不造成损失"这条格言的热切捍卫者。在实践中,有一些领主性质最强的权力和特许权源于针对国王的时效。这一点对布雷克顿而言并没有什么区别,[236]因为这个事实上(*de facto*)的情形并不能贬损一个法律上(*de iure*)有效的原则;而布雷克顿在这个问题上的论证,是纯法学性的。他作了解释,并反复重申了自己的解释,即从属于国王的和平及管辖权的事务构成"准圣物"(*res quasi sacrae*),与从属于教会的"圣物"(*res sacrae*)相比,并不更容易让渡。[237]这些准圣物乃是为王国的共同惠益,比如维护正义和和平而存在的"公物"。布雷克顿认为,这些物乃是作为来自于万民法(*ius gentium*)的王室特权归属于王冠,因而,也就具有了某种准神圣、甚或神圣的、类似于自然法(*ius naturale*)的

---

[234] Hoyt, *Demesne*, 124.

[235] 参见 the memorandum *De iure et de appendiciis corone regni Britannie*, forming a portion of the *Leges Anglorum saeculi XIII ineunte Londiniis collectae*, edited by F. Liebermann, *Die Gesetze der Angelsachsen*(Halle, 1903-1916), I, 635f. 参较 Schramm, *English Coronation*, 197; Hoyt, *Demesne*, 146, n. 47. 另参上文注 225。

[236] Bracton, fols. 14, 56, 103, Woodbine, II, 58, 167, 293, and passim. 参较 Pollock and Maitland, I, 572ff, 584, II, 140-44;梅特兰认为"时间不能"这项原则是"一条非常健全的法律格言",但他怀疑其在实践中是否有效。Ogg 在为 Selden's *Ad Fletam* 所作的序言 p. xliv,引用了"时间不能",认为这是"他[布雷克顿]自创或者至少来自本土的"。但是,布雷克顿只是重复或重述了一项广为人知的原理。

[237] 最重要的地方是 Bracton, fol. 14, Woodbine, II, 57f;一个自由人,也构成一件准圣物,因为他和国库或教会财产一样,也不能出售。布雷克顿(fol. 407, Woodbine, III, 266)也称准圣物为一切附着于灵性的(*spiritualitati annexa*)、但又不是由祭司奉献给上帝(*per pontifices Deo dedicata*)的东西。布雷克顿在查士丁尼的《法学总论》(*Inst.*, 2, 1)和阿佐那里遍寻出处,但混淆了"圣物"(*res sacrae*)与"敬虔之物"(*res religiosae*),Güterbock, *Bracton*, 85 指出了这一点;另参下文注 302。

性质。㉘由于涉及准圣物(*res quasi sacrae*),国王的权力就必定高于法律。例如,当国王对某项特许权提出异议时,无须提供证明,因为他享有王室权利并非"由于长久的时间"(*ex longo tempore*),而是,我们可以这样说,"由于王冠的本质"(*ex essentia coronae*);因而,他提出的异议,并不是为了个人的好处,而是为了王国的整体惠益。㉙还[169]有,涉及到公物或圣物时,国王实际上成为了"自己案件的法官"(*iudex in cause propria*),无论如何在大逆罪(lese majesty)及叛逆罪(high treason)的案件中就是如此,因为他自己的案件就表现为一个公共案件(*cause publica*)或王室案件(*cause regni*)。㉚最后,针对准圣物实施的不法行为,并不会削弱关于时效的有效法律——按照意大利法学家的解释,"王家

㉘ "De iure gentium pertinent ad coronam propter privilegium regis";Bracton,fol. 103, Woodbine,II,293;参较 fol. 55b, p. 167, and *Inst*.,2,1,4f。另参 Gierke, *Gen. R.*, III,211, n. 72, also 611f,论到万民法;进一步,关于"公共惠益"的整体问题,参 Gaines Post,"Public Law," 42ff, and"Two Laws," 421ff 中的观察。

㉙ Bracton,fol. 103, Woodbine,II,293f:"et in quibus casibus nullum tempus currit contra ipsum si petat, cum probare non habeat necesse, et sine probatione obtinebit...quia se ex longo tempore non defendet. "(在这些案件里,时间不会对于他本人不利,因为他不需要证明,可以无证明获得……因为他不需要根据"长期占有"而为自己辩护)参较 Maitland, *Bracton and Azo*,175。

㉚ 叛逆罪由"法庭和众同阶者"审判,但国王也作为法官;Bracton,fol. 119b, Woodbine, II,337(*De crimine laesae maiestatis*):"debent pares associari, ne ipse rex per seipsum vel iustitiarios suos sine paribus actor sit et iudex. "(必须有同等地位的人加入进来,以免国王通过自己或通过自己的法官们同时是起诉人和审判者,而缺少同等地位的人。)参较 Lapsley,"Bracton," *Engl. Hist. Rev.*,LXII(1947),10. 始终强调,国王在涉及国库的事务上,或者国库本身,可以构成自己的法官(*in causa propria*);参见,例如 Cynus, on *C*. 7,37,3(Lyon, 1547),fol. 306ᵛ:"Imperator causas suas non ipse cognoscit: sed iudices alios facit. Licet quando velit et ipse possit in re sua iudex esse. "(皇帝不审理自己的法案,但必须让别人当审判者。如果他愿意和能够,他可以在自己的事务[即案件]中充当审判者。)总体上,这也是 Andreas of Isernia 的意见,*Usus feudorum*(on *De prohib. Feudi alien.*,nos. 84ff),fol. 281。另外,Lucas de Penna, on *C*. 11,58,7, n. 16 (Lyon, 1582),564,认为凡涉及到国库,以及当他撤销"有损于其尊荣和王冠"(in praeiudicium dignitatis et coronae)的让渡时,"国王就是自己的法官"。关于之后的时代,参见 Gierke, *Gen. R.*,IV,247, n. 149。当英国国王在一个涉及英国王位古老领地(*de antiquo dominico corone Anglie*)的案件中担任法官时,背后的观念基本上是相同的;他不是作为一个私人在裁判他自己的、私人的案件,而是在一个涉及准圣物的案件中(*causa rerum quasi sacrarum*),正如主教在教会案件(*causa ecclesiae*[*quae nunquam moritur*])中担任法官,再一次,与主教在一个自己的案件中(*cause propria*)不一样;参见 Gierke, *Gen. R.*,III,257, n. 41。

地产不因时间的流逝而适用时效"(*Demanium nullo tempore praescribitur*)㉑——因为,布雷克顿写道:"在此情况下,时间的长度并不减轻不法行为,反而使它更加严重。"㉒

[170]简单说来,"时间的流逝对国王不造成损失"的格言将国王及其不受时效影响的权利置于约束所有其他人的法律之上。其他人,在某种有限的时间进程中,有着因时效而丧失权利的风险;但国王不是这样,甚至哪怕涉及的只是那些他有权利放弃的次要权利,他都还是受到保护。某些确实附属于王冠的王家权利,比方,沉船漂浮物、埋藏物、或者大鱼(金枪鱼、鲟鱼,还有其他一些鱼类),无关乎"共同惠益",因此如果国王高兴,就可以把这些权利,或者部分权利,转授给私人;因为,布

㉑ 参见,例如 Marinus de Caramanico, *gl. On Liber aug.*, III, 39, Cervone, 399. Andreas of Isernia 论同一条法律,p. 400,更谨慎;另外,在 p. 312(on *Liber aug.*, III, 8),他说:"Demania sunt publica quia fiscalia sunt publica. Fiscus, Populus Romanus et Respublica Romana idem sunt."(王家地产是公物,因为国库是公物。国库,罗马人民,和罗马共和国是一样的)另参 Andreas of Isernia, *Usus feudorum*, *loc. cit.*, n. 51, fol. 272;"Demania sunt principis sicut publica populi Romani, quia fiscus et respublica idem sunt."(王家的土地属君主,就像公物属于罗马人民,因为国库和国家是一同一回事。)国库的一切东西都是公物;参见 *Glos. ord.*, on *D*. 1, 1, 2, v. *in sacris*;参较 Post, "Two Laws," 421, n. 18. 另参,例如 Cynus, no *D*. 1, 1, rubr., n. 17(Lyon, 1547), fol. 2:"...lex dicit quod fiscale dicitur ius publicum."(法律上,国库被认为是公法)布雷克顿并没有沉溺在国库、人民、国家、王冠、国王这些概念的区分和等同中,而是基本上表示这些是同样的观念,因为在他看来,准圣物就是公物,古老的领地就属于公物;参见 Hoyt, *Demesne*, 232ff,另参 188。

㉒ Bracton, fol. 14, Woodbine, II, 58:"diuturnitas enim temporis in hoc casu iniuriam non minuit, sed auget."(同引文)布雷克顿所引用的原理是教会法的;参见 c. 11 X 1, 4(*De consuetudine*), ed. Friedberg, II, 41:"Quum tanto sint graviora peccata, quanto diutius infelicem animam detinent alligatam..."(犯罪行为把某个不幸的灵魂控制住的时间越长,其罪行就越严重……)这份教令,从习惯的时效性力量角度,处理古老习惯(*longaeva consuetudo*)对立于自然法和实定法的问题,谈到时效时常常被引用;参见,例如 Andreas of Isernia, *Usus feudorum*, praeludia, n. 30, fol. 4ᵛ:"Ea quidem quae nullo titulo, sed sola usurpatione tenuntur, nullo tempore praescribuntur..., maxime iure poli, ubi tanto gravius peccatur, quanto diutius."(那些不以合法的名义,而仅仅以篡位被拥有的事物,永远不产生时效……尤其根据自然法是这样,因为犯罪的时间越长,其罪越重。)关于 c. 11 X 1, 4 的注释说(*rubr.*):"Contra ius naturale nulla consuetudo valet. Item contra ius positivum praevalet consuetudo rationabilis et praescripta"(没有任何习惯法可以违背自然法。而合理的、约定俗成的习惯则比实定法强。),以及(v. *naturali iuri*):"et naturalia quidem iura immutabilia sunt, civilia vero mutabilia."(自然法是不能变的,市民法是可以改变的)布雷克顿,通过将整个观念的复合体应用于王室领地或国库,就将准圣物等同于自然法了。

雷克顿说，"这样的转移并不损害任何人，除了国王或君主本人。"㉓在这里，布雷克顿清楚地区分了"使王冠构成其所是"的必要因素，与那些附属于国王的偶然性因素；或者说，区分了为王国共同体的公共和共同利益赋予国王的权利，与其他那些服务于国王私人的权利。不过，即便是这些次要权利，它们同样被认为是源自于万民法，因此也只能通过特别的王家特许而确定；它们不能通过时效取得。㉔

这种针对通过时间的效果达致让渡的一般性保护，并不阻止国王在涉及"神圣性较低的物"（*res non ita sacrae*）时自愿服从关于时效的法律，比方道路税（toll）以及庄园司法权；㉕这类物包括那些并不从属于古老领地、或者属于王家权利的物，也就是那些被罗马法学家与"国库之产"（*fiscalia*）相对、称为"家产"（*patrimonialia*）的物。㉖ 也就是

㉓ "Sunt etiam aliae res quae pertinent ad coronam propter privilegium regis, et ita commu-nem non respiciunt utilitatem, quin dari possunt et ad alium transferri, quia, si trans-feratur, translatio nulli erit damnosa nisi ipsi regi sive principi. "（有一些其他的事物，它们由于国王的特权而属于王冠，因此与公共利益无关，也不能被赠予，不能被转让给其他人，因为这样的转让只能对国王自己造成损失。）Bracton, fol. 14, Woodbine, II, 58；另参 fol. 56, p. 167. 这基本上是全体法学家的观点。

㉔ Bracton, fol. 14, p. 58；"...quia si warantum non habuerit specialem in hac libertate se de-fendere non poterit, quamvis pro se praetenderit longi temporis praescriptionem...huius-modi de iure gentium pertineant ad coronam. "（因为如果他没有特殊的保证书，他无法为自己的特权作辩护，虽然他可以说有长期的时效起作用……而万民法的类似事务涉及王冠）参见上文注238。

㉕ fol. 14, p. 58 提到了"神圣性较低的物"；参较 fol. 55b, Woodbine, II, 166f.

㉖ 皇帝的"国库之产"、"家产"和"私物"（*res privatae*）之间的区分，即便在古代也缺少清晰性（参见 Vassalli, "Fisco"[below, n. 272], 97ff）而且罗马法学家并不总是意识到所使用的词汇在不同的时候有不同的意义。Peregrinus, *De iure fisci*, I, 1, n. 8, fol. 1ᵛ, 正确地对注释家作了总结，他说："Fisci autem res sunt, quae in Principatus sunt patrimonio[not in the *patrimonium Principis*], quorum administratio, quasi stipendia laboris, in usum et usufructum Principi concessa est, pro tuitione imperii et populorum bono regimine. "（国库是属于王权的家产[不是属于君主的家产]，而管理国库等于是劳动的报酬，被允许为君主的使用权和用益权，是为了保护王国和人民的良好统治。）正是从这种观点出发，Ac-cursius, on *C.* 7, 37, 3, v. *omnia principis* 解释道："Vel verius omnia sua sunt, scilicet fiscalia et patrimonialia. "（也许可恰当地说，一切属于他，即国库和家产。）这个观点也反映在 Andreas of Isernia, on *Lib. aug.*, III, 4, Cervone, 293："Item, licet postquam bo-na sunt incorporata, omnino sunt Principis"（如果事物被融入，他们完全属于君主）；不过，他坚持认为："Differentia tamen est inter res Demanii et alia bona Curiae..., sic inter fiscalia et patrimonialia. "（王家土地和王宫其他的事物之间有区别……而在（转下页注）

说，[171]当涉及到某些权利、土地和特权，是国王有权按自己的喜好授予他人的，是并不触及其职位的核心本质、因而不"涉及所有人"（touch all）的，^⑳并且是被认为仅仅"有利于加强王冠"（*per quae corona regis roboratur*），国王就要受时效法的约束："涉及这些物时，时间就像针对任何私人那样，得对抗国王。"^⑱

总结一下，在某些方面，国王在时效法之下；他是一个严格地"处在时间之中"的"暂时的存在"（temporal being），与其他任何普通的人类一样服从于时间的效力。但是，在其他方面，亦即，涉及准圣物或公物时，他不受时间及其时效效力（prescriptive power）的影响；他好像"神圣的灵体和天使"，超越时间，处在永恒的范畴之中。国王，至少涉及时间时，明显具有"二性"——一个是暂时的，他以此与其他人的状况同等，另一个是永恒的，他以此比一切其他存在物都更长久并击败它们。^⑲

[172]换句话说，就时间而言，国王具有一种"双重人格"（*gemina persona*）；他在某些方面受时间的约束，在另一些方面则高于或超越时间。不过，在这一点上需要有一个警示。看起来布雷克顿并没有区分国王作为永恒和高于时间的大写国王（King）与作为私人、暂时和在时

（接上页注）国库和王家家产之间也有区别）关于这个复杂的问题，我不再深入考察了，尤其是因为在布雷克顿那里，封建概念到处与罗马法学家的术语交织在一起。

⑳ 这里当然是问题的关键："涉及一切人的东西"属于公物，且不能被时间影响；参见 Gaine Post 著名的论文"Quod omnes tangit," *Traditio*, IV(1946), 197ff。

⑱ Bracton, fol. 14："et in quibus currit tempus contra regem sicut contra quamlibet privatam personam."（同引文）参较 fol. 56："In aliis enim, ubi probatio necessaria fuerit, currit tempus contra ipsum sicut contra quoscumque alios."（在其他的情况中，如果需要提供证据，时间的流逝对国王不利，就和对任何其他的人一样。）不用说，国王的私人财产当然也受时效的约束。

⑲ 我们可以回想起，诺曼无名氏将他的"神圣的王"（*rex sanctus*）置于时间和空间之外（参较 Williams, *Norman Anonymous*, 160, and 225ff, the *Digressio de voce"sanctus"*），尽管并不是出于国库的理由；见上文注 4。布雷克顿似乎在某种程度上注意到了这个时间的问题。在一处地方（fol. 102b-103, Woodbine, II, 203），他追随 Justinian, *Inst.*, 4,12,在永恒和暂时的行动之间作了区分；即，永恒有效的行动（法律、元老院的命令、或者皇帝的诏令）与受到时间限制的行动。不过，相当出人意外的是，他插入了——显然是受到了永恒性和时间限制性观念的挑战——一段关于"时间不与王作对"的论述，尽管《法学总论》并没有为这段补记提供一丁点的基础；参较 Maitland, *Bracton and Azo*, 174。

间之内的小写国王(king)。看起来,国王作为纯粹私人的观念,在布雷克顿的政治思想中所占比重就跟索尔兹伯里的约翰以及弗里德里希二世一样少。㉕同时,这个区分也不是以国王的"自然之体"为条件的:这是一种蕴含在统治权(rulership)概念本身里面的二重性。国王的这种新的二重性,乃是来自于在王国内部建立一个(可以这样说)领土之外(extra-territorial)或封土之外(extra-feudal)的国中之国,一个"卓越的领域"(eminent domain),其持续性超越了国王个人的生命,而变成一件涉及共同或公共利益的事务,因为保持这个领域的持续和完整构成了"涉及所有人"的事务。㉕因而,这个区别的界线,必须是划在这样两种事务之间,一边是影响到国王自己与个别臣民关系的事务,一边是影响所有臣民的事务,也就是,影响整个政治体、影响王国共同体的事务。相比区分作为私人的国王与作为非私人的国王,更好的方式是,区分"封建的国王"(king feudal)与"财政的国王"(king fiscal),前提是我们所说的"封建的"首先是指涉及封主与封臣之间个人关系的事务;而"财政的"是指"涉及所有人"的事务。

　　布雷克顿本人看起来支持这种区分。在解释"准圣物"一词的段落中,他就将之定义为具有永恒性和不变性的事物。[173]他选择的措辞显然是经过了深思熟虑;因为他仔细地区分了"施行统治的国王"(*rex*

㉕　见上文 p.96。这并不表示对公共和私人法律能力的区分(distinction between public and private capacities)在较早期完全不存在。例如,在 1130 年左右,Gerhoh of Reichersberg, *De edificio Dei*, c.21, *MGH, LdL*, III, 152, 12, 在论及"君士坦丁的赠礼"(上文注 231)时评论说:"De regni autem facultate, quae est res publica, non debet a rege fieri donatio privata. Est enim aut regibus in posterum successuris integre conservanda aut communicato principum consilio donanda. De reautem privata tam a regibus quam a ceteris principibus potest fieri donatio privata."(国王不可以从王国的权力,即国家,作出个人的赠予。国王们必须完整地保存国家,交给后来的继承人,或者通过贵族们的会议而赠予。但从私人事物中,国王可以和其他贵族人一样作出赠予。)Irene Ott, "Der Regalienbegriff im 12. Jahrhundert," *ZfRG*, kan. Abt. XXXV(1948), 262f, 显然是走得太远,她没有考虑这段中蕴含一个关于国家构成"法人"的涵义。在之后的时期,罗马法学家和教会法学家都一次又一次地提到,国王私人拥有的物"non tanquam rex, sed tanquam homo et animal rationale"(不是以国王身份,而是以人和理性活物的身份),如 Baldus, *Consilia*, I, 271, n.6, fol.82 所说。不过,布雷克顿几乎没有谈到这类"私有物"(*res privatae*)。

㉕　Post, "Public Law," 46ff, 49; also "Two Laws," 421ff.

regnans)与"王冠"(Crown),而同时又将"准圣物"(*res quasi sacrae*)等同于"国库物"(*res fisci*)。

> 准圣物就是国库物(*A thing quasi-sacred is a thing fiscal*),施行统治的君主或国王不可以赠送、出售或转移给另一个人;这些物使王冠成为其所是,并且它们涉及共同惠益,比如和平和正义。[252]

当布雷克顿论到王冠和国库的时候,清楚地提到了公共领域、提到"共同惠益"。不过,最重要的是,他将不变性和永久性不仅归属于教会财产,即圣物(*res sacrae*)或(按别人的称呼)"基督之物"(*res Christi*),而且也归给了准圣物或国库物。由此出现了一种看起来古怪的对照或平行关系,"基督"(*Christus*)与"国库"(*Fiscus*)。这个对照很少有人注意,但却最准确地表明了中世纪向现代转变时期政治思想的核心问题。

1441 年,一所奥古斯丁修道院在财政署法院接受审理,因为院长和修士们主张,在某种公共紧急情况下,基于爱德华三世所授予的一项王家特许权,他们享有税务豁免。这是一个允诺禁反言(estoppel)案件,因为法官们认为国王个人对修士们授予的特许权损害了国王为公共福利而收税的正常权利。在案件审理过程中,普通诉讼法院的法官约翰·帕斯顿(John Paston)——就是后来以《帕斯顿信札》收集者而闻名的那位——在讨论中提出了一个生动的例子。细节在这里不重要,帕斯顿假设的主要情节是:有一个人,在将自己的土地交给教会变作"死手产"(dead hand)❹之后,成了重罪犯(felon),然后死去。在这

---

[252] Bracton, fol. 14, Woodbine, II, 58: "Est etiam *res quasi sacra res fiscalis*, quae dari non potest neque vendi neque ad alium transferri a principe vel a *rege regnante*, et quae faciunt ipsam *coronam* et communem respiciunt utilitatem, sicut est pax et iustitia quae mulitas habent species. "(同引文)不幸的是,布雷克顿讨论各种"和平与正义"的时候,并不是前后一致的,而是与 Post("Public Law,"50ff)讨论的"公共利益"(*usus publicus*)或"共同惠益"(*communis utilitas*)之类的观念相一致。在布雷克顿的著作中,"王冠"显然并不是"人格化的国家",甚至也还没有成为一种"拟制人"(*persona ficta*),正如 Post 在其研究"Quod omnes tangit"中所证明的。

个情况下，[174]帕斯顿开始了极为出色的论辩。他说，这个重罪犯的动产应由国王没收，"因为，没有被基督夺取的，就要被国库夺取"——*quia quod non capit Christus，capit fiscus*。这个案件博学的解释者认为这个说法显然是帕斯顿的妙语（*bon mot*），并在一个脚注中加以引用，因为他觉得"太精彩了，不容埋没"。㉓不过，帕斯顿的这句话无论如何都不会埋没。伟大的意大利法学家和人文主义者安德烈·阿尔西亚蒂（Andrea Alciati）在他 1531 年出版的纹章集中展示了一个纹章，图案是一位国王（标示作 *fiscus*）用尽全力挤一块海绵，铭言是：*Quod non capit Christus，rapit fiscus*（"基督没有捉住的事物，被国库夺走"，图21）。㉔阿尔西亚蒂的这本书很有影响力；在其影响下，有差不多 1300 位作者出版了超过 3000 种类似的纹章集，而阿尔西亚蒂的原作则被翻译为所有欧洲语言。㉕于是，"基督与国库"的铭言也就进入了许多的纹章集、图案集和箴言集，这些都是文艺复兴时期非常流行的。㉖

㉓ T. F. T. Plucknett，"The Lancastrian Constitution," *Tudor Studies Presented to A. F. Pollard*（London，1924），168，n. 10. 关于所涉及的原理（出于必要的原因［*casus necessitatis*］，撤销国王与某一个人订立的私人合约），参见 Post，"Two Laws," 424，and "Public Law," 53；另参 Philip of Leyden（下文注 259），*Tabula*，rubr. I，n. 9，p. 370 的简洁程式："In rebus reipublicae consuetudo vel statutum non praeiudicant"（在国家事物方面，习惯法和制定法并不起预判的作用），这也可以适用于特许状和特权。Miss Elizabeth Weigel 在伦敦非常好心地为我复印了 *Black Letter Vulgate*（London，1679），II，parts 7 - 8，p. 63 中帕斯顿所提出论辩的全文。重罪犯的捐赠在法律上一直是有趣的案件；例如，参见 Selden，*Ad Fletam*，III，1，ed. Ogg，P. 22. 实际上，帕斯顿令他的假设案件更加复杂，他假定这个人是自杀者（*felo de se*）且无遗嘱，这样在法律上国库就是继承人，这个情况非常有趣，以至于 Philip of Leyden（见下文注 259）论到基督-国库的平行关系时，也类似地提到了无遗嘱死亡。一般研究，参见我的短文 "Christus-Fiscus," *Synopsis：Festgabe für Alfred Weber*（Heidelberg，1948），225ff，当时我还不知道这个对比的来源以及后来的发展。

㉔ Andrea Alciati，*Emblemata*（Lyon，1551），No. CXLVII，p.158. 这个铭言没有在原先猜测的 1522 年版中找到，而是首次出现在 1531 年的初版（*editio princeps*）中；参见 Henry Green，*Andrea Alciati and the Books of Emblems*（London，1872），324。

㉕ Green，*Alciati*，p. viii.

㉖ 例如，参见 Johannes Georgius Seyboldus，*Selectiora Adagia latino-germanica*（Nürnberg，1683），306；K. F. W. Wander，*Deutsches Sprichwörterlexikon*（Leipzig，1867），I，538，Nos. 54，56，57；v，1102，No. 95，参较 Nos. 103f；另参 Gustavo Strafforello，*La sapienza del mondo ovvero dizionario universale dei proverbi di tutti popoli*（Turin，1883），II，86，s. v. "Fisco."

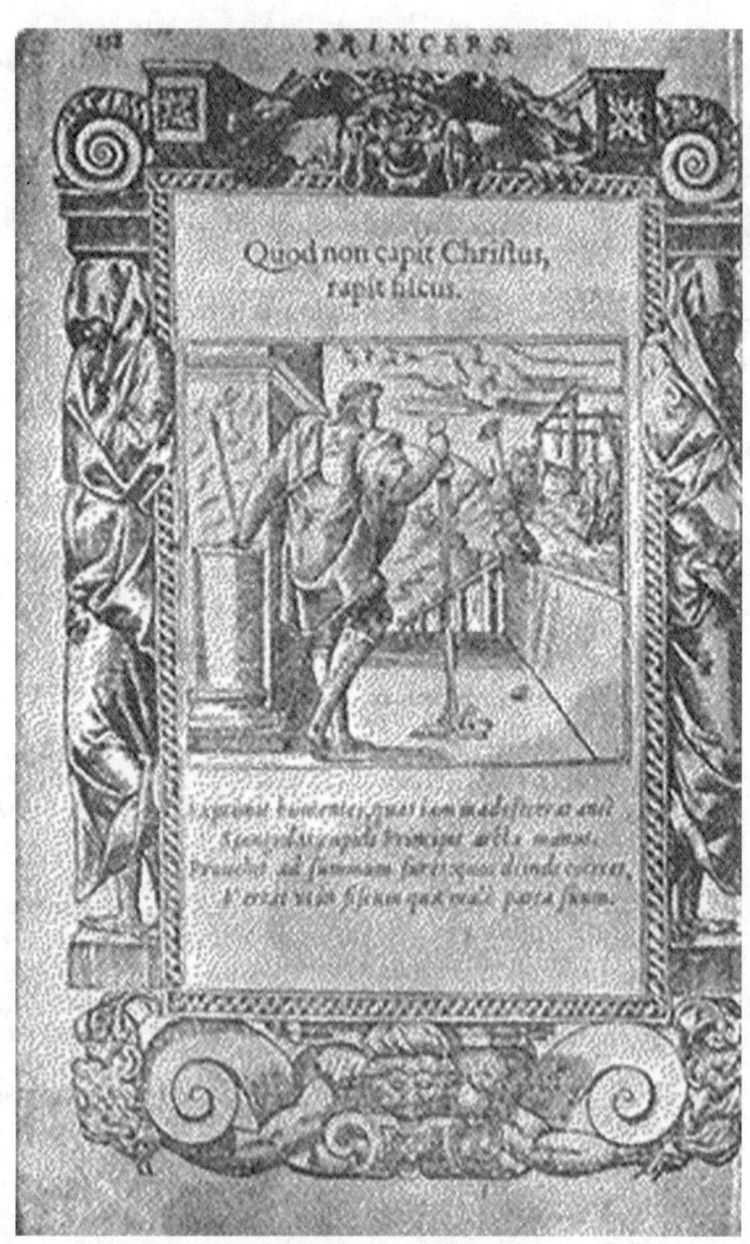

图 21 "没有被基督夺取的,就要被国库夺取"寓意画

是帕斯顿法官发明了这句话吗？还是他想起了，或者碰巧知道，在盎格鲁-萨克逊诸王的法令中经常出现的一种做法，就是某些罚金由"国王与基督"分享，后者指的是主教[175]的金库？[257]答案很简单：这个铭言既不是帕斯顿的灵光闪现，也不是阿尔西亚蒂从这位英国法官那里借用；而是，帕斯顿和阿尔西亚蒂两人都只是引用了一句法律家们尽人皆知的说法。马太乌斯·德·阿弗利克提斯在 1510 年前后写作时，反复引用这句话，用于说明有关十一税的问题。[258]在帕斯顿之前一个世纪，1355 年前后，弗来芒的罗马法学家莱顿的菲利普（Philip of Leyden，曾经写过一本关于政府的法学小册子）就在作品中论到了国库对无遗嘱遗产所拥有的权利，他同样有点出人意料地评论道："人们将基督的家产与国库作比较"（*Bona patrimonialia Christi et fisci comparantur*）。[259]这位荷兰法学家显然将他的这个比较当作法律语言中的惯常用法。在这一点上他是正确的，因为，所有这些法律家的终极来源乃是格拉西安的《教会法汇要》："基督没有收取的东西，就由国库取走"（*Hoc tollit fiscus quod*

257　参见 Edward and Guthrum, *Prol*., cc. 2 and 12; VIII Aethelred, cc. 2, 15, 36, 38; I Canute, cc. 2 and 4; ed. Felix Liebermann, *Die Gesetze der Angelsachsen*（Halle, 1903）, I, 128f, 134f, 263, 265, 267, 280f.

258　Matthaeus de Afflictis, on *Lib. aug.*, 1, 7（*De decimis*）, fol. 53^v; also *praeludia*, q. XV, n. 3, fol. 14^v.

259　Philippus de Leyden, *De cura rei publicae et sorte principantis*, I, n. 9, ed. R. Fruin and P. C. Molhuysen（The Hague, 1915）, 13, 令我注意到这段文本的是 Berges, *Fürstenspiegel*, 265; 关于菲利普，另参 F. W. N. Hugenholtz, "Enkele Opmerkingen over Filips van Leydens *De cura rei publicae et sorte principantis* als historische bron," *bijdragen voor de Geschiedenis der Nederlanden*, Nos. 3-4, 1953. 作者在 *C*.10,10,1 的基础上讨论了国库对无遗嘱遗产的权利，并拒绝了城市或其他地方法人的权利主张（关于国库与城市之间的争议，参见 Cecil N. Sidney Woolf, *Bartolus of Sassoferrato*［Cambridge, 1913］, 120ff, 关于法人方面的无遗嘱继承，Gierke, *Gen. R.*, III, 291, n. 139）；君主必须撤销城市获取的遗产："Et quasi bona patrimonialia Christi et fisci comparantur. Ut administratores rerum Christi pauperum cibos ad libitum non disponant..., sic bona fisci in protectionem et conservationem reipublicae servanda sunt."（基督的祖产和国库可以比较。正如管理基督财产的人也不随意送给穷人食物……国库的财物也必须被保存，这是为国家的保护和维持。）Philip of Leyden, I, n. 15, p. 14,确实引用了《教会法汇要》中的相关段落（见下一条注释）。关于认为穷人是教会财产的所有者这项非常普遍的法律概念，参见 Gierke, *Gen. R.*, III, 293, n. 143。

non accipit Christus)。[260]格拉西安用这句话为一段关于向上帝和恺撒缴纳十一税的简短讨论作结,而这整段内容都是从一篇伪奥古斯丁讲道中借用的。在那篇讲道中,佚名的讲道者论证说,向国库缴纳的赋税更沉重,而交给上帝的十一奉献较为轻省。[261][176]不过,圣奥古斯丁本人也提到过基督的国库(*fiscus*);那是在他的诗篇注释中:"除非基督拥有他的国[或共同体],否则他就没有自己的国库"(*Si non habet rem suam publicam Christus, non habet fiscum suum*)。[262]在这个例子中,"国家"(*res publica*)与"国库"(*fiscus*)是在一种图象化和属灵化的意义上使用的:彼此相爱和恩慈的共同体取决于属灵宝库,践行恩慈、施舍穷人的人就是在向基督的"国库"纳税,而不需要惧怕属世的"国库恶龙",亦即帝国"国库的压榨"。[263]这段话也被法律家们接受;比如,卢卡斯·德·佩纳(Lucas de Penna)在讨论教会财产时就全文引用了这段话。[264]实际上,这些论述对于教会也不是无关紧要的,因为在教宗约翰二十二时期发生的"贫穷论战"(Poverty Struggle)中,它们与其他材料一起被用于证明,因为基督拥有一个国库,所以他必定拥有财产。[265]

---

[260] 参见 c. 8, C. XVI, q. 7, ed. Friedberg, I, 802. 当然,这个段落广为人知,并且在 1340 年代被 Albericus de Rosate 引用,见他的 *Dictionarium Iuris tam Civilis quam Canonici* (Venice, 1601), fol. 120, s. v. *Fiscus*: "Quod non accipiet Christus, ubi aufert fiscus." (基督将不接受的物,国库就拿走了。)

[261] [Pseudo-]Augustine, *Sermones supposititii*, LXXXVI, 2, *PL*, XXXIX, 1912.

[262] Augustine, *Enarrationes in Psalmos*, CXLVI, 17, *PL*, XXXVII, col. 1911.

[263] "Ne putetis quia aliquis draco est fiscus, quia cum timore auditur exactor fisci; fiscus saccus est publicus. Ipsum habebat Dominus hic in terra, quando loculos habebat; et ipsi loculi Judae erant commissi(John 12:6)..."(你们不要想国库是某种龙,因为人们都充满恐惧地听征税人的话;国库只是一个公共的钱包。而主[基督]在人间的时候也有这样的钱包,他当时有一些小钱囊,而这些钱囊交给犹大管理[约翰福音 12:6])。

[264] Lucas de Penna, on *C*. 10, 1, 1, n. 7(Lyon, 1582), p. 5;(Lyon, 1597), fol. 11ᵛ.

[265] 决定性的段落是 c. 12 and c. 17, C. XII, q. 1, ed. Friedberg, I, 681, 683: "Quare habuit [Christus]loculos cui angeli ministrabant, nisi quia ecclesia ipsius loculos habitura erat?" (天使们都为他[基督]服务,而他为什么还需要钱囊呢? 唯一的理由是:他的教会后来要拥有这些钱财。)以及"Habebat Dominus loculos, a fidelibus oblata consecrans...." (主曾经有钱包,因为他圣化那些由信徒们奉献的事物)两段都取自 Augustine, *In Johannem*, 12, 6(上文注 263)。教宗约翰二十二在他针对属灵派的教令中引用了这些段落;参较 *Extravagantes Ioannis XXII*, tit. XIV, c. 5, ed. Friedberg, II, 1230ff, esp. 1233. "*loculus*"一词,意为"钱包"、"钱囊"、"小箱子",可以认为是指奥古斯丁所说的"国库"(上文注 263)。接着,法学家们就开始讨论基督是否拥有一个按照这个词正确含义的国库;例如,参见 Matthaeus de Afflictis, *Praeludia*, q. xv, nos. 7–9, fol. 14ᵛ。

要理解中世纪法学家为何认为基督与国库可以相提并论,这一点并不难——虽然在现代人看来好像无法比较。构成比较的要点在于教会财产和国库财产都是不可让渡的。⑳与教会的属灵"死手产"(dead hand)一同出现的,或者说进入法律意识的,是一种世俗的、属于国家的"死手产":国库。或者,按照卢卡斯·德·佩纳的说法,[177]更好的表达是将"死手产"(manus mortua)一词替换为"永手产"(manus perpetua),因为永久性是教会和国库真正重要的共同属性:它们都"永不死亡"。㉗按照法学家的论述,"教会与国库以同样的条件携手并行",㉘因为"时效不能对抗帝国和罗马教会"。㉙正是在这个基础上,法律家们开始挑战"君士坦丁的赠礼"的有效性(不是真实性),因为按照他们的论辩,君主无权让渡帝国的财产,更不用提完整的行省了;教会也不能主张君士坦丁赠予的土地现在已经因时效而取得,因为时效不能对抗

㉖ 基督的称号被用来指教会财产,是因为基督被认为是所有人(Gierke, *Gen. R.*, III, 250, n. 18),或上帝(下文注 298),或者贫穷人(上文注 259)。关于教会财产不可让渡性在中世纪早期的历史,参见 Arnold Pöschl, "Kirchengutsveräusserungen und das kirchliche Veräusserungsverbot im früheren Mittelalter," *AKKR*, cv (1925), 3-96, 349-448。

㉗ "Unde fiscales regni dicunt quod feudum pervenit ad manus mortuas; sed verius et proprius diceretur manus perpetuas; nam ecclesia nunquam moritur…sicut nec sedes apostolica…sic nec imperium quod semper est."(因此,国王的财务管理人说,领地成为死手产;但更恰当地应该说,它成为永手产;因为教会永不死……正如使徒的圣座也永不死……而帝国也永不死,因为他是恒定的。)参见 Lucas de Penna, on *C.* 11, 69, 5, n. 2(Lyon, 1582), p. 515, 他引用了 Andreas of Isernia, on *Feud.*, I, 13, n. 3, v. *Ecclesiae*, fol. 49ᵛ. 参较 Gierke, *Gen. R.*, III, 365, n. 43. 关于 *fiscus nunquam moritur*(国库永远不死)一词,见下文注 292。

㉘ Bartolus, on *C.* 11, 62(61), 4, n. 1, fol. 45ᵛ: "…cum ecclesia et fiscus paribus passibus ambulent,"(同引文)再加上 *C.* 1, 2, 23 的宣称,我们就看到"神圣和公共的法"(*divinum publicumque ius*)与"私人利益"(*privata commoda*)对立了起来。相应地,在法律家中很普遍的做法是强调"神圣权利与公共权利携手并行"(ius divinum et publicum ambulant pari passu);参较 Post, "Two Notes," 313, n. 81, 引用 Jacques de Révigny(*ca.* 1270-1280). 见注 267 及以下,注 283、285。

㉙ 例如,参见 Baldus, on *C.* 7, 38, 1, fol. 29: "…nullo tempore praescribitur res Caesaris…Contra Imperium et Romanam Ecclesiam non praescribitur"(皇帝的事物永远不产生时效……时效的原则不适用于帝国和罗马教会)(下文注 280);另参 Baldus, on *C.* prooem., n. 38, fol. 3: "quod non potest prescribi, non potest alienari."(不可能产生时效的东西也不可能被转让。)

帝国的财产。⑳无论如何，到 13 世纪，这个概念已经得到普遍接受，即国库体现了在帝国或王国中存在某种超个人的延续性和永久性领域，它依赖统治者个人生命的程度，与教会财产依赖主教或教宗个人生命的程度一样低。

很明显，这种认为存在一个与统治者人身相分离的"不朽的国库"的新解释方式，[178]有赖于罗马法及其复杂的"国库法"（*ius fisci*）；不过，在同时，教会法关于教会财产不可让渡的概念也作为一种范型，被用于证明一种独立和非人格的国库。㉑自 12 世纪以降，法律专家们做了许多工作，试图解释那个被称为"国库"的奇怪东西的意思。㉒当然，

---

⑳ 关于法学家的态度以及对该文的一般研究，参见 Laehr, *Konstantinische Schenkung*, 98ff, 129ff, 184f; also B. Nardi, "La *Donatio Constantini* e Dante," *Studi Danteschi*, XXVI (1942), 81ff; ullmann, *Madiaeval Papalism*, 107ff, 163ff; Woolf, *Bartolus*, 94ff, also 343ff. Baldus, on c. 33 X 2, 24, fol. 261, 支持赠礼的有效性，仅仅因为它是个"奇迹"，但承认它不合法；另参 *Consilia*, III, 159, n. 3, fol. 45ᵛ, 在这里他说得相当直白："nam quicquid dicatur de donatione Constantini, quae fuit miraculosa, si similes donationes fierent a regibus, non ligarent successores, quibus regni tutela, non dilapidatio est commissa."（无论人们关于君士坦丁的赠予说什么，它是一件很奇妙的事件。如果国王们作出类似的赠予，这些对其继承人没有约束力，因为他们承受的是保护其王国的权利，而没有毁坏王国的权利。）关于英格兰，参见 Schramm, *English Coronation*, 197ff; Hoyt, *Demesne*, 146。

㉑ 见上文注 226。由于在授职权斗争中，教会方面一再强调教会财产的永久性（例如，参见 Placidus of Nonantula, *De honore ecclesia*, c. 7, *MGH*, *LdL*, II, 577, 30; "Quod semel aecclesiae datum est, in perpetuum Christi est, nec aliquo modo alienari a possessione aecclesiae potest"[一旦某事物被赠予教会，它就永远属于基督，也不可能以某种方式从教会的所有权中转让给他者。]），否认教会世俗财产永久性的皇帝支持者也开始否认世俗权力的永久性；他们坚持始终需要重复的授职仪式，即，在每一位新国王和新主教继位时，教会所任的确认；例如，参见 Wido of Ferrara, *De scismate Hildebrandi*, II, *MGH*, *LdL*, I, 564, 42: "Sicut enim imperium et regnum non est successorium, sic iura quoque regnorum et imperatorum successoria non sunt, nec regibus et imperatoribus perpetim manere possunt. Si vero perpetim non manent illis, qualiter his[sc. Episcopis], quibus traduntur, perpetim manere possunt?"（正如帝国和王国不属于继承人，王国和皇帝的权利也不是继承的，并且不能永远属于君王们和皇帝们。但如果这些不是永远地属于他们的，那么如果把它赠予给他们[即主教们]，后者怎能永远地拥有它呢?）Wido 确实在尝试证明持续性的皇帝权利（*imperialia iura*），但是他没有把这个观念推进得足够远，以克服连续性的中断，他应该要作这样的证明，以保持主教由每一位新任皇帝施行新授职礼的必要性。

㉒ 关于以下，参见 Gierke, *Gen. R.*, III, 209ff; 关于国库的历史，参见 Filippo E. Vassalli, "Concetto e natura del fisco," *Studi Senesi*, XXV(1908), 68-121, 177-231。非常有用的是一位威尼斯教会法学家的著作，Marcus Antonius Peregrinus, *De privilegiis et iuribus fisci libri octo*(Venice, 1611)，他在引用中顺便总结了中世纪注释家的意见。

这个词在加洛林时期很常见,意思是国王的私人财产。㉓12 世纪的法学家倾向于以类似的方式将"国库"(fisc)解释为 *sacculus regis*,"国王的钱包,国王的金钱收入于其中"。这个解释重复了数个世纪。㉔但是,从国库这种更[179]个人性和私人性的方面,法律家们很快引向了一种将国库财产理解为更具非个人性和公共性的解释。他们尝试确定究竟什么才是国库,以及它属于谁。它是与"国家"(*res publica*)完全一样呢? 还是说,按照普拉森提努斯的说法,国家只是国库的使用者(usufructuary),或者按照阿佐的理解,国家是国库的所有者,对其享有完全的所有权(*dominium*)? 还有,君主与国库之间是什么关系? 国库是否依据《君王法》随同治权一并授予了君主呢? 如果是这样,那么国库是成了君主的财产,还是他只是国库的管理人和代管人,获得由国库生出的特权,但同时要负责为继任者的利益保持其不减少? 还有,国库与君主有权让渡的其他附属物,就是那些君主可以自由处置、事实上可以发生时效取得效果的物,相比起来如何? 最后,如果有人认为国库与国家和君主都并不同一,那么它是否有可能本身(*per se*)构成一个拟制人,

---

㉓ 法兰克文件、法律和编年史中频繁出现"国库"一词,只不过表明一种古代行政词汇的残余;在图尔的格利高里(Gregory of Tours)的著作中,国库以前的非人格性质就已经让位于纯粹的个人性概念。见 Vassalli, "Fisco," 181ff 的评论。在 James Westfall Thompson's *The Dissolution of the Carolilngian Fisc in the Ninth Century*(Berkeley, 1935)这样的著作中,没有花一点力气去判断"fisc"一词的含义,是很有意味的。

㉔ 例如,参见 Fitting, *Juristische Schriften*, 200:"Fiscus dicitur regius sacculus, quo recipiebatur pecunia regis. Per translationem vero dicitur omne dominium regie maiestatis."(国库是国王的钱包,国王的金钱收入其中。其转让意味着,国王权威性的一切主权都被转让。)当然,这个定义绝对不是原创的。关于"国库"的个人性概念,参见 the charter for Speier, of 1111,在其中亨利五世皇帝谈到他的权利"in locis fiscalibus, id est ad utilitatem *imperatoris* singulariter pertinentibus"(在国库方面,即仅仅属于皇帝利益方面);参较 Vassalli, "Fisco," 186, n. 2,也记录了在对 1182 年特许状的确认中,从"皇帝的"(*imperatoris*)到"帝国的"(*imperii*)的变化。关于"国王的钱包"(*sacculus regis*)这个概念的存留,参见,例如,Bartolus, on *C.* 10, 1, rubr., n. 11(Venice, 1567), fol. 2ᵛ:"Fiscus est saccus cesaris vel regis vel reipublicae";但是,他(n. 13)也称之为"帝国的宝库"(*camera imperii*),并且(n. 17)他在公私之间作了一个清晰的区分:"...aut accipimus cameram imperatoris prout est imperator..., aut prout est privatus, et tunc differt camera imperii a camera sua."(或者我们理解皇帝的宝库以他当皇帝的身份,或者以他私人的身份,那这样"国库"和"皇帝的宝库"有所差别。)见下文注 276,关于在相当早的时期这类的区分;另参 Peregrinus, *De iure fisci*, I, 1, n. 6。

一个拥有自己的家产、有经历、有自己的咨议会，并且"在它胸中蕴含着一切权利"的"人"呢——也就是说，国库是否可以单单凭借自己作为一个合众体（body corporate）而构成一种独立的存在呢？㉕

[180]不可能找到一种答案能够圆满回答所有这些疑问，并解决所涉及的问题，法学家们也无法就"国库"的解释达成一致意见。不过，慢慢可以发现，法律家们正在试图比早先的时代更有效地区分"私"和"公"。通过他们的界定，开始创设出一种附属于公法的新领域——好像在一个王国内部的新王国。然后，这个领域就可以用来对抗，或对比于依据教会法属于教会的物，后者自从最初的时期就开始类似地构成一个国中之国。在《注释汇编》中就已经赋予国库公共性：国库被认为构成 aerarium，金库，它不是人民的或君主的，而是帝国的。在一个方面，大家达成了一致意见：国库财产正常情况下是不可让渡的，国库是

㉕ 关于普拉森提努斯和阿佐，参见 Gierke, *Gen. R.*, III, 211；另参 Post, "Public Law," 49, 以及，一般性研究，Vassalli, "Fisco," 189ff. 学者们引用了君王法，例如，Cynus, on *C.* 2, 54, 4 (Lyon, 1547), fol. 81, and (Frankfurt, 1678), fol. 114ᵛ: "Praeterea negari non potest, quin Respublica fisci successerit in locum Reipublicae Romanorum per legem regiam, quae omne ius populi transtulit in principem.... Ergo eius privilegia et conditionem assumpsit."（不可否认的是，通过君王法，有国库的国度成为罗马人的国度的继承者，而这个君王法将一切权利交给君主……因此他接受了其特权和其位置。）也有支持国库与君主同一的，例如，在 *D.* 43, 8, 2, 4: "res enim fiscales quasi propriae et privatae principis sunt."（国库的事物好像是君主本有的和私人的事物。）Baldus, on *C.* 10, 1, nos. 11-13, fol. 232ᵛ, 务实地讨论了每一种可能的解释，包括支持和反对意见；他也考虑了君王法的结果(n. 12)，并得出结论认为，在此基础上，在最终意义上罗马人民拥有国库 "quia princeps repraesentat illum populum, et ille populus Imperium, etiam mortuo principe."（因为君主代表人民，而人民代表帝国，而在君主已经去世时，也是这样的。）当然，巴尔都斯承认将国库等同于君主的困难性(n. 18): "Quaero, mortuo imperatore, ubi est iste fiscus, cum sit mortuus ille qui erat fiscus? Responsum: fingitur non mortuus, donec alius creetur imperator, sed vice personae fungetur."（我问：当皇帝去世时，国库在哪里，因为那个曾经是国库的人已经死了？回答：他被假设为没有死，直到另一个皇帝登基，他就有代表者的身份。）当然，国库的空位期(interregnum)在君主世袭顺序和意大利诸国家中都是不存在的。巴尔都斯与其他法学家一样，将国库定义为 camera imperii（见下一条注释）。另一方面，Bartolus, on *D.* 49, 14, 2, n. 2, fol. 254ᵛ, 以及别处，在论证他著名的关于"主权"的概念时，认为 "populus liber est sibi ipsemet fiscus"（自由的国民自己就是国库）。参较 Vassalli, "Fisco," 191, n. 3. 关于人民(populus)与国库的关系，另参 P. W. Duff, *Personality in Roman Private Law* (Cambridge, 1938), 52-61. 关于国库的人格化，参见 Gierke, *Gen. R.*, III, 359, n. 17；一般研究，Vassalli, "Fisco," 211ff.

永久或不朽的。㉖

当然，有一个实践性的问题，完全是另一回事，就是如何恢复国库的损失，如何收回已经在私人、地主(landlord)和其他人手中很长一段时间——"超越人的记忆，而不是相反"——的国库权利或财产。㉗涉及罗马教会时，查士丁尼将"可记忆的时间"(*tempus memoratum*)确定为[181]一百年：㉘总

㉖ 参见 *Glos. ord.* on *D*.1,1,1,2, v. *in sacris*, and also on *C*.10,1,rubr. ："Fiscus dicitur ipsa imperialis vel imperii camera, non dico patrimonii Imperatoris. "(国库是指皇家的宝库或帝国的宝库，而不是指皇帝的祖产)最后几个字常常带着特别的强调加以重复，例如，Odofredus, on *C*.10,9,1, n. 10(Vassalli, "Fisco," 189), 在 *camera imperii*(帝国的宝库)之后加上了这样的评论："non patrimonialis[camera]principis. "(不是君主的家产[宝库])Bartolus 在对 *patrimonii Imperatoris*(皇帝家产的)作注时，做了一个清楚的区分："Quia tunc Imperator capitur ut privatus, et tunc eius[patrimonii]procurator differt a procuratore fisci. "(那个时候皇帝被理解和私人一样的，而他家产的管理人与国库的管理人不一样)Baldus, on *C*.10,1, n. 13, fol. 232,作了一个一般化的评论："Fiscus est camera imperii：ubi ergo est fiscus, ibi est Imperium. "(国库是帝国的宝库：国库在哪里，帝国就在那里)一般性研究，参见 Peregrinus, I, 1, nos. 2,4,8, and passim, fol. 1ᵛ; Post, "Public Law," 48ff, also "Two Laws," 421f, nn. 18f; 关于国库的永久性，Vassalli, "Fisco," 215, 也论到从传统语源学上看，*fiscus* 一词来源于永久意义上的 *fixus*；参较 Peregrinus, I, 1, n. 37, fol. 3ᵛ: "fiscus est fixus et stabilis, quia perpetuus et nunquam moritur,...et quamvis mutetur domini persona, semper tamen idem est fiscus. "(国库是稳定的和固定的，因为他永远不消失……而虽然其主人会替换，但国库仍然是一样的。)

㉗ 关于"有记忆的时间"(*tempus memoratum*)，参见，例如 *C*.7,39,4,2. Bracton, fol. 230, Woodbine, III, 186, 就针对国库的时效的有效性给出了一个非常特别的理由："Item docere oportet longum tempus et longum usum qui excedit memoriam hominum. Tale enim tempus sufficit pro iure, non quia ius deficiat sed quia actio deficit vel probatio. "(另外必须证明很长的时期和很长的使用权，即无法追溯的时期。这样长的时期才构成权利，不是因为缺少权利，而是因为缺少诉讼或证明。)Andreas of Isernia, on *Feud.*, II, 55 (*De prohib. alien.*), n. 50, fol. 271ᵛ, 讨论了时效是否可以对抗国库："Item quaeritur an demania regni vel imperii possint praescribi：periti regni Siciliae dicunt, quod non, sicut glossator[Marinus de Caramanico]in constitutione 'Si dubitatio'[*Lib. aug.*], III, 8, Cervone, 307ff].... Videtur ergo dicendum quod prae scriptio temporis cuius non extat memoria, procedat et in demaniis.... "(有人问，王国或帝国的王家领土能不能产生时效：西西里王国的律师们说：不会，比如注释家 Marinus 在其文章"如有疑问"中……因此看来我们应该说，来自无法追溯时代的时效，也在王家领土有效。)Andreas' gloss on *Lib. aug.*, III, 8 也表达了同样的观点。见下文注 283。

㉘ 参见 *Nov*.9(关于罗马教会), and *C*.1,2,23,3-4(一般性论述在特定情况下的教会). 除了一种变动以及减少到 40 年(参较 *Nov*.111, also *Nov*.131,6), *praescriptio centum annorum* 在罗马法和教会法中仍然有效；参见 Gratian's *Decretum*, c. 17, C. XVI, q. 3, ed. Friedberg, I, 796。

体上，人们可以以时效对抗罗马教会和教产，但只能在一百年之后生效，因为这样一段期间㉙超过了任何人可以记忆的时间。在西方，这个一百年的时效是唯独由罗马教会享有的特权；其目的是保护教会财产，使之在实践中不可让渡。不过，就像其他法学家反复评论的，巴尔都斯认为，"罗马教会享有的这种对抗时效的特权，帝国也享有"，或者"罗马帝国享有与教会同样的[一百年时效的]特权。"他甚至更加明白地宣告："看起来，今日没有人承认一种少于一百年[对抗帝国]的时效，这表示帝国乃是按照与教会同等来处理的"——或者，在强调对抗教会的一百年时效时，他加上一句："看起来今日帝国也享有这同样的特权。"㉚

㉙ The *Glos. ord.* on c. 14 X 2,26, v. *centum annorum*,强调一个100年的时效等于完全没有时效："Sed videtur certe impossibile probari praescriptionem centum annorum. Idem est ac si diceret Papa: Nolo quod currat praescriptio contra Romanam ecclesiam. "（看来一百年的取得时效是无法证明的。如果教宗说："我不要让时效有损于罗马教会"，也是同样的意思。）注释者还说，一个证人必须至少有114岁才能证明占有100年，因为必须要满14岁才能被接受为证人。当时，这仍然是对英诺森教宗的这份教令的传统解释；参见，例如Baldus, on c. 14 X 2,26, n. 2, fol. 273ᵛ; also Matthaeus de Afflictis, on *Lib. aug.* , III, 7, n. 6, fol. 122, 他讨论了涉及自治领地的问题"an autem sit aliqua differentia inter praescriptionem centum annorum, et praescriptionem tanti temporis, cuius initii memoria non existit. "（在一百年的时效和无法追溯时代的时效之间有没有差别？）这些论辩都是由早期对西西里宪章(Sicilian Constitutions)作注的注释家提出来的；参见 Marinus de Caramanico, on *Lib. aug.* , III, 39, Cervone, 399, and also Andreas of Isernia(*ibid.* , p. 400)。

㉚ Baldus, on *C.* 7,39,3, n. 17, fol. 31："...ecclesia sancta Romana, contra quam non praescribitur nisi spatio centum annorum; contra vero alias ecclesias praescribitur spatio 40 [annorum]. "（神圣罗马教会在失去财产的时效期是100年；而其他的地方教会失去财产的时效期为40年。）*Ibid.* , 17b:"Item ecclesiae Romanae et Imperio non praescribitur super his quae reservata sunt in signum universalis dominii. "（罗马教会和帝国不因时效而失去那些以普遍主权的名义保留的事物）*Ibid.* , 17d:"Qua enim praerogativa gaudet Romana ecclesia contra praescribentem eadem gaudet Imperium. "（罗马教会享有的特权，帝国针对时效财产也享有同样的特权）*Ibid.* , 18:"Sed *hodie* non videntur praescribi minore tempore centum annorum ex quo imperium aequiparatur ecclesiae. "（但今天看来一百年以内不产生时效，而在这方面帝国和教会一样。）另参 Baldus, on *C.* 7,30,2, n. 2, fol. 19ᵛ："*Hodie* vero de iure authenticorum non sufficit minus tempus centum annorum, quia sicut Romanum imperium gaudet[ecclesia Romana]eadem praerogativa.... Attende tamen quod nec centum annorum sufficit praescriptio contra imperium vel Romanam ecclesiam in his quae etiam sibi reservavit imperium in signum praeeminentiae et superioritatis.... "（但今天来看，少于一百年的时期不足够，因为罗马帝国和[罗马教会]享有同样的权利……但要注意：在那些以特殊尊威和主权的名义为自己保留的财产上，一百年的时效也不足够，不足以使帝国或罗马教会失去其财产。）另参 on *C.* 7,40,1, n. 7, fol. 34：（转下页注）

[182] *hodie*,"今日",这个词真正显示出罗马法学家有多么频繁地引用查士丁尼。[281]可是,在眼前这个案例中却并不正确,因为罗马法虽然承认存在对抗国库的时效取得权利,但却对一百年的时效一无所知;在罗马法上,通常是以 40 年或者(根据伦巴底法)60 年的期间对国库加以保护。因此,巴尔都斯反复强调"今日"这个词是值得注意的,因为这看起来在暗示只有到了相对晚近的时候,教会和帝国-王室国库才在一百年的时效这一点上"作比附"(equiparated)。事实上,这种教会与国库之间的"比附"看起来并不早于弗里德里希二世将教会特权转入世俗国家的时间。在他的《皇帝之书》中,他直白地表示:

> 朕把在公共事务上适当地用于对抗国库的四十和六十年时效,延长到一百年的时间。[282]

并且,西西里的注释家们极其清楚地表明,用于国库的一百年时效是由弗里德里希的法律确立的,这位皇帝将一种教会特权转移到了国库。[283]

(接上页注)"non enim praescribitur[contra Romanum ecclesiam]nisi spatio centum annorum…. Et eadem praerogativa videtur *hodie* gaudere imperium. "([罗马教会]不会因时效而失去财产,除非是一百年以上的……而今天帝国好像也享受同样的权利。)另参 Peregrinus, VI, 8, n. 6, fol. 145ᵛ, 引用了巴尔都斯和其他人,并且,作为威尼斯人,加入了威尼斯的执政团(Signoria),使之与帝国和罗马教会一样享受一百年的时效特权。

[281] Hermann Kantorowicz, *Glossators*, 135.

[282] *Lib. aug.*, III, 39, Cervone, 398:"Quadragenalem praesceiptionem et sexagenariam, quae contra fiscum in publicis hactenus competebat, usque ad centum annorum spatium prorogamus. "(同引文)

[283] Marinus de Caramanico, v. *Quadragenalem*:"Sed haec constitutio prorogat quadragenalem in centum annos, et sic redit ad ius antiquum. (但这个法令把 40 年延长为一百年,因此恢复古代的法律。)C. de sacrosan. eccles. l. fin. (*C*. 1,2,23;另参上文注 279)." 也就是说,弗里德里希依照一项在序言中将"神法和公法"(*divinum publicumque*)置于一个水平上的法律,以类似的方式讨论教会和城市;参见 *Glossa ordinaria* 关于这项法律的论述。认为弗里德里希的法律是一项创新也见于 Andreas de Isernia, on *Feud.*, II, 55, n. 51, fol. 271ᵛ,在其中他作了一个一般性的陈述:"Centenaria praescriptio currit contra fiscum per constitutionem 'Quadragenalem. '"(通过《四十年》法令,时效对国库是不利的)另一方面,Azo, on *C*. 7,38, n. 7, fol. 216ᵛ, 看来还是不知道一百年的国库时效;他显然同意查士丁尼较少针对罗马教会的一百年时效(*Nov*. 111;上文注 278),并论辩道:"Absurdum enim esset civitatem[Romam]maioris esse privilegii quam principem."(荒谬的是,(转下页注)

由此，在西西里全境，很早就开始以教会比附（*aequi paratio*）国库，[183] 与弗里德里希二世及其诺曼继任者采用的其他相关措施结合在一起。在英格兰，当"超越人的记忆与之不相违背的久远时间"也类似地被确定为一段大约为一百年的时间时，也就必定存在一种类似的观念：在英格兰，1237 年前，这个时间点是 1135 年亨利一世驾崩的那一年，之后调整到了 1154 年，即亨利二世继位的时候；最后，在 1275 年，理查一世加冕的那年（1189 年）被确定为人记忆的起点，后来就一直保持在这个点上。[284]

这样，基督与国库，就在不可让渡性和取得时效两方面同时具有了可比性。这种"比附"（equiparation）的法学基础建立在多处的罗马法规定之上，例如，查士丁尼《法典》中规定属于神殿（*templa*）、教会的物，按照与属于"圣产"（*sacrum dominium*），即皇帝的"神圣产业"（sacred demesne）同样的方式处理。[285] [184] 相应地，法学家会谈论 *sacratissimus*

（接上页注）[罗马]城的特权比君主的特权还大）不过，请参 *Glos. ord.* on *Nov.* 7, 2, 1, v. *nec multum*（参见下注 285、296），讨论了圣物与公物之间的异同，说："similitudinem autem habent; nam utriusque res iure isto adhuc centum annis praescribuntur."（它们很相似，因为双方的财产通过这个法律而在一百年的时期才产生时效。）认为国库属于公物（*res publicae*）是弗里德里希自己在他的法律中说的；参见 Marinus de Caramanico's gloss on *Lib. aug.*, III, 39, Cervone, 398, v. *in publicis*: "Id est, fiscalibus rebus, quae dicuntur publicae（就是说，通过国库的事物，而他们被称为公共的）（见上文注 241）." 后来他又加上（p. 399）: "Item intelligi principium constititionis, quod praescriptio centum annorum, sicut dictum est, locum habeat contra fiscum, tam in feudis, quam in aliis bonis.... Omnia enim feuda publica sunt."（你也应该理解宪章的原则，即一百年的时效，如上所说，可以产生对国库不利的影响，无论是在领地方面或在其他方面……因为一切领地是公共的。）Andreas of Isernia, *ibid.*, p. 400 重复了这番话；另参 on *Lib. aug.*, III, 8, Cervone, 308: "Feuda quidem de publico sunt."（领地是公物）如果我没有搞错的话，这与英国关于"公物"的概念并不一样。到十三世纪末，针对帝国的 100 年时效一定已经广为人知，因为法国人用这一点来证明法国因时效而独立于帝国；参见 Lagarde, *Bilan du XIIIe siècle*, 248, n. 56; Ullmann, "Sovereignty," 14。

[284] Pollock and Maitland, II, 81, also 141; W. Holdsworth, *A History of English Law*（3rd ed., London, 1923）, III, 8, also 166ff.

[285] "Loca ad sacrum dominium pertinentia."（属神圣王权的地区）参见 *C.* 7, 38, 3, 其标题显示了这种平行关系: "Ne *rei dominicae* vel *templorum* vindicatio temporis exceptione submoveatur."（以免归还宗教财产或教堂因时间长而被排除。）另一处常常被引用来证明神物与公物等同性的是 *C.* 1, 2, 23（上文注 283）; also *Nov.* 7, 2, 1; "Nec multo differant ab alterutro sacerdotium et imperium, et sacrae res a communibus et publicis,"（祭司的权利[宗教权]和皇权之间没有很大的差异，神圣事物和公物及公用财产之间也没有很大的差别。）with the *Glos. ord.*, v. *nec multum*（上文注 283）; 参较 Bartolus, on *Nov.*（转下页注）

fiscus 或者 *fiscus sanctissimus*，"最神圣的国库"，这是一个只有现代人听起来才觉得奇怪的说法，但却解释了"基督"与"国库"被放在一起的情况。[286]如果巴尔都斯，尽管认定国库是"某个无生命的实体"（*quoddam corpus inanimatum*），[287]但却称之为"国家的灵魂"，[288]或许我们听起来会觉得更有说服力。

不过，神圣之物与国库之物之间的平行并不仅仅限于时间；它也指向了空间。法律家们向国库赋予了无处不在性。阿库尔修斯在关于时效法的一条注释中提到国库无所不在（*Fiscus ubique praesens*），指出在国库的案例中，"没有所有者"这个抗辩是无意义的，因为国库"无处不在"。[289]稍后，马里努斯·德·卡拉马尼克在对《皇帝之书》作注时也重复了这句话。[290]而巴尔都斯也指出，永远不能说国库在王国中"缺席"，

（接上页注）7,2, v. *sinimus*, n. 4, fol. 13ᵛ: "dicitur enim hic quod imperium et sacerdotium aequiparantur. "（皇权和教权相等）另参 Baldus, on *C*.10,1,3, n. 3, fol. 236: "aequiparantur enim ecclesia et fiscus. "（教会与国库等同）当然，教会和国库也等同于一个未成年人和一个疯子，因为他们都是年龄不足；参见，例如 Baldus on *C*.4,5, n. 6, fol. 12: "... nisi talis sententia esset lata contra fiscum, ecclesiam, vel pupillum, vel furiosum, quia aequiparantur pupillo. "（除非这样的判决造成国库的损失，或教会的损失，或小孩子或愤怒者[后者相当于小孩子]的损失。）参较 Gierke, *Gen. R.*, III, 483, 关于这个比较。Bracton(fol. 12, Woodbine, II, 51f)，显示他相当熟悉这些概念。

[286] 在 *C*.7,37,2, 提到了"最神圣的国库"（*sacratissimus fiscus*）和"最神圣的金库"（*sacratissimum aerarium*），这个形容词的意思只是"帝国的"。后人有引用该法的，例如，Lucas de Penna, on *C*.10,1,n. 8(Lyon, 1582), p. 5: "Fiscus dicitur sanctissimus. "

[287] Baldus, *Consilia*, I, 363, n. 2, fol. 118: "...fiscus per se est quoddam corpus inanimatum consensum per se non habens, sed simpliciter repraesentans. "（国库本身是某个无生命的实体，他没有意愿，仅仅有代表性）参见 Gierke, *Gen.R.*, III, 281(with n. 110), 论到此项原理的源头。

[288] Baldus, *Consilia*, I, 271, n. 2, fol. 81ᵛ: "et, ut ita loquar, est[fiscus]ipsius Reipublicae anima et sustentamentum. "（我这样说吧，它[指国库]是国家的灵魂和支撑力量。）这里将国库比作胃，与 Menenius Agrippa 的故事类似，见于年代很早的 Corippus' *In laudem Iustini*, II, 249ff, *MGH*, *Auct. ant.*, III, 2, p. 133; Lucas de Penna, on *C*.11,58,7, n. 10(Lyon, 1582), 564 重复了这个词：国库是"等于胃"（*instar stomachi*）。

[289] *Glos. ord.* on *C*.7,37,1, v. *continuum*; 亦见边注："国库就是无所不在的。"（Fiscus ubique praesens est. ）

[290] Marinus, on *Lib. aug.*, III, 39, v. *in publicis*, Cervone, 399; "et specialiter ubi dicit 'praesente in regno adversario suo' etc.; sic non loguitur de fisco, qui semper est praesens, "（而尤其当他说"临在于敌人的王国"等）他没有这样描述国库，因为国库始终临在。）包括 *Glos. ord.*（前注）的说法。另参 Matthaeus de Afflictis, 论同一条法律(III, 39),n. 3, fol. 186: "...nec requiritur probare de praesentia fisci, quia fiscus semper est praesens. "（不要求证明国库的存在，因为它始终都临在）参较 Peregrinus, 1,2, n. 42, fol. 7。

他得出了最终且符合逻辑的结论:"国库是无所不在的,因此,在这一点上,国库与上帝相似。"⑲

[185]对于这种不过是反映了另一版本的"基督-国库"主题的措辞,我们已经相当熟悉。当然,这并不表示,这些比喻按照其字面意义被人严肃对待:"圣国库"(sanctus Fiscus)从来没有列入官方的圣徒名录。这些比喻并未(或者尚未)与法学家一方"神化"国库的努力相悖,而是解释了国库的永久性和普遍性;为此目的,它们将神学词汇应用到自己身上,于是,"上帝"或"基督"取代了拟制性(fictitiousness)的符号或密码,被用于解释国库的拟制性质,解释其无所不在性和永恒性:"论到它的实质,国库是一种永恒物和永久物……因为国库永远不死。"⑲我们不应该忘记,反之亦然。可能自 11 世纪起,用于描述皇帝的术语就被用在教宗的金库财产上,表现为 *regalia beati Petri*,"真福彼得的王家权利",皇帝和教宗的封臣都要宣誓捍卫

㉑ Baldus, on *C*. 7, 37, 1, n. 2, fol. 37:"...quod fiscus est ubique, et sic in hoc Deo est similis. Et ideo fiscus non potest allegare absentiam."(国库无处不在,在这一点上,国库与上帝相似。因此国库不能说它不临在。)另参 Baldus on *C*. 4, 27, 1, n. 27, fol. 74ᵛ: "quia fiscus est ubicunque."(因为国库无处不在)罗马教会及其金库也别赋予了一种相似的无处不在性;参见 Peregrinus, I, 2, n. 22, fol. 6:"In spiritualibus et inde dependentibus Papa, qui est caput Romanae Ecclesiae, fiscum generalem ubique habet, ut pro delicto in his commisso...bona delinquentis sint confiscanda; in fiscum Romanae Ecclesiae bona illius, ubilibet sint, cogantur, quia sicut Romana Ecclesia ubique est, sic fiscum Ecclesiae Romanae ubique existere oportet."(在属灵事务以及与此有关系的事务上,教宗,即罗马教会的元首,拥有一个无所不在的普遍宝库,为了在其中没收那些犯罪人为自己的罪行给的惩罚;在罗马教会的宝库中,这些人的财物被接受,无论这些人在何处,因为正如罗马教会是无所不在的,罗马教会的宝库也必须是无所不在的。) Baldus, on c. 9 X 2, 14, n. 38, fol. 190ᵛ,"equiparates" fisc and Church:"Fiscus est persona incorporalis et ideo ubique... Quandoque est[possessio]de non corpore in non corpus, ut fiscus vel ecclesia in abstracto...,"(财库是无形体的法人,而因此它是无所不在的……有时候这种[所有权]是无形者对无形者的,比如国库或抽象意义上的教会。)它可以拥有某些无体物,例如,一项地役权,因此"以奥秘的方式占有"(*possidetur mistice*)。

㉒ Baldus, *Consilia*, I, 271, n. 3, fol. 81ᵛ:"...cum respublica et fiscus sint quid eternum, et perpetuum quantum ad essentiam, licet dispositiones saepe mutentur: fiscus enim nunquam moritur."(因为国度和国库是永恒之物,而在本质上是恒久的,所有国库永远不会死,虽然对他的处置经常有变化。)关于"处置的变化"以及"变化中的恒定身份",参见 Gierke, *Gen. R*., III, 365, n. 43;下文第六章 2 节。

这一权利。㉓并且,这个技术性词汇有时也被用于支持圣统制的"王与祭司"(*rex et sacerdos*)理论:主教是一个"王"(*rex*),因为他享有王权(*regalia*)。㉔教宗制的帝国化(imperialization)与世俗国家及其机构的圣化(sactification)是并行发展的。㉕

[186]在这里必须要提到查士丁尼的一条"新律",它常被引用来证明教会财产与国家财产的平行关系,因为这位立法者在其中用清楚的措辞陈述了,在"皇权"(*imperium*)与"教权"(*sacerdotium*)之间没有太大的差异,在"圣物"(*res sacrae*)与"公物"(*res communes et publicae*)之间也是如此。㉖在这一点上,布雷克顿也进入了当时初生的国库"神学"。当然,布雷克顿远没有像论证国库与人民、统治者、乃至其自身同一的博洛尼亚法学家那样提出精微的区分;他也没有将国库理解为一个"拟制人"(*persona ficta*),尽管这个概念在他那个时候已经引入。㉗但是,他已经非常接近于拟制人的概念。他使用了"无人的"(*nullius*)这个技术

㉓ 关于这个问题的简短讨论,以及一些材料,参见我的研究"Inalienability,"492, n. 26。存在很大的可能性,这个观念是通过革新教宗制(Reform Papacy),在诺曼人封建化时期引入的。Irene Ott, "Der Regalienbegriff im 12. Jahrhundert," *ZfRG*, kan. Abt. , xxxv (1948), 234-304, 正确地区分了主教世俗性(*temporalia*)意义上的"王权"(*regalia*)(主要是日耳曼版本),与王家特权或国库(*fiscalia*)意义上的"王权"(*regalia*)(主要是在国库意义上的法律主义版本);但是,不幸的是,她没有讨论"圣彼得的王权"(*regalia S. Petri*),这显然属于第二类。我没有办法获得 Arnold Pöschl, "Die Regalien der mittel-alterlichen Kirchen," *Festschrift der Grazer Universitäät für* 1927(Graz, 1928)。有一些评论,参见 Niese, *Gesetzgebung*, 54, n. 1。

㉔ 政治性小册子作者们选中了这个概念,并就此大做文章。参见,例如,Gerhoh, *De investigatione*, I, 69, *MGH*, *LdL*, III, 388, 45:主教们不仅拥有十一税和捐项的"祭司权利"(*sacerdotalia*),同时也拥有国王一方的"王权"(*regalia*);由此,他们就可以主张自己"在某种意义上既是主的国王们,又是主的祭司们"(*quodammodo et reges et sacerdotes Domini*),并有权要求人民不仅顺服,而且要作效忠宣誓"ad defensionem videlicet regalium simul et pontificalium beati Petri."(为了维护圣彼得的皇权象征和教权象征)另参 Gerhoh, *ibid.*, 389, 10; *Dialogus de pontificatu*, *ibid.*, 538, 30。

㉕ Schramm, "Sacerdotium und Regnum," 非常出色地探讨了中世纪早期的这个问题(世俗的"对祭司权的模仿"[*imitatio secerdotii*],属灵的"对皇权的模仿"[*imitatio imperii*]),但是基本没有触及中世纪晚期的情况;有一些评论,参见我的研究"Mysteries of State," *Harvard Theological Review*, XLVIII(1955), 65-91。

㉖ *Nov.* 7, 2, 1;见上文注 285。

㉗ 关于拟制人的概念,参见 Gierke, *Gen. R.*, III, 279ff, 论到英诺森四世,关于一些雏形概念,见 *ibid.*, 204;另参 Maitland, *Political Theories*, xviii f;下文第六章。

性词汇,认为"圣物"和"准圣物"属于"无人的财产"[*bona nullius*]。"这是说,它们不是任何个人的财产,而只是上帝或国库的财产。"㉘于是——有赖于我们大大离题,讨论了一番后来的法律思想——我们发现,布雷克顿也同样制造出了上帝与国库的奇异组合。在他那里,"上帝与国库"的同名词是"无人之物"(*res nullius*;此处 res 亦可译为财产——译注);这个概念同时覆盖了教会和国库财产的法律同义词,他的处理与后来将基督与国库相比的法学家所采用的任何"比附"手法同样有效。也正是通过这个联系,布雷克顿很有智慧地区分了"在位施行统治的王"(*rex regnans*)与"王冠"(Crown)㉙——因为,王冠本身,而不是那会死的国王,看起来在许多方面与"无人之物"有一种内在联系,也就是与非人格的和超人格的国库存在联系。"王冠"这个抽象概念的发展——在此预示了后文章节中的某些结果——是与[187]亨利二世时期国库或"王家领地"的发展同步出现的。就像布雷克顿将上帝与国库并列那样,与他同时代的其他法官一旦想要将国家的公共领域与教会的公共领域并列,也会倾向于指向抽象的王冠,而非国王个人。㉚

㉘ Bracton, fol. 14, Woodbine, Ⅱ, 57f:"Huiusmodi vero res sacrae[包括准圣物]a nullo dari possunt nec possideri, quia in nullius bonis sunt, id est, in bonis alicuius singularis personae, sed tanquam in bonis *Dei vel* bonis *fisci*."(这样,圣物不能被赠予,也不能被拥有,因为他们不属于任何人的财产,就是说,它们不属于任何个别人的财产,而属于神的财产或属于[教会]财库。)参较 fol. 12, Woodbine, Ⅱ, 52f, 布雷克顿强调"primo et principaliter fit donatio Deo et ecclesiae, et secundario canonicis,"(赠予首先并主要是对神和对教会的赠予,其次才是给教士们的赠予)也就是说,上帝或教会是真正的所有者,因为教士们"nihil habent nisi nomine ecclesiae suae."(他们没有财产,除非是以自己教会的名义[而拥有财产]。)

㉙ 见上文注 252。

㉚ 看起来,当提到国王的法庭与教会法庭形成对立时,例如,在布雷克顿"论例外"(*De exceptionibus*)一章中(fols. 399b-444b),有规律地选择提到了"王冠"(Crown)以及"尊荣"(Dignity)。参见,例如,fol. 400b, Woodbine, Ⅳ, 248:"Est etiam iurisdictio quaedam ordinaria, quaedam delegata, quae pertinet ad sacerdotium et forum ecclesiasticum.... Est et alia iurisdictio, ordinaria vel delegata, quae pertinet *ad coronam* et *dignitatem* regis et ad *regnum*...in foro saeculari."(有一种司法权,也许是普通的,或是委任的,它属于教权和教会法庭……而另一种司法权,或普通的或委任的,属于皇权和国王的尊荣,属于王国……在世俗法庭中。)参较 fol. 401, p. 249;fol. 401b, p. 251:"Vice versa non est laicus conveniendus coram iudice ecclesiastico de aliquo quod pertineat *ad coronam*, *ad dignitatem regiam* et ad *regnum*."(相反,平信徒不应该在教会法官面前谈论一些涉及(转下页注)

关于布雷克顿的资料来源，需要略微多说几句。即便我们基本上不清楚布雷克顿究竟在多大程度上依赖于阿佐的《学说汇纂大全》（*Summa Institutionum*），"无人之物"（*res nullius*）这个法律概念与"圣物"（*res sacrae*）的联系还是非常清楚地表明，这位英国法学家追随，或者重述了，查士丁尼《学说汇纂》和《法学总论》中关于物法（Law of Things）的内容。[301]布雷克顿称"由'无人'"拥有的非教会物为"准圣物"（*res quasi sacrae*），而罗马法称之为"公物"（*res publicae*）。[302]他用来指称公物或国库物的技术词汇（准圣物）在博洛尼亚法学家中并不常见，布雷克顿可能有某种误解。[303]不过，他所选择的这个称谓[188]可以方便地在法学上使教会财产与国库财产构成平行对照，即便布雷克顿在总体上并没有倾向于高举世俗国家，或者将国家永恒、不受时间影响的实质提高到弗里德里希二世及其顾问在许多方面所向往的准神圣（quasi-holy）的地位。

（接上页注）王冠、国王尊荣和王国的事务。）同样的词汇也出现在令状中，例如，fol. 402，p. 252（三次）；fol. 403b, and 404, p. 257f；fol. 404b, p. 259；fol. 406b, p. 264, and passim。当然，布雷克顿也在别处使用了"国王的尊荣与王冠"（*dignitas regis et corona*），例如，fol. 103, Woodbine, II, 293。这个问题需要进一步考察。见下文第七章注 107 以下。

[301] *D.* 1, 8, 1："Quod autem divini iuris est, id nullius in bonis est.... Quae publicae sunt, nullius in bonis esse creduntur."（但属于神圣法律的事物，不属于任何人的财产……公共事物被认为不属于任何人的财产。）参较 *Inst.* 2, 1, 7："Nullius autem sunt res sacrae et religiosae et sanctae."（圣物、宗教物和成圣物是无人之物）

[302] 布雷克顿（fol. 14）混淆了（上文注 237）圣物（*res sacrae*）、宗教物（*res religiosae*）和成圣物（*res sanctae*），因为他用"准神圣"（*quasi sacrae*）这个词同时描述公物（*res publicae*）和成圣物（*res sanctae*）："Donari autem non poterit res quae possideri non potest, sicut res sacra vel religiosa vel quasi, qualis est res fisci[＝res publicae], vel quae sunt quasi sacrae sicut sunt muri et portae civitatis[＝res sanctae]."（不能被拥有的物不能被赠予，就像圣物，宗教物，准圣物，这些是属于财库的事物[公物]，或是准圣物，比如城墙和城门[等于是圣物]）他的理论基础是 *Inst.* 2, 1, 10, or *D.* 1, 8, 11，其中反复将城墙和城门称为"成圣物"（*res sanctae*），而不是"准圣物"（*res quasi sacrae*）。城墙的"神圣性"对布雷克顿而言不是很有意义，将翻越城墙认为是一种渎神行为也是如此，尽管 *D.* 1, 8, 11 提到了 Remus 之死，并且注释家们很喜欢对这一点加以评论。

[303] *Inst.* 2, 1, 8 解释了只有那些"经过主教并通过礼仪"（*rite et per pontifices*）祝圣的东西才是圣物，然后又说："... si quis vero auctoritate sua *quasi sacrum* sibi constituerit, sacrum non est, sed profanum."（但如果某人通过自己的权威性规定，某个准圣物是属于自己的，那就不是圣物，而是世俗的东西。）"准神圣"（*quasi sacrum*）在这里有某种贬义，不太可能布雷克顿在明知的情况下将其以这种意义用在公物（*res publicae*）上；但他想到这个词的时候，是与其他事物联系起来的。在注释家的著作中，我没有发现用"准圣物"替换"公物"的情况。

圣物与准圣物可以由同一个名称指代,原因在于,作为"无人之物",它们都不是自然人的财产,而是一个法律拟制人("基督"或者"国库")的财产,是不受时间影响的。在上文的分析中,将基督与国库并列这个表面看来很是奇异的平行对照,可以追溯到罗马法律思想的最早期。对罗马人而言,众神的财产与国家的财产在法律定义上处于同一层级:"神圣物"(res divinae)和"公物"(res publicae)都超出了任何个人所能触及的范围,因为它们属于"无人之物"(res nullius)。[304]后来,"属于众神的物"这个异教概念合乎逻辑地转入了基督教会,因此圣安布罗斯可以提醒年轻的瓦伦丁尼安二世皇帝(Emperor Valentinian II),"神圣之物不受皇权管辖",[305]意思当然是,神圣物甚至超出了君主可以触及的范围,因为它们乃是"无人之物"。在封建时代,随着社会机体论父权制诸概念(patriarchal concepts of social organisms)的形成,这些概念,尤其是"公物"的概念,丧失了原来的重要性,在实践中变得无关紧要,即便偶尔还有提及。[306]只有在[189]博洛尼亚运动的影响下,作为法

---

[304] 见上文注 301,另参我的研究"Christus-Fiscus," 234f。

[305] Ambrose, *Ep.*, xx, 8, *PL*, XVI, 1039A:"quae divina sunt, imperatoriae potestati non esse subiecta."(同引文)这一段后来也见于各种教会法汇编;例如,参见 Deusdedit, III, c. 211, ed. Victor Wolf von Glanvell, *Die Kanonessammlung des Kardinals Deusdedit*(Paderborn, 1905), I, 511, 19; Gratian, c. 21, C. XXIII, q. 8, ed. Friedberg, I, 959. 关于这个解释,参见 H. Lietzmann, "Das Problem Staat und Kirche im weströömischen Reich," *Abh. preuss. Akad.* (Berlin, 1940), Abh. 11, p. 8; also Kenneth M. Setton, *Christian Attitude towards the Emperor in the Fourth Century*(New York, 1941), 110.

[306] 有一条,根据 Wipo, *Gesta Chuonradi*, c. 7, ed. H. Bresslau, 29f,认为是康拉德二世皇帝所说的。当时,在他的前任去世后,帕维亚人民捣毁了位于他们城市内的行宫,因为他们声称,宫殿的所有者已经去世,约拿此现在不属于任何人。据说康拉德对"王的宫殿"(domus regis)和"王权的宫殿"(domus regalis)作了区分,他承认当时没有皇帝,所以宫殿被拆毁时并不是王的宫殿,但同时强调,这是捣毁了"王家宫殿",然后继续说:"Si rex periit, regnum remansit, sicut navis remaneat, cuius gubernator cadit. Aedes *publicae* fuerant, non *privatae*."(如果国王死了,王国依然存在,就像船长死了,船依然存在一样。宫殿是公共的,不是私人的。)这是一个法律词汇;关于这个问题,参见 A. Solmi, "La distruzione del palazzo regio in Pavia nell'anno 1024," *Rendiconti dell'Istituto Lombardo di Scienze e Lettere*, LVII(1924), 97ff。另参上文注 250,关于"公"(publica)与"私"(privata)在 Gerhoh 著作中的区别,还有 *Annales Disibodenbergensens*, ad a. 1125, *MGH*, *SS*, XVII, 23 中的评论,按照其中的说法,罗泰尔三世(Lothar III)就没收的财产命令"potius regiminis subiacere ditioni, quam regis proprietati."参较 Vassalli, "Fisco," 187。

学复兴的一个结果,在 12 和 13 世纪,"圣物"和"公物"这些在古代属于辅助性的概念才在新形势下重新获得了以往的重要性。它们不仅变得可适用于教会财产(由此接续了古代晚期和中世纪传统),并且也适用于新生的世俗国家主权之下的物。又一次,就像在古罗马时期一样,"无人之物"这个技术性词汇表达了这样一种观念,即公物和国库物是"圣的"(sacer),是"不可触及的",并因此作为属于众神之物而具有永久性、"超越时间"。到了中世纪晚期,则用"基督"这个法学上的密码来表达。

因此,"基督-国库"的程式只是一个简短表达,反映了一个长期而复杂的发展。在此过程中,某种在基督教和所有其他意义上都绝对属于世俗、看起来"不圣洁"的东西,即国库,变成了一种"准神圣"的物。国库最终成为了自身的目的。它被当作主权的标志,并且,以一种与最初的次序完全相反的方式,可以说成"国库代表了国家和君主"。[507]更进一步,巴尔都斯就已经指出,不仅仅国库与国家(commonwealth)处于一个层面,并且国库(fiscus)与祖国(patria)也是如此。[508]在现代对国家体制的神化和偶像化的根系上,所发现的居然是庄严的罗马诸神崇拜及公共职能,我们或许会好奇,这是历史的逻辑,还是历史的反讽。

[190]在布雷克顿的政治理论中,"无人之物"的概念并不是用来推动公法诸问题的主要杠杆。但是,与大量来源于罗马法-教会法实践的其他动力配合在一起之后,上帝与国库的平行对照关系就推动产生了一种在王国内部、永久性的公共领域概念。尽管还不明显,但"在位统治的国王"与财政的"圣域"之间的区分已经开始显现。13 世纪的英国国王们试图无视他们自身与公物之间存在的缝隙,但大量的贵族反对集团则预备好要扩大这种分裂,并使"公物"(res publicae)与"在位统治

---

⑤⑦ Vassalli,"Fisco,"213,n. 4,引用 Pierre Grégoire(Tholosanus),*De re publica*. VII,20,31,这样说:"Fiscus repraesentat principem et rempublicam."(国库代表了君主和国家)这就是索引中的标题(s. v. *Fiscus*);文本(Lyon,1609,p. 237)显示读作:"Fiscus publicam rem et principis refert."(国库指公共事物和君主的事物)

⑤⑧ *Glos. ord.*,on *D.* 3,1,10,有一个边注说,巴尔都斯认为,此项法律特别"quia *fiscus*,*respublica* et etiam *patria* aequiparantur quoad reverentiam eis exhibendam."(因为国库、国度和祖国被相提并论,人们应该对于它们怀有敬意。)我没有能够找到出处,尽管非常有可能巴尔都斯因为这项法律提到了"国家"而有这个评论。

的国王"（*rex regnans*）对立起来。在 13、14 世纪的宪制斗争中，很有意义的一点是，贵族们的反对总是集中在财政-领地（fiscal-domanial）范畴，包括依附于其上的特权性权利，而属于严格封建范畴的内容——包括国王作为人身依附领主所享有的封建贡金和其他权利——在整体上并没有遭遇挑战。然而，在公共事务范畴内，尤其是涉及到公共财政，贵族们能够奋起尝试控制国王，使他受一个由自己选定的咨议会的约束，并由此表明，公共事务不再仅仅牵涉国王一人，而是"涉及所有人"，包括国王和王国的整个共同体。[309]事实上，博洛尼亚法学家们也认为，在位统治的君主在许多方面只是国库的管理者和代管人。[310]英国贵族们当然没有把他们的国王看作私人性的[191]所有者，而是公共权益的保护者，服务于整个政治之体（body politic）的利益和安全，并且，应当是永久性地服务于这个政体——远超出个体国王的一生。

无论我们采用哪一个角度去考察英国政治思想的发展，无论我们为此目的选择抽出哪一条线索来研究，布雷克顿的时代始终是最重要的时期。正是在这个时期，"王国的共同体"开始意识到作为个人依附性领主的国王与作为超越个人的、公共领域的管理者的国王之间的差异——这个公共领域包括了"永远不死"、不受时间影响因而具有永久

---

[309] Post, "Quod omnes tangit," 235f, 250, and passim; also "Two Laws," esp. 425ff（with n. 35），论到各种物，(1)主要涉及头，(2)主要涉及肢体，以及(3)同等涉及头和肢体。这些区分与"公物"和"私物"的区别并不一样，因为国王的私人产业是，或者可在任何时候成为，一件公众关心的事务。

[310] 君主是国库的管理人这个原理的基础是 *D*. 41, 4, 7, 3: "nam tutor in re pupilli tunc domini loco habetur, cum tutelam administrat, non cum pupillum spoliat."（少年人的监护人被视为其主人，如果他管理和保护他，但如果他惯坏这个少年人，就不是这样。）关于国库构成未成年人，见上文注 285；一般性研究见 Gierke, *Gen. R.*, III, 226f, 332, 482。君主不是国库的所有者，而是合法的管理者（*legitimus administrator*），这条格言一再重复出现；参见，例如，Baldus, *Consilia*, I, 271, nos. 2-3, fol. 81ᵛ; Peregrinus, 1, 2, n. 47, fol. 7ᵛ。这条格言也被用来驳斥《君士坦丁的赠礼》的合法性（上文注 270）；参见，例如，John of Paris, *De potestate*, c. 21, ed. Leclercq, 244f: 一项私人捐赠可能有效，但 "non quando donat de patrimonio fisci quod semper debet manere"（他任何时间都不可以从家产国库赠予，后者始终必被保存），因为君主是 "administrator imperii et reipublicae.... Sed si imperii administrator est, donatio non valet"（王国和国家的管理人……但如果他是王国的管理人，他的赠予是无效的。）（引用了《君王法》以及 *D*. 41, 4, 7, 3）。

性的国库。在早先的时期,宗教思想曾经深刻地影响、甚或决定了关于政府的诸概念,此时则以一种看上去有点赖皮的方式——将国库的永久性比作上帝或基督的永恒性,导入了公共事务的新范畴。诺曼无名氏向国王赋予一种因恩典而有的神圣性和上帝般的属性,以此表达国王超越世俗的性质。但是,诺曼无名氏认为因国王是"基督的形象",甚至在二性方面都是如此,进而提出的国王"双重人格"诸概念,却是属于过去时代的。而弗里德里希二世,作为"活的法",通过一种不死的正义概念寻求其统治权(rulership)的永久本质,并且,可以这样说,从"基督的代理人"转变成了"正义的代理人",而这个职位仍然具有半宗教的意涵。不过,皇帝宫廷的形而上学概念和末世论概念可能符合意大利的情况、适用于与教宗制的激烈斗争;但它们并不适合布雷克顿时代的英格兰。布雷克顿比弗里德里希二世宫廷中的法律家更冷静,并且,在某种意义上,也更世俗化。显然,布雷克顿时代的国王也发生了改变;并且,如果我们夸张一点,从"国库"来理解总体上的公共领域,我们或许可以说,他把"基督的代理人"变成了"国库的代理人"。也就是说,超越个人性的国王的永久性,也开始依赖于国库所从属的非人格化的公共领域的永久性。13 世纪的统治者在根本上[192]具有的共同性是,他们更多从博学的法学家所解释的正义和公法方面——以"正义"或"国库"的名义——而不是从教会,借用了关于永久性的论述。

礼仪性王权(kingship)的古老观念逐渐地消解,让位于一种新的王权模式,后者的中心是法律的领域,在其中,并不缺乏属于自己的神秘主义。在此之前,永久性或永恒性只属于教会,以及由罗马法和罗马法学家归属于罗马帝国:"治权永恒"(*Imperium semper est*)。[311]而现在,国家开始宣称自己的行政机构和公共机制具有同样的永久性和永恒性,于是,新的"光环"就开始降临到新生的世俗化和民族化国家,并以一种新的"祖国父亲"(*pater patriae*)为首要标志。很明显,中世纪"祭司权"(*sacerdotium*)与"王权"(*regnum*)的二元对立被国王与法律的新二元对立所取代。在法学的时代,主权国家取得了一种独立于(尽管平

---

[311] 参见,例如 *Nov.* 6, epil., 还有其他许多地方(见下文 291 页以下)。

行于)教会的对自身本质的崇拜,并获得了罗马帝国的永恒性,因为国王成为了"在自己王国之内的皇帝"。不过,如果新生的国家不能在其作为一个世俗的"奥秘之体"(*corpus mysticum*)而具有的合众体/法人属性方面与教会平起平坐,这种对于"国王和王国的状况"(*status regis et regni*)、国家的制度和公共事业、必要性和紧急性的崇拜,就还是处于不完整的状态。

---

❶ 和合本 9:4。
❷ 和合本 89:14。
❸ 写作书信和文章的中世纪传统规范。
❹ 不可转让的财产,一般译作"永久管业"。

第五章　以政治体为中心的王权：奥秘之体

[193]教会与国家之间无尽的交织关系，活跃在中世纪的每一个世纪，在双方阵营里都制造出了各种混合状态的事物。在基督教社会的属灵和世俗领导者之间，不断发生着标记、政治符号、特权以及荣誉权的互相借用和交换。①教宗用一个金冠装饰自己的三重冕，穿上了皇帝的紫袍，在庄严的游行中骑马穿过罗马的街道时由皇帝的旗手开道。皇帝在皇冠下面戴上了一个主教法冠，穿上了主教履和其他教士的服饰，并且，在加冕的时候像主教那样接受一枚戒指。②这类借用在中世纪早期主要对在位统治的个人，包括属灵和世俗统治者产生影响，到最后，神职人员（*sacerdotium*）有了一副皇帝的样貌，而国王则带上了一种教士的调子。

到13世纪初，属灵和世俗统治者装备好了其职位所具有的全部重要特征，由此达到了某种圆满的状态。不过，双方之间的互相借用并没有就此停止；在中世纪晚期，随着重心从统治者转移到被统治的

---

① 关于早期的一般性研究，参见 Schramm, "Austausch"，另参我的研究 *Laudes regiae*，129ff。

② 关于皇帝的主教法冠和其他符号，参见 Schramm, *Herrschaftszeichen und Staatssymbolik* (Schriften der MGH, XIII[Stuttgart, 1954])，esp. 68ff。

集体、新生的民族性君主、以及人类社会的其他政治群体，只不过借用的目标发生了改变。换句话说，教会与国家之间的交换仍然在继续；不过，互相影响的领域从个别显贵扩大到了紧密的共同体，因此，就由涉及政治体（bodies politic）架构和解释的法律和宪制问题所决定。教宗也被称为"君主"和"真正的皇帝"，③在这种"大祭司的尊威"（pontificalis maiestas）之下，罗马教会的圣统制机制[194]在一个神秘主义的基础上，开始成为一种绝对和理性化的君主制完美的雏形，而同时，国家也越来越多地表现出一种倾向，可以成为一个"准教会"，或者一个建立在理性基础上的、奥秘性的法人/合众体（corporation）。

尽管人们常常觉得新君主国在许多方面是经过转化的"教会"，但是，却极少详细指出，在何种程度上，中世纪晚期和现代的国家确实受到了教会模式的影响，尤其是，受到了总括性的合众体诸概念之属灵原型（the all-encompassing spiritual prototype of corporational concepts）——教会"奥秘之体"（corpus mysticum）的影响。

一、教会的奥秘之体（Corpus Ecclesiae mysticum）

1302 年，教宗卜尼法斯在"一圣"（Unam sanctam）通谕的简洁语句中，总结且教义化了罗马教会的合众体理论：

> 在信心的敦促下，我们必须相信独一的神圣教会，她具有大公性和使徒性……，没有她，就没有拯救，也没有赦罪……，她体现为一个奥秘的身体，基督是她的头，上帝是基督的头。

这份通谕的总体背景使得这个导言的含义非常清楚。它透露了属灵权威这一方所尽的最大努力，希望回应，并且如果可能的话，希望克服新

---

③ 关于"大祭司的尊荣"这个称号，参见 Mochi Onory, *Fonti*, 113; 参较 *Laudes regiae*, 140, nos. 94，95。

近出现的世俗政治体的自足性所构成的挑战。卜尼法斯教宗决心要把政治实体(political entities)放在他认为正确的位置上,因此,他强调,并且过度强调了圣统制的视角,表示政治体(the political bodies)具有一种纯粹功能性的性质,是处于基督奥秘之体(*corpus mysticum Christi*)的世界共同体之内的,而后者就是教会,教会的头是基督,其可见的头则是基督的代理人,罗马教宗。④

[195]教会是基督奥秘的身体——意思是:基督教社会由所有过去、未来和现在的,实际的和潜在的忠心信徒构成⑤——在史学家眼中可能是非常典型、非常传统的中世纪概念,以至于他可能很容易地倾向于忘记,当卜尼法斯八世在与法国国王美男子腓力殊死斗争的过程中,将这个概念当作武器、探索其力量和有效性时,这是怎样一个相对新鲜的概念。教会是基督身体的概念,当然要追溯到圣保罗;⑥但是,"奥秘

④ Ladner,"Aspects," esp. 409ff,还有他更新的研究,"The Concepts:Ecclesia, Christianitas, Plenitudo Potestatis," *Sacerdozio e regno da Gregorio VII a Bonifacio VIII*(Miscellanea Historiae Pontificiae, XVIII; Rome, 1954), 49-77, esp. 53ff。关于"奥秘之体"的文献非常多,尤其是在1943年"神秘之体"(*Mystici corporis*)通谕[译注:时任教宗庇护十二世发表的通谕]发表之后;参见更近的详细研究 Emile Mersch, *Le corps mystique du Christ, études de théologie historique*(2 vols. , Louvain, 1933)。关于思想史有非常出色的评估,见 Henri de Lubac, *Corpus mysticum*(2nd ed. , Paris, 1949),另参 in *Recherches de science religieuse* XXIX(1939), 257-302, 429-480, and XXX(1940), 40-80, 191-226;接下来我只是摘取他的材料(其中许多我无法获得)和他的观点。关于早期经院主义,另参 Ferdinand Holböck, *Der Eucharistische und der Mystische Leib Christi in ihren Beziehungen zueinander nach der Lehre der Frühscholastik*(Rome, 1941)。Brian Tierney, *Foundations of the Conciliar Theory:The Contribution of the Medieval Canonists from Grantian to the Great Schism*(Cambridge Studies in medieval Life and Thought, N. S. , IV; Cambridge, 1955)是非常重要的著作,但是刚刚出版,我来不及在这里论述了;尤其请参 Part II, 87ff, 106ff, 132ff。

⑤ Aquinas, *Summa theol.* , III, q. VIII, a. 3.

⑥ 关于保罗的比喻,见林前12:12和12:27,以及6:15;弗4:4, 16, 25以及5:30;西2:19。我尚未取得 T. Soiron, *Die Kirche als der Leib Christi nach der Lehre des hl. Paulus*(Düsseldorf, 1951)。关于圣保罗的机体论概念在古代哲学传统中的地位,参见 Wilhelm Nestle,"Die Fabel des Menenius Agrippa," *Klio*, XXI(1926-1927), 358f,另见他的 *Griechische Studien*(1948), 502ff;以及 A. Ehrhardt,"Das *Corpus Christi* und die Korporationen im spät-römischen Recht," *ZfRG*, rom. Abt. , LXX(1953), 299-347, and LXXI(1954), 25-40,与前面的这个问题相关性更强,另见 M. Roberti,"Il corpus mysticum di S. Paolo nella storia della persona giuridica," *Studi in Onore di Enrico Besta*(Milan, 1939), IV, 37-82。

之体"这个词却并不属于圣经传统,并且与感觉上相比不那么古老。这个概念出现于加洛林时期,在两位科尔比修道院(monastery of Corbie)的修士帕斯卡修斯·拉德珀图斯(Paschasius Radpertus)与拉特兰努斯(Ratramnus)绵延多年的圣餐争论过程中逐渐获得了某种重要性。有一次,拉特兰努斯指出,基督在其中受苦的身体,是他"自身和真正的身体"(*proprium et verum corpus*),而圣体(Eucharist,即圣餐)则是他的"奥秘之体"。拉特兰努斯可能依赖荷巴努斯·马乌鲁斯(Hrabanus Maurus)的权威,后者在不久之前曾说,在教会中,奥秘之体——指圣体/圣餐——是由祭司性的职分负责管理施行的。⑦

在这里,在教义和礼仪的范畴内创生了这个概念,其普世性影响和最终效果并不能轻易给予过高评价。"奥秘之体",在[196]加洛林神学家那里,根本不是指教会,更不是指基督教社会的整体性与合一性,而是指经过祝圣的圣餐。在许多世纪中,除了少数例外,这始终是"奥秘之体"的官方定义,同时,教会或基督教社会继续依照圣保罗的用词被称为"基督的身体"。只是在一种奇怪且令人困惑的发展过程中——一个奇异的交叉(*un curieux chassé-croisé*)⑧——最终,大约在 12 世纪中期,这些称谓才改变了涵义。这个变化隐约可以与 11 世纪关于化质说的大争论联系起来。当时出现了一些异端派别,其中,图尔的贝伦加尔(Berengar of Tours)提出的理论倾向于对祭坛上的圣礼作属灵化和神秘化的解释,于是,为了作出回应,教会被迫斩钉截铁地强调,在圣餐礼中,基督的人性和神性,不是以属灵或神秘的方式,而是真实地临在。如此,被祝圣的饼就被强调地称为"真实之体"(*corpus verum*)或"自然之体"(*corpus naturale*),或者简称为"基督之体",1264 年西方教会规定的"基督身体"之餐也使用了这个名称。⑨也就是说,起初保罗用来指

---

⑦ 关于加洛林时期的这个争论,参见 Lubac, *Corpus mysticum*, 39ff;参较 41f,关于 Hrabanus Maurius, *De clericorum institutione*, I, c. 33, *PL*, CVII, 324A。

⑧ Lubac, 88.

⑨ 关于针对贝伦加尔作出的反应,参见 Lubac, *Corpus mysticum*, 104ff, 162ff,关于这个"转换"的总体论述,见 p. 19。关于"基督身体"之宴的设立,参见 P. Browe, "Die Ausbreitung des Fronleichnamsfestes," *Jahrbuch für Liturgiewissenschaft*, VIII(1928), 107 - 143,作者在他的 *Textus antiqui de festo Corporis Christi* (Münster, 1934)中(转下页注)

基督教会的词，现在开始用来指经过祝圣的圣餐；反过来，迄今为止用来指圣餐的"奥秘之体"这个概念，逐渐地——在 1150 年之后——转向指称教会这个在祭坛的圣餐之中联合在一起的、基督教社会有组织的集体。简单说来，"奥秘之体"这个表达，最初是礼仪或圣礼意义上的，由此开始有了社会学意义上的内涵。最终，在这个相对新鲜的社会学意义上，卜尼法斯八世将教会定义为"一个奥秘的身体，基督是她的头"。

现在，对于基督在圣礼中真实临在有了新的强调重点——最终在1215 年形成了化质说的教义，圣餐被正式界定为"真实的身体"，随之而来的是[197]"奥秘之体"这个词被用于在制度性和教会论意义上指称教会。这个词被采用，正处在教会史上的一个关键时刻。授职权斗争之后，由于许多原因，出现了一种"过分强调教会"作为一个政治体的"体制性、法人性面向的危险"。[10]这就是所谓中世纪教会世俗化的开始，而教会要对这个发展加以平衡，方法是对圣统制中的行政体和技术性机制作出更加刻意的"奥秘性"解释。"奥秘之体"这个新的词汇，与"法律上的基督之体"（*Corpus Christi Juridicum*）同时出现，[11]后者是指"争战的教会"（*Ecclesia militans*）赖以建立的整个巨大的法律和经济安排，它将教会有机体可见的建筑与以前的礼仪领域联结在了一起；不过，同时，它也将教会放在了一个政治体的位置上，或者，使教会作为一个政治性和法律性的有机体，与各种世俗政治体处于一个层面上，由此，世俗政治体就开始宣称自身乃是自足的实体。在此方面，"奥秘之体"这个新的教会论称谓，符合当时这个时代更普遍的风气，即：抬高世俗政体及其行政体制。当教会，包括教士的官僚体制，在 12 世纪将自

（接上页注）同时收集了早期资料；关于最近的研究，见 Anselm Strittmatter, in *Traditio*, V（1947），396ff。

⑩ Ladner,"Aspects," 415, 注意到，且极力强调，新的"奥秘之体"的解释与十三世纪教会-政治和宪制发展的关联；一些相关的观察，参见 G. Le Bras,"Le droit romain au service de la domination pontificale," *Revue historique de droit français et étranger*, XXVII（1949），349。

⑪ 这个有用的概念，是由 Ladner,"The Concepts of Ecclesia, etc. ,"53, n. 2 引用的，由Afons Stickler,"Der Schwerterbegriff bei Huguccio," *Ephemerides Iuris Canonici*, III（1947），216 引介，并与"奥秘的基督之体"形成对立。

己确立为"基督奥秘的身体"时,世俗世界那一边也宣称自己是"神圣帝国"。这并不表示二者之间存在因果关系,无论是在哪个方向上。这只是显示,属灵的"奥秘之体"与世俗的"神圣帝国"正好同时出现——大约在 12 世纪中期,这个现象的背后是一种交织在一起的推动力和追求。⑫

到这个时期,真实的情况是,"奥秘之体"这个说法作为对教会论意义上合众体的称谓,只有零星的记录。但是,接下去,神学家和[198]教会法学家都开始区分"主的两个身体"——一个是在祭坛上的、个人性的"真实之体",即圣餐;另一个,则是集体性的"奥秘之体",即教会。⑬到 1200 年前后,自 1165 年起就任教于巴黎大学的图尔内的西蒙(Simon of Tournai),可以这样写道:

> 基督有两个身体:他得自于童贞女的人类的物质性身体,以及,属灵的集合体(spiritual collegiate body),教会团体(ecclesiastical college)。⑭

在这里需要先放一放的问题是,当图尔内的西蒙将基督的超个人性身体描述为一种"属灵的集体"(*spirituale collegium*),一个"教会集体"(*collegium ecclesiasticum*)时,他是否,或者在何种程度上,受到了合众体/法人性措辞(corporational diction)的影响。在这里重要的是,基督的两个身体的区分,与古代对基督的二性所作的基督论上的区分并不完全一样。图尔内的西蒙所作的,更多是一种在个人性身体与集体性身体之间的社会学意义上的区分,与他同时代的贝加莫的格利高里(Gregory of Bergamo)把这个区分讲得非常清楚,格利高里解释说:

---

⑫ "神圣帝国"(*sacrum imperium*)看起来是在 1157 年,弗里德里希一世治下系统性地出现; *MGH*, *Const.*, I, 224, No. 161;参较 Kern, *Gottesgnadentum*, 134, n. 245。

⑬ Lubac, *Corpus mysticum*, 116ff.

⑭ "Duo sunt corpora Christi. Unum materiale, quod sumpsit de virgine, et spirituale collegium, collegium ecclesiasticum,"(有两个基督的身体,一个是物质性的身体,那是得自童贞女的,另一个是属灵的集合体,即教会的集合体),引自 Lubac, *Corpus mysticum*, 122。

一个身体，本身是圣餐（the sacrament），另一个，其身体才是圣餐……基督的一个身体，是他自己，而在另一个身体，他是这个身体的头。⑮

在这一时期其他作者的著作中，我们也发现了类似的二元论。例如，诺金特的圭伯特（Guibert of Nogent）谈到"主的两部分身体"（*corpus dominicum bipertitum*），并区分了"首要的身体"（*corpus principale*），即作为原型的个人性身体，以及，"奥秘之体"，他也称之为"形式的身体"（*corpus figuratum*）；他宣称，基督是要带领人类从他的个人性的"首要的身体"进入到他的超越个人性的"奥秘之体"。⑯1200年前后的学者——[199]例如，克雷莫纳的希卡德（Sicard of Cremona），或者，赛尼的罗泰尔（Lothar of Segni，即后来的英诺森三世）——在讨论祭坛的圣礼时，几乎习惯性地区分基督的个人性的身体（即 *corpus personale*）与集体性的身体（即 *corpus mysticum*）。而在13世纪的前二三十年，欧塞尔的威廉（William of Auxerre）也思考了"基督的两个身体"（*duplex corpus Christi*），并将自然之体（*corpus naturale*）与奥秘之体（*corpus mysticum*）相对。⑰

终于，在这里，在"主的两个身体"的命题中——在基督的自然之体与奥秘之体、个人性身体与合众性身体、个别性身体与集体性身体之中——我们看起来找到了"国王的两个身体"精确的先例。接下来要观察的，是在教会论的与政治性的领域之间，是否存在勾连关系。

---

⑮ Gregory of Bergamo, *De veritate corporis Christi*, c. 18, ed. H. Hurter, *Sanctorum patrum opuscula selscta*（Innsbruck, 1879）, vol. XXXIX, 75f：" Aliud est corpus, quod sacramentum est, aliud corpus, cuius sacramentum est.... : Christi corpus, quod videlicet ipse est, aliud autem corpus, cuius ipse caput est. "（一个是本身是圣餐的身体，另一个身体是圣餐所属于的那个身体……基督的身体，[其中一个]显然是他本身，另一个身体，他本身是那个身体的头）参较 Lubac, *Corpus mysticum*, 185。

⑯ Guibert of Nogent, *De pignoribus sanctorum*, II, *PL*, CLVI, 629, 634C（*corpus figuratum*）, and 650A："... a principali corpore ad mysticum Dominus noster nos voluit traducere. "（我们的主想把我们从主要的身体引向奥秘的[身体]）, 参较 Lubac, *Corpus mysticum*, 46, 他解释（p. 93）*principalis* 一词相当于希腊文的 πρωτότυπον。

⑰ Lubac, *ibid*., 123f，另参 185（n. 155），有关于"基督的两个身体"的其他例子。

我们要记得,上面所引用的那些定义仍然或多或少与圣餐及整体的礼仪性领域存在直接联系。不过,受祝圣的圣体/圣餐变成"自然之体"、教会的社会性身体变成"奥秘之体"所依赖的这个术语上的变化,正好发生在西方思想史上的一个转折时期。此时,西方政治理论开始出现认为社会具有法人性和机体性结构的原理,并在极大程度上决定性地塑造了中世纪盛期和晚期的政治思想。[18]就是在这个时期——只需要提到这个经典的例子——索尔兹伯里的约翰撰写了《论政府原理》中的著名章节,在其中,他伪称普鲁塔克,将国家比作人体的机体构造,这个比喻在法学家中也很流行。[19]在整个中世纪,都可以在各处发现由圣保罗(哥林多前书 12:14 以下)所引发的,将教会比作人体的类似说法。[200]而索尔兹伯里的约翰的同时代人斯泰拉的以撒(Isaac of Stella)将人体的比喻精确地应用于奥秘之体——表示它的头是基督,肢体是大主教、主教和教会的其他职员,也不过是对新术语所作的一种改写。[20]也就是说,这个拟人形象被理所当然地转变为同时指向属灵意义上作为"基督奥秘身体"的教会,以及类似地被称作"奥秘之体"、作为一种行政性有机体(administrative organism)的教会。

13 世纪,机体模式成为"奥秘之体"的标准解释,尤其是在托马

---

⑱ 关于下文,参见 Gierke, *Gen. R.*, III, 546ff;另参 Nestle, "Menenius Agrippa"(上文注 6),关于古代的模型。

⑲ John of Salisbury, *Policraticus*, V, 2ff, 540a, Webb, I, 282ff,伪称他的比喻是借自于 Plutarch's *Institutio Traiani*;参见 H. Liebeschütz, "John of Salisbury and Pseudo-Plutarch," *Warburg Journal*, VI(1943) 33-39,认为伪普鲁塔克并不是其他人,而是索尔兹伯里的约翰自己;另参 A. Momigliano, *ibid.*, XII(1949), 189ff;关于当时的法学家,参见,例如 Fitting, *Jurist. Schriften*, 148, 23ff, gloss on "*princeps*"(下文注 42)。

⑳ Isaac de Stella, *Serm*. XXXIV, *PL*, CXCIV, 1801C; Lubac, *Corpus mysticum*, 120. Isaac 将基督比作一棵树的根("in hoc mystico corpore *sub* uno capite Christo et *una radice*...membra multa sunt"[在这个奥秘之体中,在一个基督的头和一个根之下,有很多肢体]),这棵树的根在天上,而枝干伸展到地上;Lubac 非常正确地称这个奥秘的身体"semblable à un arbre renversé(像一颗颠倒的树)"。不过,这棵倒转的树有一个长期的历史,可以追溯到 Plato's *Timaeus*, 90a,在其中——与古代的植物生理学一致,认为植物的根是它的"头"——人的头也被称作ρίζα,根,是在上面的,并"指挥整个身体"(ὀρθοῖ πάντὸ σῶμα)。这个比喻有非常复杂的历史;参见即将出版的研究 Otto J. Maenchen-Helfen, *The Inverted Tree*,作者收集了考古材料。

斯·阿奎那开始相当自由地将"奥秘之体"这个词应用于作为一种社会现象的教会之后。在许多方面，阿奎那仍然留在传统之内。与斯泰拉的以撒和其他人类似，他也将奥秘之体比作人的自然身体：

> 正如整个教会被认为是一个奥秘之体，因为她与人的自然身体类似，也因为其活动的多样性符合肢体的多样性，因此基督被称为教会的"头"……㉑

当然，阿奎那仍然完全明白，奥秘之体实际上是属于圣礼的范畴，并且"奥秘之体"并不与由经过祝圣的圣体代表的"真实之体"构成对立关系。不过，即便是他在谈到这两个身体——真实的和奥秘的——之时，也还是没有提到圣餐饼。在他的教导中，"真实之体"反复指向的，完全不是祭坛上作为圣餐的基督，而是一位作为个体存在、实在的和肉身的基督，其[201]"自然之体"在社会学意义上成为了教会那超越个人和集体性的奥秘身体的模型：*corpus Christi mysticum … ad similitudinem corporis Christi veri*（基督奥秘之体……基督真实之体的仿本）。㉒换句话说，在传统上将教会及其成员比作一个或任何人体的拟人化形象之外，出现了一种更特定的比拟：作为奥秘之体的教会被比作基督个人的身体，比作他的真实之体或自然之体。更进一步，"真实之体"逐渐地不再单单表示基督在圣礼中的"真实临在"，也不再保持严格的圣礼性含义和功能。基督个人性的自然之体被理解为一种取得了社会性和法人/合众体功能的有机体：随同其头和肢体，它被用于超个人、集体性的"奥秘之体"教会的原型和个别化过程（protptype and individuation）。

发展并没有停止在这里。阿奎那相当频繁地使用 *corpus Ecclesiae mysticum*，"教会的奥秘之体"这个说法。迄今为止，习惯上是称教会为"基督奥秘的身体"（*corpus Christi mysticum*），其意义完全是圣礼性的。而现在，之前已经成为唯一的基督奥秘之体的教会（*the* mystical

---

㉑ Aquinas, *Summa theol*., III, q. VIII, 1; Gierke, *Gen. R.*, III, 518, n. 7; Lubac, *Corpus mysticum*, 127ff, nos. 60-64, 作者收集了相关的内容。

㉒ Lubac, *Corpus mysticum*, 129, n. 71.

body），因其自身(in its own right)成为了一个"奥秘之体"(a "mysit-cal body")。㉓也就是说，教会这个有机体在一个几乎属于法学的意义上，成为了一个"奥秘之体"：一个奥秘的合众体(a mystical corporation)。这个术语的变化并不是随便引入的。这标志着进一步的发展，方向是使得"教会的法学之体"(corpus ecclesiae iuridicum)与"教会的奥秘之体"(corpus ecclesiae mysticum)并列，并由此导致"奥秘之体"的概念"世俗化"。在这个发展过程中，阿奎那本人占据了一个关键性的位置。因为，这位天使博士(Doctor angelicus)发现在若干处可以直接用一个法学词汇替代礼仪性词汇，这一点并不是缺乏内在逻辑的。

"奥秘之体"这个词，撇开它已经获得的一切社会学和机体论内涵，还是保留了其确定无疑的圣礼含义，就是因为"身体"这个词仍然令人联想起经过祝圣的献祭。但是，当阿奎那写道："可以这样说，头和四肢在一起，就好像一个奥秘[202]的人"时，㉔连结到祭坛范畴的最后一条线索也被切断了。没有什么比这样真诚地用"奥秘的人"(persona mystica)替代"奥秘的身体"(corpus mysticum)更令人吃惊的了。在这里，"奥秘之体"这个词仍然蕴含的奥秘性质料——无论其意涵原本是什么——遭到了抛弃："基督的身体变成了基督的合众体/法人(a corporation of Christ)。"㉕它变成了一种法学上的抽象，"奥秘的人"，这个概念令人想起，实际上等同于"拟制人"，等同于 persona repraesentata 或者 persona ficta，这个概念是法学家引入法律思想的，将来到中世纪晚期将成为众多政治理论化活动的基础。㉖

㉓ Lubac, *Corpus mysticum*, 128, n. 63，特别强调了这些变化。

㉔ Aquinas, *Summa theol.*, III, q. XLVIII, a. 2；"Dicendum quod caput et membra sunt quasi una *persona mystica*."（应该说头和肢体就像一个奥秘的人）参见 Lubac, *ibid.*, 127, n. 60，提到一些类似的地方。

㉕ Rudolph Sohm, *Das altkatholische Kirchenrecht und das Dekret Gratians*(Munich and Leipzig, 1908), 582："Aus dem Körper Christi hat sich die Kirche in eine Körperschaft Christi verwandelt."（从基督的身体中教会转变为一个基督的法人。）

㉖ 参见 Gierke, *Gen. R.*, III, 246ff，关于普遍的发展；另参 G. de Lagarde, *Ockham et son temps*(Paris, 1942), 116ff，关于"代表人"(*persona representata*)。参见 also, Le Bras, "Le droit remain"(上文注 10), 349 的评论，关于政治性的奥秘之体，他称之为"un concept...que l'on en venait à classer dans l'album des personnes juridiques"（这个概念适合列入为法人）。

不可否认，之前属于礼仪性质的"奥秘之体"概念渐渐衰落，转变成一种相对缺乏色彩的社会学、机体论、或法学的观念。我们看到——正确地说，是看起来——在教宗卜尼法斯八世身边的神学家圈子里，人们非常强烈地感受到了这种"退化"。㉗对于 14 世纪早期支持教宗的小册子作家而言，当然也是如此。在他们的作品中，教会表现为（愈往后更甚），一个"基督教政体"（Christian polity）——regnum ecclesiasticum（教会国）或者 principatus ecclesiasticus，apostolicus，papalis（教会的、使徒的、教宗的统治）㉘——这样，哪怕是一位罗马法学家，例如，卢卡斯·德·佩纳，[203]在引用阿奎那的时候，也可以说："因此，教会就好比一个人的政治性集合（a political congregation of men），而教宗，因其完满的权力，就好像一位国王在他的国中。"㉙ 但是，一旦教会被解释

㉗　Lubac, Corpus mysticum，130ff，总结了关于"奥秘之体"概念衰退的最有趣的材料。对这个概念作法律性的解释并不奇怪，当时人们常常讨论的问题是，基督徒的灵魂是在法学家还是在神学家（作为大祭司）的手中受到更好的看顾；参见 M. Grabmann，"Die Erörterung der Frage, ob die Kirche besser durch einen guten Juristen oder durch einen Theologen regiert werde," Eichmann Festschrift（Paderborn，1941），作者讨论了 Godfrey of Fontaines 与 Augustinus Triumphus；另外一些补充（Francesco Caracciolo）见 Michele Maccarone，"Teologia e diritto canonico nella Monarchia, III, 3," Rivista di storia della Chiesa in Italia，V(1951)，20，该文很有技巧地揭示，但丁对于法学家在教会中的统治地位极为不悦。

㉘　"教会国"（regnum ecclesiasticum）的说法在 13 世纪很常见；参见 e. g.，Alexander of Roes，Memoriale，cc. 14，24，37，38，and Notitia saeculi，c. 8，ed. H. Grundmann and H. Heimpel，Die Schriften des Alexander von Roes（Deutsches Mittelalter: Kritische Studientexte der MGH，IV，Weimar，1949），pp. 32，46，66，78；另参 Lubac，Corpus mysticum，129，for James of Viterbo；另参 Scholz，Publizistik，140f. 进一步请参 Scholz，Streitschriften，I，252，for principatus christianus（Anonymous）；II，34 and 42，for principatus ecclesiasticus（Petrus de Lutra）；II，456ff，468，479 for principatus papalis and apostolicus（Ockham）；另参 Scholz，Wilhelm von Ockham als politischer Denker und sein 'Breviloquium de principatu tyrannico'（Leipzig，1944），59ff，及各处；for politia christiana，参见 Scholz，Streitschriften，I，252ff，II，142ff 及各处；Ladner，"Aspects," 412，n. 34. 另参 Lubac，Corpus mysticum，126，n. 55，引用了罗马的教理问答，其中表示教士的祭司性权力（potestas ordinis）联系到真实之体（圣餐），而政治性权力（iurisdictionis potestas）联系到基督的奥秘之体；因此，自然之体和奥秘之体同时成为教士权力的来源，但奥秘之体是司法性权力的来源。关于此项原理，参见 James of Viterbo，De regimine christiano，cc. 4-5，ed. H. -X. Arquillière（Paris，1926），199f，201。

㉙　Lucas de Penna, on C. 11,58,7, n. 8(Lyon，1582)，p. 563："Unde et ecclesia comparatur congregationi hominum politiae et papa est quasi rex in regno propter plenitudinem potestatis"（因而教会可与人组成的政治群体相比较，教宗因其充裕的权能而类似于（转下页注）

成一个与一切其他世俗合众体类似的政治体,"奥秘之体"概念本身也就会被注入世俗政治性的内容。总之,这个原本礼仪性的概念,以前用来高举在圣餐礼之中合一的教会,开始被用于圣统制的教会,作为一种抬高教宗地位的工具,在其中教宗好像皇帝一样,"居首位的君王推动并规制整个基督教政治体"(*primus princeps movens et regulans totam politiam Christianam*)。[30]现在,我们看到了所有著名的明喻、暗喻和类比,其中心都放在新的"第一被推动者"(*primum mobile*)身上,即作为基督代理人的教宗。

> 就像自然之体上的所有肢体都与头关联,在教会这个奥秘之体中的所有忠心信徒,也与教会的头,即罗马教宗,相关联。[31]

术语变化的意义很明显:教宗成为"教会的奥秘身体"这个合众体或政治体或王国(*regnum*)的头,相比成为"基督的奥秘身体"的头要容易。不过,即便是后者,也并非遥不可及。为了证明[204]教宗驻跸于罗马还是阿维尼翁并无差别,因为教宗就是教会,[32]阿尔瓦鲁斯·佩拉吉乌斯(Alvarus Pelagius)阐发道:

> 教会,乃是基督奥秘的身体……亦是大公信仰信众的共同体……并不是由[罗马的]城墙定义的。基督的奥秘之体,就在头所在的地方,那就是,教宗所在之处(*Corpus Christi mysticum ibi*

(接上页注)王国的君主)。(引用 Aquinas, *Summa theol.*, Suppl. III, q. XXXVI, a. 3);关于教宗的"丰富权力"(*plenitudo potestatis*),参见 Ladner, "concepts," 60ff, 67, n. 64.

[30] 参见 Scholz, *Streitschriften*, I, 253, 关于匿名小册子 *De potestate ecclesiae*(14 世纪)。

[31] Hermann of Schilditz, *Contra hereticos*, II, c. 3, ed. Scholz, *Streitschriften*, II, 143f.

[32] 关于著名的程式"summus pontifex qui tenet apicem ecclesie et qui potest dici ecclesia"(掌握着教会至高职权的、能够被称为教会的教宗),参见 Aegidius Romanus, *De ecclesiastica potestate*, III, c. 12, ed. Scholz(Weimar, 1929), 209; 另参 Schoz, *Publizistik*, 60. 对这种等同的抵制在 1300 年以后很快出现,教会法令学家 Panormitanus(d. 1453)非常清楚地表达了他的观点:"Caput et sponsus est ipse Episcopus[Christus]; papa autem est vicarius Episcopi, et non vere caput Ecclesiae."(那位主教[基督]本人是头和配偶,而教宗是主教[基督]的代理,不是真正的教会的头。)参见 Lubac, *Corpus mysticum*, 131, n. 85.

est，ubi est caput，scilicet papa）。③③

"国库所在之处即帝国"（*Ubi est fiscus，ibi est imperium*）是巴尔都斯对古老格言"皇帝所在之处即罗马"的改写。③④罗马就是教宗所在之处——"哪怕他隐匿于一间农民的小茅屋里"——是教会法学家反复提出的一个说法，他们也把耶路撒冷、锡安山、使徒居所（*limina Apostolorum*）以及"共同的祖国"（common fatherland）与教宗的人身联系在一起。③⑤在一种圣礼性的[205]意义上，"基督所在之处即约旦河"也是个

---

③③　N. Jung, *Alvaro Pelayo*（L'Église et l'état au moyen âge, III; Paris, 1931), 150, n. 2, 引用了这段话，但遗漏了决定性的第二句。参见 Scholz, *Streitschriften*, II, 506ff。有人可能会倾向于想到 Ignatius, *Ad Smyrn.*, VIII, 2, 通常表达为"主教所在之处即教会"（例如 H. Lietzmann, *Geschichte der alten Kirche*［Berlin, 1936］, II, 49）。但是，文本所说的是"基督所在之处即大公教会"，而论到主教说的是"他出现的地方，使人群在那里"——也就是说，人群应该聚集在主教所在的地方。

③④　Baldus, on *C.* 10, 1, n. 13 fol. 232（上文第四章注 276）。关于这条格言的起源，参见 Herodian, I, 6, 5（ἐκεῖ τε ἡ Ῥώμη ποτʼ ἂν ὁ βασιλεὺς ᾖ），以及很有趣的平行用法, T. G. Irmisch (1789), I, 209 引用了旧版的 Herodian。另参 *Paneg. lat.*, XI, 12（Mamertinus, *Genethl. Maxim.*), ed. W. Baehrens (1911), 285, 2, and *Cambridge Ancient History*, XII, 374, 386. 另参 Claudian, *In Rufinum*, II, 246f, ed. Birt, *MGH*, *Auct. ant.*, X, 43: "quocumque loco Stilicho tentoria figat, haec patria est"（不管斯提利科在哪里扎营，那里就是祖国），使军营成为了士兵的祖国；参见 Reinhard Höhn, "Der Soldat und das Vaterland während und nach dem Siebenjährigen Krieg," *Festschrift Ernst Heymann*（Weimar, 1940), 255, 引用了一份佚名小册子 S. B. N., *Die wahren Pflichten des Soldaten und insonderheit eines Edelmanns*（trans. From the French, 1753), p. 12: "Der Ort wo der Feldherr sein Lager hat, muss Euer Vaterland seyn." 另参 Modoinus, *Ecloga*, 40f, *MGH*, *Poetae*, I, 386, 指向查理曼和亚琛: "Quo caput orbis erit, Roma vocitare licebit/ Forte locum..."（不管何处成为世界的"头"，它可被称为罗马/幸运之地……）弗里德里希二世也将这句格言适用于自己；参见 Huillard-Bréholles, II, 630（June, 1226): "...ibi sit Alemanie curia, ubi persona nostra et principes imperii nostri consistunt."（我们的人和我们国家的贵族在哪里，那里就是日耳曼议会。）参见 *Erg. Bd.*, 41。

③⑤　参见，例如 Oldradus de Ponte, *Consilia*, LXII, n. 3, fol. 22v: "...ista intelligantur de ecclesia Romana universali, quae est ubicunque est papa."（那些东西被认为对罗马教会是普遍的，那些在教皇所在之处的东西。）Hostiensis, *Summa aurea*, on X 1, 8, n. 3, col. 155: "...quia non ubi Roma est, ibi Papa, sed econverso; locus enim non sanctificat hominem, sed homo locum."（因为不是罗马在哪里，教皇就在那里，而是相反；处所并不使人成圣，而是人使处所成圣。）关于格言"处所并不使人成圣"（*non locus sanctificat hominem*）等，参见 Hermann Kantorowicz, *Glossators*, 22。Johannes Andreae, *Novella Commentaria*, on c. 4 X 2, 24（Venice, 1612), fol. 185ᵛ: "limina enim apostolorum esse intelliguntur, ubi est papa."（教皇在哪里，那里可被视作使徒的居所。）参较 Jung, （转下页注）

常见的说法,意思自然是,每一个洗礼池,因与基督有关联、有基督的同在,就是"约旦河"。㊱不过,阿尔瓦鲁斯·佩拉吉乌斯所创造的这个新的改写,对这个概念作了大幅的推进:不仅是经过祝圣的圣体所在之处,而且是教宗所在之处,奥秘之体就被认为有临在。从礼仪性和圣礼性的奥秘之体发展到以教宗为头的奥秘性政治体,是一段相当长的路程。

　　与阿尔瓦鲁斯·佩拉吉乌斯有趣的定义相配合的,至少还有另一个值得一提的术语上的变化。当奥卡姆的威廉否认教宗有权让渡教会财产时,基本上是重复在他之前的法学家们所指出的理由。不过,他也有一点有趣的论辩。奥卡姆说,教宗不能让渡这类财产,因为它们并不

<hr />

(接上页注)*Alvaro Pelayo*, 148, n. 1:"Et quod ubicumque est papa, ibi est Ecclesia romana..."(不管教皇在哪里,那里是罗马教会……)Baldus, on *D*. 1, 18, 1, n. 26, fol. 4:"...puta ubi est palatium regis vel episcopi, sicut in regno regia civitas dicitur caput regni...Et in mensa, ubicumque est dominus, ibi caput;sicut ubi Papa, ibi Roma, etiam si esset in quodam tugurio rusticano reclusus. "(考虑到哪里是国王或者主教的宫廷,类似地王国的首都被称为是王国内的王城……在宴席上,主人在哪里,那里就是头;类似的,教皇在哪里,那里就是罗马,即使他被拘禁在一个乡村草屋之中。)Baldus, on *D*. 3, 2, 2, 3, n. 2, fol. 164 加入一则新注释(对于 *rex et patria*[君主和国家]这个程式很重要;参见下文):"nota quod Roma et Imperator aequiparantur. Unde verum quod notat Inn[ocentius IV]ubi est Imperator, ibi est Roma, scilicet intellectualiter, quia idem iuris est de Imperatore et de urbe..."(注意罗马和君主是被等同的。因而英诺森四世提到君主在哪里,那里就是罗马,同样可以理解,因为关于君主和城市有相同的法……)由此巴尔都斯可以得出结论(on *D*. 5, 1, 2, 3, n. 1, fol. 258ᵛ):"...Roma sit communis patria, et intelligo ubicunque est Papa vel Imperator. "(罗马会是共同的祖国,我理解为是教皇或者君主所在的任何地方。)另参 Baldus, on c. 4 X 2, 24, n. 11, fol. 249, 引用 Innocent IV:"Dicit Innocentius quod ubi est Papa, ibi est Roma, Hierusalem et mons Sion, ibi et est communis patria. "(英诺森说教皇在哪里,那里就是罗马、耶路撒冷和锡安山,那里就是共同的国家。)关于罗马构成"共同的祖国"(*communis patria*),见上文第三章注 89,以及下文 p. 247;关于罗马与耶路撒冷的联系,参见 Tierney, *Cath. Hist. Rev.*, XXXVI, 428, n. 57, 引用 Hostiensis("Urbs ista[Roma]altera Ierusalem intelligatur(那座城市罗马被认作另一个耶路撒冷)")并指向诺曼无名氏。当然,罗马-耶路撒冷理论是古代基督教的;在基督教艺术中它很重要(参见,例如 for the Presentation in Santa Maria Maggiore, A. Grabar, *L'empereur dans l'art byzantin*[Paris, 1936], 216ff,后来在法律文献中也占有一席之地;参见,例如 Oldradus de Ponte, *Consilia*, LXXXV, n. 1, fol. 32。系统地研究耶路撒冷意象如何转到罗马一定会很有收获。有一些评论,参见 Williams, *Norman Anonymous*, 137ff.

㊱ Ambrose, *Sermones*, XXXVIII, c. 2 *PL*, XVII, 702B:"Ubique enim nunc Christus, ibi quoque Jordanis est. (基督所在之处即约旦河。)"

属于他个人，而是属于"上帝和他的奥秘之体，即教会"(*Dei et corpori-seius mystici quod est ecclesia*)。[37]教会是上帝、而非基督的奥秘之体，这个概念表明"奥秘之体"的观念已经迅速地从起初的圣礼领域，从祭坛和圣体转离，由此[206]后来的一位法学家才能轻松地将教会定义为这样一个合众体/法人，它"代表了一个不能说曾经生存过的人，因为这个人既没有肉身，也不会死，因为它就是上帝"。[38]奥卡姆诚然可以为自己的措辞辩护，因为在他那个时候，三位一体的第一和第二位格之间的区分已经不像中世纪早期那么清楚了。[39]不过，"上帝的奥秘之体"有一种虚假的外表；这个表达所指向的，实际上是一种在许多方面与奥卡姆的威廉相对立的新方向。

小结一下，"奥秘之体"这个概念，最初是指祭坛上的圣餐礼，12 世纪以后用于描述教会的政治之体(body politic)或"法律之体"(*corpus iuridicum*)，同时也没有完全排除某些早期的意涵。还有，在主后 1100 年诺曼无名氏的政治神学中仍然强健有力的经典基督论区分(基督的二性)，到这个时候已经在政治论辩和理论中完全消失了。取而代之的是合众体/法人性(corporational)、非基督论的"基督的两个身体"的概念：一个是自然之体，是个人的、个别的(*corpus naturale，verum，personale*)；另一个，是一种超越个人性的，政治和集体之体，即奥秘之体(*corpus mysticum*)，也被解释为"奥秘人格"(*persona mystica*)。同时，通过化质说的教义以及圣餐的制度，真实之体(*corpus verum*)发展起了一种属于自己的生命和奥秘论，于是，随着时间的流逝，"奥秘之体"

---

[37] Scholz，*Streitschriften*，II，428，这个表达出现了两次。

[38] Gierke，*Gen. R.*，III，277，n. 91，引用 Paulus de Castro(d. 1439)："[ecclesia]universitas repraesentans personam quae nunquam potest dici vixisse, quia non est corporalis nec mortalis, ut est Deus."(教会共体代表了一种人格，这种人格不能被说是曾经生存过，因为它既不具形体也不是可朽的，它就是上帝。)这位法学家作此评论时，不会把教会设想成基督的奥秘之体，因为这样就不可以说他从未活过。

[39] 例如，在"一圣"通谕中，卜尼法斯八世就以哥林多前书 11：3 为基础，指向教会的奥秘之体"以基督为头，而基督以上帝为头"(cuius caput est Christus, Christi vero Deus)。另参 Aquinas，*Summa theol.*，III，q. VIII，art. 1, ad 2. 关于早期非常不愿意将父上帝成为教会的头，参见，例如 Peter of Poitiers，*Sententiae*，IV，c. 20，*PL*，CCXI，1215C，以及依赖于他的，*Quaestiones Varsavienses trinitariae et christologicae*, ed. F. Stegmüller, in *Miscellanea Giovanni Mercati*(Studi e Testi, 122, Rome, 1946)，II，303f，§§ 4 and 6.

的奥秘性变得越来越弱,最后变成只是指作为政治体的教会,或者,通过借用,指世俗世界的任何政治体。

二、国家的奥秘之体(Corpus Reipublicae mysticum)

[207]教会是"以基督为头的奥秘之体"这一宏大概念开始植入世俗内容,包括合众体/法人的内容,以及法律的内容,而与此同时,世俗国家本身——理所当然地从对立的另一端起步——开始为自身的高举和准宗教性的崇拜而奋斗。"奥秘之体"概念原本高贵庄重,但到此时已经丧失了大部分超越性含义并遭到政治化,在许多方面,这种世俗化是教会自己造成的。同时,许多政治家、法学家和学者们正着力于为初生的领土和世俗性国家开发新型意识形态,于是,奥秘之体的概念就很容易地成为了他们的思想世界的猎物。我们记得,巴巴罗萨通过尊崇"神圣帝国"(*sacrum imperium*)这个称号而使他的帝国受崇拜——这个具有极强合法性、与教会并行(para-ecclesiastical)的词汇,是他从罗马法、而不是从教会的词汇中借用的。这样的词汇,为国家机构提供了某种宗教式的光环,以及教会思想和语言的适用性和普遍有效性。这类效果很快引导世俗国家的理论家们进入到对不仅是罗马法,还包括教会法和神学词汇更为丰富的借用。新兴的领土性和准民族性的国家,宣称自己是自足的、独立于教会和教宗制,开始挖掘教会诸概念的宝藏,而这类内容是很容易把握的。最后,国家开始将自己的世俗性放到与"争战的教会"的永恒性同样的层面上来。"奥秘之体"的概念,以及教会所发展出的其他合众体/法人理论,在此过程中具有重要意义。⑩

将国家设定为一个"身体",与作为"身体"的教会形成对抗,早期的例子出现于授职权斗争时期的论辩文献。当时皇帝方面的一位作者提出,要以"一个国家之体"(*unum corpus reipublicae*)补充"一个教会之

---

⑩ 参见 Pollock and Maitland, *History*, I, 495,关于奥秘之体概念对于法人法发展产生的影响。参较 Tierney, *Conciliar Theory*, 134ff。

体"（*unum corpus ecclesiae*）。[41]这个二元对立关系基本上没有超出传统
上国家和教会的有机体概念；索尔兹伯里的约翰著名的论断"国家乃是
一个身体"（*res publica corpus quoddam*）[208]本身也并没有偏离传统
思想。[42]但是，到 13 世纪中期，当博维的樊尚（Vincent of Beauvais）用
"国家的奥秘之体"（*corpus reipublicae mysticum*）指称国家的政治体时，
国家是有机体就成了一件很不一样的事，具有很不一样的性质。[43]这是
一个很清楚的例子，借用教会的概念，将其转移到世俗国家，并赋予其
某些通常是教会才有的超自然和超越性的价值。在樊尚的同时代人、
方济各会修士图尔内的吉尔贝尔（Gilbert of Tournai）那里，可以发现
一种将国家提升到超越纯粹物质性存在的范畴、使之具有超越性价值
的意图。[44]他描绘了一个完美的王国，由作为基督代理人的国王治理，
由教会的牧者指导，并且，在这个联系中，他也使用了"奥秘之体"一词。

---

[41] *De unitate ecclesiae*, in *MGH*, *LdL*, II, 228, 16, quoted by Ladner, "Aspects," 413, n.
36. 另参 Hugh of Fleury, *De regia potestate*, I, 3, *ibid.*, II, 468, 28ff；"rex in regni sui
corpore."（国王在他的国家的身体中。）

[42] *Policraticus*, v, c. 2, ed. Webb, I, 282ff. 机体论的原理当然不是从索尔兹伯里的约翰开始
的；在当时的法学家的著作中，这类原理并不是刚开始出现，而是得到了完备的发展。参
见，例如 Fitting, *Jur. Schr.*, 148, 20（上文注 19），对"君主"（*princeps*）的注释："Quasi pri-
mum caput, iudices enim capita sunt aliorum hominum, qui ab eis reguntur, ut membra a
suis capitibus; sed princeps est caput aliorum iudicum et ab eo reguntur."（[君主]就像第
一首脑，因为法官是其他人的首脑，那些人受他们统治，就像肢体被它们的头统治；但是君
主是其他法官的首脑并且他们受他统治。）随后是详细地将各种显贵（*illustres*, *spectabiles*
等等）比作眼睛、手、胸、脚，等等，也将教会高级教士比作人体上的肢体。当然，在罗马法中
也有机体的比喻；参见，例如 *C.* 9,8,5（*Cod. Theod.*, 9,14,3）："virorum illustrium qui con-
siliis et consistorio nostro intersunt, senatorum etiam, nam ipsi pars corporis nostri
sunt."（显贵们，参加我们的议会和内阁会议，甚至元老们（也如此），因为他们是我们身体
的一部分。）这段话一次又一次被人引用（见下文第七章注 341 以下），并同时适用到教宗
制；参见，例如 Johannes Andreae, *Novella*, on c. 4 X 2,24（Venice, 1612）, fol. 184："cum
ipsi[cardinales]cum papa constituant ecclesiam Romanam, et sint pars corporis papae, ar.
C. ad l. Jul. ma. l. quisquis（*C.* 9,8,5）.（因为主教和教皇一起组成罗马教会，并且他们是教
皇身体的一部分。）" 一般性研究，参见 Nestle,"Menenius Agrippa"（上文注 6）。

[43] *Speculum doctrinale*, VII, c. 8, quoted by Gierke, *Gen. R.*, III, 548, n. 75；参较 Mait-
land, *Political Theories*, 131. 我没有能够找到出处，但这个表达无疑在樊尚的时候及前
后很流行；参见，例如 Berges, *Fürstenspiegel*, 195, n. 1, and 306,§15.［Gierke 搞错
了：请见 *Spec. Doctr.* VII, c. 15。]

[44] Gilbert of Tournai, *Eruditio regum et principum*, II, c. 2, ed. A. de Poorter（Philosophes
Belges, IX, Louvain, 1914）, 45; Berges, *Fürstenspiegel*, 156.

不过,图尔内的吉尔贝尔希望,他这个观念的王国(ideal kingdom)会是一个处于传统的、指向基督教社会合一性的奥秘之体内部的独立实体,而在博维的樊尚那里,世俗实体本身就是一个"奥秘之体"。⑤

[209]"奥秘之体"的概念,首先表达了基督教社会在机体性方面的整全性:它是一个由头和许多肢体构成的身体。这种解释适用于整个从中世纪晚期向近代早期发展的过程,甚至在这个概念被转用于较小的社会集体之后也仍然成立。不过,在此之外,"奥秘之体"也取得了某种法律意涵;它具有了一种法人性的性质,用于指称"拟制的"或"法律上的"人。我们还记得,阿奎那就已经开始使用"奥秘人格"(*persona mystica*)一词,作为"奥秘之体"的替换用法,这个词与法学家所说的"拟制人格"(*persona ficta*)几乎没有区别。实际上,主要在法律家之中,尽管不仅仅是法律家,机体性的解释伴随或混合了合众体/法人性的内涵,于是,"奥秘之体"的概念被当作"拟制之体"(*corpus fictum*)、"想象之体"(*corpus imaginatum*)、"表现之体"(*corpus repraesentatum*)这类词汇的同义词——也就是说,被当作一种对法律上的人(juristic person)或合众体(corporation)的描述。由此,法学家们也像神学家们那样,在"真实之体"(*corpus verum*)——某个天然人的有形身体,与"拟制之体"(*corpus fictum*)——无形、只作为法学上拟制存在的合众性集体(corporate collective)之间作出了一种区分。⑥ 于是,法学家们通过

---

⑤ 出于方便,Ladner,"Plenitudo potestatis," 50f 将"教会内部的国家"称为"加洛林传统",他很有技巧地指出(p. 73),到十三世纪,这个传统开始消失了,在阿奎那的思想中(他认为国家在起源和属性上都是出于自然的),加洛林传统的痕迹完全都消失了。

⑥ Oldradus de Ponte, *Consilia*, 204, n. 1(Lyon, 1550),78ᵛ 很好地说明了在法律意义上"奥秘之体"向"共体"(*universitas*)的转变。所提的问题是克吕尼修道院的院长是否是整个克吕尼修会唯一的头。Oldradus 引用奥秘之体的类比作了回答:"Et quod unum tantum sit caput, prout probatur primo ex corporis mystici ad corporis veri similitudinem. Sicut enim in corpore naturali unum est caput, alias diceretur declinare ad monstrum..., sic et in corpore mystico.... Constat autem quod universitas et religio unum corpus repraesentat."(并且头是只有一个,相应地它被证实首先是来自奥秘之体,作为真实之体的模仿。因而在自然之体头是[只有]一个,否则的话就说它变成了怪物……同样在奥秘之体中也如此……我们同意,共体与宗教代表着一个身体。)(接着提出了 *lex mortuo* 的主张;见下文第六章注 73)。参见 Gierke, *Gen. R.*, III, 428, 关于各种描述与自然人有别的合众体/法人的表达。另参上文注 16,关于"形式的身体"(*corpus figuratum*)构成"奥秘(转下页注)

模仿神学上的用法，并与自然人构成对立，相当常见地将他们的拟制人（fictitious persons）称为"奥秘的身体"。这个词被用于合众性社团（corporate communities）等级制之内各种大小和级别的"共体"（universitas），按照中世纪的社会哲学，混合了奥古斯丁和亚里士多德的定义，分为五种：家庭（household）、邻里（neighborhood）、城市（city）、王国（kingdom）和宇宙（universe）。[47] 所以，一位中世纪晚期的法学家，安东尼乌斯·德·罗赛里斯（Antonius de Rosellis，生于 1386 年）略作变动，列举了 [210] 人类社会的五种"奥秘的合众体"（corpora mystica）——即各种"奥秘之体"：村（village）、城市（city）、省（province）、王国（kingdom）、以及世界（world）。[48] 这当然是一种对原本非常复杂的礼仪性词汇所作的降格和平庸化。不过，"奥秘之体"的概念也很容易转移进入其他世俗领域。例如，巴尔都斯就把"populus"，人民，定义为一个奥秘之体。他认为，一个 populus 不仅仅是一个共同体中个别人的总和，而是"在一个神秘身体中的人的集合"（hominum collectio in unum corpus mysticum），多人构成了"一个理智上的身体"（quoddam corpus intellectuale），一个只能在理智上加以把握的身体或合众体，因为它不是一个真的或实在的身体。[49] 在一种技术性的意义上，巴尔都斯

（接上页注）之体"的同义词。关于 universitas 与 corpus mysticum，参见 Tierney, Conciliar Theories，134ff。

[47] 关于这个问题，参见 Fritz Kern, Humana Civilitas（Leipzig, 1913），11，n. 1；Dante, Monarchia，I，c. 3。

[48] Antonius de Rosellis, Monarchia suve Tractatus de potestate imperatoris et papae, II, c. 6, ed. Goldast, Monarchia（Frankfurt, 1668），I, 312："Nam sicut est in uno corpore naturali, ita est in pluribus mysticis corporibus[that the monarchy is the best form of government]...Et idem est in aliis mysticis corporibus universitatum, quia melius se habent cum per unum reguntur. Sunt enim secundum Philosophum quinque communitates...[参较 Gierke, Gen. R., III, 545, n. 64]."（因为在自然之体中是如何，在多数奥秘之体中就是如何[君主制是最好的政制形式]……在其他共体的奥秘之体中也是一样，因为当他们被一个[人]统治时，他们认为是更好的。根据哲人，存在着五种团体……[参见 Gierke, Gen. R., III, 545, n. 64]）关于作者，参见 Karla Eckermann, Studien zur Geschichte des monarchischen Gedankens im 15. Jahrhundert（Abh. Zur mittleren und neueren Geschichte, LXXIII[Berlin-Grunewald, 1933]）。

[49] 关于巴尔都斯，参见 Gierke, Gen. R., III, 428, n. 37 and 431f；另参 433, n. 61；见下文第八章注 70。

的"人民的奥秘之体"看上去不过是"政治体"（polity）或"共体"（*universitas*），或者，用阿奎那和亚里士多德的话来说，任何"有组织的多数"（*multitudo ordinata*）的等价物。[50]但是，"奥秘之体"这个说法给世俗政治体带来了一种来自于另一个世界的气息。

还有另一个概念，在 13 世纪变得流行起来，那就是"政治体"（body politic），这与早期法人理论和亚里士多德的复兴有密切联系。不久，"奥秘之体"一词就被用于一切亚里士多德意义上的"道德与政治体"（*corpus morale et politicum*）。在此我们有理由评估亚里士多德对于中世纪晚期政治话语的影响，甚或探询自此之后，由于亚里士多德的影响，国家不仅仅被解释为一个"政治体"，同时也被认为是一个"道德体"或"伦理体"（body moral or ethical），这究竟是什么意思。在这个问题上，国家或者任何其他政治性集合，被认为是自然理性的结果。它是一个在自身之中具备道德目的和伦理准则[211]的机构。法学家和政治作家由此获得了一种新的可能性，可以将作为一个"道德和政治之体"的国家与教会这个"奥秘和属灵之体"相比较，或者形成对立关系。[51]

阿奎那将亚里士多德融入教会后，这位哲学家的概念就顺利地与教会思想和术语连结在了一起。例如，13 世纪晚期的比利时哲学家，方腾的哥德弗雷（Godfrey of Fontaines）就成功地以非常简明的方式将

---

[50] Aquinas, *Summa theol*., III, q. VIII, a. 1, ad 2：" corpus…aliqua multitudo ordinata. "（身体……是以某种方式安排好的"多"。）

[51] Aristotle, *Polit*., III, 9ff(1280a-1282b), and Aquinas, *In libros Politicorum Aristotelis*, III, *lect*. VII and VIII, ed. Raymundus M. Spiazzi(Turin and Rome, 1951), 141ff. 关于亚里士多德所说的国家的道德属性，另参 Max Hamburger, *Morals and Law：The Growth of Aristotle's Legal Theory*(New Haven, 1951), esp. 177ff. 国家作为"道德之体"的本质，当然蕴含于其对某种善的追求，事实上是追求"最大的善，并且善正是其最着力追求的；因为在政治领域中的善就是正义。"阿奎那在其为亚里士多德《政治学》所作的序言中（§6, ed. Spiazzi, p. 2），强调按照传统的分类，"政治科学"（*scientia politica*）就是一种"道德科学"（*scientia moralis*）。亚里士多德，尽管当然不是后来意义上的"法人论者"（corporationalist），但无疑支持法人论解释，按照他的理论，城市——并且在这一点上，每一个整体——优先于其部分，如果没有一个整全的身体，就不存在脚或手。这个理论是机体论磨坊的研磨机，并且阿奎那也非常强调这一点（*In Polit. Arist*., I, 1, §38f, ed. Spiazzi, 11f）。

"奥秘之体"的概念整合进了亚里士多德的理论。[52]在他看来，"奥秘的身体"并非表现为一种超自然的基础，而是自然的礼物。他的主要立论是"[依照自然本性]每个人都是社会共同体的一部分，因此也就是某种奥秘之体上的一个肢体"。也就是说，人"按照自然本性"是一种社会性的动物；而作为社会性的动物，人"按照自然本性"——而不是"依靠恩典"——同时是某种奥秘之体、某种社会性集体或集合的一部分。这个社会性集体，稍晚但但丁那里就很容易地被定义为"人类"或"人类社会"（*humana civilitas*），而其他人则可以按照需要将其定义为"人民"（*populus*）、"城市"（*civitas*）、"王国"（*regnum*）或者"祖国"（*patria*），或者其他任何社会共同体和合众体，其本身具备"道德"的目的。一个新的光环从亚里士多德的著作落到了人类社会合众性机体论（corporate organism of human society）上，它与教会论"奥秘之体"的光环不同，是一个道德和伦理的光环，但却可以与前者相容；事实上，"奥秘之体"与"道德与政治之体"[212]几乎成了可以互换的概念，它们和谐地共存，正如但丁也是如此和谐地将地上乐园和天上乐园安置在同一个层面上，作为人类的两大目标。

这个说法将由法学家们加以证明，他们运用了统治者与自己的王国结婚的比喻，尤其是在讨论国库财产不可让渡性的时候。虽然这个比喻在古代也曾经出现过，[53]但在中世纪早期是很难发现的。当然，自加洛林时代以来，中世纪的君主在加冕礼上除了接受其他象征和标志，还会接受一枚戒指，这个情况确实存在。但是，教会方面的作者们小心地指出，授予这个戒指只是作为一种"信心的记号"（*signaculum fidei*），并将其与主教在祝圣礼中接受的主教戒指区分开，后者表示主教与教会结婚，成为教会的配偶（*sponsus*）、新郎和丈夫。教会法学家们

---

[52] Godfrey of Fontaines, *Quaestiones ordinariae*, I, 2, 5, ed. Odon Lottin (Philosophes Belges, XIV, Louvain, 1937), 89；参较 G. de Lagarde, "La philosophie sociale d'Henri de Gand et de Godefroid de Fontaines," *L'Organisation corporative du moyen âge à la fin de l'ancien régime*, VII(Receuil de travaux d'histoire et de philologie, 3me série, XVIII; Louvain, 1943), 64。

[53] 见下文注 59。

有时会就这个比喻作长篇大论。(54)而到了中世纪晚期，在法学类比和合众体理论的影响下，随着君主与他的"奥秘之体"结婚的意象——亦即，君主与他的国家这个"奥秘之体"结婚——开始具有宪制上的意义，这个世俗婚姻的比喻也日渐流行起来。

我们难以确定究竟在何时、何地，是什么人首次将这个教会法上的比喻转移到了世俗法律—政治思想中。(55)到 1300 年，这样的状况可能

---

(54) 关于戒指运用于皇帝加冕礼的简单历史考察，参见 Eichmann，*Kaiserkrönung*，II，94ff（另参 Index，s. v. "Ring"）。在授职权斗争中，关于主教戒指的意义有广泛的讨论；大量的小册子和诗，参见 *De anulo et baculo*，in *MGH. LdL*，II，508ff；III，720ff，723ff，726ff。主教祝圣礼上"授予戒指"的仪式有时与加冕礼中相应的仪式非常相似：主教戒指也被称为"信心的记号"，而婚姻的程式（*quatenus sponsam ... custodias*）也并不总是包括在祝圣礼中；参见，例如 Andreu，*Pontifical romain*，I，48 and 149. 见下文注 55 和 61，关于教会法上的婚姻比喻。

(55) 参见 Mochi Onory，*Fonti canonistiche*，151，n. 1，摘录了 Huguccio's golss on c. 10，D. 63，v. "*subscripta relatio*"，完整的文本（from Clm. 10247，fol. 69[rb-va]），以及后来教会法学家的引用，我要感谢 Dr. Robert L. Benson。在没有特别引用 *D*. 50，17，30（"Nuptias non concubitus，sed consensus facit"[不是同床，而是同意造就婚姻]）的情况下，他将主教的选举比作对婚姻的同意："Item electio dicitur vinculum，quod ex mutuo consensu，scilicet eligentium et electi，contrahitur inter eos matrimonium spirituale，ut ille iam dicatur sponsus istius ecclesie vel istorum clericorum et hec ecclesia sponsa ipsius."（相似的，选举被称为是契约，即出于双方的共识，也就是说选举者和被选举者的[共识]，属灵的婚姻在他们之间达成，这样，他会被称为是那个教会或者神职者们的配偶，教会被称为他的配偶。）同样的观念亦见于 *Glos. ord.*（Johannes Teutonicus），on c. 10，D. 63，v. "*relatio*"，以及 *Apparatus* "*Ius naturale*"（Kuttner，*Repertorium*，67ff），论同一条教规 v. "*subscripta*"（Paris，Bibl. nat. MS. lat. 15393，fol. 49），引用了 Huguccio："et secundum Ug(uccionem) ex electione et electi consensu legitimo."（根据胡果齐奥，出自选举和选举人的共识是合法的。）另参 a decretal of Innocent III（c. 2 X 1，7；Friedberg，II，97）："...non debeat in dubium revocari，quin post electionem et confirmationem canonicam inter personas eligentium et electi coniugium sit spirituale contractum."（这件事不应该被质疑：在选举和教会的认可之后，选举者的人格与被选举者的人格之间的联合[婚姻]是属灵的契约。）最后是 Bernard of Pavia，*Summa decretalium*，1，4，5，ed. E. A. T. Laspeyres，*Bernardi papiensis Faventini episcopi Summa Decretalium*（Regensburg，1860），p. 8："...dum approbat[eletus]de se factam electionem，ecclesiae sponsus efficitur propter mutuum consensum."（一旦被选举者认可他自己被选举，他就因为双方的共识成为教会的配偶。）Huguccio 和 *Apparatus* "*Ius naturale*"都将主教选举与皇帝选举并列；see，for Huguccio，Mochi Onory，*loc. cit.*；*Apparatus* 说得相当简洁："et sicut principes imperatorem dicuntur facere，et ita clerici prelatum electione"（就像传言中贵族们确立他们的皇帝，同样，神职人员在选举中确立高级教士），之前的句子则提到了"matrimonium inter episcopum et ecclesiam contractum"（主教与教会之间的婚姻是契约）。所以，可以说婚姻的概念迟早会转移到君主与国家，见下一条注释。

已经变得相当普遍，[213]比方，皮斯托伊亚的居努斯（Cynus of Pistoia）在他对查士丁尼《法典》的注释中，以一种多少有点随意的方式表达了这个意思。在讨论一位经选举的皇帝所获的权力范畴时，他认为，国家（*respublica*）选举君主、君主接受此项选任，构成了一种类似婚姻的契约或合意，然后他对这种类比作了简单的展开论述，这个类比显然打动了他，因为他觉得这很是令人惊异。

> 这个在有形的婚姻与无形的（intellectual）婚姻之间的类比很不错：因为正如丈夫被称为妻子的保护者……皇帝也被称为国家的保护者。㊶

居努斯是在 1312 到 1314 年间撰写《法典》的注释，而阿尔贝里库斯·德·罗萨蒂（Albericus de Rosate）后来几乎逐字重复了他的这段论述。㊷在这个时期，其他人也认同这种类比。例如，1312 年，[214]亨利七世皇帝身边的一位法学家认为可以将皇帝的加冕礼比

㊶ Cynus, on *C.*7,37,3,n.5(Frankfurt, 1578), fol. 446rb: "quia ex electione Imperatoris et acceptione electionis Reipublicae iam praepositus negari non potest et eum ius consecutum esse, sicut consensu mutuo fit matrimonium…Et bona est comparatio illius corporalis matrimonii ad istud intellectuale: quia sicut maritus defensor uxoris dicitur…, ita et Imperator Reipublicae…"（因为出自皇帝的选举和选举的接受，国家的统治者不能被否认并且法律跟随他，同样的，婚姻成立于双方的共同同意……并且把属肉身的婚姻与那个属理智的［婚姻］做比较是好的，因为就像丈夫被称为妻子的保护者……同样皇帝［被称为］国家的［保护者］……）居努斯的说法严格限于罗马法；不过，他的论述明显追随了教会法学家，尽管教会法学家所说的"属灵的婚礼"已经被他转变成了一种"无形的婚礼"。我未能确证在此之前，居努斯的老师之一，Jacobus de Ravanis(Révigny)或者 Petrus de Bellapertica(Belleperche)是否使用过婚姻的比喻。

㊷ Albericus de Rosate, on *C.*7,37,3,n.12(Venice, 1585), fol. 107va: "quia sicut matrimonium consensu perficitur…[*D.*50,17,30], sic ex mutuo consensu eligentium et electi ius plenum consequitur Imperator…Nota ergo quod ex quo res administrat, et est bona argumentatio matrimonii carnalis ad istud intellectuale, quia sicut maritus est defensor uxoris…[*Inst.*4,4,2], ita Imperator Reipublicae…"（因为就像婚姻在共同同意中完成……[*D.*50,17,30]同样出于选举人和被选举者之间的共同同意，完全的法律跟随着皇帝……注意他因此而管理事务，并且把形体上的婚姻推理到理智上的婚姻是好的，因为就像丈夫是妻子的保护者……[*Inst.*4,4,2]皇帝是国家的保护者……）

作一场婚礼。㊻不过,没有人像那不勒斯的法学家卢卡斯·德·佩纳那样如此详细地阐述这个类比,或将之推至极端。佩纳大约在十四世纪中期撰写了《三书》(*Tres Libri*),即《法典》最后三卷的注释。

卢卡斯·德·佩纳注疏了一部关于"荒地占有"的法律(*C*.11,58,7),不过,其中排除了归属于国库和君主祖产的土地。他在论证的一开始引用卢坎(Lucan)《罗马内战记》(*Pharsalia*),其中将伽图称为"[罗马]城的父亲和丈夫"。㊼这位法学家由此开始,一直追溯到使徒关于婚礼弥撒的教导,以此为机会,讨论一种建立在以弗所书 5 章基础上的国家基本法。卢卡斯·德·佩纳认为,君主就是"国家的丈夫"(*maritus reipublicae*),他与国家结成的婚姻关系表现为一种"道德和政治的婚姻"(*matrimonium morale et politicum*)。在此前提下,卢卡斯接着就可以通过类比的方式展开论辩。

> 在君主与国家之间结成了一个道德和政治的婚姻。同时,正如教会与其高级教士结成了一个属灵和神圣的婚姻,在君主与国家之间也结成了一种世俗和属地的婚姻。并且,正如教会在高级教士里面,高级教士在教会里面……君主也在国家里面,国家在君主里面。㊽

㊻ 参见 the Memorandum of John Branchazolus, *legum doctor* of Pavia, ed. Edmund E. Stengel, *Nova Alemanniae*(Berlin, 1921), I, No. 90, ii, §6, p. 50.另一个模糊的此类类比,参见 Ullmann, *Lucas de Penna*, 176, n. 1,不过,作者似乎没有对下一条注释中所提到的有趣段落进行评估。

㊼ Lucas de Penna, on *C*.11,58,7,n. 8, p. 563;"Item princeps si verum dicere vel agnoscere volumus..., est maritus reipublicae iuxta illud Lucani..."(如果我们愿意说或承认这是真的……即君主是国家的丈夫,近于卢坎的那个[说法]……)接着就是引用 Lucan, *Pharsalia*, II, 388:*urbi pater urbique maritus*。关于罗马人"父亲"头衔的历史,参见 Alföldi, "Die Geburt der kaiserlichen Bildsymbolik," *Museum Helveticum*, IX(1952), 204-243; X(1953), 103-124; XI(1954), 133-169,是一篇令人敬佩的论文。"城邦的丈夫"(*urbi maritus*)这个头衔也不罕见;参见,例如 Servius, XI, 472,他与 Priscian 一样引用了 Lucan。不过,参见 Aristophanes, *Aves*, 1706ff,将βασίλεια 称为 Alcibiades 的新娘。Lucas de Penna 大量使用了 Cynus 的著作,他可能就此进行了阐述。关于以下几段,另参我的论文"Mysteries of State," *Harvard Theological Review*, XLVIII(1955), 76ff.

㊽ Lucas de Penna, *loc. cit.*;"Inter principem et rempublicam matrimonium morale contrahitur et politicum. Item, sicut inter ecclesiam et praelatum matrimonium spiritu-(转下页注)

[215]我们看到，这位法学家使用了主教与其教职(see)之间结成奥秘的婚姻这个非常古老的比喻，来解释君主与国家之间的新关系。[61]实际上，卢卡斯·德·佩纳逐字引用了格拉西安《教会法汇要》中的一段话："主教在教会里面，教会在主教里面。"[62]这个程式的发展史所具有的含义还有待考察；[63]但是，我们很容易看出，当都铎法律家们解释说"国王在其政治之体中与其臣民结合(incorporated)，反之亦然"时，他们的格言正是从此处推演而出的。[64]

（接上页注）ale contrahitur et divinum..., ita inter principem et rempublicam matrimonium temporale contrahitur et terrenum；et sicut ecclesia est in praelato et praelatus in ecclesia..., ita princeps in republica et respublica in principe."（伦理和政治的婚姻在君主与国家之间被达成。同样的，属灵和神圣的婚姻在教会和主教之间被达成……而暂时的和地上的婚姻在君主与国家间被达成；并且如同教会在主教里和主教在教会里，同样国家在君主里和君主在国家里。）接下来是上文注 29 中所引用的段落。Lucas de Penna 将君主与国家之间婚姻的比喻推演到极为细节的程度，这里不需要一一展示。在此方面，他是 Huguccio 的先辈（上文注 55），后者不仅将选举比作缔结婚姻的同意(consensus)，而且还认为教会上级对选举的同意与婚姻中的圆房同等，或将祝圣与交媾同等（"Sicut enim in matrimonio carnali precedit matrimonium in desponsatione per verba de presenti, et postea sequitur carnalis commixtio, sic et hic in mutuo consensu precedit matrimonium spirituale et postea sequitur quasi carnalis commixtio, cum iam ecclesiam disponit et ordinat"[因为就像在肉身的婚姻里，在用现在时语言订立的婚约中的婚姻先行，然后肉体的同房随后；同样在这里在双方同意下的属灵的婚姻先行，然后类似肉体的同房随后，当他（主教）管理和安排教会时。]）甚至是主教被临时停职或者禁职，Huguccio 也找了一个婚姻的比喻："Idem est in marito et uxore tempore menstrui vel partus vel dierum quadragesimalium..."（同样在丈夫和妻子间也会有月经、分娩、40 天斋戒的时间……）

[61] 这个比喻当然要追溯到以弗所书 5:25（"正如基督爱教会"[sicut et Christus dilexit ecclesiam]），这也构成了婚礼弥撒的基础。因此，在早期基督教的婚礼中，婚戒表现了基督与教会之间的婚姻；参见 O. M. Dalton, *Catalogue of Early Christian Antiquities and Objects from the Christian East...of the British Museum* (London, 1901), 130 and 131；还有许多样本，特别漂亮的一个收藏 Dumbarton Oaks Research Library and Collection, at Washington, D. C.。在主教的祝圣礼中会提到主教与其职位的婚姻；见上文注 54。进一步参见 the decretal of Innocent III, c. 2 X 1, 7, ed. Friedberg, II, 97。教宗克莱芒二世拒绝与自己的班堡主教职位离异，以非常生动的措辞提到了这个婚姻(Clement II, *Ep.*, VIII, *PL*, CXLII, 588B)；反过来，教宗塞莱斯廷五世退位，被解释为（尤其是被与其敌对的继任者卜尼法斯八世）非法地与普世教会"离婚"；参见，例如 P. Dupuy, *Histoire du différend d'entre Pape Boniface VIII et Philippe le Bel* (Paris, 1655), 453ff, 及各处；Burdach, *Rienzo*, 52f.

[62] 参见 c. 7, C. VII, qu. 1, ed. Friedberg, I, 568f.

[63] 见下文第七章注 399-409。

[64] 见上文第一章注 13；Bacon, *Post-nati*, 667.

为了证明自己的论证,卢卡斯·德·佩纳引用了塞涅卡对尼禄所说的话:"你是国家的灵魂,国家是你的身体。"⑥不过,他通过对以弗所书 5 章作进一步的政治性解读,并将"男人是女人的头,女人是男人的身体"这句话应用到[216]君主身上,也获得了同样的效果。接着,他以合乎逻辑(logically),或者合乎类比(analogically)的方式总结道:"照样,君主是国家的头,国家是君主的身体。"⑥⑥接着,他更清楚地表达了合众体原理:

> 正如人们一同在属灵上加入属灵的身体(joined together spiritually in the spiritual body),有基督为其头……人们也是一同在道德和政治上加入国家(joined together morally and politically in the *respublica*),即一个以君主为其头的身体。⑥⑦

我们再一次听到了亚里士多德的喃喃低语。不过,最重要的是,我们在这里看到了一种大胆的比附,即将"君主,国家这个奥秘之体的头"(按照恩亚·西尔维奥[Enea Silvio]后来的说法⑥⑧)比作基督、教会奥秘之

---

⑥ Seneca, *De clementia*, I, 5, 1:"…tu animus rei publicae tuae es, illa corpus tuum."(你是你的国家的气息,她[国家]是你的身体。)Lucas de Penna, *loc. cit.*, n. 8, p. 564. Andreas of Isernia, *Prooemium in Lib. aug.*, ed. Cervone, p. xxvi 也通过同样的关联引用了这段。

⑥⑥ Lucas de Penna, *loc. cit.*:"…item, sicut vir est caput uxoris, uxor vero corpus viri[Eph. 5:23]…ita princeps caput reipublicae, et res publica eius corpus."(同样地,就像丈夫是妻子的头,妻子则是丈夫的身体……同样君主是国家的头,国家是他的身体。)Lucas de Penna 加上了:*secundum Plutarchum*(仿普鲁塔克),意思是伪普鲁塔克,见引于 John of Salisbury, *Policraticus*, v. 1ff(上文第四章注 20),中世纪法学家常常引用他;参见 Ullmann, "The Influence of John of Salisbury on Medieval Italian Jurists," *EHR*, LIX (1944), 387, n. 4。

⑥⑦ Lucas de Penna, *loc. cit.*:"Item, sicut membra coniunguntur in humano corpore carnaliter, et homines spirituali corpori spiritualiter coniunguntur, cui corpori Christus est caput…, sic moraliter et politice homines coniunguntur reipublicae quae corpus est:cuius caput est princeps…"(类似的,就像肢体在肉身上与身体连接在一起,人在属灵层面与属灵之体连接在一起,耶稣是那个身体的头……同样人在伦理和政治层面与作为身体的国家连接在一起:国家的头是君主……)

⑥⑧ Enea Silvio Piccolomini, *De ortu et auctoritate imperii Romani*, ed. Gerhard Kallen, *Aeneas Silvius Piccolomini als Publizist*(Stuttgart, 1939), 82, lines 418ff;见下文注 212。

体的头。卢卡斯·德·佩纳通过对等替换（*quid pro quo*）的方法，不仅将君主和主教比作国家和教区的丈夫，还把君主比作了基督。事实上，这位法学家非常清楚地建立起了这种平行关系，他这样说：

> 正如基督将一个生来与其相异者，即外邦人组成的教会，作为配偶与自己联合……君主也是一样，将国家这个与其相异者，作为妻子（*sponsa*）与自己联合……⑥⑨

于是，丈夫和妻子，基督与教会，这个庄重的意象就从属灵领域转移到了世俗领域，并按照法学家的需要加以改编，用于定义[217]君主与国家之间的关系——这个国家，作为一个奥秘或政治之体，构成一个具有自身权利的实体，独立于国王，享有区别于国王的财产。卢卡斯·德·佩纳对君主的"道德与政治婚姻"（*matrimanium morale et politicum*）进行了扩展，其目的是要证明一项基本法则：国库财产的不可让渡性。⑦⑩因此，非常相宜地，他就将国库解释为新娘国家（bridal *respublica*）的嫁妆，并解释说，丈夫仅仅有权使用妻子的财产，但不可让渡。他进一步将新郎新娘在婚礼上交换的誓言与国王和主教在祝圣礼上的誓言并列，在后者中，这两方的显贵各自承诺了不让渡属于国库及教会的财产。⑦①

---

⑥⑨ Lucas de Penna, *loc. cit.*："Amplius sicut Christus alienigenam, id est, gentilem ecclesiam sibi copulavit uxorem…, sic et princeps rempublicam quae, quantum ad dominium, sua non est, cum ad principatum assumitur, sponsam sibi coniungit…"（同引文）Lucas de Penna 在这里引用了 c. un., C. xxxv, qu. I, ed. Friedberg, I, 1263（Gratian's commentary on Augustine, *Civ. Dei*, xv, c. 16）。

⑦⑩ 见下文第七章关于"不可让渡性"。

⑦① Lucas de Penna, *loc. cit.*, n. 9, p. 564："Nam aequiparantur quantum ad hoc etiam iuramentum super his praestitum de alienatione facta non revocando episcopus et rex. Ita et principi alienatio rerum fiscalium, quae in patrimonio imperii et reipublicae sunt et separate consistunt a privato patrimonio suo, iuste noscitur interdicta. Ita et fortius non potest princeps fiscalem rem alienare quae plus est in bonis reipublicae quam actio iniuriarum in bonis ecclesiae.… Nam et fiscus est pars reipublicae.…"（在有关既成让渡不可撤销方面所起的誓言上，主教与国王是可作并列的。这样，对君主而言国库财产的转让——那是皇权和国家的产业并截然区分于他的个人产业，被恰当地认为是禁止之事。这样君主不能大胆地让渡国库财产——这在好的国家里是多的，就像不公正的法案在好的教会里[也不能让渡财产]……因为国库是国家的一部分。）在此基础上，（转下页注）

在此提到亚里士多德将婚姻比作"政治性"治理（"political" government）的重要性可能略低，他认为男人对子女所拥有的权力类似于一种"王权的"治理。卢卡斯·德·佩纳或许想起过这个特别的段落，也或许没有；⑫不过，无论如何都不应低估亚里士多德对他的影响。卢卡斯·德·佩纳所作法学类比和比附的真正意义，需要向别处寻找。他关于君主与国家之间关系的模型是——在［218］格拉西安《教会法汇要》的基础上——主教与其地方教会之间的关系乃是模仿基督与普世教会之间的关系。教会是超越个人的、集体性的基督身体，基督同时是这个身体的头和丈夫，国家则构成了精确的平行，国家是超越个人的、集体性的君主的身体，君主同时是这个身体的头和丈夫——"君主是国家的头，国家是君主的身体"。换句话说，这位法学家将通常用于解释基督与教会之间关系的，最为重要的社会性、机体性和合众性元素——即，基督是教会的新郎，是奥秘之体的头，也是奥秘之体本身——转移到了君主和国家的身上。

尽管这种政治神学在我们看来可能觉得奇怪，但这并非卢卡斯·

（接上页注）Lucas de Penna 接着将国库等同于国家的嫁妆（*dos*）。自然，"彼得的产业"（*patrimonium Petri*）就表现为教宗的妻子，即罗马教会的嫁妆；参见，例如 Oldradus de Ponte, *Consilia*, LXXXV, n. 1(Lyon, 1550), fol. 28ᵛ，警告在阿维尼翁的教宗"ut sanctitas vestra revertatur ad sponsam…et reparet suum patrimonium et suam dotem, quae multipliciter est collapsa."（这样你的神圣性转向配偶……她重新获得她的产业和嫁妆，这些在多方面是重合的。）关于基督与教会属灵婚姻中的嫁妆问题，参见 Aquinas, *Summa theol.*, Suppl. III, qu. xcv, art. 1 and 3；取得这个嫁妆的困难尤其之大，是因为，按照阿奎那指出的(art. 1, ad 2)："pater sponsi(scilicet Christi) est sola persona Patris; pater autem sponsae est tota Trinitas"（新郎［基督］的父亲是父的唯一位格；然而新娘的父亲是整个三位一体。）；另外，当然由于与"奥秘之体"的同一性，基督"nominat se etiam sponsam, et non solum sponsum"（不仅命名唯一的新郎，甚至［也命名］他的新娘）(art. 3, ad 3)。

⑫ Aristotle, *Polit.*, 1259a; Aquinas, *In Polit. Arist.*, I, *lect.* x, § 152, ed. Spiazzi, 47f：
"Vir principatur mulieri politico principatu, id est sicut aliquis, qui eligitur in rectorem, civitati praeest."（丈夫以政治的统治来统治妻子，这就像一个人被选为统治者后管理国家。）此外，亚里士多德还讨论了专制与父权制的治理。或许当 Lucas de Penna, *loc. cit.* 加上："Praelatus quoque et vir non nisi per electionem assumitur, sicut et princeps"（主教也和丈夫一样只通过选举来接受任命，君主也如此）时，心里想着这段话。

德·佩纳一人智慧的结果。"奥秘之体"的类比用来澄清政治体的诸等级(estates)与国王之间的关系，而婚姻的比喻则用于描述国库的独特性质。所以，这类比较就不只限于卢卡斯·德·佩纳，尽管必须承认，他的论证到后来产生了意想不到的巨大影响，尤其是在 16 世纪的法国，奥秘之体的类比和国王与王国结成婚姻的比喻与法兰西王国的基本法(fundamental laws)联系在了一起。

将国家比作"奥秘之体"在法国的根源很深。它从属于法国王权的神秘主义传统，该传统肇始于查理五世时期，同时又以各等级的神秘主义与王家神秘主义作对冲平衡(counterbalance)。例如，巴黎大学校长让·热尔松(Jean Gerson，1363-1429)只要谈到国家表现为三等级的机体性结构，就会常常提到法国的奥秘之体。他重复了一种惯常的论辩，宣称正如在自然身体上，所有肢体都会尽自己的力来保护头，在"奥秘之体"中也是如此，所有臣民都有责任保卫他们的主人；[73]他警告人们，要满足于[219]自己的身份，因为否则"公共事物的奥秘之体的秩序就会颠覆"(*l'ordre du corps mystique de la chose publique seroit tout subverti*)；[74]另一方面，他主张为保卫国王的缘故收税，王国应当在"整个奥秘之体"(*totum corpus mysticum*)中公平分配税额；[75]涉及三等级时也差不多，当时他在一封信中谈到王太子的教育，他请这位年轻的君主思考："您拥有第一等级[骑士]那坚强的臂膀来保卫您的奥秘之体，即王家政治体(royal polity)"——这里将君主等同于政治之体或奥秘之

⑦③ Carl Schäfer, *Die Staatslehre des Johannes Gerson* (Cologne diss. , 1935), 55, n. 86, quoting *Vivat rex*, in Gerson, *Opera omnia*, ed. Ellies du Pin(Antwerp, 1706), IV, 597B/C:"Secundum quod per naturalem instinctum omnia membra in uno solo corpore sese exponunt pro capitis salute, pariformiter esse debent in corpore mystico verorum subditorum ad suum dominum."(就像因为自然本能，在同一个身体上的所有肢体会保卫头的安全，在真正的被统治者的奥秘之体中他们也应该同样保卫他们的主。)

⑦④ Schäfer, 58, n. 101, quoting the oration of 1413, *Rex in sempiternum vive*, in *Opera*, IV, 676.

⑦⑤ Schäfer, 53, n. 77, quoting *Vivat rex*, in *Opera*, IV, 616C/D:"Postquam necessarium est ad protectionem et vitae civilis, regis et regni nutritionem et conservationem accipere et levare subsidia, id in bona aequalitate aut aequitate per totum corpus mysticum fieri debet."(其后为了保存公民的生命，有必要接受国王和王国的奉养和保存并且征收税供，它(征税)应该平等和公正地分配在整个奥秘之体中。)

体,这绝非常规,但令热尔松得以很快赋予国王,虽非两个身体、却至少是两个生命,一个是"自然的",而另一个是"国政的或政治的"。⑦

让·德·特雷·鲁日(Jean de Terre Rouge, ca. 1418-1419)是一位法国法学家,极力支持太子(查理七世)继承法国王位的权利,他也是一名坚定的宪制主义者(constitutionalist)。他也类似地将"奥秘之体"与三等级联系在一起。他论辩说,王位继承权是由古老惯例确立的,通过三等级"以及王国整个国政或奥秘之体"(the whole civic or mystical body of the realm)的同意而引入。他指出,王国的王家或世俗尊荣(royal or secular dignities)并不是由私人所有,而是公共的,因为它们归属于"王国的整个国政或奥秘之体",正如教会[220]的尊荣乃是属于教会所有;因此,国王不可任意处置王位的继承。⑦路易十二政府中的

---

⑦ *Opusculum de meditacionibus quas princeps debet habere*, c. 2, ed. Antoine Thomas, *Jean de Gerson et l'éducation des Dauphns de France*(Paris, 1930), 37:"Habes illos de primo statu tanquam brachia fortissima ad corpus tuum misticum, quod est regalis policia, defendendum."(你首先将他们视为保护你的奥秘之体的最有力的肢体,[你的奥秘之体]是王室政体,应该被保卫。)Gerson 在这里采用了王太子独白的形式。关于国王的"两个生命",参见 Gerson, *Vivat rexi*, II, prol., in *Opera*, IV, 592:"De secunda Regis vita verba faciemus, civili videlicet et politica, que status regalis dicitur aut dignitas. Estque eo melior sola vita corporali, quo ipsa est diuturnior per legitimam successionem."(关于国王的第二次生命我们会这样说,当然是公民的、也是政治的,可以被称为王室身份并且是尊荣。在多大程度上这[生命]通过合法王位继承[比肉身的单一生命]要长,在同等程度上,它比肉身的单一生命要好。)另参 *Vivat rex*, I, consid. iv, in: *Opera*, IV, 591:"Pater post naturalem, aut civilem, mortem in filii sui adhuc vivit persona"(父亲,在自然的和公民的死亡之后,在他儿子的人格中继续活着。)(国王"国政上的死亡"会发生在,例如,因精神问题丧失能力而退位的情况下,1405 年就真的发生了,因为查理六世发疯了,当时热尔松正在撰写他的这本书)。实际上,热尔松貌似还加上了第三种即属灵的生命;因为在这本书的致谢中,他坚决表示:"Vivat[rex]corporaliter, vivat politice et civiliter, vivat spiritualiter et indesinenter."(但愿国王在身体上万岁,在政治上、作为公民万岁,但愿他在属灵上万岁,永远活着。)

⑦ Jean de Terre Rouge, *Tractatus de iure futuri successoris legitimi in regiis hereditatibus*, I, art. 1, conclusio 24, published as an Appendix of François Hotman, *Consilia* (Arras, 1586), p. 34:"Consuetudo...fuit et est introducta ex consensu trium statuum et totius corporis civilis sive mystici regni[follow allegations from the *Decretum*, including c. 24, D. XCIII:'exercitus imperatorem faciat,' rendered by Terre Rouge:'exercitus populi facit *regem*, sive imperatorem']...Praeterea dignitates regiae sunt totius corporis civilis sive mystici regni: sicut dignitates ecclesiasticae sunt ecclesiarum."(习惯……曾经是、现在也是从三个等级和整个公民体或者奥秘之国的共同同意中引导出来[接着是引用(转下页注)

一名法学家克劳德·德·塞瑟尔(Claude de Seyssel)也使用了与让·热尔松类似的措辞,他警告说,除非每一个等级的臣民都对自己的境遇感到满意,否则结果可能会是"君主国的崩溃和这个奥秘之体的消解"。⑦⑧16 世纪末,一位特立独行的法学家居伊·考基(Guy Coquille)花了许多篇幅谈到,国王是头,三等级是肢体,他们"一同构成了(王国的)政治和奥秘之体"。⑦⑨

在这里,与别处一样,我们发现,在机体论的"政治和奥秘之体"概念中,依然活跃着限制国王绝对主义的宪制主义力量。1489 年,当巴黎高等法院,即法国的最高法院,反抗查理八世的枢密院提出的要求时,这一点表露无遗。高等法院是一个以国王为头的身体,人员组成包括 12 名高级贵族、大法官、4 名法院院长、少数官员和顾问、以及一百名其他成员(据说是遵照罗马元老院的范例)。当时高等法院拒绝介入,并宣称自己是"一个由教俗人士组成的奥秘之体……代表了国王的人格"(un *corps mystique* meslé de gens ecclésiastiques et lais...representans la personne du roy),因为这间王国的最高法院代表了"法兰西王国的至高正义,[221]国王本人真正的王位、权柄、威严和尊荣"。⑧⑩当然,这个

(接上页注)《教会法汇要》的说法,包括 c. 24, D. XCIII:"群众确立君主",Terre Rouge 写作:"人民群众确立国王或者君主"]……因为王室的尊荣是属于整个公民体或者奥秘王国的:同样教廷的尊荣是教众的。See, for Terre Rouge, A. Lemaire, *Les lois fondamentales de la monarchie française d'après des théoriciens de l'ancien régime* (Paris thesis, 1907), 58; J. M. Potter, "The Development and Significance of the Salic Law of the French," *EHR*, LII (1937), 244; Church, *Constitutional Thought*, 29, n. 20; 另参 Hartung, "Krone," 29, n. 3; Jean Comte de Pange, *Le roi très chrétien* (Paris, 1949), 427f.

⑦⑧ Church, *Constitutional Thought*, 34, n. 36.

⑦⑨ Guy Coquille, *Les oeuvres* (Paris, 1666), I, 323, quoted by Church, 278, n. 16:"Car le Roy est le Chef, et le peuple des Trois Ordres sont les membres, et tous ensemble sont le corps politique et mystique...."(因为国王是头,三个等级的人民是肢体,全部一起就是政治与神秘之体。)Coquille 坚持传统的机体论解释:"Cette distinction des Trois Ordres au corps politique a correspondance à ce qui est du corps humain qui est composé de trois principales parties...qui sont le cerveau [Clergy], le coeur [Nobility] et le foye [Third Estate]."(三个阶层的区分符合人的身体的三个主要部分,即头脑[圣职人员],心[贵族人士]和信仰[第三个阶层]。)

⑧⑩ Dr. R. E. Giesey 提示我注意了 The Remonstrance of 1489, published by Édouard Maugis, *Histoire du Parlement de Paris* (Paris, 1913), I, 374.

观念表示,国王和他的枢密院不能与最高法院(Parlement)对抗,因为这个"奥秘之体"代表了——甚或等同于——国王的人格(person)。

在设限制方面,法国法学家也同样使用了国王与国家结婚的比喻;因为这个比喻孕育了另一项国家的基本法,国库的不可让渡性。在这一点上,法国著者直接或间接地受到了卢卡斯·德·佩纳的很大影响。弗朗索瓦一世时期的查理·德·格拉萨伊(Charles de Grassaille)逐字重复了卢卡斯的程序,把国王称为"国家的丈夫"(*maritus reipublicae*),也提到国王依照教士与教会结婚的模式缔结"道德与政治的婚姻"(*matrimonium morale et politicum*)。[31]他,还有其他人——勒内·肖邦(René Choppin)、弗朗索瓦·霍特曼(François Hotman)、皮埃尔·格雷高尔(Grégoire),最后还包括博丹——认为,国王在与法兰西王国结婚时,就从国家那里收获了国库财产,作为嫁妆产业,而这个嫁妆是不可让渡的。[32]并且,法学家们甚至还可能造成了法国国王加冕仪式中一

---

[31] Charles de Grassaille, *Regalium Franciae libri duo*, I, ius xx(Paris, 1545), 217: "Rex dicitur maritus reipublicae.... Et dicitur esse matrimonium morale et politicum; sicut inter ecclesiam et Praelatum matrimonium spirituale contrahiur.... Et sicut vir est caput uxoris, uxor vero corpus viri..., ita Rex est caput reipublicae et respublica eius corpus."(国王被称为国家的丈夫……人们称之为道德和政治的婚姻:同样在教会和主教之间属灵的婚姻被缔结。……并且如同丈夫是妻子的头,妻子是丈夫的身体……同样国王是国家的头,国家是他的身体。)整段论述的主要内容来自 Lucas de Penna;见上文注 59 和 66。关于 Grassaille,参见 Church, *Constitutional Thought*, 47ff, 57ff。可以附带说一下,自 13 世纪开始,"道德和政治"的组合就反复出现;参见,例如 Pierre Dubois, *De recuperatione Terrae Sanctae*, c. 109, ed. Langlois(Paris, 1891), 96: "moraliter et politice loquendo"(道德和政治上说)(前后的引文都是来自亚里士多德)。

[32] René Choppin, *De Domanio Franciae*, II, tit. 1, n. 2(Paris, 1605), 203: "Sicuti enim Lege Julia dos est a marito inalienabilis: ita Regium Coronae patrimonium individua Reipublicae dos"(就像是在尤利亚法中嫁妆是不可从丈夫那里让渡的:同样王室王冠的产业也是不可从国家分割的嫁妆。)(另参下文注 83). François Hotman, *Francogallia*, C. IX, n. 5(Frankfurt, 1586), 66ff: "Est enim Domanium regium quasi dos regni,"(存在王室产业,就像是王国的嫁妆)以及 "Par idemqueesse ius Regium in suum Domanium quod est viri in dotem suae uxoris,"(有关其财产的王室法律相似且类同于对男人来说有关他妻子的嫁妆的[法律]。)引用了 Lucas de Penna(*Francogallia* 初版于 1567 年,不过当时没有第九章). 参见 Lemaire, *Lois fondamentales*, 100, 关于婚姻的比喻,以及 93, n. 2,关于各种版本(另参 99, n. 2)。Pierre Grégoire, *De Republica*, IX, 1, 11(Lyon, 1609; first published in 1578), 267A; 君主是"国家的丈夫"(*sponsus reipublicae*),而国库是"所支付的嫁妆"(*dos pro oneribus danda*)。关于 Bodin(*De republica*, VI, 2, n. 641)以及其他人,参见 Vassalli, "Fisco," 198, nos. 3-4, and 201。

个实际的变化。格拉萨伊在 1538 年撰写了他的巨著《论法兰西的王权》(*On the Regalian Rights of France*)。⑧[222]1547 年法国的亨利二世继位，我们第一次在一份《法兰西加冕礼仪规程》中发现了在授予戒指前有一段几乎是法学性质的措辞，提到以这枚戒指"国王庄重地迎娶他的王国"(*le roy espousa solennellement le royaume*)。⑧1594 年《规程》的说法更清楚，表示国王在祝圣之日迎娶了他的王国，目的是与臣民不可分离地联结在一起，这样他们就可以像夫妻那样彼此相爱，同时沙特尔主教向国王呈上戒指"作为双方联结在一起的标记"(*pour marque de ceste reciproque conjonction*)。⑧ [223]这是经过改造的奚普利安以及格

---

⑧ 上文注 81。基本上可以说，Grassaille 并不是第一个诉诸于 Lucas de Penna 程式的人，因为后者的作品在 16 世纪的法国重印不少于 6 次，从 1509 年巴黎版开始；参见 Ullmann, *Lucas de Penna*, 14, n. 2. 实际上，国王在巴黎高等法院的代理人 Master Jacques Cappel 在 1536 年的一份答辩状中就使用了 Lucas de Penna 的比喻，后来又被 Pierre Dupuy, *Traitez touchants les droits du Roy*(Paris, 1655), 275 引用："…par les droits commun, divin et positif le sacré patrimoine de la Couronne et ancien domaine du Prince ne tombe au commerce des hommes, et n'est convenable à autre qu'au Roy qui est mari et époux politique de la chose publique, laquelle luy apporte à son Sacre et Couronnement ledit domaine en dot de sa Couronne, lequel dot les Rois à leur Sacre et Couronnement iurent solennellement ne iamais aliener pour quelque cause que ce soit, comme aussi il est inalienable."(在公法、神圣的法律和实证法中，王权的遗产和王子的主权不等于是一种人的替换，只能这样理解：国王是公共政治事务的丈夫，而国家在国王的加冕礼交给国王嫁妆，而在神圣的加冕礼国王发誓他不会在任何条件下放弃这个嫁妆，因为它是不可让渡的。)参较 *Plaidoyez de feu maistre Jacques Cappel*(Paris, 1561), p. 11. 很容易就可以看出其中有 Lucas de Penna 的论辩，并且，没有必要假设，这段话不可能写在法国加冕礼"授予戒指"一节修改之前（见注 84—85）。

⑧ Th. Godefroy, *Le Cérémonial de France*(Paris, 1619), 348. 查理五世的加冕礼规程趋势借用了主教的祝圣礼，设置了"戒指的祝福"环节；参见 *The Coronation Book of Charles V of France*, ed. E. S. Dewick(Bradshaw Society, XVI, London, 1899), 33(参较 p. 83). Schramm, *König von Frankreich*, I, 238f(参较 II, 117), 认为这种从主教仪式中的借用，本身就暗示国王与国家之间的婚姻。不过，主教"授予戒指"中最重要的措辞(*sponsam Dei…illibate custodias*)并没有出现；还有，法学家们在很早的时候就开始使用这个意象，在法国的《加冕规程》中首次发现这个比喻则是 1547 年。主教祝圣礼中授予戒指时的祷告也有自己的历史，不过此处无关。见上文注 54。

⑧ Godefroy, *Cérémonial*, 661:"ANNEAU ROYAL: Parce qu'au jour du Sacre le Roy espousa solennellement son Royaume, et fut comme par le doux, gracieux, et amiable lien de mariage inseparablement uny avec ses subjects, pour mutuellement s'entraimer ainsi que sont les epoux, luy fut par le dit Evesque de Chartres presenté un anneau, pour marque de ceste reciproque conjonction."(皇家戒指：因为在加冕的那一天，国王隆重地(转下页注)

拉西安《教会法汇要》中的意思——国家在国王里面,国王在国家里面;臣民归并在国王里面,国王也在臣民里面。[86]难怪,当法学家之一的勒内·肖邦写道"国王是国家的奥秘的配偶"时,教会的奥秘之体、嫁给神圣丈夫的理论,就又绕回到了原地。[87]

在中世纪英格兰,婚姻的比喻几乎完全不存在,尽管在詹姆斯一世向议会所作的第一次演讲中,他说:

> "上帝所配合的,人不可以分开。"我是丈夫,这全岛是我合法的妻子;我是头,它是我的身体;我是牧人,它是我的羊群。[88]

(接上页注)迎娶了他的王国,正是通过这种温柔、亲切和愉快的婚姻关系,国王与他的臣民们不可分离地在一起,为的是能够互相帮扶,并且臣民们也是配偶,沙尔特的主教把戒指呈现给他,这是这场联姻的标志。)祷告文之后的措辞说,同一位主教"mit le dit anneau, duquel le Roy espousoit son Royaume, au quatriesme doigt de sa main dextre, dont procede certaine veine attouchant au coeur."(把那个戒指戴到他右手第四个指头上,国王以此就迎娶了他的王国,由此而生的情愫触碰着心灵。)关于最后一点涉及佩戴戒指的无名指的问题,参见 Grantian's *Decretum*, c. 7, C. XXX, qu. 5, ed. Friedberg, I, 1106。在此后的时代可以频繁发现提到这个婚礼;参见,例如 *Recueil des anciens lois françaises*, ed. Isambert, Taillandier, and Decrusy(Paris, 1829), XV, 328, No. 191,亨利四世在(1607年的)关于他的纳瓦拉私产归并入王位的诏令中,说到前任诸王"ils ont contracté avec leur couronne(!) une espèce de *mariage* communément appellé*saint et politique.*"(他们与他们的王权订立了一种婚姻,一般来说被称为神圣的和政治的婚姻。)补遗——我要感谢 Ruth M. Cherniss 的提示,使我注意到路易十六有一个有趣的评论,可能反映了法国国王"圣徒与政治"的婚姻。Saint-Simon, Mémoires, ed. Gonzague Truc(Pléiade edition, Paris, 1953), IV, 1069, Ch. 58,记载了路易十六对出于王室正统血脉和庶出君主的区分:"Il considéra les premiers[les princes du sang]comme les *enfants de l'État et de la couronne*..., tandis qu'il chérit les autres comme les enfants sortis de ses amours"(他把首要的人[有血统的王子们]看作是国家和王冠的孩子们……而他也珍爱其他人,像是出于他的爱情的孩子们)。

[86] 见上文注 60,64—66。

[87] Choppin, *De Domanio Franciae*(上文注82), III, tit. 5, n. 6 p. 449;"Rex, curator *Reipublicae* ac *mysticus...ipsius coniunx.*" 这个理论也以另一种方式转了回来。法学家们赋予教宗在教会国中的国库和其他权利,认为他是"这个暂时的国度的丈夫"(*huius reipublicae temporalis maritum*),尽管他在其他方面,在属灵上,仍然是"教会的丈夫"(*vir Ecclesiae*);参较 Vassalli,"Fisco," 209,引用 Cardinal de Luca。

[88] *Parliamentary History of England*(London,1806), I, 930.

不过，对于"奥秘之体"的理论，英国倒是非常熟悉的。兰开斯特时期英格兰最伟大的法学家，约翰·福特斯鸠爵士(Sir John Fortescue)毫不犹豫地谈论王国的"奥秘身体"。他在《英国法礼赞》(*De laudibus legum Angliae*)中阐述自己政治理论的精华，在其中一个重要的章节中，福特斯鸠讨论了"以政治的方式"(politically)进行统治——亦即，按照亚里士多德的术语，由王国的整个政治之体进行统治——的诸王国的起源，并与法国这类"以王政的方式"(regally)统治——即由国王一人统治——的王国形成对立。⑧⑨他写道，如果有一人民(a people)，希望将自己设立为一个[224]王国或任何其他政治体(body politic)，就必须要设立一个人负责治理整个身体，即一位国王。福特斯鸠尝试诉诸于惯常的权宜之计，即社会与人体之间的类比，来证明这一点的必要性：

> 正如人的身体由胚胎发育而来，受一个头的管治，王国也是从人民生长而出，作为一个奥秘之体而存在，由一个人做头来统治。

在另一处，福特斯鸠将人体的心脏和神经比作政治体的结构性系统。他将人体中的神经与国家法律等同起来，这样说：

> 法律使得人的群体(*cetus hominum*)变作了一个人民(*populus*)，就好像是人体上的神经；因为正如身体是由神经联系在一起，[人民]这个奥秘之体也是通过法律才联系在一起、成为一个整体。⑨⑩

---

⑧⑨ Fortescue, *De laudibus*, c. XIII, ed. Chrimes, 30, 17；另参 Chrimes 的评论："这是福特斯鸠作品中最著名的一章。"当然，福特斯鸠对于法学家"比附"世俗与教会制度的方法非常熟悉；参见，例如 *op. cit.*, c. VIII, ed. Chrimes, 22, 在其中他将"教会的奥秘"(*misteria ecclesie*)与"英国法的奥秘"(*misteria legis Anglie*)对照起来，警告君主不要试图"检查法律的誓金"(*legis sacramenta scrutare*)，那是受过法律科学训练的职业法学家的工作(参较 cc. III and VII, pp. 6ff, 18f)。这就是科克在 1608 年引用时，引起詹姆斯一世大怒的论辩；参见 Coke, *Reports*, XII, 63ff(Case of Prohibitions)。

⑨⑩ *De laudibus*, c. XII, ed. Chrimes, 28. 关于 cetus, populus, corpus 的不同阶段，最终的源头是亚里士多德，参见 Vincent of Beauvais, *Speculum doctrinale*, VII, c. 7 (Venice, 1494), fol. 91ʳ。

福特斯鸠将奥秘之体看作是人类社会的最后一个完美阶段,在他的论述中,一个人类社会从简单的群体(cetus)开始,然后取得"人民"的地位,最终发展为王国的"奥秘之体",这个身体尚不完整,还缺少一个头,那就是国王。

福特斯鸠将"奥秘之体"一词用于政治事务并不是孤例。在 1430 年议会的开幕式上,法学博士、牛津大学神学教授,后来的圣·戴维斯主教,以《坎特伯雷教省法规》(Provinciale)闻名的林德伍德的威廉(Master William of Lyndwood),于讲道后发表了常常是界定会议精神的演说。他解释了王国机体性的统一性,并将其比作人的身体和肢体,并且,提到了意志的统一和彼此的爱,提到了"奥秘之体"。[91]这两位法律家,林德伍德和福特斯鸠,都混杂地使用了[225]"政治之体"(corpus politicum)和"奥秘之体"(corpus mysticum)的措辞,并没有作清晰的区分。在这个世纪的另一位议会鼓吹家,林肯主教兼英格兰大法官,约翰·罗素(John Russell)那里,情况也是如此。在 1483 年议会召开时所作的讲道中,他谈到了英格兰的政治体(the body politic of England)是由三个等级加上"君尊之主,国王"(sovereign Lord, the King)作为其头而构成的。他引用哥林多前书 12∶12 的经典经文,[92]将王国的政治体比作各肢体各尽其职的自然身体,说:"在由人民的聚集而构

---

[91] *Rot. Parl.*, IV, 367;议长"causam summonitionis eiusdem Parliamenti...egregie declaravit."(宣布议会召集的原因是不同寻常的。)这是通常的程序:"Post praedicationem debet cancellarius Angliae...vel alius idoneus, honestus, et facundus justiciarius vel clericus... pronuntiare causas parliamenti, primo in genere, et postea in specie."(在宣言之后英格兰御前大臣……或是其他合适、诚实并善言的法官或教士……应该宣布议会的原因,首先是属类,其次是种类。)参见 *Modus Tenendi Parliamentum*, in Stubbs, *Select Charters*, 503. Lyndwood 遵守了这个做法;他按照历代志下 22 讲道:"Firmabitur solium regni eius."(他的王国的王位将会稳固。)然后他讨论了王国的"三而一的统一体"(*triplex unio*):"unam...collectivam, ut in rerum mobilium congerie et congregatione; alteram...constitutivam, ut in corpore humano diversorum membrorum annexione; et tertiam consentaneam, ut in cuiuslibet *corporis mistici* unanima voluntate et dilectione."(一是……集合的,在流动事物的集合或集体中;二是……宪政的,在与不同肢体连接的人的身体中;还有第三方面,在与任何奥秘之体和谐一致的意志与爱中)关于 William of Lyndwood,参见 Maitland, *Roman Canon Law in the Church of England*(London, 1898); Arthur Ogle, *The Canon Law in Mediaeval England*(London, 1912).

[92] 见上文注 6。

成的奥秘或政治之体中也是如此。"⑨在另一份讲章草稿中，他重复了论到人民的"奥秘或政治之体"(mystical or political body)的措辞，⑭并且偶尔还评论说，这个"伟大的英格兰公共之体[乃是]国王本人、他的宫廷和他的咨议会所在之处"。⑨

我们在皇帝和教宗使用的措辞中发现了相似性：帝国就是皇帝所在之处；"奥秘之体"就是教宗所在之处。我们也想起法国的宪制主义者，想起 1489 年的《谏议书》(Remonstrance)以及居伊·考基的论断；因为约翰·罗素主教特地给"国王"一词加上了"他的宫廷和他的咨议会(council)"。⑨也就是说，英格兰的政治、奥秘、或公共之体(body politic, mystic, or public)并不是单单由国王或头来界定的，而是由国王与咨议会和议会一起来界定。这个"复合"身体的概念，以及相伴的"复合"权威，在当时并不是全新的概念。⑨早在 1365 年，爱德华三世的一名法官就说"议会代表了整个王国的身体"。⑨尽管[226]我们不应以后知之明的方式，认为这个论点表示英国宪政主义源远流长，但这个概念的痕迹俯拾皆是乃是不争的事实。⑨例如，类似的观念曾经令沃尔特·伯里(Walter Burley)这样的哲学家在为亚里士多德《政治学》所作的注

⑨ Chrimes, *Ideas*, 180, 重新编辑了这篇讲章, first published by John Gough Nichols, *Grants from the Crown during the Reign of Edward the Fifth*(Camden Society, LX, London, 1854), p. li.

⑭ Chrimes, *Ideas*, 185; Nichols, *Grants*, p. lviii.

⑨ Chrimes, *Ideas*, 175, 另参 332, n. 6; Nichols, *Grants*, p. xlvi.

⑨ 见上文注 34 以下，以及，关于法国的理论，见注 79 以下。

⑨ B. Wilkinson,"The 'Political Revolution' of the Thirteenth and Fourteenth Centuries in England," *Speculum*, XXIV(1949), 502-509, 小心翼翼地走过在宪政方面真的是"黑暗世纪"的一路。事实上，他称为"复合"主权的东西看起来无法与"国家的机体性合一"相分离(p. 504, n. 8)，这种坚忍使得英格兰免于向大陆上发展起来的"抽象国家"概念屈服。

⑨ *Year Books*, 39 Edward III, f. 7a, quoted by Maitland, *Sel. Ess.*, 107; 另参 McIlwain, *Constitutionalism*, 89, n. 32; Wilkinson, *op. cit.*, 504, nos. 14-15. 根据 *Modus*, ed. Stubbs, *Select Charters*, 503, 国王是"议会的头，始和终"(caput, principium, et finis parliamenti)，并由此单独构成议会的"首要等级"(primus gradus)(*Modus* 区分了六个等级)。

⑨ 有人可能会想到 *Fleta*, II, c. 2:"habet enim rex curiam suam in consilio suo in parliamentis suis."(国王在他的议会的咨议会中设立御前会议。)我同意 Wilkinson(*op. cit.*, 504, n. 13)，认为不能仓促接受这些话暗示了"国王与贵族在国家中行使主权"。重要的新观点见 Gaines Post,"The Two Laws and the Statute of York," *Speculum*, XXIX(1954), 417-432。

释(约 1338 年)中偏离阿奎那和奥维涅的彼得(Peter of Auvergne)的官方解释,插进一句"'大写国王'(the King)由许多人构成,包括有权力者和智慧者"(也就是说,国王与议会上下院),他们被传召到议会,"处理困难的事务",又提到他们"在国王里面,与国王一同统治",sicut hodie patet de rege Anglorum——"今日就表现为与英国国王[爱德华三世]相关".[100]

所有这些最终汇集成为福特斯鸠著名的定义,将英格兰界定为一种"王制和政制的统治"(dominium regale et politicum),表示一种不是由国王单独统治、而是由国王和政治体共同为国家承担责任的治理方式。福特斯鸠从阿奎那未完成著作《论君主政制》(De regimine princi-pum)的续作中借用了这个著名的程式,这一借用可以视为亚里士多德政治思想的产物。这位续作者,卢卡的托罗梅奥(Tolomeo of Lucca),认为这诸种原型来自于罗马帝国时期的政制形式("取了政制与王制政府之间的中点"——medium tenet inter politicum[227]et regale)以及在以色列中以上帝为君王、由士师施行统治的治理方式。福特斯鸠,尤其是在他最早的著作中,大胆地证明这种理想的"王制和政制的统治"有了第三次的实现,即,在英格兰。因为英格兰符合以色列和罗马的神圣模范。在福特斯鸠看来,相比于仅仅"以王制的方式"(regally)施行统

---

[100] S. Harrison Thomson, "Walter Burley's Commentary on the *Politics* of Aristotle," *Mélanges Auguste Pelzer*(Louvain, 1947), 577:"et adhuc in regno multitudo constituta ex rege et proceribus et sapientibus regni quodammodo principatur. Itaque tantum vel magis principatur huiusmodi multitudo quam rex solus, et propter hoc rex convocat parliamen-tum pro arduis negociis expediendis. "(至今在王国中由国王、贵族以及王国的智者组成的多数人统治。如此组成的多数人而不是国王单独一个人统治,因此国王召集议会以处理困难事务。)并且,此后,在提出传统的亚里士多德式论证时,Burley 间接提到了爱德华三世:"In optima enim policia...quilibet diligit gradum suum et contentus est, et quilibet vult singularem honorem, regit, et videtur sibi *quod in rege et cum rege conregnat*, et propter intimam dileccionem civium ad regem est intima concordia inter cives, et est reg-num fortissimum sicut hodie patet de rege Anglorum.... "(在最好的政治体中……任何热爱并满意于他的等级、任何想要特出的荣誉的人[都]统治,他认为他在国王之中与国王一起统治,出于公民对国王内在的爱,在公民之间存在着内在的和谐,这是最强大的王国——就像今天关于英国国王所表现的那样。)关于 Thomson 引用的这段,比较 Aqui-nas, *In Polit. Arist.*, §473, ed. Spiazzi, p. 167。

治的法国国王,英国国王绝对是以政治体为中心的(polity-centered)。不过,反之亦然,政治体本身,或者说王国的奥秘之体,如果没有国王为其头也不能存在。[100]

英国这种由整个政治体统治的政府形式,引发了一种独特的在世俗和教会制度之间作类比的风格。我们所习惯的,是一种指向君主的半神学性神秘主义,但在英格兰,让人困惑的是,类似的属性乃是指向议会。1401 年,在议会闭会之前,下议院议长认为可以将王国的政治之体比作三位一体:国王、属灵和世俗贵族、以及平民,共同构成了一种在合一中的三一和在三一中的合一(a trinity in unity and unity in trinity)。在同一场合,这位议长还把议会的程序比作举行弥撒:在议会开幕仪式上宣读新约书信和解释圣经类似于在献祭礼仪之前的开始祷告和仪式;国王就保护教会和遵守法律所作的承诺好像弥撒献祭;[102]最后,议会闭会则类比于结束整个献祭礼仪的弥撒结束辞(*Ite*, *missa est*)、散会、和感恩辞(*Deo gratias*)。[103]尽管这类比较本身并不能说明太大的问题,但是,它们还是反映出了当时的思想环境,并显示出哥特盛期(high Gothic)的政治思想在何种程度上引向了对王国政治之体的神秘化处理。[228]并且,将国王、贵族和平民与三位一体作类比,也可以作为一个额外的证据,证明当时已经存在一种相对清晰的关于权威"复合"性质的观念,即在英格兰不是国王一人,而是国王与贵族和平民共同构成王国的"奥秘之体"。[104]

在中世纪英格兰似乎没有把国王一人当作"奥秘之体"的做法,尽

---

[100] 关于福特斯鸠和阿奎那,参见 A. Passerin d'Entrèves,"San Tommaso d'Aquino e la costituzione inglese nell' opera di Sir John Fortescue," *Atti della R. Accademia di Torino*, LXII (1927), 261-285,基础性的研究见 Felix Gilbert,"Sir John Fortescue's 'Dominium regale et politicum,'" *Mediaevalia et Humanistica*, II(1943), 88-97, esp. 91ff,讨论了关于这个主题的文献。

[102] 关于法律与献祭的联系,见上文第四章注 91-92。

[103] *Rot. Parl.*, III, 459, §32(与三位一体比较), and 466, §47(与弥撒比较);Chrimes, *Ideas*, 68f. 关于议会的比较有时候相当好玩。例如,Bishop Henry of Winchester 在 1425 年的议会讲道中将国王的咨议会顾问比作大象,因为他们应该"没有痛苦、坚定、又博学强记"(sine felle, inflexibilis, et immensae memoriae)。*Rot. Parl.*, IV, 261.

[104] 关于这一点,参见 Chrimes, *Ideas*, 116,另参 332, n. 6。

管爱德华·科克爵士在 1608 年有一个页边注提到这一点：他提到爱德华四世的法律年鉴（他这样说）将国王的"政治之体"表达为"奥秘之体"。这个联系并不是很正确，因为年鉴指向的并不是国王，而是一位修院院长。[105]不过，这段文字也显示出，到 15 世纪末，合众体的诸概念在英格兰已经进展到何种程度。但是，除开少数严格的合众体性质的解释——比方 1522 年菲诺大法官（Chief Justice Fineux）宣布"国王和贵族及平民组成的议会是一个合众体"[106]——区分头和肢体的旧式机体性概念依然流行，国家的奥秘或政治之体达到了顶峰，国王只不过是身体上的头。亨利八世 1542 年对咨议会所说的，也还是这个意思：

> 朕的法官告诉朕，当朕处在议会中的时候，王家等次（estate royal）是最高的，在其中，朕是头，而你们是肢体，联合并交织在一起，构成一个政治之体（one body politic）。[107]

早些时候，在 1533 年《禁止上诉法》（*Act in Restraint of Appeals*）的序言中，表达的也是同一个意思，亨利宣布，依照各种最古老的权威，英格兰王国乃是一个帝国，

> 由一个至高的头即国王统治，他享有帝国王冠所具有的尊荣和王家等次；一个政治体，由所有种类和等级的人民构成，分为属灵界和世俗界，与他联结在一起……[108]

---

[105] 参见 Coke, *Rep.*, VII, 102(*Calvin's Case*)，引用 21 Edward IV, f.38b。见下文第七章注 312。

[106] Quoted by Maitland, *Sel. Ess.*, 107.

[107] 这段著名的话，参见 *Letters and Papers of Henry VIII*, vol. XII, p. iv, n. 3 and p. 107, No. 221；参较 A. F. Pollard, *The Evolution of Parliament*(London, 1926), 231。

[108] *Statutes of the Realm*, III, 427f; Stephenson and Marcham, *Sources of English Constitutional History*, 304, No. 74B; Maitland, *Sel. Ess.*, 107f. Coke, *The 4th Part of the Instituties of the Laws of England*, c. 74(London, 1809), 341，引用该法证明英格兰在所有时间都一直是一个"帝国"。关于这个问题，参见 A. O. Meyer, "Der Kaisertitel der Stuarts," *QF*, X(1907), 231ff，从亨利八世的皇帝头衔开始谈起(其他研究，参见 E. E. Stengel, "Kaisertitel und Suveränitätsidee," *DA*, III[1939], 46)，不过关于这个很有研究价值的主题，尚未穷尽其内容，仍然要求有一个彻底和系统的研究。

[229]在此我们依然辨认出旧式的机体性理论，这个理论长久以来都被证明是有用的，法王腓力四世在与教宗卜尼法斯八世的斗争中正是依靠这个理论使整个"高卢教会"脱离出来，并入以国王为头的法兰西祖国。现在，它又服务于亨利八世，使英国教会，亦即他的"帝国"的真正的奥秘之体，得以归并入英格兰的政治之体，而他作为国王是这个身体的头。[109]政治之体与属灵之体的混合是彻底和完全的，枢机主教波尔（Cardinal Pole）强烈地感受到了最终形成的这个混同。在一本写给亨利八世的小册子中，他说道：

> 您的全部推理得出这样一个结论，即您认为教会是一个政治之体。……天与地之间的距离有多大，政府权力与教会权力之间的距离就有多大，教会的这个身体，即基督的身体，与仅仅是属人的政治之体，二者之间的差异就有多大。[110]

在这里，两边的交界面奇异地颠倒了过来。亨利并不是把国家当成一个奥秘之体，而是把教会当成一个单纯的政治之体，因此它就构成英格兰王国的一部分。与之相反，波尔枢机徒劳地试图将超越政治的属性重新赋予教会，想要逆转[230]这个世俗化进程。然而，自13世纪以

[109] 见下文 pp. 250ff，关于腓力四世。在亨利八世时期，关于王国"政治之体"的讨论（参见 Chrimes，*Ideas*，304，332，nos. 6–8）极大地激烈起来；参见，例如 Richard Sampson，*Oratio qua docet，hortatur，admonet omnes etc.*（London，1533），fol. B^v（按照加州大学伯克利分校稀有小册子微缩胶卷页码）："Quis nescit totum regnum unum esse politicum corpus，singulos homines eiusdem corporis membra esse? Ubi nam est huius corporis caput? Estne aliud quam rex?"（谁不知道整个王国是一个政治的身体，单个的人是那个身体的肢体？哪里是这个身体的头？除了国王还有其他的吗？）参较 A. Passerin d'Entrèves，"La teoria del diritto e della politica in Inghilterra all 'inizio dell' età moderna," *R. Università di Torino：Memorie dell' Istituto Giuridico*（Ser. II，No. IV，1929），27，n. 15.

[110] "Tota tua ratio concludit te Ecclesiam existimare corpus politicum esse.... Quantum enim distat caelum a terra，tantum inter civilem potestatem et ecclesiasticam interest：tantum hoc corpus Ecclesiae quod est corpus Christi，ab illo，quod est politicum et mere humanum，differt. "（同引文。）Cardinal Pole，*Ad Enricum VIII... pro ecclesiasticae unitatis defensione*，in Juan T. Rocaberti，*Bibliotheca maxima pontificia*（Rome，1698），XVIII，204，quoted after d'Entrèves，*op. cit.*，27，n. 15.

来，"教会的奥秘之体"就早已屈从于世俗化了。

合众体理论有可能导出将整个政治体等同于其头的结论，教宗派著者已经表明了这一点，他们宣称教会的奥秘之体就在教宗所在之处。⑪后来在法国也发生了将政治体等同于君主的做法——对此让·德·特勒·鲁日和其他宪制主义者一直提出反对，⑫这类观点以类似的方式表示，头可以吞没身体，尽管，法学概念——巴尔都斯说，君主就是帝国、就是国库（*Princeps est imperium，est fiscus*）⑬——在法国可能更加重要。很有可能，在亨利八世治下的英格兰，《教会法汇要》和意大利法学家的奚普利安式程式也开始凸显出来。这个理论现在出现了一种新的改造形式，表示所有英国人都归并入国王里面，国王的个人行为和行动就构成一个已经被君主这个头所吸收的政治体的行为。不过，即便在诉诸这类程式的时候，英国法学家们，正如在 *Willion v. Berkley* 一案中所显示的，仍然要区分头和肢体，他们这样说：

> 另一个[身体]是一个政治体，其上的肢体就是他的臣民，他和他的臣民一同构成了这个合众体（Corporation）……他与他们连结（incorporated）在一起，他们也与他连结，他是头，他们是肢体，他对他们享有独一的管治（sole Government）……⑭

不过，如果仅仅依靠自身，这个合众体理论，只要仍处于原始的机体论阶段，并不会必然导致将肢体与头完全等同的结果，在中世纪英格

---

⑪ 上文注 33。另参 Gierke, *Gen. R.*, III, 596, n. 214。

⑫ 关于 Terre Rouge，见上文注 77。Church, *Constitutional Thought* 出色地展现了十六世纪法国宪政主义与绝对主义思想之间的斗争，有时候我们会怀疑，福特斯鸠令人信服的对比论证在他那个时代，究竟在何种程度上是有效的。

⑬ Baldus, on *Cod.* 10, 1, rubr., nos. 12,13,18; Gierke, *Gen. R.*, III, 596, n. 216；另参 Gierke, *Johannes Althusius*, 137, n. 47. "朕即国家"（*l'état c'est moi*）的实质（参较 Fritz Hartung, "L'État c'est moi," *Historische Zeitschrift*, CLXIX[1949], 1ff)可以追溯到很远的过去，正如 Victor Ehrenberg, "Origins of Democracy," *Historia*, I(1950), 519 最近所指出的（Aeschylos' *Suppliants*, 370ff 所说"你就是国家，你就是人民"），尽管相比于这个说法的相似性，或许更值得强调的是整体精神的深刻差异。

⑭ Maitland, *Sel. Ess.*, 108; Plowden, *Reports*, 233a；上文第一章注 13。

兰实际上也并没有如此发展。或许有人完全接受林肯主教所说的，同意他宣告英格兰的政治之体或奥秘之体就是国王、咨议会和议会所在之处；但是也有人[231]会谨慎地克制，如理查二世的状况所显示的，拒绝头吞没整个身体，正如在另一个场合我们可以听到反对将肢体与头切割开的抗议声。⑮或许，福特斯鸠将英格兰界定为一个真正的"王制和政制之国"（*dominium regale et politicum*）仍然是最为准确的描述。尽管这个表述暂时模糊不清，却仍然有其价值。经院哲学家首先提出了这个有魔力的程式，但其重要程度在英国政治思想中却远胜经院哲学。这个程式暗示，头和身体是彼此依赖的，国王在某些方面是至高的，政治体在其他一些方面也是如此。在此我们可以提出福特斯鸠的同时代人，库萨的尼古拉（Nicholas Cusanus），他在《大公信仰之和谐》（*Concordantia catholica*）中说，只有当君主承认自己"是他全体臣民集体的受造物，他才成为个别公民的父亲"，⑯这个概念后来化约为更精致的程式"君主大于个别的公民，但小于其全体"（*Princeps maior singulis, minor universis*）。⑰当福特斯鸠发展出英格兰同时是王制和政制的原理时，看起来也相当看重类似的观念。他笔下的国王既在国家政治之体之上，又在其之下，正如 13 世纪的国王同时在法律之上和之下。⑱

无论从何种观点出发进行考察，中世纪晚期的王权，在 13 世纪的危机之后，变成了以政治体为中心（polity-centered）。其连续性（conti-

---

⑮ 上文注 95。见 canon of Bridlington 的 *Gesta Edwardi* 中的惊叹（*Chronicles of the Reigns of Edward I and II*, ed. Stubbs, II, 70）："Mira res! Ecce qualiter membra a capite se disjungunt quando fit consideratio per magnates in parliamento, regis assensu minime requisito"（令人惊异的事！看肢体如何从头上割裂开，当议会的贵族提出意见时，国王的同意很少被征求。）（指 1321 年针对迪斯潘瑟家族[Despensers]采取的行动）。参见 Wilkinson, "The Coronation Oath of Edward II and the Statute of York," *Speculum*, XIX(1944), 460, n. 4。

⑯ Gierke, *Gen. R.*, III, 590; *Johannes Althusius*, 126。

⑰ Gierke, *Johannes Althusius*, 144, quoted by d'Entrèves, "La teoria," 36, n. 27；另参 Holdsworth, *History of English Law*, IV, 213, and his reference to Hooker's *Ecclesiastical Polity*, I, § 2, 7。

⑱ 除非我搞错，McIlwain 教授在 *Constitutionalism*, 89f 对比福特斯鸠与布雷克顿时，正指出了这个变化。

nuity），首先由基督提供保障，接着是法律，而现在则由国家的奥秘之体提供保障。这个身体可说是永远不死，而是与教会的奥秘之体类似，是"永恒的"。一旦教会发展出了一种具有"奥秘"性质的政治共同体概念，[232]世俗国家就几乎是被迫地要跟上这个发展——通过建立一个对照形态来作出回应。这个看法并不否认存在其他刺激因素的复杂性，并且其他因素可能甚至发挥了更大的效果：亚里士多德的原理，罗马法和教会法理论，中世纪晚期政治、社会和经济的总体发展。不过，这些因素看来都是朝着同一个方向发挥作用：使政治体变得与教会一同永恒，并将政治体——无论有无国王——带到政治讨论的中心。

无论如何，中世纪晚期的合众体问题开始削弱法律问题的主导地位以及之前时期的"法律的绝对统治"。这不是说，国王与法律的关系变得无足轻重，而是说，这个问题被"国王与政治体之关系"这个远为宽广的问题所吸收和包括。在后者，政治体本身可以宣称其就是法律，并且，依靠其内在的动力，很快发展出了属于自己的伦理和半宗教性规则——这一切都在教会之外。

三、为祖国而死(Pro patria mori)

宗教和法律性的祖国(PATRIA RELIGIOUS AND LEGAL)

以政治体为中心的王权概念，以及作为"道德、政治、奥秘之体"的国家的概念，都不能轻易地与另一个概念分开。这个概念是独立于(尽管同时)机体论和合众体原理而新创生的，那就是"作为祖国的国家"(*regnum* as *patria*)，国家成为了政治效忠和准宗教情感的对象。[19]

---

[19]　关于总体性的问题，参见 Halvdan Koht,"The Dawn of Nationalism in Europe," *AHR*, LII(1947), 265-280, 以及我的论文"*Pro patria mori*," *AHR*, LVI(1951), 472-492, 该文以一个略有不同的角度和较狭窄的基础对这个主题进行了研究，不过偶尔提供更完整的文本。同时，Gaines Post, "Two Notes on Nationalism in the Middle Ages: 1. *Pugna pro patria*," *Traditio*, IX(1953), 281ff 也是非常出色的研究，最感恩的是，作者在其中考察了我没有意识到以及糟糕地遗漏的关于 *patria* 的法律材料，由此补充了我论文的研究。我在本书的工作完成后才看到他的研究，我只能在以后的修改中再整合他所使用丰富材料中的一些，以及他所提示的结论中的一部分。

  "祖国"（*Patria*），在古代常常构成一个人的生死所维系的全部政治、宗教、伦理和道德价值总和，而到了中世纪早期，则成了一种几乎绝迹的政治单位。⑫⁰[233]在封建时代，领主与封臣之间的个人性纽带决定了政治生活，并压倒了绝大部分其他政治联系，因此，古老的"祖国"观念几乎完全消失或破碎了。这并不表示"祖国"这个词从中世纪拉丁语中完全消失。中世纪的诗人和学者从维吉尔、贺拉斯和其他古典作家那里汲取灵感。在这类中世纪作品中，"祖国"这个词频繁出现，不过，基本上无法适用于当时的实际生活条件，也不符合政治现实。⑫¹

  "祖国"（*patria*）一词也存在于日常语言中。在一种狭窄且纯粹本地性的意义上，它是指原生的村、镇、寨子、或省，比如法国的"本乡"（*pays*）或德国的"家乡"（*Heimat*），是指一个人的家乡或出生地；⑫²在这个意义上，这个词也出现在英国法律语言中，例如：本乡抗辩（*per patriam se defendere*），是指一种被告诉诸所生活的社区作出判

---

⑫⁰ 参见"*Pro patria mori*，" 474，n. 8；further Louis Krattinger，*Der Begriff des Vaterlandes im republikanischen Rom*（Diss. Zürich，1944），关于该问题很有用的讨论，显示意大利只是到了西塞罗和恺撒的时期才成为"祖国"（p. 59），并且在古典时期"帝国"（*imperium*）并没有被称为"祖国"（*patria*），而"共和国"（*res publica*）和罗马城则不加限制地称为"祖国"。Post，"Two Notes，" 286，n. 22 表明，中世纪法学家也是如此，区别了本乡和罗马，前者构成 *minor patria*，而后者是 *communis patria*。见下文注 165 以下。

⑫¹ "*Pro patria mori*，" 477，n. 16 有一些论述。诗人和文人们在描述古代的英雄时，一再使用 *patria* 一词；参见，例如 Walter of Châtillon，*Alexandreis*，III，313（ed. F. A. W. Mueldner，Leipzig，1863），在他对 Issus 战役的描述中有："Pro domino patriaque mori dum posset honeste...."（为了主和祖国死亡，只要是有可能正直地......）另参 *ibid.*，II，355："Pro patria stare et patriae titulis et honore/ Invigilare decet...."（必须站在祖国这一边并且守护祖国的名声和荣誉。）更有趣的是 Wipo，他坚持在古典传统意义上使用 *patria* 一词，而从不作定义；参见他的 *Gesta Chuonradi*，prol.，ed. Bresslau（*MGH*，*SS. r. germ.*），p. 7，20，他提到"有益于祖国"（*quod proderit patriae*）是自己的"写作原因"（*causa scribendi*）；另参 p. 9，14，及各处（参较 Index，123，s. v. *patria*）。

⑫² Du Cange 在他的 *Glossarium*（s. v. *patira*）中，仅提到本地意义。另参 Ernest Perrot，*Les institutions pbuliques et privées de l'ancienne France jusqu'en 1789*（Paris，1935），400f："Le mot même de *patria*...n'avait jusqu'alors qu'une valeur géographique avec le sens restreint de 'region.'"（祖国这个词直到那时，仅仅有一个地理上的意义，被局限在"地区"的意思中。）另参 Koht，"Dawn of Nationalism，" 266f，n. 6；Post，"Two Notes，" 关于 *patria* 常常很不确定的用法。

决的抗辩方式。⑫当然，文人们（*Literati*）还会继续颂赞一个人"为祖国"（*pro patria*）而死；但是，为一个意义狭窄的本地单位（*patria* 实际上的意思）而死——在[234]家族和家庭的自然防卫意义之外——并没有什么政治后果：除了极少数例外，⑫由于缺乏更广阔的政治-哲学背景，它会呈现为一种私人性而非公共性的牺牲。毕竟，当时的战争在正常情况下并不是由公民参与的，而是通过一支由封臣和骑士组成的军队，他们被召来保卫自己的领主以及他的政治目的或个人利益。当然，封臣为个人领主尽忠而死会得到极高的赞扬，中世纪的传奇中充满了对忠臣死节的大力颂赞。但是，这些勇士乃是为了领主（*pro domino*）牺牲，而不是为了祖国（*pro patria*），并且，当 13 世纪早期的法学家指出"保卫祖国的义务高于封臣向领主所负的封建义务"时，这正说明了政治生活中心的总体转变。⑫

不过，有一个领域，在其中"祖国"一词保留了原初的涵义和以往的情感价值，尽管是通过转借并以一种超验化的方式：那就是在教会的语言中。按照早期教会和教父们的教导，基督徒成为了另一个世界里一座城的公民。他真正的祖国是天国，天城耶路撒冷。按使徒书信的说法，最终回到那属灵和永恒的"祖国"，乃是寄居在此世的基督徒灵魂的自然渴望。这并不单纯是一个诗性的比喻，而是依据希伯来书(11:13-14)精神所提出的说法。在葬礼上，司铎恳求上帝差遣天使接纳已故者的灵魂，并引导它前往"天上的家乡"（*ad patriam Paradisi*）。有福者和圣徒的共同体，就是灵魂所渴慕加入的、属天祖国（celestial *patria*）的公民集合。为了这个在天上共同的祖国（*communis patria*），殉道者流血牺牲。因此，基督教的殉道者，为了那看不见的政治体献上自己，为着信（*pro*

⑫ 关于英国的"国家审判"（trial *per patriam*），经 Joseph R. Strayer 教授提醒，参见 Pollock and Maitland，*English Law*，II，620f，624，627。

⑫ 我们可能想到，例如，诺曼入侵时期的盎格鲁-萨克逊英格兰，以及类似的情况。当然，从未怎么丧失古代城邦国家性质的意大利城市，构成了一个巨大的例外；将 *Italia* 与 *patria* 等同起来是后来的事情；上文注 120，以及 Post，"Two Notes，" 292 有很好的建议。另参 Hans Haimar Jacobs，"Studien zur Geschichte des Vaterlandsgeddankens in Renaissance und Reformation，"*Die Welt als Geschichte*，XII(1952)，85-105，尽管很不完整。

⑫ 参见 Post，"Two Notes，" 288，n. 13，quoting Johannes Teutonicus(on c. 18，C. XXII，q. 5) and others.

fide），为他的神圣之主而死，依旧是——事实上，直到［235］20 世纪——公民自我牺牲真正的模型。⑫基督教教义，通过将"城邦"的政治概念转移到另一个世界，并且同时将其扩大为一个"天国"，不仅忠诚地收藏和保留了古代世界的政治观念——正如它常常做的，并且还为世俗世界有朝一日开始收复以前的独特价值预备好了新的观念。

　　因此，从一开始，我们就应该至少考虑一下这样的可能性，也就是说——在法律和人文主义原理的完全效力发挥作用之前——"祖国"这个新的领土性概念是否有可能并非作为基督教传统的一个"再世俗化分支"（re-secularized offshoot）而发展起来，以及，新的爱国主义是否有可能并非以从天上的祖国（*patria*）转回地上政治体的伦理价值为基础而发展起来。事实上，与这个问题相关的一些变化发生于十字军运动的前夕。西方各王国仿照"为了圣地的护卫（或需要）"（*pro defensione［necessitate］Terrae Sanctae*）而征收的十字军税模式，开征"为了国家的护卫（或需要）"（*pro defensione［necessitate］regni*）的税项。对基督的王国（*regnum Christi regis*）、耶路撒冷和圣地而言是好的东西，对于西西里、英格兰或法兰西王国（*regnum regis Siciliae，Angliae，or Francorum*）而言也是好的。如果因为耶路撒冷发生紧急情况，就可以征收一种特别和额外的税项，那么——尤其是在 13 世纪发生纯粹政治性和世俗性的十字军讨伐时期——为了应付领土王国发生的紧急情况，采取同样的方式看起来就也是正当的。⑫而到了 13 世纪中期，尤其

⑫　关于天国作为"祖国"的"政治性"因素，首先，参见 Augustine，*De civ. Dei*，v，c. 16。总体研究，参见 Karl Ludwig Schmidt，*Die Polis in Kirche und Welt*（Rektoratsprogramm der Universität Basel，1939）；Hans Bietenhard，*Die himmlische Welt im Urchristentum und Spätjudentum*（Tübingen，1951），192-204。天城耶路撒冷的准政治性概念构成了 Erik Peterson 著作关注的焦点，现在汇集在他的 *Theologische Traktate*（Munich，1951），esp. 165ff："Zeuge der Wahrheit"；323ff："Von den Engeln，"及各处。天堂作为基督徒"共同的家乡"（*communis patria*），与 κοινὴ πατρίς 形成对立，后者在古代是指"下面的世界"；参见 Plutarch，*Moralia*，113C；另参"*Pro patria mori*，"475f，and *ibid*.，472f，关于 20 世纪 Cardinals Mercier 与 Billot 之间的争论。

⑫　关于这个问题的总体状况，参见 Joseph R. Strayer，"Defense of the Realm and Royal Power in France，"*Studi in Onore di Gino Luzzatto*（Milan，1949），289ff；Helene Wieruszowski，*Vom Imperium zum nationalen Königtum*（Historische Zeitschrift，Beiheft 30，Munich and Berlin，1933），168ff 及各处；另参"*Pro patria mori*，"478f，and below，n. 129。

是在法国,可以发现一种情感[236]因素加入了平淡的税务工作:当时,税常被冠以"为了保卫(保护)祖国"(*ad defensionem*[*tuituonem*]*patriae*),或者,按法王腓力四世的措辞,"为了保卫生养你的祖国"(*ad defensionem natalis patriae*)这样的词句。⑫

这种新的术语并不是法国民族主义者深思熟虑的发明,而是将法律语言应用于民族事业的结果。*Patria* 一词见于教会法,在罗马法中更是频繁出现。注释家们纷纷加以注疏,并相当自由地使用这个词。自 12 世纪晚期起,在讨论"正义战争"(*bellum iustum*)的概念时,教会法学家们就指出,在具有"不可避免和紧急的必要性"的情况下,开战是正当的,包括为了保卫祖国以及为了保卫信仰和教会,并且,他们反复举出东方基督徒在圣地针对异教徒的战争,作为这类"必要性"(*necessitas*)的例子。⑬他们也同意罗马法学家的意见,后者认为在紧急情况下,为了保卫祖国,皇帝有权收取新税,并且,罗马法学家也仿效《学说汇纂》的模式,说起"甜美的祖国"或者"最甜美的祖国"来。⑬起初法学家是以一般性的方式谈论"祖国",并不细致界定这个词的含义,接下来我将表明,他们的表达是如何越来越精确的。不过,有一点没有疑问,就是在美男子腓力

---

⑫ Strayer,"Defense," 292, n. 7, 引用了一个案例,1265 年,"为了保卫家乡 Carcassonne 总管领地"(*ad tuitionem patrie senescallie Carcassonensis*)无疑是一种为保卫 Carcassonne 总管领地的有限军事服役;不过,这个总管领地,以及 Beaucaire 总管领地自 1229 年起就直属于法国国王(参见 F. Kern, *Die Anfänge der französischen Ausdehnungspolitik* [Tübingen, 1910], 319),所以在这个案例中,本地的 *patria* 同时也直接与法国王位相联系。1302 年(8 月 29 日),腓力四世国王写信给 Bourges 市辖区的教士,关于贡金"ad defensionem natalis patrie pro qua reverenda patrum antiquitas pugnare precepit, eius curam liberorum preferens caritati."(为了祖国,出于对祖国的崇敬先祖的古代进行战斗,对祖国的关切胜过对子女的珍爱。)参见 "*Pro patria mori*," 479, n. 26;另参 Wieruszowski, *Vom Imperium*, 173, n. 107. 腓力四世的信是以 *D*. 49,15,19,7 为模板的("disciplina castrorum antiquior fuit parentibus Romanis quam caritas liberorum"[对罗马的父亲们来说军营的教训比对子女的爱更古老]),一段偶尔会被法学家引用的话;参见,例如 Petrus de Ancharano, *Consilia*, CCCIII, n. 4(Venice, 1574), fol. 162. 参较 Post,"Two Notes," 287, n. 28, and 290, n. 42。

⑬ Post,"Two Notes," 282ff. 关于抵抗异教徒的战斗构成正义战争的原型,另见下文注 155 以下,Henry of Ghent 的观点。

⑬ Post,"Two Notes," 285ff. 参较 *D*. 32,1,101, 希腊文 *τῇ γλυκυτάτῃ μου πατρίδι*(致我的最甜美的祖国)被译为 *patriae meae suavissimae* 或者(在 *Glos. ord.* 中)*dulcissimae*;参较 Post, 286, n. 22, 及各处。

时期的法国，*patria* 这个词的意思已经逐渐开始指整个王国。到了[237]这个时候，法国的领土性——或许我们甚至可以说民族性——君主制已经足够强大，足以更进一步，宣称自己为全体臣民的"共同的祖国"，并以祖国的名义要求额外的役务（extraordinary services）。[131]

在英格兰，这类术语大约在同一时期开始在文学和法律语言中发展起来。[132]布雷克顿利用了这个世纪上半叶的法律材料，频繁地使用了"祖国"这个词。例如，他区分了向封建领主所负的役务与向国王所负的、保卫国家和压制敌人（*ad patriae defensionem et hostium depressionem*）的役务。[133]布雷克顿再一次将其与"缺席允准"（*Essoign*）——即，未能到庭的有效"理由"——联系起来，表示为保卫祖国（*ad defensionem patriae*）在国王军中服役构成适当的理由。不过，他也承认，通常的为国王服役（*servitium regis*）、为国王在海外永久服役（*servitium regis aeterni* overseas）也是可接受的理由——这再一次表明，在法学家的语言中和法庭中，保卫圣地（*Terra sancta*）和保卫祖国（*patria*）处在同一层面上。[134]

在此处或许应该提起，在法国，海外圣地（*Terra Sancta*）的"圣土"（holy soil）与"甜美的法兰西"（*la dulce France*）的"圣土"绝不是不相容和不可相比的概念，并且，两者都同样被倾注了情感价值。法兰西王

---

[131] 关于"共同的祖国"（*communis patria*），参见下文注 165 以下。

[132] 英国关于 *patria* 的材料尚未经过收集和筛选，但是，很有理由推测这个词在十二世纪已经被用于指代这个岛屿君主国的整个领土（见下文注 145 以下，关于 Geoffrey of Monmouth）。

[133] Bracton, fol. 35b, ed. Woodbine, II, 113 and 114. 关于祖国对封建领主的优先地位，参见 Post, "Two Notes," 283, n. 13; 288, nos. 34ff; 另参 Andreas of Isernia, on *Feud.* II, 6(*De forma fidelitatis*), n. 1, fol. 90ᵛ: 封臣有义务支持他的领主"etiam contra filium vel patrem[见下文注 161]...non tamen erit[obligatus]contra seipsum vel *contra patriam*..., quia plus tenetur patriae quam filiis"（甚至反对他的儿子或父亲……他不能反对领主或国家……因为他对国家比对儿子更有义务；更多材料见 gloss, v. *patriae*）。

[134] Bracton, fol. 336b, Woodbine, IV, 71: "Si autem ex causa necessaria et utili ut rei publicae causa, ita quod profectus sit in exercitum cum domino rege *ad defensionem patriae* per praeceptum domini regis, cum ad hoc obligatus sit, excusatur...."（如果出于必要、有用的理由，比如为了国家的理由，那么在军队中所进行的通过国王的命令、与国王一起保卫国家，就是有适当理由的，当他有此义务时，他就免于……）另参 fol. 339, Woodbine, IV, 76: "Item de ultra mare excusatur quis per essonium de servitio regis aeterni sicut de Terra Sancta...."（同样，他在海外被认为具有正当理由，那个因对国王的永久服役[像对圣地的服役]而获缺席允准的人……）

国，*Francia*，其名称向她的儿女显示，她乃是自由（*franci*）的土地，被认为是一个新选民群体的家。[135]普林尼曾经在某处称赞[238]意大利为"一片对众神而言神圣的土地"（*Haec est Italia dis sacra*）。[136]现在，法兰西表现为好像一个"对上帝而言神圣的法兰西"（*Francia Deo sacra*）、一个"受上帝祝福的王国"（*regnum benedictum a Deo*），[137]上帝以特别的爱拥抱之，基督以特别的高位尊荣之，圣灵居住在其中，为了她的圣土作最大之牺牲亦觉甜美。因此，捍卫和保护法兰西的地土就有了准宗教性的内涵，可以与捍卫和保护圣地相提并论。[138]

---

[135] 关于 *Franci ＝ liberi*，参见，例如 Alexander of Roes, *Memoriale*, c. 17, ed. H. Grundmann and H. Heimpel(Deutsches Mittelalter: Kritische Studientexte der *MGH*, IV; Weimar, 1949), p. 38, 13, 及各处；另见讲道 William of Sauqueville, ed. Hellmut Kämpf, *Pierre Dubois*, 112f; 还有，佚名讲道, published by Leclercq(下文注 176), p. 170f, lines 103ff；另参 Schramm, *Frankreich*, I, 138, 关于 Pseudo-Turpin; Berges, *Fürstenspiegel*, 76f. 关于法国人是一个新的选民群体，见首位阿维尼翁教宗克莱芒五世的一封书信："regnum Francie in peculiarem populum electum a Domino in executione mandatorum celestium specialis honoris et gratie titulis insignitur." *Registrum Clementis V Papae*, No. 7501, quoted by Kämpf, *Pierre Dubois*, 99.

[136] Pliny, *Naturalis historia*, III, XX, 138.

[137] Innocent III, in his decretal *Novit*: c. 13 X 2,1, ed. Friedberg, II, 242; cf. Post, "Blessed Lady Spain," *Speculum*, XXIX(1954), 203, n. 28.

[138] 参见，例如 Richier, *La vie de Saint-Remi*, ed. W. N. Bolderston(London, 1912), line 61: "Molt fait dieus aperte monstrance/D'especial amour a France"(许多人公开地把全体光认为是上帝/出于对法国特殊的爱)，或者 line 114: "A bien Dieus[en]France eslargie/La grace dou Saint Esperite."(上帝在法国逐渐变大/圣灵温和的恩典。)部分收集的材料见 Kämpf, *Pierre Dubois*, 91, 99, 及各处；Wieruszowski, *Vom Imperium*, 147f, n. 26; Schramm, Frankreich, I, 228f. 法学家派人士——Flotte, Plaisians, Nogaret, Dubois——不断重复法兰西被拣选的主题，而保王派多明我会修士 William of Sauqueville 则反复诉诸 *Franci＝liberi* 的程式，主张"proprie loquendo nullum regnum debet vocari regnum Francie nisi solum regnum Christi et beatorum."(用恰当的话说，没有王国应该被叫做法兰西王国，除了那唯一的基督的和幸福者的王国。)这位多明我会修士的讲道，以及同一作者的其他作品，转录于 Paris, Bibl. Nat. MS lat. 16495, fols. 98-100ᵛ, 我以前的学生有讨论，Hildegard Coester, *Der Königskult in Frankreich um* 1300 *im Spiegel der Dominikanerpredigten* (Thesis[Staatsexamens-Arbeit] Frankfurt, 1935 - 1936, typescript), p. VIII; Kämpf, *op. cit.*, 113 编辑的讲道中也可以找到类似的措辞。在这里我们也可以想起巴黎的绰号，in Jean de Jandun's *Tractatus de laudibus Parisius*, in: *Paris et ses historiens aux XIVᵉ et XVᵉ siècles*, ed. Le Roux de Lincy and L. M. Tisserand (Paris, 1857), 32-79(*instar triumphantis Jerusalem*, *locus sanctus*, etc.). 所有这些内容并不限于法国，正如 Post(上文注 137)所显示的，西班牙也有；不过在这一时期，这种做法在法国更连贯。

　　对那些在服侍教会过程中、以及为上帝的事业而牺牲生命的骑士授予某种宗教性的荣耀，甚至在十字军运动开始之前就已经是惯例了。[139]不过，通过十字军，获得荣耀的可能性从骑士扩大到了更广泛的大众，成为战士-殉道者的殊荣扩展到了通常完全不会参与战斗的阶层。[239]按照当时普遍的信念，一名为了基督教信仰与异教徒作战，并在服侍君王基督的过程中为了圣地的事业而死的十字军战士，可以期待立即升入天堂，并且，作为牺牲的奖赏，他将在死后获得殉道者的冠冕。

> 他前往圣地，
> 他在战役中死去，
> 他会进入天堂的恩福之中
> 与众圣徒居住在一处。[140]

　　这首十字军之歌所反映出的对来世报偿的信心，在教义上是否正确，还是只不过是对教宗谕令的误解（教宗授予十字军战士的不是罪的赦免，而是对作为教会可能处以的惩戒措施的惩罚的赦免），在当时区别不大，在这里也不会有什么区别。每个人都相信十字军战士可以进入天堂；但丁也还是这么认为的：他在殉道者和上帝的战士所居住的火星天遇见自己战死于第二次十字军的先祖卡西亚圭达（Cacciaguida），后者这样说："我经过殉道之路，进入这平安之中"（*Venni dal martiro a questa pace*）。[141]

　　当然，封臣为领主而死，也可以以类似的方式获得荣耀，尤其是在

---

[139]　这是 Erdmann, *Kreuzzugsgedanke* 这项杰出的研究中所涉及的主要主题之一。

[140]　"Illuc quicumque tenderit, / Mortuus ibi fuerit, / Caeli bona receperit, / Et cum sanctis permanserit."（同引文）See Dreves, *Analecta Hymnica*, XLVb, 78, No. 96; Erdmann, *Kreuzzugsgedanke*, 248.

[141]　关于"罪的赦免"，参见 Erdmann, *op. cit.*, 316f, 另参 294, 及各处. 这个混淆是普遍存在的，即便在教会法学家中；参较 *Summa Parisiensis*, on c. 14, C. XVI, q. 3, ed. Terence P. McLaughlin, Toronto, 1952, 184；"...ad resistendum Saracenis Christianos hortatur ecclesia eosque quae profecti defensione moriuntur a peccatis absolvit."……教会呼吁基督徒抵挡异教徒并赦免那些在参与保卫中死去的人的罪。关于 Cacciaguida，参见 *Paradiso*, XV, 148。

一场为了基督教信仰的战斗中。1031年在利摩日(Limoges)举行的一次教会会议中,讨论了一项上帝休战协议,一位公爵的封臣被告知:"为了你的主人,你必须接受死亡……因这份忠诚,你会成为上帝的殉道者。"[142]也就是说,封臣为捍卫神圣事业的主人献上生命,可以相比于为神圣之主、为基督献上自己的基督徒殉道者。同样,在《罗兰之歌》中,兰斯大主教杜尔平(Archbishop Turpin of Reims)对法兰克战士们说:

> [240]为了我们的国王,我们必须赴死。
>
> 以帮助维持住基督教信仰……
>
> 我会赦免你们,医治你们的灵魂。
>
> 如果你们死去,就会成为圣洁的殉道者
>
> 高升入天堂,在那里获得座位。[143]

由于查理曼传奇中的战士是在西班牙与萨拉森人作战,他们就被当作十字军战士并享有特权。在诗人的那个时候,十字军战士通常就是以此为特征的。[144]不过,这些对萨拉森人作战的"法兰西"十字军战士,他们的死同时也是为了自己的最高领主,为了查理曼,"甜美法兰西的查理大帝"(*li empereres Carles de France dulce*)。对一位12世纪的法国读者而言,这一点就使这一殉道行动带上了无尽的民族色彩。

在作适当保留的前提下,我们可以说,蒙茅斯的杰弗里的《不列颠诸王史》对于英国人的意义,与《罗兰之歌》对于法国人的意义是一样

[142] *PL*,CXLII,1400B:"Debueras pro seniore tuo mortem suscipere...et martyr Dei pro tali fide fieres."(同引文)参较 Bloch,*Rois thaumaturges*,244,n. 3.

[143] *La Chanson de Roland*,lines 1128-1135,ed. J. Bédier(Paris,1931),96;Leonardo Olschki,*Der ideale Mittelpunkt Frankreichs*(Heidelberg,1913),14ff;另参 Franz Cumont,*Lux perpetua*(Paris,1949),445.

[144] 关于查理曼自己,Jocundus,*Translatio S. Servatii*,*MGH*,*SS.*,XII,93(作于1088年左右),说:"Karolus mori pro patria,mori pro ecclesia non timuit. Ideo terram circuit universam et quos Deo repugnare invenit,impugnabat"(查理曼不害怕为祖国而死、为教会而死。为此他走遍大地,与那些他发现反叛上帝的人作战)(我要感谢 M. Cherniavsky 教授提醒我注意这一点)。总体研究,参见 Robert Folz,*Le Souvenir et la Légende de Charlemagne dans l'Empire germanique médiéval*(Paris,1950),137f.

的。在蒙茅斯的杰弗里那里，"祖国"一词明确指"整个岛屿君主国"
（*totius insulae monarchia*）。亚瑟王在依继承权利取得这个国家后，⑮
就要保卫它免遭异教徒的侵害：撒克逊人、苏格兰人、皮克特人。一次，
当撒克逊人侵入不列颠祖国（*patria*）时，亚瑟王召集自己的军队，扼要
地对士兵们称赞了他自己的守信，对比于不守和约的撒克逊人的背信。
不过，主要的演说，仍然是由一位主教，卡尔莱昂的圣杜布里克（Saint
Dubrick of Caerleon）来做的，他劝诫士兵们，为了自己的同胞（fellow-
citizens），要做"信仰和祖国"（*pietas et patria*）⑯坚强的守护者。［241］

> 为你的祖国而战，如果力不能胜，甚至就要为她而死。死亡本
> 身就是胜利，是一种拯救灵魂的方式。因为凡是为自己的弟兄而
> 死的，就是将自己当作活祭献给上帝，并且他毫无疑问地跟随了基
> 督，基督就是为他的弟兄舍命［约一 3：16］。因此，如果你们中的
> 一个在这场战争中为死亡所胜，就让死亡成为他一切罪的补赎和
> 赦免……⑰

卡尔莱昂主教的演讲，与《罗兰之歌》中兰斯大主教杜尔平的类似，可能

---

⑮　Geoffrey of Monmouth，*Historia Regum Britanniae*，IX，c. 1，ed. Jacob Hammer（Medi-
aeval Academy of America Publications，No. 57［Cambridge，1951］），152，7："Dubricius
ergo，calamitatem patriae dolens，associatis sibi episcopis，Arthurum regni diademate in-
signivit."（杜布里克因而，怜悯国家的灾难，主教联合在他身边，为亚瑟加冕。）*Ibid.*，
line 17："…cum［Arthurus］totius insulae monarchiam debuerat hereditario iure obtinere."
（因为［亚瑟］根据继承法应该获得整个岛的君主权。）

⑯　*Hist. Reg. Brit.*，IX，c. 2，Hammer，154，80："［Saxones］patriam usque ad Sabrinum
mare depopulant."（撒克逊人劫掠国家直到撒布里努斯海。）关于亚瑟的训示，*ibid.*，
lines 88ff；参见 lines 95f，关于"信仰与祖国"，这是古罗马思想中两个不可分开的观念，
阿奎那（*Summa theol.*，II-II，qu. 101，art. 1 and 3）将它们密切地联系在了一起。

⑰　*Ibid.*，154，97 - 104："Pugnate pro patria（see below，n. 159），et mortem，si super-
venerit，ultro pro eadem patimini. Ipsa enim victoria est et animae remedium. Quicumque
enim pro confratribus suis mortem inierit，vivam hostiam se praestat Deo Christumque
insequi non ambigitur，qui pro fratribus suis animam suam dignatus est ponere. Si aliquis
igitur vestrum in hoc bello mortem subierit，sit mors illa sibi omnium delictorum suorum
paenitentia et absolutio...."（同引文。"为祖国而战"参见下文注 159。）我特别感谢后来
担任教授的 Jacob Hammer 提醒我注意这段有趣的话。

是以十字架讲道者的讲道为模板。只不过属灵的奖赏——赦罪和灵魂
得救——原本是许诺给"圣战"的受难者,在这里则转给了为祖国而死
的殉道者。亚瑟王的威尔士战士们也是为基督教信仰而死,因为他们
攻打的是撒克逊异教徒,同时他们也是为了自己的领主和国王而死,这
一点明确无疑。不过,"为信德"(*pro fide*)——为信仰和忠诚——而
死,被"为祖国"(*pro patria*)而死,即"为这个岛屿君主国"(*pro totius
insulae monarchia*)而死的观念取代,或者被包括在内了。还有,他们的
死被解释为一种"为了弟兄"(*pro fratribus*)的牺牲,而作者将这一点与
基督为他的弟兄们所作的牺牲作比较。[148]于是,"为祖国"而死就表现为
一种更多是出于爱(*caritas*),而非信(*fides*)的行动,尽管后者也不应当
被排除在外。

在此之前,"弟兄之爱"偶尔也会与十字军联系在一起。例如,教宗
乌尔班二世在写给抵御萨拉森人、防卫塔拉戈纳(Tarragona)的西班牙
人的信中宣布:

> 在这场战役中为了爱上帝和他的兄弟而被杀的人,都不需要
> 怀疑,因着上帝的仁慈,他的罪就被赦免,并且得到永恒的福乐。[149]

稍晚一点,沙特尔的伊沃在他的主要作品《汇要》(*Decretum*)和《帕诺米
亚》(*Panormia*)中,收集了教父著作和教宗信函中的相关章节,证明那
些"为信仰的真理、祖国的获救、以及保护基督徒"而死去的人被应许获
得属天的奖赏——这些章节很快就进入了格拉西安的《教会法汇要》,
并发挥着经久不衰的影响力。[150]

---

[148] 约翰一书 3:16 的经文反复被用来引出为祖国(兄弟)捐躯者与基督之间的比较;例如,见
下文注 157。

[149] Paul Kehr, *Papsturkunden in Spanien*, I: *Katalanien*(Abh. Göttingen, N. F., XVIII:2,
Berlin, 1926) 287f, No. 23:"In qua videlicet expeditione si quis pro Dei et fratrum suo-
rum dilectione occuberit, peccatorum profecto suorum indulgentiam et eterne vite consor-
tium in venturum se ex clementissima Dei nostri miseratione non dubitet."(同引文。)参
较 Erdmann, *Kreuzzugsgedanke*, 294。

[150] 参较"*Pro patria mori*," 481f, nos. 34-36; Erdmann, *op. cit.*, 248; Post,"Two Notes,"
282,关于格拉西安《教会法汇要》中的各处论述。

不过，只是到了 12 世纪，"圣爱"（*caritas*）这项基督徒的美德才确定地带上了政治属性，相比之前所有时代，在这一时期它得到了更普遍的使用，并被用于在伦理和道德上圣化及正当化为政治性的"祖国"而献身的行动。

> *Amor patriae in redice charitatis fundatur*——对祖国的爱根植于圣爱，它并不是将私人事务摆在众人面前，而是将共同的事务摆在私人面前。……爱的美德配得上超越所有其他美德，因为任何美德的功行都有赖于圣爱。因此，对祖国的爱（*amor patriae*）配得上一种超过所有其他美德的荣誉等级。

于是，"对祖国的爱"通过一种神学标准获得了权威性的确立；因为这些话来自于托马斯·阿奎那，尽管实际上是由阿奎那《论君主政制》（*De regimine principum*）的续作者卢卡的托罗梅奥写的。[151]在关于祖国的讨论中，总体上，卢卡的托罗梅奥追随了圣奥古斯丁关于天上的祖国高于地上国的思想；不过，他也引用了西塞罗的话，表示虽然父母、儿女、亲戚和家庭成员对我们而言可能很宝贵，但是"祖国包含了对所有这些关系的爱"。由西塞罗的话，他断言："如果有益于祖国，有什么好公民会犹豫而不去迎接死亡呢？"[152]这些都是[243]法律家们惯常提出的论辩和引文，[153]而托罗梅奥本人至少对教会法十分熟稔。

这整个的"祖国"问题，不仅受到了两大法律体系的激发，也受到了对亚里士多德著作的深入研究和实践-政治性解释的推动。到阿奎那之后，这个问题引起了热烈讨论，其热烈程度是此前的中世纪时期未曾有

[151] Thomas Aquinas, *De regimine principum*, III, c. 4, ed. Joseph Mathis(Rome and Turin, 1948), 41. 托罗梅奥引用了罗马的事例，也同样引用了奥古斯丁（*De civ. Dei*, v, c. 12-19)，也见他的 *Determinatio compendiosa*, c. 21, ed. Mario Krammer, 1909(*MGH, Fontes iuris Germanici antiqui*), 42f. 参见 Theodore Silverstein, "On the Genesis of *De Monarchia*, II, v," *Speculum*, XIII (1938), 326ff, 以及，总体研究，Hélène Pétré, *Caritas*(Louvain, 1948), 35ff.

[152] Cicero, *De off.*, I, 57, 一段经常被引用的话。

[153] Post, "Two Notes," 287, n. 28, and passim.

国王的两个身体

过的。阿奎那也经常谈到这个问题。他也认为,具有美德的公民应当为保卫国家而不惮死亡的危险,他还认为,"敬虔"(*pietas*)的美德,常常无法与"爱"(*caritas*)区分开,构成了对父母和祖国之爱和尊敬的活泼动力。[154]在同一个世纪稍后,任教于巴黎大学的"庄严博士"(*Doctor solemnis*),根特的亨利(Henry of Ghent),也讨论了相关的问题。[155]他以 1291年阿克雷(Acre)的陷落和基督徒从该城撤退为起点,讨论在何种情况下一名士兵应当牺牲生命,还是转身逃离。亨利强烈否定一切出于自私目的(虚浮的荣耀、莽撞、不正义,等等)的自我牺牲,明确说在许多情况下逃走和自我保存是更有价值和更值得称赞的选择——除了神职人员,如果为了拯救灵魂或照顾病患的缘故必须在场,他就不能逃离。[156]

---

[154] *Summa theol.*, I, qu. 60, art. 5, resp.:"Est enim virtuosi civis ut se exponat mortis periculo pro totius reipublicae conservatione."(甚至存在有德的公民以至于他为了整个国家的保全将自己置于死亡的危险中。)见上文注 147,另一段关于祖国的论述,以及阿奎那对"祖国"概念很好的评注,*Die Deutsche Thomas-Ausgabe*(Heidelberg, 1943),XX, 343ff。不过,阿奎那谈论 *patria* 时通常是指"天国"或"天堂";参见,例如 *Summa theol.*, II-II, qu. 83, art. 11;III, qu. 8, art. 3, etc.

[155] Henry of Ghent, *Quodlibeta*, XV, qu. 16(Paris, 1518[*Quodlibeta Magistri Henrici Goethals a Gandavo*]), fols. 594ff(感谢 Dr. Schafer Williams 为我提供复印件)。这个论证,源头上受 Cicero, *De off.*, I, 83 的启发,是这样:"Quod miles praevolans in exercitum hostium non facit opus magnanimitatis."(那些冲入敌军的战士做的并非崇高之事。)参见 Paul de Lagarde, "La philosophie sociale d'Henri de Gand et de Godefroid de Fontaines"(士兵飞挡在敌人的军队之前并不构成伟大的功绩。)(上文注 52),80ff,通过这篇文章我注意到了这个 *Quodlibet*。

[156] 亨利在 fol. 596 讨论了在别人逃离时仍然坚持的人:"Hoc licitum est eis, et tunc alii tenentur cum eis contra hostes stare et esse parati aut cum aliis hostes devincere aut simul mori cum illis; aut si sint aliqui inter illos qui tenentur eis ministrare spiritualia, fugere non possunt."(这对他们是允许的,而那时有其他一些人留下来——他们[留下来]抵挡敌人并且准备要么与其他人一起打败敌人要么与他们一起赴死;或者如果他们当中有人留下来在精神上教导他们,他们不可能逃跑。)在前一段(fol. 595ᵛ)中也讨论了"论神职人员的逃跑"(*de fuga praelatorum*)的问题。亨利认为很难决定"si licitum sit fugere bellum, quod contra patriam aut patrias leges attentatum est ab hostibus legis et fidei christianae. Et censeo in hac materia idem de fuga praelatorum maiorum et minorum, et principum superiorum et inferiorum...quia sicut praelati tenentur ministrare populo in spiritualibus ad fomentum et conservationem vitae eorum spiritualis, sic principes ministrare tenentur eidem in temporalibus ad fomentum et conservationem vitae eorum temporalis."([很难决定]逃离战争是否是允许的,值得注意的是反对祖国和祖国法律是否出于法律和基督信仰之敌。并且我认为在这种情况下高级和低级的神职人员,高级或低级的贵族,关于他们逃跑的情况是一样的……因为就像神职人员留下来在属灵事务(转下页注)

[244]不过，另一方面，亨利也称赞了战士出于爱的牺牲行动的崇高。他引用了《雅歌》(8:6)——"因为爱如死之坚强"——来说明一名战士为朋友牺牲是一种出于爱和信心的行动。他为保卫祖国(*patria*)和属灵的事务(*spiritualia*)的正义战争(*bellum iustum*)辩护。为了加强自己的论证，亨利引用了古代作者的格言。他引用了维吉提乌斯(Vegetius)；他引用了西塞罗，表示没有人应当爱自己和自己的生命超过国家(*respublica*)；他同意柏拉图(通过西塞罗《论义务》中的引用)，认为没有一个人是仅仅为自己而生的；他也接受西塞罗的宗教：*Patria mihi vita mea carior est*，"祖国对我来说比我的生命更宝贵"。除了这些零星的古代材料，根特的亨利把重点放在传统的基督教论证上。对他而言，为保卫祖国而死基本上也是一种出于爱的行动，并且，亨利也将最终的祝福授予"为祖国而死"，他——与蒙茅斯的杰弗里类似——也把一名公民为弟兄、为共同体牺牲，比作基督为了拯救人、拯救人类而作的终极牺牲。⑮于是，到了 13 世纪，殉道者的冠冕就开始落在世俗国

(接上页注)上照管民众，为了在属灵层面鼓舞和保存他们的生命，同样贵族们留下来在有朽的事务上照管民众，为了在有朽的层面上鼓舞和保存他们的生命。)根特的亨利在论到神职人员的职责时，当然完全同意修道主义的教导；参较 Aquinas, *Summa theol.*, II-II, qu. 185, art. 4 and 5；另参 the remark by Post, "Public Law," 48。总体上，他也同意教会法的教导；参较 Stephan Kuttner, *Kanonistische Schuldlehre von Gratian bis auf die Dekretalen Gregors IX.* (Studi e Testi, 64；Vatican City, 1935), 254f；另参 A. M. Stickler, "Sacerdotium et Regnum nei decretisti e primi decretalisti," *Salesianum*, XV(1953), 591, on c. 19, C. XXIII, q. 8(争论教士拥有"王权"[*regalia*])。

⑮ Fol. 596，论到可以逃离但选择坚持到底的人(*aut pariter vivant aut pariter moriantur*)，亨利引用了约翰一书 3:16(上文注 148)："Hinc maxime probatur illa charitas quam Johannes apostolus commendat dicens：'Sicut pro nobis Christus animam suam posuit, sic et nos debemus animas nostras pro fratribus ponere.'"(因此这种爱得到最大的证实，当使徒约翰如此推崇地说到：主为我们舍命，我们也当为弟兄舍命。)关于西塞罗和其他人的引文，参见 fols. 595ᵛ and 596。一位 14 世纪的教会法学家，Petrus de Ancharano, *Consilia*, CCLXXXI, n. 9(Venice, 1574), fol. 148, 也引用了约翰一书 3:16，并将"武装的军队"(*militia armata*)(骑士)与"属天的军队"(*militia coelestisi*)(教士)并列。这位法学家说，成为一名教士意味着"et mortem etiam non fugere tanquam miles Christi, qui animam suam posuit pro ovibus suis. Nam et miles armatae militiae obligatur iuramento mortem non vitare pro Republica, ut l. fi. ff. ex qui. cau. ma.[*C.*2,53(54),5? 该说法有误]，quanto magis ad hoc adstringitur miles coelestis militiae pro Ecclesiae unitate."(不逃离死亡，就像基督的战士那样，而基督为他的羊群付出自己的性命。因为武装军队的战士遵守誓约，不拒为国家而死。[*C.*2,53(54),5? 该说法有误]，属天军队的战士为了教会的统一在更大程度上受此约束。)

家战殁者的头上。

[245]在根特的亨利所作的论证中,很容易听出人文主义的音调。在但丁那里这声音更大,他把为拯救祖国而捐躯者(例如罗马的德西乌斯家族[Roman Decii])称为带来"无与伦比牺牲"(*illud inenarrabile sacrificium*)[158]的"最神圣的受难者",伽图曾经称赞这样的人是献祭者的典范。*Pugna pro patria*,"为祖国而战"被认为是伽图的话,收入了托名于他的《箴言集》(*Distichs*)中。[159]文人和法律家们都喜欢引用这句格言,应用之、阐释之,以这个自杀的异教徒为榜样对祖国的概念赋予伦理价值。

罗马法,当然充满了爱国主义精神。法律家们一定不会放过《法学总论》中论到那些"[在战斗中]为了国家(*respublica*)而倒下的人,被认为因着荣耀(*per gloriam*)而永垂不朽"的段落,并对其多加注释,而在其中,永远的名声或荣耀明显取代了永远的恩福,或者与之并列。他们也不会错过《学说汇纂》中,哈德良时期的一位罗马法学家所创制的一条法律,表示为了祖国的利益,儿子可以杀死父亲,父亲可以杀死儿子[160]中世纪的法学家在解释这条法律时指出,一种通常被认为是杀害尊长的行为,在以祖国之名行动时,就成了一种值得赞扬的行为,尽管只有在自卫的情况下。[161]他们并不沉醉于爱国大屠杀的观念,好像人文主义者偶尔会有的那样——例如,克鲁奇奥·萨卢塔蒂,他这样呼喊说:

> 你不知道爱国(*amor patriae*)的滋味有多甜美:如果为了保卫或者扩大[原文如此!]祖国,无论是把一柄斧子砍进父亲的头颅,

---

[158] *De monarchia*,II,5,15,以及 Silverstein 关于这一章的重要研究(上文注 151)。

[159] W. J. Chase, *The Distichs of Cato*(Madison, 1922),12;当然,关于总体的问题,见 Post 关于 *Pugna pro patria* 的评论("Two Notes," 281ff)。

[160] *Inst*.1,25,prol.;*D*.11,7,35;cf. Post, *op. cit.*, 287。

[161] 见 Accursius 关于这条法律的注释,Post,287,n.25,以及,关于教会法学家,283,n.10。另参下文注 163 和 178,关于 Lucas de Penna 和 Nogaret。当然,这个论证也重复了一次又一次。参见,例如 Durandus, *Speculum iuris*, IV, part. iii, § 2, n.32(Venice, 1602),III, 321:"Nam pro defensione patriae licitum est patrem interficere."(为了保卫祖国杀死父亲是允许的。)

还是灭掉兄弟,或者用刀剑剖出妻子腹中尚未长成的胎儿,都不会有什么负担和困难,也不算犯罪。⑯

[246]总体说来,这种学者型的嗜血和过度热忱的书房爱国主义,并不合思维较冷静的法学家的口味,后者会反对萨卢塔蒂所说的几乎每一点。⑯不过,以上帝或祖国的名义正当化恐怖行为,要说是新情况,倒也由来已久。巴尔都斯就认为,一名士兵为祖国的益处杀死一个敌人,无异于行了一件神圣之事(*opus divinum*),是向创造主献祭。并且,是以爱的名义而行的——当然,不再是福音性的爱德、表达热切的兄弟之爱,而是其世俗化的对应物:按照巴尔都斯的说法,是一种公共之爱(*publica caritas*),目的是要保护"自然形成的祖国"(*naturalis patria*)。⑯

世俗化还有其他面相。确实,为圣地而战的十字军与为祖国而战的战士情况相当;但是,圣地的旗号(standards)只能在一个有限的范围内转移到世俗王国中。其他旗号是由罗马提供的;因为,对世界之都

---

⑯ Salutati, *Ep.*, I, 10, ed. F. Novati, *Epistolario di Coluccio Salutati* (Rome, 1891), I, 28, 22f.:"...ignoras quam sit dulcis amor patriae: si pro illa tutanda augendave expediret, non videretur molestum nec grave vel facinus paterno capiti securim iniicere, fratres obterere, per uxoris uterum ferro abortum educere."(同引文。)参较 A. von Martin, *Coluccio Salutati und das humanistische Lebensideal*(Leipzig and Berlin, 1916), 126, 作者认为萨卢塔蒂在晚年纠正了这些异教的(?)观点。

⑯ 法学家们对于不可以为了扩大祖国而发动战争这一点并没有不同意见;参较 Kuttner, *Schuldlehre*, 255;另参上文 p. 243,关于 Henry of Ghent; Post, 282, n. 9. Lucas de Penna, on *C.* 10,31[32],35,n. 2(Lyon, 1582), p. 162 有一个评论是关于战士的妻子:"Et pro patria filius in patrem, et pater in filium, ac vir in uxorem insurgere debent."(为了祖国,儿子应该起来反对他的父亲,父亲反对儿子,丈夫反对妻子。)他提出的是 *D.* 11,7,35,以及一份 Celestine III 的教令(c. 1 X 3,33, ed. Friedberg, II, 587),当然是极度冷静,与萨卢塔蒂的理论毫无相似性。

⑯ Baldus, *Consilia*, III, 264, n. 1, fol. 74ᵛ:"Qui fervore *publicae charitati*[*s*] pro tutela naturalis patriae accensus cruentissimum eiusdem patriae hostem occidit, non dicitur fratricida, sed pugnans pro patria nuncupatur opus divinum faciens plenum laudis, si quidem convenit hostiles beluas mactare, et fit sacrificium creatori...."(那个人充满对公共爱的狂热、为保护祖国极残酷地杀死他祖国的敌人,他不能被称为谋杀兄弟的人,而是被称作为了祖国战斗、完成了备受褒奖的神圣职责,如果他碰巧杀了敌人的野兽,那便成为造物主的牺牲……)Andreas of Isernia, on *Feud.* II, 24, n. 7("Quae sit prima causa"), fol. 126ʳᵛ, 有关于 *publica charitas* 的完整讨论(太长,这里不引用了),还有斯多亚派的引文,尤其是塞涅卡。

罗马有益的,对初生的民族君主国也有益;罗马帝国的意识形态经过转化,可以适用于法兰西和西西里、英格兰和西班牙各个王国。

《学说汇纂》区分了两种祖国(patriae):一个人所居住的城市——"自己的祖国"(patria sua 或者 propria)——以及罗马城,"共同的祖国"(communis patria)。也就是说,每个人都有自己地方性的祖国,但是所有帝国臣民[247]承认罗马为他们"共同的祖国"。[165]罗马是共同祖国的观念很快改变了含义。那位 13 世纪早期的教会法学家可能会认为使徒们的罗马是共同的祖国,或者认为教会是帝国罗马实际上的化身,或者两者皆非,因为他反对《学说汇纂》,说:"如今不是这样,因为并不是所有人都受皇帝管治,而是在教会管治之下"。[166]法学家们把罗马构成共同祖国这个符号用于其他目的:他们将其转到了个别的君主国。首都,比方巴黎,可以等同于共同祖国,因为巴黎——法国的罗马,正如阿维尼翁成为了教会的罗马——是"法兰西王国更加共同和卓越的城市",这只是这类发展的一个方面。[167]具有更大意义的,是城市的"祖国"概念现在让位于王国或君主国的"祖国"概念。法兰西王国,这个由国王或王冠代表的领土性的君主国,取代了罗马的位置,与一个人地方上的本乡(patria)形成了对照:现在,法兰西成为了全体法国人的共同祖国。"正如罗马是共同的祖国,本王国的王冠也是共同的祖国",1270年前后,一位法国法学家在总结罗马法博士们(doctores legum)的意见

---

⑯ D.48,22,7,15;参较 Post,op. cit.,286,n. 22. 参见 D.50,1,33,and Post,291,n. 45,关于罗马是 communis nostra patria(见上文注 126,普鲁塔克的相关说法)。关于这个概念的来源(Cicero,De lege agraria,2,86),参见 Tierney,Conciliar Theory,140,n. 1。

⑯ 参见写作了 Apparatus"Ecce vicit leo"(1202-1210)的教会法学家,quoted by Post,301,n. 22:"Odie tamen non fit,quia non sunt omnes sub imperatore,sed ecclesia...."(然而今天并非如此,因为不是所有人在君主之下,而是教会[之下]……)

⑯ 参见 Post,291,nos. 45,46,and 293,n. 54,quoting Pierre de Belleperche. 这一点在阿维尼翁也是同样真实的。参见 Baldus,on D.5,1,2,3,n. 1,fol. 258ᵛ(罗马就是教宗或皇帝驻跸的地方;上文注 35):"...tamen ibi[Rome]non possunt conveniri legati...et hoc est notandum pro clericis,quia vadunt Avinionem,an possint ibi conveniri,quia non habent alium iudicem quam Papam..."(使者不能在罗马聚集……这一点对教士也是清楚的,因为他们去往阿维尼翁,或者他们能够在那里聚集,因为除了教宗之外他们没有其他的仲裁……)

时这样说。罗马具有至高性的观念转移给了民族君主国，同时一并转移的还有效忠于罗马以及普世帝国的观念。[168]换句话说，对新生的有限领土祖国、这个王冠全体臣民的共同祖国的效忠，取代了与一个拟制的普世帝国之间那超越民族界限的纽带。按照法律，一个人会承认只能由君主来宣布和发动一场正义战争，但是[248]要加上"除非祖国并不具有上位的属性"，[169]接着从"今日帝国已经四分五裂"的前提或事实，就可以得出结论：每一位君主在自己的祖国都是皇帝（*est in patria sua imperator*）。[170]很明显，作为共同祖国的罗马与作为共同祖国的民族王国之间的比附符合当时的大潮流——符合关于国王不承认有上位者，以及国王在本国内是皇帝的新理论。[171]从属于这一组观念的，还包括当时建立起来、因袭到如今的爱国主义伦理守则："保卫祖国和同胞是正义的行动"，[172]因为祖国的事业永远是正义事业；"美德要求为祖国而活，为祖国生育儿女"；[173]还有"我们必须爱君主和国家（*respublica*）胜过爱自己的父亲"，[174]以及与之类似的格言。

在这个神学、经院哲学和法学混杂的交响曲中，要特意听出人文主义的声音，或者低估古典文献对于西方"祖国"意识形态发展的影响，都

⑯⑧　Post，290，quoting Jacques de Révigny（n. 44）："...quia Roma est communis patria，sic corona regni est communis patria，quia caput."（见上引文）见上文注 35。

⑯⑨　参见 Heydte，*Geburtsstunde des souveränen Staates*，73，引用了"Ulrich von Strassburg，*Summa theologiae*，VI，3，Cod. Vat. lat."

⑰⓪　参见 Philip of Leyden，*De cura reipublicae*，Tabula tract.，rubr. VII，105，ed. Fruin and Molhuysen，p. 421："Quomodo intelligitur 'scissum est imperium hodie' et 'quilibet est in patria sua imperator'?"（"现今王权是分立的"和"任何[君主]在他的国家都是统治者"以何种方式理解?）这个概要是引用 *Casus* IX，28（p. 54），不过，*patria* 这个词没有重复出现。

⑰①　这当然没有逃出 Post 的研究，见 292f，他的第二个评注（296ff）就是特别处理"Rex imperator"理论。

⑰②　Lucas de Penna，on *C.*10，70，4，n. 7，p. 345："Idem iustitia est patriam et socios defendere."（同样的正义是保卫国家和同伴。）

⑰③　Lucas de Penna，on *C.*10，31[32]，35，n. 2，p. 162："Pertinet autem ad virtutis officium，et vivere patriae et propter patriam filios procreare."（这和德性的义务相关；为国家而活，为国家生育子嗣。）

⑰④　Andreas of Isernia，on *Feud.* II，24（"Quae sit prima causa"），n. 21，fol. 131："Ante omnia，principem et rempublicam plus quam patrem diligere debemus."（在一切事物之前，我们应该爱君主和国家胜过父亲。）

是不正确的。要从彼特拉克、薄伽丘、萨卢塔蒂、布鲁尼和其他人的著作中抽出许多相关的段落,表明经过世俗化的"殉道者"(martyr)和"仁爱"(caritas)这类基督教观念与"英雄"(heros)和"爱(祖国)"(amor[patriae])这类古典概念并肩而行,实在是非常容易的工作。但是,在这里没必要执着于提出更多的材料,而只是为了证实自明的结论:很容易辨识出,人文主义对于"祖国崇拜"以及民族的自我荣耀化有推动作用,而最终将那些为祖国捐躯的勇士奉为英雄,也同样是人文主义者的成果。毫无疑问,罗马的"爱祖国"(amor patriae)观念——[249]人文主义者们充满热忱地加以复兴、培植、推崇——塑造了现代的世俗思维。[175]

但是,人文主义的影响后于、而非先于"祖国"概念的成型以及神学和法学对其的伦理化。作为"殉道者"为祖国而死最初的准宗教性质,明显发源于教会的教导,发源于对教会的做法加以改造、应用于世俗的政治体。这个渊源不断被发掘,尤其是在法国。当时法国的主要政治家开始系统地利用宗教情感的力量,并将其用于明显的政治目的,用于新的"奥秘之体",即领土性的民族君主国。一个极其有趣的现象是,在法王腓力四世发动针对教宗卜尼法斯八世和圣殿骑士团的"十字军"之前,出现了第一次爱国主义大爆发,而在其中人文主义的影响(如果我们撇开罗马法和亚里士多德不论)微乎其微。

这次斗争第一次显示出新的爱国主义开始起作用。之前神学家和法学家在宗教和法律基础上所作的,关于为任意的"祖国"献身赴死的——多少有点随意的——所有论证,在这一刻,可以这样说,汇聚集合在一起并构成一种自洽的体系和统一的意识形态,服务于一个明确界定的"祖国":法兰西民族君主国。我无意在此重述这个著名过程众所周知的细节。不过,有一份近年来才受到注意的有趣文献,可以说明那许多的支流是如何汇合到一起,同时,也可以揭示出一些与此项研究相关的新元素。

爱国主义宣传(PATRIOTIC PROPAGANDA)

1302 年,教宗普遍针对一切世俗政府、特别针对法国抛出了《一

---

[175] 参见 Jacobs,"Vaterlandsgedanken"(上文注 124);关于彼特拉克,H. W. Eppelsheimer, *Petrarca*(Bonn, 1926), 137ff;关于萨卢塔蒂,见上文注 162。

圣》通谕；腓力四世则召集了法国第一次三级会议、以一份整个王国的公开声明支持其反教宗立场；接着，国王［250］针对弗兰德斯工匠和农民的灾难性战役于库特雷（Courtrai）惨遭失败（1302 年 7 月 11 日）。在此之后，一位不知名的法国教士在一支王家军队开赴战场之际作了一场讲道。这篇讲道的目的可能是用来加强国王业已启动的政治宣传活动。腓力命令全国祷告；他以一种有点现代的方式，对所有臣民的"爱国之心"发出呼吁；他为战争征集新的资金，并要求所有人顺服，包括教士，"为了保卫祖国"。[176]此时，"祖国"（patria）一词就不再指本乡的村、寨子或省，而是指整个法兰西王国。并且，这一点不仅以暗示的方式表示，这一次，还通过国王的一位杰出法律顾问，诺迦雷的威廉（William of Nogaret），以明示（expressis verbis）的方式表达了出来。他反复宣称，他，诺迦雷，跟所有人一样，准备好保卫大公信仰和教会合一、还有"他的国王和他的祖国，法兰西王国"，他本人作为一名骑士，誓死保卫"我的祖国，法兰西王国"（patriam meam regnum Franciae）。[177]他在一处解释说——与其他法学家一样——为了保卫祖国，一个人杀死自己

----

[176] Dom Jean Leclercq,"Un sermon prononcé pendant la guerre de Flandre sous Philippe le Bel," *Revue du moyen âge latin*, I(1945), 165-172. Leclercq 注意到的这篇讲道，165, n. 2，另参 176, n. 8，与 William of Sauqueville 的讲道有密切联系（参见 Kämpf and Miss Coester；上文注 135,138）。不过，它也应当与官方宣传以及 Nogaret 和其他法学家演讲中的观念加以比较。关于法国的宣传活动，参见 Leclercq, 166, n. 6；以及上文注 128。

[177] 这类措辞在 Nogaret 关于针对卜尼法斯八世在 Anagni 的行动所作的"自卫"，以及他对教宗的抗议中一再出现。参见，例如 Robert Holtzmann, *Wilhelm von Nogaret*(Freiburg, 1898), 268(Beilage IX, 3):"...uror et estuor in immensum etenim pro fidei catholice defensione, pro sancte matris ecclesie unitate servanda scismatisque vitando periculo..., nihilominus pro defensione domini mei regis ac patrie, regni Francorum."(我确实狂热于保卫大公信仰，为了维持神圣教会母亲的统一、规避分裂的危险……也为了保卫我的主、国王和国家，法兰西王国。)另参 Nogaret 于 1303 年对本笃十一世提出的申诉（下一条注释）；further, Dupuy, *Histoire de différend*, 310, §25("pro defensione quoque salutis dicti domini mei patriaeque meae, regni Franciae"［也为了保卫我前面提到的主和国家——法兰西王国的安全］)；类似的，p. 312, §37, and 585,教宗克莱芒五世引用了这些话("...dictus Guillelmus de debito fidelitatis erat astrictus dominum suum Regem praedictum defendere...nec non et patriam suam regni Franciae"［据说摩德纳的威廉出于忠心尽责保卫他的君主、前面说的国王……也包括他的祖国法兰西王国。］)。另参 Strayer, "Defense," 294, n. 6(感谢 Strayer 教授提供给我的其他信息)。

的父亲是一件功劳,而不是犯罪。[178]法国的主教们,虽然没有走到那么极端的地步,[251]但依照教会法学家的原理,还是不得不在一封致圣座的信中,承认当法国全部力量都动员起来"保卫国王和祖国"(*ad defensionem regni et patriae*)时,教会的特权和免除权(privileges and immunities)就必须中止。[179]实际上,20 年前,另一位伟大的法国法学家,曼德主教威廉·杜朗(William Durandus, Bishop of Mende),在他的《法律之鉴》(*Speculum iuris*)中,就已经谈到国王有权采取超越常规的措施"保卫祖国和王冠"(*pro defensione patriae et coronae*)——这种将"祖国"与"王冠"并列的做法并不鲜见,自然地使"祖国"与王冠或其拥有者所统治的整个王国或政治体等同了起来。[180]

在这个总体的宣传行动——将国王、法学家和不情愿的主教们联合在一起——之中,1302 年的佚名法国教士讲道享有一席之地。[181]他

---

[178] Dupuy, *Histoire du différend*, 309, §20(Nogaret's plea to Benedict XI): "Item cum quisque teneatur patriamsuam defendere, pro qua defensione si patrem occidat, meritum habet nec poenam mereretur[见上文注 160 以下], nedum mihi licebat, sed necessitas incumbebat patriam meam, regnum Franciae...defendere et pro ipsa defensione exponere vitam meam."(当任何一个人坚持保卫他的国家,如果在某种防卫中他杀死父亲,他得有褒扬而不是值得惩罚[见上文注 160 以下],对我来说也不允许,但是必要性迫使我去保卫……我的国家,法兰西王国,为了保卫奉献我的生命。)

[179] Dupuy, *Histoire du différend*, 26,兰斯大主教致卜尼法斯八世的信(1297),开头这样说:"In hac terrestri patria Ecclesiam militantem constituens providentia conditoris..."(创造者的预见将战斗的教会置于这片土地上……)接着作者转向更狭窄的世俗的 *patria*,法兰西王国,其国王和贵族"cum omnes tum singulos incolas dicti regni ad defensionem regni et patriae...vocare praetendunt."(他们上前呼吁……上述王国的所有和单独的居民去保卫王国和国家。)参较 Wieruszowski, *Vom Imperium*, 173;关于教会法学家论在必要情况下对教士征税,Post, 284f, nos. 16—18。

[180] 参见 Durandus, *Speculum iuris*, IV, part. iii, §2, n. 31(上文注 161):在与外国势力开展的情况下,对自己国王的效忠义务高于对贵族领主的义务,"nam vocati sunt[tenentes]ad maius tribunal...Et hoc verum est. nam Rex, qui habet administrationem regni, vocat eos pro communi bono, scilicet pro defensione patriae et coronae, unde sibi iure gentium obedire tenentur..."(因为他们被号召去寻求更大的法庭……并且这是真的。因为国王,拥有王国的行政权,号召他们为了公共利益,也就是为了保卫国家和王冠,从而他们使自己服从万国法……)Hartung, "Die Krone," 21, n. 2 不确定是否接受这段引文,而 Perrot, *Institutions publiques*, 400f 引用了但没有指明出处。不过,"为了保卫国王的王冠"这样的措辞在这一时期绝非罕见;例如 1197 年的例子,参见 Strayer, "Defense," 292, n. 4;我的文章"*Pro patria mori*," 483, n. 40;以及上文注 168。

[181] See Leclercq, "Sermon," 166.

以马加比一书 3:19-22 讲道：

> 他们来攻打我们，蛮横傲慢，无法无天……但是，我们是为
> 了我们的灵魂和法律而战；因此，主必会亲自在我们面前粉碎
> 他们。

这段经文很适合爱国主义宣言，此前其他人也选用过，在任何一个世
纪，这段经文都可以当作一个理想的口号，以一种自义的方式正当化任
何战争。⑱

[252]为了证明法国人的正义性以及他们所奋斗的事业的正当性，
这位讲道者以高举"高贵而神圣的法兰西诸王"（*nobiles et sancti reges
Francorum*）开始。他说，法兰西诸王是圣徒，(1)因其王室血统极其纯
正而成为神圣，因为纯正本身就是一种圣洁（*puritas quae est sanctitas
quaedam*），(2)因为他们保护教会的圣洁，(3)因为他们通过产出新的
圣徒，即神圣的国王，而传播圣洁，以及(4)因为他们所行的神迹。在法
兰西王朝传统初生的时期，这类论辩很流行，反复被提出，法国人轻松
地诉诸于国王的"圣徒先祖"（*sancti praedecessores*），与霍亨斯陶芬家族
的皇帝们所纪念的"神圣先祖"（*divi praedecessores*）一样。⑱法国的"基督

---

⑱ Leclercq, "Sermon," 169, 12 - 26. Henry of Ghent（上文注 155），*Quodlibeta*，XV，
qu. 16, fol. 595（最后一行），为安科纳人（Acconites）没有将信心建立在马加比一书
3:19 以下，抵抗异教徒而遗憾，如果他们相信这些话，也可以想起诗篇 115:15："在
耶和华眼中，看圣民之死极为宝贵"。换句话说，如果安科纳人被杀，就会成为殉道
者和圣徒。

⑱ 例如，关于巴黎大学神学系教师的答复(1308 年 3 月 25 日)，参见 Georges Lizerand, *Le
dossier de l'affaire des Templiers*(Paris，1923)，62："...vos sanctorum predecessorum ves-
trorum mores laudabiles imitantes."（……你们模仿你们的神圣先祖们值得赞赏的德
行。）参较 Jean de Paris, *De potestate regia et papali*, c. XXI, ed. Leclercq, 246, 22:
"Tenuerunt...regnum Franciae reges sancti.（法兰西神圣诸王把持……王国。）William
of Sauqueville 的讲道（上文注 138）充满了这类观念。另参 Schramm, *Frankreich*, I,
228; Bloch, *Rois thaumaturges*, 244, n. 1, 及各处; Kämpf, *Pierre Dubois*, 59;
Wieruszowski, *Vom Imperium*, 145ff. 讲道者的王朝主义意图很明显，他这样说(Lecler-
cq, 169, 15): "aliis enim sanguinibus foedatis per spurios et spurias, sanguis regum
Franciae purissimus remanet, cum a Priamo primo eorum rege usque ad istum, reges sci-
licet XLVIII, nunquam spurius est exortus."（当其他［王室］的血统被私生子（转下页注）

教君主"（*reges christianissimi*）是世袭的教会特殊保护者，出于明显的理由，这一点在一场号称是保护教会和真正信仰、抵制教宗的战役中必须反复重申。国王治愈淋巴结、即"国王之恶"（king's evil）的神迹，在当时的讲道者和演说者口中是一个流行的主题，用以证明法国国王普遍地超越其他国王，以及他在王国内的属灵主权。[184]只是[253]声称"神圣法兰西诸王"（*sancti reges Francorum*）也可以"生出神圣的君王"看起来有一点超出当时常规的观念；这个说法可能是受维吉尔的启发，后者称埃涅阿斯的儿子、年轻的特洛伊王子阿斯卡尼乌斯（Ascanius）是"众神之子，将来众神之父"——这句诗适用于古代，现在（并非不合适）也适用于法兰西王朝的君主。按照流行的传奇，法国国王宣称自己是特洛伊人的后裔，家谱可以追溯到普利阿摩司国王。[185]

（接上页注）和私生女污染，法兰西王国的血统仍然是纯正的，因为从第一位国王为普里阿摩斯所生直到那一位，也就是四十八位国王，从未有一位私生子出生。）关于霍亨斯陶芬家族的"神圣"（*divus*）头衔，参见 *Erg. Bd.*，222f。注意，"神圣"（*sanctus*）头衔，包括"神圣弗里德里希"（*sanctus Fridericus*），在霍亨斯陶芬家族的环境中并不是没有；参较 *Erg. Bd.*，209；另外 Nicholas of Bari，在他为弗里德里希二世所作的颂词 ed. Kloos, in DA, XI（1954），169ff 中，几乎排他性地使用了圣徒式的比喻（"Hec est virga de radice Iesse, id est de avo flos"［这是从耶稣的根里抽出的枝丫，它是从祖先那里来的花朵］）和引号（"Ave, domine imperator, gracia Dei plene, dominus tecum"［万福，主君王，充满神的恩典，主与你一起］）。反之亦然，至少在意大利，也可以发现"神圣和敬虔的法国之主"（*divina et regia domus Franciae*）这样的称号；参见，例如 Luigi Colini-Baldeschi，"Rolandino passagerii e Niccolò III," *Studi e memorie per la storia dell'Università di Bologna*，VIII（1924），181f，谈到主后 1277 年。

[184] Leclercq，"Sermon," 169, 24："Quarto sanctitatem declarant, cum hi soli reges vivi miracula operentur et ab illa infirmitate curent."（他们宣布腓力四世身上的神圣性，因为只有活着的国王可行使奇迹，他们照料人远离病弱。）关于医治神迹和腓力四世时期的政治宣传，参见 Bloch, *Rois thaumaturges*，110, n.1，论到 Nogaret 和 Plaisians；116, n.3，关于国王医生 Henry of Mondeville（将法国国王与医治疾病的基督作比）；129f, n.1，关于 *Quaestio in utramque partem*（也包含与基督的对比。Plaisians 被认为是这本书的作者；事实上，*Quaestio* 中的 *aperta miracula* 一词在 Plaisians 的 *Memorandum* 中也可以找到）；130，关于历史学家；131，关于 William of Sauqueville。另参 Kämpf, *Pierre Dubois*，34, 38, 98。

[185] Leclercq，"Sermon," 169, 21："...sanctitatem generant, cum generent sanctos reges."（他们产生神圣性，当他们生出神圣的国王。）参见 Vergil, *Aeneis*，IX, 642："dis genite et geniture deos."（自神诞生，将生育神。）另参 Seneca, *Consolatio ad Marcum*，XV, 1："Caesares qui dis geniti deosque genituri dicuntur"（恺撒们，据说他们被神所生，并将生育神）；and the inscription *CIL*，III, 710（Diocletian and Maximian）；"diis（转下页注）

由王朝的神圣性，讲道者就很容易进一步（*a fortiori*）推论，"神圣诸王"的事业无非就是正义本身的事业。如此，弗来芒人就是在为非正义事业而战，因为法国人是在为正义事业战斗——"我们为正义而战，他们为非正义"（*cum autem nos bellemus pro iustitia, illi pro iniustitia*）。不过，几乎应该祝贺邪恶的弗来芒人，因为通过一场由圣徒国王领导的、针对他们的战争，他们就有很大的机会，这么说吧——从他们的不正义中"被解放出来"。被神圣的法国国王征服，好过被某种邪恶的生活哲学、甚或被罪恶本身征服——这个观念反映了经院哲学原理，很容易地将弗来芒人放在一种政治和道德的"异教徒"位置上，并把这场战场变成了为正义而发动的十字军。[186]

还有，这位讲道者宣称，国王的和平——国王之正义的必然结果——不仅是法兰西王国的和平，而且还是教会和知识、美德、正义的和平，并且，王国的和平许可为圣地的缘故召集军队。[254]强调法国的文化和教育使命成了一种时尚，这一点在当时相当激进，并具有政治上的意义，因为法国被普遍认为（甚至外国人也同意）几乎垄断了学术（*studium*），正如意大利孕育了神职人员（*sacerdotium*）、德意志孕育了帝国（*imperium*）。[187]同样，将圣地的境况用作对外和对内政策的一个杠

（接上页注）geniti et deorum creatores."（自神出生，也是神的创造者。）参见 Alföldi, "Insignien," 84, n. 2, 关于其他各处。这位讲道者本人此前提到法国国王是普利阿摩斯的后裔（上文注183），这使认为他改变维吉尔诗句的设想变得不太可能；关于法国的特洛伊传说，参见 Leclercq, "Sermon," 167, n. 12; 另参 170, 91-102。

[186] Leclercq, "Sermon," 170, 78ff, and 172, 163ff: "Summa enim victoria est ut, vitiis debellatis, secundum rationem homo vivat, quia si ipsi[Flamengi]volunt ab injustitia vinci, orabimus ut a potestate et exercitu regio devincantur. Melius est enim eis a rege vinci quam a malo et in injustitia perdurare."（因为最高的胜利是，当罪恶彻底被战胜，人可以按理性生活，因为如果弗来芒人希望从非正义中得胜，那我们祈求他们被国王的权能和军队制服。他们被国王战服，这个情况要好于他们被一个恶人禁锢于非正义之中。）关于背后的经院哲学理论，参见 Harry Gmür, *Thomas von Aquino und der Krieg*(Leipzig and Berlin, 1933), 7f and 46。

[187] Leclercqu, "Sermon," 170, 63ff: "Pax regis est pax regni; pax regni est pax ecclesiae, scientiae, virtutis et iustitiae, et est acquisitio Terrae Sanctae."（国王的和平即王国的和平；王国的和平即教会、知识、德性和正义的和平，是圣地的获得。）关于学术中心从雅典和罗马转移到巴黎，很有趣的研究参见 Herbert Grundmann, "Sacerdotium-Regnum-Studium," *Archiv für Kulturgeschichte*, XXXIV(1951), 5-22, 作者并未穷尽这（转下页注）

杆,是法国在 13 世纪后半期不断使用的一种策略,其他国家也是如此。[188]最后,始终被极大强调的法国问题和教会问题的同一性,在美男子腓力时期构成了政治宣传中一个最有效的工具:"国王的和平,就是你们的和平;国王的拯救,就是你们的拯救"(*Pax regis*, *pax vestra*; *salus regis*, *salus vestra*)[189]在对教士进行民族化以及对法兰西教会进行法国化的过程中构成了主要的音调。这样,讲道者直接得出他的结论就不是什么难事:

> 凡是对[法国]国王开战的,就是对整个教会开战,就是对大公教会教义开战,就是对圣洁和正义开战,也是对圣地开战。[190]

(接上页注)一主题,分析了 Alexander of Roes 著作中的这个三分法;首先请参见 *Notitia seculi*, c. 12("sacerdotium, regnum et studium una esset ecclesia"[神职、帝国、学术一起就是教会]), ed. Grundmann and Heimpel, 84;另参 *Memoriale*, c. 25, p. 48:"...ut sicut Romani tamquam seniores sacerdotio, sic Germani vel Franci tamquam iuniores imperio, et ita Francigene vel Gallici tamquam perspicaciores scientiarum studio ditarentur,"(就像罗马人中有很多长者专注于神职,日耳曼人或法兰克人中有很多年轻人专注于统治,法兰西或高卢人中则富于专注知识研究的学者。)在其中,三分的 *seniores-iuniores-perspicaciores* 并不是作者的发明,而是可以回溯到 Priscian, *Institutiones grammaticae*, I, 1 ("grammatica ars... cuius auctores, quanto sunt iuniores, tanto perspicaciores"[语法术……其作者,在何种程度上是年轻人,就在何种程度上是学者])的程式。Alexander of Roes 由此与 12、13 世纪思想发展中的这个口号保持一致。关于法国政治宣传中的 *studium*,另参 Scholz, *Publizistik*, 427ff;Kern, *Ausdehnungspolitik*, 51ff;Kämpf, *Pierre Dubois*, 97ff。

[188] 在这里有很好的理由提出十字军观念与为法兰西王朝争取帝国王位的各种努力之间的联系;参见,例如 the *Memorandum* of Charles of Anjou(1273),插入在法国大使与教廷的联络中,in *MGH*, *Const.*, III, No. 618, pp. 587f;或者 *Memoriale* of Pierre Dubois (1308), *ibid.*, IV, No. 245, pp. 208ff,与他在 *De recuperatione terre sancte*(ed. Ch.-V. Langlois[Collection des textes, IX], Paris, 1891)中的意见很相似,认为十字军是法国设想世界政府的全面计划的先声。

[189] *Disputatio inter clericum et militem*, in: Melchior Goldast, *Monarchia Romani imperii* (Hannover, 1611-1613), I, 15, quoted by Baethgen, in: *ZfRG*, *kan. Abt.*, XXIV (1935), 380(review of Wieruszowski, *Vom Imperium*)。见上文注 187, Leclercq, "Sermon," 170, 63ff 中类似的意见。

[190] Leclercq, "Sermon," 170, 65ff:"Igitur qui contra regem invehitur, laborat contra totam ecclesiam, contra doctrinam catholicam, contra sanctitatem et iustitiam et Terram Sanctam."(同引文)

[255]这样就出现了一种对一切事物的普遍等同：为国王而战，为法国而战，为正义而战，为文化和教育而战，为教会而战，为基督教信仰而战——所有这些都是互相关联、互相依赖的论证，放在同一个总体的名义之下。因此，我们几乎不会感到惊讶，发现当时的另一名讲道者宣称"正确地说来，没有一个王国应当被称为'法兰西王国'（regnum Franciae），除了基督的、受上帝祝福的王国"，由此将此世的神圣国度投射进另一个世界，作为"天国"（regnum coelorum）的模型。[191]我们好像听到了那位多雷米（Domremy）铁甲女战士（指贞德）的声音："对神圣的法兰西王国开战的，就是对君王耶稣开战。"[192]

　　就连与宗教价值观联系在一起的那么多道德-政治观念，也还是可以加以扩充，因为这位讲道者还有能力整合进另一个论证。理所当然地，他要求同胞们做好如有必要为神圣的法国国王捐躯的准备。他并不是在领主和封臣之间旧式的封建关系的基础上要求这种意愿，而是

---

[191]　见 William of Sauquevill 就"日月星辰要显出异兆"（路加福音 21：25）所作的讲道，他在其中将法国国王的两种旗帜——百合花旗和红色王旗——比作基督的两次行程，即道成肉身和再临："Proprie loquendo nullum regnum debet vocari regnum Francie nisi solum regnum Christi et beatorum: *Sola illa que sursum est*, *Jerusalem libera est* (Gal. 4：26). Omne regnum mundanum est regnum servorum. Merito summus pontifex maior in regno mundo vacat se servum servorum Dei. Modo rex Francorum Christus in duplo adventu suo usus est et utetur duplici vexillo. Vexillum enim adventus Christi fuit depictum cum floribus liliorum. Signum enim adventus sui primi fuit flos vel lilium virginitatis.... Set vexillum adventus secundi, quando veniet contra adversarios ad peccatores debellandum, erit totum coloris sanguinei.... Primum vexillum non indicabit furorem sed pacem et mansuetudinem regis[Francie].... Sed secundum vexillum sanguineum ab eo indicabit furorem regium, quod non erit ita audax, qui non tremat totus." （恰当地说，除了基督的和幸福者的唯一国度，没有王国可被称为法兰克王国；只有那在天上的耶路撒冷是自由的。所有世俗的王国都是奴仆的王国。教宗作为世俗王国的领袖称自己是上帝的奴仆们的侍奉者，是恰如其分的。法兰克人的王、基督在他的两次降临中曾经并且将使用两面旗帜。基督降临[指道成肉身]的旗帜用百合花来表现，因为他第一次降临的标志是花或者贞洁的百合……但基督再临的旗帜——那时他将到来反对他的对手，降服罪人——会是全然的血色，第一面旗帜表示的不是愤怒而是和平与法兰克王国的驯顺……但第二面旗帜从其表示的是王室的愤怒，那愤怒汹涌，使全体震慑。）参见 Coester, *Königskult in Frankreich*（上文注 138），p. viii; Bibl. Nat. MS lat. 16495, fol. 99ᵛ.

[192]　"Tous ceulx qui guerroient au dit saint reyaume de France guerroient contre le roy Jhesus...."（那些攻击法国的神圣王国实际上攻击耶稣君王。）参较 Jules Quicherat, *Procès de condamnation et de réhabilitation de Jeanne d'Arc*（Paris, 1841–1849), v, 126。

以"自然理性"和机体论的国家概念为理由。[193]讲道者论证说,自然理性
[256]要求身体上的所有肢体不仅受头的指挥并服务于它,而且还要愿
意为了头甘冒风险。王国的头就是国王。因此,王国的任何一个部分
攻击国王,就是攻击头,并威胁摧毁整个身体,最后也是毁灭他自己。[194]
同时,为了法兰西政治体而战,也就意味着为了由神圣的国王所代表的
正义事业而战。于是,那些为了这个正义事业在战场上被杀的人,就拥
有与十字军战士一样的获得属灵奖赏的应许。

> 因为最高贵的死法就是为正义而忍受痛苦,所以,毫无疑问,
> 那些为了国王和[法兰西]王国的正义而死的人,上帝会赐给他们
> 殉道者的冠冕。[195]

---

[193] 这一时期的文献中俯拾皆是"自然理性"(ratio naturalis);参见,例如 Wieruszowski,
Vom Imperium, 173, n. 107, 186, n. 146; 198, n. 183, 引用腓力关于禁运金钱、武器、
马匹等的命令(1296),国王表示"自然理性提出建议,而公道进行说服"(*naturalis ratio
suggerit et aequitas persuadet*)(Dupuy, *Histoire du différend*, 13);或者,Nogaret 在 1304
年的自辩,他在其中说(*ibid.*, 243f)每一名基督徒,即使是一个私人,依照神圣法和人
法,也有责任抵制属灵和世俗权力的崩溃:"如果没有法律规定,自然理性能够充分说明"
(*et si nulla lex hoc exprimeret, satis hoc ratio naturalis ostendit*)。这类段落可以不停地说
下去。"自然理性"(ratio naturalis)与弗里德里希二世的"权威的理性"(ratio prepotens)
(上文第四章注 54)有关联,但不完全一样;后者是源自于罗马法,几乎是一种拟人化的
表达,而前者则摆脱了经院和亚里士多德思想的影响。

[194] Leclercq, "Sermon," 169, 52ff:"Hoc dictat ratio naturalis, cum dictat quod omnia mem-
bra dirigantur a capite, subserviant capiti et pro capite se exponant, et ideo membrum
quod contra caput inveheretur, niteretur totum corpus destruere et per consequens seip-
sum. Caput autem regni rex est, et ideo quaecumque pars regni contra regem invehitur,
merito est punienda."(自然理性这样表明,它表明所有的肢体由头来安排,它们侍奉头
并且为了头奉献自身,因而对头发起攻击的肢体,倾向于毁灭整个身体,作为结果[也将
毁灭]它自身。但是国王是王国的头,因而任何王国的部分对国王发起攻击,它理应被惩
罚。)自我毁灭的论辩常常被用于这种联系;参见 Dupuy, *Histoire du différend*, 21f(下文
注 200); Dubois, *Summa*, ed. Kämpf, 53, 29(Kämpf, *Pierre Dubois*, 72, n. 16):"Qui
contra rempublicam vadit, se ipsum impugnat."(哪个人冒犯国家,那个人就是攻击自
己。)反之亦然,也可以说"qui se ipsum impugnat, contra rempublicam vadit"(哪个人攻
击自己,他就是冒犯国家),亦即,自杀构成叛国。

[195] Leclercq, "Sermon," 170, 87ff:"Cum enim nobilissimum moriendi genus sit agonizare
pro iustitia(Eccles. 4:33), non dubium quin isti qui pro iustitia regis et regni moriuntur,
a Deo ut martyres coronentur."(同引文)参见 Nogaret 在 1304 年的自辩(Dupuy,
Histoire du différend, 250, § 60):"...concludit dictus guillielmus se in praemissis(转下页注)

换句话说，国王是圣人，政治性的奥秘之体以他为头，在战场上为这个奥秘之体而死的人就是正义的斗士，这样的死亡也就成了官方的"殉道行为"。这样的死亡，就等同于为了以基督为头的教会这个奥秘之体而正式受封殉道者的自我牺牲行动。效法基督的"为义受苦"，可以换来民族殉道者的[257]冠冕和棕树枝，即便依照自然理性，这里的"正义"纯粹不过是为了私利，为了法兰西这个政治体和它的头、神圣的国王。在正义的装扮下，"国家理性"这个观念开始背叛它自己。⑩

在讲道通篇的所有这些说法中，这位讲道者只是在重复其他人曾经表达过的观念，包括国王和他的顾问曾经说过的。诺迦雷的威廉宣称"每个人都有责任保卫自己的祖国"（*Quisque teneatur patriam suam defendere*），⑪这个说法当然符合 1300 年前后法国的法律观念和习俗。自 1214 年的布汶战役开始，武装的公民支队就构成王家军队的一部分。除第三等级外，教士们也被当作法兰西民族政治体上的"肢体"，与普通公民一样，他们也至少要以经济方式一同负担开销，保卫法兰西祖国以及与之相联的法国奥秘之体。⑫1302 年，腓力威胁要没收那些拒绝遵守国王禁运令、为保卫国家作贡献之人的财产，因为那些"拒绝保卫祖国的逃兵"不配享受所有其他人艰苦奋斗得来的

（接上页注）bono zelo Dei et fidei ac defensionis Ecclesiae sanctae Dei, et specialiter sui domini Regis et regni Franciae…ac legitime processisse, agonizando pro iustitia, pro Romana Ecclesia, pro Republica…ac pro sua patria dicti regni ac pro suo domino Rege Franciae…."（上述的摩德纳的威廉在讲道中以此总结：出于对上帝好的热情、信仰和对上帝神圣教会的保卫，尤其是对主君王和法兰克王国的保卫……合法地进军，通过为正义受苦，为罗马教会，为国家……并且为了上述王国的祖国和它的主人法兰克国王[受苦]。）在那篇讲道和 Nogaret 的自辩中都同样列举了信仰、教会、正义、国家、祖国、国王；"为义受苦"（*agonizare pro iustitia*），尽管可以追溯到便西拉智训 4：33，却非常特别。这个动词本身的意思是"奋斗"或"战斗"，但是（根据 Du Cange, *Glossarium*, s. v. *agonizare*）主要是在宗教意义上的；也就是说，"受苦"这个词特别用于基督和殉道者。这个概念到这里已经转移到了祖国那里。

⑩ *Ratio status* 这个词，Henry of Ghent 有一次用过，可以理解为"一种对'国家的理性'的期待"，Post, "Statute of York," 421, n. 16 指出了这一点，不过，他还表示，这里的 *status* 是指共同的福利，而不是指人格化的国家。

⑪ 上文注 178。

⑫ 上文注 179。

收益和回报。[199]在腓力国王命令背后隐约浮现的这个机体-合众体的（organic-corporational）概念，在 1296 年的一本小册子中有了最精确的陈述。这本小册子在形式上表现为对涉及教士纳税问题的教宗信函的答复，作者显然[258]是一位王室法学家，有可能是彼得·弗洛特（Peter Flotte），他直截了当地宣称：

> 那些拒绝服从整体，拒绝支持自己身体的无用、半瘫痪的肢体，乃是腐化堕落的器官；无论是平信徒还是教士，贵族还是下等人，凡是拒绝支持他的头和他的身体，亦即，我主国王和[法兰西]王国，最终是弃绝了自己的人，就证明自己是一个不顺服的器官，是无用、半瘫痪的肢体。[200]

---

[199] 见国王 1302 年的禁运令（Dupuy, *Histoire du différend*, 87）: "...dignum est enim et competens, ut defensionis patriae desertores bonorum habitatione priventur et excludantur a fructu, qui onera recusant debita supportare, et nihilominus transgressor huius extra gratiam nostram positus, et indignationem illa prorsus se nostrum et regni noverit inimicum. "（这是应该的也是适当的，即那些放弃守卫祖国的逃兵会被剥夺善者的居住地，禁止享用收成，那些拒绝承担应负的责任，以及这项条款的僭越者被置于我的恩典之外，并且他知道他面临我的愤怒和王国的敌意。）那些输出金钱、武器、马匹等的人，财产将被没收，且威胁以"国王的愤怒"以及失去"国王的恩典"。关于这些禁令的有趣历史，当时完全遮蔽了属灵禁令，比方十一世纪时帝国化的教会制所引入的"教宗的愤怒"（*indignatio papae*）概念，参见 Rudolf Köstler, *Huldentzug als Strafe*（Kirchenrechtliche Abhandlungen, LXII; Stuttgart, 1910）; 另参 Joachim Studtmann, "Die Pönformel der mittelalterlichen Urkunden," *AUF*, XII(1932), 302, 320f, 324ff, 及各处。

[200] 参见 the pamphlet *Antequam essent clerici*（Dupuy, *Histoire du différend*, 21f）: "Et quia turpis est pars, quae suo non congruit universo, et membrum inutile et quasi paralyticum, quod corpori suo subsidium ferre recusat, quicumque, sive clerici sive laici sive nobiles sive ignobiles, qui capiti suo vel corpori, hoc est domino regi et regno, imo etiam sibimet auxilium ferre recusant, semetipsos partes incongruas et membra inutilia et quasi paralytica esse demonstrant. Unde si a talibus pro rata sua subventionum auxilia requiruntur, non exactiones vel extorsiones vel gravamina dici debent, sed potius capiti et corpori et membris debita subsidia. "（因为不与它的整体相一致的部分是丑陋的，拒绝为身体提供辅助的肢体是无用的、形同断肢，任何人，无论他是教士或俗众、贵族或平民，如果他拒绝为他的头或身体——那是我主君王和王国——提供帮助，他们就证明他们自己是不协调的部分和无用的肢体、如同断肢。如果从这些人中寻求资助作为权威的辅助，它们不应被称为税供或敲诈或麻烦，而是[应称为]肢体对头和身体应当的辅助。）见上文注 194。

由此，这位王室法学家指控"不顺服法兰西政治体"几乎是一项"谋逆罪"（*laesa maiestas*），按照这种解释，是罗马教宗试图让法国教士犯罪。为了避开这个结果，这位法国法学家决然地诉诸于法兰西王国的机体属性。法国教士，与法国平信徒一同构成了"法国教会"，表现为祖国身体上的一个组成部分——法兰西政治之体上的肢体，即使在其他方面，教士在普世教会的奥秘之体中占有一席之地。通过把法国教士拉到与法国国民同一个层面，至少在政治上，这位作者成功地超越了教士和平信徒的二元性，而他所依靠的并不是教会的奥秘之体，而是法兰西祖国的政治性奥秘之体。[201]祖国的奥秘之体（*corpus mysticum patriae*）被设定为处于教会的奥秘之体（*corpus mysticum ecclesiae*）之上。[202]

国王与祖国(REX ET PATRIA)

[259]诺迦雷的威廉不止一次断言，他已经作好了为国王和祖国（*pro rege et patria*）而死的准备。有一次他甚至说得更明白，表示"因其效忠誓言，他就有义务保卫他的主国王……还有他的祖国，法兰西王国"。[203]诺迦雷的意思很明显：作为一名战士（*miles*）、一名骑士，他有责任保卫自己的封建领主，而作为法兰西政治体上的一个肢体，他与其他法国人一样，有义务保卫这个身体，即祖国。诺迦雷也反复申明，作为

---

[201] 关于 *Antequam essent clerici*，参见 Scholz, *Publizistik*, 359ff；另参 Wieruszowski, *Vom Imperium*, 183f，正确地强调了小册子的作者使出浑身解数否定教廷的理论，后者尝试将教会的身体等同于王统制（"non solum est ex clericis, sed etiam ex laicis"[不仅出于教士，也出于平信徒]）。另参 Kurt Schleyer, *Anfänge des Gallikanismus im 13. Jahrhundert* (Historische Studien, 314；Berlin, 1937), 91f。

[202] 法国法学家常常引用教会的奥秘之体理论，用以证明法国教会（*ecclesia Gallicana*）是这个身体上最重要的肢体之一；参见，例如 Dupuy, *Histoire de différend*, 243f, 585f, 及各处。另一方面，他们也常常用一种机体论的抗辩（"qui tangit aurem hominis, totum hominem tetigisse videtur"[谁触碰了人的气息，他被视为已经触碰了人的全体。]）来驳斥教宗卜尼法斯八世的进攻；参较 Dupuy, *Histoire de différend*, 309, §19, Nogaret 致教宗本笃十一世的申诉以及各种重申。1308 年，腓力四世在图尔的高等法院说："...qui sumus unum corpus regnaturi cum eo[sc. Domino Salvatore]pariter"（我们将和他[即救主]一起平等地统治）(Lizerand, *Dossier*, 104；另参 184，关于 Plaisians 一个类似的说法)；不过，这些段落并没有像 Wieruszowski, *Vom Imperium*, 147 和其他人所推论的，指向国王与基督身体的合一，而是指向所有基督徒将来与基督的合一。

[203] 上文注 177。

一名基督徒,他也有责任保卫教会;不过这一点在此的相关性较弱。"为了国王和祖国"(*pro rege et patria*)的程式直到现代仍然存在;通常人们不会觉得——在 20 世纪与在 13 世纪一样无甚知觉——这里实际上有两个重叠的层次和两种并在一处的责任:一个是封建性的,一个是公共性的。毕竟,封建领主同时也是政治之体的头,一个人将生命献给"头"、"肢体"还是"头和肢体"有什么差别呢? 很难确切指出,那条分割线究竟应该划在哪里——并且,不同义务之间发生冲突的可能性也当然没有被排除。[204]

从国王的观点来看,情况略有不同。他可以为祖国战斗、死去,但不能为了国王,就是为他自己。在这种情况下,他可以为王朝而死,为王座的接续而死;或者,为了"王冠"(Crown)和"王家尊荣"(Royal Dignity),假设他选择为之而战的话。中世纪的国王御驾亲征、冲锋陷阵是理所当然的事,至少在西方是如此。总体上,这个武士国王的形象[260]在 13 世纪是无人质疑的。1283 年,那不勒斯和西西里的两位国王,安茹的查理(Charles of Anjou)与阿拉贡的彼得(Peter of Aragon),准备通过决斗的方式解决他们之间的政治分歧。[205]法学家们宣称,为了王国共同利益而开战的人,也就是最配得王冠的人。[206]1308年,法国人民理所当然地认为,他们的国王将会带领军队亲赴战场,置生死于度外(*sus le peril de votre vie*)。[207]从人文主义者的著作中可以很容易地随意挑出类似的话。[208]中世纪晚期以及文艺复兴时期的编年史

---

[204] "为了国王和祖国"的程式,在普鲁士军队中(*Für König und Vaterland*)存到相当晚近的时候,在 1918 年导致了责任冲突,当时军官们认为只有在威廉二世逃往荷兰,即他们的"封建"效忠誓言作废之后才能自由地服务于国家(*res publica*)。类似的情况也发生于 1945 年,当时个人的宣誓使得他们必须反对祖国。

[205] 两位国王这次决斗的材料最近得到了收集,Johannes Haller, *Das Papsttum: Idee und Wirklichkeit*(Stuttgart, 1953), V, 341f. 参较 A. Nitschke, in *DA*, XII(1956), 184.

[206] Post, *op. cit.*, 284, n. 15.

[207] Lizerand, *Dossier*, 88.

[208] 早期的例子,参见 Gerbert of Reims, *Ep.* 183(to Otto III), ed. J. Havet, *Lettres de Gerbert*(Paris, 1889), 168:"Et quaenam certe maior in principe gloria…quam…seipsum pro patria, pro religione, pro suorum reique publicae salute maximis periculis opponere."(在君主身份中,哪种荣誉比他为了国家、宗教、他人民的公共财产的保全将自己置于最大的危险之中更大。)

中也绝不缺乏武勇的国王。事实上，关于国王为祖国献身的责任，在哲
学上最有趣的讨论之一，且将 13、14 世纪的传统论辩与人文主义理想
型融合在一起的作品，出自于一位中世纪晚期的作者，埃内亚·西尔维
奥·皮克洛米尼（Enea Silvio Piccolomini），即后来的教宗庇护二世。

这位博学的人文主义者于 1446 年向哈布斯堡家族的皇帝弗里德
里希三世题献了一部著作，其标题——《罗马帝国的兴起与权威》（*De
ortu et auctoritate imperii Romani*）——脱离了前一世纪政治性作品的
传统。[209]在这本小册子中，埃内亚·西尔维奥讨论的主题之一涉及了战
争和国家的紧急状态。按照传统的方式，他宣称在国家的紧急状态下，
君主甚至可以取走属于良民的私人财产。他说，君主甚至可以"出于公
共利益"（*ad usum publicum*）要求公民牺牲生命，"因为我们并不是只
为自己而出生的。"[210]他提示皇帝[261]有许多著名的男人和女人都为
了共同体、集体、人民的利益而牺牲，为此他列举了约拿（Jonas）和阿里
翁（Arion），罗马的库尔提乌斯（Curtius）以及希腊的伊菲格涅亚（Iphi-
geneia）："一个人为人民而死是合宜的"（*Expedit enim unum hominem
mori pro populo*）。[211]古典和圣经人物大杂烩反映了文艺复兴的影响。
不过，接下来埃内亚·西尔维奥又回到了更传统的轨道上来，这样说：

> 为了整个身体的利益，一个手或一只脚——在国家中就是公
> 民，必须要被切除，我们这样说并不过分，因为**君主自己**，国家奥秘

[209] Aeneas Silvius Piccolomini, *De ortu et auctoritate imperii Romani*, ed. R. Wolkan, *Der Briefwechsel des Eneas Silvius Piccolomini* (Fontes rerum Austriacarum, LXVII[Vienna, 1912]), 8ff; ed. Gerhard Kallen, *Aeneas Silvius Piccolomini als Publizist* (Stuttgart, 1939), 52ff.

[210] *De ortu*, ed. Wolkan, 18; ed. Kallen, 80, 383ff；"...nempe liberum est imperatori, non solum homini nequam sed etiam viro bono ac de re publica bene merito, proprium agrum, proprias domos propriasque possessiones auferre, si rei publicae necessitas id expostulat."（对君主来说这是自由的，在公共事务上有充分理由地没收单个的人甚至一个好人的私有土地、家园和财产，如果国家的必要性要求这样的话。）关于"紧急情况中止法律"（*Necessitas non habet legem*）的原则，参见 c. 11, *De consecr.*, D. 1, ed. Friedberg, I, 1297；Post，"Public Law," 56. 关于格言"我们出生并不是只为了自己"（*non nobis solum nati sumus*），参见 Cicero, *De off.*, I, 22（引用柏拉图）。

[211] *De ortu*, ed. Wolkan, 18f；Kallen, 82, 403ff.

之体的头，也有责任在国家要求的时候牺牲自己的生命。[212]

我们注意到，在法学家的著作中，"教会，这个以基督为头的奥秘之体"，被替换为了"国家，这个以君主为头的奥秘之体"。并且，埃内亚·西尔维奥——与在他之前的卢卡斯·德·佩纳一样——对于他所思考的这个平行关系毫不怀疑：他还说，基督牺牲了自己，即便他——就像皇帝——是一位"君王"，是以他为头的教会的"君王和统治者"（*princeps et rector*）。[213]埃内亚·西尔维奥同时提到肢体的牺牲——脚或手，以及头的牺牲。普通公民为国家献身，因其仁爱（*caritas*）效法基督，无疑就成了殉道者。但是，君主为了他的奥秘之体——世俗国家——而牺牲，就在一个不同的层面上、更直接地与基督的牺牲相比：二者都是不仅作为奥秘之体的肢体，也同时作为头而献出生命。

总之，在这里，这类平行对照关系：属灵的奥秘之体与世俗的奥秘之体，奥秘之体的神圣之头与君主之头，为了属天的、超越性[262]的共同体牺牲与为了属地的——道德和政治性的——共同体牺牲，终于达到了一种结论。这里的问题不是封建习惯所界定的领主与封臣之间的互相忠诚：君主的牺牲，正如基督的牺牲，是以政治体为中心的（polity-centered）。

在关于公民为祖国牺牲的政治-法律讨论，以及法王腓力四世1300年前后发动的爱国主义宣传活动中，政治之体上的肢体自然地被要求为保卫国王和国家而牺牲自己。而关于国王这个头，以及他为政治之体牺牲自己的义务，法学家们就说得比较少了。看起来他们理所

---

[212] *De ortu*, ed. Wolkan, 19；Kallen, 82, 418ff："Turpis enim est omnis pars, que suo toto non convenit et semper minus malum tolerandum est, ut evitetur maius；nec grave videri debet, si pro salute corporis pedem vel manum, ut sunt in re publica cives, dicimus resecandam, cum princeps, qui caput est mystici rei publicae corporis, cum salus communis expostulat, vitam ponere teneatur...."（所有不与它的全身协调一致的部分是丑陋的，并且微小的恶永远应该是被容忍的，为了较大的恶被规避；这不应被看作是严重的事；如果为了全身的健康，我们把手和脚，就像国家的公民，必须被切除，而君主，他是国家奥秘之体的头，当公共的安全要求的时候，他有责任舍弃生命。）

[213] *Ibid*.："Imitandus est enim Christus Jesus, qui...ipse quoque, cum esset caput ecclesiae, princeps et rector, ut nobis mortem demeret, voluntariam mortem subivit."（耶稣基督应该被效法，他……本身也是，当他是教会的头，君主和统治者，为了将死亡从我们身上带走，献上自愿的死亡。）类似的比较，见上文注147（蒙茅斯的杰弗里）以及157（根特的亨利）。

当然地认为，国王会和臣民承担一样的责任和危险。因此，当一位法国法学家，皮埃尔·居博阿（Pierre Dubois），明确提出反对意见时，就十分令人惊讶了。他宣称，在发生战争时，国王不应该牺牲自己，甚至不应该加入军队。居博阿写道，国王应该留在"自己国内，专注于生育儿女、教养儿女，以及整备军队——以此尊荣上帝（*ad honorem Dei*）。"[214] 也就是说，普通公民被期待、甚至有义务为祖国牺牲财富和生命，但政治之体的头却并不需要作同样的牺牲，而是从事于另一类爱国的事务。按居博阿的说法，就是仿效一些罗马皇帝和鞑靼可汗的榜样，"安安静静待在国内"，同时将他们的将军送出去打仗。[215] 显然，按皮埃尔·居博阿的说法，国家的合宜安排高于神圣的榜样。

　　皮埃尔·居博阿在他的程式中可能表现得相当直接；但他表达的这个观念本身并不是原创的。事实上，在中世纪晚期，在各处都可以发现一种新的王权（kingship）的理想型：[263]君主并不亲自战斗，而是待在家里，让将军们替他打仗。在此方面，查士丁尼（在法学家的时代，他占据统治性地位）的榜样可能也是权威性的[216]——难道他不是皮埃尔·居博阿心里想的"罗马皇帝"之一吗？13世纪被两度译为拉丁文的伪亚里士多德著作《论世界》（*De Mundo*），对这个新版本的王权（kingship）要负点责任也不是不可能的。在这部著作中，那位波斯的伟大君王被描绘为上帝的实现型：他居于苏萨或埃克巴塔纳的王宫中，

[214] Dubois, *Summaria brevis*, ed. Kämpf, 19, 21ff: "...remanentes in teerra vestra natali liberorum procreacioni, eorum educacioni, instruccioni, exercituum preparacioni vacando ad honorem Dei...." 另参 Dubois' *De recuperatione*, cc. 119ff, ed. Langlois, 111ff, 对这项理论有更详细的讨论。参较 Kämpf, *Pierre Dubois*, 70.

[215] *Ibid*.: "Si quis arguat iste modus regendi est alias inauditus..., repondeo: ymmo legitur nonnullos Romanos imperatores sic quamplura mundi regna et climata gubernasse. Audivi quendam qui cum Tartaris conversatus fuerat, recitare quod rex terre eorum quiescens circa medium regni sui sic mittit ad singulas partes eius pugnans per alios, cum necessitas hoc exposcit."（如果有人宣称这样的统治模式在别处未曾听说过……我回答：传说一些罗马君主确实如此统治世界上尽可能多的王国和地区。我听曾经与鞑靼人交往过的人说到，他们的君主在王国的中心休息，将他的人派遣到各个地方，通过他们战斗，当情势需要如此的时候。）

[216] 我们还可以想起许多其他的拜占庭皇帝；在 Theodosius I 到 Heraclius 之间，没有皇帝亲赴战场；参见 G. Ostrogorsky, *Geschichte des byzantinischen Staates*(Munich, 1940), 60.

"所有人都看不见他";他在离群索居之中,"看见一切,听见一切"。因为,依靠一个高效的情报网,他可以迅速得知自己广阔帝国内发生的每一件事;他通过自己的官员采取行动,因为国王亲自去每一个地方显得不够尊贵,他好像上帝那样,居住在那超绝的地方,在这种遥远距离中更加尊荣伟大,而同时,"凭借从国王发出、通遍整个世界的权力",他又是每一件事情发生的原因。[217]由此发生发展出的一些思想,比方说,"天上的凡尔赛"以及这种理性的统治类型,或许可见于一部名为《沙得拉》(Sidrach)的哲学性传奇(romance),这部作品在 13 世纪是流行读物。故事中的对谈者,一位利凡得的伟大国王,问智者沙得拉,国王是否应当奔赴战场。沙得拉的意见是,国王本人不应该作战,而是要留在军队的后方;因为"如果丧失了军队,而国王逃脱,他可以再组建一支军队;但如果失去国王,那就失去了一切。"[218]我们不清楚皮埃尔·居博阿[264]是否受到了《沙得拉》的影响。不过,"不战斗的国王"的观念逐渐站稳了脚跟,尽管傅华萨(Froissart)提到法王查理五世,在他的房间里消遣着(estans en ses cambres et en ses deduis),重新征服了他的前任——用头盔和手上的宝剑(la teste armée et l'espée en la main)——在战场上

---

[217] Ps. -Aristotle, *De mundo*, 398a—b, ed. W. L. Lorimer(Paris, 1933), 83ff;两个拉丁语版本,参见 Lorimer, *The Text Tradition of Pseudo-Aristotle ' De mundo'*(St. Andrews University Publications, XVIII, 1924), 76ff, 以及他的最终版本: *Aristoteles latinus*(Rome, 1951), XI: 1-2, pp. 42 and 70;另见我的短文"Invocatio nominis imperatoris," 46f, nos. 41ff.

[218] *Roman de Sidrach*, c. 333, edited(14 世纪的意大利语版) by Adolfo Bartoli, *Il Libro di Sidrach*(Bologna, 1868), 355f;另一个缩略本,有很出色的导论,参见 Ch. -V. Langlois, *La connaissance de la nature et du monde au moyen âge*(Paris, 1911), 180ff and 251。《沙得拉》并不是完全"英雄式"的。不过,当他说"Mieux vaut un bon fuir que mauvaise demorée"(巧妙地逃跑胜过拙劣地原地不动)时,并不是在讽刺,而只是同意经院学者同样为逃跑和抵抗作辩护(见上文注 155 以下,根特的亨利)。沙得拉说,国王永远不应该被发现进入战场,而应当只是留在后卫军中。"Si l'ost est perdu et le seignor eschape, il recoverra . i. autre ost; et se il est perdu, tout est perdu. "(如果军队打了败仗、领主跑了,那么他还会找到其他的军队;他一旦被杀死,那么一切就都结束了。)这些是 Heydte, *Geburtsstunde des souveränen Staates*, 329f, n. 31 明显提到的地方(引用中的"cod. franc. 24395 der Nationalbibliothek in Paris"不是这部多卷著作的页数,也不是章节)。类似的态度,参见 Peter of Prece(ca. 1266-1267)为 King Konradin 所作的"Mirror of Princes", ed. Kloos, "Petrus de Prece und Konradin," *QFIAB*, XXXIV(1954), 107, § 14, and 108.

失去的一切时，还是把这当作一种奇异的情况（paradoxical fact）。⑲

　　一个不冒战争风险的国王，就暗示其臣民要做单方面的牺牲。这个政治之体的肢体要为头作单方面牺牲的观念，在对面的经院阵线那里被推到了极端的程度。公认的激进教宗派人士，奥古斯提努斯·特里温弗斯（Augustinus Triumphus, d. 1328），在他的著作《论至高的教会权力》中，讨论了从教宗那里提起上诉的各种法律问题：一个人可以从教宗那里向上帝上诉吗？从教宗那里向上帝提起的上诉岂不是针对上帝的吗？可以向枢机主教团上诉吗？向大公会议上诉呢？作者否认可以向大公会议上诉，理由是从事物的秩序来看，上帝看他所创造的一切都"甚好"（创世记 1:31）；而"在整个教会的秩序中，领袖和头是教宗"。接着，他论辩道：

　　　　正如这种秩序会因［向大公会议］上诉而遭到颠覆，这样的善（good）也会不复存在，因为如果对统帅而言并没有善，那么对一支军队而言也就没有善可言；如果对教宗而言没有善，教会的善也就不复存在。统帅的善高于整个军队的善，教宗的善高过整个教会的善。⑳

---

⑲　Froissart, *Chroniques*, II, c. 87, ed. Gaston Raynaud（Paris, 1894）, IX, 127；另参 Christine de Pisan, *Le livre des fais et bonnes meurs du sage roy Charles V*, ed. S. Solente（Paris, 1936）, 131，提到查理五世在他的战役中非常成功，虽然他没有亲自在场（*non obstant n'y alast en personne*）。参较 Heydte, *op. cit.*, 334, n. 42. 顺便提一句，查理五世拥有数本《沙得拉》；参见 Langlois, *op. cit.*, 180, n. 1。

⑳　Augustinus de Ancona, *De summa potestate ecclesiastica*, I, qu. vi, ad 6（Augsburg, Johannes Schüssler, 1483）, fol. 66ʳ⁻ᵛ（通常书名作 *Summa de potestate ecclesiastica*；但是经 Dr. Schafer Williams 为我检阅，国会图书馆所收古本书名不同）。作者讨论了各种从教宗提起上诉的可能性（"Primo: Utrum a papa possit appellari ad Deum. Secundo: Utrum a papa appellare ad Deum sit appellare contra Deum"（第一个［问题］：是否可以从教宗那里向上帝上诉。第二个：是否从教宗那里向上帝上诉是违背上帝），等等）。第六个问题是 "Utrum a papa possit appellari ad concilium generale"（是否可以从教宗那里向大公会议上诉），对此他评论道："...Vidit deus cuncta que fecerat, et erant valde bona. Omnia a deo producta bona quidem erant in se; sed valde bona propter ordinem quem ad invicem retinent, cum ergo totius ecclesiastici ordinis dux et caput sit ipse papa; sicut per appellationem tolleretur talis ordo, ita toolleretur tale bonum, quia cum bonum exercitus non sit nisi propter bonum ducis, et bonum ecclesie non nisi propter bonum pape.（转下页注）

[265]在这里，可以说，头已经吞没了整个奥秘之体。重要的不再是教会之体（*corpus Ecclesiae*），而是教会之头（*caput Ecclesiae*），就好像生命本身或者生命的延续性单单蕴含在头里面，而不是在头和肢体这个整体里面。

我们有理由推测，在皮埃尔·居博阿和奥古斯提努斯·特里温弗斯令人称奇的表述背后，在"头"那里存在某种涉及延续性的问题（some problem of continuity）。在居博阿那里，很明显，为了整个政治之体的利益，王朝的延续比国王亲赴战场更重要。在奥古斯提努斯·特里温弗斯那里，延续的问题更难解决。他那奇怪的表述，是由于对《形而上学》一处论述的误解和错误应用而引起的。亚里士多德在那里考察了"善"的性质：善，是否内在地、存在于构成整体的各个部分的有序排列之中，还是超越地、作为一种分离和独立于整体的东西存在？亚里士多德认为，善可能同时以这两种意义存在，例如，一支军队。

> 因为，任何军队的有效运作，都是部分来自于自身的秩序、部分来自于统帅；不过，主要是来自于后者，因为统帅并不依赖于秩序，但秩序取决于他。[220]

当然，亚里士多德远没有表示整个军队为了统帅的利益可以"尽数毁灭"。不过，很明显，他的比喻也可以容易地作一种等级制和目的论意义的解释。阿奎那就已经有这种倾向，但是他也很明确地讲，"统帅"自己并不是

（接上页注）Maius bonum est bonum ducis quam totius exercitus; et bonum pape maius quam totius ecclesie. "（上帝看他所造的一切，它们都确实是非常好的。所有由神所造的在它们自身中就是好的；但是他们由于他们所保持的互相的顺序而成为非常好的，因此教皇本身是教会次序的统帅和头。因而通过上诉[大公会议]这样的秩序被推毁，这样的善也会被推毁。因为好的军队不会存在，如果不是因为将军的善，善的教会不会存在，如果不是因为教宗的善。将军的善是比整个军队的善更大的，同样教宗的善也是比整个教会的善更大的。）参较 G. de Lagarde, "Individualisme et corporatisme au moyen âge," *L'Organisation corporative du moyen âge à la fin de l'ancien régime* (Recueil de travaux d'histoire et de philologie, 2ᵐᵉ sér., XLIV; Louvain, 1937), II, 42, n. 3. 另参 Gierke, *Gen. R.*, III, 596, n. 214.

[220] Aristotle, *Metaph.*, 1075a, 12–17(XII, 10, 1–2); see, for the Latin version, Thomas Aquinas, *In Metaph.*, ed. Cathala and Spiazzi(Turin, 1950), 611, §1102f.

目的：军队的秩序是"为了实现统帅的利益"，条件是它服务于[266]"实现统帅获得胜利的渴望"。㉒㉒在另一处，他再次明确讲，"统帅"自身的目的就像一个传言的天使一样小，因为最终的善不是别的，唯有上帝。㉒㉓

㉒㉒ Aquinas, *In Metaph.*, §§ 2627ff, ed. Cathala and Spiazzi, p. 612; see, especially, § 2630："Sicut videmus in exercitu: nam bonum exercitus est et in ipso ordine exercitus et in duce qui exercitui praesidet: sed magis est bonum exercitus in duce quam in ordine: quia finis potior est in bonitate his quae sunt ad finem: ordo autem exercitus est propter bonum ducis adimplendum, scilicet ducis voluntatem in victoriae consecutionem; non autem, e converso, bonum ducis est propter bonum ordinis."（就像我们在军队中所看到的那样：因为军队是善的，既在于军队自身的秩序，又在于那个主管军队的统帅；但是军队的善在统帅中要比在秩序中更多。因为目的在善中与那些向着目的的事物相比是更强大的。军队的秩序是因为要实现统帅的善，也就是统帅的对胜利结果的意愿，而不是相反的情况——统帅的善是因为秩序的善。）在下一段（2631）中，阿奎那将宇宙的秩序指向 *primum movens*（第一推动者）："Ita etiam bonum separatum, quod est primum movens, est melius bonum bono ordinis, quod est in universo. Totus enim ordo universi est propter primum moventem...."（因而那是分离的善，那个是第一推动者的，是比那在普遍中的秩序的善更好的善，整个普遍中的秩序是因为第一推动者……）因此，Augustinus Triumphus 就简单地做了一个等式：*primum movens* = *papa*（第一推动者等于教宗）；并且，他也没有对"善"做出定义和澄清（"普遍中的善"相对于"普遍的善"）。但丁在 *Monarchia*，I，6，2 中引用了这段，同意阿奎那的意见（参较 *Convivio*，IV，4，5）。见下一条注释。

㉒㉓ 阿奎那数次提到这段；参见，例如 *Summa theol.*，I，qu. 103，art. 2，ad 3："...finis quidem universi est aliquod bonum in ipso existens, scilicet ordo ipsius universi; hoc autem bonum non est ultimus finis, sed ordinatur ad ducem, ut dicitur in XII. Metaphys."（确实普遍的目的是某种存在于其自身的善，也就是普遍本身的秩序；然而这种善不是最高的目的，而是朝向统帅的，就像《形而上学》第十二卷所说的那样。）阿奎那只是改述了亚里士多德的说法，但是，因为他说军队的秩序乃是"朝向统帅"而组织的，他就远没有认为整支军队与统帅相比只有很小的价值。他在对一个命题（*Summa theol.*，I-II，qu. 5，art. 6）作回答时说得更明确，在那里将亚里士多德的统帅比作一个天使："Videtur quod homo possit fieri beatus per actionem alicuius superioris creaturae, scilicet Angeli. Cum enim duplex ordo inveniatur in rebus-primus ordo ordinatur ad secundum sicut ad finem[！], ut dicitur XII. Metaphys.: sicut ordo partium exercitus ad invicem est propter ordinem totius exercitus ad ducem...."（看来人能够因为某个更高的被造物的行动变得幸福，即天使的[行动]。因为在事物中存在着两种秩序，第一秩序为着第二秩序被安排，如同为着目的，就如《形而上学》第十二卷中所提到的：部分军队的秩序为着整个军队的秩序，而后者为着统帅……）因此，跟 Augustinus Triumphus 一样，这个命题也将统帅，或者天使，当作是最终目的（*finis*）。阿奎那很有逻辑地回答说，就掌握船只的舵手的技艺而言，就是要按照船只被建造时的目的来使用船只，正如他在对《形而上学》作注释时说，军队秩序的最终目的是通过统帅的技艺而获得胜利。由此，他就可以容易地总结："Sic igitur in ordine universi homo quidem adiuvatur ab angelis ad consequendum ultimum finem...; sed ipsum ultimum finem consequitur per ipsum primum agentem qui est Deus."（因而在普遍的秩序中人受天使相助，为了寻求最终的目的……然而那个最终的目的是通（转下页注）

奥古斯提努斯·特里温弗斯在这个问题上看起来犹豫不决:尽管有阿奎那的警告,但他还是明显把以教宗为代理人的那位误当成了"基督的代理人"(*vicarius Christi*),由此造成了这样一种印象,即教宗(或阿奎那的"天使")乃是终极的——[267]且是永远的——有形教会的善。于是,在他的表述中,这种延续性就必须在"至高的善"(*supremum bonum*)中去寻找,至高的善又错误地或正确地被认为符合教宗在实际中的情况,因而证明了肢体为头作单方面牺牲的正当性,这个头可以是天使、教宗或者统帅。换句话说,这样就证明了为了头而欣然赴死的正当性,因为奥秘之体的头(*caput corporis mystici*)就是基督自己,他不仅是一个会死的人,而且同时是上帝宝座永远的分享者:按照阿奎那的说法,[24]他是教会所有时间内(*secundum omne tempus*)的头,而教宗,一个普通的、会死的人,只是(有形)教会在特定时间内(*secundum determinatum tempus*)的头,无权主张那种永恒性或连续性,这乃是永恒奥秘之体的永恒之头的特征。

毫无疑问,这样,在机体论的原理中就出现了某种困境:他们可以说,政治之体或奥秘之体具有连续性,但是,连续性并非单单属于头;可是,习惯的说法又表示,正如在自然的身体上,每一个肢体都要保护头。[25]我们要记住这个困境,因为正是通过这个缺陷,可以将我们引向问题的核心和本质,当我们得出研究的结果时,其性质将会显现得更加清楚。

本章开头(199页)所提出的问题是,教会的奥秘之体与新生的世俗政治体之间是否存在切实的相互关联。现在我们可以肯定地回答这

(接上页注)过第一能动者,也就是上帝而达成的。)阿奎那的比喻充分说明,比方说"舵手的善高于整条船的善"这样的话是何等无意义。但是,另一方面,像 Agugustinus Triumphus 这样一位教宗派人士,可以轻易地从 *propter bonum ducis* 一语中推导出意义重大的命题"教宗的善高于整个教会的善",这句话至少是误解,且同时脱离亚里士多德和基督教的原理——更不用说它完全没有证明从教宗那里向大公会议上诉的任何问题。不过,在这里不再继续讨论 Agugustinus Triumphus 是如何得出他这个令人惊讶的命题的。

[24] *Summa theol*., III, qu. 8, art. 6(resp.).

[25] 例如,见上文注194。

个问题："奥秘之体"的观念确定无疑地被转移和应用于政治实体，无论是使用教会论性质的名称本身，还是有人或许喜欢更特定的等同物，比方亚里士多德的"道德与政治之体"（*corpus morale et politicum*）或者更具情感因素的"祖国"。有许多线索共同造就了这个新模型：神学、法学、哲学、人文主义；同时，罗马或帝国意识形态转移到领土君主国的意义也绝不亚于宗教思维的运用。不过，在早期阶段，"祖国"崇拜的主要内容来源于一个广泛意义上的宗教思维世界；这种崇拜的主要推动力[268]是在历史中的某一时刻，国家被呈现为一个可与教会相比的奥秘之体。这样，"为祖国而死"（*pro patria mori*），为了这个奥秘-政治性的身体的利益而死，才有了意义；这句话有了意义，因为人们认为其价值和后果等同于为基督教信仰、为教会、或者为了圣地而死。如果每一位基督徒，"凡住在教会这个身体之中的，都有责任奋起保卫这个身体"，那么，一个直接而简单的结论就是，每一个法国人，住在法兰西这个身体之中的，就都有责任奋起保卫这个民族的身体（national body）。㉒㉖因而，通过类比，人们就以一种真正的宗教性视角看待、并以宗教的方式理解"为政治之体或祖国而死"，即便不利用古典的英雄化策略以及后来的人文主义大喇叭。这种牺牲更加值得献上，因为它乃是为了一个道德和政治之体的利益。这个道德和政治体看重自身的永恒价值，并且树立起了自身的道德和伦理自主权，与教会的奥秘之体形成对峙。

远为困难的，是回答这个自然发生的问题："基督的两个身体"（*duplex corpus Christi*）的概念，究竟有没有对"国王的两个身体"的概念产生任何影响。基督的两个身体（不是"二性"）的原理——他的自然之体与奥秘之体，或者个人之体与集体之体——当然与教会的机体-合众体概念密切相连。尽管教会构成基督身体的观念可以追溯到圣保罗，但教会构成"基督的奥秘之体"的概念却更为晚近，在 13 世纪的发展过程中才获得了其法律上的含义。是不是说，双重性的概念——"基督的一个身体是他自己的，而另一个以他为头"㉒㉗——在"国家的奥秘

㉒㉖ Dupuy, *Histoire du différend*, 243f, §§ 26, 27, 29; cf. 586, 及各处. 不仅是国王和骑士, 每一个基督徒, 作为教会身体的一个肢体, 都必须为保护教会而奋起。

㉒㉗ Gregory of Bergamo, *De veritate*, c. 18, ed. Hurter, 75f; 见上文注 15。

之体"(*corpus reipublicae mysticum*)这个观念出现之时,在世俗领域内找到了其等同项?

乍看起来,我们可能被诱惑要在这里为整个国王两个身体的问题找到答案。法学家和哲学家们建立起来的类比实在是很多:君主是国家奥秘之体的头,有时甚至是这个身体本身,与作为教会奥秘之体的头以及身体本身的基督构成对照;还有,[269]正如基督为他的合众之体(corporate body)付出生命,君主也同样要为国家(commonweal)牺牲生命。我们也会看到,这类类比是相当牢固的:自杀者犯了重罪,不仅因为他的行为有悖自然、冒犯上帝,并且也(如都铎法学家所指出的)冒犯了国王,"导致他[国王]丧失一名臣民,他作为头就丧失了他的一个奥秘的肢体"。[228]顺便提一下,按照《尼各马可伦理学》,自杀者并没有损害自己或任何其他人,但是他损害了城邦、损害了国家,用基督教的话来说:损害了奥秘之体,或者损害了奥秘之体的头。[229]对于这样一对平行项:奥秘之体的属灵的头,与政治之体的世俗的头,我们要找出更多材料来使之显得更突出并非难事。那么,我们为什么不就此从"基督的两个身体"(*duplex corpus Christi*)推导出"国王的两个身体"(*duplex corpus regis*),并让这整个问题就此打住呢?

不过,当我们进一步思考,就会发现,尽管机体论的国家概念非常有效,但从其本身不太可能引导出一个"国王的两个身体"的理论,或者就这个问题而言,引导出基督"两个身体"的世俗等同物来。首先,我们

---

[228] 上文第一章注 21。

[229] *Eth. Nicom.*, 1138a, 9ff (v. 15); see, for the Latin version, Aquinas, *In Ethic. Ad Nicom.*, ed. Spiazzi(Turin, 1949), 300, §§ 781ff, and 另参 Aquinas' commentary, 301, § 1094:"Sed considerandum est cui iniustum facit. Facit enim iniustum civitati quam privat uno cive, sive non facit iniustum sibiipsi."(但这应该被认为是行不义之事。因为当他剥夺了[国家的]一个公民,他就是对国家行不义,如果他没有对他自己行不义的话。)参较 R. Hirzel, "Der Selbstmord," *Archiv für Religionswissenschaft*, XI(1908), 271; Hamburger, *Morals and Law*, 80f. 根据罗马法(*D.*48,21,3),如果自杀行为的目的是逃避某桩犯罪的刑罚,那么自杀者的财产将被没收,继承人不能继承;否则就不得对自杀进行惩罚。在英格兰,自杀被认为是重罪(*felo de se*)且可惩罚,尽管布雷克顿倾向于采纳罗马法的做法;参见 Güterbock, 179; Pollock and Maitland, II, 488. 不过,作为"政治之体"的国家概念与将自杀定为"重罪"行为的解释之间的联系仍然需要进一步澄清;见上文注 194(反叛君主和政治之体的人实施了自杀);另参"*Pro patria mori*," 491, n. 62。

的资料并不支持这样的假设：我们没有发现，仅仅在机体论的国家概念基础上，发展出了国王作为政治之体的头具有两个身体的观念。[230]也没有找到任何理由显示他[270]应当如此。法王腓力四世作为一个自然人是法兰西政治之体的头，与每一名法国公民一样，他只是身体的一部分，尽管是最重要的那部分。教会法倒是对主教和教士会议（chapter）作了区分：两者都代表了一个独立的身体（*corpus separatum*），尽管在其他方面，主教与教士会议一同构成了一个以主教为头的身体。[231]不过，这个原理的前提不同于机体论，而且世俗国家的理论家们貌似也并没有承认国家的头构成一个"独立的身体"；相反，他们最不愿意做的就是将肢体与头分开，或者反过来说，头与肢体之间的机体性统一观念太过强大，以至于不能接受彼此的分离。[232]国王可以以两种不同的身份出现——即，作为封建领主，以及作为整个政治体的头——此前就提出过："为国王和祖国"而死，就表现了王家权威的这种双重性质。但是这种双重性与基督的自然之体和奥秘之体并没有类比关系。假设有人提出一种类比式的程式："国王有一个属于他自己的身体，另外还有一个身体，以他为头"，这是什么意思，或者会产生什么意义呢？这会变成一个没有后果或责任的定义（a difinition without consquence or obligation），也就无甚意义。

还有另一种可能的论点，可以很快处理：国家构成一种"拟制人格"（*persona ficta*），一种超越其成员的抽象的人格化。确实，阿奎那偶尔把教会定义为一个"奥秘的人格"（*persona mystica*）。[233]这个充满疑问的词汇可以使我们对应地将国家理解为一个"政治和道德人格"（*persona politica et moralis*）吗？这个词看起来不可以；因为在 1300 年前后，国

---

[230] 当然，巴尔都斯区分了"个人的人格"（*persona personalis*）和"理念的人格"（*persona idealis*），并且其他法学家也认为法官具有"双重人格"（*duplex persona*）（见下文第七章注 275、397、422）；不过，在所有这些例子中，机体论的概念并没有被法人理论覆盖。Seneca, *Ep.* 85, 35 谈到舵手的两个人格（*Duas personas habet gubernator*），因为他同时是乘客和船只的主人；不过，尽管我们知道这一段，但是只有非常晚近的法学家才加以引用；参见 Vassalli, "Fisco," 205ff.

[231] Gierke, *Gen. R.*, III, 266ff; see also Post, "Two Laws," 425, n. 35.

[232] Wilkinson, in *Speculum*, XIX(1944), 460, n. 4；上文注 115。

[233] 上文注 24。

家并不是一个"拟制的人"(fictitious person),而是一个有机的或机体论意义上的整体(organic or organological whole)。它不会脱离其肢体而存在,"国家"也不会成为某种本身高于其头和肢体,或者高于道德价值和法律的东西。㉔简单说来,国家(*regnum*)或祖国(*patria*)并不是"人格化的"——它是[271]"身体化的"(bodified)。主要因为国家可以被理解为一个"身体",就可以由此建立起与教会奥秘之体的类比吗?这个平行关系的关键在"身体"(*corpus*),而不是"人格"(*persona*)这个词,正如神学家们所思考的是"基督的二体"(*duplex corpus Christi*),而非"基督的二格"(*duplex persona Christi*)——那就变成涅斯多留派了。类似地,都铎法律家们所论证的是"国王的两个身体",而不是"国王的两个人格"——尽管他们可能会偶尔搞混。这个术语本身就会阻止我们轻易地抛弃旧式的机体论观点,抛弃头和肢体在政治之体中的合一性,也阻止我们匆忙将其替换成人格化国家的抽象概念。㉕

如果我们换一个问题,对于教会和国家两个奥秘之体之间关系的辛劳探索就不会显得那么无意义。我们不问有哪些特征从属灵领域转移到了世俗领域,而是问:"基督的两个身体"的概念,有哪些方面不能转移,甚至无法间接地应用于国家奥秘之体的头?这个类比中的缺陷在哪里?

一旦我们认识到这里所涉及的主要问题是时间问题,回答就非常容易了。教会奥秘之体的头是永恒的,因为基督同时是神和人。于是,他的永恒性也将永恒性甚或无时间性(timelessness)赋予了他的奥秘身体。反过来,国王作为政治之体的头,只是一个有朽的普通人:他会

㉔ Cf. Post, "Public Law," 45f; "Two Laws," 422.

㉕ 关于"国家"的概念,参见 Post, "Two Laws," 420ff, n. 8. 阿奎那对亚里士多德《政治学》所作的评论也必须与此联系起来考虑。他以一种描述性的方式使用"国家"(*status*)一词,不带任何抽象的意思,例如,§§ 393-398, ed. Spiazzi, 139f,他反复提到"平民国家"(*status popularis*)、"寡头国家"(*status paucorum*)、"贵族国家"(*status potimatum*)。另参§ 414, p. 147, Peter of Auvergne(阿奎那的彼得)将这些"国家"(*status*)与王国(*regnum*)排列在一起,尽管始终指向政府形式。换句话说,*status* 不是"幸福"(well being)的意思(*bonus status regni, ecclesiae,* etc.),当然,也不是"各等级"(estates)(尽管当时已经有了这个概念),也不是抽象的国家。它的意思是"政府"(government),指后来开始表示抽象"国家"(State)的共同体的 *status publicus*。

死，也确实要死，根本就不是永恒的。也就是说，（按照都铎法学家的说法）那个奇怪的存在好像天使一般，不朽、不可见、无处不在、永远不会未达年龄、永不生病、永不衰老，那么，在国王可以代表它之前，国王就必须要么不再是一个［272］单纯的有朽之人，要么取得某种不朽的性质：按神学的话说，就是基督"依本性"而具有的永恒性，必须要从另一个来源归到国王的身上。如果没有某种永恒的属性（*character aeternitatis*），他就不能取得那种"天使的性质"（*character angelicus*）；如果没有某种内在的永恒性，他就不能拥有"两个身体"，或者拥有一个有别于自然、有朽身体的超级身体。

显然，恩典以及正义和法律维系了无法轻易撤销的永恒性，并且，它们在为新君主国构建延续性的过程中共同合作；因为，"依上帝的恩典"而设立的统治权的概念在王朝意识形态那里获得了新生，而一种"永不死亡"的正义的延续性则在王冠的延续性问题中扮演了主要的角色。不过，新式的、以政体为中心的统治权（polity-centered rulership）生长发达所依赖的不朽性或延续性，其价值被赋予了"永不死亡"的共体（*universitas*），赋予了一个不朽的人、政体或祖国的永久性，后者可以容易地与个体的国王相分离，但却与王朝、王位（Crown）以及王家尊荣（Royal Dignity）无法分开。

第六章　论延续性与合众体

一、延续性

[273]毫无疑问,在"国王的两个身体"概念背后,隐藏着一个延续性的问题(a problem of continuity)。这个问题在中世纪早期不太明显,抑或只是隐藏得更深。但是,在接受亚里士多德哲学的"世界的永恒性"理论及更激进的阿维罗伊派解释后,永久延续性问题本身成了一个第一等的哲学问题,由此,这个真正重要的关键点开始变得清楚明白起来。

13 世纪中期以后,世界永恒性理论令西方人趋之若鹜,[①]这个理论的复兴正好与宪制和法律-政治领域关于"延续性"的类似(如果说是独立的话)趋势相吻合。如果推定这个新的哲学原理产生、导致、或创造了一种对于政治身体(political bodies)的新信念,那是错误的。时序上的先后可以排除这个假说,因为,在新哲学的影响产生效果之前,延续性原理在法律和政治领域的发展就已经达到了高潮。通常情况下,实践先于理论;但是,既有实践,也会令人们更容易接受一种新

---

① 弗里德里希二世就已经向 Ibn Sabin 询问世界永恒性的证明;参见 *Erg. Bd.*, 102, 152。

的理论。不过,同时发生并不意味着因果关系,我们至多可以说,这种主张时间无限延续的哲学,使自己表现为其他领域相关潮流的一种共生物。其次,在这个基础上,就特别有利于人们去接受一种肯定并证实了人们心中所想、手中所做的理论,且由此强化和加速了既有的各种状况。最后,这两股潮流——哲学-经院理论和政治-法律实践——共同作用,在西方社会和政治思想的成型期,对其总体模式产生了决定性的影响。

[274]尽管存在各种各样的限定,但我们无论如何都不应忽视这些哲学新趋势的影响,因为这样的忽视会妨碍我们深入理解在其他思想部门——宪制、法律或政治领域——所发生的关联现象。哲学家与神学家之间关于无限延续性之含义和效果的热烈辩论,至少可以这样说,有助于讲清楚某些在以前难以表达、或者因其尚未突破有意识思维而根本未被表达的现象。现在,在亚里士多德哲学复兴的情况下,阿维罗伊极端派、温和的亚里士多德派以及反亚里士多德派纷纷提出各自的理由,支持或反对某种世界的永恒性。学者们就延续性、持续性、永久性、不灭性、永恒性(continuity, duration, perpetuity, sempiternity, eternity)以及相关概念的定义展开了反复的讨论和争辩。这一事实本身就足以说明问题:它向史学家揭示,某些以前稳定和确定的东西,开始变得不稳定和不确定——甚至变得可以质疑——并且,在时间的领域内,以及在人与时间的关系方面,发生了某些重大的变化。

尽管关于这种变化在哲学上的表现已经有许多研究,但这种对于时间的新态度所产生的历史后果(尽管难以实体化),几乎还没有人研究过。②然而,我们必须考虑一种对待时间的新方式(a new approach to Time),以及对于时间性质的新认知,这不仅是重大的哲学

---

② 不过,请参见 Hans Baron, "A sociological Interpretation of the Early Renaissance in Florence," *South Atlantic Quarterly*, XXXVIII(1939), 436ff, 作者提请注意另一种相反的对时间作再评估的潮流:对时间的珍惜。可能有其他历史学家偶尔涉及到这个主题;不过,总体上,令人惊讶的是,在对现代国家以及现代经济之起源的汗牛充栋的研究中,极少有将时间因素作为一个决定性的历史要素来考虑的做法。

问题,也是重大的历史问题。对于时间的新评价,在当时形成了一种突破,实际上成为了西方思想在中世纪晚期发生转变和大发展的最强动力源;并且,如今它仍然带着丝毫未衰退的活力掌控着现代思想。毕竟(只需要提一点),崇尚无限进步的乐观主义哲学,也就是两次世界大战前的几代人所热烈拥抱的那种哲学,[275]其根源和前提都来自于这些扰动了 13 世纪的思想变化——而这种扰动的深刻程度不亚于帝国与教宗之间、属灵权力与世俗权力之间的斗争。

永常(AEVUM)

一直以来,关于人如何对待时间(approach to Time)的问题,潜伏着一个巨大的危机,当世界非受造(uncreatedness)和无限延续的理论被人从亚里士多德哲学中重新发掘出来之后,这个危机就爆发了。这个理论对奥古斯丁传统下的时间和永恒概念发出了致命一击。原本,受圣奥古斯丁教导的影响,时间享有的更多是坏名声,而不是好名声。时间,*tempus*,是短暂性的组成部分;它指出了现世和一切世间(temporal)事物的脆弱,且带着灭亡的印记。时间,与永恒断然相隔,属于较低下的等级。上帝的永恒性被理解为完全不在时间之内,而易逝的时间则显明了凋零的此刻具有的一切虚弱。正如圣奥古斯丁在《忏悔录》中最有名的段落之一中所指出的,③时间——与太阳、月亮、植物、动物,以及人一样——是受造的。它与这个短暂的世界一同受造,而不是在此之前,成为一种短暂的延伸体,好像一个昏暗的小巷,注定要在某个给定的时刻遭遇一个突如其来的终点,正如整个受造的世界可

---

③ Augustine, *Confessions*, XI. 关于基督教与时间的论著汗牛充栋,近年来尤其多;参见,例如 J. Baudry, *Le problème de l'Origine et de l'Eternité du Monde*(Paris, 1931); Jean Guitton, *Le temps et l'éternité selon Plotin et saint Augustin* (Paris, 1933); Oscar Cullman, *Christus und die Zeit*(Zollikon-Zürich, 1948); Henri Marrou, *L'Ambivalence du temps de l'histoire chez saint Augustin*(Montreal, 1950);关于更晚近出版物的简单书目考察,Paul Henry,"The Christian philosophy of History," *Theological Studies*, XIII(1952), 419ff. 总体研究,参见 Frank Herbert Brabant, *Time and Eternity in Christian Thought*(Bampton Lectures, 1936; London, 1937)。

能会在任何时刻被末世事件所接管。时间是有限的。它仅仅覆盖了从受造到末日的这一段。可以这么说，诸如"暂时"（*temporalis*）和"世俗"（*saecularis*）这类词汇，显示了时间在道德上的品级较低，其作用是表达此世生活的短暂只具有相对的重要性，以及在其中死亡的不断迫近。

奥古斯丁关于时间和永恒之教导的有效性[276]，随同基督教信仰最基础的前提，遭到了将亚里士多德哲学推至极端结论的阿维罗伊派的广泛攻击；但是，甚至是阿奎那这样一位温和的亚里士多德主义者，也不得不承认，一个没有开端的世界至少是可能的。④教会当局起草了《错谬录》（*errores condemnati*），用以压制阿维罗伊派。在长长的清单中，"世界的永恒性"占据了很大一部分。教会宣布这类说法都是谬误，包括：运动没有起始点；时间是永恒的；天堂不是受造的；没有死人复活；人前后相继地衰亡和出生、无始无终；没有"第一个人"这回事，也不会有"最后一个人"；始终存在一个人类种族，以及从人生出人；还有许多类似或相关联的格言。⑤所有这些受诅咒的错谬都指向同一个方向：它们都主张没有创造，也没有末日；通过衰亡和出生，虽然世界的状况可能发生改变，但依照自然规律，现世本身是永久的，时间是无限的，一

---

④　见 *Summa theol.*，I，qu. 46，art. 2 的著名段落："Respondeo dicendum, quod mundum non semper fuisse, sola fide tenetur, et demonstrative probari non potest."（我回答道："世界并非一直存在，它仅为信义而存续，这不能被论证、被证实。"）

⑤　最著名的一份是巴黎主教 Stephen Tempier 起草、包含 219 个错谬的长清单（1277 年），刊行本见 H. Denifle, *Chartularium Universitatis Parisiensis*（Paris, 1889），I，544ff；不过，还有很多刊行的其他清单；参见 J. Koch，"Philosophische und theologische irrtumslisten von 1270-1329," *Mélanges Mandonnet*（Paris, 1930），II，305-329。实际上，这类清单变成了阿维罗伊主义最好的宣传品，因为它们把最艰难的问题都浓缩成了容易理解的口号。这里不需要提供阿维罗伊主义的参考书目；不过，可以参考 Martin Grabmann's *Der lateinische Averroismus des 13. Jahrhunderts und seine Stellung zur christlichen Weltanschauung*（Sitz. Ber., Munich, 1931, No. 2），他的 *Studien über den Einfluss der aristotelischen Philosophie auf die mittelalterlichen Theorien über das Verhältnis von Kirche und Staat*（Sitz. Ber., Munich, 1934, No. 2），还有他的 *Mittelalterliches Geistesleben*（esp. vol. II[Munich, 1936]）中所收集的研究，他的研究是过去几十年中研究中世纪亚里士多德主义的里程碑。不过，要注意最近发现的文本，Boethius of Dacia, ed. Géza Sajó, *Un traité recemment découvert de Boèce de Dacie "de mundi aeternitate," texte inédit avec une introduction critique*（Budapest, 1954）。

种前后相接的时刻的连续体永远地从无尽走向无尽。⑥于是，*Tempus*
[277]这个属地时间的有限延伸体，就丧失了短暂的脆弱性和限制，其
性质在道德方面也改变了：时间不再主要表现为易逝性的记号、死亡的
记号；对阿维罗伊派而言，时间变成了一种赋予生气的元素，无尽持续
的记号、生命的记号。

当然，不朽的并不是个人的生命；不朽的乃是有朽的个体所代
表的属（genera）和种（species）的生命。现在，时间成了被称为人类
的伟大集体、人之种群、生殖力、生长力永恒延续性和不朽性的象征
符号。当人们认可"时间的女儿就是真理"时，⑦通过与宗教和科学
进步观的联系，⑧它就获得了一种伦理价值。最终，人类本身的无限
延续性向许多事物赋予了一种新的意义。例如，它使对永世名声的
渴望（*perpetuandi nominis desiderium*）具有了意义，这一点日益成为人
类行动的决定性动力。或许这条小路最早也是由法学家开辟的。一

---

⑥ Tempier 主教在否定亚里士多德主义者关于时间无限性和真空不存在的论述时，最奇怪
的一点是居然要为存在多个世界的可能性作辩护；参见 Alexander Koyré, "La vide et
l'espace infini au XIVe siècle," *Archives d'histoire doctrinale et littéraire du moyen âge*, XX-
IV(1949), 45—91。基本物质的问题在十二世纪是以经院的方式讨论的；参见 Heinrich
Flatten, "Die *primordialis materia* in der Schule von Chartres," *Archiv für Geschichte der
philosophie*, XL(1931), 58—65。

⑦ 这句话来自于 Gellius, *Noctes Atticae*, XII, 11, 7。关于这句格言的早期历史，通常在文
艺复兴艺术中有表达，也见于 Erasmus' *Adagia*，参见 F. Saxl, "Veritas filia Temporis,"
Philosophy and History：Essays Presented to Ernst Cassirer (Oxford, 1936), 200, n. 1 的评
论。关于文艺复兴前的情况，尚未有研究；不过，有可能又是法学家们将时间与真理等同
起来；参见，例如 Baldus, on *D*., 1, 3, 32, n. 88, fol. 23，讨论了不成文习惯法的有效性，
也就是"人的记忆并不与之相反的"习惯，对此他评论道："*tempus loco veritatis est*"（时间
是真相之所在）。

⑧ 关于 13 世纪的进步问题，要另外在一个更广泛的基础和其他关联中加以讨论。关于这
个问题的宗教方面，与 Joachim of Fiore 以及唯灵论(Spiritualists)的理论分不开，最方便
的，请参 Ernst Benz, *Ecclesia spiritualis*(Stuttgart, 1934), 265ff, and passim；不断增加
的关于 Joachim 的文献（参见 Herbert Grundmann, *Neue Forschungen über Joachim von
Fiore*[Marburg, 1950]）也很少不把进步观当作唯灵论暗示的内容来考虑。进步的科学
观念，受到 Priscian, *Institutiones grammaticae*, I, 1 的强烈推动(见上文第五章注 187)，
简要的讨论见 R. Klibansky, "Standing on the Shoulders of Giants," *Isis*, XXVI(1936),
147f；比较 G. Sarton, "Query n. 53," *Isis*, XXIV(1935-1936), 107ff；J. de Ghellinck,
"Nani et gigantes," *Bulletin Du Cange*, XVIII(1945), 25—29。不过，关于这个主题最好
的资料，几乎都未受注意地被忽视了；那就是法学家的哲学反思。

位法学家在注释阿库尔修斯的作品时这样说："看，死人通过荣耀而继续活着"，而在另一条解释中，这位注释者还认为，那些为国家战死沙场的人和在比武中被杀的人都因着［278］名誉和荣耀而永远活着。⑨为了永久的名声，法学家们笔耕不止，而他们的学生弗里德里希二世则以行动建立之。⑩这种新出现的时间的延续性并非创造、而是加强了追求名声恒久传播的欲望。而只有当人相信这个世界以及人类会以某种方式永久存续和不朽，相信时间意味着生、而不是死的情况下，名声才有意义。或许，我们可以把此世"不朽的名声"视为另一

---

⑨　参见 Post, "Two Notes," 286, n. 24. 关键的引用处是 *Inst*. 1, 25, pr. (上文第五章注160), *Glos. ord*., v. *per gloriam vivere* 对此这样说:"Nota, mortuum vivere per gloriam"(注意，死人经荣耀而继续活着)，还有 *D*. 9, 2, 7, 4 的主张(如果"in publico certamine alius alium occiderit..., quia gloriae causa et virtutis, non iniuriae gratia videtur damnum datum"[在公共竞赛中杀害他人者，无须惩罚，盖须认为，损害是因追求荣耀或德行，而不是非法行为所造成。])，对此 *Glos. ord*., v. *gloriae causa* 评论道:"Per gloriam quis occiditur, ut hic(某些人因追求荣耀而被杀害，如这个人)[即在 *publico certamine*——被解释为公开比武——中被杀者]: et ideo post per gloriam vivere potest, licet sic mortuus dicatur."(因此死后因荣耀而继续活着，即使人们说他死了。)另参 *Glos. ord*., on *D*. 3, 2, 25, v. *ceciderit*:"Qui per gloriam vivere intelligitur"(他因荣耀而被认为活着)，以及 *Inst*. 1, 25, pr. 的说法。

⑩　Placentinus, *Summa in Tres Libros*, prooem., ed. Savigny, *Geschichte des Römischen Rechts im Mittelalter*(2nd ed., Heidelberg, 1850), IV, 245:"Secundo, credidi multum expedire mihi ad memoriam meique nominis famam in perpetuum conservandam...."(其次，我曾相信:这很有助于我留下永久的纪念并流芳百世。)另参 the prooemium of the *Margarita super Feudis*(late 13th century) of Dulius Gambarini:"...cunctos literatoriae scientiae amatores expedit dare operam studio indefesso ut sua in evum memoria relinquatur"(所有文学爱好者均冀图写出能让后世不断研读的作品，并因此能留下永恒的痕迹); 参较 Jean Acher, "Notes sur le droit savant au moyen âge," *Nouvelle revun historique de droit français et étranger*, XXX(1906), 125. 另参 Angelo de Ubaldis, on *D*. 1, 1, 1, n. 2(Venice, 1630), fol. 3ʳ(v. *perpetui*):"Vel dic quarto quod Justinianus est perpetuus perpetuitate memoriae...[*C*. 1, 3, 23]."(复次，你得明白，查士丁尼因留下永恒的记忆而永存不朽)同一位法学家(*loc. cit*., v. *Itaque procul dubio*, n. 7, fol. 2ᵛ)还得出了一个与众圣徒之间的有趣对照:"Memoria no[ta]: post mortem quis salvatur in sua memoria. Item no[ta]quare omni anno celebrantur festa Sanctorum."("记忆"注:人死后可在记忆中得到重生;同样，人们因此每年庆祝圣节。)关于弗里德里希二世，参见 Huillard-Bréholles, v. 907, 重建了一座水渠 *ad laudem et gloriam nostri nominis*(以表彰我们的名声和荣耀); 另参 *Erg. Bd*., 181 引用的地方。另参 Dante, *Monarchia*, I, 1:"ut palmam...in meam gloriam adipiscar."(我将赢得胜利:我的荣耀。)Or Andreas of Isernia, *In usus feudorum*, prooem., n. 11, fol. 1ᵛ, 引用塞涅卡:*immortalis est ingenii memoria*(对品格的纪念是不朽的)。

个世界不朽至福的等同物或是世俗替代品。所以，后来但丁在地狱里碰见失丧的灵魂向他祈求，希望保住他们的记忆以及在地上的名声，以补偿那业已失丧、甚至常遭藐视的灵魂的永远至福（eternal be-atitude of the soul）。⑪

我们会受到一种诱惑，将[279]亚里士多德主义下非受造的"无终点的世界"那种无限的持续理解为某种世俗化的永恒性。但是，如果我们顺着这个假设推论，立刻就会遇到难题：被世俗化、且内在于此世的究竟是何种永恒性？那显然不是神圣存在的永恒性，不是奥古斯丁用来与神圣永恒性构成对立、分配给此世和人类、跨度短促的受造时间。因为，上帝的永恒性是没有时间因素的；它是一种没有运动的静态永恒，没有过去和未来；按照奥古斯丁的说法，它是"一种永远静止的现在"（*nunc semper stans*）；或者，按照但丁的说法，"所有时间都是现在的那个点"。⑫这显然不是阿维罗伊派所设想和为之辩护的那种各个时刻永久相继、不断流动、易于变化的时间。

答案来自于经院哲学。早至 12 世纪，我们就可以发现，神学家和经院哲学家们已经准备好修正奥古斯丁的时间与永恒二元观，并开始探讨一种既非有限时间（*tempus*）又非永恒（*aeternitas*）的无限延续性问题。伪狄奥尼修斯（Pseudo-Dionysius）的复兴、苏格兰人约翰（John the Scot）、波埃修斯（Boethius）的著作，以及吉尔伯特·德·拉·普瓦图（Gilbert de la Porrée）的学校接纳阿维森纳（Avicenna）的著作，造成

---

⑪ *Inferno*, XIII, 53（Petrus de Vinea）："...tua fama rinfreschi/ Nel mondo su..."（恢复你的名声/他返回尘世……）另参 *Inferno*, VI, 88f；XVI, 85；XXXI, 127；参较 Burck-hardt, *The Civiliazation of the Renaissance in Italy*, trans. by S. G. C. Middlemore（Vien-na, n. d.), 307, nos. 285-287. 当然，那些在地狱里的人渴望"*per perpetuam gloriam vivere*"（因永恒的荣耀而活着）是完全合乎逻辑的，因为只有地狱会永远持续下去（炼狱会结束，天堂是没有时间的），地狱的大门上所刻的字表达了这个观念（*Inf.* III, 7f）：

> Diannzi a me non fur cose create
>
> 　Se non eterne, ed io eterno duro.
>
> 你的荣耀反映在世界中，其中的事物是受造物，
>
> 　不是永恒的事物，但我永远存在。

见下文注 15。

⑫ *Paradiso*, XVII, 18.

了所谓"物力论(dynamism)的强劲风潮"。⑬由此引发的后果之一就是永常(aevum)("永世"[eon])概念的复兴。这是一个圣奥古斯丁过于简单化的二元论无法真正解释的范畴。某种可谓"巨大的思想厘清"的过程开始了,因为经院哲学家现在的任务是要在不同的时间范畴之间作出区分。要解释"永恒"(aeternitas)与"永常"(aevum)之间的差异并不难。永恒,当然是指上帝无时间性(timeless)和不动(motionless)的"现在直到永远"(Now-and-Ever),没有过去,也没有将来。而永常则是一种无限和持续的状态,其中有运动,因而有过去和未来,按照所有权威著者的说法,是一种没有尽头的长久。尽管[280]学者们在一点上有不同意见,就是这种受造的长久状态是在时间之前受造,还是与时间一同受造;也就是说,"永常"是仅仅从未来看无限,还是从过去看也是无限的。无论正确答案是哪个,在原先永恒与时间的二元论中都插进了第三个范畴:永常,它在永恒和时间两边都有部分参与。后来阿奎那作了一个非常准确的定义,永常是某种"位于永恒和时间之间"的东西。⑭

这样,经院哲学就必须在三个范畴之间作出区分:永恒(aeterni-

---

⑬ See M. H. Vicaire,"Les Porrétains et l'Avicennisme avant 1215," *Revue des sciences philosophiques et théologiques*, XXVI(1937), 449–482(p. 455:"un souffle dynamique puissant"); R. de Vaux, *Notes et textes sur l'Avicennisme latin aux confins dex XIIe et XIIIe siècles*(Bibliothèque Thomiste, XX[Paris, 1934]); also J. M. Parent, *La doctrine de la création dans l'école de Chartres*(Publications de l'Institut d'études médiévales d'Ottawa, VIII[Paris and Ottawa, 1938]).

⑭ 关于永常,见 A. Michel,"Eternité," *Dictionnaire de théologie catholique*, v:1, col. 919 的研究。总体研究,Brabant, *Time and Eternity*, 74ff. 当然,哲学家们并不总是以同样的方式解释永常;参见 F. Beemelmans, *Zeit und Ewigkeit nach Thomas von Aquino*(beiträge zur Geschichte der Philosophie im Mittelalter, XVII, 1; Münster, 1914), 52ff; E. Gilson, *The Philosophy of St. Bonaventura*(New York, 1938), 260ff; C. R. S. Harris, *Duns Scotus*(Oxford, 1927), II, 141ff; Gilson, *Jean Duns Scot*(Études de philosophie médiévale, XLII[Paris, 1952]), 401ff. 中世纪早期当然也并非不知道永常的概念;799年,Alcuin 对此有总体上正确的定义(*MGH*, *Epp.* IV, 263ff, No. 163)。不过,就哲学和神学而言,永常是因进入到经院主义的天使学才获得了新的发展动力。关于时间的无限性,是同向过去和未来伸展,还是仅向未来伸展,参见 Ambrose, *Hexaemeron*, I, 1, 3, *PL*, XIV, 135,他将来自亚里士多德和柏拉图的不同概念联系在了一起;参较 Richard McKeon, "Aristotelianism in Western Christianity," in *Environmental Factors in Christian History*(Chicago, 1939), 224, n. 68。

tas）、永常（aevum）、时间（tempus）。但是，它们各自属于谁呢？永恒和时间的分配是自明的。无时间的"现在直到永远"只与上帝相一致；此世有限的、受造的时间，从创世到末日，属于人。那么永常呢？对于一个因天使学而开始发现思想乐趣和研究动力的时代而言，答案也必定是类似地不言自明：永常，当然属于天使和天上的智慧灵体，那些被置于上帝与人之间"永远存续的"（eviternal）的存在。天使与人一样，都是被造的；但是，人的易逝的时间并不属于他们，因为天使是永远的，没有肉身，不朽坏，并且到末日之后依然存在。另一方面，因为他们是受造的，所以并非与造物主永远并存。可以这样说，天使们，因着他们对上帝荣耀永远的直观，与那些受祝福的灵魂一样，参与到无时间的上帝的永恒之中。但是，这些不朽坏的灵体也同样有分于地上的时间，不仅因为他们可以在时间之中向人显现，而且还因为他们是被造的，[281]因而，依照他们独特的天使形态，会有一个"之前"和"之后"。永常（事实上这是一个非常复杂的概念，这里无法完全说明清楚）搭建了一座桥，跨越了无时间的永恒与有限的时间之间的那个深渊。如果上帝在他的永恒中，是超越且没有时间的不可变者；如果人在他的时间中，是处于可变且不断变化的有限时间之中的可变者；那么天使就是处在一个不断变化、但却无限的永常之中的不可变者。⑮

总结一下这个进入元史学（meta-history）领域的简短探索：阿维罗伊派主张，此世也存在一种好像另一个世界的、不断变化和无限时间的等同物：即天使的永常。如果我们意识到，天上的智慧灵体——没有物质性身体的灵——就是被造的观念或者上帝的摹型（Prototype），这一点就不会像初看起来那样令人惊讶了。他们并不是具有独立地位的柏

---

⑮ 参见 Brabant, Time and Eternity, 77. 我完全明白"永常"还有许多其他方面，并且天使的时间延续性是所涉及到最多的问题，经院哲学家在他们的论争（Quodlibet）文献和其他地方反复地加以讨论。Aquinas, Quodlibet, v, 7, ed. P. Glorieux, La littérature quodlibétique de 1260 à 1320(Bibliothèque Thomiste, v.[Kain, 1925]), I, 281; Utrum Lucifer sit subiecutm aevi? 中暗示地狱属于永常界。见上文注 11，但丁在他的系统中也提到三个范畴：永恒属于天堂，时间属于炼狱，永常属于地狱。如果罪人被置于无时间性中受苦，那当然就毫无意义了，因为在这种情况下，就不存在无限连续的惩罚和痛苦。

拉图的观念、而是亚里士多德的 εἴδη 的超越化的(transcendentalized)
基督教后裔,是各种独立的范型(types)的内在实现(immanent actuali-
zations)。亚里士多德哲学中的"世界的永恒性"观念的复兴,是以属和
种的不朽性为前提和结果的,实际上就变成了一种对天使的永常的"世
俗化":可以这样说,一种无限的时间延续体,就从天上转移到地上,并
且被人重新获得。这甚至可能更多是对基督教延续性概念的世俗化,
而不是对无限时间循环往复运动的古代概念的世俗化。阿维罗伊派也
主张后者,不过这是他们所提出的观点中最少被人接受的。公众的意
见很快抛弃了这种暗示事件会定期重复发生的理论,并将循环的延续
性替换为传统的线性延续性,这符合一般的基督教思想——可能也符
合天使的永常这个观念。⑯

[282]按照阿奎那的教导,每一个天使代表了一个种(species):天使
的非物质性不允许对属作物质的殊相化(individuation),不允许形成多
个物质性的殊相(material individuals)。⑰这样,我们就不会觉得奇怪,
法学家的那些人格化的集体(personified collectives),也就是在法学上
不朽的种,最终总是表现为某种可以归属于天使的特性;因为法律上的
"拟制人"(fictitious persons)事实上就是纯粹的实现(pure actualiza-
tions),因而就显得与天使般的拟制(angelic fictions)非常相像了。法学
家们的合众体理论(corporational doctrines)的核心就是集体性的抽象,
或者说是不朽和不变的种。以此对比于那些有朽、可以替换、殊相性质
的组成部分,后者表现出的重要性较低,并且在许多方面可以忽略。因
此,法律家们的那些"去殊相化"(de-individualized)的拟制人,就必定与
天使类似,并且法学家们自己也承认,在他们的抽象物与天使之间存在

---

⑯ 关于永恒的定期循环再发生理论,参见 Bishop Tempier's list of errors, No. 6(Denifle,
Chartularium, 544). 天使的永常是永远线性延续,还是也具有同时性(变化,但没有时
刻的相继;参见 Beemelmans, *Zeit und Ewigkeit nach Thomas von Aquino*, 44f),是一个不
同的问题;这当然与阿维罗伊派主张的 36000 年轮回没有任何关系。

⑰ Duns Scotus 所激烈争辩的,正是与种的天使属性相对立的个体性,阿奎那也为此提出了
辩护;参见 Gilson, *Jean Duns Scot*, 399ff,一般性研究,参见 F. Ueberweg and M. Baumg-
artner, *Grundriss der Geschichte der Philosophie der patristischen und scholastischen Zeit*
(10th ed., Berlin, 1915), 498 and 580。

某种相似性。⑱那么，我们可以这样[283]说，在中世纪晚期的政治和法律思想世界中，开始住进许多非物质化的天使样身体（angelic bodies），大大小小的：它们是无法被看见的、不会变老、永久、不朽、有时甚至无处不在；并且，它们被赋予了一种理智之体或奥秘之体（*corpus intellectuale* or *mysticum*），可以接受与天上灵体的"属灵身体"所作的任何比较。

不可否认，时间与连续性的问题接近经院和世俗哲学家讨论的中心。如果说时间问题是从中世纪晚期直到文艺复兴时期一股活泼的思想暗潮，或许还有点低估。人对于自己与时间之关系的新态度，几乎影响了生活的每一个方面。当然，这个世界并没有因为布拉班特的西热（Siger of Brabant）、达西亚的波埃修斯（Boethius of Dacia）以及其他大

---

⑱ 阿库尔修斯的一条注释显示，注释家们相当熟悉经院哲学的区分；参见 *Glos. ord.*, on *D*.8,2,33（"ut in perpetuum idem paries aeternus esset"（此等墙壁永远不变，是永恒的）——一项永久的地役权，为了维护一座房屋永久的墙），v. "*aeternus*"："id est sempiternus. Nam aeternum dicitur, quod semper fuit et est：ut Deus. Sempiternum dicitur, quod incepit et non desinet：ut anima et angelus et haec servitus."（此即"永久"[sempiternus]。实际上，所谓"永恒"（[aeternus]，即过去如此，现在亦如此，如上帝。所谓"永久"[sempiternus]，一旦开始即不停歇，如灵魂、天使和上述地役权)此后不久 Odofredus, on *D*.8,2,33（Lyon, 1550），fol. 263ʳ暗示"nihil in hoc seculo potest esse perpetuum nisi per surrogationem"（在俗世，没有任何东西可永恒存在，除非通过替代），后来对这条法律作注的注释家，Bartolus（fol. 222）以及 Baldus（fol. 311），只是简单地说"*perpetuatio fit per successionem sive subrogationem*"（因继承或替代而永恒）。更有说服力的是 Angelus de Ubaldis, on *D*.8,2,33,rubr.（Venice, 1580），fol. 185ᵛ。他说："Nota sub sole nihil possibile est[esse]aeternum, fit tantum aeternitas per successionem seu subrogationem, et ita est casus hic."他同意 Accursius 的 *Glos. ord.*，区分了"永恒"（eternal）与"永久"（sempiternal），但对于将地役权（*servitus*）与灵魂（*anima*）和天使（*angelus*）比附，以及与亚里士多德世界永恒性的理论存在某些相似性而感到不舒服，他这样反对 Accursius："Sed quod dicit glossa 'et haec servitus,' non dicit bene referendo ad extra predicta, quia impossibile est aliquid esse sub sole sine fine, et ideo mundus habebit finem *secundum fidem*, licet princeps philosophorum fuerit in opinione contraria motus rationibus naturalibus."（但是，当《注释》写道"此即地役权"时，它的指向超出了上述探讨的内容，因而该注释并非正确。因为，太阳底下，没有东西是没有界限的。根据信义，我们的世界也有其界限，虽然反对观点认为，因自然理性，哲学的源头是运动的。）但是，"永恒"和"永久"这样的概念还是常常引起混淆。例如，英诺森四世在里昂（1245）对弗里德里希二世所作的判决刊行于 *Liber Sextus*（c. 2 VI 2,14；ed Fredberg, II, 1008），标题正确：*Ad memoriam sempiternam*。但是，Durandus 在证明通过判决的一般规则时，引用错了（*Speculum iuris*, II, part. iii, § 6, n. 7, vol. II, 790），他说："Sententia enim fertur *ad aeternam rei memoriam*, ut legitur...[c. 2 VI 2,14]in superscriptione."（如上述所见，判决使事务之记忆得永恒。）见下文第七章注 6。

师们在巴黎大学艺文系的教导而变得"阿维罗伊化":世界仍然是基督教的世界。但是,在13世纪尚在流传中的东西,到了14和15世纪,就变成了常理:人们并不接受一种"没有终点的世界"的无限延续性,但接受一种准无限的延续性;人们不相信世界的非受造和无终点,但做起事来却开始好像世界是没有终点的;在以前没有注意到、也没有设想延续性的地方,开始预设有延续性;还有,人们开始做好准备,对传统的关于时间有限以及关于人类制度和行动易逝的感觉进行修正、修改和压制,尽管尚未完全背弃这些。[19]

我们可以认为,这一点标志了社会知识部门对待生命和时间的新方式。人们并没有发明一种新的时间观,但接受了时间的其他面向。只有当人们开始转离此前对时间易逝性的强调,转而重视时间的另一个面向——延续性,以及实践中的无限性时,人对于时间性质的感受才开始发生变化。"如果你想要统治成千[284]上万年",锡耶纳的一通石刻在提到古代和基督教英雄及美德时这样说,"你们这些统治者,来仰望这些人吧"。[20]这个变化暗示了一种对时间的重新评估,而不是某种全面的革命,这是一种辩证式的转向,从时间的脆弱性转向永不停止、充满活力的流动性。

永远的必需性(PERPETUA NECESSITAS)

无论亚里士多德哲学以及阿维罗伊派关于"没有终点的世界"的理论是被人接受、拒绝、还是修正,这场论争本身显然在接下来几代人的思想上留下了毫无疑问、清晰可辨的印迹。不过,各王国与自治市镇(community)出于实践的需要,各自独立地导向了一种公共机构具有准无限延续性的拟制——显然,这种延续性属于某种哲学性减弱了许多的模式。两大法系,罗马法和教会法,是启发这种新的机构延续性

---

[19] G. de Lagarde, *La naissance etc.*, II: *Marsile de Padoue*(Paris, 1948), 79 and 85ff, 正确地评论道:"L'Averroïsme est moins une doctrine qu'une attitude."(阿维洛伊主义更多是一种态度,而不是一种教导。)另参 Leclercq, *Jean de Paris*, 75。

[20] Theodor E. Mommsen, "Petrarch and the Decoration of the Sala Virorum Illustrium in Padua," *Art Bulletin*, XXXIV(1952), 114.

(institutional continuity)概念的主要来源,而在其中,王家领地不可让渡的格言,以及"永不死亡"㉑的非人格化国库的概念成为了里程碑。不过,时间的因素也开始在其他方面渗透到公共、财政以及法律管理的日常技术中——这个现象值得在此通过一些例证略作阐述。

在中世纪早期,公共性的征税始终是例外和专门性质的,因为缴税并不是以某一日期为发生点,而是以某一事件为发生点。封建贡金(aids)的收取事由包括领主的赎金、领主长子受封骑士、领主长女出嫁。12世纪以后,开始扭捏地为"必需的原因"(*casus necessitatis*)征收,即在出现公共紧急状况时、为了保卫国家而征收。这四种情况都各自指向一个事件:前三个与领主的私人和个人生活相关,但第四个可以说是公共和超个人性质的,主要指向了"王国"(*regnum*)和"祖国"(*patria*)。㉒赎金、封骑士和出嫁都是不可重复的情况;而"王国的紧急状况",在技术上,可以年复一年地宣布,至少直到君主遭遇[285]被榨干的臣民们的反抗。众所周知,这第四种情况,"国王与王国的必需"(*necessitas regis et regni*),最终打开了通向按时间而非事件、永久、每年征税的大门。例如,弗里德里希二世在他与罗马教宗斗争的最后阶段,几乎在每一年年初,都会以华丽的词藻和几近护教宣言(apologetic manifesto)的方式宣布帝国有"极端严峻的必需性"(*dira et dura necessitas*),目的只是为了对他的西西里臣民开征新赋税(*collecta*),教士也包括在内。㉓后来安茹的查理(Charles of Anjou)也是如此;法王美男子腓

㉑　上文第四章注267、292。

㉒　参见 Post, "Two Laws," 420ff. 另参上文第五章注127,关于与十字军税的联系;总体研究,A. Gottlob, *Die päpatlichen Kreuzzugssteuern des dreizehnten Jahrhunderts* (Heiligenstadt, 1892)。

㉓　关于西西里,参见 *Erg. Bd.*, 193, 243. 最有启发,但基本未作评估的材料,是教宗马丁四世在西西里晚祷事件之后写给安茹的查理的一封信,将赋税(*collecta*)当作一种常态的税项;参较 *Les registres du Pape martin IV*, ed. Olivier-Martin(Paris, 1913), 225, No. 488;另参 *Les registres du Pape honorius IV*, ed. M. Prou(Paris, 1886), 75, No. 96, §§ 3-7. 关于前安茹时期的赋税史,教宗马丁四世说"de modo subventionum et collectarum, que in regno Sicilie tempore clare memorie Guillelmi regis Sicillie solvebantur, nihil aliud potuit inveniri, nisi quod antiquorum habet relatio, quod quondam Fridericus Romanorum imperator *tempore quo de ultramarinis partibus rediit, primo subventiones et collectas ordinarias in regno imposuit supradicto*, et quod ante predictum tempus collecte et subventiones (转下页注)

力也是如此,还有其他人。诚然,对一种不可重复的事件、一种单独的
紧急状态、以及征税之例外性质的拟制还在保持着,并且还要保持一段
时间;但是,旧的拟制将会屈服于一种新的拟制,后者则变成了日常惯
例:一种不加掩饰的、每年重复发生的财政要求。

[286]当然,关于征税的经院理论严格否定了国家征收任何年度甚
或定期重复发生税项的权利,这是实情。㉔但是,依据教会同样认可的
"必需的原因"(*casus necessitatis*),就产生了一种新的原则。㉕永久性的

（接上页注）tantum fiebant, cum rex Sicilie pro defensione ipsius regni defensionem facie-
bat, ac in coronatione regis ipsius, nec non et quando filius eius suscipiebat cingulum mili-
tare, ac ipsius filia nuptui tradebatur."(关于西西里王国有清楚记忆的时期——即古列尔莫
国王统治西西里的时期——履行救助和募捐义务之方式……不得创造其他义务,除非该义
务与古代有联系,譬如,从前,罗马帝国皇帝弗里德里希从海外地区回来之时,首次正式规定
上述救助和募捐义务;在此之前,仅在西西里国王为了防卫其王国或加冕其国王时需履行救
助和募捐义务,而在王子穿着军带或公主出嫁时,均无此等义务)这成为了通行观点;因为教
宗的裁制对弗里德里希二世不利,常常被重复,甚至到很晚的时候;参见,例如 Paris de Puteo
(d. 1493), *De Syndicatu*, I, 2, n. 59(Lyon, 1548), fol. 8;"nam Federicus fuit depositus ab
imperio, quia collectas in regno imposuit...."(实际上弗里德里希被废黜的原因在于其在王
国规定了募捐义务)关于压榨性质,参见 E. Sthamer, *Bruchstücke mittelalterlicher Enqueten
aus Unteritalien*(Abh. Preuss. Akad., 1933, No. 2; Berlin, 1933), 13,引文来自 Saba Mala-
sipina, III, c. 16, in Muratori, *Scriptores*, VIII, 831f. 教宗声明的价值在于圣座非常准确
地注意到一种特别的税项变成了"常规的税项"。不过,这个变化的具体日期显然不正确,因
为说弗里德里希二世早在 1230 年就引入了年度税不太可能是真的,也不能说引入年度的赋
税是受到了"东方"的影响。产生影响的是罗马法(见下文注 34),我们得知,1158 年,Bar-
barossa 在 Roncaglia 试图向意大利各城市征收一种年度的帝国贡赋(tribute)。参较 Ra-
hewin, *Gesta*, IV, c. 7, ed. Hofmeister, *MGH, SS. r. Germ.*(3rd ed., 1912), 240:皇帝命
令"nec de terra tantum, verum etiam de suis propriis capitibus *census annui redditionem*."
(每年国势调查涉及的报表,不限于土地,且以人头计。)另参 *Ligurinus*, VIII, v. 574, ed. C.
G. Dümge, Heidelberg, 1812;"capitolium *certo sub tempore* censum."(在固定时间登记教会
财产)不过,Barbarossa 的意图永远没有实现。另参 P. W. Finsterwalder,"Die Gesetze des
Reichstages von Roncalia vom 11. November 1158," *ZfRG*, germ. Abt., LI(1931), 59ff。

㉔ 关于税收的经院和神学理论,参见 Paul Kehl, *Die Steuer in der Lehre der Theologen des Mit-
telalters*(Volkswirtschaftliche Studien, 17, Berlin, 1927), 74ff and passim。在法国,1314
年之后,三级会议有权许可征收特别税(tallage);但是后来开始发展出一种推论,就是这种
捐税可以永久征收。参较 Holtzmann, *Französische Verfassungsgeschichte*, 408. 当然,在英
格兰,每一次向全民征收、缴纳给国王的补助(subvention)都必须经过议会同意。

㉕ Langlois,"Philippe III," in: Lavisse, *Histoire de France*(Paris, 1901), III:2, 250f;"Le principe
était posé."(原则是被指定的。)关于法国的情况,见 Carl Stephenson 的大量研究,尤其是"Les
'aides' des villes françaises au XIIe et XIIIe siècle," *Moyen âge*, 2e sér., XXIV(1922), 274-328,
and"La taille dans les villes d'Allemagne," *ibid.*, XXV(1925), 1-43;还有 Joseph R. Strayer and
C. H. Taylor, *Studies in Early French Taxation* (Cambridge, Mass., 1939)。

年度征税这类原则最终成为了主权国家公认的权利,理由是为了满足政治体(polity)的需要。到了 14 世纪,甚或在 13 世纪,有时会撤掉特别征税的伪装,使拟制的例外状态公然地成为正常状态:在欧洲大陆的许多地方,公共税收成为了年度征税的同义词。换句话说,以前与一种不可重复的事件联系在一起的税收,现在与日历、与永不停止的时间车轮联系在了一起。国家获得了永久性,而成为永久的,是它的紧急状态和需求,它的必需性(necessitas)。

因此,必需性这个概念,事实上就取得了一种全新的意义。作为征税的理由,"必需的理由"(casus necessitatis)本来是指主要起于外部的紧急状态:保卫祖国免遭外敌入侵,反抗政治或宗教敌人的战争,还有针对反叛者、异端、甚至针对属灵权力的战争。然而,到了 1300 年前后,"必需性"的概念开始同时关注行政上普通和(可以这样说)出于预算(budgetary)的需要;而为了满足这类行政需要,政府造出了一个"永久必需性"(perpetua necessitas)的新拟制,暗示了(与现代的"不断革命"理论有相似之处)某种事物的永久性,依定义,表明其构成之前规则的一种例外、某种特例的状况或者某种暂时的偏离。

当然,当时的人也已经意识到了必需性的永久化问题,[287]14 世纪早期的一位法学家,奥德拉杜斯·德·庞蒂(Oldradus de Ponte[d. 1335]),为我们提供了一切想要的线索。在一份处理是否可向某些贵族征收年度捐税(tallage)的法律意见中,奥德拉杜斯区分了古老的一次性必需性与新的永久性必需性。提交给这位法律专家的问题在标题中作了描述,这样说:

> 一个人,有责任支付为[公共]利益或必需性而征收的税项,那么,他也应当支付那些为了某种习惯性的必需性(尽管[这]不是一种实际的必需性)而征收的税项吗?㉖

㉖ Oldradus de Ponte, *Consilia*, 98(Venice, 1621), fol. 39:"Contribuere si unus tenetur ad munera, quae fiunt causa utilitatis vel necessitatis, tenetur praestare munera, quae fiunt causa necessitatis in habitu, licet non in actu."(同引文。)当然,我们不清楚这段总结是作者写的,还是后来的某位编辑者写的。不过,对于 *necessitas in actu* 与(转下页注)

这里对于一种习惯性的、亦即永久性的需要（*necessitas in habitu*）与一种实际的需要（*necessitas in actu*）所作的区分，本身就已经足够说明问题。奥德拉杜斯当然完全明白，从前以"公共和普遍利益和必需性"为名征收的直接税是被理解为一种例外、一种非正常税项（*indictio extraordinaria*）的。他也知道，征收捐税的理由（必需的状况），以及国王征收紧急状态贡金的王家权利符合旧式的封建习惯，而他足够诚实地承认，"开征年度捐税是一项新措施：在此方面，该税项被称为正常的税项（*indictio ordinaria*）"。㉗不过，正常和非正常税项都服务于同一个概念：为了满足一种必需。只是，"必需性"本身在个案中会有不同的参照物；奥德拉杜斯也澄清了这一点。

摆在这位法学家面前的问题是，如果法国国王"为了公共和普遍利益以及必需性"，要求按年度征收一种捐税，某些贵族能否主张免税。[288]奥德拉杜斯称，毫无疑问，捐税乃是服务于公共利益和必需，并且法国国王有权征收捐税，因为"他享有皇帝的权利，并且，根据他的皇家特权，他拥有一切与皇家服事（imperial service）相关的物。"㉘接着，这位

（接上页注）*necessitas in habitu* 的区分，准确地归纳了 Oldradus 在他的 *Consilium* 中所作的讨论。

㉗　*Ibid*., n. 4："...quod, si contingat aliquam talliam indici quae fiet gratia publicae et communis utilitatis et necessitatis et cetera, quasi de futuris et extraordinariis indictionibus intellexerit. Sed huic respondetur.... Licet enim talliam indicendi causa et regalia sint antiqui actus: tamen indictionis omni anno est novus: et hoc respectu ordinariae praestationis indictiones appella[n]tur. Extraordinariae vero superindicta...."（若基于公共的、共同的利益或必需等因由而课征之税项，须被理解为将来而课以的非正常税项。但是，对此，人们回答道……固然课以税项，此等行为为皇权行为和古老行为；但是，每年课以的税项均是新的。基于此，被称之正常课税；而附加的，被称为非正常课税。）关于正常和非正常税项的区别，见上文注 23 以下。

㉘　*Ibid*., rubr. 2："Quaeritur modo, si talliae, quas indicet rex seu eius curia, reputentur fieri gratia publicae utilitatis et necessitatis. Et est sciendum quod rex habet in dictis communitatibus et provincia iura imperialia et quae pertinent ad imperiale servitium ex privilegio imperiali."（须探究：国王或议会课以的税项可否被认为是基于公共之利益或必需而做出。须知：在市镇和行省——基于帝国之优待，它们属于帝国地役权之范围——国王享有帝国之权利。）当然，这个"特权"不是指皇帝的特许状，而是指国王在本国内作为"皇帝"（*imperator*）的特权。Oldradus 没有明确说到法国国王；不过，鉴于他居住在阿维尼翁，并称统治者为"我主我王"（*dominus rex noster*），他不太可能指其他国王。还有，贵族应当支付捐税的情况，看起来暗示了 *consilium* 所指的是法国南部；参见 Holtzmann, *Französische Verfassungsgeschichte*, 263f。

法学家开始提出证据证明,在其他情况下,贵族实际上在支付年度税,而这类税项是用来服务于某些"习惯性需要"的。与此相关,他讨论了两种古老的封建义务——"领主驻跸费"(*alberga*)和"骑士役费"(*cavalcata*)——尽管起初是特殊性质,但类似地渐渐变成了年度税。而"当国王或其财务代理人宣布这些贡金为年度征收时",贵族们也毫不犹豫地缴纳了。㉙首先,他讨论了领主驻跸费(*alberga*),或称"驻跸义务"(*droit de gîte*),是指当封建领主或国王巡游到某一地区或省份、开设法庭听取人民对其领主的诉讼时,当地人负责提供食宿的义务。㉚奥德拉杜斯解释说,从前,这项义务只在领主亲自巡游到相关地区时才会发生。

> 今日此项[义务]已经变成以金钱方式每年支付了……因为再没有领主巡游某省,为下级封臣对他们的上级领主提出的诉讼主持审理工作;因为在每一个地方都有法官,他们负责执行那件事[司法工作],并且他们从国王那里以公共的方式(*de publico*)领取薪水。……因而,鉴于这类正义的彰显本身属于公共利益和必需,看起来就连贵族……也应当缴纳贡金,因为[这项税]确实是为了该省的利益和需求。㉛

[289]除了这个变化——按照奥德拉杜斯清晰的说明——从特别的义

㉙ *Ibid*.:"Item rex, seu eius procurator, bis in anno annuatim indicit in dicto castro duo munera: unum quod vocatur alberga, aliud cavalcata."(同样,国王或者其行政长官在其疆域内每年课征两种费:一项称之为驻跸费,另一项则为骑士役费。)

㉚ *Ibid*.:"Alberga praestatur ista ratione: quia solebant communes provinciae ire ad castra et audiebant querelas hominum de dominis suis: tunc homines solvebant expensas et illud vocatur alberga."(给付驻跸费基于如下理由:共同的长官经常巡游至下属疆域,听取人们对其领主的抱怨;故此人们需支付费用,此被称为驻跸费。)

㉛ *Ibid*., n. 1:"Qua[alberga]hodie solvitur in pecunia annuatim... licet hodie nullus circumeat provinciam inferioribus de dominis suis iustitiam ministrando; quia tamen sunt iudices in singulis locis, qui hoc ipsum faciunt et de publico salarium a rege recipiunt.... Unde cum exhibitio talis iustitiae habeat in se publicam utilitatem et necessitatem,...videtur quod huiusmodi expensas nobiles, de quibus quaeritur, contribuere teneantur: quia verum est propter provinciae utilitatem et necessitatem."(同引文。)关于驻跸义务的年度支付早在 13 世纪就已经开始,参见 Holtzmann, *Französische Verfassungsgeschichte*, 257。

务变成一种永久和普通的税项，"必需"（necessitas）的含义也明显从一种外部的紧急状况变成了一种内部的行政需要。这种内部需要发生了永久化，并且永久化的司法行政要求有一种年度征收的紧急状态贡金，正如为了保卫祖国要求有单次的紧急状态贡金。但是，即便是保卫祖国，现在也被永久化了。在十四世纪，还没有出现属于某个政府的永久性职业化军队，尽管雇佣骑士团在意大利各地逡巡，显示了存在某种永久的独立军队。但是，这时已经有了出于军事目的的永久性税收。"骑士役费"（cavalcata 或 chevauchée）一词，原本是指履行军事役务的封建义务，现在开始表示将该等役务折算成年度支付的规费（fine）或盾牌钱（scutage）。奥德拉杜斯·德·庞蒂又一次看出了其中的关键点。

> 即便并不是每年都召集军队，未雨绸缪总是明智的，国库里金钱充盈，如果[一旦]起兵，就可以支付给士卒。……因为，军队的目的就是公共利益。[32]

奥德拉杜斯，尽管令我们预尝了某种正在迫近的重商主义精神（mentality of mercantilism）的滋味，但同时也再次表明，"实际的需要"（necessitas in actu）已经转化成了一种"习惯的需要"（necessitas in habitu），以满足未来的潜在需求。[33]无论如何，通过对公共需求的永久化，通过一种既属于现在、表现为司法行政，也属于未来、表现为军事准备的"永

---

[32]　*Ibid*., n. 1:"Cavalcata est pro exercitu regis: quae quamvis non fiat, solvitur in pecunia annuatim."（骑士役费是为国王军队而征收：虽然并不[总是]召集军队，它需以金钱之形式每年支付。）*Ibid*., n. 3:"Et idem videtur de secunda[i. e. cavalcata]dicendum: licet enim non semper fiat exercitus, expedit uti provisione, ut cum locus fuerit, in aerario sit pecunia, ex qua militibus satisfiat.... Finis autem exercitus est ad bonum publicum...."（第二类费[即骑士役费]需如此理解：即使并不总是召集军队，未雨绸缪总是有益的，如果起兵，国库金钱充盈，可支付给战士……实际上，军队的目的是公共福祉。）见上文第五章注 222。

[33]　Oldradus(*ibid*., nos. 3-4)指出这类一般的军事税在罗马帝国已经成为惯例，基督本人也表示纳税:"Christus tributa Caesari monet reddi, quia per bella necessario militi stipendia praebentur[c. 4, C. XXIII, q. 1, ed. Friedberg, I, 893], et ab huiusmodi contributione nullus excipitur. Si enim censum filius Dei solvit, quis tu tantus es qui non putas esse solvendum[c. 28, C. XI, q. 1, ed. Friedberg, I, 634]?"（基督建议向皇帝给付税负，因为该税负是在必要的战争中，为战士军饷而支付的。不能以该方式收取其他税负。）

久的必需"(*perpetua necessitas*),[290]年度征税获得了合理化。

例外与正常需要的区分也被运用到了外交沟通领域。中世纪的外交使节总是服务于与金钱有关的需求;他们是被特别派遣出去,为了达成某个特殊的目的——送达一条信息或一份礼物,缔结或终止友好关系,或者任何其他目的——并且当谈判结束时,使节们总是要回到他们的主人那里去。这些使节始终是"例外的"代表人,带着一项特别的命令,服务于某一特殊目的。在中世纪,没有向其他宫廷长期派驻使节的做法,更不用提永久派驻。发明现代外交的功劳,通常归给 15 世纪的威尼斯。然而,这个看法并不正确。自格利高里九世(1227 - 1241)以降,国王们就开始向教廷派遣几乎永久任职的所谓"诉讼代表"(*procuratores*)。这些人是受过法律训练的使节,负责在罗马处理法律事务,因为诉讼案经常多年迁延不决。由此又形成了一项原则。因为到了1300 年前后,如《阿拉贡使节文档》(*Acta Aragonensia*)清楚显示的,国王们也开始向重要的世俗宫廷委派永久性的代表,在那里要关照的不仅有法律事务,还包括政治事务。还有,这些使节的委任状,以前通常会描述相关外交任务的特殊性质,而现在有不少表明是为一段特定时间、而非某一特定单一目的而制作。我们再次注意到一种将某个机构(institution)——大使的职位——与时间相联系的倾向。[34]

还有一种习惯与时间有关,就是把所有行政[291]行为记录在永久性的登记簿中。按照技术性的区分,登记簿分为卷轴(rolls)或册子

---

[34] R. von Heckel,"Das Aufkommen der ständigen Prokuratoren an der päpstlichen Kurie," *Miscellanea Fr. Ehrle*(Rome, 1924), II, 315ff; Hermann Grauert, "Magister heinrich der Poet," *Abh. bayer. Akad.*, XXVII(1912), 230ff; H. Finke, *Acta Aragonensia*(Berlin and Leipzig, 1908), I, pp. cxxiiifff; Gaines Post, "Plena potestas and Consent in Medieval Assemblies," *Traditio*, I(1943), 364ff. 弗里德里希二世至少有一名常任信使(*nuntius consuetus*)受命派往英格兰;见同一作者"Petrus de Vinea in England," 65, n. 81;关于其他提到延续性或整体上提到时间的任命,参见 *Calendar of Patent Rolls* 1232-1247, pp. 11, 32, 147(Simon de Steland); Finke, *op. cit.*, cxxxviiif and cxxxii; Luis Weckmann, "Les origines des missions diplomatiques permanentes," *Revue générale de Droit International Public*(1952, No. 2), pp. 17ff. 另参 Garrett Mattingly, "The First Resident Embassies: Mediaeval Italian Origins of Modern Diplomacy," *Speculum*, XII(1937), 423-439,其中(p. 427)提到第一个永久性代表的例子是 Mantua 派驻 Milan 宫廷的一位 Lodovico Gonzaga(1375),但是,没有考虑 *Acta Aragonensia* 的证据。

(books)。这实际上也与日历以及时间联系在一起。㉟要说明新君主国及其政府的行政机构在总体上体现出一种独特的延续性,再找些其他例子并不太难。不过,在这里要说的全部内容就是,因实践的需要而产生的制度变化,其前提是对政治体无尽连续性所作的拟制。尽管我们不能说有任何一种特定的哲学导致了新的政府治理实践,但也无法轻易否认,哲学思想和法律理论在许多方向上渗透进了行政实践,从而为既有的政府治理技术提供了支持,且加速了其发展。

二、真理的形象化拟制(Fictio Figura Veritatis)

帝国是永久的(IMPERIUM SEMPER EST)

"争战的教会"(*Ecclesia militans*)在末世论使命方面的高潮乃是它在审判日的消失,到那一天,它就与"得胜的教会"(*Ecclesia trium-phans*)相融合。因此,相信争战的教会将会持续到时间的尽头,就成了一个教义和信仰的问题。然而,对于教会持续到末日的信念,不仅影响属灵事物,也同样影响教会行政和法律这类相当世俗性的问题。第四次托莱多会议(633)有一项教规(c. 70)在此方面相当重要;因为这次大公会议规定,教会的获释奴隶及其后裔永远不能脱离与教会之间的庇护关系(clientage),因为他们的保护人(patron),教会,"永远不死"——*nunquam moritur*。㊱这句话,经过各种教令集的传递,[292]最

㉟ 关于登记簿以及世俗国家引入该制度,参见 R. von Heckel, "Das päpstliche und sizilische Registerwesen," *ArchUF*, I(1908), 445ff, and passim; H. Bresslau, *Handbuch der Urkundenlehre*(2nd ed., Leipzig, 1912), I, 103ff;另参 F. Kern, "Recht und Verfassung im Mittelalter," *HZ*, cxx(1919), 34ff, and *ibid.*, cxv(1916), 496ff, translated by S. B. Chrimes in *Kingship and Law in the Middle Ages*(Oxford, 1948), 149ff.

㊱ 参见 c. 65, C. XII, q. 2, ed. Friedberg, I, 708: "Liberti ecclesiae, quia numquam eorum moritur patrona, a patrocinio ecclesiae numquam discedant...."(教会的获释奴隶,因其保护人永远不死,故而永远不能脱离教会之庇护。)参见 Friedberg, *loc. cit.*, n. 734,关于 c. 70, Toledo IV 在教规集中的传承。*Glossa ordinaria*, v. *moritur* 只是简单提到圣奥古斯丁(见下一条注释)的平行内容;不过这段经常被人引用;参见,例如 *Glos. ord.* on c. 24, D. LIV(Friedberg, I, 214), v. *fuerint*: "quia eorum[libertorum]domina, scilicet ecclesia, nunquam moritur, ut 12. q. 2. liberti."(因他们的[即获释奴隶的]主人—显然该主人是教会—永远不死,如 12. q. 2 中获释奴隶。)参较 Gierke, *Gen. R.*, III, 277, n. 93.

终进入了格拉西安的《教会法汇要》,并找到了圣奥古斯丁的一段话为佐证,这段话插入在教宗佩拉吉乌斯(Pope Pelagius)的一封信中,说"教会不存在,是不可能的"——*ecclesia nulla esse non potest*。[37]由此,"争战的教会"教义上的永久性在"教会永远不死"(*Ecclesia nunquam moritur*)这句格言中找到了法学上的对等项。

永久性也同样归给了罗马帝国。帝国存续到世界末了(*in finem saeculi*)的信念在中世纪相当普遍,与古代晚期对罗马城"永恒性"的信念一样,就好像是一种确定的事实。而被认为会在末日之前发生的与敌基督之间的斗争,则将一种与"争战的教会"相关联的末世论功能赋予了基督教帝国。[38]当然,相信罗马帝国的永久性并不属于教义范畴。这个说法的依据之一,是哲罗姆认定但以理书异象中4个世界帝国的最后一个(即罗马)要存续到世界的末了;而中世纪晚期的法学家们有时发现诉诸于这个流行的论证很是方便。[39] 这个论证没有被另一项命

---

[37] See c. 33, C. XXIV, q. 1, ed. Friedberg, I, 978f.

[38] Baldus, *Consilia*, I, 328, n. 8, fol. 103:"〔imperium〕quod debet durare usque in finem huius saeculi."(帝国存续至世俗世界之末日。)奥古斯丁否认罗马陷落标志着世界的终点,由此也就否定了罗马的永恒性;不过旧式的信念仍然保存了下来;参见 Theodor E. Mommsen,"St. Augustine and the Christian Idea of Progress," *Journal of the History of Ideas*, XII(1951), 351;另参 J. Straub,"Christliche Geschichtsapologetik in der Krisis des römischen Reiches," *Historia*, I(1950), 52ff,总体研究,尤其是中世纪的情况,F. Kampers, *Der deutsche Kaiseridee in Prophetie und Sage*(Munich, 1896). 整个推论的基础是帖撒罗尼迦后书 2:1-8,Tertullian, *Apol.*, XXXII, 1 就已经引用了,并且与为罗马帝国和皇帝的祷告联系在一起;参见 Ladner,"Aspects," 419, n. 55,关于对这封保罗书信后来的解释。当然,永续帝国的信念也存在于拜占庭;参见,例如 Endre von Ivanka,"Der Fall Konstantinopels und das byzantinische Geschichtsdenken," *Jahrbuch der Österreichischen Byzantinischen Gesellschaft*, III(1954), 19ff。

[39] 关于四个帝国的理论,参见 C. Trieber,"Die Idee der vier Weltreiche," *Hermes*, XXVII (1892), 321-342; F. Kampers,"Die idee von der Ablösung der Weltreiche," *Hist. Jhb.*, XIX(1898), 423ff;关于最新的文献,Mommsen,"St. Augustine," 350, nos. 5-6;另参 Schramm, *Kaiser, Rom und Renovatio*, I, 244f. 有趣的是 Otto of Freising, *Chronica*, v, prol., ed. Hofmeister, 226f, 将四帝国与 Priscian, *Inst. gram.*, I, 1(上文第五章注 187)所说的"进步"联系了起来;另参 Joseph Schmidlin, *Die geschichtsphilosophische und kirchenpolitische Weltanschauung Ottos von Freising*(Freiburg, 1906), 28ff. 关于法学家,参见,例如 Bartolus, on *Ad reprimenda*(Edict of Emperor Henry VII, in *MGH*, const., IV, 965, No. 929), n. 8, v. *totius orbis*, in Bartolus, *Consilia, quaestiones et tractatus*(Venice, 1567), fol. 115[v],另见 *Corp. Iur. Civ.*, IV, 124,这份谕令列于附于 *Libri* (转下页注)

题击败，[293]后者是由阿奎那论君主统治的续作者、卢卡的托罗梅奥所提出的，认为四帝国之后有第五个帝国，即基督的王国，"此世界真正的主和王"，而这个王国的第一位代理人是奥古斯都皇帝，尽管他自己可能并没有意识到。[40]这个新版本偶尔也在法律思想中有一席之地。巴托鲁斯写道："随着基督的到来，罗马人的帝国也就开始成为基督的帝国"，因此，"如果我们认为，一切都属于那个现在是基督帝国的罗马帝国，这是正确的"。[41]尽管巴托鲁斯只是想证明皇帝的普世管辖权，或

（接上页注）*feudorum* 的中世纪皇帝们的 *Extravagantes* 中。Bartolus 引用但以理书 2：39-40，论到 "Nabuchodonosor rex qui tunc erat universalis imperator"（尼布甲尼撒国王彼时系世界之皇）。并最终发展出了四（或者五）帝国的完整理论（见注 41）。另参Baldus，*Consilia*，I，328，n. 8，fol. 103："...et hoc apparet in mutatione quatuor principalium regnorum."（这导致了四个主要王国之更迭。）

[40] Aquinas，*De regimine principum*，III，12-13，ed. Mathis，53ff："...sed nos quintam[monarchiam]possumus addere(c. 12)."（但是吾人可增加第五个[君主国]）基督的统治（*principatus*）在他降生之日就立即开始(c. 14)，而奥古斯都所作的人口普查（路加福音2：1）是 "non sine mysterio, quia ille natus erat, qui verus erat mundi Dominus et Monarcha, cuius vices gerebat Augustus, licet non intelligens, sed nutu Dei...(c. 13)."（世界真正的主和君，并非毫无神秘色彩地诞生了。其职责由奥古斯都履行。虽然后者并没有意识到，但这是神的旨意。）参较 Woolf，*Bartolus*，318ff；Ladner，"Aspects,"，419，n. 55.

[41] Bartolus，on *Ad reprimenda*，n. 8，v. *totius orbis*（上文注 39）："Quarto fuit imperium Romanorum. Ultimo adveniente Christo istud Romanorum imperium incepit esse Christi imperium, et ideo apud Christi vicarium est uterque gladius, scilicet spiritualis et temporalis.... Dic ergo quod ante Christum imperium Romanorum dependebat ab eo[principe]solo et imperator recte dicebatur quod dominus mundi esset et quod omnia sua sunt. Post Christum vero imperium est apud Christum et eius vicarium et transfertur per papam in principem saecularem[引用 Decretal *Venerabilem*：c. 34 X 1,6]. Unde sic dicimus omnia sunt imperii Romani, quod nunc est Christi, verum est, si referamus ad personam Christi.... "（第四个帝国是罗马帝国。随着基督的降临，这最后的罗马帝国也就开始成为基督帝国。因此，基督的代理人为两剑中的任何一剑，显然具有精神性和时间性……故此，你需说道基督之前的罗马帝国仅依附于他[即元首]。人们正确地说道，皇帝是世界之主人，一切都属于他。相反在基督之后，治权属于基督，经教皇转介，基督由世俗世界的元首代理。[引用 Decretal *Venerabilem*：c. 34 X 1,6]。故此，我们说，所有都属于罗马帝国，而后者现在是基督帝国，这是正确的，但我们提及基督之人格为限。）将"两剑说"与 Decretal *Venerabilem* 联系在一起讨论是传统做法；参见 Post，"Unpublished Glosses on the *translatio imperii* and the Two Swords，" *AKKR*，CXVII(1937)，408，410f，还有 A. M. Stickler 关于两剑说的大量出色研究，列于他的论文 "Sacerdozio e Regno nelle nuove recerche，" in *Sacerdozio e Regno da Gregorio VII a Bonifacio VIII*(Miscellanea Historiae Pontificiae，XVIII；Rome，1954)，3，n. 3；于作者身后编辑的研究 Wilhelm Levison，"Die mittelalterliche Lehre von den beiden Schwertern，" *DA*，IX(1951)，14-42 没有考虑Bartolus 的这段（转下页注）

者只是"[294]整个世界的规则（regularity）都包涵在皇帝里面",⑫但
是,这样就会得出明显的结论,即地上这个属于基督的罗马帝国将会持
续到末了。⑬而这类理论则与查士丁尼法本身互为支撑,后者宣称,帝
国是由上帝直接建立的;⑭帝国是"永远的";⑮以及,因此,按照伊塞尼

（接上页注）论述,而 Joseph Lecler,"L'Argument des deux glaives," *Recherches de science religieuse*,XXII(1932),171 引用了这一段,但未作评论。传统上与两剑说联系起来的还有,指出就历史而言,帝国在教宗制之前:"Ante enim fuit imperator quam papa, ante imperium quam papatus"（教宗之前业有皇帝,盖教宗制之前业有帝国）（参见,例如 Stickler,"Der Schwertbegriff bei Huguccio," *Ephemerides Juris Canonici*,III[1947],211, n.3;这个论证一再被人重复;参较 Friedrich Kempf, *Papsttum und Kaisertum bei Innocenz III*.[Miscellanea Historiae Pontificiae, XIX; Rome, 1954], 212f, nos. 48ff),因此,最初所有权力都掌握在皇帝的手中,但在基督降临之后,皇帝和教宗的权力分开了,因为只有基督自己同时拥有两种权力。当然,Bartolus 遵循了这项原理,不过,他还是更喜欢将之与 Tolomeo of Lucca 的理论相联系。

⑫ Bartolus, *loc. cit.*, continues:"...verum est si referamus ad personam Christi. Si vero referamus ad personam imperatoris saecularis, non proprie dicitur, quod omnia sunt sua vel sub sua iurisdictione.... In hac ergo constitutione[sc. Imperatoris Henrici VII], si se retulit ad imperium vel si se retulit ad personam suam: locutus est caute. Non enim dicit [imperator]quod totius orbis iurisdictio sit sua, sed quod totius orbis regularitas in eo requiescit."（假若我们提及基督之人格,这是正确的。但是假如我们提及世俗皇帝之人格,则不能如此论断,因为所有都是他的或者属于他管辖……故此在该宪章[亨利七世宪章]中谨慎地讲到:假若重新将自身置于治权或置于其人格。由于该皇帝未言及整个世界都属于他管辖,而是说整个世界之规则存于皇帝之中。）Bartolus 向亨利的宪章本身借用了 *regularitas* 这个词:"...Romanum imperium, in cuius tranquillitate totius orbis regularitas requiescit"整个世界的规则均平静地存于罗马帝国之之中（*MGH*, *Const.*, IV, 965, 25）。类似的观念见于 Dante, *Monarchia*, I, 14, 7:"...humanum genus secundum sua communia, que omnibus competunt, ab eo[imperatore] regatur et communi regula gubernetur ad pacem: quam quidem regulam sive legem particulares principes ab eo recipere debent...."（人类,根据其共性—即所有人之共同之处,由他[即皇帝]来统治,共同之规则导向和平。人们需从皇帝处重获主要的、特别的规则和法律。）

⑬ Bartolus, *loc. cit.*:"...cuius[Christi]regnum non dissipabitur, de quo prophetavit Daniel in dicto c. 9[实际上是 c. 7], ubi haec omnia imperia describuntur expresse."（基督之王国不会消失,Daniel 在 C.9[实际上是 c.7]如此预言道。在该处,所有的治权均被公开地描述。）

⑭ *Nov.*73, pr. 1:"Quia igitur imperium propterea deus de coelo constituit...."（故此,天上的神创立了帝国）In Grantian's *Decretum*, c. 11, D. XCVI, ed. Friedberg, I, 341, 表达了一个类似的观念,并且教会法学家(v. *divinitus*)有时引用了 *Nov.*73;参见 Kempf, *Innocenz III.*, 212, n.49。

⑮ *Nov.*6, epil.:"(Licentiam damus) nobis et ad imperium quod semper est...."（[我们给予]我们权利,包括对永恒帝国的[统治]权。）

亚的安德烈(Andreas of Isernia)的说法,"教会不死,且是永远的,像帝国一样"。⑯

　　罗马帝国这种以超越性的方式建立起来的延续性,获得了一种支持内在延续性的论证的支撑。我们记得,"君王法"(*lex regia*)规定了——至少按照人民主权支持者的说法——罗马人民享有不可剥夺的权利,可以将治权(*imperium*)及所有权力授予君主。但是,如果罗马和帝国是"永远的",那么接下去就有更充分的理由认为罗马人民(*populus*)也是"永远的",而无论是谁替代了起初的"罗马人民"(*populus Romanus*)或者在某一特定时刻扮演它的角色:总是会有男人、女人和儿童居住在罗马、居住在帝国、并代表罗马人民。罗马法的解释者们尤其承认"尽管有变化但保持同一"(identity despite changes)或"在变化之内(within changes)的同一"的原则。⑰阿库尔修斯的《注释汇编》[295]在论证即便法官更替、法庭仍然具有同一性和延续性时,已经承认了此项原则。

　　　　因为,正如[现在的]博洛尼亚人民与一百年前的一样,即便原先的所有人都已经死去。那么,在裁判庭也是如此,哪怕有两三名法官死去、被其他人取代。类似地,[比方一个军团,]即便所有士兵都死去并由其他人取代,它仍然是同一个军团。同样,一艘船也是,即便这艘船部分重造,甚至每一块木板都换了,它总是同一艘船。⑱

----

⑯　Andreas de Isernia, on *Feud*. I, 13(*De alienatione feudi*), n. 3, fol. 49ᵛ : "nam ecclesia non moritur et semper est, sicut imperium. "(实际上,教会不死,教会永恒,如同帝国一样。)

⑰　关于此项原则,参见 Gierke, *Gen*. *R*. , III, 277, n. 92;参较 364, nos. 41-43, and 430, n. 46;关于罗马人,另参 571f。

⑱　*Glos*. *ord*. , on *D*. 5, 1, 76, v. *proponebatur*: "Primum est, quia sicut idem dicitur populus Bononiensis qui erat ante-C-annos retro, licet omnes mortui sint qui tunc erant, ita debet etiam esse[idem iudicium]tribus vel duobus iudicibus mortuis, et aliis subrogatis. Secundum est, quod licet omnes milites moriantur et alii sint subrogati, eadem est legio. Tertium est in navi, quia licet particularatim fuit refecta, licet omnis tabula nova fuerit, nihilominus est eadem navis. "(同引文。)这位与 Accursius 同时代的注释家,Vivianus(转下页注)

事实上,这就是注释家们所论证的"形式"(forms)的延续性和不变性。[49]巴尔都斯在对这条作注时,很清楚地谈到这点:"注意,只要一个物的形式没有发生改变,就可以说这个物本身没有改变。"巴尔都斯在一个附加的例子中解释说,如果教会对某一自治市镇处以禁教令(interdict),即使引发该禁令的所有个人都已经去世,这项禁令在一百年或更长的时间内仍然保持有效,"因为人民不会死亡"—— *quia populus non moritur*。[50]

[296]为了确立一个"不会死亡的人民"的这种内在延续性,并不必然要求取消对延续性所作的超越性的合法化(transcendental legitimation of continuity)。两种"延续性"———一种来自上面,一种来自下面——结合在一起,使得将治权授予君主的行动同时成为了永恒上帝

(接上页注)Tuscus of Bologna(参较 Savigny, v, 339f)简洁地加上:"quia...non idem esset homo hodie qui fuit ante annum."(因为……数年前之人并非今日之人。)(见下文注50。)关于这类形象的反复出现,参较 Gierke, *Gen. R.*, III, 365, n. 42,在他所收集的材料之外还可以加上 Bracton, fol. 374b, ed. Woodbine, IV, 175:"In collegiis et capitulis semper idem corpus manet, quamvis successive omnes moriantur et alii loco ipsorum substituantur, sicut dici poterit de gregibus ovium, ubi semper idem grex, quamvis omnes oves sive capita successive decedant."(祭司、教士团体保持不变,即使每个成员均相继死亡,而其他人取而代之。正如对羊群之论述。它永远是同样的羊群,即使所有羊或所有饲料相继消失。)所有这些例子(*populus, legio, navis, grex*)的来源是 *D*. 41, 3, 30, rubr.,它们是通过 Severus Alexander 治下的罗马法学家 Pomponius 的转介,源头来自于希腊哲学;关于这条法律,请参考 Alexander Philipsborn,"Der Begriff der juristischen Person im römischen Recht," *ZfRG*, rom. Abt., LXXI(1954), 41–70。

[49] "形式"本身保持同一性,尽管只能作为与质料共同组合的形式存在,但它仍然免受质料可变性的影响。参见,例如 Aquinas, *Summa theol.*, I, q. 9, a. 1, ad 3:"Ad tertium dicendum, quod formae dicuntur invariabiles, quia non possunt esse subiectum variationis; subiiciuntur tamen variationi, in quantum subiectum *secundum eas* variatur."(第三点,形式被认为是不变的,因为不能使之遭受变化。但是,主体可据此发生变化,故而形式也可变化。)

[50] Baldus, on *D*. 5, 1, 76, n. 4, fol. 270:"Quarto, nota quod ubi non mutatur forma rei, non dicitur mutari res."(注:第四点,物之形式未变,则不得认为物发生变化。)接着他引用了可能持续一百年或更长时间的禁教令的例子,"quia *populus non moritur*, licet sint mortui illi qui praestiterunt causam interdicto."(因人民不死,即使因禁令而被诉之人死亡了。)Paulus de Castro(d. 1441)就此项原则作了程式的表达,他也以类似的方式解释 *D*. 5, 1, 76:"quod stante identitate formae, licet in substantia contingat mutatio, intelligitur eadem res,"(即使质料遭受变化,只要形式保持不变,则须认为是同一事物。)这一点用在人体的新陈代谢方面也可以(上文注48);引自 Gierke, *Gen. R.*, III, 430, n. 46。

与永久人民的工作。在用以表达上帝与人民之合作的程式中,最简略的一个可能是巴黎的约翰所引入、且被他重复若干次的程式: *populo faciente et Deo inspirante*,"人民行事,上帝默示"。巴黎的约翰是在1303 年前后撰写他的著作,他引用了阿维罗伊对《尼各马可伦理学》的注释来支持自己的观点,即,如果国王,或者王朝,是通过人民的自由意志所构建的,那么国王就是在"依自然"(accords with nature)施行统治。[51]换句话说,通过人民的选择,国王乃是"依自然"(by nature)统治,而对这个特定个人或者王朝的选择本身,则受到作为远因(*causa remota*)的上帝的影响,并且"依恩典"(by grace)而受默示。[52]不过,上帝与人民的合作,早在巴黎的约翰之前很久就已经有了。[297]阿库尔修斯在对"上帝从天上设立了帝国"这句话作注释时,补充说:"或者更可以

---

[51] John of Paris, *De potestate regia et popali*, c. 19, ed. Leclercq, 235: "populo seu exercitu [see, on *exercitus*, the literature quoted by Leclercq, 95, n. 1; 另参 Mochi Onory, *Fonti canonistiche*, 68, 87(n. 1), 238, 253; Kempf, *Innocenz III.*, 214, n. 55]faciente et Deo inspirante quia a Deo est[imperator]. "(人民、军队行事,上帝默示,因[皇帝]源于上帝。)这里(235, 13)也是引用了阿维罗伊对《尼各马可伦理学》的改造重述,这样说: "quod rex est a populi voluntate, sed cum est rex, ut dominetur, est *naturale*. "(王源于人民意志,但是一旦为王而统治,则为自然。)关于这一段,另参 F. v. Bezold, *Aus Mittelalter und Renaissance*(Munich and Berlin, 1918), 22; Scholz, *Publizistik*, 331f. 巴黎的约翰在 c. 10, Leclercq, 199, 23 也表达了同样的意思: "Potestas regia[non]...est a papa sed a Deo et a populo regem eligente in persona *vel in domo*"(国王权力[不是]源于教宗,而是源于上帝;王是人民对该人或该王朝之选择),这是很重要的一段话,因为在这里浮现出了王朝的因素。还有,不仅国王的权力直接来自于上帝、不需要教宗的中介,并且高级教士的权力也是如此(199, 35): "Sed potestas prelatorum non est a Deo mediante papa, sed immediate, et a populo eligente vel consentiente. "(上述提及之权力,并非转介教宗而源自上帝,毋宁说是直接的,由人民选择和同意。)另参 22, 5: "nam populus facit regem et exercitus imperatorem"(实际上,人民创造国王,军队创造将军。);或 226, 15: "[potestas regia]cum sit a Deo et a populo consentiente et eligente. "(王权需上帝和人民之同意和选择。)Leclercq, 73-76, 将巴黎的约翰的"阿维罗伊主义"描述为一种"阿维罗伊式神权政治"(*averroisme théocratique*)可能是正确的,因为这项理论有许多模糊之处。

[52] 当然,巴黎的约翰绝不是例外情况(见下文注 53 以下),而是他那个时代潮流的组成部分之一。不过,发现十四世纪的法学家频繁引用巴黎的约翰,有时候一并引用"Dantes de Florentia...[qui]pulchre tractat...de necessitate monarchiae"(佛罗伦萨的但丁在青年时期论述了君主制的必要性。)时还是相当有启发。参较 Nardi, "Nota alla 'Monarchia,'" *Studi Danteschi*, XXVI(1942), 100-107; 还有,关于约翰的理论在 *Songe du Vergier* 中的复兴;参较 Lemaire, *Lois fondamentales*, 46ff; Schramm, *König von Frankreich*, I, 244, II, 120。

说是罗马人民从地上［设立］——*immo populus Romanus de terra*。"接着他进一步解释："上帝通过他的许可（permission）设立了帝国，而人民通过上帝的特许（dispensation）［设立帝国］；或者你也可以说：上帝以他的权威设立帝国；而人民是通过执行（ministry）来设立。"[53]由此，阿库尔修斯确认了帝国超越性的基础，并通过使人民成为神圣旨意的执行者而对其进行保护。皮斯托亚的居努斯则提出了另一种解释，他把——像教会法学家那样——皇帝和帝国区分开。他说："帝国源自于上帝和人民这个观点并不可笑：皇帝来自于人民，而帝国则是由上帝而被称为神圣。"[54]也就是说，帝国这个超人格的（supra-personal）政治之

---

[53] *Glos. ord.* on *Nov.* 73, pr. 1, v. *De caelo*: "Immo populus Rom. De terra, ut Inst. De iure naturali. §. sed et quod principi［*Inst.* I, 2, 6: *lex regia*］, que est contra. Sed Deus constituit permittendo, et populus, Dei dispostione. Vel dic, Deus constituit auctoritate, populus ministerio."（甚至罗马人民。关于土地：自然法教科书。但是元首［*Inst.* I, 2, 6: 王法］, 此处观点相反。但是, 上帝通过许可创立［帝国］, 而人民是上帝之安排。）为教会法学家的教导也大致遵循类似的路线, 因为他们也必须要将 v. *divinitus* in c. 11, D. XCVI（上文注 44）与 *lex regia* 结合起来。参见, 例如 Post, "Unpublished Glosses," 414, 论到 Silvester Hispanus(?), 他主张"源于上帝之权力"（*imperium a Deo*）, 但区分了（与许多其他人一样）管辖权（*iurisdictio*）与执行权（*executio*）, 以及帝国（*imperium*）和皇帝（*imperator*）, 他也类似地提到 *lex regia*, 然后宣称: "Sed dic, quod aliud est ipsa iurisdictio per se inspecta, que a deo processit, et aliud quod ipsius iurisdictionis executionem consequatur aliquis per populum…; nam populus per electionem facit imperatorem, sed non imperium, sicut cardinales per electionem preferunt aliquem sibi ad iurisdictionem, que a deo data est, exercendam."（但须知：一个是源于上帝的、用以监察自身的管辖权；另一个是管辖执行权, 后者是为人民而赋予某人享有……实际上, 人民选择国王, 而非创设权力, 正如红衣主教选举管辖执行人, 但该管辖权是上帝赋予的。）是 McIlwain, *Constitutionalism*, 75ff（上文第四章注 177）非常着重强调的管辖权与"统治权"（*gubernaculum*）之间的区分, 也属于这个大的问题集合。相关的论述, 参见 Kempf, *Innocenz III.*, 213f, nos. 52ff, 244f, nos. 32ff; 参较 210, n. 42。另参下文第七章注 25。

[54] "Nec est absurdum quod sit a Deo et a populo. Imperator est a populo, sed imperium dicitur divinum a Deo."（帝国源自于上帝和人民这个观点并不荒谬：皇帝来自于人民, 而帝国则是因上帝而被尊为神圣。）参较 Theseider, *L'Idea imperiale*, 262. 另参 Ullmann, *Lucas de Penna*, 175, n. 1, 有 Cynus 在另一处内容类似的说法。进一步参见, Andreas of Isernia, on *Feud.* II, 52（*De prohib. feudi alien.*）, rubr., fol. 231ᵛ: "Imperium quidem a Deo est; ideo dicitur divina gratia."（帝国确实源于上帝, 故而被称之为神圣。）Otto of Freising, *Chronica*, IV, prol., ed. Hofmeister, 182, 15, 问统治者凭借何种权利（*quo iure*）行使权力, 回答: "ex ordinatione Dei et electione populi."（上帝之命令和人民之选举。）法学家的一些意见, 见上文注 53, 以及下文第七章注 25; 其他类似的说法, Gierke, *Gen. R.*, III, 570, n. 140。

体来自于上帝,而人格的(personal)君主作为个人,由本身具有永久性的人民来提名。无论怎样解释,一位永恒上帝与一个永久性人民之间的协作使得教会的参与变得多余,就像曾经在四、五世纪那样:教会在实践中被排除[298]在外,因为已然通过上帝和人民或"自然"的力量,在教会之外达成了延续性。⑤

"君王法"表明人民享有不可让渡的权利,由此宣告了"罗马人民的尊荣"(*maiestas populi Romani*)的永久性。这个现象不仅限于罗马,尽管罗马是人民具有永久性的原型。这项基本法则普遍适用于任何王国(*regnum*)和每一个"人民"的情况,并且它也确实出现在所有欧洲国家的法律著作中。不过,巴尔都斯对于人民的永久尊荣观念从罗马转移到欧洲各个国家和自治市镇——我们可以想起帕多瓦的马尔西里奥的《和平保卫者》——作了相当明确的界定,他说:

> 国家(commonweal)[亦即,任何国家],依照罗马人民的榜样享有尊荣,只要这个国家是自由的[亦即,没有上位者]并且有权利设立国王。⑤

因此,通过暗示的方法,每一个王国和人民就都被合法地赋予了罗马人民的延续性以及其尊荣的永久性。我们知道众所周知的过程,帝国"碎裂"成王国和城市(*civitates*)。"国王在本国内就是皇帝"(*Rex imperator in regno suo*)和"城市就是自己的君主"(*Civitas sibi princeps*)这样的口号清晰有力地显示了这个过程。

不过,"无上位者的"王国和自治市镇的永久性赖以成立的基础不

---

⑤ Kempf, *Innocenz III.*, 226f 也认为,帝国与每一个王国一样,"auf eine vom Papst an sich unabhängige Grundlage"(并非依赖于教宗的基础之上)。另一方面,教宗英诺森四世的著名程式:"papa habet imperium a Deo, imperator a populo"(教宗拥有源于上帝之权力,皇帝拥有源于人民之权力。)(Gierke, *Gen. R.*, III, 570, n. 142)把皇帝当作一个与上帝判然分开的世俗权力——除非经教会祝圣。不过,造成皇帝和国王祝圣降格的涂鸦板图标来自于数量很多且常常差别很大的思想发展和脉络(见下文第七章 1 节),与人民地位的提高也有密切联系。参见 Innocent IV, *Apparatus*, on c. 1 X 1,7, n. 2(Lyon, 1578),fol. 57ᵛ。

⑤ Baldus, *Consilia*, III, 159, n. 6, fol. 46:"…nam ipsa respublica maiestatem habet ad instar populi Romani, cum libera sit et ius habeat creandi regem. "(同引文。)

仅仅是帝国观念的转移和世俗化。早期的注释家在尚无亚里士多德哲学观念支持的情况下提出了无论质料如何变化、形式保持永久的同一，而后期的注释家则经常在著作中引入亚里士多德派哲学的格言，以此加强这个论点。例如，巴尔都斯在讨论以前的皇帝是那些现在已经成为独立王国的"省份"的主人时，这样评论：

> [299]但是，按亚里士多德在《论天地》（*De caelo et mundo*）中所说的，现在，世界的构造（dispositions）已经改变了，这意思并不是说世界会出生和衰亡，而是说它的构造：在日光底下，没有什么是不会消逝的。引起衰亡的原因就是，时间……尽管帝国是永远的……但它不会始终保持原状，因为它处在不断的变动之中……⑰

可以这样说，巴尔都斯推定世界有一种相对永久的存续期间，会"永远"持续下去，尽管其构造会改变，且会发生衰亡和出生（corruption and generation）。在这个情况下，巴尔都斯将永久存续的原理适用于"帝国永存"（*imperium quod semper est*）的观念，但是，当他论及国家和国库的一般原理时，也使用了同样的论证，说"它们不会死亡"，并且两者都是"在本质上永恒和永久之物，尽管其构造常常改变"。⑱他在论到王国和

---

⑰ Baldus, *Consilia*, I, 328, n. 8, fol. 103："Nunc autem dispositiones mundi mutatae sunt, ut ait Aristoteles in *coeli et mundi*, non utique mundus generabitur et corrumpetur, sed dispositiones ipsius：et nihil perpetuum sub sole. Corruptionis enim causa per se est tempus, IV. *Physicorum*. Licet imperium semper sit, in Auth. Quomodo oportet episc. §. fi. [*Nov.* 6, epil. ；supra, n. 45], tamen non in eodem statu permanet, quia in continuo motu et perplexa tribulatione insistit, et hoc apparet in mutatione quatuor principalium regnorum...." （同引文）引亚里士多德 *De caelo et mundo*，I，280a，19–23：οὐκ ἂ ὁ κόσμος γίγνοιτο καὶ φθείροιτο, ἀλλ' αἱ διαθέσεις αὐτοῦ（世界的结构在出生和衰亡）。拉丁文本（巴尔都斯逐字引用）和阿奎那的解释，参见 Thomas Aquinas, *In Aristotelis libros de Caelo et Mundo*，I，lect. 23，ed. Spiazzi（Turin and Rome，1952），110 and 112. 进一步参见 Aristotle，*Physics*，IV，12，221b，1：φθορᾶς γὰρ αἴτιος καθ' αὑτὸν μᾶλλον ὁ χρόνος（时间本身是一个破坏性的因素）；另参 221a，30ff：καὶ γηράσκοι πάνθ' ὑπὸ τοῦ χρόνου.（一切皆因时间而衰老。）

⑱ Baldus, *Consilia*, I, 271, n. 3, fol. 81ᵛ（见上文第四章注 292）："respublica et fiscus sint quid eternum et perpetuum quantum ad essentiam, licet dispositiones saepe mutentur."（国家和国库在本质上是永恒长久的，虽然其结构总是变更。）

人民的永久性时,使用的程式甚至还更大胆一点。

> 一个王国不仅包含了物质性的领土,也包含了王国的人民
> (the peoples of the realm),因为这些人民总和起来就是王
> 国。……王国的总体或国体(totality or commonweal of the
> realm)不会死亡,因为即使在国王遭到驱逐之后,国家(common-
> weal)仍然存续。因为国家不会死亡[*non enim potest respublica
> mori*];为此,有说法称[D.2,3,4]"国家没有后嗣",因为它自身就
> 永远存活,正如亚里士多德所说:"世界并不死亡,但世界的构造会
> 死亡和变更,会遭到改变,不会保持为同样的品质(quality)。"⑤

[300]我们又遭遇到一个新版本的"双重真理"(double truth)问题。我们没有理由怀疑巴尔都斯会以完全诚实的态度、毫不犹豫地在认信考核中承认世界的受造性、否定永恒性。但是,在法学上,他需要借助某种对无限永久性的探索式假设。我们可以很容易看出,亚里士多德的观念对他是多么有用,且对整个法律家群体是多么有用,这些法律家在完全不同于哲学家的基础上为政治体的永久性和拟制人格的不朽性辩护。出于同样的理由,属(genera)和种(species)的不朽性及延续性理论几乎是不可或缺的,因为法学家将不朽的集合性身体(immortal bodies corporate)和其他团体等同于种是最为方便的。《学说汇纂》里有一条法律清楚地认识到将一个市镇(*municipium*)界定为用益物权所有人的危险,因为任何集体性的用益物权所有人都会产生"永久"用益的倾向。奥多弗莱杜斯(Odofredus)在对这条法律作注时评论说,

---

⑤ Baldus, *Consilia*, III, 159, nos. 3, 5, fol. 45ᵛ:"Nam regnum continet in se non solum territorium materiale, sed etiam ipsas gentes regni, quia ipsi populi collective regnum sunt.... Et etiam[non moritur]universitas seu respublica ipsius regni, quae etiam exactis regibus perseverat. Non enim potest respublica mori, et hac ratione dicitur, quod respublica non habet heredem, quia semper vivit in semetipsa...,sicut dicit Aristoteles:mundus non moritur, sed dispositiones mundi moriuntur, et mutantur, et alternantur, et non perseverant in eadem qualitate."(同引文。)见上文注57,另参 Aristotle, *Meteorologica*, I, 14, 352b,有阿奎那的评注, ed. Spiazzi, 459f;亦参拉丁文本。

"一个市镇不可能轻易消灭,除非是在末了的审判日",因为"属不会消灭"——*genera perire non possunt*。⑩奥多弗莱杜斯死于 1265 年,他不太可能是在引用亚里士多德。而巴尔都斯在对 1183 年的《康斯坦斯和约》文本作注时,使用了一种在哲学上更精细的语言,他写道:"某种共相的物(something which is universal)不会因死亡而消灭,正如人在其种之中不会死亡(man in his species does not die)。"⑪简单说,到了 14 世纪,亚里士多德[301]哲学关于永久性的原理在法律思想中已经根深蒂固了。所以,这一时期帕多瓦大学和法学家群体——看起来很大程度上是由于流行的误解——因其"阿维罗伊主义"而臭名昭著也就不足为奇了。⑫

---

⑩　参见 *D*.7,1,56 and, for Odofredus, Gierke, *Gen*.*R*., III, 365, n. 43. 罗马法将一个城市的用益物权限定为最多 100 年,以此避免永久化("Periculum enim esse videbatur ne [usufructus]perpetuus fieret"[因(用益权)的永恒性看起来是危险的])。这一做法预料到了亨利八世的焦虑;因为这位国王不快地发现,有利于各种法人/合众体的——行会、兄弟会、公社和其他团体——土地信托形成了一种极大的危险和威胁,导向永久让渡,因为这类安排"给国王带来的……就好像各种损失和不便……为要防止土地被让渡而变成永久产业(*mortmain*)。"参较 Maitland, *Sel*. *Ess*., 214。

⑪　Baldus, *Liber de pace Constantiae*(following after the *Libri feudorum* and the imperial *Extravagantes* of the *Corpus iuris civilis*[Venice, 1584]IV, App. 159ff), v. *Nos Romanorum*, p. 161C: the Emperor[Frederick I]"vult istam pacem esse perpetuam, id est, quamdiu fides servetur...vel per praesentem mundi aetatem, et futuram et sine praefinitione temporis, quia Imperator facit hanc pacem nomine sedis, non nomine proprio tantum: et imperium non moritur..."(他祈望该和平是永恒的,即信义永远得到遵循……为现时和将来之世界而无时间之预先限制,盖皇帝是以帝国之名义—而不是仅仅自身之名义—创立和平:而帝国不灭。)(关于 *nomine proprio*, on the basis of c. 14 X 1, 29, 见下文第七章注 232 以下)。接着,到这条相当长的注释(162D)快要结束的地方,巴尔都斯说:"Item quia quod universale est non potest morte perire, sicut homo in genere non moritur. "(同样,共相之物不会因死亡而灭失,如同作为属的人类是不灭的。)

⑫　Grabmann, *Mittelalterliches Geistesleben*(Munich, 1936), II, 239ff, and 261ff 事实上发现了两位在 14 世纪早期任教于博洛尼亚的阿维罗伊派教师,Taddeo da Parma 和 Angelo d'Arezzo,两人都是博洛尼亚大学艺文系的哲学教授,最后得出结论认为(270f)阿维罗伊主义侵入意大利学术界的源头,必须在法学研究的古老堡垒中寻找,在博洛尼亚大学本身寻找,它是来才传播到帕多瓦的(另参 p. 240f)。关于这个问题以及关于该主题最新的发表成果,参见 Charles J. Ermatinger, "Averroism in Early Fourteenth Century Bologna," *Mediaeval Studies*, XVI(1954), 35-56. 彼特拉克在与阿维罗伊派的论战中(参较 Grabmann, 240, n. 4; Eppelsheimer, *Petrarca*, 194, n. 6; P. O. Kristeller, "Petrarch's Averroists," *Bibl*. *d'Humanisme et Renaissance*, XIV[1952], 59-65),也抨击了帕多瓦的法学家。不过,彼特拉克对经院哲学家、神学家、法学家、医学(转下页注)

总结一下,人民和国家的延续性有许多来源,大致上可以说,这项理论遵循了既有实践。国家的行政技术,在没有依赖任何更宽泛哲学观点的情况下,发展出了自身的延续性模式。不过,理论在其他方面也发挥了作用。《君王法》确定了罗马人民的永久性,[63]并且,通过将这一主张从罗马人转移到其他人,可以说,就使任何和每一个"人民"的永久性在法律上获得了确认。最后,亚里士多德哲学和阿维罗伊派的理论造成了一种哲学意义上的"自然"永久性意识,[302]在其中,关于属和种具有永恒性的原则被证明对法律家特别有用,后者出于纯粹的法学理由,要为集合体(collective bodies)的延续性以及法学上的共相(universals)和种(species)作辩护。

共体不死(UNIVERSITAS NON MORITUR)

尽管可能有价值,但是,这样的工作无疑会很复杂、辛苦,即尝试做经院与法学思想的互勘,或者大着胆子判断法学家们在使用哲学概念对法律抽象物(形式、属、种、共相,等等)作定义时是否有相当大的随意性,有没有反映出任何清晰可辨的学派概念,比方像有时显示的那样,属于唯名论或者其他立场。[64]不过,毫无疑问的是,法学家们的确大量

(接上页注)家以及非人文主义者在总体上的愤怒是众所周知的,而且他倾向于将任何不同意自己观点的人都称为"阿维罗伊派",这个现象在现代人的习惯中也有同样的表现。所以,彼特拉克的证言价值可疑。我并不否定法律家中也有阿维罗伊学说的拥趸(Grabmann 的研究结果可以支持这个意见),但是在我看来,法学家们在发展和过度钻研他们的法人理论的过程中,可能会常常被人误解为、错误地标示为"阿维罗伊派"只是因为这些理论引起了对这个禁忌学说的回忆。在世界和属的永恒性问题上,在法学家自己有清醒认识的这个问题上,情况确实是这样的(见上文注 18,关于 Angelus de Ubaldis);在思想的统一性(unity of the intellect)问题上,也是如此(见下文第八章注 71);并且,要从他们的著作中找到双重真理的见解也是很容易的;真正哲学性的问题不可能是真正的法学问题(见上文 p. 282;另参 Bartolus, on D. 48, 19, 16, 10[下注 64、89];Gierke, *Gen. R.*, II, 365f)。所以,对"阿维罗伊派法学家"作一般化扩大,我们要很当心。并不是每一个使用"潜意识"或"情结"这类词汇的人在哲学上都是弗洛伊德或荣格的信徒。

63 见上文注 53 以下。

64 Gierke, *Gen. R.*, III, 281, 365f, 425f, and passim 指出其与唯名论派理论的亲密关系,可能是正确的;但是,如 Gierke 本人指出的(365f),法学的概念并不完全与经院概念相吻合,而在 Bartolus(on D. 48, 19, 16, 10, n. 3, fol. 228ᵛ),当提到 *philosophi et canonistae* 时,非常清楚地表示法学上的"拟制"与哲学的"观念"并不完全一样。

借用了经院哲学的词汇,他们自由地游走于神学、哲学和法学的边界之间,多少有选择地运用经院的框架(matrix)来表达他们自己的观念。例如,从语言和内容来看,法学家的"拟制的"(fictitious)或"理智上的"(intellectual)人几乎与唯名论者常常称作"理智的拟制"(*fictiones intellectuales*)的各种共相(Universals)没有什么区分。⑥还有,自治市镇(community)——比如,博洛尼亚——永久"同一、没有变化"的理论可以被认为是指博洛尼亚这个"观念"(*eidos*),它不同于任何给定时刻的实体化的城市,也与当下生活在博洛尼亚城墙之内的公民、以及当下构成那些城墙的砖石相分离。我们也可以想起,那些追随邓斯·司各特(Duns Scotus)的哲学家是如何轻易地造出"*Socratitas*"(苏格拉底性)这样的抽象概念来说明殊相化(individuation)原理,正是该原理令属于属(generic)的"人"成为了苏格拉底这个人(individual Socrates)。尽管法学家们极少依赖司各特派哲学家,但他们创造出了某些可以与之相比的做法。因为,一边是种的概念"共同体"(*communitas*)或[303]"共体"(*universitas*),一边是由可变的公民和可消灭的建筑所组成的殊相和物质性的博洛尼亚自治市(community)。而现在产生了与前述两种都不同的第三种实体,这种实体非实质且不可变化、尽管并不能避免殊相化,它存在于某种永久性的"永常"(*aevum*)之中,或许可以称为*Bononitas*或"Bolognity"(博洛尼亚性),就是法律家们并不喜欢谈论的合众性的共体(corporate *universitas*)——亦即,博洛尼亚的那个法律人格(juristic person)或人格化的自治市(personified community)。⑥

---

⑥ Überweg-Baumgartner, 579, 601; also 322.

⑥ 关于 *Socratitas*,参见 Harris, *Duns Scotus*, II, 20, n. 3:"Et sicut Socratitas quae formaliter constituit Socratem, nusquam est extra Socratem, sic illa hominis essentia quae Socratitatem sustinet in Socrate, nunquam est nisi in Socrate, vel quae est in aliqui alio individuorum."(如同苏格拉底性在形式上构成苏格拉底,不可超越苏格拉底,构成苏格拉底的人的本质存于苏格拉底之中,没有什么时候不在苏格拉底之中或在另外某个个体之中。)斯各特的意思(参见 Harris, *loc. cit.*)是指实在的物质性对象与存在于"想象"(image)或"思维的种"(intelligible species)中的共相的"集合"。参见,例如 Baldus, on c. 3 X 1,31, n. 14(*In Decretalia*, fol. 126),以及他对 *universitas* 的定义:"Omnis universitas dicitur corpus, quia compositum et aggregatum, ubi corpora sunt tanquam materia; dicitur autem forma, id est, formalis status[任何一个总体均是共体,因为总是有其他要素构成和集成,共体是诸多质料之集合。所谓形式,即形式之地位。][见上文注49](转下页注)

附带提一下,在古典时代,有一种对地点进行人格化的做法。这个传统也存在于加洛林王朝、奥托王朝、甚至更晚期的写本微缩画中。但通过法学思辨对自治市镇、城市和王国进行人格化,并不是对前述历史现象的简单复兴。[67]事实上,对城市和国家所作的法学式人格化,与那些来源于古代崇拜的庄严先行者完全不同。古代城市的女神,在壁画中以冠冕或光环以示崇敬,在一种广泛的意义上,仍然从属于古代的拟人化传统:她们是城市的"守护神"(*genius*),她们可以宣布自己具有不朽性和永久性,只是因为她们是女神。而法学家所作的人格化,乃是属于思辨范畴的哲学性拟制。那些城市,与古代城市女神在显现时候不同,不是获得一个[304]可见的身体,反而是被剥夺了可见的身体,并通过法律思想赋予了一个不可见的身体。这个不可见的身体当然是不朽和永久的;但是,它之所以不朽,并不是因为它是一个女神的身体,而恰恰是因为它是不可见的——是一个非物质性存在的身体。因此,法律家们远非复活古代的"拟人的"(anthropomorphic)人格化;相反,他们完全赞成中世纪的思维方式,创造出了可称为"拟天使的"(angelomorphic)人格化。换句话说,在结构上,这类法律上的法人/合众体(legal corporations),比较像基督教的天使,而不是异教的女神。

巴尔都斯在对《康斯坦斯和约》所作的注释中说,城市是"某种不会因死亡而消灭的共相(universal)之物",并且他将"共相"与同样不会死亡的人的种或属作了比较。[68]有可能,"共相之物"(*quoddam universale*)

(接上页注).... Est igitur collegium imago quaedam quae magis intellectu quam sensu percipitur[故此,社团之形象,与其说通过感官感知,不如因理解而被获知。][D. 41,3,30;4,2,9,1; c. 53 X 5,39]."关于从种过渡到实在的个体之间的整个光谱,参见 Baldus, on c. 3 X 2,12, n. 15(*In Decretalia*, fol. 178);"Est autem universale quod non distinguitur in species dialectico modo assumptas, sed in res. Generale autem est id, quod habet species sub se.... "(在辩证逻辑上,共相不得被区分为种。但是共相之物可被划分为不同的种。)换句话说,在法律哲学上, *universale* 和 *universitas* 本身是一个种,排位高于在其中被个别化的物,但低于 *generale*,后者可以再被分成种。不过,对这些法学术语的分析,还有与经院哲学的比较工作,都要留给专家来处理了。

⑥⑦　见上文第三章注88。

⑥⑧　Baldus, *De pace Const.*, p. 162D(上文注61)。

这个词与哲学语言中不朽坏的共相（Universals）有些联系；但是，*universale* 这个词在法律语言中的意思相当含混：它与来自于罗马法的技术性词汇 *universitas* 是同义词，后者是泛指合众性的集体（corporational collective），早期的注释家将其定义为"由许多人进入一个身体而构成的一种联合体或集合体"⑥。在这个基础上，巴托鲁斯认为，"整个世界也构成了某种共体（*universitas*）"，更不用说王国和城市了。⑦巴尔都斯可以将"人民"（*populus*）定义为"同属一个奥秘身体的人的集合"，⑦或者称王国（*regnum*）为"某种整全的东西，完整地包含了人和物为其组成部分"，⑦或者简单地谈论"某种共相的人"（some universal person）。⑦因为，将一个集合体笼统地称为"人"，是［305］罗马法自己的说法。在被人反复引用的《死亡法》（*lex mortuo*）（*D*.46,1,22）中，称市镇、法庭、或者行会——在某些条件下甚至是一宗遗产——为"一个人"（a person）。⑦

当伊塞尼亚的安德烈将祖国（*patria*）与教会团社（*collegium*）相比

---

⑥ Gierke, *Gen. R.*, III, 193f.

⑦ Bartolus, on *D*.6,1,1,3, fol. 204："［皇帝是世界的主人］Nec obstat quod alii sunt domini particulariter, quia mundus est universitas quaedam; unde potest quis habere dictam universitatem, licet singulae res non sint suae."（这并不特别妨碍其他人是主人，因为世界是某种共体；由此某人能够拥有据称的共体，尽管单独的事物不属于共体。）参较 Woolf, *Bartolus*, 22, n. 3; cf. 123f, 关于这三种 *universitates*。

⑦ Baldus, on *C*.7,53,5, n. 11, fol. 73ᵛ："［populus］debet intelligi de hominibus collective assumptis.... Unde populus proprie non dicitur homines, sed hominum collectio in unum corpus mysticum, et abstractive assumptum, cuius significatio est inventa per intellectum."（［人民］需被理解为：聚集诸多个体人之集合……真正意义上的人民不能被称之为诸多个体人，但是个体人被集合为一个奥秘的身体，即抽象的聚合。该名词是为理解计而被发明的。）参较 Gierke, *Gen. R.*, III, 432.

⑦ Baldus, *Consilia*, I, 333, n. 1, fol. 105："regnum quoddam totum suas partes integraliter continens tam in personis quam in rebus, sicut omne nomen collectivum populorum et territorii."（王国为某种整全的东西，完整地包含了人和物为其组成部分：如人民和领土之集合。）

⑦ Baldus, on *C*.6,26,2, n. 2, fol. 80ᵛ："Est et quaedam persona universalis...ut populus ［*lex mortuo*：*D*.46,1,22；参较下一条注释］, et haec persona similiter loco unius habetur, et individuum corpus reputatur."（存在人之总和，如人民［*lex mortuo*：*D*.46,1,22；参较下一条注释］，此等人近乎有统一的领地，它被认为是个体构成之身体。）

⑦ *D*.46,1,22："...quia hereditas personae vice fungitur, sicuti municipium et decuria et societas."（因为，如同市镇、十人组织或者合伙一样，遗产执行人之功能。）

较时,背后的总体概念几乎没什么差别。⑦因为甚至在罗马法学家进行推演、对共体(*universitas*)概念作人格化之前,教会法学家就已经将共体的法律概念运用到了各种教会团社(*collegia*)上——教士会议(chapters)、会众(congregations),等等——同时也适用于整个教会。按照最古老的定义,普世教会(universal Church)构成"信仰的共体"(*universitas fidelium*),在法律上同样是没有限制的共体(universitas)。一方面是机体论的"奥秘之体"(*corpus mysticum*)概念,另一边是将教会称作"母亲"(*mater*)或"妻子"(*sponsa*)的拟人化说法,通过这两种概念的混合,在相当早的时候,法学上就已经出现了对教会集合体作人格化处理的趋向。⑦无论如何,将各种教会团社(*collegia*)视为可以施加刑罚和绝罚的真人(real persons)的做法,一定早于英诺森四世发现有必要对那些集合性"人"(collective"persons")的性质作出明确界定。在1245 年的里昂大公会议上,教宗禁止对共体(*universitas*)或团社(*collegium*)施以绝罚。事后他解释这个决定,论证的理由是各种共体(*universitates*),诸如一个教士会议(chapter)、一个人民、一个部落,只

---

⑦ Andreas of Isernia, on *Feud*. II, 52 (*De. Prohib. feudi alien. Loth*.), n. 1, fol. 232: "Princeps est pater patriae, dicit Seneca primo *de clementia*[1,14,2]. Ergo illorum, qui sunt in patria, idest subditorum. Sicut arguit ipse[Seneca]secundo *de ira*[2,31,7]: 'nefas est nocere patriae, ergo civi quoque.' Non enim est patria, nisi homines agentes in ea: sicut Ecclesia possidet et collegium, idest clerici et illi qui sunt in collegio...." (塞内卡在《论仁慈》首篇[1,14,2]中论述道:元首是国之家父。故此,国之成员,即国之臣民。该作者[即塞内卡]在《论愤怒》次篇[2,31,7]论证道:"任何市民损害国之利益是违背圣规的"。但,国无行动之个体人,则国不存。如同,教会拥有教会团社,即由诸多教士和其他成员构成。)尽管 Andreas of Isernia 承认"祖国"无非是在其中行动的人类,但他为"祖国"及其公民的法人属性作辩护,并强烈反对对这个身体作原子化处理;参见他对 *Feud*. II, 27(*De pace tenenda*), n. 9, fol. 162ʳᵛ 的评论,在其中他反对 Seneca 的观点(*De ira*, *loc. cit*.)"quod unus homo de patria est pars patriae"(国之一人均为国之部分),并宣称:"Hoc iuristae non recipiunt, nisi quando universitas redigitur ad unum[*D*. 3,4,7,2; 见下文注 96]...Dividere ergo patriam in tot partes quot homines habet, concisio est, non divisio."(法学家不能接受该观点,除非共体成员只剩一人⋯⋯如此,个体人有多少,国即被分为多少个部分,这是分割,而不是分类。)Andreas 可能重复了他的同胞 Roffred of Benevento 的理论,后者宣称"universitas est quoddam individuum, unde partes non habet"(共体是某种意义上的个体,而无部分之说),因为根据亚里士多德,一个殊相是不可以分割的;参见 Gierke, *Gen. R*., III, 204; 另见下文注 89。

⑦ Gierke, *Gen. R*., III, 248, 253, 278, and passim.

是"法律上的名称",而不是人的名称,而这类名称不能受绝罚。他指出[306],一个共体(*universitas*)乃是一个没有身体的人,一个纯粹的观念中的名称(*nomen intellectuale*),是无体物(thing incorporeal);按照之后的教会法学家很快指出的,它不能被定罪,因为没有灵魂,也不能被斩首,因为它没有身体。⑦因此,人格化的共体(*universitas*),只是一个想象中的"被表现的人"(*represented person*)或者"拟制人"(*persona ficta*)。

尽管英诺森关于共体(*universitas*)是一个拟制人的开创性声明⑱实际上是以消极的方式作出的,但他所创制的这个定义本身有非常积极的意义:将每一个共体(亦即,每一个许多人进入一个身体中的集合)视为法人(juristic person)的可能性;将法人与每一个具有身体和灵魂的自然人区分开的可能性;以及,在法律上将许多个人的集合视为一个人的可能性。这个合众性的人(corporate person)是拟制的,这一点并不贬低其价值,尤其是其启发性价值;另外,"拟制"(fiction)这个词本身也并不一定是贬义的。在一种描述性的意义上,这个词令人想起唯名论者所说的共相是"思想中的拟制"(*fictiones intellectuales*)。⑲阿奎那,实际上追随奥古斯丁,以一种明显积极的意义将"拟制"定义为"真理的形象化"(*figura veritatis*)。⑳而巴尔都斯在详细阐述了阿库尔修

---

⑦ *Ibid.*, 280ff. 参见 Innocent, *Apparatus*, on c. 57 X 2, 20(later equalling c. 2 VI 2, 19), n. 5, fol. 176ᵛ("cum collegium in causa universitatis fingatur una persona"[教会团社以共体之名义被塑造为一个人]); c. 53[52]X 5, 39, nos. 1-3, fol. 364; and(same title) c. 64, n. 3 (Innocent's own decretal *Romana Ecclesia*, later equalling c. 5 VI 5, 11), fol. 367ᵛ. 英诺森这些相当难理解的相关段落在以下研究中得以解释: I. Th. Eschmann, O. P. , "Studies on the Notion of Society in St. Thomas Aquinas, 1. St. Thomas and the Decretal of Innocent IV *Romana Ecclesia*; *Ceterum*," *Mediaeval Studies*, VIII(1946), 1–42, esp. 8ff, 29ff。

⑱ Gierke 本人注意到英诺森的定义有一些先祖;参见,例如 *Gen. R.*, III, 204。

⑲ 见上文注 65。

⑳ *Summa theol.*, III, q. 55, a. 4, ad 1, quoting Augustine, *De quaestionibus Evangelistarum*, II, c. 51, *PL*, xxxv, 1362: "non omne quod fingimus, mendacium est; cum autem fictio nostra refertur in aliquam significationem, non est mendacium, sed aliqua *figura veritatis*. Alioquin omnia quae a sapientibus et sanctis viris, vel etiam ab ipso Domino, figurate dicta sunt, mendacia deputabuntur."(并非所有我们创制之物都是谎言……我们虚构的东西指向的是一个须被赋予意义的东西时,这并非谎言。而是真相的一个断面。否则,任何智者、圣人甚至主构想的东西将均被认为是谎言。)

斯和巴托鲁斯的注释之后，最后，带着一点对亚里士多德哲学原则的改
造，宣称："拟制摹拟了自然（*Fiction imitates nature*）。因此，拟制具有
一个位置，乃是只有真理才能占据的位置。"㉛

　　[307]不过，在这里具有重要意义的，只是延续性的问题。重点在

㉛　Baldus, on *D.* 17, 2, 3, n. 2, fol. 120ᵛ: "Nam ex hoc dicto glossae[sc. glos. ord.]nota
quod ibi demum habet locum fictio, ubi est possibile quod habeat locum veritas. "（对该
《注释》的注：拟制之处，即可能为真相之所。）接着巴尔都斯引用了收养法中的一段（*D.*
1, 7, 16；另参 *Inst.* 1, 11, 4)"ubi textus dicit quod fictio imitatur naturam," （如文献所言，
拟制模仿自然。）并且在总结中说："Fictio ergo imitatur naturam. Ergo fictio habet lo-
cum, ubi potest habere locum veritas. "（拟制模仿自然，因此拟制之处，可能为真相之
所。）他所引用的收养法这样说："Adoptio enim in his personis locum habet in quibus eti-
am natura potest habere. "（实际上，收养在依据自然而生之亲属之间，发生亲属关系。）
在巴尔都斯自己对 *D.* 1, 7, 16, fol. 38ᵛ 的注释中，他（事实上引用 Aristotle, *Physics*, II,
2, 1949a21)说："Ars naturam imitatur inquantum potest"（技艺可模仿自然）。对此他还
加上了一个附论（*additio*）："Nota quod fictio naturae rationem atque stylum imitatur. "
（注：拟制可模仿自然之理性和格调。）另参 Bartolus, on *D.* 17, 2, 3, fol. 139, 以及 *Glos.*
ord. on that law, v. *nominibus*。相当有趣的是 Oldradus de Ponte, *Consilia*, LXXIV,
n. 1(Lyon, 1550), fol. 27ʳᵃ, 他证明炼金术是可能的："Cum ergo ars imitetur naturam
(*D.* 1, 7, 16), non videntur isti alchimistae peccare.... "（技艺可模仿自然，故此炼金术并
不被认为是一种罪孽。）另参 *Consilia*, XCIV, n. 8, fol. 33ʳ: "sic in natura videmus quod
ars imitatur(*Inst.* 1, 11, 4). "（如此，我们认为技艺可模仿自然。）另参 Cynus, on *C.* 7,
37, 3, n. 5, fol. 446ʳᵃ, 要求"civiles actus naturam habeant imitari"。（市民认为：行为可
模仿自然。）
　　很明显，"拟制摹拟自然"（*Fictio imitatur naturam*）这个法学程式，必须要与"技艺效法
自然"（*ars simia naturae*）、"技艺效仿真理"（*ars simia veri*）以及亚里士多德哲学的"艺术摹
拟自然"（*ars naturam imitatur*）这一系列在总体的文艺复兴艺术和文化中含义丰富的口号
联系起来思考；关于这个问题，参见 Ernst Robert Curtius, *Europäische Literatur und latei-*
nisches Mittelalter(Bern, 1948), 524f; H. W. Janson, *Apes and Ape Lore in the Middle Ages*
and the Renaissance(Studies of the Warburg Institute, xx, London, 1952), 287ff. "模仿"
不仅用作贬义，如 Dante, *Inf.*, XXIX, 139(伪造者 Capocchio 坦白：[*fui di natura buona*
scimia]在自然属性，我是优良的猩猩。）；但丁本人称艺术（*Inf.*, XI, 105)"乃是上帝的孙子
女"，因为根据亚里士多德，"艺术模拟了自然"，而 John of Jandun 则称自己为"亚里士多德
和阿维罗伊的模仿者"(Grabmann, *Mittelalterliches Geistesleben*, II, 239)。关于"拟制"，我
们也可以想到彼特拉克对 *officium poetae*(诗人的职责)的定义：揭示并归荣耀给被编织入
一种精致的拟制之云的事物的真理("veritatem rerum decora velut figmentorum nube con-
textam")；参见 Attilio Hortis, *Scritti inediti di Francesco Petrarca*(Trieste, 1874), 33, n.
1; Burdach, *Rienzo*, 509f; 关于 Macrobius 的依赖性（*Saturnalia*, 5, 17, 5；另参 the
scholion on Horace, *Ad Pisones*, 119), E. H. Wilkins, "The Coronation of Petrarch,"
Speculum, XVIII(1943), 175. 法学家们不仅采用了文学和艺术的理论，甚至还可能承担
了开拓者的角色，因为他们着手这些理论——源自罗马法的收养法——要大大早于其他
人。无论如何，这条至今为止未获注意的线索不应当遭到忽视。

于,正是这个问题促使英诺森四世断然裁定共体是一个不会死亡的观念上的人(intellectual person),而不是一个真实的人。因为,如果绝罚扩展到一个合众体的整体(whole body corporate),而不是只针对犯罪的个人,最终就会对嗣后作为替换成员(subrogati)加入共体的无辜者产生影响。[82][308]这是将传统的"有变化但仍保持同一"原理简单适用于未来的结果,该原则通常是指向过去;而后来的法学家也同样如此论证:

> 一百年之后的共体与今日是一样的……因此,如果我们说共体会犯罪,那么儿童、婴儿、女人和类似的人也会被包括在内,这是荒谬的;出于这些理由,英诺森得出结论说,一个共体不可以遭受绝罚。[83]

这里的隐含意思很明显:共体在不断继承的基础上兴旺发达;它是由其成员的继承性定义的;并且由于其不断继承的自我重生,共体不会死亡,是永久的——如巴托鲁斯所说:"在这个世界没有什么是永久的……除非通过替换的方式。"[84]

托马斯·阿奎那从一种远为宽广的范围和完全不同的联系出发,

---

[82] 在里昂大公会议发布的教令中(c. 5 VI 5,11, ed. Friedberg, II, 1095),英诺森四世表示他的意图是不令灵魂遭受危险"quod exinde sequi posset, quum nonnumquam contingeret innoxios huiusmodi sententia irretiri"。这份教令的评注者,在此情况下就是英诺森四世本人,他的意见在 Gierke, *Gen. R.*, III, 280ff 有讨论。Johannes Andrea 编纂的论 *Liber Sextus* 的 *Glossa ordinaria*,实际上强调了(on c. 5 VI 5,11, rubr.)对一个会社(*collegium*)施以绝罚会造成"illi qui erunt postea subrogati, debent se tenere pro excommunicatis"。不过,替代者(*subrogati*)的问题看起来是一种事后思考;因为教令本身仅仅考虑了在当时构成会社的成员,其中可能有无罪的人。参见注 84。

[83] 参见,例如 Petrus de Ancharano(c. 1330-1416), on c. 53 X 5,39, n. 8(*In quinque Decretalium libros facundissima Commentaria*, Bologna, 1631), p. 231:"Item, eadem est universitas hodie, quae erit usque ad centum annos, ut l. proponebatur. ff. de iud.[*D.* 5,1,76]. Si ergo diceremus universitatem posse delinquere, includerentur isti[pueri, infantes, mulieres, et similes], quod esset absurdum. et ex his rationibus concludit In[nocentius]quod universitas non possit excommunicari."(同引文)当然,这类论辩被人一再重复。

[84] 见上文注 18,关于 Bartolus, on *D.* 8,2,33, n. 1, fol. 222。

在"奥秘之体"中界定继承性的问题。他从区分基督的奥秘之体与人的自然之体开始。阿奎那说,在人的身体中,各肢体是"同时全部"显现的,而在奥秘之体,其中的肢体是在"从创世[亚当当然归属于教会的奥秘之体]直到世界的末了"那永远的前后相继中逐渐获得的。因此,这个奥秘之体不仅容纳现在实际在其中的人,并且也包含了现在或者将来可能加入的人——亦即,它扩展到那些尚未出生的未来世代的基督徒,以及那些尚未受洗的异教徒、犹太人和伊斯兰教徒,因为,基督的奥秘身体,即教会,不仅依自然、也依恩典而成长。⑧阿奎那所说的当然不是新观点;不过,他简洁的[309]程式很清楚地表达了,奥秘之体不仅包括那些在同一时刻、于一个普世空间(universal Space)内生活于人居世界教会(ecclesiastical *oikumene*)的人,而且也包括了所有过去和未来、实际和潜在的成员,他们前后相继地处在一个普世时间(universal Time)之中。也就是说,不仅是一同生活在一个共同体之中的人的多数性(plurality of man)构成了"奥秘之体",并且从成员的继承性来看,这个奥秘之体也具有集体的多数性(corporate plurality)。

在阿奎那对普世教会"奥秘之体"的定义中所表达的原则,略作变化,就可以适用于任何奥秘之体,适用于任何共体,无论是大的还是小的、教会的还是世俗的。教会法学家们一次又一次地强调,这个或那个地方以及国家的教会,即便所有成员都死去、被其他人取代,也仍然是同一个教会;或者,团社(*collegium*)或者大教堂的教士会议(chapter of

---

⑧ *Summa theol*., III, q. 8, a. 3, concl.: "…haec est differentia inter corpus hominis naturale et corpus Ecclesiae mysticum, quod membra corporis naturalis sunt omnia simul, membra autem corporis mystici non sunt omnia simul, neque quantum ad *esse naturae*, quia corpus Ecclesiae constituitur ex hominibus qui fuerunt a principio mundi usque ad finem ipsius, neque etiam quantum ad *esse gratiae*.... Sic igitur membra corporis mystici accipiuntur non solum secundum quod sunt in actu, sed etiam secundum quod in potentia...."(……此即人之物理身体和教会之身体之区别。人体之构成要素以整体而存在,而奥秘之身体之组成要素并非以整体而存在,也非以自然性而存在,因为,教会之身体由贯穿世界始末之所有人组成;亦不是以恩典而存在……因此,神秘身体之构成要素之标准,并非仅是当下的,而且是潜在的……)这个定义常常被人重复;参见,例如 James of Viterbo, *De regimine Christiano*, c. 3, ed. H.-X. Arquillière, *Le plus ancient traité de l'Église*(Paris, 1926), 110。

a cathedral)"今日与一百年前是同一个,尽管其中的人不是同一批"。[86]布雷克顿也加入了这种众口一词的说法:"尽管大小修院院长、修士或驻堂修士(canons)前后相继地死去,但修院在永恒中保持不变。"[87]我们还记得,《注释汇编》也有同样的说法,表示一百年前的博洛尼亚与现在的博洛尼亚具有同一性,且暗示与任何未来的博洛尼亚也同一。[88]巴托鲁斯论到学术共体(universitas scholarium)即大学时,也提出了同样的主张。[89]其他罗马法学家则认为每一个人民(populus)[310]或共体"与一千年之前的它是同一个,因为其继承者代表了同一个共体"。[90]诚然,较小的自治市镇无法主张——像普世教会这个奥秘之体那样——自创世以来的同一性;但是,它们可以主张在时间之内的同一性,即从其自身创设或奠基之时开始,直到世界终结或在任何其他实际上无限的时间内的同一性。例如,巴尔都斯就把罗马帝国称为"伟大的共体(universitas),在其中包含了所有忠心的帝国臣民,包括现在的以及继

---

86 参见,例如 Gierke, *Gen. R.*, III, 277, n. 92。

87 Bracton, fol. 374b, ed. Woodbine, IV, 175:"Et ideo si abbas vel prior, monachi vel canonici successive obierint, domus in aeternum permanebit."(同引文。)

88 见上文注 48。

89 Bartolus, on *D.*48,19,16,10 v. *nonnunquam*, fol. 228ᵛ,以此作为反驳唯名论派主张的主要论辩,后者主张"quod totum non differt realiter a suis partibus"(事实上,整体与其部分并无差别),与此相对应"nil aliud est universitas scholarium quam scholares"(学术共体无非是学者们)。相反,他认为(与在他之前的 Andreas of Isernia 一样;见上文注 75)"universitas representat unam personam, quae est aliud a scholaribus seu ab hominibus universitatis[引用 *lex mortuo D.*46,1,22], quod apparet; quia recedentibus omnibus istis scholaribus et aliis redeuntibus, eadem tamen universitas est. Item mortuis omnibus de populo et aliis subrogatis, idem est populus"(共体代表一个人,它不同于学者们,也不同于共体中的人[引用 *lex mortuo D.*46,1,22],这很明显:因为随着所有那些学者退去而被其他人补上,但共体还是同一个。同样,随着人民中的所有人死去而被其他人取代,人民还是同一个)。"整体"(totum)的法人性因素本来有可能被巴托鲁斯所反对的(尽管他承认其"哲学真实性")哲学家和教会法学家接受;但巴托鲁斯采用了继承和同一性作为自己论辩的轴线——也就是说,他使时间成为了他所辩护的"法学的拟制"(fictio iuris)的"法学真实性"的要素。

90 Gierke, *Gen. R.*, III, 365, n. 41,引用 Albericus de Rosate(＋ 1354):"populus, id est universitas cuiusque civitatis et loci,...idem qui fuit retro mille annis, quia successores representant eandem universitatem."(人民,是市民和领土之总体,与一千年之前的它是同一个,因为其继承者代表了同一个共体。)

而兴盛的",当然,他也暗示地把过去的人包含在了其中。[91]或许,帝国也可以像教会那样主张一种同时涉及空间的普共性(universality),如亨利七世皇帝所宣告的:"……每一个服从罗马君主的灵魂。"[92]而较小的合众体(corporate bodies)的普共性则只能限于时间的普共性,在以往的每个个案中都是如此。

换句话说,一切合众体的本质属性并不在于它们在同一个时刻、构成了"汇集在一个身体之中的人格的多数性(a plurality of persons)",而在于它们由时间提供支持并通过时间的中介、构成了在继承中的"多数性"。因此,如果认为合众性共体(corporational *universitas*)仅仅是 *simul cohabitantes*、在同一时刻共同生活在一起的人,那是错误的;[93]因为如果是这样,它们就仅仅类似于,按阿奎那的说法,肢体"全部同时"存在的人的身体,而不会构成阿奎那所定义的真正的奥秘之体。所以,前后相继中的多数性,或者说,在时间中的多数性,乃是将共体与延续性编织在一起、使之不朽的关键因素。

[311]现在我们认识到了纯粹机体论国家概念的缺陷,它主要指向某一给定时刻的"头和肢体",并不会越过现在、投射到过去和将来。纯粹机体论的国家只是特定地(*ad hoc*)成为"集合"(corporate),它乃是"出于某些司法、税收和行政目的的准合众体(quasi-corporate)",[94]或者是在国家出现紧急状态、爱国主义沸腾的时候才成为准合众体,但它并不是在共体(*universitas*)永久延续性意义上的那种合

---

[91] Baldus, *De pace Gonst.*, p. 161A, v. *universitas*,说"de ista magna universitate(见上文注70),quae omnes fideles imperii in se complectitur tam praesentis aetatis quam successivae posteritatis...."(同引文)。见上文注84。

[92] Henry VII, in the edict *Ad reprimenda*(上文注41),另参 *MGH, Const.*, IV, 965, No. 929:"...divina praecepta quibus iubetur quod omnis anima Romano principi sit subiecta."(被获得神性之人命令:每一个灵魂须服从罗马君主。)参较 the bull *Unam Sanctam*:"Subesse Romano pontifici omni humanae creaturae declaramus...omnino esse de necessitate salutis."(我们宣布:每一个生灵均须服从罗马的祭司,所有一切均出于救赎之必须),Mirbt, *Quellen*, 211, No. 372。

[93] 这是早期的注释家在尝试通过区分 *simul cohabitantes* 与 *non cohabitantes* 来定义 *collegium* 时提出的观点;亦即,他们尝试在空间之中寻找 *collegium* 的本质,而不考虑时间,因此错失了重点。参见 Gierke, *Gen. R.*, III, 193。

[94] Post,"Quod omnes tangit," 223,他对英国的评论也适用于当时的欧洲大陆。

众体。也就是说,机体论的概念本身——索尔兹伯里的约翰将国家比作人体的类比——尚未有意识地将无限的时间这一因素整合进来;要纳入这一因素,只有等到国家机体论成为一种法学意义上的"身体":一个"永远不死"的共体。因而,机体论的类比,尽管作为转型期起初的一步很是重要,但随后渐渐变得在哲学上可有可无了,因为共体这个合众性的概念同时在继承的意义上容纳了"头和肢体",于是就超越了前者。

不可否认,诸如"祖国"(*patria*)和"道德与政治之体"(*corpus morale et politicum*)之类的概念也隐含了时间延续性的元素;但是,开始具有这种含义也要到 14 世纪以后。并且,从这一点也不能推导出一个奥秘之体,比如法兰西祖国(*patria*),不仅包含了所有当时活着的法国人,而且还包括了所有活在过去和将来的人。法学家们的这个发现——继承中的同一性以及合众体在法律上的不朽性——开始被人理解,并与作为一种永远活着的机体的国家概念、或是"祖国"这个情感性的概念结合起来,自然是要花些时间。而具有民族味道的表达,比如"永恒的法兰西"(*La France éternelle*)、"不朽的法兰西"以及其他说法,当然属于更晚的时期。

换句话说,人格化的集体和合众体(corporate bodies)最重要的特性,是它们朝向过去和未来投射,它们尽管有变化却保存了自身的同一,以及因此而在法律上不朽。⑨⑤[312]合众性的共体(corporate *universitas*)与其个体组成者之间的脱离,导致那些在任何特定时刻构成集体的可朽组成者变得相对不重要;他们与不朽的政治之体本身相比是不重要的,后者在其组成者死亡后依然存续,并且甚至在自身的形体消亡之后也仍然存在。⑨⑥不过,就算共体与合众体不断变化的肢体构成了一个不朽的实体,但是,政治之体的"头"如何呢? 毕竟,他是一个可

---

⑨⑤ Ke Chin Wang,"The Corporate Entity Concept(or Fiction Theory) in the Year Book Period," *LQR*, LVIII(1942), 500, n. 13, and 504, n. 37, 在他富有创见的研究中强调"延续性不是拟制理论的一项关键性测试标准",同时承认可能会有不涉及"延续性"的拟制理论,不过我还是要说,*universitas* 作为一个拟制人,本质上是一个具有延续性的身体。

⑨⑥ 有一个非常流行且常常被人拿来讨论的论辩,通常是基于 D.3,4,7,2(上文注75);参见 Gierke, *Gen. R.*, III, 236f, 350(nos. 337ff), 411f(nos. 240ff), 497f.

朽坏、个体的人。

　　如果，时间、永久性、即便有变化依然保持同一，这几个要素构成了合众体决定性的特征。并且，如果进一步认为，一个合众体当下的组成者相比不朽的共体，其重要性相对较低。那么，尝试将这些决定性的特性隔离起来、形成一种新的建构，可能也并不太难：合众体单单在时间中、并通过前后相继而存续。通常情况下，形成一个集合体（collective body）所必须的"人的多数性"（plurality of persons）通过两种方式构建：一种是"横向的"，由同一时间活着的人构成；另一种是"纵向的"，由前后相继活着的人构成。然而，一旦建立起这样的原理，即"多数性"（plurality）或"全体性"（totality）（*totum quod-dam*）——不同于、甚或完全对立于纯粹的机体论概念——并不限于空间、而是可以在时间中前后相继地展开，就可以在概念上完全抛弃空间中的多数性了。也就是说，如此便构建出了一个合众性的人（corporate person）、一种"奥秘的人格"（*persona mystica*），它仅仅且排他地在涉及时间的时候构成一个集体，因为它的成员仅仅且排他地通过继承而构成；这样，就产生了一种一个人的合众体（one-man cor-poration）和拟制人，在其中，长长的一系列先存者和长长的一系列未来或潜在的继承者，与当下的组成者一同呈现了"人的多数性"，而这个多数性通常是由许多活在同一时刻的个人构成的。这样，就构建起了一个成员纵向排列的合众体（body corporate），[313]它在任何特定时刻的横截面表现为一个成员，而非许多个成员——这是一个通过永久的代际沿袭（devolution）构成的奥秘人格，其可朽和暂时的组成者重要性相对较小，不如他所体现的通过继承构建的不朽的合众之体（body corporate）。[97]

---

[97]　这与"通过衰退（devolution）"（即所有成员除了一人都去世了）达成的一人合众体（one-man corporation）不一样；见上文注 75，以及前一注释所引 Gierke。另参 Baldus, on c. 36 X 1, 6, n. 8（*In Decretales*, fol. 79），论到一个团社（*collegium*）或共体（*universitas*）减少到只剩一个人："...verum est quod in uno non residet［universitas］primitive..., sed devolutive sic, quia pro pluribus habetur qui in plurium ius succedit, vel plures representat." （设立之初，［共体］并非是一人的，这是正确的。但是代代相传的共体为一人，因为承继其他诸人权利之人被认为是代替了此等人，或者是代表此等人。）

这个奇异的概念解决了政治之体的"头"的永久性这个艰难的问题。在此基础上，心里存着通过继承而造成的合众体多数性（corporational plurality），我们就必须要来处理国王"永远不死"的问题了。

第七章　国王永远不死

[314]通过将人民(People)解释为一个"永远不死"的共体(*universitas*),法学家们塑造出了一个具有永久性的概念,其中同时包含了整个政治之体(头和肢体一起)的永久性和组成成员的永久性。但是,"头"的永久性也具有同样重要的意义,因为头通常是负责任的部分,并且它的缺席可能导致这个合众体(body corporate)不完整或失去行动能力。因此,头的永久存续就制造出一系列新的问题,并引向了新的拟制。

在教会团社(*collegia*)的情况中,解决方法古老且——至少在神学上——简单:当一名高级教士或其他享有高位者死去,该个别教会的财产,以及高级教士或修道院长的尊荣,均被认为落入他人之手,包括圣统制中的上级、或普世教会、或教会之头亦即基督、或是基督的代理人。①因此,归根到底,在过渡期中,可以说是基督担任"摄政王"(*interrex*)。英诺森四世就是这样看这个问题的:"[一间教会的]占有物和财产……[归于]活在永恒里的基督,或者归于教会——普世的或个别的,它永远不死且永远不会不存在。"②换句话说,教会财产归于某个永久

---

① Gierke, *Gen. R.*, III, 250, n. 18, 另参 293 及各处。

② *Ibid.*, 351, n. 340. 参较 Innocent, *Apparatus*, on c. 4 X 2,12, n. 4, fol. 145ᵛ. 基督或圣徒的所有权,法律依据在 *C.* 1,2,25。

性的实体——要么归于教会永恒的头，要么归于不朽坏、"永远不会不存在"的教会本身。

不过，在实践性的法律和法律程序的领域内，事情要比理论中困难：空缺职位的神圣占有者（或者他在地上的代理人）不可能受传召，或者被判定承担责任，或者受刑罚。因此，涉及到一个合众体（corporate body）的头的延续性问题，就会发生实践中的困难。不仅大陆法律家（legists）和教会法学家碰上了麻烦，结果想出了"分离合众体"（*corpora separata*）这样的概念试图加以解决，由此使头、肢体、以及头和肢体一起，各自构成一个独立的身体和合众体[315]单位，③并且，普通法法学家们也发现头的延续性问题难以解决，常常令人困惑。英国的《法律年鉴》（*Year Books*），尤其在 15 世纪，非常清楚地显示了王室法官的困境。他们很愿意接受与联合的肢体相联系的合众体理论和术语，但是相当不愿意同时设想"只有头"（head alone）的合众体属性。例如，首席法官布莱恩（Chief Justice Brian）在 1482 年审理的诺里奇城案中，这样论证："如果市长去世，这个合众体就不完整；在自治市任命另一位市长之前，合众体没有行为能力。"④市长的去世造成了一个空位期，导致诺里奇这个政治体不完整，且不适合施行属于合众体的法律行为。另一方面，像利特尔顿这样一位伟大的法学家，还有他在法院的一些同事，都强烈地认为，在合众体与其头之间存在一种本质性的结构差异。有一次，当一名原告说到一个教士会议（chapter）或共同体（commonalty）"及其继承者"时，丘克法官（Justice Choke）相当正确地宣告（也得到了利特尔顿的支持）：

> 教士会议不能有前人和继承者，因为教士会议是永久性的，每一个都是不断存续的，不会死亡，女修院（convent）或共同体（commonalty）也是如此；因此，以前的教士会议，与当下存在的教士会议，是同一个教士会议，不是不同的；所以，同一个教士会

---

③ *Ibid*., 267f；上文第五章注 231。

④ Wang，"Corporate Entity，" *LQR*，LIX(1943)，73，n. 8(21 Edw. IV)。

议不能是自身的前任者,因为一个物不可能是自身的前任者或
继承者。⑤

相反,法官们非常自然地全体同意,教士会议的主席或者市长,只是一
个个人,可以且确实有前任者和继承者。这表示,他们远没有承认前任
者和继承者的同一性,或者说,远没有向这类官员赋予永久性,比方罗
马法赋予君主,后来巴托鲁斯作了相应的修正、解释为"皇帝的永久性,
与其职位相联系,没有终点"的那种"永恒性"(*aeternitas*)。⑥换句话说,
尽管[316]他们十分愿意并毫不犹豫地接受了罗马法-教会法关于"永
远不死"的共体(*universitas*)理论的内容和术语,⑦但他们很清楚地认

---

⑤ Wang, 76, n. 16(39 Hen. VI).

⑥ Bartolus, on *C.* 11, 9, 2, n. 1(Lyon, 1555), fol. 37ᵛ: "Opinio quod Princeps non sit aeter-
    nus, quia omne elementum est corruptibile: ut l. eum debere. ff. de ser. urb. predi. [＝*D.*
    8, 2, 33;参上文第五章注 18]. Solutio: improprie dicitur aeternus: tamen imperator re-
    spectu officii, quod non debet habere finem, potest dici sempiternus. "(假设:君主不会是
    永恒的,因为所有元素都是可腐坏的。[＝*D.* 8, 2, 33;参上文第五章注 18]回答:他被称
    为永恒并不妥当:因为皇帝在职位的层面上,不应该有终点,应该称为永久的。)

⑦ 需要强调,布雷克顿对于合众体、其头和其肢体的本质,有相当深入的认识;参见 fol.
    374b, Woodbine, IV, 175: "Et unde talis abbas praedecessor fuit seisitus in dominico suo
    et cetera, non fiat narratio de abbate in abbatem vel priore in priorem, nec de abbatibus
    vel prioribus mediis fiat mentio, quia in collegiis et capitulis semper idem corpus manet
    quamvis omnes successive moriantur et alii loco ipsorum substituantur, sicut dici poterit
    de gregibus ovium, ubi semper idem grex quamvis omnes oves sive capita successive disce-
    dant[布雷克顿明显重复了 *D.* 41, 3, 30 以及 *Glos. ord.* 关于这项法律 v. *singulare res* 所
    论到的比喻;见上文第六章注 48]nec succedit aliquis eorum alteri iure successionis ita
    quod ius descendat hereditarie ab uno usque ad alium, quia semper ius pertinet ad ecclesi-
    am et cum ecclesia remanet, secundum quod videri poterit in cartis religiosorum de feoffa-
    mento, ubi manifeste videri poterit quod donatio facta est primo et principaliter deo et ec-
    clesiae tali, et secundario monachis vel canonicis ibidem deo servientibus. Et ideo si abbas
    vel prior, monachi vel canonici successive obierint, domus in aeternum permanebit. "(因
    而这样先任修道院长[去世时]失去他的领地及其他,不存在从修道院长到修道院长或者
    从先任到先任的论述,也不曾有提到在修道院长们或先任们之间的状况,因为在团体和
    头之间永远只有同一个身体保存,尽管所有人相继死去,其他人填补了他们的位置,关于
    羊群也可以这样说,尽管所有的羊和他们的头相继离开,羊群永远是同一个。[布雷克顿
    明显重复了 *D.* 41, 3, 30 以及 *Glos. ord.* 关于这项法律 v. *singulare res* 所论到的比喻;见
    上文第六章注 48]他们中的一个继承另一个并不根据继承法以至于法律继承性地从一
    个人传到另一个人,因为法律永远与教会相关并且和教会一起存在,与在关于封地的宗
    教宪章中能看到的是相符合的——那里能显而易见地看到,馈赠首先并且主(转下页注)

为,头可以且确实会死亡,不过也认识到"整个"合众体的延续性同时也依赖于头的延续性,即一种以继承的方式不断赋予多名单一个人的延续性(a continuity vested successively in single persons)。

很明显,如果王国(*regnum*)出现类似的不完整,导致整个国家政治体陷入无能力状态,这几乎是不可接受的。空位期,无论长短,即便在早先的时代都会产生危险;如果是在一个已经发展出相对复杂的国家行政机制的时代,比如中世纪晚期,空位期就变得非常糟糕了。值得注意的是,用于中和空位期危险、维护国王之头(royal head)延续性的补救措施,很早就已经有了,在实践中的成型要远早于理论。例如,关于国王的王朝延续性的理论更多是用于解释和表达既有的习惯,而非创设新的做法,尽管通常确实难以准确判断,一种不断发展的做法到哪一个阶段开始也受到法学家理论的影响。

王国之头的永久性,以及 *rex qui nunquam moritur*,"国王永远不死"的概念,主要取决于三种因素的交互作用:王朝的永久性、王冠的合众性质(corporate character)、以及国王尊荣(royal Dignity)的不朽性。这三个因素隐约地与国王自然之体的接续传递、由头和肢体共同代表的政治之体的永久性、以及单独属于头的职位的不朽性相对应。[317]不过,必须强调的是,这三个组件并不总是清楚区分的;人们常常以可互换的方式指称这些因素。而在中世纪晚期的英格兰,参照点(point of reference)缺乏清晰性和区分的情况尤其严重,最终使得法学家们提出了奇怪的解决之道,就是普劳登所反映出的那一类。

一、王朝延续性

爱德华·科克爵士在 1609 年他关于加尔文案(*Calvin's Case*)的判例报告中,讨论了英国王冠传递给新王的方式。他指出,国王"依其

(接上页注)要来自神和这个教会,然后[来自]第二位的同样侍奉神的修士或神职人员。尽管修道院长或其先任,修士或教士相继死去,修道院的产业会永远留存。)

生来固有的权利"享有英格兰王国,而这个头衔乃是经由王室血脉传递,"不需要任何事后(*ex post facto*)的必要仪式或行动:因为,加冕不过是一件王家装饰品(royal ornament)、对王冠继承者的庄重庆典,并不构成该头衔的一个部分"。科克甚至激烈地攻击了两名"神学院的教士",他们居然胆敢提出这样的观点,认为国王在加冕礼之前"并不是完全和绝对的国王",因此("依照他们可咒可诅的推论")人们可以针对尚未加冕的国王实施任何暴力行动而不被指控为叛国罪。"但是,全体英格兰法官已然清楚地判定……加冕礼不过是一件王家装饰品,是继位者外在的庄重庆典。"⑧

这些神学院教士所说关于叛国罪性质的概念,以及关于任何主教、教宗或国王在祝圣之前总体上的权利的概念都相当可疑。⑨还不用提到这些,他们关于国王在继位与加冕之间的空位期的理论,完全不符合詹姆斯一世时期的英格兰。他们的论辩看起来好像是古代的遗迹。在我们看来,这两个神学生好像1135年或1272年时英国人的后裔,那些人据说沉溺于抢劫和其他暴行,因为据称在国王去世之时,国王的和平(the king's peace)就不存在了——或者好像那些帕维亚人,在亨利二世皇帝驾崩时摧毁了他的皇家城堡,因为他们宣称不再有一位皇帝[318]拥有这座城堡了。⑩但是,或许这两个教士心里所想的,不过比希望唤起当年由教士为国王祝圣的法律重要性略多一点;因为这种仪式行动的法律及宪制价值已经在数世纪中不断降低。

这两个神学生的看法并不是当时英国教士普遍接受的观点,这一

---

⑧ Coke, *Reports*, 7th Part, vol. IV, fol. 10a, 11.

⑨ 关于选立和祝圣之间所行使权力的内容和限制已有研究,Robert L. Benson, "Notes on a Canonistic Theory of the Episcopal, Papal and Imperial Offices",尚未发表。

⑩ 关于这些著名的事件,参见 Stubbs, *Select Charters*, 115 and 439。Powicke, *Henry III*, II, 588ff,解释1272年暴动的性质是因一次市长选举,引发"暴烈的伦敦市民""吵闹的抗议",但看起来并不接受宪制方面的意义;另一边,Pollock and Maitland, *History*, I, 521f,相当强烈地强调了空位期,以此证明国王"可以死亡"。关于帕维亚的类似案例,参见 Wipo, *Gesta Chuonradi*, c. 7, ed. Bresslau, 30。而 H. G. Richardson, "The English Coronation Oath," *Speculum*, XXIV(1949), 63, n. 92 已经指出,在爱德华二世继位时,"继位和加冕之间的期间,并非王家权利可以受到侵害而得以豁免的时期"。

点是不言而喻的。科克轻而易举地组织起一系列的先例,驳斥了他们的危险学说。他也可能主张克兰麦大主教在 1547 年爱德华六世加冕礼上所说的话,解释国王们——

> 乃是上帝的受膏者,不在于主教所使用的膏油,而是在于他们那被命定的权力……以及,他们的人身,乃是上帝所拣选,并赋予了圣灵的恩赐,为要更好地统治和引导这群人民。膏油,如果有所加添,不过是一个礼仪:即便没有,国王依然是完美的君主,他仍然是上帝的受膏者,与接受过涂油一样。⑪

克兰麦大主教的话,不只是表现了英国宗教改革的精神,包括其对所有仪式性"涂油"的排斥;这番话还总结了自 12、13 世纪以来不断发展的思想,反映了教会加冕礼法律价值的下降,以及王朝继承的胜利。

中世纪晚期国王涂油礼的衰落——即便与施行礼仪本身有关联的神秘主义确实在兴起——主要是从两个来源发生的:一个是神权统治(hierocracy),另一个是法学。

[319]属灵权力自己,把一个原来可以与洗礼和圣秩圣事相比的礼仪削弱到一个相当低的级别,目的是更有效地加强设立司铎职分的庄严性和独特性。⑫英诺森三世的"论神圣涂油礼"教令是这个长期发展

---

⑪ Schramm, *English Coronation*, 139. 类似的观点,另参 Figgis, *Divine Right*, 122f。

⑫ 最近已经有研究 Jean de pange, "Doutes sur la certitude de cette opinion que le sacre de Pépin est la première époque du sacre des rois de France," *Mélanges d'histoire du moyen âge Louis Halphen*(Paris, 1951), 557-564 指出了加冕涂油与受洗涂油之间原本存在的联系;参见同一作者的著作 *Le roi très chrétien* (Paris, 1949),以及 Schramm, *ZfRG*, kan. Abt. XXXVII(1951), 395f 的评论。不过,De Pange 的发现,并不像评论者所认为的那么新颖;参见,例如 Thomas Michels, "Die Akklamation in der Taufliturgie," *Jahrbuch für Liturgiewissenschaft*, VIII(1928), 76-85; Williams, *Norman Anonymous*, 79, 144 及各处;另参 Erdmann, *Ideenwelt*, 71f,作者正确地警告,不要把实际上常常只是一种不同的礼仪当作某种利益的衰落。Philipp Hofmeister, *Die heiligen Öle in der morgen- und abendländischen Kirche* (Das östliche Christentum, N. F., VI-VII [Würzburg, 1948]),对于这里的研究基本没有帮助。不过,参见 Eichmann, *Die Kaiserkrönung*, I, 145ff(with n. 26), and 206. 我会在接下来关于"加冕礼和神圣显现"的研究中处理这个主题;参见我在 *Laudes regiae*, 142 中的简单论述。

的典型表现。国王和主教的职分以前是互相关系、彼此联结的,如诺曼无名氏所论述的那样,⑬而教宗在他的教令中仔细地分开了这两种职分。英诺森三世授予主教在头上涂圣油(chrism)的礼仪,却断然拒绝君主享有同样的特权。他的论辩,有趣之处不仅在于降低了礼仪的地位,而且还在于,他揭示了一种新的观念,完全反转了之前那种与基督相像、以基督为中心的王权观。当英诺森论证说,君主不可以接受头上涂圣油(chrism),因为,作为教会之头的基督,乃是从圣灵领受了头上涂圣油之礼,于是,国王或皇帝作为基督模仿者(*christomimesis*)的本质就遭到了极大的动摇。也就是说,为了强调君主受膏与基督受膏的不同,君主不能在头上受膏,而只能在手臂和肩膀,同时君主受膏也不能用圣油(holy chrism),而只能使用较低级的油(oil)。

　　然而,主教头上受膏的礼仪获得了保留,因为在他的[主教]职分中,他,主教,代表了那头[亦即,基督]的位格。主教与君主受膏是有区别的:主教的头[320]以圣油*祝圣*(*consecrated* with chrism),而君主的膀臂乃是用油*证实*(*soothed* with oil)。要让众人都看见,主教的权威与君主的权力之间,有多么大的差异。⑭

---

⑬　见上文第三章注 30,及相关各处。

⑭　参见 c. un. X 1,15,ed. Friedberg,II,131ff:"Sed ubi Iesus Nazarenus...unctus est oleo pietatis prae consortibus suis, qui secundum Apostolum est caput Ecclesiae, quae est corpus ipsius, principis unctio a capite ad brachium est translata: ut princeps extunc non ungatur in capite, sed in brachio.... In capite vero pontificis sacramentalis est delibutio conservata, quia personam capitis in pontificali officio repraesentat. Refert autem inter pontificis et principis uncitionem: quia caput pontificis chrismate consecratur, brachium vero principis oleo delinitur, ut ostendatur quanta sit differentia inter auctoritatem pontificis et principis potestatem."(但是在拿撒勒的耶稣受膏之处……他在他的兄弟姐妹前受膏,他根据使徒的说法,是教会的头,而教会是他的身体,君主的受膏则从头转至手臂:即君主不能在头上受膏,而是在手臂上……但是在主教头上的神圣受膏却被保留,因为在主教的职位上他代表了头的位格。主教的受膏与君主的受膏不同;因为主教的头因为圣油礼成圣,君主的手臂则用油证实,以至于这一点被显明:在主教的权威和君主的权能之间差别有多大。)关于对这段的分析,参见 Eichmann, *Kaiserkrönung*, I, 147f。教令中论及国王受膏礼的部分很少有人注释,尽管它并非无效。例如,Hostiensis 在解释时(*Summa aurea*, on X 1,15,n. 11, col. 214)遵循了教令:"Effectus unctionis regalis est, ut augeatur ei gratia ad officium, quod ei committitur exercendum...et honorabilior (转下页注)

统治者受膏在礼仪上的等级明显较低：被限定为一种略微庄重的驱魔仪式，以及一道抵御邪灵的封印。[15]按照神权统治的原理，国王受膏不再接受圣灵，尽管加冕文告仍然保留了这个观念，教会法学家也仍然在思索皇帝究竟是不是一个"教会人"（*persona ecclesiastica*）。[16]不过，无论如何，君主遭到了明确的拒绝，他不再是一种基督样式的呈现，也不再有"受膏的主"（*christus Domini*）的属性。[17]与经常发生的情况一样，罗马[321]教宗在这里恰恰成为了"世俗主义"的主要推动者，而这原本是圣座在其他方面极力与之抗争的。教宗约翰二十二世有些轻蔑地允许，若爱德华二世国王如此渴望，也不妨重新接受涂油礼，因为无论如何"那不会给灵魂留下什么印记"，也就是说，并没有圣礼的价值。[18]

（接上页注）habeatur. "（国王的受膏仪式是为了增加他在职权上的荣耀，这职权是交托给他执行的……并且他被认为是更尊荣的。）在另一种联系中，他说在技术上 *consecrare* 这个词甚至不能适用于皇帝加冕；参见 K. G. Hugelmann, "Die Wirkungen der Kaiserweihe nach dem Sachsenspiegel," *ZfRG*, kan. Abt., IX(1919)，34，他的研究收集了许多后来的教会法学家的材料。

[15] 在早期，油的区别可能并不表示一种故意的贬低(Erdmann, *Ideenwelt*, 71f)；某些礼仪可能更紧密地追随洗礼程序(受祝福的油)，其他则追随坚振礼(圣油)。各种油的含义可以看查理曼就洗礼所提问题的答复；例如，简单的解释，参见 Leidrad, *De sacram. bapt.*, c. VII, *PL*, XCIX, 863f；油用来驱魔，水用来洁净罪，圣油用于圣灵恩典的光照。其他回答，另参 Wilmart, "Une catéchèse baptismale du IXᵉ siècle," *Rev. bénéd.*, LVII(1947), 199, §11，较低级的油的效果被描述为"用于保证"(*ut undique muniatur*)。同样的措辞，见 Alcuin, *Ep.*, CXXXVII, *MGH*, *Epp.*, IV, 214f(cf. *Ep.* CXXXIV, 202f)："Pectus quoque eodem perungitur oleo, ut signo sanctae crucis diabolo claudatur ingressus；signantur et scapulae ut undique muniatur. "（他的胸膛浸满了油，这样来自恶魔的侵袭被神圣十字架的标记抵御，并且肩膀也被标记以至于他全身被保护。）相反，用圣油来施行涂油礼则是以如下方式解释："Tunc sacro chrismate caput perungitur et mystico tegitur velamine, ut intelligat se diadema regni et sacerdotii dignitatem portare"（那时头被圣油浸润，被覆上奥秘的头纱，这样他知道他带上王国的桂冠和神职的尊荣。）（按照彼得前书 2:9；罗马书 12:1)。另参 F. Wiegand, *Erzbischof Odilbert von Mailand über die Taufe*(Leipzig, 1899), 33f, §§ 13 and 17。

[16] 参见 Kempf, *Innocenz III.*, 127, n. 52, 作者收集了有关这一点的有趣材料；另参 Mochi Onory, *Fonti canonistiche*, 90, n. 1, 112, n. 1, 117, n. 1。

[17] 见上文注 14，英诺森三世清楚地表示，主教构成"基督的模仿者"，而否认皇帝也是如此。同样，Tolomeo of Lucca, *Determinatio*, c. 25, ed. Krammer, 47, 29, 宣告："Hoc autem non invenitur de imperatore aliquo, quod sit vicarius Christi. "（关于任何君主，这一点不能被声称，即他是基督的代理人。）

[18] J. W. Legg, *English Coronation Records* (Westminster, 1901), No. X, p. 72: "...regalis [unctio]in anima quicquid non imprimit.... "（国王的[受膏]并不在灵魂上印刻任何东西……）另参 Kern, *Gottesgnadentum*, 114; Bloch, *Rois thaumaturges*, 238ff; Schramm, *English Coronation*, 131f。

　　这份教令——在涉及君主的部分——之所以是重要的，主要是因为它反映了一种普遍的思想转变。在这个转变中，英诺森三世并不是发动者，但确实是最主要的代表者。教宗的命令在罗马之外鲜有影响力。[19]我们没有证据表明，它影响到了加冕仪式，比方英国和法国的仪式：霍斯田西斯（Hostiensis）不得不承认，在这些国家，国王头上涂油的礼仪继续在按照传统和习惯执行，[20]并且，法国仪式的神秘-礼仪性呈现，在英诺森之后很久方达到顶峰。[21]在礼仪上对祝圣礼价值的降低，原本在罗马所没有的加冕仪式之外并没有多少重要意义，而大约在同时，教会法学家和大陆法律家（legists）也开始在法律-宪制的领域内降低加冕礼的价值。

　　英诺森的教令[322]是自格利高里七世改革以来，教廷所持神权统治观的一种表现。不过，那些开始认为加冕礼的重要性较低的教会法学家并不属于持神权统治论的那一派，后者所辩护的理论认为，所有的权力最终都在一个人那里达到顶峰，或者源自于一个人：即教宗以及他那出于宗座的完满（pontifical plenitude）。相反，神权统治派的教会法学家支持皇帝的祝圣礼，因为他们认为，只有在接受涂油时，皇帝才真正从

---

⑲　《英诺森加冕礼规仪》（Innocentian Coronation Order）——可能于 1209 年初次使用，用于奥托四世皇帝的加冕礼——非常独特地显示了这个新进程的影响；参见 Eichmann, *Kaiserkrönung*, I, 253ff, esp. 266ff；以及我在 *Laudes regiae*, 144ff 的论述。

⑳　Hostiensis, *Summa aurea*, on X 1, 15, n. 8, col. 213: "Sed et consuetudo antiqua circa hoc observatur: nam supradictorum regum Franciae et Angliae capita inunguntur."（但是有关这个的古代习惯被保留下来：因为上述法国和英国国王的头是受膏的。）那不勒斯的情况显然也是如此，因为安茹的查理二世授予了一种 "sicut inunguntur reges Francie"（如果法兰西国王受膏）的受膏特权；参见 L. H. Labande, "Le cérémonial romain de Jacques Cajétain," *Biblioth. De l'école des chartes*, LIV（1893）, 72。

㉑　总体研究，参见 Kern, *Gottesgnadentum*, 114ff；Schramm, *Frankreich*, I, 148ff, 157, 关于法国以及因向圣油添加"属天的香膏"而对国王涂油礼所作的新的抬升；进一步的研究，见 Schramm, *English Coronation*, 126ff, 作者认为在英国圣油暂时被较低级的油所取代，尽管并未废止在头上涂油；不过，有理由相信，提到 *oleum sanctum* 而非 *chrisma* 的资料，其礼仪-技术准确性被夸大了，并且 Schramm 自己（"Krönung in Deutschland," 253）也将 Widukind 提到的 *oleum sanctum* 解释为圣油。可以认为，对于加冕礼具有圣礼性力量的信念仍在持续；例如，Cynus of Pistoia 认为，对君主的祝圣给予君主属灵的礼物，圣灵的恩赐（*spiritualia dona, gratiam spiritus sancti*）（Hugelmann, "Kaiserweihe," 30, n. 2），其他礼仪也是如此。

教宗那里接受了属世之剑的权力。㉒而另一派的教会法学家,"二元论者",支持两种普世权力之间的平衡,他们认为皇帝的权力(被错误地等同于"属世之剑")㉓——通过选举的行动赋予——单单源自于上帝。12世纪和13世纪早期这些"二元论派"教会法学家的传统论辩是,早在主教存在以前就已经有皇帝了,在先前的时候,皇帝没有经过祝圣照样享有完备的权力,因为所有的权力无论如何都是从上帝而来的。㉔他们引用《君王法》并指出,正是通过贵族或人民、或者贵族与人民同时的选举,被选中的皇帝取得了完备的剑的权力,以及施政的权力,因为通过这一行动,贵族和人民已经将所有的权利都转移给了这位新任的君主。㉕因

㉒ A. M. Stickler 通过大量我并不能容易取得的材料,重新研究了"两剑说"("Num imperator gladium habeat a papa?"[君主是否持有来自教宗的剑])的整个问题(我要感谢 G. B. Ladner 教授允许我使用由他处置的抽印本);都列在他的论文中,见"Saceerdozio e regno nelle nuove ricerche attorno ai secoli XII e XIII nei decretisti e decretalisti fino alle decretali di Gregorio IX," *Miscellanea Historiae Pontificiae*, XVIII(1954), 3, n. 3;另参他最近的论文 "Imperator vicarius Papae," *MIÖG*, LXII(1954), 165-212。关于对这些论文的杰出讨论,并强烈要求作者做综合处理,参见 Brian Tierney,"Some Recent Works on the Political Theories of the Mediaeval Canonists," *Traditio*, X(1954), 609ff。Kempf, *Innocenz III.*, 204ff(关于"神权统治派"),以及 212ff(关于"二元论派")提炼了整个问题中的焦点。

㉓ Stickler,"De ecclesiae potestate coactiva materiali apud magistrum Gratianum," *Salesianum*, IV(1942), 2-23, 97-119,表明格拉西安心里所想的是属灵和物质的强制力都属于教会,而不是属灵和世俗权力;参见 Tierney, *op. cit.*, 610;Kempf, *op. cit.*, 187ff。

㉔ "Ante enim erant imperatores quam summi pontifices et tunc habebant potestatem, quia omnis potestas a Deo est."(因为君主存在于主教之前并且那时他们已拥有权柄,因为所有的权柄来自上帝。)这个论辩(或者类似的论辩)一再被人重复;参见 Stickler,"Sacerdotium et Regnum nei decretisti e primi decretalisti," *Salesianum*, XV(1953), 605(*Quaestiones Orielenses*, s. XII ex.), 610(*Quaestiones* of Bazianus, s. XII ex.), 611(Richard of Mores, s. XII ex.);关于其他各处(Simon of Bisignano, Huguccio, and several *Summae*),参见 Kempf, *op. cit.*, 212ff, nos. 48, 50, 51;另参 Hugelmann,"Kaiserveihe,"23。

㉕ *Quaestiones Orielenses*(Stickler, *op. cit.*, 605):"Nos vero dicimus quod a Deo hanc potestatem habet imperator...Nam ante potest uti gladio quam ab apostolico inungatur. Ex electione enim populi(Bazianus: 'principum'[Stickler, 610]) hoc sibi licet, qui ei et in eum omne ius transfert. Tamen confirmatur ei ab apostolico tempore inunctionis."(我们确实说君主拥有来自上帝的权柄……因为在他从使徒那里受膏之前他就能使用剑。通过人民的选举,这对他来说是允许的,人民把所有的法权转交给他,转移到他身上。)另参 Huguccio(quoted by Kempf, 213, n. 50):"Ego autem credo quod imperator potestatem gladii et dignitatem imperialem habet non ab apostolico, sed a principibus et populo per electionem...."(我相信君主拥有剑的权柄和王室权威并非来自使徒,而是通过选举来自封侯和人民……)参较 Stickler, "Der Schwerterbegriff bei Huguccio," *Ephemerides iuris canonici*, III(1947), 201-242。

此，他们相当合乎逻辑地得出结论，[323]认为皇帝的权力并非来源于教宗；这位君主甚至在接受教宗确认——这里的意思是：祝圣——之前就是真正的君王（*verus imperator*）；而当君主在罗马受膏时，他不过是一并接受皇帝头衔和教宗的确认。㉖

当然，"神权统治派"和"二元论派"的观点常常有重合之处，并且总体的框架也有许多的修正。还有，对于被选举者在祝圣之前有权行使的实际权力的范围，教会法学家们作了许多精细且通常非常重要的区分，他们自然地将"已选立的皇帝"（*imperator electus*）视为与"已选立的主教"类似，在祝圣之前其权力是受限制的，然而，"已选立的教宗"则自被选出之时起就行使实际上完整的权力，尤其在他是从已经祝圣的主教升任教宗的情况下。㉗不过，尽管理论和类比在接下来很长一段时间内仍然保持不稳定的状态，但是，君主行使皇帝的权力、履行管理职能实际上并不依赖于在罗马加冕，这一点还是很清楚的。并且，鉴于这个观点最终在约翰内斯·条顿尼库斯（Johannes Teutonicus）为《教会法汇要》所作的"注释汇编"中也很流行，㉘因此，这项新理论也就必定令法学家们在总体上意识到这个问题。

㉖ 这些法学家们并没有在考虑选举之后、特定主教和其他教会上级进行祝圣之前的教宗确认；参见 Kempf, *Innocenz III.*, 106ff。*confirmare* 和 *inungere* 两个词几乎是可以互换的；参见，例如 Oldradus de Ponte, *Consilia*, CLXXX, n. 19, fol. 75ᵛ: "quid est enim approbare, inungere, et consecrare nisi confirmare?"（如果不是确认，什么是肯定，受膏和祝圣？）另参 Kempf, 123ff, 215(n. 58), 245ff。关于 *verus imperator*，参见注 28。

㉗ 较重要的区分之一是 Rufinus, on c. 1, D. XXII, v. *terreni simul*, ed. H. Singer, *Die Summa Decretorum des Magister Rufinus*（Paderborn, 1902），47 所引入的 *administratio*（皇帝直接受之于上帝、立即享有的）与 *auctoritas*（在祝圣时由教宗转移给皇帝的）的区别；参较 Kempf, *op. cit.*, 208ff。Benson（上文注 9）研究了主教和教宗在祝圣前享有的权利，与皇帝在加冕之前权利的关系。见下文注 32 和 40。

㉘ *Glos. ord.*, on c. 24, D. XCIII, v. *imperatorem*: "ex sola enim electione principum dico eum verum imperatorem antequam a papa confirmetur. Arg[umentum]hic, licet non appelletur."（唯出于贵族的选举，我说他是真正的君主，在他被教宗认可（指受膏）之前。这一点，不允许上诉。）Johannes Teutonicus（关于他的作者身份，参见 Hugelmann, "Kaiserweihe," 18ff）逐字重述了 *Glossa palatina*（ca. 1210-1215）；参较 Stickler, "Sacerdotium et regnum," 589, and Kuttner, *Repertorium*, 81f, 首次确认了 *Glossa palatina* 与 Teutonicus' *Glos. ord.* 之间的相互关联（参见 *ZfRG*, kan. Abt., XXI[1932], 141-189）。

[324]这种意识尚未见于阿库尔修斯一部著名的注释集。阿库尔修斯完全同意老传统,即统治者的执政纪年从受祝圣的日期开始,他认为, *quod non valet privilegium principis ante coronationem*,"在加冕之前,君主的特权并不生效"。㉙从这条注释催生的观念生命力相当顽强——不仅由于阿库尔修斯的权威,也因为它符合特定政治集团的目的。在弗里德里希二世去世后的帝国大空位期间,有超过 60 年之久(1250-1312)没有在罗马举行加冕礼,于是,帝国非日耳曼地区——勃艮第和意大利——的城市和王公提出了一个理论,认为被选立的皇帝,"罗马人之王"(*rex Romanorum*),于罗马加冕为皇帝之前,在日耳曼地区之外不享有行政和司法权。这当然只是一个脆弱的借口,想要逃避帝国在总体上的上级领主身份;但是,由于安茹的查理,即大空位决定性的数年中意大利最有权势的人,在政治上利用此项理论,因此,就有一个强有力的权力集团倾向于支持按字面理解阿库尔修斯的注释,同时也阻止发生皇帝加冕礼。㉚

在这个关键时刻,法学家们普遍开始钻研君主于加冕之前所享有的权利这一异常复杂的问题。"世俗法律并非不愿意效法神圣的教规",一位早期的教令法学家(decretist)如此说㉛——事实上,不仅是教

㉙ *Glos. ord*., on *C.*7,37,3, v. *infulas*. Accursius 的另一则注释,至少可以说,是误导性的;on *C.*3,12,6,5, v. *vel ortus*,他评论道:"id est coronatus"(那就是加冕)。Valentinian、Theodosius 和 Arcadius 几位皇帝命令庆祝的 *dies imperii* 或者 *ortus imperii*,都是他们的即位和被选立日;当时还没有教会加冕这回事。但是,Accursius 却考察了中世纪的习惯,即统治纪年从加冕日而非选立或即位日算起。后人就是在这个意义上理解 Accursius 的注释,例如 Oldradus de Ponte, *Consilia*, CLXXX, n. 7, fol. 74ᵛ:"sed imperator in coronatione dicitur oriri et sic incipere esse[接着引用 Accursius 的注释]: ergo ante hoc non operatur, quae ad imperationem pertinent."(然而,加冕的君主被认为是登基并开始成为[君主]:因此,那些和君主相关的事情在这之前并不实行。)另参 Durandus, *Speculum iuris*, II, partic. I, De rescripti praesentatione, §9, n. 18(Venice, 1602), 424:"Et dies coronationis dicitur ortus Imperii..." Albericus de Rosate, on *C.*7,37,3, n. 12, fol. 107ᵛ(另参 nos. 3 and 13)完全重复了 Oldrado 的说法,但反对他的立场,由此支持 Cynus(对同一条法律)的观点。

㉚ F. Kern,"Die Reichsgewalt des deutschen Königs nach dem Interregnum," *HZ*, CVI (1911), 39-95. 关于法国国王在加冕前的权力,Charles of Anjou 当然有不同意见;见下文注 47。

㉛ "Seculi leges non dedignantur sacros canones imitari," *Nov.*83,1 中的一句话(参较 *Nov.* 131,1),可见于,例如, *Glossa palatina*, on c. 7(add.), C. II, q. 3, v. *cum leges seculi*, quoted by Stickler,"Sacerdotium et regnum," 589,后来也常常被人重复;参见,例如 Hostiensis, *Summa aurea*, prooem., n. 11, col. 7.

[325]会法学家,大陆法学家(legist)和封建法学家(feudist)也都纷纷追随约翰内斯·条顿尼库斯对《教会法汇要》所作的注释。杜兰都斯(Durandus)主要考虑实际的理由,他认为,君主在祝圣之前就享有完整的权力,否则哈布斯堡的鲁道夫(Rudolf of Habsburg)向圣座所作的献礼就会无效,[32]而奥德拉杜斯·德·庞蒂则极为详细地讨论了支持和反对皇帝加冕前权力的全部论辩。[33]最早对所涉及的这项原则作更一般性讨论的罗马法学家,可能是奥德拉杜斯的老师雅各布斯·德·阿雷纳(Jacobus de Arena,死于 1296 年或更早),当时正是空位期,这个问题进入了一种现实的状态;他的意见是支持君主在加冕前的权力。后来他的观点得到吉柏林派皮斯托伊亚的居努斯的引用和支持,后者由此得出结论:"人民通过君王法所选举的那一位"享有完整的主权权利和权力,即便没有加冕。[34]然而,最终产生的效果是,为"国王在本国就是皇帝"的格言辩护的人和反教廷派,都采纳了"二元论派"教会法学家的原理。伊塞尼亚的安德烈在那不勒斯的宫廷宣告:"皇帝在罗马接受加冕之前当然是国王,而作为国王他们享有尊荣(*maiestas*)和国库(*fiscus*),并且许多人做日耳曼人或罗马人的王,根本就没有加冕为皇帝。"[35]显然,那不勒斯法学家的目标是要证明"皇帝与国王是同等的",并且事实上皇帝不过是"自己帝国中的国王",而那不勒斯国王以

㉜ Durandus,*loc. cit.*(上文注 29),有趣地将皇帝与教宗平行对照:"Imperator enim ex sola Principum electione etiam ante confirmationem aliquam verus est Imperator et consequitur ius administrandi...sicut et Papa ex sola electione consequitur plenam potestatem regendi et temporalia administrandi..."(因为出于贵族唯一选举的君主,甚至在其他认可之前就是真正的皇帝,并且获得统治权……就像由唯一选举而来的教宗获得充分的统治和管理世俗事物的权能)然后列举一系列教宗只能"postquam ordines et insignia recepit"(在他获得荣衔和权杖之后)执行的行动。参较 Hugelmann,"Kaiserweihe,"29, n. 1;另参下文注 46,同样的论辩也被应用到君士坦丁与他的赠礼,以及注 41,关于皇帝选举宪章。

㉝ Oldradus de Ponte,*Consilia*,CLXXX,fol. 74ᵛ-75ᵛ.

㉞ 参较 Hugelmann,"Kaiserweihe,"29, n. 2,关于 Jacobus de Arena 和 Cynus of Pistoia;另参 Ullmann,*Lucas de Penna*,177, n. 1。

㉟ Andreas of Isernia,*prooemium* of his Gloss on *Lib. aug.*,ed. Cervone, p. xxvi,§ *Sed certe*:"Sed certe antequam coronentur Romae Imperatores sunt Reges, et habent majestatem, et fiscum, et multi fuerunt Reges Alemanniae, et Romanorum, qui non fuerunt incoronati imperatores."(同引文)

及其他统治者的权利单单源自"君王法"和他们的头衔,与皇帝并无本质上的差别。㊱[326]卢卡斯·德·佩纳也是那不勒斯人,常常采纳伊塞尼亚的安德烈的观点。他提到"某些法学家"主张统治者"单单因着他的[王朝或选举传递的]头衔而拥有完满的权力,这权力单单来自上帝,并在地上承担上帝的角色;而且他可以做任何事情,无须[教会的]审核、祝福或加冕",㊲此时他心里想到的可能也是安德烈。另一方面,当巴黎的约翰直白地宣称,国王就是无须涂油的国王,并且在许多基督教国家根本就没有国王涂油礼,所体现的是反神权统治的趋势。㊳1312年,西西里国王弗里德里希三世治下的西西里法学家们主张皇帝单单因其被选举而享有完整的权力,他们完全站在反教廷的立场上;㊴向皇

㊱ Andreas of Isernia, *loc. cit.*(前一段):"quod Imperator et Rex pari passu sunt."(因为皇帝和国王在程度上一样。)另参 Andreas, on *Feud.* I, 1, n. 8, fol. 9ᵛ:"...postquam est Rex Romanorum, consecratur per Papam...Ex sola electione habet administrationem sine consecratione...Inde Imperator dicitur Rex...Et lex regia fuit quae transtulit in principem omne ius...Idem de Rege Siciliae et aliis, qui cum Imperio nihil habent facere:quorum quilibet est Monarcha in suo regno...."(在他成为罗马人的国王之后,他由教皇祝圣……出于唯一的选举他获得治理权,没有祝圣……由此国王被称为皇帝……君王法是所有法权授予君主的……同样关于西西里国王和其他[国王],对于统治权他们无所作为,但他们的君主权在他们的王国之内。)

㊲ Lucas de Penna, on *C.*10,74, n. 12(引自 Ullmann, *Lucas de Panna*, 176, n. 3),提到一些法律家认为统治者"ex solo nomine a solo Deo et vice Dei in terris plenitudinem potestatis habere ac sine ulla examinatione, benedictione et coronatione omnia posse."(同引文)Lucas de Penna 本人并不同意这种观点。

㊳ John of Paris, *De potestate*, c. 18, ed. Leclercq, 229, 11f. 为了证明教会加冕属于迷信,John 提到了西班牙:*ut patet in regibus Hispanorum*(在西班牙诸国也是如此。)一定程度上是正确的,葡萄牙从未引入加冕礼;纳瓦拉仅仅在 1257 年以后才引入了加冕礼和涂油礼(Schramm,"Der König von Navarra," *ZfRG*, germ. Abt., LXVIII[1951], 147f);卡斯蒂尔于 1157 年废除了加冕礼,尽管在十三世纪又恢复(Schramm,"Das kastilische Königtum und Kaisertum während der Reconquista," *Festschrift für Gerhard Ritter*[Tübingen, 1950], 115ff)阿拉贡于 1204 年引入这一礼仪,遵守一种独特的仪式——至少在 1276 年 Pedro II 即位之后——在其中,国王不仅向自己授予全部王家标记,还亲手给自己加冕,"ninguna persona ni larcebispe, ni infant, ni ninguna persona otra de cualquiere condicion que sea"(没有任何人,无论是总主教或婴儿或有任何社会地位的其他的人)被允许触碰王冠(Schramm,"Die Krönung im Katalanisch-aragonesischen Königreich," *Homenatge a Antoni Rubiò i Lluch*[Barcelona, 1936], III, 8f)。

㊴ *MGH*, *Const.*, IV, No. 1248, p. 1311, 40:"Romano principi sola electio eius omnem tribuit potestatem."(选举把所有的权力授予罗马的君主。)参较 Rudolf Most,"Der Reichsgedanke des Lupold von Bebenburg," *DA*, IV(1941), 467, n. 2, 关于这份备忘录后来的影响。

帝亨利七世以及巴伐利亚的路易献策的意大利法学家在论辩中所说的也是类似的话,在反教廷这一点上他们不遑多让。⑩最后,[327]这一理论于 1338 年在仁斯(Rhense)大获全胜。德国选帝侯们发布命令——并且,巴伐利亚的路易稍后在皇帝选举宪章(Constitution *Licet iuris*)中也同样宣布——皇帝的权力和尊荣直接、单单来源于上帝,一旦经众王侯合法选立,即依其被选而享有全部的皇帝权力、权利和特权,无须任何教宗批准或确认。⑪哲学家们也加入进来一起发声——奥卡姆的威廉、帕多瓦的马尔西里奥以及其他人——他们认为,罗马教宗所主张和推定的权利取消了选举行动的重要性,并且,加冕这类礼仪并不授予任何权力,只是表现该等权力已经由当事人拥有,且在此前已被授予。⑫

帝国 1338 年的官方立法解决了所有实践上的问题——包括法学家之间的争议。巴托鲁斯并没有提出一个清楚的立场。⑬巴尔都斯则提出了一些相反的意见,很有技巧地运用老旧的区分——早在 12 世纪由拉菲努斯引入——"总体的管治"(general administration)和"权力的完满"(plenitude of power),并宣称皇帝在加冕之前只拥有"总体的

---

⑩　关于法学博士 Johannes Branchazolus 和 Ugolino da Celle,参见 E. E. Stengel, *Nova Alemanniae*(Berlin, 1921), 50, No. 90, §6; 73, No. 123, §5; 参较 Most, "Lupold," 468, n. 1; 470, n. 3. 后来的一份宣言甚至更强烈(Stengel, 402),在其中作者宣称"iste corone sunt quedam sollempnitates adinvente per ecclesiam, nomina non res impendentes"(加冕是教会进行的最庄重的[仪式],授予头衔而不是事实。)同时,这也是体现唯名论对法学思想产生影响的一个很好的例子。见下文注 42、46,关于仅仅作为仪式的加冕礼;另参上文注 8。

⑪　关于这些内容,参见 Mirbt, *Quellen*, 223, Nos. 383, 384(Teutonicus 注释的措辞清晰可辨);总体研究, E. E. Stengel, *Avignon und Rhens*(Weimar, 1930); 另参 Most, "Lupold," 466ff; Heinrich Mitteis, *Die deutsche Königswahl*: *Ihre Rechtsgrundlagen bis zur Goldenen Bulle*(2nd ed., Brünn, Munich, and Vienna, 1944), 216ff. 被选立的皇帝在加冕前所行使的权力被用来与被选举的教宗在祝圣前的权力作比较,因为教宗从选举中接受了所有教宗的权力(omnia iura pontificis ex electione)——至少,按照 Cynus 的说法;参见 Hugelmann, "Kaiserweihe," 30(note); Ullmann, *Lucas de Penna*, 177f,另参(n. 3)皇帝的命令在教廷的效果。参较 Durandus,上文注 32。

⑫　关于 Marsiglio, 参见 *Defensor pacis*, II, c. 26, §§4–5, ed. R. Scholz(*MGH*, *Fontes iuris germanici antiqui*, 1932), 490f:"Non enim conferunt huiusmodi solemphitates auctoritatem, sed habitum vel collatam significant."(同引文)For Ockham, 参见 Most, "Lupold," 470, n. 5, 471, n. 3; Schramm, *Frankreich*, I, 243, and 227, for John of Jandun。

⑬　Woolf, *Bartolus*, 31f.

管治",即日耳曼王侯先前有时称为"*imperatura*"(将统治)的一组权力。[44]不过,约翰内斯·条顿尼库斯的注释对这些后来的法学家也有影响。[328]尽管巴尔都斯偶尔也会引用"总执事(Archidiaconus)"(指圭多·德·巴耶西奥[Guido de Baysio]),[45]但实际上还是沿用条顿尼库斯的注释,加以扩展。他强调罗马加冕礼的纯"装饰"性质:认为罗马的加冕礼并不加添什么,除了一些"光彩,以及增加一点尊荣",而皇帝权力的真正实质来自于单单由选举达成的一致。[46]正是从这些法学家中的某一位出发,英国的专家们——克兰麦、科克和其他人——最终制造出了这样一种观点,认为加冕礼"只是一种王家装饰,王冠传承的外在仪式",而国王甚至无需"圣膏浇灌"就拥有圣灵的全部恩赐。

大空位期间教会法学家和大陆法学家就皇帝在加冕前的权利展开了热烈讨论,我们难以带着某种程度的准确性判定,这讨论是否或者在何种程度上影响了欧洲各王国的政治决定。不过,我们可以推论,当西

---

[44] Baldus, on *C*. 7, 37, 3, additio, fol. 28ᵛ: "ante coronationem non habet plenitudinem potestatis, licet habeat generalem administrationem. "(在加冕之前他没有完满的权力,他仅被允许拥有总体的管治权。)关于这些以及类似的区分,见上文注 27;另参 Ullmann, *op. cit.*, 178. 参较 Mitteis, *Königswahl*, 120ff, for *imperatura*. 这一类的创制一定曾经相当普遍;Cynus(引自 Hugelmann, "Kaiserweihe," 30, 注)提到 *Imperatoriam* (*iurisdictionem*)(君主的[司法权]);Oldradus de Ponte(上文注 29)使用了 *imperatio*,尽管不是以日耳曼各王侯的意义,而是 Dante 所说的 *imperiatus* (*De monarchia*, III, 12)。这类构词表明人们想要避免 *imperium* 一词的含混性。

[45] Baldus, on prooem. ("Rex pacificus") X 1, n. 5, *In Decretales*, fol. 5: "Rex Romanorum statim, cum electus est, habet imperium plene formatum authorite potestatis, licet coronam expectet, ut not. Archidia. xciii. distin. capit. legimus (c. 24, D. XCIII). "(罗马人的国王,当他被选举之后,立即拥有统治权,其统治权充分具有权能的权威,他可以期待加冕······)

[46] Baldus, on c. 33 X 2, 24, n. 6, *In Decretales*, fol. 261ᵛ: "Coronatio in imperatore non addit nisi coruscationem et honoris augmentum(上文注 40、42), sed veram essentiam ex sola electione concordi. Hoc patet in Constantino, qui coronavit papam, non autem fuit coronatus a papa, tamen ei donavit maxima et meliora, et ecclesia in parte utitur illa donatione, ergo valuit. Ex hoc sequitur quod administratio potest praecedere coronationem et sequi. "(除了光彩和尊荣的增加,皇帝的加冕礼并不增加什么,来自唯一选举的同意一致才是真正的实质。这一点在君士坦提乌斯身上是明显的,他加冕了教皇,但他并非由教皇加冕,而他给予教皇最大的和更好的,而教会部分使用了他的馈赠,因而壮大。因此得出结论,管治权能够先于和后于加冕。)另参上文注 32。

方两大君主国,法兰西和英格兰,大胆地将后世法学家认为理所当然的立场投入实践:也就是将一位国王的统治与行使完全权力与教会的祝圣切割开,在此过程中,法律理论至少发挥了辅助性的效果。圣路易1270年殁于非洲,当时腓力三世身在突尼斯海岸,在安茹的查理的辅佐下,他立即取得了完全的权力。腓力三世没有等待加冕,那无论如何都要等到他返回法国才能操办,而是立即成为了法国国王,享有一切的权利和特权。于是,与所有习惯相反,他也从自己的即位之日、而不是祝圣之日开始统治纪年。[47]1272年英格兰的进程也类似。[329]亨利三世驾崩时,太子爱德华正在圣地征战。他于父亲下葬之日即位,以国王的全部权威和权力开始统治。爱德华一世一直到1274年才举行加冕礼,但他不需要等到那个时候才获得完全的权力;与截至当时英格兰通行的惯例相反,他也是从即位之日起开始统治纪年。[48]腓力三世和爱德华一世,碰巧几乎在同时,出于实际操作的理由将法学家的教导付诸实践,那些学者认为统治者自即位之日起就掌管整个政府事务:*et incipiunt anni imperii*(统治纪年开始了)。[49]

　　法国和英国都这样成功地废止了国王继位到加冕之间的这个"小空位期",就像仁斯法令和皇帝选举宪章最终除去神圣罗马帝国的空位期一样。当然,加冕礼的仪式并没有被抛弃;但是,在那些中世纪晚期的盛况、丰富的象征符号以及宫廷-宗教式的华丽庆典背后,仪式性王权的鲜活实质已然消散,而世俗思想——政治和法律的——流行起来,将这种仪式先前的绝大多数宪制价值剥夺净尽。新国王统治的合法化,乃是单单通过上帝和人民,"人民行动与上帝默示"(*populo faciente et Deo inspirante*)。教会,按照帕多瓦的马尔西里奥的说法,只不过是

㊼　Schramm, *Frankreich*, I, 226f;总体研究,Kern, *Gottesgnadentum*, 308f.

㊽　Pollock and Maitland, *History*, I, 521f; Stubbs, *Select Charters*, 438ff;另参 Schramm, *English Coronation*, 166f.

㊾　Oldradus de Ponte, *Consilia*, CLXXX, n. 6, fol. 74ᵛ, 讨论了其他人的观点,按照他们的意见,被选立的皇帝,从其选立只是获得了 *verus imperator* 的权利:"Et ut nomen[rex Romanorum]indicat, ex tunc videtur romanorum praepositus rebus. Si sic, ex tunc est verus imperator, et incipiunt anni imperii."(就像名称[罗马人的王]所表明的,从那时起他似乎就主管罗马事务。如果这样,从那时起他就是真皇帝,统治纪年开始。)参较 Theseider, *L'Idea imperiale*, 264(其中无意义的 *utitur*[*vr̄*]应该替换为 *videtur*)。

"提供标识"(signify)。它必须验证新国王是正直的王,并且信仰正统。不过,教会还剩下一项任务,就是主持重要的加冕宣誓。[50]还有,加冕礼是展示宫廷荣华富贵的一个场合,而新近设立的王朝骑士团则有助于仪式的开展,为此,加冕礼取得了某种新的元素(momentum)。[51][330]最后,按爱德华·科克爵士的说法,戴上王冠的动作服务于"王室传承的庄严典礼",亦即,作为一种强化王朝准宗教性以及展现王朝固有神圣权利的媒介。

法国在 1270 年,英国在 1272 年,都没有借助任何特别的法律或法令,而是在事实上(de facto)承认了长子具有与生俱来的王位继承权:先王去世——或者落葬[52]——之时,其子或合法继承人即自动成为国王。在这个继承过程中也没有中断:在法律上,被继承人与继承人被认为是一个人,并且这个观点——得到了众多哲学格言的支持——从私法领域转到了公法。[53]这样,两个西方君主国就不仅消除了即位与加冕之间的"小空位期",而且还一劳永逸地消除了可能发生在国王去世与继承者选立之间的"大空位期",由此,国王"自然之体"的延续性就得到了保证。"时间不与国王作对"(Time runneth not against the King)——它也不会与王朝作对。

自此以后,国王真正的合法性来自于王朝,不依赖于教会方面的批准或祝圣,也不依赖于人民的选举。巴黎的约翰写道:"国王的权力,来自于上帝,来自于人民在其人格中或其家族中选立国王,*in persona vel*

---

[50] 国王只在一个场合宣誓,就是在加冕礼上;参见 Richardson,"Coronation Oath," 62f, n. 91;另参 Schramm, *English Coronation*, 204ff,关于其中的变化,以及我的研究"Inalien-ability," *Speculum*, XXIX(1954),488-502,关于不可让渡条款的介绍,该条款提高了加冕誓辞的宪制重要性。

[51] 见 Schramm, *English Coronation*, 90ff 的简要叙述。

[52] 葬礼是在亨利三世国王死后第四天;但是,1308 年以后,中间只有一天间隔,到十六世纪则最终废除了这条逝世君主停放一天以示敬意的规矩;参见 Schramm, *op. cit.*, 166f. Baldus, on c. 36 X 1, 6, n. 3, *In Decretales*, fol. 79,考虑到新王加冕,推荐间隔至少三天:"Quod rege mortuo filius eius non debet de honestate coronari nisi post triduum, quia post tres dies Christus resurrexit a mortuis."(所以,国王死后,他的儿子不应该被加冕以尊荣(为新王),除非等到三天后,因为基督在三天后从死中复活。)

[53] 见下文注 60 以下,以及注 78 以下。

in domo。"(54)一旦人民作出了对王朝的选择,选举就中止:生于王室这一点本身显明了君主得选为王,显明了上帝对他的拣选以及神圣的护理之工。某人因继承权利而接续先祖登上王位乃是"除上帝以外无人能做"的事。这是一位 11 世纪作者的观点;后来布雷克顿将其归纳为常常被人引用的格言"只有[331]上帝能制造一个继承人",(55)表示一位继承人的出生类似于"上帝的审判"。(56)所以,克兰麦大主教最终可以在证明"涂油"并不具有必要性时认为,上帝的受膏者在其人身之中(in their persons)"乃是被上帝拣选,且赋予了祂的灵的诸般恩赐"。(57)之前,圣灵是通过选帝侯们的投票来显示,恩赐是由涂油而授予,如今则内在于王室血脉本身之中,*natura et gratia*,依自然并依恩典——确实也是"依自然";因为王室血脉现在表现为某种有点神秘的液体。

> "从天上来的是在万有之上"(约翰福音 3:31),即,他出自于皇家血脉,因而比所有人更高贵。(58)

所以,那些称颂弗里德里希二世的颂诗作者,只是反映了皇帝宫廷中流行的观点,而弗里德里希二世自己也称颂皇帝族系和各王家族系总体上的高贵。(59)此外,在弗里德里希的周围,有人开始将王朝观念与哲学理论结合起来,指向一种信念,认为在国王们的血脉中具有某种王家品

---

(54) John of Paris, *De potestate*, c. 10, ed. Leclercq, 119, 23;见上文第六章注 51,以及 Kern, *Gottesgnadentum*, 47ff。

(55) 参见 the tractate *De unitate Ecclesiae* (c. A. D. 1090), c. 13, *MGH, LdL*, II, 204, 32: "...qui pro patribus suis successit in regnum iure hereditario, quod fieri non posset nisi a Deo."(见上引文)参较 Kern, *Gottesgnadentum*, 245, n. 449,关于其他地方。Bracton, fol. 62b, ed. Woodbine, II, 184:"Nec potest aliquis sibi facere heredem, quia solus deus heredem facit."(不是任何人能制造继承人,因为唯有上帝制造继承人。)参较 Figgis, *Divine Right*, 36; Kern *op. cit.*, 48, n. 90.

(56) See Figgis, *Divine Right*, 36.

(57) 见上文注 11。

(58) Nicholas of Bari, ed. Kloos, in *DA*, XI(1954), 170, 4:"qui de celo venit, super omnes est, id est, qui de imperiali semine descendit, cunctis nobilior est."(同引文)

(59) 参见 *Erg. Bd.* 221ff,尤其是 Manfred 国王 1265 年致罗马人的宣言;*MGH, Const.*, II, No. 424, pp. 559ff。

质和能力,并且,可以说创造出了一个王室种族。例如,在一封致弗里
德里希的幼子、康拉德四世国王的信中,作者这样说:

> 相比普通人,缺乏知识的君主会遭到更多的玷污和损害,因为
> [王家]血脉的高贵性就在于被注入了一个敏锐而高尚的灵魂,这
> 使得君主比其他人更容易接受教导。[60]

[332]我们不太清楚这位作者在写这些话的时候,心里想的是哪种理
论,或者他参考了那些材料。这不完全是亚里士多德的人类学。按照
亚里士多德的生殖理论和遗传论,在男性的精子里有一种活跃的力量,
来源于生父的灵魂,并将自己印刻在儿子身上;[61]这也不是斯多亚派的

---

[60] Huillard-Bréholles, *Hist. dipl.*, v, 274f: "Immo tanto se maiori nota notabiles faciunt principes inscii quam privati, quanto *nobilitas sanguinis per infusionem subtilis et nobilis anime* facit ipsos esse pre ceteris susceptibiles discipline." (同引文)整封信极有意思,并且,尽管它也可能只是一个经院哲学的练习,但还是反映了在一个受亚里士多德-斯多亚派人类学原理影响如此之深的时期普遍流行的王家血脉概念。Dubois(下文注 64)使用了类似的措辞,后来绝对主义的各种原理也继续同样的论辩:"[Le sang Royal] est d'estoffe et qualité trop plus noble et auguste, que celui des autres hommes."参较 Church, *Constitutional Thought*, 317, n. 36, quoting Charles Loyseau, *Traité des ordres et simples dignitez*, VII, n. 92, in his *Oeuvres*(Lyon, 1701), 47。

[61] 与亚里士多德的生殖理论和遗传学有关的段落,在《论动物的生成》(*De generatione animalium*)中非常多,但也很分散;参见 Harold Cherniss, *Aristotle's Criticism of Plato and the Academy*(Baltimore, 1944), 470f. 最近对这整个问题有研究,Erna Lesky, *Die Zeugungs-und Vererbungslehren der Antike und ihr Nachwirken* (Akademie d. Wissenschaften und der Literatur: Abh. d. Geistes-und Sozialwiss. Kl., 1950, No. 19, Mainz, 1951);参见 125ff(1349ff),关于亚里士多德,尤其是 146ff(1370ff),关于亚氏的遗传理论。另参 A. Mitterer, *Die Zeugung der Organismen, insbesondere des menschen, nach dem Weltbild des hl. Thomas von Aquin und dem der Gegenwart*(Vienna, 1947). 阿奎那的理论认为"virtus activa quae est in semine, est quaedam impressio derivata ab anima generantis"(活跃的德性在种子中,其印刻来源于产生它的灵魂)(*Summa theol.*, I, q. 119, art. 1, resp. 2, 另参 I, q. 118, art. 1, ad 3;参较 Lesky, 135 and 137, 关于亚里士多德的观点,对法学思想也有影响;参见,例如 Jean de Terre Rouge, *De iure futuri successoris*, Tract. I, art. 2, concl. 1, p. 35: "...nam secundum philosophum in semine hominis est quaedam vis impressiva, activa, derivata ab anima generantis et a suis remotis parentibus. Et sic est identitas particularis naturae patris et filii...."(根据哲学家(亚里士多德),在人的种子中有印刻的力量,活跃的,来自于生他者的灵魂以及他的远古先祖。因而父亲和儿子天性上的分殊是等同的。)关于父亲与儿子的同一性原理,见下文注 258 以下。

“人类”（*genus humanum*）整体“繁殖原则”的理论；[62]一个经过特别提纯、“敏锐而高尚”的灵魂，以及注入到君主血脉中的观念，看起来更像是赫尔墨斯教关于国王灵魂受造的理论，但是在这个时期此项理论是否还为人所知很是可疑。[63]

[333]不过，有可能，某种特别的科学式神秘主义——同时是非理性和唯物的——抓住了初生的王朝正统性观念。皮埃尔·居博阿组织了星相学和风土学的论辩，来证明法国王室在自然和身体上的卓越不仅高于普通人，也高于其他王朝的君主。[64]在同一时期，论证王朝原则的法国理论发展出了十分精细的王朝经院学（dynastic scholasticism）

---

[62] 关于奥古斯丁和 Macrobius 转承的亚里士多德-斯多亚派“理性遗传”（*rationes seminales*）理论，参见 Hans Meyer, *Geschichte der lehre von den Keimkräften von der Stoa bis zum Ausgang der Patristik* (Bonn, 1914), esp. 184ff；参较 Lesky, *op. cit.* 164ff (1388ff)；另参 172f (1396f), for Philo, *Legatio ad Gaium*, c. 8, 55, 称“遗传的道”(seminal logoi)已经预定了卡利古拉掌握政权；参较 Harry A. Wolfson, *Philo* (Cambridge, Mass., 1948), I, 342f.

[63] *Kore kosmou*, frg. XXIV, ed. W. Scott, *Hermetica* (Oxford, 1924), I, 494ff; ed. A. D. Nock and A. -J. Festugière, *Corpus Hermeticum* (Paris, 1954), IV, 52ff；另参 Delatte, *Traités de la royauté*, 154ff, 关于与“毕达哥拉斯派”王权理论的联系。*Corpus Hermeticum* 中至少有一篇是沙特尔学院所知道的, *Asclepius*；参见 Theodore Silverstein, “The Fabulous Cosmogony of Bernardus Silvestris,” *Modern Philology*, XLVI (1948), 109ff; Robert B. Woolsey, “Bernard Silvester and the Hermetic Asclepius,” *Traditio*, VI (1948), 340-344；另参 Manitius, *Lateinische Literatur*, III, 199 and 262. 不过, *Kore kosmou*, 或者, 在这个问题上, Stobaeus' *Florilegium* 在 13 世纪几乎无法获得。Loyseau, *loc. cit.*（上文注 60）为此引用了柏拉图和亚里士多德：“veu que Platon au 3. De sa *Republ*. a dit, que ceux, qui sont nays pour commander, sont composez d'autre metail, que les autres. Et Aristote a dit encor plus à propos, que les Roys sont d'un genre moyen entre Dieu et le peuple.”（柏拉图在他的《理想国》第三卷中说，生来进行统治的人，同其他人相比，是由其他金属构成的。亚里士多德对这一点也说道，国王们是在神和人民之间的中间属性。）参见 Plato, *Rep.*, III, 415Aff；但是不清楚作者引用的是亚里士多德在哪里的话；类似的地方，参见 Goodenough, *Politics of Philo*, 98.

[64] Scholz, *Publizistik*, 411, n. 137; Kämpf, *Pierre Dubois*, 95, n. 7; 另参 70. 绝对主义的标准做法仍然是加强王室血统 “en l'excellence duquel on ne doit imaginer aucune souilleure ni corruption, ains au contraire ce sang Royal purifie et ennoblit tout autre sang avec leguel il se mesle.”（我们不应该从这样高贵的血统之中想象出任何的污点和堕落，相反，这样皇家血统与其他血统通婚，也能使其得以净化，并保持自身的高贵。）Charles Loyseau, *loc. cit.*（上文注 60），有一段话应该与 Leclercq, “Sermon,” 169, 15（上文第五章注 183）作比较。关于英格兰，参见，例如 Bacon, *Post-nati*, 667：“……他［国王］的血永不败坏……”

架构：一个可以回溯到查理曼血脉的王朝，圣徒国王生出新的圣徒国王，一个自基督教信仰起始就由基督创设的种族，一个至为圣洁的王室、上帝授予属天的膏油来膏抹其中的国王，当然，还有，被授予了甚至连教会都无法主张的神迹性恩赐的王室血脉。[65]在同一时期的英格兰，尽管很难看到类似这种对于由自然和恩典赐予王室奥秘天赋的夸张阐述，但长子对王冠的继承权还是作为一种"不能撤销的权利"和一种无可否认的（不成文）王国法律而根深蒂固。[66]

[334]这里的重点是延续性原则。在中世纪早期，显然在教会的领导下，王国在空位期中的延续性，有时候是通过一种拟制加以保存的：基督作为摄政王（interrex）踏进这个空隙，通过他自己的永恒性，保证王权的延续性。自教会受逼迫时期就有的，以"基督统治"（regnante Christo）记载文档日期的古老程式，[67]常常被用作单纯的敬虔程式

---

[65] 上文第五章注 183－185。关于回溯到加洛林王室，参见 Karl Ferdinand Werner, "Die Legitimät der Kapetinger und die Entstehung des 'Reditus regni Francorum ad stirpem Karoli'," *Die Welt als Geschichte*, XII(1952), 203–225, 表明这句口号, 尽管早已由 Stephen of Marchiennes(ca. 1196)引入, 但还是要通过 Vincent of Beauvais(1244 年之后)才变得有效; 参较 Kern, *Ausdehnungspolitik*, 23。法国人的说法被 Anjous of Naples 采纳。参见, 例如 Charles II of Anjou, 在他的加冕通告中说: "Inter regales autem prosapias, Christianitatis caractere insignitas, ab ipsi fidei Christiane primordiis idem altissimi filius stirpem regiam inclite domus Francie altis provexit radicibus et provectam gubernare non desinit in gloria et honore"(属于因基督教的天性而著名的王室血脉, 自基督教信仰起始之时, 同一个最高贵的、显赫的法兰西王室之子在高贵的根中传承王室子嗣, 并且并不停止让他的子嗣在荣誉和尊荣中统治。)(Paris, Bibl. Nat., MS lat. 8567, fol. 20ᵛ)。这些论辩以及类似的论辩一再出现。参见, 例如 Terre Rouge, *De iure futuri successoris*, Tract. I, art. 1, concl. 15, p. 31: "Nam legimus domum regiam Franciae sanctissimam Deum de oleo suo…prae aliis regibus…decorasse."(因为我们说上帝使最神圣的法兰西王室在受油中比其他王国获得[更大的]尊荣。)

[66] 参见 Chrimes, *Ideas*, 22ff, 作者表明了该问题在中世纪晚期的英格兰仍然在变动中; 另参 Figgis, *Divine Right*, 81ff; 关于流行的观点及其法律背景, 参见 Keeton, *Shakespeare and his Legal Problems*, 109ff("The Title to the Crown in the Histories")中的概述。

[67] Arnold Ehrhardt, "Das *corpus Christi* und die Korporationen im spätrömischen Recht," *ZfRG*, rom. Abt., LXXI(1954), 34, n. 27(另参 his *The Apostolic Succession*[London, 1953], 41f), 强调在"殉道者言行录"(Acts of Martyrs)中纪年在政治上的革命性, 并举了一个例子, *Martyrium Irenaei Syrmiensis*: "sub Diocletiano imperatore, agente Probo praeside, regnante Domino nostro Jesu Christo."(在戴克里先治下, 普洛布斯为他的前任, 我们的主耶稣是统治者。)"Diocletiano imperatore-regnante Domino"的(转下页注)

(formula of devotion)，⑱后来被教宗哈德良一世用来表示他拒绝进一步认可毁坏圣像的拜占庭皇帝。⑲有时，在空位期中，由于无法使用国王的统治年，就会用这个程式来标注文件的时间。有时，这个非常特定的程式显示得很清晰：

> 勃艮第少了一个国王，但我们的主耶稣基督在这里和所有的地方施行统治……
>
> [335]鲁道夫国王死后第一年，当时基督统治，盼望能有一位国王……

（接上页注）对照很明显；在 *Acta Cypriani* 中，通过加上 "*vero*" 使得这一点甚至更加强烈："sub Valeriano et Gallieno imperatoribus，regnante vero Domino..."（在瓦勒里阿努斯和加利埃努斯治下，主是真正的统治者……）；或者通过加上 κατὰ δὲ ἡμᾶς βασιλεύοντος τοῦ κυρίου ἡμῶν（我们的主在我们之中为王）（*Pionius*，c. 23），或者ἐν οὐρανοῖς δὲ βασιλεύοντος κτλ.（他在天上为王）……（*Dasius*，c. 12），或者βασιλεύοντοσ εἰς αἰῶνας（他永远为王）（*Agape*，*Irene*，and others，c. 7）；ed. Rudolf Knopf，*Ausgewählte Märtyrer-Akten*（2nd ed.，Tübingen，1929），71，86，92 及各处。Dr. Ehrhardt 提出这个程式的起源是在殉道者言行录中，并且其精神是反抗帝国的纪年，这个观点很可称赞。这类纪年方式在相对较早的时候就已经用于政治目的（下文注 69）；例如，见 641 年阿拉伯占领下的叙利亚的 Hauran 石刻，其中无意义的君士坦丁堡帝国纪年被替换成了 κυρίου Ἰησοῦ Χριστοῦ βασιλεύοντος（主耶稣为王）；Philippe Le Bas and W. H. Waddington，*Voyage archéologique：Explication des inscriptions grecques et latines recueillies en Grèce et en Asie Mineure*（Paris，1888ff），partie 6，*Syrie*，p. 552，No. 2413a，quoted by Milton V. Anastos，"Political Theory in the Lives of the Slavic Saints Constantine and Methodius，" *Harvard Slavic Studies*，II（1954），31f.

⑱ 这个程式绝非罕见；它非常频繁地出现在盎格鲁-萨克逊文件的祷文（*invocatio*）中；参见，例如 W. de Gray Birch，*Cartularium Saxonicum*（London，1885–1893），I，7，No. 3；45，No. 25；47，No. 27；III，623，No. 1303 及各处，关于"Regnante imperpetuum domino nostro..."（我们的主永远统治）之类的创新以及类似的说法，有时会被一个 *labarum*（军旗）替代或补充，意思是一样的；关于抄工，参见 Richard Drögereit，"Gab es eine angelsächsische Königskanzlei?" *ArchUF*，XIII（1935），370，391，397。

⑲ 关于哈德良一世，参见 Schramm，*Die Anerkennung Karls des Grossen als Kaiser*（Munich，1952），11f（另参 *HZ*，CLXXII，1952）；参较 A. Menzer，"Die Jahresmerkmale in den Datierungen der Papsturkunden bis zum Ausgang des 11. Jahrhunderts，" *Römische Quartalschrift*，XL（1932），62f. Schramm 称这个相当长的程式（其中包括了父上帝和圣灵）为"礼仪性的"，他是正确的。不过，这个模式应该要在殉道者言行录以及 Hauran 的铭文这类变通做法中去寻找；见上文注 67。

当时基督统治，期待有一位国王……⑩

也就是说，在没有国王统治的时候，基督统治。真正的统治权移交给上帝，王国复归于神圣的最高领主，直到新王设立。

这个看似奇怪的观念，直到 1528 年佛罗伦萨共和国还在最后一次运用，⑪它是有危险性的。王国复归于基督，在政治上产生了一种有威胁的现实，因为教宗开始宣称自己享有超越性的摄政王（interrex）的权利、并作为基督的代理人（vicarius Christi）在空位期取得世俗领地上级领主的地位。照常，从帝国开始。我们发现，早在格利高里七世绝罚亨利四世之后，文件就这样标注日期：Domno nostro papa Gregorio Romanum imperium tenente（我们的主、教皇格利高里掌握罗马统治权）。⑫接着，英诺森三世有点随意地在帝国空位期宣称拥有皇帝的权利；英诺森四世则得出了神权统治的结论，帝国归回其在地上真正的领主、基督的代理人，并且，他同时还含混地扩大了"空位期之王"（regnis vacantibus）的主张，将之适用于其他各个王国；最后，霍斯田西斯（Hostiensis）将已经牢固建立的教宗空位期代理权的理论与尚未解决的遗留问题联

---

⑩ 摄政治理程式的性质在哈德良一世的例子中可能有点含义模糊；但在教宗约翰八世的例子中则毫无疑义，教宗在路易二世去世之后、大胆查理于 875 年加冕之前的帝国空位期运用了这个程式：regnante imperatore domno Iesu Christo（主耶稣基督作为君主统治）；参见 Bresslau, *Urkundenlehre*, I, 837；Menzer, *op. cit.*, 63。总体研究，参见 Kern, *Gottesgnadentum*, 7, n. 12, and 30, n. 59。关于此处提到的程式（"Burgundia rege carente, Domino nostro J. Ch. hic et ubique regnante...；Anno primo quod obiit Radulfus rex, Christo regnante, regem sperante...；Christo regnante regem expectante..."）（同引文），参见 U. Chevalier, *Cartulaire de Saint-André-le-Bas de Vienne*（Lyon, 1869），268ff；Ph. Lauer, *Le règne de Louis VII d'Outre-mer*（Paris, 1900），15, n. 1。在圣座空位期，也会使用 *Regnante domino nostro* 等程式；参较 Gregory VII, *Reg.*, I, 1, ed. Caspar, p. 1, n. 2；另参上文注 2。

⑪ Cecil Roth, *The Last Florentine Republic*（London, 1925），76f, 82f，对材料作了总结，尽管没有清楚地区分各种不同的程式。

⑫ *Cartulaire de l'abbaye de Saint Bernard de Romans*（Romans, 1898），I, 203ff, Nos. 168, 188；参较 *Laudes regiae*, 140, n. 93。这个观念出现于 Tolomeo of Lucca's *Determinatio*, c. 25, ed. Krammer, 49，尽管指向罗马帝国在末日的结局："Deinde redit[imperium]ad verum dominum, qui contulerat, scilicet Christum, cuius vices summus pontifex gerit."（这样统治权归于真正的主，他代表着，也就是基督，教宗执行基督代理人的角色。）

系了起来。⑦在14世纪,这个理论[336]甚至被应用于仅仅被圣座视为空缺、但实际上有正常统治者的领地。因此,巴伐利亚的路易将帝国转托给英国国王爱德华三世代管,遭到了教宗本笃十二世的反对,因为这侵犯了教宗的权利。⑦

由于王朝继承的延续性,完全不再有摄政王,因此,上述那些以及类似的教宗主张自然而然地丧失了在各王国的立足点。国王的统治于前任去世时开始,或者,像英格兰在1308年之后那样,在前任去世后的第二天开始。⑦自此以后,世袭继承在理论上就不再有任何中断,这样,为王朝延续性的理由,就可以宣称国王的自然之体"永远不死":王朝,"王家"(the"house"),好像一种可与"永远不死"的共体(universitas)相比的超越个人的实体。无论如何,以基督为中心的时代那种敬虔的拟制,即在空位期由神圣的摄政王保护统治的延续性的做法,因王朝继承的延续性而寿终正寝了。这一点,至少在政治体的头的自然之体方面得到了确立。而整个政治体——头和肢体一起——的延续性,则要通过另一种拟制加以保存,即王冠(Crown)的永久性。

二、作为拟制的王冠

可见与不可见的王冠(CORONA VISIBILES ET INVISIBILIS)

巴尔都斯写道,在古代的时候,当罗马帝国处于盛期,人们常常说,皇帝的"物质性和可见的"王冠中还包含一个光冕(diadem),他是被上帝授予了"不可见的王冠"。⑦罗马皇帝因选举的尊荣所取得的,[337]

---

⑦ 关于整个问题,参见 F. Baethgen, "Der Anspruch des Papsttums auf das Reichsvikariat," ZfRG, kan. Abt. , x(1920), 172-268;以及,关于 Innocent IV 和 Hostiensis,特别见 178ff, 182ff;另参 Carlyle, Political Theory, V, 322, n. 1; Ullmann, Lucas de Penna, 172, n. 9,关于 Lucas de Penna 对该理论提出的一些反对。另参 Ullmann, Medieval Papalism, 188, n. 5,关于 Cynus 否定教宗代管帝国。

⑦ Baethgen, "Reichsvikariat," 262, n. 2,关于爱德华三世。在巴伐利亚的路易整个统治期间,教宗都认为皇帝位空缺,并因此取得代理人的权力。

⑦ Schramm, English Coronation, 166f; König von Frankreich, I, 226f.

⑦ Baldus, Consilia, III, 159, n. 2, fol. 45ᵛ:"Et tale Regnum[sc. the elective Regnum Romanorum]a Deo hominibus mittitur(C. ,1,17,1; Nov. ,6, in pr. ; Nov. ,73,(转下页注)

国王也因继承的尊荣同样取得。巴尔都斯也区分了各王国的两种王冠,乃是儿子依生来享有的权利(by birthright)继承父亲的——依照王国的法律,而不是依照罗马法。

> [关于儿子的继承]我并不认为其中有时间中断;因为王冠(*Crown*)是在延续之中传递给他的,尽管外在的王冠(*exterior crown*)要通过人手授予和就职礼仪。⑰

巴尔都斯想要表达的意思再清楚不过了。有一个可见、物质性、外在的金环或冠冕,君主在加冕礼上被授予、佩戴;另外有一个不可见、非物质

(接上页注)in pr. 1; *Nov.*, 113, 1; *Nov.*, 105). Et dicebatur antiquitus, dum Romanum Imperium erat in flore, quod corona Imperialis invisibilis imponebatur a Deo, materialis vero et visibilis erat ipsa Imperialis infula(*C.*, 7, 37, 3, 5). "(这样的王国是由神向人派遣的。并且传统上据说,只要罗马统治权尚在兴盛中,不可见的王冠由神加冕,而有形且可见的是王室的头带。)Matthaeus de Afflictis, on *Lib. aug.*, I, 7, n. 32, fol. 52ᵛ,逐字引用了这段话,用来证明"quod rex in regno dicitur lex animata"(因为国王在王国中被称为活的法。)这句格言。很难讲巴尔都斯心里是否想到某位特定的古代作者(*dicebatur*),因为他的法学论断并没有完全表达出两个王冠的理论。Nicholas of Bari 在颂赞弗里德里希二世时引用了《出埃及记》25:25,说:"In tabernaculo federis erant due corone auree, una quarum dicebatur aurea, altera aureola, sed aureola superposita auree preminebat, sic dignitas istius[imperatoris]omni preminet dignitati. "(在桌子上有两顶王冠,其中一个是金的,另一个是金环,然而金环置于金冠之上而显得特出,这样那个君主的尊威特出于所有的尊威之上。)皇帝可见、物质性的王冠,与上帝亲手放在他头上的"不可见的"光晕,这二者之间的区别在拜占庭艺术中当然有非常生动的表现;参见,例如 André Grabar, "Un médaillon en or provenant de mersine en Cilicie," *Dumbarton Oaks Papers*, VI (1951), 34ff,讨论了一枚圆章(6 世纪,但其图案将我们带回到后君士坦丁时代),显示了在皇帝实际佩戴的冠冕之外,还有一个"不可见的"王冠,是从天上而来、由上帝赐予的,还有一个颈环,是人格化的太阳授予他的。我们可以回想起散发出光芒的王冠,尽管反复出现在皇帝的钱币上,但并不是皇帝实际佩戴的权标。

⑰ Baldus, on c. 36 X 1, 6, n. 3, *In Decretales*, fol. 79: "Quod rege mortuo filius eius non debet de honestate coronari nisi post triduum...; ego in filio non facio temporis distinctionem, quia corona continuitive descendit in ipsum...licet corona exterior requirat manus impositionem et officiorum celebritatem. "(因为国王死亡后他的儿子不应该被加冕以尊荣,除非是三日之后……我不认为在儿子[的继承]上有时间的间隔,因为王冠是连续性地传承给他……尽管外在的王冠要求[来自]手的加冕和职位的典仪。)"依据王国法律而非罗马法,由儿子继承父亲(Filius succedit patri in regno iure regni, non iure Romano)"是标准理论;参见,例如 Baldus, on c. 24 X 1, 6, n. 2, fol. 78。

性的王冠(Crown)——其中包含了治理政治之体必不可少的一切王家权利和特权——乃是永久性的,要么直接来自于上帝,要么来自于继承的王朝权利。对于这个不可见的王冠,就可以说:王冠永远不死(*Corona non moritur*)。

为了牢固地建立不可见王冠的永久性,以及没有王朝继承间隙的延续性,巴尔都斯依照法学家们的传统做法,将一个私法领域的论辩转用到公法领域。他引用了[338]查士丁尼《法学总论》中的继承法:"父亲死去之后,所有权,可以说,立即延续"——阿库尔修斯的注释对这一段的注疏是:"按照法律的拟制,父亲与儿子是一个人。"⑦因此,父与子的"一体",以及与之相伴的被继承人和继承人的同一性这个非常复杂的观念,也都植根于继承法;从代表了继承之实质的不可见、永久性的王冠来看,垂死的王与新王成为一体。显然,这个概念非常接近于在技术上将王朝等同于一个"因继承而存续的合众体(corporation)",在其中,就人格化的职位或尊荣而言,被继承人和继承人表现为一个人。⑦不过,另一方面,将遗产人格化(personify the inheritance)在法学思想中是一个古老的概念;也就是说,在遗产从被继承人传递到继承人的时候,把遗产当作一个人格来处理。⑧因此,在法学上,要将非物质性、不可见的王冠人格化,存在若干种可能性,尤其是当它的永久性与一种继承的君主制相联系,与没有中断或间隙的王朝延续性相联系,而且,这种永久性并不发生人格的变更——尽管有朽的统治者会发生变更。

就中世纪晚期法学的所有这类精妙论证而言,非物质性王冠概念

---

⑦ *Inst.*, 3,1,3:"Et statim morte parentis quasi continuatur dominium."(在父亲死去之时,统治权,可以这么说,立即传承下去。)参见 *Glos. ord.*, v. *quasi*:"Hoc ideo, quia in corporalibus dicitur proprie continuatio, sed dominium est incorporale.... Dic ergo improprie fieri continuationem: quia inter diversa, non inter eadem fieri debet: *sed pater et filius unum fictione iuris sunt.*"(为了这个理由,因为据说延续本身是在身体上的,但是统治权不是属于身体的……因而说延续性是不恰当的,因为延续性应该在不同[身体]之间发生,不是在同一个里;但是根据法的拟制,父亲和儿子是同一个。)另一处相关段落是 *D.* 28,2,11。关于这个理论,见上文注 61,以及下文注 258 以下、265 以下。

⑦ 见上文第六章注 97。

⑧ *D.* 46,1,22(著名的 *lex mortuo*):"...quia hereditas personae vice fungitur, sicuti municipium et decuria et societas."(因为遗产如同一个人格起作用,如同城镇、团体、联合会。)参较 Gierke, *Gen. R.*, III, 362 及各处;上文第六章注 74。

的起源之处,完全与法律思想无关,或者只有些许模糊的关联。要判断一位作者是指向可见的王冠还是不可见的王冠,对我们来说并非总是很容易。一位 13 世纪的诗人李希埃(Richier),在颂赞兰斯(Reims)及其首任主教圣雷米(St. Rémi)的长诗中,自然而然地开始讨论大教堂库房中所存的一件宝物(*cimelia*)——装着圣油的小瓶。它乃是供法国国王专用,而法王超越所有其他那些要去"药店里"购买加冕用油的[339]受膏者。⑪李希埃宣称,这个属天的香膏,乃是由高天之上的"王冠保卫者"(*por la corone deffendre*)赐下,上帝自己对"国王、王冠和王国"(king,crown,and realm)进行圣化;最后,法国人有责任爱王冠胜过最珍贵的圣物,因为那些为保卫王冠而被杀的人,将会在来生得救。⑫

---

⑪ Richier, *La vie de Saint Remi*, vv. 8140ff, ed. W. N. Bolderston, London, 1912, 335:

    Et molt li doit bien sovenir

    Qu'en toutes autres regions

    Covient les rois • lor ontions

    Acheter en la mercerie. ...

    很多人都应该记得

    在所有其他的地区

    国王们的油

    是作为商品买来的。

⑫ 参见 Richier, 117ff:

    Saint Remi • cui Dieus envoia

    l'oile • dont il saintefia

    le roi • la corone • le regne ...

    圣雷米,神给他油

    使他用油圣化

    国王、王冠、王国

    73ff: C'est por la corone deffendre

    Dont Dieus fist l'oncïon descendre

    Dou ciel ...

    为了保卫王冠,

    神让油从天降下

    [为给国王举行傅油礼]

    45ff: Et ce doit donner remenbrance

    As François d'anmer la coronne...

(转下页注)

我们显然无法非常确定诗人是在谈论法国国王的物质性王冠——这个王冠上真的有一根耶稣荆棘冠冕上的棘刺，所以确实也是一件圣物[83]——还是在指非物质性的法兰西王冠、抽象的政治性王冠（political Crown）。不过，在这个例子中，看起来物质性和非物质性的王冠融合在了一起；并且，可见的敬拜对象和不可见的观念之间的界限在这里是模糊的，就像，比如匈牙利的王冠，它是匈牙利第一位基督教国王圣·斯蒂芬的可见圣物，同时也是匈牙利君主制的最高领主与不可见的象征符号。[84]因为这位法国诗人提到［340］"王冠"时一并提及涂油礼，我们就可能会认为这是戴在国王受膏的头上的金冠；但是，"保卫王冠"以及"王冠的殉道者"有属天的奖赏之类则是法兰西祖国（*patria*）的符号。不过，一个人亲冒矢石、为信仰的奥秘之体那有形的遗物而死，或者为王国的奥秘之体那无形的象征而死，真的有很大的区别吗？

（接上页注）

> Et qui por si juste occoison
> Morroit comme por li garder,
> Au droit Dieu dire et esgarder
> Croi je qu'il devroit estre saus,
> S'il n'estoit en creance faus. ...

这应该把记忆
给法国人去爱王冠……
为了极其正确的理由
正如为了保住王权而死的人，
与上帝所言、所观相一致
我想他应该被拯救
如果他没有信错的话……

参较 Bolderston，43，40f；Bloch，*Rois thaumaturges*，244.

[83] Schramm，*Frankreich*，209.

[84] 关于匈牙利，参见 Hartung，"Die Krone，" 35ff；另参 Josef Karpat，"Die Lehre von der hlg. Krone Ungarns im Lichte des Schrifttums，" *Jahrbuch für Geschichte Osteuropas*，VI (1941)，1-54；另参 Joseph Holub，"Quod omnes tangit...，" *Revue historique de droit français et étranger*，XXIX(1951)，97-102；关于考古材料，P. J. Kelleher，*The Holy Crown of Hungary*（Papers and Monographs of the American Academy in Rome，XIII；Rome，1951）. 关于匈牙利的材料值得比这里所给出的更多的研究；见下文注 144。很快会有一本论文集出版，收录许多作者关于王冠问题，主要是东欧方面的研究：*Corona Regni-Die Krone als Symbol*，ed. Manfred Hellmann(Darmstadt，Wissenschaftliche Buchgesellschaft)。

因为两者是同一个东西。符号的不确定性（indefiniteness）本身或许就是其最大的价值，而模糊性则是符号性抽象的真正力量。⑧⑤

巧合的是，作为法国国王加冕大教堂的兰斯大教堂，其教士会议于1197 年收到腓力二世国王的来信，请求对国王不负有任何役务的教士们提供军事支持，*tam pro capite nostro，tam pro corona regni defenden-da*，"为了保卫我们的头，以及王国的王冠"。⑧⑥"我们的头"与"王国的王冠"并列，无法令人不猜测，这里提到的是非物质性的王冠，还是戴在国王头上的物质性的王冠；在两种情况下王冠都是整个王国的象征。当我们看到后来兰斯教士们的回复时，会更容易作一个比较清晰的判断。因为后来他们承认自己对国王负有军事役务，"为了保卫王冠和王国"。⑧⑦在这里，教士们只是将一个标准用语运用在自己身上，这个措辞至少可以追溯到1150 年，圣·丹尼的絮热（Suger of St. -Denis）向国王路易七世保证效忠，说到这个忠诚乃是贵族们"向王国和王冠"所负有的。⑧⑧这里，还有在大量特许状[341]中在财政意义上使用的"王冠"一词，⑧⑨不禁令人怀疑，"王冠"的涵义不只是国王头上所戴的那顶金环。

我们不应该夸大定义的难度。絮热和兰斯的教士们在使用"王冠"一词时显然是表达某种与"王国"不尽相同的含义，即便两者也有密切关联。另一方面，"王冠"与"国王"也不完全一样；腓力二世明显区分了他身体上的头与用来装饰这个头的"王国的王冠"。换句话说，"王冠"与王（*rex*）和王国（*regnum*）都不一样。它不同于国王和王国，尽管与这两者都不可分离；它与国王和王国有某些共同之处，但又不完全相同。我们不能认为这是修辞上的冗余：在两种情况下（"头和王冠"与"王国和王冠"），都在表达某种意义，而这意义显然是单独的"国王"以

---

⑧⑤　参见 William H. Dunham，Jr.，"The Crown Imperial，"*Parliamentary Affairs*，Ⅵ（1953），201f；"……其含义的模糊性使得这个词[Crown]得以承担成果丰硕的功能。"我要为这条宝贵的信息感谢耶鲁大学的 Professor Dunham。

⑧⑥　Strayer，"Defense of the Realm，" 292，n. 4，quoting H. F. Delaborde，*Recueil des actes de Philippe Auguste*（Paris，1916-1943），Ⅱ，47.

⑧⑦　Strayer，*op. cit.*，292，n. 5.

⑧⑧　Hartung，"Die Krone，" 20，n. 3；Bouquet，*Recueil des historiens*，ⅩⅤ，522.

⑧⑨　Hartung，20，n. 4.

及单独的"王国"无法覆盖的。不过,答案可能近在眼前。在"头和王国"中,王冠一词用来为国王纯物理性的身体增加一些意义,强调其含义要比国王的"自然之体"多一点;而在"王国和王冠"中,王冠一词用于消除"王国"的纯地理-领土因素,[90]并含混地强调"王国"的政治属性,其中也包含了"祖国"(*patria*)的情感价值——雅克·德·何维涅(Jacques de Révigny)引用的法学家认为"王国的王冠就是共同的祖国",而何维涅的同时代人威廉·狄朗(William Durand)证明国王可以采取非常规措施"为了保卫祖国和王冠"。[91]简单说来,为了与国王的纯粹自然本性(*physis*)和领土的纯粹自然本性(*physis*)对立,添加"王冠"一词用来表达"国王"(*rex*)与"王国"(*regnum*)所共有的政治性、超越自然本性(*metaphysis*)的意义,或者是表达具有主权性权利的政治之体(国王与王国都[342]从属于政治之体)。我们回想一下可能具有决定意义的因素或许会有帮助:永久性的价值内在于王冠之中。因为,因其永久性,王冠就高于作为人的国王,也高于地理性的王国,同时,它与王朝的延续性以及政治之体的永久性处于同一层面。

财政性的王冠(THE FISCAL CROWN)

如果"不可见的"王冠概念真的是在絮热修院长的时代,即1150年或略早一些时候被引入法国政治学词汇,那么,英法两国的发展就有一个相当公平的起点。我们在英国看到的证据将我们送回亨利一世的时代。不过,需要指出的是,在此之后,"王冠"在英国几乎没有那种"爱国主义"的调子——至少在官方文件中没有——而圣丹尼的絮热的全部言行都以这种爱国主义为特征。在英格兰,"王冠"首先归属于行政和法律的领域。在1130年或1133年亨利一世颁发给伦敦城的特许状

---

[90] 参较 H. G. Richardson,"The English Coronation Oath," *Speculum*, XXIV(1949), 50: "*regnum*一词,就像我们的'王国',不仅可以指一位国王的主权,也可以指一位国王所统治的国家,这就使它成为了一个需要避开的词汇。而 *corona* 的模糊性则与之不同。"虽然我同意 Richardson 先生关于"国家"与其"主权"之间的区分,但我不会说 *regnum* 与 *corona*"实际上是同义词",尽管 *corona* 确实覆盖了 *regnum* 的一些内涵;但 *corona* 也有一些与 *regnum* 不同的含义。

[91] 见上文第五章注168和180。

中,这个词出现在 *placita coronae*,"王冠的诉讼"这个短语中。㉒按照财税卷宗(Pipe Roll)所显示的,这个词的使用相当普遍,并不限于伦敦特许状,尽管有时也会发现使用 *placita regis*,"国王的诉讼"一词。㉓亨利的财税卷宗甚至提到一名王冠诉讼的管理员;㉔并且,尽管我们习惯上认为"检诉官"(*custos placitorum coronae,coronator*)的职位与巡回法院(更准确地称为 *Forma procedendi in placitis Coronae Regis*)一同始于1194年,㉕但毫无疑问,这个职位本身可以追溯到更早的时候。㉖

[343]同时,我们发现"王冠"一词被更多用于财政的意义,且指向王室领地。1155年,亨利二世即位后的第二年,他撤销了"属于王冠的"(*quae ad coronam pertinebant*)市镇、城堡和庄园,㉗1176年在南安普顿,他建议他的巡回法官,要照料"属于主王和他的王冠"(*spectantes ad dominum regem et coronam eius*)的一切权利和各种物。㉘把这个说法简单地视为冗词是说不过去的。当然,关于各种物是依国王的权利还是依王冠的权利属于亨利二世,这个词在他自己那里并没有什么区别。有时是前者、有时是后者对他更有利。但是,通过建立王室领地,即一种与封建制度管辖下的土地分别开来的行政单位,亨利二世显然为"国库"(*fiscus*)打下了基础,后者到了13世纪明显"已经作为用于公共利益的物,与国王个人区分开"。㉙还有,通过将王室领地归类为一种附属

㉒　至今为止关于王冠的概念,最有趣且最完整的研究是 Hartung,"Die Krone",在比较宪制史的基础上研究了这个问题;参见 pp. 6-19,收集了英国材料,丰富,尽管有选择性而非穷尽。关于后期的历史,参见 Dunham,"Crown Imperial"(上文注 85)。当然,这个问题之前就有人注意过;参见 Pollock and Maitland, *History*, I, 511ff; McIlwain, *Political Thought*, 379ff。关于亨利一世的特许状,参见 Stubbs, *Select Charters*, 129; Liebermann, *Gesetze*, I, 525, 另参 II, 560, s. v. "Kronpronzess," I, b, *kinehelme*。

㉓　*Leges Henrici*(无论日期是什么时候), 7, 3;52;60, 3; Liebermann, I, 553, 573, 581.

㉔　Charles Gross, *Select Cases from the Coroners' Rolls*(Selden Society, IX. London, 1896), xvff, esp. xvii.

㉕　Stubbs, *Select Charters*, 252ff.

㉖　Gross, *Coroners' Rolls*, xvff; Pollock and Maitland, *History*, I, 534, n. 2.

㉗　Stubbs, *Const. Hist.*, I, 488, n. 1; Hartung, "Die Krone," 6, n. 2.

㉘　Stubbs, *Select Charters*, 180, § 7.

㉙　Post, "Public Law," 49f, and "Two Laws," 423. 关于国库的总体研究,见上文第四章。这个词本身在 12 世纪就有;参见 Stubbs, *Select Charters*, 152, 232 及各处; *Dialogus de Scaccario*, II, c. 10, ed. Charles Johnson(London and New York,1950), 97。

于王冠的单位,亨利二世,无论有意无意,推动了官员们更仔细地区分属于王冠的权利与属于国王的权利。⑩在作于 1177 年的半官方作品《财政署对话录》(*Dialogue of the Exchequer*)中,我们发现在保有"属于王冠的"土地的直属封臣,与"并非依国王王冠(royal Crown)的权利,而是依某男爵的权利,从国王那里保有骑士领"的人之间有了区别。⑩区分"依王冠"(*ad coronam*)而归属的物与"依国王"(*de rege*)而保有的物,本身并不是新事。实际上,"王国的领地"(*terra regni*)与"国王的领地"(*terra regis*)之间的区别可以追溯到盎格鲁-萨克逊时代。当时国王甚至偶尔会向自己特许或"登录"(book)土地,尽管可能没怎么意识到这样一种转移所暗含的高度复杂的[344]宪制和法律问题。⑩不管怎样,"王国的领土"(*terra regni*)现在已经成了某种附属于王冠的东西,并且通过这个观念,王冠被设定为与国王构成对立。

将近 12 世纪末,王冠与国王之间的区分在法律思想的影响下开始发生理性化。国王为原告的诉讼,已经列在早期的法律集中。⑩然而,格兰维尔在《论英格兰王国的法律和习惯》的开篇这样说:"依我主我王的王冠之请"(*Ad coronam domini regis pertinent ista*),接着——尽管在他论刑法的部分有许多缺陷,后来布雷克顿作了很大的补正⑩——提到法律(*leges*),查士丁尼的法律,以此来讨论"损害君主"(*laesa maiestas*)的犯罪。⑩他还提到侵占公地(purpresture)、侵占王室领地的罚款,认为这些是属于王冠(*ad coronam*)的物,因为涉及到公物——诸如公共道路、

⑩ Hoyt, *Demesne*, 124, 强调"王室领地"与"非人格化的王冠"的同时发展,这个区分在诺曼征服时代及之后是找不到的; *ibid.*, 50f.

⑩ *Dialogus de Scaccario*, II, c. 10, ed. Johnson, 96, cf. 14; Stubbs, *Select Charters*, 231f; Hartung, "Die Krone," 7.

⑩ Maitland, *Domesday Book and Beyond*(Cambridge, 1897), 254, n. 1; F. M. Stenton, *Anglo-Saxon England*(Oxford, 1943), 304.

⑩ Liebermann, *Gesetze*, 556(*Leges Henrici*, §§ 10-11).

⑩ Bracton, fols. 115b-155b, ed. Woodbine, II, 327ff.

⑩ Glanvill, *De legibus et consuetudinibus regni Angliae*, I, 1-2, ed. Woodbine(New Haven, 1932), 42.

公共水域或公共广场这类设施——就像影响公共和平（public peace）的联保（pledges）也从属于王冠一样。[106]在格兰维尔的著作中，"王冠"并非只是国王的同义词：王冠指向公共领域，指向公众利益。尽管在当时和以后都存在无数的不一致，但从格兰维尔所引用、发给教会法庭的令状中，可以看到精心组织的措辞：无一例外地，这些案件都没有被当作仅仅从属于王冠的诉讼来处理，而是认定为从属于王冠和国王尊荣（royal Dignity）的诉讼处理，*ad coronam et dignitatem meam pertinent*。[107]这可不是一个随意的程式；因为，尽管这个程式在 13 世纪的使用日益频繁和普遍，但我们还是发现，只要是涉及到教会法庭，布雷克顿无一例外地同时提到王冠和国王尊荣。显然，在碰到与教会事务纠缠在一起的案件时，"必须"同时引用王冠和国王尊荣，而在其他案件中只是"可以"。[108]不过，如果认为这是签发令状的文秘署（Chancery）所使用的修辞性重复语，[345]就大错特错了。因为，尽管凡涉及教会法庭或世俗法庭裁判资格的诉讼毫无疑问都首先（*a priori*）是王冠的诉讼，因为它们影响到了公共领域，但文秘署显然认为，这些案件也同时影响到了国王的职位或者作为国王的尊荣、他的主权或"王权"（royalty）。这可能就跟教廷文秘署区分"圣座"（*sancta sedes*）与"教宗职位"（*papatus*）一样。

在其他方面，王冠与国王的套路并非总是如我们希望的那样清楚而连贯地出现，并且，在"混合性质"的文件中——例如，巡回法庭——我们看到封建权利与国王权利交织在一起，还有些时候，"偶尔"归属于国王的物与"永久"归属于王冠的物一并处理。[109]布雷克顿，这位在思想上远比同时代人更以政治体为中心、并且相当熟悉合众体（corporation）概念的法学家，[110]令人敬佩地澄清了一个艰难的问

---

[106] Glanvill, IX, 11, and X, 5, Woodbine, 132, 136.

[107] Glanvill, IV, 13(advowson), X, 1(debts of laymen), XIII, 21(lay fees), Woodbine 82f, 133, 156.

[108] 上文第四章注 300。当然，*corona et dignitas*，有时写作 *corona*，*dignitas*，*et regnum*，常常在其他联系中出现，这也是真实的；但是，涉及教会法庭的令状看起来通篇都加了 *dignitas* 一词。

[109] Hoyt, *Demesne*, 188, 关于偶然和永久性的自有领地权利。

[110] Bracton, fol. 374b, Woodbine, IV, 175; 见上文注 7。

题，就是什么服务于国王、什么为了公共利益和整个政治体的利益不可让渡地归属于王冠。[11]我们还记得，亨利二世即位之后，就立即开始撤销已让渡的王冠财产和权利。在斯蒂芬国王混乱而破坏性的统治之后，亨利当然已经完全清楚"让渡"的意思是什么。但是，法律术语却还在行政实操之后蹒跚前行，诸如"时效"以及"不可让渡性"之类的观念，在他统治时期仍处于形成阶段，还不像之后的时期那样可以自如地加以运用。

1200 年前后，不可让渡的原则很清楚地在英格兰成型，并被宣布为国家治理的一项基本法则。世纪之交后不久，一位不知名的伦敦市民创作了一部法律著作，被称为《英国法》（Leges Anglorum），其中部分内容后来被插入或窜入了所谓"忏悔者爱德华的法律"第三版。[12]这部作品反映出了一些法律知识，但是，它[346]首先反映的，乃是亚瑟王传奇的迷人范型。蒙茅斯的杰弗里（Geoffrey of Monmouth）常常将之与"全岛之君主国"（monarchy of the whole Island）的观念联系在一起，而这个国家则是通过继承权利取得、而且凭借君士坦丁的冠冕将本岛与所有海外领地统一在一起。[13]那位匿名的作者把不断提到"不列颠的王冠"当作了嗜好。他宣称，"凭借由王冠的卓越性而来的权利，[不列颠]应当被称为帝国而非王国"，并且王冠拥有巨大且不可让渡的权利："附属于王冠的完整和全部土地及岛屿"，甚至包括了挪威，因为依据亚

---

⑪ 上文第四章注 252、298。

⑫ Liebermann, *Gesetze*, I, 635；关于这部作品的整体以及窜入问题，参见作者的 *Über die Leges Anglorum*（Halle, 1894）以及 *Über die Leges Edwardi Confessoris*（Halle, 1896）。进一步参见 H. G. Richardson, "The English Coronation Oath," *Speculum*, XXIV（1949），44-75, esp. 61ff, 另参他的"Studies in Bracton," *Traditio*, VI（1948），75ff; Schramm, *English Coronation*, 196ff。

⑬ Geoffrey, *Historia*, 其中充满了这类术语；参见，例如 IX, 1（"iure hereditario"[根据继承权]以及"totius insulae monarchia"[全岛的君主国]）；IX, 7（征服挪威；冠冕[另参 v, 17]）；XI, 4-5（海外帝国），ed Hammer, 152, 159, 103, 190 及各处。参见 Liebermann, *Gesetze*, I, 659, 另参 *Über die Leges Anglorum*, 5, and, for Arthur, 22, § 15: Aethelstan 统治一个英格兰"usque ad metas Arthuri quas corone regni Britannie constituit et imposuit"（直到亚瑟王的边界，在那里他建立和加冕了不列颠王国的王冠）。爱德华一世在何种程度上落入亚瑟王传奇的符咒，见 Roger S. Loomis, "Edward I, Arthurian Enthusiast," *Speculum*, XXVIII（1953），114-127。

瑟王传奇,"挪威已经永远归属于不列颠王冠"。⑭这里,王冠开始与王国和民族的观念配合起来,也预示了后来那些随着国王-皇帝(*rex-imperator*)理论出现的皇帝般的主权以及帝国性的目标。⑮但是,要理解这位作者真正的重要意义,必须看这样一个段落,在其中,他表示忏悔者爱德华宣誓要恢复诸多前任"从本国之王冠让渡出去"的全部权利、尊荣和土地,并确认自己的职责就是"遵守并捍卫本国王冠的所有尊荣、权利和自由权的完整性"。⑯

不可让渡性(INALIENABILITY)

[347]有了一种非人格化的王冠概念,以此代表国家的基本权利和主张,由此,便开始影响和塑造一系列宪制性事务,其重要性盖过了神话、法律或国库的意义。有一种誓辞——即加冕誓辞——按照《英国法》的作者所说,包含了某些特殊的条款,依此,国王要承诺不让渡王冠的权利和财产、并恢复已经失落的权利和财产,这在 1200 年前后的英格兰加冕仪式中还是没有的。但是,这种誓辞在这个时期是否完

---

⑭ Liebermann, *Gesetze*, I, 635:"Universa vero terra et tota, et insule omnes usque norwegiam et usque Daciam pertinent ad coronam regni eius et sunt de appendiciis et dignitate regis. "(普遍的和全部的土地,连同所有岛屿,直到挪威、直到达西亚[按,今罗马尼亚]都与王国的王冠有关,属于国王的附属和尊威。)参较 660: To Arthur "confirmata fuit[a papa et a curia Romana]Norwegia imperpetuum corone Britannie. "([对亚瑟王]教皇和罗马议会肯定挪威永久地属于不列颠的王冠。)参较 Liebermann, *Leges Anglorum*, 6: "De iure potius appellari debet excellentia corone[Britannie]imperium quam regnum. "(同引文)

⑮ 关于亚瑟王传奇对实际政治的影响,例如,英国对苏格兰的主张,参见 Loomis, *op. cit.*, 122,1302 年致卜尼法斯八世的信;总体研究,另参 Laura Keeler, *Geoffrey of Monmouth and the Late Latin Chroniclers* (Univ. of California Publications in History, XVII, 1 [Berkeley and Los Angeles, 1946])。

⑯ 关于宣誓,参见 Liebermann, *Gesetze*, I, 635(11, 1A, 2);另参 I, 640(13, 1A),其中说忏悔者爱德华本人"servavit sacramentum in quantum potuit; noluit sacramenti sui fieri transgressor. "(他尽可能遵守誓言,不愿成为自己誓言的僭越者。)关于忏悔者爱德华的传奇对爱德华二世的影响,参见 Richardson, in: *Bulletin of the Institute of Historical Research*, XVI(1938), 7 and 10; and in: *Transactions of the Royal Historical Society*, 4th Ser. , XXIII(1941), 149f;他的发现否定了 Scharamm, *English Coronation*, 206(另参 ArchUF, XV[1938],350)的观点,后者认为在爱德华二世的誓言中, *rex Edwardus* 是指爱德华一世。

全不为人所知,则是一个非常不同的问题。事实上,我们有理由相信,除了传自盎格鲁-萨克逊时代、布雷克顿仍然引为有效的传统三段体誓辞外,还真的有可能添加了一条关于不可让渡的第四条,并且,在1216年亨利三世的加冕礼上,就加上了这第四个条款,尽管这个增加的条款没有编入法典。⑰无论如何,教宗格利高里九世两次提到一份誓辞,按他的说法,是亨利三世在他的加冕礼上所作的,传统性的(*ut moris est*),在其中国王宣誓维护其王国的权利,并要收回已经被让渡的权利。⑱到了爱德华一世的时候,这项添加誓辞的存在[348]就变成确定的事情了;国王本人至少有八次提到,按照在加冕礼上的誓辞,他"被束缚"要保护王冠的权利——但是,这项增加的条款还是没有记录在档案中。⑲

关于加冕誓辞增加了一项不可让渡承诺的问题,尽管英国的资料至多提供了一些间接证据,但教会法的实践向我们提供了一条线索,或者,至少是对教宗和国王信函所指内容某种更好的理解。在这里无须详细叙述完整的细节,只需要对我在别处已经发表的研究作一技术性和背景式的小结。⑳

11世纪时,封建法开始在教会所在的各国传播,并造成了相当的

---

⑰　McIlwain, *Political Thought*, 379:"这是一项要求有进一步研究的有趣事实,即,我们还没有发现任何保存下来的当时的格式……有任何涉及国王权利不可让渡的规定。"自那以后学者们付出了大量努力试图解决"第四条款"的问题。Richardson, "Coronation Oath," *Speculum*, XXIV(上文注112)距离得出一个结论最近(为简明之故,接下来我就只引用他的研究)。参见 further B. Wilkinson, "The Coronation Oath of Edward II and the Statute of York," *Speculum*, XIX(1944), 445-469, 倾向于(448ff)无视大量指向一条添加的誓辞的材料;Schramm, *English Coronation*, 203, 不相信在1274年爱德华一世的加冕礼上发生了一个变化(即,增加了一条),并且不考虑一切在此之前发生添加的可能。Peter N. Riesenberg, *Inalienability of Sovereignty in Medieval Political Thought*(Columbia Studies in the Social Sciences 591; New York, 1956)的研究很有益,但出版时我已经来不及在这里使用了。

⑱　关于格利高里九世的信,参见 W. Shirley, *Royal and other Historical Letters of the Reign of Henry III*(London, 1862, Rolls Series), I, 551; Rymer, *Foedera*, I:1, 229, 关于正确的日期(七月一日), Potthast, 9952; Richardson, "Coronation Oath," 51, nos. 43, 44; 另参下文注144、145。

⑲　Richardson, 49f, nos. 31-39.

⑳　Kantorowicz, "Inalienability," *Speculum*, XXIX(1954), 488-502.

影响,[121]同时,受众所周知的帝国化趋势的冲击,教会的行政架构转变成了一种中央集权式的教宗君主制,因此,《教宗日志》(*Liber Diurnus*)所规定的主教受职誓言也改为一种新的格式。[122]我们看到,在 11 世纪的教会改革之后,老式的"信仰告白"(*professio fidei*)改成了一种"效忠誓辞"(*iuramentum fidelitatis*),这个变化也影响到了世俗领域:国王的加冕承诺(*promissio*)也逐渐变成了加冕誓辞(*iuramentum*)。[123]《教宗日志》的老格式要求主教作出的保证主要是在信仰事务以及对教会之头教宗的委身方面,而新的誓辞[349]更多是一种关于职务的行政性誓言和效忠,在其中"信仰"一词已经不再有一席之地。[124]

已知最老的新誓言格式可以追溯到 1073 年。那是拉文纳大主教韦伯特(Archbishop Wibert of Ravenna)在祝圣礼上向教宗亚历山大二世所作的誓言,因为三位北意大利大主教(拉文纳、米兰、阿吉莱亚)须由教宗本人祝圣。[125]这份誓辞包含七条,最后三条专门留给特定的主教职责:接待教宗特使、参加主教会议、以及每年造访使徒圣墓(*limina Apostolorum*)。[126]但是,前四条却是按照封建效忠誓言设计的。这种誓

---

[121] Karl Jordan,"Das Eindringen des Lehenswesens in das Rechtsleben der römischen Kurie," *ArchUF*, XII(1931), 13-110, esp. 44ff.

[122] 关于主教的誓言,已经有很好的研究,见 Th. Gottlob, *Der kirchliche Amtseid der Bischöfe* (Kanonistische Studien und Texte, IX, Bonn, 1936),我在很大程度上参考了该书,即便没有在脚注中提到。关于早期的誓辞,见《教宗日志》第 73、74、75、76 号,*Liber Diurnus*, ed. Th. vonSickel(Vienna, 1889), 69ff; *PL*, cv, 67ff; Gottlob, Append. , 170ff,重印了这些格式;参较 11ff,关于一种分析。

[123] 这个联系首先是由 Marcel David, *Le serment du sacre du IXe au XVe siècle*(Strasbourg, 1951)发现的;初刊于 *Revue du moyendge latin*, VI(1950)(此处所引为该书);参见 esp. 168ff,关于普遍的变化,以及直到 12 世纪,加冕时还只有"承诺"而没有"誓辞"。在大多数国家,这个变化发生于 12 世纪。不过,在英格兰,至少从亨利一世即位时起就开始实行使用加冕文书,自 1189 年起开始有按照加冕誓辞宣誓。关于罗马加冕誓辞的变化,参见 Eduard Eichmann,"Die römischen Eide der deutschen Könige," *ZfRG*, kan. Abt. , VI (1918), 154-196,他的研究令人震惊地证明了帝国和主教宣誓格式的平行发展。

[124] Cf. Kantorowicz,"Inalienability," 491, n. 22.

[125] Gottlob, 20ff, 44f.

[126] 关于韦伯特誓辞的格式,参见 Deusdedit, *Collectio canonum*, V, 423, ed. Wolf von Glanvell(Paderborn, 1905), I, 599; *Liber censuum*, No. 148, ed. Fabre-Duchesne, I, 417; Gottlob, Append. , 176f;另参 Gregory VII, *Reg.* ,I,3, ed. Caspar, 6, n. 3. 另参"Inalienability," 492, n. 25.

言早在 1020 年就出现于沙特尔的傅贝尔(Fulbert of Chartres)的一封信中,后来收入格拉西安的《教会法汇要》以及《封建法书》(*Libri feudorum*)中;现存最早的封建誓辞可能是 1059 年罗贝尔·吉斯卡德(Robert Guiscard)向教宗尼古拉二世所作的效忠誓言。[127]主教依照新的誓辞,向圣彼得、教会和教宗,包括诸位继任教宗宣誓效忠;他宣誓弃绝叛逆行为,承诺在参与商议时保密,并宣誓保卫罗马教宗职位(*papatus Romanus*)和圣彼得的王权(*regalia sancti Petri*)。尽管新誓辞并没有暗示附庸地位或土地保有——就属灵事务而言,这会构成买卖圣秩罪[128]——但封建思想的整体性影响还是相当明显。不过,在一个方面,圣座所要求的誓辞表现出一种对封建规范的显著偏离:保卫个人的领主,教宗,要伴之以保卫非人格性的"罗马教宗职位"(*papatus Romanus*),这个创造不会比"彼得的王权"(*regalia Petri*)更古老。[129]

　　拉文纳的韦伯特的誓辞成为了"标准格式",经过适当变动后,也被用来服务于许多其他目[350]的。[130]1234 年,经过一些微小变动后,它被收入了教宗格利高里九世的《教令拾遗》(*Liber Extra*),由此成为了教会的正式法律。[131]它仍然包含不超过七项条款。接着,令我们惊讶的是,大约到了 1200 年前后,开始有零星的证据显示,增加了一个条款。

---

[127]　参见 Fulbert, *Epistolae*, 58, *PL*, CLXI, 229CD;关于格拉西安,参见 c. 18, C. XXII, q. 5, ed. Friedberg, I, 887(with n. 157); *Libir feudorum*, II, 6;关于吉斯卡德的誓辞, Deusdedit, *Coll. can.*, III, c. 285, ed. Glanvell, 393f; *Liber censuum*, No. 163, ed. Fabre-Duchesne, I, 422;关于 1080 年重复誓辞,Gregory VII, *Reg.*, VIII, 1a, ed. Caspar, 514. 另参我在"Inalienability," 492f 的注释。

[128]　See "Inalienability," 493, n. 29.

[129]　见上文第四章注 293;另参"Inalienability," 492, n. 26。

[130]　经过略微修改,这个誓辞用于各种依赖于教宗的人:教宗的副文秘长和教宗书记官(M. Tangl, *Die päpstlichen Kanzleiordnungen von 1200-1500*[Innsbruck, 1894], 33ff, Nos. 1 and 3),罗马元老,提布尔镇(community of Tibur),教宗的封臣(*Liber censuum*, Nos. 59, 144, 67, ed. Fabre-Duchesne, 313, 415, 341;参见 F. Baethgen, "Die Promissio Albrechts I. für Bonifaz VIII.," *Aus Politik und Geschichte: Gedächtnisschrift für Georg von Below*[Berlin, 1928], 81ff)。基本上,Archimandrite Onofrius of San Salvatore 向他的上级 Archbishop of Messian(ca. 1158-1165)所作的宣誓也是同样的格式;参见 Hugo Buchthal, "A School of Miniature Painting in Norman Sicily," *Late Classical and Mediaeval Studies in Hour of Albert Mathias Friend, Jr.*(Princeton, 1955), 338. 这个格式(至少是 1-4 条)也被用于约翰王的封建誓辞;见下文注 142。

[131]　Cf. c. 4 X 2,24, ed. Friedberg, II, 360.

例如,在教宗塞莱斯廷三世(1191-1198在位)的一项教令(原本是写给拉文纳大主教威廉的一封信)中,教宗对大主教说,"他有责任不从圣座向外让渡任何东西",以此提示他回想"效忠誓辞"。[132]类似地,塞莱斯廷的继任者,教宗英诺森三世,也在一封同样成为教令的信函中提醒米兰大主教,表示大主教"受到他的誓辞的'约束',未与教宗事先磋商之前,不得作再分封"。[133]

这里与英格兰构成的平行是令人震惊的:在英格兰,正式的誓辞只有三条,但提到一项不可让渡条款;在罗马,正式的誓辞有七条,但同样提到增加了不可让渡条款。不过,相比在英格兰,我们在罗马这边相对幸运些,因为确实知道有包含这"第八条"的格式。它们在教宗格利高里九世的时候开始出现,而已知最早的格式碰巧是涉及1234年祝圣的坎特伯雷大主教埃德蒙·阿宾顿(Archbishop Edmund Abingdon of Canterbury)。[134]这第八条,就是简单地添加在标准誓辞的第七条之后。在这条中,大主教宣誓,"未经与教宗商议",他不会出售、放弃、抵押、[351]再分封、或以其他方式让渡 ad mensam archiepiscopatus,即属于"大主教桌上物事"的财产,这类财产是用于供给大主教或者某些其他用途的。[135]令人们觉得这个不可让渡条款是"额外添加的"的感受究竟到何种程度呢? 当我们看另一个格式时,就极为清楚了。这个格式是奥赫大主教阿尔玛纳克的阿玛尼厄(Archbishop of Auch, Amanieu of

---

[132] Cf. c. 8 X 3,13, ed. Friedberg, II, 514(Jaffé-Löwenfeld, 17049):"…cum ex sacramento fidelitatis teneraris Apostolicae Sedi nihil alienare."(同引文)

[133] Cf. c. 2 X 3,20, ed Friedberg, II, 525(Potthast, 3525):"…iuramento teneraris astrictus non infeudare de novo, Romano pontifice inconsulto."(同引文)

[134] *Liber censuum*, No. 198, Fabre-Duchesne, p. 449(cf. *ibid.*, Nos. 198a—c), and Gottlob, 56f.

[135] "Possessiones vero ad mensam mei archiepiscopatus pertinentes non vendam neque donabo neque inpingnorabo neque de novo infeudabo vel aliquo modo alienabo inconsulto Romano pontifice. Sic me Deus adiuvet et hec sancta evangelia."(我将不会出售、馈赠、抵押、重新分封或以任何形式让渡属于大主教桌上物事的财产——在没有咨询罗马教宗的情况下。愿上帝和神圣的福音帮助我。)英诺森三世就已经开始使用 *inconsulto Romano pontifice* 这个措辞;上文注133。关于 *mensa episcopalis*,参见 A. Pöschl, *Bischofsgut und mensa episcopalis*(Bonn, 1908-1911);另参他的 "Bischöfliche Tafelgüter oder Urbare," *Zeitschrift des histor. Vereins für Steiermark*, XXVI(1931), 141-153.

Armagnac)所用的,他于 1263 年在罗马接受祝圣。就像传递这一格式的来源册子书一样,这个誓辞的格式是古老的,反映了 12 世纪的用法,也就是塞莱斯廷三世教令那个时代的用法。在这里我们看到了标准誓辞的传统七条,以"愿上帝帮助我"(*Sic me deus adiuvet*)结束(就像《教令拾遗》中规定的那样)。接下来,在这个末了的证言之后,并且与正常的誓辞缺少任何有机联系,不可让渡的承诺来了。在这个案例中,不仅指向主教的"餐桌财产",而且指向"属于教会"(*que iuris sunt N. ecclesiae*)的一切财产、占有物和教会宝物。并且,大主教还承诺收回已经从其大主教辖区对外让渡的所有权利和财产。[136]

[352]看起来,教会法规定的主教誓辞是七条,但在某些情况下加上了第八条,发誓弃绝财产让渡,并承诺收回属于教区的财产,等等。在这一点上,注释家们的工作很有意思,因为他们就这个程序提出了深入的见解。帕尔马的伯纳德(Bernard of Parma)——就是他在 1245 年前后对《教令拾遗》作了《注释汇编》(*Glossa ordinaria*),[137]这样评论塞

---

[136] 我引用誓辞(*Professio quam facit archiepiscopus domino pape*)第 7 条的开头部分:

Apostolorum limina singulis annis aut per me aut per meum nuntium visitabo, nisi eorum absolvar licentia.

Sic me Deus adiuvet et hec sancta evangelia.

Predia, possessiones, ornamenta ecclesiastica, que iuris sunt N. ecclesie, nunquam alienabo, nec vendam, nec in pignora ponam, neque alicui sine communi consensu capituli vel potioris partis et sanioris consilii in beneficio vel feudo dabo. Que distracta sunt, vel in pignore posita, ut ad ius et proprietatem eiusdem N. revocentur ecclesie, fideliter laborabo. (我将在每年访问圣徒墓、或是通过我自己、或是通过我的使者,除非我得到他们的允许而不履行[这一义务],愿上帝和神圣的福音帮助我。教会的财产、占有物、装饰物,任何按法律属于教会的东西,我将不会让渡、出售、抵押,也不会在没有教会会议的共同同意、或是更有力和合理建议的情况下分封任何人。那些已经被转让、或者被抵押的[财物],我将忠诚地效劳,以求教会能够在权利和财产上都收回它们。)

这个格式,Gottlob 当时还不知道,刊行于 Michel Andrieu, *Le pontifical romain au moyen-âge*(Studi e testi, 86[Vatican, 1940]), I, 290f,另参 51(关于日期和其他背景)。这份手稿(Vat. lat. 7114),尽管是 13 世纪的,反映了前一个世纪的习惯,因此 M. Andrieu 可以用它来重建"12 世纪的罗马教宗制"。加冕规程 *Ad ordinandum imperatorem secundum Occidentales* 以及其中的颂辞(*laudes*)都是老式的;参见 Erdmann, *Ideenwelt*, 72ff; Kantorowicz, *Laudes regiae*, 237f,更多细节见 "Inalienability," 495, n. 43。

[137] 参较 A. van Hove, *Prolegomena*(2nd ed., Mechlin and Rome, 1945), 473f,但日期是推测的。

莱斯廷三世的教令:"位分仅在教宗之下的每一位主教,都要向他宣誓,承诺不让渡教会财产,也不会以封建保有的方式再次授予。"⑬

一个世纪以后,巴尔都斯在对教令所述的七条标准誓辞作注时,在其解释的最后加上了一条简短的评论:

> 《教令拾遗》说,特选者(*exempti*)也(*etiam*)必须宣誓,未经与教宗磋商,他们不会让渡教会财产[引用英诺森三世的教令]。⑬

也就是说,注释家们表示,某些主教必须要作一个关于不让渡财产的额外宣誓,尽管这个宣誓并没有教会法的明文规定。这类受到第八条约束的主教被称为"特选者"(*exempti*)或"位分仅在教宗之下者"(*immediate sub papa*)。如此,这些直接处于教宗管辖之下的"无中间层级者"(*nullo medio*),首先是教宗在自己教省里的副主教(papal suffragans);其次,拉文纳、米兰和阿吉莱亚大主教负责领导三个北意大利教省——属于教宗权力直接管辖(*pomerium*);第三,某些特选的主教区,比如班堡(Bamberg)、普伊(Puy)、科西嘉各主教区,以及许多其他教区,出于某种原因,"无中间层级"(*nullo medio*)地归属于教宗。[353]再补充一点,最晚到 13 世纪,大部分的都主教(metropolitans)以及其他接受大披肩(*pallium*)的主教,都构成在教宗之下"无中间阶层"的高级教士,尽管并不是所有人,但其中很大一部分都需要对第八条宣誓。⑭换句话

---

⑬ 参较 c. 8 X 3, 13, v. *sacramento*: "nam quilibet episcopus qui immediate domino pape subest, iurat ei fidelitatem quod non alienabit bona ecclesie, nec in feudum dabit de novo, et idem iuramentum prestent alii episcopi suis metropolitanis. "(同引文)Gottlob, 65, n. 108, 认为注释家谈到总体上的教会财产(*bona ecclesiae*)时并不是精确的,也不是特别指向"桌上财产"(*possessiones mensae*);不过, Gottlob 并不熟悉上文注 136 所引的格式。关于副主教向都主教(metropolitans)宣誓的誓辞,这里可能没有提到,参见 Gottlob, 138-169; 另参 p. 183, 关于该誓辞的后期格式。

⑬ Baldus, on c. 4 X 2, 24, n. 14, *In Decretales*, fol. 249: "Extra no. quod exempti debent iurare quod non alienabunt proprietates ecclesiae Romano pontifice inconsulto, de feu. c. 2. de reb. ecc. non ali. ut super[c. 2 X 3, 20]. "巴尔都斯的引文见上文注 133。

⑭ 在 1078 年的罗马会议上,教宗格利高里七世就其副主教发布了这样的命令: "Ut nulli episcopi predia ecclesie in beneficium tribuant sine consensu pape, si de sua sunt consecratione. "(在教宗不同意的情况之下,没有主教可以分配教会的财产,如果(转下页注)

说,教宗的"直属封臣"(tenants-in-chief)必须宣誓不让渡自己主教区
(*episcopatus*)的财产。

1200 年前后在罗马执行的教会法程序,或许澄清了在英格兰常常
间接提到的做法。在传统的三条标准誓辞之外,貌似还加上了一条不
可让渡条款,后者没有进入正式的成文法。我们不需要再为找不到这
一条而感到惊讶,因为教令中的标准誓辞对应的那条也没有。并且,英
国加冕礼程序中增加这条不可让渡条款,还有一个很好的解释:枢机主
教瓜拉·比奇耶里(Guala Bicchieri)于 1216 年作为教宗特使主持亨利
三世宣誓时,[140]就直接采用了他熟知的做法,因为当时在罗马就是这样
做的:特选者(*exempti*)是在教宗之下的无中间层级者(*nullo medio*),
不仅要按照标准誓辞宣誓,并且还要额外宣誓不让渡自己主教职(*epis-
copatus*)之下的财产。当然,非人格的"主教职"(*episcopatus*)小心地替
换成了非人格的"王冠"(*corona*);除此之外,英国国王兼圣座的"直属
封臣"所受的待遇——至少,在涉及额外的不让渡誓言这一点上——与
主教"直属封臣"、特选者(*exempti*)的待遇一样。

有一些枝节问题,尽管也可能是重要的,但这里不作考察。我们当
然有很好的理由提问,这条添加的条款是否从属于[354]正式的加冕
礼,还是只不过是对教宗所行的效忠礼;或者,可以问,约翰王在 1213
年是否作了这个不让渡的誓言。[142]但这些问题在这里并没有真正的相

(接上页注)这些财产是神圣的。)参较 *Reg.*, Ⅵ, 5b, §30, ed. Caspar, 402, 16;参较
Gottlob, 57。不过,这是一项普遍的命令,当时并没有处理誓辞的问题;所以,11 世纪时阿
吉莱亚大主教的誓辞仍然没有不可让渡条款;参较 Gregory Ⅶ, *Reg.*, Ⅵ, 17a, 4, ed.
Caspar, 428f; Gottlob, 44。关于特选主教职位,参见 *Liber censuum*, 1, 243, §XIX,包括
注 247 以下;另参 Gottlob, 64ff。关于班堡主教 Ekbert 的格式,参见 Raynald, *Annales
ecclesiastici*, *ad a*.1206, §13。Gottlob, 57 推测,认为到格利高里九世时,大主教的誓辞
已经普遍加入了这条不可让渡条款,但是,以前这些职位使用该条款,无论是何种原因,
都是因为与圣座特别紧密的关系。并不是所有的都主教都发不可让渡的誓言;例如,在
保加利亚大主教(primate)那里就没有(Innocent Ⅲ, *Reg.*, Ⅶ, 11, *PL*, CCXV,
295A),而且它是否用于东部各宗主教(patriarch)(Gottlob, 55f)也是可疑的。

⑭ Cf. Richardson, "Coronation Oath," 55 and 74.

⑭ 关于约翰王的封建誓辞,参见 Stubbs, *Select Charters*, 280f(不过,在那里 *catholice* 应该
换作 *canonice*;参较 "inalienability," 494, n. 34)。这个誓辞前四条与标准主教誓辞相
同,尽管插入了一条国王承诺不作反对教宗的谋划,并就可能造成教宗损失的行动计划
通知教宗:"Eorum[以及教宗和继任教宗]damnum, si scivero, impediam et (转下页注)

关性：在 1216 年之前，这条承诺不让渡王冠财产的教会法式宣誓不可能与一种加冕仪式联系在一起。不过，也可以说在另一方面相关，即与或可称为"宪制语义学"(constitutional semantics)的问题有关，其中最有启发的是与整体的宪制发展的关联。教会采用了一种封建式的誓辞。在教宗君主制(papal monarchy)成型阶段的某一时刻，它被改造成了主教誓辞。然而，因着教会的这个挪用，封臣的誓言就变成了一种约束主教的职位性誓言(oath of office)，主教不是作为封臣，而是作为一名"任职者"(officer)，并且他所受的约束也不仅是向着教宗，同时也是指向抽象的机构，即"教宗职位"(*papatus*)，也指向主教自己的职位，"主教职位"(*episcopatus*)。最后，这个经过教会化、现在成为"伪封建"的誓辞，又穿上一件新外衣回到世俗国家，成为一种职位性的誓辞，要求国王和他的官员保护一种非人格化、"永远不死"的机构，即王冠。

在英格兰，教会法对王冠概念的影响仍在继续。1220 年，亨利三世加冕后的第 4 年，教宗霍诺留三世(Pope Honorius III)写信给匈牙利南部的都主教卡洛撒大主教(Archbishop of Kalocsa)，谈到匈牙利国王安德鲁二世(King Andrew II of Hungary)授权的某些财产让渡。霍诺留写道，国王的行动伤害了他的国家，也损害了他的荣誉，应该要求他撤销这些让渡，因为"在他[匈牙利国王]的加冕礼上，他曾经宣誓保护本王国的权利不受损害，并且要保护他的王冠的荣誉"。[143][355]这封信也收入

(接上页注)removere faciam si potero: alioquin quam citius potero, intimabo vel tali personae dicam quam eis credam pro certo dicturam."(他们[以及教宗和继任教宗]的损失，如果我知晓的话，我将移除对于他们不利情况，如果我能够做到。另外我将能尽可能早地，通知或者告诉那个人，我确信他将告诉他们。)这句取自于 *Liber diurnus* 中古老的 *Indiculum episcopi*，格式 75(*PL*，cv，72f)，英诺森三世也将这条用于其他场合，例如，用于保加利亚大主教的誓辞(上文注 140)。另参"Inalienability," 498，n. 522，以及下文注159。

[143] 参较 c. 33 X 2, 24, ed. Friedberg, II, 373(Potthast, 6318): "...studeat revocare, quia quum teneatur et in sua coronatione iuraverit regni sui et honorem corone illibata servare, illicitum profecto fuit..." 参见 Richardson, "Coronation Oath," 48, 他清楚地承认这份教令对爱德华一世一封书信的影响(下文注 147)。霍诺留三世的信早在 1226 年就已经被纳入教会法；可见 *Compilation Quinta*(*Comp.* v, 15, 3), ed. Friedberg, *Quinque compilationes antiquae*(Leipzig, 1882), 165。

了《教令拾遗》,所以其基本观点就变成了有约束力的教会法。匈牙利国
王安德鲁二世(1205-1235 在位)在加冕礼上可能真的作了一个不得让
渡的誓言;在经过与贵族和主教的多年斗争后,于 1222 年颁布的"金玺
诏书"(Golden Bull)中,他确实作了某一特定类型的不让渡承诺,而教
宗在接下来的数年中也屡次提到了安德鲁的加冕誓辞。[144]不过,匈牙利
国王是否真的作了此项宣誓,与教宗的态度比起来,就显得不那么重要。
教宗此后显然默认了在国王加冕礼上,这样一种不得让渡的宣誓是按惯
例要作的,就像教会的高级教士在祝圣礼上所作的那样。换句话说,在
国王对非人格化的王冠负有某种义务——类比于主教对其职位(See)所
负的义务——的观念尚未穿透边界、进入世俗政治思想之时,在罗马这
已经被当成理所当然的了。"这是惯例",*ut moris est*,1235 年格利高里
九世在给亨利三世的信中这样写道[145]——按照圣座的推定,这个惯例或
许[356]不只限于英格兰和匈牙利,而是普遍适用的。即便可以轻易证
明这个推定实质上是错的——例如,用在法国时[146]——仍然没有理由怀

---

[144] 伯尔尼大学的 Josef Deér 教授告诉我,很有可能安德鲁二世在 1205 年做了一个与匈牙
利首位安茹国王查理一世于 1310 年加冕礼上所作的类似的宣誓。霍诺留三世的教令,
其背景是复杂的,不过我们的盼望是 Deér 教授自己可能会探讨匈牙利的不可让渡性问
题。关于匈牙利的"金玺诏书",参见 Werner Näf, *Herrschaftsverträge des Spätmittelalters*
(Quellen zur neueren Geschichte herausgegeben vom Historischen Seminar der Univer-
sität Bern, XVII; Bern, 1951), 9, §16:"Integros comitatus vel dignitates quascunque
in praedia seu possessiones non conferemus perpetuo"(我们永不转让完整团体或者在财
产和所有物上的尊威。)(此处要感谢 Deér 教授给我的提示)。1220 年霍诺留教令中的
内容 1225 年由同一位教宗作了基本上的重复,1233 年格利高里九世也重复了其内容;
参较 Potthast, 7443(July 15) and 9080(Jan. 31)。另参下一注释。

[145] 格利高里九世 1235 年 7 月 1 日的信(参见 Rymer, *Foedera*, I:1, 229)重复了霍诺留教令的
各部分(例如,"in praeiudicium regni et contra honorem tuum"(在王国的先例中、有损你的
荣誉)以及"illicitum profecto extitit"(这立即是被禁止的),这或许可以解释为什么教宗认为
不得让渡誓言是普遍惯例:"Cum igitur in coronatione tua iuraveris, *ut moris est*, iura, lib-
ertates et dignitates conservare regales."(因为在你的加冕中,你宣誓,按照惯例,保存法律、
自由和王室尊威。)足够奇怪的是,同样的措辞(如 Richardson,"Coronation Oath," 51 and 54
所指出的)也用在法王路易 1215 年的声明中,在这份文件中,法国国王宣称约翰王"in coro-
natione sua solempniter, *prout moris est*, iurasset se iura et consuetudines ecclesie et regni
Anglie conservaturum."(在他庄严的加冕中,按照惯例,他发誓他将要保存法律和教会以及
英格兰王室的习惯。)路易当然很清楚这个宣誓并不是当时法国的惯例;见下一注释。

[146] 在法国,不得让渡条款要晚到 1365 年才加上;参见 Schramm, *Frankreich*, I, 237f(包括
注 1 和 7)。

疑,在英格兰,教宗特使瓜拉(Guala)的处理是将其视为符合教宗的推定、也符合教廷的普遍做法。所以,由于约翰王使自己成为教宗的封臣,同时也因为教宗这边一个客观上并不正确的推定,英格兰远远早于大多数其他国家接受了教会法上的"不可让渡性"原理,并使之实际上成为了规范。

如果说教会法对亨利三世的影响还不那么显著的话,到了爱德华一世就异常清楚了。到了他那个时候,霍诺留三世的教令也开始发生效力,而其中多次提到了王冠不可让渡的权利。当爱德华于加冕后十个月第一次提到加冕誓辞时,他的书记官一字不差地宣称霍诺留的教令说,国王有义务"保护王国的权利不受损害"。[147]毫无疑问,爱德华一世发现引用加冕誓辞中的不得让渡条款有极大的好处,一方面便于他驳斥教宗在总体上的诉求,一方面也便于向教宗寻求支持以对抗贵族,所以他一次又一次宣称自己受到誓辞的"束缚",必须保护王冠的权利,必须保护王冠免遭缩减,并保护"王冠的身份"(*status coronae*)。[148]一直到 1307 年,他去世那年,爱德华一世都在提到自己的加冕誓辞以及保护王冠权利的义务。[149]一年以后,实在有点没想到,[357]我们发现霍诺留三世的教令再一次被引用,这次是直接与爱德华二世的加冕誓辞联系在一起。因为,在《国王之书》(*Liber Regalis*),也就是甚至可能用于1308 年加冕礼的礼仪规程中,有一段附加的注文这样说:"须知,国王在加冕礼上必须宣誓保护王冠的权利不受损害"。我们很容易看出这是霍诺留教令中的措辞;事实上,学术水准颇高的注解者明确引用了

---

[147] *Parliamentary Writs*, I, 381f: "... et iureiurando in coronacione nostra prestito sumus astricti quod iura regni nostri servabimus illibata."(同引文)关于措辞,见上文注 143 霍诺留三世的教令;以及 Richardson, "Coronation Oath," 49。我觉得很难同意 Wilkinson, "Coronation Oath," *Speculum*, XIX(1944), 448ff,因为在我看来,爱德华一世加冕时只有十个月大,当时在场的每个人都知道国王实际上承诺了什么,所以他不太可能捏造一个关于加冕时所作承诺的故事,而实际上他并没有如此做过。

[148] 关于英诺森教令中的 *iuramento astrictus*,见上文注 133;不过,这个词可能已经或正在变成一个相当常见的技术性词汇,出现这个词不能证明任何事。关于爱德华在其他地方提到自己的誓辞,参见 Richardson, *op. cit.*, 49f。

[149] *Foedera*, I, 2, 1011; Richardson, 50, n. 39.

《教令拾遗》，且使用了一个在法学上正确的格式。[150]我们不知道爱德华二世是否作了同样的不让渡宣誓；当时他的加冕誓辞确实添加了第四条，但意图不同，而他的不让渡承诺则要从改写过的第一条中抽出来，来自于这条引用的忏悔者爱德华的法律。[151]不过，爱德华二世本人有一次提到"他曾经宣誓，要维护本土的法律(laws of the land)和王冠的产业(estate of the Crown)"，[152]而《国王之书》中的注解则表明国王不让渡承诺的观念是如何深深地印在教士们的头脑中——就像它印在 14 世纪法学家的头脑中一样深。巴尔都斯写道："注意，世上所有的国王，都必须在加冕时宣誓保护其王国的权利以及王国的荣誉"——这个说法在巴尔都斯写作的 14 世纪下半叶毫无疑问是真实的。[153]不过，法学家们也注意到国王和主教誓辞的平行关系。《注释汇编》中对霍诺留教令的注释早已指出，不仅是国王，主教也[358]必须承诺不让渡。[154]在 14世纪 50 年代著述的卢卡斯·德·佩纳认为主教和国王在关于不可让渡的誓言这一方面是"同等的"(equiparate)。[155]他的同时代人佩特鲁斯·德·安查拉诺(Petrus de Ancharano)说得相当直接："国王在加冕时，要宣誓不让渡王国的东西；类似地，主教也要宣誓[不让渡]主教区

---

[150] Richardson 在 *Bulletin of the Institute of Historical Research*，XIV(1938)，11 中注意到了这个注解的重要性："Sciendum quod rex in coronacione sua iurare debet iura regni sui illibata servare，Extra de iureiurando，intellecto etc. [c. 33 X 2，24]."（同引文）Wilkinson，"Coronation Oath," *Speculum*，XIX(1944)，450，n. 1 误解了这个地方，尽管 Schramm，in *ArchUF*，XVI(1939)已经清楚地承认了对《教令拾遗》的观点。

[151] Lodge and Thornton，*Documents*，10f，n. 3. Richardson，"Coronation Oath," 60ff 作了非常精巧的阐述，证明不可让渡的承诺实际上包含在爱德华二世誓辞的第一条中；亦即，在对忏悔者爱德华法律的引用中，包括从《英国法》(*Leges Anglorum*)中借用的内容；见上文注 116。

[152] Johannes de Trokelow，*Annales*，ed. H. T. Riley(Rolls Series；London，1866)，109："...iuramentum quod de legibus terrae et statu coronae manutenendis fecerat..."（同引文）Robert S. Hoyt 教授提示我此处内容，在此表示感谢。

[153] Baldus，on c. 33 X 2，24，n. 3，*In Decretales*，fol. 261ᵛ："Nota quod omnes reges mundi in sua coronatione debent iurare iura regni sua conservare et honorem coronae."（同引文）

[154] 参较 c. 33 X 2，24，v. *Regni sui*："Sic et episcopi iurant in sua coronatione，quod iura sui episcopatus non alienabunt..."（这样在他的加冕礼中主教们也发誓，他们将不让渡教区的权利……）

[155] 见上文第五章注 71。

的权利。"⑤

到这时——亦即,14 世纪晚期或 15 世纪早期——不可让渡条款终于进入了英格兰的成文法,不过是以一种来路不正的形式:它出现在一份以爱德华二世加冕誓辞为基础的伪造文件中,添加上了《英国法》(*Leges Anglorum*)中所要求的不让渡承诺。鉴于这项有趣的誓辞出现在一部 15 世纪刊行的制定法集中,它才终于获得了官方承认。⑤无论如何,教会法的影响——在英格兰和其他地方——对于不可让渡观念的发展和形成,以及进一步令"王冠"构成与国王人身相区别的观念,是一个业已证明且难以反驳的事实。⑤

王冠与共体(Crown and Universitas)

教会法的影响并不局限于国王的誓言;它同样影响到向国王所作的誓言。在与约翰王谈判的过程中,教宗英诺森三世保证,朗顿大主教(Archbishop Langton)及其下属主教将以誓言和书面的形式向国王承诺,不允许任何人谋划或[359]试图"对[国王的]人身或王冠"不利。⑤

---

⑤ Petrus de Ancharano, on c. 33 X 2, 24, n. 1, *In quinque Decretalium libros commentaria* (Bologna, 1581), fol. 291: "Rex iurat tempore suae coronationis non alienare res regni sui. Similiter episcopi iurant sui episcopatus iura. "(国王在加冕礼时宣誓不让渡王国的财产。相似地主教也宣誓[不让渡]他教区的权利。)

⑤ Schramm, "Ordines-Studien III," *ArchUF*, XV(1938), 363f; *English Coronation*, 196ff; Liebermann, *Gesetze*, I, 365, n. c.

⑤ 对霍诺留的教令 *Intellecto* 的引用极多;参见,例如 Oldradus de Ponte, *Consilia*, XCV, n. 1, fol. 37ᵛ: "...cum per tales donationes et alienationes diminuantur iura regni quod esset contra iuramentum quod praestitit in principio sui regiminis. Argumentum Extra de iureiurando intellecto. "(通过馈赠和让渡,王国的权利被损害,因为这是违背在他的统治之初所立下的誓言的。)另参 Andreas of Isernia, on *Feud*. I, 1, n. 10, fol. 10: "...dummodo infeudationes suae non diminuant honorem et Regis et Coronae, extra de iureiurando intellecto. Nisi donet Ecclesiae, ut fecit Constantinus..."(只要他的分封不损害国王和王冠的荣誉……除非他赠予教会,就像康斯坦提努斯所做的……)也就是说,1300 年前后,法学家中也流行这样的推定,即认为国王通常要作一个与霍诺留三世的教令相一致的不让渡宣誓。

⑤ *PL*, CCXVI, 774D; Rymer, *Foedera*, I;1, 109); Potthast, 4392. 这段话(Robert L. Benson 向我提示了此处,谨此致谢)是很有趣的。教宗告诉约翰王,主教们"praestabunt...*iuratoriam et litterratoriam cautionem* quod ipsi ne per se nec per alios contra personam vel coronam tuam aliquid attentabunt, te illis praedictam securitatem et pacem (转下页注)

当然,"国王与王冠"的说法早先已经被反复使用。但是,这个教宗版本的"对人格或王冠不利"（*contra personam vel coronam*）区分了人格与机构,其意义更加确定:它显示了教宗如何理解和解释"国王与王冠",同时它也否定了一切把这两个词当作冗余同义词的可能性。教宗毫无疑问在人身与王冠之间作了区分。我们可以推测,在 13 世纪的发展过程中,英国主教们继续"向国王和王冠"宣誓,⑩英诺森三世对于人格性的国王与非人格性的机构之间差异的认识再清楚不过了。无论如何,我们认识到,王冠的观念在 12 世纪引入英格兰,当时主要用于财政和法律事务,之后在教会法概念的影响下获得了新的发展动力,开始具备此前所无的宪制意涵。

[360]按照教宗英诺森的要求,只有众主教宣誓保护王冠。不过,代表政治之体上负责治理的那部分肢体——即国王的官员和封建领

（接上页注）illibatam servante."（[主教们]保证……誓言的和书面上的条约,他们将注意以免任何事物,通过他们自身或其他人,损害你[君主]的人格或王冠,而你将保护许诺给他们的安全与和平不受侵害。）*Cautio iuratoria* 是一个技术性词汇;它是通过誓言对一种已经存在的义务进行加强。在这个案例中,*cautio* 也构成 *litteratoria*,即,此项义务经过了宣誓且以书面方式作出。这是主教宣誓时的惯例;参见,例如 the *Cautio episcopi* of the *Liber diurnus*,Form 74（*PL*,cv,68-72; Gottlob,8f,nos. 31f,另参 21f）。关于作这个宣誓的程序,参见 Andrieu,*Pontifical romain*,I,47f,关于在罗马став圣的主教,III,392,n. 33。在这个意义上,显然,年轻的国王亨利于 1170 年所作的宣誓就是一个 *cautio*;参较 Rymer,*Foedera*,I:1,26; Richardson,"Coronation Oath," 47,n. 17。英诺森三世提到的主教的 *cautio*,作为禁止谋划反对国王和王冠的一个承诺,在约翰王向圣座所作的承诺中有对应项（上文注 142）,取自 *Liber diurnus*,Form 75（*PL*,cv,72f）,在那里主教承诺"quodlibet agi cognovero,minime consentire,sed in quantum virtus suffragaverit,obviare et...modis quibus potuero,nuntiabo etc."（不管我发现什么将要进行,我不会赞同,而是在勇力所及的程度上,去阻止,并且……以我能做到的方式,我将会告知……）*Diurnus* 中的老式格式可以追溯到 7 世纪,甚至可能到 5 世纪（Gottlob,12,with n. 44）,这个承诺是对"国家和君主"（*respublica* and *princeps*）作的;这些区分后来取消了,最终被"教宗和教宗职位"（*papa* and *papatus*）所取代,最后,原始版本经过转变和应用,又重新变成了"国王的人格与王冠"（*persona regis* and *corona*）（相比 *respublica*,*corona* 可能还更多一点"人格性"的味道）。

⑩ 在国王咨议会（King's Council）1294 年审理的 *William of Valence v. Bishop Godfrey of Worcester* 一案中,原告宣称主教的行为 *contra sacramentum suum regi et corone sue presti-tum*（有损为国王和他的王冠所立的誓言）;参较 *Cases before the King's Council*,1243-1482,ed. I. S. Leadam and J. F. Baldwin（Selden Society,xxxv; Cambridge,1918）,6。不过,*Statutes of the Realm*,I,249 所发表的誓辞格式并没有提到王冠。

主——很快就跟上了。马修·帕里斯在他的著作中常常间接提及王冠,他告诉我们,1240 年,有一名负责保管御玺的国王书记官诺曼人西蒙(Master Simon the Norman),是一位教宗的内廷司铎(papal chaplain)且常常出使罗马,拒绝在一份特许状上盖印,因为他发现其内容有悖于王冠的利益(contra coronam),这表明,他可能不仅作过宣誓要提供良好的建议,同时还宣誓拒绝任何损害王冠的行为。[161]具有这种效果的一个职位宣誓格式保存了下来,尽管属于较晚的时期:在 1307 年的咨议会成员誓辞中,国王咨议会的成员要宣誓他们将"保持和维护,保卫和恢复,国王和王冠的权利";进一步,他们要"尽自己最大的能力,且以忠诚的方式,支持王冠";还有,他们不会参与宫廷或咨议会中"国王决定攫取王冠财产的行动"(ou le Roy se decreste de chose qe a la Corone appent)。[162]在诺曼人西蒙的案例中,显然存在这样一个假定,就是国王可能剥夺王冠的财产,而咨议会成员有责任保护王冠,甚至要反对国王。国王和王冠不再是一回事。

还有,爱德华一世国王和贵族们致教宗的信件透露出,贵族们也作了一个"保卫国王尊荣和王冠"的宣誓;如果我们可以相信这些信件关于该誓言的措辞,那么当贵族们宣布"依其誓言之约束,他们有义务保护和保卫王冠的权利"时,甚至可能是将教会法的模式运用到了自己的身上。[163]虽然,1258 年,革命性的"英格兰全体民众"(commonalty of England)在牛津宣誓互相支持,但在实践上并没有什么意义,尽管提到"向国王和王冠效忠"。[164]不过,对提到这一事件的一些文本作仔细考察后,我们就可以看出,即便没有这个牛津宣誓,甚或撇开它,[361]通常情况下是"王国的共同体"(community of the realm)向王冠宣誓,因为国王、咨议会成员、官员、教俗贵族都异口同声地宣誓要保护王冠的权利;他们作为一个整体,加上国王作为他们的头,代表了、并且就是

---

[161] Matthew Paris, *Historia Anglorum*, ed. Madden(Rolls Series), II, 440;关于西蒙的职业生涯和完整的事件,参见 Powicke, *king Henry III and the Lord Edward*(Oxford, 1947), II, 772ff, esp. 781f。

[162] Lodge and Thornton, *Documents*, 53, No. 1. 见下文注 174。

[163] 参见 Richardson,"Coronation Oath," 50f,他加上了不少涉及贵族宣誓的例子。

[164] Stubbs, *Select Charters*, 379:"salve la fei le rei e de la corune."(保存信仰、国王和王冠。)

"王国的共同体",即共体(*universitas*)。他们使用了类似的措辞,同样地负有保卫王冠的责任,并且将王冠当作某种高于他们所有人,而同时又是由他们共同拥有的东西。在王冠里,且通过向王冠宣誓,"英格兰民众"联合了起来——至少,是王国中承担责任的那部分人。

　　爱德华一世于 1275 年写信给教宗格利高里十世,论到英格兰向罗马支付的封建贡金。这封信极具指导意义,而上面提到的种种则为我们提供了理解这封信的背景。这封信真的相当不同寻常。它严格遵守了书信格式(*cursus*),这是证据之一,表明撰写书信的是当时服务于爱德华国王、担任顾问或书记官的意大利学者之一——比方,弗朗西斯·阿库尔修斯,或者圣乔吉奥的斯蒂芬(Stephen of San Giorgio)。⑯这份文件的法学风格也揭示了这是位受过训练的法学家,所使用的是特定的措辞。信中复述了霍诺留三世的教令,用以证明王冠的权利;王冠本身被恭敬地称为"冕"(Diadem);而国王的誓辞,通常作 *iuramentum* 或 *sacramentum*(誓言),这里也相当恭敬地称为 *iusiurandum*(宣誓),显然是暗指霍诺留的教令编入《教令拾遗》时的法律标题"论宣誓"(*De iureiurando*)。在之后数年中,国王常常宣称,因他的誓言,他"受到约束"必须要保护王冠的权利"不受损害"。不过,此后出现了一个对"涉及所有人"(*Quod omnes tangit*)❶这句罗马-教会法格言的有趣改造,而这句格言是集体代表制的根据。⑯因为国王通过誓言宣告,[362]他也

---

⑯　参见 G. L. Haskins and E. H. Kantorowicz, "A Diplomatic Mission of Francis Accursius," *EHR*, LVIII(1943), 424ff and 424, n. 4, 关于圣乔吉奥的斯蒂芬。关于这位南意大利的文士,另参 Robert Weiss, "Cinque lettere inedite del Card. Benedetto Caetani (Bonifacio VIII)," *Rivista di storia della Chiesa in Italia*, III(1949), 157 - 164, esp. 162ff; further A. J. Taylor, "The Death of Llywelyn ap Gruffydd," *The Bulletin of the Board of Celtic Studies*, xv(1953), 207-209. 关于圣乔吉奥的斯蒂芬以及爱德华一世与南意大利在思想上的关联有丰富的材料,尚未深入探究。暂时参见我的论文 "The Prologue to *Fleta* and the School of Petrus de Vinea," *Speculum*, XXXII(1957), n. 29。

⑯　关于此项原则(参较 *C.* 5,59,5,2),参见 Gaines Post, "Quod omnes tangit," *Traditio*, IV, 197-252。Antonio Marongiu, *L'Istituto parlamentare in Italia dalle origini al* 1500 (Rome, 1949), 65-78, 花费了一章讨论这句格言,但后来撤回了他的观点,原本他认为爱德华一世传召令的格式可能是受到 Rudolph of Habsburg 在 1274 年用于纽伦堡帝国会议的传召令(*MGH*, *Const*., III, 50, No. 56)的启发;参见 Marongiu, "Note federiciane," *Studi Medievali*, XVIII(1952), 306ff, 作者提示了 Frederick II 用于(转下页注)

有义务"未经众高级教士和贵族商议,不做任何涉及王国冠冕(Diadem of this realm)的事"。[167]如果主教们常常要承诺未经其教士会议(chapter)共同商议不得让渡,那么我们现在发现爱德华国王宣称,未经自己的高级教士和贵族的商议,就不能向罗马偿付贡金。也就是说,涉及主教职位(*episcopatus*)或王冠(*corona*)的事就牵涉到整个合众体或政治体(body corporate or politic);他们不能仅仅依赖主教或国王身份就专断地作出决定。对全体而言重要的行动,必须得到整个身体的批准——由主教和教士会议代表,或者由国王作为头、属灵和世俗贵族作为肢体代表。所以,"涉及冠冕之事,须由涉及的所有人考虑和批准",通过最高代表们由政治体决定(by the body politic in its highest representatives)。爱德华一世在这里以清楚且具有权威性的方式表示,王冠不等于国王——或者,至少不是国王一个人。它是某种涉及所有人的东西,因而,是"公共的",其公共性并不低于水域、道路、或国库。它服务于公共利益,因此高于国王、高于属灵和世俗贵族、也包括——稍晚一些——高于平民。

这样,保护"王冠的身份"(*status coronae*)就相当于保护"国王的身份"(*status regni*)。因而,王冠不是某种与政治之体及其不断变化的个体组成者相分离的东西。两代人以后,1337 年,这一点被明确指了出来,当时埃克斯特主教格兰迪森的约翰(Bishop of Exeter, John of Grandisson)宣称:"王冠性质的实质,主要表现在作为头的国王的人格以及作为肢体的贵族们。"[168][263]将王冠与用来描绘王国政治之体或

(接上页注)1244 年在维罗纳举行的帝国会议的传召令;参较 *MGH*, *Const*., II, 333, No. 244:"Porro cum imperii principes nobilia membra sint corporis nostri, in quibus imperialis sedis iungitur potestas..., presenciam omnium tenemur instantius evocare, ut quod tangit omnes ab omnibus approbetur."(因为统治的贵族领主是我们的身体的肢体,在其中权力与皇位相结合……我们有义务呼吁所有人的在场,因为和所有人有关的事必须被所有人赞成。)关于君主作为"皇帝的身体的肢体"(*membra corporis imperatoris*),参见 *C*. 9, 8, 5 和上文第五章注 42;以及下文注 342。

[167] "...nec aliquid quod diadema tangat regni eiusdem absque ipsorum[prelatorum et procerum]requisito consilio faciemus."(同引文)*Parliamentary Writs*, I, 381f; Richardson, *op. cit*., 49.

[168] "La substance de la nature de la corone est principaument en la persone le roi, come teste, et en les piers de la terre, come membres, qi tenent de lui par certeyn homage."(王冠自然的本质主要是在国王的人身上,他是头,其余领土上的人,就像各个器官,他们(转下页注)

奥秘之体(*corpus politicum* or *mysticum*)的老式图景联系在一起,最深刻地表达了王冠的复合性质及其合众体面相。一个世纪之后,1436年,巴斯和威尔斯主教在一次议会讲道中,以一种更具比喻色彩的乔装方式,重复了一个类似的观念。在他看来,王冠同时是政体和君权(polity and sovereignty)的象征:

> 在王冠的图像中,表现了王国的治理和政体(rule and polity of the realm);因为黄金表示共同体的治理,而王冠上的花朵,用珠宝装饰和烘托,表示国王或君主的荣誉和职位。[169]

在这一时期,一位诗人对王冠的构成作了一个更详细的描述:

> 国王的王冠有什么含义,
> 当金环上的美石鲜花弯折之时?
> 贵族,平民,还有教士
> 都要同意……
> 最末等的封臣,有身体和地租,
> 他也是王冠上的一小片。[170]

毫无疑问,到了中世纪晚期,流行的观念是,王冠表现了整个政治之体——从国王到贵族和平民,一直到最低等的封臣。这一点并不排斥在其他场合作不同的解释:共体(*universitas*)可以由议会甚至作为大写的国王的国王(the king as King)来代表。[171]不过,在这里重要的,是

(接上页注)通过一定的臣服而支撑着他。)*Register of John de Grandisson*, ed. F. C. Hingeston-Randolph(London, 1894 - 1899), II, 840, quoted by Richardson, "The English Coronation Oath," *Transactions of the Royal Historical Society*, 4th Ser., XXIII(1941), 148, n. 2.

[169] Chrimes, *Const. Ideas*, 14, n. 1, quoting *Rot. Parl.*, IV, 495; cf. Dunham, "Crown Imperial," 201.

[170] *Political and Other Poems*, ed. J. Kail(Early English Text society, Orig. Series, CXXIV; London, 1904), 51, quoted by Chrimes, *loc. cit.*; cf. Dunham, *loc. cit.*

[171] Dunham, *op. cit.*, 203f.

将一种合众体的属性归之与王冠的可能性。在此方面,王冠与"王国的奥秘之体"确实构成了可以相比的实体。二者都不是与组成者断然分离、完全"在抽象中"独立存在,二者的区别主要在于,"王冠"更强调那些为整个共同体承担责任者所享有的特权性和主权性权利,而"奥秘之体"似乎更强调全体人民的合众体性质和延续性。不过,这两个互相关联的概念或许不应完全分开,并且,我们记得,英国法律家[364]对于承认一个不完整、因而在法学上属于无能力的合众体有一种强烈的反感。1522年菲诺法官(Justice Fineux)所说的"一个合众体乃是头与身体的集合:不是只有头,也不是只有身体",在较早的时候也基本成立,甚至关于"涉及所有人"的冠冕也是成立的。[172]因为缺少了作为头的国王和作为肢体的贵族,王冠就是不完整的,因为只有二者在一起,由议会中的骑士和市民辅助,才构成王冠这个合众体(body corporate),用现代的话来说,这意味着主权。并且在这个意义上,国王才可以说是"议会的头,开始和结束"。[173]

爱德华一世在1275年并没有界定王冠的概念;但是,从他对王冠的性质和功能的描述,发展出一条直接的线索,连接到英国独有的主权概念,即"王在咨议会在议会中"(King in Council in Parliament)。

国王与王冠(THE KING AND THE CROWN)

任何理论,如果试图把王冠孤立起来,当成某种与其组成者相分离的东西,看起来在英格兰是毫无可能取得成功的。不过,还是有人这样尝试了;在指出国王和王冠并不是一回事成了习惯的情况下,将王冠设定为某种与国王相分离之物的诱惑想必一度非常巨大。但是,不是一回事并不表示彼此分开,也不是两者对抗。然而,当1308年贵族们拿出他们著名的宣言,试图驱逐爱德华二世的宠臣并限制国王时,所发生

---

[172] 参见 Maitland, *Sel. Ess.*, 79, 关于 Fineux 法官。

[173] *Modus Tenendi Parliamentum*: "Rex est caput, principium, et finis parliamenti, et ita non habet parem in suo gradu, et ita ex rege solus est primus gradus..."(国王是议会的头,开始和结束,并且在他的等级上他并无对等者,因此出自国王只有一个人是第一等级……) 参较 Stubbs, *Select Charters*, 503, § "De Gradibus Parium."

的正是这种危险,在宣言中他们这样说:

> 臣服礼和效忠宣誓,更多是因着王冠的理由,而非以国王个人
> 为理由,并且,更多与王冠相联结,而不是个人。从这一事实可以
> 看出,在王冠的产业(estate of the Crown)通过继承传递之前,不
> 需要对个人效忠。因此,如果发生国王在处理王冠产业之时不受
> 理性引导的情况,那么,他的封臣,[365]因着向王冠所作的宣誓,
> 就有义务带领国王回归理性,修复王冠的产业,否则就是违反了他
> 们的誓辞……

贵族们从这个前提出发得出结论,"如果国王不关心补正错误,也不解除
对王冠有害、令人民受损之事",则这个错误必须通过强制手段去除。⑭

显然,男爵们准备好要面对一种绝望的选择:在王冠和国王之间做
选择。但是,这从一开始就是一个虚假的选择题,因为没有国王的王冠
是不完整和无能力的。"因为",后来弗朗西斯·培根爵士提到这份宣
言时这样说,"对事物作区别是一回事,而把它们分开就是另一回事了"
(*aliud est distinctio,aliud separatio*);并且他特别强调,国王的人身与
王冠是"不可分开的,尽管有区别"。⑮看起来男爵们心里想的是某种或

---

⑭ "Homagium et sacramentum ligiantiae potius sunt et vehementius ligant ratione coronae
quam personae regis, quod inde liquet quia, antequam status coronae descendatur, nulla
ligiancia respicit personam nec debetur; unde, si rex aliquo casu erga statum coronae rati-
onabiliter non se gerit, ligii sui per sacramentum factum coronae regem reducere et coro-
nae statum emendare juste obligantur, alioquin sacramentum praestitum violatur.... Quo-
circa propter sacramentum observandum, quando rex errorem corrigere vel amovere non
curat, quod coronae dampnosum et populo nocivum est, iudicatum est quod error per as-
peritatem amoveatur, eo quod pei sacramentum praestitum se obligavit regere populum,
et ligii sui populum protegere secundum legem cum regis auxilio sunt astricti."(同引文)
Gesta Edwardi de Carnarvan(Rolls Series,London,1883),33f; Lodge and Thornton,
Documents,11,No. 4; J. C. Davies,*The Baronial Opposition to Edward II*(Cambridge,
1918),24ff; Richardson,"Coronation Oath," 66f,作者怀疑其真实性,但承认这份文告
的广泛流传。关于文告中提到的誓辞,见上文注162。

⑮ 关于对该理论的拒绝,参见 Lodge and Thornton,*Documents*,18f,No. 7。Bacon,*Post-na-
ti*,669f,对"该观点的毒害和 Spenser 的论断"有不止一处很好的评论,尽管当他说"他们的
血确实起来听到了这个观点,即臣服是对王冠而不是对国王的人身"时,可能高估了贵族。

许可以把王冠简单等同于国王的东西，并且它不是——甚至到这个时候——按照男爵们暗示的，国王与贵族组成的一个集合体。男爵们可能想表达作为大写国王（King）的国王与作为私人的国王之间的区别；但是，他们实际上所做的，是把作为大写国王（King）的国王——不仅是其私人的人身——与集合性的王国对立了起来，因此，为了王冠的利益，他们甚至[366]准备要推翻作为大写国王的国王。由于这个原因，他们那或许非常有趣的政治哲学实在并没有出路，按照之前提到过的话讲，跌落"在极其贫瘠的土地上"。因为这个理论的全部实践目的很快就被人遗忘了，尤其是在男爵们自己否定了该理论之后；不过，法院记住了这个理论，其中出力最多的是科克和培根，把它当作某种诉诸激烈反抗的有害观点。[176]

但是，把作为大写国王的国王与作为私人的国王区分开来的观点，在当时并不是完全不为人知的。很容易就可以再次诉诸教会法实践，以表明职位与任职者之间的区别。[177]因为，被认为炮制了贵族们这项政治理论的小迪斯潘瑟（Hugh Despenser the Younger）是从一种新"哲学"入手。所以，看一下哲学方面的证据是合理的。不幸的是，我们没有资料可以知道小迪斯潘瑟是从哪里得到了启发。克里斯托弗·马洛（Christopher Marlowe）以推测的方式，安排他笔下的爱德华二世谈到老迪斯潘瑟时，用一般性的措辞说：

> 现在，追索那种哲学，
> 就在我们著名的艺文园地里

---

[176] 科克在 *Calvin's Case*（Coke, *Reports*, Part VII, vol. IV, 11f）中无条件地将王冠等同于国王的"政治能力"，培根关于国王与王冠不可分割的理论科克一致；培根也认为贵族在 1308 年的理论"引发了令人憎恶、可咒诅的后果"。

[177] Gierke, *Gen. R.*, III, 331f；关于 Drogheda 提出的一个相关的问题，参见 Post, "Quod omnes tangit," 217f；另参 *Year Books*, 5 *Edward II*, Y. B. Ser., XI（Selden Society, XXXI; London, 1915）, 66, 首席法官 Brabanzon 评论说："主教拥有两份产业，亦即，保护人的产业与教士的产业，而他们说，主教转移自己的教牧职分，是依教会的权利，而不是作为一名教士。"关于爱德华一世时期的一个类似表述（*Archbishop of York* v. *Bishop of Durham*），参见 Davies, *Baronial Opposition*, 22, n. 6。

　　　你汲取了柏拉图,还有亚里士多德。[178]

亚里士多德的《政治学》,包括托马斯主义的注疏,并非完全不可能通过某种直接或间接的渠道产生某种影响——以及遭到误解。[179]阿奎那注疏(尽管整本注疏以阿奎那之名流传)的续作者,奥维涅的彼得[367],非常详细地讨论了《政治学》第三卷中的一个段落,亚里士多德在那里说,一位君主在他的官员和朋友那里有许多眼睛、耳朵、手和脚,但那些人实际上拥有的是共同统治者(co-rulers)的功能。[180]注疏者对这个段落的评论非常重要,需要完整地加以考量。他写道:

　　　君主们将这些[人]设立为共同统治者,这些人是他们的朋友,
　　　也是君主职分(principate)的朋友。因为,如果他们[共同统治者]
　　　并不同时是两者的朋友,而只是其中之一的朋友,比方他们只是君
　　　主职分的朋友,就不会关心君主的利益,而只关心君主职分的利
　　　益。反之,如果他们不爱君主职分,只爱君主,他们就不会关心君
　　　主职分的利益。因此,共同统治者必须同时照顾君主和君主职分
　　　的利益⋯⋯

接着注疏者详细阐述这个观点。他论证被设立为共同统治者代表君主的人,实际上同时被设立为君主职分的代表,因为君主的利益就指向了君主职分的利益,由此注疏者就避免了将君主职分与君主分割开。不过,注疏者认为这个说法如果没有一定的限定是不成立的。因为,他

---

[178]　Christopher Marlowe, *The troublesome raigne and lamentable death of Edward the second*, *King of England*, lines 1884ff.

[179]　阿奎那《政治学》注疏的续作是 Peter of Auvergne 所作,时间大约在 1300 年前后不久;没有理由认为英格兰在 1308 年完全不知道这部作品。Walter Burley 的评注,尽管撰写时间不会早于 1338 年,但他完全照抄了 Peter of Auvergne;参较 S. Harrison Thomson, "Walter Burley's Commentary on the *Politics* of Aristotle," *Mélanges Auguste Pelzer*(Louvain, 1947), 558f, 以及,关于所讨论的这段,见 571f。

[180]　*Politics*, III, 16, 13, 1287b, 在φίλοι κἀκείνου [τοῦ μονάρχου] καὶ τῆς ἀρχῆς(那一位[即国王]的朋友和首领的[朋友])之间做了区别,对此 W. L. Newman, *The Politics*(Oxford, 1887), III, 301f 列举了一系列有趣的古代例子。

写道：

> 只有把君主当作大写的君主(Prince)来爱的人，才会爱君主
> 职位(principate)。因为可以从两种方式考虑施行统治的人：要么
> 是作为君主，要么是作为一个私人。如果你按照君主来爱他，你也
> 就爱君主职位，为其中之一获得利益，也就为另一个获得了利益。
> 但是，如果你爱君主是因为他是这个或那个人，你就不一定爱君主
> 职位：你为这个或那个私人获得利益时，并不同时为君主职位获得
> 利益。[181]

[368]很容易就可以看出男爵们的理论与亚里士多德《政治学》注疏者

---

[181] 参见 Aquinas, *In Polit. Arist.*, §520, ed. Spiazzi, 182："Faciunt autem comprincipes il-
los, qui sunt amici sui et principatus; quia si non essent amici utriusque, sed alterius, si-
cut principatus, non curarent de bono principis, sed principatus. Iterum, si non diligerent
principatum, sed principem, non curarent de bono principatus. Oportet autem comprinci-
pantes curare de bono principis et principatus...Et est intelligendum circa id quod dictum
est, quod assumit princeps sibi comprincipantes amicos sui et principatus, quod ratio
principis sumitur a ratione principatus; et ideo bonum principis est in ordine ad principa-
tus bonum; et ideo qui diligit principem secundum quod princeps est, diligit principatum.
Sed ille qui principatur, duobus modis potest considerari: vel secundum quod princeps,
vel secundum quod homo talis; et ideo potest aliquis diligere ipsum, vel secundum quod
princeps, vel secundum quod talis homo. Si diligat ipsum secundum quod princeps, diligit
principatum; et procurando bona unius, procurat bona alterius. Si diligat ipsum secundum
quod talis vel talis, non oportet quod diligat principatum; et tunc procurat secundum
quod talis vel talis, non procurando de bono principatus."（[君主们]将他们变成共同统
治者，那些人是他们的朋友也是君主职分的朋友；因为如果他们不是其中之一的朋友，而
只是另一个的，比如说君主职分的朋友，那么他们不会关怀君主本人的善，而只关怀[君
主职分]的善；再者，如果他们不喜欢君主职分，而只爱君主本人，他们不会关怀君主职分
的善。共同统治者应该关怀君主和君主职分的善……并且关于刚才说的这一点是可以
理解的：君主将他的朋友和君主职分的朋友都认作共同统治者，这样君主的理性被君主
职分的理性所吸收；由此君主的善处在向着君主职分的善的序列中；这样那位根据君主
是什么而爱君主的人，也会爱君主职分。但是那位统治者，可以在两个方式上被考虑：或
是根据他作为君主，或是根据他作为这样的人。同样他人也可以在两个方式上爱他，或
是根据他作为君主，或是根据他是这样的人。如果人根据他是君主来爱他，他爱君主的
职分；当他在为一个谋求善的同时，他也为另一个求得善。如果他根据他[君主]是这样
或那样的人来爱他，他并不必然爱君主职分：因而他为这样或那样的人谋求善，却不同时
为君主职分谋求善。）

理论之间的差异。注疏者区分了统治者的两种职能（capacities），作为君主的君主，以及作为私人的君主，而君主的职能（princely capacity）与君主职分（principate）仍然保持围绕同一个中心。而男爵们只是将君主职分与君主对立起来，使它们成为两个实体，也就不再维持同一个中心。他们理论中的缺陷是，他们将作为君主的君主（the Prince as Prince）与君主职位分割开，或者说，将大写的国王（King）与王冠分割开，而不是仅仅将私人与他的职位、"国王身份"（status regis）分开。他们要做的，不是将国王的人格（person）与国王身份（status regis）分离，而是将国王身份（status regis）与王冠身份（status coronae）分离。⑱在这一点上，他们失败了，因为他们以可互换的方式使用"国王的人格"（person of the king）与"大写的国王"（King），使之与"王冠"对立。他们的主要缺陷可能是缺乏清晰性，同时，他们的区分，尽管也有用，但几乎不能适用于他们的效忠宣誓（oath of fealty）；他们的原理极大地贬损了个人效忠的重要性，导致侵蚀作为大写国王的国王（the king as King）的权威。后来男爵们自己也把这种状况定为叛逆，导致编年史家惊叹："奇哉怪哉！看看肢体们是如何将自己与头分离的。"⑱1322年爱德华二世召集了一个支持他的议会，得以废止贵族们的法令，因为他正确地坚持了"国王的身份"与"王冠的身份"之间的区别——尽管把两者和"王家权力"带回到了同一个分母上——并把它们当作某种涉及整个共体（universitas）的东西，于是便有了著名的"王国的全体民众"（commonalty of the realm）。⑱

[369]当然，国王与王冠之间的区别从未消失，而人们可以轻松地指控国王们"玷污王冠"。理查二世的状况以及针对他的指控突出表现在"针对王冠的犯罪"上。理查本人，在1398年，即他下台前一年，在他

---

⑱ "国王身份"（status regis）、"王冠身份"（status coronae）这两个词，当然等同于"良善的国王身份"（bonus status regis）、"良善的王冠身份"（bonus status coronae），或者用亚里士多德的措辞，等同于"王的善"（bonum regis）、"王冠的善"（bonum coronae）。其含义大致上相当于公共领域的福利和效益；参见 Post, "Public Law," 47f, and, more explicitly, "Two Laws," esp. 425ff.

⑱ 上文第五章注 115。

⑱ Lodge and Thornton, Documents, 128f, No. 4.

对《叛逆法》的扩充中宣称,任何针对国王人身的危害行动都构成"针对王冠的叛逆罪"。[185]反之,一年以后,同一位国王被指控浪费王冠财产、剥夺王冠之遗产,从而危害了"英格兰王冠的自由",另外,他还仅仅"因个人虚荣、铺张和浮夸"(*ad sui nominis ostentationem et pompam et vanam gloriam*)而遭到指控——这显然表示他的指控者试图突出国王的私人人格(private person)与他的职位(office)和他的职位能力(official capacity)有区别。[186]不过,1388 年的上诉贵族(lords appellant)很谨慎地避免犯 1308 年制法贵族(lords ordainer)所犯的错误,因为在他们组成委员会的时候作了一个明示的保留,表示他们要"效忠于我们的主国王,以及他的王冠的特权"。[187]

因此,在国王的产业(estate of the king)与王冠的产业(estate of the Crown)之间,持续不断地对其作出了区分。不过,为了忠于非人格的王冠而排斥忠于人格的国王,这样的尝试并没有重复出现。相反,职能原理(doctrine of capacities)稳定地站稳了脚跟,尽管很慢。早期朝向这个方向的一次尝试遭到了挫败,当时一名国王的顾问宣称爱德华一世作为一位国王,"与他[作为王子]作出赠与时相比,乃是属于另一个等级";而受赠与人,一位伯爵,立刻反驳道:"当他赠与礼物之时,他还是[370]那同一个人。"[188]在兰开斯特公爵领的案例中,职能原则得到了更清晰的发展,当时亨利四世拒绝将公爵领与王冠财产合并,而仍然

---

⑱⑤ Lodge and Thornton, *Documents*, 26, No. 18.

⑱⑥ *Ibid*., 25, No. 16, 关于国王要求保卫"les Libertees de sa dite Corone."(上述的王冠的特权)而关于王冠合宜的自由,见 1393 年的《藐视王权法》(Statute of *Praemunire*)(*ibid*., 312, No. 23):"et ensy la Corone Dengleterre qad este si frank de tout temps...serroit submuys a Pape."(而且英格兰的王冠虽然始终是自由的,它应该服从于教宗。)不过,在 1399 年,国王本人也被指控(以《藐视王权法》所使用语句几乎同样的措辞)向教宗交出王冠"quamvis Corona regni Angliae et iura eiusdem Coronae...fuerint ab omni tempore retroacto adeo libera quo Dominus Summus Pontifex...[non]se intromittere debeat de eisdem"(尽管英格兰王国的王冠以及这同一顶王冠的正义……在任何时候都可以被教宗自由地收回……但[不]应该自己交出);*Rot. Parl*., III, 419, § 27;关于其他涉及王冠的指控,参见 *ibid*., 417, § 32;420, § 41. 总体研究,参见 Hartung,"Die Krone," 16ff.

⑱⑦ *Rot. Parl*., III, 244, § 13:"Sauvant toute foitz vostre ligeance envers nostre Seigneur le Roy et la Prerogative de sa Corone"; cf. Hartung,"Die Krone," 17, n. 2.

⑱⑧ Pollock and Maitland, *History*, I, 524; Davies, *Baronial Opposition*, 23, n. 4.

将其保留为自己的私产。该案成为一个名案(*cause célèbre*),并激发了普劳登时代的法官们提出了他们至为精巧的关于国王两个身体的区别,引导王室法官们早在 1405 年就清晰地构建出"专属于王冠"(*que appertaine al Corone*)之物与属于国王"私人人格"(*come auter person*)之物的区别,[189]后者发展到都铎时期就被称为国王的"自然之体"。亨利五世统治时期,议会裁定,国王可以通过遗嘱处分他的财产,但是不能对他的王国设定遗赠[190]——这当然是一条古老的格言,事实上,不过是老式的不可让渡条款的重构。13、14 世纪时,法学家们已经就这个问题本身作了广泛的讨论,将其与君士坦丁的赠礼以及是否可以将一半帝国送给教宗联系在一起;英国的法律家们也将这个问题与约翰王把王国献给教宗以及该行为的可接受性联系在一起讨论。[191]在法院中,发生了一些案件,是由于国王的个人行为,或者依其特殊裁断权(prerogative)所作的行为与王冠的利益发生冲突,并因而与王国共同体的利益发生了冲突。[192]在亨利七世时期,法学家们承认了国王可以凭借王冠的权利取得土地。[193]

　　特别令人感兴趣的一种朝向区分国王不同职能的变动,是亨利七世统治时期,于 1495 年颁布的《事实君主法》(*De facto Act*)。当时,在约克与兰开斯特家族的王朝斗争中,亨利六世继位,[371]"收复"王权——尽管只统治了 6 个月,爱德华四世被定为篡位者,在宫廷中和其他地方一直被称为"已故事实上的英格兰国王"(*nuper de facto rex Angliae*)。反之,爱德华复位后,兰开斯特家族的亨利六世就变成了篡位

---

[189]　Chrimes, *Ideas*, 35, n. 2, and 352, No. 11.

[190]　K. Pichthorn, *Early Tudor Government: Henry VII*(Cambridge, 1934), 140, n. 1.

[191]　Laehr, *Konstantinische Schenkung*, 98ff, 128ff 及各处;不过,他的材料可以作很大的拓宽;参见,例如 Nardi, "La *Donatio Constantini* e Dante," *Studi Danteschi*, XXVI(1942), 47-95; Ullmann, *Mediaeval Papalism*, 107ff, 163ff; Schramm, *English Coronation*, 197ff;关于 Wiclif 与英格兰,另参 Laehr, "Die Konstantinische Schenkung in der abendländischen Literatur des ausgehenden Mittelalters," *QF*, XXIII(1931-1932), 140ff, 146。

[192]　Plucknett, "Lancastrian Constitution," 175ff, 关于 Abbot of Waltham 案; Pickthorn, *Henry VII*, 159;上文第四章注 253。

[193]　Pickthorn, *Henry VII*, 157f.

者和"事实上的国王",与之形成对比的是"在法律上"（de jure）统治的约克家族。⑭同样意义重大的是,这一时期的法院提到"国王的终止"（the king's demise）时,意思不是国王去世,而是他失去权力,其含义与后来普劳登所说的"两个身体分离,政治之体从现在已经死亡或者去除了国王尊荣的自然之体上,转移到另一个自然之体"如出一辙。⑮《事实君主法》的目的,是从此以后消除内战一切令人不悦的后果。该法确认,臣民不会因跟从这个或那个对立中的国王（anti-king）"履行自己真正的义务和效忠役务,而丧失或被没收任何东西"。也就是说,凡是真心且忠实地附从"政治之体"或"作为大写国王的国王"（king as King）的人,就不会导致被褫夺权利,哪怕臣民附从和服务的"当时这片土地的国王和君尊之主"后来被击败或以其他方式被剥夺了王冠。⑯于是,该法就以溯及的方式承认了[372]此前有两位对立的国王同时存在,我们也可以说,两个"自然之体"并存,但只存在一个王冠、一个"政治之体",以任何形式附从于政治之体就不受惩罚,即便该臣民可能选择了"错误的肉身显现"（wrong incarnation）,即后来被击败的那位国王。

⑭ *Year Books of Edward IV*：10 *Edward IV and 49 Henry VI*，A. D. 1470，ed. N. Neilson（Selden Society，XLVII，London，1931），115，117，118，126 及各处,这个标题,有时（p. 168）缩减为 *nuper rex*；另参 Introduction，xiif，xiv，xxix。关于另一个区别（*le Roy que fuit* 与 *Le Roy que ore est*）,参见 a Year Book case of 1465（the ourlawry of John Paston），in Lodge and Thornton，*Documents*，37，No. 29。

⑮ *Year Books of Edward IV*（上文注 194），114：*en temps lautre roy* a law suit was started，but *fuit mys saunz iour par demys le roy*，said Littleton（在前任国王的时期开始一个法案,但因国王死去而马上被放弃。）；另参 115，119，135f，146，168；另参 Lodge and Thornton，*Documents*，37，以及上文第一章注 13。国王的"死亡"被换作国王的终止（*demise*）看起来是 15 世纪的做法。14 世纪早期的国王显然还是"死亡"的；参见,例如 *Year Books*，1 and 2 *Edward II*，Y. B. Ser. 1（Selden Society，XVII，London，1903），5，10，17，98：*le Roy morust*。不过,在 1388 年,据说有一项诉请"在国王终止"（*par demys le Roy*）时提交到了法庭（sc. Edward III）；参较 *Year Books of Richard II*，12 *Rich. II*，A. D. 1388-1389（Ames Foundation，Cambridge，Mass.，1914），VI，98。

⑯ *Statutes of the Realm*，II，568，表示"那些服从君主的命令,与他同赴战场,亲自或在其他地方服侍他的臣民"遭到褫夺权利是不合理的。这项法律是有先例的,因为就在亨利·都铎（他自己也被褫夺权利）即位之后,一个法庭裁决事实上（*eo facto*）亨利"除非他有国王拥有的尊荣,否则这一切都无效"（prist sur luy le Roial dignite estre roy，tout ce fuit void），不需要有特别的法律来撤销对他的褫夺权利；参见 Chrimes，*Ideas*，51 and 378f；上文第一章注 9,关于"政治之体"清除了国王一切能力瑕疵的概念。参较 Pickthorn，*Henry VII*，151ff；Holdsworth，*History of English Law*，III，468，n. 5，and IV，500。

这当然是一项更明智的原则，优于更常见的对失败方附从者痛下杀手的做法。后者有不少先例可以在前一个世纪的教廷历史中看到，那时有两位甚至三位对立的教宗，互相向对方及其亲信施以绝罚。⑲

作为未成年人的王冠（THE CROWN A MINOR）

确实，王冠几乎无法与"作为大写国王的国王"（king as King）分割开。但是，撇开这种不可分离性，王冠与大写的国王也还是不太一样。例如，这个在许多方面代表了整个政治之体、反映了某种"涉及所有人"之物的王冠，还是可以人格化；于是，也就有可能向"作为大写国王的国王"赋予一种确定的功能，以及一种经过适度界定的、与王冠有关的角色。

在针对理查二世反复提出的许多指控中，有一条是他的行为"伤害人民，并剥夺英格兰王冠的继承权（disherison of the Crown of England）"。⑲"剥夺继承权"当然是一个只用于人的概念，自然人或者合众体（a person, natural or corporate）。这个指控并不是新创造。亨利三世用这个词责备其子爱德华出让奥列隆岛（Isle of Oléron）、从而[373]剥夺了王冠的继承权；爱德华一世也常使用这个词，只要符合他自己的目的；而在爱德华二世时期关于王冠的斗争中，贵族们不止一次指责国

---

⑲ 按照 Johannes Andreae, *Glos. ord.*, on c. un., *Clement.*, II, 9, v. *reges*，教宗英诺森三世（1198 年涉及与帝国的争议时）大概裁决"quod inconcussa consuetudo imperii... hoc habet, quod duobus electis in discordia, *uterque administrat ut rex* et omnem imperii iurisdictionem exercet: quod, declarat ibi Papa, locum habere donec per Papam alterius electio fuerit approbata; aut reprobata."（不可动摇的统治惯例……是这样的，当两位被选举者处于冲突中，两人中的任一个都像国王一样行政和执行统治的司法权；教宗来宣布谁占据王位，只有通过教宗其中一个选举被认可[为有效]；或者[一个选举]被否坚决为[无效]。）参较 Hugelmann, "Kaiserweihe," 27; Kempf, *Innocenz III.*, 125, n. 49。在该案中，公开承认了两位事实上的国王同时存在，而哪一位是法律上的国王则留给教宗裁决。

⑲ 1386 年议会抱怨国王的恩赏"剥夺了王冠的继承权"（en desheritison de la Corone）(*Rot. Parl.*, III, 216)；1388 年又有一次（III, 230, Art. v）；1393 年，《藐视王权法》(Statute of Praemunire)抱怨教宗的要求是"剥夺了王冠的继承权，且损害我们君尊之主国王"（en overte desheritance de la dite corone et destruccion de regalie nostre dit seigneur le Roi）(Lodge and Thornton, *Documents*, 312)；1399 年，国王被指控其行为"in magnum preiudicium Populi et exheredacionem Corone Regni"（藐视群众和剥夺王国王冠的继承权）(*Rot. Parl.*, III, 420, §41)；Hartung, "Die Krone," 16ff.

王的行为"剥夺了王冠的继承权"。[199]

　　这个比喻的重点基本上就在于"剥夺",值得我们注意。它明显来源于继承法,意思是某人因某种原因被剥夺了作为某项财产继承人的法律权利。[200]我们还记得,继承法与永久性以及王冠的不断传承有密切联系:正如统治权(*dominium*)从父亲转移给儿子,期间没有任何间断,王冠也是无任何间断地传给新王。[201]显然,王冠既然是某种涉及所有人的东西,就不是一项私人遗产,而是公共遗产,如一位都铎时期的作者所说:"国王们不是国王们的继承人,而是王国的继承人"。而特雷·鲁日(Terre Rouge)这样的法国宪制主义者则费尽心机地指出,王冠的继承人,正确说来,绝非其前任的继承人,因为他所继承的乃是对并非他所拥有之物、而是公共之物的管理权。[202]因此,剥夺王冠继承权的犯罪[374]不只是普通的剥夺行为;用法律语言来说,它意味着对一个未成年人的剥夺。

---

[199] 关于奥列隆,参见 Rymer, *Foedera*, I, 1, 374: "…posset…exhereditationis periculum imminere."(剥夺继承权的危险可能迫近发生。)参较 Hartung, "Die Krone," 10. 关于爱德华一世,参见,例如他致教宗尼古拉四世的信(Rymer, I, 2, 740),在其中国王宣称他将避免 "exheredationem nostram quae statum coronae nostrae contingit"(剥夺和朕的王冠身份相关的继承)。关于爱德华二世,参见 1308 年的宣言(Lodge and Thornton, 11),在其中贵族们抱怨 Gaveston 损害王冠的继承权;在 1311 年的法令中(§23)他们称 Lady de Vescy 产生了"对国王造成损害和不名誉,且剥夺王冠继承权"(a damage et deshonour du roi et apert desheriteson de la corone)的影响(另参 §20,提到 Gaveston; *Statutes of the Realm*, I, 162),之后,男爵们在 1310 年的"条款"中也指控国王"对你和你的王权造成继承权损害和不名誉,且损害你的王冠的继承权"(desheritaunce et deshonour de vous et de vostre roial poer, et desheritaunce et vostre corone); *Annales Londinienses* (*Chronicles of the Reigns of Edward I and Edward II*, vol. I), 168. 参较 Hartung, "Die Krone," 12ff,实际上引用了这里提到的所有地方。

[200] 布雷克顿当然讨论了 *exhereditatio* 的法律问题;参见,例如 fols. 80f, Woodbine, II, 233f. 关于英国继承法与罗马法和教会法相比之下的某些特殊性,参见 Güterbock, *Bracton*, 125ff; Holdsworth, *History of English Law*, III, 74f. 不过,这并不是这里要讨论的问题。

[201] 上文注 53 以下。

[202] McIlwain, *Political Thought*, 382, n. 4, quoting Adam Blackwood. 福特斯鸠也表达了同样的观念(即,被继承的王位属于公共性质,而非私人性质);参较 Chrimes, *Ideas*, 10ff. 关于法国,这个问题常常与萨利克法联系在一起讨论,参见 Church, *Constitutional Thought*, 28f;另参 Lemaire, *Lois fondamentales*, 55ff; J. M. Potter, "The Development and Significance of the Salic Law of the French," *EHR*, LII(1937), 235-253.

戴克里先和马克西米亚努斯皇帝的一项法律宣布,"国家"(*respu-blica*)按惯例适用未成年人的权利,所以,就可以请求获得"恢复先前法律地位"(*restitutio in integrum*)的救济;而注释家们解释说,在此方面,国家与教会处在同一层面上。[203]不过,在奥古斯丁时代著述的罗马法学家拉贝奥(Labeo)宣称有一份敕令(edict)适用于"疯子、儿童和城市"。[204]这个看起来有点奇怪的组合,其可比点(*tertium comparationis*)在于,这三者都不能管理自己的事务,除非通过一位保佐人(curator),而后者必须是一个精神正常、成年和自然的人。当合众体理论(corporational doctrines)在 13 世纪的过程中发展起来的时候,"城市",*civitas*,这个概念合乎逻辑地转变成了指任何共体(*universitas*)或任何合众体(body corporate),并且这成了一种惯常的表达,表示共体永远是一个未成年人,因为它需要一位保佐人。在此意义上,教会法学家们发展出了一种更详细的理论,按照该理论,主教被视为他的教会的监护人或保护人,由此教会——被"比附于"(equiparated)国家——也被视为一个未成年人。[205]这样,永远不成年的合众体就享有了一个未成年人所享有的一切特权:时效不能对未成年人发生不利的效果;保护人,或者就此而言,任何人,都不得让渡或消灭受托的财产和财富;保护人有责任保护未成年

<hr>

[203] C.2,54,4:"Res publica minorum iure uti solet ideoque auxilium restitutionis implorare potest."(国家根据未成年人法律按惯例能够请求恢复[先前法律地位]的帮助。)参见 *Glos. ord.* on this law, v. *solet*:"Sicut enim minores sunt sub curatoribus, sic et respublica sub administratoribus…sic et in ecclesia cum reipublicae parificetur."(因为就像未成年人受监护人保护,同样国家受管理者管理……即便在教会中也是和国家一样行事。)相应地,Hostiensis, *Summa aurea*, on X 1, 41, n. 4, col. 414(引用 Guilelmus Naso,一位早期的教会法学家,著述时间约在 1234 年):"ecclesia fungitur iure minoris, nam comparatur reipublicae."(教会根据未成年人的法律工作,因为教会可比作国家。)这当然也是林肯主教 John Russel 于 1483 年所作的议会讲道的来源,当他描述英格兰的"奥秘或政治身体"时,反复强调了 *res publica fungitur iure minoris*(国家根据未成年人法律工作)。参见 Chrimes, *Const. Ideas*, 180(n. 1) and 187;参较上文第五章注 93 以下。合众体的主题当时一定相当流行,因为这位讲道者在下一届议会中(亨利七世治下举行的第一次议会,1485 年)在他的讲道中讨论了 Menenius Agrippa 的故事;参较 *Rot. Parl.*, VI, 267。

[204] D.4,6,22,2:"Quod edictum etiam ad furiosos et infantes et civitates pertinere Labeo ait."(同引文)参较 Gierke, *Gen. R.*, III, 99, n. 223,另参 157, no. 102。

[205] Gierke, *Gen. R.*, III, 332, n. 274,以及上文注 203。

人的财产,使之不受损害,而后者的财产是"不可让渡的",受到[375]"恢复先前法律地位"(*in integrum restitutio*)这一措施的特别保护,即将某物恢复原状或撤销所有变动、恢复原来状态,以此抵御欺诈行为。这个理论引起的某些困难是无关痛痒的,比方,当法学家们搞笑地辩称,鉴于教会是一个"新娘"(*sponsa*),因此不可能未成年。[206]人们也承认,主教与教会的关系在某些方面与保护人与未成年被保护人的关系不同,例如,主教——或其主教尊荣(episcopal dignity)——是一位永久性的保护人,永久地享有对未成年被保护人财产的用益权,而普通的保护人职位在时间上是有限的(至未成年人成年),并且排除用益权。[207]不过,所有这一切并没有阻碍人们普遍接受这条规则,即法人或合众体(juristic person or corporation)享有特权,并被视作未成年人。

这些原则在英格兰与其他地方一样人尽皆知。布雷克顿非常熟练地处理了这个问题:

> 鉴于教会处于一个未成年人的地位,它是通过其教长取得和保有[财产],就像一个未成年人通过保护人取得和保有那样。尽管教长可能死亡,但教会并不失去更多的权利……比之于一名保护人去世的未成年人。[208]

---

[206] Gierke, *ibid.*, n. 272;另参 Hostiensis, *Summa aurea*, col. 414(上文注 203).

[207] Gierke, *ibid.*, 256, n. 40, 首先引用 *Glos. ord.*, on c. 3, C. 5, q. 3, v. *quia episcopus*: "Nulla est enim comparatio inter tutores et praelatos, quia tutor est temporalis, praelatus est perpetuus; tutor non utitur bonis pupilli, sicut praelatus bonis ecclesiae; tutela est onus, sed praelatura est honor etc."(在监护人和高级教士之间没有可比性,因为监护人是暂时的,教士是永远的;监护人并不像教士利用好教会那样利用好学生;监护工作是重负,但是教士工作是荣誉……)

[208] Bracton, fol. 226b, Woodbine, III, 177: "Et cum ecclesia fungatur vice minoris, acquiritur per rectorem et retinet per eundem, sicut minor per tutorem. Et quamvis moriatur rector, non tamen cadit ecclesia a seisina sua de aliquo, de quo rector seisitus moritur, nomine ecclesiae suae, non magis quam minor si custos suus moriatur et pervenerit in alterius custodiam; et per hoc non mutatur status minoris."(教会扮演未成年人的角色,通过教区长获得和保有财产,就像未成年人通过他的监护人那样。即使教区长死去,教会并不从那个时候起——自作为财产所有者的教区长死去的时候——停止拥有自己的所有权,在教会的名义上,同样一个未成年人也并不[停止拥有所有权],如果他的监护人死去,他将进入另一个人的监护中:通过这样未成年人的身份并不改变。)

梅特兰说："这里,我们有一个法人(juristic person),即教会,有一个自然人为其保护人,有一位保护人和裁判者审查保护人的管理行为,因为有些事情,如果没有保护人和裁判者的同意,教长也不能做。"[209]值得注意的是一个 1294 年的案件——发生诉讼来得相当晚,这是到了爱德华二世的第一年——因为这里与剥夺继承权的关系变得相当明显。法庭认为:

> 教会,始终未达成年,就取了未成年人的地位;如果未成年人必须遭受[376]因保护人疏忽而导致的继承权剥夺,或者当未成年人希望就那些因其保护人而遭到继承权剥夺之物发声时,会被阻止为该等行为,这样是不符合法律的。[210]

换句话说,保护人的疏忽不得导致对被保护人的继承权剥夺,教会教长的疏忽也不得导致对其教会的继承权剥夺。相反,未成年人(亦即,教会)可以诉至国王的法庭,要求撤销该等继承权剥夺。

不过,到这个时候,关于教会和国家永久未成年的理论转移到了王冠:它与王冠权利或王冠财产不可让渡的复杂观念以及"时间不与国王为敌"(*Nullum tempus currit contra regem*)的格言融合在了一起。在

---

[209] Pollock and Maitland, *History*, I, 504; cf. 503, n. 2.

[210] *Placitorum abbreviatio*, 304(Norfolk), 1 Edward II: "Set quia ecclesia que semper est infra etatem, fungitur vice minoris, nec est iuri consonum quod infra etatem existentes per negligentiam custodum suorum exhereditacionem paciantur, seu ab accione repellantur, si logui voluerint de hiis que per custodes suos ad ipsorum infra etatem exhereditacionem minus rite facta fuerint, quin potius ad ipsam revocandam audiantur in curia Regis et ad hoc admittantur ex consilio curiae, dictum est predicto Adam etc. "(同引文)参较 *Year Books*, 22 *Edward I* (London, 1873, Rolls Series), 33: "le Eglise est deinz age"; 参见 Pollock and Maitland, *History*, I, 503, n. 2. 另参 *Year Books*, 10 *Edward II*, 1316-1317, Y. B. Ser. , XXI(Selden Society, LIV, 1935), 197: [Serjent Toudeby]"...kar ele[seint Eglise]doit de resoun estre deinz age touz jurs en mayn de gardeyne. "(因为它[圣教会]很合理地保持管理权,它永远是未成年的。)普世教会的保护人当然是教宗。参见,例如 Baldus, on *D*. 4,4,39, n. 45, fol. 234ᵛ: "Ecclesia sine papa nihil agit, ideo oportet[quod]per alium regatur, sicut et regitur minor. "(教会没有教宗就无法行动,因为它应该被一个人统治,就像未成年人被管理一样。)

13 世纪的最后 10 年中,法庭中开始出现一些案件,在其中讨论到"王冠被剥夺继承权"的问题;㉑稍后,我们发现在罗马法-教会法程序中常见的、用于合众体未成年性质的词汇,被运用到了国王和王冠身上。这一点尤其反映在"妨碍圣职举荐"(*Quare impedit*)案中,在该案中,王冠主张享有对一间教会的圣职举荐权。在"国王诉拉铁摩尔"(*King v. Latimer*[10 Edward II])一案中,官方的案件记录这样说:

> [国王]向前述教会送上了前述教士罗伯特,乃是凭借他王冠的权利,王冠是始终处于未成年人的年龄,且在本案中不受时间影响……㉒

[377]同一年,普通诉讼法院的斯克洛普法官(Justice Scrope)在国王诉沃克索普修道院(*King v. Prior of Worksop*)一案中认为,教会的这个头衔乃是来源于约翰王,当今国王的曾祖父,

> 我们已经谈过他是如何取得此项圣职举荐权,并将其当作王冠权利之一,并且,没有什么权利可以压倒他的王冠的权利、可以对抗我们的君尊之主,因为它永远未成年、不能在法庭中丧失……㉓

不过,斯克洛普法官在他的论辩中并不总是保持一致,因为在"拉铁摩

㉑ *Select Cases in the King's Council*, pp. iixf.

㉒ *Year Books*, 10 *Edward II*, 1316-1317, 46(Record of the case):"J(ohannes) Rex ad predictam ecclesiam presentavit predictum Robertum clericum suum ut de iure corone sue que semper est quasi minoris etatis et cui in casu nullum tempus currit etc. "(同引文)这个案件也见于 *Placitorum abbreviatio*, 339(15 Edward II),Pollock and Maitland, *History*, I, 525, n. 2 引用了。关于妨碍圣职举荐令状(writ *Quare impedit*),参见 Holdsworth, *History of English Law*, III, 661, No. ii.

㉓ *Ibid.*, 74:"...et avoms dit coment y fut seisi de cel avouson cum du dreit de sa Coroune. Ou nul dreit sur dreit de sa Coroune ne pust a nostre seignur le Roi qe touz jurs est deinz age et ne put perdre en curt. "(我们说他有这些权利是与他的王冠有关系的。没有什么权利超过王冠的权利,都来自我们的国王,而他永远是未成年的,也不能消失。)

尔案"(*Latimer* case)中,在官方记录清楚地谈到王冠的未成年性质时,斯克洛普说:

> 国王也曾经谈到他的王冠的权利,鉴于就该等权利,时间不能对抗国王,因为他[国王]始终保持未成年,因而我们向我们的主国王请求裁决……⑭

在这里,还有其他一些地方,王冠与国王之间的区别是模糊的:法官们可能受到了关于国库的格言"时间不能对抗国王"的误导,错误地赋予国王未成年性质,而明显应该是指王冠。法官们自己也注意到了这种精确性的欠缺;因为,在沃克索普修道院案中,当斯克洛普法官出现失误、谈到国王的未成年属性时,图德比高级律师(Serjeant Toudeby)插进了一句值得注意的讽刺性评论:"国王不过是王冠的保护人"。⑮然而,对这个问题完全正确的洞见,却并不能防止图德比在同一案件后来的庭审中落入相同的陷阱,类似地谈到国王"永远未成年,并且因而时间不能对抗他"。普通诉讼法院的首席法官贝尔福德(Chief Justice Bereford)打断他说:"如果国王永远不成年,[378]那么按照你的说法,他所订立的契据就没有一份对他有约束力;反过来才是对的……"⑯

---

⑭ *Ibid.*, 45:"...et le Roy ad parlé du droit et de sa Coroune. Ou nul temps de teu droit encurt au Roi pur ceo q'il est toz jurs deynz age."(国王说到他王冠的权利。任何时候都不能反对国王,因为他永远是未成年的。)另参 Justice Scrope(*ibid.*, 75):"...et le Roy est touz jours deinz age issint qe encountre ly nul temps ne court quaunt a maintener l'estat de sa Coroune..."(国王永远是未成年的,所以在他保有王冠的任何时候,都不能反对他。)

⑮ *Ibid.*, 74:"le Roy n'est qe gardein de la Coroune."(同引文)法官们所说的几乎成了谚语:"Rex debet esse *tutor regni*, non depopulator nec dilapidator."(国王应该是王国的监护人,不是掠夺者也不是破坏者。)参见,例如 Baldus, on the decretal of Honorius III(c. 33 X 2, 24), *Decretales*, fol. 261. 在其他方面,国王是本国所有教会"最高的保护人"(*Soverein Patroun*); *Year Books*, 17 *Edward III*(Rolls Series, 1901), pp. l–lii, and 538, No. 396.

⑯ *Ibid.*, 198, 关于 Bereford:"Si le Roi fut tut tenps deinz age, nul fet q'il fet li liereit a vostre dit. *Cuius contrarium est verum etc.*"(同引文)另参 *Year Books*, 5 *Edward II*, 1311, Y. B. Ser. X(Selden Society, LXIII, 1944), 167, 在其中 Toudeby 类似地说"国王始终处于未成年状态,而在其他地方他可以变更对同一财产享有的权源(title)"。Bereford 偶尔认为"le roy est sur la ley"(国王是在法律之上的),在这一点上 Toudeby 与他的(转下页注)

法学家们的歧义纷纭为许多细节提供了说明。我们知道了王冠，好像一间教会，被当作一个合众体，并且在这一点上，"王冠"（corona）与"教会"（ecclesia）构成对等关系；因为永远的未成年毫无疑问地表达了合众体的性质。[217]进一步，我们发现，当法官们宣称国王也永远未成年时，他们就通过暗示的方式，或许也是不可避免地，向国王赋予了一种类似的合众体性质。贝尔福德法官正确地对此提出批评：一个未成年人的行为只具有有限的效力，如果说还有任何效力的话。事实上，国王在未成年期间所作的恩赏，也需要在他成年之后加以确认。亨利三世的时候就是如此，到亨利六世的时候也还是如此。尽管在此过程中，在爱德华三世未成年期间，一些"王国的贵胄和智者"宣称国王未成年并不导致大写国王的赠礼无效。[218]这个观点当然是发展过程中的一个步骤，朝向都铎法学家所创制的更简洁和理性化的法律原则，他们认为，作为大写国王的国王和作为政治之体的国王是永远不会未成年的、不会患病、也不会衰老。因此，从同样的合众体前提出发，产生了两种截然相反的观点：一个永远未成年的国王，对上一位永不未成年的国王。当然，在两种情况下，意图都是要强调国王及其权利的例外地位，亦即，他与王冠共享的永久性。不过，都铎法律家们多少构成了一种国王政治之体与王冠完美性的融合——培根提到"王冠的政治之体"，尽管他继续说的是："在法律上，国王永远不可以说是未成年的"[219]——而他们的中世纪先人则形成了一种[379]国王尚未分化的各种职能（capacities）与一个合众体性质王冠的混淆。1300年前后的法官们所提出的论辩看起来诡异地缺乏逻辑，尤其是，当我们想到高级律师图德比的论辩，他完全同意教会法学家和大陆法学家的教导，表示"国王只是王

（接上页注）意见相同（"et pur ceo est il［the king］sanz piere et passe tote la ley"［而因此他没有地位相同的人，所有的法律都是他颁布的]）；参较 *Year Books*, 8 *Edward* II, 1314-1315, Y. B. Ser. XVII(Selden Society, XLI, 1924), 74-75. 关于英国法律家们在区分国王的各种能力时有多困难，见 G. O. Sayles, *Select Cases in the Court of King's Bench under Edward I*(Selden Society, LVIII, 1939), III, xliiif.

[217] Maitland, *Sel. Ess.*, 106.

[218] Holdsworth, *History of English Law*, III, 464.

[219] Bacon, *Post-nati*, 668；上文第一章注9。

冠的保护人"。[220] 因为,有永久的未成年人,即王冠,就要有一个永久的成年人来做保护人,即一个国王,他像王冠那样,永远不死、永不未成年、永不患病、永不衰老。在这一点上,最终,贝尔福德法官在裁决中所说的完全合理,他说如果国王是一个永久的未成年人,那么他,国王,就不能为他所做的任何事承担责任,这显然违背事实。不过,未成年理论被击败,首先是因为国王作为"王冠保护人"的责任,因为一名保护人依照定义必须是成年人。

很明显,1300 年前后,法官们不经意地将合众体永久未成年的新理论从国家(respublica)和教会转移到了王冠,由此发现要将该理论与国王的职位(office)和人格(person)协调起来极为困难。尽管他们极有可能绝不会冒险认为一名主教"永远未成年",因为要区分主教与主教职位非常容易,但是,"王冠"这个尚未界定的、模糊的概念,且在许多方面与国王的权力和尊荣重合,令他们进入了歧途。爱德华二世时期的法官们形成了一种与 1308 年的贵族类似的混淆,将未成年的王冠与其成年保护人分割开,而他们实际上想要的效果是将一个私人与他的保护人身份分割开。王冠本身是一个复合身体,以国王为头,以属灵和世俗贵族为肢体;而当法官们将合众体未成年理论应用于这个王冠时,他们当然是搞错了。然而,通过将国王与王冠混淆在一起,并且,可能只是误用,将永久未成年的合众体属性赋予了国王,这些法学家就堪堪制造出一个真正的单人合众体(corporation sole):未成年的国王。如果他们继续沿着这条不合逻辑的道路走下去,应该会制造出某种其他的国王,以之为那拟制的未[380]成年国王的保护人,这样就会不断倒退。不过,理性最终获胜:法庭指出,国王"只是王冠的保护人",并且,整个关于王冠未成年性质的论辩很快就从法律讨论中消失了。尽管如此,我们注意到,一个人可以如何轻易地得出国王完全由自己构成一个合众体的结论。确实,"王冠这个合众体与王国内的所有其他合众体相比存在根本性的不同"。[221]

---

[220] 见上文注 215;另外,关于国王作为国库的管理人,见上文第四章注 310。

[221] Bacon, *Post-nati*, 667.

在这个关节点上，我们可能会想起王朝延续性的概念，它暗示了王冠的继承性延续，并因此也就暗示了王冠的继承性保护人身份。爱德华二世偶尔提到了这个王朝性的观点，就在他继位之后、加冕之前，他写信给一位枢机主教：

> 鉴于朕乃是在继承性的英格兰王国施行统治，有一件事应当首先加以衡量，且带着洞察力和仔细考量，那就是，朕之王冠和国王尊荣的……权利……可以如何得到保存而不致缩减。㉒㉒

换句话说，在施行统治者的表述中，王朝是一个永久王冠的永久保护人，或者，更正确地说，王朝是一个由诸多保护人组成的身体的永久之头，这个身体的肢体是贵族。因其延续性，王朝就与传统的合众体的头不一样，后者的职位并不是世袭性的，这一点很容易注意到。只有国王有权谈论他的王家权力和王家产业"以及他的继承人"(his *heirs*)。㉒㉓不过，在普通合众体的案例中，人们开始越来越怀疑"继承人"这个字，到了14世纪，法学家们正确地将"继承人"(heirs)这个词替换为了"继受者"(successor)，㉒㉔这个区分后来给了培根一个很好的机会，使他能够完全拒绝将教会-合众性的平行项(ecclesiastico-corporational parallels)适用于王冠。

> [381]因为没有人可以向我说明，英格兰的所有合众体，无论是何种性质，它们究竟是由一个人还是由许多人构成的，或者，它们究竟是世俗的还是教会的——没有一个人说"他"或"他的继承

㉒㉒　Rymer, *Foedera*, II, 2, 21f; Richardson, "Coronation Oath," 62, n. 91.

㉒㉓　参见，例如 the Statute of York; Lodge and Thornton, *Documents*, 129, No. 4. 反之亦然，国王的先人被称为他的"祖先"；参见，例如 Sayles, *Select Cases* (Selden Society, LVII, 1938), II, p. lxi, n. 1; "未经咨询本人，国王或其祖先不受审判。"另参 *Year Books*, 17 *Edward III* (ed. Pike; Rolls Series, 1901), Introd., pp. l-li, 关于"由国王的祖先"所建立的教会的圣职举荐权。

㉒㉔　这些观察是 L. O. Pike 在他编辑的《法律年鉴》序言中所作的，见 *Year Books*, 16 *Edward III* (Rolles Series, 1896), I, xlivf, 另参 lxxxivf; 参较 Holdsworth, III, 483。

人"(his heirs)，而都是说"他和他的继受者"(him and his succes-
sors)……因为国王是以自然之体的方式提到"他和他的继承人"，
而"继受者"一词是冗余的：每次用到这个词，从来都是要跟在"继
承人"后面：国王、他的继承人和接受者。㉕

将自然之体的王朝延续性，与作为政治之体的王冠的永久性，结合到施
行统治的国王的人格之中，正是这一点，造成了中世纪晚期英国政治理
论中许多的模糊和歧异之处。

总结一下，我们发现自己陷入到一堆互相交织、重叠、矛盾的政治
思想线索中，而所有的一切都以某种方式汇合到王冠的概念中。王冠
是不可让渡的国库财产的所有人；王冠保卫"涉及所有人"的不可让渡
的权利；而由此发生的法律争议，包括牵涉教会法庭的刑事案件和诉
讼，都无差别地作为"王冠的诉讼"(pleas of the Crown)来处理。王
冠，作为整个政治之体全部主权权利——包括国内和国外——的体现，
高于其所有个体成员，包括国王，尽管也并不能与他们分离。在许多方
面，王冠与作为政治体之头的国王重合，它当然也在王朝的层面上与他
重合，因为王冠是凭借继承权传递给国王的。不过，同时，王冠也表现
为一个集合的身体，是国王与那些对维护王冠和王国不可让渡之权利
负有责任之人的总和。作为一个永久的未成年人，王冠本身具有合众
体的属性——以国王为其保护人，尽管同样也不是国王一个人，而是那
个由国王和贵族组成、一起被认为构成或表现了王冠的集合体为保护
人。王冠的概念实在包含了数不清的层面，当时的人们不假思索、轻易
地将其应用于所有类别的职能和资格(capacities and competences)，我
们也很难责怪法官、贵族或者国王自己，没有清晰地、不含混地界定
[382]什么是王冠。不过，王冠在当时是一个活的概念，并且，因为那种
活生生的复杂性，它就得以拒绝一切以不含混的措辞把握其实质的尝
试：从一个角度来看正确的，从另一个角度看就不对了。

㉕　Bacon, *Post-nati*, 668.

我们能够提出的说法是，按照弗朗西斯·培根爵士所说的，国王与王冠乃是"不可分割的，尽管判然有别"。[226]还有一点，看起来相当清晰地显现出来，就是：王冠很少有"人格化"（personified），但常常被"身体化"（bodified）。相比于"奥秘之体"，王冠是且保持为一个复合身体。这个政治之体，既没有与作为头的国王这一组成成分分开，也没有与那些作为肢体一同为"王冠的身份"（*status coronae*）承担责任的人分开。这些肢体是谁取决于不同的情况：他们有时是咨议会成员，有时是贵族，有时是在议会中集议的贵族和平民。中世纪关于政府的有机体概念在英格兰令人惊异地长期存在，而议会这样一个代表机构的存在则为其提供了支持。在议会中，王国的"道德与政治之体"（*corpus morale et politicum*）真实地活着，且可以被人看见。当然，王冠总是以国王为个人性的代表；但是，出于某些税收、司法或行政的目的，王冠同样可以为此（*ad hoc*）成为准合众体性质（quasi-corporate），[227]当国王实际穿戴上权标（insignia），（如亨利八世所说）"在议会召开时，朕作为头，你们作为肢体，在一个政治之体中联合和结合在一起"，王冠就以合众体的形式被人看见。

无论如何，在中世纪晚期的英格兰，王冠并不是大陆上的"国家"（State）在 16 世纪及以后所形成的那种拟制人，不是一种不仅高于其成员、而且与成员相分离，享有自身权利的人格化主体。中世纪英格兰显然并没有跨出这一步。尽管如此，在英格兰我们也开始看到有拟制或拟制性的迹象出现，就是当都铎法律家们开始区分国王的自然之体与国王的政治之体，开始——或许并不是完全，但至少是在很大程度上——将后者（带有一切属于"天使"或其他超自然存在特征和属性）认定为"王冠的政治之体"。[383]这类从属于一种高度抽象性质的特征，完全来源于教会法和罗马法，在两大法系中，它们被用于界定只由一人构成的合众体，教会法和罗马法将这种合众体构建和表述为"尊荣"（*Dignitas*）。英国法律家们采纳了这个概念的精髓，尽管很少在拟制

---

[226] *Ibid*., 670.

[227] Cf. Post, "Quod omnes tangit," 223, nos. 125f.

人的意义上使用这个概念,但他们精巧地将其所有特质嫁接到英国现有的条件上,并将其所有成分转移到最高贵的职位,即国王的职位上,也转移到这个职位的象征符号王冠上。

三、尊荣永远不死(Dignitas non moritur)

王朝的观念保证了国王自然之体的延续性——或者说是在次第继承中作为"王冠保护人"行事的个体国王的延续性。以国王为头的整个政治之体,其主权权利的永久性,被理解为蕴含在王冠中,尽管这个概念可能还相当模糊。这两项原则——个人的不断继承,以及集体的合众永久性(corporate perpetuity of the collective)——看起来必须与第三个概念相配合,没有这第三个概念,关于国王"两个身体"的论证就会变得几乎无法理解,这个概念就是:尊荣(Dignitas)。

我们还记得,12 世纪开始产生一种习惯,就是在某些类别的令状中(尤其是那些涉及教会法庭的,但涉及其他的也有),某些法律案件被归为从属于"王冠和国王的尊荣"(ad coronam et dignitatem)。[28]更有甚者,国王们并非罕见地遭到指控——我们会想起爱德华二世或理查二世——罪名是"损害和伤害英格兰的王冠以及国王的尊荣以及继任诸王"。[29]如果把"尊荣"这个词的意思仅仅理解为道德或伦理品质,亦即,某种与"不荣誉的"(undignified)行为相反的东西,是一种错误理解——尽管这个含义也包括在内。同样,如果认为"王冠"和"尊荣"是同义词,可以互换使用,或者只是冗词,那也是错误的,尽管,[384]更多时候,这两个词缺乏精确性且被人不假思索、混淆地加以使用。王冠,按照我们之前尝试解释的,主要是指整个王国集合体的至高权(sovereignty),因此保护王冠的完整性就成为一件"涉及所有人"的事。而尊

---

[28] 上文注 107 以下。

[29] 参见,例如 *Rot. Parl.*,III,360,撤销(1397 年)对迪斯潘瑟家族的判决被说成是"emblemissement et prejudice de sa corone et sa dignitee royale et de ses heires roys d'Engleterre."(象征性地可以推定他的王冠,他在英格兰的王家尊荣和其继承人的王家尊荣。)参见 Hartung,"Krone," 17f;另参 18, n. 4。

荣与王冠不同。这个词主要是指国王职位的独特性,指人民赋予国王、单单属于国王一个人的至高权(sovereignty)。当然,这并不表示国王的尊荣是某种只涉及国王一个人、并非涉及所有人的东西。鉴于为了整个王国的利益必须维护和尊重国王的尊荣,以及他的特别裁断权(prerogative rights)。因此,尊荣也就不仅仅属于私人性质,而是具有公共性质了。它就像"国王的职位"(*officium regis*)一样并非私人事务,并且很大程度上与"国王的职位"相当。

但是,"职位"(*Officium*)与"尊荣"(*Dignitas*)并不完全是一回事,而两个概念之间的区别有时会引起麻烦。法学家们——例如,巴托鲁斯,或者巴尔都斯——非常正确地指出,一个人可以拥有元老或地方总督的尊荣,或者拥有"杰出的"(*superillustris*)、"著名的"(*illustris*)、"壮观的"(*spectabilis*)或者"高贵的"(*clarissimus*)这类尊荣,但并不担任职位。因此,巴托鲁斯认为,严格说来,我们只能说"职位本身并不是一个尊荣,但有一个尊荣附着于其上(*habet dignitatem annexam*)"。[㉙]尽管这类区分都是正确的,法学家们在总体上还是采用了教会和教会法至少自 13 世纪以来所发展的术语体系。因为按照教会法的用法,如果说这些概念还有区别的话,[㉚]更多是"尊荣"而非"职位"[385]成为了这类法律推理的主题,而正是从这类推理出发,尊荣最终变成了一种合众性的实体(corporate entity)。

㉙ Bartolus, on *C*. 12,1, rubr. , n. 38, fol. 53ᵛ: "proprie enim loquendo aliud est officium, aliud dignitas,"(恰当地说,职位是一个,尊荣是另一个。)and *ibid*. , n. 44: "vere enim officium ipsum non est dignitas, sed habet dignitatem annexam."(同引文)Baldus, on c. 8 X 1,2, n. 9, *In Decretales*, fol. 19: "Dignitas est in habendo officium et in illud exequendo. Et nota quod de iure civili sunt quatuor dignitates tantum proprie logquendo, scilicet superillustris, illustris,"(尊荣在于拥有职位和履行职位。并且要注意,关于民法恰当地说只有四种尊荣,即杰出的,著名的,等等。)

㉚ 教会法学家们貌似很愿意将 *officium* 与 *dignitas* 等同起来;参见,例如 Johannes Andreae, on c. 28 X 3,5, n. 13, *Novella*, fol. 35: "Sciendum est quod dignitas et personatus et officium videntur synonima."(要知道,尊荣和人格和职位看起来是同义词。)他引用的是 Innocent IV, *Apparatus*,论同一项教令,nos. 6-7(Lyon, 1578), fol. 237,在其中作者做了一个与 *personatus* 有关的限定, "quia *personae* ecclesiarum dicuntur in Anglia, quae praesunt ecclesiis"(因为教会的人格据说在英格兰,代表着教士们)(即, *parsons*)。关于"parson-person"与独体法人的关联,参见 Maitland, *Sel*. *Essays*, 87。

不死鸟(PHOENIX)

与通常情况一样,教会法理论的蓬勃发展建立在一个非常坚实的个案基础之上。教宗亚历山大三世在位期间,莱斯特和温切斯特修道院院长担任特派法官(delegate judge)。当温切斯特院长去世时,莱斯特院长等待新院长选出,然后才与继任者,即新选的温切斯特修院院长,一同恢复工作。教宗批准了这次更替,因为,他解释说,特派法官的权力起初是授予"温切斯特修道院院长",只提到地名,没有提到人名;因此,这项委任就自动授予了新任温切斯特修院院长。[232]尽管这种做法本身可能已经执行了许久,但无疑是教宗亚历山大三世——本人就是一位杰出的法学家——对既有做法进行了理性化,并构建出一项法律原则,法理学家们也很快领会了其中的含义,并加以扩展。13 世纪初有一部关于教会法程序的作品《司法秩序》(*Ordo iudiciarius*),作者强调了提到特定人名和遗漏特定人名的委任状之间的区别;亦即,按照技术性的说法,就是"依人所设"(*facta personae*)的委任与"依尊荣所设"(*facta dignitati*)的委任之间的区别。[233]与此同时,一位教会法学家达玛苏斯(Damasus,ca. 1215)在对亚历山大教宗的教令所作的一则注释中,提出了这个决定性的说法:*Dignitas nunquam perit*,"尊荣永远不死,尽管个人每天都在死亡"。[234]当这条教令被收入格利高里九世的《教令拾遗》时,它——被称为"来自修院长"(*Quoniam abbas*)——获得了一个简练的标题:"一项针对尊荣所作的委任,没有表达特定的姓名,传递

---

[232] 参见 c. 14 X 1, 29, ed. Friedberg, II, 162:"...quia sub expressis nominibus locorum et non personarum commissio literarum a nobis emanavit. "(……因为我们的书面委任在地方而不是人的名字表达之下)

[233] [Damasus], *De ordine judiciario*, c. 42, ed. Agathon Wunderlich, *Anecdota quae processum civilem spectant*(Göttingen, 1841), 84:"Item de persona ad personam, puta, si scribatur abbati Sancti Proculi, nomine proprio non expresso, extenditur ad eius successorem"(同样从个人到个人,要考虑到,如果书写到圣普罗克鲁斯的修院长,确切的名字不表达出来,那么对他的继位者是方便的。)(另参 c. 43). Gierke, *Gen. R.*, III, 271, n. 73;另参 Kuttner, *Repertorium*, 428, n. 3, 他(还有 H. Kantorowicz)怀疑 Damasus 并不是 *Ordo iudiciarius* 的作者,尽管该书作于 1215 年前后。

[234] Damasus, on c. 14 X 1, 29(quoted by Gierke, *loc. cit.*):"...quia dignitas nunquam perit, individua vero quotidie pereunt. "(同引文)

[386]给继任者".[235]最后,在 1245 年帕尔马的伯纳德(Bernard of Parma)编纂的《注释汇编》中,一方面重述了标题,同时也就既有做法提出了清晰的理由:"……因为前任与继任者被理解为一个人,因为尊荣并不死亡".[236]也就在这几年中,教宗英诺森四世在他论教令的《注解》(*Apparatus*)中同样构建了前任与继任者人格同一性的拟制,他的论述在接下来的几代注释家中都是定论。[237]

Dignitas non moritur,"尊荣不死"——这项原则当然不仅指向接受任命者,同时也指向作出任命的上级(dignitary)。因为作出委任的主权者,即教宗,可以以两种方式进行委任:他可以使委任根源于他的人格,在此情况下,当教宗去世时,委任即告终止;或者,他也可以使之根源于圣座的尊荣,在此情况下,权力的委托也对继任的教宗具有约束力,*quia Sedes ipsa non moritur*,"因为圣座本身并不会死亡"。通过教宗卜尼法斯八世,这条格言——尽管此前已经相当流行——具有了权威性,因为他将其插入了自己《教令六书》(*Liber Sextus*)中的一项教令中,表示圣座授予教士的圣职,除非撤销,否则"将永久持续,因为圣座不会死亡".[238]在这个情况下,由于圣座之尊荣的永久性,使得圣职的授予无须更新,因为,《教令六书》的注释者说,"教宗职位或尊荣的承担者可能死亡,但教宗职位(*papatus*)、尊荣(*dignitas*)或治权(*imperium*)存到永远".[239]

---

[235] Friedberg,II,162:"Delegatio facta dignitati non expresso nomine proprio transit ad successorem."(同引文)

[236] *Glos. ord.*,on c. 14 X 1,29,v. *substitutum*:"...quia[praedecessor et successor]pro una persona intelliguntur:quia dignitas non moritur."(同引文)

[237] Innocent,*Apparatus*,on c. 28 X 1,6,n. 5,fol. 39,引用 *Quoniam abbas*,这样说:"finguntur enim eaedem personae cum praedecessoribus(他们与他们的先任被认为是相同的人格)"参较 Gierke,*Gen. R.*,III,272,n. 77;见上文第六章注 97。

[238] 参见 c. 5 VI 1,3,Friedberg,II,939:"Tunc enim,quia sedes ipsa non moritur,durabit [beneplacitum]perpetuo,nisi a successore fuerit revocata[sc. gratia]."(同引文)

[239] Johannes Andreae,*Novella*,on c. 5 VI 1,3,n. 5(quoted by Gierke,*Gen. R.*,III,271,n. 73):"tenens papatum vel dignitatem est corruptibilis,papatus tamen,dignitas vel imperium semper est."(同引文)另参 *Glos. ord.*(Johannes Andreas),on that decretal,vv. *Apostolice sedis* and *non moritur*. 当然,这整个原理加深了职位与职位担任者之间的分裂,而皇帝的文秘署很快就发现了 *Quoniam abbas* 教令为反教皇宣传工作提供的便利。Petrus de Vinea 显然是引用这项教令(按照推测)(*MGH*,*Const.*,II,297,23ff):"non in contemptu papalis officii vel apostolice dignitatis...set persone prevaricatio-(转下页注)

[387]一旦"尊荣永远不死"的原则得到确立,法学家们就不会不注意到,在"永远不死的尊荣"(*Dignitas quae non moritur*)与合众体,即"永远不死的共体"(*universitas quae non moritur*)之间存在某些相似性。法学家们将一种拟制的同一性(fictitious oneness)赋予前任与潜在的继任者,将所有这些人同时排列且合并归入尊荣的实际持有者,从而构建出一个拟制人,一个由所有前后相继被授予那一特定尊荣的人所组成的"依继承而设立的合众体"(corporation by succession)——这个拟制令我们想起莎士比亚《麦克白》(第四幕第一场)中的女巫,她们召唤出了一列麦克白前任国王们的鬼魂,最后一个拿着"镜子",在里面可以看见许多继任者。无论如何,通过这个拟制,获得了构成一个合众体所必须的人格多数性(plurality of persons)——这种多数性不是在一个给定空间里扩展,而是单单由时间决定。㉔这无疑是近代早期以前通行的理论。㉔

这种依继承而设的合众体,其性质中的一个非常深刻的因素,可能是通过哲学性的再思考创造出来的。《注释汇编》的编纂者帕尔马的伯纳德在评论"来自修院长"教令时,非常聪敏地[388]引入了,或只是借用了,一个有趣而令人惊叹的比喻。他说,一位尊荣者(Dignity)——

_____

(接上页注)nem arguimus."(不是轻视教宗职位或者使徒的尊荣……而是我们要证明人格的含混性。)参见 Brian Tierney, *Foundations of Conciliar Theory*(Cambridge, 1955),87,n. 4,他在总体上肯定了 Petrus de Vinea 运用教会法的能力。

㉔ 见上文 pp. 312f,以及下文注 241。关于依继承而设的合众体,参见 Gierke, *Gen. R.*,III,271f。牛津大学的 R. Walzer 博士提示我在 Al-Fārābī 的 *Model State* 中有一段文字表达了类似的观念:"卓越国家的诸王,在不同时间前后相继,好像同一个灵魂(!),好像他们就是一个国王,在所有的时间内保持不变。"参见 Al-Fārābī, *Idées des habitants de la cité vertueuse*, trans. by R. P. Jaussen, Youssef Karam, and J. Chlala(Publications da l'Institut français d'archéologie orientale: Textes et traductions d'auteurs orientaux IX[Cairo, 1949]),87. 这位阿拉伯作者的观点可称为"定性的心灵一元论"(qualitative monopsychism):如果所有国王都同等地卓越,个性化就毫无意义,因为他们所有人都像是同一个国王;这一点不仅在涉及到时间时如此(作者在同一章中指出了这一点)——亦即,涉及生活在不同时间的前后相继的国王——而且在涉及空间时也是如此,同样适用于在同一时间生活在各个地方的所有卓越的国王。不过,在"尊荣"的案例中,定性的因素更多存在于尊荣本身,而不是在个体的尊荣享有者,他们是"上级"(dignitaries),无论个人禀赋如何。另一方面,如果不加限制,很难将尊荣与灵魂同一起来。无路如何,这个比喻非常有趣,值得在这里记上一笔。

㉔ Gierke, *Gen. R.*,IV,30,有一个定义(n. 32):"universitas...ratione plurium de futuro saltem."(一个共体……其多数性仅仅基于未来。)

例如：温切斯特修道院院长——并不是一个人正常的名字，而只是将一个人凸显出来；它是指"一个独一者（singular），好像不死鸟（Phoenix），于是，也是一个称谓名词（appellative）"。㉔将尊荣者与古典和基督教神话传说中的鸟对照起来，可能令我们相当惊异；然而，后来的注释家们，比如约翰内斯·安德烈和巴尔都斯，不仅接受了这个比喻，而且还从中得出了一些相当有启发的结论。

我们必须记得，这个神话中的鸟实在是一种非凡的动物：在同一时间只能有一只不死鸟存活，在过完许多年的生命期之后——500 年或者更多——点燃自己的窝，用翅膀扇火，消亡在烈焰中，但新的不死鸟从灼热的余烬中诞生。㉔关于这种鸟的传说，在许多方面有矛盾，不过对于此处的讨论并没有很大意义。在异教和基督教艺术中，不死鸟通常表示不朽的观念，表示永久（perpetuitas）和永常（aevum，αἰών）。㉔但是，"自生之鸟"也象征了贞洁㉔并进一步被用作[389]基督复活的象

㉔ 参见 Glos. ord., on c. 14 X 1, 29, v. substitutum："[hoc nomen：abbas talis loci]non est proprium nomen, sed singulare, ut phoenix, et appellativum similiter."（同引文）当然，也有可能 Bernard of Parma 是从别人那里借用了这个比喻；不过，毕竟是他将这个比喻收入《注释汇编》并使之广为人知。

㉔ 关于不死鸟的现代文献，H. Leclercq, "Phénix," DACL, XIV：1(1939), 682-691 中并未穷尽的收集已经相当可观。参见 Mary Cletus Fitzpatrick, Lactantii De Ave Phoenice(University of Pennsylvania thesis, Philadelphia, 1933)，有很好的参考文献；另参 E. Rapisarda, L'Ave Fenice di L. Cecilio Firmiano Lattanzio(Raccolta di studi di letteratura cristiana antica, 4, 1946), 10, n. 1。最重要的研究是 Jean Hubaux and Maxime Leroy, Le mythe du Phénix(Bibl. de la faculté de philosophie et lettres de l'université de Liège, LXXXII[Liège and Paris, 1939])，其中重印了大量相关文本；关于该研究的一些重要评论，参见 A.-J. Festugière, "Le symbole du Phénix et le mysticism hermétique," Monuments Piot, XXX-VIII(1941), 147-151; further Paul Perdrizet, "La tunique liturgique historiée de Saqqara," Mon. Piot, XXXIV(1934), 110ff, 关于不死鸟在一件礼仪用袍上的呈现；and Jean Lassus, "La mosaïque du Phénix provenant des fouilles d'Antioche," Mon. Piot, XXXVI(1936), 81-122; 进一步参见 Carl-Martin Edsman, Ignis divinus(Lund, 1949), 178-203, and Henri Stern, Le calendrier de 354(Institut français d'archéologie de Beyrouth, LV[Paris, 1953]), 146f. 关于中世纪晚期，参见 Burdach, Rienzo, 83ff 及各处。

㉔ Hubaux-Leroy, 38f; Stern, 145f; Festugière, 149f.

㉔ 下文注 251 以下。贞洁之鸟很配合地成为了童贞女王伊丽莎白一世的象征；参见 Yates, "Queen Elizabeth as Astraea," 37, 55f, 62, 74, 79, with pls. 17g, 18b. 当然，贞洁并非不死鸟在伊丽莎白朝国家象征中的全部内容；由于其独一无二的性质，这种鸟也成为了忠诚的典范，到 16 世纪时，它出于多种理由被用作一个王家符号；参见，例如 Henry Green, Shakespeare and the Emblem Writers, 380ff.

征,以及基督徒的总体象征。[246]约翰内斯·安德烈在他关于不死鸟的长篇注释中,确实间接提到了复活的意象。[247]不过,这只是一个枝节问题;在法学上,这种鸟的单一性和独特性看起来更重要。无论如何,当巴尔都斯概括有关"来自修院长"教令的论辩时,运用了该符号的这一方面,使他能够得出这个准确的哲学性结论:"不死鸟是一种独一无二,单数性至高的鸟,在它那里,整个属群(*genus*)在这一个个体中得以保存"。[248]显然,巴尔都斯心里有一个清晰的类比。在他看来,不死鸟代表了一种罕见的情况,就是个体同时构成了整个既存的种(species),于是,种和个体实际上重合了。种当然是不朽的;而个体是有朽的。于

---

[246]　这当然是基督徒作者的标准解释;参见 Fitzpatrick,24ff,n. 67;Lassus,108ff,and others。可以预期到产生重大影响的是 *Physiologus*,c. IX:"Est aliud volatile quod dicitur phoenix;huius figuram gerit dominus noster Iesus Christus,qui dicit in evangelio suo:Potestatem habeo ponendi animam meam et iterum sumendi eam(John 10:18)."(据说不死鸟是某种会飞的物种;我们的主耶稣基督也携带有它的形象,他在他的福音里说:我有放弃生命的权柄,也有重新拾起生命的权柄[《约翰福音》10:18])参见 *Physiologus latinus*,ed. F. J. Carmody(Paris,1939),20f;另参 Hubaux-Leroy,pp. xxxiiff,esp. xxxv:*Φοίνιξ...τὴν τοῦ Κυρίον τριήμερον ταφὴν καί ἀνάστασιν ὑπογράφων*.(不死鸟……表现了主的三天埋葬和复活。)另参下一注释。

[247]　Johannes Andreae,on c. 14 X 1,29,nos. 30f,*Novella*,fols. 206[v]-207:"[et ibi,Phenix] fertur esse avis ex qua mortua nascitur alia,et non invenitur nisi una..."([那里,不死鸟]传说是一从死亡中诞生的鸟,它不被发现除非和……)接着,他重述了 St. Ambrose,*Hexaemeron*,v,23,*PL*,XIV,253 的叙述,并说:"et ex hoc invehit ibi Ambrosius contra illos,qui non credunt resurrectionem."(出于这一点安布罗修反驳他们,他们不相信复活。)接着是 St. Cecilia 的故事,她"ad exemplum phenicis convertit beatum Maximum et eo postmodum decollato pro fide,in eius tumulo fecit sculpi phenicem,cuius exemplo animatus Christianus fieri et Christi martyr esse promeruit."(将幸福的马克西姆斯比作不死鸟的例子,在他因为信仰被斩首之后,在他坟墓的土丘中成为不死鸟,在这个例子中他值得成为活的基督徒和基督的殉道者。)参较 *Vita et martyrium S. Caeciliae*,c. 21,ed. L. Surius,*Historiae seu vitae Sanctorum*(Turin,1879),XI(Nov. 22),651;另参 Paolo Aringhi,*Roma subterranea novissima*(Rome,1651),II,451. 然后他引用 Isidore of Seville,*Ethymol*.,XII,7,22,最后用克劳迪皇帝治下、圣彼得的时候出现不死鸟的故事结束他长长的注释,这个故事最终可以追溯到 Tacitus,*Ann*.,VI,28. 在这一系列的作者上,巴尔都斯还加上了 Seneca,*Epist*.,XLII,1 以及 Albertus Magnus,*De proprietatibus rerum*,XII,15。

[248]　Baldus,on c. 14 X 1,29,n. 3,*In Decretales*,fol. 107,引用了这条注释(上文注 242),并加上:"Est autem phoenix avis unica singularissima,in qua totum genus servatur in individuo."(同引文)

是,这种想象中的鸟⑳就揭示出一种双重性:它同时是不死鸟和[390]不死鸟这个属群,作为个体是有朽的,但由于它同时构成整个属群,就又是不朽的。它同时是个体和集体,因为整个种一次只能繁殖不超过一个个体。

异教和基督教的神话撰述者们注意到了这种鸟奇特的双重性。不过,他们从未指出这一点。鉴于不死鸟自我繁殖,他们将它解释为 ἀρρετόθηλυς,一种具有两性的动物,一个雌雄同体。⑳拉克坦修说它"是雌性或雄性,或两者皆非,或两者皆是",因为不死鸟与性爱女神无缘:它通过自己的死亡生出自己。

> 他是自己的儿子,是自己的父亲,且是自己的继承人。
>
> 他是自己的养育者,且永远是自己未长成的孩子。
>
> 他是自己,又不是自己,他是同一的存在,又不是同一的存在。⑳

---

⑳ 巴尔都斯是否相信这种鸟存在无关紧要,因为他和其他法学家使用它的时候,只是作为一个比喻。弗里德里希二世确实拒绝相信普林尼所说的不死鸟的故事(参较 Pliny, *De arte venandi*, II, c. 2, trans. C. A. Wood and F. M. Fyfe, *The Art of Falconry*[Stanford University, California, 1943], 109),但是,他是第一批被比作这种独特的鸟的君主之一;参见 Nicholas of Bari, ed. Kloos, in *DA*, XI, 170, § 5:"magnus est dignitate honoris…Ipse est sol in firmamento mundi…Ipse est cui flectitur omne genu…Unus est et secundum non habet, fenix pulcherrima pennis aureis decorata."(他是带着荣誉的尊荣的伟人……他是世界天幕上的太阳……他是所有人为之屈膝的那一人……他是一,却无二,他是周身金羽、最美的不死鸟。)

⑳ Festugière, in *Mon. Piot*, XXXVIII, 148f; Hubaux-Leroy, 7, 12f. 另见上文第一章注 8。

⑳ Lactantius, *Carmen de ave phoenice*, 163ff:

>Femina seu mas sit seu neutrum seu sit utrumque,
>
>　Felix quae Veneris foedera nulla colit …
>
>Ipsa sibi proles, suus est pater et suus heres,
>
>　Nutrix ipsa sui, semper alumna sibi.
>
>Est eadem sed non eadem, quae est ipsa nec ipsa est. …
>
>(他是女子,或男子,或中性,或是任一性别,
>
>幸福者,不敬拜维纳斯的任何同盟……
>
>他是他自己的子嗣,是父亲又是继承人,
>
>他是自己的养育者,永远的养子。
>
>他是同一个又不是同一个,他是自己又不是自己。)

文本系由 Hubaux-Leroy, p. xv 修订,有几处与 Samuel Brandt, in *CSEL*, XXVII (1893), 146f 的版本有异。

克劳狄安(Claudian)也以类似的话描写这种鸟：新生的不死鸟从灰烬中生出，不是通过受孕和精子；他是自己的父亲，也是自己的儿子，没有人创造他："那作为父亲的他，现在发出同一个作为儿子，并作为一个新生者继承之……"克劳狄安强调了不死鸟的"双重生命"(*gemina vita*)，仅仅由火葬堆分开，同时又表示，这两个生命之间的界限几乎无法分辨——*O felix heresque tui*，"哦，快乐的那个，以及你自己的继承者"。[252]第三次，安布罗斯也强调了，这种鸟永远是同一只，并且"自己是自己的继承者"。[253]另一[391]方面，德尔图良说，不死鸟死去的那一天同时也是他的生日，"另一个，但又是同一个"。[254]最后，维罗纳的芝诺(Zeno of Verona)也同样强调了死日与生日的重合，不过他还加上一句说，不死鸟是"他自己的属(genus)，他自己的终点，他自己的起点"。[255]不过，奥维德早就说过，"其他鸟类都是从其属中的其他个体发源"，但有一种

---

[252]　Claudian，*Phoenix*，23f，69ff，101，ed. Hubaux-Leroy，xxiff：

　　Hic neque concepto fetu nec semine surgit，

　　Sed pater est prolesque sui nulloque creante ...

　　Qui fuerat genitor，natus nunc prosilit idem

　　Succeditque novus：geminae confinia vitae

　　Exiguo medius discrimine separat ignis ...

　　O felix heresque tui. ...

　　(这一个并非从受孕的卵或种子中生出，

　　而同时是父与他的子嗣，没有创造者……

　　那曾是父亲的，现在作为子跳出

　　并作为新人继承：双重生命的界限，

　　中间的火以微小的区别分开……

　　哦，幸运的那个和你的继承者)

[253]　Ambrose，*Expositio in Ps. CXVIII*，c. 13，ed. Petschenig(*CSEL*，LXII)，428，19："...et sui heres corporis et cineris sui factus."(他是他的身体和灰烬的继承者。)

[254]　Tertullian，*De resurrectione carnis*，13，*PL*，II，857B："semetipsum lubenter funerans renovat，natali fine decedens atque succedens；iterum phoenix，ut iam nemo；iterum ipse，qui non iam，alius idem."(在葬礼中它愉悦地更新自己，在生日和死日它死去又继承；它重新是不死鸟，就好像它不曾是；它重新是不曾是的自己，是另一个同样的。)

[255]　Zeno of Verona，*Tract.*，I，16，9，*PL*，XI，381AB："...ipsa[avis]est sibi uterque sexus，...ipsa genus，ipsa finis，ipsa principium，...mors natalicius dies，...non alia，sed quamvis melior alia，tamen prior ipsa."(这个[鸟]对它自己来说是任何性别……[它是]它自己的属类，终点，起点……死亡是出生之日……不是其他的，尽管其他的是更好的，这一个却是更先的。)我们应该记得，圣徒和殉道者的诞生日(*natalicium*)是他们死去的日子，而不是他们自然的出生日。

鸟,即不死鸟,乃是自我更新、自我再生。[256]

因此,古代的神话撰述者和护教家都清楚地认识到,不死鸟的根本特性是某种双重性;不过,在对这种双重性展开论述时,他们的思路主要集中在这种鸟雌雄同体的性质,这个概念反过来得到了俄耳甫斯和赫耳墨斯教义的支持——这些思想本身很有意思,但在这里基本上没有关联。[257]不过,有关联的是,通过这一点,可以理解中世纪的法学家如何通过推理性的拟制理论复活了古代的神秘主义原理,以及他们如何将色彩斑斓的不死鸟传说变得可以有用、适用于法律思想。

如果,按照拉克坦修、克劳狄安和安布罗斯的说法,不死鸟是"自己的继承人",这样就令人想起继承法在总体上对于合众体理论的重要意义。我们需要记得,首先,对《法学总论》的注释:"根据法律的拟制,父亲和儿子是同一个人。"[258]不过,还有一些其他段落,也同样表明了[392]父与子的同一性。弗里德里希二世在一份授予其子康拉德的特许状中说"因一种内在恩宠的赐予,[儿子]被认为[与父亲]是同一个人",[259]当时他——或者负责起草文件的文书人员——心里想的可能是查士丁尼的《法典》,其中说道"父和子被理解为按照本性几乎

---

[256] Ovid. , *Metam*. , XV, 391f:

Haec tamen ex aliis generis primordia ducunt:

Una est, quae reparet seque ipsa reseminet, ales ...

它们从属类中的其他鸟中发源:

[唯独]一种鸟,更新自己,重生自己……

[257] 参见 Festugière, *op. cit.*, 149f, 关于αὐτόγονος、αὐτοπάτωρ以及其他称号;亦见关于不死鸟所表现的永常概念。

[258] *Glos. ord.*, on *Inst*. 3,1,3, v. *quasi*;见上文注 78。参较 Giovanni Bortolucci, "La *Hereditas come Universitas*: Il dogma della successione nella personalità giuridica del defunto," *Atti del Congresso internazionale di Diritto Romano*, Section Rome, I(Pavia, 1934), 431-448, 作者对这份法律材料作了总结,并令人惊异地证明了此项理论,在最终意义上,传自于柏拉图和总体上的希腊哲学。

[259] Böhmer, *Acta imperii selecta*, I, 265, No. 301(*a*. 1233): "...[pure dilectionis obtentu] qua pater filium, sicut innate beneficio gratie una persona censetur..."(同引文)关于该理论更完整的探讨,及其在弗里德里希二世时期的应用,尤其与皇帝的传奇(Kaisersaga)相关,见我的论文"Zu den Rechtsgrundlagen der Kaisersage," *DA*, XIII(1957) 115-150。

是同一个人"。⑳另外,在《教会法汇要》中也有类似的说法。㉑在这些案例中,法律的拟制得到了哲学家们的有力支持——亚里士多德,以及,在他之后的阿奎那。按照他们的生物发生理论,生出者和被生者的"形式"(εἶδος)是同样的,这一点要归功于精子的活力,而形式则来源于父亲的灵魂,并将自己刻印在儿子身上。㉒这样,法律和哲学原理就与其他论辩结合在一起,用于证明国王的长子超越其他诸子,与在位统治的父亲同等,因为尽管父亲尚在世,但他已经与父亲共享王家尊荣。法学家们再次引用《教会法汇要》,其中将国王之子称为"幼王"(rex iuvenis)㉓,并列举了长子的各种特权,比如,坐在父亲右手边的特权。㉔随

---

⑳　C.6,26,11:"Natura pater et filius eadem esse persona pene intelliguntur."(同引文)法学家们也引用了 Glos. ord., on D.50,16,220, v. Quam filii:"...plus diligit filium pater, quam filius patrem. Sed quare hoc est?...nam cum quaelibet res conservationem sui desideret, et videat pater suam naturam in filio conservari..."(父亲更喜爱儿子,比较于儿子喜爱父亲。但为何如此? ……因为任何事物都渴望自己的保存,而父亲似乎在儿子身上保存他的天性。)进一步引用 D.28,2,11:"[heredes]etiam vivo patre quodammodo domini existimantur"(在某种意义上主被认为是活的父的继承者。)(referred to, e. g., by Petrus de Ancharano, Consilia, LXXXII, n. 2, fol. 40)。

㉑　参见 c.8, C.I, q.4, ed. Friedberg, I, 419:"...unus erat cum illo,"([他]与那个是同一个。)这是后来的教会法学家常常重复的观念;参见,例如 Glos. ord., on Extravag. Joannis XXII, III("Execrabilis"), v. sublimitatem eorum:"...cum eadem persona fingatur esse [pater et filius]."(父和子被认为有同一个人格。)

㉒　参较 Lesky, Zeugungs-und Vererbungslehren(上文注 61), 139, 参较 134ff, 143ff, 另参148ff;A. Mitterer,"Mann und Weib nach dem biologischen Weltbild des hl. Thomas und dem der Gegenwart," ZfKT, LVII(1933), 491-556, esp. 515("omne agens agit simile sibi"[所有活动的物也对他自己相似地活动])。见上文注 258。

㉓　参见 c.42, C.XXIV, q.1, ed. Friedberg, I, 983;另参 Andreas of Isernia, Usus feud., praelud., n. 33, fol. 4ᵛ:"Filius talium regum dicitur rex etiam vivo patre"(国王的儿子被称作王,即使父亲还活着。)(with reference to the Decretum)。另参 albericus de Rosate, on D.28,2,11, n. 2, fol. 101ᵛ, refers to the Decretum("propter...spem succedendi filius Regis dicitur Rex, et sic de aliis dignitatibus"(因为继承的希望,国王的儿子被称为国王,并且在其他尊荣上也是如此),但他也强调这一事实,即尽管众子是"domini rerum patris,...non tamen possunt alienare nec de eis aliquid facere invito patre."(父亲事务的主人……他们却不能让渡也不能做其他事,如果父亲并不同意的话。)

㉔　Glos. ord., on c.8, C.VII, q.1, v. primatus:"ius ergo primogeniturae(ut dicunt[参较 Deuteronomy 21:17]) est dignitas talis:quia primogeniti prae aliis in festis sacrificia offerebant, et quod sedebant ad dexteram patris et quia cibos duplicatos recipiebant."(头生子的权利(按他们说[比较《申命记》21:17])是如此的尊荣:因为头生子在节庆日代表他们供奉牺牲,而且他们坐在父亲的右手边上,因为他们接受双倍的奉养。)

后,像[393]让·德·特雷·鲁日这样坚定捍卫长子继承权的人士就可以证明,"头生的儿子"(*primogenitus*)与"上帝的独生子"(*unigenitus*)有时候也没什么区别,坐在父亲右手边的那位"在种(species)和本性上与其同一"。㉖换句话说,他几乎建立起了一种长子继承权的神学,在此过程中,使用了亚里士多德、阿奎那、《查士丁尼法典》、《法学总论》、《教会法汇要》中的论证,并引用了亚历山大三世的"来自修院长"教令,后者构成了前任与继任者在尊荣方面同一性原理的基石。㉖

通过所有这些论证,不死鸟的传说就顺畅地融入了理论,因为它几乎没有例外地强调已死的不死鸟与其活着的继承者之间存在人格同一性;同时,另一条流行的法律格言也加强了这种对比。 *Mortuus aperit*

㉖ Terre Rouge, Tract. I, art. 2, concl. 10, p. 40,指出基督被路加称作(《路加福音》2:7)头生的儿子"et tamen nullus fuit inde genitus"(且从那之后没有子嗣。),而所罗门(《箴言》4:3)称自己为独生子,尽管他前面有一个哥哥,后来死掉了(《撒母耳记下》12:15-24)。参见 further, *ibid*., 结论 1, p. 35:"…quod pater et filius, licet distinguantur, supposito tamen unum idem sunt specie et natura nedum communi(quia uterque homo est), sed etiam in natura particulari patris…"(因为父与子,尽管可被区分开,然而他们在属和本性上是同一个,然而本性并非是共同的[因为两者都是人],而是在属于父的本性上……)比较结论 2:"Filiatio enim nihil aliud est, quam illa identitas particularis naturae praesens penetrans in filium[reference to *D*.50,16,220, v. *Quam filii*(因为"子性",不是别的,就是那特殊的本性的同一,存在并渗透在子之中);见上文注 260]…Et pro hac consuetudine facit dictum Apostoli: 'Si filius, ergo heres'[Rom. 8:17;Cal. 4:7]."(使徒的话也支持这个惯例:如果是儿子,就是继承者。)比较结论 3:"…quod filius vivente patre est secundum naturam dominus cum patre rerum patris. Probatur conclusio: nam ex quo…est eiusdem naturae cum patre, et idem cum patre vivente: ergo dominus cum patre…Pro hac conclusione facit etiam quod scribitur in Evangelio: 'Omnia quaecunque habet pater, mea sunt'[Joh. 16:15]…Et Luc. 15[:31]: 'Fili tu semper mecum es: scilicet per identitatem paternae naturae. Et omnia mea tua sunt…'"("当父亲活着的时候,儿子依据其本性与其父亲一起是父亲财产的主人。结论已证:由于他与父亲有共同的本性,和他活着的父亲一样;因为他和父亲同是主人……福音书里所写也支持这个结论:所有我父亲拥有之物,也是我的[《约翰福音》16:15]……《路加福音》15[:31]说:'儿啊,你常和我同在:因为你与父的本性同一。所有我的就是你的……'")参较 p. 39(concl. 4):"…sedere autem a dextris patris, nihil aliud est, secundum Augustinum, quam conregnare patri: sicut ille qui consedit regi ad dexteram, assidet ei in regnando et iudicando…"(他坐在父亲的右边,根据奥古斯丁,他不是别的,就是父亲的共同统治者:如同他坐在国王的右手边,他坐在他边上统治和审判……)所引奥古斯丁的话,一定是对《诗篇》109 的解释,尽管在 *Enarratio in Ps. CIX* 中并未找到。

㉖ 关于 Terre Rouge 引用 *Quoniam abbas*,参见 concl. 2, p. 35;关于他引用亚里士多德和阿奎那,参见 concl. 1 以及上文注 61;当然,对于法律的段落有反复引用。

oculos viventis,"死者打开了活人的眼睛"。这是巴尔都斯引用的一句箴言,用来说明一个生来不自由的人在主人死亡时可以成为自由人。㉖⑦后来一位法国法学家安德烈·提拉奎(André Tiraqueau)引用了这句箴言——且表示引自巴尔都斯——[394]目的是阐明法国继承法上著名的格言,*Le mort saisit le vif*,"死者抓住了[涉及继承时的]活人"。㉖⑧所以,法国王位的继承人有时也被称作"小不死鸟"(*Le petit Phénix*)并不令人感觉不适。㉖⑨

无论如何,不死鸟的比喻可以不错地说明"尊荣永远不死"(*Dignitas quae non moritur*)的性质:修院长、主教、教宗、以及国王的尊荣(*Dignitas*)好像不死鸟那样,与个体重合,因为它在一个时间只能产生出不超过一个的个体化形式(individuation),即现任者。还有,可以说,不死鸟是一个"自然的"一人合众体(one-individual corporation),由此,从不死鸟比喻的灰烬中就升起了被称作"单人合众体/独体法人"(Corporation sole)的独特事物的原型。它同时是不朽的种属和有朽的个体化形式,同时是集体的政治之体(*corpus politicum*)和个体的自然之体(*corpus naturale*)。梅特兰所说英国法拟制的源头——与教区牧师(parson)、保护人、以及教会本身(*Eigenkirche*)的联系——在整个过程中仍然保持有效。㉗⑩但是,我们也注意到,有些其他因素——更多

㉖⑦ Baldus, on *C*. 7,15,3, n. 2, fol. 12.

㉖⑧ André Tiraqueau(Tiraquella),*Le mort saisit le vif*, declar. 3(in Tiraquella, *Tractatus varii*, Frankfurt, 1574),IV, 70. Tiraqueau 也提到了父与子的同一性;参见,例如 *De iure primogenitorum*, q. 40, n. 31, vol. I, p. 453:"patrem et filium censeri unam et eandem personam etc."(父与子被认为是一个并且是同一个人格。)不过,他否认 *Le mort saisit le vif* 这条格言(下文注 319)可以适用于 *successio…nomine dignitatis*(在尊荣名义上的继承);*ibid.*, declar. v, 73.

㉖⑨ 参较 A. Valladier, *Parennes royales*(Paris, 1611),15, 提到亨利四世的儿子路易十三,在此感谢 Dr. Ralph E. Giesey 的提示。

㉗⑩ 参见 Maitland, *Sel. Essays*, 73ff,关于教区牧师构成独体法人的一个原型;另参下文注 308。事实上,Johannes Andreae 也提到过英国的特殊做法之一是将教区司铎称为"人"(persons);参较 *Novella*, on c. 28 X 3,5, n. 13, fol. 35(参上文注 231),他讨论了 *dignitas* 与 *personatus* 是同义词:"fere ideo dictum est, quia in Anglia rectores parochialium dicuntur personae"(引用 c. 6 X 3,7, ed. Friedberg, II, 485)。这只是一个文字游戏("parson-person"),因为"parson"的来源实际上就是 *persona*;关于英诺森四世,见上文注 231。

属于哲学而非实践层面的——也值得加以考量。意大利法学家的不死鸟比喻提供了一种不同的参照系,在其中,或许令我们可以更全面地理解那个奇异的"合众体"(Body corporate)的性质:它永远不死、永远不成年、永远不衰老、永远不生病,没有性别,[271]因而与"神圣的灵体与天使"类似。[272]一种配合诸如雌雄同体和自我复制等观念的思维框架[395]也可以赋予不死鸟类似的属性:例如,拉比传统认为这种鸟具有不朽性,是因为它拒绝品尝禁果、与夏娃的罪有分,因此保存了自己在伊甸园中的纯洁状态——诚然,"永久的身体消灭了性别"。[273]另一方面,一种经过经院哲学训练的思维框架则可能争辩说,天使同时构成种属和个体,乃是其特权或次等特权(privilege or under-privilege),或至少是其突出的特性,因为这类永久的存在(缺少物质性,尽管并非缺少个体化)并不复制自己的种类,而是各自作为一个种属保持单一个体,尽管没有采用继承的形式。[274]这一点可以被认为是天使、不死鸟和合众体具有一些共同特征的原因。

在"尊荣"的概念中,种属与个体发生了重合,这一点自然地令人注意到享有尊荣者(dignitary)本身的两个不同方面——即他的"双重人格"(dual personality)。教宗或主教本身(*per se*)并不具有合众体的性质:他们成为合众体,是作为其种属的独一代表,原因在于有某种超自然和永久的东西附着在他们身上,即永远不死的尊荣。法学家们如何解释这种附着仍有待观察。在这里需要提一下的是,法学

---

[271] 见上文第三章注 93,关于享有"国王"头衔的女王。在禁止女性继承王位的地方,比如法国,或者后来所谓的"萨利克法"占主导的地区,国王的"政治之体"可能不能说无性别。

[272] 上文第一章注 3。

[273] 参见 Fitzpatrick, *Lactantii De ave Phoenice*, 16, n. 5. "Sexus perpetuis corporibus perit"(同引文)(类似的说法见上文第三章注 93)一句见于 *Obitus Baebiani*, v. 60, ed. W. Brandes, "Studien zur christlich-lateinischen Poesie," *Wiener Studien*, XII(1890), 283。这首四世纪的诗与不死鸟并无直接联系,它讲述的是 Baebianus 从死里复活、访问天堂的故事;但它也是受到了 Lactantius' *Phoenix* 的启发;参见 Brandt 编辑的 Lactantius 作品,以及他对第 2 行和 164 行所作的注释(*CSEL*, XXVII, 135 and 146),以及 Rapisarda, *Fenice*, 40 and 86。

[274] 上文第六章注 17-18。

家们还确实对享有尊荣者的两个人格作出了区分,其解释听起来非常简单和直接。皮斯托伊亚的居努斯这样写道:"主教具有两个人格,一个是,他是一位主教,另一个是,他是彼得或者马丁[这个个人]。"[275]居努斯所说的实际上是传统[396]的观点:这只是教会法学家对于"依人所设"(*facta personae*)与"依尊荣所设"(*facta dignitati*)的委任之区分的另一种应用——可以说是反向的,这个区分在有关"来自修院长"教令的讨论中已经反复阐释。但是,他的评论还是很重要的,因为这显示了其中的重点可以轻易地从权力委托的双重性转移到委托者的双重人格,转到被委托的享有尊荣者的双重人格,最终转移到所有属灵和世俗职位的拥有者。因此,新的政治理论开始从教会法理论中破茧而出,将世俗的尊荣享有者也类似地解释为合众体和不朽坏的实体。

圣座作为一个"永远不死的尊荣"而具有的不朽性,是基于一个理性的法学拟制。不过,这并没有阻止教会法学家滑向非理性的思路、顺着传统的路线对圣座(*Sancta Sedes*)的永久性作超越性的解释。比方,约翰内斯·安德烈在对教宗卜尼法斯的教令中"圣座永远不死"(*Sedes ipsa non moritur*)作注时宣称:"不可能出现没有圣座的情况,因为主为它祈求。"[276]也就是说,圣座的永久性在这里乃是表现为神圣权能和教会永久性的一种流溢,而教会的统治不可能发生空缺,*quia Christus*

---

[275] Gierke, *Gen. R.*, III, 363, n. 34, 引用了 Cynus 的数段论述,他还区分了法官的双重人格,一个是公共性的,另一个是私人性的。这种区分是很重要的,十二世纪的法学家在讨论法庭中的良心问题时就已经承认了其重要性;亦即,当法官审理案件时,是完全基于法庭中所呈现的证据,还是也建立在他可能碰巧获得的私人知识的基础上:"aliud facit aliquis in eo quod iudex est, aliud in eo quod homo est"(某人作为法官做出一个决定,作为人做出另一个决定),《注释汇编》论《教会法汇要》时就这样说(c. 4, C. III, qu. 7, v. Audit),并且有一条归于基督的格言这样说:"non nisi per allegata iudex iudicet."(法官只根据被呈现的证据进行审判。)关于这个问题,参见 Max Radin, "The Conscience of the Court," *Law Quarterly Review*, XLVIII(1932), 506-20; Hermann Kantorowicz, *Glossators*, 21; Ullmann, *Lucas de Penna*, 126ff, 另参 130, Lucas 责备彼拉多仅仅基于证据,而不是根据他的知识和良心作出判决。

[276] 参见 *Glos. ord.*, on c. 5 VI 1, 3, v. *moritur*: "non enim potest esse nulla[sedes]...quia dominus pro ea oravit."(同引文)参较 c. 33, C. XXIV, q. 1;上文第六章注 36-37。

non moritur,"因为基督永远不死"。⑳在另一边,我们可以想起,帝国也出于类似的形而上学理由而被认为具有永久性:第四个世界性帝国将要持续到末日;它是由上帝自己从高天之上所设定的;并且查士丁尼法典也向它赋予了永久性(*imperium semper*[397]*est*)。⑳不过,值得注意的是,关于尊荣不朽性的法律理论,现在开始补充、甚或超越了这类论证。所以,当特拉尼的哥德弗雷(Godfrey of Trani)对"来自修院长"教令作注时(约 1241–1243),就可以反转这个论证,并说:"鉴于尊荣并不因任职者的死亡而消灭,因此帝国(*imperium*)是永久性的。"⑳后来的作者们直接宣称,"帝国是永久的"(*imperium semper est*)一语就是指尊荣(*Dignitas*)。⑳这是对旧观念所作的一种世俗化:帝国的永久性不再源于上帝和神圣的特许,而是来自于拟制(或说不朽)的、被称为"尊荣"

---

⑳ "Licet moriatur praelatus et omnes clerici in ecclesia, dominium illorum non vacat, quia Christus non moritur, nec potest ecclesia deficere."(高级教士和所有教会的神职人员可能死去,他们的统治却不会缺位,因为基督不死,教会也不可能缺席。)Johannes Andreae, *Novella*, on c. 4 X 2,12, n. 5, quoted by Pierre Gillet, *La personnalité juridique en droit ecclésiastique*(Malines, 1927), 178. Andreae 的依据是 Innocent IV, on c. 4 X 2,12, n. 4(Lyon, 1578), fol. 145ᵛ:"…quantumcunque moriatur praelatus et omnes clerici, ecclesiae tamen proprietas et possessio remanet penes Christum, qui vivit in aeternum, vel penes universalem, vel singularem ecclesiam, quae nunquam moritur."(不管多少高级教士和所有神职人员可能死去,教会的财产和所有物在仍然在基督的主导之下,基督永远活着,或在永恒的,或独一无二的教会主导下,教会永远不死。)

⑳ 上文第六章注 38 以下、41 以下。

⑳ Godfrey of Trani, *Summa super decretalibus*, on c. 14 X 1,29, n. 29, quoted by Gierke, *Gen. R.*, III, 271, n. 73:"Quia dignitas non perit decedente persona, unde imperium in perpetuum est."(同引文)

⑳ 关于 16、17 世纪在尊荣(*dignitas*)的意义上解释帝国(*imperium*),参见 Gierke, *Gen. R.*, IV, 240, n. 124。Albericus de Rosate, on *D*. 5,1,76, n. 1(Venice, 1584), fol. 304ᵛ 相当强烈地表达了永久性的观念:"Sedes apostolica non moritur, sed semper durat in persona successoris…, et dignitas imperialis semper durat…et idem in qualibet dignitate, quia perpetuatur in persona successorum…[allegation of *Quoniam abbas*], fiscus etiam perpetuo durat locuplex…"(使徒的尊位不会死,它在人格的继承之下会永远存在……而王室尊荣也永远存在……在任何尊荣中也是如此,因为它在人格的继承中得以永存……甚至国库在地方上也会永存……)Angelus de Ubaldis, on *D*. 5,1,76, n. 2(Venice, 1580), fol. 136 考察了一个会社(*societas*)的权标,比如权杖(*baculus*)或旗帜(*vexillum*),深入地谈到永久性:"quod licet mutentur caporales magnae societatis, et uni detur baculus et alteri vexillum, ut est moris, tamen adhuc durat eadem societas."(大行会的领袖可以变更,但是其权杖和旗帜应该是保持统一,按照惯例,这样同一个行会可以持存。)

的形象(personage)。这个尊荣乃是通过人的政策而创设,并由一个类似的不朽政治体(polity)、一个永远不死的共体(*universitas quae nunquam moritur*)授予君主或现任的职位持有者。[281]这显示出,永久性价值的创设,不再主要通过神性,不是不朽的正义观念,也不是法律,而是通过共体和尊荣,这两者都是不朽的。

罗马法学家解释其理论时,自然首先诉诸于帝国,正如教会法学家在解释尊荣的性质时,首先会想到教宗职位和主教职位。但是,到了这个时候,几乎所有对帝国有效的东西,对各王国也同样有效。例如,当巴尔都斯讨论到——顺着"来自修院长"和卜尼法斯教令的思路[282]——合同和债的约束力时,首先选择了传统[398]的皇帝和教宗的例子:"皇帝的人身会死亡,但尊荣本身,或者说帝国(*imperium*)是不朽的,正如虽然教宗会死,但教宗职位并不会死。"不过,当巴尔都斯指出,源于人格的东西属于个人性事务,而源于尊荣的东西是"永远和永恒的",他也顺理成章地从帝国(*imperium*)转向王国(*regnum*),从皇帝转向与皇帝类似的国王,"他在自己的王国内享有至高的君主职位,因为他并不承认存在一个上位者"。[283]同

---

[281] 见下文注 284 以下、注 295。

[282] 这两项教令,尤其是"来自修院长",被巴尔都斯反复引用;参见,例如,*Consilia*,III,121,n. 6,fol. 34;III,159,n. 4,fol. 45ᵛ;III,217,n. 3,fol. 63ᵛ,etc。

[283] Baldus, *Consilia*,III,159,n. 3,fol. 45ᵛ:"Imperator in persona mori potest: sed ipsa dignitas, seu Imperium, immortalis est, sicut et summus Pontifex moritur, sed summus Pontificatus non moritur, et ideo quae procedunt a persona, et non a sede, personalia sunt, si a successiva voluntate dependent...Quaedam vero procedunt a sede: et ista sunt perennia et aeterna, donec superveniat casus extinctivus, seu terminus vitae ipsius concessionis. Huiusmodi sunt contractus Regum, qui contrahunt nomine suo et Regni, seu gentis suae."(皇帝的人身可能死亡,但尊荣本身,或者说帝国是不朽的,正如教宗会死,但教宗职位并不会死。同理那些维系于人身而非职位的,是属于人身的,如果它们是取决于继承的意志……但那些维系于职位的:它们是永久和永远的,直到毁灭的覆亡,或者所赐予的生命的终点到来。国王的契约就是属于这种模式,国王在他的名字和王国,或者他的子民之间达成了契约。)*Ibid*., n. 4:"Rex, qui in Regno suo tenet principalissimum principatum: quia non cognoscit superiorem, est totum continens, et potest contrahere nomine suo, et totius terrae, et populorum suorum. Habet enim plenissimam potestatem...Unde is qui contraxit sub nomine dignitatis, obligat successores."(国王,他在他的王国之内持有最高的君主权,因为他不承认更高的[权威],是完全连续的,他能够在他的名义和整个土地和他的人民的名义之间达成契约。因而他拥有充分的权能……从此那在尊荣的名义下缔结契约者,服从[尊荣的]继承者。)这整段非常有趣。参见下一条注释。

样,国王的合约,若以尊荣的名义(*sub nomine Dignitatis*)缔结,就对继任者具有约束力:

> 在国王的合约中,会表明它们是由谁[个人还是尊荣]缔结的;如果它们表述为以尊荣之名,则传递给王国中的继承者……这同样并不令人奇怪,因为在王国中[不仅]必须考察不会死的尊荣,而且还要考虑王国的共体(*universitas*)或国家(*respublica*),它们都长久持续,甚至在国王遭到驱逐时:因为国家(*respublica*)不会死;所以有人说国家(*respublica*)没有继承人,因为她永远在自己里面活着。[284]

这只是一个小问题,即,我们注意到整个教会法学家的尊荣理论已经转移到了国王身上——显然,这并不是第一次发生。但是,当我们看到巴尔都斯关于决定国王职责的两套不同因素的思考时,这引起了极大的兴趣。巴尔都斯提到了尊荣(*Dignitas*)的不朽性和共体(*universitas*)的不朽性;相应地,他说君主[399]乃是同时凭借尊荣和国家(*respublica*)行事,[285]亦即,依照两个被认为具有永久性的实体行事。我们一定会想起早先法学家们的政治概念,比方,巴黎的约翰认为,国王同时依赖上帝和人民,"人民设立、上帝默示"(*populo faciente et Deo inspirante*)。[286]不过,在巴尔都斯的政治设计中,"人民"(*populus*)的概念改为了"不能死亡的共体"(*universitas quae non potest mori*)的法律概念;同时,上帝(*Deus*)也相应地更换为类似的法律概念"不能死亡的尊荣"(*Dignitas quae non potest mori*)。上帝与尊荣之间的关系有多紧密,可

[284] *Ibid.*, nos. 4-5:"Et in contractibus regum est expressum, quod partium sunt, et transeunt ad successores in Regno, si celebrati sunt nomine dignitatis...Nec mirum, quia in Regno considerari debet dignitas, quae non moritur; et etiam universitas, seu respublica ipsius Regni, quae etiam exactis Regibus perseverat. Non enim potest respublica mori. Et hac ratione dicitur, quod respublica non habet haeredem: quia semper vivit in semetipsa."(同引文)参上文第六章注 50。

[285] 下文注 295。

[286] 见上文第六章注 51-54;第七章注 25 以下。

以从巴尔都斯关于国王和皇帝加冕誓辞的注释中看出。在加冕时,国王和皇帝要承诺不让渡王冠的财产:"这样,皇帝……就不对任何人负有义务,尽管他向上帝以及他的尊荣(这是永久性的)负有义务"。[287]我们或许应该回想起"上帝"(*Deus*)与"国库"(*Fiscus*)的并列,以此来理解尊荣。由于其永久性,尊荣就跟国库一样,被拿来与上帝相比,或者"比附为"上帝。在这里,也可以贴切地想起布雷克顿的名言"国王必须不在人之下,但在上帝和法律之下",[288]如此我们可以注意到从以法律为中心的(Law-centered)王权到以政体和合众体为中心的(Polity-and Corporation-centered)王权的转变过程。

将上帝与尊荣并排放在一起,这个做法值得进一步的考察。[289]在这里重要的是,国王尊荣(royal Dignity)不死这个口号式的措辞反复出现,或者,按照巴尔都斯有时的说法,"……尊荣是某种属于国王性质的东西(something regal)……而这种国王的品质不会死亡,即便个体[的国王]去世"。[290]同样地,马太乌斯·德·阿弗利克提斯也[400]引用了巴尔都斯,在对西西里宪章(Sicilian Constitutions)所作的一条注释中宣称:"王家尊荣永远不死。"[291]当然,这个主题会

---

[287] "Unde imperator rei suae potest dare legem quam vult et non obligatur homini, sed Deo et dignitati suae, quae perpetua est. "(自此国王可以对其财产颁布他想颁布的法律而不对任何人负有义务,但是他对上帝和他的尊荣负有义务,而他的尊荣是永远的。)Baldus, on c. 33 X 2,24, n. 5(霍诺留三世的教令;上文注 143 以下、注 147、150), *In Decretales*, fol. 261ᵛ。

[288] Bracton, fol. 5b, ed. Woodbine, II, 33:"Ipse autem rex non debet esse sub homine, sed sub Deo et sub lege, quia lex facit regem. "(同引文)另参上文第四章注 298。

[289] 见下文注 423。

[290] Baldus, on *C.* 6,51,1,6a, n. 4, fol. 180ᵛ:"Vel ibi non est novum feudum, quia dignitas est quid regale, cum feudum regni sit concessum omnibus regibus, et qualitas regia non moritur, licet individuum moriatur. "(那里没有新的封地,因为尊荣是属于王室的,而王国的封地由所有的国王赐予,王室的性质不会死亡,尽管个体会死亡。)另一方面,实际权力的缩小并不影响尊荣本身的不朽性质。参见,例如 Albericus of Rosate, on *D.* const. *Omnem*(= *prima const.* or *prooemium*), rubr. , n. 8(Venice, 1585), fol. 3ᵛ。尽管并不认可"君士坦丁的赠礼"(他实际上以赞赏的态度引用了 Dante, *Inf.* , XIX, 115ff),但他并不接受所有用来否定其有效性的理由:"Non obstat quod dignitas imperialis sit perpetua et non moriatur; quia per talem donationem non est mortua nec eius potestas in aliis locis non donatis ecclesiae. "(这并不妨碍皇帝的尊荣永久且不死;因为通过这种赠予,尊荣并未死去,其权威也没有在其他地方被赠予教会。)

[291] Mattheus de Afflictis, on *Lib. aug.* , II, 35, n. 23, vol. II, fol. 77:"Quae dignitas regia nunquam moritur. "(国王尊荣永远不死。)

产生一些经过轻微变化的变体。巴尔都斯自己偶尔会说：*Regia maiestas non moritur*，"国王的威荣不死"。[292]并且，他也对国王的两个人格作出了区分：一个是"个人的人格"（*persona personalis*），"乃是居于人的物质之中的灵魂"，即个体的国王；还有一个是"观念的人格"（*persona idealis*），"即尊荣"。[293]在这里，尊荣——"观念的人格"——明显经过了人格化。与"正义（女神）"（*Iustitia*）类似，尊荣成了一个"观念的"人，具有独立的存在，甚至在任职者空缺的情况下，尽管从其他方面看她不可分离地附着于统治者，只要后者还在世或者在统治；她作为一个永久的伴侣（companion）附着于他——类似于古代的神祇、男神或者女神，在硬币上作为"皇帝伴侣"（*comes Augusti*）出现。[294]

巴尔都斯在另一种情况下也把国王所蕴含的双重性作为主题来讨论。他在讨论国王有义务遵守以尊荣（*Dignitas*）和国家（*respublica*）之名设立的合约时解释说，"按理智来讲"，订立合约、设定义务的前任国王并没有死，因为作为他行事所凭借之名义的尊荣和国家都没有死。

> 因为这样说是正确的，即，国家（*respublica*）自己不做任何事，而是由统治国家的那个人，以国家和尊荣之名行事，而这名义又正是国家所赋予他的。还有，在国王身上有两个东西重合：人格与尊贵（signification）[亦即尊荣]。这个尊贵是诉诸于理智的东西，它神奇地永远存续，尽管不是以物质的方式：因为尽管国王在他的肉

---

[292] Baldus, on c. 7 X 1, 2, n. 78, *In Decretales*, fol. 18: "...quia ibi iuramentum fuit praestitum a dignitate dignitati. Nam regia maiestas non moritur."（因为誓言立于尊荣、为尊荣而立，王室的伟大不会死。）

[293] Baldus, *Consilia*, III, 217, n. 3, fol. 63^v: "[persona]personalis, quae est anima in substantia hominis, et non persona idealis, quae est dignitas."（属人的人格，那是在人的实体中的灵魂，并非理想的人格，后者就是尊荣。）

[294] 参见 A. D. Nock, "The Emperor's Divine *Comes*," *Journal of Roman Studies*, XXXVII (1947), 102ff. 弗里德里希二世对于"伴侣"（*comes*）的观念并不陌生，不仅了解"正义女神"，而且还知道"皇帝的命运女神"（*Fortuna Augusti*）；参较 Franz Kampers, "Die *Fortuna Caesarea* Kaiser Fredrichs II," *Hist. Jahrb.*, XLVIII(1928)，208ff.

身方面存有瑕疵,但他仍然占据了**两种人格**的地位。㉟

[401]换句话说,大写的国王(King)比小写的国王(king)活得长久,在这个意义上,才有了巴尔都斯所说的,尽管在一具尸体里面没有意志存在,但死去的君主"就好像在死后仍然有意志"——当然,是作为尊荣的君主。㉟

无论如何,现在我们可以容易地辨识出,这个关于"温切斯特修道院院长"及其尊荣的简单的教会法原理,在何种程度上对法律思想造成了总体性的影响,尤其是在十四世纪的发展过程中,该理论被转移到世俗领域、转移到皇帝和国王们之后。巴尔都斯带有明显的经院气息,而在他那令人敬佩的论证中,㉟我们相信,我们已经听到了都铎法学家们提出的关于国王"两个身体"的论证。

英格兰的合众体现象

在普劳登撰述的诸多生动发言中,几乎没有一句话或一个比喻,是无法追溯到 13、14 世纪法学著作中的某些前例的,尽管要证明这个或那个细节究竟是如何进入英国法律语言常常很是麻烦。绝对真实的情况是,在绝大多数"尊荣"(*Dignitas*)一词与"王冠"(*Corona*)一词联用的情况中,都没有要得出尊荣具有合众体性质的意图;也不存在任何能

㉟ Baldus, *Cons.*, III, 159, n. 5, fol. 45ᵛ: "Unde cum intellectu loquendo, non est mortua hic persona concedens…Nam verum est dicere, quod respublica nihil per se agit, tamen qui regit rem publicam, agit in virtute reipublicae et dignitatis sibi collatae ab ipsa republica. Porro duo concurrunt in rege: persona et significatio. Et ipsa significatio, quae est quoddam intellectuale, semper est perseverans enigmatice: licet non corporaliter: nam licet Rex deficiat, quid ad rumbum, nempe loco duarum personarum Rex fungitur, ut ff. de his, qui. ut. Ind. l. tutorum[*D*. 34,9,22: 'Discreta sunt enim iura, quamvis plura in eandem personam devenerint, aliud tutoris, aliud legatarii']."(同引文)

㉟ Baldus, on *C*. 10,1, rubr., n. 16, fol. 232ᵛ: "…et velle videtur[imperator]etiam post mortem, quia etiam post mortem suam verba contulisse videtur…"(似乎君主在死后仍有意志,因为在他死后他似乎还在传达话语……)见下文注 349。

㉟ *Repertorium in Consilia*, p. 82(构成 Baldus, *Cons.* 第六卷), s. v. "rex",引用 *Cons.*, III, 159 并说:"Hic vide multa pulchra de dignitate regali."(看这里有很多关于国王尊荣漂亮的论证。)另参 Gierke, *Gen*. *R*., IV, 239,引用了这部 *Consilium*,并赞赏了 Baldus' *unübertreffliche Schärfe*。

够将此种意图加进文本的可能。尽管如此，意大利教会法学家的理论还是在英格兰留下了一些痕迹，甚至是在一个较早的时期。德罗赫达的威廉（William of Drogheda）在 1239 年前后撰写了关于教会法庭程序的著作，他充分意识到了修院长用自己的私章签署与以所在修院名义签署之间的不同。⑱在爱德华二世时期的《法律年鉴》中，[402]尽管我们发现大多数谈到国王尊荣的时候并没有表现出有合众体性质，但我们还是发现其对于尊荣在教会法上意义有非常清楚的认识。在 1313 年审理的起诉科克汉姆修道长（Prior of Kirkham）的案件中，英格法官（Justice Inge）反复使用教会法学家的意义提到尊荣：

> 修院长和修道长是尊荣的名称：并且，因尊荣的缘故，前任所享有的权利，会在继任者被设立后，将自己完全赋予继任者的人格，而只有他可以保卫其所在教会的权利。

英格法官暗暗地引用了"来自修院长"教令，表示事实是"[科克汉姆的]现任修道长，作为修道长来到法庭"，而他乃是"按其尊荣之名"接受传召。最终，英格断然宣称："让人们学习一下，依照其尊荣之名针对一位修道长发起令状程序[需要何等谨慎]。"⑲

这些引文表明，1300 年前后的英国法学家对于法律意义上的尊荣概念，以及前任与继任者同一的观念——至少是对教会人士——都非常熟悉。英格法官实际上指出了，一位修院长"或者其他享有尊荣的

---

⑱　Post，"Quod omnes tangit，" 217ff.

⑲　*Year Books*，6-7 *Edward II*（1313），Y. B. Ser.，XV（Selden Society，XXXVI），175，177，178，182；参较 Holdsworth，III，472，n. 4. 尽管在这个案例中合众体的基础很明显，但提到王家尊荣时仍然缺乏任何合众体性质的意思；参见，例如 *Year Books*，5 *Edward II*（1311），Y. B. Ser.，X（Selden Society，LXIII，1944），122f. 布雷克顿对尊荣一词的使用也没有表达合众性的含义。看起来，*status regis* 或 *status regalis* 的观念，或者单独、或者与 *dignitas* 联用，承担了教会法学家理论中的功能，以及意大利法学家赋予抽象的 *Dignitas* 的功能。这一点，至少，在 Jean Gerson 那里有所表达（上文第五章注 76），当他提到国王的"第二生命"时，提到"vita civilis et politica, que *status regalis* dicitur aut *dignitas*."（公民的和政治的生命，被称为国王身份或者尊荣。）所有这类概念都应当有比这里所作更为彻底的研究，尽管 Post 已经开了一个好头（参见，例如"Two Laws,"432ff）。

人",其人格属性（personality）并非"与世俗人士相当"[⑩]——这看起来表示,延续的人格属性观念尚未普遍转移到世俗职位,而多少限定于属灵尊荣者。在世俗尊荣者也被拖进合众体诸理论的魔法界之前,还要花上相当长的时间。无论如何,到了15世纪,主要的区分已经扩展到[403]了世俗领域。比方,在爱德华四世时期的一个案件中,法官指出,有一名市长签署合约、设定义务,当时他并不是作为市长,而是"凭借他自己的灵魂"（par son propre nosme）。[⑩]

当然,在爱德华四世时期,各种合众体思维模式在英格兰获得了充分的理解,其最有趣的展示,是国王本人在兰开斯特公爵领一案中的表现。[⑩]众所周知,这个公爵领是兰开斯特家族的私产,兰开斯特诸王依继承权利持有之。亨利四世于1399年即位、受祝圣,当时议会同意,兰开斯特公爵领的全部土地由国王管治,"一如朕从未达成国王尊荣之高位",因为这些土地乃是"在上帝呼召朕承受王家产业和尊荣（Estate and Dignity royal）之前",依照继承权利、个人性地被他,兰开斯特的亨利,所取得。[⑩]这是一份私人财产,与王冠没有联系——在亨利五世和亨利六世时期,公爵领仍然保持这个性质;按照普劳登后来报告的,它乃是由兰开斯特诸王在其自然之体（Body natural）中保有的。[⑩]到了1461年,约克家族的爱德华四世掌握了权力,公爵领的地位就发生了变化。即位后不久,爱德华四世就将兰开斯特前任定了重叛逆罪,这个判决导致没收前任君主的全部财产和权源（title）,包括兰开斯特公爵领的私产。爱德华四世本人不享有针对公爵领的权源,除了以王冠的权利持有之,因为公爵领已经因针对王冠的叛逆罪而遭到没收。[⑩]不过,爱德华显然并不想放弃一份自主土地（Hausmacht）给国王的权力

---

⑩　*Year Books*, 6-7 *Edward II*, 181.

⑩　Maitland, *Sel. Essays*, 226, n. 1.

⑩　Robert Somerville, *History of the Duchy of Lancaster*(London, 1953), 231ff, 几乎没有讨论《合众体/法人设立法》(Act of Incorporation) 的内容。总体上,爱德华四世采取的奇怪行动看起来并未在现代引起注意,而这无疑是值得注意的。

⑩　William Hardy, *The Charters of the Duchy of Lancaster*(London, 1854), 99f, 102.

⑩　参见 Plowden, *Reports*, 200b 及各处;另参 Chrimes, *Const. Ideas*, 352f(*App. N.* 11),关于亨利四世时期法官们的观点。

⑩　关于该案最完整的讨论还是 Plowden's *Reports*, 212b-223;关于爱德华四世,见 219a。

和收入带来的所有好处。为了克服这些困难,国王或者他的法律顾问发明了一种令人吃惊的做法:他们将被没收的公爵领"设定为合众体/法人"("incorporated" the confiscated Duchy)。按照 1461 年 3 月 4 日颁布的议会立法,从属于公爵领的庄园、城堡、领主[404]权、市镇以及其他财产,包括其附属物,自此以后

> 并自三月四日起,将该等兰开斯特公爵领设为合众体,名称为"兰开斯特公爵领"(THE DUCHIE OF LANCASTRE)。

进一步,议会授予爱德华四世保有该等土地的权利

> 以公爵领的名义,与其所有其他产业分开⋯⋯永远授予他和他的继承者、英格兰诸王。[306]

这样,公爵领被设立为一个合众体,属于王冠产业的一部分,但却并不与其他王冠财产合并。也就是说,为了保留公爵领原先的范围,保持其权利和附属物不受损害,同时又要使其在整体上与其他王冠财产分开,并将其置于特殊管理之下,通过议会立法,公爵领被变成了一个法律上的人(juristic person)。"兰开斯特公爵领"(我们还会想要加上一个"LTD."或"INC.")获得了一种免于中央政府管理的地位,并作为一个合众体(corporation)属于王冠。由此,作为大写国王的国王(the king as King),而非私人性质的国王,将以世袭的方式成为这个法人的头——或者说,成为其"董事"(Director),他好像私人所有者那样取得这个合众体/法人所产出的收益——当然,必须要凭借王冠的权利。[307]

---

[306] 关于这份特许状,参见 W. Hardy, *op. cit.*, 282(英文文本),323f(拉丁文文本)。引文中以大写字母表示的字句在拉丁文文本中就是大写的:"...dictus ducatus Lancastriae corproatus, et DUCATUS LANCASTRIAE nominentur[sc. castra, maneria, et cet.]."(同引文)

[307] 在 Plowden, 220b,简洁地说明了这个区分:"这三位[即兰开斯特诸王]在他们与王冠相分离的自然之体中持有之,而第四位[即爱德华四世]则以王冠的权利在政治之体中持有之,同时在王冠的秩序和管治中加以分别,而不是以其他方式。"

　　这样,合众体思维就在最高层级上进入了宪制实践。以比喻的方式将一个王国、郡、公爵领、甚或一宗地产(fee)理解为一个合众体(corporation)(共体[*universitas*]),或者是一个法律上的人(juristic person),在法学家的话语中绝非罕见;但是通过议会立法的方式真的把一整个公爵领设为合众体,在中世纪是非常稀有的做法。我们可以认为,这一步骤或许是后来将教会的整个教区、或者属灵会社的地区性机构设立为合众体/法人的先声;在那些国家,由于国家与教会分离的缘故,教会构成了私人性的合众休/法[405]人;在美国就是如此,大主教和主教被确认为"独体法人/单人合众体"(Corporations sole),宗教团体也是如此,比方本笃会注册为"圣本笃修道会,合众体/法人"(*The Order of St. Benedict, Inc.*),而耶稣会的区会则按照地域设立合众体/法人,例如"新英格兰耶稣会"(*The Society of Jesus of New England*),等等。⑧在这里,世俗的公司法(corporational law)对教会的地位产生了追溯性的效力:事实上,是教会法学家的理论又转回到原地。

　　无论如何,到了 15 世纪下半叶,合众体的观念(corporational ideologies)已经在英格兰稳稳地扎下根来,并且,看起来法学家也已经意识到从合众体理论出发,可以由世俗事务中得到好处。从其他方面看,兰开斯特的设为合众体/法人似乎没有产生什么有形的效果,⑨但是,这一事件在法律思想中留下了不可磨灭的印记。因为正是在 1561 年庭审的"兰开斯特公爵领案"中,都铎法官们创制了他们最令人惊异的程序,即国王的"两个身体"。由于这些程序最终进入了法学教科书和字典,比如克隆普顿(Crompton)、基钦(Kitchin)、科威尔(Cowell)的作品,以及或许还有 1600 年前后的其他作者的作品;并且,由于它们被诸如科克、培根以及后

---

⑧　美国将罗马天主教的主教和大主教确认为"独体法人"的例子列在 *Corpus Juris*(New York, 1919), XIV, 71, nos. 73 and 78(＝14 C. J. Corporations §38)。在新版中(*Corpus Juris Secundum*, XI, 350[Bishop]),称"主教被视为一个独体法人;但是这个概念……貌似超出了美国法范畴,因此在这里主教不再被视为独体法人。"不过,有一份礼仪期刊,名叫 *Orate Fratres*,是由"明尼苏达州柯治芝维尔市圣约翰修道院(圣本笃修道院,法人)的修士"编辑,而美国的耶稣会是按照地区设立法人的;参见,例如 *Catalogus Provinciae Novae Angliae Societatis Jesu*(ineunte anno 1955), p. 143。

⑨　Somerville, *Lancaster*, 232.

来数不清的其他作者(比如布莱克斯通)引用,它们自然就快速地突入到政治和民众的话语之中,并一再重复。⑩普劳登在他的《判例报告》中,清楚地说明了当时的人对于兰开斯特案所涉及的原则产生怎样活跃和普遍的兴趣,以及在"两个身体"的区分不断发展的过程中,发生了何等热烈的讨论。[406]当英国法官们指出,国王的政治之体"包含了他的王家等次和尊荣(royal Estate and Dignity)"或是"装饰以和授以王家等次和尊荣"时,他们的创造并不缺乏原创性,即使是意大利法学家最先提出了这些概念。都铎法律家的原创性主要在于,他们把通常使用的"尊荣"(*Dignitas*)概念替换成了"政治身体"(Body politic)的概念,并由此走向了某些罗马法学家和教会法学家并不认为有必要详细探究的论证和结论。

幸运的是,我们并不缺乏说明"尊荣"被"身体"取代的早期例子。梅特兰提到亨利七世时期、1487年的一个案例,在其中瓦瓦瑟法官(Justice Vavasor)说,"每一名修院长都是一个政治之体,因为他不能取走任何东西,除了院舍的使用权(use of the house)"。⑪这个论辩本身是虚弱的,但它揭示了一个在当时一定相当普遍的说法。事实上,我们在一个更早的案例中也发现了类似的说法,那是爱德华四世时期、1482年的一个案子。又一次,牵涉到一位修院长;费尔法克斯法官(Justice Fairfax)支持修院长,发表了一通关于"该修院长永远不死的奥秘身体"的论辩,因为职位和院舍都是继续保留在修院长的继任者手中。⑫这位法官的评

⑩ Richard Crompton, *L'Authoritie et Jurisdiction*(London,1594),fols. 134f; Joseph Kitchin, *Le Court Leete et Court Baron*(London,1598),1ᵛ;John Cowell, *The Interpreter* (Cambridge,1607),s. vv. "King(Rex)" and "Prerogative." 关于Cowell,他的绝对主义观点甚至令詹姆斯一世都觉得不舒服(参较 Godfrey Davies, *The Early Stuarts*[Oxford, 1952],12),另参 Chrimes,"Dr. John Cowell," *EHR*, LXIV(1949),472ff。关于科克、培根和布莱克斯通,见上文第一章。

⑪ Maitland, *Sel . Essays*, 83,n. 2(quoting *Y. B.*, 3 *Henry VII*):"...chescun abbe est corps politike, car il ne poet rien prender forsque al use del meason. "(每一个隐修院院长是一个政治体,因为他不能任意使用院舍中的任何事物。)

⑫ *Year Books*, 21 *Edward IV*(printed by Tottell,London,1556-1572),fol. 38b:"...pur ceo que cest misticall corps d'l abbe ne unque morust et le office et le meason continua a les successours en fee..."(因为这是隐修院院长的神秘身体,它从不会死去,而他的职位和院舍都会延续到他在信仰中的接班人。)Coke, *Rep.*, VII,10a, *Calvin's Case*(不确:f. 38b 应为 39b)引用了这个案例,在此特别感谢 Mr. H. G. Richardson 帮助我核对引文。

论很有趣:没有说修院长是教会或者王国这个一般性的奥秘之体上的肢体,而是说他本身就是一个奥秘之体,因为他"永远不死",具有"延续性"。很明显,"尊荣"(*Dignitas*)这个合众体的概念与具有类似合众体性质的"奥秘之体"(*corpus mysticum*)概念混淆在了一起,或者说"奥秘之体"与被称为"尊荣"的东西发生了融合——这种融合或混淆在意大利法律语言中绝不是常见的。不过,当我们思考这个作为模范的"修院长"在总体上对法律和政治思想产生的影响时,就会顺理成章地发现,在英国世俗领域的实践中,这两个词几乎同义地被用到了国王的身上。

[407]在法律论辩中,国王的"尊荣"是如何变成国王的"政治之体"的,考察一下在普通诉讼法院审理的"希尔诉葛朗治案"(*Hill v. Grange*)就可以知道,该案的审理发生在 1556 和 1557 年,早兰开斯特案大约五年。⑬希尔诉葛朗治案是一个非法侵入案件,本身与此处的研究无甚关联;但是,遭到侵入的土地碰巧原先属于被亨利八世解散的一所修道院,由此国王就步入了舞台。在庭审中,某些部分就好像是把"来自修院长"教令以及相关的注释所涉及的整个问题排演了一遍。法官们要确定,亨利八世国王行事时是作为个人、还是作为尊荣,因为如果是后一种情况,他的行为就对继任者有约束力。首席法官布鲁克(Chief Justice Brook)辩称,制定法通常"解释为扩展到国王的继承人和继任者,赋予他们权益或对他们产生约束力",即便所引的是国王个人的名字;他举出《大宪章》第 17 条:"普通诉讼法院不应追随朕的(our)宫廷",⑭以此证明"朕"这个字并非仅仅指约翰王个人,而是指作为大写国王的国王;最后,他在总结时说:

> 原因在于,大写的国王是一个政治之体(*the King is a Body politic*),而当一项法律说"国王",或者说"朕"时,永远是指着他作

---

⑬ Plowden, *Reports*, 164ff.

⑭ 首席法官 Brook(Plowden, *Reports*, 175b)引用了《大宪章》"第 11 条";而事实上所引的是《大宪章》第 17 条(约翰王版),或者第 12 条(1216 年重签版)。

为大写国王的人格,并且是指着他的王家尊荣(*in his Dignity royal*),因此这就包含了所有享有其功能(*function*)的人。⑮

接着,其他法官——斯汤福德(Staunford)、桑德斯(Saunders)还有布朗(Brown)——开始论述,他们类似地论辩说,尽管亨利八世国王是以其名字被提及,但就是在说作为大写国王的他:

> **国王是一个有持续性的称号**,永远存续,作为人民的头和管理者,正如法律规定……,并且在这一点上大写的国王永远不死。

出于这个理由,法官们认为,国王的死亡在法律上不称作死亡,而要称为移转(demise),

> 因为他就此将王国移转给另一个人,使另一个人享受该职分,所以尊荣始终存续。……并且[408]当……提到他时是称他为大写的国王,那么他作为大写的国王就永远不死,尽管他的自然身体会死亡;但是,他被提到时所使用的名称,即大写的国王,确实永远存续,因此……**"大写的国王"一词就应当**[从亨利八世]**延伸到爱德华六世**[亦即,延伸到继任者]……由此我们可以知道,**若有某物以大写国王之名指向某位特定的国王,则在此情况下,它就可以延伸到其继承人和继任者**……⑯

不需要多说什么就可以看出,此处以黑体字强调标示的字句在何种程度上,乃是发源于注释家和后注释家们很久之前就已经提出的各种论辩:我们辨认出了"尊荣不死"的口号,即,尽管任职者会死亡,但尊荣依然保持延续性;前任与继任者的同一;以尊荣之名所设义务的约束力;提到或遗漏"名称"的重要意义;以及三个多世纪以来从"来自修院长"

---

⑮ Plowden, *Reports*, 175b–176.
⑯ *Ibid*., 177. 见上文注195。

教令或类似处境下发掘出的所有其他含义。英国的法律行话只在一处显著偏离了注释家的语言：尽管英国法官在适当的法律环境中数次提到了尊荣这个词，但它通常还是被"政治之体"所取代。无论如何，在这里，令人惊奇地呈现出一种与修院长的"永远不死的奥秘之体"平行的表达。

科克在加尔文案中作陈词时，巧妙地说道："确实，国王（King）在属上（*in genere*）不会死亡，但就个别而言（*in individuo*）他是会死的。"[317]我们从意大利法学家的论辩中了解到这类区别，大体上，他们谨慎地指出，他们是在讨论"在属上"（*in genere*）的君主，讨论"国王尊荣"（*regia Dignitas*）或"国王威荣"（*regia Maiestas*），而当他们说一位尊荣者"永远不死"时，他们会非常合乎逻辑地不说"国王（King）永远不死"。或许当巴尔都斯对尊荣进行人格化、并说"观念的人"（*persona idealis*）永远不死的时候，他比其他人多走了那么一点；但是，他所说的毕竟也不过还是一个"观念人"。英国法律家们也极其清楚地表示，并不是国王单纯自身构成不朽，而只是作为大写的国王——作为"尊荣"或"政治之体"——他才永远不死。不过，"国王永远不死"一语的首次出现，貌似是在英国法律家的陈词中；[409]或许人们可以承担得起一点的不严谨，因为国王那不朽的政治之体与他有朽的自然之体之间的区分已经牢牢建立，出现错误理解实际上是不可能的。无论如何，关于不朽的国王尊荣和威荣已经有了非常多的讨论——尤其是在法国，由此形成了一种趋势，就是认为在在世的个别国王身上具有活的观念人的特性，[318]从而几乎可以预期，终有一天，"国王永远不死"（*Le roi ne meurt jamais*）一语也会出现在法语中。

国王死了……(LE ROY EST MORT)

很少有人注意到（如果还有的话），自 16 世纪起就在法国同时出现

---

[317] Coke, *Calvin's Case*, fol. 10b.

[318] Church, *Constitutional Thought*, 94, n. 41, 197, 247ff. and passim.

的"国王永远不死"(*Le roi ne meurt jamais*)这一著名机制,⑲乃是直接继承了法律格言"尊荣不死"(*Dignitas non moritur*),并因此在源头上乃是出自教宗亚历山大的"来自修院长"教令。换句话说,它只是对中世纪教会法学家和罗马法学家旧式合众体理论的另一个改装。这个相当清晰的渊源如此少有人注意,可能[410]是因为——至少在某种程度上——这句法律格言实在过于频繁地(出于看似明显的原因)与圣德尼教堂(Abbey of St.-Denis)举行的法国国王葬礼上的哭喊声联系在一起:国王死了! 国王万岁! (*Le roi est mort*! *Vive le roi*!)⑳然而,这是把法学和王朝延续性的两项口号放在一起,并最终混淆了起来——而

⑲ 很难讲这句口号确切是什么时候开始在法国出现。参较 Jean Bodin, *Les six livres de la république*, I, c. 8(Paris, 1583; first edition 1576), 160:"Car il est certain que le Roy ne meurt jamais, comme l'on dit, ains si tost que l'un est decedé, le plus proche masle de son estoc est saisi du Royaume et en possession d'iceluy au paravant qu'il soit couronné. " (这一点是确定的,国王永远不死,正如我们所说的,而如果国王死去,他最近的儿子已经掌握了王冠,即在他正式被加冕之前已经掌权。)这表明到博丹写作时(ca. 1576),这句格言已经众所周知(*comme l'on dit*)。同样有趣的是,博丹将"死者抓住活人"(*le mort saisit le vif*)(上文注 268)从私人的法定继承领域提出,用于公共领域,替换了"死亡回避国王" (*le mort by le Royaume*);王国自己获取了王位的继承人。同样将"国王永远不死"(*le Roy ne meurt jamais*)与"死人抓住活人"(*le mort saisit le vif*)联系起来的还有 Charles Loyse-au, *Cinq livres du droit des offices*, I, c. 10, n. 58(Lyon, 1701; first published in 1610), 66, quoted by Church, *Const. Thought*, 319, n. 44。当然,到了这个时候,"国王永远不死"已经成为了法兰西民族的一条宗教性教义,比方 Bossuet,尽管仍然依赖法学原理,但提出了十分新颖的解释:上帝的形象,在国王身上被人看见,因此必须是不朽的;参较 Bossuet, *Oeuvres oratoires*, ed. J. Lebarq(Lille and Paris, 1892), IV, 256ff("Sur les de-voirs des rois," a Palm Sunday Sermon delivered before the king, on April 2, 1662),他对(p. 262)《诗篇》81:6(译注:和合本、思高本为 82:6)作了一种解释,*Ego dixi: dii estis* (参见我的论文"Deus per naturam," 274, n. 72):"Vous êtes des dieux…Mais ô dieux de chari et de sang, ô dieux de terre et de poussière, 'vous mourrez commes des hommes. ' N'importe, vous êtes des dieux, encore que vous mouriez, et votre autorité ne meurt pas; cet esprit de royauté passe tout entier à vos successeurs…L'homme meurt, il est vrai, mais le roi, disons-nous, ne meurt jamais; l'image de Dieu est immortelle. "(你们是神……但是有血有肉的神,由土和尘土作的神"你们要和人一样死去。"你们是神圣的,虽然你你将要死,你们的权威不会死:这种王权的精神会全部传给你们的继承人……人会死,没错,但国王,我们说,国王永远不死:他是永恒的神的肖像。)

⑳ 参见,例如 Robert Holtzmann, *Französische Verfassungsgeschichte*(Munich and Berlin, 1910), 311; Schramm, *English Coronation*, I, and *König von Frankreich*, I, 260. Bloch, *Rois thaumaturges*, 218f, 主要强调了圣德尼呼喊声的王朝意义,这是重要的,但并不具有决定性意义。在 1600 年前后,法国的作者们就已经把这两个观念混合在了一起。

两者各有其独特的历史。"国王永远不死"只是偶尔用于王朝延续性；
"教宗、主教、女修院长永远不死"(*le pape*，*l'évêque*，*l'abbesse ne meurt
jamais*)即便在不涉及王朝尊荣的情况下也是有效的格言。法国的这
项创作声名远播，为当时英国法学家的黑话提供了日用的饮食，但是，
它并没有出现在法国国王的葬礼上，因为在圣德尼举行的葬礼源自一
个完全不一样的背景。㉑根据 1420 年的《特鲁瓦条约》(Treaty of
Troyes)，患病的法国国王查理六世与王后伊沙白承认英国国王亨利五
世为法国王位的合法继承人；英国人的主张在法国北部获得了承认，包
括巴黎城在内。两年后，1422 年 8 月 31 日，亨利五世死于樊尚(Vin-
cennes)，将他对法国的权利主张留给了儿子亨利六世。国王的灵柩先
送到圣德尼，然后取道鲁昂回伦敦。在此过程中，法王查理六世亦于
1422 年 10 月 21 日去世。贝德福公爵(Duke of Bedford)为尚在褓褓
中的英王亨利六世担任法国摄政，他于 11 月 5 日返回巴黎，御前会议
(*Conseil*)看起来在等候他到来、安排丧事并执行葬礼仪式。㉒

不过，其他一些事件威胁到了英王对法国王位的继承。在巴黎以
南的耶弗尔河畔莫恩(Méhun-sur-Yèvre)，当时还是王太子的[411]查
理七世受到了手下军官"国王万岁"(*Vive le roi!*)的欢呼，并升起了法
兰西旗帜。㉓因此，贝德福公爵不得不采取快速有效的行动，以保护和
宣告自己的君主、英王亨利六世的权利。11 月 11 日，查理六世在圣德
尼下葬——就在亨利五世于威斯敏斯特大教堂落葬后 4 天——葬礼最
后以为已故国王的简短祷告结束："为杰出的君主法国国王查理六世的

㉑ 以下内容中的大部分，有时几乎是全部，采自即将出版的 Ralph E. Giesey，*The Royal Fu-neral Ceremony in Renaissance France*。该书是一部详尽和全面的研究(基于作者的博士论文，University of California Ph. D. dissertation，Berkeley，Cal.，1954)，我按照章节和脚注编号加以引用。我要特别感谢 Dr. Giesey，不仅允许我自由地使用他的手稿，还提供了一些其他的相关内容，并且允许我自由地使用他从国外收集来的尚未刊行的资料。

㉒ Giesey，*Royal Funeral*，Ch. VI，nos. 87ff.

㉓ Monstrelet，*Chroniques*，ed. Douët d'Arcq(Soc. De l'hist. de France，Paris，1857–1862)，IV，310 对该仪式有详细描述："Sy fu lors levée une banière de France dedans la cha-pelle，et donc lesditz officiers commencèrent a cryer hault et cler par plusieurs fois Vive le Roy!"(他们在教堂中举起了法国国旗，并且将军们多次高呼"国王万岁！")关于该日期(10 月 30 日而非 10 月 24 日)，参见 Giesey，*op. cit.*，Ch. VIII，n. 20f.

灵魂祷告。"(*Priez pour l'ame de tres-exccellent prince Charles VI*, *roy de France*.)接着,在短暂的停顿后,一位纹章主事官(king-of-arms)宣布了幼王亨利六世的权利,并大声呼喊说:"受神恩宠的法国和英国国王亨利万岁!"(*Vive Henry par la grace de Dieu roy de France et d'Angleterre*!)其他纹章官(heralds)附和着高喊:亨利王万岁!(*Vive le roy Henry*!)按照法国编年史家的记述,英国人还加上了一个"新王降临!"(*Noël*!)——"就好像主从天上降临人间"。[324]

在这里,显然是为了否定伪太子及其一党的主张,为已故国王所作的祷告伴随了对新王的拥护宣告,采用了通常用于国王加冕礼和其他场合的形式。从此,这个程序在法国成为了习惯:先为已故国王祷告,接着,在"足以念完主祷文"的片刻静默之后,[325]就是对新王的拥护宣告。不过,为先王祷告和对新君拥戴的语句长度逐渐缩短,最后就变成了那些中间夹杂着简短的仪式、扼要且非人格化的喊声:国王已死!⋯⋯国王万岁!(*Le roi est mort*!...*Vive le roi*!)这个扼要且非人格化的版本貌似首先出现在 1515 年路易十二的葬礼上,而一种过渡性的程式——相继而发的简短喊声,同时提到已故国王和[412]新王的名字——显然在 1515 年前就已经有使用了。[326]这是很有可能的,因为在 1509 年,英王亨利七世去世时,英国的葬礼仪式就表现出这种过渡性的风格。司礼官们(stewards)打碎他们的杖,墓穴封闭,

> 所有纹章官都立即把他们的盾牌挂在灵车的栏杆上:用法语

---

[324] 此处所述为查理六世和亨利五世所发的喊声,采自 *Cérémonial de l'inhumation de Charles VI* 的"原始"版本,这份最古老的抄件(Paris, BN. , fr. 18674, fols. 119f)收录于 Giesey, *Roay Funeral*, Appendix II. 关于"Noël"喊声的记载,可参见,例如 *Chronique du Religieux de Saint-Denis*, ed. M. L. Bellaguet(Coll. des documents inédits, Paris, 1852), VI, 496。

[325] Mathieu d'Escouchy, *Chroniques*, ed. G. du Fresne de Beaucout (Soc. De l'hist, de France, Paris, 1863-1864), II, 443f, 涉及到查理七世在 1461 年的葬礼。

[326] 通常认为这种喊声以最简短的形式首次出现在 1547 年弗朗西斯一世的葬礼上;参见,例如 Bloch, *Rois thaumaturges*, 218f; Schramm, *Frankreich*, II, 125(=I, 260, n. 4)。不过,去人格化的喊声实际上已经出现在同一时期的一份关于 1515 年路易十二葬礼的报告中:*L'obsèque et enterrement du Roy*(Paris, 1515), 收入 L. Cimber and F. Anjou, *Archives curieuses sur l'histoire de France*(Paris, 1835), Ier sér. , II, 69f. 参较 Giesey, *Royal Funeral*, Ch. VIII, nos. 50f, 关于进一步的细节。

哀哭道"高贵的亨利七世国王驾崩了"。当他们如此行之后，每一名纹章官马上再次佩戴好自己的盾牌，并大声喊道："Vive Le noble Roy Henry le VIIIme"，用英文说就是"上帝所差遣的高贵的亨利八世国王万岁"。㉗

这个英国程序遵循了法国仪式的先例，与之十分相似，显示了两声简短的呼喊前后相继，尽管有国王自己的名字，但实际上就是 1509 年之前法国的习惯，这一点将我们带回到了 1498 年查理八世的葬礼。㉘后来在喊声中不再有个人的名字，显然也是突出了"尊荣"的永久性，将之与其人格承担者分割开；不过我们不可能确定这是否有意为之。这里的重点在于，"国王死了！国王万岁！"的喊声——无论有没有提到特定的名字——有力地证明了王权的永久性，这一做法被引入英格兰的时候，正是"作为大写国王的国王永远不死"的格言在律师会馆呼之欲出的当口。

　　一个宽泛的政治概念，通过葬礼仪式，以简洁的词汇和戏剧化的表现形式获得了表达。无论如何，这著名的喊声既不是第一个，也不是唯一一个[413]在王家葬礼框架下对于不朽坏的王权观念的表达。

　　16 和 17 世纪的钱币及钱币类物品表现不死鸟并非罕见。例如，这个神话中的鸟儿被用作伊丽莎白一世女王的象征，表明其童贞和独身：在她的一些钱币上有"唯一的不死鸟"（SOLA PHOENIX）的铭文，在 1603 年即她去世那一年发行的一枚纪念章上则颂赞她为"独一的不死鸟"（UNICA PHOENIX）（图 22）。㉙英国的保王派在 1649 年，

㉗　这个表达见于 Brit. Mus., *Harley MS*. 3504, fol. 259^{r-v}（ancient 271），感谢 Dr. Giesey 允许我使用复件。

㉘　法语成为纹章学的专用语言当然并不能视为该等礼仪发源于法国的证据。不过，这类喊声在 1483 年爱德华四世的葬礼上并没有发现（参较 Brit. Mus., *Egerton MS* 2642, fols. 186^v-188^v），而在 1498 年法王查理八世的葬礼上，这些喊声几乎一字不差地出现；参较 Jean de Saint-Gelais, *Chronique*, in Th. Godefory, *Histoire de Louys XII*（Paris, 1622），108；参较 Giesey, *op. cit.*, Ch. VIII, n. 45。

㉙　Hawkins, *Medallic Illustrations*, Pl. VI, 7, 8, 9；参较 VIII, 17, 关于该纪念章，J. D. Köhler, *Munz Belustigung*（Nürnberg, 1729ff），XXI, 225ff。另参上文注 245。

图22　1603年的纪念章：伊丽莎白一世女王："独一的不死鸟"

图23　1649年的纪念章：查理一世与不死鸟国王查理二世

图24　筹码设计图，1643年

即查理一世遭处决后,铸造了一枚不死鸟纪念章,则表达了一种不同的观念。在正面,人物头上有一行铭文 CAROLVS · I · D:G: MAG:BR:FR:ET·HI·REX(查理一世,蒙神恩为大不列颠、法国和爱尔兰之王)。反面的铭文是 CAROLVS · II · D:G:MAG: BRIT:FRAN:ET·HIBER:REX(查理二世,蒙神恩为大不列颠、法国和爱尔兰之王);但是,没有使用人物形象,而是刻画了不死鸟从焚烧的窠中升起,加上铭文:EX · CINERIBVS(出自灰烬)(图 23)。这枚纪念章的涵义确定无疑;铸造这枚章的意图很明显,是要驳斥护国公克伦威尔和共和政府,强调世袭王权和王家尊荣在普遍意义上的永久性:国王之子好像不死鸟那样从余烬之中(*ex cineribus*)、从乃父的灰烬之中升起——或者,尽管可能性较小,从君主制的屠宰场中升起。[330]更生动的图案出现在之前几年,1643 年为法国国王设计的一枚纪念币中,当时是为了宣告路易十三去世、路易十四即位(图 24)。这枚纪念币显示,不死鸟居于山中的巢穴,太阳的光芒照亮了它。铭文取自维吉尔的牧歌第四首:*Caelo demittitur alto*,"他从高天之上受差遣而来"——自 13 世纪以来,世袭君主被人认为就是如此。[331]不过,这个设计的要点体现在一段另加的解释说明中,这样说:

> [414]不死鸟从其父的灰烬中出生、起飞,是靠着从上天和太阳而来的能力输入。照样,国王也是上天以神迹的方式赐予我们的;并且,他从父亲的灵床(*lit funèbre*)起飞,进入他自己的正义之

---

[330] Hawkins, *op. cit.*, Pl. XXX, 19. 我的复制件(图 23)取自格拉斯哥 Hunterian 博物馆的版本,感谢大英博物馆 G. K. Jenkins 先生的提供。王家不死鸟被说成将英格兰变成了另一个阿拉伯,至少按照 Ben Jonson 的说法,见 Ben Jonson, "A Speach presented unto King James on the Birth of the Prince," in *The Poems*, ed. B. H. Newdigate(Oxford, 1936), 281:

> 另一只不死鸟,尽管第一只已死,
> 第二只从他那不朽的床飞起,
> 令这个我们的阿拉伯(*Arabia*)成为
> 一个永恒后裔的巢。

[331] 见上文注 58。

床（*lit de justice*）。㉜

这个比喻的选择倒是不错，因为我们一定会想起法国国王即位后的第一次庄严出场，就是在最高法院的法庭上，作为立法者和最高法官——亦即，坐上他的第一张"正义之床"——几乎是在即位之后立即发生，有时甚至先于前任国王的葬礼。㉝装饰华丽的王座及其伞盖被说成是这样一个所在，在那里"人们可以看见'法律与国王'（*Lex et Rex*）安歇在华盖之下……，看见他们一同躺卧在正义之床"，㉞所以一枚表现"正义

㉜ Paris, *Bibl. Mazarine MS* 4395, fol. 1ᵛ（这幅图［图 24］我要感谢 Dr. Giesey），其中有一系列为 1644 年元旦设计的王家纪念章图案。关于不死鸟图案的说明这样说：

Le Phoenix naist et s'eleve des Cendres de son pere par l'Influence qui luy est envoyée du Ciel et du Soleil. Ainsy le Roy nous a esté miraculeusement donné d'en-haut; Et du lict funèbre de son pere il s'eleve à son lict de justice.（不死鸟通过一种来自天和太阳的影响而从其父亲的灰尘中诞生。同样，国王也很奇妙地是从上面赐给我们的：从其父亲的丧礼中，他在其父的正义之床上诞生。）

不死鸟的符号在 16 世纪法国宫廷礼仪中的使用不可谓不频繁。例如，1579 年由亨利三世创立的圣灵骑士团（Order of the Holy Ghost），原本叫做"不死鸟骑士团"（*Order of the Phoenix*），因为，廷臣们说，这种鸟"在他的种类中只有一只，没有任何可与之匹敌的"，因而就好像法国国王，"乃是这个世界所有国王之中的不死鸟"。参见 André Favin, *The Theater of Honour and Knighthood*（first published in 1620；English version, London, 1623），416. 还有，1600 年，在 Maria de' Medici 进入阿维尼翁时——她是作为新娘来与亨利四世结婚——树立了一座凯旋门，拱侧的图案就是不死鸟加上向 Maria 致意的铭文：*O felix haeresque tui*（哦，幸运的人，还有你的继承人）（引用 Glaudian；见上文注 252），暗示从此项婚姻产出王位继承人、即"小不死鸟"（*Le petit phénix*）的希望（上文注 269）；参较 André Valladier, *Labyrinthe de l'Hercule Gaulois*（Avignon, 1601），187（cf. 200）；参较 Giesey, *Royal Funeral*, Ch. X。

㉝ 路易十四和路易十五即位时都是婴孩，在前任国王下葬前被放到"正义之床"上；参较 Holtzmann, *Französische Verfassungsgeschichte*, 315. 关于"正义之床"，参见 Church, *Constitutional Thought*, 150ff；F. Funck-Brentano, *L'ancienne France*：*Le roi*（Paris, 1913），158ff；参见下一条注释。

㉞ Bernard de la Roche Flavin, *Treize livres des Parlemens de France*, IV, c. 1（Geneva, 1621），353ff，对"正义之床"作了最完整的描述；参较 §9, p. 355：".....on void que *Rex et Lex* se re-posent soubs le couvert［＝ciel ou daix；参较 §3, p. 353］de ceste sale...，on les void en-semblement en ce lict de Iustice..."（我们看到，国王和法律在天穹［天或天盖］之下……我们看到它们都在这正义之床上。）不用说，作者将正义视为是由法国垄断的；参较 §15, p. 356（谈到"正义之手"［*main de Justice*］，也被宣称为法国专有的属性），"pource que la Ius-tice est nee avec la France, et a son droit hereditaire en la terre de France, comme il y a des pays qui sont doüés de choses rares, et qui ne peuvent venir ailleurs."（因为正义随法国而诞生，它的权利在法国土地上世代相传，就像有些地方，那里具有稀有（转下页注）

之床"的大纪念章(图25)[415]宣告:*Hinc suprema lex*,"至高的法律由此发出"。[335]王国不可有一刻丧失法律与正义的延续性,国王就是法律与正义的人格代表,因此,新的不死鸟必须立即和直接展翅上腾,不耽误一点时间,"从他父亲的灵床进入他自己的正义之床"。又一次,正义的概念注定要被当成永久性的一个符号发生某些影响。

在国王的葬礼上,提起棺罩四角的特权属于"高等法院的主持法官"(Presidents of Parlement),即国王高等法院四名地位最高的法官。这个习惯可以追溯到14世纪。[336]后来的作者们对于有此区别的原因给出了一致的解释,他们说:

> 他们[主持法官]代表了他的[国王的]人格或[在高等法院中]对正义的施行,是国王王冠的主要成员,并且国王靠着他们统治国家并享有主权(sovereignty)……[337]

> 他们在高等法院中代表了国王的人格,并负责施行王国的最高正义,理应离国王的身体最近……[338]

(接上页注)之物,这些东西不能从别的地方来)印度有香柏树;波斯有珍珠;只有北方产琥珀。"Aussi il n'y a qu'une France, ou s'exercent les vrayes functions de la Iustice."(也是只有在法国,正义真正的职能才能被行使)

[335] Claude-François Menestrier, *Histoire de Louis le Grand*(Paris, 1691), pl. 28. 这个设计是仿效早期基督教和异教的 *Etimasia*(预备好的宝座),众神和统治者的空宝座,后来是基督的宝座;这里用于进行立法的国王:带伞盖,宝座上有权杖和正义之手,在纪念章的背后是太阳,两侧是正义和信德。另一个图案,1458年 Vendôme 的"正义之床",参见 Le Comte Paul Durrieu, *Le Boccace de Munich*(Munich, 1909), 51ff, and pl. I. 与路易十四的纪念章相近的观念,可见于詹姆斯一世的设计所表达的:*A Deo rex*, *a rege lex*(王出自上帝,法出自王);参较 Schliermann, "Sakralrecht des protestantischen Herrschers," 344。

[336] 见下一条注释,指出1364年。Giesey, *Royal Funeral*, Ch. V, nos. 3ff, 倾向于相信该特权可以追溯到1350年(腓力六世的葬礼),或者可能追溯到1328年(查理四世)。

[337] "Et portèrent le corps dudit Roy les gens de son Parlement...pour ce que ilz represent sa personne ou fait de justice, qui est le principal membre de sa coronne, et par lequel il regne et a seigneurie." *Chroniques des règnes de Jean II et de Charles V*, ed. R. Delanchenal (Société de l'histoire de France, 1910), I, 343.

[338] "...ilz qui en parlement representent la personne du roy et qui gouvernent la justice souveraine du royaume, soient au plus près du corpus du roy." 参较 *Cérémonial de l'inhumation de Charles VI*, ed. Giesey, *Royal Funeral*, Appendix II; 在同一段落中,四名主持法官被描述为:"vestus de leurs manteaulx vermeils fourrez de menu vair."(穿上他们的用松鼠皮做成的红衣。)

图 25　纪念章(设计图):路易十四的"正义之床"

不过，4 名主持法官并不是只在比喻的意义上构成"国王陛下真实的形象"（*un vray pourtraict de Sa Majesté*），并且他们的礼袍还作为[416]"国王陛下真实的外衣"（*le vray habit dont estoient vestues Leurs Majestez*）不断传承。[339]法官们的服饰包括一根闪亮的红杖，饰以白鼬皮，可能是为了反映出国王的紫袍，正如枢机主教的红色外衣反映了一种从属于教宗红帽（*cappa rubea*）的权力；它也可以追溯到 14 世纪。[340]并且，作为一个突出区分的特殊标记，这些法官有权在肩头佩戴三道金色绶带或丝带做成的垂饰，有时称为"金钮饰"（*le bouton d'or*）；有理由相信这种装饰源于国王（最早是皇帝）肩头衣扣上的三道垂饰，即 *fibula*，中世纪的法学家常常提到这是皇帝威荣的四个标记之一，其他三个是紫袍、权杖和冠冕。[341]

---

[339]　Funck-Brentano, *Le roi*, 151f，收集了一系列关于国王和主持法官的袍子构成同一性的有趣论述，主要采自 La Roche Flavin, *Parlemens*, X. cc. 24–25，pp. 792ff。

[340]　参见 Giesey, *Royal Funeral*, Ch. V, nos. 9, 15，关于 Queen Jeanne de Bourbon（死于 1378 年）葬礼游行的一幅微缩画。

[341]　关于金钮饰，参见 La Roche Flavin, *Parlemens*, X, c. 25, §12, p. 796；另参 Funck-Brentano, *Le roi*, 152, n. 5。关于罗马皇帝的衣扣装饰，参见，例如 Richard Delbrück, *Consulardiptychen und verwandte Denkmäler*（Berlin, 1926–1929），40（在拉文纳 San Vitale 的查士丁尼镶嵌画中可以看得很清楚）。参较 e. g., Lucas de Penna, on *C*. 11, 8, 4, n. 5（Venice, 1582），393："quatuor sunt insignia regalia, scil. Purpura, fibula aurea, sceptrum et diadama"（有四种皇家的标记，即紫袍、金绶带、权杖和王冠）；另参 Lucas de Penna, on *C*. 11, 11, 1, n. 2, p. 401；Matthaeus de Afflictis, on *Lib. aug*., I, 20(21), n. 1, fol. 104ᵛ. Further Isidore of Seville, *Ethymol*., XIX, 24, 2, quoted, e. g., in *Graphia libellus*, c. 5, ed. Schramm, *Kaiser, Rom und Renovatio*, II, 95. De la Roche Flavin, *loc. cit.*，也指出了希腊和圣经的模式，I Macc., 10：89："Et misit[rex]ei [Jonathae]fibulam auream, sicut consuetudo est dari cognatis regum"（国王授予他[约拿单]金钮饰，传统上是给予国王的兄弟的。）（另参马加比一书 11：58 和 14：44）。也就是说，约拿单作为"国王之友"*amicus regis*（συγγενὴς τοῦ βασιλέως）接受了 *fibula aurea*，这是一个枢密院（privy council）高级成员享有的官衔；参见 John Crook, *Consilium Principis*（Cambridge, 1955），21f。现在，中世纪法学家都知道，国王或皇帝的枢密大臣（*consiliarii*）正式头衔是"国王之友"（*amici regis*）或"皇帝之友"（*amici imperatoris*）；参见，例如 Lucas de Penna, on *C*. 12, 16, rubr., n. 1, p. 706，他反过来解释约翰福音 15：14 以下（基督对使徒说："我称你们为朋友"[*Vos autem dixi amicos*]），这几乎是一种宪制上的意义：基督之友（*amici Christi*）＝基督的枢密院成员。鉴于法国的主持法官——好像英国的大法官加上两三名其他高级官员——当然是国王的枢密大臣，因此他们显然是凭借"国王之友"的身份获得这个标记。这个假设的支持依据可见 *Graphia libellus*, c. 21, ed. Schramm, II, 104：在法官的授职仪式上，皇帝"convertat fibulam[manti]ad dextram partem"（将[斗篷上的]纽饰拨向右边），指向斗篷打开的右侧表示"法律应该对他是公开的（lex ei debeat esse aperta）"。参较 La Roche Flavin, *Parlemens*, X, c. 25, （转下页注）

我们有把握认为,红[417]杖以及金钮饰的意思是在一种较低程度上仿效国王的权标。所以这些高级法官被称为 *pars corporis principis*,"国王身体的一部分"并不是徒然的。[342]

在这里岔开去讨论服饰是有必要的,为的是理解法官们享有的另一项特权。在国王的葬礼上,所有送葬者和全体随员都穿黑,或者戴上哀悼的标记,但是,唯独举棺罩的巴黎高等法院主持法官身穿鲜艳的红袍。他们 *exempts de porter le dueil*,"豁免服丧",按照弗朗西斯一世葬礼游行(1547年)的一位目击者的解释,"因为王冠和正义永远不死"。[343]高级法

(接上页注)§12, p.796,关于金钮饰限定在右肩;另参关于权标的历史的一些论述(并非全部正确),J. Quicherat, *Histoire du costume en France*(Paris, 1877), 324。*Fibula* 垂饰是如何以及为何变成三道金色或红色绶带,可以从加洛林微缩画中知道;参见 Schramm, *Kaiser und Könige in Bildern*, II, pl. 17, 另参 pls. 9b, 18a, 28;参较 Deér, "ein Doppelbildnis Karls des Grossen," *Forschungen zur Kunstgeschichte und christlichen Archäologie*, II(1953), 111。

[342] Charles de Grassaille, *Regalium Franciae libri duo*, I, jus XII(Paris, 1545), 116:"Item illud magnum consilium dicitur proprie consistorium principis...et in corpore unde sumitur."(同样大法官被称为君主本身的内阁······因而被称为在身体中。)参较 Church, *Constitutional Thought*, 54. 这个术语明显源自 *C.*9,8,5,在这节中,皇帝将他的 *consilium*(法官,议事团体)称为 *consistorium*(内阁),并将元老院理解为"朕身体的一部分"(*pars corporis nostri*);见上文第五章注 42;另参第四章注 188 和 195。

[343] Vieilleville, *Mémoires*, ed. J. Michaud, and P. Poujoulat, *Nouvelle collection des mémoires sur l'histoire de France*(Paris, 1836–1839), IX, 63:"...car les presidents et conseilleurs de la cour de Parlement l'environnoient de toutes partes, en leurs robbes rouges, exempts de porter le dueil, avec cette raison, que la couronne et la justice ne meurent jamais; de laquelle justice ils sont, soubs l'autorité des roys, premiers et souverains administrateurs."(因为议会宫廷的议长和议员们围绕在国王身边[亦即国王的拟人像;见下文],穿着他们的红袍,而没有穿上丧服,由于这个原因,王权和正义就永远不死;他们来自于正义,在国王的权威下,是第一执行主权的人)见下文注 376,关于 Vieilleville 作为亨利二世套房内的旁观者。另参 De la Roche Flavin, *Parlemens*, XIII, c. 88, §10, p. 1181:"La Iustice, et mesmes l'authorité des Parlements est estimee tousiours durer en ce Royaume, soit le Roy mort, prins, ou absent. Et en signe de ce, les officiers des Parlements és obseques des Roys ne sont vestus de dueil, comme tous les autres, ains d'escarlate..."(正义,同议会的权威一样,被认为永远是在王国中延续的,不管国王是死还是不在场。以此为标志,议会的官员们在国王的葬礼上不像其他人那样穿丧服,而是穿红色的服装);参较 *ibid.*, §29, p. 1186f,标题作"Le Parlement en corps ne porter iamais dueil"(议会作为整体永远不穿丧服),文本再次强调:"Mais la Cour y assiste[aux obseques]en corps en robe rouge, et marche avec l'effigie du Roy, qui est dans un lict, comme accompagnant le Roy en son lict de iustice."(但是宫廷在参加葬礼时穿红袍,与国王的肖像一起前行,国王躺在床上,正如他们陪着在正义之床的国王一样。)

官豁免服丧,首次提到是在 1422 年,当时是查理六世的葬礼,按照微缩画所显示的,一路可以追溯到 14 世纪。[344]不过,对这个习惯的解释始终是一样的。

> Aucuns avoient leur manteau rouge,
>
>   En exemple et signifiance
>
>   Que Justice jamais ne bouge
>
>   Pour trespas du Roy, ne muance....

> 没人有他们的红衣,
>
>   作为榜样和有深意的,
>
>   正义永不会移动,
>
>   国王死了,也不会变化。

1461 年,马夏尔·德·巴黎(Martial de Paris)在描述查理七世的葬礼时这样写道,[345]而让·居·蒂莱(Jean du Tillet)则在一个世纪之后评论说,[418]四位主持法官的责任就是穿着色彩艳丽的袍服,以表明"国王虽然去世,但正义不会停歇"。[346]

这个做法背后蕴含的观念很明显,并且对当时的人而言也一样明显。法官们身穿反映国王本人的服饰,表现出毫无哀悼之意,因为"王冠和正义永远不死"。他们表现并构成了国王身体的一部分,那是一个大写的国王,永远不死;同时,他们也是一位正义女神的仆人,这位女神也同样永远不死,对她的侍奉绝不中断。《智慧篇》说(1:15)"正义是不死不灭的"(*Iustitia enim perpetua est et immortalis*),而巴尔都斯根据这节经文,使用亚里士多德的定义,将正义女神尊崇为

---

[344] 见上文注 338、340。

[345] Martial de Paris, dit d'Auvergne, *Les Vigilles de Charles VII*, in the edition of his *Les poésies*(Paris,1724),II,170.

[346] Jean du Tillet, *Recueil des Roys de France*(written ca. 1560, first published in 1578; Paris, 1618) I, 341: "Le principal office desquels[membres du Parlement]est bien administrer la justice...et faire cognoistre que par la mort desdits Rois elle ne cesse."(议会的主要官员是正义的执行者……众所周知的是,即使国王死了,正义也不会停止。)

一种"不灭的习性"（*habitus qui non moritur*），好像灵魂那样神圣而不朽。[347]作为个体的国王会死；但是，那个代表了至高的正义女神、由高级法官作为代表的大写国王则是不死的；即使他的自然身体已经死去，他仍然通过官员的代理不中断地继续行使管辖权。一条以罗马法为基础的法国法律格言这样说：*Parlamentum Franciae non servat ferias*，"法兰西的高等法院，最高法庭，不过假日"。[348]因此，高等法院的主持法官以他们的红袍表明，[419]国王之死并不影响"永远不死"的正义。这些都是中世纪法学家很久以前构建的概念，而当法国高等法院的主持法官担任执棺罩者时，他们实际上就好像一幅活人画（*tableau vivant*），证明了巴尔都斯的说法："普通管辖权的权力，即便在皇帝去世的情况下依然存活。"巴尔都斯还说，尽管尸体没有意志，

---

[347] Baldus, on *D*. 1, 1, 1, n. 2, fol. 7^r, and *D*. 1, 1, 10, n. 1, fol. 15^r；参较 Ullmann, "Baldus' Conception of Law," 390；上文第四章注 70 和 159。将正义界定为习性的定义，是受"Iustitia est constans et perpetua voluntas"（正义是持久和永远的意愿）一语（实际上是《法学总论》的开篇第一句）启发，注释家们经由 Cicero, *De inventione rhetorica*, 11, 53 知道这一点，但源头是亚里士多德。

[348] Grassaille, *Regalia Franciae*, I, ius XII, ad quartum（Paris, 1545），120："...quod palamentum Franciae non servat ferias: imo ex consuetudine, omnibus diebus etiam feriatis（aliquibus exceptis）reddit ius...Ideo, de curia Franciae potest dici, quod de Romana dicit[ur]..., quod solennibus diebus solennes processus facit."（法兰西的高等法院不休节假日：出于惯例，法律在任何日子甚至节假日[有一些例外]来临……同样，据说关于罗马议会的情况，关于法兰西议会也可以这样说……在庄严的日子里进行庄严的程序。）参见 De la Roche Flavin, *Parlemens*, XIII, c. 87, pp. 1174ff，关于例外情况（包括当议会的宫廷构成整体[*les Cours de Parlement assistent en corps*]时的国王葬礼），总体上符合 *C*. 3, 12, 6 和 9 所列举的内容。在此基础上，弗里德里希二世就已经命令，*Lib. aug*., I, 50(52)，"iustitiarii...continue curias...regere debeant, causas audiant et decidant."（法官应该主持……不间断的议会，他们聆听和决断案子。）参见 Andreas of Isernia, ed. Cervone, 108f 以及 Matthaeus de Afflictis, I, fol. 195, n. 3 关于这条法律的注释，将法庭不中断活动的理念指向 *C*. 3, 12, 9。在法国，这项原则自 13 世纪以来就一直是有效的；参见 Durandus, *Speculum iuris*, II, partic. I, "De Feriis," § 1, n. 10, p. 506："...quia nulla lex potest curiam Principis coarctare, quin possit quolibet tempore ius reddere, etiam diebus feriatis...Nam ipse est lex animata in terris...Et pro hoc potest excusari consuetudo curiae regis Franciae quo[d]tempore parlamentorum omni die ius reddit...."（因为没有法律能够限制或缩短君主的议会，法律能够在任何时刻来到，甚至是节假日……因为它本身是地上活的法律……为了这个理由法兰西国王的惯例能够被解释，因为法律在高等法院的任何时候到来……）

但死去的皇帝,其尊荣,"看起来在他死后依然有意志,因为……即便在他去世之后,君主所喜悦的每一件事,都由他的法官加以执行,只要他们的行为不违反法律"。[349]那么,既然他们那位大写的国王并不死亡,法官们要怎样服丧呢?

在这里还有另一个与葬礼有关的特征值得注意。1498 年,查理八世按惯例葬于圣德尼。御马总管(Master of the Horse)皮埃尔·德乌尔费(Pierre d'Urfé)在葬礼上执宝剑(sword of the realm),内务总管(the First Chamberlain)擎法兰西旗。德乌尔费留下了一份关于葬礼最后一幕的叙述:随着棺材滑进墓穴——亦即,随着"国王已死!"的喊声——司礼官们(stewards)打碎自己的杖,把它们丢进坟墓,而纹章官(heralds)和执礼官(sergeants-at-arms)则放下他们的徽盾和礼杖。不过,法兰西旗帜和宝剑都只是略微垂下片刻,随着"国王万岁!"的喊声很快再次举起。因为,按照德乌尔费的解释,"旗帜永远不死",*car elle* [*la bannière*] *ne meurt jamais*。[350]于是,这个著名的程式就转移到了法兰西旗上。换句话说,鉴于作为大写国王的国王可以与"至高的正义"或者"法兰西旗"等同,葬礼重点表达的乃是"大写的国王永远不死"(the King never dies)。

拟人像(EFFIGIES)

尽管小写国王(*king*)去世,但大写国王(*King*)依然存活,随着这种象征主义的表现,我们就接触到[420]近代所开创的国王双重性中最

---

[349] Baldus, on *C.* 10,1, rubr. , n. 16, fol. 232^v : "...quia non ex vi talis mandati fuit facta delegatio, sed ex vi ordinariae iurisdictionis, quae viget licet moriatur interim imperator...Et velle videtur[imperator]etiam post mortem, quia etiam post mortem suam verba contulisse videtur: omnia enim placent principi quae per suos iudices etiam post mortem suam fiunt, nisi contra legem sint. "(因为代表被执行并非出于仅仅命令的力量,而是出于普通行政法的力量,尽管君主可能死去,这种力量仍然强大……君主在死亡之后似乎仍能有意志,因为在他死亡之后似乎仍然在传达话语:所有取悦于君主的在他死后通过他的法官实现,只要他们不违反法律。)见上文注 296。

[350] See Th. Godefroy, *Le cérémonial de France*(Paris, 1619), 39f, for the *Ordonnance* of Pierre d'Urfé("L'Ordre tenu à l'enterrement du Roy Charles VIII, l'an 1498, par Messire Pierre d'Urfé, grand escuyer de France").

为令人惊奇的节目之一:法国与国王拟人像有关的礼仪。[351]

幸运的是,在这方面,我们对于该做法的起源有相当准确的了解:它是借用了英格兰的做法。在英格兰,于国王葬礼上展示拟人像的做法自 1327 年以来就有记录。[352]这一年的 9 月 21 日,爱德华二世国王在伯克莱城堡去世,或者是被谋杀(我们不知道);过了一段时间,他的尸体在作了去除内脏和敷以香料的处理后,与拟人像一同送到格罗斯特,12 月 20 日落葬于圣彼得教堂。是不是因为国王的面容腐败严重,导致使用这样一个像来遮挡呢? 在西方丧葬习俗中是否发生了某些深刻的变化? 当然,我们可以认为这是出于纯粹的实际需要,因为爱德华二世的落葬耽误了 3 个月(9 月 21 日到 12 月 20 日);不过,葬礼的长时间拖延并不是将尸体替换为一个拟人像的唯一原因:爱德华一世死在索尔维湾的沙堡(Burgh-upon-the-Sands on the Solway),拖了将近 4个月(1307 年 7 月 7 日到 10 月 28 日)才在威斯敏斯特下葬,并没有用拟人像。

无论我们希望如何解释 1327 年引入拟人像的原因,随着爱德华二世的葬礼,就我们所知,开始了这样一种习俗,在棺材上面放上"国王的形象"或"人像",也就是一个模拟国王(ad similitudinem regis)的拟人像或形象——用木头或皮革制成,填充亚麻,外覆石膏——穿戴加冕礼上的服装,或者,后来是穿戴出席议会的袍服。拟人像展示了君主的权标:头上戴王冠(亨利七世开始面部戴死者面具),[421]手上拿着权球

---

[351] 关于拟人像,死者面具以及总体的研究,参见 Ernst Benkard, *Das ewige Antlitz*(Berlin, 1927);英文版 Margaret M. Green, *Undying Faces*(New York, 1929); W. H. Hope,"On the Funeral Effigies of the Kings and Queens of England," *Archaeologia*, LX;2(1907), 518-565; E. Bickermann,"Die römische Kaiserapotheose," *Archiv für Religionswissenschaft*, XXVII(1929), Excursus, pp. 32f; J. Schlosser,"Geschichte der Porträtbildnerei in Wachs," *Jahrbuch der kunsthistorischen Sammlungen des allerhöchsten Kaiserhauses*(Vienna), XXIX(1910), 195f; Giesey, *Royal Funeral*, Ch. VI. Andreas Pigler,"Protraying the Dead," *Acta historiaeartium Academiae scientiarum Hungariae*, IV(1956), 1-75, quoted by Harald Keller,"Effigie," in *Reallexikon zur Deutschen Kunstgeschichte*, IV(1956), 743-749, 但我未能取得该文献.

[352] See, in addition to Hope, "Funeral Effigies," 530f, see also S. Moore, "Documents relating to the Death and Burial of King Edward II," *Archaeologia*, L;1(1886), 215-226.

和权杖。[353]自此以后，只要情况允许，[354]王室成员的葬礼就会使用拟人像：放在主棺里，棺材本身置于一具木椁中，国王的尸体，他那可朽、通常可见的——尽管现在已经变得不可见了——自然之体安放在棺材中；于是，他那通常不可见的政治之体在这一刻通过拟人像及其华贵的权标，以可见的方式展示了出来：一个拟制人（*persona ficta*）——拟人像——扮演了一个拟制人——尊荣（*Dignitas*）。

这一类的观念，尽管在英国的葬礼中可能并没有完全消失，但在天意注定的 1422 年，拟人像被引入法国之后，立即就变得非常显著起来。我们记得，英王亨利五世死于樊尚。为了符合英国习俗，制作了一个拟人像准备放在棺材上——或许在圣德尼就有了，在鲁昂基本可以肯定有。[355]亨利五世驾崩几周后，法王查理六世也去世了，之前提到，贝德福公爵直接或间接地负责安排法王的葬礼。贝德福 11 月 5 日返回巴黎，或者在他返回之前，命令为查理六世制作拟人像，用于 11 月 11 日的葬礼。葬礼费用支出的记录表明，这个命令的执行相当紧急。[356]也就是说，由于 1422 年特别的形势，当英-法国王和法国原生国王同时去世并下葬时，展示国王葬礼拟人像的英国习俗就被移植到了法国。

从此以后，国王的拟人像在法国国王的葬礼中按照字面意义"扮演了一个角色"。事实上，它扮演了一个属于自己的独立角色，与国王的尸体相分离。1538 年，一位著名的法国法学家，格拉萨伊的查理（Charles de Grassaille）表示"法国国王有两位良善的天使作为保护者：一个[422]在他私人的理性之中，另一个在他王家尊荣的理性之中"。[357]确实，如果按照让·热尔松所说，国王有"两个生命"，那么他至少需要

[353] Hope, "Funeral Effigies," 531.

[354] 例如，理查二世、亨利六世、爱德华五世以及理查三世。

[355] 关于拟人像在鲁昂的展示，参见 Monstrelet，IV，112f；关于圣德尼的葬礼，法国编年史家没有特别提到有一个拟人像；不过，请参 *Vita Henrici Quinti*（ed. T. Hearne, Oxford, 1727），336f，有非常详尽的记载，暗示用了一个拟人像；参见 Giesey, *Royal Funeral*, Ch. VI, nos. 100f。

[356] 参见 Giesey, Ch. VI, nos. 96f，关于细节。

[357] Grassaille, *Regalia Franciae*, I, ius xx, p. 210: "Item, Rex Franciae duos habet bonos angelos custodes; unum ratione suae privatae personae, alterum ratione dignitatis regalis." （同引文）

两个天使来保护他们;进一步,作这样的推测也不太出格,就是在国王的葬礼上,那第二个天使就盘旋在拟人像的上面。无论如何,我们注意到,区分统治者的人格与他的尊荣这一观念,已经意大利法学家传播数世纪之久,在法国政治思想中也并非没有。[358]不过,鉴于尊荣的性质通常只在宫廷和咨议会展现出来,法国人使尊荣变得可见、在游行和仪式中呈现在人们的眼前是一种特别的创举。在 16 世纪最后 25 年中撰述的法国法学家皮埃尔·格里高尔(Pierre Grégoire)说,国王"本身不是尊荣,但令尊荣的人格得以行动";[359]并且,他以一种极为出色的方式追溯这个观念。他说,王冠和冠冕是一个可朽的人类头颅的外部附件,紫袍是一个可朽的人类身体的外部附件,这个身体会生病,会遭遇命运无常;权标诚然"具有尊荣的神性",但它们并不能救人脱离人类的本性。[360]由此,格里高尔得出一个出人意料的论点:"上帝的尊荣外在地彰显在君主身上,乃是为了臣民的惠益;但内在地,他依旧是个人。"[361]格里高尔将"上帝的威荣"降低到权标外在展示的地位,[423]但不再继续推进,像同时代海峡那边的科克那样引起悖论,后者令人震惊地得出一个观点,认为有朽的小写国王是上帝创造的,而不朽的大写国王则是人

---

[358] 关于热尔松,见上文第五章注 76。参见 further Church, *Constitutional Thought*, 253, n. 1,引用 François Grimaudet 对作为君主和作为个别皇帝的君主进行了区分;或 René Choppin, *De domanio Franciae*, III, tit. 5, n. 6(Basel, 1605), p. 449:"...dignitati magis quam personae concessa."(就尊荣而言比给予人身的更大)另参 Pierre Grégoire, *De republica*, IX, c. 1, n. 11(Lyon, 1609; first published in 1578), p. 266C;在紧急状况下,所有属于君主的物品"in qua principis dicuntur ut principis…, non principis privati."(在其中属于君主的被称为作为君主的……而不是属于君主私人)不过,参见 Church, *op. cit.*, 309,他强调到了 16 世纪末"极端的绝对主义者大大减弱了国王与王冠之间区分的传统重要性"。

[359] Grégoire, *op. cit.*, VI, c. 3, n. 7:"Docendus est itaque princeps separatim prius se ipsum cognoscere, postea dignitatem quam gerit. Nam ipse non est dignitas; sed agit personam dignitatis."(在君主自己辨认出它[尊荣]之前,君主必须被教导,在他获得尊荣之后。因为他本身并非尊荣;但是他使得尊荣的人格行动。)这一整章(pp. 137ff)是专门研究尊荣的。

[360] Grégoire, *loc. cit.*, n. 7(quoted by Church, *op. cit.*, 248, n. 12), 另参 n. 3:"Principum insignia…, quae habent dignitatis numen, non adimunt hominis naturam et quod humanum est…"(同引文)

[361] Grégoire, *loc. cit.*, n. 1:"Maiestas Dei in principibus extra apparet in utilitatem subditorum, sed intus remanet quod humanum est."(同引文)

创造的。㉜不过,"为了臣民的惠益"上帝在权标中可被看见,令我们想起萨克雷(Thackeray)的微缩画(图26),在其中这位伟大的小说家讽刺了里高(Rigaud)著名的路易十四像,将这幅华贵浮夸的肖像与它的两个对手并列在一起:国王可怜的自然之体,以及一个配以权标的假人。㉝事实上,为了臣民的惠益,威荣也可以通过外在的方式注入葬礼拟人像,藉此国王看上去就形成了双重人格:两个身体,在活着的国王身上毫无疑问地联合在一起,而在国王去世时,则以可见的方式被分割开。

实际上,16世纪国王拟人像在葬礼上的重要性,很快赶上甚至超越了尸体本身。值得注意的是,早在1498年,在查理八世的葬礼上,拟人像的展示就成功地与当时新兴的政治观念联系在了一起,并在1547年弗朗西斯一世的葬礼上得到充分的发展。拟人像表现了,例如,国王的尊荣永远不死,以及已故国王的管辖权在这形象中持续,直到他落葬。在这些观念的影响下——得到了源于中世纪活人静画(*tableaux vivants*)、意大利三联剧(*trionfi*)以及对古典文本的研究和应用之影响的加强——与拟人像联系在一起的礼仪开始被填充入新的内容,并在根本上影响了葬礼气氛本身:一种新的得胜元素进入了这个仪式,这是早先所没有的。

撇开其他改变不说,这种新的气氛导致将以前放置尸体的简单棺材架改成了得胜的"战车(chariot d'armes)",由此,拟人像开始驾驶战车——一开始是在棺材上面,后来与尸体分开单独驾车。㉞于是,在原先主导葬礼的哀伤气氛[424]之外, 又加上了一种新的得胜式的因素。

㉜ Coke, *Calvin's Case*, fol. 10:"……一个是自然之体……这个身体是由全能的上帝创造的,会死亡……另一个是政治之体……由人的政策所构建……依照这个身份,国王被视为不朽、不可见、也不会死亡……"

㉝ Marianna Jenkins, *The States Portrait* (Monographs on Archaeology and Fine Arts, III [New York, 1947]), fig. 63, 参较 p. 46。参见 Thackeray, *Paris Sketch Book*, in the Charterhous edition of the *Works of Thackeray* (London, 1901), XVI, facing p. 313。

㉞ 尽管在查理七世(1461)和查理八世(1498)的葬礼上,拟人像仍然躺在棺材上面,但到了路易十二的葬礼,就开始发生分离。而在弗朗西斯一世的葬礼上(1547),棺材装在一辆围着黑色幕布的车上,在游行队伍的前面,而拟人像则穿戴全套王家礼服,位于队伍的后面,即尊贵的位置上。关于其间复杂发展的细节,参见 Giesey, Ch. VII, n. 42ff。

图26　Thackeray of Rigaud：路易十四肖像漫画

这种新的因素可能并不是因为引入了拟人像(effigy)而导致的,但肯定是通过葬礼人像(funerary image)的引入接受的,并且产生了新鲜、未曾预料的动力。不过,应当强调指出,中世纪葬礼本身也带有某种得胜的色彩,但这种新的得胜观念与前者的基础有极大的差异;因为这种新的得胜概念,并不是指期待着国王将来在天上与基督一同统治(*con-regnatio*),而是庆祝和展示已故国王在地上与不朽的王家尊荣一同统治,尊荣的内质已经传递给继任者,但通过已故统治者的拟人像仍然能够以可见的方式展现出来。(365)已故的国王最后一次"作为尊荣的人格行事"。还有,死去的国王现在以一种不一样的装束前往天上迎见永恒的审判者:在中世纪,国王与他的王冠和权标(或者复制品)一同埋葬;而现在,他赤身露体或者缠着裹尸布,作为一个可怜的人去往天堂,而权标则留下给拟人像,后者成了国王荣耀真正的承受者和"永远不死"的尊荣的象征。(366)[425]拜占庭的状况是形成了所谓的"双重礼仪":一种"宫廷礼仪"与通常的教会礼仪肩并肩地发展了起来。在法国的葬礼

---

(365) 早在1560年代,Du Tillet, *Recueil des Roys de France*(ed. 1617), I, 341就已经明显感受到了这种对立关系,当时他评论道,随着弗朗西斯一世和亨利二世"a commencé estre divisé le corps de l'effigie, et mis dedans le chariot d'armes, ou de parement, pour faire (comme est vray-semblable) l'effigie plus eminente: par ce moyen à l'effigie seule ont depuis esté rendues les honneurs appartenans au corps mis en arrière: combien que par la future resurrection il sera immortel."(拟人像的身体开始被分开,被放在武器或装饰运输车里,为的是让[正如像真实的那样]拟人像更突出;通过这种方式,从此仅仅是拟人像就具有了属于身体的荣耀,而身体被放在了后面:通过未来的复活,他将是不死的。)也就是说,在地上接受了全部荣誉的人像的地位,被置于现在处于败坏中、但在末日复活之后将要成为真正不朽的身体之上。关于在来生与基督一同统治(被救赎者全体的特权,但特别属于国王),参见Schramm,"Herrscherbild," 222-224收集的材料;另参O. Treitinger, *Die oströmische Kaiser-und Reichsidee*(Jena, 1938), 155f。

(366) 大革命时期人们打开了法国国王的陵墓,看到一直到查理七世的国王遗骨都裹着王袍,随葬王冠、权杖、正义之手和戒指(不一定都是全部,但总是其中一些)。但是,从查理八世开始,尸体就没有王家袍服,也没有随葬任何权标。参较A. Lenoir, *Musée des Monumens Français*(Paris, 1801), 11, xcixff:"Notice historique sur les inhumations faicte en 1793 dans l'abbaye de Saint-Denis."(关于1793年在圣德尼隐修院中所举行的丧礼的历史记录)同样的说法见于G. d'Heilly(pseud. for E. A. Poinsot), *Extraction des cercueils royaux à Saint-Denis en* 1793(Paris, 1868)。参见Giesey, *Royal Funeral*, Ch. VII, nos. 14, 15, 34。[补遗]参较Lucas de penna, on *C*. 10,74[76], fol. 115^r(Lyon, 1544): "...videtur quod rex sine corona sepeliri non debeat."(……看来埋葬国王时不应该没有王冠。)

上，发展起了另一种双重礼仪：一种是教会的礼仪，教士们遵守之，为了躺在棺材里面的那个全裸或半裸的人哀痛（"从内在的角度看，那仍然是一个人"），另一个则是国家礼仪，通过拟人像庆祝那在棺材之上显露出来的不朽和王权的尊荣（"从外在角度看，那表现为上帝的威荣"）。死亡的得胜与胜过死亡同时展现在人们面前。

在这里只需要提到少数与拟人像有关的仪式上的特点，以说明已故国王在地上的尸骸与他那不死的尊荣继续构成并立关系，两者中有一个被赋予突出的地位。在弗朗西斯一世的葬礼上，置于棺材中的尸体在宫殿里展示了大约 10 天。接着，方式改变了：装有尸体的棺材被放在一个小房间里，弗朗索瓦·克鲁埃（Francois Clouet）制作的拟人像则进入大殿，取代了前者在国家中的位置——头戴所谓的"皇帝"王冠、双手交叉、两边的枕头上放着权杖和"正义之手"（图 27）。[360]整个房间没有丝毫哀悼的气氛，装饰得五彩缤纷，到处是金色的饰布、[426]蓝底金色百合花、还有其他纹章图案。"荣誉之床"的两边设有圣坛，司铎们几乎接连不断地在上面主持弥撒，而在床脚是一个装着圣水的容器，供访客洒水——亦即驱除邪灵，并非使邪灵远离死者正在去往天堂的灵魂，

---

[360] 这幅图显示的不是弗朗西斯一世，而是亨利四世在他的"荣誉之床"（*lit d'honneur*）上（参较 Benkard, *Undying Faces*, pl. I, facing p. 18, with the notes on p. 59），因为克鲁埃的弗朗西斯拟人像没有保存下来；不过，从 L. Delaborde, *La renaissance des arts à la cour de France*(Paris, 1850), I, 85–90 所摘录的描述，可以完全复原弗朗西斯一世拟人像的样子；参见 Giesey, *Roayl Funeral*, Ch. I, n. 17f。关于法国国王的"皇帝"王冠，两项奠基性的研究，Josef Deér, "Die abendländische Kaiserkrone des Hochmittelalters," and "Der Ursprung der Kaiserkrone," *Schweizerische Beiträge zur allgemeinen Geschichte*, VII (1949), 53–86, and VIII(1950), 51–87；不过，关于这个标志转移到法国和英国国王（参较 Schramm, *König von Frankreich*, I, 210）仍然需要详细研究，许多有趣的问题可以从法国法学家那里引出来。关于弗朗西斯一世的"荣誉之床"，参见 Giesey, 他强调了其中得胜的性质。在这个联系中，可以注意的很有趣的一点是，普鲁士国王们（弗里德里希·威廉一世与弗里德里希大帝）所谓的 *Castrum doloris*（在礼仪上也称为 *tumba*）专门地表现了得胜的观念，如 Benkard(*Undying Faces*, pl. VI, and pp. 34ff) 刊行的图片所清楚显示的：一个金色锦缎的华盖罩住了棺材中的拟人像；在华盖的背面，则是已故国王的"国家肖像"（下文注 371），同时一个吹号的胜利女神或有翼的神灵（罗马式的神鹰或者基督教的天使）从华盖的顶部降下来，并将已故国王的字母花纹（当时已经进入了纹章符号体系）盾徽（*imago clipeata*）带上天堂——这是许多符号奇异的混合（基督教的符号除外，看起来不太符合一种将人奉为神的气氛）。

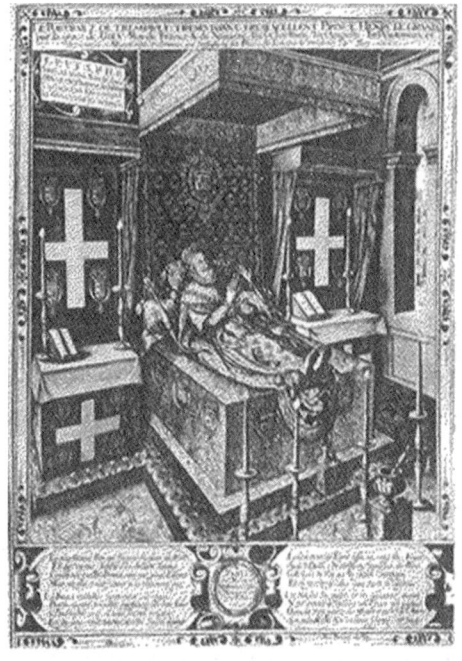

图 27　法王亨利四世在荣誉之床上

也不是远离注定要归回尘土的肉体,乃是使之远离拟人像里面的尊荣,而后者本来也有自己的保护天使。⑱

在此期间,(按照皮埃尔·居·沙斯泰勒[Pierre du Chastel]的描述,让·居·蒂莱也重复了这一描述)人像被当作活的国王本人来对待,尽管只是个假人:

> 御膳房的官员摆好桌子;侍从、面包侍者、酒政、切肉侍者各司其职,引导侍从在前开路,后面跟着食柜主管,在桌上分发习惯制作的特制和试吃份。面包切开备好之后,开始送上肉食和其他菜肴……侍从长将餐巾送给在场最高贵的人,供他擦拭主上(Seigneur)[亦即以拟人像形式在场的国王]的双手。一位枢机主教为餐桌祝福;洗手盆送到主上的座位旁,就好像他还活着且坐在上面。正餐三道按照主上在世时的形式、礼仪和试吃份送上,也没有忘记上酒水,按照主上习惯喝酒的时间,每道正餐两次,上酒……⑲

所有这些向人像提供的服务,还有枢机主教和司铎们的积极参与,都令人惊讶。当然,原本就有向圣像提供的服侍——涂油、焚香、洒水、沐浴。⑳而将准宗教性的荣誉[427]从圣像转移到国王和君主的像在当时也并非罕见,在这个世纪,"国家肖像(State Portrait)"方兴未艾,在其中,用于敬神的图像与那些"跟国家秩序(Civile discipline)有关"的

---

⑱ 关于保护天使,见上文注 357。关于对死人洒水的含义,参见 Ludwig Eisenhofer, *Handbuch der katholischen Liturgik*(Freiburg, 1932), I, 308。圣像在作奉献之时洒圣水是普遍做法,每年一次清洗圣像也是如此;例如,关于 *Volto santo* 的清洗,参见 W. F. Volbach,"Il Cristo di Sutri e la venerazione del SS. Salvatore del Lazio," *Rendiconti della Pont. Accademia Romana di Archeologia*, XVII(1940-1941), 97-126。另见下文注 370。

⑲ Pierre du Chastel, *Le Trespas*, *Obseques et Enterrement de très hault*, *très puissant et très magnanime Francoys*, *par la grace de Dieu*, *Roy de France*(Paris, 1547), reprinted in Godefroy, *Cérémonial de France*(Paris, 1619), 280f; Jean du Tillet, *Recueil des roys de France*(Paris, 1618, first published 1578),基本上采用了 Du Chastel 的叙述。参较 Giesey, *Royal Funeral*, Ch. I, n. 20。

⑳ Hofmeister, *Heilige Öle*, 212f,关于圣像涂油;关于圣像沐浴,见上文注 368。圣像洒水和焚香当然是普遍做法。

图像出现在同一层级上——或者说两者"等同";在此基础上,后来就引起了古代习俗的复兴,将统治者的形象展示在宫廷和议事会所里,表达国王在宫廷中无处不在的性质。㉗

对法国国王的葬礼拟人像献上崇敬的做法,尽管加上了一些教会式的外部装饰,但其本身绝非出自教会。赫罗狄安(Herodian)在他的《罗马史》(*Roman Histories*)中论到塞维鲁皇帝(Emperor Septimius Severus)被奉为神明时,同样也记述了一系列针对已故统治者拟人像的仪式性举动:拟人像被当成好像是一个病人,躺在床上;元老和贵妇人列队站在两边;医生假装为人像把脉,提供医疗救治,直到 7 天后,拟人像"死亡"。㉘1500 年前后,法国人通过安杰罗・波利齐亚诺(Angelo Poliziano)的拉丁文译本了解到赫罗狄安的《罗马史》,尤其是关于塞维鲁的章节。还有,1541 年,赫罗狄安《罗马史》的首个法语全译本[428]——译者是杰汉・科林(Jehan Collin)——在巴黎出版,1546 年

㉗ 关于 16 世纪圣像与统治者像之间的此消彼长,参见 Jenkins, *State Portrait*, esp. p. 6 (with n. 39),关于 1598 年出版的 Lamazzo's *Trattato dell'arte* 英文版,直接用"国家秩序(Civile discipline)"取代"对上帝的敬拜"(*culto divino*),由此改变了造像的参照点。另参 Jacques de la Guesle and Joys Buysson, *Remonstrances faictes à Nantes en l'an MDXCIV en la presence du deffunct Henry IV* (Paris, 1610), 42,在其中,一位法国的王室法学家 Buysson 在他 1594 年发表的 *Remonstrance* 中很直白地说"que leurs[the kings']statues estoient tenues comme sainctes"(国王的雕像像圣人的雕像那样被尊重)并赋予他们避难权。他所引用的实际上是 *C.*1,24 and 25,另参 8,11,13 所收集的法律。法学家们通过对这些法律作注释,又一次预备了道路,通向对统治者像作现代的评估;见上文第四章注 72,以及,关于损害皇帝塑像和造像导致对皇帝不敬的犯罪,参见,例如 Lucas de Penna, on *C.*12,20,5, n. 28, p. 624b, and 11,40,4, n. 3, p. 446,尽管还可以收集到大量类似的论述。另参 Nicolas Sanders, *A Treatise of the Images of Christ and His Saints*(Louvain, 1567), 109, quoted by Yates, "Elizabeth as Astraea," 77, n. 3,作者不同意 John Jewel 关于基督和圣徒像的观点:Sanders 问道,如果基督的像要被拆毁,为什么统治者的像却要被尊崇?"如果你有胆,试试看去拆毁女王陛下的像或者王国纹章"。关于"王国纹章"的"神圣性",可以追溯到法国的 *garda regis*,自 13 世纪以来就由国王的纹章作为象征;参较 Kern, *Ausdehnungspolitik*, 40f 及各处。当然,圣像与统治者像的问题在拜占庭摧毁圣像时期有激烈的讨论;见 Ladner 的研究,in *Mediaeval Studies*, II(1940), 127-149, esp. 137ff, and in *Dumbarton Oaks Papers*, VII(1953), 1-34。我会在别处讨论这个相当复杂的问题。

㉘ Herodian, *Hist. Rom.*, IV, 2;参较 Bickermann, "Kaiserapotheose," 5f.

出了第二版,正是弗朗西斯一世去世和下葬的前一年。[373]然后,法国的法律文书兼历史学家让·居·蒂莱(他本人出席了弗朗西斯一世的葬礼)利用赫罗狄安关于塞维鲁的报道,加上一些其他古代作者的零散记述,以及尤西比乌关于君士坦丁大帝去世之后政府治理的记载,开始构建他关于现代拟人像仪式的描述。[374]古代的作者们直接地,或者通过居·蒂莱的中介,开始对法国人的想象产生相当可观的影响,使他们倾向于认为法国的习俗乃是传自于古罗马。[375]不过,古代作者在何种程度上影响到了法国的仪式本身则是另一回事。我们不能过高估计对古代的研究引发的刺激因素——尽管不可否认在文艺复兴时期的法国存在这样的因素。因为,在法国的仪式中,国王葬礼的形式和礼仪有相当独立的发展:拟人像是借鉴英国模式引入的,而不是参照罗马模式,并且只有在引入拟人像之后,关于人像的仪式才可能又按照古罗马模式加以扩大和细化。

还有,拟人像与法律上"永远不死"的尊荣之间的关系,引起了对某些特性的强调,乃是从属于当代法学家和政治思想家的范畴,却并不属于罗马史学家的。例如,当弗朗西斯一世的继承者、法王亨利二世来向先父的身体洒水时,面对的并不是拟人像的身体,而是真正的尸身,后者终于再次取代了供人瞻仰的拟人像。看起来,新王不能前来谒见人像,[429]因为这个人像被当作是活生生的国王在其尊荣中(the live king in his Dignity)。显然,两位国王中的一个,要么是已故的国王、要么是活着的那位(尽管只有一位),必须要来代表不朽的尊

---

[373] 参见 F. Saxl,"The Classical Inscription in Renaissance Art and Politics," *Warburg Journal*, IV(1940-1941), 26 and 45,关于 Poliziano 的译本,以及各种法语版本,参见 Giesey, *Royal Funeral*, Ch. IX。

[374] Du Tillet, *Recueil*, I, 336f,在 Herodian, IV, 2 之外还提到了 Cassius Dio, LVI, 34 以及 Eusebius, *Vita Const.*, IV, 72。关于君士坦丁的葬礼及其特点,参见 A. Kaniuth, *Die Beisetzung Konstantins d. Gr.: Untersuchungen zur religiösen Haltung des Kaisers* (Breslauer historische Forschungen, 19[Breslau, 1941]); P. Franchi de' Cavalieri,"I funerali ed il sepolcro di Constantino Magno," *Mélanges d'archéologie et d'histoire*, XXXV (1915), 205-261; and 另参 Hubaux and Leroy, *Le mythe du Phénix*, 192ff。参较 Giesey, *Royal Funeral*, Ch. IX。

[375] 这显然是 Du Tillet 本人的意见,并且这成为了那些相信罗马习俗存续说的法国人文主义者普遍的误解。

荣。自 15 世纪以降,葬礼的规矩变成这样:当国王的尸体和拟人像在盛大的葬礼游行中出行时,继任的国王必须完全置身事外,将首席哀悼者的职分交给王族的某位王子来承担;新王不能立即服丧、也不能不服丧;同时,他也不能"代表尊荣的人格行事"(act the person of the Dignity),并将此项特权授予已故先王的拟人像。因此,除了避开不参与之外别无他法。㊱

葬礼游行本身也非常清楚地显示了两种异质的观念同时存在:死亡的得胜与胜过死亡。其中有丧葬的教会礼仪,以及对已故国王身体与灵魂的安慰;也有与拟人像所象征的永久荣耀相联系的得胜式国家仪式。这种二元性早在 1498 年查理八世的葬礼上就可以看见。当时游行队伍只运送尸体,没有拟人像,将尸体放在一辆马车上,从查理身故的所在地昂布瓦斯(Amboise)出发前往巴黎,[430]情状极为凄苦:所有的东西都包裹在黑色织物里,旗帜收拢,王国之剑入鞘,其他标志也都收藏起来。但是,等到队伍进入巴黎时,拟人像被放到棺材的上

㊱ 参较 Giesey,Ch. IV 及各处,尤其是 47f。Jacques de la Guesle,*Remonstrances*(见上文注 371),p. 52,says:"...mesme la presence des Roys,doit estre accompagnee de joye,et de contentement;raison pour laquelle ils n'ont accoustumé se trouver aux obseques de leurs predecesseurs,ny encore le fils à celles du pere,n'estant convenable à leurs sacrees personnes s'entremettre des mortuaires."(在国王在场时,人们应该怀着喜乐和满足感;因为人们不习惯服从于其前任统治者,也不是如同一个儿子服务于父亲,而比较符合对于已经死去的神圣人物的尊敬。)另参 Du Tillet,I,337f. 不过,不仅国王表现出哀伤并不合宜,而且新王与前任的拟人像同时在场也极其尴尬,因为后者仍然带有王家威荣;参见,例如 Vieilleville,*Mémoires*(上文注 343),62,描述了新王(亨利二世)如何与 Vieilleville 和 de St. André 将军一同观看了弗朗西斯一世的葬礼——秘密地、乔装改扮:"他们如同伪装者"(*y estant comme travesti*)。新王不参与葬礼的规矩 1498 年由路易十二在查理八世的葬礼上确定下来。或许这也可以令我们联想到拜占庭的皇帝同样避免按通常形式式服丧:所有其他人都穿黑,只有他一人穿白,后来是黄色,葬礼之后才穿回紫袍;教宗看起来也不服丧;参较 Treitinger,*Oströmische Kaiseridee*,156,n. 57。这背后的观念可以追溯到该礼仪久远的历史中:"他[国王]必须将自己与人类的激情分开,使自己近乎于众神(χωρίζοντα μὲν ἑαυτὸν ἀπὸ τῶν ἀνθρωπίνων παθέων, συνεγγίζοντα δὲ τοῖς θεοῖς)",一部希腊语作品《论王权》(*On Kingship*)的作者 Diotogenes 这样写道;参较 Goodenough,"Hellenistic Kingship," 72;Delatte,*Traités de la royauté*,42f,269f;关于这个问题的总体研究,M. P. Charlesworth,"Imperial Deportment," *Journal of Roman Studies*,XXVII(1947),34-38。关于希腊语的《论王权》在 16 世纪真的被用于解释法国国王的"绝对主义",我会在别处解释;不过可以参见下文尾论注 12 以下。

面,气氛发生了根本性的改变:现在,人像穿戴了礼服和权标,出鞘的宝剑走在前面;"永远不死"的法兰西之旗展开,跟在拟人像后面;其他各色旗帜也纷纷展开,跟随在棺材左右;高等法院的 4 位主持法官穿着猩红的袍服(他们的服侍对象终于从尸体转移到了拟人像),提着金色棺罩的四角,人像就放在那上面——简单讲,拟人像代表了"永远不死"的尊荣,就此开进(*Entrée*)巴黎:一个得胜的降临节(*Adventus*),而非一场哀悼的行进。[377]后来,当人像与尸体分开转运时,仍然保持了这个习惯,所有哀悼的元素跟随棺材里赤裸的尸体,而所有得胜的热闹场面则都围绕着拟人像,后者独自坐在一顶伞盖之下巡游(图 29)。[378]显然,正是从这种思想背景中,生出了供死者乘坐的凯旋式马车,还有现代的葬礼灵车,后者到了摩托化时代被用于所有西方国家——或者,更可以说,这种做法是经过文艺复兴品味的解释,依照古代的模式重新引入的。[379]在 1559 年查理五世皇帝的葬礼上,这种得胜的观念走得如此之远,以至于[431]在葬礼的游行中次第展示了皇帝一生所取得过的胜利——混合了文艺复兴的三联剧(*trionfi*)和中世纪的活人画(*tab-leaux*)。[380]

---

[377] 参较 Giesey, Ch. V, n. 90ff,作者重构了 15 和 16 世纪的法国王家葬礼游行,显示出不断增长的华丽和炫耀。骑士的元素可能受到了 15 世纪奢华的勃艮第游行的影响,但得胜的元素绝对是意大利新古典主义风格,并且只在 1494 年法国入侵意大利之后才发生。关于法国文艺复兴时期的入城式(entrée)的总体研究,参见 J. Chartrou, *Les entrées solennelles et triomphales à la renaissance*(Paris, 1928)。

[378] 见上文注 365;另见注 359 以下,关于 Pierre Grégoire 对君主和权标所作的区分;关于与运送尸体的车辆分开的拟人像所用伞盖的图例,参见 *Pompe funerali fatte in pariggi nella morte dell' invitissimo Henrico IIII Re di Francia et Navarra*(Francesco Vallegio et Catarin Doino D. D. D.), reproduced in Giesey, *Royal Funeral*, pls. XIV—XV。一本关于路易十二葬礼的小册子 *L'obsèque et enterrement du roy*[Paris, 1515]的封面是由木刻图案构成(图 29)。

[379] 关于该主题的一些很好的论述,参见 Leopold Ettlinger, "The Duke of Wellington's Funeral Car," *Warburg Journal*, III (1939 - 1940), 254ff;另参 A. Alföldi, "Chars funéraires bacchiques dans les provinces occidentales de l'empire romain," *Antiquité classique*, VIII(1939), 347-359, and A. L. Abaecherli, "Fercula, Carpenta and Tensae in the Roman Procession," *Bolletino dell' assozazione internazionale di studi mediterranei*, VI (1935-1936), 1-11。

[380] Ettlinger, *op. cit.*, 255, n. 1.

图 29　伞盖下的拟人像

悲伤与得胜平行,哀悼已故的国王与高举拟人像并列,显然是回应了中世纪晚期和文艺复兴早期某些极为普遍和深沉的情感,因为这一时期的塑像墓碑也反映了类似的观念。自路易十二(死于1515年)时期以降,圣德尼法国国王陵墓中的墓碑开始展示国王或国王夫妇。他们好像活着那样,出现在墓碑上神庙似的柱廊顶端,身穿王室盛装,跪在一个祷告台前;而在柱廊的里面,躺着死去的国王,满是人类的悲惨气氛,身体赤裸(就裹了一道布),闭着眼。[381]另一方面,随着文艺复兴观念的传播,这种裸体逐渐地变成一种"英雄式的裸体(*nudité heroique*)",而不再是人类赤裸惨状的象征,这是一个不同的过程:卡特琳娜·德·美第奇(Caterina de' Medici)看了一个专门为她制作的陵墓拟人像,以死亡为主题的自然主义风格,她被吓倒了,极为不悦,命人重做了一个更符合她口味的人像,将她表现为斜躺着的维纳斯。[382]不过,这些并不是主导了15世纪"哥特式盛期"(high Gothic)情感的观念;尽管双重的陵墓墓碑,或至少是某种对死者的双重表现首次出现于15世纪初。

我们不讨论这个西方雕塑艺术发展史上复杂问题的细节,不过,至少可以提一下,在12世纪晚期,斜躺的死者拟人像——即卧像(*gisant*)——开始取代原先惯用的雕版或刻版,后者呈现的死者形象是采用站立姿势,无论版子本身是置于教堂的墙上还是地上。[383]还有,

---

[381] 见 Jean-François Noël and Pierre Jahen, *Les gisants* (Paris, 1949) 为圣德尼的陵墓所制作的精美复制件。

[382] Girolamo della Robbia 制作的这第一个死亡题材的模型(参较 A. Michel, *Histoire de l'art* [Paris, 1905–1928], IV:2, 670f, 另参 P. Richer, *L'art et la médecine* [Paris, 1902], 514f and fig. 322)现在收藏于卢浮宫,因而,在今日相当讽刺地远比那个维纳斯样式的陵墓拟人像更有名,后者可以在圣德尼教堂远远观看。

[383] Erwin Panofsky 教授向我指出,相比真正的死者卧像,需要区分另一种陵墓人像,或许可以称之为"伪卧像"(*pseudo-gisant*)。后者实际上是平放的立像(由早先的雕版或刻板可知):衣饰直直地垂到脚边,跟立像一样,头上通常有一个雕刻的龛,眼睛张开。而真正的卧像,是一个真正安睡的像;眼睛闭合,衣服的褶皱自然地垂向斜躺着的身体的一边。陵墓拟人像最早采用真正的卧像模式的,是 Fontevrault 教堂中金雀花王朝的亨利二世和理查一世以及他们的王后,还有 Brunswick 的 Henry the Lion 及其妻子的像,后者是英王亨利二世的女儿。不过,伪卧像占据了主导地位(参见,例如,英国主教们的陵墓,图 30、31),在某些地方一直持续到16世纪,尽管自14世纪初开始,真正的卧像已经日益流行。

[432]13 世纪晚期到 14 世纪,开始零星出现双重墓碑,在其中死者同时呈现为死去的人类(尽管不仅仅是一具"尸体")以及穿戴生前社会等级相应服饰的形象。[384]最后,还出现了一种新的特色。到了 14 世纪末,骷髅或死尸状的身体开始出现在中世纪艺术中,这绝对是中世纪晚期的特色;例如,我们知道,第一幅"死亡之舞"(*Danse macabre*)作品,即巴黎无罪者墓地(Saints Innocents)回廊里的那幅,是在 1425 年或 1426 年按照查理七世的命令制作的。[385]不过,到了这个时候,这个盛期哥特式艺术阴郁的主题与死者卧像以及(尽管还很罕见)死者的双重呈现这类雕塑作品结合了起来。其结果是出现了一类墓碑,将躺卧的死者表现为一具败坏的、骷髅般的尸体,同时,在墓碑的上部,或者叠加在陵墓上,表现死者在世时候的样子。于是,卧像就常常被转变为一种跪着,或者有时坐着的人像。[386]

通常认为,第一个将自己呈现为一具败坏尸体的人是查理六世的医生纪尧姆·德·哈希尼(Guillaume de Harcigny),他死于 1393 年,葬在拉昂(Laon)的教区礼拜堂;事实上,如果我们忘记了[433]稍早一些弗朗西斯一世在拉·萨雷(La Sarraz,位于瑞士沃州[Canton of Vaud])的陵墓,也无甚大碍,在那座陵墓,恐怖的气氛甚至可以毁掉积年盗墓者的胃口。[387]在哈希尼陵墓之后不到 10 年,还有 1402 年去世的

---

[384]　最早的例子之一——Philip de Courtenay, pretender to the Latin Empire(d. 1283)的陵墓,位于 San Francesco in Assisi——参见 W. R. Valentiner,"The Master of the Tomb of Philippe de Courtenay in Assisi," *The Art Quarterly*, XIV(1951), 3-18。

[385]　关于这一主题的最新著作,参见 James M. Clark, *The Dance of Death in the Middle Ages and the Renaissance*(Glasgow, 1950),作者可能还没有吸收 Robert Eisler,"Danse Macabre," *Traditio*, VI(1948), 187-225 的研究成果,按照后者的研究,J. Huizinga, *Herbst des Mittelalters*(3rd ed., Stuttgart, 1938), 193-213 精彩的论"Das Bild des Todes"一章中有少数论述需要修正。

[386]　关于位于躺卧死者上方的跪像,见上文注 381;William the Silent 除躺卧的石棺像(制作于 1614 到 1621 年间)外还有一个坐像,见于 Delft 的 Nieuwe Kerk 教堂。

[387]　关于 Harcigny,参见 C. R. Morey, *Mediaeval Art*(New York, 1942), 390。关于 La Sarrza 的陵墓,参见 H. Reiners, *Burgundisch-alemannische Plastik*(Strasbourg, 1943), p. 70(with notes 99 and 100, on p. 319)and fig. 86, 370;这座陵墓的建造日期,从其令人作呕的形状远非"现实主义"来看,可能是 1370 年前后,这是 Panofsky 教授向我指出的,在此致谢。

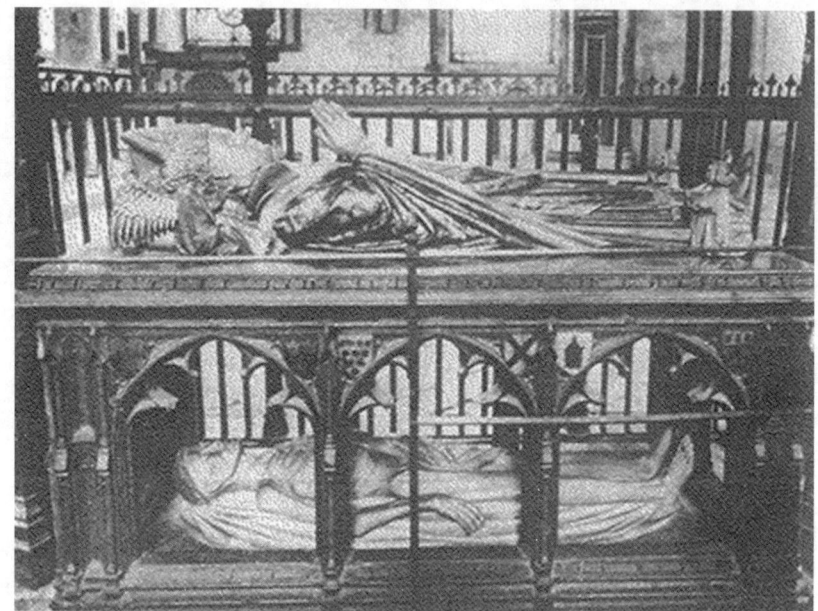

图 30　Henry Chichele 大主教墓

图 31　巴斯和威尔斯主教 Thomas Beckington 墓

拉格朗日枢机(Cardinal Lagrange)在阿维尼翁的塑像墓碑(现已被毁)。这座墓碑的设计在许多方面是很复杂的,要重建其细部也很困难。不过,其中有一个重要的特征没有争议:拉格朗日同时被呈现为赤裸、骷髅般的尸体,以及穿戴其尊荣(*Dignitas*)相关全套盛装和权标、受人尊崇的枢机主教。[388]到 16 世纪早期,还出现一种略微不同的陵墓建筑样式,或者只是拉格朗日墓碑更浓缩、更具辩证性的版本,它经由萨伏伊的菲利波二世(Philibert II of Savoy)以及他的公爵夫人奥地利的玛格丽特(Margaret of Austria)在布鲁(Brou)的大型陵墓群而变得著名起来,尽管其中的死亡恐怖气氛有所缓和。[389]不过,这类显贵陵墓造像的模式,最早可能是在英格兰发展起来的。

亨利·希切尔大主教(Archbishop Henry Chichele)从 1414 年到 1443 年担任英格兰首席教职 29 年,他的遗体理所当然地停放在了坎特伯雷大教堂。在担任大主教 10 年后,1424 年,希切尔开始建造自己最终葬在其中的陵墓。在墓穴里面,且几乎被哥特式的格栅结构挡住,死去的亨利·希切尔那可朽的身体暴露在人前:赤裸,皮包骨,眼神茫然,可怜的尸身躺在一块亚麻布上,连枕头都没有(图 30)。[390]但是,在坟墓的上面,放置着盛装的卧像:坎特伯雷大主教亨利(Archbishop-Primate Henricus Cantuariensis)身穿法袍,佩着大披肩,[434]头戴贵重的主教冠,足登华丽的主教履。他的眼睛大大睁着,双手交叉作祷告状。他也不像在下面憔悴的身体那样陷入悲惨的孤寂:天使围绕在戴着主教冠的头所倚靠的枕头边上,脚旁跪着属员,与他一同祷告。

他去世时的葬礼也必须加以考察。希切尔死于兰伯特宫,遗体在庄

---

[388] Eugène Müntz,"A travers le comtat Venaissin: Le mausolée du Cardinal de Lagrange à Avignon," *L'Ami des monuments et des arts*, IV(1890), 91–95, 131–135, esp. 132; see also Mâle, *L'art religieux de la fin du moyen âge*, 431, fig. 194.

[389] 关于 Brou 的陵墓,参见 Victor de Mestral Combremont, *La sculpture à l'église de Brou* (Paris[191?]), pls. 23, 24, 26, 27。

[390] 我要特别想 Lawrence College 的 William A. Chaney 教授致谢,是他首先引起了我对这座坟墓的注意,为我提供照片,并给了我其他一些很有价值的信息。关于 Chichele,见 E. F. Jacob 的著作,就此处涉及的问题,请特别参考他的论文"Chichele and Canterbur," *Studies in Mediaeval History Presented to Frederick Maurice Powicke*(Oxford, 1948), 386–404。

严的游行中送往坎特伯雷,随行的有大批举火炬者,两百名骑马的绅士以及他们的侍从。虽然后来的习惯是在棺材四角设四面圣徒旗帜,但15世纪时的做法还是由一位骑在战马上的绅士展示主教的个人旗帜以及所在主教区的旗帜。有一个特征特别引起了我们的注意:希切尔的棺材放在一个棺架上,上面摆着他的拟人像,穿戴全套礼服以及他所担任职位的所有权标。[391]英格兰到了16世纪诚然不再有展示主教拟人像的做法;但在15世纪,于葬礼上巡游教会高级教士的遗体和人像还是普遍习惯。[392]所以,希切尔大主教的雕塑墓碑,展示了坟墓上面的拟人像,以及坟墓里面的尸体,正是葬礼游行上真实场景的自然主义式再现:穿戴礼服的拟人像放在棺材上面,棺材里面则是几乎全裸的遗体。

鉴于在15世纪英格兰的主教葬礼上巡游拟人像是普遍做法,所以,我们或许可以期待在这一时期发现更多参照坎特伯雷模式的主教坟墓。[435]例如,除了葬于林肯大教堂的理查·弗莱明主教(Bishop Richard Fleming)(死于1431年)之外,还有巴斯和威尔斯主教白金顿(Bishop Beckington of Bath and Wells)(死于1465年)的墓碑,可能完成于1451年,主教去世前14年(图31)。[393]他的墓碑在奢华程度上不如

---

[391] Jacob, "Chichele and Canterbury," 388. 关于所展示的旗帜,见下一条注释。

[392] Brit. Mus., *Egerton MS* 2642, fol. 194(我使用了 Dr. Giesey 的抄本复件),其中有一份 *Note of the Manner of the Burieng of a Bysshop in old Tyme used*, of ca. 1560,描述了不再执行的15世纪习惯:

> 尸体放在前述的棺木里面,遗体上面是一个拟人像,打扮成一个高贵主教的样子,手里拿着牧杖,戴着红色的手套,脚穿红鞋,前述手套上还戴着戒指。这个拟人像现在已经不用了。以前还要有一位绅士骑在高头大马上,拿着主教和教区的纹章旗帜,参与游行。现在的做法是在棺材四角上设四面圣徒旗帜,由四位绅士举着,他们要服丧,风帽遮面。

[393] 关于 Bishop Richard Fleming 的坟墓,参见 G. H. Cook, *Portrait of Lincoln Cathedral* (London, 1950), fig. 62,这是 Panofsky 教授提示我的;E. S. Prior and A. Grandner, *An Account of Mediaeval Figure-Sculpture in England* (Cambridge, 1912), 717, fig. 816 错误地将该坟墓的年代标为约1370年;然而,按照 Panofsky 教授和伦敦的 Francis Wormald 先生告诉我的,该坟墓的年代应为约1430年。关于 Beckington 的坟墓,参见 Lawrence Stone, *Sculpture in Britain: The Middles Ages* (Penguin Books: 1955), 213f. W. A. Chaney 教授向我提供了一幅照片,以及关于日期和其他一些细节的信息,在此致谢。关于 Beckington,见 *Official Correspondence of Thomas Bekynton*, ed. George Williams (Rolls Series, 56:1; London, 1872) 的导言;另参 W. F. Schirmer, *Der englische Frühhumanismus* (Leipzig, 1931), 66ff,包括 n. 35 中的文献。

希切尔在坎特伯雷的坟墓，不过，我们又一次辨认出了强烈的对比：坟墓中赤裸的尸体与坟墓上面全副盛装的拟人像。这种风尚也并不限于高级教士。十七世阿伦德尔伯爵约翰·菲茨阿兰(John Fitzalan，17th Earl of Arundel)(死于 1435 年)的坟墓也在荣耀的拟人像下方展示了败坏的身体(图 28)；而爱德华四世国王在遗嘱(1475 年 6 月 20 日)中非常详细地规定了他希望自己被如何安葬在温莎的圣乔治教堂：他的尸体要埋在地里，"在上覆石一块，并有制作精美的死人之像"，在墓穴上方的墓室，则须有"朕的人像一尊，银质镀金"，或者亦可铜铸。㉞在所有这些案例中，我们都会不由自主地与诗人一同吟诵起来："雕像以石制成，他所躺卧之处却已腐败"。㉟

不过，当我们思索这些教俗贵族的坟墓时，也可能想起其他的说法。因为，在坟墓中衰老和败坏的自然之体，现在与其上那华贵的政治之体分开，看起来就好像是在说明中世纪法学家反复阐述的理论：*Tenens dignitatem est corruptibilis*，DIGNITAS *tamen semper est*，*non moritur*——"尊荣的任职者[436]可能败坏，但尊荣本身无论如何存到永远；它不会死亡。"

以上我们略微离题，讨论了葬礼、拟人像，以及雕塑墓碑，尽管与英国国王所遵守的各种仪式没有直接联系，但至少发掘出了"两个身体"问题的一个新面向——人的背景(the human background)。在西方人的思想中，除了"哥特式晚期"的数世纪之外，或许从未如此强烈地意识到肉体的短暂与肉体表现的尊荣的不朽荣华之间的差异。我们理解了何以如此，尽管法学上的区分乃是通过一种相当独立地方式，且在一个完全不同的思想领域中发展起来，但最终与某些非常普遍的情感相一致；我们也认识到，法学家所想象出来的拟制，与"死亡之舞"时代的某些情感相吻合；在这个一切"尊荣"都与死亡共舞的时代中，那些情感一

㉞ 如果没有 Francis Wormald 先生的帮助，我可能就会错过阿伦德尔的坟墓，他不仅向我指出了这一点，还向我提供了照片。关于爱德华四世的照片，参见 W. H. St. John Hope, *Windsor Castle*(London, 1913)，II, 376；另参 L. Stone, *Sculpture*(上文注 393)，213f.

㉟ Hope, "Funeral Effigies," 529，引用 Robert of Bourn 翻译的 Bridlington 的编年史。

图 28　17 世阿伦德尔伯爵 John Fitzalan 的坟墓

定是非常普遍而显白的。法学家们发现了尊荣不朽的属性；但是，正是通过这一发现，他们也令可朽的任职者那种短暂的性质更加清晰。我们不应该忘记，败坏中的尸体与雕塑墓碑所展示的不朽尊荣奇异的并列，或是围绕着尸体、哀伤的送葬队伍与穿戴礼服的拟人像引导的得胜队列之间强烈的对立。它们与"国王的两个身体"法学原理形成最终表达程式，乃是在同一种背景中孕育、来自于同一个思想和情感世界、在同一种思想气氛中演进的。在这两者之中，都有一个由上帝创造、可朽坏、并因而"会遭受自然或事故所带来的一切削弱"的身体；与之对立的，是另一个由人创造、因而不朽坏、"完全不受未成年、老年或其他瑕疵及能力不足之影响"的身体。

简言之，这一原理沉浸在拟制的不朽性与人类真实的可朽性的强烈对比之中。文艺复兴不断地渴求，通过各种可行的精巧措施（*tour de force*）对自然人进行不朽化。这种努力不仅没有减轻、反而强化了前述的对比：在骄傲的收复属地永常界（*aevum*）时，同时存在一个反面。而在同时，不朽性——神性的决定性标记，但通过无数拟制的运作，遭到了凡俗化[437]——眼见要丧失其绝对的、甚或假想中的各种价值：除非通过新的可朽的道成肉身不断彰显自己，否则就会在实际上丧失其不朽性。大写的国王不会死亡，也不可以死亡，否则关于不朽性的拟制链条就会断裂；同时，尽管小写的国王会死亡，他们却被告知，至少"作为大写的国王"他们"永远不死"，以此获得安慰。法学家们付出了许多努力构建起了拟制和不朽人格的神话，他们也对自己造物的弱点进行了合理化。但是，在阐述不朽的尊荣与其可朽的承担者之间精巧的区别、大谈两个不同的身体时，他们也不得不承认，人格化的不朽尊荣，如果缺少了那个承担尊荣、尚未归回尘土的可朽之人的软弱性，就不能行动、不能工作、不能有意志、也不能作出决定。㊴

㊴ 参见，例如 Baldus, on *C*. 7, 61, 3, n. 1, fol. 91ᵛ: "...sine quo dignitas nihil facit."（没有他尊荣什么也无法做。）另参 Baldus, *Cons.*, III, 121, n. 6, fol. 34: "quia dignitas sine persona nihil agit"（因为尊荣没有人格无法行动。），还有一个附加的评论"quia persona facit locum actui"（因为人格造成行动的空间），亦即，这个人令尊荣之中所蕴含的可能性得到了实现。参见 further *Cons.*, III, 159, n. 5, fol. 45ᵛ: "nam verum est dicere quod respublica nihil per se agit, tamen qui regit rem publicam agit in virtute reipublicae et （转下页注）

无论如何,鉴于只有在死亡的背景下才能看清楚生命,同样,在生命的背景下才能看清死亡,所以中世纪晚期大量涌现有关死亡的内容,蕴含了一些深层智慧。这类原理所做的是建立起一种哲学,按照这种哲学,一种拟制的不朽性,通过一个真实可朽的人作为其临时的道成肉身,从而显明出来。同时,可朽的人也通过这种新的、拟制的不朽性(不朽性总是人为构建的)得到显明。而这种不朽性,既非另一个世界永恒生命的不朽性,也非上帝的不朽性,乃是一个完全属地的政治机构的不朽性。

国王作为尊荣的工具(REX INSTRUMENTUM DIGNITATIS)

将人和他的尊荣区别开,并将他们彼此分离,已经是很困难的了。困难程度绝不在此之下的是,要将他们再次合并在一起,还要引入理论来说圆满"一个人格,但有[438]两个人,一个是真实的,另一个是拟制人",[397]或者,一位国王有"两个身体",尽管他"只是一个人"。[398]神学和教会法再一次为法学家们提供了比喻,令他们可以勇敢地解释两个身体的合一性——可朽的在不朽的里面,不朽的在可朽的里面。

尽管"联合"这个词不太妥帖,但作为大写国王的国王"与他的臣民联合(incorporated)在一起,反之亦然",[399]这个说法是法学家们能够容易地从相对安全的机体论概念或者世俗化形式的"奥秘之体"理论引出来的:意思是,国王作为头,臣民作为肢体,一同构成了王国的政治之

(接上页注)dignitatis sibi collatae ab ipsa republica. "(这样说是真的:国家通过自身无法行动,而那个依据国家和尊荣的德性统治国家的人被与国家相比较。)关于拟制人行动或意志的能力和无能力的不同概念,参见 Gierke, *Gen.R.*, III, 461ff. 当然,英国法学家也有类似的阐述,论到政治之体只有通过自然之体才能够行动。

[397] Baldus, on c. 3 X 2, 19, n. 5, *In Decret.*, fol. 201ᵛ: "nota hic quod una persona sustinet vicem duarum, unam vere, alteram ficte, et quandoque utramque personam vere propter concursum officiorum. "(这里注意,一个人格代表着两个人,一个是真的,另一个是拟制的,并且任何时候都代表着[两个中的]每个人格,为了执行他的职务。)参较 Gierke, *Gen.R.*, III, 435, n. 74 提到了其他类似的论述。

[398] Maitland, *Sel.Essays*, 110, n. 4;另参 Bacon, *Post-nati*, 667(引用 Plowden, 285): "……不是只有自然之体,也不是只有政治之体,而是自然之体与政治之体一同。"另见下文注 400: "两个身体归并在一个人格之中。"

[399] 见上文第一章注 13,及注 5。

体。但是，当这个复合身体的"一同"——在这个比喻的界限内是恰当的——从"头与肢体"转移到只是头，当这种复合的性质缩减到只是国王，即他的"两个身体"的时候，情况就有一点困难了。在兰开斯特公爵领一案中，法学家论辩说，国王的自然之体"既不与自身分开，也并非与其职位或国王尊荣相区别"，但是，它们是：

> 一个自然之体和一个政治之体在一起，不可分离；并且，这两个身体联合在一个人格之中，形成了一个身体而不是多个，亦即，合众之体（Body corporate）在自然之体里面，反之亦然，自然之体在合众之体里面。[400]

可以这样说，一旦达成了这个一元论的程式，也就意味着国王与自身、与他的尊荣或他的政治之体联合（incorporation）。这个说法自然被其他人引用——例如，弗朗西斯·培根：

> 在国王里面，不是只有一个自然之体，也不是只有一个政治之体，而是自然之体与政治之体一同存在：*corpus corporatum in corpore naturali, et corpus naturale in corpore corporato*（在自然之体里有合众之体，在合众之体里有自然之体）。[401]

[439]我们很容易看出这个新的程式是如何做成的："臣民加上国王"，彼此联合，一同构成王国的政治之体，被现在与"国王的自然之体"相联合的"国王的政治之体"所取代。

实际上，一个非常古老的神学程式，其漫长的历史或许在英国法学家这个极为花哨的格言中达到了高潮。1062年，授职权之争开始之初，这个革命时期心地最为纯良的人彼特鲁斯·达米亚尼（Petrus Damiani）发明了一种在教宗制和帝国之间达成相互支持和理解的方

---

[400]　Plowden, *Reports*, 213；见上文第一章注5。

[401]　Bacon, *Post-nati*, 667.

案。在对自己的论辩作总结时,他主张,自此以后需要形成"国王在罗马教宗里,罗马教宗在国王里"。[402]这是一个几乎处于宇宙层级(cosmic level)上的政治话语,主张两种普世权力彼此联合(incorporated with each other),正如国王与祭司合二为一,且依照两种权力的神圣模型,在基督里,形成彼此之间的准"联合"(quasi "incorporated")。当然,彼特鲁斯·达米亚尼并不是伊丽莎白一世时期法学家理论的来源,因为他的作品基本上不在法学思想的范畴内。相反,我们被送回到法学家那里。"君主在国家(respublica)里面,国家在君主里面",这句话是 16 世纪初马太乌斯·德·阿弗利克提斯写的。他是法国法学家不断引用的作者;[403]而他不过是重复了卢卡斯·德·佩纳在 14 世纪,以及伊塞尼亚的安德烈在 1300 年左右曾经说过的话:"正如教会在教士里面,教士在教会里面……所以,君主在国家里面,国家在君主里面。"[404]在对教士和君主进行"比附"时,卢卡斯·德·佩纳指出了自己的来源,伊塞尼亚的安德烈也早就指出了;[405] 那就是,格拉西安的《教会法汇要》,[440]

---

[402] Petrus Damiani, *Disceptatio synodalis*, in *MGH*, *LdL*, I, 93, 34ff: "…quatinus, sicut in uno mediatore Dei et hominum haec duo, regnum scilicet et sacerdotium, divino sunt conflata mysterio, ita sublimes istae duae personae tanta sibimet invicem unanimitate iungantur, et quodam mutuae caritatis glutino *et rex in Romano pontifice et Romanus pontifex inveniatur in rege*…"(既然,如同这两者,即王国和教会,在一个神和人的神圣中介之中,他们合并为奥秘之体,这样两个高贵的人格结合在相互的同意之中,在两者爱的联合中,国王在罗马教宗里,罗马教宗在国王里。)此处是 Theodor E. Mommse 教授提示我的,在此致谢。参见 Fridolin Dressler, *Petrus Damiani*: *Leben und Werk*(Studia Anselmiana, XXXIV; Rome, 1954), 97, n. 66。

[403] Matthaeus de Afflictis, on *Lib. aug.*, II, 3, n. 62, fol. 11ᵛ: "quod princeps est in republica et respublica in principe"(quoting Lucas de Penna).

[404] 见上文第五章注 60。

[405] Andreas of Isernia, on *Feud.*, I, 3, n. 16(*Qui success. ten.*), fol. 21ᵛ: "Princeps et Respublica idem sint…Est princeps in Republica sicut caput, et Respublica in eo sicut in capite, ut dicitur de praelato in Ecclesia, et Ecclesia in praelato."(君主和国家是一样的……君主在国家中如同头,而国家在他之中如同在头中,如同在教会中关于高级教士所说的那样,以及在高级教士中教会[的情况]。)Andreas of Isernia 在 *Prooem. ad Lib. aug.*, ed. Cervone, p. xxvi 中重复了这个意象,并在他的注释 on *Feud.*, II, 56, n. 81(*Quae sunt regalia*), fol. 306 中进一步推进了君主与教士的"比附"。这个段落很有趣,因为 Andreas 实际上将第四福音书中的两段(约 10:30 和 14:10)连接混合在了一起——正如在他之前很久亚他那修所做的那样(下文注 409)。不过,这位法学家没有引用福音书,而是引用了《教会法汇要》(c. 7, C. VII, q. 1;见下一条注释)以及英诺森三世的一项教 (转下页注)

在其中一个著名的章节,说到"主教在教会里,教会在主教里"。[406]当然,格拉西安,还有在他之前的其他教会法令集——比方沙特尔的伊沃编纂的教令集[407]——只是重复了 3 世纪的迦太基主教圣·奚普利安(St. Cyprian)一封著名的书信。这封信一直被认为是"君主式主教制"原理的基石。奚普利安在其中宣称:"主教在教会里面,教会在主教里面。"[408]这个对换表达的格式要回溯到第四福音书(约 14:10):"我在父里面,父在我里面"。不仅伊塞尼亚的安德烈引用了这节经文(还有约 10:30),而且——在他之前很久,且以一种最有趣的方式——反抗阿里乌派最坚定的战士、亚历山大的亚他那修(Athanasius of Alexandria)也引用了。在亚他那修捍卫保罗关于基督是上帝的形象、圣子的神性及其与父同等的教义时,他诉诸于皇帝像(emperor's image)的比喻,他称之为"皇帝的观念(εἶδος)和形式(μορφή)",并说:"皇帝像(image)大可以说:'我与皇帝原为一,我在他里面,他在我里面。'"[409]

[441]现在,通过上述分析,我们知道了在法学家语言中的基督论潜流是从哪里来的。总之,当 16 世纪的英国法官们试图将他们先前分

(接上页注)令(c. 19 X 5,40,只有 *Glos. ord.* on the *casus* and v. *et si capitulum* 解释了这处引用)。还有,在这三处 Andreas 都引用了 Seneca, *De clementia*, I, 5,1——Lucas de Penna 忠实地重复了这些内容,on *C.* 11,58,7, n. 8, p. 564(见上文第五章注 65)。

[406] 参见 c. 7, C. VII, q. 1, ed. Friedberg, I, 568f。

[407] 参见 Friedberg, I, 568, n. 106,关于早期的教会集。

[408] Cyprian, *ep.* 66, c. 8, ed. Hartel(*CSEL*, III), II, 733.

[409] Athanasius, *Oratio III contra Arianos*, c. 5, PGr, XXVI, 332A, quoted by Ladner,"The Concept of the Image," 8 and 24, n. 31: εἴποι ἂν ἡ εἰκών. Ἐγὼ καὶ ὁ βασιλεὺςἕν ἐσμεν. Ἐγὼ γὰρ ἐν ἐκείνῳ εἰμὶ κἀκεῖνος ἐν ἐμοί.(同引文)另参 Ladner 关于后来 John of Damascus 和第二次尼西亚会议(787 年)重复了这一论述。这一段可以与 London Magical Papyrus, ed. K. Preisendanz, *Die griechischen Zauberpapyri*(Leipzig and Berlin, 1928-1931), II, 47(P. VIII, 37ff)对比: σὺ γὰρ ἐγὼ καὶ ἐγὼ σύ. τὸ σὸν ὄνομα ἐμὸν καὶ ἐμὸν σόν. ἐγὼ γάρ εἰμι τὸ εἴδωλόν σου.(因为你是我,我是你。你的名是我的,我的名是你的。因我是你的像。)同样的句子,另参 Preisendanz, II, 123(P. XIII, 795ff)。Wilfred L. Knox, *Some Hellenistic Elements in Primitive Christianity*(Schweich Lectures of the British Academy, 1942; London, 1944), 78, n. 3,认为这些段落"与约翰的语言极为相似"(指约 10:30 和 14:10);另参 E. Norden, *Agnostos Theos*(Berlin, 1923), 305,关于约翰的语言。不过,所有这些类似的话,都没有包含ἐν(in)一词,而这是从《约翰福音》14:10 发展到 Cyprian, *ep.* 66, c. 8,进而走向中世纪晚期法人理论的关键。

离开的东西结合到一起,宣布政治之体与自然之体联合(incorporat-ed),且反之亦然时,他们清楚地将神学和基督论的语言,以及教会法思想运用到了他们的拟制之中。与过去常常做的一样,主教与他的教会的关系再一次被当作一个模式,用于解释国王与他的王国,以及国王与他的政治之体之间的关系。圣奚普利安的创造无疑已经被改变,但最初的模具以及制作模具的工具还是可以看得出来。还有,他的君主式主教制理论,可以作为一个模型用于促进绝对君主制的成熟,在后者,国王在不止一个方面变成了主教的样式。[410]

不过,英国法学家所操弄的言辞方式,还显示出另一层面的神学思想。当这些法官在法庭上论辩两个身体结合在一起,并由此使用诸如"在一起不可分开"或"两个身体在一个人格之中"这类措辞时,他们是挪用了一系列见于信经语言、通常只是用来阐明基督论定义的区分。诚然,这些法律家并不是在讨论国王的"二性",而是在谈论他的"二体"。但是,我们知道,自12世纪以来,神学家们就解释说,基督有两个身体(一个是他自己的、肉身的自然身体,另一个则是以他为头的、奥秘的集体性身体)[411],尽管实际上只有一个位格。因此,关于"二体"的论述,也可以适用于"二性",反之亦然,尽管这两个概念并不完全一致。现在,这类论述被转而用于解释国王的"两个身体";而英国法律家的这种做法,在14世纪就有先行者。

我们知道,在巴尔都斯的一则"法律意见"(*Consilia*)中,他区分了"威荣(Majesty)"与"享有威荣的人(person in Majesty)"。而在很细致地讨论威荣或者尊荣乃是与个体的国王的人格相区别的东西时,他这样说:

> 在此我们注意到,尊荣是根本(principal),其人[442]则是工具。因此,[国王]行事的基础(fundament)乃是那尊荣,尊荣是存

---

[410] 关于绝对主义君主的"主教主义"(Pontificalism),参考我在"Mysteries of State," 67ff 的论述。

[411] 见上文第五章注 14 以下。

到永远的。⑫

巴尔都斯一定考虑过根本（*principalis*）（即永恒的尊荣）与具备特殊用途的工具（*instrumentalis*）（即可朽的国王）之间的区别，因为他也将这些概念用在别的地方。可是，这些概念究竟是什么意思，巴尔都斯又是从哪里借用来的呢？

这个问题很有趣，值得我们略微离题，去看一下托马斯·阿奎那关于基督人性的教导。经由亚里士多德，阿奎那对有机体（*organon*）或工具（*instrumentum*）的各种含义很是熟悉，且学会了如何区分"联合的工具"（例如，手）与"分离的工具"（例如，一把锤子或斧子）。进一步，阿奎那也采纳了"有生命的工具"（*instrumentum animatum*）（例如，一名舵手），与"无生命的工具"（*instrumentum inanimatum*）（例如，那个舵）的区分。⑬接着，主要通过大马士革的约翰（John of Damascus）这个中介，阿奎那了解了希腊教父们的一项理论，该理论认为，道成肉身的基督乃是上帝（Godhead）的工具，亦即，是三位一体的神以及他自己神性的工具——"人性作为神性的工具"（*humanitas instrumentum divinitatis*）。⑭阿奎那将这两条线

---

⑫ Baldus，*Consilia*，III，121，n. 6，fol. 34："Ibi attendimus dignitatem tanquam principalem et personam tanquam instrumentalem. Unde fundamentum actus est ipsa dignitas quae est perpetua."（同引文）在同一段中，巴尔都斯还区分了"quod persona sit causa immediata, dignitas autem sit causa remota"（因为人格是无中介的原因，而尊荣是远因），可以令我们想起，上帝常常被说成是作为"远因"（*causa remota*）而行动。

⑬ 最著名的段落是 *Politics*，1253b，27 to 1254a，1；参见 Aquinas' *Expositio in Polit. Arist.*，§§ 52-55，ed. Spiazzi，15f；另参 1255b，11-12，and § 88，p. 25。另参 *De anima*，432a，1-2，关于手是首要的器官，and *De partibus animalium*，687a，19-21；further *Nicom. Ethics*，1161b，4-5；*Endemian Ethics*，1241b，22-24；and the Ps. Arist. *Problemata*，955b，23ff。我要特别感谢 Professor Harold Cherniss 在这个问题上提供的帮助和建议。Tschipke（见下一条注释），143，似乎低估了亚里士多德在这个特别问题上对阿奎那的影响。

⑭ 关于这整个主题已有详细研究，Theophil Tschipke，O. P.，*Die Menschheit Christi als Heilsorgan der Gottheit unter besonderer Berücksichtigung der Lehre des Heiligen Thomas von Aquin* (Freiburger Theologische Studien, LV[Freiburg, 1940])；另参 M. Grabmann，"Die Lehre des Erzbischofs und Augustinertheologen Jakob von Viterbo(†1307-8) vom Episkopat und Primat und ihre Beziehung zum Heiligen Thomas von Aguino," *Episcopus*: *Studien über das Bischofsamt…Kardinal von Faulhaber…dargebracht* (Regensburg, 1949)，190，n. 10，有关于该主题的进一步文献；关于 Johannes Damascenus，参见 Tschipke，115ff。

索结合起来（并且在他看来这是最协调一致的做法），自然地得出了
[443]关于上帝拯救计划的新视角。例如，他指出：

> 基督的人性是上帝的工具：但是，不是一件无生命的工具，本
> 身不会实施有目的的行动、只是被实施于某种目的，而是一个有生
> 命的工具，[被赋予]一个理性的灵魂，被用于实施符合他自己目的
> 的行动。⑮

也就是说，道成肉身的基督作为上帝"有生命的工具"展开行动，而他自
己的神性也包含在施动的上帝之中。或者说，阿奎那可能会区分三种
不同的等次：上帝是主因（*causa principalis*），基督成为一个有朽的人，
是"联合的工具"（*instrumentum coniunctum*），而教会的圣礼则构成"分
离的工具"（*instrumenta separata*）：

> 在根本上发生作用的恩典原因是上帝自己，基督的人性则好
> 比是一件联合的工具，而圣礼则是一件分离的工具。⑯

接着，阿奎那以类似的方式解释了主教或司铎乃是基督奥秘身体的"联
合的工具"；但是，主教也可以通过代理的方式表现为上帝的有生命的
工具，而他所施行的圣礼则成为分离的工具。⑰阿奎那也把这个比喻运
用于他的哲学人类学，他说："如果说灵魂是身体的推动者，那么身体则

---

⑮ Aquinas, *Summa theol .*, III, q. 7, a. 1, ad 3: "quod humanitas Christi est instrumentum
divinitatis, non quidem sicut instrumentum inanimatum, quod nullo modo agit, sed
solum agitur, sed tanquam instrumentum animatum anima rationali, quod ita agitur quod
etiam agit. "（同引文）

⑯ Aquinas, *Summa theol .*, III, q. 62, a. 5: "Principalis autem causa efficiens gratiae est ip-
se Deus, ad quem comparatur humanitas Christi sicut instrumentum coniunctum, sacra-
mentum autem sicut instrumentum separatum. "（同引文）阿奎那是通过区分各种工具引
入这段的："Est autem duplex instrumentum: unum quidem separatum ut baculus, aliud
autem coniunctum ut manus..."（有两种工具，一种是[与身体]分离的，如手杖，另一种是
连接的，如手。）

⑰ *Summa theol .*, III, q. 64, a. 8, ad 1: "instrumentum animatum sicut est minister. "（有生
命的工具就是仆人。）

作为一件工具服务于灵魂。"⑱看起来,在这里首要的问题不仅仅是基督人性的功能性属性(functional character),同时还有主教的概念:主教作为上帝"有生命的工具"行事,同时,也构成奥秘之体的"联合的工具"。

阿奎那无法预见,当法学家扩大他们关于尊荣的政治理论时,他的教导会在何种程度上服务于他们的目的。[444]不过,当巴尔都斯将不朽的尊荣描述为"本体",而个别统治者可朽的人格为"工具",并同时宣称永久性的尊荣乃是国王行动的基础(即"推动者"),他心里想的显然是阿奎那的论述。巴尔都斯或许并不是最早——当然绝不是最后一位——将"工具性"的概念运用于国王与尊荣之间关系的人,⑲但他确实频繁且一贯地运用了这个概念。巴尔都斯讨论了这样一个问题:如果有一名行省总督向皇帝询问意见,其间皇帝去世,那么总督是否可以期待继任的皇帝作出答复。他在自己的意见中这样写道:

> 我回答"是",因为[总督的]咨询在本质上乃是关涉那不会死亡的尊荣,而这个人是尊荣的工具,没有他尊荣就不能行任

---

⑱ *Summa theol.*, III, q. 8, a. 2:"in quantum vero anima est motor corporis, corpus instrumentaliter servit animae"(关于基督的灵魂与身体)。

⑲ Oldradus de Ponte, *Consilia*, CLXXX, n. 15, fol. 67ᵛ(参较 Ullmann, *Lucas de Penna*, 174, n. 7)认为,尽管帝国"来自上帝,以上帝为第一因",但仍然是作为上帝代理人的教宗向皇帝授予了帝国,因此就作为第一因的"第二因以及作为代理的工具"(tanquam causa secunda et quasi quoddam agens instrumentale)而行事。不过,Oldradus 是否想到了阿奎那或者亚里士多德是可以提出疑问的。上帝的代理人,按照非常传统的理解,是上帝的仆人和工具,正如国王被称为"上帝的手指"(参路加福音 11:20,以及,例如,1223年法王腓力二世的加冕颂歌),在技术性的哲学-经院意义上并不被认为是"联合的工具";关于加冕圣诗 *Beata nobis gaudia*,参见 Leo Schrade, "Political Compositions in French Music of the 12th and 13th Centuries," *Annales musicologiques*, I(1953), 28 and 56。另一方面,巴尔都斯显然意识到了他所运用的技术性语言;参见,例如,他对 c. 34 X 1,6, n. 8, *In Decretales*, fol. 78ʳ 的评论:"Ibi, 'manus,' dicit Aristoteles quod manus est organum organorum"(那里,"手",亚里士多德说手是工具的工具。)(*De anima*, 432a, 1-2)。不过,如果不借助于阿奎那,他几乎不可能认为国王在其肉身之中是尊荣的工具。关于巴尔都斯的论辩在后来的反复出现,参见 Gierke, *Gen. R.*, IV, 239, n. 122;另参 III, 694, n. 19。

何事。⑳

巴尔都斯运用阿奎那关于道成肉身的基督之工具性的教导，在另一处甚至更加明显和直接。他论到国王是自然人与尊荣二者的结合，后者是"某种理智的东西，奇迹般地存续到永远，尽管并不具备实体"，⑳在这里，他加上了一个关于国王和他两个人格的简单评论，[445]并这样说："国王的人格，是另外那个理智和公共性人格（that other person which is intellectual and public）的器官和工具。"然后，他接着说：

> 是理智和公共性的人格［即尊荣］在本质上导致行动；因为思
> 想更多是转向行动，或者转向本体性的权力（the principal pow-
> er），而不是工具性的权力。⑫

我们应该记得，在巴尔都斯的思想体系中，上帝（*Deus*）与尊荣（*Dignitas*）无论如何都是相互联结的，⑬所以我们没什么理由惊讶于它们可以

---

⑳ Baldus, on *C.* 7, 61, 3, n. 1, fol. 91ᵛ: "Quaero si Praeses consuluit Principem et Princeps moritur, an debeat expectari responsum successoris? Respondeo sic, quia consultatio concernit principaliter dignitatem quae non moritur...licet persona sit organum ipsius dignitatis sine quo dignitas nil facit."（我问，如果总督咨询君主而君主死亡，他是否该期待继任者的回答？我说是，因为咨询主要同尊荣相关，而尊荣不会死亡……人格可以是尊荣的工具，没有人格尊荣无法行动。）

⑳ 见上文注 295。

⑫ Baldus, *Consilia*, III, 159, n. 6, fol. 45ᵛ: "...loco duarum personarum Rex fungitur...Et persona regis est organum et instrumentum illius personae intellectualis et publicae. Et illa persona intellectualis et publica est illa, quae principaliter fundat actus: quia magis attenditur actus, seu virtus principalis, quam virtus organica"（国王在两个人格的位置上行动……国王的人格是工具性的，是那个理智和公共性的人格的工具。那个理智和公共性的人格是那一个，它主要地产生行动：因为它更多地是倾向于行动，或者说是主要的力量，而非工具性的力量。）（*organicus = instrumentalis*，正如 *organum* 等同于 *instrumentum*）。Baldus, on c. 9 X 2, 14, n. 3, fol. 189, 将同样的原理运用于手和脚，认为在占有某物的行动中，它们是灵魂的工具："et anima per se sine organo corporali［亦即，没有手作为 *organum organorum*，没有脚作为 *organum possidendi*］non potest incipere possidere per se."（灵魂通过自身而缺少肉身的工具，不能够通过自身开始存有。）

⑬ 见上文注 287。

轻易地彼此调换。引导巴尔都斯论证的神学坐标系很明显：阿奎那的上帝（*Divinitas*）被替换为同样"不朽"的尊荣（*Dignitas*），而基督的人性则被替换成了可朽的国王。早先，国王常被称为"上帝的手指"（*digitus Dei*），^㊾在法学上就是"尊荣的手指"（*digitus Dignitatis*），鉴于主教被说成是上帝"有生命的工具"，于是国王也就被呈现为一个拟制、并因而不朽的位格（被称作尊荣）的"有生命的工具"。换句话说："人性作为尊荣的工具"（*Humanitas instrumentum Dignitatis*）——道成肉身的小写国王构成了尊荣或大写国王的工具。所以，在这里并不缺少某种内在逻辑和某种内在必要性，藉此，"国王的两个身体"分开以及联合，产生出了一种政治性道成肉身的教义（dogma of a political Incarnation），这是尊荣或政治之体抽象的道成肉身，并由此带来了一个全新、世俗化版本的位格性合一（hypostatic union），在其中，第一和第二位格，即尊荣（*Dignitas*）与国王（*rex*）联合在一起。

　　毫无疑问，英国法律家们也是从这个一般性理论中借用了那些语言，大肆运用，用于论证自然之体与政治之体"不可分离"，或者用于证明存在"两个身体但只有一个位格"。^㊿他们使用这些神学的，甚或基[446]督论的模式，试图令他们的思想创造可以为自己和他人理解。而这类理论模式与他们意大利前辈的思想世界，以及该领域杰出人物所发展起来的法学推理方法几乎没有什么差别。所以，梅特兰是完全正确的，他说，16 世纪的这些英国王室法学家们建立起了"一份王家信条（creed of royalty），如果跟亚他那修信经并排放在一起也丝毫不觉羞愧"。法学家们所建立的，实在是一种"国王基督论（royal Christology）"，并且，当他们开始前后如一地借助于"两个身体"的隐喻，解释私人性的国王与他不朽的尊荣之间的关系时，就几乎注定了会建立起这样一种理论。

㊾　关于 *rex digitus Dei*，见上文注 419。

㊿　见上文注 398、400。Bacon, *Post-nati*, 657，说"一般而言在合众体中，自然之体只是 *suffulcimentum corporis corporati*，只不过是一根柱子，用以支撑住合众之体。"不过，由于培根试图证明英格兰和苏格兰王冠通过国王的自然之体合并，因此他不得不将更大的重要性归属于肉身的国王，因为（p. 665）"他的自然人身，虽是一个，但对两个［王冠］都有作用。"

即便是现在我们已经熟悉了其历史背景之后,这个表达本身依然是令人惊愕的。从所有欧洲国家共有的历史背景出发,只有英格兰发展出了一种具有连贯性的"国王的两个身体"的政治或法律理论,正如与之相关的"单人合众体"概念也是纯粹的英国发明。当然,其他欧洲国家在它们的宪制思想中也孕育了类似的观念;但是,它们是以一种不同的形式展现出来的。例如法国,尽管完全意识到个体的国王与不朽的尊荣之间存在各种不同的表现,但最终还是以一种模糊甚或消解个人与超个人因素之间区别的方式来解释绝对主义统治权(absolutist rulership);在匈牙利,奥秘的王冠与肉身的国王之间的区别发展到极为精致的地步,但是圣斯蒂芬的王冠这个实在的圣徒遗物看起来阻止了国王产生出属于自己的超身体(super-body);在德国,宪制状况最为混沌和复杂,最终人格化的国家吞没了罗马-教会法上的尊荣观念,德国君主必须让自己去适应的是抽象的国家。[447]总之,"国王的两个身体"的理论,其复杂性,以及某些时候蛮不讲理的一致性,在大陆是看不到的;哪怕是最早发展出君主同时存在两个人格这一法律理论的意大利人,也没有连贯地、以及朝向所有方向推进这个概念。"国王的两个身体"的概念在英格兰如此普遍且长久地渗透和主宰了法学家的思维,没有任何其他国家可以与之相比。撇开其他方面不谈,这个观念在英格兰从中世纪到近代政治思想转变的过程中,也承担了重要的启发性功能。

尽管,我们可以盼望去理解构成某种历史现象的条件或与其相关联的某些因素。但是,任何旨在"解释"历史现象的努力却依然是一项无望的任务。因为,有太多生活的层面在同时发挥作用且活跃地联系在一起,以至于无法得出任何直截了当的解释;而对于为何某些潜在因素以某种方式进入了现实、为何它们没有形成另一种样式这样的问题,必然只是一种价值有限和可疑的工作。不过,要谈论议会在英国宪制思想和实践中的早期发展和持久动力,看起来就无法不谈论"国王的两个身体"的观念。议会,通过代议的形式,构成了王国活的"政治之体"。也就是说,英国议会从来不是一个"拟制人格"(*persona ficta*)或"代表人格"（*persona repraesentata*），而始终是一个非常实际的"代表之体"（*corpus repraesentans*）。因此，"王国的政治之体"在英格兰具有一种异常坚实的涵义，远超过任何其他欧洲王国，不需要通过一些方法使之变得更容易理解，不需要把它变成一个人为的抽象，不需要把议会这个实在的政治体转变成一个拟制人格，也不需要采用阿奎那谈论教会共同体这个奥秘人格（*persona mystica*）的头和肢体的方式，把王国说成是一个政治人格（*persona politica*）。[426]换句话说，由于英格兰的"政治之体"在此世的绝对现实性、实在性、以及显然的可见性；同时，也由于当国王为头，贵族、骑士、市民为肢体，构成"在议会中"时，其异常实际的存在感以及反复发生的自我显现，"头和肢体"这个旧式有机论比喻在英格兰存[448]留的时间异乎寻常地长。结果，当"王国的政治之体"这个概念在其他国家不再具有现实性的时候，这个概念在英国仍然保持了现实意义。

另一方面，旧式的"奥秘之体"概念，包括其全部推论和隐含意义，都继续决定了——尤其是在《王权至尊法》（1534年）之后——英格兰"政治之体"概念的某些面相。我们可以理解，尤其是在议会衰弱的时期，当国王与咨议会很明显构成政府主流时，"政治之体"的概念也被用来单单指称国王，指"部分代表全体"（*pars pro toto*）。在教会领域，"基督的奥秘身体"与"教会的奥秘身体"是可以互换使用的，因而存在某种用词上的混淆；按照培根的说法，同样的"语言混淆"也存在于世俗领域，因为诸如王冠、王国、王国的政治之体或作为大写国王的国王（king as King）的政治之体也是互换使用，并且常常没有有效地加以区分。[427]强调国王的两个身体，而非强调例如两个人格（这是意大利法学家的惯例）这个用词上的特点，其根源可能就在这类模糊性之中——国王成为英格兰教会（*Ecclesia Anglicana*）这个奥秘身体之头这一事实还加强了这点。

---

[426] 见上文第五章注24。

[427] 参见 Bacon, *Post-nati*, 651:"有人说……到法律，有人说王冠，有人说王国，有人说国王的政治之体；所以在它们之间有一种语言的混淆，这类混淆进入人们的意见，其基础乃是人类智慧的精巧和想象，而非以自然为基础。"

看起来,在一种更技术性的意义上,在"国王构成合众体"或构成"单人合众体"这种法律拟制的基底,乃是王冠与尊荣的某种融合,或者更可以说是一种情有可原的混淆。我们知道,王冠在中世纪英格兰常常被解释成一个复合的身体,由组成议会的各等级构成,以国王为头。[428]不过,同样的议会各等级与国王,在其他方面,也同样构成了王国的"政治和奥秘之体"——或者,按照法国人的说法,"国家与奥秘之体"(body civil and mystical)。[429]因此,[449]王冠与王国的政治之体的主要构成者常常是一样的。但是,王冠和政治之体这种有机体-合众性的概念,与尊荣,即一种"通过继承形成的合众体"的概念又有交叉。王冠可以展现出"合众性"是因为它容纳了政治之体活在同一时间的全部肢体,而尊荣则是一个不死鸟那样的单人合众体,在现任的王冠持有者里面容纳了整个种属,即国王尊荣过去未来的全部享有者。情况看起来是,英国法学家未能清楚地区分开王冠的合众性身体(corporate body)与尊荣超个人性的人格(supra-individual personage),反而将两者都等同于政治之体(body politic)——或许是受到了当时"王冠与国王尊荣"这个程式的诱惑。从这个融合出发,生出了一系列彼此关联的合众体性质的概念,其中,将"国王的政治之体"与国王均视为一个"单人合众体(corporation sole)"。

这个推论与梅特兰的说法并不矛盾,他极有见地地认为,英国的"单人合众体/独体法人(corporation sole)"源自于"人格(*person*)",源自于本堂牧师(parson),他在自己的乡村教会是唯一的司铎,在涉及神

---

428 上文注 168 以下。关于各等级,参见 Chrimes, *Constitutional Ideas*, 116ff, esp. 123, Russel 主教 1483 年的议会讲道,反复将"英格兰的政治之体"等同于"在一个头之下,三个等级为主要肢体"。

429 将各等级和国王等同于 *corpus civile et mysticum* 是法国宪政主义惯用的表达;参见,例如 Jean de Gerson, *De meditacionibus*, 37; "Habes illos de primo statu tanquam brachia fortissima ad corpus tuum misticum, quod est regalis policia, defendendum"(你拥有第一等级的人们作为你的奥秘之体上最有力的四肢,你的奥秘之体是王室政体,必须被保卫。)(然后是其他两个等级)。Terre Rouge, Coquille 和其他人都作了这样的等同;Church, *Constitutional Thought*, 29, n. 20; 278, n. 16 及各处。*Corpus politicum* 的表达并不是完全没有(参见,例如 Church, 278, n. 16),但 *corpus civile* 看起来在法国是比较流行的,尽管在英格兰几乎看不到。

职人员薪俸中的土地性财产时,他就占据了合众体性质的大教堂教士会议或修道团体在涉及教会财产时的地位。如果说本堂牧师的模型有助于理解国王作为单人合众体的性质,当然是正确的,而当梅特兰取笑遭到"本堂牧师化(parsonified)"的国王时,他实际上正触及了这个问题的根源。不过,本堂牧师和国王共同的基础可能是尊荣(Dignitas)。在国王的情况中,尊荣与机体性的政治之体(他是头)相融合——类似于同样构成合众体尊荣者和头的修院长及主教。所以,每一名修院长也被说成是一个"政治之体"。当科克提到修院长的"奥秘之体",以[450]此解释国王"政治之体"的涵义时,他不过是提到另一个(尽管类似)奥秘之体与尊荣的混淆,这个说法早在 15 世纪就已经产生了。⑩这样看来,布莱克斯通的说法也不算是很离谱。他夸口说,合众体/法人(corporation)的概念,虽然发源于罗马人,但已经"按照英国民族通常的天才"作了相当的改进和优化,尤其是涉及到"只由一个人构成的单人合众体/独体法人,那是罗马法律家毫无概念的"。⑪

为了解释尊荣(Dignitas)的性质,13、14 世纪的法律理论引入了一种比喻的形象,它同时是个体和种属,看起来是单人合众体概念的先声:神秘的不死鸟。这类特性在何种程度上同样适用于神学思想,在这里不作讨论。不过,我们不应该忘记,确实存在一个真正的单人合众体,甚至是"历史性"的存在。那就是亚当,第一个人。当时他是唯一存在的人,同时是个体,也是当时存在的人类种属(genus humanum)的全体。他同时是一个人和人类。不过,为了理解与亚当的神话有联系的一些意义,我们最好听从但丁的引导。

---

⑩　见上文注 311 和 312。

⑪　Blackstone, *Commentaries*,I,c. 18,p. 469;上文导论注 7。

❶　这句格言是"涉及所有人的事需要经过所有人同意"(*quod omnes tangit ab omnibus tractari et approbari debet*),被认为是民主制的中世纪渊源之一。

第八章 以人为中心的王权:但丁

[451]王权的概念,经历以基督为中心、以正义和法律的观念为中心、以政治集合体(political collectives)或制度性尊荣(institutional dignities)等合众之体(corporate bodies)为中心各个阶段,由神学家、法学家和政治哲学家次第发展起来,其间多有重叠交错和互相借用。最后,还是要由诗人来建立一幅纯粹人性的王权图景(an image of kingship),在其中,纯粹、单独的人构成中心和标准——当然,人是处在与上帝和宇宙,法律、社会和城市,自然、知识和信仰的一切关系之中。"人是人性的工具"(*Homo instrumentum humanitatis*)——这句改编自神学-法学格言的话,或许正好可以用作一句题词,引导我们进入但丁的道德政治观,条件是"人性"(*humanitas*)这个捉摸不透的概念要通过其众多的含义来加以理解。

人们从未否认,政治哲人但丁与诗人但丁一样,都完全吸收了作为他所在那个世纪推动力的政治理论。事实上,但丁在 1300 年前后的政治和思想讨论中占据了一个关键性的位置。如果说,他常常被人以一种肤浅的方式打上保守派的标签,那只是因为但丁著作中充斥的帝国观念——尽管与之前数世纪不同,这一点掩盖了他在道德-政治立场方面极度反传统的特征。①当然，对于但丁，根本没法轻易给他打标签。他绝对不是托马斯主义者，尽管他常常使用阿奎那的著作，他也不是阿维罗伊派，尽管他引用阿维罗伊，并授予布拉班特的西格尔（Siger of Brabant）在天堂中[452]仅次于圣·托马斯的位置。②但丁用最严厉的话斥责教令法学家（decretalists）；但是，对基于教会法注释的政治理论的最新研究，表明但丁在何种程度上追随了教会法思想的传统路线。③他本人一定熟稔罗马法，因此对查士丁尼法典和罗马法整体的态度当然十分肯定；而对于法学家，他十分刻薄，即便当时最杰出的罗马法学家、巴托鲁斯的老师、皮斯托伊亚的居努斯是他的朋友。但是，如果给审判活人死人的但丁贴上法学家的标签，究竟有谁会在意呢？④ 对待

---

① 参见 Michele Barbi，"Nuovi problemi della critica dantesca：VI. L'ideale politico-religioso di Dante，" *Studi danteschi*，XXIII（1938），51. 关于但丁政治思想的研究非常少，我觉得有必要在此列出致谢，这些研究对我思路的影响可能比脚注中显示的更多。Fritz Kern，*Humana Civilitas*（Leipzig，1913）；Francesco Ercole，*Il pensiero politico di Dante*（Milan，1927-1928）；Bruno Nardi，*Saggi di filosofia dantesca*（Milan，1930）；Étienne Gilson，*Dante et la philosophie*（Paris，1939；Engl. Trsl. By David Moore，*Dante the Philosopher*，New York，1949[在此引用]）；A. P. d'Entrèves，*Dante as a Political Thinker*（Oxford，1952）. Gustavo Vinay 版的 *Monarchia*（Florence，1950）中的评注就目前而言是有益的。不过，为方便起见，这里引用 *Monarchia* 时将采用的版本是 E. Moore and Paget Toynbee，*Le opere di Dante Alighieri*（4th ed.，Oxford，1924），但丁作品索引（Dante Concordance）是按照这个版本制作的。
② Gilson，*Dante*，153ff，166ff，211ff 及各处，对这一点作了相当有力的澄清。
③ 关于但丁对教会法学家的攻击，参见 M. Maccarone，"Teologia e diritto canonico nella Monarchia，III，3，" *Rivista di storia della Chiesa in Italia*，V（1951），7-42；关于但丁支持温和派的教会法学家，见下文注 15-17。
④ 关于法学家，参见，例如 *Monarchia*，II，11，71. 但丁是否学习过法律不太确定；但是，正如 Chiappelli，"Dante in rapporto etc.，"40（见本注释末尾）正确指出的，但丁肯定学习过写作术（*ars dictandi*），而这门技艺的学生都要求具备一定的法律知识。无论如何，他准确地引用了罗马法和教会法，也使用（直接或间接）Accursius 的《注释汇编》。Nardi，*Dante e la cultura medievale*（2nd ed.，Bari，1949），218-223 展示了一个但丁依赖于注释汇编的例子。*Monarchia*，I，10，12 也是如此："par in parem non habet imperium"（平等者之间无统治权）。这条法律格言是基于 D.4,8,4 以及 D.36,1,13,4，早先的注释家们使用过一个不如但丁所引精细的格式；参见，例如 Fitting，*Jurist*，*Schr.*，149，7："par non potest inperare pari legitime，"（平等者不能依法统治平等者）或者 Azo（与别处内容一同见于 Schulz，"Kingship，"138f，cf. 149 的引用）："cum par pari imperare non posset."（因为平等者不能统治平等者。）但丁引用的格式见于英诺森三世的一项教令；参见 c. 20 X 1,6，ed. Friedberg，II，62："quum non habet imperium par in parem."（因为平等者之间无统治权。）尽管但丁引用这项教令（Chiappelli，18f 就这样推测）并不（转下页注）

但丁的困难之处在于,他在著作的每一页上复制了他那个时代的普遍性知识,然后对他复制的每一条定理都提出了极为新鲜、极为令人惊讶的个人观点,[453]以至于寻找证据证明他依赖其他著作,主要作用会变成贬损他自己的方法和解决方案的创新性。⑤他的策略非常明显,因为他组织和运用材料指向的要点(point of reference),或者化约材料指向的共同特征(denominator),很少是制度现象本身;而总是制度背后的人。在此意义上,但丁的君王或君主形象——尽管是由无数借自当时盛行传统中的神学和哲学,以及历史、政治和法学论辩的小碎片组成——反映了一种以人为中心的王权(Man-centered kingship)概念以及一种纯人性的尊荣。如果没有但丁,在那个时代极有可能不会产生这样一种概念。

另一个巨大的困难在于,每一种对但丁的解释都注定是碎片化的,因为但丁自己极具复杂性。诗人但丁的视界好像常常干涉政治哲人但丁的逻辑论辩,尽管在其他方面,人类的这两种思维方式是互相支持的。但丁的逻辑难以把握,尽管绝对清晰,并且甚至可能在他全部的著作中一以贯之,但却绝不是线性的,因为他思路中的每一点都与无数其他思路上的无数其他点存在横向联系。所以,任何以直白的风格复述

(接上页注)是完全不可能的,但是更有可能的是,他的来源是 Accursius 的《注释汇编》,该书不仅与 D.36,1,13,4, v. *Imperium* 联系起来引用这项格言,而且还联系了 C.1,14,4, v. *indicamus*("quia par in parem non habet imperium"[因为平等者之间无统治权]),后者就是著名的"尊荣法"(*lex digna*),如阿奎那也引用过(上文第四章注 153;另参 Jean-Marie Aubert, *Le droit romain dans l'oeuvre de Saint Thomas*[Paris, 1955],84, n. 2),但丁不可能不知道这一点。这条格言在《注释汇编》中一再重复;参见,例如 Andreas of Isernia, on *Lib. aug.*, prooem., ed. Cervone, p. 2(§ *Econtra quod non*);以及,可能更重要的,Cynus 对于 *lex digna*,即 C.1,14,4, n. 7 的注释(Frankfurt, 1578),fol. 26。关于但丁对这两项法律的引用的总结,见 Luigi Chiappelli,"Dante in rapporto alle fonti del diritto," *Archivio storico Italiano*, Ser. 5, XLI (1908), 3-44,作者可能略微过分,但他反对 Mario Chiaudano,"Dante e il diritto romano," *Giornale Dantesco*, XX(1912), 37-56, 94-119 是正确的;参见 the supplementary note, *ibid.*, 202-206 ("Ancora su Dante e il diritto romano")。另参 Francesco Ercole, *Il pensiero politico di Dante*(Milan, 1928), I, 7-37(Ch. 1: "La cultura giuridica di Dante"), and D'Entréves, 27f, 104f。

⑤ 这种情况的一个例子,见我的论文"An 'autobiography' of Guido Faba," *Mediaeval and Renaissance Studies*, I(1941-1943), 261f.

哲人但丁思想的努力，都几乎无法逃脱扁平化和简单化的危险，因为这忽视了诗人但丁观点的复杂性。此外，还有一些无关其他却自我解释的陷阱。同时，一旦在文学批评的关照下离开论辩的主线，就会直接落入但丁思想的海洋，令解释者好像但丁笔下踏上最后旅程、驶向未知的尤利西斯。最后，但丁的阐释者还会极为频繁地受到诱惑，把但丁从未说过也未曾想说的内容读进他的文字去。"不要将诗人未曾想到的东西灌注进去"（*Che è fuori della coscienza del poeta a noi non può importare*）这句格言可以适用于这里；这句话应该始终浮现在解释者的脑海中。⑥

[454]尽管我们承认面临双重危险，一边是将但丁复杂思想中的某一线索孤立起来观察，一边是将某些自身可能无懈可击、而但丁从未想到过的理论读进他的著作中去。但是，我们还是有可能指出一个主题，可以用来说明但丁将神学思想分派到世俗世界的模式，同时，这个主题也无可避免地与他关于人类与人、人在此世和彼岸的终极目的这些基本概念的二元性交织在一起。

人与职位之间的区分在但丁的著作中清楚而强烈地凸显出来；事实上，这个主题出现得相当频繁。例如，我们会想起《神曲》中出场的教宗卜尼法斯八世。对但丁而言，这位格塔尼（Gaetani）家族出身的教宗不过是"新法利赛人的君主"，"不关心在他里面的最高职位和圣品"，也不关心那些在别人里面的；他玩世不恭地夸口说："我可以关闭和开启天堂，这你是知道的"；⑦愤怒的圣彼得对他说：

> 在地上僭取了我的地方，我的地方，我的地方，
> 　　在那里并没有圣子的临在；⑧

---

⑥　Michele Barbi, "Nuovi problemi,"（上文注 1），48（Gilson 引用作为他论但丁著作的题辞），见他重要的论文 "L'ideale politico-religioso di Dante"。

⑦　*Inf.*, XXVII, 85ff.

⑧　*Par.*, XXVII, 22f.

这些贩卖圣职者在地狱深处呈现为滑稽的姿势——头朝下栽在一个地洞里，腿和脚在空中舞动⑨——贝阿特丽齐在给但丁最后的话中说，教宗克莱芒五世也会被塞在这个术士西门的地洞里，并且还要把他塞得更深，"离阿纳尼（Anagni）再远一点"。⑩不过，也正是在阿纳尼镇，当诺迦雷的威廉（William of Nogaret）和腓力四世的雇佣军大逆不道地对卜尼法斯动粗、逮捕他的时候，这同一位卜尼法斯，在但丁看来，因着对教宗职位的尊崇，就成了基督真正的代理人，甚至成了基督本人：

> 我看见百合花旗进入阿纳尼
>
> 基督在他的代理人里面遭到逮捕。
>
> 又一次，我看见他被人嘲笑，我看见
>
> 　醋和苦胆汁再次续上，我看见
>
> 　他被杀害于强盗之间。⑪

但丁不是多纳图派，远没有到否认或不尊敬[455]这个职位有效性的地步，即便任职者是一个被他认为不配的人。但丁对贝内戴图·格塔尼（Benedetto Gaetani）❶ 的评价低到极点，但是当穿着教宗袍服的卜尼法斯面对诺迦雷和入侵者时，但丁仍然毫无迟疑地承认这位基督的代理人。教宗个人与教宗的尊荣，贝内戴图·格塔尼与卜尼法斯八世，被清楚地区别开来并保持独立。

　　但丁在《筵席》（*Convivio*）中也遵循了类似的理路。他试图解决的问题是贵族的真正性质及其定义。对于这个问题，吟游诗人以及在皇帝的宫廷都有广泛的讨论，据说弗里德里希二世皇帝还提出了一种说法。⑫皇帝的定义（"古代的众多习俗"[*antica ricchezza e be' costumi*]），尽管是受亚里士多德的启发，但还是令这位诗人不悦。为了拒绝该定义，但丁对弗里德里希作为皇帝的权威和他作为哲人的权威作了一个

---

⑨　*Inf.*, XIX, 52ff.

⑩　*Par.*, XXX, 147f.

⑪　*Purg.*, XX, 86ff.

⑫　*Convivio*, IV, 3ff. 关于在皇帝宫廷的问题，参见 *Erg. Bd.*, 129f, 152。

尖刻的区分。诚然，按照法学家们的观点，皇帝作为皇帝乃是"最哲学之人"（*philosophissimus*）和"充满哲学之人"（*philosophiae plenus*），⑬并且在但丁关于人类最终结局的一般概念中，非常重要的一点就是皇帝与哲学的权威要协调一致，并最终联合起来，领导人类走向现世生活的祝福。但是，但丁否认皇帝作为皇帝享有任何哲人具有的约束性权威——即便弗里德里希二世在诗人看来受过极好的教育，值得但丁考虑一下他的私人意见。⑭

要从但丁的作品中找出相当数量的段落，说明［456］他区分某种尊荣及其任职者的方式，并不是太难；而在《神曲》中，有许多次，他给某个角色安排的位置暗中违反了这样的区分。作出这类区分的原则在但丁的时代本身就非常普遍，所以这里的主要问题并不是了解但丁也这么做。而是，他弹出了一种全新的曲调，在某个场合，他不只是将任职者个人，比方某个"提修斯"或"佩特鲁斯"与职位对立，而是使之与人（Man）对立——同时作为个人和种群一分子的人，或在这个词最强调意义上的人。

但丁在《论世界帝国》第三卷中，要证明皇帝的权力直接来自上帝，而不是通过教宗的中介，皇帝的权力更不是以教宗为终极来源。对这个问题，自12世纪以来，教会法学家就已经作了广泛的探讨。强有力

---

⑬ 参较 *C*. 6, 35, 11；*Nov*. 22, 19, and 60, 1. 尽管这些称号是给马库斯·奥勒留皇帝的，但习惯上普遍地适用于皇帝；参见，例如 Bartholomeus of Capua, on *C*. 5, 4, 23, 5, v. *invictissimo*（ed. Meyers, *Iuris interpretes saeculi XIII*., 196），其中 *philosophissimus* 就出现在皇帝的头衔中；另参 Marinus de Caramanico, on *Lib. aug*., II, 31, ed. Cervone, 256；Albericus de Rosate 在他的 *Dictionarium iuris tam civilis quam canonici*, v. *Imperator*（Venice, 1601），fol. 152ᵛ 中加入了这个表达。Andreas of Isernia, on *Feud*. I, 3, n. 16, fol. 21ᵛ, 将这个头衔与皇帝的咨议会联系在一起（"Potest dici quod quia princeps multos habet in suo consilio peritos…et ideo dicitur Philosophiae plenus"［可以说，因为君主在其咨议会中有很多谋士……并因此被称为充满哲学之人］），而 Lucas de Penna, on *C*. 10, 35, n. 24, p. 214 虽然也提到咨议会，但将哲学定义为："Dicitur enim princeps Philosophiae, id est legalis scientiae, plenus…Omnia iura in scriniis sui pectoris censetur habere."（因此君主被称为充满哲学——法学从属之——之人……可以认为，他对一切法了然于胸。）法律，或者法学，当然从属于哲学，更确切地说，从属于伦理学。

⑭ 关于《筵席》的政治理论，参见 Gilson, *Dante*, 142ff. 实际上 Dante, *Monarchia*, II, 3, 15 接受了弗里德里希的定义。

的神权统治派（晚近被称为"一元论者"）确实为这样一个命题辩护，即：皇帝，有时在一种限定的意义上被称为"教宗的代理人"，只享有一种被委托的权力，因为追根溯源，所有的权力都出自圣统制的属灵元首，由他分配属灵和属世之剑。[15]但丁反对这个激进的教会法学者和政治宣传家群体，因而与反对的温和派，即所谓的"二元论者"站在一起。他们在 12 世纪最出名的发言人是比萨的胡果齐奥（Huguccio of Pisa），而他们的观点实际上就是老式的格拉西乌斯（Gelasian）程式，教宗与皇帝各自独立：两种权力都直接来源于上帝，因而皇帝"单单依选举"（by his election alone）而行使权力，哪怕是在罗马加冕之前。不过，当然，普遍共识是皇帝也是教会的成员，在宗教事务方面服从[457]教宗的圣礼性权力，并且，在某些方面，甚至在世俗事务上也服从其权力。[16]不过，尽管但丁在总体上接受二元论者的教导，[17]却把这些原理用于其作

---

⑮ 上文第七章注 22 以下。Stickler, "Imperator vicarius Papae," *MIÖG*, LXII (1954), 165-212, 提出了很好的观点，将皇帝是"教宗代理人"这句话限定于皇帝权力的强制性功能，至少按照更早时候的教会法教导是如此；不过，他也同样正确地强调了中世纪晚期作者的论辩中，永远存在和不可避免地将法学和政治因素混在一起的状况，以及因过分夸张的语言和拒绝推理结论而造成的大量误解。无论如何，1300 年前后的神权统治派并非被误解的教会法学家，而是真正的神权统治派，他们必然毁坏早期教会法更审慎平衡的体系的名声。

⑯ 见上文第七章注 24 以下，注 28，以及 Kempf, *Innocenz III.*, 212ff。

⑰ 参见 *Monarchia*, III, 16, 102ff, 但丁清楚地复述了"二元论者"的观点。他们的原则"君主唯独出于选举"（*Ex sola electione principum*）（见上文第七章注 28 和 32）几乎被用作一个党派口号，另外很重要的一点是，Albericus de Rosate (d. 1354) 反复将这个口号与但丁联系在一起（尤其是《论世界帝国》的第三卷），且把这视为一个法学上的权威，参见，例如 on *C.* 1, 1, n. 20, fol. 8；*C.* 7, 37, 3, n. 16, fol. 108；参较 B. Nardi, "Note alla *Monarchia* (1. La *Monarchia* e Alberico da Rosciate)," *Studi Danteschi*, XXVI (1942), 99f, 102, 作者（p. 100）断开了很长的引文，就在那里 Albericus 继续说："Quod ex sola electione competat sibi administratio..." (出于单独选举的人使自己胜任管理……)但丁在 *Monarchia*, III, 13, 17ff 还引用了另一句口号（"Ante enim erant imperatores quam summi pontifices"[因此皇帝们先于教宗们][上文第七章注 24])，尽管伪装成了三段论。当然，Huguccio 的观点（Kempf, *op. cit.*, 221f）："Ergo neutrum pendet ex altero...quoad institutionem" (故两者互不依赖……在制度方面)是但丁论题的要点，甚至当 Huguccio 认为皇帝"in spiritualibus et quodammodo in temporalibus" (在属灵事务方面以及某种程度上在世俗事务方面)依赖于教宗时，与 *Monarchia*, III, 16, 126ff 也并不矛盾。不过，在《论世界帝国》中，有更多的段落反映了在但丁的时代已经进入罗马法学家著作的二元论者的教导，直到这些原理在 1338 年成为帝国的正式法律。

者永远不会想到的目的。为了证明他的普世君主不受教宗管辖，但丁不得不建立一个完整的世界领域，它不仅独立于教宗，还独立于教会，并且，实际上甚至独立于基督宗教——这个世界领域在"地上乐园"的符号中得到了现实化，而这个地上乐园也同时成为通向永恒福乐的大门。无论如何，但丁的"地上乐园"与天上乐园对立，拥有自治和独立的功能。[18]但丁论辩说，人，由一个可朽的身体和一个不朽的灵魂组成，在所有受造物中，唯有人享有一个居间的地位，"好比是地平线，在天地之间居中"。由于这种二元性，人在所有受造物中，注定具有双重的目的。

> 那不可言说的神圣护理（Providence），为人设定了两个目的，要人加以思考：即，此生的福乐，包含于人行使其适当权力的过程中，并由地上乐园表现出来；还有，永生的福乐，包含于神圣因素的实现之中，人的权力不能[458]居于其上，除非通过神圣光照的协助。而这种福乐必须通过天上乐园加以理解。[19]

按照但丁的说法，人类有两个完全不同的目的。所以，照此推论，教宗和皇帝的职位，用于指导人类奔向预定的目的，乃是由神圣护理派定的两种完全不同的任务和功能，互相独立。这两种最高的职位，但丁以某种抽象的方式称为"教宗职分"（*papatus*）和"皇帝职分"（*imperiatus*），[20]事实上很不一样，自成体系，不可比较。不过，如果一定要比较，只有在还原到共同起源的情况下才可以。如果人类保持在无罪的状态中，那么这两种引导就都是多余的；而在人类堕落之后，他就需要这两种职分的补救。[21]因而，教宗职分和皇帝职分都是上帝为了给予人类适当的指引而设立的制度；两者都来自上帝，并最终引向上帝。这样，它

---

[18]　但丁的"分离主义"是毫无疑问的；参见，例如 M. Barbi,"Nuovi problemi della critica dantesca(VIII. Impero e Chiesa)," *Studi Danteschi*, XXVII(1942), 9 - 46, 另参 XXIII (1938), 46ff；另参 Nardi,"Dante e la filosofia," *ibid*., XXV(1940), 25ff, and Gilson, *Dante*, 191ff 及各处。

[19]　*Monarchia*, III, 16, 14ff, and 43ff.

[20]　见上文第七章注 44。

[21]　*Monarchia*, III, 4, 107ff.

们就只有在还原到上帝自己的时候才可以比较,"所有的安排都在上帝之中达成普世的合一"。或者,另一种可以比较的情况或许是,还原到某些低于上帝的物,该职分的某种属天的原型,"在其中上帝以更特定的形式显现"。㉒换句话说,对这两个职分,但丁都排除了存在人间中介的可能性,因为二者都直接依赖上帝。或者,如果有中介,那也是一个"天使",教宗职分和皇帝职分属天的原型,"某种低于上帝的物",从其普世性中分化出特定的形式。㉓

不过,教宗和皇帝,不仅可以按照天堂的标准——上帝的或天使的——加以衡量,当它们还原到某种在地上有效的标准,即人的标准时,也可以比较。

> [459]做人是一回事,做教宗是另一回事;同样,做人是一回事,做皇帝又是另一回事。㉔

㉒ *Monarchia*, III, 12, 85ff.

㉓ *Ibid.*, 93ff:"Et hoc erit vel ipse Deus, in quo respectus omnis universaliter unitur; vel aliqua substantia Deo inferior, in qua respectus superpositionis, per differentiam super-positionis, a simplici respectu descendens, particuletur."(并且这要么是上帝本人,在其照看下万物合一;要么是某个低于上帝的实体,在其高处的照看下,由于从单一的照看下降为不同的高处,万物分化。)关于新柏拉图主义的基础,参见 Wolfram von den Steinen, *Dente: Die Monarchie*, Breslau, 1926, 118。但丁说的天使般或"原型的"教宗职分和皇帝职分的人格化形象,在许多方面类似法学家们说的尊荣。

㉔ *Monarchia*, III, 12, 31ff:"...sciendum quod aliud est esse hominem, et aliud est esse Papam. Et eodem modo, aliud est esse hominem, aliud est esse Imperatorem."(做人是一回事,做教宗是另一回事;同样,做人是一回事,做皇帝又是另一回事。)对但丁而言,就像对法学家们而言一样,职位是一种独立的存在,或是一种独立于任职者的物(*res*)。参见,例如 *Monarchia*, III, 7, 41:"Auctoritas principalis non est principis nisi ad usum, quia nullus princeps seipsum auctorizare potest"(君主只使用而不拥有君主权威,因为没有君主能赋予自己权威)(见上文第四章注 182,关于 Pseudo-Chrysostomus, *In Mattheum*: "nemo potest facere se ipsum regem"[没有人能使他本人为王]);另参 III, 10, 34:"officium deputatum Imperatori"(赋予皇帝的义务);以及 *ibid.*, 73ff:"Praeterea omnis iuris-dictio prior est suo iudice; iudex enim ad iuris-dictionem ordinatur, et non e converso."(此外,整个司法权先于其法官;因为法官是为了司-法而任命,而非相反。)不过,"治权"(*imperium*)是一项"司法权"(*iurisdictio*);因此"ipsa[iurisdictio]est prior suo iudice, qui est Imperator."(它[司法权]先于其法官,属于皇帝。)

乍看起来，这个说法好像传统的尊荣（*Dignitas*）与个别的尊荣者（individual dignitary）之间的对立。但是，但丁突然转向，以一种新的哲学视角呈现这个传统的问题。因为他希望"人"不仅要从种属的意义上理解，还要在性质上加以理解：教宗和皇帝作为人是可比的，不仅因为他们从属于同一个可朽的人类种群，而且因为处于最高贵形式中的人应当决定这两个任职者共同的标准。

> 因为，作为人，他们必须要还原为最好的人（*optimus homo*），他是所有其他人的标准，也就是说，构成他们的观念（Idea），无论他是谁；对他而言，那就是在自己种类之中等次最高的那一位。㉕

当然，但丁的概念来自亚里士多德。他本人引用过《尼各马可伦理学》和《形而上学》，而"最好的人"的概念可能也受到亚里士多德《政治学》的启发。㉖不过在这里，重要的是他如何运用亚里士多德的概念。

但丁得出了两种标准，可以用来衡量教宗和皇帝，即"上帝或天使"的标准以及"最好的人"的标准。由上帝派定而设立的职位（教宗职分和皇帝职分），按照上帝（或者天使）的标准来衡量。而职位的人类任职者，就按照人的标准来衡量，亦即，按照[460]"在自己种类中等次最高者"以及他所属种类的"观念"，也就是依照其人性、最完满地表现和构成"最好的人"的标准来衡量。㉗ 也就是说，教宗和皇帝，因其职能不同

㉕ *Ibid.*, III, 12, 62ff："Nam, prout sunt homines, habent reduci ad optimum hominem, qui est mensura aliorum et idea, ut ita dicam, quisquis ille sit, ad exsistentem maxime unum in genere suo."（因为，作为人，他们必须要还原为最好的人，他是所有其他人的标准，也就是说，构成他们的理念，无论他是谁；对他而言，那就是在自己种类之中最高的一位。）

㉖ 引用的地方是 *Nicom. Eth.*, X, 5, 1176a16（参较 Aquinas, *In Ethica Arist.*, §1466, and Commentary, §2062, ed. Spiazzi, pp. 534ff), and *Metaph.*, IX, 1, 1052b18。另参 *Polit.*, III, 11, 8, and 12, 1287b20 and 1288a15ff 及各处（参较 Aquinas, *In Pol.*, §378, and Commentary, §519, ed. Spiazzi, 178, 182）。

㉗ 关于"maxime unus in genere suo,"（在自己种类之中最高的一位），参见 *Monarchia*, I, 15, 1ff,但丁在此处建立了一个存在（being）、成为一（being one）和成为善（being good）的层级关系（*gradatim se habent*）："maxime enim ens maxime est unum, et maxime unum est maxime bonum,"（因此最高的存在就是最高的一，而最高的一位就是最高（转下页注）

而被限定在两个不同的轨道上,因此是不可比较的实体;然而,当他们指向上帝以及指向人的时候,就变得可以比较了。他们应当以上帝或人的标准、神性或人性的标准加以衡量,这些标准分别与职位和任职者相关。但是,他们不应该按照完全不相关的标准,诸如太阳和月亮的比喻、两把剑的比喻,或者其他常常被用来判断教宗权力或皇帝权力范围的杂乱无章、花哨的东西来衡量。[28]所以,当但丁把两种权力转向其绝对的标准,即神性和人性的标准,通过道成肉身紧密联系在一起、有时甚至变得几乎可以互换的标准时,他就把长久以来关于教宗还是皇帝享有更高地位的斗争转移到了一个与传统论争不一样的层面上。

这里就会有一个问题,是否在但丁的一般概念中,"成为人(Being Man)"(在成为"自己种类中等次最高的那个"以及"自己种类的观念"的质的意义上[in the qualitative sense])的能力本身并不等于一种"职位",即人向着人类承担极大责任的职位——一种在等级、责任和普世性方面等同于教宗职分和皇帝职分,且以一种永久性不亚于皇帝及教宗的尊荣获得尊崇的职位:人的尊荣(the Dignity of Man)。是否有可能,他,最完美地呈现了人之观念的那一位,由此超越了他的"佩特鲁斯"或"提修斯"那种偶然的个体性,并成为他自己种类的超个人性代表,成为一种[461]人格化的尊荣的承担者,在其中,集合性和种属性的人的尊荣(corporate and generic Dignity of Man)得到了彰显? 事实

(接上页注)的善)由此得出结论:"Propter quod in omni genere rerum illud est optimum, quod est maxime unum."(因为那是一切种类的事物中最好的,所以那是最高的一。)现在,但丁把这个层级关系转到人身上:在自己种类之中最高的一位,就是"最好的人"(*optimus homo*),因而他的种类的理念及其标准亦然;于是,他就是同时在量和质的意义上人格化了的人性(*humanitas*)。

[28] 可以指出很有趣的一点是,Albericus de Rosate, on *C.* 7, 37, 3, n. 19, fol. 108rb,再一次将但丁与这类比喻联系在一起:"licet hoc[太阳和月亮的比喻]communiter teneatur, tamen ipse Dantes negat verum esse quod in hoc figurentur sacerdotium et imperium. Et hoc probat in dicta quaestione per subtiles et probabiles rationes. Et idem dicit de duobus gladiis...negat enim predicta significare sacerdotium et imperium."(尽管这[太阳和月亮的比喻]被普遍采用,但但丁本人否认这可以真实地比拟神圣权力和世俗权力。而且可以通过精确和可信的理由证明这是成问题的说法。而且关于两把剑,他的说法相同……亦否认该预言象征神圣权力和世俗权力。)参较 *Monarchia*, III, 4, 12ff, and 9, 2ff. 参见 Nardi, "Note alla *Monarchia*," 103.

上，已经有人提出这样一种推论，认为但丁的"最好的人"（*optimus homo*）不仅等同于亚里士多德的圣贤（*sage*），而且这种哲人-圣贤（*philosopher-sage*）代表了第三种尊荣，独立且不同于教宗及皇帝的尊荣，仿佛是在第三条轨道里。㉙尽管这个推论在其他方面可能正确，㉚但是，教宗-皇帝-哲人的三元论并不符合《论世界帝国》清晰可见的二元区分，在其中，地上的"最好的人"（"无论他是谁"）的标准，与天上的上帝或天使的标准，构成了一种平衡状态（a state of equilibrium），且符合但丁的两个乐园（地上乐园和天上乐园）之间的平衡。㉛［462］还有，哲

㉙ Gilson，*Dante*，189ff.

㉚ 参较 Burdach，*Rienzo*，170ff，501ff，on the"Apolline Empire"；Leonardo Olschki，*Dante"Poeta Veltro"*（Florence，1953），作者认为 Veltro 的任务就是诗人-哲人的任务。

㉛ Gilson（*Dante*，188ff）在对 *Monarchia*，III，12 极有启发的讨论中，通过将 *optimus homo*（最好的人）等同于亚里士多德的哲人，而达成了一种三元的秩序（教宗、皇帝、哲人）。这个解释本身是可能的，尽管在这一章中但丁并没有这样讲，也没有暗示过。还有，Gilson 建立起来的教宗、皇帝和哲人——等级上平等——三种秩序，对 *non potest dici*，*quod alterum subalternetur alteri*（不能说，一个从属于另一个）这句话的解释方式，是认为指向了所有三种秩序：三种最高权力在自己的类目中还是没有上位者。尽管这样一种三元论确实处于 13 世纪思想以及但丁自己思想的范围内，但 Gilson 的解释没有公平地处理 *Monarchia*，III，12 首要的观念。他的解释有语法上的困难，因为 *alter* 只可能表示两个，而不是三个（例如，关于教宗制和帝国："Distincte enim sunt hae potestates *nec una pendet ex altera*"（因此这些是分开的权力，而非一个取决于另一个），引自 Kempf，*Innocenz III.*，218，n. 65，另参 221，n. 71），除此之外，Gilson 对三种秩序在上帝之下的协调在其他方面也不够有说服力。他以下图（这里作了简化）来支持自己的论证：

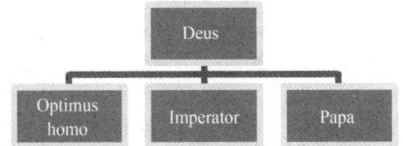

但这根本不是但丁说的意思，他只是建立起两个不同的参照点，将教宗和皇帝联系起来，（1）通过职位，以及（2）通过人，如下图所示：

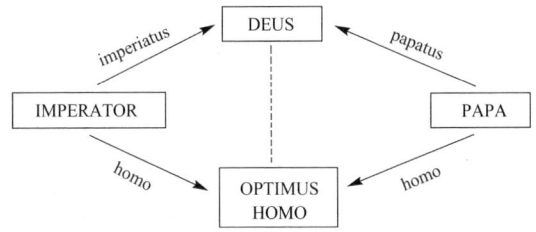

Deus（上帝）和 *optimus homo*（最好的人）是教宗和皇帝都指向的两个实（转下页注）

人-圣贤在《论世界帝国》中并不能被理解为第三种实体,因为这部著作的写作目的是要说明,皇帝的任务乃是带领人类(*genus humanum*)走向其在地上的理智性或哲学性的完满。因此,在《论世界帝国》的体系中,皇帝和哲人是重合的;他们必须重合,因为否则皇帝就会需要具备伦理正当性和道德资质,才能通过将哲学理性适当地运用于其自然目的,从而履行引导人类的自然(即,他是纯粹的人)的任务——正如引导基督徒的超自然的目的构成了对属灵牧者——即教宗——的信任。换句话说,但丁整个的二元论构想,设定的人性(*humanitas*)的形象并不是希腊哲人-圣贤,而是罗马皇帝-哲人,正如其设定的基督徒性(*christianitas*)的形象是罗马教宗。说到底,只有两项走向完满的目的,没有多于两条的道路,而这两条道路(*due strade*)是由两个罗马的太阳——皇帝和教宗——来照亮的:

> 她,美好世界的缔造者,罗马,习惯于
>
> 有两个太阳,可以清晰地看见
>
> 两条道路,这条和那条,世界和上帝。[32]

(接上页注)体:他们的职位指向上帝,而他们的个人指向"最好的人"(可能等同,也可能不同于亚里士多德的哲人;后者的可能性更大,但这与但丁在这里想表达的意思并没有关联)。Gilson 将 *optimus homo*(最好的人)转变成教宗和皇帝的共有指称,就撤除了他们共同的人性参照点,并同时消除了 *Deus*(上帝)和 *optmus homo*(最好的人)之间可与职位与人之间的关系相比较的张力。实际上,在这关键的一章中,这个张力是与以亚当和基督为象征的人类目的普遍二重性联系在一起的,在这个二重性中,两个完美的模范处在两个乐园中:亚当在地上乐园,而基督在天上的乐园。

[32] *Purg.*, XVI, 106ff:

> Soleva Roma, che il buon mondo feo,
>
> Due soli aver, che l'una e l'altra strada
>
> Facean vedere, e del mondo e di Deo.
>
> (同引文)

关于这个问题,参见我的论文"Dante's 'Two Suns,'" *Semitic and Oriental Studies in Honor of William Popper*(University of California Publications in Semitic Philology, XI [Berkeley and Los Angeles, 1951]), 217-231。Michele Maccarone, "La teoria ierocratica e il canto XVI del Purgatorio," *Rivista di Storia della Chiesa in Italia*, IV(1950), 359-398 的研究我写作时还不知道。

"两个太阳"的有趣比喻是否可能是但丁对那些谈论"两个皇帝，一个教会的，另一个世俗的，统治整个世界"的教会法学家的回应，[463]在这里并没有什么影响，^㉝但是他的词句再次表明人类目的和领导权基本的二元格局。

但是，《论世界帝国》整体意图的大前提，是但丁在亚里士多德的启发下，赋予人类共同体一个道德-伦理的目的，该目的乃是"在自身之中的目的"，与教会平行，因而独立于一个拥有自身目的的教会。这种道德-伦理和教会-属灵价值的二元论在但丁时代的法学家中相当普遍，他们指出，共体（*universitas*）是一个"道德和政治体"（*corpus morale et politicum*），㉞与教会这个奥秘之体（*corpus mysticum*）平行，或者与但丁同样认为"正如教会拥有其根基，帝国亦然；因为教会的根基是基督……，而帝国的根基则是人类的法律"。㉟为了证明"人类共体"（*universitas generis humani*）的自足性和至高性，跟法学家一样，但丁挪用了神学语言和教会思想，以此来表达他关于世俗政治体的观点；由此，他建造了"一种对教会这个宗教观念的世俗化摹本"，㊱甚至赋予他的被造物一种属于自己的祝福：地上乐园。结果产生了一种二元性，有两个互相独立的合众体（corporate bodies），一个是"人类-帝国的"，另一个是"基督徒-教宗的"，两者都是普世的，各有自己

㉝ 参较 Stickler, "Imperator vicarius Papae," *MIÖG*, LXII (1954), 200, n. 66（另参 Kempf, *Innocenz III.*, 211, n. 47），引用 *Summa Bambergensis*《班贝格大全》）："...infra XCVI di., duo, ibi dicitur, quod duo imperatores scl. ecclesiasticus et secularis, totum orbem regunt; verum, set per iura regunt."（在第 96 条格言下方，那里说，两个皇帝，一个教会的，另一个世俗的，统治整个世界；然而，却是依法统治。）命题是在 c. 10, D. XCVI, Friedberg, I, 340, 著名的 Gelasius 对教宗的 *auctoritas*（权威）和国王的 *potestas*（权力）的定义，这样开始："Duo sunt quippe, imperator auguste, quibus..."（奥古斯都皇帝，一定有两个，他们……）看起来《大全》的作者，可以这样说，当他讲 *duo imperatores*（两个皇帝）时，曲解了呼格的 *imperator*（皇帝）。

㉞ 见上文第五章注 60、68、81；另参 Kantorowicz, "Mysteries of State," 81f.

㉟ *Monarchia*, III, 10, 47ff: "...sicut Ecclesia suum habet fundamentum, sic et Imperium suum; nam Ecclesiae fundamentum Christus est...; Imperii vero fundamentum ius humanum est.（正如教会拥有其根基，帝国亦然；因为教会的根基是基督……而帝国的根基则是人类的法律。）Albericus de Rosate, on *C*. 7,37,7, n. 30, fol. 109 完整引用了这段；参较 Nardi, "Note alla *Monarchia*," 105。

㊱ Gilson, *Dante*, 179f, 另参 166 及各处; d'Entrèves, *Dante*, 50.

的目的,各自怀着人类走向完满的目标。这样一种二元论与托马斯主义下的体系存在深刻的差异,在后者,世俗目的一定服从于属灵目的。如此也就不难理解,为何但丁的体系立即招致当时的一位教士,多明我会修士里米尼的圭多·维纳尼(Guido Vernani of Rimini)针对《论世界帝国》发动的狂暴批判。[464]这位修士宣称,一种以此世为最终目的、单单通过道德或理智德性取得的政治祝福,是不存在的。㊲然而,两个合众体(可以说)平等地(*pari passu*)迈向不同的目标,对于但丁那个不受教宗控制、自足的世界帝国而言,几乎不可或缺。但丁的君主,不只掌握军事,并由此作为教宗的膀臂承担执行的任务;他的君主必然是一种享有自身权利的哲学-理智权力。因为,皇帝的主要责任,是通过自然理性和道德哲学(法学从属之),㊳引导人类思想走向世俗的祝福,就像教宗受神圣护理的派定,引导基督徒的灵魂进入超自然的光照。

两种目标,并不必然表示发生效忠方面的冲突,甚或对抗。在但丁的著作中,并不存在"人"与"基督徒"的对立,他是作为一名基督徒写作,向一个基督徒社会说话;在《论世界帝国》的最后一段中,他清楚地说"以某种方式(*quodammodo*),这种可朽的祝福乃是朝向一种不朽的祝福而命定的"。㊴然而,事实仍然是,但丁区分了"人的"完满与"基督徒的"完满——人类可能幸福的两个截然不同的方面,尽管这两种对人类潜能的实现在终极意义上要互相支持,而非敌对或排斥。但是,尽管如此,在但丁的哲学体系中,"人性"(*Humanitas*)的领域与"基督徒性"(*Christianitas*)的领域极为强烈地分离,人类社会的自治权利——尽管依赖于教会的祝福——得到了如此有力的强调,以至于

㊲ 参较 Guido Vernani, *De reprobatione Monarchie composite a Dante*, ed. Thomas Käppeli O. P.,"Der Dantegegner Guido Vernani O. P. von Rimini," *QF*, XXVIII, 123-146,尤其参见 126,14ff, 146,5ff 及各处。

㊳ 上文注 13。参见 Hermann Kantorowicz, *Glossators*, 37f。

㊴ *Monarchia*,III, 16, 132ff:"...quum mortalis ista felicitas quodammodo ad immortalem felicitatem ordinetur."(……以某种方式,这种可朽的祝福乃是朝向一种不朽的祝福而命定的。)

确实可以说，但丁"粗暴、彻底地粉碎了"世俗界与属灵界无可争议的合一这个概念。[40][465]但丁的形而上学手术超越了此前那些将帝国从教会怀抱中分离出来的前人，他将哲学理性从神学中区分出来，质疑"知性灵魂"(intellectual soul)的统一性，由此将知性划分出来交给国家，把对灵魂的关照留给教会。但丁没有使"人性"反对"基督徒性"，但将两者彻底分开；他将"人"从基督徒这个复合体中取出，将其孤立起来，构成一种具有自身权利的价值——这或许是但丁在政治神学领域最具原创性的成就。

但丁的"分离主义"导致了不同社会学分层的创设。他的"人类共同体"(humana universitas)不仅包含基督徒或罗马教会的成员，而是被理解为所有人构成的世界共同体，包括基督徒和非基督徒。成为"人"而非成为"基督徒"是此世人类共同体成员资格的标准；为了普世和平、正义、自由和和谐，这一点要由哲人-皇帝来指导，在地上乐园达成世俗性的自我实现。人类中有很大部分——犹太人、穆斯林、异教徒——不属于基督的奥秘之体，或者说只是潜在地属于它，[41]而但丁的"人类共同体"(humana civilitas)包括所有人：异教(希腊和罗马)英雄和智者，

---

[40]　参见 Gilson，*Dante*，211ff，作者正确地处理了但丁对所谓"托马斯主义"的大力攻击，并承认但丁破坏性的政治激情具有的力量。

[41]　参见 Aquinas，*Summa theol*.，III，q. 8，art. 3，resp.："Quaedam tamen sunt[membra corporis mystici]in potentia, quae nunquam reducuntur ad actum."(但这些是潜在的[奥秘之体的部分]，它们不曾还原为实际。)辩论的问题是 *Utrum Christus sit caput omnium hominum*(基督是否是所有人的头)，阿奎那作了肯定回答，不过，加上了"sed secundum diversos gradus"(但遵循不同的等级)。神权统治论者不像阿奎那那样小心，不过他们很愿意从潜在性(即，教会面向普世的呼召)推导出基督代理人(*vicarius Christi*)的普世权利，例如 James of Viterbo(*De regimine christiano*，I，4)或者 Aegidius Romanus(*De eccles. Potestate*，III，2)。不过，其他作者为类似于但丁的观点作辩护。例如 *Somnium viridarii* (*Song du Verger*)的作者特别说："Papa non est super paganos secundum apostolicas sanctiones, sed solummodo super Christianos"(教宗不在遵循使徒法令的异教徒之上，而只在基督徒之上)，并得出结论认为："ergo[papa]non est dominus temporalis omnium"(故[教宗]并非所有尘世之人的主人)。参较 *Somnium viridarii*，II，35，ed. Goldast，*Monarchia*(Hanau，1612-1614)，I，p. 154(另参 II，174，ed. Goldast，p. 175："Romanus pontifex non praesit omnibus"[罗马大祭司不在所有人之上])。参较 F. Merzbacher，"Das *Somnium viridarii* von 1376 als Spiegel des gallikanischen Kirchenrechts," *ZfRG*，kan. Abt. XLII(1956)，67，n. 53.

以及穆斯林苏丹萨拉丁和穆斯林哲人阿维森纳及阿维罗伊。并且,但
丁在重申惯常论辩的同时,还表示这世界最好的处境,是人类由神圣的
奥古斯都(Divus Augustus)指引的时候,虽然他是一位异教皇帝,但基
督本人选择在他的统治之下[466]成为人,也就是说,成为一位罗马
公民。^㊷

按照 13 世纪晚期及 14 世纪早期的几位教会法学家和教宗派政治
作家的说法,"在教会之外不存在正当的帝国",这表示异教皇帝们并不
是以正当的方式保有帝国;但丁的对手圭多·维纳尼直截了当地宣称
"在异教人士之中,从未有过一个真正的国家(respublica),也没有任何
人是真正的皇帝"。但丁甚至都没有驳斥这个理论;而几乎将其反转过

㊷ *Monarchia*,I,16,17ff,and,关于基督的罗马公民身份,II,12,44f;另参 *Purg.*,
XXXII,102:"cive/ Di quella Roma onde Cristo è Romano."当但丁在 *Convivio*,IV,5,
50ff 讨论同一个问题时,谈到他的奥古斯都神学,显得更加兴高采烈:不仅天堂,还有大
地,那时的良好状态也是空前绝后。"Nè'l mondo *non fu mai nè sarà* si perfettamente
disposto,come allora che alla voce d'un solo principe del Roman popolo e commendatore
fu ordinato...E però pace universale era per tutto,che *mai più non fu nè fia*:chè la nave
della umana compagnia *dirittamente per dolce cammino a debito porto correa.*"关于"奥古斯
都的和平"(*Pax Augusta*),另参 *Par.*,VI,80f,and,关于奥古斯都的诏令(*de iustissimi
principatus aula prodiisset edictum*[关于至正君权先于侯权的诏令]),*Epistolae*,VII,
64ff,另参 lines 14f 关于应用于亨利七世(*tu*,*Caesaris et Augusti successor*[你,恺撒和奥
古斯都的继承者])。Bartolus 既知道 *Monarchia*,也知道但丁的诗作(参较 Woolf,*Bar-
tolus*,17,n. 4,and 90f),他在对 *D.*49,15,24,n. 7,fol. 261^v 作注时,把奥古斯都神学
抬到最高的位置:"Et forte,si quis diceret dominum Imperatorem non esse dominum et
monarcham totius orbis,esset haereticus,quia dicerat contra determinationem Ecclesiae,
contra textum sancti Evangelii,dum dicit *Exivit edictum a Caesare Augusto*,*ut describeret
universus orbis*,ut habes Lucas II[:1]. Ita etiam recognovit Christus Imperatorem ut do-
minum."(而且也许,如果有人说皇帝主人不是整个世界的主人和君主,那就是异端,因
为这种说法反对教会的决定,反对圣福音的内容;因为据说恺撒·奥古斯都颁布的诏令
面向整个宇宙,这你可以在《路加福音》II[:1]中看到。就这样,基督也承认皇帝和主
人。)Bartolus 的论辩常常被人引用,甚至逐字重复;参见,例如 Jason de Mayno,*Consil-
ia*,III,70,n. 3(Venice,1581),fol. 119^v. 不过,也有人强烈攻击 Bartolus;参见 Woolf,
Bartolus,25,n. 2。在但丁看来,奥古斯都就像大卫和所罗门,无疑属于那些被救赎脱
离地狱痛苦的君王。当然,在某种程度上,但丁追随了 Orosius 以及 Otto of Freising
(*Chronica*,III,6);关于 Orosius 的奥古斯都神学,除了 Erik peterson,"Der Monotheis-
mus als politisches Problem," in his *Theologische Traktate*(Munich,1951),97ff,以及
Th. E. Mommsen,"Aponius and Orosius," *Late Classical and Mediaeval Studies in Honor
of Albert mathias Friend*,Jr.(Princeton,1955),esp. 107ff,110f,向在此问题上 Momm-
sen 教授提供的许多有价值的洞见致谢。见下文注 43。

来。圣保罗把基督道成肉身的时刻称为"时候满足"（《加拉太书》4：4），这个说法仅限于指基督。然而，但丁把奥古斯都也包括在内，因为他把"时候满足"说成神圣护理的时刻，其时基督和奥古斯都两者都在建立这片大地的根基，"少了这种工作，就不会有我们福乐的分配"。[43]也就是说，只有在完美[467]的皇帝——神圣的奥古斯都统治之下，完美的帝国（*perfecta monarchia*），即罗马人的帝国，才处于一种完美和平的状态之中；而在"时候满足"时，引导人走向可朽祝福的完美帝国的向导，不再是一个基督徒，而是维吉尔，帝国的诗人，最终正是他引导但丁本人走向此世的乐园。换句话说，神权统治论者们认为异教徒从未拥有真正的国家（*vera respublica*）和真正的皇帝（*vera imperator*）。针对这种论调，但丁认为，那一个空前绝后的"完美帝国"（*perfecta monarchia*），只在一位异教君主，即最人性的神圣奥古斯都（the most human Divus Augustus）统治下，才得以建立。

或许，我们也要把"人性"（*humanitas*）一词的模棱两可考虑在内。"*humanitas*"一词，在质的意义上，是指真正的人类行为；而在量的意义上，则是指整个人类种群——这两个概念在但丁的著作中绝对互相依赖，甚或在神学上与基督的人性相关。为了达成在质的意义上的人性的最高完满，所有人都要向整个人类集体作贡献——个人贡献自己的份额；相应地，人类种群，或说在量的意义上的人性，在但丁看来就好像一个人，一个单一的、包含所有人的共同体，一个普世合众体，或

---

[43] 关于 *extra ecclesiam non est imperium*（教会之外无治权）这条格言，参见 Gaines Post, "Some Unpublished Glosses," 408（with reference to c. 39 post, C. XXIV, q. 1, ed. Friedberg, I, 982）and 411ff，考察了类似的观点。关于 Guido Vernani, 见下文注 80 和 82。参较 Aegidius Romanus, *De eccles. potestate*, III, 2, ed. Scholz, 153："...apud infideles nec est proprie imperium neque regnum."（……在不信者中间，没有正当的治权和王权。）反对的意见（类似于 Bartolus 的观点；上文注 42）见于 *Somnium viridarii*, I, 179, ed. Goldast, 133f（esp. 134, 10ff）："...certius notum est quod illi infideles erant veri imperatores...Nam de vero imperio seu regno illo infidelium habemus testimonium Christi"（……清楚地知道，那些不信者是真正的皇帝……因为我们在基督的约中看到真正的皇帝或不信者的那个王国）（指向太 22：21 和路 2：1）。参较 *Monarchia* I, 16, 19ff："Vere tempus et temporalia quaeque plena fuerunt, quia nullum nostrae felicitatis ministerium ministro vacavit."（确实，时候和每个时刻都已满足，因为少了这种工作，就不会有我们福乐的分配。）另参前一条注释。

者"某种整全体"（*quoddam totum*），诗人称之为"人类共体"（*humana universitas*）或"人类共同体"（*humana civilitas*）。鉴于"*universitas*"是用来指称合众体惯用的法律-技术词汇，而"*civilitas*"（尽管在法律语言中也有出现）则具有某种附加的色彩：人的普世公民身份（citizenhood），他的公民思维（civic thinking），他的人性教养（human civility）甚或教育。[44]总之，"*humana civilitas*"隐含了——在劳动分工、对商品的需求以及社会性动物的其他必要需求这一切实践问题之外——一种普[468]世共同体，它通过自然以及理智或教育纽带联结，通过一种世界-政治体（world-polity）的公民具有的思想态度而联结。但丁没有把"奥秘之体"一词，与基督众子组成的超自然共同体联系在一起，也没有与亚当众子的自然共同体联系起来；但是，如果说曾经存在过一个世俗的"奥秘之体"的话，那么它就存在于但丁的"人类共同体"（*humana civilitas*）之中。因为，这个人类的普世共同体代表了人类之父的奥秘之体，即"亚当的奥秘之体"（*corpus mysticum Adae*），这个身体的头就是皇帝，但丁赋予其领导人类归回故乡的任务，也就是回到那地上乐园。

归回地上乐园的道路以理智或道德-政治德性为路标；亦即古典-异教的四枢德：审慎（Prudence）、坚忍（Fortitude）、节制（Temperance）和正义（Justice）。当时，经院哲学区分了两套德性：四枢德，被专门称为"理智德性"（*virtutes intellectuales*）或"习得德性"（*virtutes acquisitae*），它们内在于人，根据其人类本性和人类理性的状况发挥作用；还有三项神学德性——信德、爱德和望德——只有通过上帝的恩典才能赋予人，因此，只赋予基督徒，被专门称为"注入的德性"（*virtutes infusae*）或"注入的神性"（*divinitus infusae*），即"由上帝注入的

[44] *Monarchia*，I，7，2ff，关于 *quoddam totum* 以及 *universitas*（另参 I，3，31）；关于 *civilitas*，参见 I，2，50ff 及各处。关于 *civilitas*，另参 Kern，*Humana Civilitas*，33f；Nardi，*Saggi di filosofia dantesca*，260；Ercole，*Il pensiero politico*，II，78ff，作者指出（115ff），万民法（*ius gentium*）和市民法（*ius civile*）都指出 *humana civilitas* 有别于个别共同体实定法。另参 Vinay 关于 *Monarchia*，I，3，1 的评论，p. 14，n. 13。Baldus（以及其他人）看起来主要是在"公民身份"的意义上使用这个词；cf.，e. g.，*Consilia*，V，64，n. 2，fol. 19ᵛ，另参 IV，445，n. 5，fol. 101ᵛ。

德性"，其目的是命定人来完成其超自然的目的。12、13 世纪的神学家，追随奥古斯丁的论证，只承认"注入的德性"是真的，是没有制约的、真正的德性（*verae virtutes*）。当然，他们不否认存在习得的政治或道德德性；不过，他们否认这类德性在缺少注入的神学德性时具备存在理由（*raison d'être*），因为他们认为这类纯粹的人类德性并没有独立、超自然的价值。因此，即便有异教徒或非信徒作出美德的行动，从救赎的角度看，也没有真正的结果（consequence）。只有阿奎那，在亚里士多德的压力之下，打破了这个传统，首次赋予道德-政治德性以完整和适当的"符合理性的价值"（value *secundum rationem*）："一项体现政治德性的行动，并不是没有结果，而本身就是善的行动（*actus de se bonus*）。"他还加上："如果［这个行动］由恩典而引发，那就更有价值。"⑤

[469]照样，但丁是阿奎那忠诚但不尽责的门徒。对他而言，没有什么比一种认可政治德性行为构成本身为善的原理更容易接受的了。事实上，他相当愿意接受这样的原理，甚至大胆地将理智德性的独立价值孤立起来，并使之——在等级上平等，尽管种类不同——与"注入的德性"（*virtutes infusae*）的超自然价值对立起来。同时，他又坚持人类的习得德性与上帝注入的德性之间的区分，而他谈到这些德性时会使用模糊的词汇。⑥但是，阿奎那只是分辨理智德性和神学德性、它们的功能和它们的目的，并没有拆解这 7 项德性（对应 7 项邪恶）在功能上的合一性，但丁则把两套德性拆开了。他把它们与自己的两个乐园概念结合在一起，将理智德性分派给地上乐园，把注入的德性交给天上乐园。在 12 世纪的艺术中，开始产生一种所谓"德性与邪恶之树"的表现形式——用图例的方式表现这两组人类行为——有时 7 项邪恶由一个标注"旧亚当"（*Vetus Adam*）的人物形象代替，而 7 项德性则由一个

---

⑤ O. Lottin OSB,"Les vertus morales acquises sont-elles de vraies vertus? La réponse des théologiens de Pierre Abélard à saint Thomas d'Aquin," *Recherches de théologie ancienne et médiévale*, XX(1953), 13-39 非常出色地梳理了这个发展过程，他引用了阿奎那具有绝对意义的段落, *In II Sent.*, D. 40, q. 1, a. 5。另参 Lottin 后续的研究, *ibid.*, XXI (1954), 101-129。

⑥ *Monarchia*, III, 16, 53ff；参较 Aquinas, *Summa theol.*, I—II, qq. 61-63, 另参 q. 65。

"新亚当"(*Novus Adam*)代替,后者也就是基督。[47]或许但丁会建议另一种区分,四项理智德性不是分配给"旧亚当"而是给伊甸园中的亚当,相应地,三项注入的德性给"新亚当"。他没有这样说,不过在他的两个乐园的图景中,这个做法显然是恰当的,即以自主的方式使用异教-人性的德性,为他的普世帝国提供一种理智上的终极目的,不依赖于教会"赐恩典的管道"(means of grace)。换句话说,人如果得到正确的引导,可以通过他自己的计划、通过[470]自然理性的力量以及单单通过四枢德的力量,进入第一个人的地上乐园。诚然,作为基督徒的人(man *qua* Christian)需要教会的协助,需要上帝注入的德性,因而也就需要教宗的引导,以期获得属天至福的永远平安并高升进入来世的神圣光中。但作为人的人(man *qua* man)并不需要教会的协助来达成一种哲学的至福,获得属世的平安、正义、自由以及和谐,通过四项理智德性,这些都在他自己可以达到的范围内。

对于这个基本观点,不仅当时的人有充分理解,比如圭多·维纳尼,他强烈反对但丁的解释,[48]而且,后来那些以赞同的态度解释但丁的学者也理解这一点。例如,在佩鲁贾货币兑换公会(Collegio del Cambio)审计大厅,墙上著名的壁画就是佩鲁吉诺(Perugino)与他的学生们按照本地人文主义者弗朗切斯科·马图兰奇奥(Francesco Maturanzio)的学术建议绘制的。中间的短墙描绘的是人性和神性的基督(降生和登山变相),两边是两道长墙:一边展示了一幅神学场景——永恒的上帝,周围是基路伯和天使,先知和女先知——而另一边展示了四枢德,每一个德性都有 3 个人作为伴随和象征。这里引起兴趣的要点是,四枢德的随行者——12 位人类随从(concomitants)或化身(incarnations)——由异教英雄和智者组成,亦即完全由异教徒组

---

[47] A. Katzenellenbogen, *Allegories of the Virtues and Vices in Mediaeval Art* (London, 1939), 63ff, and pls. XL—XLI;另参 Herbert von Einem, *Der Mainzer Kopf mit der Binde* (Arbeitsgemeinschaft des landes Nordrhein-Westfalen, Heft 37 [Cologne and Opladen, 1955]), 28, n. 83, and figs. 30-31. 关于这类表现形式在十二世纪的传播,另参 F. Saxl, "A Spiritual Encyclopaedia of the Later Middle Ages," *Warburg Journal*, V (1942), 107ff。

[48] Vernani, *De reprobatione Manarchie*, on *Monarchia*, III, 16, ed. Käppeli, 145f.

成。他们以异教的人类德性行为，与通过先知和女先知展现出来的超越性的世界构成平衡。㊾不过，这个构图创意最终来自但丁的证据，是我们发现了孤零零的第 13 个人物，小伽图（Cato Uticensis）——对但丁而言（很快会提到），他是所有四项公民德性（civic virtues）的最佳代言人。㊿

［471］无论如何，通过将理智与原先与之统一的灵魂分开，并将理智德性与原先统一的上帝注入的德性分开，但丁就释放出了现在自由的理智的力量。他藉此塑造了一个统一体，用于追求此世的幸福，即由所有人（包括基督徒和非基督徒）组成的世界共同体。普世基督信仰自然为全体基督徒共有；然而，人类理智以及人类的自然理性，却为所有人共有。虽然个人灵魂的拯救只适用于那些相信通过基督才能得救的人，但是，在地上乐园中那纯粹的理智完全和哲学的自我救赎却是所有人都可以做到的——包括《论世界帝国》中提到的斯基泰人（Scythians）和加拉曼泰人（Garamantes）。(51)

很明显，但丁在孜孜不倦地证明世俗君主独立于教宗的过程中，“从教会借用了普世基督教国（Christendom）的观念并将之世俗化”(52)——世俗化的方法就是将“基督教国”的概念替换成“人类”。他的同时代人，巴黎大学所谓的阿维罗伊派哲学家，鼓吹阿维罗伊的此世理智至福，或多或少将其作为人类个体的终极目标。(53)而但丁，尽管从

㊾ 参见 Linello Venturi, *Il Perugino*: *Gli Affreschi del Collegio del Cambio*, a cura di Giovanni Carandente(Edizioni Radio italiana, 1955), 28, 关于人文主义者 Francesco Maturanzio；参见 further pl. II: *Prudentia* and *Iustitia* with Fabius Maximus, Socrates, Numa Pompilius, Furius Camillus, Pittacus, Trajan; and pl. IV: *Fortitudo* and *Temperantia* with Lucius Sicinius, Leonidas, Horatius Cocles, Publius Scipio, Pericles, and Cincinnatus。我要感谢 Erwin Panofsky 教授，他不仅提示我注意这个问题，并且还把上面引用的出版物提供给我使用。

㊿ Venturi, *op. cit.*, pl. I; 参较 *Purg.*, I, 22ff, 37ff，以及下文注 94 以下。

(51) *Monarchia*, I, 14, 42ff.

(52) Gilson, *Dante*, 166. 一个令人惊讶的例子，参见，例如 *Monarchia*, I, 16, 23, and esp. III, 10, 44，其中约翰福音 19:23“没有缝的衣服”（*inconsutilis tunica*），传统上是指不可见的信心或不可见的教会（参见，例如 *Liber aug.*, I, 1），被转变成了不可见的世界帝国。

(53) 为此处论述之用，略微看一下 Denifle 和其他人出版的 1277 年的《错谬录》（*errores condemnati*）（见上文第六章注 5）中的清单就足够了，方便理解但丁强调“理智 （转下页注）

未将属地的幸福当作终极目标,但却把他们激进化的亚里士多德原理从个体转移到"人类共体"(*universitas humana*),鼓吹一种哲学-理智的此世至福,[472]不仅是为了个体或个体简单相加的全部,而是为了更大的集体,即人类合众体(body corporate of Man)。按照设想,这个身体应该通过人类统一的理智能力编织在一起;其正当性来源于人类的理智统一性(oneness);同时,这种统一性再次令君主-哲学的领导势在必行。这样,人类统一性、理智统一性和政治统一性的结合——指向人类体(body of mankind)的理智性自我彰显(intellectual self-manifestation),将此作为人类在地上的自然目标——推动但丁作出一个非常大胆的结论,或许在逻辑上不可避免,但看起来离开了正统。通过类比人的个别身体与理智,但丁为普世人类合众体也提供了一个普世的理智。但丁不会不知道"理智统一性"是阿维罗伊派理论一条著名的格言,因为他自己明确引用了阿维罗伊,他这样说:

> 那么,很明显,"人性"(*humanitas*)的特定潜能,就是一种理智的潜能或能力。由于这种潜能无法完整地和同时地(*tota simul*)化约为一个人独自的行动,或者某一个……特殊共同体的行动,所以,人类就必须是一个许多人构成的复合体(*multitudo*),通过它,完整的潜能才得以实现。

(接上页注)之德性"的含义;参见,例如 Denifle, No. 144:"Quod omne bonum, quod homini possibile est, consistit in virtutibus intellectualibus"(对人而言可能的每一种善,构成理智德性);or, Denifle, No. 157:"Quod homo ordinatus quantum ad intellectum et affectum, sicut potest sufficienter esse per virtures intellectuales, et alias morales, de quibus loquitur Philosophus in *Ethicis*, est sufficienter dispositus ad felicitatem aeternam."(人被如此安排理智与情感,正如能够充分地通过理智德性和其他道德,如哲人在《伦理学》中所说,被充分地置于永恒的幸福。)参较 Grabmann, *Der lateinische Averroismus*, 10f. 哲学至福这个观念最突出的代表是 Boetius of Dacia,尤其是他的 *De summo bono sive de vita philosophi*, ed. Grabmann, *Mittelalterliches Geistesleben*, II, 200-224。关于总体的亚里士多德主义背景,参 Harry V. Jaffa 很有益的研究, *Thomism and Aristotelianism: A Study of the Commentary by Thomas Aquinas on the Nicomachean Ethics*(Chicago, 1952).

但丁还说，阿维罗伊在他对亚里士多德《论灵魂》(*De anima*)所作的注疏中，同意此项原理。[54]也就是说，只有整个人类合众体才能达成无论是个体还是某个地方性合众体不能达成的目标：使整个人类理智的全部潜能永久且一并实现，"在所有时刻"且"所有都在同一时刻"实现。[55]因此，但丁总结说，这个世界帝国必须确保具有整个人性(*humanitas*)的永久驱动力，包括质上的和量上的。他描绘了一个巨大的政治集合体，通过四枢德的作用，其理智潜能由罗马哲人-君主引导着走向完满——这个带领者则是一个有些界定不明、难以[473]理解的人格化主体，但无疑意味着"政治德性"(*virtutes politicae*)的一个镜像，一个拥有一切、同时又不渴望任何东西的人，所以，他就能够在所有时刻实现正义和其他美德。[56]

---

[54] *Monarchia*，I，3，63ff.

[55] *Monarchia*，I，3，66ff.："potentia ista per unum hominem…*tota simul* in actum reduci non potest…"(那种潜力通过一个人……不能整个一并实现……)；*ibid.*，73f："ut potentia *tota…semper* sub actu sit…"(使潜力整个……永久实现……)；I，4，3f："actuare *semper totam* potentiam intellectus possibilis."(可能的理智实现永久、整个的潜力。)另参 Vernani，*De reprobatione*，ed. Käppeli，127，19："totius humani generis simul sumpti."(整个人类一并获得。)

[56] 这里并不是要对但丁的君主形象做一个详细分析(或许会很有意义，但相当困难)。最重要的地方是 *Monarchia*，I，11，及其对维吉尔《第四牧歌》的借用。但丁描绘了一种潜能，即 *Saturnia regna*(撒图尔努斯王国)的回归(他解释为 *optima tempora*[最佳时代])，处于正义的统治之下，通过君主(*Monarcha*)实现或在君主身上体现，而这位君主将不可避免地施行真正的正义，因为尽管他拥有一切，却没有贪心："Remota cupiditate omnino, nihil iustitiae restat adveresum."(远离了一切欲望，就没有什么处于正义的对面。)一旦正义得以实现，和平、自由、和谐，还有所有其他的就都会实现。关于拥有一切的君主，参见 I，11，81ff："Sed Monarcha non habet quod possit optare; sua namque iurisdictio terminatur Oceano solum, quod non contingit principibus aliis, quorum principatus ad alios terminantur."(但[一统天下的]君主无所不有，因为他的权限只以海洋为界，不与其他王国相接，而其他王国都以邻国为界。)但丁关于拥有一切的君主的论述，主要来源是亚里士多德；参见 Gilson，*Dante*，176ff；Vinay(ed.)，*Monarchia*，p. 62，n. 21。不过，我们不应该忘记，法学家，尤其是罗马法学家，反复讨论了这个主题，将一切法律上(*de iure*)的财产都授予君主，尽管不是事实上的(*de facto*)。他们也扩大了进行哲学论辩的基础，尽管他们的哲人并不是亚里士多德，而是塞涅卡以及他的"圣贤"(Sage)理念，圣人"以国王的方式"(*regio more*)占有一切，国王既与他形成对照，也与他处在同一个层面上(*De beneficiis*，VII，3ff)。参见，例如Andreas of Isernia，on *Feud.*，II，56，n. 78(*Quae sunt regalia*)，fol. 305[v]："…et melius per Senecam, de benefi. §. iur. civili. [VII, 4, 2]'omnia regis sunt etc.' et sequitur 'ad Regem potestas omnium pertinet, ad singulos (转下页注)

在这里,至少有一点需要进一步澄清。严格说来,但丁并没有说,一个人不可能达到自身的完满或个人的实现。这个推论与教会的教导冲突;这个说法可能会遭到但丁本人的驳斥,并且不言而喻地遭到他那朝向地上和天上乐园的旅途的驳斥,甚至还可能与但丁笔下的世界君主(world-monarch)形象相悖。[57]但丁实际上说的是,人类知识的整体,[474]人之为人依赖的这个整体,或者简单说,人性(*humanitas*)的整体,只能通过人类合众体的集体努力才能实现。达成人类整体的这种完满状态,是一项值得追求的任务,甚至是一件必须的工作,这个事实则是另一回事了。或许但丁的意图可以比较容易地从《神曲》中的一节看出来:

> 人性,当在其整体之中时
>
> 它在起初的种子里犯了罪,于是就离开了
>
> 它自己的尊荣,还有乐园。[58]

(接上页注)proprietas'; et sequitur 'quemadmodum sub optimo Rege omnia Rex imperio possidet dominia'[VII, 5, 1], et hoc modo dicit infra 'Caesar omnia habet etc. '[VII, 6, 3]. Seneca fuit iurista optimus, ut patet illis qui legerunt eum..."(……而塞涅卡在《论恩惠》中就公民正义说得更好。[VII, 4, 2]"一切属于国王,等等。"随后是"万物的权力归于国王,所有权归于个人";随后是"只要在最佳国王治下,国王对一切拥有统治权力"[VII, 5, 1],他还以同样的方式在下面说"恺撒拥有一切,等等。"[VII, 6, 3]塞涅卡是最好的法学家,向那些阅读他的人敞开……)另参 Andreas of Isernia, *Prooem. ad Lib. aug.*, ed. Cervone, xxvii. "塞涅卡是最好的法学家"(*Seneca iurista optimus*)这个主题还尚未研究。但丁关于君主"qui non habet quod possit potare"(无所不有)的观念总体上来自于法学家;参见,例如 Baldus, on *C.*, prooem. ("*De novo Codice faciendo*"), rubr. n. 14, fol. 3[v], 反对将"必须"(*oportet*)一词用在皇帝身上,"quia sibi[imperatori]nihil est necessarium; nam imperator libere agit ad similitudinem Dei, qui est agens omnino liberum..."(因为对他[皇帝]而言没有什么是必须的,因为皇帝像上帝一样自由行事,而上帝做什么都是自由的……)这种皇帝哲学也体现在弗里德里希二世的环境中;参见他致 John Vatatzes 的信(Huillard-Bréholles, VI, 685)。不过,但丁的图景不符合所谓的"现实"不应解释为"一个论辩的游戏"(un bel gioco dialettico)(Vinay, *loc. cit.*)。但丁概述的并不是君主的"自然之体",而是(这样说)永久的君主"政治之体"。

[57] 关于这个问题,一些总体上的评述见 Vinay(ed.), *Monarchia*, 23ff, n. 16(on I, 3);另见下文注 62 以下。

[58] *Paradiso*, VII, 85ff:

> Vostra natura, quando peccò tota
>
> nel seme suo, da queste dignitadi,
>
> come da Paradiso fu remota. (同引文)

这表示，涉及原罪的时候，人类整体就好像一个身体和一个人一样，阿奎那就是这样说的。[59]与这个在第一个人里面潜在犯罪的人类整体相对，但丁设定了另一种人类整体，潜在地可以重新取得"他自己的尊荣"和乐园。借助自己的力量，通过理智德性，它可以达成自己在地上乐园之中的实现，那里就是亚当被驱逐的地方；而亚当，当他处于无罪状态时，就是未受限制的人性的实现。但丁实际上倒转了潜在性：正如亚当在其肢体中潜在地孕育了人类和罪，人类也在其整体中、在其肢体中孕育了亚当和他的完满，即他的"精美状态"(*status subtilis*)（如果我们可以这样说的话）。从亚当——人类——开始发散出去的东西，再一次以集体的方式收拢回到亚当。因为，无疑正是在这一点上，但丁把人类(*genus humanum*)理解为好像是一个个人、一个合众体，就像法学家们的"共体"那样，"始终"且"所有都在同一时刻"具有现实性。与这种永久的"人类共体"相比，其组成者个人——可朽且永远在变动——的理智力量只能是碎片化的、短暂的且不完满的，正如任何其他合众性共同体一样。因此，永久实现的状态——通常是天上智慧生物的一项特权[60]——[475]只有通过整个合众体、人类种群才能达成，而对这个整体，但丁赋予了一种单一、或说普世的理智。

但丁不加掩饰地引用阿维罗伊，从他那里借用了"普世理智"的概念，这一点相当明显；但是，在但丁那里，还是与阿维罗伊主义有些不同。阿维罗伊派的梦想，是要在哲人之中，或者通过哲人实现一种分离的世界-理智，是个人性的；而但丁的思路则是集体性的。他想的是一种内在的世界—理智，它并不与其中人类个体的组成者分离，尽管超越每一个个体，并且它只有通过一个作为"一人"的共体(*universitas*)，作为一个集体性的个人，才能得到完满的实现。[61]不过，尽管如此，不可否

---

[59] 见下文注72。

[60] *Monarchia*, I, 3, 55-62，看上去但丁的意思是，永恒的生物就是永久的实现；但是，他同意存在(*esse*)与理智(*intelligere*)在天上的智慧生物身上是重合的，因此立即遭到 Guido Vernani (*De reprobatione*, ed. Käppeli, 127, 4)的抗议，后者将这种重合认定为"不可容忍的错误"(*intolerabilis error*)，因为唯独在上帝那里才有存在与理智的重合。关于这一段，另参 Vinay, *Monarchia*, 22, n. 15。

[61] Gilson, *Dante*, 169，关于阿维罗伊的个体完满与但丁的集体完满之间的差异有出色的论述。

认但丁的概念有种异端的味道,尤其是但丁本人在这个联系中引用并且当然想到了阿维罗伊。因此,从表面看来,他的对手圭多·维纳尼给这位诗人的哲学理论打上一个"极大错误"(*pessimus error*)的标签是对的。不过,这个"极大错误"并非单纯建立在一种集体性理智的理论本身之上。维纳尼从"理智的灵魂"(*anima intellectiva*)开始推演,因而暗示了传统的灵魂与理智的统一性,这是从传统观点出发而作的正确推理;根据这个前提,但丁的集体性理智也就暗示了一种"集体性的灵魂",或者"世界-灵魂"(world-soul),这就否定了人的个体灵魂及其个体完满和救赎的可能性。(62)然而,但丁将理智与灵魂分开,将"理智德性"与"注入的德性"分开;或许,我们可以以一种显然夸大的方式从这个假设推出:通过理智,但丁描绘了一幅主要是集体性完满的途径,而通过灵魂,他预见了传统的个体性完满。(63)不过,所有这些都不是这里的重点。[476]看起来,相关性远为强烈的,乃是但丁主张的普世理智应当永久(*semper*)且一并(*simul*)实现,亦即,要求一种个体绝无可能满足的永久性——比方没有一个博洛尼亚公民能够实现博洛尼亚本身的永久性。在这个关节点上,但丁显然——可能比阿维罗伊更明显——接受了他那个时代法学家和哲学家的合众体/法人理论(corporational doctrines)。

尽管法学家们难以准确界定共体(*universitas*)的刑事可归责性(culpability)和责任(responsibility),但是,他们至少存在某种共识,认为这类集合体既没有头或灵魂,也没有理智。(64)因此,对于缺少灵魂的

---

(62) 参见 Vernani, *De reprobatione*, ed. Käppeli, 127f。

(63) 关于这个区别,参见 M. Barbi,"Nuovi problem, VIII: Impero e Chiesa," *Studi danteschi*, XXVI(1942), 13, n. 1。不过,这个区分是否成立还很可疑:在此世过默观生活(*vita contemplativa*)的目的始终是个人的至福,而但丁在《论世界帝国》中想要论述的主要是积极的生活(*vita activa*)或政治的生活(*vita politica*)(参较 I, 2, 36ff),这种生活按照定义就是集体性的。参见,例如 Jacobus de Pistorio, *Quaestio de felicitate*, ed. P. O. Kristeller(下文注 71), 462, lines 460ff,作者区别了度默观生活的个人的幸福本身(*ipsa felicitas*)、人作为共同体的一部分(*pars multitudinis*)的实践幸福(*felicitas practica*)以及人作为宇宙的一部分(*pars universi*)的人类的永久性。

(64) 一些重要的段落,参见 Gierke, *Gen. R.*, III, 363, n. 36; cf. 280f, 282, n. 112。于是整个世界就理所当然地也构成一个"合众体";参见,例如, Bartolus, on *D*. 6,1,1,3, n. 2, fol. 204(上文第六章注 70):"...quia mundus est universitas quaedam."(……因为世界是某个共体。)关于 Baldus,见上文第六章注 91,以及 Gierke, *Gen. R.*, III, 356, n. 8, 545, n. 64。

合众体/法人，就不能通过绝罚将其交予撒旦，或者，由于缺少头，也就不能砍头。于是这就涉及集体罪责的问题（通常被解释为原罪问题的世俗平行项，在后者，遭到指控的是人类整体），这个问题在十三世纪和今天一样存在许多争论。[65]偶尔有法学家宣称，鉴于合众体/法人按照拟制有一个身体，"可以按照同样的拟制拥有一个灵魂"，[66]这基本上只是玩弄概念和词汇，与"心灵一元论"（monopsychism）[67]关系不大，就像但丁的教导与阿维罗伊派的[477]"理智的统一"（Unity of Intellect）无甚关联。不过，另一方面，但丁时代的法学家宣称，共体（*universitas*）本身是一个不可分的整体，是"某种个体，因而不可分割为若干部分"。如果把"共体"替换成"祖国"（*patria*）就更明显。这个整体是一

----

[65] 集体罪责（*peccatum multitudinis*）的问题，1945 年后引起了国际关注，近年来学者常常从经院-教会法的角度出发考察，并与原罪（*peccatum originale*）联系在一起；参见，例如 Franz König, "Kollektivschuld und Erbschuld," *Zeitschrift für katholische Theologie*, LXXII(1950), 40-65；Eschmann, "Studies in the Notion of Society"（上文第六章注 77），esp. 1-7，都有对现代研究文献的简单综述，且都有力地证明现代的集体罪责观念不适用于原罪观。不过，这并不排除涉及原罪问题时，合众体/法人理论可以适用于人类；见下文注 72。

[66] 参见 Oldradus de Ponte, *Consilia*, LXV, n. 7, fol. 24^r，以及 Gierke, *Gen. R.*, III, 364f 的批评。

[67] 很奇怪的是，有些法学家偶尔会谈到"世界的灵魂"（*anima mundi*）。参见，例如 Azo, on *Inst.* 2, 2, fol. 276^v, ed. Maitland, *Azo and Bracton*, 130："Forte et res incorporales sunt, quae in iure non existunt, ut genera et species, et calodaemones et cacodaemones, et animae hominum et *anima mundi*"（而且也许，那些无实体的事物，它们并不存在于法律之中，比如类和属，好精灵和坏精灵，人的灵魂和世界的灵魂）——Bracton, fol. 10b, ed. Woodbine, II, 48 重复了这段话。这个概念在沙特尔学派中很常见；参见，例如 Theodore silverstein, "The Fabulous Cosmogony of Bernardus Silvestris," *Modern Philology*, XLVI(1948-49), 114ff. Silverstein 教授向我指出 Azo 的这整套概念借自 William of Conches, *De philosophia mundi*, ed. (under the name of Bede, *Elementa philosophiae*) in *PL*, XC, 1127ff；关于 *calodaemones*（好精灵）和 *cacodaemones*（坏精灵），参见 1131B，关于 *anima mundi*（世界的灵魂），参见 1130CD。关于 William of Conches 的著作，另参 silverstein, "*Elementatum*: Its appearance among the Twelfth-Century Cosmogonists," *Mediaeval Studies*, XVI(1954), 157, n. 6，以及他最近的研究 "Hermann of Carinthia and Greek: A Problem in the 'New Science' of the Twelfth Centuru," *Medioevo e Rinascimento: Studi in onore di Bruno Nardi* (Florence, 1955), 693f. 很明显 Azo 并没有想到灵魂一元论的理论。但是，Silverstein 教授对 Azo 文本的鉴别非常有价值，因为这显示早期注释家与沙特尔派哲人之间存在的联系；另一个例子，参见 Hermann Kantorowicz, *Glossators*, 19f, n. 10。

个超越其组成成员总和的实体,因为(按照伊塞尼亚的安德烈所说)"祖国(*patria*)有众多的居民,而将她分割为许多个部分,并不是一种划分(*divisio*),而是一种残毁(*concisio*)"。[68]经过居努斯的学生巴托鲁斯的论述,"共体代表一个人格,与组成它的个人不一样"的主张变得相当惯常,因为即便组成成员发生变化,"共体本身仍然保持不变"。[69]最后,巴尔都斯将共同体称为"某种共体人格(universal person),具有单一人格的理智,但包含许多身体"。[70]这样就很明显了,但丁的思路和论辩与法学家的思想密切关联。严格说来,巴尔都斯所说的,正是但丁在他之前所说的,尽管巴尔都斯停留在了集体性"单一理智"的定义上,而没有继续构建人类种群的目的论,后者正是但丁的道德-政治性和教育性世界-帝国构想的精髓。

意大利法学家的概念性集体论(conceptual collectivism)也不是阿维罗伊主义的观点,尽管他们常常被指控有阿维罗伊倾向。[71]他们的观点,阿维罗伊派成色不会超过[478]阿奎那的"集体论",后者在《神学大全》中讨论亚当的堕落及其对人类的影响时提出了这一点。因为阿奎那在这个地方也提出了一种对于人类犯罪的合众性(corporational)解释。

> 我们可以说,所有从亚当而生的人可以被认为构成一个人(*possunt considerari ut unus homo*),这是在他们从始祖接受共同

---

[68] 关于 Andreas of Isernia,见上文第六章注 75,关于 Roffred of Benevento,见 Gierke, *Gen. R.*, III, 204。

[69] 关于 Bartolus on *D.*48,19,16,10,见上文第六章注 89。

[70] Baldus, on *C.*6,26,2, n. 2, fol. 80^v: "Est quaedam persona universalis, quae unius personae intellectum habet, tamen ex multis corporibus constat, ut populus...Et haec persona similiter loco unius habetur et individuum corpus reputatur..."(这是某种共体人格,具有单一人格的理智,但包含许多身体,比如人民……而且类似地,这种人格具有单一的位置,反映个人的身体……)参较 Gierke, *Gen. R.*, III, 433, nos. 61ff.

[71] 见上文第六章注 62,以及 Paul Oskar Kristeller, "A Philosophical Treatise from Bologna Dedicated to Guido Cavalcanti: Magister Jacobus de Pistorio and his 'Questio de felicitate,'" *Medioevo e Rinascimento: Studi in onore di Bruno Nardi* (Florence, 1955), 427-463,该书再一次揭示了但丁与他那个时代非托马斯派哲人的亲缘关系。

本性的意义上说的——正如在民事领域，某一自治城市中的所有人被称为一个身体，整个自治城市被当作一个人。(72)

我们可以把阿奎那的集体论总结为："人类因原罪的统一，而非理智的统一，构成一个合众体"，这样就避免讨论因罪而产生的集体性是正统的、而因理智而产生的集体性至少有异端嫌疑的问题。但是，显然，但丁、阿奎那和法学家们的论辩之间有多么密切的关联，而隔开合众体/法人理论与纯集体论之间的边界有多么狭窄。

阿奎那的学生、但丁的老师雷米吉奥·德·吉罗拉米（Remigio de' Girolami）并没有始终看守住这个狭窄的边界。雷米吉奥提出了极端和激进的集合论（corporationalism），几乎扼杀了个体完满的价值。与但丁一样，他也通过潜在的实现来运用亚里士多德原理，并且，通过将其应用于政治领域，认为只有在共同体之中，在整体之中，才会有完满。

就存有而言，整体胜于部分。整体，作为一个整体，存在于现实之中，而部分，作为部分，除了在潜在之中，并不存有。(73)

[479]因此，市民必须爱城市胜于爱自己，因为城市乃是他唯一可能的

---

(72) Aquinas, *Summa theol.*, I-II, q. 81, a. 1, resp.: "Et ideo alia via procedendum est, dicendo quod omnes homines qui nascuntur ex Adam, possunt considerari ut unus homo, in quantum conveniunt in natura quam a primo parente accipiunt secundum quod in civilibus omnes homines qui sunt unius communitatis, reputantur quasi unum corpus, et tota communitas quasi unus homo."（我们可以说，所有从亚当而生的人可以被认为构成一个人，这是在他们从始祖接受共同本性的意义上说的——正如在民事领域，某一共同体中的所有人被称为一个身体，整个共同体被当作一个人。）

(73) 我知道的 Remigio de' Girolami 的 *Tractatus de bono communi* 只是通过 Richard Egenter, "Gemeinnutz vor Eigennutz: Die soziale Leitidee im *Tractatus de bono communi* des Fr. Remigius von Florenz(†1319)," *Scholastik*, IX(1934), 79–92 的大段引文。关于所引文本的位置，参见 82, n. 10："...totum plus habet de entitate quam pars. Totum enim ut totum est existens actu, pars vero ut pars non habet esse nisi in potentia secundum Philosophum in 7 *Physic*."（第二哲人在《物理学》第 7 章中说……就存有而言，整体胜于部分。整体，作为一个整体，存在于现实之中，而部分，作为部分，除了在潜在之中，并不存有。）

实现：整体，城市，比个人更完满，并且，因为更完满，它就更像上帝。[74]
雷米吉奥将这个概念过分强调到如此程度，甚至认为个人如果没有了
城市，就丧失了成为人的资格：

> 如果佛罗伦萨被摧毁，他，一名佛罗伦萨市民，就不能再被称
> 为佛罗伦萨人。……而如果他不再是一名市民，他就不再是人，因
> 为人依其本性乃是一种城市的（civic）动物。[75]

雷米吉奥不过是模仿亚里士多德，后者解释一个依本性（by *nature*）而
不是依机运（by *fortune*）孤立的人，要么比人少一点，要么比人多一
点——要么是野兽，要么是神。[76]但是，雷米吉奥，这个有趣的托马斯主
义黑格尔原型，[77]是一位反个人主义的极端分子：在他看来，"成为人"
的条件是成为市民，因为如果没有城市，个人就根本无法达成完满。但

---

[74] Egenter, *op. cit.*, 84, n. 11: "Unde[commune]...directe amatur, praeamatur autem post Deum propter similitudinem, quam habet ad Deum ..."（因此[自治城市]……直接被爱，而且在上帝之后在先被爱，因为它与上帝相像……）另参 Egenter, 87, n. 20. 关于认为高级实体（自治城市或皇帝）"直接被爱"且无须中介的理论，参较 *Monarchia*, I, 11, 111ff.

[75] Egenter, *op. cit.*, 82, n. 10: "Unde destructa civitate remanet civis lapideus aut depictus, quia sc. caret virtute et operatione quam prius habebat,...ut qui erat civis Florentinus per destructionem Florentiae iam non sit Florentinus dicendus, sed potius flerentinus. Et si non est civis, non est homo, quia homo est naturaliter animal civile...（因此如果城市被毁，市民就成了石头或颜料，因为他就失去了先前拥有的德性和事业，……如果佛罗伦萨被摧毁，他，一名佛罗伦萨市民，就不能再被称为大写的佛罗伦萨人[Florentinus]，而是一个小写的佛罗伦萨人[flerentinus]。而如果他不再是一名市民，他就不再是人，因为人依其本性乃是一种城市的动物……"）参见 G. de Lagarde, "Henri de Gand"（上文第五章注 52），88f, and "Individualisme et corporatisme"（上文第五章注 220），38f.

[76] Remigio 实际上引用了（在 *Ethics* 之外）Aristotles' *Politics*, I, 1, 1252b, 对此阿奎那在他的 Commentary, §35, ed. Spiazzi, 11 中评论说, 这类"多于人"的存在可能拥有"naturam perfectiorem aliis hominibus communiter"（一般而言比其他人更完满的天性）并因此可以无须人类社会而自足地存在, "sicut fuit in Ioanne Baptista et beato Antonio heremita"（就像施洗者约翰和隐者圣安东尼）。

[77] 参见, 例如 Hegel's *Philosophie des Rechts*, §258: "鉴于国家乃是客观化的精神，个人就只能作为国家的成员之一而享有客观性、真理以及伦理身份。这样的共同体乃是真正的内容和最终目标。"

丁固然也承认，如果人不是市民，就会在这大地上穷困潦倒。[78]然而，雷米吉奥比但丁走得远许多；他甚至准备否认个人灵魂的永远得救，以此证明城市之益处的必要性。在某种程度上，雷米吉奥最终[480]缓和了自己的立场。但是，雷米吉奥论辩说，哪怕是毫无罪行的市民，如果自己被永远定罪能够挽回所在共同体不被永远定罪下地狱，他就应该挺身而出；如果他的城市被定罪，他就应该乐于受刑罚，胜过乐于被拯救。雷米吉奥认为一个没有灵魂的拟制人可以被定罪受地狱的刑罚，此外，他还将他的论辩在每一个其他方面都推到了相当危险的极端程度。因为他鼓吹的并非简单的"为祖国捐躯"（*pro patria mori*），即为了共同体承受自然的身体死亡，并盼望经由地上的牺牲而获得天国的奖赏；雷米吉奥鼓吹的，是灵魂永远的死亡，亦即，为了此世祖国的利益，牺牲个人的救恩和属天的福乐。[79]

但丁，尽管远远落后于老师冷酷无情的集体主义和反个人主义，但还是无法不受到雷米吉奥总体思想和思维方式的影响，只不过后者将之推向了极端。当但丁反复强调，实现人类总体理智的任务只能通过

---

[78] 见 *Par.*，VIII，115ff 著名的三节诗：

Ond' egli［Carlo Martello］ancora："Or di'，sarebbe il peggio

Per l'uomo in terra se non fosse cive?"

"Si，" rispos' io，"e qui ragion non cheggio. "

而他（卡洛·马特罗）说："你说吧，一个人不是公民，

世界上有没有更坏的事？"

我回答说"是，但我不知道为什么。"

　　另参 D'Entrèves，*Dante*，11ff 对这段的出色讨论，不过他完全没有考虑 Remigio。

[79] Egenter，*op. cit.*，89f，n. 24. Remigio 提出的问题是关于一位市民在一个"suum commune in inferno damnetur"（他的自治城市被判入地狱）的案件中的态度，并论辩说"ex virtute amoris ordinati homo deberet potius ipsam［poenam］velle pati cum immunitate communis，quam quod commune suum ipsam［poenam］incurreret cum immunitate sui，inquantum est pars communis. "（出于爱秩序的德性，一个人只要是自治城市的一员，比起自己享有自由而让其自治城市遭受它［惩罚］，他应当更愿意让其自治城市享有自由而自己承受它［惩罚］）。这个怪异的说法，嗣后以某种方式，经由一个无罪的人不能被上帝的正义定罪的事实而得到缓和；同样，在这个情况中，Remigio 也留下了一些漏洞，导致对城市的爱和对上帝的爱产生冲突；关于这些问题，参见 Egenter，89ff. ［补遗］（Enrico de Negri 女士向我指出）Remigio de' Girolami 并非不可能想起罗马书 9：3："为我弟兄、我骨肉之亲，就是自己被咒诅，与基督分离，我也愿意。"（Optabam enim ego ipse anathema esse a Christo pro fratribus meis. ）

集体的方式完成,且只能借助所有可能共同体中最大的那个,即以罗马世界帝国为组织形式的人类共体(*universitas generis humani*),亦即与每一个个人的自然之体相区别的人类合众体(body corporate of Man),他也将(在他看来的)亚里士多德主义推到了逻辑极限。不过,但丁不得不将他的世界君主(world-monarch)塞进这个体系之中。《论世界帝国》的读者几乎不可避免地会将这个形象认作一个近乎完满的个人;而按照但丁的设想,这个非实在的人物代表的乃是世界君主的"政治之体",而非他的自然之体。但丁的对手圭多・维纳尼的说法并不算错,他将这个想象中的世界君主描述为(如果接受亚里士多德的教导)一位超越所有臣民的君王:[481]他"相比于所有的臣民,正如整体相较于部分"。(80)事实上,这个解释跟法学家们——伊塞尼亚的安德烈和其他人——的理论已经非常接近了,后者认为"君主在国家(*respublica*)里面,国家在君主里面"。(81)但是,由于在但丁那里,"国家"(*respublica*)被"人类共体"(*universitas humana*)取代并由此扩展到极限,因此,圭多・维纳尼可以再次提出指责,他总结道:"[但丁的]这个全人类的君王必须在美德和智慧方面超过全人类。"维纳尼否定但丁的这个命题,理由是不可能找到这样一个完美的人。不过,他作了一个保留;因为他宣称,按照但丁自己的哲学,只有一个人可以被想象为,在他里面整个人类获得了现实性:即在基督里,他乃是这世界唯一真正的君王。(82)

---

(80) Vernani, *De reprobatione*, ed. Käppeli, 128, 11ff,首先引用 Aristotle's *Politics*, III, 17, 1288a15, Latin version ed. Spiazzi, § 386,以及 Aquinas' Commentary, § 527f, pp. 183ff,然后说:"...rex debet excellere et excedere in virtute totam multitudinem subditorum, et comparatur ad omnes subditos sicut totum comparatur ad partes."(……国王应当在德性上出众且超越臣民的整个群体,并且相比于所有的臣民,正如整体相较于部分。)参见 *Monarchia*, I, 6, 1ff,但丁将亚里士多德的格言"双重秩序"(*duplex ordo*)应用于他的君主,包括与军队和将军之间的关系作比较;见上文第五章注 221 以下。

(81) Kantorowicz, "Mysteries of State," 79f, nos. 48 and 53;另参上文第五章注 64 以下。

(82) Vernani, ed. Käppeli, 128, 13ff:"Monarcha ergo totius humani generis debet excedere in virtutibus et in prudentia totum genus humanum. Talem autem purum hominem impossibile fuit aliquando reperire. Unde secundum istam philosophicam rationem solus dominus Iesus Christus et nullus alius fuit verus monarcha."(因此这个全人类的君王必须在美德和智慧方面超过全人类。但不可能找到某个如此完美的人。根据他的哲学推理,除了主耶稣基督,没有任何其他人是真正的君王。)接着,维纳尼指出(*ibid.*, 128, n. 4)(转下页注)

圭多·维纳尼的结论切中要害。并且，这再一次显明[482]但丁思想在根本上的二元性；[83]每一个基督教（Christianitas）专有的领域都遭到拆解，并以一种从属于人性（humanitas）的对应内容加以填充。不可否认，正如圭多·维纳尼所示，《论世界帝国》的读者不得不思索这个问题，即在何种程度上，但丁的世界君主符合"最好的人"（optimus homo）的形象，这个人是"其种类中最突出的一位"，是"其种类的观念"，也就是说，是那个"完美的人"，在他里面整个人类（humanitas）得到了实现，正如一个王国在它的国王里面得到实现。曾经发生过这样一种在个人里面达成的完满吗？除了在基督里，曾经发生过整个普世人类共同体体现于一人身上的情况吗？但丁在《神曲》中对这个问题作了一个不错的回答。是的，这样的完满状态确实存在；因为曾经有过两位完美的人，亚当和基督。

> 人性从未，也将不会，
> 像在那两位之中那样。[84]

（接上页注）"quod in infidelibus numquam fuit vera respublica nec aliquis verus imperator."（因为在不信者中没有真正的国家，也没有任何真正的皇帝），驳斥但丁关于一个建立在对立于基督教的人性基础之上的君主国的整体构想。见上文注43。

[83] 但丁的"二元性"和"并置"体系不应该与奥古斯丁的"二元论"模式混淆。后者把非物质性的灵魂与理智的复合体（anima intellectiva）置于与物质性的身体（corpus）对立的位置。而但丁则有力而决然地将理智与灵魂分开，事实上再一次回到了身体（σῶμα）、理智（νοῦς）、灵魂（ψυχή）的三元论，这个理论的残余可以在圣奥古斯丁的著作和礼拜仪式（liturgies）中发现；参见 Erich Dinkler, *Die Anthropologie Augustins*（Stuttgart, 1934），255-266，关于礼拜仪式，F. E. Brightman, "Soul, Body, Spirit," *Journal of Theological Studies*, II(1901), 273f，或许还可以加上 the *Benedictio olei* of the *Gelasian Sacramentary*, ed. H. A. Wilson(Oxford, 1894), 70。关于古代，重要的段落请见 Plutarch, *Moralia*, 943�² ("The Face on the Moon," c. 28)，反对"许多人"未能正确区别灵魂和理智，并参 Harold Cherniss 在 Loeb Classical Library 该书校勘记中的说明；Plutarch, vol. XII, 197, note c。因此，但丁的"异端论调"并不是"阿维罗伊主义的"（或者只是偶尔有阿维罗伊派观点），而是来源于他观点中普遍的三元论。

[84] *Paradiso*, XIII, 86f：
> Chè l'umana natura mai non fue,
> Nè fia, qual fu in quelle due persone.
> 人性从未，也将不会，
> 像在那两位之中那样。

Non fue, nè fia（从未，也将不会）是但丁习惯的表达方式，用来说明发生实现的时刻；see, e. g, *Convivio*, IV, 5, 60ff；上文注42。

亚当和基督是完美的，这一点毫无疑问：他们出自上帝自己，他们没有原罪的负担。不过，他们在一种哲学的意义上也同样完满，他们都是人的全部潜能的实现，都表现出了（以不同的方式）人类的全部内容：亚当，因为在他受造之时，在无罪状态下，他是当时唯一的活人，所以在这个极端的情况下，个人与种群、人与人类重合；基督，因为他同时是上帝和人，也因为（但丁说），通过罗马皇帝的审判（他拥有对全人类的管辖权），“全人类在基督的肉身中遭受刑罚”。(85)还有，亚当和基督都是具备独特双重属性的人。那第一个人，（如果说在时序上先后相继）既是无罪、不朽、[483]“比天使微小一点，以荣耀尊贵为冠冕”(86)的“精美的亚当”（*Adam subtilis*），也是品尝了知识之树果子之后的“可朽的亚当”（*Adam mortalis*）。基督，按照经院学者的教导，在他道成肉身之时取了“精美的亚当”的本性，故此没有原罪和本罪；同时依自己的自由意志，附带地取了“可朽的亚当”的本性，因此就具有了受死的能力。(87)这样，人类在一个人身上的两次实现，就是在亚当和在基督身上，前者是地上乐园的主，后者是天上乐园的主，在此世和来世构成完美的典范。这里也再次体现了但丁哲学的二元性，“不可言说的神圣护理，设定了两条道路，摆在人的面前，要他沉思之”。

基督教时代的每个世纪，都会有自己关于人的更新、重造、重生的

(85) *Monarchia*, II, 13(11), 40ff:“...et iudex ordinarius esse non poterat, nisi supra totum humanum genus iurisdictionem habens, quum totum humanum genus in carne illa Christi...puniretur.”（……而且不可能是平常的法官，除非他对全人类拥有审判权，当全人类在基督的肉身中……遭受刑罚。）这当然是传统的教义，但并不暗示基督通过道成肉身取得了“人类种群”意义上的人性，而不是“个人”意义上的人性。关于这个争议问题，参见 Karl Holl, *Amphilochius von Ikonium*(Tübingen and Leipzig, 1904), 222ff。

(86) 除了 *Monarchia*, I, 4, 14，另见 *Convivio*, IV, 19, 65，诗篇 8:6[译注：和合本 8:5]（包括希伯来书 2:7）的话被用于描述人类基于德性的高贵性的实现。当然，诗篇的诗行也被 *Liber aug*. 的序言引用，但特别庄严地加上了“diadem”（王冠）一词：“honoris et gloriae *diademate* coronato...”（戴上荣誉和荣耀的王冠……）类似的改动，参见 *Monarchia*, II, 9, 39，Cicero, *De officiis*, I, 11, 34：*imperii gloria*（帝国的荣耀）被改成了 *imperii corona*（帝国的王冠）。

(87) 关于这个问题，参见 M. Landgraf, “Die Sterblichkeit Christi nach der Lehre der Frühscholastik,” *Zeitschrift für katholische Theologie*, LXXIII(1951), 257-312。

观念——简单说，就是人在道德上以及超自然的新生；而这些观念有相当大的差异。[88]不过，基督教作者们对一些基本点有共识。一方面，恢复人在堕落之前那起初的形象——按照上帝的形象被造、"比天使微小一点"——乃是每一名基督徒的（也是基督教总体的）目标。另一方面，每一名信徒，因着圣子的道成肉身而被潜在地拣选，参与到基督的神性之中，并因此得以在自己里面同样重建人性那起初的整全状态，亦即，拥有第一个人在受造那天被赋予的与上帝相似的形象。换句话说，乐园中的亚当的形象，被合并到了基督、新亚当的形象之中；并且，起初亚当在乐园中拥有的与上帝的相似性，因着[484]神圣恩典的帮助，通过基督得以恢复。这个新的人的形象，被（例如圣奥古斯丁）认为高于亚当在堕落之前的形象。[89]并不需要将已经结合起来的内容拆散，或者将恢复亚当起初形象的观念从基督教教义的整体中抽出。

但丁要做的，是重新对亚当原初本性恢复的概念作"人性化"，并再次将"人"从基督教背景的思想中释放出来。[90]因为，从他的二元性哲学以及同时在地上和天上乐园达成完满的概念出发，或许不可避免地要对眼下的亚当神学进行"世俗化"，并建立起一种与基督教重生教义不完全一样的纯粹"人性的"重生理论——尽管二者并非必定彼此矛盾。

《神曲》的前两部分，地狱篇和炼狱篇，其功能明显是表明但丁——即由诗人作为人格化代表的一般的人或人类——如何经由哲学和世俗智慧的引导，从一个有罪的状态归回堕落前第一个人那种"诚挚而良善

---

[88] 这是 Gerhart B. Ladner 即将出版的 *Reform*：*The Influence of an Early Christian Idea on Mediaeval and Renaissance Civilization* 一书的主题，引用的是作者初步的研究"Die mittelalterliche Reform-Idee und ihr Verhältnis zur Idee der Renaissance," *MIÖG*，LX(1952)，32-59。

[89] 参见 Ladner，*op. cit.*，41ff，另参 "St. Augustine's Conception of the Reformation of Man to the Image of God," *Augustinus Magister* (Congrès International Augustinien，Paris，21-24 Septembre 1954，Communications；Paris，1954)，867-878。另参 Walter Dürig，*Imago. Ein Beitrag zur Terminologie und Theologie der römischen Liturgie* (Munich，1952)。

[90] 此前，弗里德里希二世曾经在一个非常重要的位置——*Liber augustalis* 的序言中——使用过亚当的形象。一般性的研究，参见 Burdach，*Rienzo*，297ff，313ff，关于与亚当有联系的神秘主义；另参 Georg Jellinek，*Adam in der Staatslehre* (Heidelberg，1893)，尤其是关于绝对主义的理论。

的本性"(*natura sincera e buona*)。[91]当然,唯有教会有资格为人预备他将来的不朽,因为,作为对第一次犯罪及随之而来的丧失身体不朽之状况的救济,教会负责施行属灵重生的圣礼,即洗礼。明显的一点是,洗礼的某种效果,必须要通过某种方式引入但丁的地上乐园概念之中,因为按照但丁的设计,人要在地上乐园中恢复他的此世的(而非永恒的)福乐、起初的人性尊严以及他离开罪的内在自由。不过,这种此世的完满状态,不是通过某种圣礼和超自然行为的途径达成,而是通过人自己的力量,通过他的自然[485]理性,并通过理智德性。当然,我们没有任何理由推断,在洗礼效果的问题上,但丁在任何方面偏离了一般传统。但是,鉴于他在地上乐园中归回无罪亚当的思想完全不属于教会和教会圣礼的范畴,甚至也不属于救恩施行的范畴,所以,但丁设想的人的重生,就必须在教会之外推进,与教会不发生关联,尽管常常模仿教会的程序。因此,既然但丁将人性(*humanitas*)与基督教(*Christianitas*)分开,理智德性(*virtutes intellectuales*)与注入的德性(*virtutes infusae*)分开,地上乐园与天上乐园分开,就不得不也把亚当与基督分开,将人在地上回归到起初的形象与人靠着恩典在基督里超越的完全(transcendental perfetion)分开。换句话说,但丁必须以一种非圣礼的方式洁除人的原罪(*peccatum originale*)。[92]

按照但丁的说法,人可以依靠自己的力量恢复初人的纯洁,重新进入伊甸园,并最终回到知识树,撤销其果子将亚当的主人地位降至奴隶的影响。在《神曲》中,主要借助穿过炼狱的旅程表明人在一种哲学的而非神学-圣礼意义上的洁净,而这个旅程以及洁净的结果与洗礼的效果平行:就像初信徒,在慕道期结束后,从洗礼池中出来,成为一个重生的人,从原罪中释放,但丁最终也从炼狱中出来,成为一个新的、亚当般的人,"自由、正直、完全"。[93]显然,对但丁而言,这里也发生了重生;但这种重生是道德和伦理意义上的,而不是圣礼意义上的。

---

[91] *Par.*, VII, 35f.

[92] 关于这一点,见 Guido Vernani, *De reprobatione*, ed. Käppeli, 137f 针对 *Monarchia*, II, 13 的责难,但丁在那里试图将彼拉多的审判与为亚当之罪受惩罚联系起来。

[93] *Purg.*, XXVII, 140.

但丁在炼狱篇的第一首诗中所唱的，乃是道德哲学和公民德性的洁净和重生之力。把守炼狱前界入口的是一位庄严的老人，小伽图（Cato Uticensis），英雄哲人，牺牲自己的生命（自杀），是为了政治自由，在此情况下，几乎等同于哲学-[486]理智的自由。[94]对但丁来说，他就是四枢德的化身：从伽图的面庞上，发出"四颗神圣星辰的光线"，这四颗星是"除了第一个人从未被看见过的"。[95]可以推测，但丁想的是南十字星座，属于据称"太阳以下无人居住的世界"，即南半球。[96]亚当和夏娃可以借助有利地形，从伊甸园中的山上看见那四颗星，但在他们堕落之后，人们就看不见这四颗星了。因此，但丁就好像是那首先的活人，再次看见四个理智美德（*virtutes intellectuales*）构成的十字架，以此作为这位理智初信徒的引导，带领他走向世俗的完满和至福。随着这个记号，或在庄严地"穿着紫袍"的"四位美丽女神"的引导下，[97]由伽图反照着她们的亮光，但丁的世俗慕道期就此开始。与在地狱中一样，但丁的引导者是罗马帝国的诗人维吉尔。在另一位异教徒伽图的恳求下，维吉尔清除了但丁脸上的地狱烟尘，并用灯芯草为但丁束腰，灯芯草是唯一在起伏的海浪中仍然可以生长的植物——在这里象征谦卑。[98]

在中世纪教会，有两种洁净的礼仪，洗礼与补赎修和（reconciliation of the penitents），两者在准备阶段有许多共同的特征。在大斋节到复活节之间的 7 周，补赎的操练，加上大量教会仪式，预备好罪人在圣周礼拜四领受修和；在同一期间，慕道者则要通过所谓的"恳祷"（scrutinies）来预备——这个过程由礼仪活动和驱魔加上训导组成——

---

[94] 关于伽图的问题，一般研究，参见 the critical edition of Dante's *Convivio*, by G. Busnelli and G. Vandelli(Florence, 1937)，II, 55，n. 4 引用的文献，esp. Francesco d'Ovidio, *Il Purgatorio e il suo preludio*(Milan, 1906)，33-147。

[95] *Purg.* I, 23f, 37f.

[96] Cf. *Inf.*, XXVI, 117.

[97] *Purg.*, XXIX, 130f("quattro...in porpora vestite"[穿着紫袍的四位……])，and XXXI, 104("alla danza delle quattro belle"[四位美丽女神的舞蹈])．

[98] 参见 Ferdinand Koenen, "Anklänge and das Busswesen der alten Kirche in Dantes Purgatorio." *Deutsches Dante-Jahrbuch*, VII(1923)，93，关于 Saint Elizabeth 对灯芯草的解释。

于圣周礼拜六受洗。[99]补赎者[487]和慕道者都不能参与弥撒,两者在此期间都要接受口头训导,以引导他们一步一步走向最终的光照和洁净。在但丁的炼狱中,补赎和洗礼的礼仪都有各自的地位。它们交织在一起,并且不止一次,某种要么是补赎性、要么是洗礼性的解释获得了采纳。不过,我们不应忘记,但丁不仅是一个有待与教会和好的罪人,他首先是一个为了教会外的人类完满和教会内的超人类(supra-human)完满而奋斗的人。

中世纪早期教会的礼仪在意大利北部一直存续到 11 世纪,还可能(如果我们可以相信杜朗[Durandus]的话)持续到 13 世纪。按照这种礼仪,慕道期开始之后,会有 7 次"恳祷",目的是测试慕道者,并逐步使他做好准备。[100]各次恳祷散布在大斋期的 7 周中,最后一次恳祷几乎与洗礼本身重叠。[101]可以这样说,但丁为预备自己的理智洗礼而作的恳祷,始于他进入炼狱界、准备好开始——按照伽图的建议——爬炼狱之山的时候,而那地上乐园就位于山顶之上。[102]

但丁在走向炼狱大门时做了一个梦。他梦见朱庇特的鹰抓住了他,好像另一个加尼米德(Ganymede)那样,被带到天庭炽热的烈焰中,以至于鹰和诗人都好像要烧成灰烬了——这个梦表示通过皇帝的(亦即道德-哲学的)力量进行洁净,同时,按照传统含义,鹰也构成了洗礼式重生[488]的象征。[103]但丁醒来时,发现自己到了炼狱门口,有一个天使,穿着补赎的灰色衣服,坐在一级钻石台阶上,脚则放在下一级的巨

---

[99] Koenen, "Busswesen," 91-105, 收集了相关的段落。关于恳祷(*scrutinia*)的一般研究,参见 Eisenhofer, *Liturgik*, II, 250ff,关于更多细节, A. Dondeyne, "La discipline des scrutins dans l'église latine avant Charlemagne," *Revue d'histoire ecclésiastique*, XXVIII (1932), 5-33, 751-787,以及 M. Andrieu, *Les Ordines Romani du haut moyen âge*(Louvain, 1948), II, 382ff. 在意大利北部,迟至 11、12 世纪仍然可以看到非常复杂的仪式;参见 Dom C. Lambot, *Recueil d'Ordines du XIᵉ siècle provenant de la Haute-Italie*(Henry Bradshaw Society, LXVII; London, 1928), xiiff, 7ff.

[100] Martène, *De antiquis ecclesiae ritibus*, I, c. 1, art. 11, §4,引用 Durandus 断言在意大利以及少数其他教会,恳祷的礼仪甚至在 13 世纪都在遵守。见前一条注释。

[101] Eisenhofer, *Liturgik*, II, 254. 最后的恳祷发生在圣周的礼拜六。

[102] *Purg.*, I, 107f.

[103] *Purg.*, IX, 19ff. 关于鹰构成重生和复活的象征,参见 *Physiologus latinus*, c. VIII, ed. F. J. Carmody(Paris, 1939), 19。

大斑岩台阶上，后者通常被解释为爱的台阶。但丁好像补赎者，但也好像慕道者，要求进行自己的首次驱魔，并被许可作进一步的净化、训导，以及最终被接纳进入教会的殿堂，他俯伏在补赎天使脚前，捶着胸恳求得到许可进入炼狱。天使同意了，用恩祷和赦免的金银钥匙打开大门，允许但丁进入，尽管在此之前用他的剑尖在诗人额头 7 次刻下字母 *P*。[104]这 7 个 *P* 表示 7 宗罪（*peccata*）——道德过犯，而不是属灵的罪——但丁要在攀登炼狱山、走过各层的过程中，一个接一个地从中被释放。不过，它们也表示慕道者要先通过的 7 次恩祷，[105]然后通过洗礼，他就从最后和非个人性的罪——即原罪——中被释放。去掉但丁额头上最后一个 *P* 的，是一位站在火墙外面的天使。自从人类堕落以来，他就拱卫着伊甸园，现在是但丁与地上乐园至福之间唯一的阻隔。[106]因此，最后的"恩祷"就在但丁跨过天火之时，炽热的火焰意味着焚烧和净化，但不是死亡；最终，诗人作为一个经过火焰洁净和洗礼的人，进入伊甸园之中，也就是亚当被基路伯和火剑阻挡在外的地方。[107]

至此为止，维吉尔一直是但丁的向导；但是到了地上乐园之外，如他自己所说，他就不再胜任。死亡，因人类犯罪而来的刑罚，只能由基督克服；他的死而复活恢复了人在永生中的不朽。不过，人的"诚挚和良善的本性"（*natura sincera e buona*）[489]则是单单通过人类的智慧和理智德性恢复的。并且，人这个起初的本性配得上成为不朽：当它受自己自由意志（"不按照它的推动行事是一个错误"）指导时，就不会再失败，[108]并且，就像一种习性（*habitus*），人的真正本性已经成为不变之物。这样，原罪的后果，如果其涵义是"精美的亚当"（*Adam subtilis*）人类尊严的丧失、他的自然判断力的丧失、内在和外在自由的丧失，就在但丁跨过火焰时消除了；人类的咒诅得以克服，无须教会及其圣礼的介入，单单依靠理

---

[104] *Purg*., IX, 94ff.

[105] 参见 F. X. Kraus, *Dante*(Berlin, 1897), 424；另参 Temple Chassics edition of *Purgatorio*, 115.

[106] *Purg*., XXVII, 7ff, 天使一定是在欢迎作为"神圣的灵魂"的众诗人，并唱"内心纯洁的有福了"（*Beati mundo corde*）之前，用翅膀抹掉了最后一个 *P*。

[107] *Ibid*., 21("qui può esser tormento, ma non morte"[这可能是折磨，但不是死亡]).

[108] *Ibid*., 140f.

智和高级理性之力,以异教徒维吉尔为象征的力量就得以完成;而维吉尔与但丁个人的关系,就好像承担了皇帝在与全人类、与人类共同体(*humana civilitas*)的关系中被托付的地位和功能。可是,但丁所进入的这个地上乐园,并没有《论世界帝国》的作者所梦想的众多居住者,因为帝国和教宗领导下的教会没有恪尽职守。(109)个人但丁通过维吉尔达成了自身的实现,后者最终离开这位学生,现在他已经真的与堕落之前的亚当类似。

上帝的护理摆在人面前的目标之一已经达成。在《神曲》的最后几个诗节中,但丁表示,现在人可以达成他的第二个目标,并实现与基督的合一:人脸形象的异象,"我们形象"(*della nostra effige*)的微弱反映,在圣光的第二圈中堪堪能瞥见一点,这令但丁得以理解道成肉身的奥秘。(110)但是,人在三一上帝以及在永恒乐园中达成完全以前,乃是在地上乐园中达成完全,在亚当里的完全。按照教会的礼仪,归回无罪亚当纯真状态,是通过洗礼达成。自教会最早的时候以来,洗礼膏抹的意义,就是彼得对信徒说的(《彼得前书》2:9):"你们是被拣选的族类,是有君尊的祭司。"洗礼在属灵上的意义,就是向新受洗者授予国王和祭司的尊荣。

> [490]我们所有人,都因着特殊恩典而受膏成为君王和上帝的祭司。(安布罗斯)(111)

> 受洗者可以知道,通过恩膏的注入,上帝已经授予他们君王和祭司的尊荣。(都林的马克西慕斯[Maximus of Turin])(112)

---

(109) 这可能出自 *Purg.*, XXXII, 100ff。参见 Temple Classics edition of the *Purgatorio* 中 P. H. Wicksteed 为这一章所作的说明。

(110) *Par.*, XXXIII, 130ff.

(111) Ambrose, *De mysteriis*, VI, 30, *PL*, XVI, 415B:"omnes enim in regnum Dei et in sacerdotium ungimur gratia speciali."(我们所有人,都因着特殊恩典而受膏成为国王和上帝的祭司。)See, for the following, Thomas Michels, "Die Akklamation in der Taufliturgie," *Jahrbuch für Liturgiewissenschaft*, VIII(1928), 76-85.

(112) Maximus of Turin, *De baptismo*, III, *PL*, LVII, 777:"...per quod ostenditur baptizatis regalem et sacerdotalem conferri a Domino dignitatem."(……由此显示,上帝已经授予受洗者国王和祭司的尊荣。)

愿受洗者明白,他享有了君王的冠冕和祭司的尊荣。(加洛林吉安[Carolingian])[113]

从中世纪的神学家和礼仪学家(liturgiologists)的著作中也可以毫不费力地找出许多类似的引文。[114]或许我们还应该想起,在所有东方教会中,实践中的习惯曾经是(或仍然是)新受洗者要接受一个洗礼冠,随后接受欢呼,可与国王加冕和神职人员按立时的情形相比。[115]尽管洗礼时加冕的仪式没有在西方发展起来,但西方对此并非一无所知:杜朗(Durandus)提到在纳尔邦教省,习惯是在白色洗礼服的帽子上加上一个红色的冠冕形(*in modum coronae*)装饰,这与红边头巾(red-trimmed *coiffe*)——用于遮挡圣油的亚麻帽——几乎一样,受洗者头上戴上这

---

[113] Pseudo-Amalar of Trier，*Epistola ad Karolum*(就查理曼关于洗礼的询问所作无数答复中的一份)，ed. J. M. Hanssens,"Deux documents carolingiens sur le baptême," *Ephemerides Liturgicae*，XLI(1927)，80，7ff:"Tunc sacro crismate caput perungitur et mistico tegitur velamine ut intelligat se diadema regni et sacerdotii dignitatem portare."(当头受圣油所膏且蒙上神巾,愿他明白,他享有了国王的冠冕和祭司的尊荣。)该文本有过多次刊行;参见,例如 *PL*，XCVIII，939C；*MGH*，*Epp.*，IV，536，44，and *Epp.*，V，274，24；Morin，in *Rev. bénéd.*，XIII(1896)，291；Burn，in *Zeitschrift für Kirchengeschichte*，XXV(1904)，153。关于真正的 Amalar,参见 *PL*，XCIX，898D:"ut intelligat baptizatus regale et sacerdotale ministerium accepisse, qui illius corpori adunatus est, qui Rex summus et Sacerdos est verus."(愿受洗者明白,他接受了国王和祭司的职责,他的身体合一,他是最高的国王和真正的祭司。)

[114] 关于别处,参见 Michels,"Akklamation"(上文注 111)，79，n. 9。关于此后几个世纪,可以加上 e. g.，Ernaud de Bonneval，*Liber de cardinalibus operibus Christi*，c. VIII("De unctione chrismatis"[论基督的受膏])，*PL*，CLXXXIX，1654A:"...in quo mistum oleo balsamum regiae et sacerdotalis gloriae exprimit unitatem, quibus dignitatibus initiandis divinitus est unctio instituta."(……在香油和香膏的混合中,国王和祭司的荣耀合而为一,神将尊荣赋予完成受膏者。)Aquinas，*De regimine principum*，I，14，ed. Joseph Mathis(Turin and Rome，1948)，18:"...omnes Christi fideles, in quantum sunt membra eius, reges et sacerdotes dicuntur."(……所有基督的信徒,既然是他的肢体,就被称为国王和祭司。)John of Paris，*De potestate*，18，ed. Leclercq，228，27. 另参 L. Cerfaux,"Regale Sacerdotium," *Revue des sciences philosophiques et théologiques*，XXXVIII(1939)，5.

[115] Michels,"Akklamation," 77ff. Michels 引到,在科普特礼仪中,戴上冠冕时的欢呼直接引用诗篇 8:6:"Gloria et honore coronasti eum."(译注:和合本 8:5:"并赐他荣耀尊贵为冠冕")

个，就像某种头巾（*quasi quadam mitra*）。⑯总之，目前的通说认为在中世纪及之后，⑰向新受洗者授予君王和祭司的尊荣表示他已经成为——塞维利亚的伊西多尔说——基督身体的部分，成为君王和大祭司。⑱

这些简单的事实构成了背景，但看起来奇怪的是，但丁由维吉尔加冕一节，引起了很多猜测。当然，皇帝在冠冕之外还戴一个主教法冠，⑲而教宗在他的法冠之外还带一个三重冕，实际操作确实如此；所以维吉尔给但丁戴上的冠冕要么是皇帝的，要么是教宗的，要么同时是两者。不过，在炼狱篇第27首诗的设定中，其首要涵义很明显：当但丁好像另一个"以尊贵荣耀为冠冕"的亚当那样，再次进入地上乐园时，他由维吉尔"戴上王冠和法冠"。也就是说，但丁被授予国王和祭司的尊荣，就像每一个新受洗的人，通过洗礼圣事获得重生，取得亚当原初的地位，并由此潜在地获得不朽以及在天国中永远与基督一同统治的特权。⑳当然，但丁"以法冠和王冠"的加冕并不是圣礼性的；这是[492]出

---

⑯ Martène, *De antiquis Ecclesiae ritibus*, I, C. 1, art. 15, §7(Rouen, 1700), I, 141 and (Bassano, 1788), I, 54:"Coronae neophytorum."(新信徒的冠冕。)他引用了 Durandus, *Rationale*, VI, c. 82(参较 Michels, 85, n. 23)，大意是"hanc fuisse adhuc suo tempore ecclesiae Narbonensis consuetudinem, ut in candidae vestis baptizatorum superiori parte rubea vitta *in modum coronae* assueretur."(直到那时为止，纳尔邦教区的习惯是这样的，等待受洗者的长袍的上部，缝有一个红色的冠冕型装饰。)另参 *ibid.*, §6，在该处 Anonymous of Tours(*Chronicon S. Martini Turonensis auctore anonymo*)描述了洗礼服："Induitur deinde chrismali Neophytus, scilicet alba veste, quae instar cappae lineae caputium habet, quo caput *quasi quadam mitra* operitur et filo rubeo supersuitur."(然后新信徒穿上亚麻衣，即白色的长袍，像一件斗篷，有一顶亚麻帽，戴在头上就像某种头巾，以红线缝上。)

⑰ 在 *Assertio Septem Sacramentorum or Defence of the Seven Sacraments*, ed. Louis O'Donovan and prefaced by James Cardinal Gibbons(New York, 1908), 422f，亨利八世与路德辩驳，并指出，在引用彼得前书2:9时，如果按照路德的观点，说所有基督徒都是祭司，那么"所有基督徒也按照他们是祭司的方式统统都是国王"。George H. Williams 教授提示我注意这段，在此致谢。

⑱ Isidore, *De officiis ecclesiasticis*, II, 26, *PL*, LXXXIII, 824A:"Omnis ecclesia unctione chrismatis consecratur pro eo quod membrum est aeterni regis et sacerdotis. Ergo quia genus sacerdotale et regale sumus, ideo post lavacrum ungimur..."(全体受圣油所膏的信众，由此而成圣，因为是永恒的国王和祭司的部分。因此，由于我们是祭司和国王之族，所以我们在洗礼之后要受膏……)参较 Michels,"Akklamation," 80, n. 9. 另参上文注114。

⑲ Schramm, *Herrschaftszeichen und Staatssymbolik*(Stuttgart, 1954), I, 68ff, and 88, n. 2.

⑳ 参较 Aquinas, *Summa theol.*, III, q. 69, a. 7；另参 a. 5 and a. 6。

于自然，而非出于恩典（*naturā*，*non gratiā*），是一种“经由转移”发生的理智和道德的“洗礼”，自从但丁成为“慕道者”、在自杀的异教徒伽图面前再次看见四星并“俯伏下拜”之后就一直在预备着这一刻。(121)换句话说，但丁以一种与教会和圣礼相异但又形似的方式完成了自己进入“人性”（*humanitas*）的“洗礼”，在此过程中，伽图承担代父母（sponsor）的角色，而先知维吉尔则是施洗者——尽管这个施洗者带人进入的并不是天国，而是人的乐园。

但丁被授予王冠和法冠一节，看来不需要再作解释，不过，还有些其他问题需要讨论一下。教会的洗礼表现为授予国王和祭司的尊荣，因为新受洗者成为了“永恒国王和祭司基督的肢体”。而通过维吉尔施行的理智洗礼，但丁并不是成为“基督的奥秘之体即教会”（*corpus mysticum Christi quod est ecclesia*）的肢体，而是成为“亚当的奥秘之体即人类”（*corpus mysticum Adae quod est humanitas*）的一员。但丁受洗后，乃是与亚当相似，后者构成人之完满和实现的纯人性榜样。不过，人类完满的神性榜样，基督，也并没有消失；最重要的是，他被合并归入了地上乐园。当时，但丁在伊甸园中沉睡，醒来后贝阿特丽齐向他说的开头几句话，诉诸基督作为罗马公民的人性-政治身份，并且在这番话中也对基督的这一形象作了超越化的处理。

> 你在这里做山民的时间不会长；
> 　　你要永远与我一同
> 　　做罗马的市民，在那里基督也是罗马人。(122)

将超越的耶路撒冷替换为超越化的罗马；将基督单纯的人的身份变化为罗马公民，因而成为亚当身体的一员；在但丁由罗马人维吉尔加冕为亚当的公民同胞和共同统治者之后，应许他未来将作为罗马同胞与基

(121) *Purg*. I，51.
(122) *Purg*. XXXII，100ff.

督同享公民身份;贝阿特丽齐的预言契合地上乐园的情节——那么多的元素,以强烈交错的方式交织在一起,构成[493]诸多交叉和相互关联,以至于不可能完全分析清楚何种诗歌手法可以通过一个意象表达出来。而且,但丁的意象绝对无法穷尽。

当然,亚当在乐园中是唯一的人,因而与人类等同,在这个特殊的时刻,构成了人,或人性(*humanitas*)全部理智潜能的完全实现。他被授予荣耀尊贵为冠冕,不仅成为他被设立要掌管的普遍受造物的君尊之主,同时也成为他自己代表的人类的主。他同时是个体和种群;所以,很合乎逻辑地,他就"好像天使一般",并且,他也就构成了(我们可以说)这世界唯一真正的单人合众体(corporation sole)。但是,现在但丁被加冕为亚当的共同统治者了。他那"洗礼式"的加冕,就隐喻的含义而言,表示他被授予了"精美的亚当"(*Adam subtilis*)的职分,被授予了由他本人(类似亚当)实现的超个体人性(*humanitas*)的职分;或者(我们可以说),他被赋予了人类的合众之体与政治之体(body corporate and politic)。因此,他有权接受普世和主权身份的标记,王冠和法冠;这两个标记授予他的并不是皇帝和教宗(这两种指导职分,是在人堕落以后作为一种补救而设立的,在无罪状态下是多余的)的尊荣,而是向他授予几乎客观化了的、"永远不死"的"人类尊荣",但丁成了它可朽的任职者,这一点在后来几个世纪中令文艺复兴学者们——例如加诺佐·马内蒂(Gianozzo Manetti)和皮科(Pico)——大为着迷。(123)"人类"(Man)成了一种至上尊荣和普世职分,其享有者可能是"最好的人,构成所有其他人的标准,并且可以说构成了他们的观念(Idea),无论他会是谁"。并且,这种人类的尊荣包括针对那些"有朽之人"的最高管辖权,无论那些人的地位等级如何,而这位"自己种类之中等次最高的那位",他行事乃是作为这种尊荣的工具——作为人类工具的人(*homo instrumentum humanitatis*)。

---

(123) Gianozzo Manetti(1396-1459)撰写了一部著作 *De dignitate et excellentia hominis*,献给 Alfonso of Aragon,该书不易取得;不过其中的一些片段,可见 *Prosatori Latini del Quattrocento*, a cura di Eugenio Garin(Milan and Naples, n. d.), 421-487。Pico della Mirandola 的 *De hominis dignitate*,见 Eugenio Garin(Florence, 1942)编辑的版本。

当然,这类法律理论基本上不可能出现在但丁的头脑中。但是,二体理论——"人类的两个身体"理论——的精髓,一定出现在了他的脑海中。[494]"自由,正直,且有整全的判断力",但丁在乐园中变成"精美的亚当"的类似者,地位高过人类。而这意味着,在亚当的特殊情况中,他的地位高过自己。当维吉尔以王冠和法冠的标记为但丁授职,这个仪式意味着在但丁里的"精美的亚当"(*Adam subtilis*)高过在但丁里的"可朽的亚当"(*Adam mortalis*)。当维吉尔离开自己的学生时,作为罗马人,他以十分精巧的方式,用六个包罗万象的词表达了这个观念,最后他这样总结道:

TE SOPRA TE *CORONO E MITRIO.*

(我为你戴上王冠与法冠,使你升于你之上。)

但丁接受王冠和法冠,[124]从而超越了但丁自己:无须强调,这节诗句蕴含了许多涵义和暗示,它丰富的意涵向如此众多的方向发散,与一切承载生命的艺术作品一样,其意义不可穷尽。这是一个映射的(reflexive)意象:主体与客体重合,在转回自身的同时又互相转向对方。在这一点上,人类层面的情况与上帝层面的映射光照具有某种相似性。在《神曲》的结尾处,但丁看见第二位格的光圈"画出,它自己的颜色,有我们的形象"——上帝、人子、一般的人类以及处在完满状态中的观看者重合在一起,各自转回自己,同时又转向其他各方。

这里讨论这些内容的目的,只是要聚焦到一个问题:但丁的这个以亚当为中心或以人为中心的王权概念,"人"(man)与"人类"(Man)、*homo* 与 *humanitas*、"可朽的亚当"(*Adam mortalis*)与"精美的亚当"(*Adam subtilis*)之间的映射,以及,通过转义,人的自然之体与人类的

---

[124]　按照德训篇 45:14,亚伦从摩西那里接受了一顶金冠,戴在法冠(头巾)之上,是"祝圣的记号、荣耀的饰物"(*signo sactitatis et gloria honoris*),这节经文有时被引用时会联系到但丁的诗句;参见,例如 Koenen,"Busswesen"(上文注 98),100, n. 34。尽管这处经文以及其他旧约经文,当然对教宗头饰的发展有某种影响(参见 Schramm, *Herreschafts-zeichen*, I, 57f),但很难关联到但丁的加冕。

合众之体之间的映射。现在，或许我们会发现更容易，或者也可能更困难，去理解英国法学家后来作的定义，认为"[国王的]自然之体与其政治之体相联合，后者包含了其王家产业和尊荣"，或者"政治之体，附于其自然之体之上，移除了自然之体的孱弱"。现在我们[495]知道，这些法学家看似奇怪的说法，哲学地讲，只是表达作为大写国王或王冠的国王(the king as King, or as Crown)乃是完满的实现(actuality)——永久，且在任一时刻——个人的自然之体只不过是潜在性(potentiality)。而在这里，我们也找到了作为大写国王之国王(king as King)的其他性质的哲学解释：他永远不死；他不受未成年无能力和老年衰弱的影响；他不能犯罪或做错事。因为他是全部国王的潜力(royal potencies)的永久实现，因而具有"天使的属性"(*character angelicus*)；政治理论家们尝试理解这样一种状态，有时以二性上帝(two-natured God)的措辞表达，有时在正义和法律的意义上加以理解，有时则在人民与政体的基础上加以理解。但是，有一种任务终究只能交给诗人去完成，就是对人自己里面的"两个身体"之间的这种张力作视觉化的呈现，使人性(*humanitas*)(按照罗马法，是上帝形象的中介⑫⑤)成为人的主权者(sover-

---

⑫⑤ 参较 *C.*5,16,27,1:"...cum-nihil aliud tam peculiare est imperiali maiestati quam *humanitas*, per quam solam *dei* servatur *imitatio*."(……因此没有其他任何东西比人性更属于皇帝的威严，上帝形象只通过它[人性]得到保留。)实际上，*humanitas nostra*(*vestra*)我们的(你们的)人性，与 *maiestas*(威严)、*aeternitas*(永恒)以及类似概念，都被用作皇帝的头衔；参见，例如 *Nov.*23,4, or *C.*11,56,1;另参 *Thesaurus linguae latinae*, s. v. "*humanitas.*"关于这个联系，最令人困惑的是但丁的同时代人 Andreas of Isernia(d. 1316)。他写了一个很长的注释，关于 Barbarossa's *Authentica* "*Habita*"(published at Roncaglia, in 1158;参较 *MGH*, *Const.*, I, 249, No. 176)，即所谓的"学者的特权"(*Privilegium Scholasticum*)，该特权向学生和学者授予保护，并被归并入罗马法(*C.*4,13,5 post)，并且这条法律不可能不引起但丁的好奇。在这条注释中(n. 4)，Andreas of Isernia(*In usus feudorum*, fol. 318)写道："QUILIBET autem EST REX SUI IPSIUS, dicit Augustinus super illud Psalmum 'Terribili apud omnes Reges terrae'[Ps. 75:13]. Multum debent reges virtuose et in virtuosis actibus sequi Deum, maxime in humanitate, per quam Dei servatur imitatio [*C.*5,16,27,1]."(奥古斯丁就那一诗篇"所有国王周围都是可怕的土地"[Ps. 75:13]说，而任何人都是他自己的国王，国王们应当极力拥有德性并在德性行为中跟随上帝，尤其在人性方面，上帝形象通过它[人性]得到保留[*C.*5,16,27,1]。)我们不能匆忙得出结论；但是这段非常重要，足以引起注意。关于 Barbarossa 的法律，参见 Walter Ullmann, "The Medieval Interpretation of Frederick I's Authentic 'Habita,'" *L'Europa e il Diritto Romano: Studi in memoria di Paolo Koschaker*(Milan, 1954),I, 99-136。

eign of *homo*），并为所有这些错综复杂的交叉关系和相互关系找到最复杂、精炼和简单——因为最人性——的程式：“我为你戴上王冠和法冠，使你升于你自己之上。”

───────

❶　卜尼法斯八世的本名。

第九章　尾　　论

[496]弗朗西斯·培根在他的散文《论王权》(of Empire)中这样写道:"一切关于国王的箴言,都包含在这两句警语里:'记得你是个人'(Memento quod es homo),以及'记得你是个神或神的代表'(Memento quod es Deus or vice Dei)。"前一句约束君主的权力,后一句约束他们的意志。而在其他方面,君主乃是"与天上的灵体相似,能造福也可降灾,多受尊敬,但永无宁日"。[1]

不要把培根的第一句"警语"误作嘉玛道修会(Camaldolite)著名的训言"记住死亡"(Memento mori),后者与该会的骷髅标志配合,对于中世纪晚期的宗教情感尤其有吸引力。"记得你是个人"的来源不是修道院,而是古典时代;而培根不可能无视与之配合的罗马背景。举行凯旋式那天,得胜的罗马统帅(imperator)乘着四匹白马拉的战车,从战神广场一路开向朱庇特神殿———一位活的神,穿着朱庇特的紫色托伽袍,手里拿着这位神的鹰杖,面孔用朱砂涂成红色———与他一同在车

---

[1]　Bacon, *Essays*, ed. Spedding(Boston, 1860), XII, 146. 关于不得安宁的国王(*rex exsomnis*),见上文第四章注 131、146、167。Per Palmer, *Triumph of Peace*: *A Study of the Whitehall Banquething House*(Stockholm, 1956), 173 引用了这段,感谢 Erwin Panofsky 教授提示我注意此处。

上、为他举起金冠的奴隶,在他耳边低语:"看你后面。记得你是个人。"②

　　显然,这是培根的第一句警语所指向的场景。他的另一条警语可能引用了诗篇 81:6,❶"你们是神",很符合绝对主义时代政论作者口味的一句诗,尤其是詹姆斯一世,他引用这句话并十分详细地作出了自己的解释。③[497]培根结合这两句警语进行论理的方式很有技巧,但并不令人十分惊讶。在他的时代,也有其他人表达过类似的观念,④而这一对命题本身只不过提示了培根常常提到的另一类主题:国王是可朽的人,但涉及到他的尊荣和他的政治之体时就是不朽的。不过,培根提到这个罗马传统——当凯旋的将领在一个扮作"神临在"(*deus praesens*)的时刻在他耳边低语警句,可能对我们是一个"提醒",指出最后有一个问题至少应该在这里提一下,这个问题在之前的论述中不止一次隐约浮现:中世纪晚期法学概念和宪制比喻,国王的身体,有没有任何古代的先祖或类似现象? 古典异教是否孕育了这个隐喻? 或者,更简洁直白的问法,国王二体的概念发源于异教还是基督教?

　　回答是,确实有一些现象表明,统治权(rulership)的二分概念可能

---

②　参较 W. Ehlers,"Thriumphus," *RE*, VIIA:1, 507; Tertullian, *Apologeticus*, xxxiii, 4. 罗马皇帝会很有意识地展示自己的"人性",更不用说马可·奥勒留了;关于他致 Sparta 附近 Gytheion 社区的信函,见 E. Kornemann, *Neue Dokumente zum lakonischen Kaiserkult*(Breslau, 1926), 7, line 20. 关于此处以及下文的内容,我要感谢 Andreas Alföldi 教授,并感谢他对这个简短结论的兴趣。

③　参见 James' "Speech of 1609," ed. McIlwain, *The Political Works of James I*(Cambridge, Mass., 1918), 307ff;另参 Kantorowicz, "Mysteries of State," 68, n. 9 以及(关于 Bossuet)"Deus per naturam," 274, n. 72. 另参 Ussher(下文注 15),269, and passim,引用了这篇诗篇;De La Guesle(下文注 13)以及数不清的其他作者也是如此。

④　参较 Palme, *Triumph of Peace*, 174, quoting from Ben Jonson, *A Panegyrie on the Happie Entrance of James, our Soveraigne, to his First High Session of Parliament*...1603, in *Poems*, ed. B. H. Newdigate(Oxford, 1936), 275ff, esp. 277:

　　她[忒弥斯]首先告诉他,国王们
　　乃是地上最高贵的造物:
　　他们,被上天,置于王座之上
　　如天国一般施行统治;并且,不再是,他们自己,
　　因为他们是人,本来是人。

植根于古典时代。⑤关于职能（capacities）的理论——即，一个人与他的职位（或多个职位）之间的显然区别——当然不会超出古典思想家的想象范围。我们不需要去搜寻在古代近东君主身上才能侦测到的极端案例。⑥在这里只需要[498]想起亚历山大大帝，按照普鲁塔克的说法，他区分了"亚历山大的朋友"（Φιλαλέξανδρος）与"国王的朋友"（Φιλοβασιλεύς）。⑦这个论述甚至有可能在源头上是受亚里士多德的启发，后者在《政治学》中清楚地区分了君王的朋友与王国的朋友。⑧还有，我们可以想起塞涅卡所说掌舵者。

> *Duas personas habet gubernator*——掌舵者有两个人格：一个
> 与所有其他乘客一样，因为他也同样是一名乘客；另一个则是他特
> 有的，因为他是掌舵者。一场风暴可以伤害作为乘客的他，但却不
> 能伤害作为掌舵者的他。⑨

---

⑤ 详细考察古代时代平行项的工作超出了本项研究的范围和作者的能力。不过我的简短注释或许可以促使别人更成功地追溯这个问题。

⑥ 在埃及，对于灵魂的一部分"Ka"的表现会自然地引向双重性；例如，Ramses II 为自己的圣所举行了落成典礼，并崇拜他自己的像，A. D. Nock，"Σύνναος Θεός," *Harvard Studies in Classical Philology*, XLI(1930), 14, n. 1; 另参 Kantorowicz, "Quinity," 81f, nos. 48ff. 最引起兴趣的，是一种在各地都有观察到的埃及习俗，为一名死去的官员埋葬两尊像：一尊戴着假发、穿着束腰，表明其身份是王家官员；另一尊则光头、穿着长袍，表示死者这个"人"；参较 Jean Capart, "Some Remarks on the Sheikh El-Beled," *Journal of Egyptian Archaeology*, VI(1920), 225–233; 另参 A. Wiedemann, "Ägyptische Religion," *Archiv für Religionswissenschaft*, XXI(1922), 457, 作者还提到了偶尔出现的埃及国王双重下葬的情况。罗马也有若干双重下葬（*funus duplex*）的例子，比如 Pertinax 和 Septimius Severus, 尽管这并不是普遍的习俗，如 Bickermann, "Die römische Kaiserapotheose," *Archiv für Religionseissenschaft*, XXIX(1929), 1–34 试图颇为巧妙地加以证明的; 参较 Ernst Hohl, "Die angebliche 'Doppelbestattung' des Antoninus Pius," *Klio*, XXXI (1938), 169–185. 关于阿契美尼德王朝的印章（国王与主神 Ahuramazda），参见，例如 H. P. L'Orange, *Studies on the Iconography of Cosmic Kingship in the Ancient World* (Oslo, 1953), 93, fig. 65b。

⑦ Plutarch, *Alexander*, c. 47.

⑧ Aristotle, *Politics*, III, 16, 13, 1287b; 参较 W. L. Newman, *The Politics* (Oxford, 1887), III, 301f. 上文第七章注 180。

⑨ Seneca, *Epistolae*, LXXXV, 35. 医生 Scribonius Largus(1 世纪)曾经仔细作出了人与职业之间的区分（关于哪个人在"扮演某个角色"）；参较 Ludwig Edelstein, "The Professional Ethics of the Greek Physician," *Bulletin of the History of Medicine*, XXX(1956), 412ff.

在这里用了许多词句,还是在表达"双重性"的原则,很有可能,照此推理(de similibus ad similia),这段话也可能被某位中世纪法学家所用,他们本来就喜欢为自己的特别目的引用塞涅卡。⑩

与王权(kingship)有关的观念,也通过所谓"新毕达哥拉斯派"作家"论王权"的作品独立推进着,他们作品的残篇通过斯托比亚斯(Stobaeus)流传了下来。在一份署名为埃克芬图斯(Ecphantus)的残篇中,作者揭示了国王在其地上的帐幕中(即,在肉身中)与其余人类相似;但作为国王,他乃是[499]那"至高工师的摹本,在设立国王时,以他自己为原型"。⑪这位作者的作品,在斯托比亚斯之后,于16世纪上半叶由人编辑并翻译为拉丁语,对绝对主义政治神学家不可谓无影响。⑫到该世纪末,国王的总检察长(Procureur général)雅克·德·拉·盖斯尔(Jacques de La Guesle)在法国最高法院发表庄重演说时,大量引用了埃克芬图斯的论述,包括这里引用的部分。⑬埃克芬图斯还通过阿格佩图斯(Agapetus),⑭被詹姆斯·厄舍尔(James Ussher)大主教引用,用

---

⑩ 这个地方实际上是1625年Hugo Grotius, *De iure belli ac pacis*, II, c. IV, § 12(Amsterdam, 1720), 234所引用的;参较 Vassalli, "Fisco," 205;上文第五章注230。

⑪ Goodenough, "The Political Philosophy of Hellenistic Kingship," *Yale Classical Studies*, I (1928), 76; Delatte, *Traité de la Royauté*, 26, 2ff, and 47;另参177ff,关于Eurysus的一个类似残篇。另一个相关的残篇,被误归入Philo名下,也是源于Agapetus,他怎是依赖于新毕达哥拉斯派的作品;参较Ševčenko(下文注14), 145ff,作者击碎了Philo是作者的神话。

⑫ Stobaeus的*editio princeps*于1535年在威尼斯出版,第一个拉丁语译本,由C. Gesner翻译,1543年在苏黎世出版;参较Delatte, *op. cit.*, 7 and 21。

⑬ Jacques de La Guesle, *Les Remonstrances*(Paris, 1611), 42(Remonstrance of 21 July 1588);"La Iustice est la fin de la loy, la loy l'oeuvre du Roy, le Roy l'ouvrage et le chef-d'oeuvre du grand Dieu(参较Plutarch, *Ad principem ineruditum*, c. 3, 780E). Et combien qu'il ne soit point dissemblable en apparence des autres hommes, comme estant faict et crée de mesme matiere, si est-ce qu'il est fait et fabriqué de ce tres-grand et tres-parfaict artisan, lequel en soy, et sur soy en a pris le modelle."(正义是法律的目标,而法律是国王的作品,而国王是伟大上帝的[安排的]成果和杰作[参较Plutarch《写给没有受教育的国王》]。因此,虽然他和其他的人没有什么差别,因为他是由同样的物质受造的,但他是由那位非常伟大的和非常完美的工匠[指神,上帝]指定的和制造的,这是他的存在,而在存在之上还是一个模式。)几行之后他提到"某个毕达哥拉斯派"。他在1595年的演讲实际上以Ecphantus的话开头;参Church, *Constitutional Thought*, 266, n. 54所引用的段落。

⑭ Agapeuts Diaconus, *Capita admonitoria*, c. 21, *PGr*, LXXXVI:1, 1171A. 这一章,尽管经过了改写,但是取自于Ecphantus;Agapetus也在其他段落中显示出受到了毕达哥拉斯派政治哲学家的影响。自12世纪以降,Agapetus(以及,通过他的代理,(转下页))

在一本原先想要题献给查理一世、论"上帝向君主所传授的权力"的著作中。⑮在另一本毕达哥拉斯派的著作中,同样也是经过斯托比亚斯的转手、并被绝对主义者引用,作者第欧托根尼(Diotogenes)宣称,国王"享有绝对的统治权,他自己就是活的法,并被质变为一位在[500]众人之中的神。"⑯在中世纪的政治思想中,也并不缺少国王质变论(meta-morphosis),尽管这个理论不是受毕达哥拉斯派理论家的启发,而是来源于旧约。但是,我们几乎可以确信,在诺曼无名氏的话中,听到了第欧托根尼——或者是同一学派的另一名学者,洛克里的斯泰尼达斯(Sthenidas of Locri)⑰——的声音:

> 我们必须承认,[在国王里面]有双重人格,一个来自于自然本性,另一个来自于恩典……;在依自然本性而来的那个,他与其他人相同,而另一个,依[他的]神化(deification)的卓越及[祝圣]圣礼的力量,他高于所有其他人。⑱

当然,诺曼无名氏会说,他的国王是依靠祝圣时"猛然注入"的恩典之力而发生质变;而毕达哥拉斯派会说这个质变是国王"模仿"(mimesis),

---

(接上页注)Ecphantus)对俄国政治理论也产生了影响,正如 Ihor Ševčenko,"A Neglec-ted Byzantine Source of Muscovite Political ideology," *Harvard Slavic Studies*, II(1954), 141–179 有力证明的那样。Agapetus 的第一个拉丁语译本貌似是出现于 1509 年(*PGr*, LXXXVI:1, 1155ff);Jean Picot 于 1563 年出版了译自希腊语的法语译本;路易十三国王还加上了一个从拉丁语译为法语的版本(1613)。16 世纪有两个英文译本,第一个是 Thomas Paynell(ca.1530);第二个是 James Whit(London, 1564),两部作品都献给玛丽·斯图亚特。(我在普林斯顿的火石图书馆找到了这两本著作的微缩胶卷。)

⑮ 参见 James Ussher, *The Whole Works*(Dublin, 1864), XI, 281. 我要感谢 Margaret Bentley Ševčenko 女士提示我注意 Ussher 大量引用了新毕达哥拉斯派的著作。

⑯ Goodenough, "Hellenistic Kingship," 68; Delatte, *Traités de la Royauté*, 39, 10ff; 另参 p.53. 认为国王享有无须负责的统治(ἀρχὰν ἔχων ἀνυπεύθυνον; Delatte, 140 and 248)一定是被投入到绝对主义者的磨坊里研磨了。Ussher 的作品中反复提名引用了 Dioto-genes,见 pp.266, 280f, 285。

⑰ 关于 Sthenidas 论辩说"上帝是首先的王,且依本性(*by nature*)为统治者,而国王只是依后来成为(*by becoming*)和依对上帝的模仿(*by imitation* of God)才如此"(Delatte, 45f; cf.56 and 274ff),见我在"Deus per naturam," 268ff 的评论。

⑱ 上文第三章注 8。

即模拟神的结果。不过,恩典和模仿并不是互相排斥的,因为恩典(至少在这个联系上)乃是使人得以成为"上帝的形象",或者以"上帝的形象"行事的力量。⑲

对于古代的国王双重性问题,一旦我们引入某些文化因素,并感觉倾向于以某种方式将国王的政治之体"比附于"希腊国王和罗马皇帝的神性,这个问题就会变得越来越复杂和混乱。我们是否可以说,在古代,统治者不朽的超级身体(super-body)与他推定的神性重合在一起?在一个人里面同时具有人性和神性的观念,在古典思想中并非全然陌生:希罗多德称赞那些向赫拉克勒斯献上两个供奉的希腊城邦,"向一个赫拉克勒斯所献的牺牲,是献给一位不朽者,称他为奥林匹亚来的,而献给另一个,则是把他当作一位死去的英雄"。⑳当然,赫拉克勒斯是一个神话人物;但在真实历史中也并非[501]没有同样的例子。例如,马其顿国王腓力二世本人坐在埃加伊(Aigai)剧场中的时候,12位神的像排着庄严的队列进入剧场,菲利普本人的像也列入其中,作为第十三位,这意味着什么呢?㉑ 在这个案例中,是不是说,国王在其自然之体中,坐在王家包厢里(而且这个自然之体正好在那里遭到谋杀),而在其政治之体或等同物之中,他被放在榻上展示、预备取得神性? 在帝国时期的罗马,也会很容易发生奇怪的情况。在古代,诸神自己献祭的场面并非闻所未闻;㉒但是,看到罗马皇帝们有一种有点类似的情况,就令人困惑了。早在公元前7年,在罗马城就有奉献给奥古斯都之灵(*genius* of Augustus)的祭坛,并且为了文化的需要,在奥古斯都神坛(*ara numinis Augusti*)那里还设立了一所非常庄严的祭司学院。㉓所以,皇帝以大祭司(*Pontifex Maximus*)的身份可以献祭,也可以收取祭

---

⑲　Kantorowicz,"Deus per naturam," 274ff.

⑳　Herodotus, II, 44.

㉑　Diodorus, XVI, 92, 5.

㉒　参较 Erika Simon, *Opfernde Götter*(Berlin, 1953),作者对在瓶画中发现的材料作了非常好的讨论。另参 S. Eitrem,"Zur Apotheose," *Symbolae Osloenses*, XV—XVI(1936),137,关于"自我崇拜"("*kultische Ungereimtheiten*")的许多例子。

㉓　参见 D. M. Pippidi, *Recherches sur le culte impérial*(Paris, 1939), Chapters I, II and VII; Georg Niebling,"Laribus Augustis Magistri Primi," *Historia*, V(1956), 303-331.

物,如此,他就同时作为献祭者和祭物的接受者。[24]根据苏埃托尼乌斯的记载,卡利古拉跑到很远的地方,去奉献一所供奉自己神灵(*numen*)、配有祭司的神庙,并在神龛内立起自己的金像,每天穿着与皇帝本人当天所穿一样的衣服[25]——实在是一个完美、尽管相当令人困惑的双重形式。其中所暗示的,是统治者公共人格(*persona publica*)的一种"客体化"(objectification)。还有,在法庭上要凭着守护神(τύχη),即皇帝的神灵(*genius*)宣誓(这个习俗自图密善时期就有,一直持续到[502]查士丁尼之后很久);结果,这可能,也确实发生了,必须要有一个臣民代表大写的皇帝(Emperor)向小写的皇帝(emperor)宣誓效忠。[26]

尽管这些毫无疑问是与后来国王不朽政治之体的客体化存在模糊关联的事例,但其中的差异也至少与相似性一样大。毕竟,尽管皇帝的神灵(*genius*)或守护神(*numen*)是公共崇拜的对象,但并不与个人分离,而仍然是个体的人的一种内在组成成分。因此,很难认为皇帝成为"守护神或神灵的工具"(*instrumentum numini* or *genii*)的意义与中世纪晚期君主成为"尊荣的工具"(*instrumentum Dignitatis*)及其不朽职位之肉身化的意义相同。不过,"肉身化"和"工具性"也还是属于古代统治者崇拜的范畴之内。

与崇拜某一位皇帝的神灵或保护神不同,统治者也可以被等同于一位既有和获得承认的神,表现为一个"新赫拉克勒斯"(*novus Hercu-*

㉔ 这种双重性,或说神性与人性的互动的基督教版本,最突出的表达见于东方教会在大行进(Great Entrance)中所唱的基路伯圣咏:"你是那献祭者,又是接受奉献者;你是接受者,你是分发者。"参较 F. E. Brightman, *Liturgies Eastern and Western*(Oxford, 1896), I, 318, 34; 378, 5; 431, 6. 见上文第三章注 43,以及我的评论"Quinity," 83f,关于由此产生的争议,以及这种双重性的图像化展示。

㉕ Suetonius, *Caligula*, 22, 3:"Templum etiam numini suo proprium et sacerdotes et excogitissimas hostias instituit. In templo simulacrum stabat aureum iconicum amiciebaturque cotidie veste, quali ipse uteretur."(他还为他自己的神灵建立了神庙、祭司和最好的牺牲。在这个神庙里他立了和自己一样大小的金色雕像,雕像每天被披上衣服,按着他自己穿衣的样子。)

㉖ 参见 E. Seidl, *Der Eid im römisch-ägyptischen Provinzialrecht*(Münchener Beiträge zur Papyrusforschung, XVII and XXIV[Munich, 1933 and 1935]), I, 11ff, and II, 5ff, 关于该程式,表明了在 Heraclius I 统治时期仍然有向保护神献祭;参较 I, 23f, II, 5ff. 关于大写皇帝向小写皇帝所作的宣誓,参见 Eitrem,"Zur Apotheose"(上文注 22), 137。

les)、"新太阳神"(novus Sol)。卡利古拉被人取笑,就是因为他为自己
祝圣,成为"朱庇特·拉丁姆"(Jupiter Latiaris)——卡西乌斯·迪奥
(Cassius Dio)称之为"自己做自己的祭司"(αὐτὸς ἑαυτῷ ἱερᾶτο)。㉗加
里努斯(Gallienus)将自己等同于刻瑞斯(Ceres)女神到这样一种极端
程度,当他出现在钱币上时,不仅把自己的大胡子肖像与女神的特征玉
米穗冠一并展示,还在周围刻上了"加里努斯女皇"(GALLIENAE
AUGUSTAE)的铭文。㉘其他一些事例则必须更严肃地对待。在第三
世纪,戴克里先建立了四帝共治制度以及"朱庇特"和"赫拉克勒斯"王
朝;在此情况下,"神灵"的多重性是很难理清的,因为"每一位皇帝的神
灵,本身是神圣的、是崇拜的对象,又被宣布为就是朱庇特[503]和赫
拉克勒斯的神灵"。㉙这个现象从属于同一个观念群组,就是一位神被
认为是 comes Augusti,皇帝永久的伙伴,㉚于是皇帝的神灵就与这位神
变得几乎无法区分,这个情况有不少钱币可以很容易地证明。波斯图
慕斯(Postumus)发行了一种钱币,通过成对出现的头像,将皇帝与赫
拉克勒斯的形象联系在一起——这个赫拉克勒斯的面孔与对应的皇
帝很相像,所以这个图像无疑表明了"双生"或某种神与统治者的同
一性(图 32a)。㉛另一个同样情况的例子是普罗布斯(Probus)与"SOL

㉗　Cassius Dio, LIX, 28, 5. 关于"新的某某"的说法,参见 A. D. Nock,"Notes on Ruler-
Cult," *Journal of Hellenic Studies*, XLVIII(1948), 30ff;关于中世纪,见我在 *Laudes re-
giae*, 57,n. 148, 69,n. 15, 74,n. 31 的评论。

㉘　A. Alföldi,"Zur Kenntnis der Zeit der römischen Soldatenkaiser," *Zeitschrift für Nu-
mismatik*, XXXVIII(1928), 174ff, esp. 188ff(见上文第三章注 93);参较 193ff, 关于这
个铭文表达的雌雄同体论(*zweigeschlechtliches Zwitterwesen*)。见上文第一章注 8,关于法
学家论两性人。

㉙　Harold Mattingly, in *Cambridge Ancient History*(Cambridge, 1939), XII, 330. Cf. C. H.
V. Sutherland,"Flexibility in the 'Reformed' Coinage of Diocletian," *Essays in Roman
Coinage Presented to Harold Mattingly*(Oxford, 1956), 174-189.

㉚　A. D. Nock,"The Emoeror's Divine *Comes*," *Journal of Roman Studies*, XXXVII(1947),
102-116.

㉛　H. Mattingly and E. A. Sydenham, *The Roman Imperial Coinage*(London, 1923-1933),
V:2, pl. XIII, fig. 11, 另参 figs. 9-10;关于略微不同的类型,其相似性比较不明显的,
参见 Alföldi, *op. cit.*, pl. VII, fig. 10,作者强调(p. 192)"dass ein Doppelwesen gemeint
ist"([这里]指的是一种双重本质);另参 Jocelyn M. C. Toynbee, *Roman Medallions*
(New York, 1944), pl. XLVI, fig. 8。关于"成对头像"的一般宗教背景,参见(转下页注)

图 32 罗马纪念章和钱币

COMES PROBI AUGUSTI"（太阳，普罗布斯·奥古斯都的伙伴）；皇帝那不可战胜的同伴，即太阳神，头上有竖直的光线，好像一个影子在普罗布斯戴着头盔的脑袋后面（图 32b）。[32]不过，需要强调，并不是皇帝的面孔被塑造成配合同伴神的面孔，而是神的面孔被塑造成看起来好像皇帝的脸，或者说构成皇帝的一张"超级面孔"（super-face）。这个论断在君士坦丁大帝的钱币上表现得极为突出，在其中，同一位"太阳神，不可战胜的伙伴"（SOL INVICTUS COMES）完全改变了面孔，以至于这位神现在看起来好像"是按照君士坦丁的形象被造的"（图 32d—f）。[33]我们可以看到一种双重性，表示这里有某种双重存在（double-being）——一种人-神的双重性，将君士坦丁与太阳神表现为可以互换的崇高形象，并且，同时展现了统治者[504]可朽的人类身体与其同伴的超级身体，后者是一个神，是不朽和神圣的。[34]"神取了王的形象"（*Deus imago regis*）——这会令我们想起，是变化了的基督教格言"王取了神的形象"（*rex imago Dei*），后者的概念也需要为基督教艺术中偶尔出现的上帝与统治者、基督与他在地上的代理人之间表面的相似性负责。[35]

此外，当我们想到其他的罗马铭文时，看起来好像也迫近了工具性的问题。自共和国晚期以降，"罗马人民的神灵"（*Genius populi Romani*）就出现在钱币上：好像赫拉克勒斯的样子，拿着权杖和丰饶角，脚踏在世界之球或者神的脚凳上；或者只有头像，"伴随有权杖、王家花冠、

（接上页注）Hermann Usener, "Zwillingsbildung," *Kleine Schriften* (Leipzig and Berlin, 1913), 334ff, esp. 355f, 不幸的是作者没有讨论皇帝的钱币。

[32] Toynbee, *op. cit.*, pl. II, fig. 7.

[33] 参较 Toynbee, *op. cit.*, pl. XVII, fig. 11; J. Maurice, *Numismatique Constantinienne* (Paris, 1908-1912), II, 238ff; E. Babelon, "Un nouveau médaillon en or de Constantin le Grand," *Mélanges Boissier* (Paris, 1903), 49f; 另参 Maurice, *op. cit.*, p. 236, pl. VII, fig. 14. 关于君士坦丁的钱币，参见 further, Alföldi, "The Helmet of Constantine with the Christian Monogram," *Journal of Roman Studies*, XXII (1932), pl. II, figs. 15-16。参较 Kantorowicz, "Quinity," figs. 27-29, and p. 82.

[34] 启发性略低的是 Carus 钱币上的某些图像，神与皇帝是面对面的；但当时习惯的皇帝头衔"神与主"（*deus et dominus*）（参较 Alföldi, "Insignien," 92ff）围绕在两个脑袋边上，作为铭文和标语，事实上，同一时期致神与尊荣者（*numini maiestatique*）的铭文也有类似的故事（见下文注 38）。关于 Carus 的钱币，参较 Mattingly and Sydenham, *op. cit.*, v:2, pl. VI, fig. 13。

[35] 见上文第三章注 50。

以及权球"。㊱到第 3 世纪,我们发现有钱币图像展现皇帝本人被当作罗马人民的神灵来崇拜,被当作罗马人民永恒无尽权力的肉身化或人格化形象。㊲到了这里,我们可以有把握地说,皇帝成了某种与他不同的、不构成他自身内在组成部分的东西的"工具"——实际上,成了"罗马人民神灵的工具"(*instrumentum Genii populi Romani*)以及一个"永远不死"的不朽体制的说明者。或者,在公元 3 世纪,也常常有铭文献给"神与尊荣者"(*numini maiestatique*),即皇帝的神性(*numen*)和他在地上的尊荣(*maiestas*);我们可以知道,最终他成为肉身化的,乃是代表了"罗马人民的尊荣"(*Maiestas populi Romani*)。㊳我们也不应该忘记,有一种程式以哲学方式表示了类似观念,[505]比如塞涅卡的"君王是国家(*res publica*)的灵魂;国家是君王的身体",——这种观念的"古代性"并不比奚普利安的"教会在主教里面;主教在教会里面"稍低。㊴

总结一下,不可否认,在古典政治哲学和政治神学中,可以辨识出一些零散的因素,表明国王二体观念的实质在异教古代已经有所发源。此外,如果说这类古代命题中有那么一两个,到了文艺复兴盛期,随着文学资料、以及考古和钱币材料的重新丰富,而再次焕发出活力,听起来是个相当有道理的说法。确实,这种古典模式偶尔会被用来合理化某些现象(例如,在国王葬礼上展示拟人像),而这类现象是从完全不同

㊱ 参较 Alföldi,"The Main Aspects of Political propaganda on the Coinage of the Roman Republic," *Essays…Mattingly*(上文注 29),87,93f。

㊲ Alföldi,"Zeremoniell," 91, and fig. 3(Gallienus); see also in *Zeitschrift für Numismatik*, XXXVIII, pl. VII, fig. 1, and p. 102.

㊳ 罗马人民的尊荣本身是古代王权尊荣的延续,这一点是另一个问题。这个题献的程式在第三世纪真的非常常见;参见,例如 H. Dessau, *Inscriptiones Latinae selectae* (Berlin, 1916), III:2, p. 779, Index, *s. v.* "N N M QE." 一个例子,参见 Dessau, No. 499(vol. I, p. 120):"Imperatori Caesari M. Antonio Gordiano etc. Numisius Quintianus v(ir) p(erfectissiumus) ab epistulis Latinis, *devotus numini maiestatique eius.*"(致皇帝凯撒马库斯・安东尼乌斯・戈迪阿努斯……昆体良,最擅书写拉丁书信的人,献给他的神和尊荣者。)感谢 Alföldi 教授向我提供的信息,按照他的说法,这个程式本身,或许因为它的出现太过频繁,至今尚未有以此为主体的专门研究。

㊴ Seneca, *De clementia*, I, 5, 1;上文第五章注 65,以及,第七章注 405,及注 408。

的条件和环境中起源和发展的。⑩不过,将古代时代所有这些孤立的双重性因素总和在一起,是否可以创制出一种可与中世纪晚期法律家的理论相匹敌的理论来,还是极度可疑。因为,尽管古典时代有所有这些平行项、类似物、以及"先祖",但无论如何,在都铎时期的程式中,有一个细节,自始至终排除异教来源;那就是国王有两个身体的概念。在异教思想中,显然无法正当化这个说法,因此,如果有现代学者表示,罗马皇帝有时候会被称为"单人合众体"(corporation sole),那是一个假象。⑪诚然,在希腊哲学中,宇宙、城邦、或者个人,都可以分别被解释为一个身体(σῶμα),并且,圣保罗将教会定义为"基督的身体"(corpus Christi)也确实反映出了这种神学。⑫但是,另一方面,保罗这个激进的概念最终将一种哲学-神学推动力赋予了古代晚期的"合众体/法人",而在君士坦丁大帝称教会为一个"身体"(corpus)并[506]将这个哲学和神学观念引入法律语言之前,这类"身体/机构"(bodies)显然是没有这种推动力的。⑬此外,"基督身体"(corpus Christi)原理对于"共体"(universitates)法律概念的解释所产生的影响,以及由此对中世纪合众体/法人理论产生的影响,是一个不可小视的事实。⑭

或许可以说,诺曼无名氏的一般概念还在效仿古代统治者的神化(deification)。但是,都铎法学家们的理论,绝对是建立在保罗的语言及其后来的发展之上:从保罗的"基督的身体"变成中世纪的"教会奥秘的身体"(corpus ecclesiae mysticum),然后变成"国家奥秘的身体"(corpus reipublicae mysticum),后者被等同于"国家的道德和政治之体"

---

⑩ 见上文第七章注 372 以下。

⑪ 参较 F. Schultz, *Classical Roman Law*(Oxford,1951),90f:"如果采用英国的'单人合众体/独体法人'概念,我们可以简单地说,君主也是一个单人合众体/独体法人。"参较 p. 89,论到:"罗马人民是一个合众体/法人。"

⑫ 关于整个问题,参见 Arnold Ehrhardt,"Das Corpus Christi und die Korporationen im spät-römischen Recht," *ZfRG.*,rom. Abt.,LXX(1953),299-347, and LXXI(1954),25-40.

⑬ Ehrhardt,*op. cit.*,LXXI,37-40;另参 Roberti(见下一条注),79f.

⑭ Cf. M. Roberti,"Il corpus mysticum di S. Paulo nella storia della persona giuridica," *Studi in Onore di Enrico Besta*(Milan,1939),IV,37-82;Tierney,*Conciliar Theory*,131ff; see also Gierke,*Gen. R.*,III,108ff,111ff.

(*corpus morale et politicum* of the commonwealth)，直到最后（通过与"尊荣"[*Dignitas*]概念的混合）出现了这句口号，表示每一位修院长都是一个"奥秘之体"或"政治之体"，于是，国王也就照样是，或者拥有，一个"永远不死"的政治之体。所以，尽管与不相干的异教概念有某种相似性，"国王的两个身体"构成了基督教神学思想的一个旁枝，并在后来成为了基督教政治神学的地标。

---

❶　和合本 82:6。

图 片 目 录

1. 1642 年的纪念章［21 页以下］

    a. 查理一世国王在议会中（背面无图像）

    纽约，美国钱币协会（The American Numismatic Society）（照片经协会允准使用）

    b-c. 正面：查理一世肖像

          铭文：PRO · RELIGIONE · LEGE · REGE · ET · PARLIAMENTO（为了宗教，法律，国王与议会）

          背面：国王在议会中

    d-e. 正面：议会军总司令，埃塞克斯伯爵三世，Robert Devereux 肖像

          铭文（外圈）：愿议会两院为了真宗教和臣民自由而坚立

          （内圈）：PRO · RELIGIONE · LEGE · REGE · ET · PAR-LIAMENTO（为了宗教，法律，国王与议会）

          背面：国王在议会中

    f-g. 正面：查理一世肖像

          铭文：愿议会两院为了真宗教和臣民自由而坚立

          背面：国王在议会中

埃塞克斯纪念章(d–e)结合了两枚国王纪念章(b–c,f–g)的铭文内容。背面铭文未变动(另参图2)。这三枚纪念章收藏于格拉斯哥的亨特博物馆(Hunterian Museum);感谢亨特钱币馆的主管 Anne S. Robertson 小姐提供石膏模型。参较 Hawkins, *Medallic Illustrations*, pl. xxv, figs. 5, 6, 11。

2. 1642 年的纪念章,放大图[22 页]

正面:战舰

背面:国王在议会中

铭文:PRO:RELIGIONE:GREGE:ET:REGE:(为了宗教团体和国王)伦敦,大英博物馆(照片蒙大英博物馆 J. K. Jenkins 先生提供,特此致谢)

3. 查理一世国王之印(所谓的"第五印")[22 页]

转自:*Trésor de numismatique et de glyptique*:*Sceaux des rois et reines d'Angleterre*(Paris,1858),pl. xx。

4. 理查二世国王的徽记[32 页]

a. 徽旗,b. 军旗

转自:Lord Howard de Walden, *Banners, Standards, and Badges from a Tudor Manuscript in the College of Arms* (1904), figs. 5 and 71.

5. 威荣的皇帝[62 页]

赖兴瑙修院学校所作微缩画中的奥托二世;亚琛大教堂:Gospel Book,fol. 16ʳ(约主后 975 年)

照片:Ann Bredol-Lepper 女士,亚琛。

6. 威荣的基督[64 页]

象牙册子书封面(比利时),达姆施塔特(约主后 900 年)

转自：A. Goldschmidt，*Elfenbeinskulpturen*，I，pl. LXXIV，fig. 162；参较 Rosalie B. Green，in *Art Bulletin*，XXVIII(1946)，112f。

7. 威荣的基督[64 页]

圣高尔修道院(St. Gall)的象牙册子书封面(约主后 900 年)

照片：K. Weitzmann 教授提供，特此致谢；参较 Goldschmidt，*op. cit.*，I，pl. LXXV，fig. 163a。

8. 土地神托起被钉十字架者[66 页]

Echternach，Gotha 的象牙制品(11 世纪)

照片：K. Weitzmann 教授提供，特此致谢；参较 Goldschmidt，*op. cit.*，II，pl. IX，fig. 23。

9. 末世论主题图景，加洛林时期[69 页]

微缩画，薇薇安圣经：巴黎，国家图书馆，Bibl. Nat. MS lat. 1，fol. 416。

照片：普林斯顿大学，艺术与考古系。

10. 末世论主题图景，加洛林时期[69，75 页]

微缩画；罗马，圣保禄大教堂，Bible，fol. 307^v。

11. 天主的威荣(Maiestas Domini supra Caelum)[69 页]

Junius Bassus 的石棺(主后 359)；罗马，梵蒂冈地窟(Grottos of Vatican)。

12. 巴西尔二世的凯旋[69，78 页]

拜占庭微缩画(11 世纪)；威尼斯图书馆，Bibl. Marciana，MS gr. 17。

照片：普林斯顿大学，艺术与考古系。

13. 得胜的基督[72 页]

镶嵌画(6 世纪);拉文纳,总主教礼拜堂。

照片:K. Weitzmann 提供。

14. 基督消失:升天[74 页]

微缩画,《圣伯恩沃德福音书》(11 世纪);希尔德沙姆大教堂,MS 18, fol. 175^v。

15. 威荣的基督与 24 位长老[76 页]

a. 微缩画,加洛林时期;罗马圣保禄大教堂,Bible, fol. 116^v。

16. 秃头查理登基[63 页注 46,66、76 页]

a. 微缩画,加洛林时期;薇薇安圣经(上文图 9),fol. 423。

   转自:W. Köhler, *Die Schule von Tours*(1930), pl. 76。

b. 微缩画,加洛林时期;圣艾莫兰修道院(St. Emmeram)福音书（黄金之书）:慕尼黑国家图书馆,Clm. 14000, Cim. 55, fol. 5^v。

   转自:G. Leidinger, *Codex aureus*(1921), I, pl. 10。

17. 腓特烈二世皇帝的凯旋门[111 页]

13 世纪(重建)。

转自:C. A. Willemsen, *Kaiser Friedrichs II. Triumphtor zu Capua* (Wiesbaden, 1953), fig. 106。

18. 安布罗吉奥·洛伦泽蒂[112 页]

a. 正义女神,b. 良善政制。

湿壁画,锡耶纳市政厅(14 世纪)。

照片:Alinari。

19. 有正义女神的最后审判[112 页]

出自 Stablo 的珐琅三联画(12 世纪);纽约,Alistair Bradley Martin

夫妇藏品。

照片:蒙 A. B. Martin 先生允准,特此致谢。

20. 作为法官的亨利二世皇帝[113 页]

微缩画,卡西诺山修道院的福音书(主后 1022-1023 年);梵蒂冈,
Ottobon. Lat. 74,fol. 193ᵛ。

照片:蒙梵蒂冈图书馆允准,特此致谢。

21. "没有被基督夺取的,就要被国库夺取"寓意画[174 页]

Andrea Alciati, *Emblemata* (Lyon, 1551; first edition 1531). No.
CXLVII, p. 158.

22. 1603 年的纪念章:伊丽莎白一世女王:"独一的不死鸟"[413 页]

正面:伊丽莎白一世女王

　　　铭文(外圈):HEI・MIHI・QUOD・TANTO・VIRTUS・
　　　PER・FUSA・DECORE・
　　　NON・HABET・ETERNOS・INVIOLATA・DIES

　　(内圈):ELIZABETHA・D・G・ANG・FR・ET・HIB・
　　　REGINA・(伊丽莎白,蒙神恩为英国、法国和爱尔
　　　兰女王)

背面:火葬堆上烧着的不死鸟;上方是女王的花押和王冠

　　　铭文(外圈):FELICES・ARABES・MUNDI・QUIBUS・
　　　UNICA・PHOENIX・
　　　PHOENICEM・REPARAT・DEPEREUNDO・
　　　NOVAM

　　(内圈):O・MISEROS・ANGLOS・MUNDI・QUIBUS・
　　　UNICA・PHOENIX
　　　VITIMA・FIT・NOSTRO・TRISTIA・FAT-
　　　A・SOLO

转自:J. D. Köhler, *Munz Belustigung* (Nürnberg, 1729ff), XXI,

225ff。关于伊丽莎白 1558 年即位时候发行的不死鸟纪念章,见 Hawkins, *Medallic Illustrations*, pl. VI, 7, 8, 9, and also VIII, 17。

23. 1649 年的纪念章:查理一世与不死鸟国王查理二世[413 页]

正面:国王查理一世。

铭文:CAROLUS · I · D:G:MAG:BR:FR:ET · HI:REX

(查理一世,蒙神恩为大不列颠、法国和爱尔兰国王)

背面:不死鸟从火葬堆升起。

铭文:CAROLUS · II · D:G:MAG:BRIT:FRAN:ET · HIBER:REX:

(查理二世,蒙神恩为大不列颠、法国和爱尔兰国王)

(内圈)EX · CINERIBUS(从余烬中升起)

Thomas Rawlins 设计的纪念章,保王派在查理一世遭处决后铸造;格拉斯哥,亨特钱币馆;蒙大英博物馆 J. K. Jenkins 提供石膏模型,特此致谢;照片由美国钱币协会制作。参较 Hawkins, *Madallic Illustrations*, pl. xxx, 19。

24. 筹码设计图,1643 年[414 页]

巴黎,Bibl. Mazarine, MS 4395, fol. 1^v。

照片:蒙 R. E. Giesey 博士提供,特此致谢。

25. 纪念章(设计图):路易十四的"正义之床"[414 页]

转自:Claude-François Menestrier, *Histoire de Louis le Grand*(Paris, 1691), pl. 28;照片:Dumbarton Oaks Research Library and Collection, Washington, D. C.

26. Thackeray of Rigaud 路易十四肖像漫画[423]

这幅漫画取自第一版(1840)的 *The Paris Sketch Book by Titmarsh*, Pierpont Morgan 图书馆藏;参较 *Works of Thackeray*(Charter-

house Edition; London, 1901), vol. XVI, facing p. 313。照片:蒙
Pierpont Morgan Library 允准使用,特此感谢。

27. 法王亨利四世在荣誉之床上[425]
a-b. Isaac Briot(1558-1670)雕版。巴黎,国家图书馆,MS Clar-
embault 1127, fol. 25ᵛ。参较 P. Mathieu, *Historia della morte*
d'Enrico quarto Rè di Francia (Modena, 1625), 757; E. Benkard,
Undying Faces, fig. 1, facing p. 18。照片:R. E. Giesey 博士提供,
特此致谢。

28. 17 世阿伦德尔伯爵 John Fitzalan 的坟墓[435 页]
阿伦德尔,埃塞克斯(约 1435)。
照片:蒙 Francis Wormald 先生和伦敦瓦堡学会允准使用,特此
致谢。

29. 伞盖下的拟人像[430]
L'obsèque et enterrement du roy (*Louis XII*), [Paris, 1515]的封面。
照片:R. E. Giesey 博士提供,特此致谢。

30. Henry Chichele 大主教墓[433]
坎特伯雷大教堂(约 1434 年)
照片:William A. Chaney 教授提供,特此致谢。

31. 巴斯和威尔斯主教 Thomas Beckington 墓[435 页]
威尔斯大教堂(约 1451 年)
照片:威尔斯市 Philip's City Studio 制作,W. A. Chaney 教授提
供,特此致谢。

32. 罗马纪念章和钱币
a. 成对半身像:波斯图慕斯与赫拉克勒斯[65、503 页]

纽约,美国钱币协会;照片:蒙协会允准使用。参较 Mattingly and Sydenham, *Roman Imperial Coinage*, V:2, pl. XIII, fig. 11;另参 F. Gnecchi, *Medaglioni romani*, pl. CXVI, figs. 7-8。

b. 成对半身像:普罗布斯与不可战胜的太阳神[65、503 页]

转自:Joceline M. C. Toynbee, *Roman Medallions* (New York, 1944), pl. II, fig. 7。

c. "日出之王"[32 页]

奥勒留时期的金币。转自:Mattingly and Sydenham, *Roman Imperial Coinage*, V:2, pl. VIII, fig. 129。见 Shakespeare, *Richard II*, III, ii, 41ff:

……那时,谋杀、叛逆,还有令人憎恶的罪,

暗夜的外衣从他们身上被剥下,

他们就赤身露体,索索发抖……

d. 成对半身像:君士坦丁与不可战胜的太阳神[503 页以下]

金质纪念章,Collection Beistegui(巴黎国家图书馆,Cabinet des Médailles)。转自:Toynbee, *Roman Medallions*, pl. XVII, fig. 11;参较 E. Babelon, in *Mélanges Boissier* (Paris, 1903), 49ff。

e-f. 成对半身像:君士坦丁与不可战胜的太阳神[503 页以下]

索里达金币。转自:A. Alföldi, in *Journal of Roman Studies*, XXII(1932), pl. II, fig. 15-16。

缩 写 表

AHR   American Historical Review

AKKR   Archiv für katholisches Kirchenrecht

ArchUF   Archiv für Urkundenforschung

BZ Byzantinische Zeitschrift

C.   Codex Justiniani (see *Corpus Iuris Civilis* [1584], vols. V and
IV)

CSEL   Corpus scriptorum ecclesiasticorum latinorum

D.   Digesta (see *Corpus Iuris Civilis* [1584], vols. I — III)

DA   Deutsches Archiv für Erforschung des Mittelalters

DACL   Dictionnaire d'archeologie chretienneetdeliturgie

HER   English Historical Review

Erg. Bd.   see Kantorowicz, *Kaiser Friedrich der Zweite*, *Ergänzungsband*

Feud.   Libri feudorum (see *Corpus Iuris Civilis* [1584], vol. IV)

Glos. ord.   see *Glossa ordinaria*

HZ   Historische Zeitschrift

Inst.   Institutiones Justiniani (see *Corpus Iuris Civilis* [1584], vol.
IV)

国王的两个身体

JRS   *Journal of Roman Studies*

Lib. aug.   See *Liber augustalis*

MGH   *Monumenta Germaniae Historica*

The series cited in abbreviation are:

    Epp. sel.   *Epistolae selectae* (octavo)

    LdL.   *Libelli de Lite*

    SS. r. Germ.   *Scriptores rerumGermanicarum* (octavo)

    Const.   *Constitutiones et acta publica*

MÖIG [*MIÖG*]   *Mitteilungen des Österreichischen Instituts für Ge-*
        schichtsforschung

Nov.   *Novellae* (see *Corpus Iuris Civilis* [1584], vol. Ⅳ)

PGr   *Migne*, *Patrologia graeca*

PL   *Migne*, *Patrologia latina*

QF, *QFiAB*   *Quellen und Forschungen aus italienischen Ar-chiven und*
        Bibliotheken

RE   *Realencyclopädie der classischen Altertumswis-senschaft*, edd. Pau-
    ly, Wissowa, Kroll, and others

Rev. bénéd.   *Revue bénédictine*

RM   *Mitteilungen des deutschen archäologischen In-stituts*:
    Römische Abteilung

Sitz. Ber.   *Sitzungsberichte*

VI   *Liber Sextus* (see *Corpus Iuris Canonici* [1588], vol. Ⅲ)

Warburg Journal   *Journal of the Warburg and Courtauld Institutes*

X   *Liber Extra* (see *Corpus Iuris Canonici* [1588], vol. Ⅱ)

ZfKT   *Zeitschrift für Katholische Theologie*

ZfRG   *Zeitschrift der Savigny-Stiftung fur Rechtsge-schichte*

参 考 文 献

Accursius, *Glossa ordinaria* to Roman Law(*Corpus iuris civilis*[Venice, 1584]).

Aegidius Romanus, *De ecclesiastica potestate*, ed. R. Scholz(Weimar, 1929).

Albericus de Rosate, *In Digestum vetus*(*Infortiatum*, *Digestum novum*) *Commentaria*(Venice, 1585).

——, *In Codicem Commentaria* (Venice, 1585).

——, *Dictionarium Iuris tarn Civilis quam Canonici*(Venice, 1601).

Andreas de Barulo, *Commentaria super tribus libris Codicis*(Venice, 1601).

Andreas de Isernia, *Commentaria in Usus Feudorum*(Naples, 1571).

——, *Peregrina Lectura super Constitutionibus et Glossis Regni Siciliae*, in: *Liber augustalis*, ed. Cervone.

Andrieu, M. , *Le Pontifical Romain au moyen-âge*(Studi e Testi, 86-88, 99[Vatican City, 1938-1941]).

Angelus de Ubaldis, *In Digestum vetus*(*Infortiatum*, *Digestum novum*) *Commentaria*(Venice, 1580).

——, *In Codicem Commentaria*(Venice, 1579).

——, *In Authenticorum volumen Commentaria*(Venice, 1580)

Aquinas, see Thomas Aquinas.

Arbusow, Leonid, *Liturgie und Geschichtsschreibung im Mittelalter*(Bonn, 1951).

Aristotle, Latin Version, see Thomas Aquinas.

Aubert, Jean-Marie, *Le droit romain dans l'oeuvre de Saint Thomas* (Bibliothèque Thomiste, xxx[Paris, 1955]).

Augustinus Triumphus de Ancona, *De summa potestate ecclesiastica* (Augsburg, Johannes Schiissler, 1483).

Azo, Summa[Codicis, Institutionum, Novellarum](Lyon, 1530).

——, see Maitland.

Bacon, Francis, The Works of Sir Francis Bacon, edd. J. Spedding and D. D. Heath, 7 vols. (London, 1859-1870); also edd. Spedding, R. L. Ellis, and Heath, 15 vols. (Boston, 1861).

Baethgen, Friedrich, "Der Anspruch des Papsttums auf das Reichs-vikariat," ZfRG, kan. Abt. , x(1920).

Baldus de Ubaldis, Consilia(Venice, 1575).

——, In Decretalium volumen Commentaria(Venice, 1580).

——, In Digestum vetus, Infortiatum, Digestum novum, Libros Co-dicis Commentaria (Venice, 1586).

——, Liber de Pace Constantiae, in: Corpus Iuris Civilis, vol. IV, 159-190(following after the Libri Feudorum).

Barbi, Michele,"Nuovi problemi della critica dantesca: VI. L'ideale politico-religioso di Dante," and"VIII. Impero e Chiesa," Studi danteschi, xxm(1938), xxvri (1942).

Bartolus de Saxoferrato, Commentaria in Digestum vetus, Infortiatum, Digestum novum, Codicem(Venice, 1567).

——, Super Authenticis et Institutionibus (Venice, 1567).

——, Consilia, Quaestiones et Tractatus(Lyon, 1547).

Beda Venerabilis, Expositio Actuum Apostolorum et Retractatio, ed. M. L. W. Laistner (Cambridge, Mass. , 1939).

Beemelmans, F. Zeit und Ewigkeit nach Thomas von Aquino(Beiträge zur Geschichte der Philosophic im Mittelalter, XVII, 1[Münster, 1914]).

Beissel, Stephan, Die Bilder der Handschrift des Kaisers Otto im Münster zu Aachen (Aachen, 1886)

——, Geschichte der Evangelienbiicher in der ersten Hdlfte des Mit-telalters(Stimmen aus Maria-Laach, 92-93[Freiburg, 1906]).

Benkard, Ernst, Das ewige Antlitz(Berlin, 1927); English transl. by Margaret M. Green, Undying Faces(New York, 1929).

Berges, Wilhelm, Die Fürstenspiegel des hohen und späten Mittelalters (MGH, Schriften, II[Leipzig, 1938]).

Bernard(de Botone) of Parma, Glossa ordinaria to Decretales Gregorii Papae IX(see Corpus iuris canonici[Turin, 1588], vol. II).

Bibliotheca juridica medii aevi, ed. A. Gaudenzi, 3 vols. (Bologna, 1888-1901).

Blackstone, Sir William, Commentaries on the Laws of England(London, 1765).

Bloch, Marc, Les rois thaumaturges(Strasbourg, 1924).

Bodin, Jean, Les six livres de la république(Paris, 1583).

Böhmer, Heinrich, *Kirche und Staat in England und in der Normandie im* 11. *und* 12. *Jahrhundert* (Leipzig, 1899).

Böhmer, Johann Friedrich, *Acta imperii selecta*, 2 vols. (Innsbruck, 1870).

Boncompagno, Magister, *Rhetorica novissima*, ed. A. Gaudenzi, in: *Bibl. jurid. med. aevi*, II(Bologna, 1892).

Bossuet, J.-B., *Oeuvres oratoires*, ed. J. Lebarq(Lille and Paris, 1892).

Bracton, Henry of, *De legibus et consuetudinibus Angliae*, ed. G. E. Woodbine, 4 vols. (New Haven, 1915–1942).

Budé, Guillaume, *Annotationes in XXIIII Pandectarum libros*(Lyon,1551).

Burdach, Konrad, *Rienzo und die geistige Wandlung seiner Zeit*, *Vom Mittelalter zur Reformation*, II, 1(Berlin, 1913–1928).

Calasso, F., *I glossatori e la teoria della sovranità*(Milan, 1951).

Capasso, B., "Sulla storia esterna delle costituzioni di Federico II," *Atti della Accademia Pontaniana*, IX(1871).

Carlyle, R. W. and A. J., *A History of Mediaeval Political Theory*, 6 vols. (Edinburgh and London, 1903–1936).

Cases before the King's Council, 1243–1482, ed. I. S. Leadam and J. F. Baldwin(Selden Society, xxxv[Cambridge, 1918]).

Cervone, A., see *Liber augustalis*.

Chiappelli, Luigi,"Dante in rapporto alle fonti del diritto," *Archivio storico Italiano*, Ser. v, vol. XLI(1908).

Choppin, René, *De Domanio Franciae*(Paris, 1605).

Chrimes, S. B., *English Constitutional Ideas in the Fifteenth Century*(Cambridge, 1936).

Church, William Farr, *Constitutional Thought in Sixteenth-Century France*(Harvard Historical Studies, XLVII[Cambridge, 1941]).

Coester, Hildegard, *Der Königskult in Frankreich um* 1300 *im Spiegel der Dominikanerpredigten*(Staatsexamens-Thesis, typescript, Frankfurt, 1935–1936).

Coke, Sir Edward, *Reports*, ed. G. Wilson, 7 vols. (Dublin, 1792–1793).

———, *The Institutes of the Laws of England*(editions London 1681 and 1809).

Coquille, Guy, *Les oeuvres*, 2 vols. (Paris, 1666).

Coroner's Roll, *Select Cases from the*, ed. Charles Gross(Selden Society, IX[London, 1896]).

Corpus iuris canonici, 3 vols. (Turin, 1588), containing the *Glossae ordinariae to Decretum Gratiani*(vol. I), *Decretales* Gregorii IX, *Liber Extra*(vol. II), *Liber Sextus* and the later Decretals(vol. III).

———, ed. Emil Friedberg, 2 vols. (Leipzig, 1879–1881).

Corpus iuris civilis, 5 vols. (Venice, 1584), containing Accursius' *Glossa ordinaria to Digest*(vols. I-III), *Codex*(vols. v and IV), *Institutes and Novels*, also the

国王的两个身体

Libri Feudorum and other material(vol. IV).

Crompton, Richard, *L'Authoritie et Jurisdiction*(London, 1594).

Cuias, J. , *Opera*, 12 vols. (Prato, 1836-1843).

Cynus de Pistoia, *Commentarium in Codicem et Digestum vetus*(Frankfurt, 1578).

Dante Alighieri, *De Monarchia*, ed. Gustavo Vinay(Florence, 1950).

——, *Le opere*, ed. E. Moore and P. Toynbee(4th ed. , Oxford, 1924).

Davies, J. C. , *The Baronial Opposition to Edward II*(Cambridge, 1918).

Davis, Gifford, "The Incipient Sentiment of Nationality in Mediaeval Castile: The *Patrimonio real* ," *Speculum*, XII(1937).

De la Guesle, see Guesle.

De la Roche Flavin, Bernard, *Treize livres des Parlemens de France*(Geneva, 1621).

Delatte, Louis, *Les traités de la royaute d'Ecphante*, *Diotogène et Sthénidas*(Bibl. de la Faculté de Philosophic et Lettres de l'Université de Liège, XCVII [Liège, 1942]).

Deusdedit, *Collectio canonum*, ed. Victor Wolf von Glanvell, *Die Kanonessammlung des Kardinals Deusdedit*(Paderborn, 1905).

Diehl, C. , *Manuel d'art byzantin*, 2 vols. , 2nd ed. (Paris, 1925).

Dolger, F. J. , *Sol Salutis*, 2nd ed. (Münster, 1925).

——, *Die Sonne der Gerechtigkeit und der Schwarze*(Münster, 1918).

Dubois, Pierre, *De recuperatione Terrae Sanctae*, ed. Ch. -V. Langlois(Collection des textes, IX[Paris, 1891]).

——, *Summaria brevis et compendiosa doctrina felicis expedicionis et abbreviacionis guerrarum ac litium regni Francorum*, ed. H. Kämpf (Leipzig and Berlin, 1936).

Dupré-Theseider, Eugenio, *L'idea imperiale di Roma nella tradizione del medioevo* (Milan, 1942).

Dupuy, Pierre, *Histoire du différend d'entre Pape Boniface VIII et Philippe le Bel*, *Roy de France* (Paris, 1655).

Durandus, Gulielmus, *Rationale divinorum officiorum* (Lyon, 1565).

——, *Speculum iuris*, 4 vols. (Venice, 1602).

Du Tillet, Jean, *Recueil des Roys de France*(Paris, 1618).

Egenter, Richard,"Gemeinnutz vor Eigennutz: Die soziale Leitidee im *Tractatus de bono communi* des Fr. Remigius von Florenz(+ 1319) ," *Scholastik*, IX(1934).

Ehrhardt, Arnold,"Das Corpus Christi und die Korporationem im spätrömischen Recht," *ZfRG*, rom. Abt. , LXX(1953), LXXI(1954).

Ehrlich, L. , *Proceedings against the Crown*, 1216-1377(Oxford, 1921).

Eichmann, Eduard, *Die Kaiserkrönung im Abendland*, 2 vols. (Würzburg, 1942).

——,"Königs-und Bischofsweihe," *Sitz. Ber. buyer. Akad.* , phil. -hist. Klasse(Munich, 1928), No. 6.

Eitrem, S. , "Zur Apotheose," *Symbolae Osloenses*, xv-xvI(1936).

d'Entrèves, A. Passerin, *Dante as a Political Thinker*(Oxford, 1952).

——, "La teoria del diritto e della politica in Inghilterra all'inizio dell' età moderna," *R. Università di Torino: Memorie dell'Istituto Giuridico*, Ser. 11, No. iv (1929).

Ercole, Francesco, *Il pensiero politico di Dante*(Milan, 1927-1928).

Erdmann, Carl, *Die Entstehung des Kreuzzugsgedankens* (Stuttgart, 1935).

——, *Forschungen zur politischen Ideenwelt des Frühmittelalters*(Berlin, 1951).

Esmein, A. , "La maxime Princeps legibus solutus est dans l'ancien droit public français," *Essays in Legal History*, ed. P. Vinogradoff(Oxford, 1913).

Ettlinger, L. , "The Duke of Wellington's Funeral Car," *Warburg Journal*, III (1939-1940).

Figgis, J. N. , *The Divine Right of Kings*, 2nd ed. (Cambridge, 1934).

Finke, H. , *Acta Aragonensia*, 3 vols. (Berlin and Leipzig, 1908-1922).

Fitting, H. , *Juristische Schriften des früheren Mittelalters*(Halle, 1876).

——, *Quaestiones de iuris subtilitatibus des Irnerius*(Berlin, 1894).

Fitzpatrick, Mary Cletus, *Lactantii De Ave Phoenice*(University of Pennsylvania thesis[Philadelphia, 1933]).

Fleta, ed. John Selden, 2nd ed. (London, 1685).

Folz, Robert, *Le souvenir et la légende de Charlemagne dans l'empire germanique mediéval*(Paris, 1950).

Fortescue, Sir John, *De laudibus legum Angliae*, ed. S. B. Chrimes (Cambridge, 1942).

——, *The Governance of England*, ed. Charles Plummer(Oxford, 1885).

Frederick II, see *Liber augustalis*.

Friedberg, Emil, see *Corpus iuris canonici*.

Geoffrey of Monmouth, *Historia Regum Britanniae*, ed. Jacob Hammer(Mediaeval Academy of America Publications, N. 57[Cambridge, 1951]).

Gerson, Jean, *Opera omnia*, ed. Ellies du Pin, 5 vols. (Antwerp, 1706).

Gierke, Otto von, *Das Deutsche Genossenschaftsrecht*, 4 vols. (Berlin, 1868-1913).

——, *Political Theories of the Middle Age*, transl. by F. W. Maitland (Cambridge, 1927).

——, *Johannes Althusius*, 3rd ed. (Breslau, 1913).

Gilbert of Tournai, *Eruditio regum et principum*, ed. A. de Poorter (Philosophes Beiges, IX[Louvain, 1914]).

Gilbert, Felix, "Sir John Fortescue's *Dominium regale et politicum*," *Mediaevalia et Humanistica*, II (1943).

Gilson, Étienne, *Dante et la philosophic* (Paris, 1939), Engl, transl. by David Moore, *Dante the Philosopher* (New York, 1949).

——, *Jean Duns Scotus* (Études de philosophic médiévale, XLII[Paris, 1952]).

Glanvill, *De legibus et consuetudinibus regni Angliae*, ed. G. E. Woodbine (New Haven, 1932).

Glossa ordinaria, see *Corpus iuris canonici* (Turin, 1588), *Corpus iuris civilis* (Venice, 1584), and Accursius, Bernard of Parma, Johannes Andreae, Johannes Teutonicus.

Godefroy, Th. , *Le céremonial de France* (Paris, 1619).

Goldast, M. , *Monarchia S. Romani Imperii*, 3 vols. (Hanau and Frankfurt, 1611-1613).

Goldschmidt, A. , *Die Elfenbeinskulpturen aus der Zeit der karolingischen und sächsischen Kaiser*, 4 vols. (Berlin, 1914-1926).

——, *German Illumination*, II: *Ottoman Period* (New York, n. d.).

Goodenough, Erwin R. , "The Political Philosophy of Hellenistic Kingship," *Yale Classical Studies*, I (1928).

Gottlob, Th. , *Der kirchliche Amtseid der Bischöfe* (Kanonistische Studien und Texte, IX[Bonn, 1936]).

Grabar, André, *L'Empereur dans l'art byzantin* (Paris, 1936).

Grabmann, Martin, *Der lateinische Averroismus des 13. Jahrhunderts und seine Stellung zur christlichen Weltanschauung* (Sitz. Ber. , Munich, 1934, No. 2).

——, *Mittelalterliches Geistesleben*, 3 vols. (Munich, 1926-1956).

——, *Studien über den Einfluss der aristotelischen Philosophic auf die mittelalterlichen Theorien über das Verhältnis von Kirche und Staat* (Sitz. Ber. , Munich, 1934, No. 2).

Grassaille, Charles de, *Regalium Franciae libri duo* (Paris, 1545).

Gregoire, Pierre, *De Republica* (Lyon, 1609; first published 1578).

Gregory VII, *Das Register Gregors VII.*, ed. Erich Caspar (*MGH*, *Epp. sel.*, II [Berlin, 1920-1923]).

Gregory of Bergamo, *De veritate corporis Christi*, ed. H. Hurter, *Sanctorum patrum opuscula selecta* (Innsbruck, 1879).

Grotius, Hugo, *De iure belli et pacis* (Amsterdam, 1720).

Guesle, Jacques de la, *Les Remonstrances* (Paris, 1611).

Guido Vernani, see Vernani.

Güterbock, Carl, *Bracton and his Relations to the Roman Law*, transl. by Brinton Coxe (Philadelphia, 1866).

Hackelsperger, Max, *Bibel und mittelalterlicher Reichsgedanke* (Diss. Munich, 1934).

Hahn, August, *Bibliothek der Symbole und Glaubensregeln der alien Kirche*, 3rd ed. (Breslau, 1897).

Hawkins, E. , *Medallic Illustrations of the History of Great Britain and Ireland*

(London, 1911).

Hamburger, Max, *Morals and Law: The Growth of Aristotle's Legal Theory* (New Haven, 1951).

Henry of Ghent, *Quodlibeta magistri Henrici Goethals a Gandavo* (Paris, 1518).

Heydte, F. A. Freiherr von der, *Die Geburtsstunde des souveränen Staates* (Regensburg, 1952).

Hinschius, P. , *Decretales pseudo-Isidorianae et Capitula Angilramni* (Leipzig, 1863).

Hofmeister, Philipp, *Die heiligen Öle in der morgen-und abendländi-schen Kirche* (Das östliche Christentum, N. F. , VI-VII[Würzburg, 1948]).

Holdsworth, W. S. , *A History of English Law* (London, 1922-1952).

Holtzmann, Robert, *Französische Verfassungsgeschichte* (Munich and Berlin, 1910).

——, *Wilhelm von Nogaret* (Freiburg, 1898).

Hope, W. H. ,"On the Funeral Effigies of the Kings and Queens of England," *Archaeologia*, LX:2 (1907), 518-565.

Hostiensis (Henry of Segusia), *Summa Aurea super titulis Decretalium* (Venice, 1586).

Hotman, François, *Francogallia* (Frankfurt, 1586).

Hoyt, Robert S. , *The Royal Demesne in English Constitutional History:* 1066-1272 (Ithaca, N. Y. , 1950).

Hubaux, Jean, and Leroy, Maxime, *Le mythe du Phénix* (Bibl. de la Faculté de Philosophic etc. de Liege, LXXXII[Liège and Paris, 1939]).

Hugelmann, K. G. ,"Die Wirkungen der Kaiserweihe nach dem Sachsenspiegel," *ZfRG*, kan. Abt. , IX (1919).

Huillard-Breholles, J. L. A. , *Historia diplomatica Friderici Secundi*, 7 vols. (Paris, 1852-1861).

Innocent IV, *In quinque libros Decretalium apparatus* (Lyon, 1578).

James of Viterbo, *De regimine Christiano*, ed. H. X. Arquillière, *Le plus ancien traité de l'Église* (Paris, 1926).

Jenkins, Marianna, *The State Portrait* (Monographs on Archaeology and Fine Arts, in[New York, 1947]).

Johannes Andreae, *Glossa ordinaria to Liber Sextus Decretalium* (see *Corpus iuris canonici*[Turin, 1588], vol. III).

——, *Novella super Decretalibus* (Venice, 1612).

Johannes de Terra Rubea, see Terre Rouge.

Johannes Teutonicus, *Glossa ordinaria to Decretum Gratiani* (see *Corpus iuris canonici*[Turin, 1588], vol. I).

John of Paris, *De potestate regia et papali*, ed. Dom Jean Leclerq, *Jean de Paris et l'ecclésiologie du XIIIᵉ siècle* (Paris, 1942).

John of Salisbury, *Policraticus*, ed. C. C. J. Webb, 2 vols. (Oxford, 1909).

John of Viterbo, *De regimine civitatum*, ed. Gaetano Salvemini, in *Bibliotheca juridica medii aevi*, III (Bologna, 1901).

Jungmann, Josef Andreas,"Die Abwehr des germanischen Arianismus und der Umbruch der religiösen Kultur im frühen Mittelalter," *Zeitschrift für katholische Theologie*, LXIX (1947).

——, *Die Stellung Christi im liturgischen Gebet* (Liturgiegeschichtliche Forschungen, VII-VIII[Münster, 1925]).

Kämpf, Hellmut, *Pierre Dubois und die geistigen Grundlagen des französischen Nationalbewusstseins um* 1300 (Leipzig und Berlin, 1935).

Kail, J. , *Political and Other Poems* (Early English Text Society, Orig. Series, CXXIV[London, 1904]).

Kallen, Gerhard, *Aeneas Silvius Piccolomini als Publizist* (Stuttgart, 1939).

Kantorowicz, E. H. ,"An 'Autobiography' of Guido Faba," *Mediaeval and Renaissance Studies*, I (1943).

——,"Deus per naturam, deus per gratiam," *Harvard Theological Review*, XLV (1952).

——,"Inalienability: A Note on Canonical Practice and the English Coronation Oath in the Thirteenth Century," *Speculum*, XXIX (1954).

——, *Kaiser Friedrich der Zweite* (Berlin, 1927) and *Ergänzungsband* (Berlin, 1931).

——, *Laudes Regiae: A Study in Liturgical Acclamations and Mediaeval Ruler Worship* (Berkeley and Los Angeles, 1946).

——,"Mysteries of State: An Absolutist Concept and its Late Mediaeval Origins," *Harvard Theological Review*, XLVII (1955).

——,"Petrus de Vinea in England," *MÖIG*, LI (1937).

——, "Pro patria mori in Mediaeval Political Thought," *AHR*, LVI (1951).

——,"The Quinity of Winchester," *Art Bulletin*, XXIX (1947).

——," Σ ύνθρονος Δίκη," *American Journal of Archaeology*, LVII (1953).

Kantorowicz, Hermann, *Bractonian Problems* (Glasgow, 1941).

——,"The Poetical Sermon of a Mediaeval Jurist," *Warburg Journal*, II (1938-1939).

——, *Studies in the Glossators of the Roman Law* (Cambridge, 1938).

Keeton, George W. , *Shakespeare and His Legal Problems* (London, 1938).

Kempf, Friedrich, *Papsttum und Kaisertum bei Innocenz III.* (Miscellanea Historiae Pontificiae, XIX[Rome, 1954]).

Kern, Fritz, Die Anfdnge der französischen Ausdehnungspolitik (Tübingen, 1910).

——, *Gottesgnadentum und Widerstandsrecht im friiheren Mittelalter* (Leipzig, 1914).

——, *Humana Civilitas* (Leipzig, 1913).

——,"Die Reichsgewalt des deutschen Königs nach dem Interregnum," *HZ*, CVI (1911).

Kloos, Rudolf M. ,"Ein Brief des Petrus de Prece zum Tode Friedrichs II. ," *DA*, XIII (1957).

——,"Nikolaus von Bari, eine neue Quelle zur Entwicklung der Kaiseridee unter Friedrich II. ," *DA*, XI (1954).

Koenen, Ferdinand,"Anklänge an das Busswesen der alten Kirche in Dantes Purgatorio," *Deutsches Dante-Jahrbuch*, VII (1923).

Koht, Halvdan,"The Dawn of Nationalism in Europe," *AHR*, LII (1947).

Kristeller, P. O. ,"A Philosophical Treatise from Bologna Dedicated to Guido Cavalcanti: Magister Jacobus de Pistoria and his *Questio de Felicitate*," *Medioevo e Rinascimento: Studi in onore di Bruno Nardi* (Florence, 1955).

Kuttner, Stephan, *Kanonistische Schuldlehre von Gratian bis auf die Dekretalen Gregors IX.* (Studi e Testi, LXIV[Vatican City, 1935]).

——, *Repertorium der Kanonistik* (Studi e Testi, LXXI[Vatican City, 1937]).

——and Rathbone, Eleanor, "Anglo-Norman Canonists in the Twelfth Century," *Traditio*, VII (1949-1951).

Ladner, Gerhart B. , "Aspects of Mediaeval Thought," *Review of Politics*, IX (1947).

——,"The Concepts: Ecclesia, Christianitas, Plenitudo Potestatis," *Sacerdozio e regno da Gregorio VII a Bonifacio VIII* (Miscellanea Historiae Pontificiae, XVII[Rome, 1954]).

——,"Die mittelalterliche Reform-Idee und ihr Verhältnis zur Idee der Renaissance," *MIÖG*, LX (1952).

——,"St. Augustine's Conception of the Reformation of Man in the Image of God," *Augustinus Magister* (Congrès International Augustinien: Communications [Paris, 1954]).

Laehr, Gerhard, *Die Konstantinische Schenkung in der abendländischen Literatur des Mittelalters bis zur Mitte des 14. Jahrhunderts* (Berlin, 1926).

Lagarde, G. de,"Individualism et corporatism au moyen age," *L'Organisation corporative du moyen dge à la fin de l'ancien régime* (Recueil de travaux d'histoire et de philologie, 2ᵐᵉ sér. , XLIV[Louvain, 1937]).

——,"La philosophic sociale d'Henri de Gand et de Godefroid de Fontaines," L'Organisation corporative etc. (Recueil de travaux etc. , 3ᵐᵉ sér. , XVIII[Louvain, 1943]).

——, *La naissance de Vesprit laique au declin du moyen âge*, vol. I (Vienna, 1934).

Langlois, Ch. -V. , *La connaissance de la nature et du monde au moyen âge* (Paris, 1911).

Lapsley, Gaillard, "Bracton and the authorship of the 'Addicio de Cartis,' " *EHR*, LXII (1947).

Le Bras, G. , "Le droit romain au service de la domination pontificate," *Revue historique de droit frangais et étranger*, XXVII (1949).

Leclercq, Dom Jean, "Un sermon prononcé pendant la guerre de Flandre sous Philippe le Bel," *Revue du moyen âge latin*, I (1945).

Lemaire, A. , *Les lois fondamentales de la monarchic française d'après des théoriciens de l'ancien régime* (Paris, 1907).

Lesky, Erna, *Die Zeugungs-und Vererbungslehren der Antike und ihr Nachwirken* (Abh. d. Mainzer Akad. d. Wissensch. und der Literatur: Geistes-und Socialwiss. Kl. , 1950, No. 19[Mainz, 1951]).

Liber augustalis, ed. Cervone= *Constitutionum Regni Siciliarum libri III* (Sumptibus Antonii Cervonii, Naples, 1773), containing the *Glossa ordinaria of Marinus de Caramanico* and the commentary of Andreas de Isernia.

Liber censuum, ed. Fabre, M. P. , and Duchesne, L. M. O. (Paris, 1895ff).

Liebermann, F. , *Die Gesetze der Angelsachsen*, 3 vols. (Halle, 1903-1916).

Lizerand, Georges, *Le dossier de l'affaire des Templiers* (Paris, 1932).

Lodge, E. C. , and Thornton, G. A. , *English Constitutional documents* 1307-1485 (Cambridge, 1935).

Loyseau, Charles, *Cinq livres du droit des offices* (Cologne, 1613).

Lubac, Henri de, *Corpus mysticum* 2nd ed. (Paris, 1949); also in: *Recherches de science religieuse*, XXIX (1939), and XXX (1940).

Lucas de Penna, *Commentaria in Tres Libros Codicis* (Lyon, 1597; also Lyon, 1544, and other editions).

Maccarrone, Michele, "Teologia e diritto canonico nella *Monarchia*, III, 3," *Rivista di Storia della Chiesa in Italia*, V (1951).

Maccarrone, Michele, *Vicarius Christi*: *Storia del titolo papale* (Lateranum, N. S. , xvm[Rome, 1952]).

McIlwain, C. H. , *Constitutionalism Ancient and Modern*, 2nd ed. (Ithaca, N. Y. , 1947).

——, *The High Court of Parliament and its Supremacy* (New Haven, 1910).

Maisonobe, A. , "Mémoire relatif au Paréage de 1307," *Bulletin de la société d'agriculture, industrie, sciences, et arts du Departement de la Lozère* (Mende, 1896).

Maitland, F. W. , *Selected Essays* (Cambridge, 1936).

——, *Select Passages from the Works of Bracton and Azo* (Selden Society, vm[London, 1895]).

——, see Pollock, Sir Frederick.

Marinus de Caramanico, *In Constitutiones Regni Siciliae* (= *Glossa ordinaria*), see

Liber augustalis, ed. Cervone.

Marongiu, A. ,"Concezione della sovranità ed assolutismo di Giustiniano e di Federico II," *Atti del Convegno Internazionale di Studi Federiciani* (Palermo, 1952).

——, *L'Istituto parlamentare in Italia dalle origini al 1500* (Rome, 1949).

——,"Note Federiciane," *Studi Medievali*, XVIII (1952).

Martène, E. , *De antiquis Ecclesiae ritibus* (Rouen, 1700; Bassano, 1788).

Matthaeus de Afflictis, *In utriusque Siciliae Neapolisque sanctiones et constitutiones novissima praelectio* (Venice, 1562).

Meer, F. van der, *Maiestas Domini* (Vatican City, 1938).

Meyers, E. M. , *Juris interpretes saec. XIII* (Naples, 1924).

Michels, Dom Thomas,"Die Akklamation in der Taufliturgie," *Jahrbuch für Liturgiewissenschaft*, VIII (1928).

Mirbt, Carl, *Quellen zur Geschichte des Papsttums und des römischen Katholizismus*, 4th ed. (Tübingen, 1924).

Mitteis, Heinrich, *Die deutsche Königswahl: Ihre Rechtsgrundlagen bis zur Goldenen Bulle*, 2nd ed. (Brünn, Munich, and Vienna, 1944).

Most, Rudolf,"Der Reichsgedanke des Lupoid von Bebenburg," *DA*, IV (1941).

Nardi, Bruno, *Dante e la cultura medievale*, 2nd ed. (Bari, 1949).

——,"Note alia Monarchia, I: La Monarchia e Alberico da Rosciate," *Studi danteschi*, XXVI (1942).

——, *Saggi di filosofia dantesca* (Milan, 1930).

Nicholas of Bari, see R. M. Kloos, ed.

Nock, A. D. ,"Notes on Ruler-Cult," *Journal of Hellenic Studies*, XLVII (1948).

——,"The Emperor's Divine Comes," *JRS*, XXXVII (1947).

Oldradus de Ponte, *Consilia* (Venice, 1571; also Lyon, 1550).

Onory, Sergio Mochi, *Fonti canonistiche dell'idea moderna dello stato* (Milan, 1951).

Oppenheim, Philipp,"Die sakralen Momente in der deutschen Herrscherweihe bis zum Investiturstreit," *Ephemerides Liturgicae*, LVIII (1944).

Ott, Irene,"Der Regalienbegriff im 12. Jahrhundert," *ZfRG*, kan. Abt. , XXXV (1948).

Parliamentary Writs, ed. F. Palgrave, 2 vols. in 4 (London, 1827-1834).

Palmer, John Leslie, *Political Characters of Shakespeare* (London, 1945).

Paris de Puteo, *De Syndicatu* (Lyon, 1548).

Peregrinus, Marcus Antonius, *De privilegiis et iuribus fsci libri octo* (Venice, 1611).

Perrot, Ernest, *Les institutions publiques et privées de l'ancienne France jusqu'en 1789.* (Paris, 1935).

Peterson, Erik, "Der Monolheismus als politisches Problem," in his *Theologische Traktate* (Munich, 1951).

Petrus de Ancharano, *Consilia* (Venice, 1574).

——, *In quinque Decretalium libros...Commentaria* (Bologna, 1581).

Petrus de Vinea, *Epistolarium*, ed. Simon Schard (Basel, 1566).

Philip of Leyden, *De cura reipublicae*, edd. R. Fruin and P. C. Molhuysen (The Hague, 191).

Piccolomini, Aeneas Silvius, *De ortu et auctoritate imperii Romani*, ed. R. Wolkan, *Der Briefwechsel des Eneas Silvius Piccolomini* (Fontes rerum Austriacarum, LX-VII[Vienna, 1912]); see also Kallen, G., for another edition.

Pickthorn, Kenneth, *Early Tudor Government: Henry VII* (Cambridge, 1934).

[Placentinus], *Quaestiones de iuris subtilitatibus*; cf. Fitting, *Quaestiones*.

Placentinus, *Summa Institutionum*, ed. H. Fitting, in *Juristische Schriften* (Halle, 1876).

Plowden, Edmund, *Commentaries or Reports* (London, 1816).

Plucknett, T. F. T., "The Lancastrian Constitution," *Tudor Studies*, ed. by R. W. Seton-Watson (London, 1924).

Pollard, A. F., *The Evolution of Parliament* (London, 1926).

Pollock, Sir Frederick, and Maitland, F. W., *The History of English Law Before the Time of Edward I*, 2 vols., 2nd ed. (Cambridge, 1898).

Post, Gaines, " 'Blessed Lady Spain'-Vincentius Hispanus and Spanish National Imperialism in the Thirteenth Century," *Speculum*, XXIX (1954).

——, "A Romano-Canonical Maxim, *Quod omnes tangit*, in Bracton," *Traditio*, IV (1946).

——, "Some Unpublished Glosses (ca. 1210-1214) on the *Translatio Imperii* and the Two Swords," *AKKR*, CXVII (1937).

——, "The Two Laws and the Statute of York," Speculum, XXIX (1954).

——, "Two Notes on Nationalism in the Middle Ages: I. *Pugna pro patria*, II. *Rex imperator*," *Traditio*, IX (1953).

Powicke, F. M., *King Henry III and the Lord Edward*, 2 vols. (Oxford, 1947).

Pseudo-Isidorus, see Hinschius.

Rapisarda, E., *L'Ave Fenice di L. Cecilio Firmiano Lattanzio* (Raccolta di studi di letteratura cristiana antica, IV[1946]).

Remigio de' Girolami, see Egenter, ed.

Richardson, H. G., "The English Coronation Oath," *Transactions of the Royal Historical Society*, 4th Ser., XXIII (1941).

——, "The English Coronation Oath," *Speculum*, XXIV (1949).

Richier, *La vie de Saint Remi: Poème du XIIIᵉ siècle*, ed. W. N. Bolderston (London, 1912).

Roberti, M., "Il corpus mysticum di S. Paolo nella storia della persona giuridica," *Studi in Onore di E. Besta*, vol. iv (Milan, 1939).

Rossiter, A. P. , Woodstock (London, 1946).

Saint-Gelais, Jean de, *Chronique*, in Th. Godefroy, *Histoire de Louys XII* (Paris, 1622).

Sauer, J. , *Die Symbolik des Kirchengebäudes* (Freiburg, 1902).

Sayles, G. O. , *Select Cases in the Court of King's Bench under Edward I*, vol. III (Selden Society, LVIII[London, 1939]).

Schäfer, Carl, *Die Staatslehre des Johannes Gerson* (Cologne diss. , 1935).

Schaller, Hans-Martin, *Die Kanzlei Kaiser Friedrichs II.* : *Ihr Personal und ihr Sprachstil* (Göttingen diss. [type-script], 1951).

Schapiro, Meyer,"The Image of the Disappearing Christ," *Gazette des Beaux Arts*, LXXXV (1943).

Scholz, Richard, *Die Publizistik zur Zeit Philipps des Schönen und Bonifaz' VIII.* (Kirchenrechtliche Abhandlungen, H. 6-8[Stuttgart, 1903]).

——, *Unbekannte kirchenpolitische Streitschriften aus der Zeit Ludwigs des Bayern* (1327-1354), (Bibliothek d. Preussischen Historischen Instituts in Rom, IX-X [Rome, 1911-1914]).

Schrade, Hubert,"Zur Ikonographie der Himmelfahrt Christi," *Vorträge der Bibliothek Warburg* 1928-1929 (Leipzig, 1930).

Schramm, Percy E. , *Die deutschen Kaiser und Könige in Bildern ihrer Zeit*, 2 vols. (Leipzig, 1928).

——, *Herrschaftszeichen und Staatssymbolik* (Schriften der MGH, XIII:1-3[1954-1956]).

——,"Das Herrscherbild in der Kunst des Mittelalters," *Vorträge der Bibliothek Warburg* 1922-1923, I (1924).

——, *A History of the English Coronation* (Oxford, 1937).

——, *Der König von Frankreich*, 2 vols. (Weimar, 1939).

——,"Die Krönung in Deutschland bis zum Beginn des Salischen Hauses," *ZfRG*, kan. Abt. , XXIV (1935).

——,"Die Ordines der mittelalterlichen Kaiserkrönung," *ArchUF*, XI (1929).

——,"Sacerdotium und Regnum im Austausch ihrer Vorrechte," *Studi Gregoriani*, II (1947).

Schulz, Fritz,"Bracton on Kingship," *EHR*, LX (1945).

Ševčenko, Ihor,"A Neglected Byzantine Source of Muscovite Political Ideology," *Harvard Slavic Studies*, II (1954).

Silverstein, Theodore, "On the Genesis of *De Monarchia*, II, v," *Speculum*, XIII (1938).

Steinwenter, Artur, " Νόμος ἔμψυχος: Zur Geschichte einer politischen Theorie," *Anzeiger d. Akad. d. Wissensch. in Wien*, phil. -hist. Kl. , LXXXIII (1946).

Stengel, Edmund E. ,"Kaisertitel und Suveränitätsidee," *DA*, III (1939).

——, *Nova Alemanniae*, 2 vols. (Berlin, 1921-1930).

Stickler, A. M. ,"Imperator vicarius Papae," *MIÖG*, LXII (1954).

——,"Der Schwerterbegriff bei Huguccio," *Ephemerides Iuris Canonici*, III (1947).

——," *Sacerdotium et Regnum* nei decretisti e primi decretalisti," *Salesianum*, xv (1953).

Strayer, Joseph R. , "Defense of the Realm and Royal Power in France," *Studi in onore di Gino Luzzatto* (Milan, 1949).

Stubbs, William, *Select Charters and other Illustrations of English Constitutional History*, 9th ed. (Oxford, 1921).

Terre Rouge, Jean de, *Tractatus de iure futuri successoris legitimi in regiis hereditatibus*, in: François Hotman, *Consilia* (Arras, 1586), Appendix.

Thomas Aquinas, *In decern libros Ethicorum Aristotelis ad Nicomachum expositio*, ed. R. M. Spiazzi (Turin and Rome, 1949), with the Latin version of Aristotle.

——, *In duodecim libros Metaphysicorum Aristotelis expositio*, ed. M. -R. Cathala and R. M. Spiazzi (Turin and Rome, 1950), with the Latin version of Aristotle.

——, *In libros Politicorum Aristotelis expositio*, ed. R. M. Spiazzi (Turin and Rome, 1951), with the Latin version of Aristotle.

——, *De regimine principum*, ed. Joseph Mathis, 2nd ed. (Turin and Rome, 1948).

Thomson, S. Harrison,"Walter Burley's Commentary on the Politics of Aristotle," *Mélanges Pelzer* (Louvain, 1947).

Tierney, Brian, "A Conciliar Theory of the Thirteenth Century," *Catholic Historical Review*, XXXVI (1950-1951).

——, *Foundations of the Conciliar Theory*: *The Contribution of the Medieval Canonists from Gratian to the Great Schism* (Cambridge, 1955).

Tolomeus de Lucca, *Determinatio compendiosa de iurisdictione Imperii*, ed. Mario Krammer, in: *MGH*, *Fontes iuris germanici antiqui* (Hannover and Leipzig, 1909).

Toynbee, Jocelyn M. C. , *Roman Medallions* (New York, 1944).

Treitinger, O. , *Die oströmische Kaiser-und Reichsidee nach ihrer Gestaltung im höfischen Zeremoniell* (Jena, 1938).

Überweg, F. and Baumgartner, M. , *Grundriss der Geschichte der Philosophic der patristischen und scholastischen Zeit*, 10th ed. (Berlin, 1915).

Ullmann, Walter,"The Influence of John of Salisbury on Mediaeval Italian Jurists," *EHR*, LIX (1944).

——,"Baldus' Conception of Law," *Law Quarterly Review*, LVIII (1942).

——, *The Medieval Idea of Law as Represented by Lucas de Penna* (London, 1946).

——, *Medieval Papalism* (London, 1949).

Ussher, James, *The Whole Works* (Dublin, 1864).

Vassalli, Filippo E. ,"Concetto e natura del fisco," *Studi Senesi*, XXV (1908).

Vernani, Guido, *De reprobatione Monarchic composite a Dante*, ed. Thomas Käppeli O. P. ,"Der Dantegegner Guido Vernani O. P. von Rimini," *QFiAB*, XXVII (1937-1938).

Vieilleville, Marquis de, *Mémoires*, ed. J. Michaud and P. Poujoulat, *Nouvelle collection des mémoires sur l'histoire de France*, vol. IX (Paris, 1850).

Watkins, Robert D. , *The State as a Party Litigant* (Johns Hopkins diss. , Baltimore, 1927).

Wieruszowski, Helene, *Vom Imperium zum nationalen Königtum* (*HZ*, Beiheft, 30 [Munich and Berlin, 1933]).

Wilkinson, B. ,"The Coronation Oath of Edward II and the Statute of York," *Speculum*, XIX (1944).

——,"The 'Political Revolution' of the Thirteenth and Fourteenth Centuries in England," *Speculum*, XXIV (1949).

Willemsen, Carl A. , *Kaiser Friedrichs II. Triumphtor zu Capua* (Wiesbaden, 1953).

Williams, George H,, *The Norman Anonymous of ca. 1000 A. D. : Toward the Identification and the Evaluation of the So-called Anonymous of York* (Harvard Theological Studies, XVIII[Cambridge, Mass. , 1951]).

Wilson, John Dover, ed. , *King Richard II*, in: *The Works of Shakespeare* (Cambridge, 1939).

Wipo, *Gesta Chuonradi*, ed. H. Bresslau (MGH, SS. rer. germ. , 1915).

Woodbine, G. E. , see Bracton, Glanvill.

Woolf, C. N. S. , *Bartolus of Sassoferrato* (Cambridge, 1913).

Wunderlich, Agathon, *Anecdota quae processum civilem spectant* (Göttingen, 1841).

Yates, Frances A. ,"Queen Elizabeth as Astraea," *Warburg Journal*, X (1947).

索　引

n. 54; 10: 123 n. 107（*Glos. ord.*），138 n. 159（Baldus），139 n. 160, 180 n. 276（*Glos. ord.*），418 n. 347（Baldus）; 1,3,2: 130 n. 131（Marin. Car.），131 n. 131（Baldus）; 22: 130 n. 129（*Glos. ord.*, Alber. Ros.）; 31: 136 n. 154（same）; 32: 277 n. 8（Baldus）; 1,4,1,1: 103 n. 45, 150, 151 n. 184（Bracton）; 1,5,10: 10 n. 8（Baldus）; 1,7,16: 306 n. 81（same）; 1,8,1: 187 n. 301; 9: 125 n. 114（Durandus, Joh. Branchaz.），n, 115（*Glos. ord.*），126 n. 117; 11: 187 n. 302; 205 n. 35（Baldus）; 2,1,5: 130 n. 29（*Glos. ord.*, Cynus）; 14: 106 n. 55（Baldus）; 2,3,4: 299（same）; 3, 1,10: 189 n. 308（*Glos. ord.*），3,2,2, 3: 205 n. 35（Baldus）; 25: 278 n. 9（*Glos. ord.*）; 3, 4, 7, 2: 305 n. 75（Andr. Isern.），312 n. 96; 4,4,39: 106 n. 55（Baldus），376 n. 210（same）; 4,6,22,2: 374 n. 204; 4,8, 4: 452 n. 4; 5, 1, 2, 3: 205 n. 35（same），247 n. 167（same）; 54: 11 n. 8（Marin. Car.）; 76: 295 n. 48（*Glos. ord.*, Vivianus），n. 50（Baldus, Paul. Castr.），308 n. 83（Petr. Anchar.），397 n. 28（Al-ber. Ros.）; 6, 1,1,3: 304 n. 70（Bartolus），476 n. 64（same）; 7,1,56: 300 n. 60; 8,2,33: 282 n. 18（*Glos. ord.*, Odofr., Bart., Baldus, Angel. Ub.），308 n. 34（Bartolus），315 n. 6（same）; 9,2,7,4: 278 n. 9（*Glos. ord.*）; 11,7,35: 245 n. 160, n. 161（*Glos. ord.*），246 n. 163（Luc. Penna）; 14,2,9: 92 n. 16; 17,2,3: 306 n. 81（*Glos. ord.*, *Bart.*, Baldus），307 n. 81（Bart.）; 28,2,11: 338 n. 80, 392 n. 260, n. 263（Alber.

Ros.）; 31,1,67,10: 138 n. 159; 32,1, 101: 236 n. 130（*Glos. ord*）; 33,10,3: 28 n. 15（*Glos. ord*）; 34,9,22: 401 n. 295（Baldus）; 35, 2, 1, 5: 92 n. 16（*Glos. ord*）; 36, 1, 13, 4: 452 n. 4（*Glos. ord.*）; 41,3,30: 295 n. 48, 303 n. 66（Baldus），316 n. 7（*Glos. ord.*, Bracton）; 41,4,7,3: 190 n. 310（Joh. Paris.）; 43,8, 2,4: 179 n. 275; 46,1, 22: 209 n. 46, 304 11. 73（Baldus），305 n. 74, 309 n. 89（Bartolus）; 48, 19,16,10: 301 n. 62（same），302 n. 64（same），309 n. 89（same），477 n. 69（same）; 48,21,3: 269 n. 229; 48, 22, 7,15: 247 n. 165; 49,14,2: 179 n. 275（same）; 49, 15, 19, 7: 236 n. 128（Petr. Anchar.）; 24: 466 n. 42; 50, 1,33: 247 n. 165; 50,16,220: 392 n. 260（*Glos. ord*），393 n. 265（Terre Rouge）; 50,17, 30: 212 n. 55, 213 n. 57（Alber. Ros.）

Code: 104, 116f, 124, 183, 213f, 392f; Const. *De novo Codice*: 473 n. 56（Baldus）; *Prooemium in titulum*; 177 n. 269（Baldus）; 1,1: 457 n. 17（Alber. Ros.）; 1: 115 n. 83; 8, 1: 117 n. 86, 1,2,23: 177 n. 268（Bartolus），181 n. 278, 182 n. 283（*Glos. ord.*, Marin. Car.），183 n. 285; 25: 314 n. 2; 1,3,23: 278 n. 10（Angel. Ub.）; 1,14,4: 104 n. 51, 130 n. 31（Karolus de Tocco），452 n. 4（*Glos. ord.*, Aquinas, Audr, Isern , Cynus）; 8: 152 n. 188; 9: 121, n,101; 1,17,1: 117 n. 86, 336 n. 76; 1, 5: 109 n,63; 1,7: 103 nos. 45−46; 2, 18: 89 n, 15（Marin. Car.），98 n. 31, 107 n. 56; 2, 202: 109 n. 63; 1, 24: 427 n. 371; 1,25:437 n. 371; 2,

译　后　记

这是一部十分折磨译者的经典著作。

在此，我需要先记下我的痛苦——就是那几个关键名词的译名，并盼望我的痛苦经历能够对读者有所帮助。

首先，《国王的两个身体》全书的起因，以及贯穿的主题，乃是"cor-poration"。这个词按现代汉语通译，作"公司"，又作"法人"。本书探讨的问题，就是英国宪制史上，以国王为"法人"（"独体法人"，corpora-tion sole）这个看似渺小、却牵连极大的议题。然而随着翻译的进展，将 corporation 译作"法人"越来越显示出这个译名不合适，不能与论述相契合。问题在于，"corporation"有词根，即"corpus"，本意是"身体"。所以，corporation 的本意，是表示由许多个人（自然人）组合成为一个主体，即一个身体。其首要强调的意思，是"多"成为"一"，而不是"依法律规定，而被承认为一个法律上的行为主体"。虽然，后来的演变，令corporation 被我们识别为一种经法律确定的主体身份。现代汉语将corporation 译作"法人"，可能首先将读者引向法律的创设性和规范性，而不是这个由多而一的人格性。尤其是，书中还有极少数地方同时出现强调"法定"意涵的"legal person"或"juristic person"，此时，译者就不能满足于将这几个词同时译作"法人"。与此相关联,"corporation sole"被译为"独体法人"也不够精确。在"corporation sole"一词中,强调的是一种corporation的独特情形,即只有一个人构成corporation。所以,就"多而一"的本意而言,这个词是自我矛盾的。只有搞清楚这一点,才能理解为何梅特兰要嘲讽"国王二体"的概念,而康托洛维茨又为何要以此为题大费周章。

corporation一词的语境有一个变化的过程,从最初强调"多而一",越来越倾向于"法定主体"。所以,就翻译而言,特别困难之处在于,英文可以同时表达这两种意涵,而中文不能。本书涉及的时段从中世纪到近代早期,corporation的意思实际上有一个隐藏的变化。比方,作者在前言中解释本书的的缘起,提到他惊讶地发现圣本笃修会在美国被注册为corporation,此时的含义偏向现代,因为令人惊讶之处在于一个神圣团体如何与商业企业同列。但是,在论到"国王二体"的发展时,提到corporation多数时候则是强调"多而一"的性质。国王被认为拥有了一个由众多臣民构成的"身体",国王是这个身体的"头",嗣后发展为单单强调这个"头"。

所以,在这个词的翻译上,我纠结许久,而这又是全书首要的关键词,无法绕开,因而尤其令人痛苦。最后,我决定在大多数场合,将corporation翻译为"合众体",以表达"多而一"。于是,corporation sole便译作"单人合众体",比较好地表达了原意。但是,由于这个词是生造的新词,在一些地方会引起表达的困难,比如论到法学上的概念,"法人理论"显然是现代的习语,改作"合众体理论"就显得不顺。因此在一些地方,我还是会使用"法人"的译名,有时则会将两个译名并列。望读者们包涵这样非常规的处理方式。

其次,另一个令我痛苦的词,是kingship,以及类似的rulership。Kingship一词在各章标题中出现,也是无法绕开的。按照国内通译,作"王权"、"统治权"。然而,这里有一个不能忽视的问题,即,这个词本身并非强调"国王的权力",英文词本身也没有任何强调"权力"的意思。按《牛津大词典》,"ship"这个后缀加在名词上,意思是"成为该名词所表达之事物的状态或条件",进一步,如果是加在表示某类人的名词上,意思是与这类人相关的"素质或品质，或技能与实现的力量"，等等。因此，论到"kingship"，表达的是国王之所以成为国王的某些因素，指某种素质、品质或条件。在本书中，kingship 表达了国王之所以成为国王的一整套制度安排和文化（心态）条件。所以，当作者提到"以基督为中心的 kingship"、"以法律为中心的 kingship"、"以政体为中心的 kingship"，是表达构成国王身份的某种综合、广泛的社会背景和条件，尤其是在国王形象背后提供支撑的观念。

但是，对于这个词，我没有想出特别贴切的新译名。我曾经倾向于译为"国王身份"，但斟酌之后又觉得不够好。所以，在没有找到贴切译名的情况下，最终我决定维持目前通译的"王权"。一方面，国王身份背后的条件也为其权力提供了支持，另一方面，读者根据书中的论述，原本也能够避免将其简单理解为"权力"的风险。因此，我在此作一提醒，保持通译。

其三，另一个让我花了一番功夫的词是 universitas。这个拉丁文的词，本意是指"整体"，英语中"宇宙"一词能看出这个原始含义。而这个词在罗马法上，乃是指由许多人结成一个团体，也是罗马法"法人理论"之下的一个概念。到中世纪晚期，这个词被用于指称各种由众多成分（尤其是人）结合而成的整体单位，比如整个宇宙是一个 universitas，一个国家、一个自治城市、一个大学（学术的"universitas"）就都可以被称为 universitas。在本书中，在涉及到罗马法，尤其是注释家的运用时，这个词成为一个常常出现的概念。

最终，我生造了一个新译名："共体"。鉴于这个词原本并无汉语通译（《法律与革命》中提到，译作"社团"），造新词时的担心比较少。确定这个译名时，考虑的理由是，universitas 的词根来自于中世纪经院哲学所说的"共相"（universal），表达"普遍"或"抽象整体"的含义。对这个译名，虽然也并不十分满意（因为原词并无"身体"的意思），但目前选择这样解决。

以上三个词的翻译，我挠破头皮也没有能够找到完美的解决之道，或许把这个过程解释一下，能够对读者有所帮助。其他还有一些小的处理，比如作者区分了 King 和 king，我径直译为"大写的国王"与"小写的国王"，虽有些无奈，但也一望而知，就不多说了。

痛苦陈述过后，可以进入回忆和感谢了。

最早有翻译本书的机会，是我从复旦毕业，回到华东政法大学做博后。一天，我的师兄刘招静博士讲，有出版社正在寻找本书的译者，他觉得我可以。于是我把书找来略微翻了一下，觉得自己的专业、兴趣确实有可能适合。不过，当时我差不多刚完成前一本书的翻译工作，还没有缓过来，遽然面对 500 多页篇幅的巨著，极复杂的学术论证，还有汪洋一般的脚注，考虑到两年博后期间的工作任务，我还是退却了。

回到华政，不久就通过读书会结识了许多很好的同事和朋友，也参加过在华师大出版社"六点读书会"，很是开心。一天晚上，黄涛博士和韩毅博士接连打电话给我，说"六点"一直寻觅《国王的两个身体》译者，极力推荐我翻译。后来见到"六点"的倪为国先生，受了很多鼓励，终于接下这项工作。

签了翻译合同，我还在怀疑自己是否做了一个明智的决定。我明白翻译这样一本书需要花费的时间和精力，这可能使我无法完成学校的考核指标。不过，随着工作的进展，我越来越坚定。因为，康托洛维茨在谈论一个异常重要的问题。以我所见，在时下学界，把真正重要的问题当作重要问题来对待，并不是寻常做法。如康氏所言，他在一片原始森林里开辟出一条小路，沿途留下一些标记，供后人寻找。随着论证的深入，我越来越能够体会，这样一项看起来在时间和空间上都远离今日中国的研究，具有何等重要的现实意义和学术价值。

"人民万岁！"——谁是人民？何以万岁？谁可以如此呼唤？这是一个怎样的对话？这个对话又要如何继续下去？拨开现代国家的绚烂花朵，我们可能在中世纪晚期和近代早期发现那隐藏在深处的根系。

我们当下所在的这个世界，究竟是如何变成现在这副模样的？

总得有人关心这样的问题，当然，也总得有人写作、翻译和出版这样的书。

《国王的两个身体》是我至今为止翻得最累的一本书。康托洛维茨太过广博，且异常精深，史学、法学、神学、文学交织起来一同向深处掘进,让人招架不住。我读书颇杂,硕士专业是外国法制史,做了英国法;后来跑去历史系,专业是欧洲中世纪史;博士论文做亨利八世,大略了解了一点都铎史;期间又做过一点点教会法;加上自学了一些神学。想来也是机缘,我这种"广而不精"的积累,大概对上了本书涉及的专业领域,虽然深度相差甚远,但至少在翻译时能够意识到可疑之处,再去查找资料核对。饶是如此,还是顶不住。康氏在《国王的两个身体》中随手引用罗马法和教会法材料,在脚注中夹杂了大量拉丁语,字里行间还有少量希腊语以及古法语、古意大利语、德语,这是我无力把握的。

倪老师说,他来找人。

最终,如今摆在各位读者面前的这本书,集合了许多学者的辛苦工作,如果没有他们,这个译本不可能是现在的样子。

为此,我需要特别感谢承担各章拉丁语内容翻译的杨嘉彦博士(第一至四章初译)、张长绵博士(第六章)、张培均博士(第八章)、赵元博士(第五、七章及尾论);杨嘉彦博士还翻译及核对了法语内容;特别感谢中国人民大学雷立柏教授为本书中的拉丁语、希腊语、古法语和古意大利语内容所作的翻译和细致校订工作;一并感谢上述诸君在校译过程对译文提出的意见和建议;感谢中国人民大学历史系的石烁同学,我在校对译稿时曾参考发布在微信公众号的部分译文;感谢"六点"的编辑赵元博士,她的专业水准和细致认真的工作确保了译本的质量;特别感谢为本书慨然作序的刘小枫教授;最后,尤其感谢倪为国先生所做的大量工作,引介不同专业的学人,令本书的翻译成为学术共同体的一项事业。

《国王的两个身体》翻译不易,1957 年出版后,在西方学界也直到1989 年才有法译本,1990 年有德译本(日译本 1992 年)。我盼望,这个中译本可以成为开展进一步学术研究的基础,这个目标是否达到,需要读者来评价。当然,译文一定还有各种问题,盼望各位师长、学友多提意见,日后或可有一个更精良的修订本。(我的电邮 freerainius@163.com;诸君亦可在豆瓣留言)

徐震宇

2017 年 8 月 26 日

图书在版编目(CIP)数据

国王的两个身体/(德)康托洛维茨著;徐震宇译.
--上海:华东师范大学出版社,2018

ISBN 978-7-5675-6692-7

Ⅰ.①国… Ⅱ.①康… ②徐… Ⅲ.①政治制度史—
研究—德国—近代 Ⅳ.①D751.69

中国版本图书馆 CIP 数据核字(2017)第 162844 号

华东师范大学出版社六点分社

企划人 倪为国

国王的两个身体

著　　者　(德)康托洛维茨
译　　者　徐震宇
责任编辑　赵　元　倪为国
封面设计　姚　荣

出版发行　华东师范大学出版社
社　　址　上海市中山北路 3663 号　邮编　200062
网　　址　www.ecnupress.com.cn
电　　话　021 - 60821666　行政传真　021 - 62572105
客服电话　021 - 62865537
门市(邮购)电话　021 - 62869887
地　　址　上海市中山北路 3663 号华东师范大学校内先锋路口
网　　店　http://hdsdcbs.tmall.com

印 刷 者　上海盛隆印务有限公司
开　　本　787×1092　1/16
印　　张　46.5
字　　数　700 千字
版　　次　2018 年 1 月第 1 版
印　　次　2019 年 2 月第 4 次
书　　号　ISBN 978-7-5675-6692-7/D・211
定　　价　168.00 元

出 版 人　王　焰